21世纪经济管理精品教材
金融学系列

Monetary Finance

A New Edition

货币金融学新编

聂丹◎编著

清华大学出版社
北京

内 容 简 介

本书是作者从华东师范大学国际金融专业博士毕业后，在母校金融系从事《货币金融学》课程的教学18年来不断积累和萃取的讲义，除了对基本概念、原理（即教材的正文部分，包括“显微镜”系列的各个部分）的讲解外，还设有“能量棒”系列的各个部分，结合大量最新的中外货币、金融实践对基本概念与原理进行拓展与深化。正文部分仅有20万字，而专题部分却有60万字，正文部分是本科生精读与必考部分，专题部分是本科生泛读与选讲、选考的部分。同时，丰富的专题也使本书很适合作为本科生考研复习用书以及MBA、党校培训等的教材。

图书在版编目(CIP)数据

货币金融学新编/聂丹编著. —北京：清华大学出版社，2019
(21世纪经济管理精品教材・金融学系列)
ISBN 978-7-302-51588-3

Ⅰ. ①货… Ⅱ. ①聂… Ⅲ. ①货币和银行经济学－高等学校－教材 Ⅳ. ①F820

中国版本图书馆CIP数据核字(2018)第257311号

责任编辑：刘志彬
封面设计：李召霞
责任校对：宋玉莲
责任印制：宋 林

出版发行：清华大学出版社
网 址：http://www.tup.com.cn，http://www.wqbook.com
地 址：北京清华大学学研大厦A座 **邮 编**：100084
社 总 机：010-62770175 **邮 购**：010-62786544
投稿与读者服务：010-62776969，c-service@tup.tsinghua.edu.cn
质量反馈：010-62772015，zhiliang@tup.tsinghua.edu.cn
印 装 者：三河市铭诚印务有限公司
经 销：全国新华书店
开 本：185mm×260mm **印 张**：45 **字 数**：1122千字
版 次：2019年9月第1版 **印 次**：2019年9月第1次印刷
定 价：99.00元

产品编号：053208-01

目 录

第一章 货币与货币制度

引论

货币一词的各种含义

货币是金融学研究的首要问题，那么什么是货币呢？在日常会话中我们常将货币称为“钱”(money)，这个词至少有以下3种含义。

(1) 在“你带钱了吗？我想借你的钱买杯奶茶”这句话中指通货(currency)，我国习惯称为现金(cash)①，现金即纸币与硬币。但能够买奶茶的“钱”不仅包括现金，还包括有储值功能的校园卡，校园卡是电子货币，是现金的替身即代用货币，因此电子货币不是现金或通货。

(2) 在“她很有钱，是个小富婆”这句话中指财富，包括现金、储蓄存款、股票、债券、不动产、人寿保险单、黄金，甚至香车宝马、古玩字画等。

(3) 在“你男朋友每月赚多少钱？”这句话中指收入，收入是流量，财富是存量。

现金(或通货)、不动产、股票、债券、黄金、珠宝、香车宝马、古玩字画等都称为货币吗？显然不是，金融学中的“货币”一词有专门的含义，经济学家是根据货币的职能来定义它的，那么货币有什么职能呢？下面我们就结合它的“前世”来了解它的“今生”吧。

第一节 货币的起源及职能

一、货币的起源

(一) 物物交换的缺陷

人类社会在地球上已有百万余年的历史，货币却只不过是几千年前才开始出现的事物，在此之前的社会中，人类一直没有货币，也没有觉得有什么不便，因为分工极少，人们自给自足，仅有几种商品需要交换，采用的是物物交换的形式。随着生产的发展，分工的深化，物物交换的缺陷日益明显，主要表现在以下几方面。

1. 交换各方在商品的品种、质量、数量、时间、地点等问题上难以达成一致

从品种、质量方面来看，在一个以物易物的世界里，我们必须找到一个希望得到我们所

① “通货”和“现金”在金融学课程中的含义是完全等同的，虽然在“通货膨胀”一词中，“通货”给你的感觉比“现金”的含义更广泛，但那是因为那个词应改为“货币膨胀”，而不是因为“通货”比“现金”含义更广泛。

提供的商品和劳务的人，而这个人同时也能提供我们想要交换到的商品和劳务，这么严格的条件被称为“双重偶合”(coincidence)。比如，一个种小麦的农民想给儿子买台 iPad，但卖 iPad 的人需要玫瑰花，这就不能成交。此外，“双重偶合”的要求还体现在交换的数量、时间、地点等一系列问题上。在数量上，许多商品具有不可分割性，人们不可能用 1‰台 iPad 去交换若干朵玫瑰花；在时间上，卖 iPad 的人需要春节后 2 月 14 日的玫瑰花，但这位农民想在春节前就给儿子买回 iPad；在地点上，这位农民在大兴安岭，而卖 iPad 的人在三亚，他们俩必须要有一人跋山涉水地去成交。

可见，在物物交换的世界里，如果有两个人成交了，就像一首歌里唱的：“你选择了我，我选择了你，这是我们的选择”，真比谈恋爱、找对象还难啊！所以说，“双重偶合”是个严格的条件，在经济学里，“需要严格的条件”的事儿可并不受欢迎啊。

2. 没有统一的价值单位来衡量各种商品与劳务的价值

我们的古人在交换中的痛苦还远没有结束呢。想象一下有一位古人——马大嫂，清晨提着菜篮去菜场买牛肉，相邻的两个摊位的牛肉是一样的新鲜，就看谁的价格更低了，可是，因为那时候没有货币，商品的价格只有两两之间相互表示，于是，一位摊主说：“我的 1 斤牛肉买 5 斤黄瓜。”另一位摊主说：“我的 1 斤牛肉买 6 斤番茄。”马大嫂当时就晕了：“天哪，我还得知道黄瓜和番茄的比价呢！”可见，物物交换的第二个不便之处就是：没有统一的价值单位来衡量各种商品与劳务的价值，以至于价格体系错综复杂。如果有货币，把牛肉直接标价为多少元人民币 1 斤，不就一目了然了吗？

这两条不便之处假设古人多花些时间、精力还能来克服，而下面的第三条不便之处可就无法克服了。

3. 无法储存一般的购买力

(1) 无法储存一般的购买力就无法进行储蓄与投资、不利于生产力的提高

因为投资来源于储蓄，没有货币就无法储存一般的购买力，即无法储蓄，因此就没有投资，从而不利于生产力的提高。

◇ 能量棒 1-1

鲁滨孙和星期五的幸福生活——储蓄与投资的那点事儿

1. 鲁滨孙和星期五的储蓄与投资

高尔基说过：“书籍是人类进步的阶梯”，而经济学家则说：“投资是人类进步的阶梯。”如果没有投资，人类还处于原始社会呢，不信，我们就来看看漂泊在荒岛上的鲁滨孙过得有多惨吧。假设鲁滨孙没有任何工具，每天以手抓鱼为生，日出而作，日落而息，每天仅能抓到 3 条小鱼，仅够果腹而已，直到野人“星期五”的到来，使他重新鼓起了生命的风帆。不过，星期五也没有什么高明的谋生手段，于是有一天，鲁滨孙对星期五说：“朋友，咱们不能再这样过下去了，咱们明天得拼命劳作，争取能抓到 6 条鱼，但是，咱们只吃 3 条，另外 3 条留起来后天再吃。后天呢，咱们……”刚说到这儿，星期五就快活地叫了起来：“好主意，好主意！后天咱们就可以什么也不干，躺在海滩上晒太阳了！”

鲁滨孙说：“嗨！不是这样的，一天闲死，一天忙死，咱们能达到更高的效用无差异曲线吗？”“呃……”“我是说，咱们抓 6 条鱼，咱们的产出 $Y=6$，可咱们只吃 3 条，咱们的消费 $C=3$，剩下的 3 条咱们晒成鱼干，就是储蓄 $S=Y-C=3$……”“呃……有点晕……”星期五翻了翻白眼。

“然后，咱们后天就吃这 3 条鱼干，把时间省下来，用河边的芦苇来编一张渔网，因为原材料——芦苇不要钱，所以咱们的全部成本就只有人工成本——咱们的工资，即 3 条鱼干，因此，这张渔网——就是咱们的资本品 K，就值 3 条鱼，而这笔投资 I，也等于这 3 条鱼，这就是 $S=I$ 的原理呀。”

于是，鲁滨孙和星期五投资了一张渔网，生产效率大为提高，每天只需轻轻浅浅地撒上一网，就可以网到 3 条鱼，而在剩下的大把闲暇时间里，他们就躺在沙滩上晒太阳，从此过上了幸福的生活……

2. 货币的诞生为储蓄、投资的发生提供了物质技术条件

当然，结一张渔网这样的小小的投资只需用实物——鱼干的形式进行储蓄，但是，如果他们俩要建一艘大船，那可是需要很多投资呢。把鱼晒成鱼干还不得臭掉？因此，就需要将省下来的生鲜活鱼卖给野人部落，得到野人部落支付的贝壳货币或金币，然后在造船期间，用贝壳或金币向野人部落购买食物，这个贝壳或金币就是货币。可见，没有货币，就无法储藏一般的购买力，人类就无法储蓄，无法投资，也就无法进步。货币诞生的意义之一就是为储蓄与投资提供了物质技术手段。

(2) 无法储存一般的购买力就无法进行消费的跨时期选择

没有货币，无法储蓄，对于家庭而言就不能进行消费的跨时期选择了，这也是一大损失。具体说来，在物物交换中，人们在卖的同时也意味着买，原始社会没有冰箱，因此，在丰收的季节，人们卖了就得买，买了就得大吃大喝，立即消费。而在青黄不接的季节，人们就得忍饥挨饿，这种“潇洒”生活的效用水平高吗？请看下面的能量棒。

◇ 能量棒 1-2

消费的跨时期选择[1]

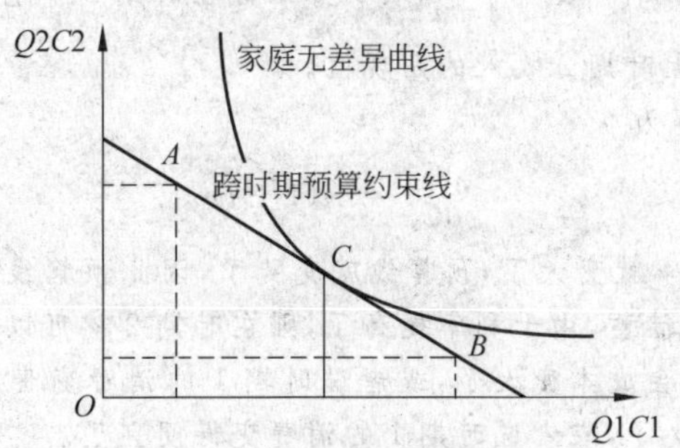

图 1-1　消费的跨时期选择

(一) 收入分布类型与跨时期预算约束

1. “吃青春饭型”与“越老越值钱型”的收入分布

图 1-1 和图 1-2 中的直线 AB 是跨时期消费的预算约束线，曲线 C 是跨时期消费的无差异曲线，两线切点 C 代表跨时期消费的最优选择。如直线 AB 所示，假设家庭(或居民)的整个生命周期被分为时期 1(或现在)与时期 2(或未来)两阶段，假设家庭预期自己两时期的收入不相等。比如，一位 30 岁的刚留校的博士讲师预期自己的收入分布是 A 点所示的“越老越值钱型”的，即在 30～45 岁(时期 1)的总收入为 Q_{A1}，45～60 岁(时期 2)的总收入为 Q_{A2}；而他那位没读过大学

做平面模特的帅气表弟则预期自己的收入分布是 B 点所示的“吃青春饭型”的，即在 30～45 岁(时期 1)的总收入为 Q_{B1}、45～60 岁(时期 2)的总收入为 Q_{B2}。

2. 跨时期消费的预算约束

假设从时期 1 到时期 2 的利率为 i，则家庭的收入禀赋(gift)——上天赋予其一生中所能赚到的钱为

$$Q = Q_1 + \frac{Q_2}{1+i} \tag{1-1}$$

其中，Q、Q_1、Q_2 分别表示家庭在两时期内的收入禀赋、时期 1 的总收入与时期 2 的总收入，i 表示利率。

图 1-1 中博士讲师与平面模特这两个家庭处在同一条预算约束线上，表示两个家庭一生的总收入相等，但分布型式不同。假设家庭没有遗产可以继承，因此消费只能依靠自己的收入；同时家庭也决定不留遗产，因此家庭在两个时期中的消费总额 C 必须刚好等于其收入总额 Q，这被称为满足跨时期预算约束，即：

$$Q = Q_1 + \frac{Q_2}{1+i} = C = C_1 + \frac{C_2}{1+i} \tag{1-2}$$

其中，C、C_1、C_2 分别表示家庭在两时期内的消费总额、时期 1 的总消费与时期 2 的总消费。

3. 预算约束线的推导与含义

将式 1-2 改写为

$$C_2 = Q_2 - (1+i) \cdot C_1 + (1+i) \cdot Q_1 \tag{1-3}$$

当 Q_1，Q_2，i 给定时，上式就是以 C_1 为自变量，C_2 为因变量的线性方程，它能确定所有满足预算约束的 C_1、C_2 的组合，因此就是跨时期消费的预算约束线。其含义是：

(1) 它在纵轴的截距为 $C_2 = Q_2 + (1+i) \cdot Q_1$，表明如果你在时期 1 不吃不喝，即 $C_1 = 0$，则在时期 2 你得消费掉 Q_2，再加上你把 Q_1 存到时期 2 可获得的本息和。

(2) 它在横轴的截距为 $C_1 = Q_1 + \frac{Q_2}{1+i}$，表明如果你在时期 2 不吃不喝，你就可以在时期 1 大肆消费掉时期 1 的收入加上时期 2 收入的贴现值。

(3) 可推出此线的斜率为

$$\frac{\mathrm{d}C_2}{\mathrm{d}C_1} = -(1+i) \tag{1-4}$$

表明利率 i 提高了，斜率就变大了，预算线就变陡了，因此预算线在纵轴的截距变大了，这表明如果时期 1 不消费，而是储蓄，由于利率提高了，则在时期 2 就可以获得更多的收入用于消费。也就是说，时期 1 消费的机会成本变大了，或者说时期 1 的消费变贵了；反之，如果利率下降，则时期 1 消费的机会成本变小了，或者说时期 1 的消费变得便宜了。

(4) 假设博士与模特两人预期的一生收入总额恰好相等，则在图 1-1 中，两人恰好处在同一条跨时期预算约束线 AB 上，只不过两人的收入分布型式相反而已。可见，预算线 AB 上各点所代表的两时期收入的现值之和都等于 Q。

(二) 消费的最优跨时期选择

1. 今朝有酒今朝醉，明日愁来明日忧？

如果博士与模特两人各期的消费刚好等于各期的收入，那么消费水平在整个人生中会非常波动：吃青春饭的人年轻时挥霍无度，而晚景凄凉；而越老越值钱的人则艰苦朴素半辈子，等到有钱时，却吃不下、玩不动了。

其实我们每个人都希望消费水平在人生各阶段保持平稳，“由奢入俭难”意味着当消费水平

突然下降时，人们通常会产生很大的心理落差。虽说"由俭入奢易"，但是多少个贫寒之士在突然中了福利彩票的大奖后把持不住自己，最终失去了原有的宁静和幸福。在图 1-1 中，这两类人的两时期消费组合点就是其收入禀赋点 A 与 B，其两时期消费的效用水平分别用通过这两个禀赋点的无差异曲线来表示。

2. 积谷防饥，平滑消费

显然，根据常人（拥有"好行为偏好"、碗状无差异曲线的人）的心理，如果两时期的消费水平比较接近，如图中的 C 点，则两时期消费的效用值较大。根据效用函数的不同形式可得到不同的效用最大化的值。

显然，无差异曲线与跨时期预算约束线的切点 C 处的消费组合，就是既能达到最大效用、又能满足跨时期预算约束的最优消费点，这意味着吃青春饭的人在时期 1 积谷防饥，进行储蓄在时期 2 入不敷出时，用时期 1 的储蓄来弥补收入的不足。而越老越值钱型的人在时期 1 寅吃卯粮、进行负储蓄，在时期 2 则用消费小于收入、进行储蓄的方法来还债，这样他们都能够保持一生的消费处于一个稳定水平。显然，过 C 点的无差异曲线必定比过两个禀赋点的无差异曲线的位置高，这意味着家庭进行跨时期消费选择可以达到更高的效用水平。

（三）金融工具帮助家庭进行跨时期消费选择

金融就是资金融通，在时期 1，越老越值钱型的家庭向吃青春饭型的家庭融资，双方都可以实现跨时期消费选择，这就是金融市场的作用之一。鲁滨孙和星期五之所以能够投资渔网，一要感谢自己的生产力达到了维持基本生存之外尚有储蓄的程度；二要感谢货币的诞生为储蓄提供了物质技术手段；三要感谢野人部落正好喜欢寅吃卯粮，收入分布类型与其相反。

以上这些困难促成了直接的物物交换演变成间接的物物交换。

（一）直接的物物交换演变成间接的物物交换

为了克服双重偶合的困难，人们发现无论要买卖什么东西，只要先将自己所卖的东西（如斧子、大米、布匹、黄金）换成一件大家普遍接受的商品，如绵羊，然后一定可以用这件人见人爱的东西买到自己想要的任何商品，这样，绵羊就变成了马克思所说的"一般等价物"，即货币。有了货币以后，商品的交换过程就变成买卖两个过程，即"商品—货币—商品"。绵羊是实物货币，实物货币是货币的第 1 种类型。

（三）贵金属固定地充当一般等价物

实物货币的种种缺陷导致贵金属从芸芸众生中脱颖而出，专司货币的职能，成为第 2 种类型的货币——金属货币。正如马克思所言："金银天然不是货币，但货币天然是金银"，意思是金银本来只是一种普通商品，随着交换的发展才从普通商品中独立出来，成为货币的，但金银却很适合用作币材，因为：第一，取之不易，因此价值较大，可以用较少的媒介完成较大量的交易；第二，价值稳定，不易腐烂变质，易于保存，即在保存过程中不会损失价值；第三，质地均匀，易于分割与计量，以便于同价值高低不等的商品相交换；第四，便于携带，以利于在广大地区间进行交易。可见，金属货币是一种特殊的实物货币。有人认为实物货币也算货币，也有人认为用贵金属作为一般等价物后，一般等价物就相对稳定了，这时货币才算产生了。

在人类历史上有许多商品都曾在交易过程中不固定地充当交易媒介，如牲畜、贝壳、木材、布匹、米、烟草、可可豆等。从陪葬品来推断，中国最早的货币是贝，贝产于南方的海里，因此，现在中文中有很多与财富有联系的字其偏旁都为贝，如货、财、贸、贫、贷等。

此外，实物货币还具有无法消除的缺陷，一是实物体积大，不便携带；二是实物质地不匀，极难进行分割；三是实物容易腐烂变质，难以储存与作为价值标准，因此，实物货币逐渐被金属货币所取代。

◇ 能量棒 1-3

美国 17 世纪殖民地时期的实物货币[1]

1. 殖民主义者带去的英镑几年后就被花费殆尽，只得使用实物货币

1620 年，威廉·布拉德福德和迈尔斯·斯坦迪什率领的英国异教徒先头登陆部队抵达今日马萨诸塞州的普罗文斯敦。这些新移民大多是贫民，他们带来的一些金银货币由于与母国——英国的贸易逆差而流回英国，几年后就花费殆尽。而当时的北美还没有发现大型的金矿和银矿，当时英国王室要将所有的贵金属用于战争，因而禁止出口硬币①，也不允许殖民地运营铸币厂，新移民虽然通过辛苦的劳动创造出了大量的产品，但由于流通领域货币奇缺，严重制约了经济的进一步发展，因而只得使用实物货币。

当时，土著美国人看重用紫色和白色帘蛤壳与峨螺壳串成的项链或装饰性腰带，并愿意以毛皮、兽皮和其他商品来交换这些物品，而殖民主义者因为拥有工具，所以很容易生产贝壳项链和腰带。贝壳串珠最初只用于殖民主义者与土著人之间的交易，后来殖民主义者之间的交易也开始使用贝壳串珠。1673 年，贝壳串珠被确定为法定货币，正式成为可用于偿还债务的货币。在马萨诸塞殖民地，6 个白色串珠或 3 个紫色串珠相当于 1 便士。

但海螺壳和蛤壳的数量实在太多了，所以，殖民主义者开始在物物交换中使用其他实物货币。北方有玉米、鳕鱼、海狸，南方有烟草和稻米。这些物品之所以会被用于交易，原因就在于它们是当地的主导产品，地方政府允许当地居民用玉米或烟草充抵税款。随后，政府宣布这种商品必须为公共部门和私人部门接受，因而马萨诸塞州宣布玉米为法定货币，康涅狄格州宣布小麦为法定货币，而弗吉尼亚州则宣布烟草为法定货币。

2. 非黄金的实物货币容易供给过剩而形成通货膨胀

在弗吉尼亚州宣布烟草为法定货币后，由于人们大量种植烟草以增加自己的货币，烟草的产量大幅度上升，因此其价格迅速下跌，其他商品以烟草标价的价格迅速上涨，这就是通货膨胀。

在弗吉尼亚农业区，有议员提议限制烟草的种植，但并未达成一致。1682 年，不满烟草价格过低的农民开始用实际行动来发泄心中的怒火，他们冲入田地，破坏邻居种植的烟草。当局只得动用警察力量，几个月后秩序才得以恢复。

3. 殖民地贵金属货币的供给依赖于对英国的出口和海盗行为

殖民地贵金属货币只得依赖于对英国和西印度群岛的出口来获得。因为西印度群岛的墨西哥和秘鲁矿藏储量丰富，出口旺盛，当地的银币数量充裕。北美殖民主义者就依靠鱼干、鲸油、腌制的牛肉和谷物的出口以获取硬币。但这些产品中有很多是禁止出口到非英国殖民地和母国以外的，因此这类交易都是以走私的形式进行的。

此外，对于 17 世纪的英国殖民主义者来说，海上劫掠是一个重要产业，海盗们将战利品在北部殖民地海岸挥霍掉，这其中就包括西班牙硬币。美国前殖民地流通中最常见的硬币是比索，其

① 这里的硬币不是指现在的纸币制度下的硬辅币，而是金属货币制度下区别于纸质银行券的贵金属铸币。

纯银含量为 423.7 格令，伦敦的外汇交易商称为“西班牙元”。此外，还有波希米亚的“约阿希姆斯塔尔元”、葡萄牙的金币约翰内斯、从法国进口的金路易、从威尼斯进口的金币西昆。但在美国独立战争前，西班牙银币占据主导地位。

4. 货币的短缺成为美国独立战争的导火索之一

英国当局本来是允许殖民地以公债形式发行纸币的，但后来英国议会又规定自 1751 年起禁止在殖民地发行纸币，这一禁令加剧了殖民主义者在经济上的不满，成为美国独立战争的导火索之一。

综上所述，货币产生的原因是在交换的发展中为了解决物物交换的困难。下面，让我们来梳理一下它的职能。

二、货币的职能

（一）交易媒介（流通手段）

1. 用货币来媒介交易节约了交易成本

货币产生后的交换是间接交换：商品→货币→商品，货币作为人们乐于接受的交易媒介，使交易过程变得顺利，即降低了交易成本。交易成本就是指寻找交易对手所花费的时间、精力、金钱。比如你要炒股票了，买股票的钱款不是交易成本，但付给券商的佣金则是有形的交易成本。此外，你为了买到可能会上涨的好股票而费尽心思跑去向学长们请教，去证券公司散户厅打听小道消息等，从而磨破了一双耐克鞋，这是无形的交易成本，所以，交易成本也被形象地称为“鞋底费”。

在还没有绵羊作货币的社会里，假设一位农场主在丰收后，花了 3 个月的工夫才将其农产品悉数换成家人需要的种类繁多的消费品，他的这份“寻寻觅觅，冷冷清清，凄凄惨惨戚戚”就是交易成本，它是社会资源的浪费，是经济生活中的摩擦力。

2. 货币的供给也有交易成本

但是，如果人类将一部分实物或贵金属仅仅用作货币来媒介交易，就不能再把它们当作普通商品来享用了。因此，货币本身就有成本，而货币的诞生所节约的交易成本就是其收益，一种货币的诞生或一项金融制度的创新，归根结底都是因为收益大于成本。

比如，电子货币——校园卡，本身需要几十元工本费，但用校园卡替代塑料饭菜票干净卫生，在食堂买饭的效率也提高了，因此，校园卡代替塑料饭菜票是一个进步。再如，欧元为什么会取代欧元区各国货币呢？据经济学家计算，仅从欧元发行到投入使用的费用就高达 1 600 亿～1 800 亿欧元，但是，欧元的启用省掉了欧元区各国间货币兑换的交易成本[①]，更重要的是，使用单一货币彻底消除了各国间汇率的不稳定性，促进了欧元区内经济贸易的发展，这是难以估量的收益。

（二）价值标准（价值尺度）

我们用货币作为比较价值的工具，因为交换涉及数量问题，如一头牛能换 50 把而不是

① 当然，欧元区各商业银行却损失了从事外汇经纪业务的收入，而这种收入本身就是全社会交易成本的一部分。

20 把斧子，斧子作为货币就是衡量牛的价值的尺度或标准。

在物物交换中，每种商品的价格都要用众多的其他商品来表示，因此这些商品间的价格很难比较。而如果用货币作为唯一的价值尺度，则 N 种商品只需 N 种价格，各种商品间的价格比较就会一目了然，将大大节约交易成本。

（三）延期支付手段（支付手段）

货币还可以为信用交易活动与借贷活动充当延期支付手段。信用交易就是指赊销，即有些交易不是一手交钱、一手交货，而是商品的让渡与货币的让渡在时间上相分离。如先售货、后付款，商品的出售者向购买者提供了信用，购买者随后按约期向出售者支付货币，这就是延期支付，比如工资、税金、租金、水、电、煤等账单的支付等。因为交易已经完成了，这时说货币履行交易媒介的职能已经不妥当了，应该说它履行的是延期支付手段的职能。

（四）财富储藏手段

货币代表着一定量的财富和购买力，因此，当货币退出流通领域而处于一种静止状态时，就发挥着价值储藏的功能。

◇ 能量棒 1-4

货币为何能在财富储藏手段中争得一席之地？

（一）货币的收益低

除货币外，其他金融产品如股票、债券、房地产等也可作为储藏手段，且这些资产在“大牛市”时还可能获得较高的收益。而用货币（虽然我们还未给出货币的定义，但将它想成是现金、银行存款，总不会错的）作为储藏手段，只有微利，那么人们为什么还愿意在种类繁多的储藏财富手段中给货币留下一席之地呢？

（二）股票投资的风险

1. 存单与股票的期望收益示例

想象一下羊百万先生在 6 月 1 日拿到了 10 000 元奖金，他要将它储藏 3 个月，到 9 月 1 日要将它变现，为女儿美羊羊交学费。现在他在货币——3 个月银行定期存单与非货币——某种股票之间选择，谁的收益会更高呢？他必须在 6 月 1 日这天作出决策，所以只能依据预期收益。

一方面，存单会在 3 个月后非常确定为他带来本息和 10 071 元；另一方面，假设在 6 月 1 日这天他用 10 000 元钱扣除了手续费后买到 1 000 股某种股票，股票可能会分红，这相当于存单的利息，3 个月后羊先生将股票卖掉时，卖价相当于存单的本金赎回。但股票的买价现在是知道的，卖价与是否分红、以及红利是多少却只能预测。假设羊百万先生用他那精密的大脑分析了宏观经济大环境和该上市公司小环境的好、中、差三种情形发生的概率，并预期在这 3 种情形下这 1 000 股股票的分红收益，两者相乘得到了股票的预期红利（期望值）为 71 元。又预期了 3 个月后在好、中、差三种情况下的股价，将扣除了手续费后的净股价分别乘以好、中、差的概率就得到了 3 个月后出售股票的预期收入（相当于存单的预期本金），假设它正好也为 10 000 元，如表 1-1 所示。

表 1-1　存单与股票的期望收益示例　　单位：元

	存　单	股　票
预期利息或红利	71	71
预期本金	10 000	10 000
预期本息和	10 071	10 071

2. 存单与股票的风险示例

为简化问题，我们假设股票的期望收益正好与存单相同，这下羊百万会选择存银行还是买股票呢？需注意体现收益波动性的一个变量——方差。存银行的本息和非常确定，各种可能收益对期望值的方差为0。显然，买股票的方差不为0，方差体现了收益的波动性，即风险。在6月1日羊百万做决策的时候，只能依据事前（预期的）方差，而在9月1日（事后）则可知道买股票的实际收益相对于预期收益的差距。但在做经济决策时，只有事前值才有意义，"事后诸葛亮"则于事无补，因此，"风险"指事前的方差。

通常，风险被认为是指收益低于期望值，但严格来说，收益高于期望值也是风险，总之，只要有一种东西让你的心"像雾、像雨、又像风"，那就是风险。

（三）风险的厌恶者、喜好者与中性者

所谓风险的厌恶者、喜好者，是指在期望收益相同的两个项目中，前者选择方差小的，后者选择方差大的。如果羊百万属于前者，则会选择存银行；如果是后者，则会选择买股票。

那么你会做何选择呢？你是不是在想：我既不像风险厌恶者那样胆小，也不像风险喜好者那样不靠谱，我还听说过诺贝尔经济学奖得主托宾的名言——"不要把所有的鸡蛋都放在一只篮子里"，所以，我会按比例（如40%∶60%）投资于股票与存单，所以我是风险中性者。

很遗憾，风险中性者并非是有意识的按比例投资者，而是完全不考虑风险（原因可能是无知或其他）、只考虑期望收益者，只要两个项目期望收益相同，就认为它们是无差异的。如果羊先生对两个项目心无芥蒂，因而是风险中性者，他的选择将会完全随机。比如，小区东边有一家银行，西边有一家证券公司，太太让他往东，他就往东，太太让他往西，他就往西。甚至，美羊羊还可以做一个随机选择的计算机程序，供老爸使用。

那么，是什么决定羊百万的风险偏好呢？与血型、星座、年龄、性别等也许有一些关系，但更重要的是与其财富存量及其变化趋势有关，越穷的人越不敢冒险，越富的人越喜欢风险。

可见，风险厌恶者会选择存银行，风险中性者也有机会选择存银行，因此，无论股市多么"牛"，人群中总有风险厌恶者、风险中性者，他们总会为货币在财富贮藏手段中留有一席之地的。

（四）"梅逊三分白，雪输一段香"——相对于股票，货币胜在流动性强与低风险

上面所说的货币（用存单来代表）的收益较股票稳定，这条优点也被称为货币的流动性更强。

资产的流动性是指迅速变现而不致遭受损失的能力，它取决于：

（1）买进或卖出的难易程度；

（2）买卖的交易成本；

（3）价格的稳定性和可预计性。

比如，股票比起存单来说，流动性差一些，因为股票买进或卖出有时比较困难，比如好股票的持有者惜售，你想买也买不到；而当股灾来临，大家都争先恐后地抛售股票时，证券公司"跑道"堵塞，你想卖也卖不掉。此外，股票交易还要支付0.3%左右的佣金。正因为股票价格不稳定、不可预计，所以很多人热衷于炒股票，以获取资本利得。

再如，房产与股票相比，流动性更差。比如你要卖二手房，虽然有经纪人帮你撮合买家，但你要支付相当数量的佣金，而且房产价值不菲，运气不好的话，成交费时费力。当房市泡沫渐起与泡沫破裂时，其价格变化也较大、较快，难以预计。当然，如果你急于将价值200万元的房子以100万元卖掉，肯定非常容易成交，但这并不表明其流动性强，因为你在此价格上遭受了很大的损失。而老爷车等物品由于没有经纪人组成的交易市场，流动性又比房产更差些。可见，经纪人的贡献之一就是提高了市场的流动性。

正因为存银行收益确定、没有风险①，所以，首先，存单在被出售时②，其价格是稳定的、可预计的；其次，相对于买卖股票债券而言，存、取款几乎不要什么手续费，即使是定期储蓄存款的提前支取，也只是损失一些预期的利息而已。因此存单的买、卖交易成本很低，也非常容易从银行买进、卖出，这些优点被称为其流动性强。

在所有资产中，最狭义的货币——现金，无疑是最有流动性的，因为现金本身就是现金，无须变现。因此，"流动性"也就是"货币性"的代名词，无怪乎凯恩斯将人们对货币的需求称为"流动性偏好"。事实上，是凯恩斯在1930年的《货币论》中最先提出流动性的概念的："国债及短期贷款比投资更具有流动性——也就是说，国债及短期贷款更有把握在短期内变现而不发生损失，而投资则比预付款的流动性更好。"

可见，货币的流动性、安全性强于股票，而股票的收益性强于货币，金融资产的三大特性就是安全性、收益性与流动性，在评"三好学生"时，货币与股票各有千秋。

（五）世界货币

货币在世界市场作为一般等价物来发挥作用时，我们称其为世界货币。"作为世界货币，必须有十足价值，并且是贵金属块，按其实际重量来发挥职能。纸币不能充当世界货币，现在的美元是国际支付手段和结算手段，称不上世界货币"——许多教材都这样说，其实这是金本位制时期过时的观点。自20世纪以来，美元一直在履行着国际储备货币的职能，如果"国际储备货币"与"世界货币"是极为相近内涵的词的话，那么事实说明，纸币也有世界货币的职能。

三、交易媒介职能与储藏手段职能何者为先？

货币的4项职能间有着内在联系：价值尺度与支付手段职能从属于交易媒介职能，既然货币充当了两种商品（如玫瑰花与小麦）间交易的媒介，它肯定已经衡量出了几朵玫瑰花的价值与1斤小麦相等的问题。而支付手段无非是事后的交易媒介，这样，储藏手段与交易媒介构成了货币的两种基本职能。

而在这两项基本职能中，储藏手段职能优先于交易媒介职能，因为一种货币在履行交易

---

① 当然，银行倒闭时若你的存单不在存款保险范围之内，则会变成废纸一张，那么存单相对于现金还是有风险的，可见最没有风险的是现金，现金是最狭义的货币。

② 比如，你在银行存取一笔活期存款，中国人习惯叫"存钱""取钱"，美国人喜欢叫向银行"买进"一张存单、"卖出"一张存单。

媒介职能时，必然也暂时储藏了价值，一种货币只有很好地履行了储藏手段的职能，人们才会让其履行交易媒介的职能。反之，如果它不能很好地履行储藏手段的职能，所造成的损失超过了更换交易媒介（对货币“改朝换代”，比如，用美元代替英镑，或用人民币代替美元）所发生的交易成本时，人们就将罢免其交易媒介的职能。只要看一看恶性通货膨胀国家的货币替代和倒退到物物交换就可以明白这一点，参阅第六章能量棒6-6“俄罗斯转型时期的‘休克疗法’与恶性通货膨胀”。

我们还可以进一步思考：从货币的基本职能来分析，美元为什么会成为最大的国际储备货币？人民币国际化的障碍在哪里？

◇ 能量棒1-5

美元为什么会成为最大的国际储备货币？

（一）得自国际储备货币的效用总和来自其交易媒介职能与价值储藏手段职能

哪种货币能够成为国际储备货币，主要是需求国的选择，而不是供给国强制的结果。比如，需求国（如中国）选择了美元作为国际储备货币，依据是什么呢？因为货币的基本职能是交易媒介与储藏手段，所以，如果各国得自以美元作为国际交易媒介与国际价值储藏手段的效用总和高于欧元、英镑、日元、人民币等，美元自然就会成为国际储备货币之首选。

（二）交易媒介与储藏手段职能孰轻孰重？

各国都以美元作为国际储备货币，是因为美元方便还是因为人们看好美元的价值？换言之，美元作为交易媒介带给人们的效用与作为储藏手段带给人们的效用孰轻孰重？这两种职能能够等量齐观吗？

1. 美元方便说——使用美元具有“网络正外部性”

1）网络正外部性（连带正外部效应）

（1）攀比效应

通常，我们都假设一位消费者对商品 X 的需求不取决于其他消费者对 X 的需求，因此，个别需求曲线水平加总可得到联合需求曲线。但当网络外部性存在时，一位消费者对 X 的需求会影响到其他消费者对 X 的需求，造成联合需求曲线的移动。

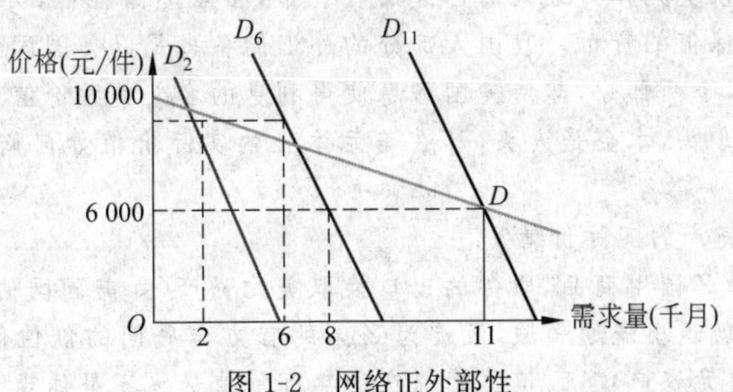

图1-2　网络正外部性

如能量棒1-5图1的 D_2 所示，假设在某地市场上当某名牌箱包“璐亦薇登”的价格为10 000元时，月销量为2 000件。此时由于一个成功的广告，这款包包在女性消费者中逐渐流行了起来，比如薇看到璐买了这款包包，会觉得它带给自己的效用水平提高了，因而会放弃其他商品来购买它，这就是消费者之间的攀比或赶时髦。这种效应使得更多的消费者购买这款包包，因而联合需求曲线右移至 D_6，使本月的销量达到6 000件。

在图 1-2 中，10 000 元价格下的 2 000 件需求量属于“纯价格效应”。消费者购买它，可能看中的是在此价格下的商品的内在价值(性价比合理)。而在该商品流行起来之后，销量从 2 000 件增加到 6 000 件，这增加的 4 000 件应归为攀比效应，即“网络正外部效应”的表现形式之一，这 4 000 件的攀比效应正是广告想要达到的目的。

趁着品牌大红之际，品牌经理又大幅度降价至 6 000 元，则月销量不是沿着 D_6 增至 8 000 件，而是在攀比效应下进一步攀升至 D_{11} 线上的 11 000 件。显然，从 6 000 件到 8 000 件是纯价格效应，而从 8 000 件到 11 000 件则是攀比效应。可见，由于网络正外部性的存在，真正的需求曲线 D 远比没有这种效应时更有价格弹性，即更加平坦。

(2) 降低成本效应

除了攀比能造就网络正外部性之外，某些商品具有“使用人数越多、成本(或交易成本)越低”的性质，也是造就网络正外部性的原因。比如，Windows 操作系统就是借着网络正外部性而战胜了 WPS 系统的。反之，人造的语言——世界语，因为缺乏网络正外部性而未能取代英语成为国际通用语言。

再如，在 1860—1890 年，实行金本位制的英国处于世界政治、经济、贸易、金融领域的霸主地位，当英国的银行家和贸易商们更偏好与维持金本位制的国家和地区贸易时，就吸引了更多的国家向金本位制转换，以降低交易成本。当包括美国和德国在内的其他主要经济大国加入金本位制后，金本位制的网络外部性更明显了，金本位制潮流变得越发不可逆转了。20 世纪 90 年代，俄国和日本也最终加入了金本位制，金本位制和金本位制下的固定汇率就成了全球的通行标准，可惜中国当时仍在实行落后的银本位制。

2) 美元作为国际结算货币也具有网络正外部性

自布雷顿森林体系成立后，即使它于 20 世纪 70 年代解体了，美元在世界经济中仍一直履行交易媒介、记账单位和价值储藏手段的功能。目前世界 4/5 以上的外汇交易、60%以上的国际贸易用美元结算，大部分商品尤其像石油、粮食、贵金属等大宗商品，都是用美元计价的。虽然欧元占世界外汇储备的比重从 1999 年成立时的 17.9%增加到 2008 年的 26.5%，同时美元的比重从 2002 年开始就逐步下降，但相对于欧元的 26.5%、英镑的 4.1%和日元的 3.3%来讲，2008 年美元仍占有 64%的比重。可见，美元是当前世界货币体系的核心货币。

2. 美元保值说

各国官方、民间均以美元作为最大的国际储备货币，在国际储备中，美元所占比重达到 60%以上，因为美元是最能保值的货币。我国大部分的外汇储备也是以美国国债形式持有的，美国国债的收益分为利息与本金两部分，即使美国降息使得利息的名义美元价值下降了，但本金的名义美元价值不变，利息是小头，本金是大头，那么美元本金的实际价值如何衡量？为何说美元保值性能良好呢？

1) 如何测算美元资产的实际价值？

美国以外的国家如 Z 国用商品、服务的出口换取美元资产(如美国国债)，美元资产起初是作为交易媒介，但不久它就退出流通领域，沉淀为 Z 国的官方与民间的价值储藏手段(官方外汇储备与藏汇于民的居民美元资产)了。但美元资产的实际价值最终不是体现为无限延迟的储蓄，即息上生息、钱生钱的金融资产的价值，而是体现为最终将这些储蓄兑现、能够购买到多少商品、服务等实际资源。如果美元资产能够兑现或购买到美国以外的国家如 B 国的商品、服务，也是因为 B 国的居民认可这些美元资产最终能够在美国购买到的商品与服务的价值。因此，美元资产的实际价值最终是由它能够在美国购买到的商品与服务的价值决定的。

2) 美元资产的实际价值最终体现在其全球首屈一指的可供出口的商品与服务上

(1) 为什么即使在美国贸易逆差时期美元的保值性也良好？

① 越老越值钱型的借款国与庞氏借款国的区别

在2008年次贷危机前，国际社会热议的一个问题是全球经济失衡，即美国巨额的经常项目赤字和不断增长的净外债额，以及东亚国家和地区（中国、日本、亚洲新兴工业化国家或地区）及石油产出国（如俄罗斯和沙特阿拉伯等国）大量的贸易顺差和快速增长的外汇储备并存现象①（陈继、胡艺，2007）[3]。这种失衡说反映了学者们在跨时期预算约束下担心美国在进行"蓬齐博弈"（或译为"庞氏骗局"）②。但美元在失衡时期仍然稳居全球第一大国际储备货币的位置，因为虽然学术界存在质疑，但美元资产的追捧者并不真的认为美国是蓬齐，而是认为美国是消费的跨时期选择模型中"越老越值钱"型的主体。

根据国民收入恒等式 $S-I=X-M$，美国的贸易逆差即 $X-M$ 是由于储蓄—投资缺口即 $S—I$ 造成的，这个缺口存在的主要原因既可能是消费过度从而储蓄过低，也可能是投资③过度。投资能够提高一国的生产力、未来的收入与出口能力，由于投资过度造成贸易逆差的借款国在时期2会在不压缩消费的情况下具有转为顺差并还款的能力，因而属于越老越值钱型的借款国。反之，由于消费过度造成贸易逆差的借款国，在时期2如果不大力压缩消费，就不可能还款。而大力压缩消费是令国民痛苦的事情，因此这类国家很可能会陷入借新债、还旧债的泥潭或赖账违约，成为庞氏借款国，如处于欧债危机中的希腊等国。

---

① 2008年次贷危机前的全球经济不平衡，确切的说是全球国际收支失衡，张明（2007）的研究指出：以2006年为例，美国的经常项目赤字为8 567亿美元，占国内生产总值的比率为6.5%，接近全球GDP的1.8%，美国的经常项目赤字占全球经常项目盈余的75%以上；亚洲发展中国家的经常项目盈余为2 531亿美元（中国为2 385亿美元），占GDP的比率为5.4%（中国为9.1%）；中东国家的经常项目盈余为2 124亿美元，占GDP的比率为18.1%。在三大发达经济体中，美国存在显著的经常项目赤字，日本存在显著的经常项目盈余，欧元区的经常项目差额基本保持为零。同时，国际收支流量上的失衡必然会在国际净投资头寸存量上体现出来。国际投资头寸就是一国的对外净资产，比如，一国对外资产为5万亿美元，对外负债为4.5万亿美元，则对外净资产为5−4.5=0.5（万亿美元）=5（千亿美元）；有时，国际净投资头寸也用一国的对外净负债来反向表示，此例中对外净负债为4.5−5=−0.5（万亿美元）=−5（千亿美元）。

② "庞氏骗局"源于一个名叫查尔斯-庞兹（Charles Ponzi）的人，他是一个意大利人，1903年移民到美国，在美国做过各种工作，包括油漆工，一心想发大财。从1919年起，庞兹隐瞒了自己的历史来到了波士顿，设计了一个投资计划，向美国大众兜售。1919年，第一次世界大战刚刚结束，庞兹宣称，购买欧洲的某种邮政票据，再卖给美国，便可以赚钱。当时各国之间由于政策、汇率等确实存在一些套利机会，但庞兹所说的这种简单投资方式根本不存在套利空间。然而，庞兹一方面在金融方面故弄玄虚，另一方面则设置了巨大的诱饵，他宣称，所有的投资，在90天之内都可以获得40%的回报。而且，他还给人们"眼见为实"的证据：最初的一批投资者的确在规定时间内拿到了庞兹所承诺的回报，于是，后面的投资者大量跟进。在1年左右的时间里，差不多有4万名波士顿市民将1 500万美元投资交给了庞兹，大部分是怀抱发财梦想的穷人。当时的庞兹被一些愚昧的美国人称为与哥伦布、马可尼（无线电发明者）齐名的三名最伟大的意大利人之一，因为他像哥伦布发现新大陆一样"发现了钱"。庞兹住上了有20个房间的别墅，买了100多套昂贵的西装，并配上专门的皮鞋，拥有数十根镶金的拐杖，还给他的妻子购买了无数昂贵的首饰，连他的烟斗都镶嵌着钻石。当某个金融专家揭露庞兹的投资骗术时，庞兹还在报纸上发表文章反驳金融专家，说金融专家什么都不懂。

1920年8月，当庞兹无法借新债还旧债时，他破产了，由此赖掉了所有债务，他也被判处了5年刑期。他所收到的钱，按照他的许诺，可以购买几亿张欧洲邮政票据，事实上，他只买过2张。此后，"庞氏骗局"成为一个专有名词，意思是用后来的投资者的钱给前面的投资者以回报，以这种拆东墙补西墙的方式维持流动性，而最终缺乏清偿力的投资方案。庞兹在出狱后又干了几件类似的勾当，因而蹲了更长时间的监狱。1934年他被遣送回意大利，又想去骗墨索里尼，但没能得逞。1949年，庞兹在巴西的一个慈善堂去世，当时，这个"庞氏骗局"的发明者身无分文。

③ 这里所说的"投资"是凯恩斯意义上形成资本品的实业投资，日常生活中所说的资金盈余方对股票、对国债的投资等金融投资是凯恩斯意义上"储蓄"而非"投资"，如果资金赤字方将这些储蓄用于实业投资，才最终形成凯恩斯意义上的"投资"。

② 美国的统计体系高估了其经常账户逆差占 GDP 的比重

A. 低估了其知识投资及 GDP 增长潜力

次贷危机前的若干年中，许多学者认为当时的世界经济失衡是不可持续的，也许会灾难性地中断。比如某一天，东亚和产油国对美元的保值性失去信心（认定美国是蓬齐）而突然不愿持有美元了，就将抛售美国国债等资产。同时，大量在美国的外国投资迅速撤离，导致美元大幅度贬值，美国股市、房市大跌等，正如 1997 年东亚金融危机一样。被学者们不幸言中的是，2008 年美国发生了次贷危机，但未被言中的是，次贷危机后，发达国家的资金从美国以外的国家撤离，转移到美元资产上，反而刺激了对美元的需求①，导致美元升值了。说明美元追捧者依然认为美元的保值性是全球最好的，因为追捧者相信美国的知识投资、科技实力及综合国力（陈继勇，胡艺，2007）。

其实美国的投资是被低估的，因为美国当前的统计体系是 20 世纪 30 年代的工业经济时代由美国统计学家库兹列兹建立起来的，它将机器和厂房等有形投入作为长期投资，但未将美国每年对技术创新、产品设计、品牌维护、员工培训等无形投入计算为投资，自然将其作为 $Y-S=C$ 的消费了。因此美国的消费被高估了，而储蓄与投资被低估了②，从而也低估了美国的 GDP 增长潜力。这种错误虽然不影响对美国当期贸易逆差的统计，但高估了当期贸易逆差占 GDP 的比重，也打击了人们对美国的贸易逆差在未来可能转为盈余的信心（陈继勇，胡艺，2007）。

1999 年美国 BEA（经济分析局）作了一个小突破，将用于计算机软件的开支作为一项长期投资计入 GDP 中。但这种调整力度是微弱的，因为软件支出只占美国巨额无形投入的一小部分，如果将无形投入完全纳入美国的国民收入和产出账户，可能会使其 GDP 增长潜力大为提高。这样的话，即使经常项目赤字不变，其在 GDP 中比例也会下降，就会使人们相信美国不是庞氏借款人。

B. 高估了其经常账户赤字

同理，美国当前统计体系高估了美国的经常账户赤字，相应地，中国的经常项目盈余趋势也被高估了。因为在美国的涉外统计中，仅将厂房和机器设备的价值作为对外投资记录在案，但对投资过程中涉及的大部分无形知识的转移都没有记录，如专有技术和员工培训等。实际上美国出口了大量的知识作为投资，这些知识投资体现为 FDI 的高额利润。

但这些利润又被美国企业作为再投资继续投入到中国，并且以人民币形式存在，故不直接计入中国和美国的国际收支平衡表，需要事后重估或调整。一旦哪天这些 FDI 的利润要汇回，中国的经常账户就可能突然出现赤字，而美国的经常账户将突然呈现盈余（陈继勇，胡艺，2007）。

C. 中国的国际收支统计高估了其经常账户顺差——金融暗物质假说

a. FDI 未分配利润与已分配未汇出利润——暗物质之一

2011 年 4 月 1 日，国家外汇管理局发布了新口径之下的 2010 年国际收支平衡表，并通过口径调整，对 2005—2009 年国际收支平衡表进行了修正（重估），核心是参考国际标准，将外商投资

---

① 比如，美国前五大投资银行从中国等新兴国家证券市场及房地产市场等陆续撤离投资，撤离资金兑换成美元。

② “储蓄”与“消费”这两个经济学的基本概念，从最初形成到现在大概已经有 100 多年了，对其定义还非常传统，其中最不能跟上时代发展需要的是未将对人力资本的投资（如教育、文化、研究、探险、考察等）视为“投资”，而是将其视为“消费”，这种人力资本是现代（特别是像美国这类最发达国家）经济持续发展的主要动力。中国的固定资产投资主要用来购买机器、厂房，这是推动中国经济增长的主要动力。而美国等发达国家的经济已经不是靠硬件推动了，是靠软件资本、知识财富、创意、创新这些方面的投入，美国 GDP 支出中这方面的比重非常高，使得一些硬件公司，如 IBM，已转变为服务商而不是机器制造商。在 IT、生物工程、航空航天以及其他的高科技领域乃至几乎所有的工业领域，甚至也包括农作物种子、化肥、农药等领域，美国是世界上最先进、最强大的国家。但这并不是因为其固定资产投资多，而是因为其培训、研发、设计等方面投入多，在人力资本形成方面的支出多等，这些都不应被归入消费。

企业归属外方的未分配利润和已分配未汇出利润记入国际收支平衡表中金融账户"直接投资"的贷方。而由于未分配利润、已分配未汇出利润的表现形式为人民币，这种潜在的经常账户逆差因素被称为中国的"金融暗物质"，因而将其换算成国际收支平衡表中的美元计值。估计截至2009年年底的暗物质规模为2 100亿美元或1.4万亿元人民币①。这样一来，国际收支平衡表口径的FDI流入就将大幅高出商务部统计的FDI流入②。

这部分资金所有权属于FDI，但表现形式却为人民币。按照国际收支管理规则，这部分人民币资金随时可以无条件兑换成外币并撤离，因此中国的经常账户顺差可能会突然变成逆差。一个相关概念是"FDI的自身净逆差效应"，它是指年度FDI新增流入若少于年度未汇出的利润，将造成逆差。值得注意的是，近年来中国FDI利润的汇出已经呈现大幅上升态势，在人民币升值幅度到位甚至形成人民币贬值预期之后，必然将迎来FDI留存利润大幅汇出的时候。而这时，由于其巨大的规模以及不受约束的属性，将有可能使我国经常账户与资本流动变成逆差。

b. FDI的市值高于中国国际投资头寸表上按历史成本法统计的值——暗物质之二

由于多种原因，目前中国国际投资头寸表上的FDI余额，是以历史成本法计算的，而在美国等国家，对FDI的统计均采用市场价值法。在几乎所有的会计统计体系里，"历史成本法"早已因与时代发展脱节而被替代，但中国对外投资头寸表的FDI项目依然使用这种方法。虽然不排除有一些外商投资企业经营失败，但从外商投资企业总体在国内的成功经营可以看出，目前国内FDI的市值肯定大于其历史成本。因此，历史成本法统计的1万亿美元FDI，在中国已经累积成了巨量无可估算的市场价值，加上其累计留存利润，共同构成了中国国际收支平衡表中的"暗物质"。

在国际资本流动中，FDI往往被认为是稳定的、非投机性的。但从一方面来说，目前中国FDI体系中的留存利润，已经具有明显的投机性质；另一方面，20世纪拉美金融危机和亚洲金融危机的经验证明，在危机时期FDI同样会掀起撤出的浪潮，因此中国的FDI市值也构成了危胁国际收支的一种暗物质。

由此还引出了一个重大的定性判断：中国真的是目前全球最大的债权国吗？根据中国的国际投资头寸表，2009年中国对外资产净头寸为1.8万亿美元，但这其中FDI是按历史成本法评估为9 974亿美元。如果FDI资产采用市场价值法被评估为2.8万亿美元，那么中国就将从一个当今世界上最大的债权国家变成一个债务国。

D. 美国的跨时期预算软约束

但是，美国何时由贸易逆差转为顺差，主要不是取决于其出口能力，因为在现实生活中，美国可以将跨时期消费预算约束中的"时期2"无限递延。因为在这种递延中，美元追捧者们（比如将官方外汇储备的绝大部分以美国国债形式持有的发展中国家）对美国抱有"越老越值钱"的信心。正是这些贷款人对美国的纵容，使得其跨时期预算约束因为时间约束的松弛而变成了软约束，也使得美元在美国贸易逆差时期仍具有全球最好的保值性。

(2) 美国再工业化后出口增加、进口减少了[4]

① 美国"再工业化"的含义及可行性

次贷危机前的这一轮全球化产业分工持续了30年的时间，尽管美国制造业就业人口相对减

① 根据外管局国际投资头寸表，截至2009年年底，FDI累计余额已经达到9 974亿美元，接近1万亿美元，估计"暗物质"规模为2 100亿美元或1.4万亿元人民币。

② 根据商务部数据，2010年全国新批准设立外商投资企业27 406家，实际使用外资金额1 057.35亿美元（同比增长17.44%），可以发现，国际收支平衡表口径流入的2 068亿美元FDI，已经是商务部口径流入1 057亿美元的接近两倍（196%）。外管局此次只是开了一个揭开暗物质的好头，目前国际收支平衡表对FDI留存利润规模仍然存在低估。实际上，由于已经累计的近1万亿美元的FDI存量，其年度利润产生的规模已经超过FDI年度纯流入的新增量。

少，而服务业、金融产业就业人数却迅速膨胀，但其制造业增加值占全球比重降幅不大，美国依然拥有全球第二大规模且最先进的制造业①。2008年次贷危机后，奥巴马总统提出再工业化战略，呼吁并以财政税收补贴吸引在海外的美国制造业回流本土，以增加就业与投资，承担社会责任(杨志荣，2012-03-24)。

美国制造业回流的可行性在于：美国廉价能源的比较优势替代了发展中国家廉价劳动力的比较优势。一方面，近20年来，全球化的最大动力是发展中国家与发达国家之间的劳动力价格差异，2006—2011年，亚洲平均薪资年均增长5.7%，而发达国家增速仅为0.4%，全球薪酬差距在缩小。同时，生产率提高了，工厂不再需要那么多工人了②(2014-12-02，亚博经济信息)[5]。

另一方面，美国页岩油气的技术革命使得美国天然气价格低至法国的1/3，大量美资制造业(尤其是能源消耗较大的化工、石油、钢铁行业)公司正在回流美国，同时欧洲对美国制造业的直接投资也在增加。可见，美国廉价能源的比较优势正在替代发展中国家廉价劳动力的比较优势，使得全球制造业直接投资目的地由发展中国家搬向美国，渐成一种趋势。

欧洲的能源价格居高不下，因为欧洲正在通过补贴可再生能源、对碳排放收费等，推行清洁能源和环保的政策，这增加了企业的成本，令欧洲的企业搬离欧洲。因为与其在欧洲建造一个全新的、环保的工厂，不如选择把产品放到中国现有的工厂制造，然后出口到欧洲，这要便宜得多。即使欧洲国家放弃清洁能源而改用传统能源，它也难有美国页岩气那样的低成本天然气。即使美国将廉价液化天然气出口到欧洲，美国依然有成本优势，因此，欧洲的一些制造业也在搬往美国③。

② 美国再工业化带来的就业人数增加主要是生活服务业与生产性服务业的贡献

美国再工业化战略带来了就业人数的增加和经济的复苏④，但制造业就业人数的增加只是短期的，长期的话还得依靠服务业，尤其是相关制造业的服务业。美国劳工部也预期，企业服务业务将会是未来几年主要就业机会的来源⑤。

③ 美国服务业出口具有改善国际收支的巨大潜力

即使不依赖于制造业，美国改善经常账户也可以依赖于服务业的净出口。在次贷危机前，美国因商品进出口造成的贸易逆差每年近3 000亿美元，但美国GDP约80%则来自服务业⑥。随着技术外包、远程服务、知识产权贸易等的发展，未来10年，全球服务可贸易比重只需从现在的不足20%提高到1倍，美国庞大的服务业就会创造出惊人的顺差和利润。社会科学院重点金融

---

① 从1980年到2009年，制造业就业人数占总就业人口比重从21.6%降到9.1%，制造业增加值占GDP比重从21.1%降到12.6%，但增加值却从5 840亿美元增加到17 180亿美元。尽管制造业就业人数比1979年峰值时的1 960万人减少了877万人，但服务业、金融产业就业人数却迅速膨胀。

② 一座高级的制造工厂雇用工人往往少于200人。

③ 比如，德国化学公司BASF看重美国天然气的成本优势，正将其5年200亿欧元投资计划中的1/4投向美国，计划在美国建造14亿美元的丙烯工厂。因为天然气不仅能提供能源，还能提供化学原材料。奥地利钢铁公司正在美国得州建造一个5亿欧元的设施，因为可以利用得州廉价的天然气加热锅炉，而不是其在欧洲使用的更为昂贵的煤，该设施的产量将是奥地利本土钢铁厂的5倍。

④ 2013年1月美国制造业连续30个月扩张，经济保持连续10个季度复苏，失业率也从2009年10月的10.2%降至目前的8.3%，过去一年净增加就业岗位195.3万个。

⑤ 美国劳工部日前发表的报告预测，到2020年，工厂雇员总数将减少至1 150万，未来几年工厂产出预计将会增加。尽管当前的美国制造业劳工数量大致和70年前相同，但企业服务业就业则成长至8倍。

⑥ 这就是为什么最近几年像Ebay、Facebook、Twitter、Apple这样在渠道和商业模式上有创新的公司受到资本市场的狂热追捧的原因，利润不到5亿美元的Facebook，市值却能高达1 000亿美元，而制造业中的苹果公司的股票市值突破5 000亿美元时，市盈率也只有15倍。

实验室主任刘煜辉指出，在G20国家中，美国是唯一一个服务业的劳动生产率显著高于制造业的国家，它的优势产业是金融、教育、医疗和传媒，美国只需推动服务业可贸易规模的发展，那么其经常账户逆差和庞大的债务都有可能变成历史（杨志荣，2012-03-24）。

（3）小结——美元成为第一大国际储备货币是由其经济、科技和军事实力带来的良好的保值性（价值储藏手段职能）决定的

长期来看，某一币种在国际上的影响力与该币种所代表经济体的经济、科技和军事实力是完全正相关关系。目前美国是世界上实力最强大的国家，它的国民生产总值是欧盟、日本和中国三大经济体的总和，相当于日本的3倍、中国的5倍。其军费开支占世界总军费开支的50%，军事实力独一无二，同时保持着世界最强大的科研实力。虽然欧元和日元也是影响力较大的全球性货币，但其背后的综合实力仍不可与美元相提并论，美元无可取代。

◇ 能量棒 1-6

人民币的国际化——兼谈日元的国际化

（一）人民币的国际化

1. 概述

我国的人民币长期处于国内封闭流通状态，直到20世纪90年代初期才开始在周边国家流通，20世纪90年代末期人民币国际化才被提上日程。经过政府的推动与多年的发展，目前人民币的境外持有量与流通规模呈逐年上升趋势，并且美国芝加哥期货交易所和中国香港期货交易所都上市了人民币期货合约，以期抢占离岸人民币的定价权，体现了人民币的活力（樊晨，2015）[6]。

人民币国际化指人民币在国际社会履行货币的职能，表现为人民币在不同的国家流通并自由兑换，履行交易媒介[含价值尺度、支付手段及国际价值储藏手段（别国的官方外汇储备与民间金融投资的载体货币）]的职能。简言之，人民币国际化包含着人民币充当本国与他国间的交易媒介与别国的价值储藏手段这两种国际化程度由低到高的阶段。前一阶段即我国政府所说的人民币贸易结算，目前我国人民币国际化进程还处在这个初级阶段。人民币贸易结算是指在国际贸易中以人民币计价和结算，即我国居民向非居民支付人民币，并允许非居民持有人民币存款账户，从而对中国居民支付人民币。

但总的来说，人民币国际化目前还处于初级阶段，目前人民币只在越南、泰国、缅甸、朝鲜、马来西亚、菲律宾、俄罗斯、蒙古、巴基斯坦、尼泊尔等相邻的周边国家和地区作为支付和结算货币被普遍接受（陈世渊，欧乐鹰，2014）[7]。但这些国家和地区的贸易额和外汇储备额还都是以美元计价的（樊晨迪，2015），这表明人民币即使在这些国家和地区，也只是履行交易媒介、支付手段职能，尚未履行价值尺度与价值储藏手段职能。

2. 当前人民币国际化的形式——人民币跨境贸易结算

1）含义

2009年4月8日国务院常务会议正式决定，在上海、广州、深圳、珠海、东莞等城市，开展跨境贸易人民币结算试点。2011年8月23日，人民银行、财政部、商务部、海关总署、税务总局和银监会联合发布《关于扩大跨境贸易人民币结算地区的通知》，至此，跨境贸易人民币结算境内地域范围扩大至全国。

所谓跨境贸易人民币结算，是指经国家指定的、有条件的企业在自愿的基础上，以人民币进行跨境贸易的结算。商业银行在人民银行规定的政策范围内，可直接为企业提供跨境贸易人民

币相关结算服务，包括进出口信用证[①]、托收、汇款等多种结算服务。

2) 跨境贸易人民币结算的模式

当前我国跨境贸易人民币结算的模式有以下三种：清算行模式、代理行模式和NRA账户模式。以我国最重要的离岸市场——香港为例。

(1) 清算行模式

这是指境外参加行在香港的人民币清算银行(中银香港)开立人民币清算账户，通过该清算账户与境内的结算行之间完成跨境贸易人民币结算的资金划拨(屈庆东，2016)。

例如，境内企业(如上海某超市)要向境外企业(如香港某食品公司)支付一笔人民币货款，境内企业将在内地银行的活期存款 A 元转存到离岸银行(如香港汇丰银行上海分行)，离岸银行将资金存入清算行(中银香港)，清算行再将资金存入中央银行深圳支行。那么境内企业在境内商业银行的存款减少，境内商业银行在央行的准备金减少，但清算行在央行的准备金增加，不过境外清算行的准备金并未参与境内"贷款创造存款"的过程，所以这就意味着货币供应减少了。

(2) 代理行模式

这是指境内具备国际结算业务能力的中资商业银行委托外资行作为其海外的代理行，通过与境外参加行签订《人民币代理结算清算协议》，为其开立人民币同业往来账户，代理境外参加行进行跨境贸易人民币结算支付(屈庆东，2016)。

代理模式即中资行委托境外企业在中资企业的委托行开设人民币账户的模式。而清算模式主要是指在中资行境内总行和境外分支行之间进行的业务，即境外企业在中资行境外分行开设人民币账户。

例如，境内企业向境外企业支付了一笔人民币货款，境外企业将这笔资金存在离岸银行，离岸银行选择代理行模式，将这笔资金存入在岸商业银行。对于在岸商业银行体系而言，先是减少了活期存款，后因离岸银行的资金存入，增加了同业存款。由于这部分同业存款是不缴纳存款准备金的，所以央行的账户上，负债方的商业银行体系准备金存款减少，基础货币减少[②]。

(3) NRA账户模式

NRA账户模式指经过人民银行当地分支行的核准，境外企业可以在境内银行开立非居民银行结算账户，直接通过境内银行行内清算系统与人民银行跨行支付系统，完成人民币资金的跨境清算和结算。

人民币NRA账户属于境内账户，并不是真正意义上的离岸账户。境内企业向境外企业支付了人民币货款 A 元，境外企业仍将收到的人民币存在NRA账户，只是所有权发生变化，并不影响境内货币供应。

3. 人民币国际化对我国的益处

1) 人民币国际化可使我国获得铸币税收益

一国货币国际化后，其发行国便拥有了一种获取国际资源的手段，即收取铸币税。

---

① 比如，中国某出口企业(如浙江某服装公司)与海外买家(如美国沃尔玛超市)协商用人民币结算。假设收款行为浙江该服装公司的开户行——中国银行，中国银行委托美国花旗银行为其代理行，则花旗银行就是此次贸易中的付款行，买家须在花旗银行开设人民币账户，并预先存入人民币、开具人民币信用证。随后，议付行(比如大通曼哈顿银行)通知卖家，之后进行发货、收货、收付款等业务流程，这就是人民币跨境贸易结算。再如，中国某进口企业(如上海市第一百货公司)与海外卖家(如美国某制鞋公司)协商用人民币结算，假设美国卖家指定其开户行——美国花旗银行为收款行，花旗银行则委托中国银行作为其代理行，则中国银行为其付款行。中国买家需开具人民币信用证，随后议付行(如交通银行)通知美国卖家，之后进行发货、收货、收付款等业务流程。

② 央行规定从2016年1月25日起，境外的金融机构存放于在岸银行的资本也要缴纳存款准备金。

2）人民币国际化有利于我国开展国际经济活动，降低汇率风险

当一国货币成为国际货币后，该国企业可使用该国货币作为国际贸易、国际投资和国际借贷的计价结算货币，从而避免货币转换带来的汇率风险，有利于该国国际贸易与国际投资的发展，人民币也是如此。

3）人民币国际化有利于改善国际收支，减轻对外币的依赖

当前，国际货币呈现出美元、欧元、日元寡头垄断的局面，这些货币的国际化有利于其发行国改善国际收支。以美国为例，美国的负债以美元计价，美国持有的国外资产以外国货币计价，一方面，一旦美元贬值，美元负债没有发生变化，但资产却因外国货币升值而增加，因此将改善美国的国际收支；另一方面，美国本国的货币——美元有对外支付能力，当其国际收支出现逆差时，无须通过国内实行减少支出的紧缩性政策、以牺牲经济增长为代价来缓解逆差，只需要用美元对外支付就可以了（王超贺，2014）[8]。

4. 当前人民币国际化的主要障碍

当前，人民币国际化的主要障碍在于国际社会对于人民币是否能很好地履行价值储藏手段的职能还比较怀疑，由浅到深的原因如下：

1）人民币还不是完全可兑换

当前我国的资本项目还没有彻底开放，因此人民币不能完全自由地兑换，妨碍了人民币发挥国际价值储藏手段的职能（王超贺，2014）。

2）我国金融市场不发达

一种货币想要在国际上很好地履行价值储藏手段的职能，其发行国必须拥有一个较为开放的、交易规模巨大、体制健全的金融市场。但目前我国许多金融市场发展较为滞后，如债券市场结构不平衡，企业债所占比重过低；外汇市场极不发达，交易不够活跃，交易量相对我国的经济和贸易总量而言显得微不足道（王超贺，2014）。

3）我国经济实力不足，企业国际竞争力弱

即使前两个问题都解决了，即人民币实现了自由兑换，且中国有着发达的金融市场。但境外主体投资于人民币资产是否能够保值增值，从根本上仍取决于人民币币值是否坚挺，而这又取决于在微观层面上人民币相对于美元、欧元、日元等货币被需求的程度，然而，人民币在这一点上并不乐观。

从宏观上看，我国的经济总量和发展速度在全球来看虽有明显优势，但经济实力还是比较弱的。按照国家统计局 2012 年的数据，我国人均 GDP 大约是 6 094 美元，在世界排名第 84 位，并且基尼系数较高，贫富分化较大。而国际上实施本币国际化战略的国家，人均 GDP 普遍已超过了 3 万美元，与发达国家相比，中国还存在很大差距（王超贺，2014）。

从微观上看，我国企业仍然是世界的代工厂，一些关键的原料、技术和知识产权均受到发达国家的牵制①，企业在国际上缺乏核心竞争力，从而在国际贸易中失去了以人民币为结算货币的选择权，进而制约了对人民币的需求（樊晨迪，2015）。

4）国际投资者对于我国金融风险的担忧

中国国内贷款连续 5 年超高增长，使得银行资产负债表承压。据彭博计算，贷款余额在 2014 年年中已增至 GDP 的 200％以上，远高于 2008 年年末的约 125％，国际投资者出于对中国金融体系长期稳定的担忧而不愿更多地持有人民币资产（陈世渊，欧乐鹰，2014）。

---

① 例如，在智能手机行业，除了华为公司有自己的芯片，其他的不论是操作系统还是相关部分硬件设施，都受到国外专利的牵制（樊晨迪，2015）。

（二）日元的国际化[9]

1．日元国际化进程回顾

日元国际化进程可归纳为三个阶段：起步于20世纪60年代、辉煌于20世纪80年代、止步于20世纪90年代。

1）起步阶段(20世纪60年代至70年代末)

“二战”之后，日本经济发展迅速，对外贸易顺差不断扩大，日元升值压力出现，日本政府开始考虑日元国际化问题。日元国际化的标志性事件之一是1964年日本政府开放了经常项目，实现了日元在经常项目下的可自由兑换。

1973年，已运行了近30年的布雷顿森林国际货币体系终结，以美元为中心的固定汇率制度瓦解，包括日元在内的主要国家货币重新进入浮动汇率时代。日本企业为了规避日元兑美元的汇率风险，在国际贸易中越来越多地选择日元作为贸易结算货币。但由于日本政府担心日元国际化会导致本国资本外流、削弱国内金融政策的有效性和搅乱国内金融市场秩序，因此对日元国际化持消极被动态度，其所推出的一些放松资本管制的政策旨在缓解日本贸易顺差带来的通货膨胀压力。因此，这个阶段的主要特点是：日本政府在推动日元国际化方面持消极态度，日元国际化总体上进展有限(董潮恩，2014)。

2）长足发展阶段(20世纪80年代初至20世纪90年代中期)

20世纪80年代初，日本政府转而开始积极主动地推动日元国际化，原因是：(1)在当时对日贸易逆差不断扩大的形势下，美国政府就日元汇率问题不断对日本施加压力；(2)随着自身经济实力的迅速强大，日本开始谋求在国际政府舞台上相应的地位，而日元国际化则被视作提高日本国际地位的重要一环。

日本政府积极主动地推动日元国际化的主要表现是：(1)于1980年实施了新的《外汇法》，实现了日本在资本项目下的可兑换；(2)于1984年后陆续发布了一系列重要的官方文件或协议，提出为促进日元国际化而应采取的多项政策措施。此后，日本政府在欧洲日元贷款、欧洲日元债券、对境外金融市场开放、外资流入和流出等方面采取了一系列放松和自由化措施，从而掀起了一次日元国际化高潮，使得日元在国际货币中的地位进入全盛时期。

在这个阶段，有两项政策对日元国际化进程产生了重要影响：(1)1985年日本被迫签订了与美国等五国联合干预外汇市场的“广场协议”，日元对美元汇率大幅度升值。据统计，广场协议签订后的10年内，日元升值了近3倍，并且汇率面临着剧烈震荡，阻碍了日元国际化进程；(2)离岸市场在日元国际化过程中起到了重要推动作用。20世纪70年代日元离岸市场在欧洲兴起，产品涵盖了欧洲日元的存款、贷款、债券等，此后，欧洲离岸市场日元规模迅速扩大。据统计，1985年9月，欧洲离岸市场日元规模扩大至295亿美元，比1977年增长了近10倍。此外，东京离岸市场在1986年正式设立，在东京离岸市场上，日本政府取消了对居民和非居民之间资本流动的限制，银行可以接受非居民的存款，也鼓励国内企业赴海外融资。

3）停滞阶段(20世纪90年代后期至今)

在1997年亚洲金融危机和1999年欧元诞生的背景下，日本政府开始调整日元国际化策略。另一方面，加速采取措施进一步推动日元国际化：

(1) 1988年日本正式施行新修订的《外汇法》，真正实现了日元的完全自由兑换。

(2) 1998—1999年，日本政府先后发表“日元国际化推进策略”和《面向21世纪的日元国际化》报告，对加快推动日元国际化提出了一系列政策和目标。

另一方面，日本政府积极在亚洲推动日元区域化，构建“日元亚洲化”战略目标。受1997年亚洲金融危机的影响，日本政府提出了建立亚洲货币基金。1999年日本政府与亚洲其他国家探讨构建亚洲货币联盟和建立单一货币"亚元"的设想。2000年与中国、韩国、东盟等国签订"清迈协议",进一步加强了与这些国家在货币金融领域的沟通和协调,积极推动东亚区域货币合作。

在这一阶段,虽然日本政府想借助亚洲金融危机重新强力推动日元国际化,并试图在亚洲建立以日元为核心的区域货币,但随着20世纪90年代日本国内经济陷入衰退,在国际社会眼中,日元已不能很好地履行价值储藏手段的职能,因此日元在国际支付结算、外汇市场交易以及国际储备等方面所占的份额不断下降,日元国际化进程受阻。

2. 日元在国际化进程中的失败教训

目前日元的国际化水平并不高,与日本在全球经济中的地位并不相称,以下是日元国际化受阻的教训。

1) 日本外贸依存度过高,难以提高本币在国际贸易结算中的地位

尽管日本政府不遗余力地推动日元国际化,但日元在本国出口贸易结算中占比也仅为37%,在本国进口贸易结算中占比也仅为15%,日元并未成为国际贸易中主要的支付结算货币。因为日本经济属于出口导向型,经济增长主要依赖于对外出口,而日本的贸易对手主要是欧美等发达国家,日本企业和产品在国际市场上缺乏核心竞争力,未建立以本国跨国企业为主导的全球产业链。在美日贸易中,日本企业往往只负责代工生产,对销售、品牌等方面没有控制权。在这种国际分工格局下,日本企业逐步丧失了在国际贸易中的定价权和结算货币选择权,导致日元在本国对外贸易中使用比例不高。

2) 在国内配套的金融改革尚未全面展开的情况下贸然放开资本项目

20世纪80年代初,日本政府积极推动日元国际化,同时实施新的《外汇法》,放松了资本管制,陆续开放了欧洲日元贷款和日元汇兑等资本项目。但是,日本开始全面推行国内金融监管和金融体制改革是在20世纪90年代日本经济泡沫破灭之后,包括利率市场化、债券市场管制放松、股票市场改革以及主银行体制废止等一系列改革。因此,在日本政府推动日元国际化的进程中,本国金融市场还无法达到货币国际化的要求,本国金融体系还不够完善。在这种情况下,大量日元资金开始跨境流动,这一现象被日本学者称为境内外市场的"再贷款",即日元资金先是从境内流到境外市场,然后再通过各种途径回流境内市场。这些回流的资金大量进入日本股票市场和房地产市场,成为导致20世纪90年代日本经济陷入长期萧条的主要原因之一,最终,随着经济长期衰退,日元国际化也停滞不前。

3) 迫于外部压力进行日元升值导致日元汇率剧烈波动

日元在广场协议后被迫升值,成为日本经济发展和日元国际化进程的转折点。此后,日元汇率剧烈震荡,特别是20世纪80年代后半期日元实际有效汇率先升值近50%,然后又在20世纪80年代末和20世纪90年代初急剧贬值30%左右。如此剧烈波动的日元汇率,导致各国认为日元不能很好地履行价值储藏手段的职能,不能把日元作为主要的贸易结算和外汇交易的计价货币,更不可能将其作为本国的储备货币。

第二节 货币制度及其演变

终于,贵金属从众多币材中脱颖而出,成为公认的币材了,人类过渡到了金属货币时期。最初的交易是偶一为之的,发生交易时,付款方需要临时将以条块状流通的黄金、白银称重,鉴定成色,这就是称量金属货币。后来,随着交易的增多,这样做的交易成本就很大了,于是政府出面提供了一项公共产品——铸币,即按照国家的法律规定,将一定重量的贵金属以一

定的形式铸造后，标明其重量和成色的金属块。最初铸币有各种形式，如方形、刀形等，后来都过渡到圆形，因为圆形最便于携带，且不易磨损。有了铸币后，才谈得到货币制度的问题。

一、货币制度概述

（一）定义

货币制度是指一个国家以法律形式规定的货币流通的组织形式，简称为币制。其基本内容包括：货币金属与货币单位；通货的铸造、发行与流通程序；金准备制度等。比如在实行金币本位制度时，英国曾规定1英镑的重量为123.274 47格令，成色为22K金，即含金量113.001 6格令纯金；美国曾规定1美元的重量为25.8格令，成色为900‰，即含金量23.22格令纯金。

（二）主要内容

1. 规定货币材料

建立一种货币制度的基础是确定制作通货的材料，即币材。我们正是根据本位货币的材料，来将人类历史上相继出现过的货币制度区分为四种的，即银单本位制、金银复本位制、金单本位制、不兑现的信用货币本位制（纸币制度）。使用哪种币材不是政府外生规定的，而是由客观经济条件内生决定的。

2. 规定货币单位

确定币材之后就要规定货币单位，包括规定货币单位的名称、每一货币单位所包含的金属量以及货币单位的等分，这样，一国的通货就被分为本位币与辅币。

本位币是按照国家规定的货币单位所铸成的铸币，是基本通货，亦称主币。比如，1973年以前，世界各国普遍规定单位货币的含金量，来表示该货币的价值。美国的货币单位为美元，根据1934年1月的法令规定，1美元含纯金0.888 671克；中国北洋政府在1914年颁布的《国币条例》中规定，中国的货币单位是“圆”，1银圆含纯银23.977克。1973年以后黄金非货币化，各国都相继取消了货币含金量。

辅币是主币以下的小额通货，供日常零星交易与找零之用。政府规定辅币与主币间有固定的兑换比例，通常是1主币等于100辅币，如1美元＝100美分。

3. 规定各种通货的铸造、发行和流通程序

通货就是流通中的现金，在金属货币时期包括金属货币、银行券，在当今的纸币制度时期，包括硬辅币和纸币。货币制度要对这些通货的铸造、发行和流通作出具体规定。

4. 金准备制度

在不完全的金本位制度下，银行券形式的本位币的发行要有黄金储备，国家规定把贵金属集中到国库或中央银行。在金属货币流通的条件下，黄金储备主要有三项用途：一是作为国际支付手段即世界货币的准备金；二是作为时而扩大、时而收缩国内金属流通的准备金；三是作为支付存款和兑换银行券的准备金。

在当前世界各国已无金属货币流通的情况下，纸币不再兑换黄金，金准备的后两项作用已经消失。但作为国际支付的准备金这一用途仍继续存在，各国也都储备一定量的黄金作为官方储备。

（三）金属货币制度的魅力所在——货真价实，在币材数量恰当时无通货膨胀与通货紧缩

1. 本位币自由铸造与熔化的规定

在金属货币制度下，政府不用设立中央银行来管理货币供给，货币的供给完全是老百姓自己的事。因为政府规定本位币自由铸造与熔化，即公民有权把经法令确定的货币金属送到国家的造币厂铸成铸币，造币厂代公民铸造，或不收取费用，或收取很低的费用。公民也有权把铸币拿到铸币厂熔化成贵金属，但政府通常严格禁止私自铸造。

2. 金属货币的名义价值与实际价值相等

假设在贵金属货币制度下的Z国（以下简称"古代Z国"），政府规定1个银元用0.25盎司纯银打造而成，假设铸造成本可忽略不计，则1个银元的名义价值——即其作为货币的购买力（比如在菜场上，大家公认1只老母鸡或5斤鸡蛋值1个银元）与其实际价值——将其还原为金属块所具有的购买力应相等。如果不等，经济主体一定会作出自发调整，直到其相等为止。这意味着金属货币的名义均衡价值就是其实际价值，金属货币是足值货币，这就是所谓"货真价实"的商品货币的本性。

3. 币材充足时通货紧缩的发生与自然消退

◇ 显微镜1-1

古代Z国一个卖鸡小贩的故事

想象一下在币材充足的古代Z国，居然发生了通货紧缩！因为币材充足是指老百姓家里有足够的贵金属，但铸币不足时可能发生物价下跌（或通货紧缩）①。

那么，通货紧缩更可能发生在春节之前还是春节之后呢？我们现在经常在春节前看到电视里报道说：本市年前市场上货源充足，物价没有上涨，这说明春节前容易出现通货膨胀。用本书第五章将学到的知识来说，就是因为老百姓要购买年货，因此货币需求增加了。但是，老百姓很容易将银行存款提取成现金，或将股票、定期存款变成银行卡的钱刷卡消费，这样货币供给也跟上了，因此货币需求等于货币供给，货币市场均衡了。但是，如果老百姓购买力过于旺盛，商品供给不足，则会造成过多的货币追逐过少的商品，形成物价上涨（通货膨胀）。

但在古代Z国，恰好相反，春节前更容易发生通货紧缩。假设一个卖鸡的小贩天天忙着做生意，虽然进账很多银元，货币供给增加了，但都交给老婆大人去买年货了，他们家的货币需求也增加了，但货币供给跟不上货币需求的增加速度，因为他还需要很多银元去给丈母娘买些年货。虽然他家里银子很多，但现在流行的是用银元交易，可他实在抽不出时间跑到政府的造币厂去打银元，心里真急啊！

这天快收摊时，还有最后一只老母鸡没卖出去，这只鸡卖1块银元，一位大嫂想买又嫌贵，大嫂手里的那枚银元在夜色中熠熠生辉。终于，小贩一咬牙，把这只鸡搭上2斤鸡蛋卖了1块银元。过少的货币追逐过多的商品，导致物价下跌，通货紧缩就是这样发生的。

---

① 严格地说，物价上涨不一定就是通货膨胀，物价下跌也不一定就是通货紧缩，通货膨胀与通货紧缩有严格的定义，将在第六章讲到，这里不严格地混用了。

大嫂乐呵呵地走了，可小贩却越想越懊恼："我凭什么吃亏啊？我不就缺点银元吗？银子我有的是，干脆，我明天不做生意了，打银元去！"因为银元是自由铸造的，所以，第二天，老百姓自发决定的货币供给就增加了，那位大嫂再也捡不到便宜货了，无须政府干预，通货紧缩自然痊愈了。

4. 币材数量恰当时通货膨胀的发生与自然消退

◇ 显微镜 1-2

古代 Z 国一个卖烟花爆竹的小贩和他的野蛮女友的故事

在古代 Z 国，既然春节前容易发生通货紧缩，那么，春节后就容易发生通货膨胀喽？想象一下，一位卖烟花爆竹的小贩，年过完了，赚了个盆满钵满，这天，女友对他说："你去菜场上买只老母鸡来吧，咱们太辛苦了，得好好补一补身子了。"这位小贩揣着很多银元，先去喝了顿酒，然后醉醺醺地跑去买鸡，"沉醉不知归路"，误入鸡舍深处，"惊起一滩鸥鹭"……见他弄得鸡飞狗跳，卖鸡的小贩让他付了 2 块银元买走了一只鸡，说额外的 1 块银元是什么精神损失费，而这厮吃醉了酒，只觉得兜儿里揣着些许银两甚为沉重，竟也爽快地付钱走人——可见，货币供给量过多，助长了通货膨胀。

这厮回到家中，肯定会遭遇到野蛮女友的河东狮吼："你是不是有几个钱了就烧得慌？不如老娘明天就去造币厂把这些银元熔化了，打成首饰戴在脖子上！"所以，第二天，货币供给就自发地减少了，再也不会有人以 2 块银元来买一只鸡了，通货膨胀就自然消退了。

5. 币材数量恰当时金属货币制度下无通货膨胀与通货紧缩的原因

以上两个小故事说明了币材数量恰当时，金属货币制度下通货膨胀与通货紧缩即使发生，也很快会自然痊愈的过程，其原因有以下两个层面。

1）本位币自由铸造与熔化的制度是金属货币制度下无通货膨胀与通货紧缩的表面原因

本位币自由铸造与熔化制度可以保证本位币的名义价值(铸币价值)与实际价值(其所包含的金属价值，也就是其作为普通商品的价值)基本一致。因为如果铸币的市场价值偏高，人们就会把贵金属输向造币厂，增加铸币数量；如果偏低，人们会把铸币熔成金银块，从而保证了金属铸币的足值性，也可以保证本位币的数量自发地适应商品流通的需要，不会发生通货膨胀、通货紧缩等现象。

2）商品货币的本质是金属货币制度下无通货膨胀与通货紧缩的深层次原因

通货膨胀总是过多的货币追逐过少的商品，当商品供给量给定时，货币供给量要减少才能治愈通货膨胀。这位野蛮女友将家中的银元熔化成首饰，就减少了货币供给量，治愈了通货膨胀。忽略交易成本，她的家庭财富只是变换了形式，但价值不变，因而并无痛苦。这说明，金属货币以及任何一种商品货币，都是进可攻、退可守的，披上一层美丽的外衣，就变成了铸币，履行交易媒介与价值储藏手段等职能；脱下这层外衣，还原为金属块，价值也毫发无损。这样，全社会的货币供给量就可以无成本地自由调节了，通货膨胀与通货紧缩即使发生，也能自然痊愈，这就是货真价实的货币的好处。

（四）法偿、磨损与辅币制度

1. 本位币的无限法偿与磨损公差

各国都规定本位币是无限法偿的，即国家规定本位币具有无限支付能力，无论支付额多大，出售者和债权人都不得拒绝接受，除非合同中事先另有约定。

各国也都规定本位币有磨损公差。为了保证本位币名义价值与实际价值一致，防止磨损过大而实际价值减少的货币充斥流通领域，国家规定了本位币流通一段时间后允许磨损的最大限度，超过这一限度，公民可以持币向政府换取新的铸币，这被称为“超差兑换”。

2. 辅币及其基本特征

1）辅币的不足值性

因为贵金属价值含量大，不容易铸成小额零钱，所以，各国还发行辅币。辅币的面额小，流通频繁，磨损快，故多用铜、镍及其合金等贱金属铸造。因为如果用贵金属铸造，会使社会财富有较大的损失。

即使是用贱金属铸造，辅币也是不足值的。假设在古代Z国，政府规定1枚银元值100枚铜钱，所以，1枚铜钱的名义价值为1%枚银元，可以购买到1枚鸡蛋。但1枚铜钱中所包含的铜的价值假设仅有0.4%枚银元，仅相当于0.4枚鸡蛋，这就是其实际价值。所以，辅币是不足值的，此例中1枚铜板的实际价值比其名义价值低0.6枚鸡蛋，或0.6%枚银元。

2）辅币是有限法偿的

国家规定辅币是有限法偿的，即只有有限的支付能力。这意味着在商品交易或对债权债务的了结中，在一定金额内，买方或债务人可以用辅币支付，一旦超过了这个金额，对方可以拒绝接受。例如，美国曾规定，用10美分以上的辅币支付时，一次支付限额为10美元。

这是为什么呢？这不仅是为了防止缺零钱而给商品交易带来不便，更重要的是，不足值的辅币与足值本位币或商品劳务的交换是不等价交换，人们愿意用主币兑换成辅币是因为有国家信用作担保，但政府不想大规模地实行信用货币制度，故担保数额不会很大，因而规定辅币是有限法偿的。不仅如此，为了防止辅币充斥市场，国家还规定用辅币向国家纳税不受数量限制，用辅币向政府兑换主币也不受数量限制。

3）辅币的铸币税与限制铸造

国家规定辅币限制铸造，即公民不能自由地请求政府代铸辅币，辅币的铸权完全由政府控制。因为辅币的铸造有铸币收入，铸币收入为国家所有，是铸币税，是财政收入的重要来源。

（五）稳定的货币体系的含义

在当前纸币制度下，当发生严重的通货膨胀、通货紧缩或金融危机时，总有人会提出：“让我们回到金本位制吧”，意思是以金本位制为代表的金属货币制度是更为稳定的货币体系。稳定的货币体系是指货币相对于所有其他商品的价值稳定，这样的话，用货币表示的其他商品的价格水平也将稳定。

货币价值不稳定有以下3种情况：

(1) 对于金属货币而言，其所包含的金属的价值就是货币的实际价值。如果币材相对于其他商品的价值稳定，则货币的价值就稳定，从而当其他条件不变时，用货币表现的所有商品的价格也将稳定。否则，当币材商品价格上涨时，将引发通货紧缩；当币材商品价格下跌时，将引发通货膨胀。

(2) 对于金属货币而言，如果币材本身价值稳定，但是铸造者为获取铸币税收入而使铸币不足值，铸币则将贬值，从而发生通货膨胀。

(3) 对于现行的信用货币而言，如果政府将货币的发行作为弥补财政赤字的工具，将滥发货币，造成货币贬值，通货膨胀。

下面我们将看到，人类先后经历了银本位制、金银复本位制、金本位制与纸币制度这四种货币制度，在金属货币制度下仍然有通货膨胀、通货紧缩的发生，金属货币制度并不是百分之百的稳定。

二、银单本位制

（一）沿革

在人类历史上，黄金、白银这两种贵金属都作过主要的币材，那么，白银和黄金谁先作币材呢？肯定是白银，一是因为白银储量较多，二是因为在经济发展初期，商品交易规模不大，用价值量较低的白银作为币材就够了，所以，银本位制是历史上最早的货币制度。在中世纪[①]，许多国家盛行银本位制，如欧洲、墨西哥、日本、印度等国。欧洲从拜占庭帝国灭亡(15世纪中叶)开始，直至19世纪，都实行银本位制度。由于16世纪在南美洲西班牙殖民地(今玻利维亚)发现了波托西银矿，西班牙开始大量铸造银币，称为比索(Peso)，缓解了币材不足的矛盾，从此银币成为这四百年间国际贸易通用的货币。

（二）基本内容

银本位制的基本内容是：本位币的币材是白银；银币可以自由铸造、自由熔化；银币与币制中的其他货币(如银行券)可以自由兑换；白银与银币可以自由输出、自由输入；银币具有无限法偿能力。

（三）缺陷

银单本位制的缺陷是：(1)随着商品交易规模的不断扩大，大宗交易和批发商业急剧增加，作为币材的白银与黄金相比，体大值小，逐渐满足不了商品交换的需要了。(2)19世纪后，由于白银储量丰富、开采技术提高等原因，世界上白银的产量不断增多，导致白银供过于求，价值不断下降，用白银标价的商品价格不断上涨，形成通货膨胀，造成货币不稳定。

因此许多国家相继在19世纪末放弃了银本位，而实行金银并用的复本位制。白银作为一种独立的货币制度，存在于一些国家的时间并不长，实行的范围也并不广，但在中国，白银货币时期则长达400年。

◇ 能量棒 1-7-A

中国古代货币史（上）——宋代以前的铜本位制

（一）概述：中国古代货币体系的三个阶段——铜币、纸币和白银货币时期

中国古代货币体系经历了近3 000年的发展与演变，先后经历了铜币时期、纸币时期和白银

① 中世纪(Middle Ages)是欧洲历史上的一个时代，指自西罗马帝国灭亡(公元476年)直到资本主义抬头的文艺复兴时期(公元1453年)为止。在这数百年间，封建制度在世界范围内占据统治地位，欧洲没有一个强有力的政权来统治。封建割据带来频繁的战争，造成科技和生产力发展停滞，人民生活在毫无希望的痛苦中。所以，15世纪后期的人文主义者开始使用“中世纪”一词，它在欧美普遍被称作“黑暗时代”，是欧洲文明史上发展比较缓慢的时期。

货币时期三个阶段。青铜铸币(铜钱)自汉初开始,一直被使用到民国初年,有 2 000 余年的历史;白银货币则经历了宋、元、明、清、民国的历史;纸币则可被视为主导货币由铜币向白银货币转化期间的过渡货币形式,并没有成为中国古代的主导货币。

其实,中国古代货币体系中并不存在严格意义上的本位币,铜钱、铁钱、白银都是商品货币,没有信用辅币,都具有无限法偿能力。

(二) 夏、商、西周时期的贝币

在铜币时期以前,中国古代货币从无到有,已经历了千余年的发展演变。通常认为和许多国家一样,海贝是我国最早的货币,贯穿了整个夏、商、西周时期,在中国汉字中,凡与价值有关的字,大都有"贝"字作偏旁部首,如财、货、贷等。

随着商品交换的发展,货币需求量越来越大,海贝已无法满足人们的需求。在商朝人们开始用骨、石、陶等仿制海贝,出现了珧贝、骨贝、陶贝等。商代晚期出现无文字的铜仿贝,到东周发展为有铭文的铜贝——蚁鼻钱,形成正式的金属铸币,铜币的出现是我国古代货币史上由自然货币向人工货币的一次重大演变。东周以后,铜铸币开始流行,海贝这种自然货币便慢慢退出了中国的货币舞台。

(三) 春秋、战国时期的铜钱

1. 布币、刀币、圜钱、蚁鼻钱

中国古代货币的第一阶段——铜币时期是在春秋时期正式确立,到隋唐五代时期结束的,前后共历经了 1 700 多年,可以说是中国古代货币体系中最为漫长的一个时期。

铜之所以成为早期的主要货币材料,是因为它是我国发现较早、使用也比较广泛的金属之一;同时,这也得益于铜的开采和冶炼相对容易。近代以来,大量商周时期青铜器的出土充分地证明了这一点。

中国各地区的人民在生产实践中创造出了四种铜币形式。

(1) 在西部,中原农耕地区即赵、韩、魏三国和周王室等地,主要流行布币,布币脱胎于青铜铲形农具。

(2) 在东部,齐国和北方的燕国主要使用刀币,取材于山戎、北狄等北方游牧民族渔猎用的刀类工具。

(3) 西北方的秦国商业、手工业发达,根据手工业生产工具——纺轮、璧环而演化成圜钱[①],在秦、魏流通。后来,受圜钱的影响,在刀币区,钱被改良为圆形方孔钱;在布币区,首先出现了圆形圆孔钱,后来也发展成为圆形方孔钱。

(4) 楚国(今江淮流域)的经济、文化由于较中原各国特殊和落后,其铜钱是仿制贝而来的"蚁鼻钱",制作粗陋,与同时期的刀币、布币相去甚远。"蚁鼻"喻小,意即小钱,因为楚国较穷,因而用较小价值单位的钱比较方便。但是,楚国的大额交易中使用爰(音"圆")金,上有方形印记,为中国最早有固定形式的黄金铸币,楚国也是战国时期唯一以黄金作为流通货币的国家。

2. 战国时期各国各自为政地铸造铜币

战国时期,齐、楚、燕、韩、赵、魏、秦这七国各自为政,各自铸造铜币,甚至私人铸造铜币,这些货币很复杂,不但形状、大小、轻重不同,而且计算单位也不一致。

3. 战国末期秦国确立了由王室专铸"半两钱"的制度

战国末期的秦惠文王二年(公元前 336 年),中国"初行钱",在秦国确立了由王室专铸货币的

---

① 音"环",围绕的意思,如转圜。

制度，以铜铸币为本位币，所铸造的是圆形方孔、重 12 铢（中国古代规定 1 两为 24 铢）的铜钱，俗称“半两钱”。

为什么要采用圆形方孔的形式呢？这是应“天圆地方”之说，因为古代人们认为天是圆的，地是方的，皇帝乃天之骄子，替天行道，皇权就是天命，这样，外圆内方就成了天命皇权的符瑞，所以秦国铸钱以此为形（左图为秦半两钱）。且“半”“两”二字分列方孔左右，通常是右“半”左“两”。此外，圆形方孔钱也相当具有实用价值①。

4. 秦始皇统一货币

1）秦始皇统一中国后推行“半两钱”

公元 221 年，秦嬴政（秦始皇）在政治上统一了六国，废除了战国时期流通的刀、布、贝币等大小、形制、重量和价值庞杂不一的六国货币，货币的铸造和发行由国家垄断，在全国范围内推行秦半两钱。

一枚方孔铜钱被称为“一文制钱”，即所谓的“一文钱”。古人常用绳索将一千枚铜钱成串吊起来，穿钱的绳索叫作“贯”，所以，1 000 文钱又叫“一吊钱”或“一贯钱”②。古代“两”这个重量单位在不同时期有不同的规定，但都在 40 克左右，而“斤”则在 700 克左右。因此，每枚秦半两钱的重量约为 20 克。

2）秦始皇统一货币前秦国与东方六国经济结构的不同[10]

(1) 秦国商鞅变法后实行经济的国有化管理，限制私营工商业和市场经济发展

在秦朝统一之前，秦国与东方六国属于不同的经济区域，经济结构与经济制度各有特色。六国的私营工商业发达，而秦国虽然在商鞅变法之前也有着悠久的经商传统，但是为了满足军事需要，实行了商鞅变法，对经济结构进行了重大调整，开始实行高度集中的计划经济管理，减少对市场的依赖，表现在：(1)国家垄断经济资源，实行土地国有化，严格执行国家授田制和军功赐田，授田标准是每夫百亩，有军功爵者增加授田。(2)国家垄断山川林泽等自然资源，奉行“上农除末”政策，在授田给农民的同时，限制农民弃农经商，抑制私营工商业的发展。(3)对农民的生产活动进行严格的管理③。因此，秦国官营工商业发达，限制私营工商业发展（高婷婷，2003）。

(2) 六国商品经济比秦国发达

至战国时期，秦国之外的东方六国虽然也进行了一系列的变法，但国家并没有用行政权力干涉私营工商业的发展。更重要的是，六国政府对农民的经济活动远不像秦国那样予以严格控制，农民可以自由经营土地，一些不宜农耕的山川林泽就发展畜牧业、手工业、矿产业、煮盐业，因此战国时期私营工商业主要活跃于六国而不见于秦国，六国商品经济比秦国发达。

在六国地区不仅普通商人从商，贵族也有经商的传统，他们不但搞长途贩运，而且从事高利贷。此外，六国私营工商业的生产不是为了自身消费，而是为了市场交换来获取利润，可被视为是出口导向型的，因而可获得规模经济效益。而秦国手工业、商业以国营为主，生产目的是满足

---

① 将铜钱造成方孔圆形，也是为了使用方便。因为圆形钱使用时易于携带，还可以减少周围磨损。另外圆形钱刚铸造时，轮廓不整齐。为了使周边整齐，必须修挫，如果逐个修锉就会很费工，于是工匠们就想出在钱的当中开个孔，将若干钱贯穿于方形铁棍上，一次便可锉成许多。而如果孔是圆形的，就会来回转动影响修锉。

② 古代不要说没有旅行支票、信用卡了，就连纸币也是宋代以后才有的。于是，人们在出远门办事或探亲之时，只能带上笨重的成串铜钱。把铜钱盘起来缠绕腰间，既方便携带又安全，因此古人就将这又“盘”又“缠”的旅费叫“盘缠”。

③ 比如，规定下雨量多少、受灾情况、抽穗的顷数、已开垦而没有耕种的田地的顷数等都要一一向官府报告。对土地田间管理国营化，甚至规定如牛耕田，牛的腰围减瘦了，每减瘦一寸要笞打主事者十下。

秦国需要,而非为了市场需求,可被视为进口替代型的,缺乏规模经济效益,生产率提高缓慢(高婷婷,2003)。

3) 秦始皇统一货币及大一统的经济政策造成了六国的通货紧缩、打击了其经济的发展

秦始皇统一货币的初衷,并非如人们想的那样是为了促进全国的商业贸易,恰恰相反,其目的是要用秦国的经济模式统一六国的经济发展,打击其私营工商业行为。而秦始皇的大一统经济改革体现在:

(1) 统一授田制度,加强对土地和山川林泽的控制,使得关东地区的工商业主、豪强大姓、农民无法使用山川林泽等经济资源从事手工业生产和商品交换活动。

(2) 统一币制,由中央统一铸币。六国私营工商业发达的另一个原因是,其货币是私人部门自行开矿铸造的,货币供给量充足,有利于私人部门运用这些货币从事长途贩运、贱买贵卖以谋利。在六国之间的国际贸易中,虽然各国均设有关税壁垒,币制也不同,但这些私人铜铸币均被视为称量金属货币而流通,只是多了一道折算的麻烦而已,并不妨碍商品交换(高婷婷,2003)。

而秦始皇统一货币后,虽然减少了货币折算的交易成本,但却造成了六国货币供给不足、通货紧缩。因为六国贵族和工商业主的货币、珠宝被迫退出流通领域,再不能像以往那样私铸钱币,因此商业萎缩。

(3) 迁徙豪强。秦国在统一六国的过程中,就开始逐步迁徙六国的大商人、工商业主和贵族,对他们采取剥夺政策,把他们迁出原籍,迁到关中、陇西、西北等地区。从政治上来说,目的是割裂其原来错综复杂的地缘关系,便于中央政府直接监视和控制。从经济上来说,目的是在经济上实行结构的整齐划一,变私营工商业为官营工商业。因为他们原来的土地、手工工场等生产资料被收归国有,原来所拥有的奴隶也变成了国有奴隶,因此原有的商品生产被中断,农民购买生产工具别无选择,只能向官府购买,即使是军功地主、官僚欲购买生活奢侈品,也要受到诸多的限制。手工业的生产和交换处于官府的严密控制之下,失去其发展的活力。

如果说,在统一之初的关东地区还有一定数量的手工业者、商人从事商品生产和经营的话,那么当秦始皇用兵岭南之后,又把商人惩罚性地发往岭南戍边,此为“谪戍制度”①,原有的商业活动就被彻底废止了。

秦始皇统一货币之举,是他打击六国贵族和豪强诸多手段中最致命的一击。抛开六国宗室贵族亡国之恨不谈,仅从经济利益的角度看,这些贵族也必然和普通工商业主、豪强大姓们结成反秦联盟,抵制秦朝法律制度的实行②。这颗仇恨的种子生根发芽,等到嬴政驾崩之后,秦二世胡亥一上台,六国贵族就纷纷复国了。

(四) 西汉时期的铜钱与放铸

西汉早期曾有过两次短暂的“放民铸钱”,其余时间都是由官府铸币厂垄断铸造的。

1. 汉高祖刘邦的放铸

1) 秦末的私铸小钱和六国复国后私人部门重铸钱币

刘邦允许私人部门铸钱,不过是对当时既成事实的认可。在秦末,私铸小钱之风已经兴起,据说秦始皇为了防备百姓造反,收天下兵器,铸成十二金人③,造成铜币材的短缺,致使铜价和秦

① 谪,音“哲”,指官吏降职,调往边外地方;戍,音“束”,指军队守卫。

② 所以,秦始皇才大规模地迁徙豪强,把他们统统迁离原籍,最后把商人或者曾经是商人,父母、祖父母是商人的也统统迁离原籍,发配岭南。

③ 秦始皇认为要坐稳天下,必须要解决的一个问题就是收缴和销毁流散民间的各种兵器,于是寻找借口收缴全国的兵器,铸成了12个铜人,作为保固其江山社稷稳定的观赏品。

半两钱价值极高，导致通货紧缩。并且，在秦朝后期，由于小商品的大量存在，需要小额货币来媒介交易，而秦半两钱价值较大[①]，因此私人盗铸小钱渐渐成风。一方面是为了攫取铸币税，另一方面是为了实现货币的轻型化，从出土的后期秦钱存在的严重减重现象可以证实这一点。

这些私铸钱形似官炉的铸币，但肉薄孔大，钱重甚至不足1铢，轻如榆荚，被称为"秦荚钱"。荚钱的大量铸造，排挤了布帛货币，产生了"劣币驱逐良币"现象，造成了通货膨胀，物价飞涨，导致了社会危机。

秦二世元年，六国贵族纷纷复国，秦二世即位后，自降为"秦王"[②]。后来，随着秦朝的灭亡，由国家控制的货币的铸造和发行处于真空状态，重返故里的工商业主包括部分六国贵族在内，自然运用其传统资源和技术自行铸造货币，解决货币供给不足的问题，适应了市场交换的需要。

2）刘邦放铸是为了省掉政府供给货币的成本，以及拉拢民间豪强势力

早在楚汉战争[③]期间，刘邦政府由于财政资金紧张，就借口"钱重难用"而将铸币减重，并顺水推舟地令私人部门供给铸币。私人铸币既可能因若干铸币商之间的良性竞争而保持足值，也可能因若干铸币商攫取铸币税的贪欲而越来越不足值。

西汉立国伊始，面对满目疮痍的社会现实，刘邦把恢复经济放在首位，重要措施就是放松对山川林泽的控制，允许私人使用，放宽对私营工商业的控制。将豪强大姓迁出原籍之后安置在京师附近，多授予土地和住宅以示优抚[④]，使他们在复国梦破灭后，能够集中力量追求财富。

西汉初年仍用秦钱，虽然经过了秦末农民战争和汉楚之争，社会经济已经到了崩溃的边缘。但是，西汉的商业经济迅速地恢复和发展，因此急需充足的货币供给；同时，人民很穷，"秦钱重难用"，需要铸造一批价值量较小的新铜钱。由于国家也没有足够的财力铸造货币，汉高祖刘邦即将私人铸币合法化[⑤]，这样，从铜矿的开采、冶炼到钱币的铸造，都是由民间投资完成的，相当于私人部门提供公共产品，这种钱被称为"汉半两"钱，俗称"榆荚半两"[⑥]。

放铸还有政治考虑，就是拉拢豪强，因为他们是民间铸钱的主要力量。刘邦亲历了秦末农民战争，深知秦亡在于严刑峻法，所以他初入关就宣布废除秦国的一切苛法弊律，以此来达到笼络民心的目的。

3）汉高祖的放铸引起假钱盛行、劣币驱逐良币和通货膨胀

汉初放铸其实是官民同铸，政府对铸币的形制、重量有着统一的标准，但是，政府对于私铸缺乏有效地管理和监督，私铸荚钱的重量往往大大缩水，有的不足1铢，被称为"小钱"。更有甚者，私铸者为了降低成本、牟取暴利，在铸钱的铜中掺入大量的铁和铅，这种掺假的钱被称为"恶钱"。小钱、恶钱的实际价值低于面值的部分就构成了铸币者的铸币税收益。在劣币驱逐良币定律的

---

① 秦代遗留下来的法定12铢半两钱，币值是相当高的。1枚秦半两在秦代可以兑换黄金1.16铢，可以购买到0.73尺麻布。其实在秦朝后期，由于小商品的大量存在，必然导致私人盗铸小钱。

② 这表明他承认六国复国的既成事实，但试图保留春秋时期秦国对六国的霸主地位，所以就容易理解项羽为何不做皇帝而自封"西楚霸王"。汉初，刘邦分封，郡县制和王国并行，所以，秦末至西汉前期（景帝中期以前），中国不存在统一的大帝国，而是一个大小不一的政治实体的联盟。

③ 楚汉战争即汉元年（公元前206年）8月至汉五年12月（公元前202年初），西楚霸王项羽、汉王刘邦两大集团为争夺政权而进行的一场大规模战争，最后以项羽败亡，刘邦建立西汉王朝而告终。

④ 刘邦将豪强大姓移往关中以后，不是像秦始皇那样把他们的财产剥夺之后流放到巴蜀和西北地区，而是将他们安置在京师附近，"与利田宅"，即不局限于授田的制度标准而多授予其土地和住宅，以示汉家对他们的优抚之意，让他们安心关中。

⑤ 其实刘邦在秦末起兵之初，为了筹集军饷就曾自行铸钱。

⑥ 汉半两钱文袭用秦半两旧名，但实际重量仅3铢左右，是秦钱重量的1/4，因其轻薄小型，文字浅平，形似榆荚，故俗称为"榆荚半两"。因荚钱极言其小，故后世多将实际重量低于面值的假钱称为"荚钱"。

作用下，这些恶钱充斥着流通领域，而真钱反而被驱逐了。

不仅如此，私铸还导致了通货膨胀，因为民间豪强大开铜矿，开展铸造货币的竞赛。因为对他们来说，铸造货币就是创造财富，因此导致货币供给过多，通货膨胀。

2. 吕后收回铸币权

由于官民同铸存在种种弊端，汉高祖去世后，吕后二年（公元前 186 年），由于流通中的荚钱分量过轻，决定加重货币来提高币值，曾下令收回民间的铸币权，由政府垄断铸造 8 铢钱。这相当于恢复了秦朝的制度，限制了工商业主的牟利途径，影响了私营矿冶业的发展，引起了工商业主的不满。

但是，政府垄断铸币，也为自己造假钱开了方便之门。吕后六年，由于与南越及匈奴作战，军费开支大增，又借口重新实行货币减重，而铸造五分钱（半两的五分之一），借此机会铸造不足值的货币以攫取铸币税来弥补财政赤字，民间也称其为“荚钱”。

3. 汉文帝①的放铸

文帝即位以后，顺从民望，“除盗铸钱令”，再次允许官民同铸，即放铸。这与文帝农商并重的治国思想是一脉相承的，因为采铜、冶铁、煮盐同为生财之道，如果国家垄断货币的铸造，必然要垄断采铜，私人部门在其他矿冶业的发展上也就失去了机会②。

汉文帝虽然允许私人铸造，但对于货币的质量要求严格，规定私人部门必须严格按照国家规定的标准执行，那么，私人部门铸造货币，有什么利益可图呢？汉文帝政府提供标准货币的样本让民间遵循，民间赚取铸币成本与钱币面值之间的铸币税。换言之，政府把原本由国家赚取的铸币税转让给民间，一方面是希望通过民间的竞争，使钱币的质量越来越好；另一方面是希望减少政府的负担，不必支付铸币成本与发行费用。在自由竞争的环境下，钱币的质量就和其他商品一样，会越做越好，良币自然会驱逐劣币。

老百姓怎么知道哪种铸币是良币？哪种是劣币呢？为了使信息透明，汉文帝在全国各地放置了“称钱衡”——天平，规定凡商民买卖所用的钱，都必须用称钱衡测量实重。因此民间很快就能区分出良币和劣币，持劣币来购物，卖主会要求加钱才肯成交；而如果持良币来购物，买主会要求对方添给商品。因此私铸钱之间形成良性竞争，导致私铸钱币的重量与官铸钱相等，质量意外地好③，为“文景之治”（公元前 179—前 141 年）打下了良好的基础。

但是，由于汉文帝的效力仅局限于朝廷直属郡县，各王国的货币铸造情况，中央是无法过问的。所以，这第二次放铸仍然导致了私人部门出于攫取铸币税的贪欲而铸小钱、假钱，由于劣币

---

① 汉文帝刘恒（公元前 202 年—前 157 年），汉代第 5 位皇帝，汉高祖的第 4 子，母薄姬，汉惠帝之庶弟。公元前 196 年刘邦镇压代地陈豨叛乱的那一年，刘恒才 8 岁，由于其母薄姬地位卑微，刘恒从小就做事小心，从不惹是生非，给大家留下了很好的印象。所以在那年，在 30 多位大臣的共同保举下，他被刘邦立为代王。高祖死后，吕后专权，诸吕掌握了朝廷军政大权，吕后仅育有一个儿子，对刘邦其他的儿子大开杀戒，共害死了他 4 个儿子。而刘恒因为地位没有其他王子那样显赫，为人又极为低调，因而躲过了吕后的迫害，幸运地活了下来。公元前 180 年，吕后一死，太尉周勃、丞相陈平等大臣把诸吕一网打尽，迎立为人平和的代王刘恒入京为帝，是为汉文帝。汉文帝即位后，励精图治，兴修水利，衣着朴素，废除肉刑，使汉朝进入强盛安定的时期。当时百姓富裕，天下小康。汉文帝与其子汉景帝统治时期被合称为“文景之治”。汉文帝在位时，存在诸侯王国势力过大及匈奴入侵中原等问题。汉文帝对待诸侯王，采取以德服人的态度。道德方面，文帝亦曾经亲自为母亲薄氏尝药，深具孝心（资料来源：百度百科）。

② 贾谊曾上疏指出，简单地像以往那样禁止私人铸钱，既不能解决钱币的盗铸和掺杂使假问题，也不能解决货币紊乱问题。因为只要民间有铜，铸造钱币的基础存在，就不可能杜绝盗铸现象。因而贾谊建议把所有的铜都收归国家，禁止私人采铜，但是，汉文帝并没有听取他的建议。

③ 汉文帝放铸时铸的是四铢钱，我们从出土的钱币质量分析报告中可以看出，汉代的各种钱币中，四铢的质量最佳，即含铜量最高。

驱逐良币、通货膨胀、铸币者中饱私囊[①]等混乱局面的出现，汉文帝的放铸仅维持了30年(公元前175—前144年)，之后，民间私铸权再次被收回。

4. 七国之乱后汉景帝收回了民间私铸权

汉文帝的放铸是引发七国之乱的原因之一[②]，汉文帝的儿子汉景帝接受了教训，于公元前144年再次收回铸币权，严禁民间盗铸铜币、私造伪黄金，否则一律以杀头弃市论处，只允许郡国政府铸造钱币。3年后，汉景帝又下诏，严禁官吏征发民众采集黄金珠玉，进一步加强了对货币的控制。

5. 汉武帝垄断铸造"上林三官五铢钱"

汉武帝在统治期间先后进行了六次币制改革，由汉武帝建元元年(公元前140年)"行三铢钱"到元狩五年(公元前118年)诏令各郡国"废三铢钱，改铸五铢钱"(被称为"郡国五铢")。之所以实行这么多次币制改革，主要是因为铸币权分散于各郡国，每次铸新钱后，都会兴起民间盗铸之风；同时，虽然钱币有统一标准，但各郡国政府技术水平不同，铜矿的成分也有差别，官吏了解命令的程度与奉行的态度很难一致，所以铸出的钱差别很大。一般来说，都具有偷工减料、不够五铢重的现象。各郡国政府出于攫取铸币税的私心，都越铸越轻，越铸越粗劣，出现重蹈半两、三铢钱覆辙的现象。所以，每次币制改革都是为了破旧立新，树立新币的信誉，使私铸者无利可图，自行放弃犯法的勾当。但各郡国官吏一直上下联手，私自减轻重量以中饱私囊。

汉武帝鉴于数度币制改制所暴露出的弊症，已看出汉初几十年来铸币权的分散是产生诸多弊症的主要根源。公元前117年，汉武帝明令禁止郡国钱继续流通，将铸币权完全收归中央政府，委任御史大夫桑弘羊主持彻底的币制改革，即由中央政府设立造币厂(当时称"三官署")，垄断铸造新的五铢钱，被称为"上林三官钱"[③]。

中央垄断铸币权的好处是：(1)使钱币标准化，提高了铸钱技术水准，有效地防止了私铸；(2)增加了产量；(3)容易控制货币发行量。这样，"上林三官钱"成为币质上乘、式样划一的足值货币，且造币厂专门铸造，享有规模经济优势，民间私铸的收益不及成本，因而汉兴以来的私铸、盗铸钱币之弊才被根治，汉武帝统一币制的数度改革至此才终获成功。

---

① 汉文帝五年(公元前175年)，汉文帝赐太中大夫邓通蜀郡严道(今四川雅安西)铜山，使之铸钱，吴王刘濞(音"必")开豫章(今江西南昌)铜山铸钱，于是他们两人在贪欲之下成为铸造恶钱的大户，致使吴、邓钱遍布天下，司马迁和班固说他们"财过王者"，为后来的七国之乱埋下了祸根。

② 西汉的"七国之乱"又称作"七王之乱"，是发生在公元前154年(西汉初期的汉景帝三年)的一次叛乱。刘邦在消灭了韩信等异姓诸侯王以后，面对广大的地区，深感中央集权政府无力控制地方，因而在处理中央与地方的关系时，错误地总结了秦亡的历史教训，错误地认为应分封同姓子弟为王，而不是分封异姓为王。因此，他一面消灭异姓诸侯王，一面又陆续分封了九个刘氏宗室子弟为诸侯王，其中包括封其子刘恒(其后的汉文帝)为代王。这九个同姓王占据了全国的大部分土地，刘邦在世时，由于这些诸侯王刚刚被封，羽翼未丰，或年龄尚幼，还没有对中央政府构成威胁。但在刘邦的儿子汉文帝即位后，他们逐渐形成诸侯割据的局面，有的诸侯王甚至不用汉法，自为法令，拟于天子。汉文帝时，已经听从大夫贾谊的建议，开始削减诸侯势力。汉景帝初年，御史大夫晁错向汉景帝建议加强中央权力，实行削藩政策，景帝听从，引起那些早就想反叛的诸侯王们的不满。尤其是吴王刘濞，因放铸政策而享受了铸币的丰厚收益，便联合了吴、楚、赵、胶东、胶西、济南、菑川七个诸侯国，以"诛晁错，清君侧"为借口，兴兵引起内乱，欲夺景帝帝位。后来，这场内乱被汉景帝平息了下去(资料来源：百度百科)。

③ 汉长安城周围尤其是北墙附近，分布着不少制陶、铸钱和冶炼的作坊，其中规模最大的是1994年发现的位于今陕西省户县大王镇南兆伦村的"上林苑兆伦铸钱遗址"，这就是西汉时的国家造币中心——"上林三官"。该遗址南北长约1 500米，东西宽约600米，面积达90万平方米。遗址的南部多瓦砾，其北有坩埚残块、铜渣、灰堆等堆积，遗址中北部有许多铸钱残范坑和废弃钱范堆积，其中还出土有陶拍、定位销、青铜工具等文物，中国古钱币史上著名的"上林三官五铢钱"即诞生于此。"三官"是汉代主持铸造钱币的官员，即钟官、技巧、辨铜三官(资料来源：百度百科)。

由于“上林三官”五铢钱轻重适中，合乎古代的社会经济发展状况与价格水平对货币单位的要求，因此在汉武帝以后的西汉、东汉、蜀、魏、晋、南齐、梁、陈、北魏、隋均有过铸造。直到唐朝武德四年（公元621年）才废止，历时长达739年，是我国历史上铸行数量最多、时间最长、最为成功的铜钱。

在西汉后期成帝、哀帝之世，社会矛盾尖锐，灾荒相继，人们纷纷磨锉钱币外廓盗铜，于是社会上出现了大量的“减轮五铢”，使得五铢钱不足值了，币制开始混乱了起来。

（五）王莽、东汉、三国时期不足值的钱币、铸币税与通货膨胀

1. 王莽钱币

公元8年，外戚王莽取代西汉政权，改国号为“新”。王莽在政治上进行残暴统治的同时，在经济上用改革币制的办法[①]，铸行高额而大幅度减重的钱币来强行收兑民间的黄金，以搜刮人民财富，这就是铸币税[②]。至公元23年王莽灭亡时，宫中藏有黄金70万斤。

由于王莽大量铸造严重不足值的货币，导致货币供给过剩和严重的通货膨胀，加速了人民的破产，民间开始不用货币，而改用物物交换[③]。公元23年，王莽政权终于被农民起义所推翻。

2. 东汉钱币

1）复铸五铢钱

经过了王莽变乱之后，生灵涂炭，汉光武帝刘秀重新统一国家，为恢复和发展社会生产力，缓和阶级矛盾，下令释放奴婢，抑制豪强的掠夺，与民生息，崇尚节俭，使社会经济得以恢复。公元40年，复铸五铢钱，曾一度物物交换的局面得以扭转。

2）董卓小钱

东汉和帝、安帝后，统治集团趋于腐朽，豪强势力日益扩张，外戚、宦官竞相擅权。公元189年，大豪强董卓进军洛阳，带来了历史上有名的“董卓之乱”。为筹措战争费用，董卓曾于公元190年搜刮长安、洛阳的铜人、铜马、铜器及五铢钱，用来改铸小钱，即不足值的钱，以攫取铸币税。这种钱既无轮廓，又无钱文，十分粗劣。不足值而又供给过多的货币带来了严重的通货膨胀，谷每石卖至数万钱。

3. 三国时期的货币——兼论三国归于魏晋的经济原因

1）曹魏的五铢钱[④]

董卓之乱后，建安十三年（公元208年），曹操就任丞相，当时魏国货币制度崩溃，人们以谷帛

---

① 王莽进行币制改革四次，先后铸行货币达三十七种之多。其名目之繁多，货币之混乱，在中国货币史上是空前的。但王莽时期的钱制作精美，在我国货币文化上，达到了较高水平。

② 当时黄金1斤价值1万枚五铢钱，王莽政权规定，其新铸的每枚“一刀平五千”可兑换5千枚五铢钱，则2枚一刀平五千就可兑换黄金1斤。而实际上，2枚一刀平五千的含铜量只有1两多，可见，王莽用1两多的铜强行收兑了百姓1斤黄金。

③ 当时“富者不得自保，贫者无以自立”，米价高至每石1万钱，甚至黄金1斤只能易豆5升。

④ 中国古代的五铢钱种类有很多，比如：1）武帝五铢，公元前118年由汉武帝开始铸造，包括郡国五铢、赤仄五铢、上林三官五铢，武帝五铢开创了739年铸行五铢钱的历史。2）东汉前期五铢，由公元40年东汉光武帝开始铸行。3）剪边五铢，又称鋆边五铢或剪轮五铢，鋆，音“赞”，指凿金石用的工具，即鋆子。鋆字、鋆花，指在金石上雕刻文字和图案，指东汉晚期将边廓连同部分钱肉均被剪去或鋆切的五铢钱，无外廓，“五铢”二字残留偏旁。4）董卓五铢，东汉末献帝初平元年（公元190年），董卓所铸的五铢钱，堪称我国货币史上最劣质轻贱之小钱。5）直百五铢：汉献帝十九年（公元214年），刘备入蜀后铸于成都。6）蜀五铢，公元214—263年刘备入蜀后铸，形体小于两汉五铢，较厚。7）魏五铢：三国时期魏文帝、魏明帝皆铸有五铢钱，新钱形仿汉制五铢。随后还有东晋的沈充五铢以及一些年号钱，如孝文帝的太和五铢、宣武帝的永平五铢、孝庄帝的永安五铢等。隋文帝杨坚开皇元年（公元581年）始铸的隋五铢，是我国最后一种“铢两钱”。其后，唐朝开始铸造“通宝钱”。

为交换手段[①],至少在京城洛阳一带是这样,生产萎缩。当曹操(魏武帝)打算率领大军南下进攻刘表和孙权时,筹备工作需用货币,因此就恢复了五铢钱的使用。后来,魏明帝[②]改铸了五铢钱,到晋代还通用。

曹魏币制之所以比较稳定,是因为政府屯田、积谷、开凿运河、讲究水利,生产发展了,经济基础就稳固,财政收入较丰厚,没有必要通过改铸小钱等方法来弥补财政赤字。并且,当时实物经济的成分还较浓厚,收入靠租谷,抚恤赈济也用谷,钱币只见于赏赐。

2) 蜀国的直百五铢与铸币税

四川在汉末割据的时候,使用刘璋的五铢钱。赤壁之战后,刘备取得荆州,后来又向巴蜀发展,财政上出现困难[③],因此于汉献帝十九年(公元 214 年),刘备入蜀后在成都铸造直百钱,意思是 1 枚这种钱值 500 枚五铢钱。初铸钱大而厚重,后铸逐渐减重,最轻薄者不足 0.8 克,连账钩也被搜括来铸钱。刘备以直百钱换取民间的商品和劳务,直百钱的重量不过等于五铢钱的 3 倍,作价则百倍,其中的差额都是刘备的铸币税。

直百五铢的分量不断减轻,原因在于四川本不产铜,但是连年征战[④],生产遭受破坏,租税也不能再增加,只得依靠不断将货币减重,以铸币税来弥补财政赤字,导致通货膨胀。最后,蜀汉的币制和政权同时崩溃。

3) 孙吴的大泉五百、大泉当千、大泉二千、大泉五千钱及废用大钱的改革

孙吴的情形,比蜀汉稍好一点。在蜀汉实行币制改革之后,孙吴于嘉禾五年(公元 236 年)铸造大泉五百,过了两年,又铸大泉当千,以后又不断减重。这些货币的名义价值远高于其含铜量,因此也是政府攫取铸币税以弥补财政赤字的工具,导致通货膨胀。

吴国钱币减重的原因在于:一方面,虽然孙吴地广土肥,山出铜铁,利于冶铸,但是战费开支大,还是不能维持;另一方面,当时吴蜀相通,若不实行减重,则吴国的钱币将会大量流入货币大为减重的蜀汉(体现了良币驱逐劣币)。后来,孙吴发现大泉二千和大泉五千这两种大面值铜钱使得孙吴通货膨胀严重,人民的购买力严重下降,人心惶惶[⑤],有些地区回复实物经济,以绢匹为货币。这就表明对外的货币战足以破坏国内人民的生活,所以废用大钱,将已铸的钱改为器物,将已发行的钱责令上缴,政府用旧钱收回。

孙吴在货币减重最严重的时候,在程度上并不亚于蜀汉,只是继续的时期比较短,仅一二十年的时间。

4) 三国统一于魏晋的经济原因

三国统一于魏晋而不是有诸葛亮的蜀汉,并不是偶然的。蜀汉的益州在刘璋时期还被诸葛亮称为"天府之土",民殷国富。刘备攻下成都时,"谷帛可支二年"。但是,蜀汉连年征战,导致财政赤字,并且汉代的 13 州中,曹魏差不多占有 9 州,孙吴 3 州,蜀汉只有 1 州。以 1 州之地,如何能同魏吴相抗?因此只有通过大收铸币税来剥削人民,以弥补财政赤字,弄得"劳役无已,民不堪命"。况且,诸葛亮虽然是文武全才,也不能说他不关心内政,但是他的大部分时间和精力都消耗在厉兵练武方面。并且除诸葛亮外,蜀汉方面多武将,缺乏文臣,因此蜀国也没有精力发展生产,

---

① 民间对于实物货币——谷帛也可作伪,使其贬值,即把谷弄湿了,使其重;把绢织薄了,使其广。

② 魏明帝是魏文帝曹丕之子,是曹操的孙子。

③ 刘备在攻打刘璋的时候,连军饷都发不出,所以向士兵们约定:城破时,府库的钱财由士兵们分享。建安十九年(公元 214 年)攻入成都时,士兵们果然抛弃武器而取钱财。

④ 比如,建安二十四年从曹操手中夺取汉中,章武二年(公元 222 年)同孙吴战于夷陵,章武五年进兵汉中,接着六出祁山,同司马懿进行了几年的战斗。

⑤ 连吕岱那样的大将,妻子都要挨饿。

增强税基。而曹魏方面有许多关心民生的文臣，因此，三国归于魏晋的真正原因在于其经济实力。

（六）唐朝至民国的通宝钱

1. 唐初“通宝钱”的问世标志着中国货币符号化进程的开始

五铢钱自汉武帝元狩年间开铸以来，到了初唐时期已逾700多年，此间历代不断翻铸，以致钱币形制、大小、质地参差不齐，造成流通上的极大不便。加上隋代末期社会动荡，不法之徒为攫取铸币税，盗铸、滥铸私钱之风盛行①，导致通货膨胀，铜钱也变得又轻又小。

唐高祖李渊②入据长安时，仍用隋五铢钱，但币制混乱，市面上八九万枚五铢钱刚满半斛③。入唐以后，社会秩序逐渐稳定，经济开始转入正轨，继续沿用隋五铢钱已不合时宜，于是李渊在武德四年（621年），废除了五铢钱，铸造一种新的铜钱——“开元通宝钱”，简称“开元钱”或“通宝钱”。

“开元”意为开创新纪元，即开国奠基之意；“通宝”的意思是“通行宝货”。通宝钱与五铢钱最大的区别，在于通宝钱不再以重量单位命名了。虽然自汉至唐，五铢钱经常名不副实，但通宝钱则从名义上开启了铸币不足值的方便之门，开始了铜币的符号化进程，之后的纸币可以看作是铜币符号化进程的继续。因此，开元通宝的铸制与流通，在我国钱币发展史上有着划时代的意义。

但是，“群众的眼睛是雪亮的”，在其后铜钱、纸币与银元并行的时期，老百姓都是根据各种货币作为普通商品的价值（其实际价值）交易的，所以交易成本很大，币制混乱。

2. 各朝都铸造自己的铜制通宝钱

唐代以后，“通宝钱”的名称历代沿用，并常在“通宝”二字前冠以年号、朝代或国名，如南唐的“大唐通宝”“唐国通宝”；宋代的“太平通宝”；明代的“永乐通宝”；清代的“康熙通宝”等。仅宋代钱币中，钱文称为通宝的就有宋元、太平、天禧、皇宋、至和、嘉祐、治平、熙宁、元丰、元祐、元符、建国、圣宋、崇宁、大观、政和、重和、宣和、靖康等。

3. 中国古代的1枚铜钱按其金属价值计算大约值目前的0.25元

唐代的10个开元通宝铜钱重1两，由于1枚铜钱（或称1个铜板）又被称为1文钱，故唐代的每1 000文通宝钱重6斤4两。清顺治年间，每枚铜钱重1钱2分5厘，后又增为1钱4分，所以每1 000文钱重8斤12两。平均下来，中国古代1枚铜板重约5克，按照2013年9月金属铜的价格52 100元/吨计算，每克铜价约为0.05元，则每枚铜板按其金属价值计算，大约值0.25元。

当然，古钱币作为收藏品，市场价格远高于此。比如，一枚1931年民国时期贵州省铸造的罕见的锑制钱价格可能已经达到1万元人民币了。

4. 清代的机制铜元

特别值得一提的是，清代于1900年（清光绪二十六年）开始机制铜元的铸造，止于1911年

---

① 据《新唐书·食货志》记载，“时千钱初重二斤，其后愈轻，不及一斤，铁叶、皮纸皆以为钱”。

② 唐高祖李渊（566—635年），唐朝开国皇帝，杰出的政治家和战略家。李渊出身于北朝的关陇贵族，七岁袭封唐国公。隋末天下大乱时，他乘势从太原起兵，攻占长安，公元618年，李渊称帝，国号唐，定都长安，不久之后便统一了全国。但是李渊没有能尽早处理好继承人问题，他眼见皇太子李建成与各嫡子明争暗斗，却一再纵容，并未加以控制。其子李世民（599—649年）即开创了著名的“贞观之治”的唐朝第二位皇帝——唐太宗，由于李世民拥护者众多，与太子李建成、李元吉之间的矛盾激化，导致李世民发动了政变——“玄武门之变”，杀死了李建成、李元吉，并用武力控制了帝都，逼迫李渊将帝位内禅给世民，李渊退位为太上皇。

③ 斛，音“壶”，是古代的粮食量器名，自秦汉开始就规定10斛为1斗，南宋末年改5斛为1斗。

（宣统三年）。铸造流通时间尽管只有10余年，但其鼎盛时期，全国共有17省20局开机铸造铜元。

5. 民国通宝——最后的通宝钱

最后一种通宝钱是“民国通宝”，是中华民国的钱币之一。它是一种机制铜元，其实只有云南等省铸造过“民国通宝”，由于民国时期纸币泛滥，民国通宝当十钱成为了辅币，铸量少，几乎未流通出去，成为通宝币制的余响。

（七）宋代以前铜本位币的补充——谷帛、黄金与铁钱

1. 谷帛货币

虽然中国以铜钱作为本位币，但谷帛、金银与铁钱也起到过重要作用。自西晋末年到北魏统一中原（公元304—439年）的五胡十六国时期①，北方就曾经只用谷帛②（指谷物和丝织品）作货币，不用钱币。

2. 黄金货币

黄金在秦汉时期都被作为“上币”（或“中币”），与被称为“下币”的铜钱共同承货币的职能，被运用于大宗贸易、军费开支、赏赐臣下等。后来由于黄金储量有限和开采技术进步缓慢，以及政府与民间豪富的争相私藏，导致黄金极为稀缺，因此从古代货币体系中淡出。

3. 铁钱

1）概述

中国在汉初至民国初年的2 000余年使用青铜铸币的时期中，还曾断断续续地铸造过铁钱。铁钱经历了汉代到五代十国的发展，至宋代进入鼎盛时期，自南宋理宗朝后开始走向衰落，元、明两朝基本未流通铁钱，到清代咸丰时期出现过短暂的回光返照。中国并非最早以铁为货币的国家，但任何一个国家都没有像中国这样，使用过这么长时间的铁钱，更没有像中国这样铸行过种类、币值异常繁多的铁钱。

铁钱无非是铜钱的替身，二者除了币材、币值和购买力不同外（因为它们都是商品货币，所以是按其作为普通商品本身的价值来流通的），在形制、币文、铸造等方面均无大的差别。在铜半两产生后，就出现了铁半两；在汉五铢铜钱、唐开元铜钱出现后，就出现了汉五铢铁钱、唐开元铁钱③。

铁钱流通在不同时期有不同的特殊原因，在汉代，铁钱诞生的直接原因是私铸者用铁钱（假钱、劣币）假冒铜钱（真钱、良币），这时铁钱是不足值的，私铸者在攫取铸币税。

---

① 五胡十六国又称十六国，指自西晋末年到北魏统一中原这一期间（公元304—439年），匈奴、鲜卑、羯、氐、羌这“五胡”大举侵占古华夏故地的时期，又被后世称作“五胡乱华”时期。十六国指主要的五个北方内迁民族在中国北部及蜀地建立的政权，其中封邦命氏成为战国者有十六个国家——前凉、后凉、南凉、西凉、北凉、前赵、后赵、前秦、后秦、西秦、前燕、后燕、南燕、北燕、胡夏、成汉；此外还有在当时有较大影响的仇池、代国、北魏、冉魏、西燕、高氏高句丽（中国）、吐谷浑、谯蜀和翟魏等，实际上远不止十六国。

② 帛（音“博”），是丝织品的总称，如“化干戈为玉帛”，比喻变争斗为友善。中国战国以前称丝织物为帛，包括锦、绣、绫、罗、绢、絁、绮、缣、紬等。据考古资料显示，在殷周古墓中就发现丝帛的残迹，可见那个时候的丝织技术就相当发达。在造纸术被发明出来以前，丝帛还被用于书画，如春秋时期的《墨子·天志中篇》有以下记载：“书之竹帛，镂之金石”。当然，当时丝帛是宫廷贵族书写及绘画用的，民间用的是竹简。

③ 著名的铁钱品种有：西汉早期的半两，公孙述铸的五铢，王莽货币中的大泉五十和货泉，南梁的五铢，唐时期的开元，五代十国的永隆、永通泉货以及金代的正隆等。

在南朝梁武帝萧衍①当政的时候，以铁钱取代铜钱作为本位币。由于前朝南齐主要使用的是前朝的古钱，导致通货紧缩，因此萧衍大规模地铸造铁钱（虽然他也铸铜钱，但更多的是铸造铁钱）。从公元 523 年到公元 535 年的十年间，政府铸行过四种五铢钱，使铁钱成为本位币，这是中国历史上第一次出现的朝廷大规模铸铁钱现象。铁钱解决了南梁通货紧缩的问题，促进了南梁社会经济的迅速发展。

但是，铁钱币材易得，因此，朝廷和私人都在大规模铸造，公私铁钱由此充斥在流通领域中，最终导致通货膨胀，“物价腾贵，交易者以车载钱。”至大同年间（公元 535—546 年），这种铁钱已经贬值得无法使用了。

在唐宋时期，为了解决钱荒、铜荒而流通钱铁，铁钱也因此进入鼎盛时期。在清朝，则是因为太平天国革命爆发，滇铜北运受阻，政府发生财政危机，筹措军费困难，因而咸丰年间又铸铁钱。

（八）铜板小结

自“秦半两钱”诞生至民国的“民国通宝”钱为止，两千多年间中国的铜铸币历代通用，虽然形制不一，但除王莽一度行刀币外，其他时间钱币的外形都是“方孔钱”，被戏称为“孔方兄”。由于其发行时间和发行量均远大于其他种类的钱币，故“方孔钱”和“中国古钱币”这两个概念经常等同。

◇ 能量棒 1-7-B

中国古代货币史（中）——中国宋、元、明、清、民国时期的银本位制[11]

（一）中国宋代以前的货币体系都不稳定

1. 稳定的货币体系的定义

稳定的货币体系是指货币本身相对于其他商品的价值稳定，这样的话，用货币表示的其他商品的价格水平也将稳定。

2. 唐中叶至宋代前中国贱金属货币与纸币的不稳定性

中国宋代以前一直未建立起稳定的货币体系，因为就贵金属——金、银而言，唐中叶以后的相当一段时间其数量少之又少。唐中叶以后经济持续发展，需要不断增大货币供应量，但贵金属数量却没有相应增加。因此，直到宋代以前，中国一直采用商品货币和贱金属如铁、锡、铅、铜等作为币材，同时政府也在推行纸币。

但是，政府在铸造贱金属货币时，为了获得更多的铸币税，不断减少其重量，还滥发纸币，造成货币不断贬值，通货膨胀。直到宋代以后，贸易银元的流入，才缓解了中国白银币材不足的矛盾，使中国从宋代开始逐步走入白银货币时期，到明朝中叶政府将白银正式规定为货币，一直持续到清代末期。因此，中国的白银货币时期是从明中叶到清末共 400 多年的时间。

3. 中国古代货币体系的三阶段

总地来说，中国古代货币体系先后经历了铜本位制、纸币本位制和银本位制三个时期。但是，其实在中国古代货币体系中，并不存在绝对意义上的本位货币，常常是以一种货币形式为主

① 南北朝（公元 420—589 年）是指由公元 420 年刘裕篡东晋建立南朝宋开始，至公元 589 年隋灭南朝陈为止。该时期上承东晋、五胡十六国，下接隋朝，南北两势虽然各有朝代更迭，但长期维持对峙，所以称为南北朝。南朝（公元 420—589 年）包含宋、齐、梁、陈四朝；北朝（公元 439—589 年）则包含北魏、东魏、西魏、北齐和北周五朝。南梁（公元 502—557 年）是中国历史上南北朝时期南朝四个朝代中的第三个朝代，由萧衍取代齐朝称帝，建都建康（今江苏南京），国号梁，因为皇帝姓萧，又称萧梁。传三帝，后亡于隋。至隋末大业十三年，萧铣在江南重建萧梁，历五年，为唐朝所灭。

币、多种货币为辅币，并且主币与辅币的区分也并非绝对的，而是随着币材商品价格的相对变化而互相转化（李槐，1997）。

4. 中国明清时期的银本位制也可被视为银铜复本位制

也可将中国明清时期的银本位制视作银两和铜钱均为主币的银铜复本位制。铜钱是一种制钱，是官方铸造的铜、铅（乾隆朝后又加入了锡）合金的货币①。制钱名义上与银两一样是足值货币，具有无限法偿能力，但在实际生活中，由于制钱价值小且不稳定，一般大额、远途交易用银，小额、近程交易用制钱。

中国的银铜复本位制与西方国家历史上曾广泛实行的金银复本位制有很大的不同，最大差别在于：西方国家金、银这两种本位货币的兑换比价，是官方根据铸币时银币与金币的贵金属价值之比决定的，一旦确定，就在一段时期内固定不变。但在这段时期内，金银本身的市场比价可能发生变动，背离官方比价，官方比价可能会在一段时期后根据市场比价而调整，并再次稳定一段时期。

但在中国明清时期，政府并不铸造银币，只铸造铜币。因此在明代并没有明确的官方比价，只有各地官员在征收税赋、施行赎罪条例等领域采用的折价计算标准。而各地官员们又没有统一、守恒的标准。直到清朝雍正十一年（1733 年）以前，历代政府才规定白银与制钱的官方比价为 1 两白银＝1 000 文制钱，1 000 文制钱为 1 串。由于银与制造制钱的铜、锌等贱金属的市场比价经常变动，造成官方比价背离市场比价。但是，政府不是调整官方比价，而是调整制钱的重量，每枚制钱的重量规定在一钱至一钱四分之间变动，以此作为调整官方比价的手段。官方比价与市场比价不同是常有的事，由此造成了劣币驱逐良币的现象。

中国古代货币体系中的纸币时期只是一个相对的阶段，可以将其视为从铜制货币向白银货币转化的一种过渡形式，纸币始终没有成为中国古代的主流货币。

（二）宋代之后白银逐渐成为民间主导货币

1. 中国白银货币的形态长期是银两，而非银元

我国虽然自汉代开始制造银器和银锭，但白银作为流通货币则是从宋朝开始的。其实白银和铜钱、纸币并用，铜钱、纸币处于辅助地位。因此，准确地说，中国宋代至清代实行的是白银铜钱复本位制。

我国宋代后虽然使用白银货币，但很少铸造银币，而是用银两，即以白银的重量计值，是称量金属货币。元朝时流行的白银货币形态是元宝，明朝时因为和西班牙、葡萄牙进行贸易，外来的银币大量流通。

清宣统二年（1910 年），清政府颁布了《币制则例》，正式采用银本位，以"元"为货币单位，但市面上银元和银两仍然并用②。1933 年，国民党政府公布了《银本位币铸造条例》，宣布"废两改元"，才算真正实行银本位制。但 2 年后的 1935 年，国民党政府又宣布实行"法币改革"，即实行纸币，最终废止了银本位制。

---

① 制钱的基本形制为圆形方孔，钱文正面铸有"某朝通宝"字样，如"顺治通宝""康熙通宝"等。一般以铜 6 铅 4 的比例铸造，但是铸造比率往往受原料短缺或价格波动等影响而有变动。

② 清宣统二年（1910 年）的《币制则例》中，规定银元的重量为库平七钱二分，成色是 90%，名为"大清银币"。辛亥革命后，政府于 1913 年公布了《国币条例》，规定重量为七钱二分、成色为 89% 的银元为我国的货币单位，铸造的银元被民间称为"袁大头"。1933 年 3 月 8 日，国民政府公布《银本位币铸造条例》规定，银本位币定名"元"，重量为 26.697 1 克，银的含量为 88%，铜的含量为 12%，即含纯银 23.493 448 克。流通中每元的重量及成色与法定重量、成色的公差不得超过 0.3%，并规定一切公私交易用银本位币授受，其用数每次均无限制。同年 4 月，国民政府实行"废两改元"，发行全国统一的银币——"孙中山头像"银元。

2. 明代白银货币化是从民间开始的自下而上的行为

在宋代(960—1279 年)，白银不但具备黄金的各种职能，而且在每一种职能方面都比黄金运用得更为广泛。比如，在支付手段方面，帝王的赏赐常常是金银并提，且用白银的次数更多；政府的开支、人民的税捐以及其他付款、对官吏的贿赂等也是这样。不仅如此，政府还正式规定白银为租税和官俸的法定货币，并在政府收支中占重要地位。我们已经可以把宋元时期白银的广泛使用，看作白银成为主导货币的"前夜"。

后来，到了元(1271—1368 年)、明(1368—1644 年)两朝，在建国初期，政府为了谋取铸币税收入，或弥补财政赤字，都曾经明令禁止在民间交易中使用白银，一度恢复了纸币流通。初期也得到了人民的接受，但是后来因为政府滥发纸币，导致通货膨胀、纸币贬值，使得民间自发的将白银和铜钱用作货币，而将纸币驱逐出流通领域，史称"宝钞崩坏"，最后只得认可白银的正式货币地位。

(三) 明、清时期白银币材不足的问题是如何解决的?

我国银产量原来并不丰富，到了明代，由于云南等地白银的开发，才使得白银产量有所增加①。中国明清时期之所以能够采用银本位制，主要是由于贸易白银的流入，缓解了本土白银币材不足的问题。

1. 贸易白银的流入缓解了币材的不足

1) 当时的世界贸易格局

自 16 世纪 50 年代中欧海路开通至 19 世纪，中国保持巨额的商品贸易顺差达两个半世纪之久，这在世界贸易史上实属罕见。相应地，全球有 4 个地区长期保持着商品贸易逆差——美洲、日本、非洲和欧洲。美洲和日本靠出口白银来弥补它们的贸易逆差，而非洲则靠出口黄金和奴隶弥补逆差，但是欧洲几乎不能生产任何可供出口的商品来弥补其长期贸易逆差，于是只能依靠作为全球贸易网络的中介来平衡其贸易逆差。

2) 两个半世纪的贸易顺差使中国成为白银"洼地"或"吸泵"[12]

研究表明，日本白银产量的绝大部分和美洲产银量的一半都流入了中国，中国就像一个白银"吸泵"或"洼地"，尤其是到了明朝，银库收入暴增。当时，黄金的数量在世界范围内都很匮乏，中国庞大的经济体决定了不能使用黄金作为币材。而中国对欧洲的贸易顺差，导致欧洲将从美洲等地获得的白银源源不断地输入中国，使得中国的白银币材充足，所以中国明朝以后选择的是银本位制，而不是金本位制(陈昆，2014)。

3) 中国的贸易顺差来源于商品价廉物美、具有比较优势

中国当时的贸易顺差源于商品价廉物美的比较优势。在"物美"方面，据史料记载，15 世纪中叶至 1820 年(嘉庆二十五年)期间，中国是世界经济最发达的国家②。自明代中期以来开始逐渐成为世界经济的中心，因为中国千百年来发展起来的精湛手工艺，达到了产业革命前世界生产力的顶尖水平，所以拥有强大的商品制造能力，生产出了丰富的商品。

在"价廉"方面，一是由于中国劳动力资源丰富，劳动力成本低廉；二是由于宋明时期中国投资、消费需求的强劲，使得对白银需求的增长一直快于供给的增长，导致货币量不足、通货紧缩、物价低廉(明代白银购买力相当于宋、元时期的 2 倍)。而恰在此时，美、欧正处于"价格革命"时

---

① 明初的洪武二十四年(公元 1391 年)，政府的矿冶收入只有二万四千七百四十两，四十年后的宣德五年(公元 1430 年)，达到了三十二万零二百九十七两，增幅不小，绝对量却不能说很大。

② 据统计，1522—1566 年(嘉靖年间)，中国的生铁产量达到 45 000 吨，居世界第一位，而英国到 1740 年才达到 2 000 吨。1750 年(乾隆十五年)，中国工业总产量占世界工业总产量的 32%，而全欧洲仅占 23%；中国的国内贸易总值为 4 亿银两。直到 1820 年(嘉庆二十五年)，中国的 GDP 仍占世界经济总量的 32.4%，居世界各国的第一位。

期，由于它们大肆掠夺美洲的白银，导致白银大量流入，欧洲各国经历了史无前例的涉及所有工农业商品、持续了约1个世纪之久的通货膨胀。西班牙、葡萄牙的物价从16世纪30年代到17世纪普遍上涨3倍左右，英国、法国、德国物价从16世纪中期开始上涨2倍左右，这大大削弱了欧洲各国（尤其是西班牙、葡萄牙）的商品竞争力。因此，中国商品以白银表示的价格在国际市场上具有极大的价格优势①。

此外，中国明代的贸易顺差还跟政府鼓励出口的政策有关。因为边境战争，尤其是在东北抗击满族侵犯，需要大量资金，因此政府鼓励甚至组织茶叶、丝绸和瓷器出口（陈昆，2014）。

4）大卫·休谟的"物价—铸币流动机制"为何未能扭转中国明、清时期的贸易顺差？

比较优势理论说的是物美且价廉的商品具有国际竞争力，但伴随着中国持续贸易顺差的是大量的白银流入。根据大卫·休谟的"物价—铸币流动机制"，这将使得中国物价水平上升，使商品物美但价不廉，从而失去比较优势，并使贸易顺差得以逆转。但是，这个机制在中国没有发挥作用，是因为尽管有白银的流入，但中国的物价相对于欧美国家而言仍然偏低（陈昆，2014）。

5）西欧唯有依靠向中国出口白银来平衡其贸易逆差

由于多年战争和自然灾害的影响，西欧能够出口到东方的货物非常有限，而西欧人却非常喜欢质优价廉的中国商品，如香料、药材、茶叶、瓷器、丝绸等，他们只能用白银来支付。因为在1545年和1548年，西班牙人、葡萄牙人在秘鲁和墨西哥相继发现了银矿，并大肆开采和向外输出，通过中欧海上贸易航线，美洲白银通过太平洋被运到马尼拉，再转至中国。另外，还有部分输入欧洲的美洲白银是通过贸易转运至中国澳门，然后再流入中国内地的。

大量白银外流，让欧洲白银输出国如西班牙、葡萄牙的政府惶恐不安，曾几度设限遏制美洲白银流入中国②。恰好当时欧洲诸国普遍奉行重商主义政策，主张国家要尽可能多地积累金银货币。然而由于其制造业竞争力不强，因此政府并不能以一纸禁令阻止价廉物美的中国商品的进口（陈昆，2014）。

2. 白银也为套利而流入中国

1）中国的白银套利空间

中国在明初至成化、弘治年间（约15世纪70年代），白银在民间日益得到普遍使用，因而朝廷认可且朝野皆使用白银，于是开始了白银货币化进程。直到1520年代明朝纸币体系崩溃，导致银币替代纸币和白银税收体系的建立，白银货币化就基本完成了。

当时的中国，拥有世界1/4的人口和比伦敦、巴黎大许多倍的城市，其"白银化"产生的巨大白银需求，使得中国的白银价值（以白银的黄金价格来衡量）是世界其他地方的2倍③。一直到

① 比如，墨西哥市场上，中国丝织品价格是西班牙同类产品的1/3，在秘鲁是1/9，在东南亚是荷兰同类产品的1/3，在欧洲是欧洲产品的1/4～1/3；墨西哥市场欧洲的麻织品几乎比中国同类产品贵8倍；1621年，荷兰东印度公司以每磅4盾的价格采购一批中国台湾生丝，运到欧洲市场后售价为每磅16.8盾，毛利率达320%；当时的一个西班牙神父马丁·德拉达惊叹，中国肉类、蔬菜、水果价格低得像是分文不取一样。

② 1593年1月1日、1595年7月和9月，西班牙国王三度颁发敕令，规定每年从墨西哥运抵菲律宾的白银以50万比索为上限。

③ 在1492年以前，当中国、印度两国的金银比价还是1∶5时，欧洲就已达到1∶11或1∶12。16、17世纪正是美洲的殖民地时期，当时在美洲频繁发现银矿，欧洲人大肆掠夺美洲白银，导致欧洲白银供过于求、银价下跌，1519—1650年，金银比价从1∶11上涨到1∶15.5左右，平均价格水平为1∶12.1左右。相比之下，中国在明初洪武八年（1375年），金银官方比价为1∶4，因为当时确立金银钱钞几种货币之间的兑换率时，规定1贯钞折合铜钱1 000文、白银1两以及黄金1/4两，据此可推算金银比价为1∶4。至洪武十八年，变成1∶5，这一水平一直维持到永乐五年（1407年）。永乐十一年左右，突然变成1∶7.5。到了明清之际，金银比价大致维持在1∶13，直到清乾隆年间金银比价才达到1∶15的水平。到了18世纪中叶，中国金银比价已经基本上与欧洲拉平。总之，在整个明代，虽然白银一直呈现出贬值态势，但却一直较国外昂贵（黄阿明，2010）。

18世纪，中国白银的黄金价格仍然高出欧洲50%，因此，欧洲商人争先恐后地将日本、美洲等地的白银输入中国，兑换成黄金套利，单程即可获利1倍以上，这也直接导致了18世纪墨西哥白银生产的繁荣。

具体来说，如何套利呢？比如，早在1609年，一位拥有25年在亚洲经商历史的葡萄牙商人佩德罗·德·芭萨就注意到："在西班牙，1个金比索通常值12个银比索，而在中国，1个金比索通常可以兑换5个或5个半银比索"。这意味着西班牙商人将5个银比索输入中国，可以买到1个金比索，然后将这1个金比索运回西班牙，就可买到12个银比索，获利1.4倍。

2）19世纪末至20世纪初国际金本位制形成时期白银更加猛烈地流入中国

19世纪末至20世纪初国际金本位制形成的时期，各国纷纷抛售白银以购买黄金，大量的白银在国际市场上被抛售，并流向了以白银为货币的国家，世界金银比价也由19世纪50年代的1∶15左右上升到了20世纪初的1∶35左右。

据清末海关资料记载，1882—1911年，中国累计黄金净出口7 714.6万海关两，白银净进口4 935.9万海关两，流出的黄金大多去了金本位制国家的金库。因此，这一时期，世界上出现了"白银东流、黄金西去"的现象。

（四）银本位制对中国的影响

1. 白银流入使得中国通过国际贸易而扩大了市场，促进了经济的发展

宋、元、明、清四代白银的流入，有效地缓解了中国白银币材不足的矛盾①，支持了人口的增长，使得中国成为当时世界经济的中心。还在一定程度上扩大了市场，促进了商业发展和农业、手工业的专业化生产，江南等地早期的工业化也因此得到了发展。流动性充裕还推动了20世纪初的现代银行业在中国的形成与发展，连美国的花旗银行也开到了中国。在1930年代大萧条期间，花旗银行就是依赖其上海分行的盈利勉强渡过了危机。现代银行业的兴起，使得长江中下游地区的工业化被大大推进，上海的房地产业也欣欣向荣。

2. 白银流入并没有为中国带来工业革命

遗憾的是，晚明政府从打击海上敌对势力等政治需要出发，对海外贸易严格限制，海外贸易远未能发挥其对市场开拓、专业化生产和资本形成的推动作用，使得晚明中国与工业革命失之交臂。

"福兮祸所倚，祸兮福所伏"，与此同时，1765年，以哈格里夫斯发明珍妮纺纱机为标志，工业革命却在欧洲开展起来。欧洲人无偿地占有了美洲的金银货币，使其拥有了必要的钱财，可以在几个世纪内连续不断地获得世界各地提供的消费品；同时，欧洲商人将中国、印度等亚洲国家的香料、丝绸、棉纺织品等消费品转口到美洲和非洲，又获得了巨额利润，为欧洲大陆的工业革命完成了资本的原始积累。

而中国几个世纪的贸易顺差则输出了实际资源，得到的是既不能吃也不能穿的白银。后来到了民国时期，世界各国改行金本位制，白银大幅度贬值，又使得中国的白银财富（相当于外汇储备）遭受了很大损失（陈昆，2014）。

3. 依靠白银流入而维持的银本位制不稳定，造成中国通货膨胀和通货紧缩的交替

如前所述，金属货币制度不一定稳定，因为货币供给受贸易的影响而随机变化。当中国的白

---

① 比如，从1550年到1645年明朝灭亡前的百年间，从海外流入中国的白银大约有14 000吨之多，是这一期间中国自产白银总量的近10倍。另日本学者研究，17、18世纪以及19世纪初期，中国自外国接受了巨额的白银供给，估计18、19世纪，通过广东由欧洲诸国流入约3亿元，由美国流入1亿数千万元，再加上通过菲律宾以及通过南洋流入的，总数大概超过5亿元。当然，铜币和纸币也在这一时期起到了缓冲币材不足的作用。

银进口旺盛时，中国的货币供给充足，如果刚好适应货币需求的增长，就将促进经济的发展。如果过量，则会引发通货膨胀；反之，当白银进口减少时，中国的货币供给紧张，可能引起通货紧缩，并引起经济萧条和政治危机。比如，明朝灭亡的部分原因，在于海外的白银流入减少，使得明朝的财政收入减少，无法应付当时的国内危机，包括农民起义等①。

4. 中国银本位制的解体

1）1870年后中国为什么独自实行银本位制？

1870年后，其他国家纷纷实行金本位制，本国银行券（纸币）与按照约定的含金量可完全自由兑换成黄金，各国银行券因有固定含金量，因此汇率也是固定的。到了20世纪初，全世界主要国家中只有中国实行银本位制，而西方国家的金本位制一直实行到1914年“一战”爆发后才解体。其实1895年之后多年，有关中国货币本位选择的议论和呼声就未停息过②，然而，在长约半个世纪里，中国仍独自游离于国际金本位制之外，原因主要有以下几方面：

(1) 中国黄金稀少，长期以来很少以黄金为货币，许多官员如晚清重臣张之洞坚决反对金本位。

(2) 中国货币复杂、混乱，极难统一③。

(3) 清末民初社会常年动荡，中央政权摇摇欲坠，无暇、无力改革币制。南京政府建立后，国内形势相对平静，但也内忧外患，日本侵略迫在眉睫。1928年，全国财政会议提出统一货币，废除银两、实行银元，最终过渡到金本位。但由于担心市场出现不信任情绪和投机浪潮，会议并无币制改革的具体建议。

(4) 1914年“一战”爆发，一些欧洲国家被迫退出金本位，后虽重新加入，但金本位的基础已经动摇，国际经济大萧条后，严格的金本位成为历史，这也使中国没有信心转换成金本位制。

2）银本位制解体的原因

(1) 明、清、民国都曾饱受通货紧缩之害

中国在明朝建立银本位制后的长达三个半世纪的时间里完全丧失了对货币供应量的调控权，因为中国的白银货币供给主要来自进口，当白银流入增加时，货币的扩张带来了经济的繁荣；当白银流入减少时，经济发展就出现停滞甚至危机。有学者认为，明朝的灭亡就和当时白银进口

---

① 从1610年到明朝灭亡的1644年，中国进口白银大为减少，原因包括：美洲白银产量下降；1630年之前荷兰和英国对中国和西班牙航海的骚扰；1634—1635年西班牙国王的限制贸易政策；1639—1640年西班牙在菲律宾屠杀2万多名中国人的事件；荷兰封锁果阿和马六甲商道；日本德川幕府禁止日本人进行海外贸易。同时，明朝政府在1618—1636年，为对付农民起义和满族入侵，将税收提高了7倍，投资人宁可将白银窖藏起来等待时机，由此造成流通中的白银大大减少。在国库空虚的情况下，明朝政府又不能通过印钞票的方法来弥补财政赤字及刺激经济发展，为了减少财政支出，明思宗在崇祯元年(1628年)对驿站进行了改革，精简人员，时任驿卒的李自成在精简中被裁撤，失业回家，并欠了债，次年二月到甘肃甘州(今张掖市甘州区)投军，不久在榆中(今甘肃兰州榆中县)因欠饷问题杀死参将王国和当地县令，发动兵变。崇祯十七年(1644年)，李自成攻入京城，崇祯皇帝自缢身亡。

② 清朝一些驻外使节建议改用金本位，康有为在1910年也力主这样做。而海关总税务司赫德等在华的一些外国人主张施行金汇兑本位制，即以黄金为货币单位，国内流通以银币为主，维持一定金银比价，在通商大埠置备信用借贷款，以便出售金汇票。由于他们鼓吹请外国人来管理，暗存控制中国货币权的野心，因而遭到国人的强烈反对。1903年，清政府曾请美国考虑通过国际合作，稳定中国对金本位国家的汇率，美政府指派一个委员会对此进行研究，并与欧洲国家商讨。该委员会建议，中国应逐步实行金本位(阿瑟·杨格，1981)。

③ 清朝之初100年里多用银两，后有多达几十种外国银元流入，成为中国的流通货币。清末几十年，中国自铸银元，但银两还一直通行。各地银币的名称、形式、成色甚至度量单位五花八门。1898年，以银两、银币为基础的银行券也开始发行。总之，各种货币形态并存，以银币为主。直到1910年，清政府才颁布《币制条例》，以银为本位，以元为货币单位，建立统一铸造、发行和管理货币的体制(张国辉，2003)。

的锐减有关系。

清朝和民国(1912—1949 年)也饱受通货紧缩之害。虽然在清初，中国仍然保持着较高的白银流入，但是自乾隆末年到嘉靖朝，中国本土产银渐渐减少①。1790 年后的鸦片贸易②使清朝的白银迅速外流，导致银价从 1821 年的每两 1 000 文上涨到 1838 年的 1 300～1 600 文。中国从 1808 年起，白银的净流入就停止了。

白银外流引发了第一次鸦片战争(1840 年 6 月—1842 年 8 月)，而 1 476 万两白银的战争赔款及随后西方列强的入侵等，使中国白银进一步外流。据统计，自 1840—1915 年的 75 年间，中国白银外流达到 12.5 亿两。晚清政府同样国库空虚，最后经由胡雪岩向洋人六次借款，筹措到累计金额为 1 870 万两白银的收复新疆的军费。此外，1905 年，墨西哥改行金本位，鹰洋来源断绝，这也是中国白银短缺的一个因素。

(2) 银本位制解体的触发因素是 1933、1934 年美国提高白银价格

① 19 世纪二三十年代开始的金贵银贱造福银本位制的中国

从 19 世纪二三十年代开始，世界主要国家逐渐采用金本位，导致白银供应持续增加，白银价格呈现螺旋式下跌，金贵银贱的趋势日益明显。因为当时与中国进行贸易的国家基本上都实行金本位制，这使得银本位的中国货币相对贬值③，因此长期促进了中国的出口和长江三角洲地区的工业化发展。

中国自鸦片战争后开始逐渐融入世界经济体系，到 20 世纪 30 年代时，中国的经济开放度已经非常高。在 1929 年大萧条后的几年，银本位确实造福于中国，因为国际银价从 1929 年开始连续 4 年下跌，其价值几乎跌去了一半。由于中国是银本位国家，银价相对于金价的下降，相当于中国货币的汇率相对于金本位国家的一次大幅度贬值④，按照金价衡量的中国产品比从前更加便宜，从而有利于中国的净出口。并且，在该时期，西方国家纷纷恢复了金本位⑤，中国是世界上唯一实行银本位的大国，使得自己一定程度上隔离于世界经济的萧条之外，出现了短暂的繁荣。

---

① 翼曾指出："银本出内地……今内地诸山有银矿处，俱取尽，故采至滇徼。然滇中为乐马厂，岁出银数万而已，他皆恃外番来。粤闽二省用银钱，悉海南诸番载来贸易者。"这一状况持续至道光朝，魏源提到《军储篇》："近数百年间钱粮改银以后，白金充布天下，谓非闽粤番舶之来，何自得之？是则中国自古开场，采铜多而采银少。今则云贵之铜矿多竭，而银矿正旺。银之出于开采者十之三四，而来自番舶者十之六七。"

② 19 世纪四五十年代，英国制造品对中国人还缺乏吸引力，对华出口增长停滞，而中国的丝、茶却深受英国人喜爱，再加上英国商人大规模从中国进行转口贸易，就导致了英国对中国的贸易逆差，大量银元源源不断从英国流入中国，使英国出现白银流失、通货紧缩、经济衰退。19 世纪 30 年代，英国曾经派代表团到远东要求中国增加进口，恢复贸易平衡。由于中国不愿意大量增加进口，英国商人就要想办法开发对中国有吸引力的出口商品。由于当时的清政府闭关锁国，能够对中国出口的商品品种很少，而鸦片是为数不多的被中国政府视为"洋药"而允许进口的商品。于是，英国商人逐渐培养了中国沿海一带居民吸食这种毒品的习性，使得中国的鸦片进口逐渐攀升，导致白银流出。到了 19 世纪 50—80 年代，在中英贸易中，中国终于由贸易入超(顺差)转为出超(逆差)了。且不说鸦片贸易对中国社会、经济生活造成的不良影响，单看它对银本位制的影响，就加剧了币材不足的矛盾，造成了通货紧缩。

③ 当时中国实行的是一种浮动汇率制。例如，1929 年"大萧条"刚开始时，中国 1 元银币在外汇市场上的名义汇率等于 36 美分(美元、美分以黄金计值)，此后 2 年内，以黄金标价的国际银价下降了 40%，则中国的 1 元银币只值 21 美分了，即中国银元的名义汇率贬值了。但中美商品的价格竞争力取决于银元与美元间的实际汇率，实际汇率是名义汇率与物价水平之比。同期美国的批发价格指数只下降了 26%，因此，可以简单地认为中国银元实际上还是贬值了，导致进口减少、出口增加。因此，在 1930、1931 年，中国出现了国际收支盈余，1931 年中国进口白银 4 545 万两，在世界其他国家正在经受"大萧条"的严重通货紧缩的时候，中国国内还呈现出了温和的通货膨胀。

④ 1926 年到 1931 年，纽约和伦敦的银价分别下降了 58.8%和 49.7%。

⑤ 英国于 1925 年、法国于 1928 年恢复金本位，到 1929 年，除了一些拉美和亚洲国家，几乎所有的市场经济国家都加入了金本位集团。

但贬值的不利之处，就是中国的财富缩水、外债（以金币计值外债）负担加重，当时中国有很多官员都在担忧此问题[①]。

② 1933 年后的白银价格上涨使得中国汇率升值，造成贸易逆差和白银流出

1929—1931 年，银本位给中国经济带来的短暂繁荣在 1931 年秋天逆转，英国、日本和印度等国家相继放弃金本位，采用纸币制度，其货币大幅度贬值，白银则在 1932 年以后从下降的趋势转为上升。到了 1931 年，中国的货币尽管相对于仍坚持金本位制的美元而言继续贬值，但相对于英镑、日元和卢比而言却升值了，使得中国产品的国际竞争力下降。中国的出口贸易于 1931 年后急剧下降，从 9 亿多元猛降到 5.6 亿元，国际收支急剧恶化，1932 年被迫净出口白银 735 万两以弥补贸易赤字，国内的物价指数也开始下降。

1933 年，美国也无法忍受金本位制造成的通货紧缩，脱离金本位而回归到金银复本位制。1934 年，美国通过《白银收购法案》[②]，提升白银价格以争取国内白银集团的支持，将美元（纸币与存款货币）发行的准备金改为"金三银一"的比例。为了达到这一比例，美国开始在国际市场上收购白银，使得世界市场上白银价格迅速上升，中国货币对美元的汇价也骤然上升，由 1932 年的每 1 个中国银元（约含银 0.755 5 盎司）兑换 19 美分上升到 33 美分。

也就是说，每盎司白银可换回 2、3 倍的美元的购买力，换言之 2、3 倍的美元才能换取同值的中国货币。一方面，美国和世界其他各地的居民，突然感到中国商品价格的昂贵；相反，中国民众则乐于消费外国的商品，使美国可以销售掉过剩的汽车和小麦，有助于美国摆脱当时的经济危机。这也使中国农村的小农经济全面破产，城市出口工业萧条，进口增加，贸易进一步恶化[③]。1933 年的出口仅及 1930 年的 58%，贸易赤字继续靠金银等贵重金属的大量外流来弥补，导致中国出现通货紧缩和严重的经济恐慌。在世界经济和贸易开始复苏的时候，中国的经济却迈入衰退，陷入一场大灾难。

---

① 例如，工商部工商访问局曾指出："中国是今日世界唯一用银国家，银价之跌落，其关系广及整个的国民经济""中国又为债务国家，银价跌落对于国家财政上影响尤大""因银价跌落而致中国国富无形损失巨万，亦为理论上必然之归宿"（资料来源：《中华民国货币史资料》第二辑第 106 页，工商部工商访问局，1930 年，《关于银价波动的报告》）。

② 1929 年的大萧条给白银生产者带来了沉重的打击，白银价格急剧下降，由 1928 年的每盎司 58 美分，下降到 1930 年的 38 美分和 1932 年的 25 美分，白银集团立刻展开了抬升白银价格的游说活动，这些游说活动在胡佛总统的上任并没有取得什么效果。但是 1932 年，民主党人罗斯福当选为美国总统，当时他要通过有关新经济政策的一系列法案，需要白银集团的支持，于是为了取悦白银集团，于 1934 年通过了《白银收购法案》，主要内容是：1）授权财政部在国内外市场收购白银，以其作为储备发行白银券（或称银券），即按券面标明的含银量可向财政部自由兑换为白银的纸币，财政部要保有实物白银作为发行银券、接受兑换的储备金。2）财政部要调节白银价格，使其保持在每盎司 1.292 9 美元，或者财政部储备的白银价。当白银价格达到每盎司 1.292 9 美元，或用作货币储备的白银价值达到了用做货币储备的黄金价值的 1/3 时，就停止收购白银；当白银价格超过了每盎司 1.292 9 美元，或白银储备超过了黄金储备的 1/3 时，就出售白银等。在 1934 年，中国的白银出现了先由内地向上海集中，后来又由上海向内地分散的两次转移，其目的就是要向境外转移，当年的 1—8 月，内地向上海集中白银 2 969 万元，但在 9 月之后，白银流向突然转向，从 9 月到 12 月由上海流向内地的白银高达 8 897 万元，比 1933 年全年由内地流向上海的总和（8 189 万元）还要多，这主要是因为当时的国民政府对白银出口征收出口税和平衡税，导致大量的白银转向华南经由中国香港出境或者日本势力范围内的华北地区，然后再走私出口到境外。

③ 在白银集团诸多提高银价和推动《白银收购法案》的理由中，"中国市场"也是一个很重要的话题。他们一方面认为，中国是当时仍然使用白银作为货币的大国，有大量的白银积累，又是世界上人口最多的国家，提高了银价就提高了中国的对外购买力，给美国商品开辟了广阔的市场，可以销售掉美国过剩的汽车和小麦，有助于美国摆脱当时的经济危机。另一方面认为，提高银价可以借此打击中国的工业，削弱中国商品与美国商品之间的竞争，因为银价低导致中国的购买力低，中国人只能购买本国的便宜货，促进了中国工业的发展，而减少了美国货在中国的销售，从而使中国成为美国"在世界市场上最具有破坏力的竞争者"。若提高银价将使中国货币升值，增加中国工业产品的成本，削弱中国产品的竞争力，从而有利于美国的企业家和农民。

另一方面，大量的白银从实体经济中退出，涌进上海，想转道流入欧美国家，资金在上海逗留期间造成了上海资金充裕，银行业、楼市、股市表面繁荣。当时中国政府为了制止白银外流，曾采用严刑峻法以杜绝白银走私，但都无济于事①。1934 年净流出白银 25 673 万元，1935 年达 29 000 万元，致使中国存银严重下降，造成了通货紧缩，物价下跌，银行信用收缩②，利率上升③，工商企业资金周转困难。

随着投机市场信心的逆转，当时的国际金融中心——上海很快成了牺牲品，房价崩溃④、股市狂泻，银行陷入严重危机，银行、钱庄、工商企业纷纷倒闭、停业，造成大面积经济萧条⑤。1933—1935 年，世界各国经济已经复苏，而中国却处于经济崩溃的边缘。在这股破产倒闭之风中，甚至连部分在华经营的美国企业也不能幸免。可见，美国的白银政策并没有像白银集团所宣称的那样，既提高中国的购买力，又增加美国的对华贸易，就连当时美国国务院远东司的司长也承认："我们收购白银，快要把中国人的血抽干了。"

③ 1935 年法币改革，中国废除了银本位制

1935 年，民国政府被迫放弃银本位制，建立中央银行，发行"法币"——中央银行、中国银行、交通银行三家银行(后增加中国农民银行)发行的纸币，为国家信用法定货币，以取代银本位制下的银元，禁止白银流通，宣告长达 355 年的银本位在中国正式终结，这就是所谓的"法币改革"。1948 年 8 月 9 日，法币又被另一种纸币——金圆券所取代。

虽然在当时以及现在很多人看来，法币改革是中国货币现代化的发端，使中国日后踏上了恶

---

① 国际银价的上涨虽然也推动了国内银价，但国际银价上涨得更快，中外银价差距扩大。比如，1934 年 10 月中旬时，每一个中国银元(约含银 0.755 5 盎司)所含白银的国际价格比国内价格高 1/4 以上。到 1935 年春天时，国际银价超过国内银价已达到 50%，出口白银每千元即可获利 300～400 元。白银出口税和平衡税的征收根本无法遏制白银外流，不过增加了白银的走私量而已，因为外资银行拥有治外法权，又有大量的白银库存。如 1933 年年底，上海外资银行的白银库存为 2 亿 7 千多万元，占当时上海白银总库存的 50.4%，中国政府虽然多次颁布法令禁止白银出口，且在 1935 年 4 月与外资银行签署禁止白银出口的"君子协定"，但并没有严格的约束力，外资银行的白银库存直线下降。到 1935 年 9 月，只占到上海白银总库存的 12.7%。上海的中外资银行抛售白银致使政府和实业债券下降 10%，上海中心地产价格下降 15%，工业债券下降 7%。此外，当时中日之间正处于全面战争的前夜，美国的《白银收购法案》大大削弱了中国抗日的经济基础，无意中帮了日本人的忙。当时，日本一方面大量走私白银，在中国银价每盎司 40.5 美分与世界银价 65 美分投机牟利，利用走私白银所积累的巨额资金来建造兵舰和稳定日本的币值；另一方面，又将中国的白银滞留在北方并最终劫掠。

② 白银不仅是流通中的通货，也是银行券的准备金。在这次白银风潮中，外流的白银主要是银行准备金，一方面，准备金的减少就是银根减少，具有多倍紧缩存款货币的乘数效应，因此造成了严重的通货紧缩；另一方面，准备金减少，使得银行存款和银行券的信用风险大幅度提高了，人们竞相挤兑提现，银行倒闭、金融恐慌随之而起。

③ 中国的批发物价指数 1934 年比 1931 年下降了 23%，当年下降了 6.5%，1935 年又再次下降 2.5%；农产品价格 1934 年下降了 6.9%，1935 年再度下降了 3.7%；由于信用收缩，1934 年 7 月的市场利率为 5%，到 9 月的时候就上升到了 12%。

④ 1927—1937 年，被称为上海史上所谓的"黄金十年"。1929 年之后，上海公共租界的房地产市场以惊人的速度增长，1924—1929 年，上海房地产的总价值增加了 20 亿两，其中一半的增长来自 1928—1929 年。房地产交易的价值每月至少有 100 万两，有时竟达 1 000 万两之多。毫无疑问，投机造就了房地产的繁荣，投机者一旦购买了土地进行建设，就会以之为抵押，去购买另外的房地资产。但是，从 1934 年下半年起，风云突变，世界经济进入复苏，而上海地价突然暴跌，房地产买卖一落千丈，进入了冰冻期，观望气氛浓厚，即使有少量成交，其价格也只及 1931 年的十分之二三，外国在华房地产公司的股票价格惨跌至票面价的十分之一左右。上海公共租界地价约跌落 6 亿元，就整个上海市而言，其地价跌落恐在 20 亿元之上。大批房地产商包括一些著名外国在华房地产公司纷纷宣告破产，房地产危机导致个人倾家荡产者时有所闻。

⑤ 在 1935 年，上海就倒闭了 1 065 家工商企业，全国银行倒闭或者停业 20 家。当时中国最大的产业——纺纱业，开工量减少 60%。由于工业对农业原材料需求的减少，加上当年发生了灾荒，1934 年的农业产出只有 131 亿元，比 1931 年下降了 46%(资料来源：刘大中，《中国的国民收入，1931—1936》)。

性通货膨胀的不归路，但是，即使没有白银收购法案，抗日战争和内战，也会使国民政府为了筹到更多的钱而脱离银本位制，改用不兑现的纸币制度，这就导致了蒋介石政权后期的纸币大幅贬值和恶性通货膨胀。

◇ 能量棒 1-7-C

中国古代货币史（下）——中国古代的纸币流通：交子、钱引、宝钞、银票

（一）两宋时期的交子与钱引

1. 交子就是现金保管收据

中国北宋(960—1127 年)初年出现的“交子”被认为是世界最早的纸币①。宋代由于白银币材的不足，主要使用笨重的铜钱与铁钱作为交易媒介，但却不便于携带②。于是，约 1008 年，成都 16 家官商联合成立专为商人们经营现钱保管业务的“交子铺户”，商人们(存款人)把现金交给铺户，铺户把存款人存放现金的数额临时填写在用楮③纸制作的卷面上，再交还存款人，这就是“交子”，是一种现金保管收据。

当商人们来取款时，每 1 000 文钱需付给铺户 30 文钱作为保管费，即保管费率为 3%，这种临时填写存款金额的楮纸券便被称为“交子”。这时的交子只是一种存、取款凭据，不可流通，还不是货币。

2. 交子的自由兑换与流通

由于交子铺户恪守信用，保证持有人能够自由兑换，即随到随取，再加上所印交子图案讲究，隐作记号，黑红间错，亲笔押字，他人难以伪造，所以交子赢得了很高的信誉。商人之间的大额交易，为了避免铸币搬运的麻烦，往往直接用交子支付，交子于是便流通了起来，类似于英美国家的银行券。

3. 利用交子进行汇款

随着交子的使用范围越来越广泛，为了便利客户的资金异地转移，许多商人联合成立专营发行和兑换交子的交子铺，并在各地设交子分铺。这样，客户从甲地到乙地做生意，就不必运送现金了，可以在甲地存钱，携带交子到乙地的交子分铺兑取，这就是中国古代的汇款。

---

① 纸币的出现是中国货币史上的一大进步，有学者认为中国纸币(银票)的起源可追溯至汉武帝时的“白鹿皮币”和唐代宪宗时的“飞钱”。汉武帝时期因长年与匈奴作战，国库空虚，为解决财政困难，在铸“三铢钱”和“白金币”(用银和锡铸成的合金币)的同时，又发行了“白鹿皮币”。所谓“白鹿皮币”，是用宫苑的白鹿皮作为币材，每张一方尺，周边彩绘，每张皮币定值 40 万钱，由于其价值远远脱离皮币的自身价值，因此它只是作为王侯之间贡赠之用，并没有用于流通领域，因此还不是真正意义上的银票，只能说是银票的先驱。“飞钱”见下文“票号”中的介绍。作为对比，首次在欧洲出现的纸币是 1661 年由瑞典银行发行的，不过那时发行纸币只是权宜之计，并不是作为真正的货币。1694 年，英格兰银行创立，开始发行银行券，最初是手写的，后来才改为印刷品。

② 纸币出现在北宋时期的四川并不是偶然的，第一，宋代商品经济发展较快，流通中需要更多的货币，而当时铜钱短缺，当时的四川地区通行铁钱，但铁钱值低量重，使用极为不便。当时一枚铜钱抵铁钱十枚，每千枚铁钱的重量，大钱为 25 斤，中钱为 13 斤，买一匹布需铁钱两万，重约 500 斤，要用车载。成都是重要的经济重地，而且，蜀汉通往外界的道路又异常崎岖难行，因此客观上需要轻便的货币，这也是纸币最早出现于四川的主要原因。第二，北宋虽然是一个高度集权的国家，但全国货币并不统一，存在着几个货币区，当时有 13 路(宋代的行政单位)专用铜钱，4 路专用铁钱，陕西、河东则铜铁钱兼用。各个货币区又严禁货币外流，使用纸币可以防止铜铁钱外流。第三，宋朝政府经常受辽、夏、金的攻打，军费和赔款开支很大，也需要发行纸币来弥补财政赤字。种种原因促成了纸币——“交子”的诞生。

③ 楮，音“楚”，就是穀(音“谷”)树，一种落叶乔木，开淡绿色花，果实红色，树皮纤维可造纸。

4. 部分准备金规律与交子铺银行家的诞生

后来，交子铺户们在经营中发现了部分存款准备金规律，即动用一部分存款去经营其他的买卖，或发放高利贷，并不会妨碍交子的自由兑换，因而不会危及交子的信誉。在攫取以存贷利差形式存在的铸币税的动机下，各铺户开始主动地、大规模地印刷没有真实存款背景的、有统一面额和格式的交子，作为一种新的流通手段向市场发行。显然，在这种部分准备金制度下，超过准备金部分的交子已不再是铸币的代表了，而是信用货币（纸币）了，而交子铺也开始经营存放款业务，类似于近代银行了。

5. 交子（或银票）不能兑现的原因之一是银行家贪婪地攫取铸币税

在部分准备金制度下，交子或银票兑现不了的情形就可能出现。比如，有些铺户将准备金率定得过低，滥发交子，不顾信誉而疯狂地攫取铸币税，当存款人来提现时，这些铺户便闭门不出，停止营业，这种行为属于恶意欺诈。再如，有些铺户将部分存款用于经营他项买卖，失败后无法收回现金而破产，因此就无法兑现交子，往往激起事端，引发诉讼，后被地方政府整顿①。

6. 官交子与钱引

1）官交子——北宋政府发行的仅有部分准备金的纸币

宋仁宗天圣元年（1023 年），政府发行官交子②，这是我国最早由政府正式发行的纸币。首届交子发行的面额为 1 256 340 贯，以四川的铁钱 360 000 贯为钞本——准备金，准备金率约为 28%。也就是说，政府有 28 贯铁钱，即可发行面值为 100 贯的官交子。因为政府认为，按照一个很大的概率，百姓要求兑现官交子的数额不会超过发行量的 28%，因此，保留 28%的准备金就够了。

如果政府恪守 28%的准备金率发行官交子，则纸币加上作为钞本的金属货币在内的（全部货币供给量）能够扩大到金属铸币的 3.57 倍。因此，纸币的发行缓解了币材不足的矛盾。

交子的流通范围基本上限于四川境内，虽后来在陕西、河东有所流行，但不久就被政府废止了，被“钱引”所取代。

2）钱引——完全不需要准备金的纸币

两宋时期，政府发行纸币的主要目的是弥补财政赤字，常因军事需要而大肆滥发。宋徽宗大观元年（1107 年），政府改交子为“钱引”③。钱引与交子的最大区别在于它“不置钞本、不许兑换”，即发行完全没有准备金，也不可兑换为现金，并且发行量不受任何约束。

钱引的面值（名义购买力）减去其印制成本就是政府得到的这种纸币的名义铸币税。因此，发行纸币很自然地就成为了政府弥补财政赤字的手段，导致滥发纸币，引起通货膨胀、纸币贬值，到了南宋嘉定时期，每缗只值现钱 100 文了。

虽然南宋的钱引的发行完全没有了发钞准备金，导致了纸币的滥发和贬值。但是南宋规定

---

① 北宋景德年间（1004—1007 年），益州知州张泳对交子铺户进行了整顿，剔除不法之徒，专由十六户富商经营。到了北宋神宗年间（1563—1620 年），交子正式被官方认可，政府将伪造交子视为等同于伪造官方文书。

② 政府设“益州交子务”，由京朝官一、二人担任监官主持交子发行，并“置抄纸院，以革伪造之弊”，严格监管其印制过程。官交子发行初期，其形制是仿照民间的交子（所谓的“私交”），加盖本州州印，只是临时填写的金额文字不同，金额一般是一贯至十贯，并规定了流通的范围。宋仁宗时，一律改为五贯和十贯两种。到宋神宗时，又改为一贯和五百文两种，发行额也有限制，考虑到纸币的磨损，还规定分界发行，每界三年（实足二年），以新换旧。北宋的官交子比美国（1692 年）、法国（1716 年）等西方国家发行纸币要早六七百年，是世界上发行最早的纸币。

③ 除四川、福建、浙江、湖广等地仍沿用交子外，其他诸路均改用钱引，后四川也于大观三年（1109 年）改交子为钱引。钱引的纸张、印刷、图画和印鉴都很精良，它以“缗”（音“民”，指中国古代穿铜钱用的绳子，也指钓鱼用的绳子）为单位，这点与交子不同。

了纸币以三年为一界，即以三年为一周期，过了限期后则全面更换新版本，公众以旧钞换新钞，这一点比明代都要先进。

（二）元朝的宝钞（银票）与发钞准备金制度

1. 元朝纸币成为唯一的法偿货币

尽管两宋的纸币发行制度日渐完善，但真正把它推向顶峰的却是元朝。元朝币制的最大特点是长期、广泛、大量地发行和流通纸币，并且将纸币作为唯一的法偿货币，完全禁止金属货币流通。

元世祖忽必烈建立元朝后，元帝国空前庞大，与罗马帝国、波斯以及稍后的印度莫卧儿王朝进行着广泛的国际贸易①，由于这几个贸易对象在这个时期实行的都是银本位制，因此元朝通过出口换回了大量的白银，便开始实行银本位制。

但是随着生产的发展、贸易的增长，使得元朝的货币需求大增，白银币材不足迫使政府推行纸币。元世祖忽必烈在中统元年（公元1260年）由中央政府集中发行"中统元宝交钞"，简称"元宝钞"。从1285年起，又规定在国内交易中只能使用这种宝钞②，禁止金、银、铜钱流通，违者治罪③，仅在国际贸易中使用白银。可见，元朝政府最初是以行政命令的方式在全国范围内推行纸币的，但纸币之所以被老百姓接受并广泛使用，却在于严格执行的发钞准备金制度保证了其币值稳定。

2. 元代的《钞法》——宝钞发行的丝银准备金制度

元代的《钞法》规定纸币的发行数量要受白银准备金的约束，元世祖规定了纸币与白银间的换算率——2贯中统元宝钞④＝1两白银，承诺老百姓随时可用宝钞到官库兑换成白银⑤，只需扣除2%的手续费。为此，政府在国库中准备了大量的现银及少数的金，还有其他具有价值的物品（如丝），构成平抑宝钞价格的"平准库"。

3. 平准库就是发钞准备金

平准库就是发钞的白银准备金。因为就极端情况而言，政府必须要有1两白银才可以发行2贯元钞宝，如果政府只有1两白银，却发行了4贯元宝钞，当老百姓要求兑现4贯元宝钞时，政府就得违约。也就是说，政府要发行纸币，必须要有等额的白银作为应付百姓兑现的准备金，这就是发行准备制度。

之所以又称其为平准库，是因为当百姓兑换量增大时（如要求兑现2 000贯元宝钞），如果平准库中白银缺少（2 000贯对应着1 000两白银，假设政府只有500两），政府只得令纸币贬值（每4贯元宝钞才能兑换1两白银），这就是政府违约。为了避免违约，政府必须将平准库中其他值钱的东西如黄金、谷拿出来兑换元宝钞，直到使元宝钞的价格上升到2贯元宝钞相当于1两白银为止。因此，平准库因平抑元宝钞价格而得名。

---

① 当时中西陆海商道上驼队踵继，舳舻相望；元大都（汗八里）被描述为"天生地产，人造物化，山奇海怪，不求自至，不集而萃"，见过世面的汉人也大开了一番眼界。

② 当时元太祖规定，停止使用蒙古旧钞和南宋纸币，以旧换新；同时规定元宝钞的流通不受区域和时间限制，国家收税、俸饷、商品交易、借贷等都要使用宝钞，这样元宝钞就成为通行于全国各地的货币。

③ 这在世界货币史上是一个伟大创举，当时除了蒙古占领区的伊儿汗国发行纸币以外，印度、朝鲜、日本等国也效仿元朝发行纸币。《马可·波罗游记》中也记录了纸可以购物的奇观，"大汗的纸币"令欧洲人惊叹。

④ 中统元宝交钞以贯、文为单位，1贯等于铜钱1 000文或白银1两。

⑤ 中央设诸路产钞都提举司，总管货币发行事宜。地方上各路设交钞库（也称行用库）为兑换机关，方便百姓兑换。元初发行的宝钞以丝为准备金，被称为"以丝为本"，不久便改为以白银作为准备金，被称为"以银为本"，故其发钞准备金又被称为丝银准备金。

4. 100%准备金率的发钞准备制度使得纸币得以推行

因为元宝钞兑换为白银是有交易成本的，因此，百姓并不会100%地兑现。假设对于发行出去的100贯元宝钞(相当于50两白银)，政府只需保留部分准备金(假设只需保留10两白银，则准备金率就是10/50=20%)，就能够以一个很大的概率保证满足百姓的兑换需求，则政府可以用50两白银准备金支持500贯元宝钞的发行，这样就使货币供给量扩大了4倍。当然，当百姓挤兑(500贯元宝钞全部要求兑现)时，部分准备金制度就将使政府违约。

但事实上，元宝钞执行的是极为严格的、100%白银准备制度，政府基本上做到了"有本发钞，决不滥发"①。100%准备金率虽然没有使得宝钞的供给量大于白银，但却使宝钞价值稳定；同时，可以看出，元朝政府推行宝钞不是为了扩大货币发行量或者攫取铸币税，而是为了以轻便的纸币替代较笨重的金属货币，减少交易成本。

5. 部分准备金制度约束了政府滥发纸币的权力

如上所述，在很大的概率下，部分准备金足以使政府既多发行了纸币，又不会违约。但是，部分准备金率的倒数就是政府能够发行的纸币的最大数额，可见，部分准备金制度限制了政府滥发纸币的权力。因此，在元宝钞发行的最初20年里，发行量很少，币值十分稳定，流通状态良好，堪称元代纸币流通的黄金时期②。

确切地说，元代的宝钞应被称为"银票"而非"纸币"，银票与纸币的区别，在于前者可兑换为贵金属，而后者不可兑换成贵金属。

6. 元末恶性通货膨胀的成因[13]

元末出现了中国货币史上少有的恶性通货膨胀③，人们不愿使用元宝钞，以至于有人用纸币糊墙铺地，形同废纸。元末恶性通货膨胀的成因如下：

1) 生产萎缩，商品供给不足

元代中后期天灾人祸不断，据不完全统计，元代曾发生天灾513次之多，生产遭到严重破坏，百姓大批死亡、流徙，人口数量急剧减少。再加上政治日益腐败，元后期，税额比元初增加了20倍以上，导致经济空前萧条(杨德平，杨永平，2001)。

2) 财政赤字货币化

元朝自成吉思汗开国后，连年征战，军费负担沉重，政府开支庞大；同时，元朝的皇室、权贵更是奢侈荒淫、挥霍无度，造成巨额的财政赤字。

元朝政府为弥补财政赤字，采取了增发货币的方法：(1)从至元十三年后，存储于各处的金银，逐渐被挪作他用，导致纸币的准备金越来越少，纸币越来越贬值；(2)政府不断地滥发纸币④，通货膨胀日趋恶化。人们不敢将纸币积压在手中，想办法将其换成有实际价值的金银或货物，元政府禁止民间买卖金银、使用铜钱，但民间自用金、银、钱，官府又不得不相宜开禁，听从买卖。顺帝时实行至正钞法，允许铜钱与纸钞并用，表明元朝实行了近百年的钞法先于元朝的灭亡而灭亡了(杨德平，杨永平，2001)。

---

① 中统元年规定："诸路领钞以金银为本，本至乃降新钞"。中统二年又规定，"随路设立钞库，如发钞若干，随降银货，即同见银流转。到库银不以多寡，即装垛各库作本，使子母相权，准平物估，钞有多少，银本常不亏欠"。

② 在元宝钞发行的最初20多年里，每年的发行量不过是几万到几十万锭，这对于疆域辽阔的元朝而言并不算多，与后期元政府每年发行几百万锭相比，显然是非常有节制的。

③ 比如，米在至元三年(1266年)为每石600文，到了40年后的大德十年(1306年)，每石高达30贯(3万文)，到了63年后的至正十九年(1369年)，在京师十锭钞票(1 000贯，即1百万文钱)还买不到一斗粟，涨了10 002倍以上。

④ 中统元年，行纸钞七万余锭，平均每人为62文；到了至大三年，纸币发行量合中统钞3 600万锭，平均每人77 765文，比中统初年增加了1 253倍。

（三）明朝的宝钞崩坏[14]

1. 明初政府为何要推行宝钞？

元末纸币贬值得厉害，导致社会动荡。鉴于前朝的教训，明太祖朱元璋一开始并未使用宝钞，而是以铜钱为法定货币，铸“大中通宝”和“洪武通宝”，与历代钱兼行。但是，一方面，因为政府铸造铜币缺乏铜料，就令老百姓把铜制器皿上交给政府，引起了尖锐的社会矛盾；另一方面，铸钱笨重，价值低廉，不利于远程贸易。于是在洪武八年①（1375 年），明太祖即开始推行纸币——“大明通行宝钞”②，在全国以其为主要货币，一开始还允许铜钱与它同时流通，但禁止民间以金银作货币③。到了洪武二十七年八月，因为宝钞推行得不顺利，明太祖又禁止民间使用铜钱，而将宝钞作为唯一的货币。

2. 大明宝钞是没有发钞准备金的信用货币

遗憾的是，“大明宝钞”从一开始就没有建立任何准备金制度，是不可兑换的信用纸币④，发行数量没有明确的界限，完全根据国家财政需求而定，宝钞只是依靠政府的强制力来推行，这就为后来“大明宝钞”的崩坏埋下了巨大的隐患（陈昆，李志斌，2013）。

此外，明代钞法的简陋，还体现在洪武八年印制宝钞时连纸币更新问题都没有考虑到。直到洪武九年，在宝钞破损已经很严重的情况下，明政府才制定新旧宝钞更换的倒钞法，结果导致旧钞成为流通领域中人们不愿接受的劣币（不仅因为其破损，而且里面还可能掺杂着伪钞），而新钞则成为良币，导致旧钞比新钞贬值。因此，南宋则规定了“三年一界”用新钞倒换旧钞的制度，该制度还可以防止伪钞流通（陈昆，李志斌，2013）。

3. 明朝政府如何稳定宝钞的地位？

虽然宝钞没有发钞准备金，无法扼制政府滥发的冲动，但明朝政府仍然采取了以下措施维持宝钞的币值和法定货币地位：

（1）重视洪武八年兑换体系（规定了宝钞的白银价格）。洪武八年初造大明宝钞时，国家沿袭了元末各种货币之间的比价，规定钞、钱、银与黄金之间有如下的兑换关系：1 贯钞＝1 000 文钱＝1 两银＝0.25 两黄金。这可被称为“洪武八年兑换体系”。因为只有当宝钞的币值稳定时，它作为法定货币的地位才是稳固的。因此，明代最高统治者非常重视这个兑换体系，在明代前期，在大明宝钞不断贬值的情况下，这一兑换体系一再得到重申；在明代中后期，在大明宝钞的贬值趋势无法逆转的态势下，政府不得不放弃了洪武八年兑换体系。

（2）禁止民间私自收藏铜料和开采金银矿藏⑤，对金银矿业实行官府垄断。但是，由于明代的钞法没有发钞准备金的设计，因此无法从根本上扼制政府以滥发宝钞的方法将财政赤字货币化的冲动，最终遭致通货膨胀（陈昆，李志斌，2013）。

4. 大明宝钞如何崩坏？

由于明代初年，元残余势力尚未肃清，国内战事频繁，灾荒不断，导致财政赤字。政府便大肆

---

① 洪武（1368—1398 年）是明太祖朱元璋的年号。

② 它以桑皮纸为钞料，1 贯钞高 1 尺、宽 6 寸，是中国最大的纸币。

③ 明政府规定大额税收、贸易以宝钞作为支付手段，铜钱只在民间的日常零星交易中充当交易媒介，而金银则处于非法货币地位，违者治其罪。到了洪武二十三年，政府又发行了大明宝钞的小钞，从 10 文至 50 文不等，小钞也开始被用于日常的零星交易，这实际上挤占了铜钱的辅币地位，进一步保障了宝钞的法定货币地位。

④ 准确地说，是单向可兑换纸币。因为明政府一再禁止民间行使金银，允许民间以金银兑换宝钞，但不允许用宝钞兑换金银。

⑤ 洪武初期曾严令：“军民之家除镜子、军器及寺观庵院钟、磬、铙、钹外，有应废铜并听赴官中每斤给价铜钱 150 文。荐私相买卖及收匿在家中不赴官中卖者，各笞四十”，此律写进国家的根本大法《大明律》中了。

印钞，宝钞被大量用于军费支出和赈灾备荒支出。此外，明太祖朱元璋为笼络官军，给予的赏赐带有很强的随意性，而且数量巨大，也是用发行宝钞来弥补的，致使宝钞在发行之后立刻贬值（以钞与银的兑换率来衡量）。随后在长达百年的时间里，至明成化年间，宝钞贬值到只值原定价值的千分之一，甚至几千万分之一的程度，通货膨胀严重（陈昆，李志斌，2013）。

民间为了反抗纸钞贬值和由此造成的通货膨胀，自发地使用白银，发生了良币（白银）驱逐劣币（纸钞）现象。政府虽然屡次下令，但仍不能禁止民间对白银的使用，致使宝钞完全退出了民间交易，史称"宝钞崩坏"。

到了英宗时期，颁布新法，使得白银正式成为合法货币，宝钞仅在名义上保存着与银、钱兼行的地位。到了明万历年间，首辅张居正主导的"一条鞭法"赋税改革推广至全国，规定农民纳税时必须"以粮易钱，以钱易银"，确立了白银的主导货币地位，是白银货币化完成的标志（陈昆，2011）[15]。

（四）清朝杂乱无章的银票——官钞与私钞

清朝发行的纸币，严格地说是可兑换为金属货币的银行券，或称银票，按照发行主体可分为官钞与私钞。

1. 官钞

1）咸丰大清宝钞

清代发行的银票品种复杂，有官钞和私钞之分，官钞即由官府金融机构发行的，如"大清宝钞"。清朝后期咸丰年间（1851—1861 年共 11 年），因政府腐败及战事频繁，导致军费开支巨大，清王朝经济困难，国库空虚。为筹措军需费用，不得不一改长达 200 年不印发银票的初衷，于咸丰三年（1853 年）开始发行清王朝的首种银票——"户部官票"①，它的流通需要"背书"，即转让人依次在背面签字花押。后来又发行了咸丰"大清宝钞"，它在形式上几乎完全仿制了明代的大明宝钞，只是在纹饰、图案以及纸质印刷方面略有不同而已。

由于大清宝钞的发行是为了弥补财政赤字，因此导致其滥发与贬值。大清宝钞仅发行了几年，到了咸丰末年，官票（大清宝钞）已成废纸，面值 1 000 文铜线的 1 贯宝钞在流通领域中实际上仅值 2、3 文铜钱。到了同治元年（1862 年）纸钞就因伪钞以及管制混乱而迅速贬值成为废品，国家宣布停止使用纸钞，仍使用铜钱。

2）中国通商银行发行的"银两兑换券"

1897 年，清政府设立了"中国通商银行"②，在成立之初，清政府即授予其发行银两、银元兑换券（可兑换为银两、银元的纸币）的特权。从此，在中国流通领域中，中国银行发行的银行券与外国银行发行的银行券分庭抗礼。

3）户部银行发行的银两票、银元票（银两兑换券）

光绪三十一年（1905 年），经财政处奏准，清政府在北京设立"户部银行"，这是我国最早由官方开办的国家银行③。目的在于整顿币制，推行纸币，以增加铸币税收入。户部银行发行的银行

---

① 此次发行的户部官票，以银两为单位，分一两、三两、五两、十两、五十两五种。

② 中国通商银行简称"通商银行"，系督办全国铁路事务大臣盛宣怀奏准清廷后，于光绪二十三年（1897 年）在上海建立的、中国人自办的第一家银行，也是上海最早开设的华资银行，名为商办的股份制银行，实为奉旨设立的官商性质，大权由盛宣怀一人独揽。

③ 户部银行准备资本为库平银 400 万两，分为 4 万股，户部认购一半，其余由官员民众购买（以中国人为限，不得转卖外国人）。户部银行总行设在北京西交民巷 27 号院，到光绪末年所设分行有天津、上海、汉口、济南、张家口、奉天、营口、库伦、重庆九处。

券，分库平银[①] 100 两、59 两、10 两、5 两、1 两 5 种银两票和面额类似的银元票。

除发行银行券外，户部银行还有承领银铜铸币、代理部库等特权。此外，它还经营存贷款、买卖金银、折收期票、汇兑划拨公私款项、代人收存财物等一般的商业银行业务。可见，户部银行实际上具有中央银行和商业银行双重性质。

1908 年 2 月，经度支部（官制改革前的户部）奏准，户部银行又改名为“大清银行”，也被称为“京师总行”。

2. 私钞

私钞由有着“钱庄”“钱铺”“钱店”“银号”等多种称谓的私营银钱店发行，可分“铜钱票”（可兑换方孔铜钱）、“铜元票”（可兑换铜元）、“银两票”（可兑换白银）与“银元票”（可兑换银元）四种。私人钱庄印发的银钱票，印刷质量更为简单粗糙，票面金额数字多用手书写，缺乏必要的防伪措施。私人部门发行银行券，未受到任何监管。

3. 银行券由自由发行到垄断发行

无论是官钞还是私钞，都以当时的银价定值，缴纳钱粮赋税均可通用，谁家发行由谁家负责兑现。既没有规定发行的限额，也没有建立发行准备制度，因此，清朝的币制非常混乱。

于是，1909 年，清政府颁布了《兑换纸币则例》19 条，明确规定纸币发行权属于清政府，一切发行兑换事务统归大清银行办理，所有官商钱行号，一概不准擅自发行纸币。但这个条例并未能阻止当时币制混乱，银、钱、纸币混合流通的局面，未能形成真正的纸币发行制度。

（五）民国时期的法币改革

1. 法币改革内容

在孙中山政府之前，中国的货币制度非常混乱。1912 年，北洋政府授予其中央银行——“中国银行”以兑换券发行权，但各省纸币发行过滥，币制未能统一。

1913 年春，北洋政府筹划币制改革，于 1914 年 2 月颁布了《国币条例》，决定采用银本位制，但因存在广泛的争议而未能实现；1918 年又颁布了《金券条例》，预备实行金本位制，但因无发行准备，致使筹划落空。

1924 年，孙中山领导的广东革命政府在广州创办中央银行。1927 年，南京国民政府颁布《中央银行条例》，1928 年颁布《中央银行章程》，11 月 1 日中央银行在上海正式开业。1935 年又颁布了《中央银行法》，规定中央银行为国家银行，享有发行兑换券的特权（陈昆，李志斌，2013）。1935 年 11 月，政府以财政部布告和宣言的形式颁布了《法币政策实施办法》，主要内容是：自 1935 年 11 月 4 日起，以中央银行、中国银行和交通银行所发行的钞票（银行券、兑换券）为法币[②]，一切公私款项收付，概以法币为限，不得使用银币、生银、银锭、银块等现金。

2. 法币没有含金量，但与英镑、美元挂钩以保持币值稳定

法币可兑换为白银或黄金，凭政府的信用发行，价值基础不再是银本位，也没有规定含金量。但是，以对英镑的汇率来表示，其规定法币 1 元等于英镑 1 先令。政府将白银运到伦敦换成英镑存在英国作为发行准备，以维持法币的稳定，即如果政府滥发纸币，引起法币相对于英镑贬值，则政府将抛售英镑，收回法币，使法币汇率恢复，这样就收回了滥发的法币。固定汇率与白银发行准备在一定程度上保证了法币币值的稳定，阻止了政府财政赤字的货币化。

---

① 库平两是清朝的金衡单位，库平银则是清朝的国库收支使用的标准货币单位，始于康熙年间。《马关条约》规定：1 库平两相当于 575.82 英厘或 37.265 421 08 克的十足纹银（成色 93.537 4%）。1908 年，清朝农工商部和度支部拟定了统一的度量衡制度，规定库平一两为 37.301 克。

② 1936 年 2 月，又规定中国农民银行发行的钞票亦视同法币。

1936 年 5 月，国民政府又与美国财政部签订了《中美白银协定》，确定法币与美元挂钩，法币 100 元等于美元 30 元。中国运送白银 5 000 万盎司到美国，换成美元，存入纽约的银行，作为法币的发行准备，以维持法币汇率。当时，存入英国的法币准备金约有 2 500 万英镑，存入美国的法币准备金约有 1.2 亿美元。

这种依附于外国的半殖民地货币发行制度，到抗日战争胜利前就开始衰落，不久就彻底崩溃。

三、金银复本位制

金银复本位制指白银与黄金同时作为币材的货币制度，起源于 16—18 世纪资本主义原始积累时期。一方面，商品生产和流通的扩大，小额交易随之增加，需要较多的白银；另一方面，大工业和商业的发展，大额交易日益增多，需要价值较大的黄金。而在 17 世纪，巴西发现了丰富的金沙，黄金开采量大增，并从美洲流入欧洲，促成了英国在 1663 年首次实行金银复本位制，后流行于欧洲，在 18—19 世纪被英、美、法等国长期采用。

金银复本位制的基本内容是：黄金、白银都是币材；黄金与白银不是主币和辅币的关系，都是主币，同时流通；都可以自由铸造；都具有无限法偿能力；都可以自由地输出、输入。根据黄金与白银的相对地位可见，金银复本位制就是让黄金、白银效仿娥皇、女英，不分大小，共事一夫。但是，“一山不容二虎”，我们可以预见复本位制一定会出现问题，事实果然如此，金银复本位制分成了三个阶段：平行本位制、双本位制与跛行本位制，白银与黄金“争风吃醋”在这三个阶段中一步步地败下阵来。

（一）平行本位制

1. 基本内容

复本位制刚实行的时候，矛盾尚未暴露，各国政府没有特殊规定，这就是所谓的平行本位制。其主要内容是：金币、银币按其所包含的金银实际价值进行流通，即金币、银币按市场比价进行交换，法律上对其不作任何规定。比如：英国在 1663 年刚开始实行平行本位制时，规定几尼金币与先令银币同时在市场上流通，按照法律规定的含金量，1 几尼金币＝20 先令银币，银币（单位是先令）与铜币（单位是便士）是辅币，规定 1 先令银币＝12 便士铜币。再如中国在汉武帝时代，金制钱币与银锡合金制成的钱币同时在市场上按市场比价流通，可被视为一种早期的平行本位制。

2. 缺点

假设在 Z 国市场上，老百姓根据金、银、老母鸡三种商品的供求关系自发地决定：

1 金币＝20 银币＝240 铜币①＝100 只鸡。则有：1 只鸡＝0.01 金币＝0.2 银币＝2.4 铜币。

可见，实行了复本位制后，商品价格就有了金价与银价的双重表现，如果金银之间的比价固定，这种双重价格就像主辅币之间的一种进位制换算一样，很快就会被老百姓所习惯。但是，由于金、银作为两种普通商品，供求变化不一致，比如：白银因为开采量的增大、开采

① 在 17 世纪的英国，1 几尼（金币）＝20 先令（银币）＝240 便士（铜币）。

技术的提高而降价，导致比价的波动，引起商品双重价格的波动，比如昨天还是每只鸡值0.01金币或0.2银币，今天就变成了0.21银币，后天又变成了0.22银币，这就增大了社会交易成本。

（二）双本位制

1. 基本内容

因为在平行本位制下有双重价格的波动，政府为了减少社会交易成本，就用法律规定无论金、银的市场比价如何，金、银币之间的官方比价从此固定不变，这样平行本位制便演变成了双本位制。比如，1717年英国立法规定：1基尼（金币）等于21先令（银币）；1792年美国颁布《铸币法案》，规定1美元折合371.25格令（24.057克）纯银或24.75格令（1.603 8克）纯金。

但是，树欲静而风不止，政府规定了官方比价，并不能使金银之间的市场比价稳定下来，反而会产生劣币驱逐良币现象。

2. 缺点——形成劣币驱逐良币现象

16世纪，英国财政大臣托马斯·格雷欣发现了“劣币驱逐良币定律”，又被称为“格雷欣定律”，是指：在金属货币流通的条件下，当一个国家同时流通两种实际价值不同、但法定比价不变的货币时，实际价值高的货币（良币）必然被人们熔化、收藏或输出而退出流通领域，而实际价值低的货币（劣币）反而充斥市场。

1）在交易媒介方面劣币如何驱逐良币？

◇ 显微镜1-3

劣币如何驱逐良币？——卖鸡小贩和胖大嫂的故事

假设在古代Z国，随着银币供给的增加，白银贬值了，则金、银币的市场比价就与官方比价不同了：

1金币＝20银币　　　　（官方比价）

1金币＝21银币　　　　（市场比价）

我们应该站在市场比价的角度来评判官方比价合理与否，因此，这里显示只值1/21枚金币的1枚银币在官方比价中“狐假虎威”地变成了值1/20枚金币，可见银币被高估了，是劣币；金币被低估了，是良币。

由于1只鸡以银币的实际价值来衡量为：

1只鸡（＝1金币）＝21个银币

但以银币的官方价值来衡量，则为：

1只鸡（＝1金币）＝20个银币

这天，卖鸡的小贩和胖大嫂又见面了。胖大嫂想买1只鸡，心想：“如果我付1个金币，是等价交换，不合算，但是如果我付20个银币，就占便宜了。”当然，这时卖鸡的小贩就吃亏了，他说：“大嫂，您付1个金币行吗？或者付21个银币，您也知道，银子现在不值钱了。”大嫂说：“哟，大兄弟，看你说的，这官府规定的，付1个金币的东西，付20个银币就行，你让我付21个银币？要是我把你告到官府里，你就惨了。”“别……别……，大嫂，我和您开玩笑呢，那……那您就只付我20个银币吧……”

小贩收进银币，也会如法炮制，在买东西的时候以报告官府相威胁，强迫卖主按官方比价接受银币。人人如此，结果市场上就只看得到银币在流通，金币退出流通领域了，这就是劣币驱逐良币现象。

2）良币的去处

（1）在未被低估的地区作交易媒介

比如，中国清朝时期，白银在欧美国家相对于黄金是被低估的良币，于是欧美国家的白银都涌入中国套利，白银在中国成为交易媒介。

（2）被用作价值储藏手段——良币驱逐劣币定律

由于人们赋予货币交易媒介与价值储藏手段两种基本职能，所以只用劣币作为交易媒介，而将良币作为价值储藏手段。也就是说，在价值储藏手段方面，良币更受欢迎，这就是所谓的“良币驱逐劣币”定律。

良币不仅可被束之高阁、消极地被用作价值储藏手段，还可被积极地用作投机的工具，当然，此时良币仍是价值储藏手段。假设当国家规定 1 金币＝15 银币、而市场比价为 1 金币中所包含的生金量可卖 16 银币时，人们用 15 个金币熔化成生金，可卖 15×16＝240（银币），然后再用这 240 银币在造币厂按官价可换回 16 个金币（240/15＝16），就赚了 1 个金币[①]。

人人如此，市面上就必然看不到金币流通了，因此，用良币套利也是流通领域中劣币驱逐良币的成因之一。

但是，久而久之，如果市场上生金的增加导致其价格下降，当降到 1 金币中所包含的生金量只值 15 个银币时，市场比价就和官方比价一致了。可见，套利会消除套利空间，这时套利活动就停止了。

3）另一种劣币驱逐良币现象——假钱驱逐真钱

劣币驱逐良币定律的另一种情况是：不足值的劣质铸币（重量轻、成色低，实际价值低于面值的假钱）与足值铸币（真钱）一起流通，人们就会使足值铸币退出流通领域，成为财富储藏手段，而使劣币铸币充斥着流通领域。

为什么会出现不足值的铸币呢？如果政府规定只能由官方的造币厂为其铸币，则在战争期间，政府出现财政赤字时，就会有意识地降低铸币的成色、减轻铸币的重量，但令这些假钱的外观与足值的真钱相同，从而使假钱的名义价值不变。用假钱作为交易媒介向老百姓支付，实际上相当于政府向老百姓收税，就是“铸币税”。中国汉末董卓“坏五铢钱，铸小钱”就是一个例子。

因此，在中国古代，金属货币的铸造权是个重大的政策问题，秦王朝及其以前的诸侯国实行的是国家垄断铸造权，汉代曾实行“放铸”，即允许私人铸造，结果私人铸造的“恶钱”充斥流通，而符合国家法定重量、成色、形制的“法钱”却被排出流通。正如贾谊所说的“奸钱日繁、正钱日亡”，这就是劣币驱逐良币。因此，我国形成了中央集中铸币权的传统，它虽然可能保证货币流通的稳定，但也为政府本身铸造劣币创造了条件。

---

① 当然，也可以拿 15 个银币在造币厂买 1 个金币熔化成生金，在市场上可卖到 16 个银币，这样就赚了一个银币。但是，投机者最后手里拿着的是价值被高估的银币，总没有拿着价值被低估的金币感到踏实，因此这个方案并不是最优的。

4）金属货币流通条件下的铸币税

金属货币流通下的铸币税包含两种：第一，假钱的名义价值高于实际价值的部分；第二，由于辅币的名义价值高于实际价值，故辅币的铸造也将产生这种铸币税。铸币税是财政收入的一种。

◇ 能量棒 1-8

中国清朝的劣币驱逐良币现象

（一）鹰洋（劣币）驱逐银锭（良币）

1. 外国银元良于中国银锭——从交易媒介职能来看

明清时期，中国始终没有大规模地铸造银元，使用的是“银锭”，又称为“银两”“银块”。清朝的银两多以马蹄形的元宝出现，故亦称为宝银。经过熔铸，又可分为大锭、中锭、小锭，通称为银锭，此外还有碎银。由于各地均可自行熔铸宝银，以致宝银的种类和名称虽然全国大体一致，但成色与重量并不相同。这样，各地使用不同成色、名目的银两，相互之间需要按一定的比率兑换，交易成本较高。

与此形成对比的是，自明中叶以后，中国的对外贸易长期顺差，进口国用银元的形式对中国支付，致使外国银元（俗称“洋钿”）大量流入中国。清嘉庆（1796—1820 年）以后的八九十年里，外国银元成为中国流通中的货币，其中西班牙的“本洋”和其后墨西哥的“鹰洋”①流通区域最广，使用时间最久。

由于和大清的银锭相比，鹰洋制式整齐划一、质量稳定（成色较其他外国银元如美国的贸易银元②为佳，而且多年不变），人们都乐于使用③，因此银元远比白银价值高。清初外国 1 块银元的含银量大约为 0.65 两，这意味着使用 1 元银元可以收购 1 两白银，而其成本只有 0.65 两，毛利约为 50%。

这说明，从交易媒介职能来看，使用整齐划一的外国银元的交易成本更低，这种降低交易成本的效用可被视为银元在其所含白银价值的基础上的增值，简单地认为增值部分等于其铸造成本，则有：

---

① “本洋”即西班牙银元，主要铸造地为墨西哥（1521—1821 年为西班牙殖民地），因币面铸有西班牙国王的头像，俗称“佛头银元”。本洋成色达 902.5‰以上，重量介于七钱二三分之间。在 1840 年前后数十年中，本洋占洋银的主导地位，盛行于长江中下游各省及河北、广东、福建等地。1821 年墨西哥独立，本洋停止铸造，直接影响中国市场供应，“鹰洋”趁机取而代之。“鹰洋”即墨西哥银元，因币面图案是一只叼着蛇的鹰而得名，讹为“英洋”或“正英”，是 1821 年墨西哥独立后使用的新铸币，直径 39 毫米，重量 27.07 克，成色 903‰（90.30%），每枚重七钱二分八厘。

② 美国的贸易银元是指 1873 年至 1885 年间，美国国会授权美国国家造币厂铸造的一种贸易银元，以促进与东方尤其是中国的贸易。贸易银元初铸时是可在美国国内流通的 5 美元以内的法定货币，但是随着银价的下跌，美国国会在 1876 年废止了其法定货币条款，实行金本位制，因此铸造贸易银元的目的，就是推销产银洲的白银，仅限于在国外流通，要与其他国家的银币尤其是墨西哥鹰洋展开竞争。贸易美元银币直径约 38 毫米，正面镌刻自由女神坐像，左手握一条上书英文“自由”的绶带，右手拿橄榄枝，座底镌有英文“我们信赖上帝”，下端镌刻铸造年份 1876。实际上，大多数美国贸易银币的实际重量都明显低于其镌于银币背面的理论设计重量 420 格令（格令 Grain 为西方衡制重量单位，1 格令＝0.065 克）。由于大多数美国贸易银币不足重，极大地损害了其在国际贸易中的声誉。美国国会在 1887 年通过一项法案，授权美国财政部在限期六个月的时间内赎回所有有缺陷的（不足重的）贸易银币。流通中常见的美国贸易银元大都是 1873—1878 年期间铸造的。1879—1885 年间的美国贸易银元铸额很小。

③ 自 1854 年流入中国后，鹰洋几乎成为各大中城市的主币，上海的外国银行发行纸币，在民国八年（1919 年）以前都以墨西哥鹰洋为兑换标准。根据 1910 年的调查，当时中国流通着大约 4 亿元的鹰洋，占洋银总数的 1/3 左右。

1 块外国银元的价值＝币材价值(0.65 两)＋铸造增值＝1 两银锭的价值

其中的铸造增值是老百姓(交易活动主体)的主观评价值。这说明从交易媒介职能来看，在交易者心中，银元是良币。因为如果银元真是劣币，老百姓怎么会用它呢？所以，良币、劣币要依不同视角而定，而不能一概而论，这是一个“小马过河”的问题①。

2. 外国银元劣于中国银锭——从价值储藏手段的职能来看

将外国铸币还原为银块，显然有：

1 块外国银元的价值(0.65 两)＜1 两中国银锭的价值

这说明，从价值储藏角度来看，银元是劣币，银锭是良币。

3. 外国银元驱逐中国银锭的原因

1) 作为交易媒介，外国银元更受欢迎

虽然从价值储藏手段职能来看，银元是劣币、银锭是良币，但在交易中，银元更受欢迎，从而被广泛使用，这就是中国清代的劣币驱逐良币现象。

2) 中国银锭被套利而退出流通领域

造成流通中外国银元充斥的另一个原因是银锭与银元间的套利活动。忽略运费等交易成本，外国商人以 1 块鹰洋(含银量 0.65 两)在中国购买 1 两白银，将获利，因此，鹰洋驱逐银两的另一个理论上的原因是外国商人套购中国的白银。但这只是理论上的分析，因为算上远涉重洋的运输成本，套利空间并不大。事实上，当鸦片进口导致白银大量流出时，清政府最初也曾怀疑是由这种套利交易引起的，后来才想到是由于鸦片贸易引起的。

(二) 银两与铜钱的互逐[16]

1. 中国明清两代白银与铜钱复本位制的内容

铜钱是一种制钱，就是明清两代官方铸造的铜铅(乾隆朝后又加入了锡)合金的货币，基本形制为圆形方孔，钱文正面铸有“某朝通宝”字样，如“顺治通宝”“康熙通宝”等，一般以铜 6 铅 4 的比例铸造，但是铸造比率往往受原料短缺或价格波动等影响而有所变动(黄阿明，2010)。

明代的银钱复本位制并不是严格的双本位制，因为政府没有明确规定银钱的官方比价。明代官员们在征税时，往往要求纳税人按照实际价值高的货币纳税，此一时是银两，彼一时是铜钱，从而变相提高税赋，令纳税人无形中蒙受损失。甚至国家也采用同样的方式实行俸禄发放，致使官员正常的俸禄收入无形中受损(黄阿明，2010)。

到了清朝，历代政府都规定白银与制钱的官方比价为 1 两白银＝1 000 文制钱，1 000 文为 1 串。既然有官方比价，就会有官方比价背离市场比价，以及由此引起的劣币驱逐良币现象(黄阿明，2010)。

2. 银钱市场比价背离官方比价的原因与影响

1) 白银与铜、铅的市场比价发生变动及其引致的劣币驱逐良币现象

我国的银两、铜钱复本位制不时地受到银、铜比价波动的影响。比如，清代就出现了三次大的银钱比价波动，分别是 1644—1807 年的“银贱钱贵”阶段、1808—1856 年的“银贵钱贱”阶段以及 1857—1911 年的又一次“银贱钱贵”阶段。

比如，清初道光十九年(1839 年)，由于大量地进口鸦片，导致中国白银外流，银价上涨，官员

---

① 《小马过河》是我国一则经典的幼儿故事：有一天，小马要帮马妈妈到河对岸去驮一袋米，到了河边，不知水深水浅，犹豫不决。小松鼠说：“不能过去呀！水很深的，前几天我的一位小伙伴就不小心掉进去淹死了。”而牛伯伯却说：“没关系，水一点也不深，才没到我的脚脖子。”小马决定自己试试，发现果然水不深，终于顺利地过了河。这个故事教育幼儿，凡事都要自己尝试一下，不要总是听别人的，但在本书中，这个故事指结论依视角不同而不同的问题。

的奏疏[①]中提到“每银一两,易制钱一千六百有奇”——这就是市场比价。而清初规定的官方比价是1两白银=1 000文制钱,可见,此时制钱是劣币,白银是良币。

因为清朝政府规定老百姓纳税时,“一两以下者许用钱,一两以上者用银”,因此,老百姓如果需要缴税1两,既可以缴1 000文制钱,也可以缴纳1两白银。当银价上涨达到1 600文时,如果老百姓用白银纳税,则原先1两的税负事实上增加了600文制钱,税收负担增加了60%。因此,老百姓要缴纳1两白银时,都选择用1 000文钱,这样的话,官府要收1两白银的税收,应收到1 600文钱的,现在只收到了1 000文钱,少收了37.5%,就形成了亏空。但是,按照以后的一些资料分析,官府并未承担这些负担,而是转嫁给百姓了(黄阿明,2010)。

2) 制钱做假、贬值而被白银驱逐——良币驱逐劣币现象

乾隆(1711—1799年)以前制钱成色好、分量充足,其名义价值与实际价值相等,官方比价与市场比价相等,因而币制相对稳定,制钱基本上具备作为货币应有的价值尺度、流通、储藏、支付手段的职能。雍正(1678—1735年)十一年(1733年)以前,对于官方比价与市场比价的背离,清廷一直把控制制钱重量作为稳定官方比价、解决这种背离的手段,每枚制钱的重量规定在一钱至一钱四分之间变动。

但是,清嘉庆(1760—1820年)朝以后,尤其是咸丰(1851—1861年)开铸大钱后,制钱的重量也不断减轻,用料日益粗劣,制钱的实际价值日益小于名义价值,市场比价与官方比价日益背离,制钱日益被高估,逐渐丧失了金属足值货币的性质,其储藏手段职能不断减弱,也因此逐渐丧失了交易媒介的职能。虽然制钱在名义上仍具有无限法偿能力,但实际上大额、远途交易往往用银(这是良币驱逐劣币现象),小额、近程交易用钱。

鸦片战争以后,制钱制度日益崩溃,至清末机制铜元出现后,制钱被逐出流通领域,不再被使用。

---

3. 小结:双本位制的不稳定性

双本位制是一种不稳定的货币制度,因为:

(1) 从各国实行复本位的实际情况来看,由于官方比价的调整总是滞后于市场比价,在劣币驱逐良币规律的作用下,金币与银币并不能并行流通,常常只有一种货币在流通,即在一个时期是金本位,在另一个时期是银本位。

(2) 事实上双本位制无论是金本位制还是银本位制,都无法避免商品本位货币制度本身的不稳定性——即币材商品本身的价格因供求而波动,造成通货膨胀或通货紧缩。当白银在世界各地的价格大幅度下跌、造成金银复本位制国家的通货膨胀后,这些国家纷纷转向了金本位制。

◇ 能量棒1-9

香港回归时为何不实行双币流通?

1. 信用纸币制度下的双币流通

双币流通是指两种货币同时流通的经济现象。在商品货币体系中,以不同的贵金属作为法定货币的双币流通在世界各国或地区一直延续了数千年。例如,中国自西周初开始就开启了黄

① 奏疏也称奏议,是封建社会历代臣僚向帝王进言使用文书的统称,清代官吏向皇帝奏事的文书用折本缮写,故称为奏折。因此,清康熙朝后广泛使用奏折。

金、白银两种贵金属双币流通的时代(刘秀光,2014)[17]。

信用货币体系中的双币流通包括以下几种情形:

(1) 法定货币与准货币的双币流通,例如,中华人民共和国成立后,曾出现过人民币与外汇券等各种票证的双币流通。

(2) 本国或本地区的法定货币与其他国家或地区的法定货币的双币流通,例如,当今瑞士并非欧元区成员国,但在瑞士却有欧元与瑞士法郎的双币流通;又如,澳门元与港币在中国澳门的双币流通;再如,1993 年年底之前,在珠海和深圳两个经济特区都曾经有人民币、港元、澳门元和美元的多币流通(刘秀光,2014)。

2. 多数国家的政府都以法律形式禁止外国货币在本国流通,即禁止双币流通

为了维护国家的货币主权,多数国家的政府都以法律形式禁止外国货币在本国流通。例如,1993 年年底,中国人民银行规定自 1994 年 1 月 1 日起取消境内外币计价结算,禁止外币在境内流通;1857 年,英国政府以法律禁止被北美殖民地(美国的前身)认定为法定货币达 60 年之久的墨西哥比索的流通;1919 年,国民党政府颁布政令禁止一切外国银元在中国市场上流通(刘秀光,2014)。

3. 香港回归时也未实行双币流通

1997 年香港回归时,政府没有设计人民币与港元在香港的双币流通,而是保持人民币与港元各自作为独立的货币体系,在香港只流通港币。

如果当时香港实行双币流通的话,由于自 1983 年起港元就实行与美元固定为 7.8 港元/美元的固定汇率,而当时人民币与美元也保持着 8.27 元人民币/美元的固定汇率,因此可套算出人民币与港元的“官方汇率”——0.94 港元/人民币。如果人民币处于升值预期中,在外汇黑市上,1 人民币就值更多港元,于是人民币就变成了良币,港元成了劣币。可以想象到香港企业与居民将会把人民币作为价值储藏手段、坐等其升值,而将港元作为交易媒介;反之,如果人民币处于贬值预期中,则香港企业与居民将会把港元作为价值储藏手段,而将人民币用作交易媒介,这也是一种劣币驱逐良币现象。

(三) 跛行本位制

到了 19 世纪 70 年代,随着白银采铸业劳动生产率的提高,白银价值不断降低,金银之间的比价长期大幅度地下跌,导致通货膨胀;再加上白银价值较低,不适合巨额支付,从而影响了经济的发展。于是,美国、法国、比利时、瑞士、意大利等国都准备由金银复本位制向金本位制过渡,开始实行跛行本位制。

该制度规定,金币与银币仍然同为本位货币,仍然保持固定的比例兑换,但只有金币可以自由铸造,银币不可以自由铸造与熔化,并限制每次支付银币的最高额度,这样做是为了逼迫老百姓将黄金铸造成金币,让金币与银币一起流通,以适应商品交易量扩大对货币的需求。这些规定本来是为了给银币尊严,但客观上却是针对辅币的规定,因此实质上是让银币蒙羞。这样复本位制实际上变成了以金币为主币、以银币为辅币的制度了,因此被称为“跛行本位制”。

四、金本位制

金本位制指以黄金为币材,本位币与一定量黄金保持等价关系的货币制度。我们可以预见到，由于黄金的稀缺，金本位制就像先天不足的林黛玉一样，美则美矣，但必会夭折。事实的确如此，“一鼓作气，再而衰，三而竭”，金本位制由盛转衰可分为金币本位制、金块本位制与金汇兑本位制三种形态。

1. 金币本位制

1）基本内容

20 世纪初至“一战”前，主要国家均采用金币本位制。英国于 1816 年 5 月最早实行金币本位制，之后欧洲其他国家纷纷效仿，美国于 1900 年才实行金币本位制。金币本位制又被称为完全的金本位，其基本内容是：

(1) 只有金币可以自由铸造，有无限法偿能力。有些国家也铸银币，但银币限制铸造而且不具备无限法偿能力。

(2) 黄金可以自由输出、输入，有利于保持各国货币汇率的稳定，从而促进国际贸易的发展。

(3) 金币可以自由流通，价值符号(辅币、银行券)能按面额自由兑换成金币，使价值符号能稳定地代表一定数量的黄金流通。

2）主要国家确立金本位制的时间

在 1862—1878 年，英国是世界上唯一一直实行金本位制的国家。而美国在 1861 年“南北内战”结束后到 1878 年的 17 年间，一直中断黄金的兑换，国内处于“绿钞”时期，当时世界上除美国以外的主要大国都纷纷转向了金本位制①，美国的主要贸易伙伴都实行金本位制。因此，美国在 1985 年颁布了《恢复铸币支付法案》，并在 1879 年正式确立了金本位制。

3）金本位制下的纸币——银行券、金元券、银元券

在金本位制下，为克服币材不足的矛盾，可自由兑换为金币、银币的纸币被发明了出来，银行发行的这种纸币被称为银行券；美国财政部也发行过这种纸币，被称为银元券、金元券。

◇ 显微镜 1-4

银行券、银元券与金元券

1. 银行券

世界上最早的银行券出现于 17 世纪，当时主要资本主义国家分别向金本位制过渡，为了克服金属币材不足的矛盾，出现了银行券。

当商品经济发展到一定阶段后，由于信用交易的出现而产生了商业票据，一些持票人因急需现金，到银行要求贴现，当商业银行通过存款所吸收的铸币不能满足企业贴现的需要时，它们便发行一种以自己为债务人的不定期票据为企业办理贴现，它保证持有者可以随时向发行它的银行兑换金属铸币，这种由银行发行的票据就是银行券。这样一来，银行券就通过银行放款的程序投入了流通，可见，银行券是一种代用货币。

同时，可兑换的银行券也是凭信用发行与流通的，因为它本身没有价值，人们之所以接受它，是因为发行它的钱庄(银行)、商号保证按银行券上载明的数额按质按量地兑换贵金属。因此人

---

① 主要国家确立金本位制的时间年表如下：1816 年，英国；1871 年，德国；1873 年，美国、丹麦、瑞典、挪威；1874 年，拉丁货币联盟限制银币铸造；1875 年，意大利、荷兰终止银币的自由铸造；1876 年，芬兰、法国终止 5 法郎银币的铸造，并采用金本位制；1893 年，印度终止银币自由铸造；1897 年，日本、俄国；1899 年，印度采用金汇兑本位制。

们在商品交换中接受银行券，实际上是接受了发行它的钱庄、商号的信誉。

2. 美国的银元券、金元券

1913 年美联储成立后开始发行“美联储券”(Federal Reserve Note)，到 1929 年大衰退时，美联储券已经逐渐占据美国货币流通的主要份额，50 美元的“美联储券”可以兑换等价金币，直到 1933 年时仍能兑换等价的黄金。在 1933 年时，货币流通领域中还有“黄金券”(Gold Certificate)和“美国政府券”。1934 年的 100 美元黄金券对应着 100 美元等价的金币。“美国政府券”(United States Note)就是林肯在内战时期发行的美国第一种法币，即“林肯绿币”(Greenbacks)。

在 1933 年罗斯福总统废除金本位制并宣布私人拥有黄金非法之后，黄金券即退出流通。美国货币流通领域仅剩下“美联储券”“白银券”和“美国政府券”，这三种主要货币都可以自由兑换成白银。因此，1933 年罗斯福帮助废除了金本位之后，美国实际上处于银本位制之下。

4）金本位制的历史贡献

通常说的金本位制是指最纯粹的金币本位制，金本位制是一种相对稳定的货币制度，表现在以下几个方面。

(1) 金币本位制下价格稳定。由于自由铸造保证了铸币的名义价值与实际价值相符合(如 1 个金币包含 0.01 盎司黄金，它总是值 0.01 盎司重的 1 个金块)，因此，只要黄金的实际价值稳定(黄金用普通商品来衡量的价值稳定，如 0.01 盎司黄金总是等于 10 只山羊)，则商品价格就稳定(10 只山羊总是卖 1 个金币)，而不会发生通货膨胀(10 只山羊的价格涨到 1 个金币以上)或通货紧缩(10 只山羊的价格跌到 1 个金币以下)的现象。价格稳定有什么好处呢？好处是便于企业准确地核算成本、价格、利润，准确地进行投资预算等，促进了生产的发展。

(2) 稳定的汇率促进了贸易发展。

(3) 稳定的币值使债权债务的契约关系保持正常，促进了信用关系和信用制度的发展。因此，在实行金币本位制的 100 多年时间里，资本主义经济有了较快发展。

◇ 能量棒 1-10

金本位、银本位制下也有通货膨胀

1. 物本位制的优缺点

金本位制、银本位制都属于物本位制(商品本位制)，以金本位制为代表的物本位制的缺点是：因为物本位制具有由供求决定货币价值的内生性，从而不能保证物价的稳定。比如，在金本位制时代，只有黄金同其他所有商品的相对价格保持不变时，一般价格水平在长期中才能保持稳定(Barro,R.,1979)。但由于缺乏对冲黄金在供给面和需求面随机变化的机制，金本位易导致世界范围内短期、中期的一般价格水平的波动，也就是说，金本位制下也可能出现通货紧缩与通货膨胀。

物本位制的优点是：其货币供给量是从央行外部决定的，因此能够解决“宏观政策的不一致性”，即限制货币当局运用相机抉择的货币政策影响本国一般价格水平的权力。

2. 金本位制下的通货膨胀

历史上不乏由于黄金产量变动带来物价水平波动的时期。比如，1849 年美国加州的淘金热引发了美洲及全球货币供给量的增加，并导致全球物价上涨；在 1873—1896 年世界没有发现金矿，而产出却在缓慢增长，因此带来了各国普遍的通货紧缩；19 世纪后期，由于南非和阿拉斯加又发现了金矿，引发了各国普遍的通货膨胀。

再如，1914年第一次世界大战爆发后，欧洲参战国为了支付从美国的进口而向在1914—1917年保持中立的美国输出了价值10亿美元的黄金，又强制性卖出了其公民的14亿美元的美国债券，将本国公民持有的对美国的短期贷款缩减了5亿美元，以及在美国金融市场上融资了24亿美元。这样多管齐下，最终筹集到了至少53亿美元来弥补参战的贸易逆差。

由于欧洲参战国大量从美国进口，导致1915年美国经济进入了快速扩张期。参战国对于军火、船舶和食品的紧急和大量的需求，推动了美国制造业的快速发展。虽然欧洲参战国都无法维持金本位制了，但是美国还在继续维持着金本位制。因此，黄金流入带来的货币扩张和强劲的外部需求使得美国的物价水平快速上涨。1914—1920年，批发物价指数上涨了70%，而其中90%的货币总量增长归因于基础货币增加，而87%的基础货币又是由于黄金存量的增加引起的（弗里得曼和施瓦茨，1963）。

尽管1914年成立了美联储，但美联储并没有对冲黄金的法定权力，黄金流入直接带来了货币存量的增加和物价的快速上涨。直到1923年后，美联储才正式开始用信贷或公开市场业务来对冲黄金的流动，减少货币存量的变动，以隔离国内经济形势与国际经济形势的变化，并防止过多的货币对于股市的投机性冲击。

3. 银本位制下的通货膨胀——以1500—1800年英国的“价格革命”为例[18]

15世纪末，欧洲人发现美洲之后，随着欧、美之间贸易的发展，美洲的大量白银不断流入西欧的英国、荷兰、西班牙、葡萄牙等国，加上当时英国当地人口迅速增长，市场需求量增加，引起物价高涨、银币贬值，被称为“价格革命”。据统计，从1640—1740年，英国的物价上涨了6倍；英国1800年的麦价比1500年上涨了近10倍；16世纪末，英国每亩地租为每年1先令，到了17世纪初，则上涨到了5～6先令。

但16、17世纪的“价格革命”其实只是物价缓慢而长期地上涨，比如西班牙、荷兰、英国、法国与意大利的年均通货膨胀率分别仅为1.61%、1.23%、1.07%、0.88%和0.77%。之所以被称为“价格革命”，是因为在1500年前的几个世纪中，价格一直很稳定，有时甚至略微下降（陈强，2009）。

5）金本位制的缺点

（1）金本位制易引起通货紧缩与经济萧条

由于货币的发行受制于金的自然开采量与流出流入量①，使得这种货币制度不能满足商品生产与交换的不断扩大的需要，这是金本位制衰落的最根本原因。

◇ 能量棒 1-11

金本位制的衰落及重回金本位制可行吗？

1. 金本位制的衰落

到了20世纪，由于商品经济规模扩大而黄金存量有限，虽然也可用仅有的黄金作为交易媒介，使价格水平整体走低、通货紧缩，但价格一年不如一年总是一件令企业泄气、从而打击投资的事，如果通货紧缩引起了人们的衰退心理，就会对经济产生实质性的不利影响。

由于各国的黄金存量有限，且各国的黄金拥有量也不均衡，因此各国就大量发行无法兑现的

① 由于黄金短缺，金本位制时期各国盛行奖出限入的重商主义政策，这是为了尽量使别国的金币通过本国的出口流入本国，而不使本国的金币通过进口流到别国，但这种政策也不能解决币材不足的矛盾。

银行券，并限制黄金输出，金本位制就难以维持下去了。终于，在“一战”爆发后需要大量用钱时，各国纷纷放弃了金本位制。

2. 金本位制在当前行不通的原因

黄金供给量无法满足货币需求量

金本位制约束了政府滥发钞票、制造通货膨胀的能力，并且与信用纸币相比，黄金作为币材毕竟是货真价实、能够保值的，每当出现金融危机使得人们手中的货币或存款贬值或灭失时，总会有人提议：“让我们回到金本位制吧！”但金本位制在当今世界是不可行的，因为黄金供给量无法满足货币需求量。

相对于人类的货币需求量而言，黄金市场太小了，其生产量的增长幅度远远低于商品生产增长的幅度，不能满足全球化的世界日益扩大的商品流通的需要。就已开采的黄金存量而言，即便按历史高位每盎司 1 000 美元计，世界各国官方黄金储备总值也只有 1 万亿美元。现在全球 GDP 总量已逾 60 万亿美元，根据我们在第五章将要学到的公式 $MV=PY$，这需要黄金（作为交易媒介）每年流通 60 次，这太不现实了。

并且，已有的黄金存量还分配不均。19 世纪以来，世界黄金存量大部分为少数强国所掌握，现在美、欧储备黄金占了全球 75%以上，如果计入国际货币基金组织等机构的持有量，则已超过了全球的 80%，而“世界其他地区”一共占有不到 13%。

就黄金储量而言，南非几乎占了全球可采储量的一半，其余主要分布在美国、澳大利亚、巴西、加拿大、中国和俄罗斯。如果重回金本位制，必然导致许多国家，特别是缺少黄金储备的新兴经济体难以获得平等的货币流通基础，进一步剥夺了这些国际上弱势群体的话语权。

此外，重回金本位制，还将促使整个世界倾力开采本来没有多少实用意义的黄金。因为易采的地区已经几乎开采完了，黄金开采以后会向比较偏僻和危险的地区发展，导致社会性资源的浪费和环境的破坏。而暴发的金矿主将成为天赐馅饼的时代宠儿，让整个世界辛辛苦苦的创新劳动者匍匐在他们的脚下，正如美国经济学家特里芬曾指出的：“如果再用黄金作为世界货币，人类的命运就取决于金矿主的利润，人类就要做金矿的奴隶，就要做金矿主的奴隶。”

3. 当前黄金的双重属性——商品属性与货币属性

(1) 黄金显示其商品属性时，价格与大宗商品走势一致

当前，黄金作为商品，其工业性的应用范围很小，主要用于审美收藏。如今科技发达，除真金之外，再生金、合成金（白金、黑金、玫瑰金）等大量出现，挤占了饰品原料中黄金的市场份额，黄金市场价格低位运行是自然趋势所导致。但是黄金在人类史中长期建立起来的“天然货币”余威犹在，一旦发生危机或动乱，人们潜意识中还会回归黄金这个保值避险的港湾。因此，黄金具有商品和货币双重属性。

黄金价格受双重属性交互作用的支配。当商品属性占据主导地位时，黄金价格与大宗商品价格走势是一样的；当货币属性占主导时，黄金价格与国际储备货币的汇率会反向变动。

(2) 黄金显示其货币属性时，与国际储备货币的汇率呈现反向变动

比如，1989—1998 年，国际政治经济局势相对稳定，黄金的商品属性占主导，与美元的关系松散。1996 年后，各国中央银行大规模抛售黄金，使得国际市场上的金价从 418 美元/盎司的高位一路下跌，至 2001 年甚至下跌到 251 美元/盎司，低于当时的生产成本。可见，黄金保值说其实是站不住脚的。

2001—2008 年，主要是由于欧元诞生后开始挑战美元的国际货币地位，黄金对美元的替代作用也变得明显起来，其货币属性逐渐占据了重要地位。尤其 2008 年次贷危机后，受避险买盘的推动，黄金的货币属性强力展现，金价大幅上扬。比如，在 2008 年 3 月曾达到 1 032.55 美元盎

司;后来当美元表现坚挺时,金价又回落震荡。然而在 2015 年 10 月,金价又升至 1 137 美元/盎司了;2017 年 12 月 1 日,研究机构预期,由于世界黄金产量的增速下降,2018 年国际黄金价格将上涨至 1 300 美元/盎司。

黄金与美元价格呈现出此起彼伏的关系。比如,次贷危机后,随着美国增发美元,人们对未来通货膨胀有着较高的预期,从而形成黄金价格的支撑力。但随着美国量化宽松的救市计划效果显现,美国和世界经济停止衰退,美元又变得坚挺,金价便相应地回落了。

◇ 能量棒 1-12

1998 年东亚金融危机期间韩国的献金爱国运动

1997 年 12 月东亚金融危机爆发时,一方面,韩国的外债总额超过 1 500 亿美元,其中短期外债总额为 230 亿美元,而当时韩国的外汇储备只有 39 亿美元。另一方面,当时韩国的大企业在盲目扩张后不堪债务和投资的重负,纷纷宣告破产倒闭,失业率超过了 10%,几百万工人失去了工作,导致各金融机构坏账急剧增加,丧失了清偿能力,国际信用度直线下降。外资信心大减,短期外国证券投资如退潮般外逃,引起资金突然流失,导致股市崩盘,股价指数由危机前的 1 200 点跌到 300 点,股市出现大恐慌,不少韩国人一夜之间由富人变成了穷人。韩元也急剧贬值,由危机前的 1 000 韩元兑换 1 美元贬值到 2 000 韩元兑换 1 美元。物价暴涨,消费停滞,百业萧条,全国上下一片哀号,人心惶惶。

当时的金大中总统的首要任务是要获得国外资金的供应,以稳定濒临破产的危局。到了 1998 年 8 月止,韩国政府获得了国际金融组织的 260 亿美元的援助资金;1998 年 3 月,金大中政府成功地延付了 218 亿美元的短期外债;1998 年 4 月,政府成功地发行了 40 亿美元的政府公债,从美国进出口银行也获得了 20 亿美元的贷款。

在这危难关头,韩国国民自发地掀起了“献金爱国运动”,人们纷纷拿出各种金首饰和金制纪念品,排着长队到政府献金,或者拿出手中的美元到银行兑换韩元,金大中总统和夫人李姬镐带头捐出珍藏的金首饰。因为黄金可以在国际市场上抛售换回美元,所以韩国通过这些资金的筹集而避免了破产的灾难。到了 1999 年年底,金大中总统宣布:韩国已完全摆脱了金融危机,韩国成为亚洲第一个摆脱金融危机的国家。

(2) 金本位制的机会成本和交易成本过高

占用宝贵的黄金作为货币,机会成本过大,因为黄金可以作为普通的、稀缺的商品来使用。此外,用黄金作币材的交易成本也过高,美国的特里芬教授曾说过:“把天涯海角的黄金从地里挖出来,仅仅是为了立即运送并把它重新埋在别的深洞里,是对人力资源的愚蠢的浪费”;凯恩斯也在 20 世纪 20 年代说过金本位制是“野蛮的痕迹”。

第一次世界大战爆发,参战国需要集中黄金用于购买军火,于是就停止了银行券的自由兑现及黄金的自由输出,导致金本位制崩溃。但是人类历史还不急着向纸币制度过渡,“百足之虫,死而未僵”,金本位制在“一战”后又通过金块本位制、金汇兑本位制延续了一段时间。

2. 金块本位制

1) 实施背景及基本内容

“一战”后,世界主要资本主义国家又着手恢复金本位制,但由于美国在战争中向参战国出口商品并进口黄金，导致经济繁荣与黄金的集聚，因而在战后只有它最有实力恢复金币本位制，而其他国家由于黄金不足，只得由中央银行发行以黄金为准备的银行券进行流通，而没有金币的铸造与流通了。比如，英国、法国、荷兰、比利时等国在1924—1928年实行了金块本位制。

金块本位制的基本内容是：

(1) 黄金由国家按固定价格无限制地统一收购、储存(这是为了集中有限的黄金作为金准备)，支付的是央行的银行券，即银行券上标明含金量，居民与企业据此用黄金从政府设立的中央银行购买银行券，同时限制黄金的兑换与输出。

(2) 以银行券作为流通货币，不再铸造、流通金币。

(3) 金块本位制之所以还算金本位制，是因为它规定持有银行券的人可以按本位币的含金量在达到一个很高的数额后兑换金块①。

2) 金块本位制是不完全的金本位制

金块本位制与金汇兑本位制都是不完全的金本位制，因为金准备率可能不到100%了，这样一来，相对于完全的金本位制而言，货币贬值的风险出现了。不完全的金本位制下，银行券与金准备的关系正如中国古代元、明、清时期的纸币与钞本的关系一样，如果中国古代政府发行的纸币没有100%或足够高比例的钞本，纸币就不能按名义含金量兑换成贵金属，则纸币相对于金属货币或商品就将贬值。但是，金块本位制与金汇兑本位制毕竟不是信用纸币制度，在金块本位制与金汇兑本位制下，政府发行货币的权力受到了一定的约束。

3. 金汇兑本位制

1) 定义

有些国家黄金过少，连金块本位制都实行不起，只好实行金汇兑本位制——即“虚金本位制”，指以银行券作为流通货币，通过外汇间接兑换黄金的货币制度。

金汇兑本位制的基本内容是：

(1) 国内流通银行券，没有铸币流通；

(2) 银行券规定含金量，但不能兑换黄金，政府选择一个与本国经济贸易联系较密切的金本位国家，将本国货币与金本位制国家的货币确定固定的汇率，在本国内银行券可随时兑换成该种外汇，然后用外汇在外国兑换黄金。

这样一来，该国就要保持大量外汇；同时，为了外汇资产的保值增值，就需要将外汇资产存放于其发行国。比如，殖民地时期的货币局制度，就是一种金汇兑本位制安排。

2) 全球类似的金汇兑本位制——布雷顿森林体系

“一战”后主要资本主义国家实行的金本位制在“二战”爆发后又解体了，在“二战”后各国又想回到金本位制，这次实行的是全球范围内的金汇兑本位制——布雷顿森林体系。

---

① 如1925年，英国规定一次至少须兑换1 700英镑，即纯金重量不得低于400盎司。盎司是英制计量单位，符号为ounce或oz，作为重量单位时也称为“英两”。在欧美黄金市场上交易的黄金，其使用的黄金交易计量单位是金衡盎司，它与欧美日常使用的度量衡单位——常衡盎司是有区别的，金衡盎司是专门用于黄金等贵金属商品的交易计量单位，1金衡盎司＝31.103 480 7克。因此，400盎司黄金＝12 441.4克＝25斤，这样高的数额对大多数人来说是达不到的，故这种金块本位制又被称为“富人的金本位”。法国在1928年规定的最低额度为21.5万法郎。

◇ 能量棒 1-13

布雷顿森林体系

(一) 三大国际货币体系简介

1. 布雷顿森林体系

布雷顿森林体系是指战后国际货币体系,国际货币体系是指国际货币制度、国际货币金融机构以及由习惯和历史沿革约定俗成的国际货币秩序的总和。

1944 年 7 月,"二战"快结束时,资本主义世界各国在美国新罕布什尔州的一座城镇——布雷顿森林召开了联合国国际货币金融会议,通过了各项协定,核心内容是确立了以美元为中心的国际货币体系,被称为"布雷顿森林货币体系"(Bretton Woods System)。这些协定连同后来签订的作为 1944 年会议的补充的关税贸易总协定,被统称为"布雷顿森林体系",即以外汇自由化、资本自由化和贸易自由化为主要内容的国际多边经济制度。布雷顿森林体系的建立促进了战后资本主义世界经济的恢复和发展,但因美元危机及该制度的内部矛盾,该体系于 1973 年宣告解体。

2. 布雷顿森林体系之前的国际金本位制

历史上第一个国际货币体系是国际金本位制,是 19 世纪 80 年代德国、美国、英国、拉丁货币联盟(含法国、比利时、意大利、瑞士)、荷兰及若干北欧国家在国内实行金本位制的基础上形成的。其特点是:

(1) 黄金是国际货币体系的基础;

(2) 黄金可以自由输出和输入;

(3) 一国的金铸币同另一国的金铸币或代表金币流通的其他金属(比如银)铸币或银行券可以自由兑换,其均衡汇率是金本价;

(4) 在金币流通的国家内,金币可以自由铸造。

3. 布雷顿森林体系之后的当前的牙买加体系

布雷顿森林体系崩溃后,国际货币基金组织于 1976 年在牙买加达成了一个协议,确立了国际货币体系进入新阶段——牙买加体系,其主要特点是:黄金非货币化、储备货币多元化、汇率制度多样化。由于它是对当时世界各国各不相同的货币与汇率安排现状的认可,因此也被称为"无体系的体系"。

(二) 布雷顿森林体系实施的背景与主要内容

1. 背景

1934 年美国重新恢复了金本位制,在"二战"中,由于欧洲各国纷纷用自己的黄金储备向美国购买战争物资,因此在"二战"后,美国拥有了世界黄金储备(除苏联外)的一半以上。于是美国和其他各国在战后国际经济秩序重建中,对黄金应发挥的作用产生了分歧,美国坚持以金本位制为基础重建世界的货币与汇率体系,而欧洲各国担忧恢复金本位制可能带来通货紧缩和失业上升,最终双方妥协的结果就是布雷顿森林体系。

2. 主要内容

布雷顿森林体系是以美元和黄金为基础的金汇兑本位制,它规定:

(1) 美元与黄金挂钩,即按 35 美元等于 1 盎司黄金[①]而与黄金保持固定比价,各国政府可以

---

① 因为当时美国官方称每一美元的含金量为 0.888 671 克黄金。

随时用美元向美国政府按这一比价兑换黄金,但美国企业与家庭、外国的企业与家庭都不能向美国政府兑换黄金。

(2) 各国货币与美元挂钩,即与美元保持固定汇率,上下波动幅度不得超过1%。为此,各国当局有义务在外汇市场上进行干预以保持汇率的稳定。只有当一国发生"根本性的国际收支不平衡"时,才允许升值或贬值,平价的变动要得到国际货币基金组织的同意[①]。

(三) 布雷顿森林体系的内在矛盾——特里芬难题

1. 货币的两大基本职能之间的内在矛盾

因为货币有两大基本职能——交易媒介与储藏手段。一方面,随着经济的发展,需要的交易媒介越来越多,货币的供给量就要跟上经济发展的需要。如果因为货币数量不足而造成通货紧缩,就说明这种货币没有很好地履行交易媒介的职能。另一方面,"物以稀为贵",一种货币供给得越多,也许越不值钱,就没有很好地履行价值储藏手段的职能。可见,货币的这两种职能本身就有内在矛盾。

2. 特里芬两难

如果用黄金作货币,由于其具有稀缺性,它能够很好地履行价值储藏手段的职能——这正是金本位制的优点;但由于币材不足,黄金又不能很好地履行交易媒介的职能——这正是金本位制的缺点。

"二战"后,各国想恢复金本位制,但面临着更为尖锐的币材不足的矛盾。因为1944年美国成为了第二次世界大战最大的赢家,不但最后打赢了战争,而且发了战争财。据统计,"二战"即将结束时,美国拥有的黄金占当时世界各国官方黄金储备总量的75%以上,几乎全世界的黄金都通过战争这个机制流到了美国。于是,布雷顿森林体系的设计者们就想到了以美元替代黄金的方法,希望这样可以既保留金本位制币值稳定的优点,又规避它货币数量不足的缺点,其实这二者是不能兼顾的。

美国耶鲁大学教授特里芬(R. Triffin)在20世纪50年代首先预见到布雷顿森林体系的内在矛盾,即为满足世界经济增长的需要,美元的供给需要不断地增长,但美元供给不断增长,将使美元同黄金的可兑换性日益难以维持,这就是"特里芬两难"(Triffin's Dilemma)。在实践中,这种两难是怎样逐渐暴露出来的呢?先是"美元荒",随后是"美元灾"。

3. 美元荒

如果各国流通金币,则随着战后经济的迅速发展,各国必然很快遭遇到货币不足、通货紧缩、经济萧条的情况,从而产生"黄金荒"。但在布雷顿森林体系下,各国流通的是本国的货币,不过政府要保证本币与美元的固定汇率。当美元外汇储备的数量给定不变时,如果过多地发行本币,必然造成本币相对于美元汇率下跌,固定汇率就将失守,因此,固定汇率约束了各国发行货币的权力。战后,随着各国经济的快速发展,对货币的需求上升,因而各国普遍出现了"美元荒",为了

---

① 这体现了美国按照欧洲的意愿做出的3点妥协:(1)在一国经济出现根本性失衡时,固定汇率可以被调整。比如,一国出现经济萧条与贸易逆差,则可以实行扩张性货币政策,多发行本币,并对美元贬值。(2)在一定条件下允许资本管制,这条规定也是为一国出现经济萧条时,政府实行扩张性货币政策留有余地。因为扩张性货币政策会带来本国利率相对于美国下降,因而资本将从本币资产逃离到美元资产上,以寻求保值增值,而资本流出会给本国经济带来一系列负面影响,这时政府就可以实行资本管制以限制资本流出,从而可以安心地实行扩张性货币政策。(3)建立了国际货币基金组织(International Monetary Fund,IMF)来协调世界各国的货币合作。虽然该机制允许汇率作调整,但是在1949—1971年,这种调整并不频繁,世界各国的汇率保持了基本稳定。这是因为,一方面,世界经济的增长比较稳定,各国政府不需要以扩张性货币政策来对付经济危机;另一方面,当本币相对于美元有贬值趋势时,各国实行的资本管制发挥了重要作用。

得到美元，各国争相对美国发生贸易顺差。

而在美国，一方面，国内经济的发展需要越来越多的美元作为交易媒介；另一方面，为了满足布雷顿森林体系中其他国家对美元的需求，美国也需要更多地发行美元，而美国受美元—黄金的固定兑换比率的制约，要多发行美元，只能拥有更多的黄金储备，因此美国面临着黄金不足的情况。可见，布雷顿森林体系无非是将各国本该面临的"黄金荒"转化成了美国独自一国面临的"黄金荒"而已，全世界都把球踢给了美国，自然会发生美国对所有渴望得到美元的国家的贸易逆差。

但在"二战"刚结束时，欧洲各国生产瘫痪，经济还远没有复苏，还没有条件发生对美国的贸易顺差，他们是通过"马歇尔计划"得到美元的，这对于当前我国的人民币国际化也有启示意义。

4. 美元灾(美元危机)

美国为了得到国际铸币税和进行本国的宏观调控而过多地发行了美元，这些美元被各国官方兑换为黄金后，美国的黄金就在不断流失①，引起市场上对美元贬值的担忧，并引发了3次较大规模的美元被抛售的危机。

(1) 1960年的美元危机与黄金总库

1960年，美国对外短期债务首次超过了其黄金储备，人们得知这一消息后，担心美元会相对于黄金而贬值，于是纷纷抛售美元，抢购美国的黄金和其他经济处于上升阶段的国家的硬通货(如马克)，这是第一次较大规模的美元危机。

美国分别与若干个主要工业国家签订了"互惠信贷协议"(Swap Agreement)，在国际货币基金组织的框架内建立了"借款总安排"和"黄金总库"(Gold Pool)②，来保持美元的固定汇率。

(2) 1968年的美元危机与黄金双价制

因为越南战争的扩大，美国的财政状况明显恶化，国内通货膨胀加剧，美元同黄金的固定比价又一次受到严重怀疑，外汇市场掀起了抛售美元的投机浪潮，这就是第二次较大规模的美元危机。

1968年3月，美国实行"黄金双价制"，即在官方之间的黄金市场上仍实行35美元等于1盎司黄金的比价，而在私人黄金市场上，美元与黄金的比价则任由其市场关系决定，这意味着以黄金—美元为中心的布雷顿森林体系已在局部崩溃。

(3) 1971年的美元危机与史密斯协定

1971年，市场对美元的投机比以往任何一次都猛烈，面对危机，尼克松政府不得不宣布停止美元与黄金的兑换。到了1972年12月，十国集团达成了一项妥协方案，由于该协议是在华盛顿特区的史密斯研究所签定的，故又被称为"史密斯协定"。

主要内容包括：(1)美元对黄金贬值7.89%；一些国家的货币对美元升值；(2)将汇率波动的允许范围由原来的平价上下各1%扩大到各2.25%。史密斯协议虽然勉强维持了布雷顿森林

① 20世纪50年代，美国的黄金储备达到了史上任何一个地区所未达到过的水平，大约为7.02亿盎司。1965年，法国戴高乐总统谴责美国政府通过印刷估值过高的美元来弥补其贸易赤字，并从美国政府手中将其1.5亿美元外汇储备赎成黄金了，并派法国海军护送这批黄金回国，今天，这批黄金大约值120亿美元。很快，西班牙也将6 000万美元外汇储备找美国政府兑换成了黄金，接着许多其他国家也这样做，导致1968年3月，美国的黄金以惊人的速度流失。在20世纪50—70年代，外国政府按照35美元兑换1盎司黄金的价格从美国兑换走了大约4亿盎司黄金，即美国流失了2/3的黄金储备(资料来源：《中国正实施秘密计划，目标是击垮美元储备货币地位》，2015-10-11，微信公众号"中国资本联盟")。

② 对美元贬值的担忧引起私人部门抛售美元，导致伦敦金融市场上金价上涨。于是，美国为了抑制金价上涨、保持美元汇率、减少黄金储备流失，联合了英国、瑞士、法国、西德、意大利、荷兰、比利时共八个国家，于1961年10月建立了黄金总库，八国央行共拿出2.7亿美元的黄金，由英格兰银行为黄金总库的代理机关，负责抛售黄金维持伦敦黄金价格，并采取各种手段阻止外国政府持美元外汇向美国兑换黄金。

体系下的固定汇率，但美元与黄金的可兑换性则从此中止。1973年2月，外汇市场上再度爆发美元危机，美元便不再能够兑换黄金了，布雷顿森林体系即宣告崩溃。

◇ 能量棒 1-14

马歇尔计划

1. 马歇尔计划简介

马歇尔计划是解决"二战"后各国"美元荒"的方法之一。"二战"欧洲战场胜利后，1947年7月，美国提出欲凭借其在"二战"后的雄厚实力，帮助其欧洲盟国恢复因世界大战而濒临崩溃的经济体系，该计划被称为"马歇尔计划"(The Marshall Plan)，官方名称为"欧洲复兴计划"(European Recovery Program)，它因时任美国国务卿的乔治·马歇尔而得名。该计划于1947年7月正式启动，并整整持续了4个财政年度之久。在这段时期内，西欧各国通过参加经济合作与发展组织(OECD)，总共接受了美国以金融、技术、设备等各种形式的援助，合计130亿美元。若考虑通货膨胀因素，那么这笔援助相当于2006年的1 300亿美元(金卫星，2008)[19]。

当该计划临近结束时，西欧国家中除了德国(后文将提到马歇尔计划理论上包括了整个德国，而并非仅是联邦德国)以外的绝大多数参与国的国民经济都已经恢复到了战前水平。在接下来的20余年时间里，整个西欧经历了前所未有的高速发展时期，社会经济呈现出一派繁荣景象，可以说与马歇尔计划不无关系。

同时，马歇尔计划长期以来也被认为是促成欧洲一体化的重要因素之一，因为该计划消除了(或者说减弱了)历史上长期存在于西欧各国之间的关税及贸易壁垒，同时使西欧各国的经济联系日趋紧密，并最终走向一体化。

某种意见认为，美国实施该计划的本意是使美国更方便地控制和占领欧洲市场，但事实上，欧洲经济后来的发展趋势并未使其成为美国的附庸，反而通过一体化等途径，成为世界经济舞台上可以和美国抗衡的一支重要力量。还有意见认为，该计划不仅是为了援助欧洲，还想抑制苏联和共产主义势力在欧洲的渗透和扩张。因为它最初曾考虑给予苏联及其在东欧的卫星国以相同的援助，条件是苏联必须进行政治改革，并允许西方势力进入苏联的势力范围。但事实上，美国担心苏联利用该计划来恢复和发展自身实力，因此美国故意提出了许多苏联无法接受的苛刻条款，最终使其和东欧各国被排除在援助范围之外。

2. 马歇尔计划提出的背景及理论基础

1) 欧洲恢复经济需要政府提供公共产品，但欧洲各国财政空虚

"二战"结束6年半后，大半个欧洲依然难以从数百万人的死伤中平复，战火遍及了欧洲大陆的大部分地区，持续的轰炸使绝大多数大城市遭到了严重的破坏，欧洲大陆上的许多著名城市，如华沙和柏林，已成为一片废墟。而其他城市，如伦敦与鹿特丹，也遭受了严重的破坏，数百万人无家可归。欧洲当时最大的困难是：

(1) 饥荒。虽然外援使1944年的荷兰饥荒有所缓解，但战争对农业的破坏，还是导致了欧洲大陆许多地方出现了大面积的饥荒，并且1946—1947年，欧洲西北部罕见的寒冬又使这一情况进一步恶化。

(2) 生产设施、基础设施遭到严重破坏。这些地区与经济生产相关的建筑大多化为一片瓦砾，受破坏最为严重的是交通运输设施，战争中铁路、桥梁以及道路都成为了对方空袭的目标，进行运输的商船也常常被击沉。西欧的中小城镇和村庄所受的毁坏程度基本上较轻，但交通运输的破坏还是使这些地区的经济与外界的联系几近断绝。

恢复经济亟须政府提供公共产品，但大多数陷入战争的国家的国库已被消耗殆尽，如果能得到外国的援助，基础设施先行，就会产生产业关联，带动整个经济的复苏。

2）马歇尔计划的人道主义色彩

战前，西欧的粮食供应很大程度上要依赖于东欧出口的余粮。但是，战后欧洲在意识形态上分为两块，一块是东欧苏联的势力范围或其他社会主义国家，另一块是西欧美国的盟友或保持中立的国家。由于意识形态上的对立，西欧无法从东欧进口粮食，加剧了战后西欧粮食短缺的局面。食品短缺成为了最为紧迫的问题，这种情况在德国尤其严重，那里1946—1947年的人均热量摄入仅为每天1 800千卡，这个数值完全不能支持人体的长期健康。威廉·克莱顿在给华盛顿的报告中说，“数百万人正在慢慢饿死”。

此外，煤炭也严重短缺。1946—1947年酷寒的冬天更是雪上加霜，德国有许多家庭没有供暖，数百人被冻死。英国的情况虽然没有那么严重，但是为了满足国内的民用煤炭需求，工业生产不得不停止，因此，从人道主义出发的考虑也是提出这一计划的重要动机之一。

3）开放经济宏观经济学中的各国间的反馈效应（feedback effect）——马歇尔计划对美国的利弊

(1) 美国发了战争财，战后经济一枝独秀

在战争中唯一一个基础设施没有遭到明显破坏的国家正是美国。它比大多数欧洲国家都要晚一些参战，而且本土所受的损失也比较有限。美国的官方黄金储备作为其农业和工业的坚固基石，依然完好无损，其经济也仍然充满活力，因为战争期间美国的工业为本国和盟国的战争提供了支持，因此美国经济经历了自建国以来增长最快速的一段时期。战后，这些工厂又很快转入了民用生产，战争期间的物资供应短缺很快就被消费开支的爆炸性增长所代替。不过经济的长期健康发展还要依赖贸易，长期的繁荣也需要有输出这些商品的市场，而马歇尔计划提供的援助中的很大一部分，正是被欧洲人用来进口来自美国的工业品和原料的，正所谓“将欲取之，必先予之”。

(2) 开放经济下国与国之间的“反馈效应”——马歇尔计划对美国之利

由于“一战”后的欧洲经济也遭受了较大的破坏，大衰退一直持续到了20世纪20年代，造成了全球性的经济低迷。因此，美国这次吸取了教训，要对西欧进行援助。根据开放经济宏观经济学，美国对欧洲的净出口是其总需求的一个组成部分，如果欧洲内需增加、进口需求增加，将导致美国出口增加，这就是欧洲的国内吸收（内需）对于美国的溢出效应，会通过乘数效应带动美国的产出倍数地扩张。美国产出增长后，内需也增长，又会增加从欧洲的进口，这就是美国对欧洲的溢出效应，又会带来欧洲产出的倍数扩张，这就是开放经济宏观经济学中各国间的反馈效应。

虽然美国的产品非常有竞争力，而此时的欧洲重建也正需要来自美国的产品，但还没有从“二战”的阴影中走出的欧洲人，没有足够的美元来进口这些必需物资，于是在整个欧洲出现了“美元荒”(dollar shortage)。

而马歇尔计划正是一项既有利于欧洲、又最终会救助美国的举措。因为，一方面，美国的无偿援助是向战后的欧洲送去了启动其经济的“第一桶金”，拯救了欧洲。但是，难道美国不救就没人救欧洲了吗？确实如此，因为当时布雷顿森林体系下建立的国际货币基金组织(IMF)和国际复兴开发银行(International Bank for Reconstruction and Development)的信贷机制只能发放一些数目不大的短期贷款，以帮助欧洲解决短期内的贸易赤字问题，已完全无法应付西欧的长期的、大量的贸易赤字与资金需求，因为这不符合IMF的“贷款的条件性”。因此，美国就开始通过多种途径向欧洲提供所谓的“美元信贷”(dollar credits)，来帮助欧洲解决这些问题，而马歇尔计划正是这众多途径之一。可见，美国成了欧洲“政府的政府”。

另一方面，美国已积聚了大量的贸易顺差，其庞大的储备也在不断增长。庞大的储备将如何

运用？美国国内不需要投资了，不如就对欧洲进行战略投资。

(3) 马歇尔计划也体现了凯恩斯主义政府干预的思想

20世纪30年代初的大萧条使不少美国人相信完全自由的、缺乏政府干预的市场无法保证经济的稳定和健康，主张政府干预的凯恩斯主义正在盛行。许多当初制定罗斯福新政政策的人认为应该将美国政府干预经济的经验应用于欧洲的战后重建中；与此同时，1929年的经济危机也证明了关税和贸易保护主义对经济的危害，这更坚定了人们对欧洲经济一体化和自由贸易的需求。

(4) 美国援助欧洲秘而不宣的另一个意图是扼制社会主义阵营

但是，美国政府若直接将财政收入用于国内基础设施建设等，而不是增大欧洲的产出，从而再间接地增大美国的净出口，是否会使美国的产出达到更大值呢？事实上，在美国国内也有不少批评意见，认为马歇尔计划开了使用本国纳税人的钱援助他国的先例。其实，美国直接将钱用在自己身上，有的只是眼前利益，但将钱用在欧洲，则有长远利益，美国正是吸取了“一战”后大萧条的教训，提出了欧洲复兴计划，是有长远眼光的。

虽然哈利·S.杜鲁门及国务院依然继续着其务实的外交政策，认为有必要进行援助，但国会对此兴趣不大。起初，大家普遍认为欧洲，特别是英国和法国的重建并不需耗费过多，它们完全可以依靠自身的殖民地快速恢复其经济。然而直到1947年，这些地区的经济依然不见起色，持续几年的寒冬又使情况进一步恶化。在不断增长的高失业率、因食品短缺导致的接连不断的罢工以及一些国家的社会动荡下，欧洲经济的增长几乎是不可能的。到1947年，欧洲经济依然徘徊在战前水平以下，而且几乎看不到增长的迹象，农业生产是1938年水平的83%，工业生产为88%，出口总额则仅为59%，因此，马歇尔计划就显得很有必要了。

而对美国来说，另一个重要因素，也是与“一战”后所面对情况的最大不同，就是“冷战”的开始。美国政府中有很多人士对苏联的怀疑情绪正日渐加深，马歇尔计划的倡导者之一——乔治·凯南在此时已预言了未来世界的两极格局。对他来说，马歇尔计划正是他的新理论——对苏联的遏制政策的核心内容。需要强调的是，当马歇尔计划开始实施的时候，苏美的战时同盟关系还没有结束，“冷战”也没有真正开始，而对于那些马歇尔计划的起草者来说，他们对苏联的恐惧也并不像日后那么极端强烈，甚至到凌驾于其他一切因素之上的地步。

遏制政策的出笼也要求美国必须向非共产主义国家提供援助，以起到遏制苏联影响及扩张的作用。不过当时还是有人寄希望于东欧国家加入这一计划，从而使他们从正在形成的苏联集团中脱离出来。

(5) 美国提供军事协作也是在帮助欧洲各国政府提供公共产品

不过在马歇尔计划付诸实施之前，美国已经投入了大量资金用于欧洲重建。据估计，在1945年到1947年间，美国在这方面的投入就达90亿美元，这些援助中的大多数都是以间接形式进行的。此外，美国还与一些国家签定了正式的双边援助协定，其中最为重要的动作要数“杜鲁门主义”所保证的给予希腊和土耳其军事协助的内容。此外，当时尚处于幼稚期的联合国所做的一系列救济以及减免债务等人道主义努力，其资金大多也来自于美国。这些努力也收到了一定成效，但由于它们缺乏系统的组织和完善的计划，反而忽视了欧洲重建的许多最基本的需求。

4）“马歇尔演讲”的花絮

由于官方出台相关政策的前景尚不明朗，早先公众关于欧洲重建是否需要美国援助的讨论在很大程度上被媒体忽略了，直到时任美国国务卿的乔治·马歇尔的历史性演讲发表之后，才标志着马歇尔计划的正式拍板。

马歇尔是在1947年6月5日哈佛大学的毕业典礼上发表这一演讲的。他站在哈佛园

(Harvard Yard)纪念教堂的台阶上，宣告美国已为帮助欧洲复兴作好了准备。这篇由查尔斯·博伦(Charles Bohlen)起草的演讲词中没有提及任何的细节和数据，只是号召欧洲人团结起来，共同规划一个他们自己的重建欧洲计划，然后由美国为这一计划提供资金——这才是这一演讲中最为关键的部分①。这次著名的演讲使得“欧洲复兴计划”变成了家喻户晓的“马歇尔计划”。

3. 对比——欧洲重建的不同方案

1) 榨取德国方案——摩根索计划和莫内计划的失败

早在马歇尔发布其著名演讲之前，就已经有不少的意见和呼声认为有必要对欧洲开展援助重建计划，当时曾提出过不同于马歇尔计划的方案。当时认为替代美国大量援助的另一方案是1944年美国财政部长小亨利·摩根索提出的“摩根索计划”，即令战败的德国支付巨额战争赔款，从德国榨取重建所必须的物资和资金，帮助其他在战争中受到轴心国进攻的欧洲国家进行重建，同时这种对于德国近乎榨取式的巨额索赔也可以遏制德国的再次崛起。与之相近的是由法国官员让·莫内(Jean Monnet)提出的“莫内计划”，该计划设想让法国控制德国的萨尔和鲁尔两大工业区，并允许法国使用这两个区域中丰富的矿产资源，使法国的工业产出至少恢复到战前150%的水平。

1946年，德占领当局出台了严厉的限制德国恢复工业化的方针，这些限定严格规定了德国的煤炭和钢铁产量。第一个恢复德国工业化的计划于1946年年初签署，也就是所谓的“工业化水平协定”(level of industry agreement)，它通过拆除德国的1 500多家工厂使其工业水平大致维持在战前(1938年)的50%左右。不过这个协定所隐含的弊病立即就显露出来了，因此该方案此后被多次修改，直至1949年，整个拆除工作直到1950年才结束。德国长期以来就是欧洲的工业强国和经济中心，因此，过分地削弱德国必然会导致整个欧洲经济恢复受阻，德占领当局不得不大幅度提高他们的占领成本，来解决德国日益增长的各种需求和物资短缺的矛盾。

上述两个计划的种种弊病以及其曝光后接踵而来的社会舆论批评，使得人们不得不重新考虑“莫内计划”和“摩根索计划”。由于盟国已摧毁了大量的工厂以限制德国的工业产量，到了1947年，甚至连德国的工业中心——鲁尔都有面临被全面拆除的可能。当时，面对几乎已经被完全剥夺了生产能力的德国，杜鲁门、马歇尔以及艾奇逊一致认为有必要立即给予德国大量的，并且是源源不断的援助。

2) 苏联的被拒与另立门户——莫洛托夫计划

时任英国外务大臣厄内斯特·贝文(Ernest Bevin)从广播中听到了马歇尔的演讲后，立即与时任法国外交部长乔治·比多(Georges Bidault)取得了联系。两人交换了欧洲方面对于美国提出对欧洲进行援助的看法，并准备给予官方答复。两国外交部长同时一致认为有必要邀请反法西斯战争的重要盟国——苏联参与该计划。由于直接拒绝苏联参加援助计划意味着对盟友的公开不信任，因此，马歇尔在他的演讲中还是十分坦诚地欢迎苏联参与马歇尔计划以接受美国的援助。事实上，美国国务院的官员们心里很清楚，斯大林根本不可能会同意参与该计划，同时，美国国会也不会批准一个含有巨额对苏援助的计划。

一开始，斯大林对援助计划曾表现出“谨慎的兴趣”，于是他派遣苏联外交部长维亚切斯拉夫·莫洛托夫到巴黎与英、法两国外交部长举行会议。此时，英、法两国已经领会到了美国不希望苏联

① 美国政府估计这一计划不会得到美国民众的欢迎，且考虑到这次演讲主要针对的听众是欧洲人，因此，为了避免美国报纸对演讲的关注，演讲现场特意没有邀请任何美国记者。而且杜鲁门还特意于同日举行了一场记者招待会，以转移国内媒体的注意力。而相映成趣的是，艾奇逊当天却四处联络欧洲媒体报道此事，特别是英国媒体。英国广播公司(BBC)还全文播送了这篇演讲。

加入援助计划的真实意图，因此他们提出了许多令苏联无法接受的条件，其中最重要的一条就是任何接受援助的国家将不可避免地丧失一部分经济主权，这让苏联根本无法接受。同时，英法两国外交部长还坚持被援助国必须附带参与欧洲统一市场的建设，而这明显和苏联高度集中的计划经济体制格格不入。最终，莫洛托夫拒绝了援助计划，离开了巴黎。

当捷克斯洛伐克和波兰的代表团被苏联阻止前往巴黎参加会议时，其他的东欧国家也就很知趣地拒绝了美国的援助。芬兰为了避免与邻邦苏联形成过于对立的两国关系，也拒绝参与该计划。不久，苏联就出炉了马歇尔计划在东欧地区的"替代计划"，该计划主要包括了对东欧国家的经济援助以及发展东欧国家对苏联的贸易——这就是著名的"莫洛托夫计划"(Molotov Plan)，也就是后来经济互助委员会(COMECON)的雏形。

4. 马歇尔计划的执行

1) 援助资金总额及其分配的冗长而复杂的欧洲大讨论

要把计划从铅字变成现实，不仅需要各个参与国家的协商，还需要得到美国国会的批准。因此，16个参与国家代表齐聚巴黎，商讨未来美国援助的形式以及分配问题。由于这一问题与各国自身利益息息相关，整个谈判显得极其冗长而复杂。在各方达成一致之后，欧洲各国将拟定的重建计划草案递交给了华盛顿，在最后通过国会批准的计划中，共包含援助数额为124亿美元，为期4年。

2) 欧洲执行机构——经济合作发展组织(OECD)的诞生

1948年4月3日，杜鲁门签署了马歇尔计划，同时他还批准设立了经济合作总署(Economic Cooperation Administration，ECA)来负责这一计划的实施。就在同年，计划的各个参加国(奥地利、比利时、丹麦、法国、联邦德国、英国、希腊、爱尔兰、意大利、卢森堡、荷兰、挪威、瑞典、瑞士、土耳其和美国)又签署了一项协定，决定建立一个地位与经济合作总署并列的机构，即欧洲经济合作组织(Organization for European Economic Cooperation)。这一组织后来又改名为"经济合作与发展组织"(Organization for Economic Cooperation and Development，OECD)。

1948年7月，经济合作总署开始进入正式运作。同年，这一组织发布了它的使命声明(mission statement)，内容包括：推进欧洲经济进步，促进欧洲生产发展，为欧洲各国货币发行提供支持以及推动国际贸易，特别是与美国的贸易，因为其经济利益需要欧洲足够富裕，要有足够的市场容量以输入美国商品。

3) 欧洲各国在使用这笔援助资金上的效率各异

只有实业投资才能使未来产出增长，因此，这笔种子基金应被用于投资，而不是用于私人消费、政府消费。德国最严格地将援助资金用于投资，而其他国家有的则用于弥补预算赤字和消费，因此，德国很快地复兴了。

按经济合作总署的章程规定，对应基金(counterpart fund)——将马歇尔计划的援助资金转换成为由当地货币构成的资金中，不少于60%的数目应被用于制造业的投资，这一点在德国被最为严格地遵守。在当地政府的调控下，这部分基金大多用于向私人企业贷款，从而使它们在推动重建进程上起到了重要的作用。这笔基金在德国的再工业化过程中也起了核心作用，以1949—1950年为例，德国采煤业投资总额的40%是由这个基金提供的。对贷款的企业来说，他们须按期偿还贷款，而在偿还后，这部分资金又会很快被再次贷出。

在当时，这一过程是假借德国国有银行——"德国复兴信贷银行"的名义进行的，这一基金后来转由德国联邦经济部(Federal Economics Ministry)管理。到1971年，其数目仍有100亿德国马克。而在1997年，这个数字已经达到了230亿德国马克了。通过这一循环信贷系统，截至1995年年底，这一基金中已有大约1 400亿德国马克的资金，以低息贷款的形式贷给了众多德国公民，而剩下的40%对应基金则用于偿还外债、稳定货币以及投资非工业项目。

相比之下，法国对对应基金的使用则不够严格，主要将这笔资金用于抵消财政预算赤字。不仅在法国，其实在大多数其他参与国家内部，对应基金中的款项大多被作为政府的一般收入，而不是像德国那样被用于反复循环地对民间进行贷款。

4）美国的技术援助更加贴心务实

另一个花费更少、但同样有效的计划是同样由经济合作总署主导的“技术援助计划”（Technical Assistance Program），这个计划资助欧洲的技术人员和企业家参观访问美国的厂矿企业，以使他们能够将美国的先进经验和制度应用于本国。同时，也有成百上千的美国技术人员在这一计划的帮助下，作为技术顾问前往欧洲。

5）欧洲人用这笔资金从美国进口了什么？

欧洲人将大多数来自于马歇尔计划的援助资金用于输入美国生产的商品。欧洲国家在“二战”中几乎消耗光了它们的外汇储备，因此马歇尔计划带来的援助几乎是它们从国外进口商品的唯一外汇来源。在计划实行的初期，欧洲国家将援助大多用于进口急需的生活必需品，例如食品和燃料，但随后，大宗进口的方向又转向了它们用于重建的原料和产品。而随后的几年内，在来自美国国会的压力以及朝鲜战争爆发的双重逼迫下，美国还是投入了大量资金用于重建欧洲各国的军备，且这一数字逐年增长。据统计，截至 1951 年中期，在提供的共 130 亿美元援助资金中，有 34 亿美元用于输入原料和半制成品，32 亿美元用于购买粮食、饲料以及肥料等，19 亿美元用于进口机器、车辆和重型设备等重工业品，还有 16 亿美元用于输入燃料。

5. 马歇尔计划的效果和影响

1）促进西欧经济长达二十年的空前发展

马歇尔计划按原订计划于 1951 年如期终止。此后，因美国介入朝鲜战争并面临日益增长的军备开支，试图延续马歇尔计划的努力都未能成功。一直对该计划持反对意见的共和党在 1950 年的国会选举中获得了更多的席位，保守的反对派也开始抬头，这样，马歇尔计划在 1951 年宣告结束，但此后美国对欧洲国家的其他形式的援助却始终没有停止过。

1948 年至 1952 年是欧洲历史上经济发展最快的时期，工业生产增长了 35%，农业生产实际上已经超过了战前的水平，战后前几年的贫穷和饥饿已不复存在，西欧经济开始了长达二十年的空前发展。当历史学家们研究这些成就到底是否或者有多少应该归功于马歇尔计划时，至今尚存争论，多数认为这样的经济奇迹并非只是马歇尔计划的功劳，因为迹象表明，当时欧洲已经露出了经济复苏的兆头。现在普遍认为马歇尔计划加速了西欧经济的发展，但并非启动了欧洲经济的腾飞。

2）对比：未受马歇尔计划援助的西班牙与东欧的经济发展

（1）西班牙

西欧主要国家中唯一一个没有参与该计划的就是弗朗西斯科·佛朗哥统治下的西班牙，因为当时美国认为西班牙有新法西斯主义倾向，所以拒绝惠及西班牙。在“二战”后，该国仍然继续着其自给自足的经济政策，同时严格控制货币发行，坚持配额制度，但这些政策并没有使西班牙的经济有太多起色。

随着“冷战”的进一步深入，美国开始重新考虑西班牙在其战略体系中的地位，终于在 1951 年将西班牙接纳为它的盟国。而在之后的十余年里，西班牙也确实从美国得到了颇为可观的援助，但这还是无法与那些参与了马歇尔计划的邻国得到的大量援助相提并论。

（2）苏联

虽然苏联的欧洲部分在战争中遭受了与其他欧洲参战国一样严重的破坏，但是它的亚洲部分却没有受到什么损失，反而借战争的机会快速实现了工业化，苏联还向其势力范围内的前轴心国索取了大量战争赔款。芬兰、匈牙利、罗马尼亚、东德被迫支付了大笔赔款，其中尤以东德的赔款数量最多，这些国家同时还要为苏联提供大量原料和工业品，这些赔偿为苏联带来的收益绝不亚于那些参与马歇尔计划的国家从计划中获得的利益。

(3)“经互会”中的东欧国家——在苏联的“援助”下过得还好吗？

由于本国的共产党政府拒绝了来自西方的援助，东欧几乎没有从马歇尔计划中获得任何好处，而苏联对它们的帮助也只能算是微不足道。为了抗衡马歇尔计划的影响，苏联建立了经济互助委员会(Comecon)，但是比起美国人，苏联人显然没有那么慷慨，反而正如许多经济学家所认为的那样，经互会很大程度上是苏联从它的卫星国那里掠夺原料的工具。因此相比较于西欧，东欧的经济恢复速度明显要慢很多。有些人甚至认为在共产党统治时期，这些国家的经济从来就没有完全恢复到战前水平，这直接导致了东欧国家短缺经济的形成，同时也极大地拉大了东西方阵营间的财富鸿沟。

东欧国家能够利用政权的力量强行实施配给制度以及财政紧缩政策，从而强制使一些资源向重建方向定向流动，这对西方国家而言是不可能的。不过在东欧国家中有一个例外——南斯拉夫，这个不属于共产主义阵营的共产党国家在这一时期从美国获得了一定数量的援助，但这些援助通常不被视作马歇尔计划的组成部分。

6. 马歇尔计划的无偿援助性质——欧洲各国(德国除外)不需要向美国还款

1) 企业向本国政府还款，但政府不用向美国还款

从一开始，马歇尔计划的绝大多数参与国政府就已明白，他们永远不用向美国归还这笔对应基金的款项，最终这笔款项余额大多被编入本国的财政预算，然后从此“消失”。但为了激励私人投资，各国政府将援助基金贷给私人部门，要求他们还款。

具体来说，当欧洲商人进口美国商品时，必须用美元支付，这些美元由买家所在国的“欧洲复兴计划基金”支付。但欧洲进口商并非无偿得到这笔美元资金，他们必须以当地货币支付货款(不必立即付清，可以采用信用支付等形式)。这笔款项随后就会被马歇尔计划的各参与国投入本国的“对应基金”，以供政府实施进一步的投资计划。

2) 德国的还款被美国“慈悲为怀”地一减再减

不过德国却是一个例外。与其他欧洲国家不同，一开始，美国便规定德国必须在日后归还所有的援助款项。不过在签订了1953年的“伦敦债务协定”(London debts agreement)之后，德国须偿还的援助金额已被削减到了10亿美元。自1951年7月1日之后，德国从马歇尔计划中获得的援助共2.7亿美元，而它只需向华盛顿的美国进出口银行(Export-Import Bank of the United States)偿还其中的1 690万美元。

事实上，在1953年之前，德国政府都不清楚他们需要向美国偿还多少数目的款项。他们强调援助资金只以生息贷款(interest-bearing loans)的形式进入民间，因此能够保证资产只增长而不缩水；同时，作为贷款方的银行要负责监察整个贷款程序，而这些来自马歇尔计划的贷款主要用于资助中小企业。直到1971年6月，联邦德国政府终于以分期形式向美国偿还完了最后一笔援助债务。

---

3) 实行金汇兑本位制的国家的风险

(1) 钉住国的风险

A国实行金汇兑本位制，将本币钉住在实行金币本位制的国家B上，即与B实行固定汇率制，则B币就是A币的货币锚，B国就是A国的锚币国，就像A国“傍”在B国这个“大款”身上一样。但A国也面临着如下的“傍大款风险”：

① A 国在经济上依附于 B 国。比如,中国香港实行对美国的联系汇率制(一种特殊的固定汇率制),如果美国面临衰退阴影,故降低利率,则中国香港也要跟随着降息,否则美元均涌入中国香港套利,则中国香港必然发生通货膨胀。但是如果此时中国香港经济正在过热,则降息就会火上添油。这表明,为了维持汇率稳定以促进对外贸易和对外投资,A 国国内的经济、货币政策就会失去了自主权,必须跟随锚币国而变动。显然,只有当对外贸易与投资的繁荣稳定对该国经济的贡献比国内经济部门的贡献更大时,实行固定汇率制才是利大于弊的。唯有小国才符合这种条件,因此,实行金汇兑本位制的国家大多数都是一些小国。

② 如果 B 国放弃了金本位制,或实行贬值(减少货币的含金量),或出于某种原因拒绝用其货币兑换黄金,那么,A 国就会遭受通货膨胀等损失。

◇ 能量棒 1-15

香港的联系汇率制——一种变通的货币局制度

(一) 概述

1. 中国香港实行联系汇率制的背景

香港的货币制度经历了以下 4 个时期:(1)1935 年 11 月前的银本位制时期。(2)1935—1972 年与英镑挂钩的货币局制时期,这一时期港元的对外价格一直用英镑表示,港元的发行准备金也由外汇基金以英镑资产的形式存放在英国。直到 1972 年,为了摆脱英镑地位不断下降给香港经济带来的损失,香港才决定放弃港元与英镑的固定比价,转而实行浮动汇率制(李斌,2013)[26]。(3)1972—1983 年的浮动汇率制时期。(4)1983 年至今的联系汇率制时期。

香港 1983 年结束浮动汇率制而转向联系汇率制的背景是:1983 年 9 月 24 日,受中英政府关于中国香港问题谈判的影响,香港发生了汇率危机,人们大量抛售港元、收购美元,使得港元在外汇市场上暴跌,对美元的汇价逼近 1 美元兑换 10 港元大关。同年 10 月 15 日,在一个由港督尤德、财政司司长彭励治和汇丰银行董事长沈强等要人出席的会议上,港英政府宣布放弃不干预货币市场的原则,转而接受经济学家格林伍德的建议,建立一个钉住美元的汇率制度。据说,当时有人提议将汇率钉住在 1 美元兑换 8 港元的水平,因为“8”有着象征发财的谐音,但此建议却被彭励治否定了,理由是它太简单,给人一种没有经过科学测算的感觉。最后,彭励治力主将汇率定为 1∶7.8,至此,一个重要的经济变量这就样“科学”地产生了。港英政府于两天后即 10 月 17 日正式宣布将港元与美元直接挂钩,实行 1 美元兑换 7.8 港元的预定官价,从而开始了联系汇率制,而 1 美元兑换 7.8 港元的官方平价至今未做过调整(郑龙华,2011)[27]。

2. 中国香港联系汇率制的运行机制[28]

中国香港于 1983 年开始实行的联系汇率制是一种变通的货币局制度,即以美元为本位的港元发行制度。但在 1983 年并没有正式设立一个货币局,而是由政府设立了一个外汇基金,由外汇基金履行货币局的职能。1993 年,中国香港设立了金融管理局来管理外汇基金,金管局的主要职能就是在联系汇率制度下维持港元的稳定,即通过货币操作达到干预汇率的目的。因此,外汇基金与金管局就相当于中国香港的货币局、中央银行。

中国香港虽然在货币体系上属于货币局制度,但在实际执行过程中又与货币局制度有着重大区别——其联系汇率制只是在本币的发行储备上规定港币与美元之间的固定汇率,但在市场实际交易中实行的则是浮动汇率制度。中国香港联系汇率制是依靠以下的内在稳定机制与外在调节机制来将自由浮动的市场汇率维持在 1 美元兑换 7.8 港元的官定水平上的(徐芳,马晓青,

2003)。

1）发行基础货币(不仅限于现钞)需要100%的外汇储备，且在银行同业市场上固定了港元与美元间的官方汇率

(1）发行现钞需要100%的外汇储备

联系汇率制的内在稳定机制是由政府设立一个外汇基金，三家发钞银行①——汇丰、渣打、中国银行必须按照1美元兑7.8港元的比率在外汇基金中存入100%的外汇储备，以换取外汇基金出具的无息的"港元负债证明书"，作为发行港币现钞的依据。

比如，发钞行之一——汇丰银行要发行7 800港元现钞，就要向外汇基金存入1 000美元外汇，则外汇基金与汇丰银行(下面也可称其为发钞行)的T形账户分别如下：

外汇基金

资产		负债	
外汇储备	+1 000美元	负债证明书	+7 800港元

汇丰银行(发钞行)

资产		负债	
负债证明书	+7 800港元	港元现钞	+7 800港元

假设这1 000美元中有一部分是汇丰银行的自有资本，剩下的则是中国香港企业或居民的外汇资产，他们希望用美元来兑换港元现钞或港元存款。

(2）发钞行的现钞负债可转化为存款负债

接着，假设汇丰银行将7 800港元的现钞贷款给客户索罗斯，索罗斯要求将其中的7 000港元现钞转为在汇丰银行的存款，则汇丰银行的T形账户变为：

汇丰银行(发钞行)

资产		负债	
负债证明书	+7 800港元	存款	+7 000港元
		现钞	+800港元

将这两步联动容易发现，发钞行只要提交100%的美元外汇储备给外汇基金，不仅可以发行港元现钞，也可以发行港元存款。

(3）持牌银行要发行港元现钞或港元存款，需向发钞行提供100%的美元外汇储备

同理，假设某持牌银行——A银行要发行78港元的现钞或存款，需要向发钞行提交100%即10美元储备作为交换，发钞行既可用已有的现钞支付，也可将这10美元储备向外汇基金兑换

① 绝大部分港元纸币是在中国香港金融管理局的监管下由三家发钞银行发行的(所谓发行，就是由它设计，委托"香港印钞有限公司"印制)，另有少部分新款十元钞票是由中国香港金融管理局自行发行的。此外，硬币也是由金融管理局负责发行的。发行机构的名称通常印在钞票正面的显著位置，这样，中国香港的商业银行各自发行各自的钞票。这与英国的传统有关，因为在英国历史上，各个银行各自发行各自的货币，后来英格兰银行成为中央银行以后，保留了各个银行发行货币的权力，但是这些商业银行要发行自己的纸币，必须要交给英格兰银行等额的英格兰银行发行的英镑纸币，这样的做法很烦琐，但是象征着英国央行保留了各个银行发行货币的权力。但在中国大陆和美国等许多国家，仅有中央银行具有发钞权。

负债证明书，再发行78港元现钞交付给A银行。

(4) 持牌银行直接在金融管理局建立用于清算的结余(相当于准备金存款)

1996年以前，汇丰银行作为全香港的清算银行，各持牌银行都要在汇丰银行设立同业存款用于同业清算，汇丰银行再将各银行的总结余上存到外汇基金，这就构成了中国香港基础货币的一部分。1996年12月，中国香港银行同业即时支付结算开通，在新系统下，持牌银行直接到金管局结算，削弱了汇丰银行的地位，使之与其他银行处在同一水平上。

假设某持牌银行——A银行向外汇基金提交10美元，是为了建立用于同业清算的结余，这一交易用外汇基金的T形账户可表示为：

外汇基金

资产		负债	
外汇储备	+10美元	A银行结余	+78港元

(5) 外汇基金持有的银行总结余与流通中的通货就等于香港的基础货币

发钞行须将总结余存在外汇基金，因此，外汇基金的各银行总结余与流通中的通货就是香港的基础货币，可用外汇基金T形账户表示如下：

外汇基金

资产		负债	
外汇储备	+1 010美元	各银行总结余	+7 078港元
		现钞	+800港元

各银行总结余与流通中的通货之和就是外汇基金的负债证明书余额。因此，香港的基础货币既等于外汇基金发行的负债证明书余额，也等于外汇基金处的发钞行结余与流通中的现钞之和。由上述推导可知，香港的基础货币(而不仅仅是流通中的现钞)是有100%的外汇储备作发行保障的。

2) 内在稳定机制(一)——公众、持牌银行与发钞行的套汇机制

香港的联系汇率制在发钞行与外汇基金之间、发钞行与持牌银行之间确立了1美元兑换7.8港元的官方固定汇率，但在香港的公开外汇市场(银行间的批发市场)上，港元的汇率却是由市场供求决定的(银行与客户间的零售市场汇率由批发汇率决定)，这被称为市场汇率。可见，香港的联系汇率制是官方固定汇率(联系汇率)与市场浮动汇率并存的汇率制度，但通过套利、套汇交易，外汇基金可使市场浮动汇率自动收敛于官方汇率。

具体说来，当在市场汇率中1美元值更多的港元，即港元贬值、且存在进一步贬值的预期时(比如1美元值7.9港元，但市场普遍预期美元还会上涨至1美元值8港元时)，公众就会向发钞行与持牌银行抛售港元、买进美元；持牌银行也会在同业市场上抛售港元、买进美元，而发钞行却有权力以1美元兑换7.8港元的固定汇率向外汇基金卖出负债证明书以赎回美元，并在市场上抛售获利。这种套汇行为很快将使外汇市场上美元供给增加，直到使港元在外汇市场上升值到联系汇率时，市场才达到新的均衡(徐芳，马晓青，2003)。

反之，当在市场汇率中1美元值更少的港元，即港元升值，且存在进一步升值的预期时(比如1美元值7.7港元，但市场普遍预期美元还会上涨至1美元值7.6港元时)，公众就会向发钞行与持牌银行抛售美元、买进港元；持牌银行也会在同业市场上抛售美元、买进港元，而发钞行却有权力以1美元兑换7.8港元的固定汇率从市场上收购美元，再卖给外汇基金，换回港元负债证明书

以发行港元现钞或存款，并在市场上抛售获利。这种套汇行为很快将使外汇市场上港元供给增加，直到使港元在外汇市场上贬值到联系汇率时，市场才达到新的均衡。

3) 内在稳定机制(二)——套利机制

例如在上述港元有贬值预期时的套汇过程中，由于发钞行、持牌银行、公众均抛售港元、购进美元，导致市场上港元供给减少，港元短期利率上升，又引发了公众抛售美元、购进港元以谋求更高利率的套利活动。这个套利机制将与套汇机制共同作用，使得港元在外汇市场上升值到联系汇率水平为止(徐芳，马晓青，2003)。

4) 外在调节机制

1983 年中国香港联系汇率制设立时，外汇基金相当于货币局，货币局并非中央银行，因为货币局完全没有中央银行那样的主动进行货币政策调控的自由。但在 1988 年，香港政府新增了港元汇率的三大调节手段——新会计安排、外汇基金票据和流动资金调节机制，相当于中央银行的法定准备金安排、公开市场操作与再贴现工具，使得外汇基金具有了像中央银行一样进行主动性货币政策操作的自由(郑龙华，2011)。

外汇基金收缩(扩张)港元基础货币，香港利率将上升(下降)，与美国的利率可能就不一致了，但在香港资金自由流动的环境下这也许并不会招致资金大量流入(流出)，因为此时具体说来，当时，利率上升(下降)正好可以阻止资金的流出(流入)。可见，外汇基金进行主动性货币政策操作，正是为了抵御港元的贬值或升值预期所引起的市场汇率对联系汇率的偏离。

(1) 新会计安排类似于法定准备金制度

1988 年 7 月，中国香港政府发布了新会计安排，类似于法定准备金制度，为港元联系汇率制新增了一种外在调节机制。在此之前，汇丰银行是整个香港的清算银行，外汇基金和其他银行都在其开立账户。因此，外汇基金只是汇丰银行的一个非银行客户，当港元有贬值趋势时，它抛售美元或借入港元并不会显著地引起银行同业港元供给的减少，使得同业拆息难以上升，干预效果不明显(徐芳，马晓青，2003)。

新的会计安排规定汇丰银行在外汇基金开设一个账户，其结算余额不得低于其他银行同业在汇丰银行的结算余额，这实际上就是要求汇丰银行把其他银行在它那里的结算余额全部存入外汇基金账户。由于汇丰银行仍是清算中心，外汇基金通过货币买卖，改变汇丰银行的结算余额，相应地改变整个香港银行体系的净结算余额，从而左右银行业的流动资金水平，影响利率升降，达到稳定汇率的目的(徐芳，马晓青，2003)。

从货币供给角度来看，这种新的会计安排使得外汇基金相当于中央银行，汇丰银行相当于一家商业银行，其他持牌银行相当于这家商业银行的各个分支机构。汇丰银行在外汇基金的结算余额相当于香港整个银行体系的准备金，即基础货币的一个部分，外汇基金通过与汇丰银行的货币买卖，调节着香港的基础货币。

(2) 外汇基金票据类似于公开市场操作工具

1990 年 3 月 14 日开始发行的外汇基金票据类似于公开市场操作的工具，外汇基金向香港的银行发行外汇基金票据，就相当于内地的央行向商业银行发行央行融资券，由于香港的商业银行要用外汇来购买这些票据，因此就要减少对港元现钞的购买。这样，外汇基金就达到了收缩港元基础货币的目的；反之，当外汇基金票据到期时，外汇基金就要向持有票据的商业银行还本付息，就会增加其美元持有量，使其可以据此从发钞银行购买港币现钞，外汇基金就达到了扩张港元基础货币的目的(徐芳，马晓青，2003)。

当外汇基金想收缩港元基础货币时，既可以发行外汇基金票据，也可以直接在货币市场上抽资。但发行外汇基金票据比直接在货币市场上注资、抽资更能够减少所带来的市场动荡，因为通过这种公开市场操作就可以传递货币政策信号，在公众预期的作用下，外汇基金就可以事半功倍地达到收缩或扩张基础货币的意图，增强了操作的灵活性和有效性(徐芳，马晓青，2003)。

(3) 流动资金调节机制类似于再贴现政策

1992年6月8日开始实行的流动资金调节机制是外汇基金每周定时向商业银行开设的短期融资业务，类似于再贴现政策，即当外汇基金希望市场利率下降时，就对商业银行凭借其持有的基金票据、政府债券进行再贴现，向其释放流动性，使得市场利率下降，从而缓解港元升值压力，稳定汇率(徐芳，马晓青，2003)。

比如，2008年时，香港金管局为了降低利率允许商业银行通过其贴现窗口借款，将贴现窗口贷款期限由1个月延长至3个月，贴现窗口贷款的利息可能低于香港银行同业拆息水平，但银行需要以住房抵押贷款支持证券等作为获得贷款的抵押品。

(4) 香港金融管理局与多家中央银行签订了美元债券回购协议

金管局已与多家中央银行签订了美元债券回购协议，扩大了外汇储备的来源，为货币政策调控扩大了空间。

3. 小结：香港金融管理局汇率干预机制的特点

一般而言，中央银行对于汇率的干预就是通过在外汇市场上卖出强势货币、买进弱势货币来改变外汇市场的供求关系，从而使市场汇率维持在政策合意水平。香港金融管理局也不例外。

此外，由于香港联系汇率制本身就是一种货币发行机制，因此，香港金融管理局干预汇率除了改变外汇供求关系外，还同时改变了基础货币，从而改变了香港的利率水平，再通过港元与美元的利差来改变国际资本流动的规模，从而进一步改变外汇供求。这里的基础货币体现为持牌银行在金管局开立的账户余额，该账户用于银行与银行之间以及金管局与银行之间的清算，相当于商业银行在央行的准备金余额(王应贵，张媛，王婧，2013)[29]。

(二) 香港金融管理局的汇率干预及对联系汇率制的微调

中国香港金融管理局成立于1993年，其主要职能就是在联系汇率制度下维持港元的稳定，即通过货币操作达到干预汇率的目的。自1983年以来，香港经历了拉美债务危机、1990年美国高科技股泡沫破灭、1997年亚洲金融危机以及2008年全球金融危机，香港联系汇率制每次都成功地抵御了危机中的各种外部冲击，是因为金管局对联系汇率制度不断进行微调，提高了该汇率制度的弹性，确保了香港经济的长期稳定发展。

1. 1997—1999年的干预

1997年7月初，泰铢自由浮动引发亚洲金融危机，香港联系汇率制和金融管理局的管理水平迎来了真正的考验。始于泰国的金融危机很快席卷了东亚，台湾10月20日宣布不捍卫新台币，此后一周内，港元被市场大量抛售、承受了巨大的贬值压力。香港金融管理局当即入市干预(买入港元、抛售美元)，致使银行间流动性短缺，同业拆借利率飙升，隔夜拆借利率一度高达280%，很快阻止了资金外流。

此后在1998年亚洲金融危机肆虐时港元也受到冲击(在1月、8月、10月港元遭受了外部冲击)，每次香港金融管理局都是被动地买入港元、抛售美元，导致利率上升，逆转了国际资本外流的趋势。

此外，香港金管局于1998年9月5日公布了7项技术性措施，其中最主要的2项是：(1)重申联系汇率制度下的兑换保证以稳定市场信心，即向持牌银行承诺，其在香港金融管理局清算账户的资金可按固定汇率兑换为美元；(2)向持牌银行承诺，在不罚息的情况下可从贴现窗口借款，以此向市场提供更多的流动性，以防止利率过分上升。

但是，1998 年 8 月，俄罗斯债务违约再次引发全球金融市场动荡，香港遭受到了史无前例的货币、股市和期货市场的全面投机性攻击。香港金融管理局从 8 月 20 日到 30 日连续 8 个交易日内出手狙击投机活动，使得香港的隔夜拆借利率再度大幅度攀升，9 月 2 日才恢复正常。

同时，香港特区政府决定对股票和期货市场进行干预，买入恒生指数成分股和期货，以对抗国际炒家。到了 1998 年年末，人们担心全球经济会出现衰退、美联储将减息，从而将诱发全球性减息潮，因此港元受到了极大的挑战。为了捍卫原有的保证水平，香港金融管理局在 10 月 23—26 日期间共卖出了 2.45 亿美元（王应贵，张媛，王婧，2013）。

到了 1999 年，世界经济依然动荡，拉美危机时而爆发，台海关系紧张，市场上流传着人民币贬值的谣言，中国入世谈判结束，这些因素都造成了港元贬值的压力。为对抗市场上对港元的抛售，香港金融管理局既直接买入港元、抛售美元，又有收缩流动性的货币政策操作，双管齐下捍卫了港元汇率。为此，香港金融管理局共卖出了 7.75 亿港元，又买入了 192.95 亿港元。

为了方便外汇交易，香港金融管理局于 1998 年在伦敦设立了办事处。此前，香港金融管理局于 1996 年在纽约设立了首个海外办事处，伦敦办事处的设立填补了纽约和香港的时差，使金管局可以全天 24 小时随时履行兑换保证（王应贵，张媛，王婧，2013）。

香港金融管理局的高度运作方式也是香港联系汇率制的政策保障。具体说来，为了增加货币操作的透明度，香港金融管理局从 1998 年下半年开始公布结算余额的预期变化，并从 1998 年 11 月公布每日基础货币的构成和规模。外汇基金咨询委员会和货币发行委员会自 1998 年 11 月的会议开始到会议结束的六周内公布其货币操作细节。此外，香港金融管理局发布的各种报告有助于金融市场了解相关信息。香港金融管理局从 1993 年起每年发布年度报告，从 1994 年 11 月起发布季度通告，从 2003 年起发布半年度报告，重大信息的分享有利于香港金融管理局和金融市场之间产生良性互动，也有利于提高香港金融管理局的市场干预效率（王应贵，张媛，王婧，2013）。

2. 2005 年的干预

2005 年 5 月 18 日，香港金融管理局进一步完善了联系汇率制，在 7.8 港元/美元汇率的基础上增加了上下对称的波动区间，即强方兑换保证水平和弱方兑换保证水平所形成的兑换区间(Convertibility Zone)。这样做的意图是让投资者非常清楚香港金融管理局的干预触发点，即当美元兑港元汇率触及强方兑换保证水平——7.75 港元/美元时，香港金融管理局会立即应银行请求买入美元、抛售港元；反之，当美元兑港元汇率触及弱方兑换保证水平——7.85 港元/美元时，香港金融管理局会立即应银行要求买入港元、抛售美元。

此外，香港金融管理局在兑换区间内也可以进行货币操作即改变基础货币水平。香港金融管理局这种高度透明的方式无疑消除了市场疑虑，增强了投资者对港元币值的信心。

3. 2000 年至 2007 年的干预

在这一阶段，国际金融环境相对平稳，香港金融管理局对汇市的干预较少，干预主要集中在 2000 年、2001 年、2004 年，干预操作比较分散。2000 年亚洲金融危机影响减退，但美国发生了股灾，由于香港是区域投资的安全天堂，国际资本流入香港股市，导致港元走强，香港金融管理局全年卖出美元 22 次，买入美元 22 次。

2001 年港元表现平稳，香港金融管理局的干预较少，全年只有 3 次卖出美元、4 次买入美元。2002 年国际经济环境相对艰难，但香港联系汇率制运行依然平稳，香港金融管理局总共干预了 3 次汇市。2003 年非典袭击香港，前 8 个月港元汇率在 7.8 附近，但 9 月后港元走强，香港金融管理局只在 2003 年年底入市干预。2004 年港元涨跌互现，香港联系汇率制在上半年以买入美元为主，下半年则以卖出美元为主。2005 年人民币升值压力传导到港元，使其相对于美元具有贬值压力，香港金融管理局共有7天入市干预，总计买入84.57亿港元，卖出5.58亿港元。2006年和2007年，国际市场上美元对西方主要国家货币贬值，人民币对美元也出现了一定程度的升值，因此港元面临着较大的升值压力，但它始终运行在兑换保证水平区间内（王应贵，张媛，王婧，2013）。

4. 2008年的干预

2008年9月中旬后，自大萧条以来最严重的全球金融危机爆发了，使得香港与其他新兴市场一起成为全球资金避险地，资金大量流入香港[据香港金管局统计，自2008年第4季度到2010年年底，共有约6 500亿港元资金流入香港，（李颖琦，王小利，2012）][30]，导致香港股市、房市暴涨，港元对美元急剧升值。为了稳定联系汇率，香港金管局从2008年10月开始至年底共有25天入市干预，卖出了1 539.78亿港元以买进美元，其密度和规模都超过了亚洲金融危机时期。

随后，香港市场又情况逆转，出现了严重恐慌，金融业流动性状况吃紧，利率上升，导致港元面临着升值压力，美元对港元汇率频繁触及兑换保证水平。2008年9月30日，香港金融管理局增加了5项临时措施向持牌银行提供流动性贷款，即扩大贴现窗口贷款可接受的抵押资产清单；延长贴现窗口贷款的期限，将隔夜贷款期限延长至3个月；降低贴现窗口利率，对在贴现窗口贷款时，以外汇基金票据作质押且占比超过50%的贷款申请免罚息；首次推出外汇互换，如有必要，香港金融管理局可以与持牌银行进行外汇掉期交易；在必要时持牌银行只要能够提供可接受质押品，香港金融管理局就提供长期贷款，并依据市场利率确定相应的利率。香港金融管理局于2009年3月26日宣布将外汇互换交易和定期债券回购引入市场操作（王应贵，张媛，王婧，2013）。

◇ 能量棒 1-16

几种“自废武功”的货币制度——货币局（含固定汇率制）、美元化与货币替代

虽然在信用纸币制度下，各国（地区）政府拥有发行基础货币、并调节货币供给量的货币主权，但如果政府滥用这种权力，如通过货币化的方法来弥补财政赤字，就将使该国遭受恶性通货膨胀，这被称为政府没有遵守财政纪律（fiscal discipline）。为此，政府自愿放弃发行基础货币的主权而实行如货币局（含固定汇率制）、美元化与货币替代这样的货币或汇率制度（“自废武功”），就成为治理恶性通货膨胀的一种方法。

（一）货币局（currency board）

1. 定义与特征

货币局是一种货币制度，而不仅仅是一种汇率制度。货币局代替中央银行行使国家最高金融管理机关的职能，发行基础货币，并随时准备按照官方固定汇率进行本币和储备货币之间的兑换。在当今世界，唯有香港仍以联系汇率制的形式实施货币局制度，下面就以香港为例来详述货币局制度。

货币局制度具有以下几个特征。

（1）实行货币局制度首先需要选定一种外汇作为锚币（anchor currency），用法律规定本币与锚币间保持固定汇率。这要求锚币币值稳定、信用良好，具有完全的可兑换性，被国际社会广泛接受。并且，由于实行固定汇率后本国将失去独立的货币政策，不得不与锚币国的货币政策保持一致，因而两国的经济周期要相同，要有紧密的经济贸易联系。因此，锚币国应从本国的主要贸易伙伴国、投资来源国中选取。20世纪90年代时，拉美国家大多选择美元，而东欧和俄罗斯联邦国家一般以德国马克为锚币。

(2) 货币局只负责随时买卖本币与锚币的公开市场操作，以维持法定汇率，居民或非居民的货币兑换由商业银行负责经营。货币局在金融市场上的这种操作完全是仅以维持法定汇率为宗旨的被动的操作，而不同于中央银行，中央银行对本国货币的发行量、利率与汇率具有决定权并进行主动的操作。

(3) 本币完全可兑换。在货币局制度下，本币与锚币完全可兑换，无论是经常项目下还是资本项目下的货币流动都不受限制，这项要求让已经实行了货币局制度的国家不得不经受国际金融投机浪潮的考验(沈坤荣，相文，1999)[31]。

2. 实行货币局制度的益处——兼论香港联系汇率制

1) 严格财政纪律、抑制通货膨胀

(1) 原理

实行货币局就是放弃了本币货币政策，阻断了政府用发行货币的方法(俗称开动印钞机)来弥补财政赤字，或用扩张性货币政策(俗称开动印钞机)扩大社会总需求的可能性，而财政赤字的货币化以及扩张总需求的货币政策通常是通货膨胀的重要根源。实行货币局制度后，政府必须用外汇储备为保证来发行基础货币，如果外汇储备不足，就无法增加基础货币，即无法用增发货币的方法来弥补财政赤字，只能用发行债券的方式来弥补赤字。这种强有力的货币约束很好地抑制了这些国家通货膨胀的根源，这就是实行货币局制度的益处——严格财政纪律、抑制通货膨胀，因此，高通货膨胀率的国家实行货币局制度后往往立见成效。

(2) 沿革

货币局制度最早诞生于1849年的英属殖民地——毛里求斯，后来大约有70多个国家和地区相继采取了类似的制度，其中多数是英国的殖民地。1913年西非货币局的成立标志着货币局制度的成熟(张华锋，2000)[32]，在20世纪初较为流行，当时英国等宗主国为了防止殖民地货币当局滥发货币以攫取通货膨胀税，为了保护殖民地货币环境的稳定而发明了该种依附型货币制度。

20世纪五六十年代，由于货币局带有明显的殖民时代经济色彩，各已经独立了的第三世界国家纷纷抛弃了该制度，扬眉吐气地实行了中央银行制度。中央银行制度即指本币发行没有任何约束，形象地说，就是政府拥有了一台不受约束的印钞机，这意味着该经济体拥有完全的货币政策自主权(货币主权)，可以实行凯恩斯主义的相机抉择的货币政策。

但是，由于一些发展中国家始终无法控制庞大的财政赤字，在独立自主的货币政策下必然采用货币化的方法来弥补长期的财政赤字，导致恶性通货膨胀的发生，因此，从20世纪90年代开始，随着拉丁美洲、东欧经济改革的进行，货币局制度被作为克服通货膨胀的主要对策，被阿根廷、爱沙尼亚、立陶宛、保加利亚等国所采用①(沈坤荣，相文燕，1999)，在抑制通货膨胀方面效果良好，比如，阿根廷、爱沙尼亚的通货膨胀率从实行了货币局制度后的第二年就开始下降了②(李翀，2002)[33]。

但是，由于货币局制度关住了发行货币以弥补财政赤字的闸门，因此财政赤字只能通过税收和政府向公众借款这两条途径来弥补，但由于发展中国家税收体制不健全，税款流失严重，债券市场也不发达，用这两条途径筹集资金远不如增发货币便捷。因此，如果实行货币局制度后，巨额的

---

① 阿根廷于1991年规定1万奥斯特拉(现在的1比索)兑1美元；爱沙尼亚于1992年建立了本币与德国马克之间8∶1的固定汇率；立陶宛受爱沙尼亚的影响，于1994年建立了本币与美元之间4∶1的固定汇率；保加利亚于1997年开始规定其货币与德国马克间建立1 000∶1的固定汇率；波斯尼亚于1997年规定其货币与德国马克相联系，相继实行了货币局制度(沈坤荣，相文燕，1999)。

② 阿根廷从1992—1999年的通货膨胀率分别为24.9%、10.6%、4.2%、3.4%、0.2%、0.8%、0.9%和-1.2%，爱沙尼亚在1993—1999年的通货膨胀率分别为89.0%、47.7%、29.0%、23.1%、11.2%、8.2%、3.3%(李翀，2002)。

财政赤字无法弥补，政府很有可能取消货币局，通货膨胀率就会恢复到原来的水平。可见，消除赤字型通货膨胀的根本措施是进行财政改革和结构调整(沈坤荣，相文燕，1999)。

2) 保持汇率的稳定

实行货币局制度的第二点益处就是可以保持本币汇率的稳定，减少汇率风险，节约为防范汇率风险而支付的成本，促进该国经济与世界经济的融合。比如，香港曾在1974—1983年实行浮动汇率制，有着独立的货币政策，但是香港经济表现动荡。而目前实行的联系汇率制对于香港来说就具有重大意义，因为香港是小岛经济，缺乏资源，经济依赖于国际贸易，外资在经济中占有相当大的比重，根据1997年的数据来看，香港的对外贸易是其本地生产总值的2.62倍(张华锋，2000)[34]，可见香港的对外依存度相当大。因此，减少国际投资、国际服务贸易①、国际商品贸易中的汇率风险对于香港的经济发展具有至关重要的意义，汇率稳定是其经济发展的重要基础。联系汇率制减少了港元因遭受投机而引起的汇率波动，有利于降低香港经济活动的交易成本，有助于香港成为集多功能于一身的国际金融中心、开放的金融市场与世界贸易中心。

即使目前的联系汇率制有缺点，但如果香港放弃联系汇率制而实行浮动汇率制，港元汇率就可能会大起大落，并引发投机者造成推波助澜的破坏力，对香港高度外向型经济体的冲击会更大。可见，从巩固香港国际金融中心地位的角度考虑，放弃联系汇率制的时机还不成熟，在较长一段时间内，联系汇率制仍是香港较好的选择。

3) 在价格具有充分弹性和国际经济活动具有充分自由的条件下形成国际收支的自动调节机制

在货币局制度下，当国内经济增长速度较快、因而进口增加时，该国将出现国际收支逆差，导致国际储备货币减少、基础货币收缩，但经济活动水平尚未下降，因而价格水平就会下降。这样就会使该国实际汇率贬值，从而促进出口、抑制进口，自动地改善逆差，这就是大卫·休谟的“物价—金币流动机制”。

反之，当该国经济增长较慢、出现国际收支顺差时，国际储备货币就会增加、基础货币就会扩张，但经济活动水平尚未上升，因而价格水平就会上升，这样就会使该国实际汇率升值，从而抑制出口、促进进口，自动地减少国际收支顺差(李翀，2002)。

3. 实行货币局制度的弊端

1) 丧失铸币税收益，也不能用发行货币的方法来弥补财政赤字

在货币局制度下，货币当局必须以某种国际储备货币作为发行基础货币的100%的准备金，而国际储备货币是依靠经常项目或资本项目的顺差取得的，即依靠提供本国的商品、服务或投资收益取得的。如果没有货币局制度，财政部可以通过公债货币化的方式——即通过中央银行以发行基础货币的方式，购买公债来为自己筹措资金，这些资金的创造是没有什么成本的，而这些资金却可以购买到本国的商品与服务，其间的差额就是财政部的直接的铸币税。此外，中央银行还可“凭空”(无成本、也不受什么制约)地通过对商业银行再贴现、再贷款等方式来发行基础货币，而央行的盈余是要上缴财政部的，这可被视为间接的铸币税。一对比就可发现，货币局制度使政府丧失了铸币税。

相反，如果一国要实行货币局制度，既有的外汇储备也许不够，该国就需要紧急向锚币国出口商品或服务以换取国际储备货币，作为发行本国基础货币的准备金，使得锚币国获得一大笔铸

① 香港的支柱产业就是服务业，香港服务业的独到之处是能够提供全面细致的服务配套，如金融服务业，是其他亚洲地区不可比拟的。服务型经济需要交易成本尽量低廉，香港具有良好的基建设施、法律环境、自由高效稳定的政府和低税率等，更需要联系汇率制以减少汇率波动的风险。

币税。不过，作为本币发行准备的国际储备通常被存放于国际储备货币的发行国、以其政府债券或商业银行存款的形式保有，可获得一定的利息，这些利息减少了铸币税的损失。据 Velde 和 Veracieto(1999)估计，阿根廷实行货币局制度后损失的铸币税约为 65 800 万美元，约占其国内生产总值的 0.2%（李翀，2002）。

更为重要的是，货币局制度使得政府无法通过货币化的方法来弥补财政赤字，因而极大地约束了政府制造财政赤字的可能性。比如，香港长期以来奉行审慎的财政政策，从 1946—1947 财年到 1989—1990 财年的 45 个财政年度中，只有 7 个财政年度因经济困难而出现财政赤字，其余 38 个财政年度都是盈余的。

2) 丧失了货币政策的独立性

(1) 政府不能运用货币政策治理经济萧条或通货膨胀

① 原理

根据三元悖论，任何经济体只能在货币政策的独立性、固定汇率与资本的自由流动三者之中取二。由于货币局制度要求本币自由兑换，因此实行货币局制度的国家资本都可以自由流动，为了维持固定汇率，它们只能放弃货币政策的独立性。如果该国与锚币国处于一个最优货币区，则放弃货币政策的独立性对其伤害就较小，但如果它们不处于最优货币区，则放弃货币政策的独立性对其伤害就较大。

具体来说，由于实行钉住汇率，本币与被钉住的锚币国（国际储备货币发行国，如美国）的利率不能出现差异，否则套利就会发生，使得钉住汇率不可维持。因此，当本国与锚币国的经济景气不同时，比如，本国经济衰退、希望降息以刺激总需求，但锚币国却经济过热、因而加息了，本国为维持钉住汇率，只得跟随着加息，就会加剧本国的经济衰退。

香港也是如此。由于香港不可能放弃资金自由港的地位，因此，要维持固定汇率，就必须放弃货币政策的独立性。也就是说，在联系汇率制下，香港只能直接输入美国的货币政策，利率只能跟随美国。虽然目前香港的联系汇率制规定了港元汇率可在 7.75 港元/美元～7.85 港元/美元间波动，但这个狭小的区间也使香港几乎没有实行独立的货币政策的空间。

② 一个例证：2008—2010 年香港联系汇率制的困境——与美国不处于最优货币区

虽然在 2008 年至 2010 年间，香港成为全球资金避险地，资金大量流入，造成港元升值压力。但自 2011 年以来，香港经济周期与美元不同步了，即香港与美国不处于一个最优货币区内，香港市场出现了资金流出的迹象，港元对美元有持续贬值的趋势。即使维持联系汇率，也因美元相对于其他货币下跌而使港元跟随美元也相对于其他货币贬值，导致香港遭遇到了输入型通货膨胀与资产泡沫。

a. 港元相对于人民币贬值使得内地热钱涌入香港房地产市场，造成物价价格上涨

美元对人民币贬值，导致港元也对人民币贬值，因此香港的物业若以人民币计价的话，就变得比以往便宜很多。再加上内地热钱泛滥，因此，不少内地的资金都涌向香港投资于房地产，导致香港物业上涨，年轻的香港市民往往奋斗一生都不能置业，社会因高楼价的问题而矛盾日益加剧（李斌，2013）[35]。

b. 港元相对于人民币贬值使得香港的输入型通货膨胀加剧

港元对外大幅度贬值，导致众多大宗商品的港元价格大幅度上涨，对于香港这种对外依存度极高的经济体来说，不可避免地遭受了进口物价的不断上涨的输入型通货膨胀，导致香港市民的生活水平大不如十年前（李斌，2013）。

c. 港元无法依靠加息来平抑通货膨胀

由于香港实行联系汇率制，因此无法跟随内地加息，同时还必须紧贴美国利率走势。由于美

联储对美国的复苏没有把握，因此将会在相当长的时间内维持低利率，在美国不加息的情况下，如果香港先加息，大量美元就会流入香港赚取息差，届时香港的股市必然暴涨，而人们在股市获利后，就会去置业或消费。因此加息不仅不会抑制香港的通货膨胀，反而会带来更多的通货膨胀（李斌，2013）。

但香港不加息又会给内地造成热钱流入套利的机会，以 2011 年 7 月 7 日内地最新的利率为例，人民币活期储蓄利率为 0.5％，一年期定期存款利率高达 3.5％，而港元的活期存款利率不足 0.02％，金额为 100 万港元以上的一年定期存款利率仅为 1％，两地的息差导致大量的港元流入内地，推高了内地的通货膨胀水平（李斌，2013）。

d. 2008—2010 年香港特区政府减轻联系汇率制困境的方法——用财政转移支付减轻通货膨胀对香港居民实际购买力的侵蚀

对于香港这样的小型经济体、离岸金融中心而言，港元如同美元般的稳定对其意义非凡，因此，令港元不再挂钩美元、从而避免港元跟随美元贬值所遭受的输入型通货膨胀的方法，在权衡利弊后还是未被广泛认可①（李斌，2013）。

因此，香港特区政府采用了维持联系汇率制，同时以财政政策来减轻香港联系汇率制的困境的政策组合。比如，香港政府向每名年满 18 岁并持有有效香港永久性居民身份证的人士一次性发放 6 000 港元，以补贴通货膨胀对其实际购买力的侵蚀；再如，香港特区政府还推出过 2014 年到期的 1 百亿港元的通货膨胀挂钩债券（李斌，2013）。

但财政补贴的方法也不能多用，因为虽然香港财政储备丰厚，但在环保、医疗、养老、艺术发展等方面的政府支出总是超过经常性预算（李斌，2013），而香港政府的财政如果出现赤字，就只能依靠消耗外汇储备来弥补②。

e. 现阶段香港与人民币并非最优货币区，因而也不宜改为与人民币挂钩

一些学者通过实证研究检验港元与人民币是不是最优货币区，结论如下所述。

首先，在商品市场方面，香港、内地之间的融合程度要高于美国与香港；在金融市场方面，联汇制下的香港与美国的一体化程度要高于内地与香港，但内地与香港的外汇市场和货币市场运作在长期内并不违背利率平价关系；在实际资本市场方面，内地与香港的融合程度要高于美国与香港。

其次，在总供给冲击上，内地与香港之间的对称性要显著高于美国与香港；但在总需求冲击和货币冲击方面，内地与香港之间的对称性要略弱于美国与香港；港元、人民币、美元的实际有效汇率面对总供给冲击和总需求冲击，反应模式基本一致。

由于内地与香港在商品市场的融合及长期总供给冲击方面的对称性要高于美国与香港，因

① 汇丰控股集团总裁欧志华曾经说过：“如果考虑重定港元的汇率制度的话，应该考虑和单一的美元脱钩，然后和主要贸易伙伴的一篮子货币挂钩才是比较适当的一种方法”。但是，假如和一篮子货币挂钩的话，那么篮子的货币比例如何分配才是恰当的、不会消弱市场对港元的信心？如何在汇率大幅度波动时维持港元的汇率稳定？这些很难解决的问题构成了与美元脱钩的巨大风险（李斌，2013）。

② 香港的外汇储备分为财政储备与外汇基金储备，以前这两个账户是分开的，在 1997 年亚洲金融危机时，香港特区政府为了表示香港外汇储备实力雄厚以阻吓投机家炒卖港元，将财政储备作为支持联系汇率的外汇基金资产的一部分，与外汇储备一并计算和公布（李世刚，杨荣，2008）。在 2002—2003 年度，港府的综合赤字达 700 亿港元，赤字占到了香港本地生产总值的 5.5％（郑龙华，2011）。这一年赤字比预期的高出 248 亿港元，一方面是因为随着香港房地产泡沫的破灭，香港在深圳、珠海等周边城市的冲击下，制造业北移带来财政收入的大幅度缩水；另一方面是因为失业人员和申领救济、众援的比例屡创新高，政府的支出大幅度上升，使人们一度担心香港的财政赤字将耗尽其外汇储备，即耗尽其联系汇率制的基础（郑龙华，2011）。

此，港元钉住美元的经济基础并不坚实。随着香港与内地在贸易、金融、投资等各方面融合程度的进一步提升，香港最终可考虑与人民币结成共同货币区。但在现阶段，由于两地在总需求冲击和货币冲击方面的对称性较低，港元与人民币组成货币区的潜在成本会很高。因此，香港联系汇率制仍有其存在的理论依据，人民币还不能取代美元成为港元的锚（范小云，邵新建，2009）[36]。

但是，近年来，随着内地与香港"个人游"及CEPA的签订和落实，两地联系日益密切，加上中国内地资本账户循序开放，香港经济活动与内地经济景气更趋一致，香港与内地正在朝着构成最优货币区的道路上迈进。

(2) 政府在金融危机期间不能履行最后贷款人职能

此外，由于本国货币供给量的增加受制于国际储备的多寡，当国际储备不能增加时，即使本国发生了金融危机，中央银行也无法增加货币供给、向危机中的金融机构提供流动性，即丧失了最后贷款人职能。在货币局制度下，当本国发生金融危机时，货币局只能通过向外国争取紧急贷款的方式对商业银行进行救助，效率和强度都不高。Calvo(2001)建议令获得铸币税收益的锚币国（如美国）在该国处于危机时向该国提供美元贷款支持，但这取决于锚币国的意愿（李翀，2002）。

为了克服这个缺点，实践中有以下一些做法：

① 20世纪90年代实行货币局制度的一些国家经常恢复行使一部分传统中央银行的职能，即对国内金融市场进行干预，为此就需要发行本币，使得储备率达不到覆盖基础货币的100%。比如，阿根廷的法定准备率就定为66.67%，而不是100%，虽然阿根廷在1999年时的储备率达到了90%，但规定货币局可以行使合法权力降低这个比率，直到66.67%为止（沈坤荣，相文燕，1999）。2001年，阿根廷新总统正式宣布结束实施了10年的货币局与联系汇率制，把该国货币比索与美元脱钩并贬值，以挽救当地经济（郑龙华，2011）[37]。

② 在发生金融危机时，阿根廷和中国香港货币局的对策是大大降低商业银行的法定存款准备金率，以此来缓解银行流动性不足的困难。这项措施虽然简便有效，但意味着货币供给量的扩大。此外，香港金融管理局还发明了流动资金调节机制，相当于再贴现工具，以此向金融机构投放流动性。但是，既然建立货币局制度的目的就是为了抑制政府相机抉择地扩大货币量，因此，这些措施意味着货币局存在自身难以克服的局限性。

③ 自1983年以来香港出现过几次银行挤提，每次货币当局（1993年金融管理局成立之前是外汇基金，1993年之后是金融管理局）都是撮合资金雄厚的发钞银行为出了问题的本地小银行提供贷款或接管它们。当然，这与货币局制度的精神相悖。因此，香港金管局不轻易履行最后贷款人的职能，因此香港的银行系统很健全，本地银行的整体资本充足率超过了17%（1999年的数据），为当时的全世界最高水平。

3) 货币局制度仍免不了使本币遭受到投机冲击

(1) 货币局维护了本币与锚币名义汇率的稳定，但不能维持本币与锚币实际汇率的稳定

货币局制度虽然维护了本币与锚币名义汇率的稳定，但当两国价格水平发生不一致的变化时，本币与锚币间的实际汇率就变化了。比如，如果本国的通货膨胀率高于锚币国，则在名义汇率稳定的表象下，本币币值实际上被高估了，容易造成本国经常项目赤字，从而使本币遭受投机冲击（沈坤荣，相文燕，1999）①。

又如，20世纪八九十年代香港联系汇率制的困境是港元汇率遭到质疑。在港英时代，香港

① 比如，20世纪90年代东南亚国家的通货膨胀率高于OECD的平均水平，币值被高估，使得该地区在20世纪90年代经常项目赤字持续增加；再如，1992年爱沙尼亚实际汇率升值了70%；1994年立陶宛实际汇率升值了59%，致使这两国的经常项目赤字不断积累（沈坤荣，相文燕，1999）。

市民对于九七回归有很大争议①，尤其是在1983年，九七问题引发了很大的动荡，大家争相抛售港元、购买美元，以港币计价的物业、股票价格都大幅度下跌，市场一度萧条，使得联系汇率制承受着压力。可见，当时香港金融管理局的困境是由于香港市民对于香港发展前景信用不足所致(李斌，2013)。

(2) 政府在保经济(不加息)与保汇率之间的两难选择

投机者之所以会冲击货币局下的汇率，是因为货币局制度存在着一个内在缺陷——仍然保留了本币。这样一来，当本国经济不景气、而锚币国经济景气时，锚币国没有降息的可能性，因此本国也无法通过降息来刺激总需求，使得本币处于高估状态，国际投机者就有动力冲击本币，如在本国外汇市场上抛售本币、购买锚币，导致本币贬值。货币局为了捍卫钉住汇率，就要抛售外汇储备、买进本币，导致本国利率水平上升，打击本已不景气的经济。投机者预期当政府权衡利弊，觉得维持钉住汇率的代价更大时，就可能放弃钉住汇率与货币局制度、令本币贬值，这样投机者就可获利。因此，实行货币局制度的经济体仍免不了本币遭受投机冲击。

比如，国际投机者在1997、1998年两度对港元发动投机冲击。在1997年香港迎击国际金融炒家的战役中，据说炒家损失了30亿美元，但香港特区政府抽高利率打击国际炒家，也使港股在10天之间市值损失了1 500亿美元(郑龙华，2011)。并且，香港其后经历了长达数年的通货紧缩、经济负增长、高失业率、房地产和股票价格下跌了近40%②，使得香港联系汇率制经受了严峻的考验(徐芳，马晓青，2003)[38]。因为港府要想守住联系汇率制，主要手段是收紧港元银根、提高港元利息，这使得香港的旅游业、制造业迅速成本高企，大大削弱了竞争力。而香港的公司不可能随太久的高利息，很快就会亏损破产，又将导致香港股价、楼价双双暴跌，使得那些在近两年内刚购买了住房的中产阶段一方面承受着房产价格的大幅度下跌，另一方面承受着越来越高的抵押贷款利息，导致其资产负债表严重恶化，降低了其消费需求；同时也将导致银行的资产负债表恶化，引起信贷收缩(郑龙华，2011)。况且，港元的初始汇率并不“科学”，貌似神圣的7.8港元兑换1美元的汇率一直被维持到今天，经历了将近30年的经济变迁，港元贬值的现实呼声越来越高。

类似地，1995年阿根廷的货币受到国际炒家攻击时，货币局为维护法定汇率的公开市场操作，也使得阿根廷的利率在1995年上升了69%、失业率上升了18%、产出下降了0.5%(沈坤荣，相文燕，1999)。阿根廷政府就是这样权衡利弊而放弃了货币局制度的。尽管阿根廷的货币局与联系汇率制在实行初期，在降低通货膨胀方面十分成功，但后来由于比索被绑在了美元上，美元的坚挺使得比索的币值大幅度高估，给阿根廷的出口贸易带来了很大的负面影响。1998年金融危机，也使阿根廷遭受了巨大的打击，再加上庞大的财政赤字无法采用货币化方法来弥补，导致阿根廷的利率居高不下，抑制了投资，导致了经济衰退。于是，2001年，阿根廷新总统正式宣布结束实施了10年的货币局与联系汇率制，把该国货币比索与美元脱钩并贬值，以挽救当地经济。可以说阿根廷“成也联系汇率，败也联系汇率”(郑龙华，2011)。

(3) 货币局维护了本币与锚币名义汇率的稳定，但不能维持本币实际有效汇率的稳定

并且，如果本国与锚币国之外的其他国家也有一定的商品劳务的贸易和资本流动的关系，则本币的实际有效汇率的稳定对于该国经济就比本币与锚币间的名义汇率或实际汇率的稳定更加重要。而当锚币对其他国货币的汇率波动时，本币就随之对其他货币发生贬值或升值，从而使本

① 市民一度为了避免成为中国公民，在大球场通宵达旦地排队以申请英国的国籍(李斌，2013)。

② 在亚洲金融危机期间，港元贷款利率最高时高于美元125个基点，港元与人民币成为亚洲地区仅有的维持高币值、不贬值的货币，亚洲其他所有货币都大幅度贬值了(徐芳，马晓青，2003)。

币的实际有效汇率发生变动，因而影响到本国的贸易与投资。

比如，在1991—1994年美元对日元贬值期间，香港地区和东南亚国家的货币就随着美元对日元贬值，贬值刺激了对日本的出口和日本对该地区的直接投资。但是，1995年以后，美元对日元的汇率从1美元兑换80日元上升到1997年夏的1美元兑换125日元，美元升值导致该地区的出口竞争力下降（沈坤荣，相文燕，1999），并最终引发了亚洲金融危机。

可见，货币局制度的最大优点，是能够迅速有效地降低通货膨胀，恢复经济的稳定，但在长期内它可能引起币值高估，并不断积累经常项目赤字，埋下经济动荡的祸根（沈坤荣，相文燕，1999）。

（二）美元化（dollarization）与货币替代

1. 官方与非官方的美元化

美元化指完全放弃本币，而用美元代替本币执行货币的各项职能。美元化包括非官方美元化与官方美元化，前者指私人机构用美元来完成货币的职能，但还没有形成一种货币制度；后者指货币当局明确宣布用美元取代本币，美元化作为一项货币制度就被确定下来。厄瓜多尔和萨尔瓦多于2001年实行了美元化，危地马拉也于2001年把美元作为法币，但仍保留本币，也不确定本币与美元的平价。阿根廷、墨西哥等拉美国家在2001年也曾考虑过推行美元化（李翀，2002）。

2. 货币局制度就是一种程度较低的美元化

货币局制度就是一种程度较低的美元化，它把美元作为发行本币的保证，并保持本币与美元的固定汇率。货币局制度下已没有本币的独立货币政策，相当于在信用纸币制度下主动放弃“印钞机”，即自废武功。

3. 货币替代

1）非官方的美元化就是一种非官方的货币替代

非官方的美元化就是一种货币替代（currency substitution）。货币替代是指用外币替代本币的部分或全部职能。当本币有贬值趋势时（体现为固定汇率制下的本币高估，以及浮动汇率制下的本币预期贬值），在本币不可兑换的情况下，人们在外汇黑市买进外汇并持有，使外汇替代本币履行价值储藏手段的职能；在本币可兑换的情况下，人们将本币兑换为外币，令外币履行交易媒介、储藏手段等所有的货币职能（李翀，2002）。

2）官方允许的货币替代

货币替代实行的范围要比货币局与美元化广泛得多，例如，当某个国家允许本国居民持有外汇存款，并允许本国银行向本国居民发放外汇贷款时，就是在制度上准许外币在价值储藏、交易媒介等职能上替代本币。

此外，货币局可被视为官方允许美元在各项货币职能上对本币的间接替代，而美元化则是指官方允许美元在各项货币职能上对本币的直接替代（李翀，2002）。

4. 实行官方美元化的利弊

实行官方美元化除了具有货币局制度的全部益处外，还具有避免国际资本投机性冲击的特殊利益。实行官方美元化的弊端也与实行货币局制度相同，在程度上甚至更深，即本国完全没有铸币税收益、完全没有独立的货币政策（利率与锚币国相同）、央行完全不能履行最后贷款人职能（李翀，2002）。

◇ 能量棒 1-17

索罗斯的立体投机手法与1998年的港元狙击战

1. 1992 年的英镑狙击战——金融大鳄索罗斯的成名之战

1992年9月15日，索罗斯决定大量放空英镑。英镑对马克的比价一路狂跌。1992年9月16日，英国政府被彻底击败，退出了欧洲汇率机制，令英镑贬值。尽管在这场捍卫英镑的行动中，英国政府甚至动用了价值269亿美元的外汇储备，但还是以失败告终。英国人把这一天叫作“黑色星期三”。

随后，意大利和西班牙也纷纷宣布退出欧洲汇率体系，意大利里拉和西班牙比塞塔开始大幅度贬值。索罗斯成了这场袭击英镑行动中最大的赢家，他的照片被登在了各大杂志之上，被《经济学家》杂志称为“打垮了英格兰银行的人”。

2. 1997 年狙击泰铢，掀起亚洲金融风暴

1997年，索罗斯及其他套利基金经理开始大量抛售泰铢，导致泰铢一路下滑，泰国政府动用了300亿美元的外汇储备和150亿美元的国际贷款企图力挽狂澜，但这区区450亿美元的资金相对于天量级的国际游资来说，犹如杯水车薪。索罗斯飓风很快就扫荡到了印度尼西亚、菲律宾、缅甸、马来西亚等国家，印尼盾、菲律宾比索、缅甸元、马来西亚林吉特纷纷大幅贬值，导致工厂倒闭、银行破产、物价上涨等一片惨不忍睹的景象。

这场扫荡东南亚的索罗斯飓风一举刮去了百亿美元之巨的财富，使这些国家几十年的经济增长化为灰烬。所有的亚洲人都记住了这个恐怖的日子，记住了这个可怕的人，人们开始叫他“金融大鳄”，在一些亚洲人的心目中，索罗斯甚至是一个十恶不赦、道德败坏的家伙！

3. 1998 年的港元狙击战

1）立体投机手法

港元在联系汇率制下时常被市场认为高估或低估，在被认为高估时就会遭受投机冲击。比如1997—1998年的亚洲金融危机中，港元就成为以索罗斯的量子基金为首的国际投机资本攻击的目标。因为联系汇率制的自动调节机制是：当国际炒家冲击港元汇率时，通常手法是从银行借来大量港元、再去抛售，此时金管局在同业拆借市场上买进港元，就会减少银行间同业拆借市场上的流动性，从而自动地抽高了拆借利率。在一般情况下，同业拆借利率上升就会使国际炒家借用港元的成本大幅度上升，使其投机冲击无利可图，从而可打退其投机。

但这一次国际炒家发明了立体投机手法：

(1) 在货币市场上大量地拆借港币，在股票市场上借入恒生指数的成分股，在股票指数期货市场上累积恒生指数期货空头头寸。

(2) 在外汇市场上利用即期交易抛售港币，同时卖出港币远期合约，这将使港币有贬值趋势。于是，根据香港联系汇率制的机制，香港的商业银行将向香港金融管理局卖出港元、买进美元以套利，而香港金融管局将满足其要求，即买进港元、卖出美元，这将自动抽高香港同业拆借利率。

(3) 当港元利率升得过高时，香港股市有下跌的压力，国际炒家就股汇同炒——一方面在现汇市场上抛售港元；另一方面将借入的成分股抛出，打压恒生股票指数，造成香港股市大跌。这样，利率越上升，股市越下跌，他们在期指交易中就赚得越多。

(4) 恒指期货大幅下跌，又加速了股票价格的全面下跌；股票下跌又使外国投资者对香港经济和港币的信心锐减，纷纷抛售港股而换回美元，从而又使得港元面临新一轮贬值压力……这样，投机家通过各个市场的连锁反应，最终将在多个金融产品上大获其利(2009-05-14，索罗斯立体投机经典案例[J/OL])[39]。

2) 国际炒家与金管局在汇市上的狙击与反狙击

具体说来,1998年8月,以索罗斯为首的国际炒家们对香港发动了新一轮大规模的狙击。8月初,外汇市场对港币的炒卖气氛积聚,“联系汇率不保”“港元将贬值”的谣言使人心惊胆寒。有一家海外基金甚至开出了8月12日联系汇率脱钩的期权。8月5日,国际炒家们联袂出击,摩根士丹利、高盛、美林、瑞士联合银行等开始在香港大量抛售港元和恒生指数期货,一天内抛售了200多亿港币。事后有报道称,他们是受以索罗斯为首的国际炒家委托卖出港元的。很快,恒生指数一路跌到6 600多点。

索罗斯等认为港府会以提高银行利率来应对,如果利率上升,股市会立刻下跌,股指期货也会跟着下滑,炒家由此能够在股指期货市场低价平盘,大获其利。但出人意料的是,香港金管局一反过去被动的做法,运用政府财政储备如数吸纳抛售的港元,将汇市稳定在7.75港元兑1美元的水平上,使得银行同业拆息率只上升了2%～3%,令炒家们大失所望。

在接下来的连续两天中,索罗斯等炒家又抛售200多亿港元,与前一天合计500亿港元,比1997年10月风暴还要多。此举令港元拆息大幅上升,港元对美元的汇价一度接近1∶7.75的警戒线。金管局再出新招,不仅如数吸纳,还将出售美元购进的港币存放回银行体系内,使银行银根宽松,维持稳定的同业拆息率。

按政府发言人的公开说法,这回金管局的行动并非干预市场,而是代表库务局从财政储备中提取美元换回港元,主要是为了弥补财政赤字需要。但外界却看得明白,这回离香港政府“干预市场”又进了一步,因为据测算,两日相加金管局已承接了约300亿至400亿港元,远远超过本财政年度预计的214亿港元的财政赤字。而炒家抛出的港元,也接近1997年10月金融风暴时的水平(2009-05-14,索罗斯立体投机经典案例[J/OL])。

3) 国际炒家与金管局在股市上的狙击与反狙击

(1) 利率走高导致股市一路下挫,使得期指空头合约账面盈利不断上升

港府与投机者在外汇市场上的角力又在股市上显现出来。由于投资者担心有炒家再度狙击港元及港元拆息升高,以及已公布中期业绩的蓝筹股公司表现不佳,香港股市在1998年8月6日一开市就下跌了近100点,全日数次下滑,并以全日最低位7 254点收市,下挫212点,跌幅近3%。8月7日,金管局入市干预,直接买进股票,港元狙击战与保卫战进入第3天。国际炒家继续抛售,金管局照例买进。港股维持在7 000点以上大关。

8月7日香港特别行政区行政长官董建华在香港特别行政区政府总部会见香港新闻界时说,维持联系汇率是特区政府一项最坚定不移的政策,我们完全有能力和决心去维持。

8月10日至13日这四天,炒家们一方面继续抛售港元,另一方面在股指期货市场上的投机活动仍大量存在,但气氛较上一星期有所缓和。恒生指数虽然在第一个交易日守住了7 000点大关,但跌势未止。人们清楚,恒生指数每下跌一点,每张空头期货合约便可赚50港元,现在港股已挫2 000多点,每张合约的账面利润已经高达10万港元,这批8月到期的空头合约实际已经有150亿港元之巨。再加上9月到期的数十万张期货合约,如果恒生指数保持目前的点位或者继续下降的话,这些炒家们至少赚取500亿港元以上的利润。他们在汇市上损失的钱,对于这笔巨款来说真是九牛一毛。

综观8月7日到13日这几天中,市场利率在战火的影响下仍在升高,股市仍在下跌,尤其是恒生指数期货报跌,显示了炒家的影响确实不小。8月10日港股一度跌破7 000点,11日跌破6 800点,13日收市更跌至6 500点。种种迹象表明,炒家这回故伎重演,一方面佯攻港元,另一方面沽空期指,抛出股票,借人心恐慌之机从资本市场中牟取暴利。此时,以摩根士丹利、高盛、

里昂、怡富、所罗门、惠嘉、霸菱、美林等组成的国际超级炒家，光是8月期指沽单就有10多万张！不难想象，他们只等8月期满就可提款了。第二阶段战斗使香港成为真正的杀戮战场，港府离开了陆地跳到海里与鲨鱼搏斗的消息震撼香江，理解、担忧、期盼、茫然，人们的心情可谓百感交集(2015-07-06，1998年董建华血战索罗斯：保不住香港"以死谢罪"[J/OL])[40]。

(2) 港府动用外汇基金和土地基金托住了香港股市

香港特区政府打击金融大炒家的弹药是香港的外汇基金和土地基金，这笔储备总数约960亿美元，是全体香港人多年辛勤劳作积攒下的家产，人们将它视作保住香港经济的最后屏障。

8月第3周交易的最后1天，一开市，香港金管局就首次动用外汇基金进入股市、期市，大量收进蓝筹股票和期票，同时提高银行隔夜拆息率，夹攻国际炒家。由于8月17日是香港的公众假期，特区政府指示金融管理局动用外汇基金，于长假期前在恒生指数6 660点的低位，出其不意地在股票和期货市场采取了购入行动。加上日元汇率在日本政府可能干预的情况下逐步趋稳、亚洲股市普遍向好等诸多外围因素的刺激，当天香港股市恒生指数一路攀高，重新跃上7 000点关口，以7 224点收市，全天上升564点，升幅达8.47%，为1998年的第二大升幅，成交额亦攀至85亿港元以上。

具体细节是：这一天，对于香港股市而言本是个很郁闷的日子。一周来连泻不止的股市到周四已经跌近6 500点，处于近五年来的历史新低。以当时的形势和市场人气，人们很难想象本周最后一个交易日能看到柳暗花明的转机。然而，一场石破天惊的重大行动也悄悄地进入实施阶段。上午9点30分，股市开市前半小时，香港证监会主席梁定邦接到特区政府财政司司长曾荫权的郑重通知：为捍卫联系汇率，打击国际炒家，港府决定对股、期两市进行干预。此后港府召集香港外汇基金咨询委员会紧急会议，就动用外汇基金干预股市取得了一致意见。

这天上午，港股交易如常，至午间，市场传出"政府外汇基金将入市"的消息，当天下午，香港金融管理局总裁任志刚亲自坐镇指挥，港府干预股、期两市战役正式打响了。香港政府突然干预，对索罗斯来说有些措手不及，因为香港政府一直奉行对金融市场"积极不干预政策"，这一政策也使得香港成为世界自由贸易港的重要原因之一。索罗斯虽然此前也考虑过香港政府会不会干预的问题，但他最后认为直接入市的可能性不大。没想到香港政府直接动用外汇基金及由代行央行职能的金融管理局直接出面，以巨额资金干预股、期两市。在恒指跌到6 500点的瞬间，特区政府果然持巨额资金入市，通过和升、获多利和中银三家证券行操作，不问价格狂扫大蓝筹和期货，使期指和恒指以7 224点收市。这一天港府金管局重拳出击，炒家终于尝到了厉害。当日股市交易量达到81亿港元，大大超过平时30亿～50亿港元的水平。这个星期五，估计政府动用约40亿港元。

金管局选择14日入市，在时机、策略上可谓恰到好处。因为接下来的3天是周末与公共假日(周末之后是香港抗战胜利纪念日的假期)，所以18日重新开市后，外围市场俄罗斯卢布大贬，全球股市暴跌的不利消息已经躲过，再开市时，美国股市已大幅回升，日元也开始回稳。8月18日(星期二)，由于外围市况不明朗，香港政府买盘并未积极入市，仅重点接货及吸纳电讯股。恒生指数微跌13点，保持在7 210点。而索罗斯持有大量的港股空头，只要恒指进一步下跌，赚数便会十分可观。他们目前所要做的是变短期战斗为持久战，将目标定在下一个月。因此，他们开始将千张8月期指卖盘合约转仓至9月，准备打持久战。香港政府也考虑到了这一点，他们向托管银行及中央结算银行打招呼，不再办理合约展期，但还是比索罗斯慢了一步，仍然有超过10 000张合约展延到了9月。

8月20日(星期四)，在日元回稳的因素下，上午特区政府买盘将恒指扫高200点，下午一些国际大鳄趁政府买盘一度收敛，狂抛期指及数个大蓝筹股，政府随即再度入市支持，恒生指数仍升119点，达到7 742点。21日(星期五)，由于连日港股升幅已逾千点，而俄罗斯经济情况也进一步恶化，政府买盘有所减少。大鳄们见有机可乘，便将恒生指数推低214点，收市报7 527点。24日(星期一)，开市前市场普遍忧心忡忡，股市低开84点，上午始终在7 400～7 500点徘徊。下午收市前1小时，为了打破炒家压迫恒生指数下降套利的计划，港府重组实力，主动出击，动用几十亿港元入市干预，狂扫蓝筹，恒指如火箭般在1小时内狂升300点，收市报7 845点；全日交易额更出现罕见的98亿港元。

这一天，特区政府开始在期指市场买入8月合约抛出9月合约，迫大鳄平8月仓，但仍有万张8月合约转至9月；同时，在股市进一步扫货，将恒生指数推高317点，冲上7 845点。人们估计，政府当日动用资金达60亿～80亿港元，已接近前4天的总和。25日(星期二)，股市拼杀更为激烈。由于政府前几日大力托高汇丰等大蓝筹，市场普遍认为这些股票出现超买，导致一阵狂沽。单是通过一家欧资银行抛出的汇丰股票即达840万股。政府的策略仍是"先缓后急"，上午听由市场狂泻，到当天下午一轮狂扫蓝筹股，推动大市止跌回升。

除股市外，政府还在期指市场上力托8月期指，沽售9月期指，并一改多日来尽量压低息口的做法，出其不意地将资金市场上的隔夜拆息利率抬高至15厘，令炒家一时措手不及。至此，港府招数全部亮出：拉高短息、力托股市且强压期指，立誓痛击炒家使其铩羽而归。当日股市报7 890点收市，比前日升44点，全日成交额达99.2亿港元。

当天特区政府调高港元拆息，令大鳄回补港元的成本增加；另外推高期指近8 000点，使八九月期指差距拓宽，令大鳄转仓成本上升，迫其平仓离场。26日(星期三)外围市况恶劣，现货期货市场继续激战，股市全日成交额98亿港元，收市报7 834点。连续数日行动，恒生指数已从6 600点，逐步向8 000点逼近，炒家们布置了三四个月的空头仓位，不仅可能无功而返，而且还可能赔本。临近月末，香港期指的沽空行为明显减少，一些炒家开始平仓离场。

从进入市场前沿的第一分钟起，香港特区政府这种史无前例的举动就受到舆论的激烈议论。香港一些本地财团及本地大众报纸表达了肯定的意见，中国人民银行高层官员也曾对港府行动表示直接支持。但与此同时，国际投资者及一些大投资银行的专家则公开表达对市场的忧虑。香港特区政府当然早已做好充分的思想准备，一意顶住压力坚持作战，并且承诺当炒家操纵港汇的行动平息后，港府会撤离股市及期货市场，让其找到自己的平衡点。

27日是8月期指结算的前一天，索罗斯以及其他国际金融炒家在全球股市上大量抛售打压，造成全球市场即将大幅下跌的迹象，使得当天的全球金融消息极不理想，美国、欧洲、拉美、亚洲股市均大幅下跌，而恒生指数成为唯一上升88点的指数。一开盘，33只恒指成份股便遇到了强大的抛盘压力。收盘前15分钟，抛售更是蜂拥而来，一刻钟内成交量达到82亿港元，收市前9分钟，一家外资证券公司抛出的每股15元多的主要蓝筹股"香港电讯"达1亿股。全天成交额近230亿港元。

(3) 香港股民不愿与国际炒家为伍，既不抛售也不买进，助港府击退国际炒家

香港政府对此早有所料，大多数香港股民也看清了国际炒家的真实面目，他们不愿与国际炒家为伍，更不愿成为他们手中的工具，所以他们既不抛售也不买进。就在港府与炒家激战正酣之时，量子基金总经理德鲁肯米勒在新加坡接受美国CNBC节目采访，首次公开承认，该基金正在参与香港股市和期指市场的交易活动。他表示该基金目前已因港府入市而受阻，但最终的胜者必将属于索罗斯一方，因为"如果他们(香港政府)在基本面上犯了错误，他们所做的一切就不过是向投机者提供利润"。他所说的"基本面"大家都清楚，那正是香港经济当时正步入衰退期，也是索罗斯一直都在强调的荣枯相生过程的开始。有迹象表明，一场全球性的经济危机正在到来，

香港绝对不可能不受影响。香港政府在这种情形下入场托高股市，不仅是违背自由市场原则的错误，还是违背经济规律的错误。同时，索罗斯也在国际上大造舆论，声称香港这个国际自由港在当地政府宣布入场干预股市时，便彻底消失了。

8月28日是本月到期的指数期货合约结算日，大家都知道今天才是真正的生死关头，无论是香港政府还是以索罗斯为首的国际炒家，都不会放弃最后的一搏，这将是数百亿港元的出入。国际炒家一开始便狂抛两个重要指标股：汇丰控股及香港电讯，试图将恒指打下来。香港政府全力退守7 860点，每5分钟推高1～2个价位，以拉高期货指数的结算价。开市仅5分钟，成交量已超过30亿港元，其后，恒生指数和期货指数几乎停止在7 800点上下。一般来说，多空平衡时，如果没有成交量，只能说明市况清淡，但这一天的情形非常激烈，成交量直线飙升，突破100亿港元仅仅用了半个小时的时间，超过了前几天香港政府入市后力度最大时全天的成交量。

下午开市后，抛售压力仍源源不断，成交额一路攀升，但指数却稳如泰山。一天的惨烈决战终于结束，恒生指数收报7 829点，期货指数收报7 851点，全天成交额高达790亿港元，平均每分钟成交量达3亿港元。在这场股市保卫战中，香港政府至少购入了800亿港元的蓝筹股，取得了对数家大蓝筹股公司的绝对控股权。

财政司司长曾荫权宣布：打击国际炒家、保卫香港股市和货币的战斗，香港政府已经取得胜利。索罗斯也承认："无疑，羊群效应是我们每一次(投机)能够获利成功的关键，如果这种效应不存在或者相当弱的话，那么几乎可以肯定，我们难以取胜。"然而，他始终没有透露量子基金在这次世纪金融大战中的收支情况，只有流传在行内的两种说法，一是《纽约时报》称索罗斯在此次决战中共赢利5亿美元；另一种说法是《亚洲华尔街日报》等香港媒体，估计索罗斯损失8亿美元左右。据量子基金内部高级职员称，索罗斯在8月28日的决战中并没有投入多少，大量的主力已经在前一天离场了，这样做的目的是保存实力。

4) 香港政府干预的不良后果

(1) 香港金融管理局用外汇基金干预股市的不良后果

1998年8月，香港金融管理局用外汇基金干预股票市场，暂时帮助香港击退了投机者，但外汇基金介入股市也有一些不良后果：①干预数额巨大，稍微有一点风吹草动就可能带来股票抛售狂潮，最终将达不到政府资金托市的目的。所幸当时没有后续的抛售，这次风波就这样被平息下去了。②干预股市占用了本来可以用于其他用途的资金，如本来可能的减税措施、失业补贴都无法实现了(张华锋，2000)[41]。

(2) 干预汇市使香港遭受了利率抽高后的沉重代价

虽然香港政府通过介入金融市场进行干预，并抽高了港元的拆息，成功地击退了国家炒家，令其亏损离场，维护了香港联系汇率制。但过高的利率也导致了以下恶果：使得香港的旅游业、制造业迅速成本高企，大大削弱了竞争力。而香港的公司不可能跟随太久的高利息，很快就会亏损破产，又将导致香港股价、楼价双双暴跌，使得那些在近两年内刚购买了住房的中产阶级一方面承受着房产价格的大幅度下跌，另一方面又承受着越来越高的抵押贷款利息，导致其资产负债表严重恶化，降低了其消费需求；同时也将导致银行的资产负债表恶化，引起信贷收缩(郑龙华，2011)[42]。

在国际炒家离场后，金管局仍无法使港元的高利率降下来。因为一旦降息，资金就会走出香港，而这又是由于投机者们不相信联系汇率制能够维持，仍然认为港元会贬值，因此在贬值预期下，唯有依靠高利率才能阻止资本外流。

(2) 锚币国的风险

◇ 显微镜 1-5

英、美两国在金汇兑本位制下的通货紧缩与衰退——被傍的大款也吃不消了

在金汇兑本位制下,只有英美两国的经济在当时是最强劲的,其货币能够与黄金兑换。由于其他国家通过降低本国汇率以获得出口贸易的增加,积累起了大量外汇(如英镑与美元),然后把大量外汇兑换成黄金,给英镑带来很大的贬值压力。因为黄金没有利息,而英镑存款等资产有利息,因此英国被迫提高贴现率以增加英镑资产的吸引力,来扼制贬值趋势,却加深了本国的经济衰退。

还有些国家将在国际贸易中积累起来的英镑先兑换成美元,再到美国兑换成黄金,使得仅在1931年9月到10月间,美国就损失了7.55亿美元的黄金,美元也面临贬值压力。因此,美国不得不提高贴现率以增强美元的吸引力,加深了自1929年以来的经济衰退。

五、信用货币制度(纸币制度)

1929—1933年世界性资本主义经济危机过后,各国的金本位制先后崩溃,为不兑现的信用货币制度所取代。

1. 实行纸币制度的原因

金属货币制度有着难以克服的缺陷。比如,需要足够多的贵金属作为货币流通的基础,但人类商品经济规模的扩大总是与币材短缺发生矛盾,总是受到自然资源的限制。于是政府便受到启发——既然银行可以发行银行券,为什么政府不可以发行自己的银行券?因为货币是一种标志,它赋予持有者支取商品与劳务的权利,只要其他人在交换他们的商品和劳务时愿意接受纸币,那么我们在付出商品和劳务时也可以接受纸币付款,因此,政府发行的不可兑换为贵金属的银行券(信用货币)就流通起来了。

2. 纸币制度的基本内容

(1) 纸币不能兑换成贵金属

纸币是不能兑换为贵金属的,有些国家虽然规定了含金量,但只是名义上的,并不能按此单位兑换贵金属,有些国家甚至不规定含金量。没有内在价值的纸币之所以具有流通与支付功能,完全依赖于国家的强制力量,使它获得社会的公认而被广泛接受。同时,公众接受纸币也是基于对政府保持币值稳定的信任,因此纸币制度是一种信用本位制度,纸币是一种信用货币。央行发行的纸币是法定货币,具有无限法偿能力。

(2) 纸币与黄金毫无联系了

在纸币制度下,黄金完全退出了国内流通领域,这就是黄金的非货币化。各国虽然也保持了一定的黄金储备,但并不是以此作为货币的发行准备,而主要是作为国际间一般支付手段的准备。实际上,各国政府在必要时是将黄金作为一种特殊的商品,在黄金市场上根据当时的价格来抛售,以换取其所需要的对某一国支付的货币,因此,黄金并不是事实上的支付手段。

(3) 货币发行权由国家垄断(一般授权央行发行)

在纸币制度下,不仅是纸币与硬辅币的发行权由国家垄断,确切地说,是基础货币的发行权都由国家垄断，一般授权中央银行发行，这是为了获得发行收入——铸币税。在纸币流通条件下，铸币税指政府从其印制货币的垄断权中获得的收入，印制货币几乎没有成本，而钞票和硬币却可以换取商品和服务。

◇ 显微镜 1-6

铸币税的征收与偿还

纸币制度下的铸币税是什么呢？例如，当前 100 美元纸钞的印刷成本是 3 美分，但 100 美元拿到中东就可以买到几桶石油，这 100 美元购买力减去 3 美分成本后的差额就是铸币税。美联储自成立以来，一共印刷了 8 000 多亿美元的现钞，获得了 7 000 多亿美元的“铸币税”，这是铸币税的征收。

而铸币税如何偿还呢？如果中国人用 100 美元（不一定是美元现钞，还可以是银行存款）从美国进口了售价为 100 美元的电脑软件，就相当于美国人在偿还对中国人收取的铸币税。所以，我们的外汇储备赚再多利息，只要没有被兑换为商品、服务，都不算是拿回了美国人从我们这里赚取的铸币税，必须要拿着外汇，到美国或美国以外接受美元付款的国家兑换成了商品或服务，才算是向美国人要回了铸币税，“钱不花就不是你的”。

3. 纸币制度下才有货币政策

在纸币制度下，货币的创造没有数量约束，并且发行成本微不足道，这具有重要的意义——它使得货币政策成为可能，也使得政府不再只是亚当·斯密所说的经济运行的“守夜人”，而是可以利用货币发行量的变化来干预经济运行，发挥“看得见的手”的作用。但政府有时也会弄巧成拙，比如，为了扩大总需求而滥发货币、造成通货膨胀，可见货币政策是一把“双刃剑”。

◇ 显微镜 1-7

通货膨胀税

当政府入不敷出时，由于其垄断了货币发行权，就可以开动印钞机，凭空变出 100 元大钞来购买商品和服务。当然，这会引起通货膨胀，因为本来社会上有 100 元钞票对应着 100 斤大米，现在变成了用 200 元钞票对应着 100 斤大米了，社会公众手中的每 1 元钱只能买 0.5 斤大米了，其损失的 0.5 斤大米的购买力就相当于交了税。由于此时发生了通货膨胀，因此这笔税被称为通货膨胀税。可见，通货膨胀税与铸币税是两个非常相近的概念。

4. 关于磨损公差的规定

金属货币制度下的本位币磨损公差的规定在许多国家被改为纸币的流通年限的规定。如新加坡政府规定，新发行的纸币流通 3 年后必须收回销毁；美国 1 美元的纸钞通常流通 18 个月就会被销毁。

◇ 能量棒 1-18

现金制造、管理等的相关问题

（一）纸币制度下的主币（standard money）与辅币（fractional currency）

在纸币流通下区分主币与辅币已经没有实际意义了，因为它们都是不足值的信用货币，所以沿用金属货币制度下的名称，仅仅是为了区分主币是面额较大的纸币、而辅币是小面额的硬币或纸币而已。相应地，金属货币制度下关于主、辅币的一些规定在纸币制度下都有变化。

1. 中国情形

(1) 概述

《中国人民银行法》第16条规定："人民币的单位为元，人民币辅币单位为角、分。"但是，不能据此就认为人民币的主币就是1元钱面额的纸币，而应将5元、10元、20元、50元、100元面额的纸币都视为本位币(主币)，因为它们不是辅币。人民币除了有主币和辅币外，还有一种纪念币，是国家为纪念国内外重大事件、重要历史人物或根据特殊需要，有选择、有控制地发行的。

(2) 辅币的硬币化趋势

金属货币流通条件下货币发行有磨损公差，在纸币制度下也有现金发行成本。虽然我国居民对于纸质辅币与硬辅币是各喜各爱(比如有居民抱怨硬币太重、携带不便，也有居民喜欢硬币的清洁)，但从节约发行成本的角度考虑，由于小面额货币在日常找零中频繁使用，容易破损，而硬币比纸币更耐磨损，能够降低整个社会的货币流通成本，因此辅币的硬币化是一种趋势。

2. 纸币流通下本位币与辅币都是无限法偿的

金属货币制度下，本位币无限法偿、辅币有限法偿的规定在纸币流通条件下失去了意义，因为本位币与辅币都是不足值的信用货币。因此，不少国家规定辅币和主币一样具有无限清偿的能力，我国就采取了这种做法。在纸币流通下，虽然辅币也是无限法偿的，但用辅币进行大额支付时将会遇到一些麻烦①。

(二) 美元现金的问题

1. 美元纸币的印刷、防伪成本

2008年美国次贷危机发生以后，中央电视台播放金融新闻的主打背景画面就是"美联储印钞机'哗哗'地印刷美元钞票"，暗示美联储采用量化宽松的货币政策来拯救美国经济，让观众看得心惊肉跳，担心会造成全球通货膨胀。其实，美联储所印刷的纸币中的90%是用于替换要被销毁的、破损的美元纸币的，因为1美元的纸钞通常使用18个月就会因破损而退出流通领域，以美元在全球的流通量(目前全球美元纸币的总供应量大约为9 300亿美元)，可以想象印钞厂印制钞票的任务是何等繁重。并且，货币供给量中现钞仅占微小比例，制造通货膨胀的原凶并非老百姓看得见的现钞，而是看不见的银行存款。

美元的纸币一般是用1/4的亚麻和3/4的棉制成，这样的比例使得成品韧劲十足，对折4千次也不会破损。这种印刷及防伪装、设计等的成本就是纸币的发行成本，纸币的铸币税应扣除掉

---

① 据发改委价格司工作人员介绍，根据2003年10月1日实施的《商业银行服务价格管理暂行办法》规定，商业银行可以对零钞清点整理储蓄业务收费，零钞清点业务不属于实行政府指导价的业务范围，实行市场调节价，收费标准由各商业银行自定。但是，鉴于部分银行对个人客户收取零钞清点费引起了社会广泛关注，因此，国家发改委、中国银监会立即召集有关机构对此进行了调查研究，要求各银行要严格执行《商业银行服务价格管理暂行办法》的规定。据了解，考虑社会反映等因素，有关银行已经主动暂停了相关收费。各银行表示，今后对于涉及公众利益的服务收费项目，将慎重考虑，广泛征求意见，审慎出台，着力提高金融服务水平。

这部分成本①。

2. 美国为什么必须为全世界的人印美钞?

美钞如果被带出国境(比如,在津巴布韦、俄罗斯或中国境内流通),它也有回流到美国的可能性。比如,中国居民将美钞作为外币存款存入中国某商业银行(如工行),工行在集齐一定数额(如100万美元)现钞后,会将美元现钞运输到美国境内其代理行(如花旗银行)作同业存款以赚取利息。随后,当花旗银行将这些美钞以准备金的形式存入美联储时,美联储就会看到这些美钞,如果票面残破,为维护美国的形象,美联储就会将其销毁,于是,印钞局的机器就要转动起来去印制新的美钞了。通过这条渠道,美国必须为全球的人印美钞,美钞就成了全球的公共产品。如果人民币国际化或区域化了,中国人民银行也必须为全球的人印制人民币现钞。

3. 津巴布韦居民为何用洗衣机洗美元?

2009年,非洲南部的内陆小国津巴布韦在承受了近10年的高通货膨胀压力后,政府宣布废除本国货币,允许多种外币(主要是美元)同时流通,这就是官方的美元化,从此其通货膨胀率慢慢趋于正常。

但是,由于津巴布韦的美元储备不足,它试图依靠出口和吸引外资来增加美元,但仍然不能缓解经济中货币不足的矛盾,导致金融不稳定,并影响到了经济发展。比如,很多银行因为现金流紧张而面临倒闭;去商店买东西,商家没有1美元以下的零钱而只能打白条,顾客只有将这些白条攒起来,凑整后一起拿着去商店买东西。

津巴布韦的1美元最特别,因为流通最频繁,所以这里的1美元钞票看起来都非常破旧。银行会把这些美元拿回去洗,然后晾干了,再给大家用,因此市面上很多1美元都被洗得泛白了。在美国,1美元的钞票流通18个月后会被销毁,但在津巴布韦则时间要长得多。这是因为这些美钞进入贫困的津巴布韦后被作为交易媒介使用,贫困的居民几乎没有银行存款,因此这些小额美钞没有机会被存入津巴布韦的银行,所以它们就长期滞留在流通领域。在正常情况下这些钞票要回流到美国是通过这样一条渠道:津巴布韦的银行用集装箱将这些现金运到美国的商业银行作同业存款;之后,美国的商业银行将这些现金作为准备金存入美联储;最后,这些破旧的现金被美联储销毁(用新钞替换旧钞)。

(三)对现金使用的管理——反洗钱、反现金走私

1. 对现金使用的限制

使用现金支付既不安全,又不会为支付留下记录,而通过银行系统使用银行支票、汇票、信用卡(包括贷记卡与借记卡)支付,既安全便捷,又可留下支付记录,便于有关方面监管。因此,现金支付常被用于非法交易。为避免非法交易、反洗钱、节约货币发行成本以增加铸币税收入等,各国对于大量现金的使用、出入境均有规定。

---

① 成立于1862年的美国印钞局在成立之初只有6个人在财政部大楼的地下室里手工操作。1914年,印钞局搬到目前这个位于华盛顿波托马克河潮汐湖边的地址。印钞局的大楼虽然高大,但和周围的博物馆大楼并无二致,大楼内外戒备森严,摄像头和保安无处不在。印钞车间也和普通的印刷厂一样,非常简单,车间里摆放着几台大型印刷机和切割机。不同的是,各车间之间都用铁门隔开,有摄像头时刻监控,让人感觉像置身于监狱工厂。车间里的一排排机器正在不间断地印着各种面额的钞票,全程高度自动化,见不到人工操作,只有几个工人在现场监督。在印钞车间的铁门旁边摆放着几箱包装好的纸币,正在等待运送出厂。这些钱在印制后将按照美联储的要求被送到美联储在全美各地的办公室,投放市场。为了防止假冒,每隔7~10年,印钞局都要重新设计美元纸币,增加防伪措施。至于1元和2元纸币,可能是因为面额小,当局尚无计划重新设计。随着彩色复印机、扫描仪等的普及,印钞局的防伪任务也更加艰巨,每次设计新纸币都要添加新的高科技防伪机关,如偏心放大肖像、水印、安全线等。比如,印制1999年版美钞前,印钞局曾花费数十万美元,对120种防伪措施进行评估,从中挑选最好的防伪办法。在美国,如果用复印机复印美钞,放大或者缩小都没有关系,但如果照原样复印,那么就是犯法的。

2. 洗钱、逃税与反洗钱、反逃税的现金管理

(1) 洗钱的定义

洗钱就是把非法收入掩人耳目地变成貌似合法收入的过程。早期意大利黑手党的毒品买卖大都是现金交易,钱上通常沾有白粉,一旦被警察抓住就难以脱罪,真就有黑手党成员用水洗钞票,这是狭义的"洗钱"。而广义的洗钱是指,这些黑手党成员一拿到赃款,就去赌场换成筹码进场,先输掉一部分,然后说不想玩了,要求赌场把剩下的那一部分钱打入某个账户,这样就顺理成章地把赃钱变成干净的收入了①。

根据国际货币基金组织统计,全球每年非法洗钱的数额约占世界国内生产总值的2%至5%,介于6 000亿至1.8万亿美元之间,且每年以1 000亿美元的数额不断增加。在当前经济全球化、资本流动国际化的情况下,洗钱活动对国际金融体系及国际政治经济体系的危害极大。而随着国际社会对洗钱犯罪的打击力度不断加大,以及科技的日益发展,犯罪分子在洗钱活动中也积累了丰富的经验,洗钱方式日新月异,层出不穷。

(2) 洗钱过程的三阶段

虽然洗钱手法错综复杂,但归根结底,其过程常分为三个阶段:第一,放置阶段,即把"黑钱"投入"清洗系统";第二,离析阶段,在这个阶段,要通过一系列错综复杂的交易,反复频繁地转移资金,扰乱人们视线,掩盖其最初来源;第三,归并阶段,至此阶段,"黑钱"已完全被"洗白",资金又集中一起,可以正常流通使用了。也有人将这三个阶段称为入账、分账、融合阶段,其意义大致相同。

将大量现金分散存入银行与现金走私,就是两种常见的洗钱方式,同时也是避免留下交易记录的逃税方式。非法收入的主要形式是大量的现金,但大量的现金既不便于携带和控制,又容易引起怀疑。因此,将现金存入银行、转变为银行存款是罪犯获得犯罪收入后亟须解决的问题,这也就是在"放置"阶段要解决的问题。

(3) 现金交易报告制度

为了打击洗钱与逃税等活动,一些国家建立了严格的现金交易报告制度,规定商业银行等金融机构对于超过限额的现金交易必须及时向反洗钱当局报告。

3. 现金走私

但是如果在本国不容易避开现金交易报告制度,犯罪分子就会利用各国反洗钱法规的差异,把现金偷运出境,存入未建立现金交易报告制度的国家的银行,这就是"现金走私"。

中国、美国等许多国家都对携带现金出境有严格的规定②,但仍有一些国家未建立现金交易报告制度,最典型的就是近年来加勒比地区和南太平洋的一些被称为"保密天堂"的岛国。③

---

① 今天,与现实中的赌场相比,网上赌场已经成为洗钱的安全天堂。赌场网站总部大多设在"逃税天堂"之称的加勒比地区,许多网站根本不受政府部门的监管,也不遵守国际赌场的游戏规则,他们甚至不会查问客户的身份资料。许多犯罪集团把钱款打入这些赌博网站开设的账户后,一般先象征性地赌上一两次,然后就马上通知网站说不想玩了,要求网站把自己户头里的钱以网站的名义开出一张支票退回来。于是,一笔笔数额巨大的黑钱便轻而易举地被洗白了。

② 美国对出入境所携现金数额并无限制,但如超过1万美金或等值外币,则需进行申报,违者将面临所携现金被全部没收的风险,并可能被以"走私现金"的罪名对有关涉案者提起诉讼。其他一些国家对于入境游客携带的现金限额有不同的规定,分别为:加拿大5 000美金,澳大利亚10 000澳元,法国7 622欧元,德国10 000欧元,韩国10 000美金等。欧洲各国允许携带现金入境的数量不同,但大多都在5 000欧元以上。曾有某中国居民,为了去欧洲购物而携带了超量的欧元现金,结果超量部分被海关全部没收。

③ 这类国家一般都金融规则宽松,对设立金融机构几乎没有限制,并且制定了严格的银行保密法、公司保密法、自由公司法。这类国家制定这些法律的初衷是为了发展本国经济,但客观上纵容了洗钱犯罪,事实上,这些国家已经成为吸纳黑钱的仓库和洗钱的天堂。在这些国家的银行设立账户,黑钱一旦进入这些国家的银行,黑钱所有者的真实身份就被隐藏起来,黑钱经过这些账户转移后,反洗钱当局就失去了进一步追查的线索。瑞士曾是最好的"保密天堂","二战"期间,纳粹德国在欧洲掠夺的财产大量通过瑞士银行清洗并转移。但是,当前包括瑞士银行在内的保密银行也在国际反洗钱的压力之下,向多国政府公开了存款人的信息了。

◇ 能量棒 1-18-1

美国的现金管理规定[43]

美国国税局①对于现金与存款的反洗钱、反逃税方面有以下一些规定：

(1) 美国的商业银行等金融机构如果在24小时内收到同一个人的累计1万美元或以上的现金存款，必须对这笔资金进行申报。

(2) 一个美国居民(包括美国公民、绿卡持有人、持有合法工作签证工作的人，以及满足实际居留标准的人)如果收到非美国居民赠予的价值超过10万美元的礼物或者钱，需要填写一张叫作Form 3520的表格进行申报。但这个表格只是一个信息申报文件，而不是纳税文件，即你向美国国税局申报赠与收入，并不代表你需要为此缴税。但是，如果赠予方与受赠方都在美国，则一般情况下都需要缴纳赠予税②，通常是赠予方付税，如果需要受赠方付税，则需要会计师帮忙处理。

(3) 为了逃避现金交易报告制度的限制，犯罪组织在洗钱过程中往往会化整为零，将大额现金分散存入银行，将每笔金额限制在现金交易报告限额以下，以避免引起反洗钱机构的注意和调查③。对此，美国国税局规定，如果30天内，银行怀疑存款人故意每次存款不超过1万美元，有可能涉及洗钱、逃税或其他犯罪活动，也必须向美国国税局申报可疑活动报告，这个申报表格叫作FinCEN Form 104，是由银行负责申报的，但由于需要客户提供各种信息，因此客户会被告知。

(4) 公司或个人从其他公司或个人收到1万美元以上现金(如某持绿卡在美国工作的中国公民，因手头缺钱而卖了几台旧相机给一个美国朋友，收到了12 000美元现金)，在15天内要向国税局申报8300表。这个报表要写明现金是从哪里收到的，收到者的社会安全号或公司账号、地址、交易种类、付款方式。

(5) 关于个人之间的无息借贷的处理：假设一个持绿卡在美国生活的中国公民A，因购房而向美国的亲戚B借了200万美元，美国亲戚把这笔钱从其美国银行账号转给这位中国公民。如果是金额很小的资金往来，则不需要申报，但是对于200万美元这么大一笔钱款而言，如果B先说是借给A的，最后好心地说这笔钱不需要A还本付息了，则这笔钱就等同于赠予，按赠予的法律规定处理；如果B仅是不需要A付息，则美国国税局会按照市场价格把本应收取的利息部分作为赠予来看待，因此B要被征收赠予税(2017-02-25，在美国转账、存钱，如果你担心成为下一个英达，可以看看这篇[J/OL])。

5. 纸币制度的优点

纸币制度有如下优点：(1)来源充足，即货币供应量不受金银数量的限制；(2)便于携

① 美国国税局的正式名称是"美国国内收入署"(Internal Revenue Service，IRS)，隶属于财政部，掌握着美国人社会安全号和银行账号，有稽查人员4万人。

② 几种不需要缴纳赠与税的例外情况是：(1)赠予部分的价值没有超过每个日历年的年免税额，以2017年为例，年赠予免税额为14 000美金；(2)帮人支付学费或者医疗费用；(3)赠予发生在合法夫妻之间；(4)赠予对象是一个政治组织作为特定政治用途(2017-02-25，微信公众号《咕噜美国通》)。

③ 例如，1999年来自中国云南缉毒部门的调查报告显示，云南几乎所有的毒贩子都是将毒资以4.9万元以内的不同数目，用他人的名字或买个假身份证存入各个银行网点，以逃避银行5万元以上大额现金的存取登记报告制度。许多毒贩子常年以这种方法将毒资存入、取出而没有受到任何限制或调查。在一些几百人的小镇的银行储蓄所，就有几亿元人民币的存款，而此地除了一般农业外，没有任何贸易活动，不可能有如此大量的合法收入。所有人都知道这里是贩毒分子的聚居地，而问及当地银行，却说不知道。

带、保管，节省贵金属及其铸造费用。因此，纸币制度取代金本位制是一个历史进步。

6. 纸币制度的缺点

纸币制度的缺点是：

(1) 货币供应量不受发行准备的限制，有些国家出现财政赤字时，滥发纸币造成恶性通货膨胀；

(2) 即使货币当局不想多发纸币，但是由于货币发行管理者的知识、经验与判断决策能力等因素，有时也会出现货币供给量过多、通货膨胀，有时又会出现货币供应量不足、通货紧缩。因此，管理货币供应量是个难题，也是货币政策的主要内容。

◇ 显微镜 1-8

纸币是一种非典型的银行券

早期的银行券是私人商号、银行等发行的可以兑换成贵金属的代用货币，后来中央银行也发行了自己的银行券，并保证可兑换成贵金属。但自 1929—1933 年世界经济危机后，各国中央银行都规定自己发行的银行券不能兑现，其流通已不再依靠银行信用，而是单纯依靠国家政权的强制力量，从而使银行券演变成了纸币，即信用货币。可见，现在的纸币的前身是可兑换的银行券，可以说纸币是一种非典型的银行券。我国当前的人民币就是中国人民银行发行的银行券。

为了规避纸币制度下政府滥发货币、最终造成恶性通货膨胀的问题，在纸币制度下，一些国家为治理恶性通货膨胀，甘愿进行货币制度改革、限制自己发行货币的权力，在纸币制度下，有以下几种货币制度可以使货币当局“自废武功”——固定汇率制、货币局安排、官方美元化与区域共同货币制度。

第三节　货币的定义与计量

一、货币的定义

关于货币定义问题的争论由来已久，争论围绕着货币的定义和货币的构成问题。货币的定义说明什么是货币，货币的构成是依据货币的定义而确定的货币所包括的内容，即说明货币是什么。前者反映了人们对货币本质的认识，而货币的构成则是对前者的运用和表现。

一般来说，我们给事物下定义要用到归纳方法，即寻找到能使货币区别于其他事物的独特特征。货币的特征或本质是什么？有以下两种观点——交易媒介的货币本质观与储藏手段的货币本质观。

（一）交易媒介的货币本质观

交易媒介的货币本质观认为货币的本质或定义是交易媒介，而货币的其他职能如储藏手段则并非货币所独有。比如，房地产也可以保值增值、作为储藏手段，但房地产不是被普遍接受的交易媒介。根据这个观点，在购买商品、服务或清偿债务时被广泛接受的任何物品，都可被称为货币，符合这一定义的金融工具，即日常生活中我们所说的“钱”。包括：

1. 流通中的现金(通货)减去银行的库存现金

在中国,支票始终未进入家庭,我们日常生活中的商品交换主要是以现金、银行卡及微信、支付宝为媒介来完成的,我们先讲现金。在经济生活中,除了居民、企业、地方政府、商业银行等金融机构手中有现金外,印钞厂、造币厂手中也有大把崭新的现金,但是,这些现金属于中央银行发行基金的一部分,尚未投入流通,因此不属于流通中的现金(通货)[①]。它们既然尚未投入流通,就更不是任何经济主体的交易媒介了,因此,被算作交易媒介的现金只可能是流通中的现金。

此外,非银行公众(主要指企业、家庭)手中的现金无疑是用作交易媒介的,但商业银行等存款机构保留的库存现金却不是用作交易媒介的,而是作为应付存款人提取存款的准备金。因此,用作交易媒介的现金是流通中的通货(现金)减去银行库存现金后的余额。我们将流通中的现金减去银行的库存现金称为最狭义的货币(用 M_0 来表示),因为经济生活中还有别的被广泛接受的交易媒介和支付手段。

2. 可开列支票存款

无论是在中国还是金融制度更发达的国家,企业与企业之间、单位与单位之间的大宗交易一般是通过支票来完成的。在金融制度更发达的国家(如美国),消费者(也称家庭)也广泛地使用支票与信用卡,小额支付用现金,大额支付用支票或信用卡。

◇ 显微镜 1-9

用支票支付

在中国,每个企业或单位都在银行有一个支票账户。支票是以银行为付款人的即期汇票,汇票是一种债权人通知债务人支付一定款项给第三人或持票人的无条件支付命令。支票的出票人必须在付款银行拥有存款,并且签有支票协议,因此,支票是由银行的支票存款储户根据协议向银行开立的付款命令。

支票可以是记名支票,银行只对支票上所指定的人支付现款,这种支票必须经由持票人的背书,银行才能付款;支票也可以是不记名支票,银行对任何持有这种支票的人进行付款。不记名支票如果遗失,很容易被冒领,因此出现了画线支票。画线支票是出票人或持票人在支票上画两条横线,画线支票就只能通过银行收款(转账),而不能由持票人直接提取现款。当支票由付款银行加上"保付"字样并签字,就成为保付支票,银行保付后就必须付款,不会因存款户无存款而向持票人退票拒付,从而有利于支票的流通。

企业卖出产品所收到的一般是买入单位开出的支票。比如,冠生园集团公司从光明牛奶厂购买了10万元的牛奶,它们在同一商业银行分别开立了支票账户,冠生园集团公司给光明牛奶厂一张10万元的支票,光明牛奶厂在接到这张支票后,将它交给自己的银行,银行就将冠生园集团的支票存款额减去10万元,将光明牛奶厂的支票存款额增加10万元,这就是用支票支付的过程。

人们接受支票其实是接受其背后的存款,一张空头支票(支票金额超过存款额与透支限额)是不具有交易媒介功能的,因此,包括在货币定义中的应是支票存款,而不是支票本身。

① 我们在第四章将详细阐述现金的投放与回笼问题。

这也说明，使用支票的前提是接受支票的一方相信支票有足够的存款支持，即开支票方必须具有一定的信誉，因此，接受支票方通常要对开支票方的信誉做一番调查。企业、单位的信誉比个人的信誉更容易调查，因此，支票更易为企业所使用，个人支票的使用受到一定限制。在我国，由于个人征信系统尚在建设初期，因此个人支票难以推广。

◇ 能量棒 1-19

我国的个人征信系统

我国个人征信系统由无到有，正在逐步建立之中。

(一) 个人支票存款为什么不能进入我国的寻常百姓家?

中国人民银行自1986年就开始鼓励和支持个人使用支票存款，由于个人办理支票账户需要在账户中先存一笔款，因此各商业银行都有动力推行支票账户，把它作为招揽存款的手段，但是个人支票账户推行的效果却不佳。中国工商银行曾于1989年在浙江某地区试办个人支票业务，但当地居民宁愿用麻袋装现金也不愿使用支票。制约中国个人支票存款发展的根本原因在于个人信用制度不健全，既难以对个人支票使用过程中的违约行为作出事前防范，又难以在事后进行有效的惩罚。也就是说，中国缺乏完善的个人征信系统。

(二) 我国的个人征信系统

1. 我国人民银行的个人征信系统

(1) 中国人民银行的个人征信系统人群覆盖率低，且2012年前仅向商业银行开放

美国存在市场化的个人征信机构如Fair Isaac Company，它有着完整的征信系统，其FICO评分对小企业和个人的风险评估得很完善①，每个人或机构的信用记录都是可查的。而我国并没有完善的个人征信系统，中国人民银行有一个个人征信系统，截至2013年年底，该系统有征信记录的约3.2亿人，占总人口数的23.7%，远低于美国征信系统85%的覆盖率。并且，该系统也仅向商业银行等金融机构开放，即这些监管内的金融机构可以从央行获得个人及公司信用报告，央行并不会向P2P网贷平台、小贷公司、融资性担保公司等非银行金融机构或非金融机构提供信用报告。

(2) 2012年后中国人民银行将小贷公司、融资性担保公司等接入其个人征信系统

2010年，央行曾下发小贷公司接入征信系统(央行开发的"金融信用信息基础数据库")的具体办法。但2012年下半年，央行又暂停试点，并收回了省级支行接纳小贷公司接入其征信系统的审批权。随着2012年《征信业管理条例》的颁布，中国人民银行已将小贷公司与融资性担保公司纳入其完善征信系统的监管对象当中。2013年，央行又出台了明确规定，将有意接入，又具备条件的小贷公司和融资性担保公司纳入央行征信系统。经过一年的筹备，2014年7月，央行审批通过了深圳第一批23家小贷公司的接入申请，并且还将继续接纳小贷公司接入征信系统。

但P2P公司尚不能接入央行征信系统，主要障碍是互联网金融信息使用的法律界定、新型网

---

① Fair Isaac Company开发了三种不同的FICO评分系统，FICO评分系统有五类主要影响因素：客户的信用偿还历史、信用账户数、使用信用的年限、正在使用的信用类型、新开立的信用账户。FICO评分的存在解释了为什么在2008年次贷危机时，许多美国人在房子成为负净值后依然没有断供的原因，因为断供会降低自己的信用评分，使得此人可能再也无法申请贷款或信用卡了。完备的信用评分系统也使得美国的P2P网贷平台更容易区别不同级别借款人的信用风险，使其P2P网贷的发展比中国稳健。

贷机构数据缺乏统一标准、种类庞杂等。为消除这种障碍,2013年年初,央行征信中心采取了一种折中的办法:通过其下属的上海资信公司,借鉴征信系统信息共享模式及其业务规范、数据格式、安全管理等方面的标准,搭建了网络金融征信系统。数据显示,截至2015年1月末,该平台接入的网贷机构已超过了400家。例如,2015年以来,已有"京东金融""阿里金融"等P2P公司通过其子公司——"京汇小贷"公司而接入央行的网络金融征信系统了。

这些P2P平台与小贷公司等机构接入央行征信系统后,有助于其信用风险的防范。因为P2P平台、小贷公司的借款人的信贷逾期、违约等数据都将被上传到央行征信系统,从而影响到其征信报告,而这些征信报告可提供给包括银行、征信公司等在内的机构查询,这样就会对P2P平台、小贷公司的借款人产生威慑作用,降低了P2P平台、小贷公司借款人的违约风险。

2. 我国征信业务的开放

1) 概述

2015年1月5日人民银行印发了《关于做好个人征信业务准备工作的通知》,要求8家机构做好个人征信业务的准备工作,准备时间为6个月。此前,央行已向26家企业发放了企业征信业务牌照,这标志着我国征信业务在向企业开放。此外,民营机构也在进入网贷征信市场,比如,2014年,"网贷之家"公司推出了云征信系统。

2) 我国电商的互联网征信

(1) 互联网征信的优点之一是可利用互联网大数据

正是由于我国征信系统不发达,一些电商平台自己开办P2P网贷业务,或者一些P2P平台依托电商平台、社交网站等平台的大数据自行征信,可以低成本地消除潜在借款人的信息不对称性,进行信用评估以挑选借款人①,这被称为"互联网征信"。

(2) 互联网征信的另一个优点是可以覆盖过去没有信用记录的人

传统征信系统的一个缺点是无法判断无传统信用记录的人的信用状况,这一点正好是互联网征信的另一优点。随着互联网的不断普及,征信数据范围和来源日益广泛,同时,互联网技术的使用可以极大地降低数据采集成本,因此,互联网征信可以覆盖过去没有信用记录的人,利用他们在互联网留下的信息数据作出信用推断。

但是,对互联网征信也不能寄予过高的期望,因为互联网征信业务有很多弱点:

① 传统征信数据来源于借贷领域,而互联网征信获取的主要是信息主体在网上的交易数据、社交数据等行为数据,这些数据更多地反映了使用者的性格、心理等信息,但并不能直接反映个人的借贷行为。比如,一些电商平台如腾讯、阿里巴巴虽然拥有大量的用户信息,但这些信息与个人借贷行为的关系不大,因此依托这些数据建立的信用模型不一定准确。Lending Club也曾尝试通过用户在Facebook上的表现来确定其信用程度,但发现结果并不准确。尽管如此,通常认为具有相对稳定的性格、心理状态和经济状况的人更有未来履约的能力。

② 在信用评价思路方面,互联网信息摆脱不了传统征信的思路——用昨天的信用记录来判断今天的信用。但是,无法判断昨天信用记录不好的人今天是否仍是一个高风险者,以及过去没有发生信用记录的人目前其信用状况如何。

③ 出于保护隐私的要求,互联网征信不能采集敏感的个人信息,且由于在技术上可被黑客攻克,因此数据泄露风险较大。

---

① 利用电商平台的数据表现为电商平台自建P2P平台,利用社交网站数据表现为P2P平台利用社交软件账号共享登录。

3. 上海市公共信用信息服务平台——上海个人征信系统

目前上海正在开发“个人征信系统”,着手建立个人信用体系。上海市公共信用信息服务平台已与水、电、燃气公司签约,约定以下的欠费行为将视为不良信用记录而被录入信用信息系统,很可能成为个人污点,影响今后的就业、银行贷款等:居民用户超过最后付费日期2次(含)以上,有效催缴(有效催缴由各公司自行定义)无效、且累计欠费满500元(含)以上或累计欠费满3次(含)以上者。盗用和破坏设施行为更要被视为不良信用记录而被录入系统。

这些水、电、燃气居民用户信用信息须经本人授权查询,非居民用户信用信息公开查询。居民、非居民用户欠费行为信息录入市信用平台后,有效期为一年;居民、非居民用户盗用行为信息和破坏设施行为信息录入市信用平台后,有效期为三年。有效期以上海城投水务(集团)有限公司、国网上海市电力公司、上海燃气(集团)有限公司向市信用平台通报行为处理完成日作为起算点计算。未接受处理的,信用信息长期保存。

◇ 显微镜 1-10

现金与支票的优缺点比较

现金的优点是:灵活、方便,人人接受,使其在小额的日常商品交易中成为最理想的支付手段。缺点是:数钱麻烦、不安全、丢钱后难以找到。因此,大笔交易都不用现金,大笔交易用现金的现象仅出现于非法经济活动中,如贩卖毒品、武器走私等。

支票的优缺点正好与现金相反,优点是:免去了数钱的麻烦,比较安全,因为按规定,支票上要写明收款人的姓名和单位,所以支票如果丢失,一般都能立即挂失,通知银行将丢失的支票作废。即使在挂失前钱已被提走,也比较容易查出钱的去向,因为收款人在提钱前要签名。缺点是:接受方要对开出支票的一方作出信誉调查,如果不相信对方的信用,也许就不愿意接受其支票。比如,即使在发达国家,个人支票的使用也仅限于自己住地的范围,即熟悉自己的人才会接受自己开出的支票。

正是因为支票具有记录交易的功能,因此,为了管理企业的生产、经营活动,我们实行严格的现金管理制度,一般规定企业、单位只有在发工资等几项规定的经济活动中可以用现金支付,大多数经济活动都要通过银行支票转账来完成。

目前在中国,只有企业的活期存款是可开列支票存款,而居民的活期储蓄存款是不能开支票的。美国可以开支票的存款也是活期存款,居民和企业都可以开设活期存款账户。美国的居民和企业也都可以开设活期储蓄存款账户,但这个账户是不能开支票的,这点与中国一样。

3. 转账信用卡(借记卡)存款

◇ 显微镜 1-11

信 用 卡

1. 起源

信用卡诞生于1915年,起源于美国的一些商店、饮食业。这些商店为了招揽生意,在一定范围内发给顾客信用筹码,顾客可以在这些发行筹码的商店及其分期赊购商品、约期付款,这种做法是商家对消费者提供了商业信用,它起到了笼络顾客、方便购物、扩大销售的效果。1952年,美国加州富兰克林国民银行作为金融机构，首先进入发行信用卡的领域，标志着信用卡的诞生，之后又有许多家银行相继发行了信用卡。

2. 概念及运作机制

信用卡是银行或专门的信用卡公司发给消费者使用的一种信用凭证，是一种把支付与信贷两项功能融为一体的业务。

银行或发卡机构通过征信，对资信情况较好的企业或有稳定收入的个人发放信用卡，对其规定一定的信用额度。持卡人就可以凭卡到指定的特约商户购买商品，或支付交通旅游费用，还可以凭卡到指定银行兑付现金。

传统的做法是：持卡人凭信用卡在特约商号购物后，特约商号每天将经持卡人签字的发票副本送交发卡单位，由后者按月向持卡人收账。通常由发出账单之日起，还有25天的免息期，在免息期内付款可以完全不付利息；如逾期不付，则自发出账单之日起计息。因此，信用卡具有“先消费、后付款”的特点。

但20世纪50年代后，电子计算机和互联网被广泛应用于结算业务，现在特约商号一般都通过销售点终端机(POS机)与发卡单位实行实时联网，持卡人购物后，信息通过销售点终端机立即发送给发卡机构，发卡机构立即将货款垫付到特约商号的账户上。

不难发现，信用卡使三方收益。

(1) 持卡人(买方)先消费后付款，避免携带大量现金的风险与麻烦，而其支付的款项是发卡银行垫付的。因此，持卡人与发卡银行间发生了消费贷款的关系。

(2) 发卡机构可以赚取利息和手续费，因为信用卡贷款相当于一种消费信贷(但比一般的消费信贷复杂些，一般的消费信贷只涉及银行与客户，而信用卡还涉及受理信用卡的特约商户)，因此发卡机构可以收到消费贷款利息。此外，发卡机构还为持卡人提供各种服务，如寄送对账单等，因此要收取少量手续费，目前我国的发卡机构(通常是商业银行)收取的是年费。

(3) 对商户(卖方)而言，可通过这种赊销方式加速商品流通①，因此，银行要向特约商号收取回扣费。特约商号之所以愿意接受信用卡支付方式，并向发卡单位支付回扣费，是因为可以借此扩大销售。

3. 分类

(1) 按功能区分

以上这种就是狭义的信用卡，是贷记卡(credit card)，特征是“先消费、后付款”，是“后付型”的结算方式，即持卡人无须先在发卡机构存款，就可以享用一定额度内的贷款。

还有一种借记卡(debit card)或称转账卡，是“先存款、后使用”的“预付型”或“储值型”的结算方式，即持卡人必须先在发卡机构存款。传统做法是：当用户支付商品和劳务时，发卡机构在收到账单后向提供商品和劳务的单位付款，并将款项直接从用户的存款余额中扣除。现在，通过计算机联网，这个过程可以在持卡人购物时直接完成。在这个过程中，发卡机构并没有为用户垫支任何款项，并且用款时以存款余额为限，不允许透支。因此，发卡机构只是提供了一种转账服务，而不是信用贷款服务，这种转账卡(借记卡)算是广义的信用卡。

目前我国发行的信用卡有贷记卡、有一定透支额度的借记卡及不能透支的纯借记卡。

(2) 按发卡机构的性质区分

按发卡机构的性质区分，信用卡可被分为银行卡(如Master Card、Visa Card及我国的银联卡)与非银行卡，非银行卡如电话卡、地铁卡、公交IC卡、超市发行的电子消费卡、大学发行的储

① 发达国家的居民使用信用卡经常消费过度、债台高筑。

值后可以在食堂买饭的校园卡等。

4. 电子货币与数字货币

(1) 电子货币的定义

电子货币指用一定金额的现金或存款,从发行者处兑换并取得代表相同金额的数据,通过使用某些电子化方法将该数据直接转移给支付对象,从而清偿债务,该数据本身即可称作电子货币。电子货币也被称为虚拟货币。

比如,用信用卡支付时,卖方将买方的信用卡号和购买金额等信息通过电子方式(刷卡机),即计算机和网络传递到发卡机构,发卡机构替买方将购物金额垫付给卖方,清偿了买卖双方的债权债务关系,完成了支付①。可见,信用卡是就是一种电子货币。

但电子货币不仅包括信用卡这种有形的电子钱包,还包括数字货币(如比特币)。

(2) 电子货币是代用货币,而不是独立的货币

电子货币是代用货币,因为:(1)电子货币只能执行货币的部分职能,即支付手段,通常不能执行价值储藏手段职能,如电子消费卡,当发行商家倒闭或卷款跑路时就不能用了,消费卡毕竟不像钞票、存款那样有价值储藏职能。而这背后的原因则是货币是凭借国家信用发行的,而消费卡等电子货币则不是;(2)公众接受它是因为它能随时兑换成现金。

(3) 数字货币

例如,比特币就是一种数字货币。

◇ 能量棒 1-20

比特币——一种革了央行命的区块链数字货币

1. 比特币(BitCoin, BTC)的供给与本质

1) 比特币的由来

20世纪初期,奥地利经济学派经济学家、诺贝尔经济学奖得主哈耶克在他的《货币的非国家化》一书中完整地阐述了一种非主权货币的构想:废除中央银行制度,允许私人发行货币,并自由竞争,这个竞争过程将会发现最好的货币。

20世纪90年代,一个名为“密码朋克”的密码破译组织就致力于创建电子货币,正如哈耶克所说的非主权货币,但失败了。同时期的密码破译者大卫·乔姆又创建了一个名为“电子现金”的匿名系统,后来也失败了。之后比特金(bit gold)、b钱(b-money)等各种电子货币不断出现,但均告失败。2008年11月1日,一位自称叫中本聪②(Satoshi Nakamoto)的程序员在一个隐秘的密码学讨论组上贴出了一篇研究报告,阐述了他对新型电子货币——比特币的构想。随后几年,比特币在欧美大热,但迄今为止,比特币的算法和发明人一直没有公开(魏武挥,2011)[44]。

2) 比特币的供给

(1) 挖矿与购买

比特币是一种网络虚拟货币,它不是由中央银行、商业银行或任何机构提供或生产的,它的获得方式和玩电子游戏获得网络积分类似,你既可做“矿工”在网上挖矿,也可做“商人”去购买。“挖矿”的具体方法如下:挖矿者购置一台配有高端显卡(运算能力强)的计算机,下载一个比特币客户端,利用自己计算机的空余性能,运行某种软件,即完成一个特定数学问题的大量的计算。

---

① 说“完成了支付”并不准确,因为买方与发卡机构之间尚遗留结算问题。

② 中本聪可能只是一个代号,因为没人见过他长什么样子,关于他的信息只有那一篇文章。

这个软件运行的时间越长(最好24小时挂机),计算机的性能(显卡)越好,越能帮助你赚取到比特币。它使用遍布整个P2P网络节点的分布式数据库来管理货币的发行、交易和账户余额信息(魏武挥,2011)。

(2) 比特币没有发行者

现实生活中,货币供给量由中央银行控制;Q币这种网络货币也有发行者,即中心节点——腾讯公司。而比特币则不同,它没有发行者,而是整个网络一起创造出来的,速度是每10分钟创造出50个新的比特币(但速度在递减,目前已递减为25个)。

正如我们熟知的,P2P下载没有中央服务器,没有中心节点,也很难找到所谓的源文件,所以,比特币系统里没有货币发行者,它是依靠一个运行规则来控制货币总量的,而不是依靠某个机构的行政权力。这样没有人或组织能够超出规则地增减、没收比特币持有者的比特币。换言之,比特币不存在被权力染指的可能性,因为它的算法机制(货币的产生和分配)是做在软件里的,软件又是开源的,无数双极客的眼睛在盯着它,作弊的可能性很小(魏武挥,2011)。

(3) 比特币有被盗或丢失的可能性

但是,比特币也不是十分安全,它也有遗失、被黑客偷盗的可能性。比特币的遗失是指当比特币的用户丢失了自己的比特币钱包时,就会使其中的比特币退出流通,丢失的比特币与其他比特币一样依然存在于区块链中,但是丢失的比特币将永远处于休眠状态,任何人都无法找到可以再次使用这些比特币的私钥。

比特币被盗是指用户存放在计算机上的比特币由于计算机中了病毒或者被黑客入侵而被盗。曾经有一个存有2.5万个比特币的账户被黑客入侵,并在一个比特币交易平台上低价出售套现。在比特币被盗后,即使失窃者提请公安部门立案或法院审核,由于我国《刑法》规定,盗窃罪犯罪对象必须是具有经济价值的他人财物,而比特币的经济价值只能由交易平台按平台上交易软件显示的价格给予证明,但这种定价有时得不到公安局和法院的认可(2017-01-13,央行调查比特币交易平台真正的目的,比特币狂热背后隐藏哪些"风控杀手"[J/OL])[45]。

(4) 比特币的总量有技术上限

和"P2P下载的人越多,下载速度越快"的情况不同,越多人挂机挖矿,你赚取比特币的速度就越慢。因为系统运行内建的机制会在平均大约每10分钟确认一个区块,每个区块的币值在最初的21万个区块中是50个BTC,到之后21万区块是每区块25个BTC,然后是12.5BTC、6.25BTC,以此类推,区块的总数乘以每个区块的比特币值,就是现存的比特币总数。所以在最初的4年里,会有1 050万个比特币被制造出来,这个数值每4年减半,即在第2个4年中会有525万比特币被制造出来,以此类推。这样比特币的技术上限就是在2140年时达到2 100万货币单位,这种技术上限连设计者都无法改变。

但是,比特币可以被分割成小数点之后8位,因此作为交易媒介是足够了。当前挂机挖矿的人很多,使得普通计算机挂机一年连一个货币单位都赚不到,可能要挖上几年才有50个币(魏武挥,2011)。

◇ 能量棒 1-20-1

四川省已成为全球比特币最大的矿场[46]

现在,个体单独进行"挖矿"越来越困难,于是,许多人组团进行"挖矿",获得比特币后进行分成。据外媒消息,四川省已成为全球比特币挖矿资本最聚集的地方。

全球比特币挖矿资本之所以选择川西地区,是因为比特币挖矿行业的成本包括比特币矿机、电费以及人工,而川西地区不仅有非常廉价的电力,还有低密度的人口和寒冷的气候,对解决矿机噪声和散热问题有先天优势。四川的水电资源非常丰富,在丰水期时电力用不完，一些小型水电站、甚至包括电力公司就与国际挖矿资本合作，它们提供电力，国际资本提供设备和技术合作挖矿。还有一些国内能源公司干脆直接购买矿机，自己开采比特币。

出于节省铺设线路成本以及用电便利性考虑，比特币矿场大多直接建在水电站内部。矿场，在很多人的记忆中是脏兮兮的煤矿，而比特币矿场则全然不同。例如，大渡河某一水电站内的矿场，主体由四个蓝色长厢大棚组成，类似于计算机机房。每一个大棚里存放着7 000台比特币矿机，一共接近30 000台矿机。这些矿机24小时不间断地运转工作，将电能转化为热能，因此厂房建造了风冷系统和水冷系统，棚室内部摆着两台巨大的风扇，把热气流吹向水冷墙。水冷墙是一面庞大的铁丝帘，冷水从上往下流动，每一个铁丝帘洞都挂着水珠，风扇把热气流吹向铁帘，加速水珠的蒸发，从而带走室内的热量，使得室内的温度保持在38℃以下。相比煤矿，比特币矿场无烟低碳，绿色环保，不用质检，没有残品，不用售后服务，没有三角债，现款现货，不喝水不费油，给点电就行。在古老的江河流域，维护着最前沿的区域链文明的运行，所以说这是最酷的生意(2017-06-17，挖矿的矿工都赚疯了，揭秘川西地区的比特币超级矿山[J/OL])。

3) 比特币的实质——一种将“革央行的命”的区块链数字货币

比特币是一种以区块链为核心技术的数字货币，区块链数字货币的特性是“去中心化”。它是计算机网络上的一系列算法的集合，通过算法可以绕过目前银行采用的中央账簿(Central Ledger)的记账方式，直接通过计算机网络对交易进行电子化认证，被认证的对象是加密货币(cryptocurrencies)，比特币就是其中的一种。

去中心化主要表现在区块链中每个节点和矿工都必须遵循同一记账交易规则，而这个规则是基于密码算法而不是信用，同时每笔交易需要网络内其他用户的批准，所以不需要一套第三方中介机构或信任机构背书。其意义在于：解决了没有中央清算机构条件下的结算难题，使其不需要依赖银行账户信息和信用卡就能完成支付过程，从而避开了整个现代金融体系，以及任何形式的监管，因而受到了网上黑市的青睐(徐燕燕，2017-07-26)。

区块链数字货币如果替代了央行的主权货币，则央行就失去了印钞机，将会产生以下后果：通货膨胀、超发货币造成的严重投机炒作将不复存在；流通中的货币量不需要央行调节；货币政策将退出历史舞台；掌管货币政策的央行主要职能将消失等。

2. 比特币的需求

人们对于一种货币的需求来源于它在履行交易媒介与价值储藏手段的职能方面优于替代性货币，那么，比特币在交易媒介与价值储藏手段方面优于现实货币——美元或人民币吗？比特币最初的玩家是一群被称为极客的人。极客就是指对计算机和网络技术有着狂热兴趣，并投入大量时间钻研的人。极客对技术有着强烈的信仰，比特币的早期信徒坚信比特币必然能抗衡主流货币。当然，极客人数非常少。

1) 比特币的交易媒介职能

(1) 比特币是保护卖家收款安全的网上支付工具

比特币在互联网上可作为交易媒介来使用，比特币就是用户在网上的信用积分(online credits)，它又被称为Tokens。用户在网上发生交易时，经加密设计的比特币将自动地通过买方被发送到卖方，以确保不被黑客攻击或人为地制造比特币。

此外，比特币还具有保护卖家收款安全的特殊作用。互联网上的交易几乎都需要借助于金融机构作为第三方来处理电子支付信息，但是，很多商品和服务本身是无法退货的，而金融中介的存在使得支付手段是可逆的，即存在着潜在的退款的可能性(卖家被欺诈的可能性)。

比特币是这样一种电子支付系统，它基于密码学原理，而不是基于信用，使得任何达成一致的双方能够直接进行支付，从而不需要第三方中介的参与，杜绝回滚(reverse)支付交易的可能，这样就可以保护特定的卖家免于被欺诈；而买家则通过通常的第三方担保机制而受到保护。

但是，比特币在现实生活中被作为货币来使用，还是非常不方便的，因为它不是主权货币，没有国家信用支持，人们对其保值增值持怀疑态度，所以它作为交易媒介没有形成网络外部性，这就极大地影响了它的推广使用。比如，现在在淘宝网上，你大约用0.8元的价格可以买到1个Q币，但是Q币能购买的东西或许仅仅是网络游戏中的一把虚拟宝剑。那么比特币能否换来东西？现在已经有一些网络商品接受比特币交易，如图书、音乐、软件等，但这些都是极小一部分极客消费的项目，而对于普通人而言，恐怕连听也没听说过比特币。

不过，越来越多的机构正在接受这一货币。比如，从纽约的梅泽烧烤到加利福尼亚州的豪生大酒店，从富勒顿会议中心到俄克拉荷马州的婚礼蛋糕店，2012年10月，已有超过1 000家商户通过它们的支付系统来接受比特币付款(端宏斌，2013)[47]。但是，2013年后，随着比特币行情的大幅度上涨，它通常被人们用作投资炒作、保值增值的价值储藏手段，或用于黑市的交易媒介，其作为普通交易媒介的职能就更加退化了。

(2) 比特币可被用于非法交易

但是，比特币在交易媒介方面比现实货币更具魅力的一点在于它是技术乌托邦主义者追求的完全不受任何组织、国家管制的货币，因此，除了极客们将它作为正当交易的媒介外，另一类就是见不得光的地下经济(如网络的“黄、赌、毒”)主体愿意用它为交易媒介，事实上，目前全球暗网的黑市交易都在使用比特币等虚拟加密货币。比如，如果你想给维基解密的朱利安·阿桑奇捐款，由于美国政府的压力，汇款无法到达阿桑奇的账户，但是，有了比特币这种不受任何组织、国家所控制的货币单位，捐款就容易多了。因为在比特币网络中，拥有者的身份只以一组加密的计算机代码形式出现，网络只记录了一个比特币是由哪个地址挖出来的、后来又是如何流转的，但这些地址的拥有者身份却无从查实，因此，相关交易就可以轻易地从政府监管的视野中隐形，使得监管者难以跟踪或拦截。

再如资本外逃与洗钱，因为人们购买比特币非常方便，如果预期人民币将贬值的人在国内交易网站将人民币换成比特币，就可以把它转到世界任何地方再出售换成美元，就实现了资本外逃，或者洗钱。据说全球用比特币支付的商业交易每月为2亿美元，估计其中低于50%的交易金额是由赌博和黑市活动创造的。但是在反洗钱制度完善的国家(如美国)，即使将比特币出售换成了美元，要将大额美元存入银行体系，也要被银行向监管部门备案，因此通过比特币实现洗钱或资本外逃，在某些国家也还是有难度的。

◇ 能量棒 1-20-2

暗网黑市交易最爱比特币等虚拟加密货币[48]

1. 暗网最爱比特币等虚拟加密货币

所谓暗网，是指一类经过加密的网站，它们躲藏在互联网深处，普通用户无法访问，只有通过匿名代理工具才能访问。其中一种叫作Tor的代理工具能将用户的网络流量分散到全球各地，以避免用户被跟踪，它接入了3万个暗网，流量占整个互联网流量的0.34%。

由于不受监管，暗网如今已成为了全球广为使用的、隐秘的黑市，充斥着军火、毒品、色情和财务诈骗等非法交易，据卡内基隆大学的一份研究报告显示，犯罪分子在暗网每年获得的利润约为1亿美元。例如，根据欧洲武警组织的一份声明，暗网网站“阿尔法湾”自2014

年创立以来，已累计成交了超过10亿美元，近年来在多个国家发生的毒品和枪支致人死亡的事件中，调查者都发现了暗网在其中的作用。暗网还为恐怖分子提供了招募人员、购买武器等秘密渠道，如“伊斯兰国”“基地”等组织使用暗网招募外国成员，策划发动袭击，其加密信息即使是水平最高的安全机构也无法破解，令各国政府头疼(徐燕燕，2017-07-26)。

虽然各种暗网黑市层出不穷，但它们都有一个共同特点——使用比特币或其他加密货币支付。

2. 案例

(1) 2013年10月7日美国联邦调查局查封了“丝绸之路”暗网黑市网站

2013年10月7日，一个专门以比特币作为交易媒介的、买卖毒品和武器的暗网网站“丝绸之路”被美国联邦调查局查封，该网站29岁的创始人罗斯·乌尔布莱特因鼓励兜售毒品、洗钱、攻击计算机等罪名遭到逮捕并被判处终身监禁。在查抄中，该网站共有2.6万比特币被没收。从创立到被查封，“丝绸之路”中流通的比特币价值约为12亿美元，该网站也因此获得了将近8 000万美元的佣金。由于该网站在2013年出现了有人用比特币雇佣职业杀手的事情，因此被查封。

(2) 2017年7月国际调查部门查封了暗网黑市网站“阿尔法湾”和“汉萨”

“阿尔法湾”与“汉萨”被称为史上规模最大的暗网黑市网站，每月在上面交易的毒品、淫秽物品及武器价值数千万美元。2017年7月4日，国际调查人员关闭了“阿尔法湾”，第二天，其创始人卡兹被泰国当局逮捕关押，美国检方以毒品交易、洗钱、盗用身份等罪名对他进行指控。不过，卡兹在12日羁押候审期间自杀身亡。

在阿尔法湾被关闭后，地下非法交易迅速聚焦到“汉萨”，致“汉萨”交易量激增。2017年7月20日，荷兰等多个国家宣布永久性关闭“汉萨”，其价值200万欧元的比特币被查封(徐燕燕，2017-07-26)。

---

2) 比特币的价值储藏手段职能

(1) 比特币不是法偿货币，不具有价值储藏的功能

比特币作为网络虚拟货币，迄今为止没有被任何一国承认是合法货币，没有得到任何一国的信用支持，但也没有一个国家认定它非法，比特币目前就游走在合法与非法的边缘，成为小众投机工具。因此，官方对比特币作出严格一些的表态时，就会引发其价格大跌；官方对比特币作出宽松一些的表态时，就会引发其价格大涨。从理论上说比特币没有合法身份，也没有任何一个国家的政府信用担保，因此并没有取得价值储藏手段的职能(刘秀光，2014)。不过，中国已于2017年9月开始全面暂停了比特币交易与挖矿。

(2) 通过特定代码来限制存量的加密货币机制并不能有效地保证该货币的稀缺性

通过特定代码来限制存量，这种加密货币机制能否有效地保证该货币的稀缺性还是值得商榷的，因为新的加密机制可能被发明，现有算法可能被篡改，使得加密货币的数量也可能会随之增加。

(3) 比特币面临着技术与信息安全风险

因为虚拟货币依据特定的算法产生，并使用密码学设计来确保货币流通各个环节的安全性。但是，无论是该货币的生成、流转，还是发行主体、投资者的信息、交易，都暴露在互联网环境中，数据风险与信息安全风险相互交织，如果安全系统不够牢靠，互联网固有的黑客风险将会给比特币的交易造成巨大影响，黑客攻击事件会导致比特币交易平台大量数据丢失，造成难以弥补的损失。因此，比特币面临着技术与信用安全风险，极大地威胁到其价值。

例如,2014 年 2 月,全球最大的比特币交易平台 Mt. Gox 价值近 5 亿美元的 85 万个比特币被盗一空,导致 Mt. Gox 宣布破产。Mt. Gox 此前曾因软件编程错误使得数千个比特币丢失,但它并没有吸取教训对自身技术进行改进加固,最终因交易系统存在缺陷而令黑客盗取大量比特币。

(4) 比特币目前的保值增值性来源于对其的投机炒作,并不稳定

虽然比特币并不是价值储藏手段,但是在近些年的投机炒作中其价格扶摇直上,似乎比其他任何资产都能保值、增值,其实这种炒作是基于比特币适于在黑市交易中被用作交易媒介的使用价值,以及由于其供给量固定,它可能成为通货膨胀严重的国家居民心理上认同的保值货币。例如,2016 年在南美的委内瑞拉,由于法币通货膨胀严重,民众选择用比特币保值,甚至进行日常交易,导致比特币需求大增、价格上涨①。而在同时期的印度,比特币交易量也在总理莫迪宣布废钞后的数周内出现激增。

但是,一有风吹草动,比如,当政府对其监管变严时,人们对其的投机热情就会逆转,对其的需求就会下降,导致其价格又大幅度下跌。可见,比特币的价格极不稳定,并不是良好的价值储藏手段,持有和投资比特币存在巨大的风险。

例如,从 2009 年第一批比特币被挖出时到 2010 年年初,比特币根本不值一文,在 2010 年 4 月 25 日比特币首次公开交易时,每币的市场价格仅为 0.03 美元②,但是在 2010 年夏天,它的网上交易价格开始迅速上涨,以 2013 年 7 月 11 日的 87.95 美元来计算,3 年来,比特币的价值翻了 2 561 倍。比特币市场早期的参与者大多是"极客技术宅",当它价格不断走高后,就吸引了一批纯投机的交易者。

2013 年 4 月 10 日,由于塞浦路斯金融危机的解决方式是向存款征税,导致塞浦路斯的一些存款人将其存款转化成比特币,因为政府没办法查封比特币,也就没法向比特币征税。受此事件影响,比特币的交易价格一度上升到了 266 美元,当时,比特币价格如同火箭般上涨的态势使得一切投资手段如股票、债券都相形见绌。再如,美国想查封维基解密的比特币账户,至今都没有成功,这也导致其价格暴涨。比特币的发明者期望这一货币能够替代美元和欧元而成为全球货币。但是,到目前为止,比特币并没有被广泛使用,其最大的用途在于进行匿名的虚拟交易。

但是,紧接着,在 2013 年 10 月 7 日,由于使用比特币交易的毒品买卖网站"丝绸之路"被美国联邦调查局查封,致使比特币价格大幅下挫、价格突然跳水,在 30 分钟内暴跌 60% 到 105 美元,后又反弹到 175 美元附近企稳。2014 年 9 月 29 日的成交价是 382 美元(2017-01-03,比特币一年暴涨 219%,大额套汇不可能[J/OL])。

近年来,在一些本币贬值幅度较大(如 2017 年初的中国、委内瑞拉)或政治不确定性增加时,资本就涌入比特币寻求避险,甚至洗钱,导致其交易量和价格都大幅度攀升。例如,2013 年 11 月,比特币的单价从月初的 1 258 元人民币上涨至月末的 7 222 元人民币,最高曾冲到 8 000 元人民币的高位,但第二个月就随即狂泻到 4 373 元人民币,并持续下跌至最低谷的不到 900 元人民币。随后在 2016 年,比特币在中国又发起了第二轮暴涨行情,单价自 2016 年年初的最低报价 2 351 元人民币一路攀升至 2017 年 1 月 3 日突破 7 489 元人民币,一年上涨了 219%,秒杀国内众多投资品。随后,中国央行对其的监管变严,比特币在中国的价格又大幅度下跌(2017-01-03,比特币一年暴涨 219%,大额套汇不可能[J/OL])。

---

① 自 2016 年年初至 2017 年,委内瑞拉的比特币交易量呈指数式增长,周交易额从 2016 年 1 月 2 日当周的 8.4 万玻利瓦尔(委内瑞拉货币单位)上涨至 2017 年 1 月 2 日当周的 731.3 万玻利瓦尔(2017-01-03,《财新网》)。

② 2010 年 5 月 21 日,一位昵称为 Laszlo 的人在论坛上发帖,想出售 1 000 比特币,要价 50 美元,但没人买,有人愿以价值 25 美元的"棒约翰"比萨优惠券来交易,Laszlo 答应了。按现在的汇率来算,这个比萨价值 77 万美元。

(5) 比特币的市场规模过小，市场价格容易被单个投资者操作

避险资产是指无论市场怎样变化价格都不会发生太大波动的资产，但是，比特币的市场规模过小，市场价格容易被单个投资者操纵。据估计，2017年年底全球比特币市场规模约为2 400亿美元，仍小于黄金、外汇市场的交易规模，因此，黄金、美元显然比比特币更具有避险属性，比特币不是合格的避险资产，更不可能取代法币，或拥有完整的货币属性。当前，比特币只是在一些缺乏投资机会的国家短时间内充当替代性资产，但缺乏长期投资价值，其风险甚至高于普通货币。

3) 比特币价值储藏手段职能掩盖了交易媒介职能——作为货币的悖论

比特币作为交易媒介应该随着人们交易量的扩大及对其需求量的上升而产量不断增加，但它的设计原理使其总量一定，虽然可以把货币单位分割得非常小，足以充当交易媒介，但这会引起通货紧缩。

但日益严重的通货紧缩又使其价值不断上升，根据劣币驱逐良币定律，比特币将退出流通领域，人们将用主权货币作交易媒介。比如，国内首只比特币对冲基金发起人端宏斌说，“我从2011年8月开始支持客户用比特币支付来购买我的电子书，当时的兑换率是1∶100，即1个比特币等于100元人民币。随着比特币价格的走高，没有人再给我支付比特币了，而此前当比特币价格在50元时，我收到的比特币占总数的90%”。(端宏斌，2013)

根据特里芬难题可以看出，比特币也像美元一样，无法完成“既要不断扩大供给量以满足交易媒介的需求，又能保值增值”这样一个货币的两难使命，使得其价值储藏手段职能掩盖了交易媒介的职能。

3. 2016年区块链数字货币已正式进入商业银行与中央银行的研究开发中

2016年，全球四大银行——瑞银、德银、桑坦德和纽约梅隆银行已经联手开发新的电子货币，希望未来能够通过区块链技术来清算交易，并成为全球银行业通用的标准。有报告显示，全球金融行业每年为交易清算付出的成本在650亿到800亿美元，数字货币试图利用新技术改造其后台的清算系统，将提高交易结算效率、节约货币结算的时间成本，以此释放银行在清算过程中被占用的数百亿资金。据说，四家银行还将与英国券商ICAP携手共同向各国央行推销该方案，并计划在2018年年初进行首次商业应用。

在四大行联手的同时，其他国际银行也不甘示弱，倾巨资开发区块链技术为基础的数字货币。比如，在伦敦成立的Setl也计划通过与央行直连的电子货币来清算金融市场上的所有交易。花旗银行已成立类似的“花旗币”项目，高盛已为其“SETLcoin”技术申请专利，该技术可以对交易进行无缝瞬间清算，摩根大通也在进行类似的开发。

同时，美国、英国、加拿大和中国央行都已在着手研究区块链数字货币的潜在利弊，中国央行属下的官方背景机构于2016年年初专门召开了数字货币研讨会，央行行长周小川亲临会议并讲话。目前互联网金融已经向科技金融升级换代，其两大重点领域——区块链技术支撑的数字货币以及智能投资顾问的开发如火如荼，中国也要力争占领先机(余丰慧，2018-09-01)[49]。

◇ 能量棒 1-20-3

中国对比特币的监管

1. 概述

当今世界，除极个别国家对比特币明令禁止外，大多数国家都处于观望态度，也有一些发达国家以积极的态度将其纳入监管体系而启动了有效的监管。

我国监管层对于比特币的态度由开始时的消极正变得更加明确、积极：

(1) 2013年12月，包括央行在内的五部委联合发布了《关于防范比特币风险的通知》，

明确规定各金融机构和支付机构不得开展与比特币相关的业务；规定提供比特币登记、交易等服务的互联网站应在电信管理机构备案；对平台的运作也有相关的要求。比如，要求网站切实履行反洗钱义务，对用户身份进行识别，要求用户使用实名注册、登记姓名、身份证号码等信息(2017-01-13，央行调查比特币交易平台真正的目的，比特币狂热背后隐藏哪些“风控杀手”[J/OL])。

(2) 2017 年 1 月 5 日盘中，比特币最高报价曾达到了 1 250 美元或 8 895 元人民币。2017 年 1 月 11 日，央行上海总部和央行北京营业管理部发布公告，称央行检查组先后进驻了“比特币中国”“火币网”“币行”等比特币、莱特币交易平台，就交易平台执行外汇管理、反洗钱等相关金融法律法规、交易场所管理相关规定等情况开展现场检查，导致比特币价格大跌，“比特币中国”“火币网”“币行”三大交易平台价格一度跌破或触及 5 800 元人民币(2017-01-12，央行突然出手，比特币大崩盘！为了它，大妈、投资客曾“跑步”进场！[J/OL]. http://www.sohu.com/a/124170225_534674)。

(3) 2017 年 1 月 13 日，据《中国证券报》报道，“监管部门近期将继续约见业内人士，讨论设立第三方比特币托管平台，确保比特币交易的安全”，说明中国监管层开始规范比特币交易平台，允许建立第三方托管平台，释放出一种对于比特币的更加积极的信号(2017-01-13，央行调查比特币交易平台真正的目的，比特币狂热背后隐藏哪些“风控杀手”[J/OL])。

(4) 2017 年 3 月 2 日，比特币在中国交易平台上的价格又攀升至历史新高——报价已突破了 7 000 元人民币，折合 1 251.32 美元，首度超过了每盎司黄金价格；与此同时，国际金价创下逾两个月最大单日跌幅。

随后，中国央行公开表态称“比特币非理性繁荣”，并采取了许多实际行动，包括约谈比特币交易所负责人、派驻工作小组进驻平台办公地点、多次公告调查结果等。在 2017 年 3 月短短一个多月的时间内，央行对比特币行业进行了数次整顿，受此影响，中国三家最大的比特币交易所开始收取交易费用，“币行”和“火币网”甚至暂停了提币业务(2017-03-04，比特币价格首超黄金，它真的是避险资产吗？[J/OL]. http://www.cfi.net.cn/p20170303000499.html)。

(5) 2017 年 9 月，中国监管部门对中国的比特币交易平台的监管一改此前的风险提示的做法而突然变得严厉起来，随着监管措施的“靴子落地”，中国的几大比特币交易平台——比特币中国、火币网、OKCOIN 币行等陆续宣布将关停平台，目前中国的比特币交易处于暂停状态。

但是，国际市场上比特币的投机炒作仍在屡创新高。例如，2017 年 11 月，有消息称，美国纳斯达克股票交易市场有目标在 2018 年上半年推出比特币期货，于是在 2017 年 12 月 6 日，比特币的国际交易价格首次突破 1.2 万美元一枚的关口后，在不到 24 小时又接连突破 1.3 万美元和 1.4 万美元两关口，市值已超过 2 400 亿美元。接着又在 12 月 7 日突破了 1.9 万美元大关，24 小时内涨幅近 50%(2017-12-09，张金梁，科技乱谈琴：马云不约饭局，大妈紧盯比特币[J/OL]. https://www.sohu.com/a/209372994_114822)。

可见，比特币的投机仍有市场。对于这种新生事物，我国监管层也希望积累经验、人才和进行研究，因为全球各国都存在着比特币的交易，中国也不可能单方面禁止。况且即使官方禁止了，由于比特币是没有任何一个国家和组织有能力消灭的，中国的比特币交易也会转入地下，导致监管更加困难。

2. 当前我国监管机构对国内的虚拟数字交易平台进行全面清理整顿的原因

1) 虚拟货币交易平台缺乏合法经营牌照

金融监管根据时段划分为事前监管、事中监管、事后监管，市场准入制度是事前监管的核心，而金融牌照即金融机构经营许可证，是批准金融机构开展业务的正式文件。目前金融许可证由银监会、证监会和保监会等部门分别颁发。

金融许可证是市场准入制度的常态表现。然而，当前我国国内的虚拟货币交易平台普遍缺乏相关合法的经营牌照，这就导致虚拟货币交易平台游离于现有的监管体系之外，存在巨大的经营风险（杨东，2017-09-22）[50]。

2）虚拟货币投机过度，在国内引发了传销、诈骗与内幕操纵行为

比特币引发了狂热的投机浪潮，例如，在2017年9月我国监管机构全面清理整顿之前，每个比特币的价格始终在2万至3万元人民币的价格区间内波动。随着比特币的火爆，中国诸多资金开始追逐比特币，大爷大妈们也开始跑步进场，导致我国近年来出现了一些代客进行比特币投资理财的平台。但是，这些比特币或代币交易平台均存在着信息披露不充分，资金没有设立第三方存管①，开发出了一些高风险、杠杆类的衍生产品等现象，有些平台甚至卷款而逃，成为庞氏骗局平台②。

此外，虚拟货币交易常现内幕操纵行为。据资深币圈人士透露："国内的数字货币总盘子都不大，价格极容易被操控。"以元宝网平台为例，国内最热门的几种代币中，NEO日均成交额在6 000万元左右，量子链则在3 000万元，其他多种则在千万元左右；而创新区的10余种代币每种的日均成交额仅为几十万元。投入千万元便可轻易拉高价格，导致暴涨暴跌的情形时常发生，而最终的损失都转嫁到处于信息弱势地位的普通投资者身上（杨东，2017-09-22）③。

3）虚拟货币交易涉嫌洗钱和逃避外汇管制等不法行为

（1）概述

2017年9月4日，央行等六部门联合发布《关于防范代币发行融资风险的公告》（以下简称《公告》），《公告》称ICO（代币）本质上是一种未经监管部门批准的公开融资行为，部分ICO项目涉嫌非法集资、洗钱、金融诈骗、传销等违法犯罪活动，而比特币作为ICO项目使用的交易工具之一，更是难逃干系。换言之，大量ICO项目正是通过比特币与法币、比特币与其他虚拟货币的兑换过程来进行违法犯罪行为。即使脱离ICO项目，比特币本身的交易也可能涉及上述犯罪行为（杨东，2017-09-22）。

---

① 据了解，截至2017年1月，中国的三大比特币交易平台——火币网、比特币中国、币行均没有第三方机构存管其资金。

② 比如，据《北京商报》报道，2017年1月，中国一家名叫"比特币亚洲闪电交易中心"的比特币交易平台代客操盘比特币投资，承诺给投资者固定分红及随时提现，但突然出现兑付危机，似乎携带着投资者的上亿元资金跑路。该平台不像一般的理财公司那样进行线下推广，而主要通过微信群营销，当它跑路时，投资者连其负责人是谁都不知道。"亚闪"的庞氏骗局手法很简单——先给投资者分红，吸引投资者继续投入，等平台吸引的资金量达到一定程度，负责人就卷款而逃（2017-01-12，央行突然出手，比特币大崩盘！为了它，大妈、投资客曾"跑步"进场！[J/OL]）。再如亚欧币骗局，"亚欧币"对外号称是海南跨亚欧网络竞技有限公司旗下的海南中通区块链网络技术有限公司发行的虚拟数字货币，主要用于互联网金融投资，并自称可以作为新式货币直接在生活中使用，属于互联网金融最前沿的领域。投资者购买亚欧币后需经过250天的冻结期，方可交易或提现。跨亚欧公司以"三级代理、三级分销"层级作为运营模式，通过"拉人头"的方式发展会员，收缴入门会员费，并按照发展会员的数量、收取资金数额的大小划分层级和作为返利依据，引诱参与者继续发展他人参加，骗取财物，属于典型的传销行为（杨东，2017-09-22）。

③ 比如，因为比特币交易平台允许自交易，平台就可以设立一个账户，将其设定为只接受某一区块链地址的交易对手，实际上该地址的交易对手就是该账户本身，然后挂一个程序在这个账户上进行高频"对倒"，造成交易的假象，但实际上并没有发生比特币的转移。或者平台设立两个账户，实际上它们之间在进行高频对倒。因此，平台就可以利用这种虚假交易操纵价格，使价格波动，使投资者受损（2017-01-13，央行调查比特币交易平台真正的目的，比特币狂热背后隐藏哪些"风控杀手"[J/OL]. http://www.360doc.com/content/17/0223/09/36864145_631318854.shtml）。

中国比特币交易量占到全世界的90%，比特币的火爆完全是由中国吹起来的，为什么比特币在中国如此火爆？就是因为近年来，由于中国进行资本管制防止人民币贬值预期下的资本外逃，以及打击贪污腐败，使得大量的资金无法离开中国流向境外。于是这些资金就大量选择了比特币交易来进行洗钱和外流，目前中国的比特币交易已成为一条庞大的洗钱和资本外逃的通道(2017-01-13，央行调查比特币交易平台真正的目的，比特币狂热背后隐藏哪些"风控杀手"[J/OL])。

(2) 如何利用比特币实现资本外逃与洗钱？

根据我国《刑法》的规定，洗钱罪的行为包括以其他方式掩饰、隐瞒犯罪的违法所得及其收益来源和性质。由于比特币交易是匿名的，洗钱者、资本外逃者选择中国的比特币交易中心开户，然后汇款进账户，购买比特币，再将买入的比特币从国内的比特币交易中心转到比特币钱包中(这种比特币钱包是区域链接，目前不受任何监管)，接着再到国外的比特币交易平台卖出比特币，换成美元，然后取出美元，整个交易过程就完成了。就连2015年做空中国股指期货的俄罗斯天才投机家也是选择比特币交易所将资金转移到中国境外的，只不过还没有完全转移出去，只是转移了一部分，就被中国司法机关逮捕了。可见，比特币容易沦为洗钱与资本外逃的工具(2017-01-13，央行调查比特币交易平台真正的目的，比特币狂热背后隐藏哪些"风控杀手"[J/OL])。

(3) 中国加强了对比特币交易所洗钱与资本外逃行为的监管[51]

但是，在国家对比特币平台监管加强之后，利用比特币平台洗钱或资本外逃就不容易了，因为：

① 根据监管要求，国内各比特币交易平台都要对用户进行反洗钱审查，洗钱者需要在比特币交易平台上实名制开户，再用人民币购买比特币，而平台发现有异常交易，就会主动向监管部门举报。

② 上述洗钱与资本外逃渠道只适用于小额资金，并不适用于大额资金，因为美国等国对于将比特币出售后的提现、或去银行开户、转账也有比国内更加严格的监管要求。

不难发现，借记卡上的存款与支票存款一样应算作货币，而贷记信用卡的信用额度与透支额度不能真正履行交易媒介的功能，因此不能算是货币。虽然你可以刷卡"付账"而购买商品，但这里的"付账"仅仅是确立了你与发卡机构间的一种消费信贷、债权债务关系，到月底你收到信用卡账单时，还得用现金、活期存款或支票来支付。

因此，流通中的现金、企业与单位在银行的支票存款，以及人们在转账信用卡上的存款都算是交易媒介(货币)，但与下面的价值储藏手段的货币本质观比较起来，这只是一种狭义的货币度量方法，称为狭义货币 M_1。

(二) 价值储藏手段的货币本质观

1. 为什么要将货币的本质视为价值储藏手段？

除了流通中的现金、企业与单位在银行的支票存款以及人们在转账信用卡上的存款(狭义货币 M_1)以外，储蓄存款是否算货币呢？储蓄存款不是交易媒介(如商店不收存折，买东西之前要将活期储蓄存款转化成现金)，它是价值储藏手段，按照交易媒介的货币本质观来看，储蓄存款不是货币。

但是我们分析货币的一个重要目的是看人们手中的货币对商品市场的压力，因为人们手中的货币多了就会去买东西，钱多物少就造成经济过热、通货膨胀；钱少物多就造成经济萧条、通货紧缩，这些都是政府最为关心的问题。M_1 构成对商品市场的直接压力，储蓄存款不构成直接压力，相反，储蓄存款的增加是减少购买力的因素。

但储蓄存款是潜在购买力、潜在总需求，被称为“笼中虎”，它很容易转化成狭义货币，是将来的交易媒介。因此，在分析对商品市场的压力以及总需求与总供给的关系时，不仅要考察狭义货币，还应关注储蓄存款这种价值储藏手段。但容易转化成现金的不仅是储蓄存款，短期政府债券等流动性强的资产也是如此。在考察货币时，如果将储蓄存款及其他流动性强的资产也包括进来，其实是认为货币的本质是价值储藏手段，这就是价值储藏手段的货币本质观。

20 世纪 60 年代以前，交易媒介的货币本质观被大多数经济学家所接受。20 世纪 60 年代以后，美国货币主义学派代表人物米尔顿·弗里德曼开始倡导价值储藏手段的货币本质观。但是狭义货币不仅具有交易媒介功能，还具有价值储藏功能，因此，价值储藏手段的货币本质观认为“货币”这一概念在狭义货币之外，还应包括一些履行价值储藏手段的流动性资产，因此形成了广义货币 M_2、M_3 等。

2. 价值储藏手段的货币本质观的实用性

作为交易媒介的物品也能充当价值储藏手段，但充当价值储藏手段的物品却不一定能发挥交易媒介的作用，因此，货币的定义应是交易媒介 M_1。虽然这个概念很严谨，但弗里德曼的概念更实用，正如他说过的：“定义货币不应从原理出发，而应以实用性为基础。”尽管大多数经济学家坚持交易媒介的货币本质观，但极少有人否认货币层次划分的实用意义。

在考察货币供给时，如果将这些资产全部混在一起，不加以区分，就不能区分商品市场的现实购买力与潜在购买力。因此，我们需要宽紧程度各不相同的货币的定义，以适应不同的情况，这就是在价值储藏的货币本质观下进行货币层次划分的依据。

二、货币供给（货币供应量）的层次

（一）M_0

我国目前的货币供给量划分和统计口径基本上执行的是 1994 年的标准。根据中国人民银行 1994 年印发的《中国人民银行货币供给量统计和公布暂行办法》的通知，我国的货币供给量被划分为 M_0、M_1、M_2、M_3，各层次内容如下：

M_0＝扣除了商业银行库存现金后的流通中的现金

由于我国在消费品购买中广泛使用现金，因此，我国还在统计这个指标。但西方国家使用支票、信用卡已相当普遍，在美国所有完成交易的价值总额中，估计仅有 1% 是用现金交易的，而 99% 是用支票账户的转账来实现的，没必要统计 M_0，因此现在已基本不用这个概念了。

（二）M_1

M_1＝M_0＋企业与机关、团体、部队的活期存款（可开列支票的存款）＋个人持有的转账信用卡存款

（三）M_2

我国央行于2001年将证券公司的客户保证金①纳入M_2统计，又于2011年将住房公积金中心的存款和信托公司、财务公司、保险公司、基金公司等非存款类金融公司在存款类公司的存款纳入M_2的统计，至此，M_2的统计范围如下：

$M_2=M_1+$企业、机关团体部队与居民的储蓄存款（包括活期储蓄存款与定期储蓄存款）+其他金融性公司存款

M_0、M_1被称为狭义货币；M_2及以后可能会出现的M_3，M_4等被称为广义货币；从M_0、M_1到M_2，范围越来越大、内容越来越多，但流动性却逐渐减弱。M_2，M_3，M_4减去M_1的部分均被称为"准货币"。

当前我国M_1中主要包括现金、企业的活期存款与机关、团体的活期存款（支票存款），2015年年底M_1中的现金、企业活期存款与机关团体活期存款的占比分别为16%、44%、40%；M_2的非M_1部分（准货币）包括企业定期存款、居民储蓄存款、机关团体定期存款以及其他存款，其他存款中非银金融机构的存款占比超过80%（高善文，2016-08-17）[52]。

能量棒 1-21

我国 M_3、M_4 及社会融资规模

1. 一个对比：美国货币供给量的划分

美国自20世纪70年代以后，面对各种信用工具不断增加和金融状况不断变化的现实，先后多次修改货币供给量不同层次指标，20世纪80年代公布的情况是：

$M_{1A}=$流通中的现金+活期存款

$M_{1B}=M_{1A}+$可转让存单+自动转账服务存单+信贷协会股票+互助储蓄银行活期存款

$M_2=M_{1B}+$商业银行隔夜回购协议+欧洲美元隔夜存款+货币市场互助基金股票+储蓄存款和小额定期存款

$M_3=M_2+$大额定期存单（10万元以上）+定期回购协议+定期欧洲美元存款

$L=M_3+$银行承兑票据+商业票据+储蓄债券+短期政府债券

2. 2011年中国人民银行征求意见稿中建议创设的M_3、M_4

1）M_3、M_4是什么？

由于我国在商业银行之外还存在着其他接受存款的金融机构，比如信用合作社、邮政储蓄系统等，这些非银行金融机构不能接受可开列支票的存款，但能接受储蓄存款和定期存款，这些存款与商业银行的储蓄存款、定期存款没有本质区别，都具有较高的货币性，因此，2011年，人民银行拟定了一份征求意见稿，拟编制和公布更大口径的货币供给量M_3、M_4以及"社会融资规模"的

① 我国从2001年起将证券公司的客户保证金纳入M_2中。证券公司客户保证金就是客户炒股票的资金，证券公司先在某家商业银行开立客户资金法人存管账户；股民炒股先要在某证券公司开户，证券公司给客户一张股东卡，随后其主办存管银行便会让客户去办理该行的银行卡，以便进行日后炒股的银证转账。具体来说，如果你购买了某种股票，需通知银行进行银证转账，转出这笔资金给你的交易对手，而你的交易对手卖出了股票，需收到你的资金，于是证券公司就将这些证券过户，资金结算交收业务交给证券交易所下属的证券结算公司这个中介机构办理。证券结算公司是指专门为证券交易办理存管、资金结算交收和证券过户业务的中介服务机构。我国目前上海、深圳两个证券交易所各自具有自成体系的结算系统，证券存管、结算与交收分别由上海证券中央登记结算公司和深圳证券结算公司来承担，并通过净额结算方式在成交后的次一工作日完成资金的划拨和证券的交收。证券结算公司先和证券公司结算，然后证券公司再和客户结算。

统计数据。其中，M_3 将反映所有吸收存款的公司向实体经济提供的流动性，即将“存款性公司概览”中未被纳入 M_2 的各类存款计入 M_3 中，即：

$M_3=M_2$＋商业银行中的企业与居民非储蓄类的其他存款＋其他金融性公司接收的存款

具体来说，即：

$M_3=M_2$＋银行理财资金＋外汇存款＋地方财政存款＋委托存款＋其他金融性公司存款＋住房公积金存款

而建议中的 M_4 将反映全体金融机构（包括中央银行）向实体经济提供的流动性，即：

$M_4=M_3$＋金融部门发行的非存款类负债与权益凭证

具体来说，即：

$M_4=M_3$＋回购协议＋实体经济部门持有的金融债券（含央行票据）＋权证及资产支持证券＋证券投资基金＋银行承兑汇票＋信托投资计划＋保险技术准备金＋金融公司发行的股票及股权

但是，目前我国暂不编制 M_3、M_4 这两个层次的货币供给量。

2）创设 M_3 的背景——存款货币银行之外的存款规模越来越多

目前随着金融自由化的发展，我国 M_2 与 M_3 的差异越来越大①，反映了 M_3 中的非 M_2 部分——存款货币银行之外的“特定存款机构”的存款越来越多。特定存款机构指接受有期限限制、金额限制和特定来源的存款的特定存款金融机构，包括信托投资公司、金融租赁公司、财务公司、住房信贷银行和外资银行等。如果只考察 M_2 的增长率，就可能会低估货币扩张的真实水平，即 M_3 的非 M_2 部分也是制造通货膨胀或资产泡沫的“笼中虎”。

3. 社会融资规模

1）社会融资规模的概念

中国央行在 2010 年 12 月 24 日首度公开提出“社会融资规模”的概念，并于 2011 年开始按季向社会公布社会融资规模指标，从 2016 年起改为按月公布。

随着我国多层次金融体系建设的推进，银行信贷已不再成为我国企业和居民融资的唯一渠道，未被纳入银行体系的融资就被称为“社会融资”，这是一个具有有中国特色的名词，是指企业通过发行股票、债券融资，以及向基金、证券公司、保险公司融资等的直接融资，也包括类似银信合作产品这样的表外信贷。

具体来说，社会融资规模是指一定时期内实体经济（包括非金融企业和家庭）从金融体系获得的全部资金总额，其中的金融体系为整体金融体系，从机构来看，包括银行、证券、保险等机构；从市场来看，包括信贷市场、债券市场、股票市场、保险市场和中间业务市场等；从融资工具来看，包括人民币各项贷款、外币各项贷款、委托贷款、信托贷款、银行承兑汇票、企业债券、非金融企业股票、保险公司赔偿和保险公司的投资性房产、特殊目的实体等影子银行对企业的融资等内容（曹新，2015）[53]。

可见，社会融资规模不仅包括间接融资，也包括直接融资及表外业务、影子银行的融资，相当于巴塞尔委员会提出的“广义信用”——即实体经济部门债务（含股权融资）资金的所有来源，这些融资一方面表现为向实体经济融资的银行与非银行金融机构的资产，这些资产总和即社会融资规模；另一方面表现为这些金融机构的负债，这些负债的总和超过了 M_2 的层次，可称其为社会的“整体流动性”。

① 比如，据《财经》记者报道，2006 年高盛亚洲经济学家梁红发表研究报告称，该年第二季度以来，中国 M_3 保持着前期的整体扩张势头，而 M_2 增长率却一直在逐步放缓。到 2007 年 4 月，M_3 和 M_2 之间的增长率差异扩大到了 2.1 个百分点。

具体说来，社会融资规模包括以下内容：

社会融资规模＝本外币各项贷款＋委托贷款＋信托贷款＋银行承兑汇票＋企业债券＋股票＋外商直接投资＋外债

2）社会融资规模遗漏了什么？

但是，社会融资规模也遗漏了一些可能对实体经济产生影响的融资，比如：

(1) 商业信用(赊销、商业汇票)、民间融资、典当融资、私募股权和对冲基金等融资性非金融机构的融资也构成了社会融资的一部分，但社会融资规模未统计这些指标。

(2) 在2015年中国股灾中，央行通过增发基础货币的方式贷款给证金公司购买股票救市，必然引起多倍存款货币的创造，其中不排除证金公司用央行的贷款从某股民手中购买了某种股票，该股民将这笔钱用于实体经济的投资或消费的可能性，但是社会融资规模也没有统计这个因素。

(3) 社会融资规模未将外部资金的输入因素考虑进去。在开放条件下，外部资金通过经常项目和资本项目以及境外上市等途径输入国内，对国内的社会融资规模与货币供给量构成较大的冲击。比如，2006年后中国的双顺差是造成国内货币供给量过盛、流动性过盛的重要因素(曹新军，2015)。

社会融资规模也没有考虑跨境收付款与结售汇对经济的影响。在人民币下跌趋势中，经济主体将人民币坚挺时兑换的美元，在人民币下跌后又兑换成人民币，将迫使银行创造出更多的人民币，这些新增的人民币不排除有流向实体经济投资与消费的可能性，而社会融资规模并没有涵盖这种兑换收益可能产生的融资(季天鹤，2016-06-19)[54]。

(4) 社会融资规模未将国债等中央政府融资活动纳入。国债是非金融部门最大的融资品种，尽管国债不是货币政策的调控对象，但与货币政策息息相关，因为国债发行量影响着利率水平(曹新军，2015)。

3）社会融资规模与货币供给量是同一硬币的两个方面

在中国央行推出社会融资规模概念的初期，有人认为社会融资规模是货币供给量统计口径的扩大，这是不严谨的，因为社会融资规模与货币供给量是同一硬币的两个方面——货币供给量体现为金融机构对实体经济的负债，而社会融资规模则体现金融机构对实体经济的资产。比如，一家商业银行给一家企业贷款1 000万元，就同时形成了这家银行的资产(企业贷款1 000万元)以及负债(该企业在该银行的存款1 000万元)。因此，社会融资规模和货币供给量分别反映了金融机构资产负债表的资产方和负债方，是一个硬币的两个方面。

4）社会融资规模被认为是对现行货币供给量M_2的扩大

但是，由于我国创设的最广义的货币就是M_4，而M_4不包括非金融企业发行的股票、债券等，这些金融工具的规模主要代表着我国的直接融资规模。如果将这部分称为"社会融资"所对应的非金融企业负债加到M_4上，与之对应的资产方统计口径就是"社会融资规模"。因此"社会融资规模"会被人误认为是对现行货币供给量统计口径M_2的扩大。

5）社会融资规模被用作货币政策的中介目标①

为什么要统计社会融资规模？统计社会融资规模是为了将社会融资规模与货币供给量一起列为货币政策的中介目标，是为了弥补货币供给量作为中介目标的不足。

(1) 我国货币政策中介目标的沿革

中国人民银行自1993年专门履行央行的职能后，以"贷款规模"作为货币政策的中介目标；1994年起，央行按季度向社会公布货币供给量分层次监测指标；1995年，央行尝试将货币供给量

① 这部分内容可放在第七章"货币政策"中学习。

纳入货币政策目标体系；1996年起，货币供给量正式作为货币政策中介目标；1998年后，采取以货币供给量为主、贷款规模为辅的中介目标体系；2011年起，央行按季度公布社会融资规模数据，将社会融资规模作为货币供给量的有益补充(曹新军，2015)。

(2) 目前央行将社会融资规模与 M_2 作为同时考虑的货币政策中介目标

① 社会融资规模代替新增人民币贷款作为货币政策中介目标的原因

我国货币政策一直以 M_2 和新增人民币贷款作为中介目标，但随着我国直接融资与金融机构的表外业务规模越来越大，新增人民币贷款占社会融资规模的比例不断下降①，而新增人民币贷款以外的融资规模占全社会融资规模的比例不断上升②。因此，传统的货币政策中介目标——新增人民币贷款与最终目标的相关性在下降，在此背景下，我国央行自2011年开始正式公布社会融资规模指标数据，作为货币政策中介目标之一(曹新军，2015)。

并且，由于股票、债券等金融工具通常都有发达的二级市场，它们在某种程度上也可被其持有者视为能够变现的流动性资产，如果变现就可能造成通货膨胀，因此在防止通货膨胀时期，唯有“社会融资规模”才能准确衡量我国的“笼中虎”到底有多大。

对此也有反对意见，例如，认为当前不可忽视银行信贷总量的重要性。因为尽管在银行信贷之外有很多其他社会融资，但这些资金(如进入股市的资金等)又跟银行贷款有着千丝万缕的联系，社会融资规模像一个装满水的游泳池，而银行贷款则像其进水管，M_2 在很大程度上反映的就是银行贷款量。因此，控制信贷规模依然能显著收紧流动性。

② 用社会融资规模替代货币供给量 M_2 的原因

a. 我国的现实原因

近年来在我国，货币供给量 M_2 作为货币政策中介目标与最终目标的相关性在下降，因为货币需求中的家庭与企业的预防性、投机性需求随着货币供给的增大而增大，使得货币政策传导失效。而社会融资规模认为货币供给量 M_2 与最终目标的相关性更大，因为家庭与企业融资通常会用于实体经济的消费与投资，因此货币当局从社会融资规模中更能看出该国的投资与消费形势。

b. 理论根据——货币政策传导的货币观点与信用观点

用社会融资规模来补充或替代货币供给量作为货币政策的中介目标，源于货币政策传导的“信用观点”，与“信用观点”对立的则是货币政策传导的“货币观点”。

如果商业银行等金融机构响应或传导了央行货币政策，则其资产与负债两方面都可以体现其对实体经济的融资变化。比如，假设央行实施扩张性货币政策，在公开市场上购买国债、投放基础货币。由于这种国债价格较高、有利可图，因此某商业银行向央行出售了一笔国债，得到了

---

① 近年来我国的融资呈现出以下特征：(1)直接融资规模迅速扩大。例如，2010年我国企业债和非金融企业股票融资分别达到了11 986.8亿元和5 787亿元，分别是2002年的37.3倍和9.6倍。(2)非银行金融机构的作用显著增强。2010年我国证券、保险类金融机构对实体经济的贷款达到了1 977.16亿元，是2002年的15倍。(3)金融机构表外业务明显扩张。比如，2010年我国实体经济通过银行承兑汇票、委托贷款和信托贷款，融资规模分别达到了23 260亿元、11 273亿元和3 865亿元。2002年我国新增人民币贷款以外的融资规模为1 612.1亿元，占同期社会融规模的8%，而到了2010年，我国新增人民币贷款以外的融资规模达63 358.8亿元，占同期社会融资规模的44.4%(程国平，刘丁平，2014)。

② 信贷之外的社会融资规模到底有多大？瑞银2011年发布的研究报告称，2010年我国新增人民币贷款7.95万亿元，远超出年初制定的7.5万亿元的信贷目标。但这并未展现出问题的全貌，如果算上债市、股市、信托等融资方式，全社会融资额已超过10万亿元，流动性的泛滥有增无减。另外，多家机构统计表明，2010年中国债券市场“非金融信用债”发行总量高达1.59万亿元，A股总募资金额达到10 016.32亿元，信托类贷款则在2010年增长了2.06万亿元。加总上述数据，瑞银首席经济学家汪涛提出，2010年，中国除银行信贷外的社会融资额合计已达4.65万亿元，与银行新增信贷之比则达58%。

一笔超额准备金,并用其向企业发放贷款,因而在该行的资产方贷款增加了;相应地在负债方,该企业的存款也增加了,而企业存款是货币供应量 M_1、M_2 的组成部分,这表明货币供应量增加了,可见,资产方与负债方都等额增加了。再如,假设商业银行通过某证券公司的撮合,购买了某企业持有的国债,则在该行的资产方国债增加了,相应地在负债方,该企业的存款也增加了(盛松成,2012)[55]。

货币政策传导机制的理论可分为货币观点(负债方)和信用观点(资产方)两大派。货币观点强调负债方的变化,认为只要商业银行负债方增加,即货币供给增加,就会引起经济扩张。而负债方的货币增加是由于资产方的非货币金融工具——债券增加引起的,货币观点以 IS-LM 模型为基础,将金融资产仅分为"货币"与"债券"两类,将所有贷款、债券、股票、消费者信用、商业票据等金融工具均归为"债券",货币观点假设这些金融工具之间是完全替代的。也就是说,各种资产的增加对于经济的影响完全相同,因而忽略资产方,即忽略引起货币供给的原因。

但事实上,金融工具间并不是完全替代的。比如,在上例中,尽管银行增加 1 000 万元对企业或家庭的贷款与购买 1 000 万元企业、家庭持有的国债,都能使货币供应量在第一轮货币创造过程中增加 1 000 万元,但企业和家庭在得到银行贷款时,更有可能扩大投资与消费;而在出售证券给银行时,更有可能将这笔收入储蓄起来,而不是扩大支出。因此对经济的影响是不同的,这就是货币观点存在的缺陷之一。

由于货币观点存在着缺陷,因此,从 20 世纪 50 年代起,经济学家陆续提出并最终形成了货币政策传导的信用观点,认为以货币为代表的负债方不能全面体现货币政策对实体经济的影响,由于商业银行的资产间并非完全替代,因此,贷款、债券等各种资产的变化更能反映货币政策对实体经济的影响。比如,央行为实行扩张性货币政策而在公开市场上向商业银行购买国债,商业银行出售国债,增加了超额准备金,如果只是用于向家庭、企业或其他金融机构购买证券,而不是对家庭、企业进行贷款,则经济中总需求可能并不会扩大。再如,在扩张性货币政策中,如果商业银行对中小企业贷款的增加比持有的国债更多的话,就更能促进经济复苏(盛松成,2012)。

可见,我国央行统计社会融资规模指标以补充或替代货币供给量指标,正是体现了货币政策传导的信用观点。

c. 社会融资规模与最终目标的相关性也不大,社会融资规模也有传导梗阻

在弗里德曼提出用货币供给量作为货币政策中介目标时,人们物质生活匮乏,新创造的货币都被用于消费与实体经济的投资,如果此时供给侧产能很容易扩大,则对商品的全面购买就将转化为产出的增加;如果供给侧产能有限或不容易扩大,则对商品的全面购买就转化为通货膨胀。无论供给侧产能情况如何,只要人们有了钱就购物,则货币供给量就适合作为货币政策的中介目标,这也就是弗里德曼提出的货币供给量作为中介目标的理由,或者说在人们物质匮乏的时期,弗里德曼的传导渠道是通畅的。

但目前人们的物质匮乏已经结束,当经济萧条时,即使企业或家庭融到了资金,也可能并不进行投资或消费,而是直接将资金投入金融市场进行保值增值,其实质就是金融投机,这部分货币需求就是投机性需求。或者如中国这样,随着货币供给量的不断增加,部分货币被人们储蓄起来以应对未来的支出(如积累购房首付款),意味着人们的预防性货币需求在增加。例如,银行给企业贷款,但企业用贷款炒股,实体经济并没有增加投资,这意味着货币需求随着货币供给的增大而增大,因此即使用社会融资规模作中介目标,货币政策的传导梗阻仍未消除。

③ 其他方案——用 M_3 作中介目标也不现实

用 M_3 作中介目标也不现实,原因是:首先,M_3 比 M_2 增加了股票和债券资产,但中国股价指数波动过大,市场尚不成熟;其次,需要有一套完整的计量模型证明 M_3 和中国经济正相关,目

前还没有完善的研究；最后，中国的股票和债券在总的金融资产中所占比例还很低。

4. 我国货币供给量统计的其他规定

1）我国货币供给量统计的机构范围

对我国金融机构的分类依据的是其职能、货币政策对其影响的程度以及其对经济的重要性，分类不以金融机构名称为依据。1994年，我国的金融机构可作如下分类。

（1）货币当局，即中国人民银行——中国的中央银行。

（2）存款货币银行：指可以用支票转账并以此实现支付功能的金融机构，主要是指商业银行。鉴于我国金融业的现行规定，我国将所有接受活期存款（可列支票存款）作为其负债的金融机构都列为存款货币银行，包括专业银行、商业银行、合作银行、信用合作社和中国农业发展银行。

（3）特定存款机构：指接受有期限、金额限制和特定来源的存款的特定存款金融机构，包括信托投资公司、金融租赁公司、财务公司、住房信贷银行和外资银行。

（4）非存款金融机构：主要包括保险公司、证券公司和养老基金会等金融机构。政策性银行中的中国进出口银行和国家开发银行，也是一种专项资金的营运机构，不吸收存款，不办理支票业务，属于此类金融机构。

2）我国货币供给量的统计方法

（1）将列入货币供给量统计范围的金融机构的资产负债按上述四类金融机构分类法，分别编制和汇总为中央银行资产负债表、存款货币银行资产负债表、特定存款机构资产负债表、非存款金融机构资产负债表。

（2）中央银行资产负债表与存款货币银行资产负债表合并形成货币概览。

（3）货币概览与特定存款机构资产负债表合并形成银行概览。

（4）银行概览与非存款金融机构资产负债表合并形成金融概览。

（5）货币供给量在银行概览中统计（只统计到M_2）。

目前，非存款金融机构资产负债表和金融概览暂不编制。

3）我国货币供给量的公布

（1）货币供给量按季度公布，公布时间为公布数据季后第一个月下旬。

（2）公布内容为上述各资产负债表和概览，各数据表分期末余额和比上年同期增长比率（同比增长率）。

（3）货币供给量公布的同时，要结合金融运行情况对货币供给量进行分析。

（4）货币供给量数据和金融运行分析须经业务主管行长审批，才能见诸公开出版物和新闻媒介。

（5）中国人民银行授权《金融时报》发表各层次货币供给量的余额和增长比率、货币运行述评，《中国人民银行季报》发布各资产负债表和概览。

三、考察货币层次对于宏观调控的意义

（一）M_1 增长率通常代表着现实的通货膨胀、通货紧缩状态

宏观调控的目标是使总需求等于总供给。总供给可被视为待售的商品和劳务（物），总需求可被视为用于购买这些商品和劳务的货币（钱），这些货币履行的是交易媒介的职能，应该表现为狭义货币。当治理通货紧缩时，如果政府不提供足够多的M_1，就不能将市场上待售的商品和劳务买完，意味着总需求不足，经济中将产生通货紧缩、衰退等现象。根据凯恩斯的需求管理理论，政府应实行扩张性的财政、货币政策以治理通货紧缩问题。

比如,我国自1996年下半年开始意识到总需求不足至2003年,连续几年实行了扩张性(积极的)的财政、货币政策,向通货紧缩开战。而在1998—2000年通货紧缩最严重的时期,我们发现扩张性货币政策使得货币供给量持续增加,但总需求不足、通货紧缩的现象仍未得到明显改观。比如,CPI在1998年是－0.8%,在1999年是－1.4%,即扩张性货币政策效果不佳,那么,此时应“大水漫灌式”地增加货币供给量吗?

我们可从货币层次划分上看出问题的症结所在:由于M_1代表着现实的总需求,而这段时期M_1的增长幅度不大,因此,初看起来,似乎应继续扩大货币供给量以增加总需求。如果不划分货币层次,我们就只知道货币已经在增加了,却无法解释为什么总需求没有明显增加。划分层次之后,就知道总需求只对应着货币中的一部分即M_1,这是考察货币层次划分对于宏观调控的第一层意义。

(二) M_2增长率通常代表着潜在的通货膨胀、通货紧缩状态

但在1996—2003年的通货紧缩期间,M_1增长率低、M_2增长率高,说明居民增加了收入后并没有用于消费,而是用于储蓄存款、证券投资等。M_2所代表的储蓄不是增加现实的(或者说当期的)总需求的因素,而恰恰是减少现实总需求的因素,因为购买力被储存起来了,即变成了所谓的“笼中虎”。但由于M_2的增幅较大,不应该再“大水漫灌式”地实行扩张性的货币政策了,因为M_2虽然不是现实的总需求,但很容易转化为M_1,因此是潜在的总需求。一旦老百姓把定期存款全部取出来用于购物,就会构成严重的通货膨胀,因此,M_2增幅较大是潜在的通货膨胀威胁。M_1增幅较小而M_2增幅较大,说明我国当时在面临着通货紧缩的同时,又面临着潜在的通货膨胀威胁。这是考察货币层次划分对于我国宏观调控的第二层意义。

(三) M_1、M_2增长率背离的现象

M_1,M_2增长率有时并不是齐涨齐跌,而是会你快我慢、发生背离,这种背离通常揭示了经济生活中当前(或短期内)与将来(或长期内)一般物价水平的相反的变动形势。

◇ 能量棒1-22

M_1、M_2的剪刀差——两者增长率背离的现象

近年来我国经常出现M_1、M_2的剪刀差,即两者增长率背离的现象,反映了货币政策调控面临着复杂的现实情况,举例如下所述。

1. 2008年次贷危机爆发后M_1增长率低、M_2增长率高的现象

无独有偶,不只是1996—2000年的降息周期内M_1增长率低、M_2增长率高,2008年下半年美国次贷危机爆发后,中国面临着外需迅速萎缩、造成产能过剩的经济危机,综合反映物价水平的消费者物价指数CPI和生产者价格指数PPI双双同比下降,CPI、PPI在2009年5月同比分别下降了1.4%和7.2%,M_1增长率下降。

但在物价水平相对走低的同时,由于应对危机的扩张性财政政策和扩张性货币政策的双管齐下,自2009年年初以来,中国经济中出现了流动性过剩的局面,表现为M_2增长率上升、股市、楼市价格回升,资产价格泡沫隐隐出现①。因此在2009年六七月间中国已普遍形成了通货膨胀

① 至2009年7月,上证综指已突破3 000点大关,但与上一次3 000点相比,此次上市公司的平均盈利只有当时的80%。

预期，又呈现出了在现实通货紧缩的同时又有潜在通货膨胀威胁的局面。

2. 2013年中国经济复苏时的 M_1 增长率高、M_2 增长率低的现象

2013年，即次贷危机后的第5年，中国经济逐渐复苏。8月末，M_2 余额为106.12万亿元，分别比上月末和上年同期高0.2个和1.2个百分点；M_1 余额为31.41万亿元，分别比上月末和上年同期高0.2个和5.4个百分点。M_1 增速回升幅度大于 M_2，是因为企业活期存款增加，这体现了企业实体经济投资有所上升。而由于人民币升值到位的预期增强，外资开始撤离①，外汇占款自2012年第4季度增速逐月减少，甚至还出现负增长，这就导致我国 M_2 的增速较小。

3. 2015年10月日本货币政策的两难

日本2015年8月消费物价指数28个月以来首次同比下滑，M_1 增长率不高，显示通货紧缩仍在持续。为此，日本央行正以每年80万亿日元的规模购入长期国债以投放基础货币、扩大货币供给量(这被称为“放水”)，从而治理通货紧缩，但这将使日本面临潜在通货膨胀威胁，就连日本政府内部也有人担心追加放水会导致 M_2 增长率过高，使日元进一步贬值，从而导致物价上涨(通货膨胀)。而通货膨胀的发生，将使消费难以如安倍经济学所期望的那样回暖，因此，货币政策在到底要不要扩大货币供给量问题上遇到了两难，日本央行已到了力不从心的地步(2015-10-04，安倍经济学陷困境，日本专家：日本经济取决于中国[J/OL])[56]。

4. 2015年后中国 M_1 增长率高、M_2 增长率低、经济增长率低并存的现象

1) 剪刀差现象

从历史经验来看，由于我国 M_1 主要由企业活期存款构成，经济复苏时，企业的支付结算和投资需求增加，因此会增加活期存款的持有，则 M_1 的增速也会提高，即我国经济上行期往往伴随着 M_1 的高速增长。然而自2015年年初以来，我国 M_1 增速持续提高，而同期经济增长速度却没有明显回升；并且 M_1 的增速也远高于 M_2 的增速，即M1与 M_2 增速也是背离，即实体部门活期存款增速攀升，定期存款增速回落，M_1、M_2 增速差接近历史最高水平②，但此轮剪刀差却并非体现着实体经济投资消费的活跃，而是在实体经济疲软的同时金融泡沫的集聚(2016-05-17，腰斩？民间投资出了什么问题？[J/OL])[57]。

2) M_1 增长速度与经济增长速度背离的原因

M_1 增长速度与经济增长速度背离的原因主要是企业缺乏投资意愿。

(1) 企业持币观望、资金脱实向虚

2015年企业活期存款增加，而投资持续低迷，反映出企业在持币观望，找不到合适的投资方向。企业有资金却不投资，可以说当时中国的货币政策陷入了企业缺乏投资意愿的“流动性陷阱”，而企业缺乏投资意愿又是因为当时我国投资边际效率迅速下降，具体是由以下原因造成的。

① 企业盈利能力下降。当时中国正处于经济发展的转折期，新旧产能转换，传统产业衰退，新产能仍待发展，这就造成了企业工资上升超过了生产率上升，因此盈利能力下降，自然投资意愿不足。

② 民间资本面临着巨大的准入隐形壁垒。相对于国有投资、政府投资来说，民间投资可选

---

① 据媒体报道，外资房地产企业和投资基金正在大举撤离中国的房地产业，其中最著名的有美国房产商铁狮门和黑石集团，荷兰的ING集团，瑞士的瑞银集团，还有新加坡的凯德置地等。外资认为人民币升值已到位，房地产的暴利时代已结束(2013-09-30，《亚博经济信息》)。

② M_1 的增速从2015年3月的2.9%提高到2016年7月的25.4%；2016年6月 M_2 同比增长10.2%，比同期 M_1 的增速低15.2%，剪刀差创中国历史新高(2016-08-14，“消失的企业贷、高涨的房贷与惊人的剪刀差”，微信公众号《中国资本联盟》)。

择的领域狭窄，对于民营资本而言，市场准入的隐形壁垒依旧存在①。

③ 民间资本融资难。中国国有银行为主导的信贷投放长期向国有企业倾斜，民营企业由于缺乏有效的信用担保，很难通过正规的金融渠道融资，只能通过民间借贷付出很高的融资成本(2016-08-30，宏观医生告诉你 M_2 与 M_1 分叉背后的秘密[J/OL])[58]。

(2) 存款活期化[59]

当时持有活期存款的机会成本降低，因此出现了存款活期化趋势。2015 年央行多次降息后，一年期定期存款和活期存款息差由 2015 年 5 月末的 1.9%收窄至 2016 年 6 月的 1.15%。息差收窄后持有活期存款的机会成本降低，而持有定期存款面临的约束较多，企业更倾向于持有活期存款。

① 从 2015 年的股市风波到 2016 年的楼市狂热，说明中国整个经济脱实向虚。2015 年股灾促成了 2016 年房地产市场销售的极端活跃，住房按揭贷款或居民储蓄存款转化为开发商账上的活期存款，但开发商只是积累了大量活期存款，而房地产投资却持续低增长。

② 2016 年以来，地方政府置换债券和新增债券发行得较多，地方政府下拨了发行置换债和新债券所筹的资金，但相关企事业单位并没有立即将资金用于偿还到期高息债务，而是将这些资金短暂留存于机关团体活期存款账户(主要为地方政府融资平台账户)，导致机关团体活期存款增加较多(盛松成，2016-07-21，央行盛松成：M_1 与经济增长背景之谜[J/OL])。

3) M_2 增速下滑的原因

2016 年 M_2 增速下滑的原因主要是：

(1) 2015 年股灾后央行救市导致投放了过多的 M_2，导致 2016 年 M_2 的基数较高；

(2) 企业投资意愿不强导致人民币贷款下降②，使得存款货币派生能力下降(2016-08-13，消失的企业贷、高涨的房贷与惊人的剪刀差[J/OL])[60]。

4) M_1 增长率高导致中国当时的通货膨胀压力转化为房产价格泡沫

2016 年 8 月，由于中国的食品价格同比涨幅回落较多，导致 CPI 同比涨幅仅为 1.3%，为 2015 年 10 月以来的新低，CPI 同比涨幅已连续 4 个月下跌。这表明中国当时虽然没有通货膨胀压力，但货币供给量的过剩已转化成了房价泡沫，一旦破裂也将造成危机，因此不能再实行“大水漫灌式”的扩张性货币政策了。当时专家分析我国央行在 GDP 增长率跌至 6.5%以前，不可能降息降准，只会通过再贷款再贴现投放基础货币(陶旖洁，2016-09-09)[61]。

---

① 国务院总理李克强曾列举民营企业在地方受到的不公平待遇的一些现象，比如，央企、国企负责人前来谈投资合作，当地会大力宣传，但民营企业来谈合作，政府负责人却不敢和他们打招呼，有些地方负责人见一下民营企业家还要躲躲闪闪，一些地方政府对民营企业不听电话、不接材料、不予办事。李克强讲话中谈到，要抓紧建立行业准入负面清单制度，破除民间资本进入电力、电信、交通、油气、市政公用、养老、教育等领域不合理限制和隐性壁垒，坚持取消对民间资本单独设置的附加条件和歧视性条款，做到同股同权，保障民营资本的合法权益(2016-05-15，“腰斩？民间投资出了什么问题?”微信公众号《中国资本联盟》)。

② 比如，2016 年 7 月新增贷款 4 363 亿元，创 2014 年 7 月以来的新低；并且在这些新增贷款中，新增的居民中长期贷款为 4 773 亿元，占比水平创历史新高，而居民中长期贷款是购房的主要资金来源，这显示出经济有效需求不足但地产泡沫在增大；而企业部门贷款却比 6 月减少了 26 亿元，出现了自 2007 年以来首次的负增长，因为企业没有投资机会，为减少财务费用所以归还了一部分贷款。

◇ 能量棒 1-22-1

穷人才会造成通货膨胀，富人只会制造资产泡沫！[62]

1. 穷人有钱才可能制造通货膨胀，富人有钱只会制造资产泡沫

年末我国央行确实印发了很多钱，但大部分流向了富人群体、央企、国企，而没有流向社会中下阶层。只有穷人有钱了，才会去市场上大量消费，才可能引起通货膨胀，而富人拿到钱之后就去炒股、炒大宗商品、炒楼，央企、国企拿到钱后就去买地和并购，因此央行印发的钱并没有引起通货膨胀，只是造成了资产泡沫(2016-08-16，穷人才会造成通货膨胀，富人只会制造资产泡沫！[J/OL])。

2. 资产泡沫及其破裂会使富人收割穷人

由于在非完全有效的资本市场中，富人相对于穷人更具有信息优势，更懂得规避风险，相当于领头羊；而穷人由于具有信息劣势，因此常会产生羊群效应、跟风投机、后知后觉，因而在一轮资产泡沫从形成到破裂的周期中，常常会出现富人收割穷人的现象。比如，在 2015 年的股灾中，一开始推高股价的都不是穷人，而是有钱的庄家、机构投资者，当他们推高价格、推出牛市后就开始逐步退出。而在股价爬升的过程中，后知后觉的穷人开始建仓进场、逐步买入，希望分得一杯羹，可惜却成为泡沫破裂前接最后一棒的人，即被当成“韭菜”残酷地收割。

再如，在 2016 年年初的深圳楼市暴涨中，最先买入并推高房价的也一定不是穷人；随后一线城市楼市的火爆蔓延到了合肥、武汉、济南、郑州、苏州这些二线城市，楼市价格一路攀升，一些专业炒房的机构投资者在 2016 年上半年辗转于这些二线城市，几度出手购房炒作。到了 2016 年 8 月，他们认为“这行情太吓人了，我们是不敢买了，我们现在正在全力卖手上的房源，已经出了 3 个多亿了”。而在专业炒房机构已经不敢再出手时，售楼部的人却比任何时间都多，其中 50％以上是穷人投资客，很多买不到房的人还要维权要房源，很多穷人都想抓住房产上涨的行情来分一杯羹，但富人投机客却已退出了，如果房地产泡沫破裂，又是这些穷人被富人收割，沦为更穷的人，自然更没有能力去制造通货膨胀了(2016-08-16，穷人才会造成通货膨胀，富人只会制造资产泡沫！[J/OL])。

(四) 在 M_1、M_2 增长率背离时货币政策无法“一仆二主”，必须辅之以财政政策

1. 在 M_1 增长率低、M_2 增长率高时

面对这种矛盾的局面货币政策无能为力，应该辅之以其他的政策手段，如财政政策。比如，当现实通货紧缩、又面临着潜在的通货膨胀威胁时，可采取扩张性财政政策，比如，提高公务员工资、补充社会保障基金、加快社会保障制度改革等，因为启动内需就是启动居民消费，而消费函数如下：

$$C = f(Y, Y^e, \cdots)$$

其中，C, f, Y, Y^e 分别表示消费、函数符号、当前收入、预期收入。

如果将居民预期收入视为退休金与补充养老金，则由于中国没有强有力的社会保障体系①，在缺乏财务保障的情况下，广大工薪阶层将继续维持畸高的储蓄率，推动劳动收入(Y)

① 如果将全国社会保障基金、地方政府社会保障基金、私人养老金计划的管理资产相加，我们可以看出，目前中国社会保障体系面临严重的资金不足——参保人员平均每人缴纳资金仅有微薄的 470 美元。

上升的努力将没有意义。政府必须着手解决这一资金缺口,而最可行的形式是注入大量公共资金。

2. 在 M_1 增长率高、M_2 增长率与 GDP 增长率低时

再如,在 2015 年后,即使 M_1 增长率高于 M_2 增长率,但经济增长率仍然较低,表明中国民间投资低迷。在这种情况下,只有切实通过提高企业投资回报率,才能从根本上促进企业投资意愿回升、带动经济增长,措施有:一方面,要通过放开垄断行业、放松服务业管制等改革,扩大企业投资领域,增强企业投资意愿;另一方面,要切实降低企业经营成本。

不仅要降低利率,还要实施积极的财政政策,通过降税降低企业成本,提高企业生产积极性,扩大社会需求。相比较而言,由于企业税费负担高于利息负担,降税效果好于降息,而且目前我国政府部门杠杆率整体低于发达国家水平,可适当提高财政赤字率。也就是说,本轮经济下行本质上是有效需求不足、供给结构失衡两大问题的叠加,货币政策有效而有限,应更重视财政、货币政策的协调(2016-07-21,盛松成)。

◇ 能量棒 1-23

美国量化宽松过后的特朗普财政政策——减税、惩罚性加税药方

由于美联储量化宽松政策效果不尽如人意,因此,特朗普当选美国总统后提出了依靠增加政府支出、减税等扩张性财政政策的复苏药方。

(一) 减税与税改

1. 减税与税改药方

2017 年 4 月底,世界主要经济体在量化宽松、负利率等扩张性货币政策药方已接近无效后,美国新当选总统特朗普率先提议大幅度降低企业所得税和个税,即转向扩张性财政政策。当年 12 月,美国参议院通过了特朗普税改法案,主要内容是:从 2019 年到 2025 年,将美国的企业税从 35%大幅降低至 20%,个人所得税也会有不同档级的下调;同时,对于跨国企业目前为避税而囤积在海外的 2.6 万亿美元利润,只需一次性缴纳 14%的税收,便可合法汇回美国。这是美国近 30 年来最大的税法改革(刘胜军,2017-12-03)[63]。

2. 美国国内赞成特朗普减税药方的理由

1) 对美国经济的正面影响

特朗普税改被普遍认为是对美国经济继续强劲复苏的一针强心剂,因为它有助于刺激企业投资、居民消费,以及美国跨国公司的海外利润回流。

并且,受减税的刺激,企业新增的投资一定不会投向低端制造业,而是必然会投入高科技领域进行研究开发,这在美国是有先例的。例如,20 世纪 80 年代里根政府的减税就促进了美国 IT 业的大发展,到了 20 世纪 90 年代,美国 IT 业兴盛,将苏联、日本等国的制造业远远甩在了后面。时隔 30 年的这次减税很可能使美国酝酿着一个新的发明创造潮(许善达,2017-04-30)[64]。

2) 对美国税收收入的影响

(1) 供给学派

西方国家在凯恩斯药方下度过了"二战"后的 30 年黄金增长期后,于 20 世纪 70 年代普遍陷入了滞胀。由于凯恩斯理论认为,经济增长率、就业率与通货膨胀率三者应呈高度正相关关系,因此该理论无法解释滞胀,于是美国的一批经济学家掀起了一场后来被冠名为"供给学派革命"的运动。

其实在反凯恩斯主义的政策主张中，供给学派并不像弗里德曼的货币主义理论那样有完整的理论体系，供给学派是立足于古典自由主义经济学的一些基本共识，发展出了一套反凯恩斯主义的政策主张，其核心思想是萨伊定律——"供给"创造"需求"。因此，改善供给才是促进经济增长和就业的根本动力，这与凯恩斯主义刺激需求的主张背道而驰，这也是它得名的由来。

供给学派的政策建议有很多，其中最重要的两根支柱便是减税和放松不必要的政府管制，供给学派经济学家们认为这样才能激发企业的活力，促使企业增加投资和技术创新，从而推动经济增长，实现充分就业。这套学说不久便被美国共和党总统罗纳德·里根①和英国保守党首相玛格丽特·撒切尔政府推行，成为了"新自由主义革命"的金科玉律。自里根之后，美国的每一届共和党政府都将减税作为自己经济政策的首要使命，特朗普也不例外(陈季冰，2017-12-03)[65]。

(2) 拉弗曲线效应

经济学家拉弗提出了表明税率与税收关系的拉弗曲线，他认为，减税虽然会在短期内减少税收收入，但会促进经济增长，而经济增长则会扩大国家的税基，因此即便税率下来了，国家的税收总收入非但不会减少，反而会增加。

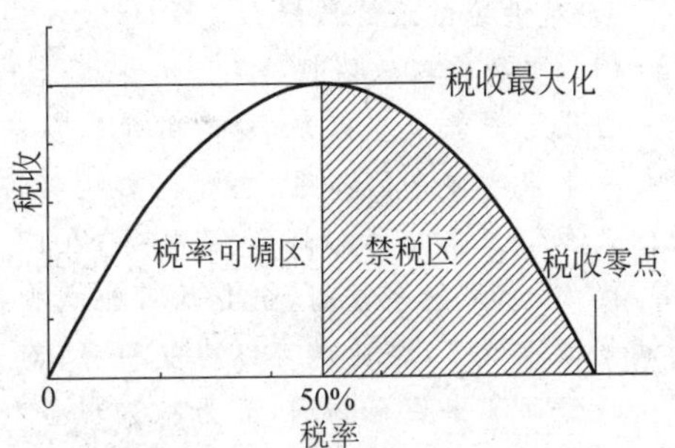

能量棒 1-23 图 1　拉弗曲线

3. 美国国内质疑特朗普减税方案的理由

1) 减税最受益的人群将是富人

一方面，在企业税方面，表面上看，美国的最高企业税率接近 39%，其中联邦税率为 35%，州平均税率为全世界最高的 4%，但是企业实际交付的税率并不高，与其他工业化国家差不多，因为活跃的美国企业中有 2/3 并不需要支付联邦税，只有盈利不错的大企业才需要支付联邦税，而它们支付的联邦税的平均税率也只有 14%。因此，特朗普的减税药方主要是给富人减税②。

另一方面，在个人所得税方面，由于收入越高的家庭交的税也越多，因此降低个人所得税率其实是对富人的大幅度减税。例如，一个年薪 2 000 万美元的大公司 CEO，这次税改能让他一年少缴纳几百万美元税款；而对于一个年收入只有 2 万美元的贫穷家庭而言，政府本来就收不到什么税，减税对它没有任何看得见的益处。据无党派的美国国会税务分析委员会的最新分析，在此方案下，有 44% 的美国纳税人的纳税负担在 2019 年共会减免逾 5 亿美元。

2) 减税将导致政府取消一系列税收抵扣和税收优惠的政策

为了弥补减税带来的财政损失，美国参众两院都提出了取消一系列税收抵扣、优惠的政策，这将加重一些中等收入家庭的纳税负担；同时，财政损失将使得原来就资金短缺的公共产品如医疗保险、医疗补助、教育等受到严重消减。由于越是贫穷的弱势群体，越是依赖于政府提供的基础性公共福利，有钱的富人在这些福利方面完全支付得起私人服务，因此，在反对者眼中，此次减

① 里根总统实现了美国历史上最大规模的减税：从 1981 年 10 月起的三年内，分三次降低个人所得税，边际税率从 14%～70%降为 11%～50%；1986 年里根又签署了 1986 年税制改革法案，全国人均税额减少了 6.4%；公司所得税最高边际税率从 46%降为 34%，7 年内，每个家庭每年可支配收入约增 600～900 美元，一时间，美国成为西方工业国家中税率最低的国家(刘胜军，2017-12-08)。

② 2017 年 11 月 12 日，包括索罗斯在内的超过 400 名美国百万富翁和亿万富翁共同签名，致信国会反对税改方案，呼吁向自己开炮："我们是高净值人群，许多来自最富有的 1%，我们致信提出一个简单请求：不要对我们减税。税改方案将会加剧美国的贫富分化，而目前美国最富有的 1%人群已经掌握着 42%的财富。共和党正在犯一个错误——在美国债务高企、社会贫富分化、不平等日益加剧的情况下，对美国最富有的家庭减税。"

税就是在劫贫济富,加剧美国社会已极为严峻的贫富分化。

例如,参议院 2017 年 12 月通过的特朗普税改法案废除了奥巴马《平价医疗法案》(Affordable Care Act)关于大部分美国人必须购买保险的规定,这是以增加中产阶级的负担为代价为富人减税。据美国国会预算办公室预计,废除这一强制措施将在十年内节省超过 3 000 亿美元,但到 2019 年,美国将新增无保险人员 400 万人,至 2027 年预计会增加 1 300 万人,大多数美国人的医疗保险费也将上涨 10%左右(刘胜军,2017-12-03)。

再如,为了缓解财政压力,该法案还允许在阿拉斯加的北极国家野生动物保护区(Arctic National Wildlife Refuge)开采石油,这将破坏北极地区的生态环境,是极为不负责任的(刘胜军,2017-12-03)。

3) 对供给学派的质疑

(1) 质疑的理论依据

自供给学派诞生以来,对它的争议从未停止过。一些经济学家认为,一个国家的财政税收政策是一个极为复杂的体系,它如何影响经济行为也是一个复杂的系统性问题,并不像鼓吹供给学派的政客们想象的那么简单(陈季冰,2017-12-03)。

比如,如果税率较高,企业既可能减少投资,也可能反过来增加研发和投资等支出,因为这样利润就被压低了,企业就可以少交税了;而当税率大幅度降低后,企业既可能增加投资,也可能会减少投资而积累现金利润,因为积累现金利润(自由现金流量)可能会推动其股价上涨,股价上涨再伴随着供给学派的另一个支柱——政府放松监管,就可能造成股市泡沫等金融风险。当然,也有另一种可能性——当其他企业都在从事有利可图的实业投资,整个社会投资的边际效率较高时,拥有过多自由现金流量的企业的股票会被认为它碌碌无为的股东抛售,导致股价下降。

(2) 质疑的实践依据

20 世纪 90 年代,欧洲边陲小国——爱尔兰通过对企业大幅度减税和松绑政府监管,吸引了一大批美国的科技企业去投资,带动了爱尔兰经济的腾飞,帮助它在短期内由一个穷国一跃而跻身西欧富裕国家之列。从此,爱尔兰便成了供给学派最好的案例(陈季冰,2017-12-03)。

但在供给学派的摇篮——美国,它的效果却差强人意。比如,对供给学派和里根新政并不欣赏的民主党人比尔·克林顿在执政期间并未大幅度减税,美国却凭借互联网革命赢得了一波高增长,在克林顿任期的后半段,美国联邦政府甚至出现了连年的财政盈余。但是接替克林顿上台的共和党总统小布什政府却进行了大规模的减税,结果,在发动了阿富汗和伊拉克两场战争后,美国政府迅速挥霍掉了克林顿积攒下来的财政盈余,并很快负债累累,而美国经济也并没有取得比克林顿时代更高的增长率。到了小布什任期的最后阶段,美国还在 2007 年爆发了 70 年来最严重的经济衰退和金融危机(陈季冰, 2017-12-03)。

4. 特朗普的经济复苏策略的风险是财政赤字与通货膨胀

有研究者认为,从短期来看,特朗普大规模减税加上大搞基础设施建设的经济复苏策略将在短期使美国政府赤字激增、通货膨胀加速,在费雪效应下导致美国国债收益率上扬。预期未来两年,美国十年期国债的收益率可能将达到 6%,因此美国联邦政府预算支出中将有 18%左右被用来支付利息。但是目前联邦政府预算支出的 54%是军费,若再加上 18%的利息支出,则美国政府除了养军队和支付利息,在其他方面基本上就无所作为了(吴裕彬,2016-12-06)[66]。不过,如果美国加息、缩表再加上减税,吸引全球资本流入美国,则美国政府就可以发行国债来融资了。

而从长期来看,如果美国经济不能复苏,则拉弗曲线效应就不会发生,美国政府必将陷入财政赤字的泥潭。

5. 评论

特朗普上任以来全力推进所谓税改，减税带来的短期财政赤字成为最大的障碍，不过特朗普坚持认为减税虽然短期带来财政压力，但是长期将会拉动经济增长，而经济增长所带来的新增收入足以弥补短期财政赤字①。特朗普最终说服了美国参众两院都通过了税改的框架性协议，达成了上任以来最大的成就。

对于政府而言，减税需要在短期压力和长期收益之间达成权衡——是放水养鱼还是涸泽而渔？政府的取舍需要勇气。特朗普的减税未必如愿拉动经济增长，同样也将面临着赤字失控、全面失败的风险，不过，至少特朗普的勇气给了美国经济更多的可能性（谢九，2017-12-05）[67]。

6. 特朗普减税药方将逼迫其他国家减税

1）特朗普的减税药方将吸引美资企业的资本回流，以及外资企业投资于美国

因为减税将大大降低企业在美国的生产、经营成本②，因此减税将吸引美资企业的资本回流，以及外资企业投资于美国。因此，美国的减税将对全球产生风向标的作用，因为各个经济体如果不跟随美国而减税，将失去竞争力。事实上，除了中国和美国已在减税之外，一些有实力的发达国家也纷纷跟风加入大规模减税的竞争中，例如，英国的梅莎政府也在推动将企业所得税率由20%降至17%的政策；法国的多位总统竞选人也提出了减税的政策主张；印度的莫迪政府也推出了针对个人和中小企业的减税计划和税种减并改革。

2）特朗普减税对我国的可能影响

（1）逼迫中国减税

20世纪70年代，美国尼克松时代的财政部长康纳利曾经说过：“美元是我们的货币，但却是你们的难题”，直言不讳地道出了美国对全球经济的影响，此次特朗普减税，也将逼迫全球主要经济体不可避免地跟着减税③。

① 中国税负过重的事实

中国税收负担是否过重一直是一个有争议的话题。在世界银行的年度报告《2017年全球营商环境报告》中，世行测算出中国的总税负率高达68%，排名全球第12名，而美国税率为44%。当然，由于税收体系的不同和统计口径的差异，任何统计数据都难以做到全面客观，相比之下，企业家的实际感受可能更加真实，而国内一些顶级民营企业家都表达过税负过重的意见④。

---

① 按照他的说法，要让美国的GDP实现百分之三点几的增长，对于美国来说，GDP从2%左右提高到3%甚至更多，税基会扩大近1倍，因而有可能使得财政收入不降反增（许善达，2017-04-30）。

② 例如，苹果手机在全世界热销，仅2016年第四季度在大中华区的营业收入就达到了87.85亿美元，以前美国的利润汇回征税过重，导致这些海外企业的利润都留在海外了。现在特朗普政府大幅度降低了利润汇回税后，这些海外利润极有可能会回流到美国。

③ 早在税改法案刚提出之时，德国、法国就纷纷发表声明称：“此举将对本国企业造成严重冲击，德、法无法接受特朗普这么大规模的减税”（2017-12-05，美国税改法案终获通过，对中国的四大影响！外贸企业该做什么准备！[J/OL]）；再如，据日经中文网2017年12月5日报道，日本政府正讨论将企业法人税下调至25%左右。

④ 例如，被称为“玻璃大王”的中国民营企业家曹德旺的福耀玻璃集团生产的汽车玻璃主要是卖给美国通用和福特这两家汽车公司的，以前在中国办厂，产品出口到美国。2016年，他投资10亿美元将工厂迁到了美国中部，因为他认为在美国办厂的综合成本已低于中国，尤其是中国的税负过重，他说：“美国土地基本不要钱；美国天然气每立方米的价格相当于7毛钱人民币，中国卖2块2，这还是政府对我很优惠的前提下；电价，美国3毛左右，中国6毛多；高速公路，美国不收费，中国过路费一吨5毛钱；在劳动力成本方面，美国蓝领是中国的8倍，白领是中国的2倍多。但能源便宜很多，再加上综合税负的降低，以及美国州政府提供的优惠条件等，企业在美国建厂反而会多赚百分之十几……美国没有增值税，只有40%的所得税。中国的增值税究竟有多高？简单来说，一个卖6 000元的手机，在中国增值税大概要交1 020元。”（2016-12-22，一文读懂曹德旺美国建厂，中国税负真比美国高？[J/OL]）[]

自2016年年初以来，中国的民间投资增速急剧下滑，脱实向虚愈演愈烈，2016年新增银行贷款中有45%流向了房地产领域，触目惊心。资金不去搞实业只能说明搞实业赚钱难，而这又是因为企业包括税负在内的成本过高、产能过剩以及居民需求不足等原因所导致(刘胜军，2017-12-08)[68]。

② 中国已有的减税效果不佳

一方面，虽然中国为降低公司税进行了多年的努力，例如，我国在2016年5月1日也进行了税收制度改革，全面实施营改增，也相当于减税，并且李克强总理还说2017年要继续减税3 800亿元；不仅如此，中国政府2017年5月宣布了减税政策的目的是通过提高小型企业的所得税起征点以及降低农产品等特定项目的增值税税率，在一定程度上降低中国企业的总税负成本。据统计，中国过去5年累计减税已逾1.2万亿元人民币。但即使做出了这些努力，据世界银行2016年数据显示，中国企业的总税负成本在全球主要经济体中仍数一数二——占企业利润的68%；与之相比，美国为44%，全球平均水平为40.6%。该数据包括了企业要向国家和地方缴纳的所得税、增值税(或销售税)、以及雇主按规定必须缴纳的社保及福利。

另一方面，也有数据显示，虽然在减税，但是各地方政府在税收下降的情况下却增大了征收力度，因此实际税收收入仍在上升。

③ 建议中国暂停征收个人所得税

a. 中国内需疲软的关键在于居民收入增长过慢

在美国次贷危机后，中国的产能过剩问题迅速浮出水面，尤其是钢铁与煤炭行业，解决对策之一是：中国应加快调整储蓄与消费的关系，逐步成为内生需求大国。但是，中国的居民消费占GDP的比重从21世纪初的45%降低至35%左右，远低于60%的世界平均水平，一个根本原因就在于居民收入占GDP的比重在下降——由21世纪初的68%降至2007年的58%。也就是说，在21世纪的第一个十年，居民收入占国民收入的比重几乎每年下降1%，这就是消费难以成为经济增长动力的深层次原因(刘胜军，2017-12-08)。

b. 减免个人所得税将有利于中产阶级收入增长及促进内需

而居民收入占比下降的原因又在于税制。1994年分税制改革以来，财政收入增速长期超过GDP增速，社会税负日增。1994—2014年这20年间，政府财政收入翻了26.9倍，同期中国城市居民年可支配收入翻了8.3倍，中国农村居民纯收入翻了8.6倍。同时，个人缴纳的税收占比从2007年开始呈上升趋势，个人缴纳的税费占财政收入的占比也是逐年上升的，减税的必要性无须赘言。2015年中央提出供给侧结构性改革，表明中央意识到问题不在需求侧，而在供给侧，而供给侧改革的核心之一就是减税(刘胜军，2017-12-08)。

目前中国的高累进个人所得税制使得中产阶级成为最大的受害者，而中产阶级又是消费的主力军。因为中国目前实行3%～45%的累进税率，最高档税率针对的是全月应纳税所得额超过8万元的企业家、富豪们，而这些高收入者很容易避税且无须缴纳遗产税。但是，由于起征点只有3 500元/月，而几乎所有“白领”都成为个人所得税的主要贡献者，因此，这样的税制在客观上扩大了收入分配差距(刘胜军，2017-12-08)。

政府并不否认改革我国个人所得税制的必要性。例如，楼继伟担任财政部长期间曾表态：“财政部和国家税务总局等有关部门一起研究了个人所得税改革涉及的重点难点问题，形成了一个改革方案，做法是要分步到位。综合所得税要把个人所得收入综合在一起，然后做一些分类扣除。比如个人职业发展、再教育要扣除，基本生活住宅的按揭贷款利息要扣除；比如说抚养一个孩子，处于什么样的阶段，是义务教育阶段，还是高中阶段，还是大学阶段，要给予扣除。现在放开二胎，大城市和小城市的标准，真正的费用到底是多少，也不太一样。不能说大城市就多点，小城市就少点，税法要有一个统一的标准，需要健全的个人收入和财产的信息系统，需要相应地修改相关法律”（刘胜军，2017-12-08）。

c. 建议暂停征收个人所得税

由于政府的个税改革方案至今尚未研究好，不如索性暂停征收个人所得税，等日后设计出合理方案再考虑恢复。从实际操作来看，2016 年中国个人所得税只有 1 万亿元，在 16 万亿元的财政收入中只是很小一部分，即使全免，也不至于对财政构成重大冲击（刘胜军，2017-12-08）。

④ 中国减税难背后的政治因素

中国有基建狂魔的称号，基建有效地拉动了中国经济增长；同时，中国还创办了亚投行，提出了“一带一路”政策，让中国的基建能力走出去，为国内的过剩产能寻找有效需求，而基建拉动经济增长的模式来源于中国中央政府强大的征税能力。

自从 1994 年实行了分税制后，中国中央政府的财政收入约占全部财政收入的 60%～70%，地方财政收入只占 30%～40%。但在“事权下放”的政策下，地方地府的支出责任则占 60%，中央政府占 40%。为了解决地方政府资金不足的问题，中央政府引入了税收返还和转移支付制度，用于对地方的支出提供资金，因此，分税制的核心规则就是：税收分两块，中央拿大头，地方没钱，再还给你，以此来实现中央对地方的掌控。因此，中国的社会治理结构，需要中央政府掌握更多的财力来实现国家内部的稳定，这就是中国减税难背后的政治原因（刘远举，2017-12-08）[69]。

而美国之所以能够减税，是因为它是一个国家权力相对分散的国家——各州都有立法权，地方事务可由各种政治协调去完成，即使中央政府由于税收不足而暂停运转，也不会造成社会混乱。可见，民主国家可在更低的税收水平下促进国内的稳定，美国的减税对中国的威胁不仅是经济层面的挑战，更是华盛顿模式（自由市场经济）① 与中国模式（中央集权下的市场经济模式）的竞争（刘远举，2017-12-08）。

(2) 产业资本外流

一方面，改革开放近 40 年来，中国由于经济高速增长、因而内需不断扩大，再加上劳动力成本优势以及对外资的超国民待遇等优势而成为吸引全球 FDI 的热土。但是近几年来，由于中国经济增长速度在逐年下滑、劳动力成本在迅速上升、早已取消了外资的超国民待遇，这几大优势在逐渐消失，因此中国吸引 FDI 的投资增速明显放缓，2016 年只有 4%，2017 年更是负增长；与此同时，东南亚和非洲等地复制了当初中国崛起的经验，开始大量承接从中国转移的国际产业资本。因此，如果中国不改变，吸引 FDI 将会日趋下降。

另一方面，2008 年金融危机后，发达国家（尤其是美国）开始加快了对于产业资本的争夺，最近几年已初见成效，中国民营资本很可能被它们吸引过去，造成中国产业资本的外流。2016 年以来，国内产业资本的利润空间越来越薄，导致很多民营资本失去了继续投资的动力，民间投资出现了雪崩之势，全年增速仅为 3.2%。2017 年前 10 个月增速稍有回升，达到了 5.8%，但依然处于很低的水平。这些民间资本在国内纷纷撤出实体经济，在金融市场上寻求更高的回报，而在特朗普减税后，它们很可能抵制不住美国税收下降的诱惑而赴美投资，导致中国产业资本外流。而中国民营经济无论是在投资规模、就业规模还是纳税规模上，都占据着中国的半壁江山，因此，民营资本外流将对中国经济创造重创（2017-12-05，别人的减税，我们的难题[J/OL]）[70]。

---

① 华盛顿模式是指华盛顿共识所推崇的模式，20 世纪 80 年代后，西方学术界盛行新自由主义和“华盛顿共识”，认为发展中国家经济落后，是因为它们没有发达国家那种完善的市场体制，因此，要通过私有化、市场化、自由化的“休克疗法”来发展经济。当时普遍的看法就是计划经济不如市场经济，最糟糕的经济就是双轨制经济（林毅夫：以“新马歇尔计划”带动全球经济复兴，2012-10-15，《文汇报》）。

可见，对于特朗普的税收战，如果中国不迎战，即政府不实质性地减税，中国产业资本的外流将不可避免。对于金融资本的外流，中国政府可以通过外汇管制等手段予以遏制，但对于产业资本的外流尤其是民间资本的流动，似乎没有太好的办法。

(3) 人民币贬值压力上升

特朗普减税除了造成美资企业及其他外资企业的利润汇回及投资撤离外，还必然引发金融资本外流的压力。并且，尽管中国自2016年后面对资本外逃、人民币贬值的压力而采取了史无前例的严格的资本管制措施，但放松资本管制是人民币国际化、中国建设"一带一路"及扮演负责任的大国角色的必然要求，因此中国的资本外流可能会重拾上升势头，进而使人民币重回贬值通道①(2017-12-05，美国税改法案终获通过，对中国的四大影响！外贸企业该做什么准备！[J/OL])[71]。

(二) 结构性财政政策——惩罚性加税与财政补贴及其效果

1. 让制造业回流美国的结构性财政政策

特朗普减税的目的是使美国制造业回流及企业在制造业增加投资，从而给美国的蓝领工人创造就业岗位，除减税外，特朗普还采用一些结构性措施来促使制造业回流美国，如下所述。

(1) 征收惩罚性关税。特朗普在竞选中说要把中国确定为汇率操控国，如果这样，他就会给中国出口到美国的所有商品增加45%的关税；即使他不把中国定为汇率操控国，也要采取反补贴、反倾销等贸易战手段，对中国出口到美国的一些商品提高关税，在他竞选成功后已在着手实施。例如，2017年1月30日，美国国际贸易委员会裁定，从中国进口的大型洗衣机对美国相关产业造成了实质损害，决定对中国厂商征收32.12%至52.51%的反倾销税，如此高的关税率，显示特朗普意欲禁止对这些商品的进口(许善达，2017-04-30)。

(2) 惩罚性加税。特朗普就任总统后，对很多企业宣称谁不撤回美国生产就给谁加税，使得很多美国的企业都答应回到美国办厂②。

(3) 政府招商引资、进行财政补贴。美国政府也在花费财政资金招商引资。比如，曹德旺花了1 000多万美元在美国中部买地建厂，因为他雇用了1 100个蓝领工人③，政府又给他补贴了1 700万美元，相当于那块地成本为零(许善达，2017-04-30)。

2. 特朗普让制造业回流美国的结构性财政政策并不能根本解决美国中、低端劳动力的就业问题

1) 美国涵盖初等、中等教育的公立教育体系培养的普通工人在20世纪70年代前感到生活幸福的原因

20世纪的第二次工业革命造成了工业的自动化与美国经济的繁荣，并且令美国劳动力受益匪浅。美国1965年的《初级和中级教育法案》(*Elementary and Secondary Education Act*)规范了教育的公平性，并为广泛的初等、中等教育提供了资金来源，使得美国公民仅接受了初等、中等教育就可以成为只知道读写算数、能做一说就懂的体力劳动的普通工人，完全能够适应第二次工业革命造就的绝大多数只需要普通工人的工作岗位，那时本科学位是不必要的，一个家庭只要有一个人有一份稳定的工厂工作，就能过活，甚至成为中产阶级。并且，由于"冷战"的缘故，美国的资

---

① 2017年年初以来，人民币从6.9元人民币/美元的水平一路升值到6.4的高点，又重新进入下降通道，到了2017年12月初贬值到了6.6的水平(2017-12-05，美国税改法案终获通过，对中国的四大影响！外贸企业该做什么准备！[J/OL])。

② 例如，宝马汽车集团本来计划在墨西哥建厂，生产汽车再出口到美国，但是特朗普说服了宝马公司在美国建厂，因为虽然墨西哥的各项成本都比美国便宜，但是特朗普说如果宝马公司在墨西哥建厂，就要给它的产品加收20%的关税，而如果到美国建厂，政府还给予补贴，因此宝马公司最后决定回美国建厂了(许善达，2017-04-30)。

③ 据曹德旺讲，他雇的都是40岁以上且没有高级技能的工人，当前美国年龄较大的蓝领就业率是很低的，所以特朗普的竞选纲领就是要恢复美国的制造业，就是要解决一批蓝领工人的就业(许善达，2017-04-30)。

本势力也不敢过于压迫工人，反而不得不提供更多样的鼓励和扶助措施，那时就是美国初等、中等教育的劳动力的好日子。

2) 20 世纪 90 年代全球化冲击了美国初等、中等劳动力

但是，随着苏联的倒塌及 20 世纪 90 年代中国新一代受过合格初等教育的劳动力进入国际市场，美国工人突然面对着超出过去几倍的劳动力供给，使得美国初等、中等劳动力(如初中、高中毕业生)因"冷战"和全球劳动力市场分割所产生的高额劳动力溢价无法维持，大量工作机会开始流向中国和其他新兴市场，许多小企业主由于成本无国际竞争力而无法经营下去。

在全球化浪潮下，美国消费的可贸易品均可由进口来提供，美国仅剩下不可贸易品的工作岗位，而不可贸易品工作岗位是两极分化的：一方面是留在美国本土的研发、设计等高端岗位；另一方面是接近最低工资线的基础服务业工作岗位，而中端工作岗位是与制造业相联系的，由于美国制造业大量转移到海外，因此中端工作岗位也大量消失了(冷哲，2016-11-20)[72]。

这样一来，美国的初等、中等劳动力只能从事低端岗位，因为中端岗位被抽走而无法升级，而初等、中等劳动力很难从一个低端岗位跳跃式地升入高端岗位。因为美国的公立教育体系仍基本停留在 1965 年法案的水平，大量中低端劳动力所接受的初等、中等教育质量太差，即使他们有机会上大学，也无法完成大学学业。而低端岗位和高端岗位在人员、文化圈、社交圈、发展轨迹、生活范围方面都是完全割裂的，这意味着他们之间对于社会的看法、价值观、理念甚至于看到的"事实"也都是割裂的，他们生活在同一个国家，却从未生活在同一个世界。这反映在政治上就是美国的极右派希望回到 20 世纪 70 年代的幸福生活中去，他们希望扔掉全球化，把政府缩小，反对移民，所以他们推选特朗普为总统(冷哲，2016-11-20)。

但是，特朗普让制造业回流美国的结构性财政政策与大规模减税并不能从根本上解决美国中、低端劳动力的就业问题，因为这些措施可能会在短期内增加美国中、低端劳动力的工作机会①，但是全球劳动力价格上涨也会促使企业实行生产自动化②，让更多的工作岗位消失。因此，美国经济问题的解决方法之一只能是深刻地改造教育体系和社会福利体系，实现更完善的全民教育，不断升级初等、中等教育、终身教育，铺平劳动者的升级之路(冷哲，2016-11-20)。

同理，英国脱欧的原因也与特朗普获胜一样，英国右翼民众认为，既然欧洲一体化产生了那么多问题，那么脱欧之后关起门来发展经济就可以恢复过去的美好生活。其实英国脱欧也与美国一样，都摆脱不了低端工作岗位被剥夺的结局(冷哲，2016-11-20)。

◇ 能量棒 1-24

美国确立金本位制过程中的"货币战争"

(一) 1848 年加利福尼亚的黄金被发现，美国开始实行金本位制

白银在美国成为合法货币始于 1792 年的《1792 年铸币法案》(*Coinage Act of* 1792)，该法案规定 1 美元包含纯银 24.1 克，金银比价为 1∶15，可见当时美元是以白银为基础定值的，此后美国长期保持金银复本位制。

---

① 据《日本经济新闻》报道，苹果公司已在考虑将在中国的代工生产搬迁至美国，开始与全球最大的电子产品代工服务企业——台湾鸿海精密工业讨论在美国生产苹果智能手机的事宜，此举将会导致大量的富士康中国员工面临失业(2016-11-19，特朗普惹祸了！亚洲各国央行坐不住了！[J/OL])。

② 世界上的合格劳动力是有限的，不会再有下一个中国出现，除非印度能够进行深层次社会革命，才有可能替代中国，因此在全球范围内劳动力持续低价是不现实的。

1848年美国加州发现了巨大金矿①、带来了持续9年的黄金供应量的迅猛增长，解除了之前的通货紧缩状态。从1851年至1855年，美国的黄金产量占全世界的45%，成为世界上最大的产金国，美国开始实行金币本位制，国内的金属货币流通量从1840年的8 300万美元猛增到1860年的2.53亿美元。通货紧缩的解除使得美国的商业银行大规模地扩张信贷，美国许多重要的工业、矿山、交通、机械等都是在那一段岁月里建成的。

英国从1821年开始就正式确立了金本位制，接着，更多的欧洲国家也一个接一个地从金银复本位制转向了金本位制，金本位制在欧洲算是站稳了脚跟，而在美国，金本位制的确立却是经历了一系列的"货币战争"(宋鸿兵，2007)。

（二）1861—1865年南北战争期间的金银复本位制和纸币制度[1]

1. 南北战争迫使美国恢复金银复本位制

1861—1865年的南北战争是美国历史上发生在本土的规模最大的内战，战争的起因是奴隶制的存废。当时，美国南方的经济支柱是依靠无偿的奴隶劳作的棉花种植产业，而北方资本主义大工业的发展亟须将南方的奴隶解放出来，充当北方的产业工人，因此，北方主张废除奴隶制。但是如果废除奴隶制，南方农场主就不得不按白人劳动力的市场价格向原来的奴隶支付工资，那么整个产业就会陷入亏损，因此反对废除奴隶制。

1860年共和党人亚伯拉罕·林肯当选为总统，美国民主党遭到惨败，美国南部11个州以林肯就任总统为由而发动叛乱，陆续退出联邦，另成立以杰斐逊·戴维斯为"总统"的政府，开始驱逐驻扎在南方的联邦军，于是，1861年4月15日，林肯下令攻打"叛乱"州，南北战争就爆发了，直到1865年结束。

这次战争被认为是美国的第二次资产阶级革命，它废除了黑人奴隶制度，较好地解决了农民的土地问题，维护了国家统一，为资本主义在美国的发展扫清了道路，为美国跻身于世界强国之林奠定了基础。南北战争的爆发使得黄金作为美国购买武器物资的支出而大量流出，黄金的不足迫使美国恢复了金银复本位制度。

2. 战争期间绿钞纸币与国债的发行

1）林肯政府因财政赤字而被迫发行绿钞纸币

自1812年与英国的战争结束后以来，美国国库连年入不敷出，在林肯当选之前，美国政府的赤字都是通过向美国的银行出售债券，然后这些银行再将债券转卖给英国等欧洲国家的商业银行来融资的。在战争初期，南方军节节获胜，林肯政府财政入不敷出，一度连国会议员的薪水都付不出了。欧洲著名银行家罗斯柴尔德家族就向林肯政府推销年利率高达24%～36%的金币贷款(美国当时实行金本位制)，林肯难以承受，于是接受了他在芝加哥的好友迪克·泰勒的建议——发行纸币——林肯政府让国会通过了一个法案，授权财政部印发"联邦票据"(United States Notes，或译为"美国政府券")，即所谓的林肯"绿钞"(宋鸿兵，2007)。

当时，一些商业银行也发行自己的银行券——即银行承诺可自由兑换成金、银等金属货币的纸币，而林肯政府发行的纸币完全没有金属货币作抵押、不可兑换为金属硬币，实际上是信用货币，但是承诺在随后的20年里提供5%的利息，所以它又相当于国债。为了与银行券相区别，这种新货币使用绿色的图案，史称"绿钞"(Greenback，又或译为绿币、绿背、林肯新币)。注意：目前世界上绝大部分国家都有中央银行，货币(纸币与硬币)发行都是中央银行的业务，而南北战争时期美国的中央银行——美联储尚未诞生，因此，林肯绿钞是财政部直接发行的、类似于国债但融

① 1851年，澳大利亚也发现了大量金矿，世界范围内的黄金供应量从1851年的1.44亿先令猛增到1861年的3.76亿先令。

资成本低得多的纸币。

美国人民踊跃购买了全部绿钞债券，并把它们当作现金使用，这意味着美国人民对于林肯政府非常信赖和支持，因为，假设某军工厂卖给林肯政府一批产品，本应收到金币，但该厂出于对政府的支持和信赖而接受了绿钞纸币，从纸币几乎为零的实际价值来看，这笔买卖是厂商与政府间的不等价交换；但是，该厂用绿钞购物时，其他卖者出于对林肯政府的支持和信赖，也都认可其价值，这样，绿钞的名义价值大于实际价值，军工厂与政府间的这笔交易是等价交换。可见，绿钞凭借政府的信用而流通，就是信用货币。

内战期间，联邦政府共分3次发行了总额为4.5亿美元的绿币，几乎占到了全部流通货币的一半。1972年，美国财政部测算出这4.5亿美元绿币共为美国政府节省了40亿美元的利息，这些纸币的发行支持林肯政府赢得了内战的胜利（宋鸿兵，2007）。

2）银行家库克的创新性国债发行

北方的第二大融资手段就是发行国债了。旧的国债发行模式是：财政部将债券私底下出售给银行和经纪商，但这样做覆盖的人口非常少，战前，美国持有国债的人只有1%。南北战争开始后，华尔街年轻的银行家杰伊·库克创新性地赋予了国债以爱国意义，成功地推销出去了本来滞销的5～20年期战争国债。

库克通过报纸和传单广泛宣传所要发行的债券，娓娓道来地告诉普通的美国居民，购买这些战争国债不仅是一种爱国表现，更是一种很好的投资。他还发动了2 500个分销代理处，在北部的每一个地方销售国债。在库克的鼓动下，没过多久，那些习惯于把钱藏在家中的人们就在爱国热情和利益驱动的双重影响下，加入到购买战争国债的大军中来，差不多有100万北方人（每4家人有1家）购买了战争国债。

库克的做法还具有一种凝聚人心的心理意义。由于太多的家庭购买了国债，使得越来越多的北方人心甘情愿地献身于这场维护国家统一的战争中来，到后来，库克出售国债的速度已经超过战争的支出（宋鸿兵，2007）。

3）林肯绿钞和战争国债的积极影响

绿钞促进了美国的经济增长，避免了通货膨胀，造就了华尔街牛市，使得纽约成为了金融中心。具体说来，林肯政府成功地使低成本的绿钞纸币成为了流通中的通货，所以有效地缓解了通货紧缩的矛盾；再加上北方经济工业基础良好，既能生产军事产品，又能生产民用产品，因而银行的信贷得以大幅度扩张，军事工业、铁路建设、农业生产和商业贸易都得到了前所未有的金融支持，商品供给的充足使得北方并没有出现美国独立战争时期的严重通货膨胀，4年内战期间整个北方的物价指数仅温和地从100增长到216，不能不说是一种奇迹。

但在南方，由于缺乏融资手段（没有能够发行国债），只能靠印钞来支付战争费用，北方的印钞仅为融资的13%，而南方却要占到一半多，结果到了战争结束时，南方的通货膨胀率达到了战前的9 200%。更重要的是，南方的经济结构是以农业为主，不像北方既能生产大炮，又有生产黄油，因而南方战时物资匮乏，从供给方面加剧了通货膨胀。

在战争债券大量地发行之后，华尔街的战争债券二级市场也迅速地发展起来；同时，通过债券等方式募集的政府资金投向了铁路和军工厂等与战争有关的产业后，这些产业的丰厚利润也回流到华尔街追求保值增值，这使得华尔几乎是在一夜之间成为了世界第二大证券市场，也促成了股票、债券的大牛市，纽约也迅速地繁荣起来。当时，很多经纪人一天赚取的佣金，就相当于中产阶级大半年的收入，使人们想起了加利福尼亚的那股淘金热潮（宋鸿兵，2007）。

4）绿钞妨碍了欧洲银行家们垄断美国货币供给的利益

由于绿钞运行得很好，以至于南北战争之后林肯总统想将这种货币的发行长期化和法制化，使美国进入信用货币时代。事实上，内战期间发行的 4.5 亿美元绿钞在美国一直流通到 1994 年。

但是，如果美国拥有了自己的印钞机，就将消除欧洲银行家对美国货币(此时的美国货币包括金币、可兑换为金币的银行券及存款)发行的垄断，妨碍其经济利益，因为他们的一条生财之道就是向美国政府发放金币的高利贷①，并以美国政府的税收作为这些贷款的还款来源。

南北战争时期绿钞的成功发行，不仅使得美国克服了黄金币材不足的障碍，还切断了欧洲银行家们的财源②，再加上南北战争一结束，林肯就宣布南方在战争中所负的战争债务全部一笔勾销，这使得在战争中一直为南方提供巨额金币贷款的欧洲银行家们损失惨重，因此，为了报复林肯、颠覆其货币新政，他们指使狂热分子刺杀了林肯③(宋鸿兵，2007)。

5) 绿钞的发行限制

1862 年发行的两期最早的绿钞是财政部发行的成本极低(在发行后的 20 年里提供 5% 的利息)的纸币，后来，由于国际银行家的阻挠，使得绿钞与银行券这两类纸币的发行受到了以下几重限制。

(1) 国会授权发行

绿钞的发行不能由美国政府说了算，政府需要获得国会的授权。1862 年 2 月美国国会通过的《法币法案》(*Legal Tender Act*)授权财政部发行 1.5 亿美元绿钞，随后又于 1862 年 7 月、1863 年 3 月两度授权分别发行 1.5 亿美元绿钞，因此在内战期间，国会 3 次授权，总共发行了 4.5 亿美元绿钞，这些绿钞是美国财政部在内战时期发行的"联邦票据"，就是美国的法币(弗里德曼，施瓦茨，美国货币史(1867—1960)[M])[11]。

(2) 1863 年《国家银行法》规定银行券的发行要以国债为抵押

① 关于国民银行发行银行券的规定

林肯政府发行纸币而断了国际银行家们向美国政府和人民贷放金币的财路，国际银行家们不会善罢甘休，他们不仅要夺回纸币发行权，还要从纸币发行中谋利。因为财政部发行了不能兑现为黄金的绿钞，所以各大银行也想发行自己的不能兑换为黄金的银行券——许州官放火，也许百姓点灯。于是，当 1863 年内战正处于最紧要的关头时，林肯为了获得第 3 期 1.5 亿美元绿钞发行的授权，不得不向国会的银行家势力妥协，签署了 1863 年《国家银行法》。

该法案授权政府批准各大国民银行发行以特定政府债券(Government Bond)作为准备金的统一标准的银行券(除了发行银行名称不同以外)，被称为"国民银行票据"，这些银行券就是国家货币。当初规定以特定政府债券作为准备金的比率是 111%，即国民银行要保有相当于所发行的银行券面值的 111% 的特定政府债券作为资产，才能发行这个面值的银行券作为负债；后来准

① 有学者认为，南北战争就是以罗斯柴尔德家族为代表的欧洲银行家们唯恐天下不乱、为向美国政府推销黄金贷款而挑起的。

② 代表英国银行家利益的《伦敦时报》立即发表声明："如果源于美国的这种令人厌恶的新财政政策(林肯绿币)得以永远化，那么政府就可以没有成本地发行自己的货币。它们将能够偿还所有的债务并且不再欠债，也将获得所有必要的货币来发展商业，同时将变成世界上前所未有的繁荣国家，世界上优秀的人才和所有的财富将涌向北美。这个国家必须被摧毁，否则它将摧毁世界上每一个君主制国家。"英国政府和作为欧洲银行家的代理人的纽约银行协会开始报复，纽约的银行停止向林肯政府支付金属货币，阻止黄金储蓄者提取黄金，并宣布撤销用黄金购买政府债券的承诺。(《货币战争》)

③ 1865 年 4 月 14 日，美国内战刚刚结束，林肯总统在华盛顿的剧院观看表演时被暗杀，终年 56 岁。凶手是谁？德国的铁血首相俾斯麦曾一针见血地指出："他(林肯)从国际那里得到授权，通过向人民出售国债来进行借债，这样政府和国家就从外国金融家的圈套中跳了出来。当他们(国际金融家)明白过来美国将逃出他们的掌握时，林肯的死期就不远了。"(《货币战争》)

备金比率被改为100%；随后，1874年6月一项法案实际上将准备金率降到了5%——国会只要求国民银行以法定货币（绿钞）在财政部存入相当于所发行的银行券面值的5%的偿债基金；此外，在1900年以前国会规定国民银行可以发行的国民银行票据数额最高不能超过银行资本的90%，在1900年后这一比例变为100%。

国民银行票据在1864年首次发行时，全国的发行量被限制在3亿美元，在1866年时被限制在3.4亿元，但是实际上各银行的发行量始终低于这个最高限额①（弗里德曼，施瓦茨，美国货币史（1867—1960）[M]）。

② 美国人民使用纸币要向银行家间接纳税

该法案的实质是结束了财政部免费发行纸币、人民免费使用纸币的道路，人民使用纸币要间接向银行家纳税。具体说来，该法案将绿钞的发行事务由财政部移交到各大国民银行（National Bank）手中，联邦政府要发行绿钞进行财政支出时，即使有国会授权，也不能直接印钞票了，而是要先向各大国民银行发行国债，国民银行以这些国债作抵押，支付给政府的不是金币，而是纸币。国债到期时，政府必须向其持有人——即这些银行还本付息，本金就用纸币偿还，但利息必须用金币偿还。由于美国政府的收入主要来源于税收，所以这些利息最终来自于美国人民的税收，可见，美国人民虽然不用再向国际银行家们借金币了，但使用廉价的纸币也要间接地向他们纳税。

③ 美国政府要偿还完国债，就得收回流通中的所有纸币

该法案将美国的纸币发行和政府债务捆绑在了一起，正如美国著名经济学家约翰·肯尼斯·加布雷斯（John Kenneth Galbraith）所说的，在内战结束以后的许多年里，联邦政府财政每年都获得了大量盈余，但却不能还清国债，因为银行是用特定国债作为发行银行券的抵押的，政府要向银行还清国债，就得收回流通中的所有银行券，迫使美国退回到金币时代。

④ 美国的纸币流通造就了联邦政府永久的和永远增加的债务利息

为了维持纸币，美国联邦政府虽然没有发行永久国债，但采用的是不断地借新债还旧债的形式，使得向发钞行（1933年后是美联储）支付的利息负担成为永久性的，这些利息就成了美联储股东的收益。

如果这些收益全部归美联储股东所有，那就如《货币战争》一书中所言："从1864年开始，银行家们可以世世代代享用国债利息这一美餐。仅仅是由于政府直接发行货币，还是政府发行债券而银行发行货币这一点看似不起眼的差别，就造成了人类历史上最大的不公平。人民被迫向银行家间接缴税，为了原来是他们血汗劳动所创造的财富和货币！"以及"到2006年，美国联邦政府共欠下8万6千亿美元的天文数字的债务，平均每一个4口之家要摊上11万2千美元的国债，而且国债总额正以每秒2万美元的速度增长，美国联邦政府对国债利息的开支仅次于健康医疗和国防，2006年将达到4 000亿美元之巨"，但是，如今的美联储股东全部是优先股股东，只能持有6%的固定股息，除此之外的美联储盈余又全部交回给联邦政府了，所以，美国人民使用货币的代价并没有《货币战争》一书中所说的那样骇人听闻。

⑤ 中国是世界上为数不多的无须国债抵押而免费发行货币的国家

中国的现金是由中国的中央银行——中国人民银行免费（忽略印钞成本）发行的，无须用国债作抵押，由此节省了国债的巨额利息支出。

（三）1865—1879年后内战"绿钞时期"

1. 绿钞本位与黄金本位并存

从1865年美国南北战争结束到1879年重行实行金本位制的这段时期被称为美国的"绿钞

---

① 1890年前是20%，1900年上升为28%，"一战"时大约为80%。

时期”。1865 年南北战争结束，但是由于绿钞运行得很好，因此，政府并没有令其退出流通，而是规定绿钞、金属硬币和国民银行发行的银行券同时作为货币被用于国内支付，但政府不承诺绿钞能够兑换黄金，又规定绿钞是无限法偿货币，表明美国此时实行的是信用本位制（美国在 1933 年后至今再次实行了信用本位制）。

绿钞被规定为法定货币，但民间还可使用金、银币，比如某些私人债权的本息要求用黄金支付，海关税也要求使用黄金支付等。此外，由于在同时期，美国的重要贸易伙伴国——英国等国实行的是金本位制[①]，因此，在国际贸易中，美国商人除了可用英镑外汇支付外，还可以用黄金支付。因此，该时期美国同时存在着绿钞本位和黄金本位，前者是官方的，后者是非官方的。由于绿钞美元与黄金的比价是自由浮动的，美元与其他国家货币之间的汇率也是自由浮动的，没有一个官方比价，因此不会产生劣币驱逐良币现象，这样两种本位币才能并存（弗里德曼，施瓦茨，美国货币史（1867—1960）[M]）。

2. 通货紧缩下的经济增长

在这 15 年间，由于黄金的增量有限，而绿钞也没有发行得足够多，因此，物价下降了一半、通货紧缩达到了 50%，但经济却保持了高速增长。因为生产力的迅速释放，尽管物价在下降，但人们觉得把钱拿出来从事生产经营的收益来得更高，所以大家选择把钱盘活，货币的流通速度是非常高的（弗里德曼，施瓦茨，美国货币史（1867—1960）[M]）。

（四）1873 年完全金本位制的确立

1.《1866 年紧缩法案》

林肯本来打算在 1865 年获得连任之后废除 1863 年的《国家银行法》，从而使联邦政府拥有自由发行货币的权力，正是由于他想夺回货币发行权，触犯了欧洲银行家们的利益，因此他在大选获胜后仅 41 天就被刺杀。1866 年，在银行家势力的影响下，国会通过了《紧缩法案》，试图召回流通领域中的所有绿币，兑换成金币，使美国恢复国际银行家占绝地优势的金本位制。美国战后本应实行扩张性货币政策以发展经济，但这个紧缩法案直接造成了战后的通货紧缩和经济衰退[②]。

当经过了一段时滞后，人们看到了战后价格的剧烈下跌和经济的衰退，观念发生了巨大变化，1868 年 2 月，国会中断了绿钞的退出。

2.《1873 年硬币法案》确立了完全的金本位制

1）白银是如何退出货币流通的？

（1）法律规定的退出方法

1873 年，国际银行家们又通过贿赂促成美国国会通过了《1873 年硬币法案》，该法案取消了白银作为货币的权利，结束了金银复本位制，使美国建立了金本位制，金币成为唯一的主币。

这项法案宣布终止标准 412.5 格令银币（含有 371.25 格令纯银）的铸造，重铸含有 420 格令（378 格令纯银）的贸易美元及银制辅币，辅币的面额包括 0.5 美元、0.25 美元和 0.1 美元，在不超过 5 美元的任何交易中具有其面额的完全法偿能力。这项法案中还详细规定了小额硬币分为 5 分、3 分和 1 分这三个币种。

贸易银元的铸造是为了同东方国家（主要是中国）进行国际贸易，其设计初衷是为了取代墨

---

① 德国在 1871—1873 年采用金本位制；拉丁货币联盟（法国、意大利和瑞典）及荷兰在 1873—1876 年采用金本位制；斯堪的纳维亚联盟（丹麦、挪威和瑞典）及荷兰在 1873—1876 年采用金本位制。

② 美国的货币流通量从 1866 年的 18 亿美元（每人 50.46 美元）下降到 1867 年的 13 亿美元（每人 44 美元）以及 1876 年的 6 亿美元（每人 14.6 美元），最后下降到 1886 年的 4 亿美元（每人 6.67 美元）。

西哥元,不在美国国内流通。由于白银在市场上的黄金价格高于官方比价,1836年以来贸易银元一直未在美国国内流通,所以美国人对银元一无所知。

(2) 银价下跌后的劣币驱逐良币定律使得贸易银元回流到加州

但在1872年后,一方面,随着美国西部许多富矿的开采,世界范围内白银的供给增加了;另一方面,许多欧洲国家从银本位制或金银复本位制转向了金本位制,世界范围内白银的需求减少了,所以白银以黄金表示的市场价大幅度下跌了,这样,贸易美元以黄金表示的实际价值就低于其面值了。

在主要使用金币的加州,贸易银元竟然是按面值流通的,而在全美除加州之外的其他地区,贸易美元是相对于绿钞折价流通的,所以,只有在加州,贸易银元才是劣币,在劣币驱逐良币定律的作用下,贸易银元大量回流。

(3) 1875年后西部产银州的"白银政治"

从1875年开始,在通货紧缩的压力下就有人开始呼吁无节制地铸造金币,西部产银州则呼吁恢复金银复本位制,他们强烈反对《1873年硬币法案》,称其为"1837年罪案",原因如下所述。

第一、他们将其视为英国人的阴谋,因为英国人早就预见到了银价的下跌,因此,废除白银的货币地位、确立单一的金本位制是为了确保美国债务人向英国的银行家们支付黄金,以此保全英国银行家的债权价值。但是,美国中西部和南部向银行家们借了许多黄金债务的农场主们都主张绿钞和银元投入流通,因为这样可以增加货币供给量、减轻其债务负担;

第二、上述两个法案直接触发了美国1873—1879年的经济大衰退,3年中美国失业率高达30%;

第三、银元回流,因而西部产银州的白银制造商要求以16个银元兑换1个金币[①]的比率毫无限制地自由铸造银币,美国民众自发成立了"白银委员会"(US Silver Commission)和"绿币党"(Greenback Party)等组织,推动美国重新回到金币、银币和绿币同时流通的状态,他们正确地看到了通货紧缩将造成经济衰退[②]。

1876年夏天,众议院提出了许多白银议案,但都未被参议院考虑,这就是所谓的"白银政治"。1877年,财政部长下令中止贸易美元的铸造,宣布将在6个月内将现存的贸易美元按面额以黄金赎回,这使得一些投机者将贸易美元从中国回收,以面额兑换黄金,赚了一笔钱。

1881年,在经济萧条中上台的美国第20届总统杰姆斯·加菲尔德也发言支持恢复银币、绿币流通,但几个星期后就被刺杀。国际银行家们与美国民选政府经过了长达百年的激烈较量之后终于占了上风,使得金本位制在欧洲和美国得以确立。

2) 金本位制造成了通货紧缩

由于内战前后的几十年里西方世界产出快速增长以及金本位制的更为广泛的采用,虽然世界范围内黄金产量在增加,但黄金仍然供不应求,因此,这一法案加重了美国货币供应短缺的状况,维护的是英格兰银行董事会的利益,因为当时有越来越多的银矿被发掘出来,而黄金则要稀缺得多,欧洲银行家们几乎垄断了全世界金矿的开采,也就几乎垄断了全世界的金币供应量,为了高价贷放给各国,他们当然不希望难以控制的银币来妨碍其垄断地位。因此,在国际银行家的影响下,从1871年开始,以罗斯柴尔德家族为首的国际银行家们胁迫德国、英国、奥地利、斯堪的

---

① 当时1美元面值的金币并不是只值1美元绿钞,有时值2美元绿钞16∶1的比率已经修正了官方比价中对银币的高估,接近市场比价。

② 美国白银委员会的报告指出,在罗马的基督徒时代,帝国共有相当于18亿美元的金属货币流通,到了15世纪末,欧洲的金属货币流通量只剩下2亿美元,货币短缺和物价下跌将罗马帝国变成了黑暗的中世纪。

纳维亚国家废除白银的货币地位，实行完全的金本位制，导致各国的通货紧缩，引发了欧洲长达20多年的严重经济大衰退(Long Depression，1873—1896)。在该家族的压力下，美国通过了《1873年铸币法案》，实行了单一的金本位制(弗里德曼，施瓦茨，美国货币史(1867—1960)[M])。

3. 1878年又恢复了金银复本位制

尽管确立了金本位制，但是，一方面因为美国西部产银州要推销白银，因为白银价格下跌，他们还要求政府购买白银以稳定银价；另一方面因为白银作货币可弥补黄金的短缺，因此从19世纪70年代开始，在其后的将近20年中，美国一直存在着恢复白银的货币地位的争论，足以使政府对于维持金本位制的态度摇摆不定，甚至一度恢复了金银复本位制。

具体说来，1878年，国会通过了《1878年布兰德-埃勒森法案》，要求美国财政部必须每月购买价值200万到400万美元的白银，作为发行白银券的准备金；1美元白银券可以兑换1美元银币；金银比价被重新设定为1比16，即1枚金币等于16枚银币；规定银币与金币同样具有法律效力，同样可以用于支付所有的公共和私人债务，也就是说，美国又恢复了金银复本位制(弗里德曼，施瓦茨，美国货币史(1867—1960)[M])。

《1878年布兰德-埃勒森法案》后又被《1890年谢尔曼白银采购法》所取代，新法案规定财政部必须每月新增加450万盎司的白银购买量，必须以新货币即1890年的国库券支付，这种新货币是财政部长指定的具有完全法定效力的货币，可通过黄金或白银赎回。

4. 1896年前后黄金供给的增加消除了通货紧缩，使金本位制保持稳定

1896年，美国民主党人士、产银洲代表人物威廉·詹宁斯·布莱恩(William Jennings Bryan)以要求恢复白银本位为政纲竞选美国总统，但失败了，这标志着白银时代的结束。

原因在于：①南非和阿拉斯加州又发现了黄金[①]；②早在1887年，苏格兰的3位化学家就发明了氰化法，可以从低级别的金矿石中提炼出黄金，这种氰化法在非洲金矿中被日臻完善，因而世界黄金产量快速膨胀。因此，尽管世界产出和黄金货币需求在增加，但是巨大的黄金供给仍然在接下来的20多年时间中强烈地推动着美国价格上涨。美国的货币存量在1890—1896年基本保持不变，而在此后的20年中，美国的货币存量以绝对超过1881年到1896年的速度增长着，因而消除了通货紧缩，表明金本位制在美国是可行的。

1900年，美国正式通过了《金本位法》，确认黄金为唯一的货币，从此，货币问题淡出了美国人的视线。美国的金本位制直到1914年第一次世界大战之前都保持着稳定的地位。

(五) 理论总结——银币、纸币派与金币派的争论是通货膨胀派与通货紧缩派的争论

1. 南方农场主(通货膨胀派)希望增加货币供给，使农产品价格上涨和对北方银行家的债务贬值

1865年林肯遇刺后，在北方的银行家和工业资本家的要求下，政府采取了通货紧缩政策，规定债务人必须以金币偿债；1866年，国会通过了《紧缩法案》，试图回收所有流通中的绿钞纸币，兑换成金币，然后把绿钞纸币彻底踢出流通领域。

---

① 1861年南北战争爆发前后，当欧洲的国王们向美国大量派兵时，林肯曾向欧洲君主们的宿敌——俄国求救。俄国于1863年派舰队驶入纽约港，助了林肯一臂之力。战后，由于宪法没有授权政府向外国政府支付战争酬劳，所以，林肯政府为了支付俄国舰队的总计720万美元的费用，只得巧立名目，与俄国政府达成协议，以720万美元购买俄国的阿拉斯加这块看起来不值一文的荒地，这件事在历史上被称为"西华德的蠢事"。西华德是当时的国务卿，不明真相的人们批评他做了亏本买卖，可是他讲了一句话："现在我把它买下来，也许多少年以后，我们的子孙因为买到这块地而得到好处。"随着金矿和石油相继被发现，美国人也了解到阿拉斯加的重要性。接着，在第二次世界大战后，由于阿拉斯加的战略及经济地位的重要性，美国于1959年将阿拉斯加升格为美国的第49个州。现今，许多航空公司还借由阿拉斯加的机场从亚洲飞往美国东岸，这比直飞节省很多的飞行时间与燃料。阿拉斯加还有最大的国家导弹防御系统基地，部署大量先进科技雷达、卫星控制站，可以控制所有美军陆海空和太空的导弹拦截装备。

但这一政策却遭到了农场主阶层的反对，他们不喜欢硬币——即币值坚挺的金币，而喜欢软币——即币值可能下跌的银币和纸币。其实，他们早期曾是硬币主义者，坚持视金银等硬通货为唯一的货币形式，反对发行任何形式的纸币——包括政府发行的信用纸币如绿钞，以及私人银行发行的承诺可兑换为硬币的银行券；他们甚至反对建立任何银行，尤其是私人商业银行。

但是到19世纪五六十年代，情况却发生了变化，无须融资、自给自足的小农经济落后了，国内工业的兴起为农业提供了广阔的市场，农业商品化、机械化、规模化日益发展，农场主们如果没有借贷资金来投资于机器设备等，就不能在日渐激烈的竞争中生存下去。

当内战结束后，美国农业陷入了长达30年的萧条时期，谷物和小麦的价格年复一年地下降。农场主们认为，农产品价格下降是由于货币量不足引起的，如果货币供给增加，那么价格就会自动上升，使其资产增加；同时，他们的负债——向银行家借的固定利率贷款的实际价值就会下降，通货膨胀就会这样双管齐下地使其净值、利润增加。

所以，农场主们成立了"绿钞党"，后来又有工人参加，组成"绿钞劳工党"，要求联邦政府控制和增加货币供给，反对政府撤回绿钞，反对政府恢复金币支付，希望制造通货膨胀，反对通货紧缩，这个斗争后来延续了30年之久。

2. 通货膨胀派蕴含着凯恩斯主义思想的雏形

1）凯洛格和坎贝尔的主张

绿钞运动、白银政治也受到当时一些经济学说的影响。比如，破产商人爱德华·凯洛格主张，货币供给不应与金银保持固定联系，货币的价值应该根据全国的生产量和贷款的利率来衡量；同时，政府必须控制货币的发行，通过货币和政府债券的互换来保证货币的价值。

而另一位思想家亚历山大·坎贝尔也继承了凯洛格的观点，主张联邦政府应根据农民和劳工的需要，摆脱黄金储备量的限制，直接发行信用纸币，以制造通货膨胀，刺激农产品价格上涨，减轻农民债务负担。从这些早期的经济学说中已经可以看到后来20世纪凯恩斯主义的雏形。

2）财政部长蔡斯也主张约束政府直接发行信用货币的权力

在整个南北战争期间，林肯政府一共发行了4.5亿美元的绿钞纸币，这种新的货币机制运行得如此之好，以至于内战结束后，林肯总统曾认真地考虑过要把这种无债货币（Debt Free Money）的发行长期化和法制化。但是，当时的财长蔡斯等人认为①，发行政府信用货币是不得已的权宜之计，不应该给政府直接发行钞票的权力，因为政府有这种权力后可能会滥发货币，造成通货膨胀，因此，蔡斯等人主张战争一结束就立即收回绿钞纸币，以新建的国民银行体系所发行的银行券（也就是可兑换为贵金属的纸币）取而代之、作为全国的统一通货。

3. 北方银行家（通货紧缩派）希望保持物价稳定，以保全对南方农场主的债权价值

与"白银委员会"形成鲜明对比的是"美国银行家协会"（The American Bankers Association），协会在发给所有会员的信中指出："我们建议你们坚决反对政府发行绿币……废除银行发行国家货币或恢复政府发行绿币都将使（国家）能够向人民提供货币，这将严重伤害我们作为银行家和放贷者的利润。"

与此同时，工商业资本家也希望物价稳定、没有通货膨胀或通货紧缩，因为工商业投资的回收周期长，只有物价稳定才有可能准确地预期其利润，否则投资就无法进行。因此，北方的工商

---

① 林肯总统很能团结他人、化敌为友；他手下的国务卿西沃德、财政部长蔡斯、司法部长贝茨和陆军部长卡梅伦原来都是总统候选人，即林肯的对手。至少在一开始，他们都对林肯很不服气，让林肯受了不少窝囊气，尤其是蔡斯，虽然输给了林肯，但还是认为自己比林肯要强得多，他不断地对总统的决策挑刺儿。但林肯看重蔡斯的才能，将他野心勃勃、欲取而代之的动力引导到工作上，最终，蔡斯不负重望，出色地完成了为战事融资的任务。

金融界人士都主张通过立法确立单一金本位制的稳固地位，于是发起了“健全货币运动”。

“通货膨胀派”与“健全货币派”的斗争在1896年大选中最终摊牌，黄金派（健全货币派）获得了胜利；白银派（通货膨胀派）的代表人物布莱恩失败落选。

[1] [美]杰弗里·萨克斯，费利普·拉雷恩. 全球视角的宏观经济学[M]. 费方域，译. 上海三联书店，1997(5).

[2] [美]巴里·埃森格林. 嚣张的特权[M]. 陈召强，译. 中信出版社，2011(12).

[3] 陈继勇，胡艺. 知识经济时代与世界经济失衡问题的再认识[J]. 世界经济，2007(7).

[4] 杨志荣. 美国“再工业化”的本质：贴近市场再造服务[N]. 中国产经新闻报. 2012-03-24.

[5] 2014-12-02. 亚博经济信息.

[6] 樊晨迪. 分析人民币国际化的障碍与路径选择[J]. 商，2015(1).

[7] 陈世渊，欧乐鹰. 人民币国际化的障碍[J]. 中国外汇，2014(15).

[8] 王超贺. 人民币国际化的障碍与对策探索[J]. 产业与科技论坛，2014(1).

[9] 董潮恩. 日元国际化进程与我国人民币“走出去”策略[J]. 福建金融，2014(12).

[10] 高婷婷. 秦朝统一与经济结构的变动—— 兼谈秦代私营工商业的发展[J]. 秦陵秦俑研究动态，2003(1).

[11] 李槐. 中国古代货币体系的结构变化研究[J]. 云南教育学院学报，1997(6).

[12] 陈昆. 明朝中后期世界白银为何大量流入中国[J/OL]. 2012-10-12. http：//www.360doc.com/content/12/1012/23/202378_241143534.shtml.

[13] 杨德平，杨永平. 元朝的货币政策和通货膨胀[J]. 云南民族学院学报(哲学社会科学版)，2001(5).

[14] 陈昆，李志斌. 财政压力、货币超发与明代宝钞制度[J]. 经济理论与经济管理，2013(7).

[15] 陈昆. 宝钞崩坏、白银需求与海外白银流入：明代白银货币化的考察[J]. 南京审计学院学报，2011(2).

[16] 黄阿明. 明代货币比价变动与套利经济[J]. 苏州科技学院学报(社会科学版)，2010(3).

[17] 刘秀光. 法定货币与电子货币的双币流通[J]. 上海金融学院学报，2014(6).

[18] 陈强. 国际贸易与西方世界的兴起：财富效应还是货币效应[J]. 世界经济，2009(1).

[19] 金卫星. 马歇尔计划与美元霸权的确立[J]. 史学集刊，2008(1).

[20] 金玲. 一带一路：中国的马歇尔计划？[J]. 国际问题研究，2015(1).

[21] 何维达，辛宇非. 马歇尔计划的成功经验对一带一路建设的启示[J]. 学术论坛，2015(8).

[22] 何茂春. 一带一路战略面临的障碍与对策[J]. 新疆师范大学学报，2015(3).

[23] 李向阳. 构建一带一路需要优先处理的关系[J]. 国际经济评论，2015(1).

[24] 林月芬，王少楠. 一带一路建设与人民币国际化[J]. 世界经济与政治，2015(11).

[25] 韩玉军，王丽. “一带一路”推动人民币国际化进程[J]. 国际贸易，2015(6).

[26] 李斌. 简论香港联系汇率制度的困境[J]. 时代金融，2013(30).

[27] 郑龙华. 金融风暴后香港的货币局制度——联系汇率的现状和未来[J]. 中国市场，2011(31).

[28] 徐芳，马晓青. 香港货币局制度的理论基础与可维持性分析[J]. 上海金融，2003(9).

[29] 王应贵，张媛，王婧. 外部冲击下香港联系汇率制度的完善与干预机制[J]. 亚太经济，2013(1).

[30] 李颖琦，王小利. 后金融危机时代香港联系汇率制争议及改革[J]. 北方经济，2012(7).

[31] 沈坤荣，相文燕. 货币局制度对经济稳定作用的评析[J]. 世界经济，1999(9).

[32] 张华锋. 论港元联系汇率制度的发展方向[J]. 亚太经济，2000(10).

[33] 李翀. 论货币局、美元化和货币替代的制度选择[J]. 世界经济，2002(2).

[34] 张华锋. 论港元联系汇率制的发展方向[J]. 亚太经济，2000(5).

[35] 李斌. 简述香港联系汇率制度的困境[J]. 时代金融，2013(10).
[36] 范小云，邵新建. 港元、人民币一体化研究[J]. 世界经济，2009(3).
[37] 郑龙华. 金融风暴后香港的货币局制度[J]. 中国市场，2011(31).
[38] 徐芳，马晓青. 香港货币局制度的理论基础与可维持性分析[J]. 上海金融，2003(9).
[39] 2009-05-14. 索罗斯立体投机经典案例[J/OL]. http：//blog. sina. com. cn/s/blog_51df2fb80100dgp2. html.
[40] 2015-07-06. 1998 年董建华血战索罗斯：保不住香港"以死谢罪"[J/OL]. http：//www. 360doc. com/content/15/0706/21/5719126_483192675. shtml.
[41] 张华锋. 论港元联系汇率制的发展方向[J]. 亚太经济，2000(5).
[42] 郑龙华. 金融风暴后香港的货币局制度[J]. 中国市场，2011(31).
[43] 2017-02-25. 在美国转账、存钱，如果你担心成为下一个英达，可以看看这篇[J/OL]. http：//finance. sina. com. cn/consume/xiaofei/2017-02-25/doc-ifyavvsh6584087. shtml.
[44] 魏武挥. 比特币的乌托邦[J]. 科技创业，2011(8).
[45] 2017-01-13. 央行调查比特币交易平台真正的目的，比特币狂热背后隐藏哪些"风控杀手"[J/OL]. http：//chuansong. me/n/1484416137436.
[46] 2017-06-17. 挖矿的矿工都赚疯了，揭秘川西地区的比特币超级矿山[J/OL]. http：//money. jrj. com. cn/2017/06/17150122622529. shtml.
[47] 端宏斌. 比特币悖论[J]. 中国经济和信息化，2013(1).
[48] 徐燕燕. 暗网黑市交易：最爱比特币等虚拟加密货币[J/OL]. [2017-07-26]http：//www. sohu. com/a/160167479_460385.
[49] 余丰慧. 四大银行联手开发区块链数字货币预示啥[J/OL]. [2016-09-01]http：//www. toutiao. com/i6325162717250339329/.
[50] 杨东. 暂停比特币平台交易与发展区块链并不冲突[J/OL]. [2017-09-22]http：//money. 163. com/17/0922/07/CUU2BMNL002580S6. html.
[51] 央行突然出手，比特币大崩盘！为了它，大妈、投资客曾"跑步"进场！[J/OL]. [2017-01-13]https：//www. yangqiu. cn/sunlordedu/1487030. html.
[52] 高善文. 货币剪刀差背后的秘密[J/OL]. [2016-08-17]http：//finance. sina. com. cn/roll/2016-08-17/doc-ifxuxnpy9.
[53] 曹新军. 社会融资规模的引入与货币政策协作型管理的实现框架[J]. 征信，2015(1).
[54] 季天鹤. 社会融资规模的未来[J/OL]. [2016-07-02] http：//www1. humamaob. com/bdfzmdd/11677. html.
[55] 盛松成. 社会融资规模与货币政策传导[J]. 金融研究，2012(10).
[56] 安倍经济学陷困境，日本专家：日本经济取决于中国[J/OL]. [2015-10-04]http：//www. cankaoxiaoxi. com/finance/20151004/957578. shtml.
[57] 腰斩？民间投资出了什么问题？[J/OL]. [2016-05-17] http：//www. 360doc. com/content/16/0517/09/301131.
[58] CF40 宏观医生告诉你 M_2 与 M_1 分叉背后的秘密[J/OL]. [2016-08-30]http：//www. 360doc. com/content/16/0830/18/32367625_587075912. shtml.
[59] 盛松成. 央行盛松成：M1 与经济增长背景之谜[J/OL]. [2016-07-21]http：//chuansong. me/n/556514247965.
[60] 消失的企业贷、高涨的房贷与惊人的剪刀差[J/OL]. [2016-08-13]http：//www. p5w. net/news/gncj/201608/t20160813_1551088. htm.
[61] 陶旖洁. 中国并非没有通货膨胀压力，而是演绎为房价持续上涨[J/OL].
[62] 穷人才会造成通货膨胀，富人只会制造资产泡沫！[J/OL]. [2016-08-16]http：//finance. ifeng. com/

a/20160816/14756226_0. shtml.

[63] 刘胜军. 不该减税的美国减税了,最该减税的中国还等什么?[J/OL].[2017-12-03]http://news.ifeng.com/a/20171203/53819528_0.shtml.

[64] 许善达. 前国家税务总局副局长许善达:别再误判了,美国降低企业税,中国整个税收思念要改变[J/OL].[2017-04-30] http//wap.tecenet.com/share/show-10797.html.

[65] 一个独特的视角看待特朗普减税方案.[J/OL].[2017-12-03]http://www.sohu.com/a/208209957_117262.

[66] 吴裕彬. 特朗普大规模减税+基建的透支游戏能玩多久?[J/OL].[2016-12-06]http://bbs.tianya.cn/post-worldlook-1755770-1.shtml.

[67] 谢九. 别人的减税,我们的难题[J/OL].[2017-12-05] http://bbs.xinhehui.com/thread-40045-1-1.html.

[68] 刘胜军. 应对特朗普减税,建议中国暂停个人所得税[J/OL].[2017-12-08]http://opinion.jrj.com.cn/2017/12/08082223760553.shtml.

[69] 刘远举. 被减税开户的国家模式竞争[J/OL].[2017-12-08]http://next.ftchinese.com/story/001075371? page=rest.

[70] 美国税改法案终获通过,对中国的四大影响!外贸企业该做什么准备![J/OL].[2017-12-05] http://cn.sonhoo.com/info/1053791.html.

[71] 冷哲. 最近所有的政治大戏,都指向同一个幕后黑手[J/OL].[2016-11-20]http://chuansong.me/n/1754214552426.

[72] 宋鸿兵. 货币战争[M]. 北京:中信出版社,2007.

[73] 弗里德曼,施瓦茨. 美国货币史(1867—1960)[M]. 巴曙松等,译. 北京:北京大学出版社,2009.

即测即练

简述与论述题

1. 简述金属货币制度下货币的名义价值与实际价值总是相等的吗?

2. "房子是用来住的,不是用来炒的",但在房价迅速上涨期间房子被炒作却能使炒房者赚钱,表明房子在这期间的流动性很强,根据资产的流动性的含义,你认为这个说法正确吗?为什么?

3. 在当今中国,有些店铺开始拒绝接受现金,但接受支付宝;很多人都不带现金出门、只用手机支付宝付账了,因此支付宝的流动性比现金强,你同意这个说法吗?为什么?

4. 简述各种不完全的金本位制如何使人类渐渐落入了通货膨胀的魔掌。

5. 查一查我国近年来公布的 M_1 与 M_2 增长率背离的几个例子,并联系当时我国的实际情况解释一下这种背离说明了什么,以及背离的原因是什么。

第二章 金融体系概述

《货币金融学》讲了货币之后就应该讲银行了，银行是资金融通或借贷活动的中介，所以在讲银行之前先要讲资金融通，因此我们先来介绍金融体系。金融体系是有关资金的集中、流动、分配和再分配的一个系统，它由资金的流出方（资金盈余单位）和流入方（资金短缺单位）、连接这两者的金融中介机构和金融市场，以及对这一系统进行管理的中央银行和其他金融监管机构等共同构成。

第一节 金融与信用

一、资金盈余方与赤字方

在任何一个经济体中都会有一些资金盈余单位和资金赤字单位，它们可以是居民（或称个人、家庭）、企业和政府。

（一）家庭

家庭有借钱的，也有存钱的，但把家庭作为一个整体，通常是金融市场上货币资金的主要供给者。

（二）企业

企业既是货币资金的需求者，又是供给者。当它产生赤字时就是资金的需求者，比如，生产周期较长的企业，在产品销售之前是没有收入的，必须借入资金；又如，设备更新与折旧提存的金额通常不符，当折旧提存不能满足更新的需要时，企业就要借款，随后提取的折旧则是还款来源；再如，季节性的资金需要等。

当企业有暂时闲置的资金时就是资金的供给者，比如：(1)固定资产的周转具有分期收回、逐渐积累、然后再集中开支的特点，未开支前的折旧基金是货币资金的供给来源；(2)在取得销售收入之后与把全部收入支出（如支付工资）之前，会有盈余；(3)尚未积累到一定数量、还不足以作为新的投资加以运用的那部分货币资金也构成货币资金的供给来源等。但是，企业作为一个整体，通常是资金的净需求者。

（三）政府

政府包括中央政府与地方政府，一般都是货币资金的需求者。比如，我国从 1979 年开始，除 1985 年外，其余年份均为赤字，因此，我国自 1981 年开始每年都发行国库券。美国最近 40 年来，有 35 年是财政赤字，只有 5 年是盈余，因此也在发行国债。

二、资金融通的意义

在盈余单位与赤字单位之间实现资金的有偿让渡就是资金的融通，即金融。信用是一个比金融更广的概念，它是指在以还本付息为条件的单方面的价值让渡中，用契约关系保障本金回流和增值的价值运动，它不仅包括货币的借贷行为，还包括商品买卖中的延期支付(赊销)与预付货款行为。既然其含义将“金融”包含在内，因此，这里对“金融”的分析也适用于对“信用”的分析。资金融通的意义如下所述。

（一）融入方可以通过借入资金实现消费的跨时期选择及进行投资

由于现代经济增长主要依靠投资与技术进步，从工商企业的角度来看，如果没有金融与信用，只有盈余型企业才可能从事投资，但问题是：

(1) 有些盈余型企业投资的边际效率不高、缺乏有利可图的投资机会，比如，它是夕阳产业中的企业，社会对其产品的需求已饱和，而投资边际效率较高的企业(如朝阳产业中的企业)往往是资金的赤字单位；

(2) 有些盈余单位的资金达不到规模经济的要求，因此难以形成合理的投资。

为此，盈余型企业将资金借给赤字型企业投资，可以提高整个社会的投资边际效率。反之，如果没有金融与信用，则社会闲置资金就无法被合理有效地加以利用。可见，金融与信用对生产与投资的促进作用是使储蓄转化为投资，这种转化可以采用股权投资的形式，也可以采用债权投资即借贷的形式。

（二）融出方可以通过投资闲置资金而获得利息等收益

对融出方而言，如果不把闲置的资金贷放出去，而是放在自己手里，就不可能从中获得任何收益，如利息、债息、股息、红利等。

三、信用的形式

按照信用的创造主体来分，现代信用主要可划分为以下几种形式。

（一）企业信用

企业信用又可分为商业信用与融资信用。

1. 商业信用

1) 商业信用的定义

工商企业间以商品赊销和预付货款的形式提供的信用，包括同时发生的买卖行为和借贷行为。在商业信用中，生产企业一旦售出商品，买卖行为就已完结；同时发生了债权债务关系，但债权债务关系不因货物能否销售出去而发生变化。

2) 供应链中的商业信用

当前在中国火热发展中的供应链金融，就是以商业信用为基础的。当今社会，核心企业热衷于采用全球性外部采购、业务外包的方式降低成本，使得一项产品从原材料采购到制造、再到销售到顾客手中，要经过一系列企业，这就是产品内分工。同时，这些核心企业通过良好的品牌形象和财务管理能力，吸引着一批对其进行材料采购和对其进行产品销售的中小企业，这个相对稳定的企业商务生态链就是供应链，这种现象在汽车、能源等行业尤为普遍。

供应链中除核心企业外绝大部分都是中小企业，相对于核心企业来说处于劣势地位，表现之一就是被核心企业强迫发生商业信用：

(1) 如果它们需要向核心企业采购关键零部件、原材料或产品，核心企业通常要求它们预付货款；

(2) 如果它们需要将产品出售给核心企业，核心企业往往会延期付款，即要求对自己赊销，因此，在供应链中商业信用普遍存在。

3) 商业信用的意义

以生产商对经销商的赊销为例，这种商业信用对双方都有好处：

(1) 经销商利用这种方式，可以购入货物并取得商业利润。如果在约定还款之前将商品销售出去，甚至可以不必准备自有资金。

(2) 对生产企业而言，产品能否销售出去至关重要，虽然赊销使其发生资金缺口，需要融资才能组织下一批产品的生产，但只要能销售出去，就可能从银行或其他融资机构(如商业保理机构)取得贷款继续生产。对于银行而言，这种以应收账款为抵押对该企业融资的信用风险较小，这就是供应链融资。

在 19 世纪中叶，这种信用形式就发展到了相当的规模，直到今天，商业信用都一直广泛地存在于国际贸易之中。

4) 商业信用的工具

(1) 商业汇票与商业期票

信用的发生要依赖于信用工具，信用工具指一种凭证，用以记载债务人身份、债务金额、利率、归还日期等事项。商业信用的工具就是商业票据，比如，赊销商品的企业为了保证自己的权益，需要掌握一种能够受到法律保护的债务文书，在这种文书上说明债务人有按照约定的金额、期限等条件偿还债务的义务，这种文书被称为商业票据。

商业票据既可以由债权人书写，也可以由债务人书写，前者称为商业汇票，后者称为商业期票。商业汇票是一种命令式的信用凭证，由售货人(债权人)签发，命令付款人(债务人)向受款人(可能是第三方即债权人的债权人)支付一定款项的凭证。商业期票(商业本票)是一种承诺式的信用凭证，即出票人(债务人)承诺支付金额给受款人(债权人)的凭证。

(2) 商业汇票的承兑与背书流通

由于商业汇票是债权人签发的，所以债权人不能自说自话地令债务人到期付款，商业汇票必须经过债务人的承兑才具法律效力。承兑指在票据到期前由付款人在票据上作出表示承认付款的文字记载及签名的一种手续。承兑后，付款人就成了承兑人，在法律上负有到期付款的义务，同时商业汇票即成为商业承兑汇票，简称商票。

商业票据经过背书可以转让流通，背书是指票据上所注明的收款人或持票人转让票据时在票据背面签署的行为，表明背书人对票据的偿付负有连带责任，若付款人到期不付款，票据持有人有权向所有背书人要求付款。

比如，当织布厂从纺纱厂赊购棉纱作为原料，而纺纱厂需要购入棉花继续生产却缺乏货币资金时，它就可以用织布厂签发的票据经背书后支付给棉花商人。这样，本来是织布厂还钱给纺纱厂、纺纱厂再还钱给棉花商人，现在就变成了纺纱厂让织布厂直接还钱给棉花商人，这样就为纺纱厂提供了融资便利。背书人越多、背书企业的商业信用越强大，票据的流通性越好，背书是商业票据可以广泛流通的原因。

◇ 显微镜 2-1

信用工具发展的三个阶段

1. 信用工具的发展的三个阶段

第一阶段，早期的信用是运用口头协议、挂账信用(账面信用、记账信用，并无完全的凭证，只是在账簿上记载)的方式进行的，这不是正式的信用工具，只适用于双方比较熟悉、距离较近的情况。即便如此，由于这种口头承诺无任何凭证作依据，也无法律上的保障，极易引起纠纷。

第二阶段，随着信用的发展，人们在较大范围内发生借贷行为，就以正式的书面凭证为依据，如借贷契约等，这是真正的信用工具。

第三阶段，信用工具的流动化，即以可以在市场上流通转让的有价证券如债券、票据等为信用工具，这是高级的信用阶段。

2. 我国的商业信用票据化

我国虽从 1980 年开始实行票据贴现试点工作，但企业之间的结算一直习惯于采用托收承付方式，即先发货，后由银行收款，结果造成企业之间相互拖欠货款，形成“三角债”。1988 年，针对企业间“三角债”日益严重的情况，中国人民银行推行“三票一卡”的结算制度改革，“三票”指汇票、本票、支票，“一卡”指信用卡，因为商业票据比托收更有法律效力。

但是由于我国缺乏完善的征信系统，债权人接受商业承兑汇票面临着较大的信用风险[①]，因此商业承兑汇票推广较为困难，而银行承兑汇票因为有银行背书，则更容易为债权人所接受。此外，中小商业银行为了进行监管套利而大力发展票据业务，使得我国近些年来票据业务规模不断发展壮大，并且大案频发。

5) 商业信用的局限性

商业信用的局限性是：

(1) 商业信用的授信能力有限：信用规模的大小以产业资本的规模为度；每笔信用的最大规模限于其交易额；

(2) 具有方向性限制：它往往是卖方为销售商品向买方提供信用，即上游产品企业向下游产品企业提供信用，工业向商业提供信用，因此有些企业很难从这种形式中取得必要的信用支持；

(3) 工商企业受资金数量的限制，提供的信用期限较短。

① 比如，2015 年 8 月，雨润集团旗下的地产公司——江苏地华实业集团有限公司有总额约 1 亿元的商业承兑汇票的债务，当持票人去银行兑付时，因付款人(江苏地华实业集团有限公司)余额不足而被银行拒付，雨润集团提出用火腿肠抵债，引起债权人一片哗然；后来雨润集团又提出用房产来抵债，但都是些位置差、卖不掉的房子，这个例子充分表现了商业承兑汇票的信用风险。在这些商票的承兑人签章处，有“江苏地华实业集团有限公司财务专用章”和雨润集团掌舵人的私人印章——“祝义财印”，并标有“到期无条件付票款”字样，但仍无济于事(2015-08-25. 雨润内外交困：以火腿肠抵债[J/OL]. http://money.163.com/15/0825/05/B1RD5NOS00253B0H.html)。

因此，商业信用不能成为现代信用的主要形式。现代信用的主要形式是银行信用。

2. 融资信用与融通票据(finance bill)

融资信用就是工商企业作为债务人在融资关系中与债权人(企业或居民)发生的信用。融资信用的工具之一是融通票据，又称空票据，指企业为筹集日常商业活动所需的资金而发行的短期无担保的期票，承诺在指定日期按票面金额向持票人付现。融通票据的特点是：

(1) 是一种不以商品交易为基础发生的票据，即票据与商品、劳务相分离，发行人与投资人是一种单纯的债权、债务关系；

(2) 期限较短，最长一般不超过 9 个月，平均期限在 20～45 天，票面金额固定，美国最低为 25 000 美元，一般为 10 万美元；

(3) 美国的融通票据发行主体不限于工商企业，公共设施、金融机构等都可发行，但以金融机构为主。作为一种非担保证券，发行企业一般都有较高的信用等级。美国对发行者资信情况的考核是相当严格的，有专门的评级标准，根据出票人的管理质量、经营能力和风险、资金周转的速度、竞争能力、流动性、债务结构、经营前景展望等因素进行综合分析，评出等级，级别不同，发行票据的利率也有所差异，以体现风险溢价。较小或不太有名的低信用等级的企业也可以发行，但必须借助于信用等级较高的公司给予信用支持，或以高品质的资产为抵押。

美国的商业票据实际上只有一级市场，虽然没有二级市场，但其流动性并没有受到很大影响。因为，首先，商业票据的期限很短，大多数债权人都不需要提前变现；其次，大多数出票人愿意在持有者头寸周转出现困难时购回票据。我国也于 2005 年推出了融通票据——企业短期融资券。

◇ 能量棒 2-1

中国的企业短期融资券

(一) 定义与政策背景

1. 定义

2005 年 5 月 25 日，中国人民银行颁布了《短期融资券管理办法》，宣告我国的一种债券品种——短期融资券诞生了。所谓短期融资券，是指中华人民共和国境内具有法人资格的非金融企业，在银行间债券市场发行和交易，并约定在一定期限内还本付息的有价证券，是一种融通票据、货币市场工具。它有筹资成本低、筹资规模大、发行手续较为简单的特点，但由于发行条件苛刻，因此这一融资工具通常被实力强劲的国有及国有控投的大型企业、上市公司和部分民营企业所用(耿钊洋，2014)[1]。

2. 政策背景

2005 年在银行间债券市场引入短期融资券的政策背景是：

(1) 2005 年中国正在治理通货膨胀，采取了信贷紧缩的措施，但政府又担心总量性货币紧缩会抑制有投资效益的项目的融资需求，因此创立了短期融资券，在总量紧缩的形势下对某些企业洞开融资的方便之门。

(2) 为了弥补货币市场产品结构的不平衡。我国货币市场各个子市场发展不均衡，同业拆借和债券回购市场规模相对较大，短期国债和短期政策性金融债券存量相对较小，融资性商业本票(融通票据，我国称为企业短期融资券)和大额可转让定期存单尚不存在。因此，推出短期融资券的目的之一是改变债券融资市场上中短期工具发展不协调的问题，有利于改变我国间接融资与直接融资比例失调的现状，有利于改善非政府债券市场和政府债券市场发展不平衡的问题，有利于我国资本市场和货币市场的协调发展（胡筎，张任研．2012）[2]。

因此，发展短期融资券对机构投资者的意义在于：可以满足机构投资者对短期高收益投资工具的需求。因为在我国推出短期融资券之前，机构投资者可选择的投资工具除了股票和债券等长期投资工具外，就只有收益较低的国库券、央行票据、金融债等短期投资工具。特别是对于彼时刚诞生不久的货币市场基金而言，由于短期融资券的缺乏，央行票据一度成为其重点的投资品种，但是一旦货币政策转向，央行票据存量减少，货币市场基金就将面临着没有工具可投资的困境（耿钊洋，2014）①。

（二）企业发行短融券的好处

1. 降低财务成本

短期融资券发行利率不受管制，由发券企业和承销商根据市场情况协调决定。与一般企业相比，好的上市公司治理结构相对完善，信息披露相对透明，是短期融资券发行的优良主体，它们发行无担保无抵押的短期融资券的利率通常低于同期银行贷款利率，因此使其降低了财务成本②。

同时，短期融资券一般采用贴现方式发行，企业可以根据经营周期、生产规模的变化等实际情况，自主安排融资期限和规模，并选择融资时机，不受银行授信政策调整的影响（耿钊洋，2014）。此外，上市公司发行短期融资券，还可以通过合格的机构投资者市场强化对上市公司的外部约束，进而促进上市公司治理结构的改善。

2. 拓展融资渠道

但是，作为一种无担保融资票据，短期融资券具有信用风险、流动性风险，因此理论上其发行利率应该是基准利率（一般为短期政府债券收益率）加上信用利差、流动性利差等；同时，短期融资券又是一种银行间债券市场的投资产品，其发行利率受到供求状况的影响，投资者对产品价值的判断、对市场的预期、投资者的资产组合策略和承销商之间的竞争策略，都会对短期融资券的发行利率产生影响。因此，在某些情况下，发行短期融资券的利率就会高于银行同期贷款利率，此时企业选择发行短期融资券融资的原因也许是得不到银行信贷，因此将融资券作为一种拓宽的融资渠道（胡筎，张任研，2012）。

比如，自2005年我国推出短期融资券以来，它逐渐获得了企业的认可，但是2008年的“福禧事件”的信用风险使得短期融资券市场热度骤降；2011年年后上市公司利用短期融资券融资的金额开始迅速上升，从2011年9月起短期融资券的利率全面超过了同期银行贷款利率，其一直引以为傲的低利率优势不复存在了（胡筎，张任研，2012）。

当时短期融资券利率上扬的原因是：(1)当时央行实行紧缩性货币政策，企业从银行贷款难，便开始将短期融资券作为维持正常营运的融资来源；再加上历史数据显示短期融资券的发行利率比同期贷款利率低好几个点，且发行手续简单，于是企业开始扎堆发行，造成短期融资券供给激增。(2)山东“海龙”公司的融资券信用评级被降级事件给市场造成了不小的冲击，短期融资

---

① 2005年货币市场流动性极度充裕、利率持续走低，信用度较高、收益率也较高的短期融资券一出现，便成为货币市场基金争相购买的对象，各基金甚至还需要依靠在代销短期融资券的银行间市场的人脉关系才能得到购买额度（耿钊洋，2014）。

② 比如，2005年短融券刚推出的时候，中国1年期银行贷款基准利率为5.58%，而1年期短期融资券的发行利率仅2.92%，即便算上承销费率，成本也比银行贷款低约2个百分点。

券的主力投资者——商业银行开始抛售短期融资券。当然，商业银行抛售短期融资券的原因还在于央行自2010年起，连续上调存款准备金率、收紧货币政策，因此银行资金吃紧，青睐于收益率更高的投资产品，于是抛售了短期融资券（胡筎，张任研，2012）。（3）信用评级较差的发券企业拉高了短期融资券的发行利率。这表明，实力强劲的企业发行短期融资券或许能够锦上添花，但处于财务困境边缘的企业发行短期融资券只能提高利率，这将增加偿付时的财务负担，使自身陷入恶性循环，不但损害了企业声誉，还会让投资者遭受信用风险（胡筎，张任研，2012）。

（三）对短融券信用风险的控制方法——直接融资中的规范信息披露等监管措施

1. 中国人民银行的监管措施

中国人民银行依法对短期融资券的发行和交易进行监督管理，主要内容如下所述：

（1）发行短期融资券须报中国人民银行备案，采取备案发行的方式。

（2）规定发行人应进行信用评级，应聘请注册会计师进行审计，应聘请律师出具法律意见书。

在信用评级方面，美国的经验值得学习。一般来讲，市场鼓励企业同时参评两家评级机构，并且会根据评级等级来调整利差。最高等级和中等信用等级的商业票据，在利率上差别可达10个基点至150个基点。

（3）明确了发行人的信息披露规范。

（4）短期融资券只对银行间债券市场的机构投资者发行，不对社会公众发行，因为机构投资者的风险意识和风险承受能力相对较强，而个人投资者在风险判断、风险承受能力上较弱。在企业短融券发展的初期，管理层只允许合格的机构投资者参与投资，对个人投资者鼓励其通过基金、集合理财产品等方式间接地投资于短期融资券市场。

（5）规定短期融资券的发行规模实行余额管理；期限实行上限管理；发行利率不受管制；短期融资券在中央结算公司进行无纸化集中登记托管。

2. 解读监管措施——对直接融资的监管以规范信息披露、信用评级为主

1）信息披露

《短期融资券管理办法》明确规定了在人民银行统一监督管理下的信息披露规则，同时明确规定了包括发行信息披露、持续信息披露、重大事项临时公告、超比例投资公告、违约事实公告在内的整套信息披露制度，并逐一落实了监管责任、信息披露媒体和操作流程。信息披露行为在人民银行的统一监管之下，重要信息在“中国货币网”和“中国债券信息网”同时公布，银行间债券市场参与者可以很便捷地获取发行人披露的信息并进行分析。

如果信用评级机构已经给出了正确的标识，投资者有承受的能力和准备，发行时并不违反发行规则，那么出现部分短期融资券违约、打破刚性兑付就是正常的，是市场允许的。

2）信用评级

（1）直接融资市场对于评级机构的依赖

债券市场的投资人不像商业银行面对单一客户那样可以进行很详细地尽责调查，并长期跟踪，从而把握贷款客户的信用风险。债券投资人只有依赖于独立公正的第三方信用评级机构，并结合自己的内部研究跟踪，才能管理好短融券的信用风险，并在市场上进行风险定价。如果市场的评级体系等基础设施建设没有跟上，短融券的过快发展肯定会有大的风险。

因此，短融券发展的当务之急是积极引入国际公认并完全独立的信用评级公司和体系。其次，对债权人起到真正意义上的保护的《破产法》应该尽快修改出台，这样债务人一旦发生违约风险，债权人可以做到有法可依，对发行企业进行破产清算，最大限度地保全自己的债权价值。

（2）信用评级机构能做到先知先觉吗？

中国自2005年5月26日首批企业短期融资券发行以来，截至该年11月17日，共有41家企

业按照《短期融资券管理办法》规定的条件和程序提交备案材料，在银行间债券市场向合格机构投资人成功发行企业短期融资券54期，发行规模已经突破千亿，达到1 009亿元。

短短半年时间，发行短融券的企业已从最初的大型国企和优质上市公司扩充到了各种企业，包括万向钱潮、横店集团等，民营企业数量也在逐步扩大。企业千方百计蜂拥至短券这座独木桥，情形可与当年在股票市场上抢额度争取上市相媲美，而当年那幕"上市公司一年好、二年差、三年ST"的情景仍然记忆犹新。早期发行的券种还代表了优质企业，越往后发行，短融券企业的质量可能越差。

与此同时，虽然短融券的发行采用代销、包销、招标等市场化方式，发行利率通过市场竞争形成，但由于在发行时投资者、评级机构对它不够了解，事实上很难实现风险定价，信用风险都转嫁到了承销机构和二级市场上①。

能量棒 2-2

当前我国票据中介将融资性票据"洗白"的手法

当前我国商业银行大量与票据中介合作，导致票据业务中产生了很多混乱的现象，比如，票据中介将融资性票据"洗白"、套出银行的信贷资金用于炒房、炒股等投机性用途。

1. 我国商业银行为何与票据中介合作？

我国商业银行一向都有将表内贷款腾挪为表外票据业务以进行监管套利的需求，并且这几年也越来越强调票据自营，即从事票据贴现、转贴现等票据投、融资业务，而非持票到底。在寻找票据交易对手时，银行固然能够直接联系同业，但是需要借助于一些票据中介。

票据交易对银行的利润不高，银行操作人员利用票据中介可以节约交易成本，比如，票据中介能够按照合作银行的要求去市场上收小额票（买断票据），打包成资产包，供合作银行转贴现（投资于这些资产包）；再如，并无背书资质的票据中介离行离柜办理票据贴现、违规自行背书，从而为银行的票据业务简化了交易过程（周之，2016-01-29）[3]。

2. 票据中介将融资性票据洗白的手法

更有甚者，票据中介还能将融资性票据"洗白"——即将达不到合作银行（如某股份制大行）同业部门监管要求的票据（包括低信用等级的金融机构承兑的汇票，其中甚至混有无真实贸易背景的融资性票据），先找能达到合作银行合规部门的资质要求的一家城商行、村镇银行等中小银行作为通道银行进行贴现，以实现信用增级（只需付给通道银行融资金额的1～2个基点的通道费即可成交），再向合作银行进行转贴现，最终，该合作银行的资金就被无真实贸易背景的出票企

---

① 例如，2005年5月发行首批短券时，监管层明确规定了货币市场基金不允许投资其中的振华港机。当时共有国家开发投资、华能国际、中国五矿、国际航空、振华港机五只短券，振华港机的信用评级较低，为A-级。只有在上市一段时间后，各企业的短融券信息逐渐为公众所知，信用风险才会在价格（收益率）上体现出来。比如，2005年11月，方正9个月后到期的短期融资券卖出报价高达2.628%（其发行利率为2.73%），把它和剩余期限很接近的联通短期融资券一比较就会发现，联通短券市场当日实入价为2.279 9%，两者之间信用利率差竟高达34个基点。尽管方正短券价格很诱人，但信用风险较大，还是不会受到市场追捧。再如，2016年6月15日，处于产能过剩行业的地方国有企业——四川省煤炭产业集团有限公司于2015年发行的10亿元期限为1年、利率为5.72%的短期融资券（简称"15川煤炭CP001"）到期无法兑付，宣告违约。但是，评级机构一直在对市场警示这只短融券的信用风险——中债资信公司在2011年12月首次评级时给予川煤集团"A+/稳定"的评级；在2015年6月跟踪评级时下调至"A/负面"；在2015年7月将川煤集团列入《中债资信企业信用风险排查名单》中的关注类企业；后于2015年9月又将其调整至预警企业，截至川煤违约前，其连续被列入预警企业名单，多次向市场重点提示风险（资料来源：2016-06-18，"国企又出事！10亿短融+47亿存续债+21亿票据，埋了多少雷"，微信公众号《供应链金融》）。

业骗到手了。到了接近兑付期时,最初开票的企业很可能已经倒闭注销不存在了。因此,一些票据中介炫耀自己“凭借在市场上多年练就的身手和资源,能够从某大行无中生有地套出钱来”。

在具体手法上,有些融资性票据是票据中介利用自己设立的伪造贸易背景的壳公司开出的,有些票据是票据中介帮忙“包装”的。由于银行有规定,要求票据的签发、取得和转让必须要有真实的交易关系和债权债务关系,而开出融资性票据想要贴现、套取银行资金的企业都不满足条件,所以就用上了票据中介。票据中介实际上就是票据包装公司,帮助企业把没有真实贸易背景、不符合银行贴现条件的票据进行包装。票据包装的过程基本上就是两个人、一张桌、几个公章就可以了,如伪造增值税发票,只要有电脑和制图软件以及一些真实的发票,在真实发票上填上企业的名字,就可以随心所欲地伪造无论多大金额的有贸易背景的汇票了(周之,2016-01-28)。

3. 某些银行为了逃避监管、进行金融投机而有意地利用票据中介洗白票据

有些合作银行并非不清楚这些票据是融资票据,之所以要利用票据中介洗白票据,只是为了规避监管。合作银行的意图是将资金借给出票企业用于炒房产、炒期货、炒股票等,因为这些年来我国的资产泡沫越吹越大,因此这些投机炒作总能赚钱,因此银行隐性的投机也能获利。当然,一旦出票企业炒作失败就无法还款,体现为票据到期无法兑付,该合作银行就面临着巨大的信贷风险,虽然在这张汇票上承兑与背书过的各家金融机构都负有连带付款责任,但实际追究起来还是有很多困难的。

从2012年的杭州润银事件开始,这样的票据案件年年都有,就是因为银行也在利用票据业务进行金融投机。比如,2015年6月底股灾之前,中国股市行情火爆,因为银行承兑汇票的期限最长可达半年,因此很多银行的信贷资金借道于银行承兑汇票的贴现、转贴现业务而被投入到了股票市场的场外配资业务中,这些票据没有真实的贸易背景,相当于打白条。在股灾过后,用票据套现做的场外配资业务出现了大笔亏损,使得银行蒙受了很大的损失。这种现象在江浙一带非常普遍,基本上每家银行都会有亏损,农行2016年爆出的39亿票据窝案只不过是冰山一角①(张宇哲,2016-01-22)[4]。

以上所说的商业汇票、期票以及融通性商业票据都是期限在一年以内的短期金融工具。企业若需长期融资,则需要发行企业债券、可转换债券及其他各种创新型金融工具等来创造融资信用,这些都属于期限在一年以上的长期金融工具。

(二)银行信用

1. 定义与优势

银行信用指银行及其他非银行金融机构以货币形式提供的信用。

银行信用相对于商业信用而言,其优势是可在以下方面克服商业信用的局限性:

(1)在方向性上,处于生产各环节的企业均可得到信用。

(2)在信用规模上,不受交易额的影响,小额资金可集聚成大额资金借贷,大额资金也可分散成小额资金贷放。

---

① 2015年年底,银监会下发了《关于票据业务风险提示的通知》(203号文),203号文称按照2015年现场检查计划,各银监局分别对辖内部分银行业金融机构2015年上半年票据业务进行了现场检查。检查发现,相关银行业金融机构在办理票据业务中均存在不同程度的不审慎行为。203号文提到其中一个风险现象是银行与票据中介联手,违规交易,扰乱市场秩序。部分银行业金融机构与中介合作,离行离柜大量办理无真实贸易背景票据贴现,非法牟利。文件发出后,多家大行进行紧急自查,暂停部分票据业务操作。

(3) 在期限上,可满足长、中、短期的不同需求。

现在,随着供应链金融的兴起,银行信用与商业信用相辅相成的特点越来越突出:一方面,商业信用为银行信用提供了现实活动的基础,如票据贴现、票据抵押放款等,都是以商业信用为基础的;另一方面,银行信用也为商业信用的扩张发展创造了更大的空间,如商业信用需要银行通过票据承兑、贴现为其提供支持。

2. 银行信用的工具

银行信用的工具是银行票据,主要有:

(1) 银行本票,指由银行签发并负责兑现、用以替代现金流通的一种票据,持票人可凭银行本票办理转账结算,也可到银行支取现金。它有两个关系人,即银行(发票人)与受款人(持票人)。银行本票可分为记名本票、不记名本票,或定期本票与不定期本票。

(2) 银行汇票,指由银行签发的汇款凭证,它由银行发出、交由汇款人自带或由银行寄给异地收款人,凭此向指定银行兑取汇款,这就是银行汇款中的票汇形式。由于汇款解付前银行可无息占用,因此也是一种信用或融资工具。

(三) 政府信用

用“政府信用”一词比用“国家信用”一词更合适一些,因为政府是有等级的,中央政府可以代表国家,而地方政府就不能代表国家。所谓政府信用就是政府作为债务人筹措资金的一种信用形式。

1. 中央政府信用

1) 国债的收益率与风险

中央政府债券简称为国债,它以中央政府税收作为还本付息的来源。同时,中央政府还拥有货币发行权(俗称印钞机),必要时可以通过增发货币的方法来为国债还本付息。虽然增发货币可能引起通货膨胀,使得国债本息的实际价值下降,但对于债权人而言,这种风险叫通货膨胀风险,而债务人不能还本付息的风险叫信用风险。

通常一种金融工具对债权人最大的风险就是信用风险,通货膨胀造成的收益损失往往小于债务人不能偿还债务造成的收益损失,因此信用风险是债权人最为重视的风险。从这种意义上来说,一国金融工具中唯有国债是没有信用风险的,因此国债被称为无风险金融工具,根据资本资产定价模型:

$$金融工具的市场收益率=无风险利率+风险溢价$$

可知国债收益率应是一国同期限金融工具的市场收益率(市场利率)中最低的,但这一点在我国会有一些变异。比如,通常国债的利率要高于同期银行存款利率;再如,2014 年就出现过山东自发自还地方债的利率低于同期限国债利率 20 个基点的奇观[①]。

① 这是因为山东地方债是以当地银行为主承销的,地方政府对银行施加压力,令其压低利率以降低地方政府的融资成本,而银行为了保证在当地的业务发展,在投标中只得压低利率讨好当地政府,逼得财政部发文规定地方债利率下限为同期限的国债收益率(2014-08-22.财政部发火,封杀地方债利率下限[J/OL]. http://www.zjmtzc.com/news.php?id=107)。

2）国债的种类

国债包括国库券和公债券。

◇ 显微镜 2-2

国库券与公债券

国库券与公债券的区别在于：(1)发行方式不同，公债券面向全国大众公开发行，国库券则可以不公开发行，只向银行、保险公司等金融机构发行；(2)期限不同，公债券期限较长，比如，英国曾发行一种“统一公债”，它永远都不还本，只按期付息，是一种永久公债(永久债券)，这种债券最早是由英国政府在拿破仑战争时期所发行的，而国库券期限一般较短，从几个月、一年到几年不等。

国库券也称库券，是指中央政府调节国库短期收支差额、弥补政府正常财政收入不足而由国家财政部门发行的一种短期或中短期政府债券。美国仅把一年以下的国债称为国库券(treasury bills)，期限多为 3 个月或 6 个月，最长不超过 1 年，最低面额为 10 000 美元，采用贴息方式支付利息，即发行价低于面值、按面值的折扣出售，到期按面额兑现。美国将中期国债称为国库票据(treasury notes)，期限为 1～10 年，最低面额为 1 000 美元，每月计息。美国将长期国债称为国库公债(treasury bonds)，期限达 10 年以上，最低面额为 1 000 美元，每月计息。而我国的国库券是一种中长期政府债券，期限有 3 年、5 年和 10 年等。

◇ 能量棒 2-3

美债与中国的外汇储备投资——所有国家的国债都是无信用风险的金融工具吗？

（一）中国外汇储备的国债投资

主管外汇储备的中国外汇管理局是世界上最富有的机构，也是最伤脑筋的机构。截至 2016 年 7 月，中国外汇储备约为 3 万 2 千亿美元，大部分采用证券类投资和组合投资的形式[①]，直接投资的比重较低。

（二）美债的定义

美债是美国国债的简称，是指美国财政部代表联邦政府发行的国家公债。根据发行方式不同，美国国债可分为凭证式国债、实物券式国债(又称无记名式国债或国库券)和记账式国债 3 种。根据债券的偿还期限不同，美国国债大致可分为短期国库券(Treasury-Bills)、中期国库票据(Treasury-Notes)和长期国库债券(Treasury-Bonds)3 类。由于有美国的国家财政信誉作为担保，在国际金融体系中，美国国债的信誉度非常高。

（三）考虑了通货膨胀风险之后的国债的信用风险

1. 有印钞机的国家国债是否有信用风险取决于央行是否具有独立性等政治因素

国债之所以被视为无信用风险的金融工具，是因为财政部可以支使央行以增发货币(开动印钞机)的方法来偿付国债本息，但是，如果该国央行具有独立性，财政部就不能迫使央行开动印钞机，则国债就不是无风险证券了。比如，2011 年在美国政府债务上限被提高之前，美债的信用风险上升了。2011 年 8 月 1 日，在经过近 8 个月的争执后，美国民主、共和两党终于达成一致，将美

---

① 专家估计，我国 60%以上的外汇储备投资于国家主权或类似主权债券，如美国国债、欧洲诸国国债，在 2008 年次贷危机前，还包括美国房利美、房地美的债券。

国政府债务上限至少提高了 2.1 万亿美元，同时要求政府在未来 10 年内削减赤字 2 万亿美元以上，美债的信用风险才得以下降。

2. 从根本上看，国债占 GDP 的比例是衡量国债信用风险的一个标准

虽然信用风险仅指债务人能否在名义上还本付息，但是债权人实际上关心的是扣除预期通货膨胀率之后的信用风险，即这些还本付息值的实际价值。如果一国通过开动印钞机来偿还国债、从而造成了明显通货膨胀、侵蚀了国债的实际价值，债权人仍然会认为这种国债的信用风险上升或较高。通常认为如果国债占 GDP 的比例越来越高，则总有一天国债的发行会碰到障碍，因为潜在投资者会明白这些国债只能依靠开动印钞机来还本付息了，这样，该国财政部就难以在市场上以合理的利率来融资了。

国债占 GDP 的比例取决于预算赤字、利率和 GDP 增长率。假设预算赤字仅仅等于债务利息的支付，从而每年的债务增长等于债务的融资成本，即债务增长率等于利率。如果利率高于 GDP 增长率，债务增长就超过了 GDP 增长，国债占 GDP 的比例就会上升；相反，利率低于 GDP 增长率，国债占 GDP 的比例就会下降。

3. 美债的信用风险

从 1940 年到 1970 年，美国政府的预算赤字与债务利息支付基本持平，即国债存量不变。但是从小布什政府以后，预算赤字远远超过了债务利息支付，所以，美国国债存量持续增大，它占 GDP 的比例也逐渐上升，所以人们担心美债将不可持续。

4. 主权信用评级

主权信用评级是信用评级机构进行的对一国政府作为债务人履行偿债责任的信用意愿与信用能力的评判。主权信用评级一般要对一个国家国内生产总值增长趋势、对外贸易、国际收支情况、外汇储备、外债总量及结构、财政收支、政策实施等影响国家偿还能力的因素进行分析。而对我国这样的转型经济体来说，还要对我国的金融体制改革、国企改革、社会保障体制改革所造成的财政负担进行分析，最后进行评级。主权信用评级一般从高到低分为 AAA，AA，A，BBB，BB，B，CCC，CC，C，AA 级至 CCC 级，可附加“+”号和“-”号，分别表示强弱①。

2. 地方政府信用

地方政府发行的债券被称为市政债券，它主要是为某些大型基础设施和市政工程筹集资金，以地方政府税收作为还本付息的来源。在市政债券发达的美国，投资者购买它们的一个好处是可以享有一定的税收优惠，如州和地方政府债券的利息收入可免交联邦所得税。

我国在规定地方政府不能举债的旧的《预算法》下，一直缺乏这个债券品种，比如，前些年上海市政府要建南浦大桥、8 万人体育场等地方公共基础设施就没有筹资途径，除了找银行贷款外，只好找国有企业摊派。2014 年，新的《预算法》被全国人大通过，允许地方政府举债，同年开始发行地方政府一般债券与专项债券，简称地方债，相当于西方国家的市政债。

① 比如，2011 年 8 月，在美国政府债务上限被调高后，国际评级机构“标普”将美国长期主权信用评级由“AAA”降至“AA+”，评级展望为负面，美国百年来首次失去 AAA 评级。随后，在该年 10 月 12 日，美国财政部举行了一场声势浩大的美国 10 年期国债拍卖会，结果却十分尴尬，参与间接竞拍的数量(代表国外需求)是 2010 年 2 月以来最低的，美国卖出的国债数量非常有限。事后，据美国相关部门私下解释称，这次拍卖会之所以出现如此尴尬的场面，是因为中国这个世界最大的美元买家没有到场竞拍。

◇ 能量棒 2-4

我国的地方政府债务问题——市政债券、地方融资平台、城投债与地方债

（一）市政债券

在市场经济国家，凡属地方政府发行的公债均被称为“地方政府公债”（Local Treasury Bonds），也被称为“市政债券”（Municipal Securities）。在不少国家中，有财政收入的地方政府及地方公共机构都可以发行地方政府债券，一般用于交通、通信、住宅、教育、医院和污水处理系统等地方性公共设施的建设，即市政债券是地方政府以投资项目为目的发行的债券，一般是以当地政府的税收能力作为还本付息的担保。发达国家的市政债券市场比较成熟，如在美国，信用评级制度、信息披露制度和私人的债券保险制度构成了市政债券市场的三个重要机制。

而我国在 2014 年 8 月以前，旧的《预算法》不允许地方政府借债，在此规定下出现了一些变通方法，如让地方政府投融资平台负债，但这些债务不规范，风险大，而地方政府又确实有融资需求。因此，让地方政府发行规范的市政债券（在我国被称为地方债）是中国地方政府融资的合理出路。

（二）我国地方政府的融资需求概述

1. 我国地方政府的债务规模

1）我国地方政府债务处于不透明状态

长期以来，我国地方政府债务处于不透明状态，体现为：

（1）无定期统计，无地方债务数据发布；

（2）无针对地方债务确认与计量的政府会计标准；

（3）债务风险管理体系不完善，缺少能够确定、分析、准备并应对风险的有效管理体系，尤其缺少针对流动性风险进行管理的有效早期预警与应对工具；

（4）债务管理体系不完善，对风险的管理权、控制与责任并不明晰。中央政府与地方政府间、各级地方政府间、政府与融资平台间以及政府控制的国有企业间的权力与责任分配不明晰。

因此，金融市场人士、公众意见甚至国际社会都在针对中国地方政府债务风险进行各种推测，地方政府债务风险可能会被夸大进而导致恐慌（刘尚希，2016-08-08）[5]。

2）2013 年 6 月国家审计的结果

中国国家审计署将中国的地方债务分为三大类别：地方政府负有偿还责任的债务、地方政府负有担保责任的债务以及地方政府可能承担一定救助责任的债务，审计结果显示，截至 2013 年 6 月底，三类债务的规模分别为 10.8 万亿元、2.6 万亿元以及 4.3 万亿元。除政府负有担保责任的债务外，通过融资平台公司发生并由政府担负偿还或救助责任的债务的规模约占总量的 66%。截至 2012 年年底，中国地方政府债务总额占 GDP 的比重为 39.43%，低于国际通常使用的债务占 GDP 的 60%的负债率控制标准参考值；债务总额是政府财政收入的 113.41%，处于国际货币基金组织确定的债务率控制标准参考值范围之内，结论是：中国的政府性债务总体上处于可控水平。

另据《中国经营报》报道，2015 年中央和地方债务余额总量大概是 26.2 万亿元，除以 2014 年的 GDP67.67 万亿元，可知政府总负债率是 38.7%，与欧盟的 60%的红线相比不算高。但是单看地方政府的负债率则并不乐观：2015 年年底地方政府债务余额为 16 万亿元，除以全国 GDP

总额，则达到23.6%，远超美国地方政府13%～16%的负债率上限，也接近加拿大的25%上限。全国绝大部分省份债务率均处于安全水平，但是部分地区和省份则超标①，并且已经出现了地方债违约事件②（贺江兵．2016-09-29）[6]。

2. 我国地方政府负债的原因

1）1994年的分税制改革使得中央政府与地方政府间“财政上移、事权下移”，地方政府就连“吃饭财政”也需融资

我国旧的《预算法》不允许地方政府负债融资，但是1994年的分税制改革一方面从客观上加强了中央政府的财力、削弱了地方政府的财力；另一方面，中央与地方之间的事权划分并不十分清晰，地方政府要承担大量的地方公共品的生产，超出其财政能力的支出压力，迫使地方政府不得不负债维持运转③。

省以下地方政府财政体制的普遍特点也是财政收入上移、而财政支出下压。尽管中央财政近年来加大了对下级的转移支付规模，但省对下级地方政府的转移支付规模偏小，仍然不足以解决问题，很多乡、镇等基层财政很困难，甚至发不出工资来。省级或市级财政不但不管，反而跟着这些基层财政向中央财政开口要钱，这是地方债务形成的重要的体制性原因。

2）地方政府的“建设财政”形成资金缺口——凯恩斯主义可行否？

同时，地方政府为追求GDP增长而产生了大量的地方投资需求——相对于经济体制改革，我国政府的行政管理体制改革进展缓慢，政府职能转换不到位，这就造成了地方政府的资金缺口和融资需求。

有清偿力的融资需求是合理的，因此，地方当局在政府职能范围内、在还债能力限度内的举债是必要的、合理的④。但是，如果地方政府将超前的基础设施建设作为治理经济萧条、弥补总需求不足的宏观调控手段，而地方经济又不能被基础设施建设拉动而复苏，则这些债务在一定期限内将难以得到偿还。

◇ 能量棒 2-4-1

我国的土地财政[7]

（一）土地财政的含义

土地财政的含义是中国地方政府将出售土地使用权作为财政收入的一大来源，由于地

① 例如，贵州省和辽宁省的债务率分别达到120.2%、197.47%，超过了全国人大常委会划定的100%债务率红线。云南省和内蒙古自治区的债务率分别为111.23%、104.7%，也略过红线。

② 例如，2011年6月29日，上海投融资平台——申虹投资公司出现债务逾期；紧接着，2015年6月30日，云南省最大的融资平台——云南省投资控股集团（简称云投集团）表示将进行资产重组，即划转电力等重要资产到另一新成立的集团。由于云投集团的债券是以电力资产作抵押的，或以电力收益为还款来源的，所以倘若这一块资产被划转出去，将造成其所发行的城投债失去了相应的还款来源，因此云投集团的资产重组被市场人士解读为违约行为，信用评级机构——“中诚信”随后将云投集团的信用等级列入“信用评级观察名单”。在经历了“上海申虹”和“云南城投”的这两起“黑色7月”事件之后，市场上对城投债和地方政府累积的债务是否超过了偿付能力的问题弥漫着悲观气息，城投债直到同年8月18日才由“11株高科债”勉强突破重围发行成功，由于风险溢价上升，这只城投债的发行利率高达7.82%。

③ 从数字上来看，1994年以后，中国财政的集中度不断提高，中央财政收入比重从1993年的22%升到2007年的54.1%，而在事权方面，中央与地方事权比为30∶70，倒挂现象严重。

④ 比如，某市财政节余财力平均每年只有1亿元，但城市基础设施改造建设的整体工程需要投资10亿元，才能一次性配套完工。其中城市道路下面必须预先埋设的排水、供热、供气、通信、电力管线等系统工程，不可能分10年施工，每年挖一次路面。为此，该市政府一次举债9亿元投入城市基础设施建设，然后在9年中逐年偿付债务及其利息；同时因投资环境改善带来社会经济效益还能享受税收增加的成果，表明这是有清偿力的举债。

方政府依赖这项收入，因此热衷于卖地赚钱，从而推高了房价、衍生了腐败等。

（二）土地财政的成因之一——分税制

1. 实行分税制是为了缓解中央财政赤字压力

◇ 能量棒 2-4-1-1

我国20世纪八九十年代的公债货币化与通货膨胀的成因及治理

（一）成因

在实行分税制以前的20世纪80年代，中央财政给地方规定一个财税基数，叫作“财政包干制”，地方政府缴完这个基数给中央之后，剩下的就属于地方财政收入，地方政府可自由支配，这样一来地方会积极上项目来创造财政收入，但中央财政收入则被限制在地方上缴的基数上。因此在这种税制下，地方的财政收入飙升，而中央财政却常常入不敷出。

当时的财政虽然常常出现赤字，但财政部却可以向中国人民银行总行发行国债，只有依靠这种财政赤字货币化的方法才能维持住中央政府不破产。

但是，20世纪八九十年代楼市、股市等投机性项目都没有发展起来①，没有资产市场来增加货币需求，从而吸纳超发的货币，超发的货币全部进入日用消费品领域，最终引起了恶性通货膨胀，并引发了社会动荡。

（二）治理

1. 实行提高利率等一系列紧缩性货币政策措施

为了控制通货膨胀，央行曾经把一年期定期存款利率陡然提升到了10%；1993年又提高到了10.98%。在这样的高利率和一系列紧缩性货币政策的釜底抽薪打压之下，海南靠借钱炒房地产的投机客们一时间倾家荡产，跳楼无数。

2. 实行分税制、《中国人民银行法》、人民币汇率机制改革，从根本上缓解中央财政赤字

为了治理通货膨胀，时任总理朱镕基做了三件事：出台《中国人民银行法》、进行分税制改革、进行人民币汇率机制改革。

《中国人民银行法》规定财政部从此不能让中国人民银行包销国债，这就从制度上斩断了公债货币化的根源；同时，分税制则从根本上缓解了中央财政赤字的压力。分税制改革是把税务部门分为国税部门和地税部门，将大宗的税源（来钱快的、稳定的）通通归中央财政所有，而小额的、不稳定的税源则归地方财政所有。分税制使中央财政收入占大头、地方财政收入占小头，一方面使得地方政府没有在经济上跟中央博弈的实力；另一方面也使中央政府缓解了财政赤字和公债货币化的压力。

2. 分税制下地方政府依靠卖地收入缓解财政赤字

但是分税制也有以下副作用：

1）分税制逼迫地方政府依赖于卖地收入缓解财政赤字

分税制使得地方政府的财权小、事权大，财政入不敷出。中央财政支持的是发展某个地区或振兴某个行业的大项目，功效在长期才能显现出来，但是地方政府则承担着提供当地的

① 当时老百姓个人的闲余资金只能从事买点邮票、养点鸽子等从事小规模的投资。

医疗、教育、养老、市政基础建设等诸多公共产品，以满足当地居民直接而迫切的需求①，还要解决公务员的工资问题，钱不够只能向中央要，所以各地的驻京办搞各种花样"跑部钱进"，通过要钱、要项目来促进地方建设的套路就不可避免，甚至对于其中的腐败，地方政府也是睁一只眼闭一只眼。

类似的情况在每一个省内部也在上演——财政权在国家的层面高度集中于中央，在省内层面就是高度集中在权力中心城市，经过多级"截留"，到基层县、乡镇的经费简直就屈指可数了。这样也就导致非省会、非直辖市的城市极易陷入财政上的困境，如果没有上级财政拨款的支持，简直不能维系正常运转。

所幸的是，1994年的分税制改革将当时规模还很少的土地收益划给了地方政府，奠定了地方政府走向"土地财政"的制度基础，也引发了其后中国房地产价格不断上涨的问题（穆心眉，2016-10-09）。

2）分税制淡化了地方政府服务纳税人的意识

目前我国的社会保障水平与欧美发达国家相比还有相当大的差距，但税负水平的差距就小得多了，而居民个人所得税被中央财政拿走了60%，只有40%归地方政府所有，这些税收与土地财政所产生的收入相比不值一提，这就造成了地方政府并不重视纳税人，因而淡化了服务纳税人的意识（穆心眉，2016-10-09）。

（三）对土地财政的反思[8]

1. 城市化与工业化需要政府进行资本的原始积累

土地财政虽然引起了高房价等一系列问题，但我们应对它进行反思，它难道一无是处吗？它是不是我国历史的必然选择呢？有观点认为，任何一个国家的政府要启动工业化、城市化，必须先投入资金进行初始的基础设施建设，因此需要有原始资本。一旦原始资本（基础设施）积累完成，就会带来持续的税收；随后，政府用这些税收作抵押，可以向私人部门发行债券，筹集资金继续提供公共产品；随后，又会因为有了更好、更多的公共产品，使该地区有了更大的产出作税基，将产生更高的税收收入来偿还债务，这样就进入了良性的自我循环，使政府资金加速积累，助推城市化与工业化的实现（赵燕青，2017-10-07）。

2. 不同的资本原始积累方式决定了不同的城市化模式

不同的原始资本积累方式决定了不同的城市化模式。历史表明，政府若完全依靠内部积累（依靠税收），很难跨越最低的原始资本门槛——即在相当长的时间内，由于生产力低下，税收额不足以达到城市化、工业化所需的最基本的基础设施建设的资金门槛。而如果在落后的生产力条件下大幅度提高税收（实行强行积累）则会过于压缩本国当代居民的消费，进而可能引发大规模的社会动乱。因此，早期资本主义的原始积累很大程度上是靠掠夺外部的殖民地完成的，这就造成了几乎每一个发达国家都可以追溯到其城市化早期阶段的"原罪"。

传统的中国社会关系是典型的差序格局（费孝通，1985），民间信用在很大程度上仅发生在熟人社会中，只能是小规模和短周期的，因此无法承担为政府提供城市化、工业化的大规模、长时间融资的职能。近代中国被打开国门后，不仅没有完成原始资本积累，反而成为列强积累原始资本的来源地。1949年后，中国重获完整的税收主权，但依靠掠夺实现原始资本积累的外部环境已不复存在，中国不得不转向计划经济模式。在计划经济条件下，经济被分为农业和工业两大类，国家通过工农业产品的剪刀差，不断将农业的积累转移到工业部

① 如孩子要上学、老人要看病、出门要环境、乡村要通路等。

门，即隐蔽地对农业征收较高的税收以补贴工业。依靠这种办法，中国建立起了初步的工业基础，但却再也没有力量完成城市化的积累。并且超强的积累限制了居民收入和消费的提高，使生产和消费无法完成有效的循环，窒息了中国经济，使得在1978年改革开放前，中国城市化水平一直徘徊在百分之十几的低水平上（赵燕青，2017-10-07）。

3. 土地财政使中国完成了城市化的资本原始积累

中国城市化模式的大突破起始于20世纪80年代后期。当时，一方面，依靠农业部门为中国的工业化提供积累的模式已难以为继；另一方面，1994年的分税制改革虽然极大地压缩了地方政府的税收分成比例，却将当时规模还很小的土地收益划给了地方政府，奠定了地方政府走向“土地财政”的制度基础。因此深圳、厦门等经济特区被迫仿效香港，尝试通过出让城市土地使用权为基础设施建设融资，从此开创了一条以土地为基础、积累城市化原始资本的独特道路，这就是后来广受诟病的“土地财政”。

后来，随着1998年住房制度改革（相当于“城市股票”上市）和2003年土地招拍挂（形成了土地卖方市场）等一系列制度创新，土地财政急剧膨胀，使得税收分成大减的地方政府不仅没有衰落，反而以前所未有的速度积累起了原始资本。城市基础设施不仅逐步还清欠账，甚至还超前建设了一些高铁、机场、行政中心等。

因此，如何正确地评价我国土地财政的功过值得深思。至少，土地财政是我国城市化的催化剂，因而对其历史贡献不能全盘否定（赵燕青，2017-10-07）。

（三）2008年中央版4万亿元刺激计划中的地方政府融资——地方融资平台大量从银行贷款，金融风险上升

2008年，为了治理美国次贷危机带给中国的出口需求萎缩和经济萧条，中央政府出台了用4万亿元投资来刺激经济的宏观调控计划。其中，中央财政将承担其中的1.18万亿元，其余部分则需要地方政府和民间出资。

地方政府因为要投资所以需要融资，但当时的《预算法》规定地方政府不能举债，为此，自2009年开始，地方政府为绕过此规定而设立了许多地方融资平台公司[①]。地方融资平台公司早已有之，不过是在4万亿经济刺激计划后核裂变式地膨胀。它们不仅从事直接融资，还大量地从银行贷款。但是，因为基础设施建设回收期长，而银行资金来源期限一般较短，因此基础设施建设不适合用银行贷款来融资，这种期限上的不对称容易使银行陷入流动性危机中。可见，地方融资平台从银行贷款从事基础设施建设，又是改革前政企不分、信贷资金财政化的复归，当时的《预算法》禁止地方财政负债的“明规则”也被事实上的普遍负债这一“潜规则”所取代了。

正是由于4万亿元主要靠债务融资、而不是股权融资，结果造成了地方政府庞大的债务以及银行不良贷款风险，成为中国经济的一个很大的隐患。不过，在最近几年资产荒的大背景下，银行、资产管理公司和影子银行等纷纷向地方政府融资平台融资，因为这些金融机构认为，与其他载体相比，地方政府融资平台还是相对安全的。2015年，为了应付到期的地方政府债务，中央政府推出了3万亿元债务展期的“地方政府债务置换计划”，表明了地方政府债务问题很严重。

---

① 所谓地方融资平台公司，就是指地方政府发起设立的，通过划拨土地、股权、规费、国债等资产，迅速包装出一个资产和现金流均达到可融资标准的公司，必要时再辅之以财政补贴作为还款承诺，以实现承接各路资金的目的，进而将资金运用于市政建设、公用事业等肥瘠不一的项目。地方政府融资平台的主要表现形式为地方城市建设投资公司（简称“城投公司”）。

（四）2012年地方版的"4万亿"

1. 2012年出口和消费不振，"保八"仍靠政府投资

2012年，中央的"4万亿2.0版"并未出台，经济下滑速度远超预期，在消费、出口不振的情况下，为了确保经济增长率不低于8%，求助于政府主导的投资会有立竿见影的效果。于是各地方政府纷纷出台大手笔的投资规划，仍然是以"铁公基"（指铁路、公路、机场等重大基础设施建设）为主，逐步形成了地方版的"4万亿2.0版"。事实上，各地投资总规模迅速突破了7万亿元，一场轰轰烈烈的地方投资"大跃进"正在上演。

地方政府上项目一方面需要发改委批准，另一方面需要筹集资金。中央政府对此是默许的，自2012年5月中央强调稳增长以来，发改委项目审批通过数目一直维持200个/月以上，较往常明显提速，剩下的问题就是筹资了。

2. 2012年地方版4万亿的筹资问题

1）2008年中央版4万亿的债务、通货膨胀与产能过剩后遗症

在资金方面，2008年中央推出的4万亿投资虽然促使经济重拾高增长态势，但也因此留下重大隐患——由于财政资金缺口过大，无法支撑4万亿元的投资规模，最终投资是依赖货币增发和银行贷款而进行的，导致地方投融资平台负债高达10.7万亿元，并造成了2012年的通货膨胀和产能过剩危机。

2）2012年地方版4万亿的筹资寄希望于吸引民间资本

2012年与2008年不同的是，财政与国企均无钱可投，因为全国财政收入增速持续放缓，土地收入锐减致使地方财政收入出现下滑，尤其是东部地区，不少城市财政收入呈锐减态势。因此，地方政府就一方面通过地方投融资平台向银行借贷，另一方面则通过地方投融资平台发行"城投债"。

这两种债务融资都需要还本付息，因此都有局限性，于是各地政府纷纷将目光转向民间资本的股权融资，纷纷出台各种鼓励性政策，用招商引资的方式吸引民间资本，使民营企业成为投资的主体。

3）民间资本适合投资于基础设施吗？

但是，在各垄断行业的进入门槛尚未彻底放开、对私有产权保护力度不够的情况下，会有多少民间资本敢冒险试水？此外，地方政府的大规模投资规划表面上看是为了配合"稳增长"目标，但由于其冲动式投资缺乏充足的论证，最终投资效率难以保证，可能增加产能过剩的风险。

（五）中国的市政债券与城投债

银行贷款不适合地方政府融资，地方政府融资适合采用发行地方政府债券（以下简称"地方债"）的方式，因为地方债属于资本市场工具，期限较长，适合被用作地方政府融资的工具。

1. 中国地方政府债券的沿革

中国的地方政府债券最早出现在中华人民共和国成立初期，1981年恢复国债后，地方政府债券就不见踪影了，1993年地方政府债券被国务院明确叫停，原因是"怀疑地方政府承付的兑现能力"。1995年1月1日起施行的《预算法》第28条明确规定：除法律和国务院另有规定外，地方政府不得发行地方政府债券。

2. 中国自2009年开始由财政部代理发行地方政府债券

2009年国际金融危机冲击中国，为解决新增中央投资的公益性项目的地方政府配套资金的困难，国务院同意地方在当年发行2 000亿元地方政府债券①，由财政部代理发行，列入省级预算

① 2010年和2011年，中央每年代理发行地方政府债券规模均为2 000亿元，并在2012年将额度增至2 500亿元。

管理，其性质是“中央代理发行地方政府债券”。也就是说，债券发行主体是中央政府，只是筹集的资金交由地方政府使用、列入地方政府预算。这是旧《预算法》限制下的变通做法①。

2009 年和 2010 年，所有地方政府债券都是财政部代理发行的，但限定地方债筹集到的资金首先是要为中央重点项目做好配套，其次要对地方重点的民生项目如教育、卫生等公共领域进行投资。因此，这种地方债风险小、收益低，利率仅略高于国债，被视为准国债。但由于收益率过低，对商业银行、保险公司等债券市场的投资主力吸引力不足，这些机构投资者购买地方债主要是为了流动性管理。

3. 2014 年起由地方自发自还的地方债

1）概述

2011 年年底，政府试点允许浙江、江苏、山东及北上广等地试点在银行间市场发行“自发自还地方债”，这些地方债将被评级，地方政府将自行偿付这些债券，因此其风险比国债高，其收益率也要高于国债才可以发行得出去。

2014 年 5 月，中国首次允许地方政府自主发行债券。中国的地方政府债券包括地方政府专项债券和地方政府一般债券，前者是指省、自治区、直辖市政府（含经省级政府批准自办债券发行的计划单列市政府）为有一定收益的公益性项目发行的、约定一定期限内以公益性项目对应的政府性基金或专项收入还本付息的政府债券；地方政府一般债券则指地方政府为没有收益的公益性项目发行的、约定一定期限内主要以一般公共预算收入还本付息的政府债券。

两类债券都遵循市场化原则自发自还，发行和偿债主体都是地方政府，发行必须引入信用评级机构和组建债券承销团。两类债券发行利率采用承销、招标等方式确定，发行利率在承销或招标日前 1～5 个工作日在相同待偿期记账式国债的平均收益率之上确定。一般债券期限有 1 年、3 年、5 年、7 年和 10 年，专项债券在此基础上增加了 2 年的期限，供选择的灵活度更高（2014-11-20，标普抨击中国地方债：半数省级政府都是垃圾债[J/OL]）[9]。

2）地方债的发行评级不够规范

2014 年 5 月，中央批准了北京、上海、广东、深圳、浙江、江苏、山东、宁夏、青岛地方债的自发自还，令人吃惊的是，宁夏、江西这些中西部省份与东部发达地区一样，均获得了 AAA 的最高评级，各地债券利率基本上与同期国债利率持平。美国著名评级机构——标普认为，东北 3 省和 12 个西部省份中的 5 个地方债都应被评为投机级，体现出中国地方债评级中的不规范现象。如果评级能够做到真实的话，那么评级较差的地方政府只能继续依靠融资平台融资，债务成本将匹配其风险程度而居高不下（2014-11-20，标普抨击中国地方债：半数省级政府都是垃圾债[J/OL]）。

4. 城投债——中国的一种特殊的企业债

1）定义

中国的城投债又被称为“准市政债”，是地方融资平台作为发行主体公开发行的企业债和中期票据，所融资金多用于地方基础设施建设或公益性项目。可见，城投债是地方政府借企业的壳，实现其筹集市政建设资金的目的。因此，地方政府一方面在债券发行计划上给予发行企业极大倾斜，另一方面为发债主体提供诸如隐形担保、开发许可和税收优惠等各种政策，一旦出现兑付问题，地方政府具有强烈责任代为偿还。城投债大部分期限为 5～10 年。2009 年 1—11 月，全

---

① 2009 年新疆维吾尔自治区政府债券（一期）（下称“新疆债”）是首期地方政府债券，由财政部代理，在银行间债券市场和证券交易所两个市场公开招标发行。这期新疆债总量为 30 亿元，为固定利率附息债，期限 3 年，按年付息。票面利率为 1.61%，比债券市场同期限记账式国债收益率仅高 0.01 个百分点，获得了两倍认购，随后又在这两个市场进行二级市场交易。

国共发行地方企业债券共计1 971.33亿元，这其中绝大部分是城投债。

2）信用风险

2008年和2012年后，地方政府过度依靠银行资金搞建设、"保增长"，许多地方政府及其投融资平台的负债规模极速增长。但是，大量信贷资金涌入基建项目，其盈利往往取决于未来地价的攀升情况，一旦地价没有如愿被"炒起来"，地方政府将面临巨额坏账。

并且，大部分城投债的期限为5～10年，其偿还期会跨越两届地方政府，容易导致地方政府为了推动本地区经济快速发展而"寅吃卯粮"地超前融资与负债。一些地方官员在任期内大举借债，最后把一个烂摊子留给下任的情况并不少见，最终将导致城投债信用风险上升。

（六）我国可能发生地方政府债务危机吗？

1. 地方政府债务危机定义与成因

1）我国地方政府的显性债务——2014年新《预算法》正式给予地方发债的权限

2014年8月全国人大通过了新的《预算法》，虽然从总体上仍然严格控制地方政府举借债务，但有所松动，给予了地方政府一定的发债权限，并明确了中央政府对地方政府债务不救助的原则①。截至2013年6月底，我国地方政府负有直接偿还责任的债务有10.88万亿元，负有担保责任的债务有2.66万亿元，可能承担一定救助责任的债务有4.34万亿元。在新的《预算法》的指引下，地方政府的隐性负债将采用发行地方债的显性方式进行融资。

2）政府债务风险（或破产风险）的衡量指标

地方政府的流动性资产只有一小部分是金融资产，由于政府现金流断裂时将破产，因此当政府的流动性资产小于流动性负债时，政府就会急于减少流动性负债（如削减公共支出）、增加流动性资产（如征税、借新债还旧债），当这些方法都不能实现时，政府就会破产。故当流动性资产小于流动性负债时，政府的破产风险（债务风险）就要爆发了，因此，地方债务危机就是指地方政府的流动性资产小于流动性负债，有破产清算的可能性。

3）我国地方政府债务风险总体可控

《中国国家资产负债表2015》显示，截至2014年年底，我国地方政府总资产为108.2万亿元，总负债为30.28万亿元，净资产为77.92万亿元，报告的结论主要有：

（1）地方政府掌握的资产足以支持负债，基本不存在无力偿还债务的清偿力风险，即地方债务风险总体可控。

（2）但是，地方政府清偿力的可持续性值得关注，因为：

① 现有偿债基础具有一定的不可持续性，因为现在不同于2009年了，近些年GDP增长率下滑到8%以下，很多项目的盈利情况会低于预期②；并且，各项成本在大幅增长，续建以前年度开工项目的开支将超出预期，因此需要借更多的债，使得项目的还本付息能力减弱；财政收入的增速下降了，土地出让金的高增长也不可持续。

② 或有债务的风险敞口正在扩大。政府债务与企业债务不同，政府有隐性负债，且具有很

---

① 2014年10月，国务院又发布了《关于加强地方政府性债务管理的意见》（43号文），明确地方政府对其举借的债务负有偿还责任，中央政府实行不救助的原则，并剥离了融资平台公司为地方政府融资的职能。新的《预算法》规定，"经国务院批准的省、自治区、直辖市的预算中，必需的建设投资的部分资金可以在国务院规定的限额（总数由国务院报全国人民代表大会或全国人大常委会核批）内，通过发行地方政府债券或举借债务的方式筹措。筹措的债务应当有偿还计划和稳定的偿还资金来源，只能用于公益性资本支出，不得用于经常性支出。"

② 比如，2013年12月，一家评级机构的报告显示，南京市城建的利息倍数连续3年低于1，这意味着，这个地方政府融资平台自身的盈利能力尚不够支付利息，更不用说偿还本金了。

大的不确定性①。

③ 区域和局部存在清偿力风险。

④ 地方政府债务增速仍然较高。

(3) 地方政府债务具有资产负债表期限错配引起的流动性风险，因为地方政府的资产大多为基础设施与公共服务投资等，期限较长；地方政府负债占比较大的是借入款项和债券融资，其中大部分是与地方融资平台相关的银行贷款、城投债以及基建信托，因此负债基本上是3～5年的中短期银行信贷，导致债务期限与项目的现金流严重不匹配。

(4) 债务集中到期偿付的流动性风险不容忽视，2013年下半年到2015年是地方政府债务到期偿还的高峰期，有60%以上的债务需要在此期间集中偿付。截至2013年6月底，地方政府负有偿还责任的债务中，逾期债务已达1.15万亿元，逾期债务率已达10.6%。

此外，还有报告所未揭示的数据风险：地方政府负债是审计出来的，不是按照会计准则核算出来的，其中可能有估算的成本，哪些是显性负债、哪些是隐性负债(或有负债)，地方政府都是有可能调整的，因此还存在着数据不准确的风险(包慧，2015-09-28)[10]。

2. 反思：我国地方政府债务风险的成因

目前我国不少地方政府负债沉重的根本原因在于越出了政府职能范围，发生了角色错位由市场经济的裁判员篡位充当市场经济的运动员。有的直接介入竞争性领域投资，与民争利，投资失败便承担了大量本应属于市场承担的风险，落得负债累累；有的不惜违规，以政府信誉作担保为企业向银行贷款提供方便，结果损失惨重却脱不了干系；在严厉反腐前，还有一些基层政府部门一边大肆举债，一边大吃大喝、铺张浪费②。

尤其是2008年，政府为治理次贷危机后遗症而过度反应的4万亿投资方案，使得原本需要淘汰产能的行业反而进一步扩大产能以消化投资，最终因经济未启动而无法收回投资。事后证明这些投资都是无效投资，导致这些企业前期向银行部门、社会其他机构与个人借入的大量贷款无法偿还，只好违约或选择债务重组。

3. 地方政府债务危机的解决方式

1) 将地方政府投资的项目改为收费制或转为PPP模式

地方政府投资的基础设施项目中，那些有一定收益或可以改造为有比较稳定现金流的项目，可以通过收费来偿债；如果收费不足以偿债，则地方政府可将其转为PPP模式——即政府和社会资本共同经营基础设施及其他事业，使该项目被转化为企业，则其负债就被转化为企业债。

对一些完全公益性平台借的地方负有偿还责任的债务，应报请人大予以承认，列入地方政府预算，通过发行置换债等方式来偿还。

---

① 比如，2008年金融危机时，欧洲国家的负债率本来不高，但在危机爆发后政府负债率迅速飙升至100%以上，因为政府要去救市，这就是政府的或有债务。再如，樊纲(1999)较早地从银行坏账角度探讨了中央政府的或有债务，并提出了"国家综合负债"的概念。他认为，在我国，政府的或有债务主要有：①国家对非主权借款、地方政府、公共部门和私人实体的债务担保；②国家对贸易和汇率的承诺担保；③国家对各类贷款(抵押贷款、学生贷款、农业贷款、小企业贷款)的保护性担保；④国家对私人投资的担保；⑤国家保险体系(存款保险、私人养老金收入、洪灾战争等的风险保险)；⑥地方政府和公共实体、私营实体非担保债务的违约；⑦国有银行或其他国有金融机构破产；⑧非担保养老金、就业基金、社保基金(对小投资者的保护)的破产；⑨其他紧急财政救援(如在私人资本外逃的情况下)；⑩改善环境、灾害救济、军事拨款。

② 每到年关，宾馆酒店、施工供货单位的老板就会拿着厚厚一沓"签单"，前往政府各衙门去催债，浩浩荡荡、络绎不绝、蔚为壮观。

2）赖债不还

譬如政府搞开发，拖欠开发商的钱，开发商就拖欠“包工头”的钱，“包工头”则拖欠农民工的工资，农民工有的上吊、有的跳楼、有的找国务院总理。但更多的是地方融资平台公司以银行贷款为主要融资方式，欠银行的钱不还，或者“新官不理旧账”的事情时有发生，银行也拿地方政府无可奈何①，这充分反映了地方政府债务采用间接融资方式的弊端。

解决方法是：地方政府债务应改为发行市政债券（中国的地方债），在这种直接融资方式中，地方政府一旦违约，那么当地的金融环境和政府信誉就会扫地，所以政府有钱不还，公开赖账的可能性不大，所以2011年以“新疆债”为破冰之举，我国终于开始发行地方债了。

3）下级政府欠债由上级政府乃至中央政府还钱

这是个“大锅饭”的老办法，是地方政府比赛花钱、全国纳税人被迫买单、中央财政集中承担无限风险的办法，显然也是个行不通的办法。

解决方法是：设立省级资产管理公司处置地方政府的不良资产。当前我国地方政府债务包袱太重，中央不愿无限承担债务责任，正在考虑设立省级资产管理公司，由地方政府自行处理自己的债务，解决不良资产定价难、回收低的问题。

4）债务重组——以地方政府债务置换为例

（1）地方债务置换的含义

2015年，审计署口径测算的地方政府债务到期规模约为2.8万亿元，万得口径测算的地方政府债务到期规模约为3.8万亿～4万亿元，由于这些地方融资平台的债务“数据库”主要是利率为7%～8%的中短期银行贷款，而对接的资产为低收益的、长期的基础设施建设和公益性项目，使得其偿债压力较大，需要银行不断展期其贷款才能生存，这也吞噬了原来可以投入新兴企业和部门的信贷资源，导致高效率部门融资难、融资贵。因此，财政部分别于2015年3月和6月下达了各地方政府可以发行1万亿元自发自还的低息、长期（7～10年）、信用风险较低的地方债（又称“置换债”）的命令，用以置换2015年将到期的利率较高、期限较短、信用风险较大的存量债务（如3～5年的城投债、短期银行贷款、1～2年的信托债务、对接地方融资平台项目的银行理财产品），这就是地方债务置换，即借新债还旧债。典型的债务置换是债务人与债权人协商，债权人用对该债务人的长期、低息、较安全的新债权来置换掉短期、高息、有风险的旧债权②。

（2）地方债务置换的方式

此轮地方债务置换的方式有两种：由商业银行或政策性银行购买，以及由央行购买。

① 由商业银行或政策性银行购买

由商业银行或政策性银行买入地方的置换债，以换掉对地方政府的旧债权。由于在我国，地方政府预算软约束，且地方政府从未出现过真正意义上的违约，银行等机构投资者不相信地方政府会违约，不相信中央政府会对地方政府的违约坐视不管，因此有些不甘心放弃短期债权的高收益而换得低收益的长期债权。因此，2015年4月23日，原定第一个发行置换债的江苏省未能如期发行，因为上万亿规模的低利率③、低流动性地方债难获投资者青睐，只有折价、提高利率才能够顺利发行，而地方政府不愿提高利率。在这个前提下，为了增强地方债的吸引力，不少于5个

---

① 很多银行的地方分支机构都不敢直接与政府叫板，只好拿监管要求说事，地方监管当局同样左右为难：一方面是职责所在，不能坐视不管；另一方面，在地方任职，又不敢得罪地方官员。

② 比如，用5年后到期的年收益率为8%的新债券置换掉3年后到期的年收益率为10%的旧债券。

③ 比如，2015年5月，中国银行间市场3年期的地方债收益率约为3.37%，已经低于3.75%的同期银行存款基准利率；况且，中国人民银行允许商业银行较基准利率上浮30%吸收存款，显然地方债的收益水平对银行缺乏吸引力（资料来源：2015-05-07，《地方政府推销地方债的新利器：财政存款》，微信公众号“债券圈”）。

城市的政府于 2015 年 4 月底开始允许商业银行以地方债或国债作质押，来中标这些城市的国库现金存款①，而在此之前地方政府只接受国债作为质押物。

② 由央行购买

a. 央行将置换债纳入再贷款抵押品范围

一方面，由于置换债发行量太大，流动性不如国债，收益率又不会比国债高很多②，银行没有配置置换债的意愿，如果央行不参与，置换债就难以发行出去；另一方面，银行购买置换债将挤出对其他融资主体的信贷投放，不利于经济的复苏与转型。因此，2015 年 5 月，财政部、央行、银监会统一下发了《关于 2015 年采用定向承销方式发行地方政府债券有关事宜的通知》，将地方债纳入中央银行对商业银行的再贷款品种——SLF(常备借贷便利)，MLF(中期借贷便利)和 PSL(抵押补充贷款)和正回购操作的质押券范围，事实上就是央行在购买地方债。因为央行通过 PSL 等名目再贷款给商业银行或政策性银行，让它们去购买置换债，这样，地方债券的发行才得以顺利推进。

并且，在 2015 年 3 月首次 1 万亿元置换债发行中，针对银行贷款的定向发行规模约为 9 000 亿元，定向发行的含义名义上是地方政府与银行贷款债权人自行协商置换，但其实类似于强行摊派(管清友，2015-05-14)[11]。

b. 央行将置换债纳入再贷款抵押品范围不算 QE

QE 是央行外生性地增加基础货币投放，而央行将置换债纳入再贷款抵押品范围后，如果商业银行凭置换债从央行取得了再贷款，则属于央行投放了基础货币；如果商业银行不要求再贷款，则央行就无法投放基础货币。从这种意义上说，将置换债纳入再贷款抵押品范围并不是央行外生性投放基础货币的渠道，因此不能算 QE。

5) 地方政府破产

地方政府破产的问题详见《能量棒 2-5-1　地方政府破产与对失信政府的惩治》。

◇ 能量棒 2-5

地方政府破产与对失信地方政府的惩治

2008 年次贷危机后我国实行了扩张性财政政策，导致地方政府债务急剧上升，不禁令人担心中国的某些地方政府会不会破产的问题。虽然在我国《破产法》的立法宗旨、原则和条款都不涉及政府破产，但美国的《破产法》中明确包括政府破产的条款，称为“政府债务的调整”(但指的是州以下的政府，不包括联邦政府)。

每一次金融危机的爆发都必然伴随扩张性财政政策的实施，因此易造成地方政府、中央政府的债务危机。2007 年美国次贷危机引发了新一轮的政府债务危机，相继出现了冰岛破产、迪拜危机、欧洲主权债务危机以及各地的地方政府债务危机，如 2009 年开始的美国加州的破产危机(2012 年，加州的三个城市正式被法院宣布破产)。

任何市场经济的国家，政府破产都是无法避免的。日本已有超过 884 个地方政府宣告破产，

① 我国规定各级政府的财政资金可以存放在央行，也可以“国库现金定期存款”的形式存放在商业银行。据“华创证券”分析员牛播坤的估算，如果地方国库现金余额保持在 5 329 亿元的最优库底水平，其余全部用于国库现金管理、以获得最大化收益，预计将释放出 1.09 亿元的流动性，相当于两次降低准备金率、每次降低 0.5%的效果，对于渴求资金的商业银行而言很有吸引力。

② 财政部规定地方债发行利率上限为同期限国债的 130%，按 2015 年时的 10 年期国债 3.4%的收益率测算，10 年期置换债收益率上限为 4.4%。

美国加州南部的橙县曾于1994年12月宣告破产。那么,政府破产会是什么样子?

(一) 政府破产的含义

1. 政府破产的症状是现金断流

政府破产的症状就是现金断流(相当于银行的流动性危机),即政府缺乏足够的现金支付其必须承担的公共服务和债务偿还、对公务员发工资打白条等。

◇ 能量棒 2-5-1

2009年加州破产危机(上)[12]

(一) 加州财政危机的成因——兼论导致次贷危机的美国实体经济层面的原因

1. "金州"的历史

地处美国西海岸的加利福尼亚是全美人口第一大州、面积第三大州,无论在地理、地貌、物产、还是人口构成方面,加州均呈现出多样化的特点。继19世纪中叶加入联邦并发现金矿后,横贯美国大陆的铁路通车,将该州与其他州连接起来,石油开采业也迅速发展。"二战"之后,加州航空航天、电子信息、金融、教育、医疗、娱乐、种植等产业日益崛起,逐步成为美国经济总量最大的州,并享有"金州"(The Golden State)的美誉。2007年加州GDP达1.8万亿美元,占全美的14%左右,人均GDP达4万6千余美元。如果作为一个单独的经济体,则其经济总量排名达到世界第八位。

然而,正是这样一个"金州",2009年却面临着窘迫的财政局面。

2. 2005年后加州房产泡沫的破裂和2008年后的次贷危机使得加州的经济步入萧条

加州拥有出口业、制造业、专业服务业和大型零售企业,甚至还要更多一些。加州的经济产值为1.8万亿美元,是印度的两倍,约占美国国内生产总值的15%,因此足以在全国产生扩散效应。好莱坞、硅谷就位于加州,美国职业棒球大联盟中的30支球队有5支在加州,加州的农业规模在美国位居第一。

加州也处于前几年美国房地产泡沫的前沿,它也是2008年次贷危机的始作俑者。加州的房价比美国的大多数州上涨速度更快,涨幅更大,但回落得也更早,2005年就初见端倪。一些抵押贷款者开始违约,还有一些人深陷大量债务而难以自拔。

这些房产的缩水使得大量涉足本地房地产的加州金融领域下滑(加州抵押贷款的疯狂度曾经是最高的,该州的金融机构也曾站在发放被打包成复杂证券的非传统抵押贷款的前沿。当此类证券的价值暴跌后,这些机构也最先成为这场灾难的受害者)、加州的消费下滑①、经济下滑。随着加州人削减支出,裁员从房地产业扩散到了零售店和汽车销售企业,因为金融危机导致了信贷市场的冻结,降低了企业进行日常借款、满足业务需要的能力,故而加州经济全面下降。到2009年发生破产危机时,加州的失业率已经达到了7.7%,是美国失业率最高的州(金岩石,2009)。

3. 2003年施瓦辛格州长大幅度提高了社会福利和教育方面的支出水平

由于美国是一个联邦制的国家,县—州—联邦是三级财政,从主要税种的划分来看,所得税归联邦政府,销售税归州政府,财产税归县政府。加州政府的主要财政收入来源于销售

① 加州消费者的负债是美国各州中最高的。根据Equifax和穆迪(Moody's)旗下Economy.com的数据,对拿回家中的每一美元,加州人会用其中的0.19美元用于偿还抵押贷款、汽车、信用卡和其他负债,而全国的平均水平约为0.15美元。由于消费者偿还债务,他们剩余下来用于支出的数额就减少了。

税,也就是人们在加州境内买东西时所附加的税。但随着加州政府开支的增长,销售税入不敷出,所以要开源节流,这就成了历任州长最头疼的事情。

2003 年 10 月,当时的民主党州长戴维斯被加州选民罢黜,就是因为 21 世纪初互联网泡沫破灭后,收入下降和股市损失使该州出现了 380 亿美元的预算赤字,濒于破产,施瓦辛格也因此获任新州长,来接这个烂摊子,希望再创造"里根奇迹"。

施瓦辛格上任次日,就提出解决州财政危机的三项计划:发行 150 亿美元债券;提出限制州政府开支的州宪法修正案;改革州国企工人补偿费制度。众所周知,新州长竞选都要开"空头支票",否则就没有选票,三项方案均获得通过,施瓦辛格踌躇满志。

但事实上,所谓"财政自律"仅仅有效地实践了一年,选民既不想出钱,又想享受更多公共品,因此最喜欢看到政府公务人员省钱给他们来花费。随着美国经济的复苏,加州政府的收入大幅上升,施瓦辛格的改革看起来似乎没有必要了,2004 年至 2008 年,州议会批准的预算支出增加了 340 亿美元,结果必然使政府财政的入不敷出愈演愈烈。

按照美国的财政体制划分方式,州政府需要承担教育、医疗卫生、社会福利与养老保障、高速公路、警察与消防、供水与排水等公共服务领域的开支[①],这些领域与民生有着直接的关系,其支出规模和结构一直被选民所关注。施瓦辛格上台后,加州政府在原有基础上逐步加大了社会福利和教育政策的实施力度,其福利和教育支出明显高于美国的平均水平,但从取悦民众、争取选票的角度出发,加州政府回避了增税这一不受选民欢迎的方式,改由通过增加负债的办法来满足日益增长的教育和社会福利开支需求。应该指出的是,民生支出的增加虽然有助于博得选民的好感,但这种支出也是一把"双刃剑",它具有很强的"刚性",支出标准和水平一旦确立就很难削减,从而导致整个支出规模居高不下,政府因此而面临着"骑虎难下"的窘境(金岩石,2009)。

4. 次贷危机前加州财政支出尚能得融资

1) 高科技公司的成长使得州政府税收收入能够满足州财政支出

加州的税收收入主要来源于个人所得税、公司所得税、销售税和消费税,另有少量证照税、财产税、遗产税与赠与税收入。在施瓦辛格上任之前,加州的销售税早已位列全美前三,好在加州的阳光吸引了越来越多的新移民,加州的硅谷创造了许多科技传奇,买东西的销售税虽然很高,但新移民和高科技公司的就业增长很旺盛,所以州政府的日子还算过得去。

加州的个人所得税和公司所得税约占加州税收收入的一半,这两个税种受经济状况的影响尤为明显。在金融危机的背景下,加州富人和一般就业人口的收入均缩水不少,企业盈利水平明显下降,个人所得税和公司所得税的税源也随之缩小,其中个人所得税收入较金融危机前下降了 34%。

销售税也是美国州级财政收入的一项重要内容,它适用于大部分商品的销售活动及服务业,在多个环节进行课征。制造业是销售税的纳税大户,同时还包括零售环节的缴纳,各个州的销售税税率一般在 3%～7.25%。加州产业结构的特点之一是制造业相对薄弱,财政入不敷出,最简单的做法就是提高税率,因此其规定的销售税税率处于 7.25%的最高位,再加上州以下地方政府亦附加征收销售税,所以实际销售税税率位于 7.25%～8.25%。较高的销售税税率导致了"以足投票"效应的出现,一些制造商因此将工厂搬离加州,挪往他

① 曾有加州居民的轮胎在过高速公路时因为路上有个坑所以破了,美国的高速公路不收费是全世界人民都知道的事,回家后她把换轮胎的账单和高速公路上的坑的位置的描述都寄给了州政府,两周后她收到了一封道歉信和一张支票,这些钱都是由州政府来出。

处。加州近年来新设工厂的增势有所降低，这更是在一定程度上对州财政收入来源渠道产生了不利影响(金岩石，2009)。

此外，早在30年前，加州选民便以压倒性票数通过法案，为房地产税单位税额设定了上限，这为限制加州房地产税收的增加埋下了伏笔。2009年的前几年加州房地产市场较以往也明显萎缩，与房地产市场景气程度密切相关的州和地方房地产税收也出现了锐减的情况。

可见，从实体经济层面上来看，次贷危机是因为实体创新不足、金融创新过度、金融衍生产品行业成为主导产业所致，次贷后的经济复苏仍要依靠实体经济领域的创新，加州有能力在高科技的引领下发展新的主导产业，因为加州仍保持着相当的实力——该州的多所大学不断输出新技术和创业人才，使其在电信、生物技术和高效能源技术领域的高薪职位出奇的多。跟美国其他地区一样，其医疗保健行业也在源源不断地创造新的工作机会。此外，随着美元汇率持续保持低位，出口也成为加州经济的一个亮点。长滩港和洛杉矶港是美国最大的两个港口，越来越多的商品从这里上船出口到海外(金岩石，2009)。

2) 州政府的另两大财源是发行地方债和金融理财投资

政府还有另外两大财源：发行地方债(市政债券)与金融投资。于是美国的地方债市场红红火火，各州各县都在发债。投资银行也大发其财，左手为地方政府发债，右手为政府财政理财。

因为包括纳税人在内的选民既是政府预算支出的直接受益者，更是预算收入来源的最终提供者，所以他们必然会以挑剔的目光审视预算、影响预算。这一道理应用到选举政治游戏中，意味着选民也希望政府多花钱，只是这钱要花在自己的身上，同时又尽量不增加本人的纳税负担；而政府从赢得选票的立场出发，只能迎合民意，审慎处理预算收支问题。加州财政几年来的行为轨迹也恰好印证了这一点。

施瓦辛格任职之初，虽然已经面临财政赤字问题，但仍然履行着“不增税、不削减教育系统和地方政府经费”的竞选承诺，试图通过发展经济来壮大财源，通过增发债券来弥补收支缺口。当这些措施失效、财政状况恶化后，由于受选民意愿的约束，州政府依旧不敢轻易声言增税，只是提出了对印第安人开办的赌场征税等一些与多数选民关系不大的增税方案，并适当削减了部分财政支出，以避免政治风险；同时继续寻求借债途径，宁肯将沉重的偿债负担留给后任和后人。而且，根据李嘉图等效定理，现在发的债等于未来要收的税，本质上也是加税，是向子孙后代加税。

因此在过去20～30年，美国地方政府的财政收入就越来越依赖债券市场的融资收入和理财产品的投资回报，这再次使人想到，美国次贷危机也是源于缺乏有利可图的实体经济投资方向，从而经济变得泡沫化。这个模式产生于美国，后来输出到全世界，例如，冰岛——2008年年初才被联合国评为最适合人居的国家，不到年底就破产了，原因是在美国购买的次级抵押债出了问题时，人们才知道，原来冰岛政府多年来一直在用冰岛银行的存款去买美国的高收益AAA级的理财产品，政府财政收入的主要来源之一就是银行存款利率与美国高息债券之间的息差收入(金岩石，2009)。

5. 次贷危机后财政政策自动稳定器功能导致财政赤字大幅度上升

加州自从2003年施瓦辛格当选为州长之后就一直出现财政赤字，因为支出大幅度增加，与此同时，新的税收却很难增加。因为加州在1912年通过法律，设立了公民投票的决策制度，规定重要的立法与决策必须由公民以提案的方式提出，之后通过公民投票做出决定，这使得政府不容易实行诸如对普通人增税之类的决定。同时，在过去几十年里通过的最重要的决定是1978年的第13号提案，为房地产和个人财产税制定了严格的上限，这也就限制了政府最主要的税源。加州政府多次设法增加对普通人的税收，但是却很难获得公民投票的通过，遭到将近70%的选民的否决。

只有那些对少数富裕人士或者是工商业增税的法案才比较容易通过，导致实行了对工商界非常不利的税收政策，导致在2009年前的几年里许多富裕的居民以及公司纷纷迁出加州。2008年，加州净迁出的人口达到14.4万人，迁走的公司中包括每年给州和地方政府缴纳近7亿美元税额的一家丰田汽车厂。

次贷危机更是使州财政雪上加霜，由于财政政策的自动稳定器功能，导致其税收锐减、失业率明显上升，社会保障支出也上升(截至2008年9月，收到食品券福利金的加州居民数量上升了13.8%，而收到加州工作福利计划现金救助的家庭数量上升了5.9%)，导致加州赤字不断扩大。加州赤字最高时达到了400亿美元，这在一定程度上是由过去几年来支出上升40%所致。亚利桑那州、佛罗里达州和内华达州的赤字规模也大致占各州经常预算的20%。据《华尔街日报》报道，过去10年来，上述诸州的支出增长速度均比平均预算增速高50%以上。总之，施瓦辛格的5年州长路产生了243亿美元赤字(金岩石，2009)。

(二) 加州破产危机的爆发——州政府“打白条”(政府借据)

施瓦辛格州长早在2008年就曾经宣布加州进入财政拮据的状况。2009年年初，施瓦辛格州长警告说，加州面临着几个星期内破产的危险。加州财政2009年约有243亿美元的缺口需要填补，之前，发行地方债券是州政府经常使用的融资和弥补赤字的手段，但在深陷金融危机的背景之下，社会应债能力和发行成本问题的存在使得这一手段操作的可行性大为降低。

2009年6月10日，加州总审计长江俊辉宣布，加州可用现金只能支持未来50天的支出，即至7月28日，加州政府将出现现金流断裂的情形，届时加州多项公共设施与服务的提供将陷入困境。届时，州政府一方面将不得不拖欠需要支付的款项，暂停对基础设施项目的资金支付，另一方面，将从发行政府债券中补充资金，以解燃眉之急。

自2009年7月1日开始，加利福尼亚州与美国其他15个州进入了新的财政年度，州长施瓦辛格宣布加州进入了财政的紧急状态。从2日开始，州政府除了正常支付公立学校开支和偿还到期的政府债务外，不得不以“政府借据”(类似于“打白条”)的形式给众多政府雇员发放工资，这种政府借据形式也涵盖对大学生、低收入老人、残疾人以及公共工程承包商的支付。州政府规定，员工及合同工可以在日后州政府有钱的时候，凭借欠条去兑现工资。此外，州政府还实行了除公立医院和警务机构之外的无薪休假制，以减轻开支压力。可见，加州政府不能支付、现金断流、只能靠短期借贷度日，因此爆发了破产危机。

其实早在2008年12月，加州就面临一场支付危机，政府不得不暂时停止对53 000个基础设施项目的资金支付，包括学校、桥梁和公路。当时由于采取了延迟支付的手段，所以还没有出现现金流断裂的情况。州政府原本打算延迟支付欠款30多天，但实际上只耽误了3周半。

---

2. 政府破产的实质——是流动性危机、而非清偿力危机

1) 政府的资产负债表

我国政府尚不编制资产负债表，但政府资产和负债是事实存在的，国外大量的研究都认为需要编制政府的资产负债表，目前新西兰等国家已经开始编制政府资产负债表了。下面是理论上的政府的资产负债表。如能量棒2-5-2表1所示。

能量棒 2-5-2　表 1　政府资产负债表

资　　产	负　　债
1. 政府拥有的财务上可盈利的实物资产(基础设施、学校、医院等可收费易产生回报的资产、中央政府所属的国有企业) 2. 政府拥有的金融资产(股票、债券、银行存款等,中央政府还有外汇储备与黄金储备) 3. 政府拥有的自然资源的资本化价值(如土地、森林等) 4. 政府对私人部门贷款的预期现值	1. 公共外债 2. 国家债务(中央政府借款和发行的债券) 3. 预算涵盖的开支(非随意性开支) 4. 法律规定的长期性支出(公务员工资和养老金) 5. 其他隐性与或有债务
总资产	负债与净值

其中,隐性债务指反映公众和利益集团压力及政府负有道义责任的债务,主要指未由法律做硬性规定的一些社会保障计划,以及公共投资项目的未来日常维护成本。或有债务是指在特定事件发生的情况下的债务。依据各国国情不同,这些资产负债项目在各国各不相同。

2) 政府的流动性资产包括什么?

表 1 中的"政府拥有的自然资源"在我国不太现实,因为我国不允许出售其所有权,只能转让其开发权。"政府对私人部门贷款的预期现值"在我国也不太现实,因为政府直接对私营部门贷款基本上不存在,但我国政府对私营部门融资提供帮助主要是通过政府担保的形式。可见,在我国,不影响国家主权的可变现资产只剩下金融资产与一部分国有企业了。对于地方政府而言,还可以向中央政府融资,或请求中央政府对市政债券提供担保,因此,地方政府的流动性资产还包括向中央政府的融资。

◇ 能量棒 2-5-2

2009 年加州破产危机(中)

(三) 避免破产的紧急开源节流方法

1. 向联邦政府求救遭拒绝——道德风险、预算硬约束与联邦财政自身实力?

在 2009 年 7 月打白条之前,加州曾向奥巴马政府提出为其 55 亿美元市政债券的融资提供担保的要求,被奥政府拒绝。

1) 预算硬约束——联邦政府没有义务为州政府弥补资金缺口

金融风暴席卷华尔街之后,美国联邦政府曾经对一些具有重要影响的企业伸出援手,包括向花旗银行、美国银行、AIG、通用汽车等深陷危机的超大型企业注入了巨额资金,以期使之获得重生,避免出现多米诺骨牌效应。加州财政陷入危机之时,也是在考验着美国联邦与州之间的财政关系,人们也在关注着联邦政府能否继续出手并有所作为。

实际上,在美国财政联邦制(Fiscal federalism)的条件下,各级政府财政均是对本级立法机构和选民所负责的,联邦政府既没有干预州和地方预算的依据,也没有替州和地方财政兜底(弥补财政亏空)的责任。因此,当加州财政面临困境时,虽然联邦政府采取救援措施并不存在法律上的具体障碍,但也没有施救的法律义务,联邦完全可以依照传统方式行事,以旁观者的身份采取坐视和观望的态度。

在加州向联邦政府求援后,财长盖特纳、白宫经济顾问委员会主任罗默、白宫国家经济委员会主任萨默斯等人认为，加州还可以依靠自己的力量支撑一段时间，应该自己解决预算问题而不是靠联邦政府援助。

2）联邦财政自身难保

联邦财政当时的财政赤字已经突破了1万亿美元大关，应对金融危机和伊拉克战争、阿富汗战争等都需要大量资金，在自身财力已十分紧张的情况下，很难腾出更多的余力对州级财政采取施救措施。

3）联邦救援的负外部性

（1）如果联邦政府被迫出手提供财政担保，有可能导致市场对政府债券的信心整体下降，进而降低各级政府的信用等级和融资能力。

（2）当时不仅加州政府深陷财政危机的泥淖，而且伊利诺伊、亚利桑那等其他若干个州也面临着类似的财政状况，一旦联邦政府开了拯救加州财政的先例，那么，其他各州的救援请求必然会纷至沓来，而这种可能出现的局面，显然是联邦政府所不希望看到的，也是难以应对的。

2. 在市场上紧急融资

施瓦辛格还尝试着向华尔街寻求贷款；向摩根大通银行贴现政府债券（但遭到拒绝，这表明摩根大通认为加州政府缺乏清偿力）；发行长期债券，甚至中、短期债券等方法，但结果都不乐观。最后，只得大幅削减教育和社会福利费用。

联邦政府或许将为加州缓解一些压力，加州将从经济刺激计划中接受81.9亿美元。美国发展中心数据显示，加州总共可能获得634亿美元资金，其中12.3%可用于平衡预算，约36亿美元可用于公路建设和改善运输系统。加州也将收到数十亿美元的教育、医疗补助和其他福利资金款项（金岩石，2009）。

（四）加州州长提议变现哪些非流动性资产？

为了避免现金断流，应立即开源节流。施瓦辛格州长曾提议采取以下措施开源节流：

1. 变卖地产套现

施瓦辛格本来打算变卖地产套现应急。例如，坐落在旧金山湾的圣昆汀州立监狱，占地432英亩，周边风光优美，距离金门大桥仅10分钟车程，市场价预估为20亿美元。除去在其他地方重建监狱要花费的10亿美元后，加州政府还可以剩下10亿美元。

由于加州政府曾经斥资1.64亿美元为该监狱添置了全新的医疗设备，还拨了3.56亿美元预算增建牢房来收容死刑犯，因此在优越的条件下，囚犯们极力反对施瓦辛格卖掉监狱，不愿被强制迁离。

曾经出现在套现名单上的还有国家地标建筑——洛杉矶奥林匹克纪念体育场等，但反对者认为施瓦辛格此举太过荒谬。一位议员说："洛杉矶奥林匹克纪念体育场是国家历史地标，我们不能卖了它，就像我们不能卖了自由女神像一样。"

除了这两处标志性建筑外，施瓦辛格还提议出售萨克拉曼多加州博览会会场、加州圣迭戈地玛露天广场、圣迭戈跑马场及文杜拉县广场等。据估计，出售这些建筑可能为加州筹集10亿多美元资金，不过这要在2年到5年之后才能见到收益。施瓦辛格在出售计划中称："在加州各地，有数千处有价值的建筑，它们具有数十亿美元的价值。加州目前的财政危机促使我们重新考虑这些建筑的用途。"

2. 省掉学生的课本

在美国，学生使用的教科书均由学校免费提供。为此施瓦辛格计划分阶段让州立的各级学校舍弃传统纸质课本，转而让学生采用互联网在线学习。这一计划如果实现，传统的课本可能将成为历史，但面临的问题是该州许多偏远地区，很多学生没钱买电脑。

3. 减少政府雇员开支

2009年7月1日，施瓦辛格宣布，从7月10日开始至2010年6月，加州政府将实行无薪休假制。根据要求，部分政府部门的工作人员将在每个月的前三个星期五被“解雇”。州财政预计，这项措施将可以为加州节省4.2亿美元。

4. 其他可能的措施

施瓦辛格指出，不通过这些提案的灾难性后果可能是：政府将关闭消防局、释放4万多名监狱里的囚犯、再度削减36亿美元的教育经费、裁减数千名教职员工，进一步削减公共健康计划。施瓦辛格还提出取消主要社会福利计划、结束针对低收入家庭儿童的医疗健康保险及停止向贫困家庭大学生提供资助等。

施瓦辛格说，人们必须知道财政赤字的严重后果。尽管州长苦口婆心地劝说选民，让大家投票支持这些提案，但加州的选民却毫不为所动(金岩石,2009)。

---

3. 政府破产如何进行？——再论政府破产也可被视为一种清偿力危机

政府一般不会面临严格意义上的“资不抵债”的清偿力危机，因为：(1)政府可以变现非流动性资产如公共基础设施、公有资产(公路、铁路、矿产资源等)、领土等以偿债；(2)只要政府存在，就有征税的权力，未来的税收收入可被用于偿债。从某种意义上说，任何一国政府都不可能资不抵债，政府破产危机其实不是清偿力危机，而是流动性危机。

但是，与一般的公司不同，政府的很多非流动性资产不适于变现，或是因为这些公共产品是当地人民不可或缺的，或是因为领土主权神圣不可侵犯等。因此，一个国家即使面临财政支付危机，甚至破产(如次贷危机中的冰岛)，作为国家，也不会向外国债权人变现其非流动性资产(如割地、卖地)，而一般的公司则会变现所有流动性和非流动性资产来偿债。从这种意义上来说，不能被政府处置变现的政府资产就不能算是政府资产。这样的话，政府破产危机就是清偿力危机。

◇ 能量棒 2-5-3

美国加州破产危机(下)

(五) 美国地方政府如何破产？

1. 美国政府破产的法律依据

1)《美国破产法典》中没有规定州政府破产办法

1978年制定的《美国破产法典》(*United States Bankruptcy Code*)的第9章“地方政府债务调整法”，规定了地方政府破产办法，其方式与企业破产债务重组很相似，只是适用对象为市政当局(Municipality)，州下属的市、县、地区、村镇等地方政府，但不包括州政府本身。破产案件由市政当局提交给破产法院。

美国地方政府破产的实例很多，比较重大的有加州橘县(Orange County)因投资失败而于1994年破产；阿拉巴马Millport因工厂关闭、销售税收入大减而于2005年破产；阿拉巴马杰佛逊县政府因财政负债高达32亿美元而于2008年破产。

美国州政府破产没有先例可循，也没有法例可依。美国是英美法系国家，先例很重要。事实上，正是由于过去有地方政府失去清偿能力的先例，地方政府破产重组的实践和法例才慢慢发展起来的。把破产法延伸到市政当局的做法起于大萧条时期，几经流变，才形成了现在的模样。加州政府如果破产，则有望成为州政府破产的法源。

2）破产法的立法精神已由清算为主转为重组为主

《美国破产法》的立法精神已经从过去的以清算(Liquidation)为主转为现在的以重组(Reorganization)为主。

◇ 能量棒 2-5-3-1

中国的企业重组

在我国，企业重组是指以企业资本的保值增值为目标，针对企业产权关系和其他债务、资产、管理结构所展开的企业的改组、整顿与整合的过程。

企业重组的方式有：

① 合并(Consolidation)。指两个或更多企业组合在一起，原有的所有企业都不以法律实体形式存在，而是建立一个新的公司。如将A公司与B公司合并成为C公司。根据1994年7月1日生效的《中华人民共和国公司法》的规定，公司合并可分为吸收合并和新设合并两种形式。一个公司吸收其他公司为吸收合并，被吸收的公司解散；两个以上公司合并设立一个新的公司为新设合并，合并各方解散。合并包括兼并。

② 兼并(Merger)。指两个或更多企业组合在一起，其中一个企业保持其原有名称，而其他企业不再以法律实体形式存在。如财政部1996年8月24日颁发的《企业兼并有关财务问题的暂行规定》中指出，兼并是指一个企业通过购买等有偿方式取得其他企业的产权，使其失去法人资格，或虽保留法人资格、但变更投资主体的一种行为。

③ 收购(Acquisition)。指一个企业以购买全部或部分股票(股份)的方式购买了另一企业的全部或部分所有权，或者以购买全部或部分资产(称为资产收购)的方式购买另一企业的全部或部分所有权。

④ 接管或接收(Takeover)。它是指某公司原具有控股地位的股东(通常是该公司最大的股东)由于出售或转让股权，或者股权持有量被他人超过而控股地位旁落的情况。

⑤ 标购(Tenderoff)。是指一个企业直接向另一个企业的股东提出购买他们所持有的该企业股份的要约，达到控制该企业目的行为。这发生在该企业为上市公司的情况。

⑥ 剥离。"剥离"一词的理论定义目前主要来自于对英文"Divestiture"的翻译，指一个企业出售它的下属部门(独立部门或生产线)资产给另一企业的交易。具体说来，是指企业将其部分闲置的不良资产、无利可图的资产或产品生产线、子公司或部门出售给其他企业以获得现金或有价证券。剥离的这一定义与我国目前的企业或资产售卖的含义基本相同。笔者认为将"Divestiture"翻译为售卖更准确。那么，剥离是否等于售卖呢？不完全相同。剥离是指企业根据资本经营的要求，将企业的部分资产、子公司、生产线等，以出售或分立的方式，将其与企业分离的过程，因此，剥离应含有售卖和分立两种方式。

⑦ 售卖。根据上述剥离的含义，售卖是剥离的一种方式。售卖是指企业将其所属的资产(包括子公司、生产线等)出售给其他企业，以获取现金和有价证券的交易。在国有企业改制中，国有资本所有者根据资本经营总体目标要求，将小型国有企业整体出售，也属于售卖范畴。

⑧ 分立。分立从英文"Spin off"本义来看，是指公司将其在子公司中拥有的全部股份按比例分配给公司的股东，从而形成两家相互独立的、股权结构相同的公司。这一定义实质上与我国国有企业股份制改造中的资产剥离含义基本相同。我国国有企业改制中的资产剥离往往是将非经营资产或非主营资产以无偿划拨的方式，与企业经营资产或主营资产分离的过程，通过资产剥离，可分立出不同的法人实体，而国家拥有这些法人实体的股权。分立是剥离的形式之一。

⑨ 破产。破产简单地说是无力偿付到期债务。具体来说，指企业长期处于亏损状态，不能扭

亏为盈，并逐渐发展为无力偿付到期债务的一种企业失败。

2. 美国地方政府如何破产？

因为地方政府在宣布破产后仍然存在，因此，破产体现为"节衣缩食，边工作，边还债"，具体说来，如下所述。

(1) 以节俭的方式维持政府的日常运转，要让廉价政府生存下去。按照各国"破产法"的共同原理，一个人破产了，其高消费要受到限制，高档消费品(豪宅、汽车等)要拍卖用以还债；但生活必需品(如御寒的棉衣等)不能拍卖，破产程序不能剥夺破产债务人最低限度的生存资料。同理，地方政府虽然在财政上破产了，但地方政府还要生存下去工作下去。不过破产后的地方政府不仅要廉政，而且还必须廉价。

(2) 债务重组，包括债务展期、免除一部分本息、对存量债务进行再融资等。因此，政府破产就是让其债权人不能得到全额偿付，以分担债务人——政府的痛苦，这其实是给债务人一条活路。但是，这是有代价的，因为州政府的信誉在美国本来是很高的(它有永久性征税权，税收收入可作为偿债保证)，如果州破产了，州政府将不能依靠政府信誉发行债券，或者说发行了也几乎不会有人愿意买。这样州财政再进行投资、建设就比较困难了。

政府破产也是文明、民主的体现，因为前现代政府不讲民主，拥有无限征税权，政府或政府的职能部门甚至能够自行决定征不征税、征什么税、征多少税(如开动印钞机还债)，那么破产则是不可能的；而现代政府只有有限征税权——即执行权，征不征税、征什么税、征多少税由议会决定或选民直接决定，那么政府就有可能破产。事实上，对税收权(如何找钱)、财政权(如何花钱)的限制与否，正体现了前现代政府和现代政府的本质区别，有限政府的含意正是指政府在税收和财政上的有限权力。从这种意义上来说，政府破产正是保护社会免受政府进一步侵害的制度屏障。

(3) 平衡预算，地方政府破产后，最重要的是吸取教训，今后要减少赤字，平衡预算。而减少赤字涉及痛苦的结构性改革，对加州而言，要考虑是继续走多征税的大政府、高福利之路(民主党的思路)，还是转向财政自律、政府少一点支出、公民多一点自由(共和党的思路)之路，大方向需要认真选择，这是原则问题。

如果公司主动变现一部分非流动性资产，得到的流动性资产仍小于流动性负债，一般的公司就要被债权人要求破产清算——即变现所有非流动性资产以清偿债务，之后，该公司就没有资产可供运作了，因此公司就不存在了。

但政府破产的含义与一般的公司不同。由于社会管理的需要(社会不可能长期处于无政府状态)，对外国家主权也是神圣不可侵犯的，因此无论是地方政府还是中央政府，破产后仍将存在，破产只是财务上破产，而不是政府职能的破产。又由于为保证政府履行其职能、国家主权等原因，破产之后的地方政府和中央政府仍必须保留一定的非流动性资产，因此破产后政府不可能被清盘。

那如何惩罚破产的政府呢？破产的本质影响是政府的信誉遭受损失、政府的财政预算发生改变，并且使政府的债权债务关系进行重新清理。

4. 地方政府破产的先例

1) 至2009年止日本已有过884个地方政府破产过

根据日兴花旗银行(Nikko Citigroup)信贷分析师的计算，日本地方政府借款数额巨大，其未偿还债务占日本国内生产总值(GDP)的比例高达34%，而英国和德国在这方面的比例仅为5%，美国也只有13%。

日本已有过884个地方政府宣告破产。2009年，日本北海道北部的小镇——夕张(Yubari)政府宣布它计划于2009年申请破产，因为该镇政府负债630亿日元，已远远超过了它的还债能力，其年度财政收入只有45亿日元。

2) 1994年美国加州南部橘县(Orange County)的破产

加州南部的橘县曾因过度的信用扩张和财政官员滥用权力导致支付危机，在求救无门的情况下，该县不得不于1994年12月宣告破产。破产后县政府改组，并随即成立了危机处理小组，采取了一系列事后被证明为行之有效的措施：首先裁员12%，该县17 000名公务员被裁减了2 000余人；然后不得不紧缩开支，压缩了固定资产投资计划和公共服务项目；最后是由新的县政府就新的还款协议与债权人进行谈判，承诺以未来若干年内的地方税收偿还债务。这些措施行之有效，该县终于在18个月后摆脱了困境。

5. 2017年中国一些地方政府被最高人民法院列入失信名单[13]

当前中国一些基层地方政府(大部分集中于乡镇一级)拖欠企业工程款，且在法院判决后抗拒执行，甚至虚造证据等，因此被法院纳入了失信黑名单①。

政府失信与个人、企业失信最大的区别在于：个人和企业失信会受到公权力的制约，必须为自己的失信付出代价；而政府失信的话，在法院对其强制执行时，并不能查封、扣押政府部门开展公务时的必需用品，因为不能让一个地区处于无政府状态。但是政府失信对于社会信用秩序的混乱会起到推波助澜的作用，负面影响极大。

如何惩治失信的政府？中国政法大学教授谭秋桂曾表示，“如果超过一定时间不执行，可以追究上级政府的责任，政府应当把要履行的判决纳入政府预算。可以追究被执行机关主要负责人的责任，限制相关领导在任期间的消费，如不能坐飞机、高铁等”(2017-04-01，震惊！地方政府失信黑名单竟有这么多[J/OL])。

而北京京师律师事务所王殿学律师则表示，虽然目前国家相关法律尚未明确对政府“老赖”的法定代表人是否限制消费，但可以用最高人民法院《关于限制被执行人高消费及有关消费的若干规定》中的相关条款对其进行惩戒。这就意味着，人民政府主要负责人以及影响债务履行的直接责任人员在乘坐交通工具时，不得选择飞机、列车软卧、轮船二等以上舱位；不得在星级以上宾馆、酒店、夜总会、高尔夫球场等场所进行高消费；不得购买不动产或者新建、扩建、高档装修房屋；不得租赁高档写字楼、宾馆、公寓等场所办公；不得购买非经营必需车辆；不得旅游、度假；不得让子女就读高收费私立学校；不得支付高额保费购买保险理财产品；不得乘坐G字头动车组列车全部座位、其他动车组列车一等以上座位等(2017-04-01，震惊！地方政府失信黑名单竟有这么多[J/OL])。

(四) 民间信用

民间信用指在上述三种规范信用活动之外的企业与企业、企业与个人及个人之间发生的信用关系。其基本特征是没有正规的金融工具作交易媒介、在活动中带有自发性、利率较

① 2017年，在最高人民法院的失信名单中，约有490个市、县、乡镇的人民政府、街道办事处、国资委、房产管理处等政府部门，有的还数次上了黑名单。河南有8个、黑龙江有5个，江苏有3个，例如，河南省驻马店市汝南县人民政府、黑龙江省大庆市人民政府、江苏省徐州市云龙区人民政府等都榜上有名。

正规信用高(因为有风险溢价)、风险非常大,属于直接融资。一般情况下,民间信用的活跃程度同一个国家、一个地区的金融服务发达情况成反比,例如,在中国,民间信用在农村比城市活跃、在落后地区比在发达地区活跃。近些年在中国十分火爆、但同时也是集资诈骗频发的 P2P 借贷,也属于民间信用。

各种信用关系的存在都是为了在融资活动中谋利,而各种融资活动的总和就构成了金融市场,下面介绍金融市场。

第二节 金融市场概述

金融市场就是借者与贷者相互接触以及金融工具或债务凭证进行交易的场所,广义的金融市场是指由货币资金的借贷、有价证券的发行和交易及外汇、黄金的买卖活动所形成的市场。金融市场按不同的依据可划分为不同类型的市场,比如,按融资方式可划分为直接融资市场与间接融资市场,下面就先来介绍直接融资与间接融资,再来介绍直接融资中的股票债券等工具。

一、直接融资与间接融资

(一)定义

1. 直接融资

在金融市场上,借款人既可以直接向最终贷款人发行股票、债券等金融工具进行融资,也可以通过商业银行等金融中介机构间接地向最终贷款人融资,这分别是直接融资与间接融资。确切地说,直接融资是指赤字单位(最终借款人)直接向盈余单位(最终贷款人)发行对自身的金融要求权,其间不需要经过任何金融中介机构;或虽有中介机构,但盈余单位对赤字单位仍有明确的要求权,双方是对立当事人。

2. 间接融资

间接融资是指盈余单位和赤字单位无直接契约关系,双方各以金融中介机构为对立当事人,即金融机构发行自身的金融要求权,换取盈余单位的资金,并利用所得的资金去取得对赤字单位的金融要求权。这里的金融中介机构发挥着从盈余单位向赤字单位输送资金的作用,但盈余单位获得的是金融中介机构发行的金融要求权,而不是赤字单位发行的金融要求权,因此,双方各以金融中介机构为对立当事人。比如,家庭把钱存在银行、银行再把钱贷给企业;或者家庭购买人寿保险,保险公司再将保费投资于资本市场谋利。

(二)直接融资向间接融资的演变

可以看出,赊销、预付货款形式的商业信用是直接融资,民间信用也是直接融资,由于银行是后来才出现的事物,因此,直接融资先于间接融资而出现。

在金融发展的初期,由于信息传导不方便,人们之间资金余缺的调剂主要是靠双方不断地搜寻和试探,交易成本很高,且必须要双方在资金的期限、规模、价格(如利率)等各方面的意见一致才可以偶然成交，类似于物物交换，需要双重偶合的严格条件。其后果之一是将小额资金盈余者排除在金融市场之外，因为他们认为搜寻成本太高而无利可图，这就意味着一部分储蓄无法转化为投资。因此，需用类似于以货币为媒介的间接融资来取而代之，于是半直接融资与间接融资就兴起了。

（三）中、美两国直接融资与间接融资比例的比较

从家庭资产形式来看，我们以股市市值作为家庭直接融资的代表，以银行存款作为家庭间接融资的代表。一方面，1913 年，美国股市市值和银行存款的比重是 1∶1；1999 年该比例变成了 9∶1，说明在 100 年内全球金融资源越来越多地流向了华尔街，成就了 20 世纪美国的崛起之路。

另一方面，2010 年中国股市市值和银行存款之比大致是 1∶1，恰与 100 年前的美国相仿。中国经济在长达 30 多年的高增长期，储蓄率长期徘徊在 50%，居民储蓄高达 20 多万亿元，成为全球储蓄率最高的国家之一。

下面我们以商业银行为例，看一看金融中介机构在间接融资中的作用，这同时也回答了接下来的问题：最早出现的直接融资为什么会被后来居上的间接融资所取代？或者说间接融资在哪些方面优于直接融资？

二、间接融资中金融中介机构的作用（或商业银行的功能）

商业银行等金融机构存在的理由是：以金融机构为媒介的融资比资金盈余单位与赤字单位之间的直接融资在消除信息不对称及控制风险等方面效率更高，因为商业银行具有以下功能：

（一）降低信息不对称性

1. 信息不对称及其危害——逆向选择、道德风险

◇ 显微镜 2-3

维特的烦恼——信息不对称所引起的风险

1. 交易达成之前的“逆选择”

假设某大一新生维特，因为未被金融系录取而耿耿于怀，劝说同学们不要把生活费存入银行，以免被银行盘剥存贷利差。同学们都不以为然，维特则一意孤行地在食堂门口贴了张告示，愿将自己的一笔生活费贷给别人生息。

于是他的寝室门庭若市，他选出了两位 40 岁、50 岁的大叔（我们称这两位为 A 和 B）进一步谈判。A 想借钱办一家快递公司，B 想借钱去澳门赌博，当然维特借给 A 更有还本付息的可能性，而借给 B 的信用风险更大。但是维特并不知道 A、B 两人真实的借款用途——这就叫信息不对称，维特处于信息劣势，而 A、B 两人处于信息优势。在金融行业，信息不对称是资金盈余单位或金融机构面临的典型和普遍的难题。

同时，信息优势方——B 又没有动力为维特（资金盈余单位）消除信息不对称，因为如果 B 说真话，维特要么不会借给他，要么会收取很高的利率作为对承担风险的补偿，所以 B 会骗维特说自己也想办快递公司，这样的话，贷款合同会要求他仅仅归还如 5% 的年利率，而如果他赌赢了，

他就可以保留所有超过这个固定利率以上的收益率。

如果维特知道这种信用风险，并且知道由于信息不对称导致他无法分辨谁在说谎，他就可能心灰意冷而不再贷款，因此储蓄就无法转化为投资；而如果维特不谙世故、不知道有这种风险，他有可能与B达成交易，因为B会更积极地促成这笔交易。因为B知道债务契约允许他保留超过协议要求支付的固定款项外的所有回报，所以如果他成功了，其剩余回报要比A多得多，他根本不考虑他失败了会牵连贷款人受损失的问题。如果维特选择了B，就是"爱上了一个不该爱的人"，对于维特而言，这就是一种"逆选择"。

所谓逆选择(adverse selection)，在贷款活动中指最积极寻找贷款、并最希望从事这笔交易(如愿意支付更高的利率)的资金需求者恰恰是最有可能不归还贷款的人(如冒险者或纯粹的骗子)。adverse在英文中指"不利的"或"反向"的含义，"反向"意指赌徒B对维特的博弈。

2. 借贷活动中交易达成之后的"道德风险"

假设老天保佑，维特糊里糊涂地把钱借给了A①，但维特从此并没有过上太平的日子，因为A在得到贷款后觉得生意难做，竟然也学B跑到澳门赌博去了，这对于维特而言就是一种"败德行为"，将为维特带来"道德风险"(moral hazard)，它也来源于信息不对称。

道德风险也叫败德行为，在这个借贷场合指的是借款者在得到贷款后不遵守贷款协议、从事贷款者不期望进行的冒险性活动。它之所以会发生，是因为债务契约允许借款者保留超过贷款协议要求支付的固定款项外的所有回报，所以借款人就有一种冒更大风险、获得更高回报的动机。而由于贷款者无法监控借款者的活动，因此这种行为就是对于贷款人而言的道德风险。

3. 举例——保险业与存款保险制度所防范的道德风险

在保险业中，被保险人缺乏采取提防行动的激励，因此做出一些有利于自己成本的节约、但可能提高保险公司赔付率的行为，就是对于保险公司而言的道德风险。为了防范道德风险，保险公司最好的保险政策也要包括"免赔额"，这是希望消费者也要承担一部分风险。

各国针对存款机构的存款保险制度都规定在一定金额以内的小额存款是被保险的，即当存款机构破产时，这部分存款由存款保险机构全额赔付，但是超过这个金额的大额存款则不被保险。存款保险机构之所以做出这样的规定，用意就是为了防范、降低存款人倚仗着存款被保险了，而无视、默许或纵容银行投资于风险性资产而给存款保险机构造成的道德风险。

---

2. 银行在降低信息不对称方面比从事直接投融资的个体效率高

银行在消除信息不对称与防范道德风险方面，由于后天专业聚焦而能够获得比较优势。因为它有擅长评估潜在贷款风险的专家、征信系统等，同时也有专业的信贷员可以监控借款人的行为。

(二)消除信用风险——为什么借钱给银行比较安全?

1. 银行进行了风险转换

在银行等金融中介机构媒介的借贷中，无数个资金盈余单位不是直接借款给赤字单位，而是借款给中介机构，中介机构将这些资金混合在一起，形成资金池，随后去寻觅、筛选潜在

① 维特并不知道B是赌徒，也许是B油滑的嘴脸让维特反感。

借款人。银行自己承担着潜在借款对象带给自己的逆选择与道德风险，却给资金盈余单位以固定的利率和本息的刚性兑付，即不让盈余单位承担逆选择与道德风险，这就是金融中介机构的信用风险转换职能，或称风险错配、信用中介职能。

2. 银行处于金融安全网中、且具有高效率的风险控制手段

接下来的问题是：维特能够相信银行吗？答案是可以，因为：

(1) 大银行有较高的信誉，不会赖账不还；

(2) 如果银行在防范逆选择与道德风险方面出现失误以至于产生坏账，从而出现不能支付存款的流动性危机时，银行同业与央行也会救助的。即使救助无效、银行倒闭，小额存款也可由存款保险公司来全额赔付，这就是金融业的社会安全网。

◇ 能量棒 2-6

中美两国的存款保险制度

(一) 美国的存款保险制度

1. 概述

在经历了1929年至1933年的银行倒闭风潮之后，根据1933年通过的《格拉斯-斯蒂格尔法案》，美国于1934年1月1日成立了联邦保险公司(FDIC)，为所有投保银行提供存款保险。最初每个账户的保险金额为2 500美元，这意味着当银行倒闭时，存款额在2 500美元以下的存款人将得到FDIC的全额支付，不承担任何损失。后来这一上限不断上升，目前已经达到25万美元。

所有联邦储备系统的会员银行(包括所有国民银行和部分州银行)都必须参加FDIC的存款保险，非会员银行可以参加，也可以不参加，但由于竞争的压力(存款人对未在FDIC投保的银行可能缺乏信任)，美国绝大多数商业银行都参加了FDIC的存款保险。除了商业银行外，在FDIC投保的还有互助储蓄银行和储蓄贷款协会，负责为储蓄贷款协会承保的是FDIC下属的一个专门机构——储蓄协会保险基金(SAIF)。

2. 美国联邦存款保险公司如何防范银行的清偿力风险？

1) 不定期检查

由于FDIC要承担投保银行倒闭的损失，所以它必须采取必要的措施来避免银行倒闭，其中重要的一项就是对投保银行进行不定期的检查。检查的次数视需要而定，对于那些比较健全的银行来说，FDIC的检查间隔期最长可达36个月；但是对于那些被认为有问题的银行来说，检查的次数则要频繁得多。当金融体系波动比较大时，FDIC对所有投保银行的检查次数都会增加。

FDIC的检查员总是不期而至，使银行来不及为逃避检查做手脚。他们检查的重点是银行是否遵守关于持有资产的各种法规和条例、银行所持有的证券或放出的贷款是否包含着过大的风险。如果检查员认为某种证券的风险过大，他可以命令银行将其出售，即便这样做在价格上要使银行承受一定的损失。

对于有偿还困难的贷款，检查员可以命令银行将它们分别归为“坏账损失”“可疑贷款”或“次级贷款”等，这样银行就不能再把这些贷款的利息当作预期利润了，并且还要为其提取拨备，以防止这些贷款造成的损失。在更坏的情形下，银行将被迫冲销这些贷款，全部算作经营损失。如果检查员感到这些问题已经严重到危及银行的正常经营，或者银行从事了某些不正当的活动，就可以宣布该银行为“有问题的银行”，并加强对它的监督。这必然会影响到该银行在公众心目中的形象及该银行股票的价格，因此银行不能不小心对待。

2）五个指标评判法

检查员通常使用下列五个指标对银行进行综合考察：①资本充足率；②资产质量；③管理；④盈利；⑤流动性。

资本充足率指标要求银行资本要达到其加权风险资产的一定比例，以弥补可能的资产损失。检查员若发现银行的资本不足，就可能给银行发一个"资本通知"。银行接到通知后必须提出筹集更多资本的计划。银行如果筹集不到足够的资本，就必须受到更严格的监管，例如，同管理部门签订谅解备忘录等①。

资产质量是指银行持有资产的多样化程度、贷款回收情况和证券的风险程度等。如果一个银行的可疑贷款占总贷款比例过大，或者风险资产占总资产的比例过大，检查员就会建议它增加资本，或停止发放某类贷款。

管理是一个综合指标，它反映的是银行经营者的决策能力、协调能力、技术能力、风险能力、风险控制能力和适应环境变化的能力。检查员将根据银行的具体经营状况来对它加以评定。

盈利指标是指银行的收益状况。盈利率的高低决定了股东的收入情况及银行弥补损失和提供充足资本的能力。一般来说，若银行的资产收益率（收益/总资产）持续保持在1%以上，资本收益率（收益/自有资本）在15%以上，说明银行的经营状况良好。

流动性是指银行资产转换为现金的难易程度。如果银行资产的变现能力差，过于依赖通过从联邦资金市场或联邦储备系统借款来保持流动性，就可能面临严重的流动性危机。

检查员通常根据上述指标把银行分为5个信用等级，这就是所谓的CAMEL等级。其中级别1代表状况最好，5代表银行处于危机状态。然而，检查员对于这些指标的评价含有一定的主观性，因此检查员和银行主管之间会存在不同意见，但是检查员的意见通常还是会得到银行的认可的。

3. 美国联邦存款保险公司对于倒闭或濒临倒闭的银行的处理

对于倒闭或濒于倒闭的银行，FDIC一般采取以下三种方式进行处理：

(1) 清偿法。FDIC宣布银行破产，并为每个存款账户清偿最高达25万美元的存款，然后再清理该银行的资产，与银行的其他债权人按份额分割清理所得资金。实际上，这种方法是很少使用的，不到万不得已，FDIC总是力图避免使用清偿法。

(2) 购买并承担法。FDIC动员一家经营良好的银行和濒于倒闭的银行进行合并，合并者购买濒于倒闭银行的全部资产，并承担其全部负债。FDIC通常通过向合并者提供贴息贷款或购买濒于倒闭银行的部分不良贷款来促成这种合并，濒于倒闭的银行在清理之后可以继续营业。实行这种方法的结果是所有的存款、而不仅仅是25万美元以下的存款，都得到了完全的保险，这是FDIC最常用的一种方法。

(3) 直接协助法。在许多情况下，FDIC将与联邦储备系统联合向濒于倒闭的银行提供贷款，以帮助它们渡过难关。当濒于倒闭的银行规模巨大、倒闭的社会后果比较严重，而安排别的

---

① 1992年，美国花旗银行的持股公司——花旗公司就由于亏损严重而不得不与联邦储备理事会和货币监理处签订谅解备忘录。直至两年后花旗公司扭亏为盈，这些管理部门才撤销了对它的严格监督。

银行进行合并又很困难的时候，FDIC还可能采取特别的措施对它进行援助①。

（二）我国的存款保险制度

1. 主要内容

我国于2015年5月1日开始实施《存款保险条例》，标志着存款保险制度的建立，条例规定：

（1）在中华人民共和国境内设立的商业银行、农村合作银行、农村信用合作社等吸收存款的银行业金融机构（以下统称投保机构）都应投保存款保险；投保机构在中华人民共和国境外设立的分支机构，以及外国银行在中华人民共和国境内设立的分支机构则不适用这款规定，但中华人民共和国与其他国家或者地区之间对存款保险制度另有安排的除外。

（2）存款保险是指投保机构向存款保险基金管理机构交纳保费形成存款保险基金，存款保险基金管理机构依照条例的规定向存款人偿付被保险存款，并采取必要措施维护存款以及存款保险基金的安全的制度安排。

（3）被保险的存款包括投保机构吸收的人民币存款和外币存款，但金融机构同业存款、投保机构的高级管理人员在本投保机构的存款以及存款保险基金管理机构规定不予保险的其他存款除外。社会保险基金、住房公积金存款的偿付办法由中国人民银行会同国务院有关部门另行制定，报国务院批准。

（4）存款保险的最高偿付限额目前定为50万元，中国人民银行会同国务院有关部门可以根据经济发展、存款结构变化、金融风险状况等因素调整最高偿付限额，报国务院批准后公布执行。

（5）同一存款人在同一家投保机构的所有被保险存款账户的存款本金和利息合并计算的资金数额在最高偿付限额以内的，实行全额偿付；超出最高偿付限额的部分，依法从投保机构清算财产中受偿。

（6）存款保险基金的来源包括：投保机构交纳的保费；在投保机构清算中分配的财产；存款保险基金管理机构运用存款保险基金获得的收益，以及其他合法收入。

（7）存款保险费率由基准费率与差别费率构成。存款保险基金管理机构参加金融监管管理协调机制，并与中国人民银行、银行业监督管理机构等金融管理部门、机构建立信息共享机制。

2. 意义

1）隐性存款保险显性化，使得民营银行有可能与国有银行平等竞争

我国在2015年《存款保险条例》出台前，国有商业银行得到了中央政府的隐性存款保险，即不论哪家国有银行出现流动性问题，导致存款人可能无法及时地提取存款，中央政府就会予以救助。

这种隐性存款保险制度的弊病是：国有商业银行未支付保险费却获得了存款保险，使其倾向于将存款投入到风险更高的资产上，因此产生道德风险问题。由于政府大规模地救助存款机构，也许不得不增发货币，造成通货膨胀，则所有人民币持有者都在为这些不谨慎的银行支付通货膨胀税来救助它们，这是一种负外部性，是不公平的。因此，应消除负外部性，本着“谁付费、谁

---

① 1984年，当全美第8大银行、存款达400亿美元的伊利诺伊大陆银行濒临倒闭时，FDIC协助联邦储备系统和若干私人银行为它安排了数十亿美元的贷款，并且宣布为该行的所有存款进行担保，而不仅仅是为10万美元以下的存款担保，同时着手寻找愿意将它合并的银行。可是由于伊利诺伊大陆银行规模太庞大，没有哪家银行愿意与其合并。FDIC被迫采取更为严厉的措施：它向该行提供了10亿美元的追加资本，并按面值买下了该行45亿美元的可疑贷款。作为回报，它获得了该行80%的所有权，实际上是将该行“国有化”了。但是，联邦存款保险公司对大银行的救助使得存款人感到只要把钱存进一家大银行，就不用担心它的安全，自然也就不必费心去选择银行了，这就是“大而不倒”的错觉。而大银行也自以为联邦存款保险公司和美联储会投鼠忌器，从而令自己“大而不倒”，因此发生放松资产质量等败德行为。

享受”的内部化原则，所有存款机构都要被强制投保存款保险——即显性存款保险，从而消除了国有商业银行的特权，使得民营银行得以与其在同等的存款保险成本条件上竞争。

2）为银行破产制度的推出创造条件

有了存款保险制度后，即使银行破产了，本息和在50万元以下的中小储户也无财产损失，因此政府可以令经营不善的存款机构破产，以实现优胜劣汰、提高金融效率。

3. 资金池使银行得以分散违约风险

假定有100笔已放出的贷款，预期其中的99笔将会偿还——违约概率为1%。如果贷款人直接贷款给借款人，那么每个贷款人都会担心自己将成为那位得不到还款的不幸者；但是银行如果将贷款人的资金联合起来贷放，即形成资金池，则违约风险将被每个贷款人分摊。

4. 可为融资者保守私有信息、降低其商业风险

银行有责任替客户保守秘密，因此，企业通过间接方式融资，可避免将过多的企业经营的私有信息公布于众，特别是公布给竞争对手。比如借钱用于什么投资？其答案很能给竞争对手以启发，这就是不是每个公司都愿意成为上市公司的原因，因为直接融资要求上市公司信息公开。

（三）提供资金期限、规模转换功能

一方面，资金的盈余单位与赤字单位在资金期限上难以匹配，因为借款者（如企业）通常需要长期的贷款来投资房屋、工厂等耐用资产，而贷款者（如居民）通常不希望资金被冻结过长的时间，这就是资金在借贷期限上的不匹配。另一方面，资金盈余单位闲置的资金与资金赤字单位需要的资金在规模上可能不一致，比如，单个家庭的储蓄通常难以满足单个企业的借款需求；再如，联合国给中国西部农民的大笔贷款需被分拆成1万元1笔的小额贷款等，这就是资金的借与贷在规模上的不匹配。

如果是直接融资，就像物物交换一样需要双方在金额、期限等方面双重耦合，这种严格条件是很难达成的。但是金融中介机构如商业银行则可以通过构建资金池与资产池，使长期、短期资金相互转化，如短借长贷或长借短贷，同时也可将小额储蓄汇集起来，进行大额的贷放，或者将大笔资金拆分成小额贷款，从而使自己承担资产与负债的期限错配、规模错配造成的风险。

（四）为资金盈余单位提供流动性与收益性的得而兼之

银行将短期资金来源转变成长期资金进行运用，已经在为储蓄者提供流动性了，但银行还允许未到期的存款被提前支取并支付利息，则是进一步提供了流动性，以及让储蓄者兼得收益性。通常直接融资比间接融资缺乏流动性，假设某民营小厂的工人为了企业的生存而自发集资、购置机器设备，就是工人们对厂里的直接融资。但在厂里收回投资前，工人们通常不可以向厂里要求提前兑付集资证，因此这种集资证就缺乏流动性。但是居民的银行存款却可以随时兑取，即使是定期储蓄存款也只是损失一些预期的利息而已，因此，间接融资的中介机构（如商业银行）为储蓄者提供了收益性与流动性的得而兼之，但自己却在承受着资产、负债期限错配（或称流动性错配）的风险。

（五）节省交易成本

交易成本指达成交易所需的时间、精力和金钱等，在直接融资中，假设有 M 个资金盈余单位和 N 个资金赤字单位，每个盈余单位要分散贷款风险，就需要与 N 个资金赤字单位签约，总共签约 $M\times N$ 个合约[①]，假设单笔合约的签定交易成本为 A，则总交易成本为 $M\times N\times A$。而有了金融机构后，M 个资金盈余单位与 N 个资金赤字单位分别是与金融机构这个中心签订存款与贷款合同，则签约数量为 $M+N$ 个，总成本是 $(M+N)\times A$，小于直接融资。可见，以金融中介机构为媒介的融资可以节约交易成本。

况且，金融机构聚集了众多存款者的资金，还可以享受规模经济优势，比如，它可将标准化的合同运用于数百个不同的贷款项目，从而使得金融机构媒介的融资的交易成本小于直接融资下的交易成本。

三、半直接融资

（一）定义

在直接融资与间接融资之间还有一种半直接融资，如企业通过证券公司发行债券融资，证券公司也起到了一些中介作用；再如近几年在中国很火爆的 P2P 网贷平台，其主流经营模式是债权转让模式，使得 P2P 平台也起到了半直接融资中介机构的作用。不过，在 2016 年针对网络借贷信息中介机构的监管细则出台后，这种主流的债权转让模式就被叫停了。

半直接融资指资金盈余单位与赤字单位通过证券经纪人、交易商或投资银行来进行融资[②]。资金盈余单位（如各商业银行、投资银行、资产管理机构等机构投资者、居民与企业）购买投资银行承销发行的资金赤字单位（如财政部、企业、地方政府）发行的证券，资金盈余单位作为投资者承担投资风险——即其所购买的证券的信用风险、市场风险等各种风险，还有会计事务所、评级公司、征信机构为投融资提供各种专业化的服务。

（二）职能

1. 降低信息不对称性、但不消除信用风险

在半直接融资中金融中介机构履行了商业银行等间接融资机构的后 3 项职能，即进行期限转换、提供流动性、降低交易成本，而不履行第 1 项职能即风险转换。半直接融资的口号是“股市有风险、入市需谨慎”，从这种意义上来说，它属于直接融资大类。

但是与直接融资不同的是，半直接融资的中介机构帮助投资者降低信息不对称、从而降低融资主体的逆选择与道德风险。比如，公司拟发行债券时，需要投资银行去尽职调查、制作材料，并面向机构投资者进行路演，传达融资信息，进行销售。越是信息不对称严重的地方，投资银行的作用就越重要。比如，发行垃圾债券的客户财务数据往往不透明、信用风险

---

① 假设有 A、B 两个资金盈余单位和甲、乙、丙 3 个资金赤字单位，每个盈余单位要分散贷款风险，就需要与 3 个资金赤字单位签约，即签订 A 甲、A 乙、A 丙、B 甲、B 乙、B 丙共 6 个（2×3 个）合约。

② 我国的证券公司（又被称为券商）大都同时具有经纪商和交易商的双重身份，证券经纪商（经纪人）是客户买卖股票的代理人，收取佣金；证券交易商则直接买卖各种证券。

很高，主承销商的营销作用更大；相反，国债发行时由于它没有信用风险，不同主体掌握的信息几乎完全相同，通常不需要主承销商提供财务顾问、尽职调查、路演销售等服务。

但半直接融资并不负责分散、降低风险，因为它提供的证券（如股票）并非是金融中介机构（如证券公司）自身的债务凭证，正是从这个意义上来说，它属于直接融资大类。

2. 进行规模转换

半直接融资的中介机构还需要匹配贷款与借款的数量、形式等，如分割大的初级证券，使较穷的买者也可以买得起，此时它们与商业银行一样，履行规模转换的职能。

3. 为投资者提供流动性及进行期限转换

企业发行股票、债券筹集的是长期资金，投资者购买了股票、债券之后，虽然不能向发行者要求提前变现，但却可以在二级市场上将这些长期证券出售，转化为现金或短期证券等高流动性的资产。而二级市场则是由投资银行等金融中介机构提供和安排的，比如，有时作为某证券主承销商的投资银行也会作该证券的做市商，为其提供二级市场和流动性。

4. 降低交易成本

半直接融资和直接融资比起来可以降低交易成本，比如，新疆某企业要发行债券融资，如果全国各地的投资者都跑到该企业去购买，而该企业也需要接待这么多投资者的话，交易成本将居高不下。但是，如果该企业将这批债券包给某投资银行承销，投资银行拥有遍布全国的营业网点，交易成本将大为下降，虽然该企业要付给该投资银行一笔承销费，但如果通过投资银行承销所节约的交易成本超过了投资银行的承销佣金的话，对该企业而言还是很合算的。

四、直接融资、间接融资的优缺点

（一）间接融资的优点

间接融资的优点就是金融中介机构所发挥的作用。

（二）间接融资的缺点

间接融资的缺点是隔断了资金供求双方的直接联系，在一定程度上减少了资金供给者对投资对象经营状况的关注，以及资金需求者在资金使用方面的压力和约束。

也就是说，间接融资中的金融中介机构将整个社会的储蓄者面临的信用风险转换为自己面临的信用风险了，因为储蓄者都依赖于中介机构（如商业银行）去监督，如果商业银行监督不利，发生了资金需求者无法还本付息（违约）的情况，就可能形成呆账、坏账，如果超出了银行呆账准备金冲销的能力，银行就可能无法对储户还本付息，从而破产倒闭，这就是金融风险。但是，在建立了存款保险制度的国家中，即使银行倒闭，小额存款也可以得到存款保险的赔付，因此是高枕无忧的。

（三）直接融资的缺点

直接融资的缺点就是缺乏如上所述的金融中介机构的作用，如交易成本大，不能提供资金期限转换功能，不能匹配资金供求的数量、形式等特性，不负责分散和降低风险。总之，贷款人必须愿意接受借款人的初级证券，但初级证券可能风险很大，并且很晚才到期。

（四）直接融资的优点

优点与缺点常常是辩证的，从另一个角度来看，直接融资也有如下优点：

(1) 资金供求双方直接联系，可以根据各自融资的条件如借款期限、数量和利率水平等方面的要求实现资金的融通。

(2) 由于资金供求双方直接形成债权、债务关系，债权方自然十分关心债务人的经营活动，而债务人面对直接债权人的监督，在经营上会有较大的压力，从而促进资金使用效益的提高。但这依赖于信息透明度高、有严格的信息披露、信用评级贯穿始终、违约事实会公之于众等，这样市场约束力才会较强，才有利于减少约束不足而导致的恶意违约，减少企业风险向银行风险转化的概率。

(3) 通过发行长期债券和股票，可以为资金需求者筹集到比间接融资方式下更长期的资金。

(4) 分散风险。由于证券的投资者众多，风险责任分散，加上证券可以在二级市场流通，发行人信用状况的变化可以通过二级市场价格的变化和证券在不同投资者间的转手而由较长的时间和较多的投资者加以消化，降低了单一投资者的风险，减少了风险积聚并向系统风险转化的可能性，有利于金融市场的稳定。

五、金融市场的其他分类方法

金融市场按照不同的标准可进行不同的分类，比如，按照融资方式可分为直接融资市场与间接融资市场；按照资金需求期限的长短，可分为货币市场（一年以下）与资本市场（一年以上）；按照交易对象的不同，可分为股票市场、债券市场、本币市场、外汇市场和黄金市场；按照融资工具的新旧可分为初级市场与二级市场；还可分为现货市场与期货市场、交易所市场与场外市场等。下面我们来介绍货币市场与资本市场，由于货币市场的很多子市场与商业银行业务有关，因此我们将在下一章“商业银行管理”中介绍货币市场。

第三节 资本市场

资本市场指经营1年以上中长期资金借贷的市场，主要包括银行长期借贷市场、股票市场、债券市场等子市场。虽然银行长期借贷市场也属于资本市场，但在我国通常的语境中，资本市场仅指股票、债券等直接融资市场。

一、股票市场概述

（一）定义

股份有限公司的全部资本分为等额股份，股票就是股份公司发给股东作为入股凭证、并借以获取股息收入的一种有价证券。股票在种类上一般可分为普通股与优先股，但我国目前还具有一些有中国特色的股票形式。

◇ 显微镜 2-4

曾经出现过的有中国特色的股票形式

1. 国家股、法人股、个人股与外资股

国家股指有权代表国家投资的政府部门或机构以国有资产投入公司形成的股份。

法人股指企业法人或具有法人资格的事业单位和社会团体以其依法可支配的资产向公司非上市流通股权部门投资所形成的股份。随着股权分置改革的完成，国家股、法人股与个人股的区分就不必要了。

个人股指社会个人或本公司内部职工以个人合法财产投入公司形成的股份。

外资股指外国和我国香港、澳门、台湾地区投资者以购买人民币特种股票形式向公司投资形成的股份。

2. 公开股与内部股

公开股票指公开向社会招股、筹集资金的股票，其股票经批准后可在证券交易所公开挂牌交易。

内部股票指股份公司经批准后向其内部职工发行的、在规定时间内不能公开上市交易、仅能在内部职工之间转让的股票。

3. A股、B股、H股与N股

A股即人民币普通股票，指股份有限公司经过特定程序发行的以人民币标明面值，由中国人(境内)买卖的普通股票。

B股即人民币特种股票，指在中国境内股份有限公司经过特定程序发行的、以人民币标明面值，专供境外外国人和我国香港、澳门、台湾地区投资者用美元和港币买卖的股票，在上海或深圳证券交易所上市交易。

最初设立B股的目的是吸引外资，在2001年2月19日之前，只有外国投资者可以买卖B股；在这一天之后，B股放开了，国内企业和居民也可以购买了。此后，中国股票市场在利用外资方面又有许多制度创新，比如，香港1996年开始走红的红筹股和2004年后的H股市场的发展，打造了内地企业在港交所上市融资的平台。随后推出的QFII制度也为外资进入中国股市投资、或中国股市利用外资融资提供了平台。可以说，如今B股利用外资的历史使命早已终结，B股市场陷入了名存实亡的境地，如果能够将B股市场的普通股转为优先股，可以便利地解决两类市场的并轨问题，促使中国股票市场的规范化和国际化。

H股指我国企业在内地注册、但上市地在香港联合证券交易所的以港元交易的股票。

N股指我国企业在内地注册，但上市地在美国纽约证券交易所的以美元交易的股票。

(二) 股票的特性

1. 无期性

无期性指股票没有还本期限，股东若想收回投资，只能将股票转卖给他人，但这种转卖不会引起公司资本的增减，只是改变公司资本的所有者。

2. 参与性

参与性指普通股股东有企业管理权(参加股东大会、拥有投票表决权等)、红利分配权等，一股一票；而优先股股东在股东大会上没有表决权，不能参与企业管理。

3. 收益性

股份公司的净利润(每股盈余)有两种去向：一部分是分红，即分配给股东作为现金股利；另一部分是作为再投资资金。如果公司盈余增长，一般会增加现金股利，同时股价也会上涨，如果股东将股票卖掉，就可以得到买卖价差(资本利得)，资本利得与红利就是其收益。

4. 风险性

股票的风险性指其收益不确定，因为红利可以不分，股价也可能跌得一文不值；优先股虽然收益固定(指股息为股票面值的一定比率，股息率是固定的)，但公司如果经营得不好，也可以不支付股息，在法律上不会破产，因为优先股毕竟不是债券。优先股在公司解散或破产时的剩余财产分配等方面优先于普通股，但在债券之后。可见，无论是普通股还是优先股，收益都有不确定性。

5. 流动性

股票的流动性指股票可被自由地转让与买卖，我国的“大小非解禁”问题就是要将改革过程中规定不能流通的一些国有股、法人股变得可以流通，还其流动性的天然属性。

(三) 股票发行市场

发行市场又称为一级市场或初级市场，股票的发行包括新成立的股份公司征募新股，以及已成立的公司的增资扩股。股票发行都有一定的条件，如要向证券主管部门提出申请；在业绩、年限方面有严格的要求，如距上次股票发行 1 年后才可以增资发行等。

股票的发行方式分为公募发行与私募发行。公募发行又称公开发行，即以不特定的投资者为发行对象的公开推销方式；私募发行是只对特定的发行对象推销股票，发行对象可以是本公司职工或股东、保险公司、养老基金等机构投资者，以及与公司关系密切的其他企业(本公司的战略投资者)。

(四) 股票流通市场

股票的流通市场又称为二级市场或次级市场，是已发行的股票进行交易的场所。在一级市场上发行的证券必须能够在二级市场上流通才能对投资者产生足够的吸引力，从而使证券的发行能够顺利地进行。股票等证券的交易有两种基本的组织形式：证券交易所市场和场外交易市场。

1. 证券交易所

证券交易所是一个高度组织化的、有固定地点、集中进行证券交易的市场，股票在交易所的集中竞价交易就是股票的场内交易。

◇ 显微镜 2-5

股票在交易所的交易程序与集中竞价交易

股票在证券交易所交易的程序是：

(1) 股票交易者(或称股票投资者)选择证券经纪商。

(2) 在证券经纪商处开户，即与经纪商签订买卖股票的契约。

(3) 着手买卖股票，投资者可随时通过受托经纪商办理股票买卖。

(4) 经纪商接到委托通知后，即与派驻在证券交易所的交易大厅内的场内交易员(出市代表)联系，由其代为完成交易。

这种交易采用电子计算机集中竞价交易方式。具体说来，场内交易员接到交易指令后，将信息储存并编号，再一并输送至交易所的计算机主机，由主机按申报要求撮合成交。成交后向场内买卖双方交易席上的终端机发出成交信号，然后通知经纪商，经纪商将“成交通知单”送达给客户。

集中竞价交易类似于拍卖和标购，不过，在集中竞价中买卖双方都有众多的竞争者；而在拍卖中，卖者只有一个，买者有很多竞争者；在标购中，买者只有一个，而卖者有很多竞争者。股票的集中竞价交易采用“价格优先、时间优先”的竞价原则，即在买进证券时，申报价格高者优先成交；在卖出证券时，申报价格低者优先成交；同价位时，先申报者优先成交。

(5) 买卖成交后，投资者应在规定时间内完成交割。

(6) 过户，即办理变更股东名簿记载。

证交所的组织形式有盈利性质的公司制和非盈利性质的会员制，我国自 1990 年成立上海证券交易所(简称上交所)，同年深圳证券交易所(简称深交所)试营业，上交所与深交所都实行非盈利性质的会员制，是事业法人，各券商是其会员。证券交易所本身并不参与证券的买卖，而是作为一个服务机构和自律机构而存在。

在交易所进行交易的证券被称为上市证券，它们主要是一些大公司的股票和债券。

◇ 显微镜 2-6

证券商、投资银行、证券经纪商和证券自营商

在美国，投资银行、证券经纪商和证券自营商统称为证券商。投资银行与商业银行不同，它的传统业务是作为证券承销商协助新证券的发行。但现在投资银行的业务早已超过这一范围，包括为证券的发行和交易、公司的合并与收购、基金的管理提供服务等，它赚取的不是商业银行的存贷利差，而是佣金收入。

证券经纪商和自营商主要在二级市场上从事业务活动。经纪商(broker)是纯粹的中间人，代理客户买卖证券，并收取佣金，因此风险较小。自营商(dealer)也称交易商，则是自己投入资金，在证券市场上为自己买入或卖出证券，谋取价差收益。

多数证券商往往同时扮演经纪商和自营商两种角色，它们被称为经纪公司(brokerage firm)，一些大的经纪公司还参与证券的发行，它们实际上属于投资银行。

我国及日本的证券公司一般既可以在一级市场上承销证券，又可以在二级市场上从事经纪或自营业务，类似于美国的投资银行。

---

2. 场外交易市场

场外交易市场即证交所交易所场外的交易市场，又称为“店头市场”或“柜台市场”(Over The Counter Market，OTC)，即证券经纪人或证券自营商不通过证券交易所，把没有在证券交易所登记上市的证券，有时也包括一部分上市的证券，直接与客户进行买卖的市场，即在各证券公司柜台上进行交易的市场。

场外交易市场的特点如下所述。

(1) 它是一个没有组织、无固定场所的分散的市场，依靠电话、电报、电传和计算机建立起来的无形网络联系成交。自营商连续报出某种证券的买入价和卖出价，并随时准备应客

户的要求以该价格向客户买入或卖出证券，以获取价差收入，一种证券可以同时由几十家自营商同时报价。

(2) 交易的股票主要是尚未达到交易所上市条件、不能进入交易所挂牌的股票，它没有上市标准，任何证券均可进行交易。

(3) 买卖股票的种类、数量、价格及交付条件等都由当事人双方协商议定，而不是通过集中竞价拍卖的方式决定。

◇ 显微镜 2-7

证券的场外交易沿革

1. Wall Street 的一棵梧桐树

1790 年时美国还没有投资银行，只有 4 家商业银行(更没有美联储这样的中央银行，因此，当时被称为自由银行时期)。当年新成立的美国政府为了筹集 8 000 万美元的联邦和各州的独立战争债券，令商业银行代为销售。商业银行不仅代为销售这些国债(此即投资银行的证券承销业务)，也为自己账户投资、持有这些国债(此即投资银行的自营业务)，后来还发展起了为客户间转让这些国债而服务的业务(此即投资银行的证券经纪业务)，他们可以借此获取每次公债转让额的一定比例作为收入。这些业务就是投资银行业务的起步。

后来，许多人开始追随他们，建立自己的机构办理证券交易。为了垄断证券交易这一新兴行业，24 名华尔街的拍卖商于 1792 年 5 月 17 日，相聚在离现在华尔街上的纽约证券交易所不远的一棵梧桐树下，成立了该著名证交所的前身——纽约证券交易协会，并于 1793 年移入汤恩第咖啡馆，开创了证券室内交易。

2. 美国证券场外交易的代表——纳斯达克市场

世界上最著名的股票场外交易市场是美国的纳斯达克市场。美国的场外交易是由全国证券自营商协会负责管理的，主要通过全国证券自营商协会自动报价系统(National Association of Securities Dealers Automated Quotation, NASDAQ)以及全国市场系统两个电子报价系统进行。纳斯达克市场上交易的对象主要是高新技术公司股票，是硅谷高新技术企业上市的首选之地。

3. 我国的证券场外(柜台)交易

新中国的第一只股票是在 1984 年由上海飞乐音响股份公司公开发行的，随后，随着企业改革的逐步深入，股份制企业的数量不断增多，投资者逐渐产生了对已发行的股票进行转让的需求。1986 年，上海建立了第一个证券柜台交易点，即工商银行静安证券营业部，开始接受委托办理由它们代理发行的"延中实业"和"飞乐音响"这两种股票的代购代销业务，成为我国股票二级市场的雏形。1990 年 12 月、1991 年 7 月，上海、深圳证券交易所分别成立，标志着我国证券集中交易市场正式形成。

当前，我国的新三板市场等也是具有代表性的场外交易市场。

二、债券市场概述

(一) 债券的定义及特征

债券指发行人为了筹集资金，承诺按一定利率和一定日期支付利息，并在特定时期偿还本金的书面债务凭证，其特征是：

（1）期限性。债券一般明确规定期限，但有一个例外，是英法政府曾发行过一种永不偿还本金、但永远支付固定利息的所谓"永久债券"。假如一位投资者当初按照100英镑的面值购买了政府发行的这种永久债券，然后政府每年固定支付10英镑利息，永远支付下去，债券持有者若要收回本金，则只能在二级市场上将其出售转让。

（2）安全性，即债券的还本付息都有法律保障。

（3）流动性，即债券有二级市场，随时可以变现。

（4）收益率，债券的利率一般较为固定，企业债券（公司债券）的利率通常高于同期的商业银行储蓄存款利率。

◇ 显微镜 2-8

债券与股票的区别

1. 持有者权利不同：债权人无权参与公司经营决策；股东是所有人，有权参与公司经营决策。

2. 期限不同：债券一般有明确的还本付息期限，而股票则有无期性。

3. 收益稳定性不同：股票的红利、资本利得都不稳定，而债券的债息是固定的，债券价格也没有股票价格那样波动，因而收益比股票稳定。

4. 分配和清偿顺序不同：若公司经营不善倒闭时，债券的清偿顺序在股票之前。

◇ 显微镜 2-9

给点流动性，国债就灿烂

中国从1981年开始发行国债，按国际惯例称为国库券，在相当长一段时期里，由于只能到期兑付而没有二级市场，即没有流动性，因此不受欢迎。不少地方政府以党性为号召，要求所有党员和公务员必须购买；有的地方政府和企业索性在工资中扣钱、强行摊派发放。

后来，很自然地出现了国库券地下交易，一些人以五折、六折的低价收购国库券，卖给资金闲置的个人投资；有些企业在推销积压产品时也同意买主用打折过的国库券来支付。由于各地的收购价格不同，便形成了一个有套利空间的"黑市"。这些行为虽属违法，但在套利的经济规律下却日渐蔓延，已形成无法遏制之势。

1988年，由上海国际信托投资公司等10家股东筹资3 500万元组建的"万国证券公司"（以下简称"万国"）开张，管金生担任副董事长与总经理，他是第一个从国库券流通中嗅出商机的机构券商。当时，全国银行并无联网，所以各地的国库券价格相差很大，"万国"只有十多名员工人，管金生率众倾巢而出，手里拿着现金，跑遍了全国250个大、中、小城市和偏远乡村，到处收购国库券，用麻袋装着，乘汽车、飞机运回上海①，转手在上海证券市场上倒卖。在监管与市场都一片混沌的年代，管金生力主的这项国库券低买高卖的交易存在着极大的监管风险，多次被质疑为"投机倒把"，但"万国"终究凭借着这些麻袋扛回来的财富完成了丰厚的原始积累。在管金生在任的短短6年间，"万国"就由资本金仅为3 500万元的一家证券公司发展成为资产达几十亿元的

① 有一次，他亲自到福州去采购，一出手就买进200万元的国库券，这些从无数散户手中收来的券额都是5元、10元的，足足塞满了几个大麻袋，他租了一辆汽车直送上海，剩下的装不下就放入两个大旅行袋，他一手拎一个坐飞机回去。在机场安检入口，他好说歹说硬是没有让安检人员打开旅行袋检查，到上海的时候，袋子的底部已经撑破了，他连拉带抱地总算出了机场。

综合性证券公司。

而一旦国家允许国债在二级市场进行交易，使国债具有流动性，国债就成为抢手的投资工具，国债发行难的问题就迎刃而解了。这说明，流动性是证券的天然属性。

（二）类型

按照付息方式可将债券分为以下几种类型：

1. 附息债券

附息债券（付息债券）指按照票面载明的利息、付息方式支付利息的债券，分为固定利率债券和浮动利率债券。固定利率的付息债券通常在券面上附有息票，债券券面上通常记载着券面金额、票面利率、偿还期限等。如一张 2017 年 1 月 1 日发行的、面额为 10 000 元、票面利率为 10%、每年年底付息一次的 3 年期的公司债券，在规定的时期内以息票兑换方式支付利息，到期后再将本金连同最后一期的利息一起支付给债券的所有者。息票（coupon）到期时，债券持有人凭着从债券上剪下的息票领取本期的利息，俗称“剪息票”。息票本身可以作为一种有价证券转让，非债券持有人也可以凭息票领取债券利息。不少国家的长期政府债券通常采用这种形式进行发行。

我国的国债基本上都是付息国债，固定利率、到期一次性支付本息，1993 年曾对机构发行按年付息的国库券。浮动利率的付息债券是指利率随市场利率浮动的债券，欧洲发行浮动利率债券的情况较多。

2. 贴现债券

贴现债券也称为贴息债券、贴水债券、折扣债券、零息债券，指券面上不附息票、不标明利率，以低于面值的价格发行（折价出售，比如票面为 10 000 元的债券打 9 折出售，则售 9 000 元）、而在到期时按面额兑付的国债，发行价格与面额之差即为利息。美国的短期国库券就属于这种债券。

3. 可转换公司债

可转换公司债指在一定条件下可转换成该发行公司的股票的一种公司债券。如果持有者不希望转换成股票，也可继续作为附息债券所持有。

4. 国债、政府机构债、地方债

此外，债券还可按发行主体划分。地方债即地方政府和地方政府机构发行的债券；公司债指股份公司发行的债券，西方国家公司债券的期限大多在 10 年至 30 年，是公司筹集长期资金的重要手段。但我国一般将股份公司发行的债券称为公司债，将非股份公司发行的债券称为企业债；金融债指银行和金融机构发行的债券；外国债指外国政府、外国法人或国际机构发行的债券，又可分为外国债券与欧洲债券两种。

◇ 显微镜 2-10

金融债、外国债券与欧洲债券

金融债是指银行和非银行金融机构发行的债券。随着我国商业银行的政策性业务与商业性业务的分离，政策性业务由政策性银行——国家开发银行、进出口银行和农业发展银行来承担，这些政策性银行主要投资于基础设施建设和重点项目建设，需要长期资金，仅仅靠以短期资金为主的存款是不行的，必须发行长期的金融债券以获得长期资金。

外国债券是指在某个国家的债券市场上，由外国的政府、企业、银行等法人单位在其国内发行的债券，该债券的面值货币是债券发行市场所在国的货币。

欧洲债券是指专门在债券面值货币国家之外的境外市场上发行的债券。发行国、面值货币国家与发行市场所在国是三个或三个以上不同的国家，债券发行国所吸收的资金全部是面值货币国家境外所流通的，是所有权并非一定属于面值货币国家本国所拥有的境外货币。

5. 债券的发行与流通

与股票一样，债券的发行方式也分为公募、私募；流通方式也有场内交易与场外交易，但90％以上的债券是在场外交易的，不同于绝大多数股票集中在证券交易所交易的情形。这主要是因为：

(1) 债券种类繁多，交易所容量有限；

(2) 债券投机性比股票小得多，场外交易的简便管理已足够；

(3) 债券频繁的还本付息业务的处理将使交易所不堪重负。

三、债券价格的决定

(一) 债券的内在价值(理论价值)

债券有两种基本价格：发行价格与流通价格，而一般所讲的债券价格是指流通价格(二级市场价格)。

债券的市场价格不一定等于其面值，比如，一张2017年1月1日发行的、面额为10 000元、票面利率为10％、每年年底付息一次的3年期企业债券，在2018年1月1日的交易价格也许是10 929元。也就是说，有人愿意出10 929元购买、有人愿意以该价格出售，如果你是购买者，你的依据是什么？想一想在当前的市场利率(假设以银行定期存款的年利率为代表)为5％的情况下，你愿意花多少钱投资这张债券？

你的投资原则是买债券的收益率要至少等于同类资产如银行同期储蓄存款的收益率。债券的投资收益由每年的利息收入和期末的本金偿还两部分组成，在2017年1月1日买了这张债券，意味着你将在一年后(2017年12月31日)得到1 000元，在两年后(2018年12月31日)得到11 000元：

2017年1月1日—2017年12月31日	将得到1 000元利息	第一年
2018年1月1日—2018年12月31日	将得到1 000元利息	第二年
2019年1月1日—2019年12月31日	将得到1 000元利息及10 000元本金	第三年

如果存银行的话，你要存进多少本金才能使你得到同样的收益，即在一年后得到1 000元，在两年后得到11 000元？

◇ 显微镜 2-11

资产价值的决定——现金流贴现模型

1. 金融资产的定价——构造相同的现金流的成本

要解答上述问题，首先要知道我国当前银行一年期与二年期定期存款利率是多少。以1995年年底的利率表为例，一年期定期存款的年利率为10.98%，二年期定期存款的利率为11.7%，这意味着将x元钱存一年后将得到1 000元，即$x(1+10.98\%)=1\,000$；将y元钱存2年后将得到11 000元，即$y(1+11.7\%\times2)=11\,000$(元)，求解$x$与$y$，则$x+y$就等于你现在应该且愿意为这张债券支付的价格。

但上述计算是在我国特有的单利环境下进行的，单利就是只以本金为基数计算利息，所生利息不加入本金计算下期利息。我国银行存款是按单利计算的，我国政府发行的国库券多采用单利，单利的本息和的计算公式为

$$F = P\cdot(1+r\cdot n)$$

其中：F——本息和；

P——本金；

r——年利率；

n——与利率相对应的期限。

但最能体现利息本质的是复利，故在计算债券、股票内在价值时均采用复利。复利也称“利滚利”，在计算时要将每一期的利息加入本金一并计算下一期的利息。想象一下在一个复利的环境下，银行存款不论期限，年利率均为5%，那么100元钱存2年后可得本利和是多少呢？第一年末得到利息：$100\times5\%=5$(元)，加入到本金100元中又存一年，则第二年存款时本金变为$100\times(1+5\%)$，在第二年年末可得本利和为：$100\times(1+5\%)\times(1+5\%)=100\times(1+5\%)^2$，可见，复利本利和的计算公式为

$$V_n = P\cdot(1+i)^n$$

其中：V_n——第n期末的本利和；

P——本金；

i——利率；

n——期限。

2. 现值与终值

现在对上述例子进行逆运算：如果从现在算起一年后我们要买R_1元钱的东西，现在的年利率为i(复利)，那么我们应把PV元钱(现值)存入银行，才能在一年后取出R_1元的本息和，求PV的值，则有：

$$R_1 = PV\cdot(1+i)$$

因此有：

$$PV = \frac{R_1}{1+i}$$

PV就是按照i来衡量一年后的R_1的现值；反过来，R_1就是现值PV按照i来衡量一年后的终值。如果我们想在两年后取出R_2，则有：

$$R_2 = PV\cdot(1+i)^2$$

因此有：

$$PV = \frac{R_1}{(1+i)^2}$$

这就是将终值贴现为现值的方法，即求第 n 期终值 R_n 的现值的公式为

$$PV=\frac{R_n}{(1+i)^n}$$

3. 一般的复利求现值公式

如果有一系列现金流，第一年是 R_1，第二年是 R_2，……依此类推，则这一系列现金流的总的现值可以将每笔现金流的现值加总得到，这就是一般的复利求现值公式：

$$PV=\frac{R_1}{1+i}+\frac{R_2}{(1+i)^2}+\frac{R_3}{(1+i)^3}+\cdots+\frac{R_n}{(1+i)^n}$$

其中：PV——现值；

i——折现率(贴现率)；

R_n——第 n 期的收入值。

◇ 显微镜 2-12

我国银行存款单利的形式与复利的原则

长期以来，我国讳言复利，认为复利是息上生息，不符合劳动价值论。但复利更能体现经济规律和利息的本质，因此，我国在执行单利政策时，始终没有忘记复利的原则，这一点从我国的利率表中就可以看出来。我国的存款利率一直是单利，但利率表的制定一直遵循这样一个原则：对同样金额而言，在一定期限内，按单利方法计算的定期存款利息必须高于按复利方式计算出来的活期储蓄利息；按单利方法计算的长期定期存款利息必须高于按复利方法计算出来的期限较短的定期存款的利息。

比如，1995 年时 1 年期定期存款年利率为 10.98%，2 年期定期存款年利率为 11.7%，将 1 元钱存 1 年定期、取出，将此本利和再存 1 年定期，最终得到的本利和为：$1\times(1+10.98\%)^2=1.2317$(元)，这就是按复利方法存钱；如果按单利方法存钱，即将 1 元钱存 2 年定期，最终得到本利和为：$1\times(1+11.7\%\times2)=1.234$(元)。可见，这张利率表在设计时就考虑了复利因素，让人们知道还是存 2 年定期比较合算，这样才是公平合理的，因为 2 年期的定期存款比 1 年期的定期存款牺牲了更大的流动性，从而应获得更高的报酬。

反之，如果 2 年期定期利率定得太低，人们按第 1 种方法存钱会更合算，即按单利计算的长期定期存款利息低于按复利计算的期限较短的定期存款利息，那么人们只会存短期定期存款，谁还会牺牲更大的流动性而选择收益较低的投资机会呢？

◇ 显微镜 2-13

年利、月利与日利

年利、月利与日利就是年利率、月利率、日利率的简称，年利是以年为时间单位计算利息的，通常为百分之几，百分之几就被称为几分利，如年利率 5%被称为 5 分利。月利是以月为时间单位计算利息，通常为千分之几，千分之几被称为月息几厘，如月利率为千分之五被称为月息五厘。日利是以天为时间单位计算利息的，习惯上叫“拆息”，通常是万分之几，万分之几就被称为日息几毫，如日利率万分之五被称为日息五毫。

年利率、月利率与日利率之间的换算关系是：月利率乘以 12 为年利率，反过来，年利率除以 12 为月利率；日利率乘以 30 为月利率，反过来，月利率除以 30 为日利率；日利率乘以 360 为年利率，反过来，年利率除以 360 为日利率。

在当前我国的民间高利贷中，由于年利率常超过了两位数，因此将其除以 12 换算成月利率，

用月息几分来表示这个利率水平。比如年利率 36%，就是月息 3 分，简称“3 分利”。

在我国历史上还有另一种表示方法，即不论是年息、月息还是拆息都用“厘”作单位，虽然都叫“厘”，但年利的厘是指百分之一，月利的厘是指千分之一，拆息的厘为万分之一，故年利 7 厘是指年利率为 7%；月利 5 厘是指月利率为千分之五，折合年利率为 6%；拆息 2 厘指日利率为万分之二，折合月利率为千分之六，年利率为 7.2%。比如，我国清朝咸丰二年(1852 年)的一家山西票号——“日升昌”票号的清江浦分号贷款给郁丰号银 500 两，月息 7 厘，就是指年利率 8.4%；贷给德馨堂银 2 000 两，月息 8 厘，就是指年利率 9.6%。

按复利计算这张债券的价格，你要在银行存多少钱才能在一年后得到 1 000 元、二年后得到 11 000 元呢？第一，你需投资 x 元存一年，一年后可得到 1 000 元，所以有：$x(1+5\%)=1\,000$，$x=1000/(1+5\%)=952$；第二，你还需投资 y 元存二年，在二年后可得到 11 000 元，所以有：$y(1+5\%)(1+5\%)=11\,000$，$y=11\,000/(1+5\%)^2=9\,977.32$ 元，即二年后的 11 000 元按 5%的利率来衡量其现值为 $y=9\,977.32$ 元，因此你需给债券出售者 10 929 元，即：

$$x+y=\frac{1\,000}{(1+5\%)}+\frac{11\,000}{(1+5\%)^2}=952+9\,977.32=10\,929$$

这就是这张债券(它意味着两笔未来收入)的现在价值。为什么你必须给债券出售者这个价呢？因为如果买价低于这个价，债券出售者会卖给别人；如果卖价高于这个价，谁也不会买，因此，它就是债券的公平价格、理论价值。注意：债券被中途买卖后，发行者以后就将利息付给新的持有者。如果一张每年年底付息一次的三年期债券在被持有两年半以后被售出，则卖者要在售价中包含第二年半年的利息，虽然这个利息要由买者在第二年年底时才可从发行者处得到。

因此，债券的内在价值(理论价值)的计算公式为

$$PV=\frac{C_1}{1+i}+\frac{C_2}{(1+i)^2}+\frac{C_3}{(1+i)^3}+\cdots+\frac{C_n+F}{(1+i)^n}$$

其中：C——息票收入(coupon)；

F——面值(face value)；

i——市场收益率(市场利率)。

可见，债券与股票的内在价值指其未来收益的现值，这取决于其未来的收益与市场收益率。债券与股票的内在价值决定其市场价格，但又不等于市场价格，市场价格受许多因素影响，围绕着内在价值上下波动。

(二) 永久债券的内在价值

永久债券没有到期日，需定期支付利息。假设每年末的利息支付额为 D，债券的市场收益率为 i，其内在价值为

$$PV=\frac{D}{1+i}+\frac{D}{(1+i)^2}+\frac{D}{(1+i)^3}+\cdots+\frac{D}{(1+i)^\infty}$$

上式是一个无穷递减等比级数，其和为

$$PV=\frac{D}{i}$$

◇ 能量棒 2-7

永 续 债[14]

2013 年 10 月，武汉地铁成功地发行了“13 武汉地铁可续期债”，该债券已具备了永续债的雏形，这宣告了酝酿已久的中国版永续债市场正式开启。

（一）定义、特征与性质

1. 定义

永续债是指没有明确的到期时间或期限非常长（一般超过 30 年）的债券，永续债的投资者不能在一个确定的时点得到本金，但可以定期取得利息。

2. 特征

永续债具有以下特征：

(1) 清偿顺序：永续债属于次级债务，清偿顺序优先于普通股与优先股，劣后于普通债务，但也有一些永续债的清偿顺序被设置为与普通债券清偿顺序一致。

(2) 期限与赎回条款：期限安排是永续债最突出的特征——即它们没有明确的到期时间或者期限非常长，但实际上，永续债一般都带有赎回条款，即发行人在条款约定的时间点或者时间段内拥有按某种价格赎回永续债的权利。比如，发行结束 3 年、5 年或 10 年后开始设置发行人赎回权。不少永续债的赎回权不止一个。赎回价一般为面值，有的还规定了最后赎回日，这使得多数永续债的实际存续期并非永久，甚至在第一个赎回点就被全部赎回的永续债也并不少见。

(3) 票息和利率重置条款：永续债的票息水平一般很高，而且多数永续债设置了可变票息，即对永续债在进入赎回期之前和赎回期设置不同的票面利率，后者一般高于前者，这样的安排实际上达到了刺激发行人赎回债券的效果。

(4) 利息延迟支付：永续债的发行人可自主决定延迟支付利息或在一定条件下强制延迟支付利息，延息可约定累计复利或单利。

(5) 股息推动和停发机制：永续债的发行人向清偿顺序相同或靠后的证券派息时，必须向永续债支付利息，永续债的利息未获全额清偿前，清偿顺序相同或靠后的证券亦不得派息。

(6) 无担保：永续债属于次级债券，加上为满足计入权益所需要的诸多条件，一般不设置担保等条款。

(7) 无违约或交叉违约事项：除有明确期限产品的到期偿付外，无任何事项（如息票推迟）可构成发行人在永续债下的违约或交叉违约。

可见，永续债的风险主要是：利率风险（由于其期限较长）、信用风险、票息延迟风险和流动性风险（流动性差）等。

永续债与优先股具备明显的相似性，但两者至少在以下两方面有所不同：

(1) 永续债的融资成本低于优先股。由于永续债的票息可以在税前抵扣，与优先股相比降低了发行人的融资成本。此外，永续债的评级一般也比优先股略高，实际期限略短，这有助于其降低融资成本。

(2) 潜在需求群体不同。永续债如果被监管机构和投资者认定为债券，需求群体就得以扩大，因为银行可能成为其潜在需求者。此外，国内的保险和债券基金投资权益产品一般要受到更多限制，但投资永续债受到的限制则可能会略少。永续债毕竟是以债券的形式面世，票息的不确定性相对于优先股略低，在海外市场上可以看到永续债的发行量也要比优先股更大。

但永续债毕竟期限较长、流动性较差，适合配置型机构持有，如果永续债被监管要求按照权益入账①，那么银行机构就不能投资永续债了，而中国寿险规模有限，私人银行群体仍有待培育，

---

① 目前在我国，永续债能否计入权益缺少明确的界定，根据财政部《企业会计准则解释第 1 号》的阐述，如果发行条款中没有形成现时经济利益流出的义务，对发行人不构成负债的条件，就应该能够作为权益性工具来核算。

长线投资者稀缺,目前只有保险机构是其合适的潜在需求者。

3. 性质

对永续债性质的认定涉及四个层面:法律性质、评级机构认定、会计处理认定和监管认定,这四者之间往往存在以下一些差别。

(1) 永续债在法律上被认定为是发行人的负债(张继强,姬江帆,杨冰,2013)。

(2) 在会计处理上,各国会计准则对于金融工具应当被认定为负债还是权益的原则是一致的,即按照这种金融工具的实质进行划分,而不是法律性质。所谓实质,主要是看发行人是否有在未来偿还本金的义务,如果有这样的义务,则被认定为负债,否则确认为权益。对于永续债而言,关键的一点就在于它的赎回在多大程度上由发行人来决定。如果发行人有很大的决策权,一般表现为票息跳升很低,那么就将其视为权益,否则即视为负债(张继强,姬江帆,杨冰,2013)。

(3) 对于评级机构而言,从经验上来看,永续债等混合资本证券比优先级无担保债券的信用评级要低两档,其中,永续债的次级属性要求下降一档,而票息的递延特性又要求下降一档。此外,如果股票特性较强或存在强制性的延迟票息条款,下降程度可能会达到三档。反过来,有些永续债条款设计更接近优先级债券,导致其评级仅下调一级,甚至不下调。

此外,对于永续债是否计入会计报表中的权益,海外评级机构也都有严格的规定,其中,最为实质的判断标准在于产品的有效期是否真的为长期,即永续债投资者的利益与股票是否更为接近。比如,标普的要求非常严格,即使有 RCC 条款(赎回前需要进行股权或相似证券融资),如果赎回期后票息上浮 100 个基点(对于高等级永续债而言)、200 个基点(对于低等级永续债而言),那么就视为发行人有很强烈的动力在赎回期赎回永续债,从而将赎回期视为有效到期日。如果没有 RCC 条款,这一门槛将降至 25 个基点,在有效到期日前 20 年,该永续债不能被计入权益(张继强,姬江帆,杨冰,2013)。

(二) 永续债发行人的动机

如上所述,永续债的偿付顺序一般都比较靠后,次于公司的普通债务、而优于优先股和普通股。并且,永续债还可以设置利息延期支付条款,即公司不支付当期利息时不构成违约。由于永续债的这些特性,它们往往被计入权益而不是负债,永续债产品的灵魂就是"债券之名、权益之实"(张继强,姬江帆,杨冰,2013)。

因此,对于发行人而言,永续债具有补充股东权益、避免摊薄股本、降低资本负债率、拓宽融资渠道、票息税前抵扣等诸多优势。但对于发行人而言,永续债也有以下劣势:(1)由于永续债往往设置赎回条款,导致实际资金使用期限并非永续;(2)由于永续债的期限更长、票息具有不确定性,流动性一般也较差,因此投资者要求的收益率较高,融资成本往往明显超过普通债券,只有高评级企业才有能力通过永续债进行融资。

综上所述,银行等金融机构发行永续债的动机可以归纳为以下几个方面。

(1) 补充资本金。作为永续债的最主要的发行群体,银行发行永续债的原因首先就是希望它能够作为监管认可的非核心一级资本或二级资本。为满足监管对于非核心一级资本或二级资本的要求,银行发行人一方面要注意清偿等级,即二级资本的清偿顺序应劣于一般债权人,而非核心一级资本的清偿顺序则需要劣于次级债务;其次要注意赎回机制的设置,永续债应当只能由银行主动赎回且需经银监会批准,同时还不得含有利率跳升及其他赎回激励;最后,除了需要设置常见的利息推迟支付、无担保等条款外,银行还要设置本金减记或转股条款,以使永续债可以吸收部分损失,如法兴银行、汇丰银行等发行的永续债都明确含有这个条款。

(2) 对于一些濒临信用评级调降的公司而言,永续债的偿付顺序比较靠后,因此可以提升发行人的信用评级,尤其是 2010 年亚洲发行的永续债,很多都是用于提升公司信用资质,避免遭受评级公司的评级下调。

(3) 修饰报表，以免触及贷款或其他债务违约条款。海外不少贷款预定了发行人负债率等的上限，而由于有些永续债可以被作为权益计入资产负债表，相较于发行优先股，能以更低成本化解违约风险。

(4) 锁定长期限融资资金，同时发行人通过设置赎回权来掌控实际期限。从发行时机上来看，尤其是在股权融资成本较高、债券市场利率水平较低时，发行人通过永续债融资的动力将大大增强，这时候股权融资难度大，恰好可利用永续债在利率低位来锁定长期融资成本。

（三）海外永续债的投资群体

海外永续债对于投资者最大的吸收力在于：它为投资者提供了高评级企业的高收益产品，并且，由于其回报与股票和优先级企业债相关度较低，将其纳入到投资组合有利于分散风险。此外，永续债条款设计灵活，可按照投资者需求进行个性化设计。

但永续债也有利率风险(由于其期限较长)、信用风险、票息延迟风险和流动性风险(流动性差)等，因此，一般而言，养老金、捐助基金、私人银行等是永续债主要的需求群体。

从亚洲来看，机构投资者对永续债的需求并不强，而零售客户则是主要的需求群体①。因为亚洲永续债的发行人都是一些在本地家喻户晓的企业②，在零售客户中存在较高的信誉度，票息水平也具备很强的吸引力(张继强，姬江帆，杨冰，2013)。

亚洲永续债中机构投资者参与度较低可能与亚洲国家养老金等长期投资者不发达有关，因为对于基金等机构投资者而言，永续债具有如下一些劣势：(1)亚洲多数永续债没有信用评级，这导致很多跟踪指数的基金不愿或不能买入这些债券。(2)这些债券期限较长，存在次级属性，无担保，流动性也不佳，如果票息不能给予足够的补偿③，投资的性价比就很一般。(3)亚洲永续债进入赎回期后票息上浮一般较低，这意味着赎回与否存在着很大的不确定性，发行人拥有更大的决策权，也导致永续债的实际期限可能较长且对利率的敏感度更高(张继强，姬江帆，杨冰，2013)。

（四）海外永续债发展情况

海外永续债市场经历了长时间的发展，在2013年时全球共有2 146只存量永续债，存量规模为6 471亿美元，相对于债券市场整体而言，永续债仍是小众品种。

在20世纪90年代，永续债经历了飞速的发展，因为银行补充资本金的强烈需求使得永续债等创新工具得以大展身手，尤其是在2008年，全球永续债年发行量达到了1 386亿美元的巅峰。之后，由于巴塞尔委员会对金融机构使用混合资本证券补充资本金提出了更为苛刻的要求，因此永续债等发行量有所回落(张继强，姬江帆，杨冰，2013)。

至2013年止，欧元永续债占据着全球永续债市场的第一大类，其次是美元和英镑的永续债，这三种货币的永续债占发行总数的70.5%。在全球永续债中银行业发行人占了一半以上，其次是非银行金融业、公共设施和政府，其他行业发行量较少。这是因为永续债比可转债更容易满足非核心一级资本或二级资本要求，因此得到银行发行人的青睐。此外，永续债要求发行人的信用等级要比较高，资金要较为充裕，银行也更容易满足这方面的要求(张继强，姬江帆，杨冰，2013)。

海外永续债普遍拥有较高的票面利率；在信用评级方面，由于永续债期限很长，一般来说偿还顺序比较靠后，而且很多在条款中为了满足监管要求而规定延期支付或者不支付利息不构成

---

① 有数据显示，2010年至2013年亚洲永续债中的65%都卖给了零售客户。

② 如印度国家银行、印度的塔塔资本有限公司、中国香港的长江基建、日本的新日铁等。

③ 从海外市场经验来看，永续债的赎回收益率与无风险利率的利差可比普通债券高出一倍以上(张继强，姬江帆，杨冰，2013)。

违约，因此，永续债的信用等级大约比发行人低两个等级，一般最高也不过 A 级。此外，由于永续债可以不评级，因此无评级的永续债也占了很大比重(张继强，姬江帆，杨冰，2013)。

(五) 海外永续债发展的经验与启示

海外永续债的发展经验是：由于契合了发行人和投资者两者之间的利益，因此得以展现出持续的生命力，即一方面，在永续债的条款设计上，主要应满足发行人计入权益的条件；另一方面也要满足投资者对长期限、高收益的需求。当然，评级等配套设置及投资群体的培养也必不可少(张继强，姬江帆，杨冰，2013)。

但是目前在我国，永续债能否计入权益缺少明确的界定，根据财政部《企业会计准则解释第1号》的阐述，如果发行条款中没有形成现时经济利益流出的义务，对发行人不构成负债的条件，就应该能够作为权益性工具来核算。对永续债的潜在投资者——银行而言，投资永续债被监管部门认定为计入债券投资还是权益投资，风险权重的要求存在天壤之别，这也反过来影响银行类投资者要求的永续债的收益率水平以及能否投资永续债(张继强，姬江帆，杨冰，2013)。

(三) 债券的到期收益率

上例中那张债券卖 10 929 元，使买者投资这张债券并持有到期的收益率为 5%。到期收益率就是投资者购买一张证券、并持有到期所获得的收益率，其计算是解下列方程中的 i：

$$\text{证券的购买价格} = \frac{R_1}{1+i} + \frac{R_2}{(1+i)^2} + \cdots + \frac{R_n}{(1+i)^n}$$

也就是说，到期收益率是使债务工具直到到期日为止的未来收益的现值等于其今天价格的贴现率。

从上述公式中可看出，对于一张既定的债券(已知面值、票面利率和期限，即已知公式中的分子部分)，如果知道了其市场价格，就可求出到期收益率；反之，如果知道了到期收益率，就可求出价格。因此，债券的市场价格越高，其到期收益率就越低；反之，债券的到期收益率越高，其市场价格就越低，即债券的市场价格与其到期收益率成反向关系。

(四) 债券的到期收益率等于市场利率

当债券市场供求均衡时，债券的到期收益率必然等于市场收益率(市场利率)——即金融市场上具有与其相同的风险的资产的到期收益率。因为在市场上投资者可选择的金融产品种类很多，投资该债券要使投资者获得与投资于其他产品(如另一家企业的债券)相比的公道的收益率，才会使该债券市场达到均衡。因为如果该债券的到期收益率低于市场利率，持有者会将其抛售，换取资金以购买其他能够提供市场收益率的资产，这将引起该债券供过于求、价格下跌、到期收益率上升，一直上升到市场收益率时，持有该债券与持有其他资产无差异，该债券的供求就不再有变动的趋势，即达到均衡。可见，投资者总可以通过供求关系的变动使得证券的价格发生涨落，从而获得自己所要求的到期收益率，它必定等于市场收益率。

市场收益率如何计算？上例中以银行存款年利率 5% 为市场利率，这是一种简化的处理。其实，由于债券相对于银行存单而言违约风险更大，根据风险越大的资产给投资者的报酬率也应越高的原理，企业债券的市场收益率肯定要在银行存单利率的基础上加上一个风险溢价，因为如果投资企业债券、担惊受怕却只能得到与银行存单一样的收益率，就不会再有人购买企业债券了。

可以反过来推测，另一种除风险大于该债券外，其余方面都与之相同（如具有相同的面值、相同的票面利率、相同的付息方式、相同的期限等）的企业债券的市场收益率必定要高于该债券的市场利率，即其价格应更低些。一般来说，各种金融工具的市场收益率可在无风险利率的基础上加上风险溢价来得到。国库券由政府发行，且期限较短，通常被认为没有信用风险，因此，其利率常被视为无风险利率。而我国由于历史的原因，则是将银行一年期定期储蓄存款利率作为无风险利率的。

◇ 显微镜 2-14

利率的风险结构

上面所述的银行存单利率低于企业债券利率，这是具有相同期限的债务工具之间的利率的关系，被称为利率的风险结构，其决定因素除了上面所述的违约风险外，还有债务工具的流动性以及税收等因素。

1. 违约风险

违约风险即一种证券的发行人到期不能还本付息的风险。违约风险越大，该证券对投资者的吸引力就越小，发行者所应支付的利率就越高，即给投资者提供更高的投资收益率以补偿其所承担的更高的风险。

中央政府发行的债券（国债）通常被认为是无风险的，因为中央政府总可以通过征税、甚至用发行货币的方法来偿付债券的本息。地方政府也有一定的征税能力，但地方政府不能发行货币，其偿债能力不如中央政府，因此地方政府债券被认为有一定的风险。总的来说，公司债券的风险更大些，但资信最好的公司债券的风险可能与政府债券相差无几，而鲜为人知的公司往往要借助于很高的利率才能将其债券销售出去。

2. 流动性

有些债券的还本付息虽不成问题，但缺乏流动性（如市政债券），这也会影响人们对其的需求，因此，在其他条件相同的情况下，流动性越低的债券其利率将越高，而流动性越高的债券其利率将越低。

3. 税收因素

债券持有人真正关心的是税后的利率，因此，如果债券利息收入的税收待遇视债券的种类不同而存在差异的话，这种差异就必然要反映到税前利率上，即税率越高的债券其税前利率也应越高，反之，税率越低的债券其税前利率越低。

根据美国的税法，州和地方政府债券（市政债券）的利息收入可免交联邦所得税，因此这种流动性并不是很好的债券的税前利率可能会低于违约风险为0、具有极高流动性、但利息收入要交联邦所得税的联邦政府债券。

（五）债券的票面利率与到期收益率

“债券的利率”指票面利率，而“债券的收益率”指到期收益率，这两者是不同的，并且通常是不等的。比如，对于一年付息一次的息票债券而言，如果息票债券的市场价格＝面值（平价发行），则其到期收益率＝息票利率；如果市场价格＜面值（折价发行），则到期收益率高于息票利率；如果市场价格＞面值（溢价发行），则到期收益低于息票利率。

（六）债券的信用评级

如果投资者想在各种债券中做出选择，则必须衡量哪种债券价格更合理，因此，最关键的是要知道各种债券的违约风险程度，这样才可计算出合理的市场收益率。

由于一般的投资者不可能全面地了解在市场上交易的各种债券的具体情况，因此需要专业的信用评级机构来提供这种服务。评级机构的职能就是综合评定某个国家、某个公司发行的证券（股票、债券等）在未来的安全性、收益性、流动性等方面的得分，得出这些证券的投资价值和风险级别，他们的评定对世界各国投资者都具有指导和影响作用。穆迪、标准普尔和惠誉国际为全球三大评级机构，且均为美国公司。

标准普尔的等级标准从高到低可分为 AAA 级、AA 级、A 级、BBB 级、BB 级、B 级等，只有前四个等级是违约风险小的“投资级”债券，后面的都是“投机级”债券，“投机级”债券也被称为“垃圾债券”(junk bonds)。如果我们在媒体上看到“标普调低了对某公司的评级”，这将使这家公司债券的价格下跌，因为 i 提高了。

（七）影响债券价格的其他因素

1. 债券市场的供求变化

债券的供给是指新债券的发售和已发行债券的出售，供大于求将使债券价格下跌，比如，在经济复苏期，企业投资需求增加，对债券的供给增加，使已发行债券的价格下跌、新发行债券的票面利率提高。反之，供不应求将使债券价格上涨。

2. 市场利率

市场利率与债券价格反向运动，市场利率上升使债券价格下跌，即使得已发行债券的价格下跌，新债券的票面利率上升。

四、股票内在价值的决定

（一）股票内在价值的决定

股票的市场价格称为股票行市，不一定等于其票面价值（面值），市场价格由内在价值所决定。股票内在价值的决定类似于债券，但股票不像债券那样有确定的还本付息收入，如果投资者认为购买一种股票、持有 n 年后抛出会有令人满意的收益，那么他做出该决策是基于自己对股票的红利（这相当于债券的利息收入）以及将来在第 n 期卖出股票时的价格（这相当于债券的本金）的预期，因此，股票内在价值的决定公式如下：

$$PV = \frac{R_1}{1+i} + \frac{R_2}{(1+i)^2} + \cdots + \frac{R_n}{(1+i)^n}$$

其中：$R_i(i=1,2,3,\cdots,n)$——预期各期的红利，其中最后一期的 R_n 指预期的最后一期的红利与卖出价格之和；

i——市场收益率。

◇ 显微镜 2-15

一个关于股票内在价值决定的例子

假设 2018 年 1 月 1 日上海证券市场上“中国神车”股票价格为每股 10 元，你觉得很合算并打算购买1 000股，持有2年后卖出，你的投资决策的依据是什么？

一年后即2018年12月31日，你预期每股将分红1元钱；你预期将得到1 000元现金股利。

二年后即2019年12月31日，你预期将得到每股分红1.5元，并且预期当日能以购入价格每股10元卖出。

假定当时市场收益率为5%，则在你看来这只股票的内在价值为

$$PV=\frac{1}{(1+5\%)}+\frac{1.5+10}{(1+5\%)^2}=0.952\,3+10.430\,8=11.38(\text{元})$$

内在价值大于股价就是说这只股票在你看来值11.38元，故市场价10元是被低估的，买了有赚头，即在2年的持有期内，你的收益率将超过市场收益率。因此，只有当股价小于或等于11.38元时，你才会购买，因为这样才可保证你的收益率大于或等于5%；如果股价高于11.38元，如为12元，你就不会买，因为这样你的收益率肯定低于5%。

因此，"买股票就是买未来"，买股票的决策依据是你对未来的预期值，有赌博性质。

（二）从"托宾的 q"看股价泡沫的成因

股票、债券的市场价格瞬息万变，其价格很可能并不总是等于其内在价值，在理性市场上，证券的价格应围绕着内在价值波动，但在非理性市场上，价格可能会严重地偏离内在价值。但人们当时并不是总能明白价格偏离了内在价值，因为内在价值也会随着股票、债券基本面的改变而改变，需要人们花费时间和成本去发掘真相，这被称为"价格发现"，所以有时人们会把事后看来严重偏离内在价值的价格误认为就是当时的内在价值。当然，在人们认清证券的内在价值之后，曾经严重偏离它的价格就会迅速恢复到内在价值，这就被称为"价值回归"，但在此过程中，证券市场的参与者们可能会在中间制造很大的财富再分配。

1982年诺贝尔经济学奖获得者、耶鲁大学的詹姆斯·托宾提出了其"q 理论"，我们从"托宾的 q"中可以解释股价泡沫的一种成因。

◇ 显微镜 2-16

从"托宾的 q"中看股价泡沫的成因

（一）股价高于重置成本的情形

1. 这家超市的股价是如何决定的？

假设你和朋友在年初开办了一间A超市（股份制），所需实物资产的成本共计10万元，假设每股1元，共发行了10万股。

年底超市的利润为2万元，即年利润率为20%。这些盈利有两种分配方式：一是全部作为现金红利分给各股东；二是不现金分红，将这2万元盈利全部作为留存收益再投资，即再开一间连锁店。

如果超市行业平均（如B超市）的年利润率仅为10%，则股东肯定愿意将盈利再投资，因为股东如果将所分红利自行投资于B超市的股票，则只能赚10%，还不如将这笔钱交给A超市的管理者，让其再投资、再去赚20%的利润。如果股东们决定再开一间连锁店，又需10万元投资，但上年的盈利2万元是不够的，因此，需增发10万新股。这说明公司有发行新股、扩大投资规模的动力。

为什么恰好是10万股而不能是少一些或多一些股份呢？因为当初10万股对应的是一间超市的实物资产及对其财产分配权，根据股份有限公司"同股同权"的原则，新发行的股份也应是

10 万股。但是，2 万元留存收益是老股东创造的，为了防止收益被新股东摊薄，股东大会可能决定将这 2 万元作为红股送给老股东，即股东大会不现金分红，而是“10 送 2”送红股，因此老股东不用再花钱就可以拥有新超市 20% 的股份。

但是，剩余 8 万股却可卖更高的价格，而不一定是每股 1 元钱，因为，我们将 B 超市 10% 的收益率视作“市场收益率”——即投资于相同风险（超市类）股票所能获得的收益率。如果购买 A 超市新发行的股票可望获得 20% 的收益率（是市场收益率的 2 倍）的话，投资者一定会竞价购买，致使 A 新股的发行价及旧股的二级市场价格被抬高（新股、旧股一定是同价格的，因为新股与旧股都是对 A 超市收益的分配权，是一样的资产），直到 A 股票的价格上涨 2 元钱、使其预期收益率等于市场收益率 10% 为止，即：

$$PV = \frac{D}{i} = \frac{0.2}{10\%} = 2(\text{元})$$

其中的 $D=0.2$ 元表明投资者预期每股将获得的利润率。

2. 股价是如何高过资本的重置成本的？

“公司的市场价值”指公司股票的市价总值，“资本的重置成本”指在产品市场上购买该公司的厂房、设备等需要的费用。假设该超市（经增发股票后有 2 间连锁店了）总共有 20 万股股票，则其市价总值为 2.00 元×20 万股=40（万元），而公司资本的重置成本仅为 20 万元。

这说明，由于投资者对公司管理层的经营能力有信心、预期分红价值较高（为每股 0.2 元），因而追捧这只股票，使得公司的市价总值高于其重置成本。如果这个预期收益率（比如 20%）在事后能够实现，则证明这个股价是合理的，股价超过重置成本的部分不是泡沫；反之，如果事后收益率低于这个预期值，则其股价必将下跌，则证明这个 2 元钱的股价是有泡沫的。

因此，某些固定资产较少的所谓“轻资产”的企业，股价若远高于资本的重置成本，事前更易使人担心其股价有泡沫，因为高股价完全基于投资者们对于盈利前景的预期，预期值越高股价就越高，就像“人有多大胆，地有多大产”一样。但是，事前人们并不能准确地判断一个公司较高的股价是否有泡沫，因为我们对未来知之甚少，对收益的预期通常不准确。

◇ 显微镜 2-17

阿里巴巴的股价泡沫

阿里巴巴在 2014 年美国首次公开招股（IPO）后的上市首日，收盘价为 89 美元，在 2014 年 11 月 13 日曾涨至 120 美元最高点，后来由于阿里巴巴集团受到中国国家工商总局指控它在淘宝网站售卖假货，虽然之后又达成谅解，但接着又被一家美国的律师事务代表投资人向该上市公司提出集体诉讼、寻求高价赔偿。该律师事务所认为阿里巴巴有在 IPO 之前向投资者提供虚假或误导信息的嫌疑，认为其过分夸大了运营业绩和财务愿景，让投资者蒙受股价下跌的损失。

受这些事件的影响，阿里巴巴的股价一路下跌，在 2015 年 3 月 14 日已下跌至 80 美元每股附近，已低于 IPO 当日开盘价与收盘价，其股价下跌可被视为挤出泡沫的过程（2015-07-30，万科连遭举牌背后：股权暗战 or 股价被低估？[J/OL]）[15]。

（二）股价低于重置成本的情形

假设另一间超市——C 超市的年利润率为 5%，当市场收益率为 10% 时，则 C 超市的每股股票在二级市场上的售价只可能是 0.5 元：

$$PV = \frac{D}{i} = \frac{0.05}{10\%} = 0.5(\text{元})$$

此时在股东大会上股东们主张将该利润作为现金红利发放给股东，以便让股东投资于其他资产如购买B超市的股票、从而获得10%的市场收益率，绝不愿意让无能的经理层再去扩大投资规模了。面对如此差的业绩，股东们不抛售股票、“用脚投票”已经是很有耐性的了。

（三）托宾的 q 理论（Tobin's q）

1. q=公司的市场价值/资本的重置成本

“公司的市场价值”指该公司股票的市场价值，“资本的重置成本”指在产品市场上购买该企业的厂房、设备等需要付出的费用。因此，q 就是在金融市场上获得该企业的成本与在产品市场上获得该企业的成本的比率。

在此例中，A超市的 $q=2$，可见，q 其实是投资于该企业的收益率（如20%）与市场收益率（如10%）的比率，$q>1$ 表明投资者预期投资于该企业的收益率将高于市场收益率（投资者所要求的报酬率），如果事后证明企业收益率达不到预期值，则这个股价就是泡沫；反之，$q<1$ 表明投资者预期该企业的收益率将低于市场收益率。

2. $q>1$ 时，企业有动力发行新股、扩大投资

$q>1$ 意味着在股票市场上每股资本的价格大于资本的实际成本，因此，企业有动力发行新股进行投资，并将部分额外收益留给股东；而如果股票价格低迷，$q<1$，公司就不愿发行新股进行投资。

3. $q>1$ 时，一国的投资支出可能会增加

如果一家 $q>1$ 的公司决定扩张，那么它可以收购一家已经存在的公司，也可以购买新的厂房、设备。如果现有公司的股价和 q 值很低，它就可以收购一家现有公司；如果股价很高，它就可能采取新建的方式实现扩张，只有后一种情况才可使一国的投资支出增加。

◇ 能量棒 2-8

2015年万科股价被低估的影响[16]

（一）万科被举牌（收购）

2015年，在深圳证券交易所上市的中国最大的住宅开发企业——万科企业股份有限公司（以下简称万科）在证券市场上连遭举牌①。例如，2015年7月10日、24日，资本市场的神秘玩家姚氏兄弟通过其掌控的宝能系关联公司——前海人寿，在二级市场接连两次举牌万科，耗资约160亿元取得了万科10%的股份，一举跃升为万科的第二大股东，这是万科2015年股东结构的巨大改变。作为万科第一大股东，华润集团的地位受到了挑战，因为截至2015年第一季度的报表显示，华润占万科的股份约为14.9%（2015-07-30，万科连遭举牌背后：股权暗战 or 股价被低估？[J/OL]）。

（二）万科被收购的原因分析

1. 万科股价被低估

万科之所以被收购，是因为收购者看到万科股价被低估、且股权分散易于被收购。万科股价被低估的原因是：

① 举牌的意思就是收购，指投资人A在二级证券市场上收购某上市公司B的流通股股份超过B总股本的5%或5%的整倍数时，根据有关法规的规定，必须马上通知该上市公司、证券交易所和证券监督管理机构，并在证券监督管理机构指定的报刊上进行公告、履行有关法律规定的义务。

(1) 王石作为万科的董事长,疑似通过财务调节手法(大量提取"任意盈余公积"、使得"可分配利润"基数变低)而大幅减少股东现金分红基数①,即隐藏公司利润,在存留现金相当充裕的前提下,在过去近10年中长期保持低分红率,使得公司股价长期被低估;此外,2015年股灾后,万科管理层曾高调推出100亿元股权回购计划,最后也因为几乎没有执行而成为空头支票。

而管理层刻意维持低股价的目的,是方便自己通过其资管计划耗巨资购买大量的万科股票。直到"宝能系"在2015年7月收购万科、大量购买了万科股票后,万科股价才出现大幅上涨,而万科也在2016年为了拉拢中小股东而大幅度提高了现金分红。

(2) 公司的基本面与发展前景被收购者看好。因为2015年上半年,万科共实现了签约销售额1 099.6亿元,成为全国唯一"破千亿"的房地产企业。从传统住宅开发业务来看,万科当时的市场占有率只有全国的3%,对比欧美国家房地产龙头企业7%~8%的市场占有率,依然有很大的潜在增长空间。万科与另一房地产龙头企业、上市公司万达进行战略合作后,将可能大大突破欧美国家地产龙头企业7%的市场占有率。

(3) 在2015年7月初股市的大幅震荡后,万科的估值已被收购者认为降到了阶段性低点,当时其市盈率仅11.2倍,相比起房地产行业31.83倍的平均市盈率低了6成,自然成为险资等长线资金抄底的对象(2015-07-30,万科连遭举牌背后:股权暗战 or 股价被低估?[J/OL])。

2. 万科股权高度分散

1) 现象

与此同时,万科的股权分散程度在中国证券市场中是少见的。1993年到1997年,万科最大股东持股比例始终没有超过9%,1998年前10名股东持股比例总共为23.95%,是一个典型的大众持股公司。2000年,万科创始人王石引入华润集团作为万科的第一大股东,从而开启了万科的A股融资扩张之路,但引入华润集团成为大股东后,万科依然没能改变股权分散状态。截至2015年6月30日,万科前10大股东基本上以长线基金和机构投资者为主,除了2014年万科职业经理人王石等变身为事业合伙人,在二级市场上购入自家股票持股至4.14%外,其他股东持股均未超过5%,前十大流通股东合计持股约25%(2015-07-30,万科连遭举牌背后:股权暗战 or 股价被低估?[J/OL])。

2) 万科股权高度分散的危害——以君万之争为例

万科股权高度分散的危害是容易被收购,威胁到管理层的稳定。例如,1994年,万科的B股大股东——君安证券公司为了套现手上的1 000万股万科B股,暗中联合其他股东制造万科被收购的题材,欲刺激万科的股价上涨。当时,以君安证券为首的几个盟方股东拥有万科10.73%(其中新一代公司占6.2%,海南证券公司占1.1%等),联盟打算召开特别股东大会改组万科管理层,即联合逼迫王石等高管退位,试图夺取万科的控制权。王石等万科管理层一方面紧

① "盈余公积"是指企业按照规定从净利润中提取的各种积累资金,一般分为"法定盈余公积"与"任意盈余公积"两种。法定盈余公积主要用于企业扩大再生产,也可用于企业弥补亏损或转增资本,按照国家的法律或行政规章,提取比例为净利润的10%,当法定盈余公积累计金额达到企业注册资本的50%以上时,可以不再提取。企业在计提了"法定盈余公积"之后,还可以计提"任意盈余公积","任意盈余公积"的用途与"法定盈余公积"相同,其计提的依据是企业股东大会决议。在过去的十年里,万科每年在分配现金红利前,均计提大比例的"任意盈余公积"作为企业的积累,在2008年和2009年提取的比例均高达65%,在2010年提取比例为50%,在2011年提取比例为60%,在2012年提取比例为50%,在2013年提取比例为30%,在2014年提取比例为40%,只有在2015年提取比例降为10%。虽然经股东大会审议通过而计提大比例的"任意盈余公积"并不违规,且仍属于股东权益,但此方法可能影响到对股东的现金红利分配。2008年10月9日,中国证监会发布《关于修改上市公司现金分红若干规定的决定》规定:"最近三年以现金方式累计分配的利润不少于最近三年实现的年均可分配利润的百分之三十",因此,万科的股利分配政策与监管规定不符。

急令万科股票停牌了三天，查出了对手开“老鼠仓”的形迹，随后向证监部门举证，一举反击成功；另一方面迅速找到了上述联盟的弱点，说服新一代公司放弃结盟，最终击败了君安发起特别股东大会的动机，这就是万科历史上著名的“君万之争”。它一方面暴露了万科股权结构上的缺憾，另一方面成为了金融资本收购产业资本的标志性事件，在这种收购中，金融资本被产业资本称为“门口的野蛮人”①(2016-07-01，万科股价低位徘徊现金分红不高，被质疑未维护小股东权益[J/OL])[17]。

3）万科股权高度分散的原因

万科股权之所以高度分散，其创始人王石及高管团队均未大规模持股，是因为：

(1) 万科是一家典型的所有权与管理权分离的企业，职业经理人在公司日常运作中具有很大的发言权，这是万科曾经引以为傲的职业经理人制度。正是由于对自己职业经理人的地位过于自信，也希望将万科打造成为现代优秀企业，王石在经营万科的多年中放弃了持有更多股份的机会②。

(2) 万科的财务总监郁亮等人在君万之争后曾试图弥补万科股权结构的缺憾，推行管理层股权激励计划，但由于股市低迷，一直没有见诸行动。

(三) 优先股内在价值的决定

如果打算长期投资、永远不卖掉股票而每年领取红利，则股票内在价值的决定如下：

$$PV=\frac{D_1}{1+i}+\frac{D_2}{(1+i)^2}+\cdots+\frac{D_\infty}{(1+i)^\infty}$$

如果进一步假定预期每年红利不变，则上式变成了一个无穷等比级数，其和为

$$PV=\frac{D}{i}$$

优先股的内在价值就是这样决定的，其方法与永久债券相同。

◇ 能量棒 2-9

优 先 股

(一) 定义

我国自 2013 年 11 月起开始创设优先股③。优先股是股份有限公司发行的具有收益及剩余资产分配权的股票，与普通股一样是公司股权凭证。相对于普通股而言，优先股具有两个优先权：

(1) 设有固定股息，股息不随公司业绩好坏而变动；并且，优先股在普通股发放红利之前发放股息。

(2) 公司在改组、解散或破产时，优先股股东有先于普通股股东获得公司剩余资产或补偿的

① “门口的野蛮人”源自《门口的野蛮人》一书，此书详细记录了 20 世纪的一起最著名的恶意收购案，在此案中，美国杠杆收购之王 KKR 用了不到 20 亿美元，就撬动了杠杆 250 亿美元，并控制了雷诺兹纳贝斯克烟草公司，并最终将其分拆。

② “1988 年万科股改时候，我就放弃了股权，表明自己对财富的态度。”12 月 8 日，王石通过朋友圈解释道。在《道路与梦想》一书中，王石也曾有披露，“在中国名利双收很危险，我选择舍利取名”。

③ 2013 年 11 月国务院发布了《关于开展优先股试点的指导意见》(以下简称《指导意见》)；2014 年 3 月证监会发布了《优先股试点管理办法》(以下简称《办法》)，并于 2014 年 4 月与银监会联合发布了《关于商业银行发行优先股补充一级资本的指导意见》，创设优先股的制度建议已全面展开。随后，浦东发展银行、中国农业银行、中国银行、兴业银行、平安银行与中国工商银行等商业银行正在紧锣密鼓地进行着优先股的发行准备。

权利。

优先股的不利之处是：

(1) 优先股股东在股东大会上没有经营决策的表决权和经营控制权。

(2) 当公司利润增长时，优先股股东不能像普通股股东那样享有增值收益。因为优先股股东与普通股股东会存在利益冲突，比如，当优先股比例过高时，表决权过度集中在少数普通股股东手中，普通股股东在决策时可能会忽略优先股股东的利益，因此，各国立法对公司发行无表决权优先股的比例都设置了上限，我国规定是50%①。因此，优先股的市场地位是有限的，在市场中仅起到补充作用②。

（二）发行的目的

在成熟市场经济国家，公司发行优先股的目的。

(1) 当公司遇到经营难关、财务困境急需举债时，为了避免债务率过高，同时不影响普通股股东的控制权，因此发行优先股融资。比如，在美国次贷危机期间，很多金融机构都发行优先股作为一种应急资金的来源，而购买优先股的则可能是美国政府，事实上，美国政府通过购买优先股注资问题金融机构，为政府救助金融机构提供了新经验③。

(2) 上市公司可以非公开发行优先股，作为兼并收购其他上市公司的支付手段，或作为回购自己公司的普通股、以缩减注册资本的支付手段。

（三）种类

但这样纯粹的优先股可能对投资者没有太大的吸引力，因此，为了吸引投资者，优先股出现了以下变种：

1. 参与、非参与优先股

参与优先股指公司允许优先股股东按规定股息率获得本期股息后，与普通股股东一起参与对剩余利润全部或部分的分配。非参与优先股则不允许其股东享受剩余利润的分配，只能享受既定的利息。

2. 累积、非累积优先股

累积优先股指公司经营不佳、无力发放股息时，可将部分未付的股息累积起来，等以后有盈利时再发放。非累积优先股指按当期盈利发放股息，对以往累积未足额分配的部分不予补偿。也就是说，优先股取消股息支付不构成违约，这使得优先股具有圈钱和优先股功能财政化的嫌疑。

3. 可转换、不可转换优先股

可转换优先股指持股人可在特定条件下把优先股转换成普通股的股票，反之则不具有这种权利。

4. 可赎回、不可赎回优先股

可赎回优先股指公司在发行后一定时期内可按约定价格赎回的优先股股票，因此其不具有永久性质，采取可赎回形式的公司往往是为了减轻股息支付负担。不可赎回优先股则不可赎回，

---

① 德国、奥地利和意大利等国规定这一比例不能超过1/2，法国规定不能超过3/4。

② 比如，美国优先股市场规模从1990年的530亿美元增长到了2005年的1 930亿美元，同期美国股票市值为9.5万亿美元，未清偿的公司债余额为4万亿美元，优先股价值仅相当于股票总市值的2%和公司债券余额的4.8%（潘英丽，2014）。

③ 2008年10月，美国政府宣布用1 250亿美元购入花旗银行、摩根大通等9家主要银行的优先股，而政府注资提升了市场信心，避免了危机的进一步扩散，也避免了欧洲国家金融机构国有化的种种弊端。当危机平息、经济复苏后，金融机构再回购政府所持的优先股，政府还因此而获得了丰厚的收益。

采取不可赎回形式的公司是为了保证公司资本的稳定性。

我国证监会规定，将创设的优先股只能采取非参与、可累积、不可转换①的优先股形式。此外，《指导意见》对优先股回购的规定是："发行人要求回购优先股的，必须完全支付所欠股息，但商业银行发行优先股补充资本的除外。"

（四）引进优先股对中国金融改革与发展的意义

1. 有助于完善上市公司的股利政策

我国上市公司很少对股东分红，引进优先股，以合约的形式要求公司支付现金股利，有利于强化上市公司股权融资成本和回报投资者的现代金融理念，也有助于为保险基金、养老金机构等长期投资者提供投资标的，因为优先股股价波动小，收益稳定。

2. 有助于上市公司间的并购、有助于促使A、B股市场并轨

3. 推出优先股对于急需补充一级资本的商业银行具有重要的意义

当前我国传统制造业、房地产业和地方政府基础设施建设等领域都出现了过度投资带来的产能过剩问题，产业升级、结构调整都需要淘汰落后产能、化解过剩产能，资金链断裂的企业也会逐步增多。当前帮助商业银行通过发行优先股以补充其资本金，防范惜贷和通货紧缩，也是防危机、促改革的必要条件（潘英丽，2014）[18]。

（五）2013年我国优先股发行的难点

1. 股息率较低

2013年7月，美国不同行业优先股的发行收益率从电力的5%到制造业的7.5%，而美国5年期存款的平均利率仅为0.8%，优先股与存款的平均利差在6个百分点左右。如果照搬美国经验，中国优先股的股息率应至少在11%以上，投资者才觉得这个回报率公平合理。

但是，作为融资者的上市公司会认为此融资成本显著高于银行贷款与发债的利率，因此，一般的上市公司没有发行优先股的意愿。而对于商业银行而言，考虑到银行优先股对股东更为苛刻的条款，其给出的股息率应比一般上市公司更高。因此，投资者与融资者之间的矛盾就是优先股发行中的障碍。

2. 我国优先股的二级市场尚未建立起来

截至2016年3月，我国只有9家上市银行和5家上市公司发行过优先股，均没有上市交易，所发优先股的持有人限于汇金公司、保险、大型央企、银行等长线投资者，优先股的转让退出尚无先例，在法律层面也缺乏具体操作机制（钟正生，张璐，2016）[19]。

◇ 显微镜 2-18

房地产等资产的内在价值也可用未来现金流折现法计算
——兼谈加息如何捅破了美国2008年的房产泡沫

（一）房地产内在价值的决定——未来现金流折现法

房地产的内在价值也可用未来收益流的贴现法来计算：假设投资一处房产的未来预期租金收入为 $R_1, R_2, \cdots, R_n$（最后一期收入 R_n 包含最后一期租金与将房屋处置时收回的残值），假设投资于这类房产的市场收益率为 i，则其内在价值为

① 证监会的《办法》第33条规定"上市公司不得发行可转换为普通股的优先股，但商业银行可根据商业银行资本监管的规定，非公开发行触发事件时强制转换为普通股的优先股，并遵守有关规定"。

$$PV=\frac{R_1}{1+i}+\frac{R_2}{(1+i)^2}+\cdots+\frac{R_n}{(1+i)^n}$$

（二）加息为何会引起美国房市泡沫破裂？

1. 加息第一阶段：房价涨速放缓，房产泡沫未被捅破

从上式中容易看出，当其他条件不变时，加息将使房屋内在价值下跌，使房地产泡沫破裂，但美国房地产泡沫的破裂有一个过程：2004年，伴随经济的增长，美国通货膨胀的压力加大，美联储从2004年下半年开始提高联邦基准利率。刚开始时，利率的提高虽然增加了抵押贷款申请人的利息成本，但在房价不断上涨的环境中，利息成本的提高远远比不上贷款投资于房地产所带来的房价的增长，从而房地产投机依然火爆。

2. 加息第二阶段：房价下跌，房产泡沫被捅破

但是质变终会发生，自2004年6月起，美联储在2年内连续17次上调联邦基金利率以缓解通货膨胀压力，进入2006年，利率已由原来的1％调到了5.25％，这时贷款投资于房地产的利息成本的上涨终于开始赶上并超过了房地产价格的上涨，膨胀的投机需求开始减退。随着需求的下降，美国房地产价格在到达顶点后开始下滑，终于，住房价格从高位运行跌到了万丈深渊，房产泡沫轰然破灭。

（四）股票的市盈率

显微镜 2-19

股票的市盈率

股票内在价值是根据投资于股票所要求的市场报酬率与预期红利而计算出来的，有时我们需要根据股票价格与预期红利用上式优先股价格决定的公式来计算内部收益率，这可借助于市盈率这一指标。

1. 概念

市盈率（市价盈利率的简称）也叫本益比，是用当前每股市场价格除以该公司的每股税后利润，其计算公式如下：

市盈率 ＝ 股票每股市价 / 每股税后利润

在上海证券交易所的每日行情表中有两种市盈利的计算方法：市盈率Ⅰ为当日收盘价格与上一年度每股税后利润的比值；市盈率Ⅱ为当日收盘价格与当年每股税后利润预测值的比值。一般意义上的市盈率是指市盈率Ⅰ，比如，在香港上市的公司不要求作盈利预测，故H股板块的A股（如青岛啤酒）只有市盈率Ⅰ这一项指标。

2. 市盈率的倒数就是市场收益率

一般来说，市盈率的倒数大致表示购买该股票的市场收益率。假定你在年初投资股票，希望得到现金股利，就像把钱存银行希望得到利息一样，如果所购股票的当日收盘价为18元，上一年度每股税后利润为0.32元，你预计该股票在今年年底时的每股税后利润仍会是0.32元，并且这0.32元的税后利润全部作为现金红利向股东发放，则这笔投资的收益率为：0.32/18×100％＝1.8％，假设这相当于当时银行一年期定期存款的收益率，所以，在这一年，相当于银行1年期定期的收益率的股票的市盈率应为：18/0.32＝56（倍）。

但是，市盈率中的上一年度税后利润并不能反映上市公司现在的经营情况；当年的预测值又缺乏可靠性（比如，近年来我国就有许多上市公司在公开场合就公司当年盈利预测值过高一事向广大股东道歉)，因此，市盈率仅具有参考意义。

3. 各国情况

市盈率指标越小表明投资收益率越高。美国从1891年到1991年的100年，市盈率一般在10～20倍；日本常在60～70倍；而我国股市曾有过成千上万倍市盈率的个股，2015年六七月股灾过后的8月初，上海股市加权平均市盈率为19倍，虽然上海股市中市盈率在30～100倍的股票仍有很多，但上海权重股中低市盈率的占比较大。

4. 市盈率在对股票内在价值的估计中的应用

在对某一股票进行比较简单的估值时，经常用行业平均市盈率的倒数作为其市场收益率的代表。比如，某股票去年每股盈余0.80元，行业平均市盈率为20倍，则其市场收益率就大致为1/20×100%=5%，因而该股票的内在价值大致为

$$PV = \frac{D}{i} = \frac{0.8}{5\%} = 160(\text{元})$$

五、影响股票、债券内在价值的因素小结

影响证券(股票、债券)内在价值的因素可被分为影响分子——预期分红派息收益的因素，与影响分母——市场收益率的因素，而市场收益率由无风险利率加上风险溢价构成，风险溢价是特定于各个证券的非系统性因素，各证券的预期分红派息收益也是特定于各个证券的非系统性因素，无风险利率则与该国的加息降息政策有关，是影响该国所有证券收益率的系统性因素。因此，可将影响内在价值的因素分为影响预期分红派息收益的因素与加息、降息两类。

(一) 加息、降息

内在价值决定公式中的市场收益率等于无风险利率加上风险溢价，当各个证券的风险溢价不变时，如果该国加息，则无风险收益率上升，各证券的市场收益率上升，内在价值将下跌，通常会引起市场价格下跌，因此加息又被称为利空消息；反之，如果该国降息，则无风险收益率下降，各证券的市场收益率下降，内在价值将上升，通常会引起市场价格上涨，因此降息又被称为利好消息。

(二) 预期分红派息收益

影响投资者预期分红派息收益的事件或因素可能不胜枚举，但万变不离其宗，它们都是通过影响该证券的预期分红派息收益、进而影响该证券内在价值的，下面列举几种：

1. 公司经营状况

公司经营状况是股价的基石，如果公司经营状况正在变好，预期红利将提高，则股价就将上涨。如果公司经营状况很好，但没有继续变好或变差的迹象，则公司股价将维持在高位不动。

2. 宏观经济运行状况

宏观经济状况是公司经营状况的大环境，如果它正在变差，比如，次贷危机导致我国许多企业出口订单减少、甚至破产倒闭，导致失业率上升，则“覆巢之下岂有完卵?”通常，许多

公司的预期红利也将下降，从而导致股价下跌。当然，也有个别公司因产品创新或行业特殊而预期红利增加，因而股价将逆势上扬。

反之，如果宏观经济正在变好，比如，正处于衰退的谷底并已出现复苏的迹象，则各个公司的预期红利将增加，人们就会购买股票，导致股价上升，可谓“春江水暖鸭先知”。可见，股市对宏观经济的荣枯提前反应，被称为“晴雨表”。

3. 政治因素

比如，战争会破坏生产力，使许多公司预期红利下降、股价下跌，但军工等企业盈利则会增加，导致股票上涨。再如，政权更迭、政治事件爆发，会引起人们对红利预期值的变化，从而影响股价。

4. 心理因素

如果大多数投资者对股市持乐观态度，即预期股利较高(但实际上公司的盈利前景并没有那么好)，其竞相购买股票的行为将促使股价上升；反之，如果大多数投资者对股市持悲观态度，即预期股利较低(但实际上公司的盈利前景并没有那么差)，其观望态度将使市场冷落、股价下跌。

◇ 能量棒 2-10

有效市场、噪声交易、羊群行为与股市泡沫

当机构投资者和一些聪明绝顶的散户在计算着股票、债券的内在价值并据此做出投机决策时，另一些散户可能会说他之所以买某种股票，是因为“昨天菩萨托梦让我买某某股票”“我在证券公司工作的邻居告诉我某某股票有庄家要拉升，让我跟着买一点”之类的，这类人被称为“噪声交易者”。根据传统的有效市场理论，他们是消息不灵通者或傻子、疯子，他们有时赔钱、有时赚钱，总的来说不会发财。但实际上，这些人却可能赚钱、发财，因为股市不理性了。

(一) 有效市场假说

1. 有效市场上没有超额利润

自1960年开始，主流理论认为金融市场是有效市场。所谓有效市场是指：“在一个市场当中，如果无法通过利用某一信息集合来形成买卖决策，以赚取超过正常水平的利润，那么该市场对这组特定的信息集合是有效的”。

也就是说，如果一个市场(如上海股市)是公开、公平、公正，因此是有效的，关于某种股票内在价值的所有信息都是公开的，没有内幕消息，所有的交易者基于相同的信息集形成对该股票内在价值的判断，因为所有交易者都是理性的人，因此其得出的内在价值应相同，因而交易价格(短期均衡价格)应该正好等于内在价值，任何人以当前价格买进(是为了领取红利，即投资)、卖出(是为了变现，即获得流动性)都不可能赚取超过正常水平的利润，买进该股票后仅得到红利，就是赚取了“正常水平”的利润。

这样的话，股价岂非死气沉沉、不会波动了吗？有效市场理论认为，只有新闻才会使股价改变。

2. 新闻改变证券的内在价值

新闻的出现会改变证券的内在价值。比如，一个负面消息使股票A的内在价值由100元下跌到80元，这体现了市场的价值重估，其过程是投资者们争相抛售该股票，从原价100元每股迅速地下跌、超跌、回调、最后企稳。比如，在1分钟后跌至90元每股、2分钟后再跌到80元每股、3

分钟后再跌到70元每股、4分钟后又反弹至80元每股，并稳定下来，则80元每股就是现有消息集上的新均衡价格，直至下个新闻出现，该价格或内在价值才会改变。

3. 有效市场中的噪声交易者（不知情交易者）有偶然的超额利润或损失

1）证券的噪声交易使其价格围绕着内在价值波动

这个能迅速发现内在价值的市场就是有效市场。虽然有效市场的"大合唱"很整齐，但难免会有一些"白噪声"(white noise)出现：假设在90元/股的价位上有微小的成交量——甲卖给了乙；在70元/股的价位上也有微小的成交量——丙卖给了丁，则参照此后一直稳定的80元/股的新均衡价格，甲赚到了超额利润，乙有超额损失；丁赚到了超额利润，丙有超额损失。

虽然价格曾在瞬间达到过90元/股、70元/股，围绕着内在价值80元/股上下波动，但是，这些偶然的交易价格都是均值为零的随机扰动项，被称为"白噪声交易"或"噪声交易"。噪声交易者只能使价格围绕着价值波动，而不会使价格长期地、大幅度地偏离基本面决定的内在价值。而存在泡沫时价格长期、大幅度地偏离内在价值，这种市场就不是有效市场。

2）噪声交易的产生是因为交易者没有完全信息（不知情）

甲、乙、丙、丁为何会有超额利润或超额损失呢？因为在那个瞬间，那个负面消息对于股票A公司的业绩会造成多大风险的信息还没有传播到位，至少倒霉的乙、丙属于"不知情交易者"——即噪声交易者，而幸运的甲、丁可能是知情者——此时他们就是内幕交易者，也可能是不知情者——此时他们也是噪声交易者。

可见，在有效市场中，噪声交易仅在信息传播过程中短暂地出现，不可能长期存在，因为幸运的甲和丁不可能总是依靠守株待兔而赚取超额利润，而倒霉的乙和丙则因为闭目塞听，总是被人骗，迟早会赔光本金而离场，使得这个市场很快又恢复成了"聪明人的大合唱"。

3）评论：有效市场是一种无法达到的理想状态

但是，有效市场所要求的信息完全、很少有内幕交易，是一种无法达到的理想状态，为了使理论更能解释现实，经济学家在此基础上，根据信息披露的程度，把有效市场分为"强有效市场""半强有效市场"和"弱有效市场三类"。价格中包含的信息越多，市场就越有效。

（二）噪声交易理论

1980年以来，随着信息经济学的广泛应用和行为金融学的兴起①，与有效市场假说相反的噪声交易理论开始得到广泛关注，该理论认为证券交易市场的真相是存在着大量的、较长时期（如从一轮股疯到股灾历时数月甚至更久）的噪声交易，对市场的作用和影响很大，对于一直居于主流地位的有效市场假说形成了巨大的冲击。噪声交易理论提出的依据如下。

1. 信息成本的存在使得证券市场上的散户成为噪声交易者

有效市场理论中的噪声交易者"傻"在不知情，而不是不聪明，噪声交易理论也将噪声交易者定义为不知情的交易者。该理论认为，在证券市场上，知情交易者（聪明人）与不知情交易者（噪声交易者、傻子）并存，大量的、长期的噪声交易使得价格可能长期偏离其内在价值，形成资产泡沫。

噪声交易形成的原因是：因为信息不对称，利用内幕消息赚钱的机会经常存在，又因为信息的取得是要花费成本的，而交易者又是不同质的，散户不值得花费成本去搜寻信息，而机构投资者由于具有规模经济效应，值得搜寻内幕消息和公开信息，因此散户是噪声交易者（傻

① 噪声交易理论可以看作正在兴起的"行为金融学"的重要组成部分、费希尔·布莱克、萨默斯、斯蒂格利茨和曼昆都对金融噪声交易理论进行了有益的探讨和支持。

子)，而机构投资者是知情交易者(聪明人)。这样，散户和机构投资者同时参与的证券市场的价格就不能反映所有的信息，就存在着聪明人利用当前价格赚取超额利润的可能性。比如，当前股票A的交易价格为10元，但聪明人(如某证券公司)算出其内在价值为12.49元，就可以逢低吸纳。假设该券商从某散户手中以10元每股购进了该股票，则券商是知情交易者，而散户是噪声交易者。等到众人都明白其内在价值为12.49元时，券商这个知情交易者就可以转手倒卖赚取超额利润了，而散户则亏损了，因为他将价值12.49元的股票以10元钱卖给了券商。

2. 噪声交易体现为"羊群行为"——追涨与博傻

吃一堑长一智，散户也想赚取这样的超额利润，因此，他们就放弃自己独立的判断，像群羊跟着头羊走一样，通过观察知情交易者(如持有该股大量流通股的庄家等机构投资者)的行动来做出自己的买卖决策，这叫作"跟庄"。而更多的散户注意到其他散户在买进该股票，也在从众心理的支配下加入进来，使这种股票价格越涨越高，这种现象被称为"羊群行为""追涨"。

这样，某只股票的价格就可能被炒作得远高于其内在价值，泡沫就形成了。在此过程中，交易者买进该股票的依据不是其价值被低估，而是预期会以更高的价格转卖出去，因此价格的涨跌与股票的内在价值无关了，或者说这个预期短期内的转卖价格就成了其内在价值。假设散户维特在12.49元的价位上买进，打算第二天就以更高的价格卖出，则他心目中该股票的内在价值已不再是：

$$PV=\frac{R_1}{1+i}+\frac{R_2}{(1+i)^2}+\cdots+\frac{R_n}{(1+i)^n}$$

而是其中：

$$PV=PV^e$$

PV^e——预期卖出价格，假设他预期第二天就卖出，如此短暂的投资可以忽略资金的时间价值，即可以直接认为未来的收益值与该收益的现值相等。

因此，维特想象着股票A的内在价值是多少，在他看来，股票A的内在价值就值多少，变成了"人有多大胆，地有多大产"，在股市泡沫期间，投资者就是这般疯狂。

但谁都知道价格涨到一定程度总会没人敢接手的，那时价格就会下跌，泡沫就会破灭，但谁都侥幸地以为自己不会是接最后一棒的人，其心理活动是："我在这么高的价位买进，我傻？还有人比我更傻、愿出更高价格买进呢，只要有人比我更傻，我就会赚到钱"，这就是"博傻理论"。

3. 逆转的供求曲线是一种错觉

在股票的供求决定价量图中，追涨的需求者、供给者会不断地上调自己对股票内在价值的评定值，因此需求、供给曲线将不断上移，即使均衡供求量不变，股价也会节节攀升。同时，将各时点的股票价格与成交量连成一条线，可以发现当该股价格越低时，需求量越少，价格越高时，需求量越大，似乎需求曲线变成了向上倾斜的了，似乎需求法则被逆转了；同理，当该股价格越低时，供给量越大，当价格越高时，供给量越小(卖者捂股惜售)，似乎供给曲线变成向下倾斜的了，似乎供给法则也被逆转了。

其实，供求法则都不会被逆转，当其他条件(如对股票的内在价值或预期价格)不变时，每条供给曲线仍是向上倾斜的，每条需求曲线仍是向下倾斜的，这里的变异只是因为投资者对该股的预期价格屡屡变动，导致供求曲线屡屡移动，将不同时点处在不同的供求曲线上的价格与成交量连线，便形成了这样逆转的供求曲线，其实只是一种错觉。

4. 在羊群行为中聪明人只得随波逐流——个人理性与集体非理性并存的悖论

在羊群行为中，即使有聪明人——即努力获取资产内在价值信息的交易者，他们也无法得到相应的回报，因为他们无法保证其他投资者会相信并聚集在这一信息上[①]，这就不利于提高交易者搜集信息的积极性。

这样，聪明人在价格上涨期间也来追涨，这对于他个人而言是理性选择，从而导致大量的投机性交易者聚集于与内在价值毫无关系的噪声上，就会使得与资产内在价值有关的信息不能完全体现在价格中，降低资产价格的信息质量，使市场变得非有效。同时，这种严重偏离内在价值的价格也是不可持续的，表明这些噪声交易是集体非理性的，此时就存在个体理性与集体非理性的矛盾。

5. 悬崖勒马的聪明人的交易被噪声淹没，掩护着聪明人全身而退，而群羊则全军覆没

由于少量的知情交易者和大量的噪声交易者同时进行交易，噪声交易者客观上掩盖了知情交易者的行为，使得价格反映信息的速度放慢。比如，聪明人已经开始出售“疯牛股票”了，而散户“蚂蚁军团”还在买进，导致价格仍在上涨，这样一来，知情交易者就可以利用自己的信息优势获得超额利润，因为其掌握的私人信息尚未完全融入到价格之中。

6. 在泡沫中交易者的风险偏好增大了？还是预期收益提高了？

有一种代表性的观点认为在股市泡沫中交易者的风险偏好增大了，其实这是错误的。并不是市场参与者的风险偏好增大了，而是他们心目中的预期收益（内在价值）提高了，因为他们计算的成功概率大于客观值，发生了“概率扭曲”。这就可以解释什么在股市泡沫严重的时期，连一向信息不灵通、风险厌恶的低收入者或老人都去炒股票了——全民炒股就是“股疯”的症状，他们不是不担心自己的血汗钱被亏光，而是认为在股市上可以稳赚其钱。因此，一旦这些人都入市炒股，就是股市泡沫即将破裂、股价即将大跌的征兆。

7. 噪声交易对金融市场监管的启示

既然信息的高成本与不对称是产生噪声的根源，监管的方向就是尽可能地减少信息成本与信息的不对称性。鉴于我国的证券市场是典型的新兴市场，信息披露不充分，会计标准不清晰，因此，监管层需要：

（1）对信息披露制度进行完善，并制定措施保证其得到严格执行。比如，对投资大户、机构投资者以及接近内幕消息的人士获取内幕消息进行监管和严厉地惩罚，提高其获得信息的成本和事后受惩罚的概率与成本，从而降低人为因素造成的信息不对称程度。

（2）加强对证券投资机构、市场评论者、市场中介机构以及市场调查等机构的信息加工、处理与公布的质量要求及其责任的承诺。

◇ 能量棒 2-11

2014—2015 年的中国股市风潮

（一）2014—2015 年中国股市由快速上涨到股灾的发展过程

从 2014 年上半年开始，A 股经过自 2008 年以来 6 年的沉寂，启动了一轮明显的上涨后以 2015 年 6 月的股灾结束。在这轮上涨中，上证综合指数从 2 000 点上涨到 5 178 点，最大涨幅为 159%；中小板从 4 560 点上涨到 12 084 点，涨幅 165%；创业板指数从 1 330 点上涨到 4 037 点，

① 每次股市泡沫中都有股评家振臂一呼道：“不要买了，危险！”但投资者们买进后还可高价卖出，证明他的提醒如“狼来啦”一般可笑。

涨幅为203%。由于股市行情火爆,券商的交易佣金与融资融券业务的手续费和利息收入也暴涨,使得金融股本身成为了上涨的主力①。

由于股市在不规范的场外配资的杠杆作用下上涨过快,2015年1月19日,证监会重拳打击融资融券与场外配资,致使当天上证综指暴跌。然而暴跌对A股并未造成实质性打击,沉寂一个月后,一轮更猛烈的上涨就此展开,只不过这一次主角变成了创业板。2015年5月,A股成了十足的造富中心,造就了逾30位亿万富豪,2015年前五个月上证综指上涨超过了40%。

然而,在万众满怀期待5 000点到来之时,5月28日的暴跌突至,当日沪深两市超过500只个股跌停,2 000余只股票下跌,沪指大跌6.5%,上证综指收于4 620点。紧接着次日就开始全线反弹,6月12日沪指站上7年最高点——5 178点(王思斌,2015-07-11)[20]。

2015年6月12日之后,股灾正式来临。端午节前最后一个交易日,沪指再受重创,单日大跌6.42%,收至4 500点以下,两市近千只个股跌停,当周累计跌幅近13%。一周后,6月26日A股跳空低开,沪指跌幅达7.4%,创业板当日下跌8.9%,两市跌停个股逾2 000只;三度暴跌之后,市场情绪已经大幅转向。次日,央行强力开展救市,宣布自6月28日起,金融机构实施定向降准并降息0.25百分点(王思斌,2015-07-11)。

紧随其后的救市政策并未奏效。到了7月8日,除了权重股,A股上市公司开始大面积的停牌,至7月8日收盘,两市共1 312只股票停牌,占A股市场的47.2%;未能停牌也未获资金力挺的股票绝大部分以跌停作结;当日A股再跌近6%,收至3 500点附近。受A股牵连,香港恒生指数也大跌5.84%,国内大宗商品全线收跌。在此前一夜,美国股市中的"中国概念股"也大面积下跌。

(二)2015年中国股灾的影响

中国股市在一个月不到的时间里,由疯牛转为快熊,从最高5 178点跌至最低3 373点。在短短18个交易日里极端跌幅达35%,下跌了1 805点,市值蒸发超过25万亿,酿成了股灾惨剧。此次股灾时间短、跌幅大,对金融业、上市公司、居民消费、经济增长均产生了重大影响。

股灾对金融业的影响主要集中在基金公司和券商。股灾严重打压了基金市场的热度,股市大跌后周开户数量大幅下降了将近一半;另据基金业协会数据显示,截至6月底,基金总净值合计7.11万亿元,相比5月末减少了2 452.5亿元(任泽平,2015)。私募基金因为仓位灵活的特点,所以受损相对较小。

在券商方面,中国证券登记结算有限责任公司的统计月报显示:从2015年6月到8月的三个月,经由中登公司结算的交易总额快速下降,由最高的每月日均近7万亿元降至4万余亿元,减少近40%。同时,新增投资者人数下降幅度达近75%(谢百三,2015)。自营收入也受到较大影响。7月以来,两融收入从最高的2.27万亿下降到7月16日的1.42万亿。股灾使得金融业对GDP增长的贡献也明显下降。另外,随着市场震荡调整,伞形信托和银行等配资的风险逐渐上升。

此外,股灾使得上市公司投资收益下降,甚至转为负数,利润表随之缩水受损。而股权质押风险和IPO的暂停将使公司融资能力受到限制,加大了本已下行的实体经济困境,影响了中国经

① 在2015年牛市中,由于券商业绩的超预期增长成为共识,股民们纷纷通过向券商融资买入券商股,仅在2015年4月7日至4月9日的三个交易日,券商板块就被融资净买入了83.74亿元,远超其他所有行业,这不仅带动了券商股价格的上涨,也为券商带来了丰厚的融资业务利息收入。比如,2015年4月9日,沪深两市融资余额高达1.62万亿元。按照当时券商融资业务的年利率8.35%估算,这1.62万亿融资一年将为券商带来1 352.7亿元的利息收入,折算到360天,平均每天券商坐收利息3.76亿元。我国券商对客户融资业务时的利率自行决定,但通常会跟随银行利率而变动。

济的发展。

随着A股市场下跌,账户市值明显下降,投资者的金融资产大幅度缩水,有人说中国中产阶级被消灭了,势必会传导到消费。

(三) 2014—2015年中国股市暴涨暴跌的原因

自2014年7月后,中国股市开始上涨,尤其是在2015年两会后更是上涨迅速,短短几周内,沪指从3 500点一路上涨到4 000点,沪深两市日成交量也从5 000多亿元的常态而一路放量到15 000多亿元的规模,甚至超越了美国纳斯达克和纽约证券交易所日最高成交量之和,打破了世界纪录。此轮暴涨是因为沪深两市的需求曲线不断右移,而这需要有购买的意愿及购买的资金,具体原因如下。

1. 政府打造"国家牛市"的意图是股市暴涨的成因之一

1) 政府意欲效仿美国的量化宽松,通过托宾的q效应与财富效应刺激投资与消费的增长

2014年至2015年6月股灾前的这轮牛市,是政府刻意打造的国家牛市,政府这样做是希望模仿美国的量化宽松政策,首先托起股市的繁荣,其次通过托宾的q效应与股市的财富效应扩大消费与投资,最后拯救实体经济。

2) 政府为了支持混合所有制改革与人民币资本项目可兑换

政府的另一意图是为了降低企业的高负债率及支持混合所有制改革。降低企业负债率(去杠杆)需要提高其股权融资的比重、即增加资本金。但在2013年年底至2014年上半年,股市一直在2 000点上下徘徊,由于二级市场相当低迷,新股发行处于暂停状态,通过股市融资来降低企业的负债率只是奢望,因此只有让股市活跃起来,才能增加新股发行的数量。无论是央行的降准降息、鼓励融资融券,还是启动"沪港通"以及政府为股市保驾护航等政策,都是围绕着打造"国家牛市"来进行的(易宪容,2015)[21]。

此外,当时政府想在2015年实现混合所有制改革与人民币自由兑换,混合所有制改革就是国有股减持、允许私人甚至外资入股国企甚至央企;人民币自由兑换就是允许外国金融投机资本自由地进出中国、买卖中国的证券。为了使14万至15万家国企和264家央企上市公司能够以公平的、有利于国有大股东的价格被出售,以避免重蹈21世纪初轰轰烈烈的国企私有化浪潮中国有资产流失的覆辙①,必须保持较高的股价。

3) 舆论的不当引导

政府如果仅仅是依靠自己的力量在股市中"唱独角戏"是起不了作用的,最终还是需要投资者相信"国家牛市"的政策,这样股价才能上涨。正是因为我国股市投资者中大部分是噪声交易的散户,他们没有信息优势,也缺乏分析能力,而中国当时正处于经济结构转型的过渡期,第三产业占GDP比重日益增加,并在2013年首次超过了第二产业。2014年中小板企业的净利润增速为20%,创业板净利润增速为16%,远远高于主板的4%。因此,从2012年年末开始,我们看到了以创业板为代表的新兴产业板块的崛起,再加上十八届三中全会以来,各个领域的市场化改革给企业注入了新的活力,尤其是国企改革和一带一路战略,让大部分不具备市场分析能力的投资

---

① 在21世纪初的大规模国有股减持浪潮中,由于股价较低,有专家指责国有资产被贱卖、国有资产流失。现在也存在这个问题,比如,中国上市公司中的"南北车"(中国北车股份有限公司和中国南车股份有限公司,这两家公司于2014年12月合并为中国中车股份有限公司,被简称为"中国中车",目前是中国股市中的绩优大盘股)在此轮牛市行情之前股价仅为每股6元多,市值总计1 500亿元,而美国联合太平洋铁路公司今天的市值是934亿美元,约合人民币6 000亿元,相比之下,南北车太便宜了。如果混改之后,国有股减持,允许外资进入,外资以1 500亿元的市值抄底南北车,仅以数百亿元人民币就可控制中国的高铁制造业,显然是国有资产的贱卖,对中国人是不公平的。

者对市场产生了一个美好的预期，导致股市连连上涨，并且新华社等官方媒体还连连发文力挺股市。

然而中国的实体经济情况却不容乐观①，直到2015年上半年，我国实体经济的状况在投资者的美好预期下并没有发生明显改善，经济仍存在较大的下行压力，一旦投资者醒悟过来，就会调低对股票内在价值的看法，股市就会暴跌。

4）央行为了降低地方债发行成本而引导的降息是此轮牛市的关键成因

在外汇占款趋势性萎缩的背景下，央行通过在公开市场上的逆回购投放基础货币，成为商业银行流动性的重要来源。2015年4月，央行在公开市场上连续4次降低逆回购利率，引导货币市场利率走低，再加上2014年年底的行政命令式的降息，使得整个市场利率下降。根据股票内在价值决定的公式可知，利率下调是此轮牛市的关键成因，因为降息后，银行的存款利率与理财产品的收益率均下调，储蓄者们觉得股市更有吸引力，因此股票市场需求曲线右移。

2. 加杠杆、去杠杆助长了股市的暴涨与暴跌

1）此轮股市风波中杠杆资金入市的3条通道

为了刺激股市活跃，有关部门采取了一系列措施鼓励股市投资者加杠杆即负债炒股，增加股市的需求，因此，杠杆资金是本次股市异常波动的最重要原因。随着杠杆资金的介入，股市的规模不断扩大，风险也随着指数的飙升而不断积聚，造成了市场一片繁荣的假象。然而，股市泡沫的破灭更是让股市的损失在杠杆的作用下被加倍放大。

此轮股市风波中我国的杠杆资金入市主要有3条通道：

（1）杠杆率为1∶1的券商融资融券及股票质押业务；

（2）杠杆率为1∶2至1∶3的银行信托渠道的伞形信托等结构化配资业务；

（3）杠杆率为1∶4、1∶5甚至高达1∶10的民间借贷渠道的场外配资业务。在股价最高峰时期，有高达4万亿元的资金通过各类融资渠道进入市场，杠杆资金占市场交易额的比重接近20%，远超美欧成熟市场水平。其中，融资融券业务是A股市场杠杆资金来源的主要部分，也是各类杠杆融资中唯一合法的渠道（郝凤杰，2015）[22]。

2）融资融券业务

◇ 能量棒2-11-1

融资融券

（一）定义

融资融券又称“证券信用交易”，融资交易是投资者基于对股票价格上涨的预期，通过担保金的杠杆作用从证券公司借入足额资金以购入股票，然后到期再卖出股票偿还本息。如果股票价格大幅上涨且幅度超过交易所付出的成本，融资融券交易者能获得较高的投资回报。反之，如果该股票的价格反向暴跌，那么投资者将承受股价下跌的投资失利以及负担融资成本的双重交易损失。

融券交易是投资者基于对股票价格下跌的预期，通过担保金信用机制预先从证券公司借入股票卖出，到期再买入相同股票返还，同时交付一定比例的手续费利息。同融资交易原

① 2015年上半年投资、消费和出口三大需求均出现回落，经济下行压力犹存，GDP增速依然在7%左右徘徊，二季度固定资产投资同比名义增长11.4%，较第一季度回落2.1个百分点；社会消费品零售总额同比增长10.4%，增速比第一季度回落0.2个百分点。进出口总额同比下降6.9%，其中，进口下降15.5%。工业企业的处境依旧艰难，2015年第一季度，上市公司总体净利润增速为3.96%，环比下降6.91%。

理一样，投资者需要对涨跌方向进行准确判断，融券交易中投资者获利的条件是股价下跌一定程度，若股票价格大幅度上涨，投资者将面临较大的风险损失。

（二）融资融券加剧了市场波动性吗？

1. 历史沿革

在发达国家的资本市场发展史中，这种信用交易机制很早就出现了。融券交易曾推动了郁金香泡沫的破灭，使得英国政府在整个 18 世纪都禁止市场上的卖空行为；融资交易则曾带动了证券市场的投资热情，带动了美国 20 世纪 60 年代的经济繁荣。这两种不同的市场效果引发了国外学者的激烈争论，但是目前理论界对于融资融券市场影响仍然没有形成共识。

与国外融资融券发展的悠久历史相比，融资融券在我国发展的时间还非常短，直到 2010 年 3 月 31 日，融资融券才正式在我国证券市场推出。投资者们希望借助卖空交易机制来对冲、规避我国证券市场价格较高的系统性风险，改变我国股市频繁性的暴涨暴跌现象。但证券监管部门对这种全新的交易模式持审慎态度，由于融资融券的市场作用仍然不明确，我国股票市场的发展还不够成熟，融资融券推出后是否会加剧整个市场的波动、诱发市场危机，需要根据我国的具体情况做进一步研究。

2. 市场波动性的定义与成因

1）市场波动性的定义

波动性是股票市场与生俱来的基本属性，它包括市场参与主体（投资者、上市公司、中介机构）和客体（股票、债券）在数量、规模、结构等方面的变化，由于上述相关因子的变化最终会表现在股价的变化上，所以股市波动性又可以称为股价波动性。

2）市场波动性的成因

(1) 稳定性投机减少了市场波动性

股价变化可用图 1 供求曲线的移动来解释。在二级市场上，股票的供给（需求）曲线表示在各个价位上市场参与者们愿意出售（购买）的数量，而这又是由市场参与者心目中该股票的内在价值（心理价位）决定的。比如，当前供求曲线的交点处表明市场均衡，股价为 100 元，供求数量为 100 万手，假设这 100 万手当中的 1 万手正好是市场参与者 A 的需求和 B 的供给，表明 A 认为该股票的内在价值大于或等于 100 元，因此愿意以 100 元的价格购买 1 万手该股票；与此同时，B 认为该股票的内在价值小于或等于 100 元，因此愿意以 100 元价格出售 1 万手该股票。

当股票内在价值变化，且市场参与者是理性预期的——具有完全信息、完全行为能力，则市场参与者心目中的该股票的内在价值就要改变，造成供求曲线的移动。比如，供给曲线由 S_1 上移至 S_2，表明市场参与者提高了心目中的内在价值，比如，B 从 100 元提高到 150 元，因此在 150 元的价位上才愿意出售 1 万手，这本质上是一种套利（严格地说是投机）行为。

供求曲线的迅速移动能够减少市场寻找新均衡内在价值的试错与无序波动，使股价迅速收敛于新均衡价格，从总体上减少了股价的波动性，有助于市场的稳定，这就是稳定性投机。

(2) 不稳定性投机加剧了市场波动

当股票行情上涨时，非理性预期的市场参与者会不断上调自己心中的内在价值，使得供给曲线左移和需求曲线右移，即卖者卖得贵了，买者也买得贵了，卖者越贵越不卖，买者越贵越买，因此供求曲线轮番移动，这就是“追涨”。反之，当市场行情下跌时，非理性预期的市场参与者会不断下调自己心中的内在价值，使得供给曲线右移和需求曲线左移，即卖者卖得便宜，买者也买得便宜，卖者越便宜越卖，买者越便宜越不买，因此供求曲线轮番移动，这就是“杀跌”。

追涨（杀跌）使得股票价格会涨（跌）得高（低）于均衡价格，之后，当市场参与者信心逆转时，供求曲线又反向移动，表明市场参与者在修正自己的内在价值，最终发现了正确的内在价值，使股价达到新均衡。在这个过程中，股价波动性较大。

(3) 融资融券可能会加剧、也可能会减弱市场波动性

市场的波动本质上是由市场参与者的不稳定性投机（追涨杀跌）造成的，而融资融券使市场参与者如虎添翼，因此放大了这种波动，而不稳定性投机又是因为市场参与者不是理性预期的。当市场参与者是理性预期的时候，他们追跌杀涨，此时融资融券反而能够减少市场波动。

因此，对于融资融券是加大还是减小了股价波动，研究者们的结论莫衷一是，因为其观察到的有时是稳定性投机，有时是不稳定性投机。

有学者认为融资融券会加剧股价的波动性，因为当股价上涨时，投资者通过融资交易买空，刺激了市场对该股票的需求，使得股票价格进一步上涨，并高于其均衡价值；而当股价下跌时，投资者通过融券交易卖空，增加了市场对该证券的供给，使股价继续下跌，低于其均衡价值。融资融券的这种追涨杀跌的特点加剧了股价的波动性。

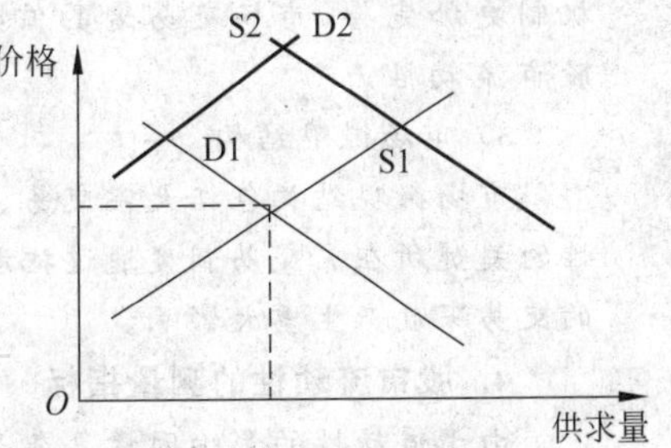

能量棒 2-11-2 图 1 融资融券在追涨杀跌时加剧波动性

Henry and McKenzie(2006)在研究 1994 年至 2001 年我国香港股票市场的日交易数据后发现，股市波动性在卖空机制引入后有了一定程度的增加，卖空交易加剧了市场对利空消息和利好消息的反应，导致股票收益率的两极化波动。

（三）市场流动性与市场波动性的关系

1. 市场流动性定义

流动性具有宽度、深度、弹性和即时性四大属性，交易成本越低，市场成交规模越大，价格调整恢复得越快，交易完成的时间越短，流动性的这四项属性表现得越好，市场的流动性就越高。概括地说，流动性是一种能够迅速大规模交易且市场不产生剧烈波动的能力。

2. 流动性与波动性的关系

假设市场从某个初始均衡状态开始追涨杀跌，从较长时间来看，此轮投机结束后价格还会回到初始均衡状态，而从结果来看，这个过程体现了价格波动性，也就是缺乏流动性，但在此过程中价格小幅、连续地发生变化，又是具有流动性，可见，是否具有流动性是有歧义的。

这样，在一轮追涨杀跌的投机中，最高价格与最低价格的对比必将显示价格波动性较大，而融资融券必将助长这种投机，放大价格的波动性，从长期来看，减弱了流动性。但从短时期内观察，融资融券使价格连续、小幅变化，又是促进了流动性。而在追跌杀涨的投机中，融资融券在短期和长期内都将促进流动性。

可见，从根本上来说，是市场参与者的行为决定了流动性和波动性，市场参与者是内因，交易工具和交易制度只不过是辅助性的外因。

3. 影响股市流动性的因素

1）市场参与者

市场参与者对股市流动性的影响主要是指投资者的风险厌恶偏好、信息的敏感程度等

各种相关行为对其交易策略的改变。通常来说，当投资者为风险厌恶者、对股票市场持悲观、观望态度时，股票市场的流动性将会下降。但当市场参与者全部都悲观失望而抛售股票套现时，如果有反向交易者购入，则又会提高市场流动性。

另外，投资者投资策略的差异性会使得市场交易多样化，能够活跃市场，大幅提高股市整体流动性水平。反之，如果投资者行为方式同质化，市场流动性将降低。

2）产品设计

产品设计是指金融市场为满足投资者的各种交易需求而设计出丰富多样的金融工具，其中，金融衍生产品对股市流动性的影响最为显著。一方面，衍生产品促进了金融创新，使得投资交易品种的供给相对增加，增强了市场交易的活跃程度以及市场流动性；另一方面，由于市场风险会随着现货市场交易规模的增加而加大，这将带动衍生品市场以套期保值为目的的交易量，而衍生交易创新的不断发展又会使得市场价格发现机制更加完善，市场交易者的信心和投资热情得到提高，极大地促进了市场交易规模和股市流动性。

3）市场微观结构

市场微观结构包括大宗交易、信用卖空交易等多种证券交易制度，它们是影响股市流动性的关键所在。交易制度通过把潜在的买卖双方转变为现实的投资交易，进而能够对市场的交易深度产生重大影响。

4. 股市流动性的测量指标

由于流动性的影响因素复杂多样，流动性的衡量方法也变得千差万别，人们从不同的角度和属性对其进行了量化。其中，文献研究中最常使用的是四种衡量方法。

价格法是研究使用频率最高的一种流动性衡量方法。它主要是对流动性的宽度属性进行量化，包括价差、方差比率等多种计算指标。而交易量法主要是针对流动性的深度属性定义的，市场深度、换手率均可以用来刻画股市流动性。价量结合法则综合了价格法和交易量法的特点，通过交易量与价格变化的比率关系作为市场流动性的度量指标，主要包括Amivest以及Martin等多种流动性比率法。时间法是基于流动性的即时性属性展开的，它通过交易时间来衡量市场流动性，交易等待的时间越长，股票基本价值发生变化的可能性越大，投资风险也就越大，流动性就越小，主要包括执行时间、交易频率、价格弹性这三个具体的衡量指标（刘逖，2002）[23]。

首先，价格法虽然操作简便，但其最大的一个缺陷是忽略了除价格之外的交易规模或交易速度对市场流动性的影响；同时价格法首先反映的是市场交易成本，而不是流动性的直接指标。

其次，交易量法描述市场流动性的优点是其指标鲜明易懂，可以对市场交易有一个宏观整体把控。但它的缺点是没有考虑价格变化的影响，当价格变化的冲击成本十分高昂时，即便市场交易很活跃，也不能推论股市的流动性很好；同时交易量指标还比较容易受到市场投机者的操纵，影响了证券交易的真实信息含量。比如，目前美国股市换手率为0.97，即一年之内股票换手还不到1次，日本为1.4，我国香港地区为0.97，我国台湾地区为1.27，而我国A股市场的换手率数值则高达8以上①，这主要反映了我国股市的投机气氛浓厚，如果以换手率作为其市场流动性的替代变量，将会造成我国流动性虚高的假象。

① 数据引自http://www.cfi.net.cn/中财网相关数据分析。

价量结合法虽然在一定程度上克服了上述价格法和交易量法的不足，但也存在着缺陷。比如，Amivest 流动性比率①容易受到公司股本规模的影响，公司股本规模越大，成交量往往越大，会造成流动性指标较高；另外 Martin 流动性比率没有剔除交易信息对股价波动的影响，由于指标容易受到个别极端股票变化的影响，因此会出现频繁波动的情况。

最后一种衡量方法是时间法，虽然其操作简便，但由于执行时间、交易频率、弹性指标这三个计量指标相互独立，各自容易受到股票价格，波动性以及市场信息的影响，因此也不能全面地衡量股市的流动性。

总的来看，流动性的衡量指标纷繁复杂，各有其独自的优势和缺陷。直到目前为止都还没有一个学术界统一的指标能够准确地衡量股市流动性，从不同的角度和不同的侧面去考察股市流动性的情况，可能研究出来的结果就不同。

（四）融资融券的风险

1. 融资融券具有信用双重性

信用双重性指融资融券既包含投资者与证券公司之间建立的第一层信用关系，也包括证券公司与其他金融机构之间转融通时建立的第二层信用关系。投资者与证券公司之间的第一层信用关系是指当投资者由于资金不足而无法购入证券时，证券公司基于其对投资者的授信额度，为投资者垫付了相应的资金，这让融资融券比起普通证券交易的委托买卖的法律关系来，还多了一层资金的借贷关系。

转融通是指银行、保险及基金等金融机构为证券公司提供融资融券证券和资金，再通过证券公司把这些资金或证券转给融资融券的投资者。

2. 融资融券信用风险的网络负外部性

正因为融资融券有第二层转融通信用关系，因此市场波动性造成的融资融券者的信用风险会转化为证券公司对为其融资的其他金融机构（如银行、保险及基金等）的信用风险，进而转化为其他金融机构对债权人（如存款人）的信用风险。这样融资融券的信用风险就有社会负外部性了。

3. 融资融券信用风险的监管——三种授信模式

1）分散化授信模式

分散化授信模式是指证券公司对融资融券交易申请者直接提供信用，当证券公司的资金或股票不足时，可以通过金融市场进行融通和拆借。

这种市场化的模式广泛存在于发达国家或新兴市场国家的资本市场，成熟的金融机构体系以及有效的市场运行机制是其建立的基础，其最大的特色是授信灵活，信用交易的市场化程度高。一方面，融资融券参与主体非常广泛，管理层对各参与对象的交易资格没有进行严格限制，市场这只“无形的大手”将融资融券投资者、证券公司以及银行、基金等各种金融机构紧密地联系起来，并通过自由市场的合理调配，极大促进了融资融券交易的积极性。另一方面，融资融券的高度市场化还表现在交易者可以利用回购、抵押贷款等货币工具，比较容易地从金融市场获得其交易所需的资金或证券，交易成本的降低将激发投资者的投资热情，从而迅速扩大融资融券的市场规模（潘焕焕，2008）[24]。

但这种模式存在着市场主体业务风险难以控制的缺点，造成政府监督管理工作的困难，

---

① Amivest 流动性比率是指价格变化 1 个百分点时所需要的交易量或交易额。

即便是在美国严格监管的市场下，也难以杜绝“裸卖空”①这类的违规操作。

2）证券金融公司集中授信模式[25]

证券金融公司是证券监管机构或相关政府部门建立的具有一定垄断性质的服务公司，它们是信用交易体系中证券和资金的中转站，通过将资金和证券转融通给证券公司而承担了相关的融资融券业务。

根据证券金融公司的垄断程度不同，集中授信模式又可以分为单轨制和双轨制两种模式。

单轨制集中制授信模式以日本的信用交易体系为代表，在这种模式下，政府赋予证券金融公司特殊的垄断专营地位，规定证券公司只能从证券金融公司这一个途径融入和拆借开展融资融券业务所需的证券或资金，这使得证券金融公司完全控制了股票融资和抵押贷款等相关的融资融券服务。这种做法的好处在于，由于证券金融公司凭借其垄断地位可以对整个信用交易的资金和证券流动进行调控，政府只需控制证券金融公司，就能掌握整个证券市场信用交易的放大倍数，因而能够及时防范、发现交易风险。该模式方便了监督管理，结构分工明确，政府可以直接干预市场以达到调控目标，与当时日本的金融市场情况是相适应的。但值得注意的是，垄断性会在一定程度上降低市场的运行效率，阻碍交易资源的合理分配（开文明，2011）。

双轨制集中制授信模式则是在单轨制的基础上，打破证券金融公司的垄断地位而形成的独特模式，这种模式最大的特点是融资融券交易的市场竞争性。一方面，证券金融公司之间存在一定的竞争，数家能力相当的证券金融公司在转融通服务领域内展开激烈竞争，从而有效提高了证券金融公司的效率，促使证券金融公司更加关注其经营管理的完善；另一方面，证券金融公司与证券公司之间存在着相对竞争，融资融券交易的权限不再集中于证券金融公司的手中，这使得信用交易者拥有了一个真正的选择空间，他们可以在具有交易资格的证券公司和证券金融公司之间自由选择获得融资和融券的途径。总的来说，该模式的竞争性能够促进融资融券规模的发展、完善市场的交易制度，但双轨制会造成监管的困难以及交易机构责任不明确，容易损害投资者的合法利益。

3）证券借贷集中市场模式

证券借贷集中市场模式是指交易所或结算公司集中办理证券的借贷业务，大多存在于小型的资本市场。按照承办主体的不同，证券借贷集中市场又分为交易所证券借贷市场和结算机构证券借贷市场（高翔，2008）[26]。

交易所证券借贷市场模式是指借贷双方在交易所直接授信，投资者集中在交易所内相互竞价标准化的借贷合约以获得拆借的证券，最后通过交易撮合系统登记结算的股票，交易所对融券账户进行监控管理。这种模式存在于希腊、芬兰，是衍生品交易市场的一部分。结算机构证券借贷市场模式是指结算机构作为授信主体，建立股票借贷市场，投资者通过该市场借贷结算机构允许范围内的证券，新加坡、瑞士的证券借贷系统即是这种模式（吴刚，2011）[27]。

简言之，证券借贷集中市场模式是投资者之间或者证券持有人与证券借入者之间的授信，由集中市场提供担保。这种借贷集中市场模式便于监管和控制，但对投资者业务素质和金融市场的要求比较高，否则市场交易量难以大幅度提升。

① 裸卖空是指投资者没有借入股票而直接在市场上卖出根本不存在的股票，在股价进一步下跌时再买回股票，从而获得利润的投资手法。

（五）我国股票市场融资融券交易的概况

我国融资融券业务从禁止卖空到实际推出，过程曲折，大致可划分为四个阶段：第一阶段为 1999 年 7 月 1 日到 2005 年 12 月 31 日卖空交易禁止阶段；第二阶段为 2006 年 1 月 1 日到 2008 年 9 月 30 日融资融券交易启动阶段；第三阶段为 2008 年 10 月 5 日到 2010 年 3 月 30 日融资融券交易试点阶段；第四阶段为 2010 年 3 月 31 日到目前为止，是融资融券交易实际操作阶段。近年来我国融资融券的发展呈现出以下特点：

(1) 融资融券虽然稳定上升，交易量不断扩大，但相对于市场总体交易规模来说，交易量仍然较小。而国外发达国家的融资融券交易在其证券市场中的地位则举足轻重，一般而言，融资融券业务总额占整个市场总交易额的比例都能达到 15%～20%，甚至更高。可以看出，我国融资融券业务占比相对较小，有比较大的发展空间和潜力。

(2) 我国融资业务和融券业务的发展极不平衡，融资业务量迅速扩大，而融券业务相对增长缓慢，这与我国监管部门对融券业务没有完全放开有关。出于防范、控制风险的考虑，相关部门对融券业务附加了较多严苛的规定，从保证金、现券折算、交易价格到证券公司的融券标的范围，一个个的高门槛和高标准严重限制了融券业务在我国的发展规模。

---

(1) 券商自行降低了融资融券业务的客户准入门槛、助长了股市暴涨

自 2014 年股市上涨后，券商的融资融券规模保持了较大幅度的增长，中信证券、海通证券、银河证券等几大券商上市公司都轮番在香港股市进行 H 股的增发融资，另外还有多家券商在 A 股排队上市，它们所得款项的很大部分都被用于拓展融资融券业务。融资业务使得股市的需求曲线不断右移，导致股价上涨。

本来，按照中国证监会关于融资融券的规定，只有账户资产达到或超过 50 万元的客户才有资格进行融资融券，而符合该规定的账户数量占沪深两市股票账户的比例很低（不到 1%）。因此，为了鼓励股市的繁荣发展，2013 年 3 月底，证监会取消了融资融券业务的窗口指导意见，证券公司可以按照自己的投资者适当性制度设定业务门槛（尹中立，2015）[28]。

而券商为了做大两融业务以赚取利息与手续费，也尽力扩大杠杆率，使得在此轮股市的暴涨中，融资融券业务一直红红火火，市场的狂热情绪不断被叠加放大。在 2015 年牛市中，由于券商业绩的超预期增长成为共识，股民们纷纷通过向券商融资买入券商股，仅自央行降息后，2015 年 3 月 2 日，中国券商上市公司中的龙头企业——中信证券率先将融资利率下调至 8.35%，随后，国泰君安、中投证券也跟进下调了融资利率。同时，2004 年 7 月以来，随着股指的一路上扬，我国券商纷纷赴港融资，所得资金大部分是用来发展对客户的融资融券业务。在 2015 年 4 月 7 日至 4 月 9 日的三个交易日，券商板块就被融资净买入了 83.74 亿元，远超其他所有行业，这不仅带动了券商股价格的上涨，也为券商带来了丰厚的融资业务利息收入。自 2014 年 6 月底以来，全市场融资余额迅速从 4 000 亿元开始增长，最高的时候达到了 2.7 万亿元，占流通市值的 5.5%。

(2) 股市下跌时融资业务的自动去杠杆机制——强制平仓引发股市的暴跌

① 去杠杆导致强制平仓

导致 2015 年股市下跌的直接触发点是二级市场的去杠杆。既然股市上涨的原因是投资者大量入市及通过场内、场外配资加杠杆，那么，在高杠杆下的强制平仓就是导致股价急剧下跌的原因之一。

2015 年 6 月 15 日股价开始下跌，接连几天每天都有超过 1 000 只股票跌停，表明股灾来临，而许多上市公司为了避免跌停，找出各种理由将其股票停牌，这反过来加剧了市场的恐慌情绪，

导致出现了更大的抛售。很多基金为了应付客户赎回又卖出了其重仓持有的蓝筹股，导致不管是基本面尚好的蓝畴股还是基本面较差的垃圾股，股价都大幅度下跌（尹中立，2015）。

2015年6月15日股价开始下跌，在第一周即跌去了10%的市值，使得10倍及10倍以上高杠杆的资金账户在这一周进入了强制平仓程序；随着股价的继续下跌，8倍杠杆的账户进入强制平仓程序；到了6月底，股价已经下跌了20%，超过1倍杠杆的账户全部进入了强制平仓程序，由于2～4倍杠杆的账户数量巨大（据估计应该有1万亿元以上），数量如此巨大的股票同时进入强制平仓程序时，市场必然会出现流动性枯竭，这个过程就是去杠杆化。

② 去杠杆化导致流动性溢价的上升以及股价自我强化的下跌

去杠杆化还将造成股价自我强化的螺旋式下跌，因为一旦股市进入去杠杆化进程后，由于担心股市供过于求（流动性枯竭）造成股票的流动性变差、担心股价波动率上升等，投资者将要求股票给予更高的风险溢价，这又反过来降低了其内在价值，加剧了其价格下跌。

此外，股价下跌还有蔓延性或多米诺骨牌效应。比如，在美国次贷危机中，当投资者意识到次贷风险，并去除在次级债券上的投资杠杆时，和这些债券有套利关系的其他债券，持有这些债券的其他投资者以及他们持有的其他品种，都会遭受影响，这个去杠杆的过程可能从有瑕疵的债券蔓延到无瑕疵的债券，并最终影响市场的流动性。

再如，2015年7月8日和9日，当我国大陆股票市场出现流动性危机后，又波及到了我国大陆的债券市场，从而波及到我国的香港市场，进而海外的中国概念股也出现了大幅度下跌，甚至开始明显影响到商品期货和外汇期货市场（尹中立，2015）。

3）场外配资

由于目前我国证券公司的融资融券业务在杠杆比率、准入门槛、标的范围上都被严格监管，这一局限性使得一些投资者转向无监管的、违法的场外配资市场。场外配资在此轮股市风波中的大幅兴起是在2015年3月左右，每周增加量约为1 200亿～1 300亿元。之后，行情冲高回落，市场上恐慌蔓延，2015年四五月时监管层开始重视其影响，就在证监会开始行动，调查场外配资之际，5月28日大盘暴跌了6.5%。到了6月13日，证监会对场外配资的调查力度增加，6月15日开始大盘出现了股灾式的暴跌行情，到2016年6月，配资规模迅速萎缩（钟莹，艾昕，2015）[29]。

总之，此次股市上涨的直接原因就是投资者资金的流入，为股市注入流动性。当股市行情向好时，场外配资的出现使得过度疯狂的投资者变得更加的不理性，而一旦股指下跌，触及平仓线而强制平仓，大量卖盘涌入，进一步促使股价下跌，形成恶性循环。再加上监管层在没有确定规模时贸然采取的“一刀切”式的政策，使场外配资平台出现连环爆，加剧了市场的恐慌（钟莹，艾昕，2015）。

◇ 能量棒 2-11-2

场外配资

2015年的中国股市异常波动，以场外配资为代表的杠杆资金快速堆积和撤离被认为是重要推手。

（一）概述

1. 场外配资的定义

2014—2015年中国股市风潮中的股票场外配资指一些从事民间借贷的配资公司（既包括线下的公司，也包括一些线上的P2P平台如“钱程无忧”“金斧子”“盈在投资”等）在客户自有资金的基础之上为其提供1～10倍的融资，配资公司收取固定的利息与佣金。

场外配资平台普遍是以自有资金在证券或信托公司开设股票账户，为了将账户借给众多的融资者，配资机构必须要实行分仓——将该账户拆分为多个子账户，将子账户提供给配资客户，允许其自主在子账户下操盘炒股，账户完全由投资者独立操作，盈亏自负，而一些金融软件公司（如恒生电子、铭创、同花顺等）开发了特定的软件系统（如恒生电子的HOMS系统），则在技术上帮助了场外配资公司实现分仓①。2015年年初，当恒生电子的HOMS系统被券商直接通入自己的交易系统，即券商与场外配资机构联合时，这被监管部门作为“互联网＋”的一种金融创新，大力提倡和鼓励，导致不接入的券商都觉得自己落后了（李剑阁，2016）[30]。

但是场外配资包含着一些违法细节，它与券商的融资业务相比，融资比例更高、收费更高、操作限制与受到的监管更少，即投资者的资本充足率、担保比率更低，使配资公司面临着更大的信用风险，是“影子券商”，下面具体介绍。

2. 场外配资的盈利模式

在2014—2015年的股市风波中，配资公司所提供的资金的月息通常在2%以上（年利率为24%），并且大部分配资公司除了收取月息外，还要收取交易佣金。证券公司收取的账户佣金率为0.3‰，配资公司通常收取的佣金率却达到了0.8‰～1‰，对于高频交易者而言，这意味着配资公司每月收取的月息要远高于2%。相比而言，自2005年起实施的《典当管理办法》规定，财产权利质押典当的月综合利率不得超过当金的24‰，可见，配资炒股的融资成本远高于典当炒股。如果股民自身技术不过关，最终只能成为股票配资公司的“打工者”，因为每个月赚的钱也许只够交利息。场外配资公司除了赚取高昂的融资利息外，还赚取高昂的交易佣金。场外配资的杠杆率一般为1∶4、1∶5，最高能达到1∶10。杠杆越高，平仓线越低，可见，场外配资是一种加杠杆的投机工具。

海外发达市场的融资融券业务已经很成熟，且没有涨跌幅的限制，股票瞬间跌幅可达90%以上，几乎不可能有融资机构能瞬间对客户强制平仓、以保全自己的融资。而在中国，由于有涨跌停板制度，一旦股票价格下跌，配资公司就有权对客户强制平仓，只要不发生爆仓，就可以保全自己的融资而稳赚盈利，因此，场外配资生意火红，是一种中国特色（宋清辉，2015-07-28）[31]。

3. 配资公司的资金来源

场外配资公司的资金来源除了很少一部分是自有资金外，还有一部分是通过信托渠道筹集的机构资金，但更多的是通过第三方机构向民众集资，比如，在P2P平台上被包装成高息理财产品出售，所吸引来的资金便被用于配资业务，这样，配资公司便要承担偿还P2P平台的客户收益的压力，因此不得不通过各种方式寻找配资客户。如果找不到足够多的配资客户，配资公司的老板就可能跑路，而P2P理财产品的投资者会因此血本无归。

此外，商业银行的信贷资金也流向了股市。由于大中型国有企业亏损严重，中小型民营企业虽有盈利的公司，但也有亏损的公司，商业银行向企业的前期贷款很多成了坏账，尽管它们仍有贷款需求，但银行对它们产生了惜贷心理，因此滚烫的股市就成了银行资金投放的新领域，表现在：

（1）许多银行有意降低了对某些客户信用贷款的利率，这部分资金大多进入了股市。

（2）有些银行借款给P2P平台，让P2P平台为股民配资。

（3）有些银行借款给证券公司，让它们为股民提供融资。

① HOMS系统是恒生电子公司开发的全托管模式的金融投资云平台，它能够让场外配资公司实现风险控制、强制平仓、追加保证金等完整的证券业务流程，在2014—2015年中国股市风波中，HOMS系统是场外配资接入证券公司的主力。

若场外配资公司的资金来源于通过信托渠道筹集的机构资金的话，根据信托合同或资管合同的约定，资金方使用的包括机构优先资金和自己提供的劣后资金只能用于约定范围内的证券投资，不能用于出借，很明显，在此情况下，场外配资公司在非法使用资金（陈彬，2015）[32]。

4. 场外配资的主要危害

1）场外配资放大了投机者的杠杆，放大了股市动荡

与券商场内的融资交易相比，场外配资的高杠杆性决定了它是一把“双刃剑”——在行情向上时，会使投资者加速兑现预期、实现多倍盈利；在行情回落时，因为强制平仓机制，会使股市产生更大的跌幅，俗称发生“踩踏事件”。

具体来说，我国的场内配资（也被称为两融）的杠杆比率通常不到1∶1，但场外配资则通常达到1∶4至1∶7，如此高的杠杆比率在股价上涨时很容易将收益数倍放大，使得收益极具诱惑力，导致了全民炒股、疯狂配资的狂热现象，极大地向右推移了股票的需求曲线，造就了这轮牛市。

但在股票价格下跌时，杠杆率高的交易又放大了融资者的损失。假设场外配资的杠杆率为1∶5，某投资者用20万元的自有资金作保证金，从配资公司融入100万元，购买了120万元的某种股票。假设该股票遇到了一个跌停板（价格下跌了10%），该客户的资产就损失了12万元，全部需要用自有资本冲销，而客户自有资本只有20万元，在冲销后只剩下8万元，担保比率变成了：

$$\text{担保比率} = \frac{\text{资产}}{\text{负债}} = \frac{120 \times 0.9}{100} = \frac{108}{100} = 108\%$$

低于配资公司的维持担保比率，这时配资公司就要求补仓，如果客户无钱补仓，就会遭到强制平仓。也就是说，以1∶5的杠杆率为例，只要一个跌停板，投资者的本金就会被侵蚀大半，肯定会被要求追加保证金。比如，2015年6月9日是之前一路领涨的“中国中车”①这只股票完成了合并后复牌的第二天，由于该股利好出尽、市场信心出现了逆转、泡沫开始被挤出，导致当日其股价从涨停震荡到跌停，即当天有20%的振幅，这使得杠杆率超过1∶5的融资者直接暴露于爆仓的风险之下，而此后的7连跌将该股股价腰斩到了20.08元，使得在此股票上融资的投资者全部亏损得血本无归。

2）场外配资构成了不受监管因而易造成系统性风险的“影子券商”

在实践中，配资公司＋HOMS系统＋信托/民间P2P账户形成了一个没有固定办公场所、没有牌照、不受监管，但却能实现几乎所有券商功能的体系，被称为“影子券商”。其危害性在于：

(1) 配资公司利用HOMS系统的分仓技术在自己的证券账户下开设虚拟子账户供配资客炒股，由于没有实行账户实名制，也未实现交易记录留痕，为监管机构打击配资客的内幕交易、利益输送等行为带来了较大的难度。

(2) 影子券商体系的杠杆比例和杠杆规模等因素都不可测和不可控，影响监管层对于系统性风险的判断与防范。

① “中国北车”与“中国南车”本来是中国证券市场上两只中央企业的股票简称，由于中国国资委意欲在建筑、电力、铁路等产能过剩行业的众多央企间进行合并重组。故2014年12月31日这两个企业发布了重组合并预案，此后由于股票市场参与者强烈看好合并后的“中国中车”的良好收益前景，导致中国南车、中国北车的股价涨幅均超过了400%，市值已远超过了其全球主要竞争对手，成为世界上市值最高的机车制造商，被网友戏称为“中国福车”。显然，其股价有严重的泡沫。

有鉴于此，当2015年股市上涨过快后，监管部门感到了恐慌，于2015年4月开始清理场外配资，要求券商立即切断场外配资，不得为场外配资、伞形信托公司提供数据端口等服务或便利[①]；随后又在6—7月出台了一系列规范性文件清理违法的场外配资活动（李剑阁，2016）。

5. 中国场外配资的沿革

场外配资虽然是违法的，但在国内并不是一种新业务，20年前就已经存在了，当时不仅是股市中存在着配资，在期货市场中更是盛行。针对场外配资业务对市场的扰乱行为，证监会曾于2011年7月发布《关于防范期货配资业务风险的通知》，指出配资公司经工商管理部门核定登记的范围多为投资咨询、投资管理或管理咨询等，未取得任何金融业务许可牌照，涉嫌超经营范围从事资金借贷业务。同时规定，期货公司不得从事、参与期货配资，并负有举报义务。

在期货公司被全面禁止参与配资业务后，配资业务开始向股票市场转移。在这轮股市风波中，场外配资规模也很大，在带给股民超凡的收入的同时，也带给股民超凡的风险。并且，其业务本身就存在着众多违法之处。

（二）场外配资的违法性

场外配资的违法性主要表现在以下方面。

1. 场外配资涉嫌非法经营证券业务

场外配资机构与投资者之间在资金借贷关系之外还会作出如下一些特殊的权利义务安排，类似于券商融资业务的安排。比如，由出借人（类似于券商）实际控制投资者的资金账户，将投资使用借贷资金购买的股票用作担保品。当股票价格下跌到一定程度时，配资机构就强制性地卖出投资者的股票，以保证投资者可以还本付息。

根据《证券法》的规定，证券公司为客户提供融资融券服务，应当按照国务院的规定，并经国务院证券监督管理机构批准，未经批准，任何单位和个人不得经营证券业务。场外配资机构未获得证券业务经营许可从事证券买卖的融资业务，涉嫌非法经营证券业务。

2. 场外配资机构非法出借账户从事证券交易

根据《证券法》的规定，禁止法人非法利用他人账户从事证券交易；禁止法人出借自己或他人的证券账户。2015年的场外配资平台普遍以自有资金在证券公司或信托公司开设账户，并通过与金融软件公司（如恒生电子、铭创、同花顺等）签署对接协议，利用特定的软件系统（如恒大电子的HOMS系统）将该账户拆分为多个子账户，将子账户提供给配资客户，允许其自主地在子账户下操盘炒股。可见，场外配资机构使用此类分仓管理系统等同于违法出借证券账户。

3. 场外配资机构在具体经营活动中通常采取多种不法形式

1）场外配资机构客户的资金处置权丧失

场外配资看似属于民间借贷行为，是借贷双方真实意图的体现，单从这一点来看并不违反法律、行政法规的禁止性规定。但是，场外配资涉嫌非法经营证券业务，从这一点来看，显然违反了法律、行政法规的禁止性规定，可被认定为无效。但是在基本合同无效的基础上，场外配资机构却通过合同的特殊安排对投资资金的去向进行监控，并在特定时候干预投资如进行强制平仓等，从而消除了自身面临的违约风险，将全部风险推给投资者，有悖于公平

① 有报道说监管部门派出干部坐在券商办公室里命令负责人说："今天必须掐掉，不掐我们不走。"（李剑阁，2016）

的原则。

2）场外配资机构私设资金池

一般的配资公司在实施配资业务前，会要求客户将保证金转入配资公司自有账户后，才通过资产管理系统进行子账户拆分。配资公司自有账户就是资金池，使得配资公司有挪用侵吞客户资金的风险。

同样为民间借贷，P2P公司被监管层强制要求不能设立资金池，要进行客户资金的第三方存管，但配资公司未被监管，也未被要求建立客户保证金的第三方存管制度，在实践中确实出现了配资公司挪用客户保证金作为配资公司对外融资的担保的情形，使投资人的资金被置于高度的风险之下。

4）监管不力

中国证监会在借鉴美国等发达国家的经验、放开融资融券的准入门槛时，没有考虑到中国A股与美国股市在性质上完全不同，中国股市不仅不成熟，而且上市公司的质量、股市发行制度、投资者结构及理念、市场运行规则、政府监管制度等都与美国股市有很大不同，导致监管不力。

（1）事前监管不力

这轮股市的暴涨在很大程度上是由于股市单边上涨预期导致场外大量的资金涌入所致，但是面对大量的资金涌入、股市交易量暴增、股指快速飙升所引起的股市疯狂，监管层几乎没有透过这些现象来研究问题所在，从而加强监管。直到股指到最高位、面临失控时才突查场外配资，并强制性地要在短期内去杠杆，实行“一刀切”的强行平仓政策，直接诱发了股市暴跌。

（2）事中监管不利

当股灾发生时，监管部门没有认识到事态严重性，而认为是市场的自然调整、两融业务风险总体可控、仍有增长空间，并且强调场外配资强制平仓的金额不高，占交易量比例很小，同时还继续向市场不断推出重磅的新股。此次股灾表明监管部门不仅在监管行为上滞后于市场，而且在监管观念上更是滞后于市场。

5）交易制度与交易结构的缺陷

（1）交易制度的缺陷

我国的交易制度存在着缺陷——股票交易实行T＋1模式，而股指期货交易实行T＋0模式，这导致当市场暴跌时，做多只能在跌停的第二天，而做空却可以同时操作，导致了流动性的不对称。一旦股市暴跌引发踩踏，交易制度只给投机者大量反复做空股指期货的机会，于是股指期货合约出现连续跌停的走势；并且，一些机构投资者甚至通过打压股票现货来达到在股指期货上做空赚钱的目的。而股指期货的暴跌又加剧了股票现货市场的暴跌，二者形成一种恶性循环，进而引发新的恐慌，致使股市一路下滑。

此外，2015年4月，管理层推出了一个鼓励“裸卖空”的股指期货，为了刺激股指期货交易，多收取佣金，管理者在制度设计上做了很多优惠措施，从而埋下了巨大的做空漏洞，使得低风险套利和期指投机一下子疯狂起来，最终引爆了A股的全面崩盘危机（丁然，2015）[33]。

（2）融资融券结构失衡

① 我国融券交易发展迟缓，券源不足

我国的融券业务（做空机制）发展缓慢制约了股价的尽早调整、加剧了其暴跌，因为对于稳定性投机者而言，通过融券卖空可以尽早地修正过高的股价，避免股灾的发生。但是我国做空机制不够完善，融券业务受到券源不足的制约而发展缓慢，一个表现就是我国的融资/融券比过大。回顾A股市场的此轮暴涨暴跌，融资融券业务一直呈现“融资”突飞猛进、“融券”一券难求的“跛脚”状态，再加上场外配资也只能融资做多，使得多空力量失衡极其严重①。融券交易发展得迟缓使得融券本应起到的对冲市场风险的作用有限，远小于融资交易的杠杆负反馈影响(巴曙松，朱虹，2015)[34]。我国融券业务发展缓慢的原因是由于转融通交易没有发展起来，所以券源不足。

② 我国券源不足是因为转融通机制不完善

◇ 能量棒 2-11-3

转 融 通

(一) 我国建立转融通机制的必要性

1. 转融通建立以前我国融券业务的券源

我国自 2006 年起就对融资融券业务开始筹备，历经四年，终于在 2010 年 3 月正式启动。在试点期间，证券公司只能用自有资金开展融资业务、用自有证券开展融券业务，从而影响了融资融券业务的规模。并且，证券公司用自有资金与自有证券对客户融资融券，也存在着利益冲突，因为在普遍看涨时，客户需要融资，而证券公司用自有资金为自营账户买入证券比向客户融出资金更有利可图；而在普通看跌时，证券公司卖出自己的证券比对客户融券更有利可图。也就是说，证券公司与客户的需求一致，因此对融资融券业务的积极性不高，最终无法满足客户的需求，这就使得转融通机制的建立对于融资融券业务的开展至关重要。

2. 转融通的定义

转融通是指证券公司可以从银行、基金、保险公司等机构，或专门的证券金融公司借入资金或证券，并转手对其客户融资融券。转融通可分为转融资与转融券。显然，转融通机制可以使证券不必局限在自有资金和自有证券上，可以充分扩大融资融券业务的规模。

3. 我国转融通机制建立的沿革

2011 年 10 月，我国唯一一家专门从事转融通的证券金融公司——中国证券金融股份有限公司(简称“证金公司”)正式成立，它是一家由上海证券交易所、深圳证券交易所和中国证券登记结算有限责任公司共同发起设立的国有证券类金融机构，不以盈利为目的，主要职责是为证券公司融资融券业务提供转融通服务，并对证券公司融资融券业务运行情况进行监控。证金公司的成立，是融资融券开闸以来第二个突破性进展，意味着酝酿许久的转融通业务将获得突破。

2012 年 8 月，我国的转融通试点正式启动。从理论上说，转融资与转融券应该同时启动，但由于转融券的相关要求较高，业务相对复杂，因此，我国在初期以转融资为主。

2013 年 2 月底，我国的转融券业务正式推出，首批仅有中信证券、光大证券、国泰君安等 11 家券商获批参与试点，这些券商可以向证金公司融券，再转融给自己的客户的标的证券只有 87 只。转融券业务有 5 个期限品种，分别为 3 天、7 天、14 天、28 天、182 天，且转融资规模远高于转融券。至 2013 年 10 月，转融资余额占两融市场总余额的 97.6%，占有绝对地位。

① 就增速而言，融资业务从 2014 年年初至两融规模达到峰值之时，规模增长达到 503%，而相比之下融券业务仅增长 148%；当 2015 年 6 月末股市发生大幅波动时，融资规模的下降幅度为 36.5%，而融券规模下降 57.5%，即使融券在市场下跌时波动更大，也未能实现有效对冲，反而加剧了市场卖空压力。从融资/融券比值而言，截至 2015 年 7 月，融资余额与融券余额的比率最高达到 500 倍，年均也高达 200 倍左右，相对于国际其他证券市场而言过高。比如，日本的融资规模仅是融券规模的 4.38 倍，而中国台湾地区约为 5.68 倍。

2013 年 9 月 16 日，证金公司将转融通标的证券的范围从 87 只扩大到 287 只，但仍没有改变我国转融券业务的不活跃，也未能改变一直以来以做多为主的市场格局(李悦，2013)。

截止到 2015 年 3 月底，转融券标的股票已扩容至 628 只，与现有的融资融券标的证券范围基本一致。

4. 转融通业务的模式选择

成熟的证券市场都建立了转融通制度，但由于国情和历史原因的不同，转融通制度有不同的模式，比较典型的是以美国为代表的分散授信(市场化)模式和以日本、中国台湾为代表的集中授信(专业化)模式，可供我们借鉴(冯佳，2011)。

1) 以美国为代表的分散授信模式

(1) 概述

美国的分散授信模式是建立在完善的信用体系、发达的资本市场基础之上的，最大的特征就是高度市场化。在这种模式下，当证券公司自有资金或证券不足时，可以直接通过货币市场或证券市场融通资金或证券，由此产生的交易完全由市场参与者自发完成(冯佳，2011)[35]。

分散授信模式的特点是没有专门的金融机构管控卖空交易，券商、基金公司、商业银行、保险公司等非证券类金融机构都可以参与到融资融券交易中来，交易的方式也多种多样，如回购、借贷等。这一制度能够最大限度地活跃市场、降低交易成本、提高交易的效率等，最典型的例子就是美国股票市场。

美国投资者在证券公司可以开立两种账户，一种是从事普通股票及债券等买卖的现金账户；另一种是可以进行融资融券交易的保证金账户，但该类账户的办理对资本金的最低限额是有要求的，一般证券公司要求 2 000 美元的最低资本金，通常的保证金比例为 50%，即信用交易的杠杆倍数为两倍，即资本/负债为 1 : 1，同时对于维持保证金也有所要求——当投资者账户中的资产的价值降低到市价的 35%以下的时候，证券公司会要求投资者追加保证金(Marsh，2008)。

(2) 关于券源、准入的规定

美国政府对信用交易的监控并不严厉，而是把相关事宜交由市场本身来管理，包括对可从事融资融券的券商准入资格的设定，以及标的股票的数量、种类及构成比例等，因此，市场上的证券来源非常充分。美国的《证券交易法》规定，证券公司不仅可以出借自有的证券，还可借用在该公司开立账户的客户的现金账户和保证金账户中的证券；换言之，个人投资者和机构投资者都可以对证券公司出借自己的证券以获得利息收益，也可以从证券公司融资融券，总之，金融机构之间、券商与客户之间都可以进行融资融券。比如，大量的长期投资的保险公司将手中的证券出借给看空的对冲基金，对冲基金通过融券卖空赚取价差收益，而保险公司等长期投资机构则赚取稳定的融券费率，因此融资融券交易在美国股市的活跃度很高。

美国对于从事融资融券交易业务的金融机构和个人的准入也是非常宽松的，只要是满足其规定的最低开户资金要求以及保证金要求的，都可以参与到融资融券交易中来。当证券公司的自有资金或自有证券短缺时，可以直接在市场中寻求其他证券公司的资金与证券的融通，这就是转融通。可见，美国的融资融券与转融通都是分散授信方式。

2) 以日本为代表的集中授信模式

(1) 融资融券业务的集中授信

日本是亚洲最早引入融资融券交易制度的国家，早在 1954 年，战后的日本就通过了《证券市场法》，其中规定了大藏省作为管理股市的枢纽，掌握着决定证券金融机构市场准入的权利，并且统一管理信用账户的保证金比例的问题。

投资者在参与融资融券交易之前，需要先在取得融资融券业务准入资格的几家指定的证券公司开办专门的账户，其对最低资本金的要求为30万日元，初始保证金和维持保证金的比例分别为30%和20%，但券商有权利在政策允许的情况下按照客户的具体情况进行调整。

在这种模式下，投资者只能在指定的几家券商进行融资融券，而商业银行和其他金融机构是不能作为融资融券交易的中介机构的。这样做的优点是能够控制风险，有利于监管机构管控整个市场，但也势必会导致市场运行效率低下，最明显的是融资融券业务供不应求时，券商在券源紧缺的时候只能求助于证券金融公司进行转融通。

(2) 转融通业务的集中授信

与美国不同，日本的信用体系和资本市场并不十分完善，证券公司对专业化机构监管的依赖性较强，因此形成了集中授信的转融通模式，即由带有一定垄断性质的证券金融公司专门负责对证券公司的转融通业务。具体来说，在日本的集中授信模式中，证券监管机构设立的专门的证券金融公司为证券公司提供转融通服务。当证券公司证券或资金不足时，只能通过证券金融公司①融资融券，而不得越过证金公司向其他金融机构融通。证券金融公司再以自己的名义从资本市场上融资融券，充当证券公司与资本市场的中介角色。同时，在这种模式下，证券金融公司也只可以对证券公司转融通，而不可以直接向投资者融资融券。

日本的这种单轨制集中授信模式的优点是：操作层次分明，便于监管，便于维护股票市场的稳定，防范风险，因为证券金融公司可以随时调整保证金比率等，从而通过控制融资融券的扩张倍数而控制股市风险。

缺点是带有一定的垄断性，使得融资融券的成本较高；同时，投资者的选择较为单一，因此融资融券与转融通业务的市场交易活跃度较低，效率也不如分散授信制度下的股票市场。

3) 台湾的双轨制模式

中国台湾由于实行融资融券的时间较晚，其转融通模式借鉴了美国和日本的经验，形成了具有中国台湾特色的双轨制模式。双轨制指证券公司和证券金融公司共同开展融资融券业务，但由于证券金融公司可以直接向投资者出借头寸，导致证券公司的融资融券业务发展得较为缓慢(廖士光，吴淑琨，2011)[36]。

4) 我国的模式

(1) 我国融资融券的分散授信

我国的融资融券业务在券商与投资者层面是分散授信的，投资者可向各个证券公司融资融券，各个证券公司可将自有资金和自有账户的证券融给投资者，但是，目前我国的券商不能动用客户的资金和证券来对其他客户融资融券，因为：

① 证券公司无法动用客户的股票，如果动用，则属违法行为，因为我国股民的资金必须通过第三方存管，券商无法动用。

② 当前很多券商都设立了融资融券部，专门利用自有资金开展融资融券业务，而能接触到客户的资金和证券的是经纪业务部，按照《证券法》的规定，券商的各项业务之间不能有交叉，券商内部各部门都有防火墙进行信息隔绝。

---

① 日本现有3家证券金融公司，即日本证券金融公司、大阪证券金融公司和中部证券金融公司。韩国证券金融公司成立于1955年，是韩国目前唯一的证券融资专门机构(隶属财政部)，是韩国证券信贷的主要来源。中国台湾1980年设立了复华证券金融公司，其后又成立了环华、事邦、安泰三家证券金融公司。

(2) 我国的转融通借鉴了日本的集中授信模式

我国国务院2008年公布的《证券公司监督管理条例》规定，证券公司从事融资融券业务，自有资金或证券不足时，可以向证券金融公司借入，证券金融公司的设立和解散由国务院决定。中国证监会于2011年8月发布的《转融通业务监督管理试行办法(草案)》规定，转融通业务是指证券金融公司将自有或者依法筹集的资金和证券出借给证券公司，以供其办理融资融券业务的经营活动；证券金融公司不以营利为目的，除向证券公司提供转融通服务外，还要履行对证券公司融资融券业务运行情况进行监控、对全市场融资融券交易情况进行监测分析等职责。通过以上规定可以看出，我国转融通业务采用的是集中授信模式(冯佳，2011)。

① 证券金融公司的资金与证券来源

我国的转融通采用了集中授信方式，即当证券公司的资金和证券不足时，不可以直接向商业银行融资或从保险公司融券，而是必须向中国唯一一家证券金融机构——中国证券金融股份有限公司(简称证金公司)进行转融通。我国在转融通业务推出之初的转融资利率在5%～6%，证金公司将每天公布利率。

在我国，证券金融公司的资金来源可能包括证券金融公司自有资金及取得担保权的资金、投保基金可支配的资金、交易所及中登公司可支配的资金，定向发行债券及通过货币市场借入的资金等。在实行混业经营的其他国家，商业银行也可以对证金公司贷款。

证金公司开展转融券业务的券源可以是各类基金、保险公司、上市公司大股东、全国社保基金等所持的证券。这些机构投资者(如保险公司)因战略的需要而长期持有很多股票，往往是主要的融券提供方，融券交易令保险公司在保持长期持有证券的前提下获得收益，因此保险公司具有强烈的融出意愿。

转融通业务的推出将盘活许多上市公司股东手中原本不进入流通的股份，尤其是对于一些高估值的创业板股、小盘绩差股、垃圾股以及股价高高在上的“被爆炒”股等，其持有者都可以通过转融券而获取收益。此外，“大小非”①除了在二级市场直接减持、通过大宗交易减持、股权转让等途径外，如今还可通过转融通而获取收益，而不必以保值为目的进行变现抛售。

② 我国采用转融通集中授信模式是为了便于监管和防范风险

我国采用转融通集中授信模式是为了便于监管和防范风险，因为中国证券金融股份有限公司作为全国唯一一家转融通中介机构，可以全面掌握市场交易信息，掌握市场动态，便于统计业务具体数据信息。证金公司还可以根据市场交易数据，及时地发布融资融券余额、股市涨跌行情指标，为投资者提供投资参考信息。

除此之外，证金公司还针对性地成立了授信管理决策机构，根据市场整体交易概况有效地控制风险等因素，对券商征信进行全面调整、分析、评估，确定最终的授信额度、保证金比例档次，且该指标不是一成不变的，而是根据券商信用情况的变化而调整，因此，转融通业务的推出有利于发挥市场风险监控功能。

---

① “大小非”是指非流通股，即限售股，或叫限售A股。我国实行股份制改革(简称股改)时规定，为了不对二级市场造成冲击，对于股改前限售流通股占总股本的比例小于5%的公司，在股改一年后限售股方可流通，并且一年以后也不能大规模地抛售，只能有限度地抛售一小部分，这种情况叫“小非”；对于股改前限售流通股占总股本的比例大于5%的公司，在股改两年后限售股方可上市流通，这种情况叫“大非”。但是，因为大非一般都是公司的大股东，即战略投资者，一般也不会抛售的。

(3) 我国转融通机制的功能

① 转融通的推出从理论上说完善了做空机制

我国转融通机制的推出从理论上说应该能拓展之前融资融券业务的规模,缓解证券公司资金和券源不足的问题,尤其是2014年9月转融券标的股票的范围扩大后,才增大了我国融券业务的规模,才使我国证券市场的卖空机制得以真正落实。

转融通机制的功能就是成就了融券做空机制,可能会增加市场风险。因为转融通的推出扩大了融资融券的规模,当投资者进行非稳定性投机时,就会加大市场价格的波动,并且容易出现操纵市场等损害其他投资者利益的行为,这就需要监管的加强。

此外,转融通机制的推出最终将使机构投资者成为证券市场的主流。在西方,机构投资者是证券市场的主要力量,而在我国,市场参与者多为个人投资者。而转融通业务的推出对投资者的水平提出了更高的要求,个人投资者长久以来的多方思维方式使得其投资方式和盈利模式都很单一,而转融通、特别是转融券的推出,给拥有雄厚资金和能力的机构投资者带来了做空盈利的机会,却对个人投资者的能力提出了更高的挑战,最终个人投资者将不得不选择以持有基金的方式投资股市,使得基金等机构投资者成为证券市场的主流。

② 在实践中,证监会关于转融券的要求较严格,并没有显著缓解券源不足的矛盾

a. 证监会关于可融券余额不能超过该证券总市值的10%的规定使得券源不足

在转融券业务开通之前,许多证券公司可供融券的券种的品种与数量相对于投资者的需求而言是很有限的。2011年8月,证监会发布了《转融通业务监督管理试行办法(草案)》,并向社会公开征求意见,在试点初期对融资融券的借入额度划定了上限,如规定单一证券公司单日单只证券的最大融入量不能超过1 000万股等,并且每个券商还需要根据自身的保证金头寸圈定可用的融资融券额度。这意味着转融通初期,券的供给增加只是心理上的影响,并没有实质性地缓解券源不足的矛盾。

经过向社会公开征求意见,中国证监会于2011年10月28日正式发布了《转融通业务监督管理试行办法》,与征求意见稿相比,正式版合理放宽了转融通业务有关风控指标,但仍规定证券金融公司融出的每种证券余额不得超过该证券可流通市值的5%,充抵保证金的每种证券余额不得超过该证券总市值的10%。不少券商提出上述指标过严,难以满足市场需求。为此,调整后的《转融通办法》适当放宽了比例限制,将上述指标分别提高到10%和15%,但仍然不能缓解券源不足的矛盾,使得我国的融券业务发展缓慢,我国融券规模占融资融券余额的比例不足1%,而在美国股市中,融资与融券的比率约在3∶1。

b. 转融券的标的股票是大型蓝筹股,不适合作为被融券卖空的对象

转融券业务试点标的股票基本都属于大型蓝筹股,这些股票一般估值合理、业绩稳定,因此被融券卖空的机会比较少。

c. 投资者通过券商向证金公司融券受到融券规定期限的限制

推出转融券之后,客户可以通过券商向证金公司进行融券,虽然标的扩充了很多,但是,客户向证金公司融券时,被要求必须在28天或182天后还券,而此前向证券公司融券时,客户可以按照自己的意愿来选择归还日期,相应地根据归还日期计算融券利息。而因为券商向证金公司融券后再转融给客户,如果客户提早还券,券商同样需要向证金公司支付28天或182天的利息,对券商造成额外的利息费用,这在一定程度上影响了券商开展转融券业务的积极性。

d. 监管层对转融券的出借人规定过于严格

按照目前的转融券业务的试点规则,只有上市公司的非机构股东具备出借证券的资格,

而基金公司、保险公司和上市公司的国有机构股东持有的证券因法律法规和政策上的限制，目前尚不能真正开展出借证券业务。

5）评论

上述几种模式各有利弊，如果政府和监管机构更为注重市场的效率，鼓励让市场自身作为资源配置的主体，实行自我管理、盈亏自理、风险自担，则分散授信模式无疑是更好的选择。但是，这种模式也可能会产生以下副作用——它有可能通过复杂的交易，采用过高的杠杆率像滚雪球般地将信用交易的规模越做越大，导致市场结构日趋脆弱，蕴藏着巨大的风险。在市场健康运行、外部环境良好的情况下，市场表现出的是欣欣向荣的景象，但一旦市场遭遇较大的问题，或者外部环境的恶化催生系统性的风险，市场则有可能出现如“多米诺骨牌”一般的连锁反应，对证券市场乃至整个经济金融市场都会产生灾难性影响。

而集中授信模式则可以较好的规避这一类风险，一方面因为政府对金融机构参与融资融券业务实施严格的控制，只有规模和资信很好的证券公司和相关金融机构可以参与到融资融券交易中来，规模大、资信好，可以保证其有能力抵御一定的风险。另一方面，参与融资融券业务的金融机构数量少，也使其更容易被监管机构管控，这一切使得集中授信模式下的市场更加稳定。通常更为注重风险管理和金融市场稳定性的国家的股市，往往偏爱集中授信模式。

5）伞形信托

伞形信托是市场上对这种信托产品的简称，比较准确的叫法应该是：多单元结构化伞形信托。从这个名称中，我们可以对该产品的结构有个大概了解。首先，多单元指的是伞形信托的一个主账号下可以有多个子账号，每个子账号都是一个单独的交易单元，通过分组交易系统设置若干个独立的子单元，每个子单元独立进行交易和清算。其次，结构化指的是每个子单元的委托人不止一个：一般由劣后级委托人（以下简称劣后级）和优先级委托人（以下简称优先级）构成。劣后级就是实际操作子账户的人，所有的交易指令都由他发出，一般是由资金实力雄厚的自然人、集团下的财务公司以及一些中小企业来担任；优先级就是资金提供方，一般是由银行、信托公司来担任。在伞形信托的参与各方中，劣后级是资金的需求方，他需要拿出一部分资金作为保证金，根据自己的风险承担能力确定相应的杠杆比例。伞形信托常见的杠杆比例有1：1、1：2、1：3，一般杠杆越高，资金成本也越高。优先级是资金的提供方，其中，银行作为优先级，其资金来源主要是发行理财产品形成的资金池，这一部分资金占伞形信托资金来源的大部分。信托公司作为优先级，其资金来源主要是自有资金，由于信托公司自有资金的规模一般较小，这一部分资金只占伞形信托资金来源的小部分（刘士祥，赵倩倩，2015）。

伞形信托产品设置的预警平仓机制将会加剧市场的变化。信托公司一般会根据杠杆比例设置相应的预警平仓线，例如对于1：3的杠杆比例，预警、平仓线一般设为0.92、0.88。市场行情波动较大时，很容易就会触及预警平仓线，若客户不追加保证金，信托公司将会强行平仓。当市场上流动性充足时，还可以及时平仓止损，保证优先级资金的安全；但当出现暴跌情况时，大家都急于平仓止损，无人接盘，信托公司为了平仓可能会直接挂跌停价，更加加剧了下跌趋势，导致市场流动性丧失，“千股跌停”的景象一再上演。例如，2015年9月27日，银行收紧伞形信托杠杆比例的传闻引发股市强烈反应，大盘在券商、保险、银行等权重板块的集体疯狂杀跌下出现大幅跳水。伞形信托与其他两种加杠杆的投资工具相比虽然规模不大，但其高杠杆性以及预警平仓机制加剧了市场行情的波动性，起到了助涨助跌的作用（刘士祥，赵倩倩，2015）。

首先，市场行情处于牛市时，高杠杆的赚钱效应激发了投资者的赌性，投资者不满足1：3的杠杆，渴望更高的杠杆比例，一些信托公司就设计出带夹层的伞形信托。与普通伞形信托相比，夹层伞形信托在劣后级与优先级之间设置了一个夹层方，夹层方愿意承担高于优先级的风险，以获得较高的收益率，一般可达优先级收益率的2倍以上。以1：1：4的结构为例，劣后级出资1，夹层方出资1，优先级出资4。若出现投资亏损，首先亏劣后级资金，其次亏夹层方资金，最后才亏优先级资金。站在优先级的角度来看，劣后级的出资1和夹层方的出资1共同形成的出资2，可以看作优先级资金的安全垫，因此对优先级资金来说杠杆是1：2，风险是可以接受的；站在劣后级的角度，他可用的资金是自己出资的1、夹层方的出资1和优先级的出资4，因此对劣后级资金来说杠杆是1：4，满足了投资者对高杠杆的需求。但是，这种产品创新提高了杠杆比例，其助涨助跌作用被进一步放大(刘士祥，赵倩倩，2015)[37]。

其次，通过产品创新，规避法律、法规限制。银监会明文规定，对于结构化证券投资信托业务，每个信托产品持有一家公司发行的股票最高不得超过该信托产品净值的20%。伞形信托因其所有子单元共用一个主账户，每个子单元通过各自的子账户进行独立操作，只要主账户未超过上述比例限制，每个子单元的投资仓位不受限制。同时，一些信托公司为了更加彻底地规避上述限制，设计出具有两层结构的伞形信托，使得每个子单元可以轻松地突破限制，可以达到全仓持有一只股票的效果。全仓持有一只股票的风险要大于分散投资的风险，行情暴跌时，一些有重大利空的股票会出现连续无量跌停的情况，若无法及时平仓，将使优先级资金受损(刘士祥，赵倩倩，2015)。

3. 国家队救市不利的问题

1) 2015年7月“国家队”救市不利的原因是证监会的信息寻租

从2015年7月政府救市以来，政府已为救市投入了大量资金，但所购买的股票市值却越来越下跌，这是为什么呢？救市本来应该购买低价蓝筹股(权重股)，而国家队从第二个星期就开始购买其腐败内幕交易的同伙重仓持有的垃圾股，垃圾股市值高，又没有拳头产品的基本面支撑，股价很难涨上去，也很难带动股价指数上涨，说明国家队救垃圾股是腐败的内幕交易。

中国证监会主席助理张育军就是此轮国家队救市中的腐败分子之一，2015年9月22日因涉嫌严重违纪而被免职。张育军事件的核心是：张育军伙同中信证券公司利用自己在担任国家队主力军时所获得的信息优势，购买了与其利益相关的垃圾股而严重影响了股指上涨，从而把公共利益转化为私人或公司利益，属于内幕交易问题(易宪容，2015-09-17)[38]。

2) 谁来监管证监会？

早在十几年前，中国股市就产生了一个问题：谁来监管证监会？因为中国股市是由政府主导的市场，政府对股市提供隐性担保，则政府对于股市拥有无约束的权力，而没有约束的权力则是中国股市腐败的根源。比如，新股发行实行审批制就产生了市场准入方面的寻租问题，监管者也会利用监管权力和信息优势而寻租，这就是中国股市违法违规、内幕交易严重等各种乱象的根本所在。此次张育军的监守自盗事件并非要纠正某个人的金融腐败问题，而是要通过制度建设来防范证监会的最高权力者如何不滥用权力的问题(易宪容，2015-09-17)。

六、股价指数

股价指数是用来衡量股票行情(股票总体价格水平)变动程度的指数，以某一时期为基期(用设定价格100表示)求得计算期股票价格的百分比，用百分点的形式标出，比如：

$$\text{股价指数} = \frac{\sum_{j=1}^{n} P_1}{\sum_{j=1}^{n} P_0}$$

世界上最具影响力的股价指数有美国的道·琼斯股票平均价格指数、标准普尔股票价格指数、英国的《金融时报》股票价格指数、日本经济新闻社编辑的日经股价指数、中国香港恒生银行编辑的香港恒生指数等。

讲完了资本市场后就应讲货币市场了。货币市场即1年期以内的短期金融市场,它一方面满足借款者的短期资金需求,另一方面为贷款者的短期闲置资金寻找出路。由于货币市场上交易的工具可以随时在市场上出售变现,流动性很高,从这个意义上来说,它们近似于货币,故将融通短期资金的市场称为货币市场。由于货币市场的许多金融工具都与商业银行的业务有关,故这部分内容将穿插在第三章"商业银行业务"中讲授。

讲完了金融市场就应讲金融机构了,下面先简单介绍一下非银行金融机构,再在下一章专门讲述商业银行。

第四节　非银行金融机构

美国是世界上各种金融机构发展得最为完全的国家,美国将金融中介机构分为三类。

一、存款机构

指接受个人和机构存款、并发放贷款的金融中介机构,包括商业银行、储蓄贷款协会(savings and loans associations)、互助储蓄银行(mutual saving banks)、信用社(credit union)。

◇ 能量棒 2-12

中国的农村信用社、农村合作银行与美国的储蓄贷款协会

(一) 农村信用社(Rural credit cooperatives)

信用合作社简称信用社,是指由个人集资入股组成的、以互助为主要宗旨的合作金融组织、银行类金融机构。其基本的经营目标是以简便的手续和较低的利率,向社员提供信贷服务,帮助经济力量薄弱的个人解决资金困难,以免遭高利贷盘剥,它是劳动人民或居民联合起来经营信贷业务的组织,通过储蓄、借贷调剂资金,解决社员生活和生产上的困难。按照地域的不同,可分为农村信用社和城市信用社。

1. 资金来源与运用

信用社的资金来源于资本与负债,包括合作社成员缴纳的股金、留存的公积金和吸收的会员、非会员的存款。资金运用主要是解决其成员的资金需求,包括:①对会员提供短期贷款;②提供消费信贷;③提供票据贴现;④部分用于证券投资;⑤其他业务,如寄存等。

比如,有10位社员组建了一家信用社,每人出资10万元,一共凑齐100万元作为股东权益,然后再吸收1 900万元的存款,在此基础上发放2 000万元的贷款,赚取存贷利差,信用社的盈利模式就是这么简单。

我国的农村信用社是由农民或农村的其他个人集资联合组成的,在创办初期,社员都是农民①,合作社的规模较小,社员贷款被严格地用于农业生产。现代的农村信用社成员已经由原来主要是农民,逐渐扩大到兼业农民、农村的小工商业者、农场的工人和职员,业务也由原来主要办

① 我国的农村信用社始建于第一次国内革命战争时期,当时建立农村信用社的目的在于抵制地主、商人的高利贷剥削。

理种植业的短期生产贷款，发展到综合办理农林牧副渔和农村工商业及社员消费性的短期贷款。资金充裕的信用社还对农业生产设备，中小工商业提供中、长期贷款，并逐步采取了抵押贷款方式，以不动产或有价证券作为担保，和商业银行贷款没有区别。由于业务对象是合作社成员，因此业务手续简便灵活。

2. 人合性、平等性原则——一人一票、非一股一票

信用社不是股份制银行，实行以下的平等原则：

(1) 入社和退社实行自愿原则；

(2) 每个社员都应提供一定限额的股金，并承担相应的责任；

(3) 实行民主管理，社员具有平等的权利，每人有一票投票权，信用社的最高权利机构是社员代表大会，在社会全员民主选举的基础上，由指定人员管理经营，并对社员负责，坚持主要为社员服务的方针，打击高利贷。制定这些原则的意义在于保证了信用社不会成为被少数人所控制、为少数人谋取利益的企业，并使其与股份制银行区别开来。

1996 年我国对农村信用社进行了规范性改革，改革后的农村信用社主要有以下 3 种模式：(1)农村信用社；(2)农村商业银行；(3)农村合作银行。

（二）农村合作银行

1. 农信社升级为农村合作银行的必要性

随着我国农村经济的发展，部分地区尤其是沿海发达地区的农村经济发展较快，非农产业已经超过农业成为当地经济的主体，农民的主要收入来源也从家庭经营收入转变成依靠工资收入和投资收人。产业的转变和农民收入来源的变化，使得农民的金融需求发生了很大改变。从融资需求方面来讲，欠发达地区的农民借款主要用于生活支出，表现为金额小、借贷期限长，显示出与农业生产周期同步的对应性。而发达地区的农民基本生活需求已得到满足，其借款目的更多的是用于生产性投入所需的资金周转，表现为借款金额大、期限短。

同时，发达地区的农民对金融服务提出了更高的要求，除了最普通的储蓄服务外，逐渐也对银行卡服务、投资理财产品、支付结算服务等金融产品产生了需求。传统的农信社经营规模、经营业务都难以支持发达地区农户金融需求的转变，将经济比较发达、城乡一体化程度较高地区的农信社适时改制为农合行，正是顺应了这样一种改革的要求①，由于农合行的资产规模大，抗风险能力强，经营地域广，业务种类多，因此可以在更大的范围内满足多层次的金融需求。

2. 农村合作银行的运作

农合行所采用的股份合作制是创新型产权制度，既具有合作经济的社区性与互助性，又兼有营利性与商业化特征，主要体现在农合行的股权设置不同于农信社：

(1) 农合行的股本金来源不仅有自然人股，还有法人股，区别于农信社的股金主要来源于辖内的农民社员的自然人股。

① 1996 年国务院出台《关于农村金融体制改革的决定》时就提出，要建立以合作金融为基础，商业金融和政策金融分工协作的新农村金融体系。农信社被定位于主要为农户服务的合作金融机构，并倡导在城乡一体化程度较高的地区，已经商业化经营的农信社可合并建成农村合作银行，这是农业合作银行成立的原因之一。原因之二是原有的农信社不得不进行改革了，因为它们普遍存在着产权不清、约束机制失效、行政不当干预等问题。而在改制为农合行之后进行了清产核资、增资扩股，股东身份一一得到确认，实现了产权明晰的改革目标。在产权明晰的基础上，所有者与经营者之间的委托代理关系得以理顺，有利于农合行完善法人治理结构。与农信社相比，农合行由于投资股的设立，股东参与经营管理与监督的积极性显著提高，也有利于农合行激励与约束机制的形成。同时，股东身份的落实与农合行经营能力的提高，实现了农合行自主经营、自负盈亏的目标，使得政府得以摆脱最后风险承担者的角色，减少了政府进行行政干预的理由和机会。

(2) 自然人股和法人股都分别设置了资格股和投资股两种股权。资格股就是传统的农信社合作股份,具有"人合性",以"一人一票"为原则;投资股则引进了股份制观念,具有"资合性",以"一股一票"为原则。农合行保留了合作制特征,有利于对辖内的农民、农业和农村经济发展提供持续性的支持。同时,引进股份制有利于农合行进行增资扩股,提高盈利能力。

当前,各省农村信用社入股组建了农信银资金清算中心,实现了全国农村信用社、农村商业银行和农村合作银行之间的通存通兑业务,并开通银行卡,加入了中国人民银行的现代化支付系统,实现了跨行通存通兑业务。

(三) 美国的储蓄贷款协会(Savings and Loans Associations,S&L)

美国的储蓄贷款协会是一种在政府支持和监管下专门从事储蓄和住房抵押贷款业务的金融机构,通常采用互助合作制或股份制的组织形式。

储蓄贷款协会最初起源于18世纪末的英国,旨在帮助工薪阶层存款买房。美国的第一家储蓄信贷协会于1831年诞生在宾夕法尼亚州,但发展比较缓慢。1930年年初,美国联邦政府建立起一套储蓄贷款协会体系,以促进大萧条期间的房地产行业的发展。比如,1932年美国成立联邦住宅贷款银行委员会(Federal Home Loan Bank Board),承担储蓄贷款协会的监管工作。1934年,政府又设立了联邦储蓄贷款保险公司(Federal Savings and Loan Insurance Corporation),为储蓄贷款协会中的存款提供保险。

第二次世界大战结束到1970年,美国住房市场需求日趋旺盛,给储蓄贷款协会的发展带来了一段黄金时期。到了1970年年末,美国储蓄信贷协会的总资产已突破了6 000亿美元,成为了美国的金融巨头之一。

20世纪80年代末、90年代初,美国房地产价格大幅度下跌,房地产按揭贷款客户大量违约,因此形成大量储蓄贷款协会的不良资产,它们普遍陷入严重困境,相当一部分丧失了支付能力而破产倒闭,形成了20世纪70年代以来发达国家中规模最大的金融危机之一。

二、投资性金融中介机构

投资性金融中介机构包括共同基金(mutual funds)、金融公司等。

(一) 共同基金

共同基金又称投资基金,它通过向个人出售股份来筹集资金,用于购买多样化的股票和债券组合。它把中小投资者的资金集中起来,通过专家进行管理(基金管理人每年向其股东收取不超过1%的管理费),可降低交易成本,并通过投资多样化以降低风险,因此受到广大投资者的欢迎。

按照共同基金的组织形式,可将其分为公司型和契约型两类。公司型基金是指基金本身为一家股份有限公司,发行自身的股份,投资者通过购买基金的股份成为基金的股东,并凭股份领取股息和红利。契约型基金则是由委托者、受托者和受益人三方订立信托投资契约而组织起来的,基金本身并不是一个法人,它由委托者(基金管理公司)根据契约运用信托财产进行投资,并由受托者(信托公司或银行)负责保管信托财产,而投资成果则由受益者(投资者)享有。由于契约型基金不具有法人资格,所以它不能向投资者发行股份,只能发行受益凭证。美国的共同基金大多数是公司型的,所以通常又被称为投资公司,而目前我国的许多开放式基金则是契约型基金。

根据共同基金发行的股份(或受益凭证,下同)能否被赎回,可将其分为封闭式基金和开放式基金。封闭式基金的股份相对固定,一般不向投资者增发新股或赎回旧股,但投资者购买股份后可将其在二级市场上卖出以换回现金,和其他证券一样,封闭式基金的股份价格由其供求决定。

开放式基金的发行总额不固定,可视经营策略与实际需要连续发行。投资者可随时从基金中购买更多的受益凭证(相当于股份),或要求基金将自己手中的受益凭证赎回,以换回现金。开放式基金的股份(受益凭证的份额)价格取决于该基金所持有的全部证券组合的净价值,即基金的净资产价值。因此,当证券的价格发生变动时,基金股份的价格也会随之波动。在美国,大多数共同基金都是开放式基金。

根据共同基金主要购买的证券种类,可将其分为股票基金、债券基金和货币市场共同基金,它们分别以股票、债券和货币市场工具作为主要的投资对象。根据各自的投资策略,又可将其分为追求以资本价值的高速增长为目标的成长基金、以追求本期收益为目标的收入基金和以追求本金安全为目标的平衡基金。这些不同类型的基金满足了投资者不同的偏好。

(二)金融公司

金融公司通过出售融资性商业票据、发行股票或债券,以及向商业银行借款等方式来筹集资金,用于向购买汽车、家具等大型耐用消费品的消费者或小型企业发放贷款,可分为三类,即销售金融公司、消费者金融公司和商业金融公司。其中销售金融公司是由一些大型零售商或制造商建立的,旨在以提供消费信贷的方式来促进企业产品销售的公司,如福特汽车信贷公司便是福特汽车公司为促进汽车销售而建立的。

三、合约性储蓄机构

合约性储蓄机构包括各种保险公司和养老金,其特征是以合约方式定期、定量地从持约人手中收取资金(保险费或养老金预付款),然后按合约规定向持约人提供保险服务或养老金。由于它们能通过概率计算出每年需要支付的赔偿额和退休金,因此可将其余资金投资于长期的证券如公司债券、股票以及长期国债等。

保险公司主要有两种类型:人寿保险公司、财产和意外灾害保险公司。由于从总体上来看,人口死亡率是比较稳定的,人寿保险公司能够相当准确地计算出其未来的保险金支付额,因此,人寿保险公司主要投资于收益率较高的公司股票、债券、抵押贷款等长期性金融工具。财产和意外灾害保险公司主要是对火灾、盗窃、车祸、自然灾害等各种事件造成的财产损失进行保险,由于其保险赔偿额不像人寿保险公司那样可以准确地加以预期,因此它们更多地是投资于中央政府债券和市政债券,以保持必要的资产流动性。

养老基金(pension funds)可分为私人养老基金和公共养老基金。私人养老基金通常是由企业为其雇员设立的,养老金预付款由雇员和雇主共同分担,同时政府还给予某些税收的优惠。私人养老基金可以由商业银行的信托部、人寿保险公司或专门的养老基金经理来管理,往往大量投资于公司股票。公共养老基金则包括各级政府为其雇员设立的养老基金和社会保障系统。

[1] 耿钊洋. 企业融资创新下的短期融资券研究[J]. 城市经济. 2014(9).
[2] 胡箭，张任研. 短期融资券在解决中小企业融资难时的困境分析[J]. 经济视角，2012(9).
[3] 周之. 2016-01-29. 图解农行 39 亿票据窝案，票据理财市场的冬日[J/OL]. http://www.toutiao.com/i6245029730291040769.
[4] 张宇哲. 2016-01-22. 农行爆发票据窝案 39 亿无法兑付[J/OL]. http://news.sohu.com/20160122/n435544215.shtml.
[5] 刘尚希. 2016-08-09. 世界银行和财政部联合报告：中国地方债最糟糕的不是炸弹本身[J/OL]. http://www.brjr.com.cn/thread-268836-1-1.html.
[6] 贺江兵. 2016-09-28. 高房价拐点只等一件大事，会很快发生[J/OL]. http://finance.ifeng.com/a/20160928/14909073_0.shtml.
[7] 穆心眉. 2016-10-09. 房地产调控潮背后，却是一场地方与中央看不见的博弈[J/OL]. http://news.10jqka.com.cn/20161009/c593874036.shtml.
[8] 2017-10-07. 真相！是"土地财政"让中国崛起，完成了原始积累[J/OL]. http://finance.ifeng.com/a/20171007/15710338_0.shtml.
[9] 2014-11-20. 标普抨击中国地方债：半数省级政府都是垃圾债[J/OL]. http://www.cs.com.cn/xwzx/jr/201411/t20141121_4569020.html.
[10] 包慧. 2015-09-28. 国家资产负债表专题[J/OL]. https://www.yangqiu.cn/shouhu_01314/195935.html.
[11] 管清友. 2015-05-13. 央行介入地方政府置换债发行全解读[J/OL]. http://business.sohu.com/20150513/n412933707.shtml.
[12] 金岩石. 2009-07-18. 从美国加州破产危机看中国地方发债[J/OL]. http://jinyanshi.blog.sohu.com/120820771.html.
[13] 2017-04-01. 震惊！地方政府失信黑名单竟有这么多[J/OL]. http://www.sohu.com/a/131563251_670374.
[14] 张继强，姬江帆，杨冰. 永续债：海外经验及国内前景探讨[J]. 债券. 2013(11).
[15] 2015-03-14. 阿里惹麻烦了！美国律所突袭！[J/OL]. http://www.360doc.com/content/15/0314/07/17132703_454980643.shtml.
[16] 2015-07-30. 万科连遭举牌背后：股权暗战 or 股价被低估？[J/OL]. http://news.sohu.com/20150730/n417801958.shtml.
[17] 2016-07-01. 万科股价低位徘徊现金分红不高，被质疑未维护小股东权益[J/OL]. http://news.xinhuanet.com/fortune/2016-07/01/c_129105206.htm.
[18] 潘英丽. 理性认识优先股[J]. 中国金融，2014(17).
[19] 钟正生，张璐. 2016-03-25. 债转股归来，这次不一样[J/OL]. http://finance.qq.com/a/20160325/035710.htm.
[20] 王思斌. 2015-07-11. A 股股灾全记录，有风险请慎入[J/OL]. http://guba.eastmoney.com/news,cjpl,185482420.html.
[21] 易宪容. 中国股市如何回归常态——A 股暴涨暴跌的原因及政府救市之路径[J]. 经济改革，2015(8).
[22] 赫凤杰. A 股市场杠杆交易与监管[J]. 财经科学，2015(11).
[23] 刘逖. 如何衡量流动性：理论与文献综述[N]. 上证联合研究计划课题报，2002(3).
[24] 潘焕焕. 融资融券业务模式与中国选择[J]. 银行家，2008(7).
[25] 开文明. 制度完善下的转融通机制[J]. 资本市场，2011(3).

[26] 高翔. 我国证券信用交易研究综述[J]. 武汉金融，2008(7).
[27] 吴刚. 我国融资融券实现路径：横向比较及前瞻[J]. 科技经济市场，2011(3).
[28] 尹中立. 股市缘何暴涨暴跌[J]. 中国金融，2015(9).
[29] 钟莹，艾昕. 中国股市暴涨暴跌的原因及发展建议[J]. 中国商业，2015(30).
[30] 李剑阁. 2016-03-29. 去年股灾是怎么发生的？终于有人把不敢说的都说了[J/OL]. http：//news.cnfol.com/zhengquanyaowen/20160329/22481517_2.shtml.
[31] 宋清辉. 2015-07-27. 场外配资违法成本为零[J/OL]. http：//caijing.chinadaily.com.cn/2015-07/27/content_21421040.htm.
[32] 陈彬. 场外配资的违法性分析[N]. 证券市场导报. 2015(9).
[33] 丁然. 中国"股灾"分析[J]. 商，2015(27).
[34] 巴曙松，朱虹. 证券交易与监管制度反思[J]. 中国金融，2015(15).
[35] 冯佳. 转融通业务模式选择[J]. 中国金融，2011(20).
[36] 廖士光，杨朝军. 卖空交易机制对股价的影响——来自台湾股市的经验[J]. 国际金融研究，2005(10).
[37] 刘士祥，赵倩倩. 浅析伞形信托的是与非[J]. 现代商业，2015(30).
[38] 易宪容. 2015-09-17. 张育军被调查对中国股市意义[J/OL]. http：//guba.eastmoney.com/news,szzs,202863283.html.

即测即练

简述与论述题

1. 简述欧债危机期间，希腊国债的到期收益率曾达到 90%之高，为什么没有被人们疯抢？

2. 请运用股票内在价值决定的原理构造一个数例，说明某上市公司的股票市值是如何低于其重置成本的。

3. 简述托宾的 α 理论。

4. 简述直接融资的优缺点。

5. 前两年中国很多 P2P 平台的理财产品利率高、卖得很火爆，但也有很多投资者被骗得血本无归，事后觉得还是存银行安全可靠，试对比商业银行与 P2P 平台的功能(上网查找资料自己研究一下 P2P 平台的功能)来分析此现象。

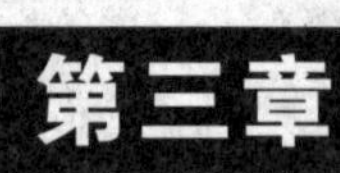

第三章 商业银行的业务与管理

我们为什么要专辟一章来讲述商业银行这一金融机构呢？因为：

(1) 从历史上来看，商业银行产生得最早，时至今日，商业银行在各国金融体系中的规模最庞大，其活动对整个金融业和社会经济的影响是其他任何金融机构都难以比拟的；

(2) 商业银行的业务范围广泛，素有“金融百货公司”之称，有别于其他多数金融组织的专业经营；

(3) 商业银行是唯一能够办理用支票提取活期存款业务、提供交换和支付媒介、创造货币和信用的机构，因此，商业银行的业务活动与中央银行的货币政策以及整个社会的经济活动是紧密相连的，这一点就是商业银行在“货币金融学”这门课程中比其他金融机构更受重视的原因。

第一节 商业银行的多倍存款、贷款创造过程

商业银行玩的是一种惊险的游戏——部分存款准备金条件下的存、贷款活动既是其盈利的来源，又使它很容易遭受挤提与流动性危机。

一、部分准备金制度下的多倍存款、贷款创造(扩张)

◇ 显微镜 3-1

“星期八小镇”的货币与银行

在上海市莘庄地铁站楼上有一家名叫“星期八小镇”的室内儿童游乐馆，每次封闭式开馆时间为四小时，它是这样运营的：“小镇”里有很多场馆如小消防局、小运钞公司、小牙医诊所、小机场、小银行、小西饼屋等，每个场馆“招募”小员工，小朋友们排队应聘后上岗“工作”，玩半小时后就“下班”了，可以得到一张5元钱的小镇货币作为工资。四小时的时间很快就要过去了，到最后半小时前，工作人员总会劝说小朋友最后一个项目去玩“小银行”——把赚到的E币存起来。他们为什么要这样做呢？

笔者注意到这种E币印刷精美，并且普遍面值较新，显然，工作人员这样做是为了利用银行多倍存款货币创造的原理来帮助公司降低维护E币的成本。假如AA小朋友存进5元钱E币，第二天开馆时，他以为自己的E币乖乖在躺在小银行里睡大觉呢，没想到，小银行把这张钞票拿去给BB小朋友发工资了；闭馆时，BB小朋友又把这张E币存进了小银行，第三天开馆时，BB也

和 AA 一样以为自己的这张 E 币在小银行里，其实小银行又把这张钞票拿去给 CC 小朋友发工资了。

假设小镇的门票比较贵，小朋友们都不会来玩第二次，因此也没有机会再来提取存款了，这样，小银行就不用为这些存款的提取准备钱，即准备金率为零，而仅有的几张 E 币是作为流通中的货币、而不是作为准备金用的。这样，从理论上说，如果“小镇”永远存在下去，它可以用零准备金率创造出无穷大的存款货币，真是“空手套白狼”啊。

在现实生活中，商业银行实际保有的准备金率在 0 与 100%之间，这就是部分准备金制度，我们先来看看这种制度带给银行多倍的存、贷款规模及存贷利差的利益，再来看看这种制度带给银行的流动性风险。

（一）处理 T 形账户的预备知识——商业银行的资产、负债与资本的概念

商业银行的经营方式是“借鸡下蛋”，其资金来源主要是吸收存款，存款构成了其对存款人的负债。负债指银行所欠的财产，或者说外部实体对银行的求偿权。银行将这些资金贷给工商企业，或购买生息资产如国债，贷款和证券就构成了其资产，商业银行的资产指其所拥有的财产，或者说银行对外部实体的求偿权。比如，你的存款对你而言是资产，对银行而言是负债。当然，银行如果完全没有自有资本，即“空手套白狼”，对社会将造成太大的风险，因此，还要有一些自有资本。

有一种会计报告书能集中反映银行的资产、负债及资本的组成状况，我们可据此了解商业银行的经营情况，这就是资产负债表，格式是：“资产”（下列各项目如贷款、证券等）在左，“负债与所有者权益”（下列各项目如活期存款、定期存款等）在右，“资产”反映了资金运用，“负债与所有者权益”反映了资金来源。它是遵循一个基本的会计恒等式编制的：

$$资产=负债+净值$$

净值是通用术语，在商业银行的资产负债表中指“所有者权益”或“资本”。

下面我们用一种简化的资产负债表——T 形账户来描述商业银行的多倍存、贷款的扩张过程。

（二）简单存款乘数模型中的商业银行的多倍存款、贷款扩张

1. 存款、贷款扩张过程

(1) 假设中国人民银行北京总部在西单商场买了一台价值 10 000 元的打印机，在最简单的情况下假设它是用现金支付的，西单商场又将这 10 000 元存入 A 银行，A 银行接受了 10 000 元存款就可发放贷款了。在法定存款准备金率为 10%的假设下，它提取准备金（法定存款准备金可简称为准备金，以下同）1 000 元，将其余 9 000 元全部贷给客户甲，则 A 银行的 T 形账户为

A 银行

资产		负债	
存款准备金	1 000 元	存款	10 000 元
贷款	9 000 元		

(2) 由于商业银行向客户发放 9 000 元贷款的方式是增加其在本行的存款 9 000 元，假设客户甲暂时未动用这笔存款，因而 A 银行相当于又吸收了一笔客户甲的存款 9 000 元。A 银行按规定提取 10%的法定准备金 900 元后，又将其余 8 100 元贷给了客户乙，则 A 银行的 T 形账户为：

A 银行

资产		负债	
存款准备金	900 元	存款	9 000 元
贷款	8 100 元		

(3) A 银行又通过增加客户乙的存款 8 100 元的方式对其发放了这笔贷款，于是，又令自已吸收了存款 8 100 元。在提取了准备金 810 元后，将余下的 7 290 元贷给了客户丙，A 银行的 T 形账户为

A 银行

资产		负债	
存款准备金	810 元	存款	8 100 元
贷款	7 290 元		

(4) 从理论上说，此过程将一直进行下去，直到最后一次 A 银行收到的现金为几分钱为止，因为贷款不可能以小于一分钱来发放的。

2. 存款、贷款扩张的倍数

1) 存款扩张为原始存款的 $1/r$ 倍

在上个例子中我们只考虑到了法宝存款准备金率，因此存款的倍数扩张就叫简单存数乘数模型。我们在理论上假设存款、贷款可以 1 分钱以下无穷拆细的单位增加，则存款的增加额构成了一个无穷递减等比级数，每个数字都是前一个数字的 90%：

$10\ 000, 10\ 000\times 90\%, 10\ 000\times 90\%^2$、$10\ 000\times 90\%^3\cdots$

其和为

$$\Delta D=\Delta R(1+(1-r)+(1-r)^2+(1-r)^3+\cdots+(1-r)^\infty=\Delta R\times\frac{1}{r} \tag{3-1}$$

其中：r——法定存款准备金率；

ΔR——这一系列存款创造过程中的初始准备金(reserve)(原始存款)的变动额，因为银行吸收的任何一笔现金或支票存款都可用来向提款人支付，因此，都可被视为应付提款的准备金；

ΔD——(经过派生的)存款(depoit)总额，比如，在 10%的准备比率下，10 000 元的原始存款可创造的经过派生的存款总额 ΔD 为 100 000 元，即原始存款的 10×(1/10%)倍，我们将 90 000 元称为派生存款。

2) 贷款扩张为原始存款的 $\left(\frac{1}{r}-1\right)$ 倍

从理论上说，贷款的扩张也是一个无穷递减等比级数：9 000，8 100，7 290，…，其和为

$$\left(\frac{1}{r}-1\right)\times 10\ 000=90\ 000 \tag{3-2}$$

贷款总额比存款总额少的10 000元就是各个环节所保留的准备金总额，共计10 000元，因为准备金也是一个无穷递减等比级数：1 000，900，810，729，…，其和为

$$\frac{1}{10\%}\times 1\,000 = 10\,000 \tag{3-3}$$

3. 启示：部分存款准备金制度是银行盈利的根源之一

在此例中，在部分准备金制度下，银行可以用10 000元原始存款派生出100 000元存款与90 000元贷款，因为贷款利率高于存款利率，因此净利差为正，这就是银行盈利的根源之一。假设银行对10 000元原始存款派生了总共为100 000元的一年期定期存款，年利率为1.5%，存款利息总额为1 500元；对应着90 000元的年利率为4.5%的一年期贷款，贷款利息总额为4 050元，净利差为2 550元。

二、部分准备金制度下的多倍存款、贷款紧缩

（一）存款、贷款紧缩过程

(1) 现在假设西单商场要将10 000元存款全部取现，由于A银行只按规定为其保留了10%即1 000元的准备金，还少9 000元，假设该行既不能从同行或央行处借到钱，也没有国债等证券可以变现，只有流动性差的贷款等资产，此时银行就发生了流动性危机，可能遭受挤提甚至破产清算的厄运。

假设该行十分幸运，十万火急地成功收回了发放给客户甲的那笔贷款9 000元。

(1) 终于偿还了这笔存款，则其T形账户为

A银行

资产		负债	
准备金	−1 000	可开列支票存款	−10 000
贷款	−9 000		

(2) 这笔贷款的偿还又使得客户甲的存款9 000元也不复存在了，而A银行仅为这笔存款保留了10%即900元的准备金，还缺8 100元，又发生了流动性危机。假设A银行又十分幸运，十万火急地成功收回了发放给客户乙的那笔贷款8 100元，终于偿还了这笔存款，则其T形账户为

A银行

资产		负债	
准备金	−900	可开列支票存款	−9 000
贷款	−8 100		

(3) 此过程一直进行下去，A银行所减少的活期存款$-\Delta D$也是一个无穷等比级数：10 000，9 000，8 100，7 290，…，其和为100 000元。

（二）转账不会造成存款、贷款紧缩

你也许会觉得奇怪：难道A银行的客户甲取得10 000元贷款后就不把它提出来用吗？

假设客户甲将10 000元全部用来购买原材料，向销货单位开出一张支票，但销货单位来兑取这张支票时很可能不是取现，而只是转账到自己名下，因此对于A银行而言，这笔存款只是过了户而并没有消失，并不影响多倍存款创造过程。除非存款人将10 000元存款全部提出(或以现金形式保留，或转入其他银行)，才会使该行发生多倍存款、贷款紧缩过程，甚至会引发流动性危机。

(三) 启示：单个存款机构的原始存款(准备金)变化对其经营规模的影响

从存款扩张的例子中可以看出，每家存款机构仅在具有超额准备金的情况下才可能扩大资产规模(发放贷款与购买证券等)，而增加超额准备金的方法之一是积极“吸储”，因为吸收一笔R元的原始存款就意味着增加了超额准备金$R(1-r)$元。反之，如果存款被提取或流失到别的银行，将使其超额准备金变为负数，因为为了应付R元的提款，银行除了用掉这笔存款的法定准备金Rr之外，还短缺准备金$R(1-r)$，即提款给银行带来的超额准备金为$-R(1-r)$。

正因为超额准备金对于银行扩大经营规模具有重大意义，因此，各银行在争夺存款方面常展开激烈的竞争，这就是银行积极“吸储”的原因，也是“存款大搬家”现象的根源。

◇ 能量棒 3-1

贷款变现的三种方式——贷款催收、提前收回贷款、贷款转让与信贷资产证券化

(一) 贷款催收

1. 定义

贷款催收对逾期客户催收贷款，以控制银行的不良贷款率。

2. 贷款逾期的原因及催收方法——以个人客户为例

◇ 能量棒 3-1-1

个人客户贷款逾期的原因及催收方法

个人客户贷款逾期的原因主要分为以下几种，相应地宜采用以下方法。

(1) 借款人资金周转紧张，产生逾期。可以给其适当的宽限时间，但必须使其清楚地认识到，在宽限的时间内如仍不能归还贷款，将有律师代表银行提起诉讼，给其施加一定的压力。

(2) 借款人因工作情况变动，联系方式发生改变致使银行不能及时与其取得联系，无法督促其按时还款。在借款人无法联系的情况下，应当查找一切可能的联系方式，包括借款人、共同还款人、担保人的联系方式，工作单位的联系方式，仍无法查找到时，应当安排上门走访，在门上贴催款通知或律师函，迫使其主动联系银行或律师归还贷款。

(3) 借款人申请贷款系为他人申请的，实际使用贷款人未能按时归还贷款，导致借款人无法归还贷款。在借款人并非本人贷款的情况下，直接给借款人施加压力，让其主动联系贷款的实际使用人，或根据借款人提供的信息，直接联系贷款的实际使用人，要求其归还贷款。

(4) 其他特殊情况。总之，先通知还款，再对严重逾期的客户发送律师函，最后对最严重逾期的客户提起诉讼，以解决其严重拖欠贷款的问题。

其实借款人因经济状况严重恶化、丧失还款能力的情况是微乎其微的，大部分逾期客户迫于律师参与提起诉讼的压力均可还清逾期贷款。进行逾期贷款的催收要有耐心，还要付出大量的劳动。

但是，在实际生活中，也有暴力催贷的违法行为发生。

（二）提前收回贷款[1]

1. 定义

提前收回贷款指银行以借款人违约为由提前收回贷款，往往引起金融借贷合同纠纷案件。

2. 法律依据

（1）依照《合同法》第二百零三条"借款人未按照约定的借款用途使用借款的，贷款人可以停止发放借款、提前收回借款或者解除合同"。所以，当借款人存在"未按照约定的借款用途使用借款"的违约行为，贷款银行有权选择所述三个法律后果之一来要求借款人承担，而每一种都是独立的违约责任承担方式。

（2）银行提前收回贷款却并不局限于借款人存在"未按照约定的借款用途使用借款"这一情形，只要借款人存在借贷合同中约定的所有违约行为之一（"未按照约定的借款用途使用借款"仅是所有违约行为之一，其他的还有诸如借款人不依约定期限还本付息；未依约按时提供财务报表或生产经营情况；借款人股东发生变动；发生诉讼未通知等），贷款银行就有权提前收回贷款。

因为贷款银行根据借款人已发生的预期违约事实，判断其将来不可能履行借款期限未届满的借款部分的到期还款义务。在此种情形下，法律若不准许贷款银行依约提前收回贷款，而令其消极等待借款期限届满后，再追究借款人逾期还款的违约责任，显然不利于银行控制履约风险。准许借贷合同当事人在合同中约定银行提前收回贷款的违约情形，是国际商业银行贷款业务广泛用于控制信贷风险的基本方法(2010-06-10，审理银行提前收回贷款纠纷案件中需解决的法律问题[J/OL])。

（三）贷款转让与贷款证券化

1. 定义

信贷资产（贷款）转让业务就是金融机构间买断性的贷款出售活动，中国信贷资产转让数量稀少①，目前正在推行的是资产证券化。所谓资产证券化，是指以特定资产或特定现金流作为偿付支持，发行资产支持证券的一种融资形式。2012年年底，美国资产抵押支持证券(ABS)和住房抵押贷款支持证券(MBS)规模超过9万亿美元，占GDP比重的近40%。相比之下，中国目前的资产证券化尚处于央行、银监会倡导的起步阶段，规模占比几乎可以忽略不计。

◇ 能量棒 3-1-2

中国的资产证券化沿革与现状简介[2]

（一）发展沿革

从发展历程来看，信贷资产证券化和证券公司资产证券化业务均于2005年开始试点，两个品种同步推进，建设银行、工商银行等11家境内金融机构在银行间债券市场成功发行

① 1998年7月，中国银行上海分行和广东发展银行上海分行签订了转让银行贷款债权的协议，这是国内第一笔贷款转让业务。2002年8月，中国人民银行批准民生银行开展贷款转让业务，随后民生银行上海分行率先与锦江财务公司开展了2亿元的贷款受让业务。2003年7月，中国银监会批准光大银行开办贷款转让业务。

了17单、共计667.83亿元的信贷资产证券化产品，证券公司资产证券化也有9单265亿元产品完成发行。

2008年，由于金融危机后各界对资产证券化带来的风险担忧过多，银监会叫停了商业银行资产证券化，直到2011年由国务院批准重新启动，并在2013年后发行逐渐提速。

资产支持票据开始于2012年8月，相关制度并未明确要求设立特殊目的载体实现风险隔离，与传统意义上的资产证券化有所不同，整体规模也较为有限。据WIND数据显示，截至2015年6月末，上述三类产品发行规模共计6 337.3亿元，其中信贷资产证券化产品共计4 997.9亿元(占比78.86%)、证券公司资产证券化产品共计1 113.2亿元(占比17.56%)、资产支持票据226.2亿元(占比3.57%)。

2014年11月银监会已将信贷资产证券化业务由审批制改为备案制，明显提高了信贷资产证券化的效率，标志着我国信贷资产证券化进入了一个新的发展阶段。

（二）发展现状

1. 市场处于分裂状态，信贷资产证券化占据主要地位

我国目前的资产证券化主要分为信贷资产证券化、企业资产证券化和资产支持票据三种，其中信贷资产证券化占据主要位置，2015年在全市场的占比约为68%。这三类证券化产品中，信贷资产证券化和资产支持票据由央行和银监会监管，主要在银行间市场发行。企业资产证券化则由证监会监管，主要在交易所市场发行交易(王光宇，2016)。

对于信贷资产证券化，监管部门的政策导向趋于放松限制、扩容，2012年以来，这一业务经历了从审批制向备案制的变更，直至央行在2015年4月推行具有突破意义的发行注册制。另外，支持信贷资产支持证券在交易所跨市场上市交易也是这波政策鼓励措施中的重要一环(王光宇，2016)。

交易所的资产证券化也经历了从审批制向备案制、再到负面清单管理的政策变更过程。企业资产支持证券经交易所论证后在基金业协会备案即可，并直接在交易所固定收益平台或综合协议平台挂牌交易。本质上，交易所的资产证券化属于私募性质，产品的发行透明度相对较低，目前流动性也受到一定限制。但正因为有这些局限，才使市场的资产证券化产品的收益率相对较高(王光宇，2016)。

2. 资产证券化的基础资产呈现多样化态势，发行利率下降明显

2016年在银行间市场发行的信贷资产证券化产品中，工商业贷款、个人住房抵押贷款、信用卡分期贷款、个人消费性贷款和租赁类资产构成了基础资产的主要部分，其中公司信贷类资产支持证券(CLO)是主要的发行品种，2015年占比为78%。交易所市场发行的企业资产证券化产品，以融资租赁资产、公共事业收费权、应收账款、信托收益权、小额贷款类、不动产投资信托、保理融资债权、两融债权、股票质押回购债权及公积金贷款等为基础资产，其中以前三类型的基础资产发行的资产证券化产品占到65%。值得注意的是，两融债权和股票质押回购债权等资本市场类基础资产的产品，开始成为交易所资产证券化的组成部分，而一直以来这类资产背后的购买者都是银行等机构的资金，包括银行代客理财募集的资金(王光宇，2016)。

3. 资产证券化产品定价的市场化程度低，二级市场流动性需进一步提高

2016年，我国资产证券化的两个市场的定位和定价机制各不相同，导致资产证券化产品的定价在一定程度上出现扭曲。企业资产证券化所在的交易所市场根据市场资金情况的供求状况定价，而信贷资产证券化的定价则主要瞄准基准利率而变动，受制于央行的利率管制等因素，这使得信贷资产证券化可能出现低收益基础资产支撑高收益证券的现象，并导致产品的劣后端投资保障不足，次级资产难以实现有效转移等，影响了市场规模的扩大(王光

宇,2016)。

目前我国资产证券化市场最突出的一个问题是流动性问题。由于产品的基础资产的历史数据缺失,难以建立完善的资产转让平台,直接影响到这一市场的流动性。目前资产证券化产品存在一级市场能做到定期发行、二级市场流动性不足、做市商积极性不高的情形,导致产品的定价估值体系难以形成,市场的价格发现功能难以建立,直接影响到投资者在市场的交易(王光宇,2016)。

---

2. 转出银行得自贷款转让的收益

1) 提高资本充足率

长期以来,由于直接融资渠道不畅,我国经济发展的一个重要引擎就是银行放贷。改革开放以来,我国金融机构的贷款总额同步提高,在提高的过程中,既有长期的稳定增长,又有短期的爆发式增长。比如,2008年次贷危机后,中央政府推出了"一揽子"4万亿元经济刺激计划,中国银行业也配合投放了天量信贷,贷款在2009年一年内增长了9.59万亿元。

(1) 提高资本充足率的分子法——发债增加附属资本

随着新增贷款前所未有的爆炸式的增长,上市银行资本充足率迅速下降。据2009年前6个月统计数据显示,上市银行资本充足率全行业普降,浦发银行、民生银行和深发展银行资本充足率已经贴近8%,浦发银行的核心资本充足率降到4.68%,距离达标线4%已经不远。自2009年年初开始,已经相继有建设银行、交通银行公布了各自的巨额发债计划,而发债的目的都是补充资本充足率。

为了保证银行体系的健康和资本充足率满足监管要求,监管层限制一些资产负债比例已经较高的金融机构进一步开展信贷业务。

(2) 提高资本充足率的分母法——贷款转让、减少资产

自2010年以来,央行对信贷增长快的银行实行更高的法定准备金率政策,迫使商业银行权衡资产规模快速发展的收益与成本,有些银行即进行了贷款转让。贷款转让可采用两种方式:①银行间的贷款转让(贷款出售);②银行出售非保本、非保证收益型理财产品筹集资金,再与信托公司合作,令信托公司设立信托计划即贷款给银行选定的借款人,银行再用理财资金投资于这些信托计划,这样就将信贷资产从资产负债表内转移为表外的投资项目。

但上述两种贷款转出方式,都可能被设计成商业银行为规避资本监管而进行的虚假转让,因为银行之间的贷款转让是采取双边交易的形式,银行之间单独谈判,信息封闭,因此关于贷款转让的数据难以获取,成为其规避监管的手段(比如,A行资本支持的贷款额度用完了,但B行还有额度,则A行给B行一笔钱,将其贷款虚假地转让给B行)。

2) 化解贷款风险的集中

(1) 化解客户集中、行业集中的风险

经历了2009年历史罕见的快速增长以后,我国银行业信贷资产的集中度风险日益凸显,行业集中(公路、铁路、石油、电力、煤炭、城市基础设施建设等基础设施领域,即"铁公基")、客户集中和期限中长期化的趋势进一步加强,这种集中使银行容易受到宏观经济波动和企业经营周期的影响,严重情况下甚至可能会遭到系统性风险。贷款转让则给转让双方的银行提供了调整资产结构的可能性。

(2) 化解期限集中的风险(获得流动性)——贷款证券化

在发达国家,长期融资的功能主要由资本市场承担,商业银行由于存款来源的期限较短,

特别要保持资产负债期限的匹配和流动性。比如，美国的商业银行以提供流动资金贷款和消费贷款为主，即使有住房抵押贷款等期限较长的贷款，也大部分通过资产证券化而提高了流动性。

而在我国，企业通过资本市场融资比重很低，商业银行长期承担了本应由资本市场承担的功能。公路、电厂、经济技术开发区等长达10多年的大量基础设施项目也主要依靠银行贷款；大量的涉房超长期贷款使得银行贷款额度的扩张已经走到了尽头，唯一的出路就是资产证券化以盘活存量，因此，贷款转让拓宽了商业银行对中长期资产的管理渠道。

3）赚取表外业务收入

转出行往往具有贷款营销优势，而转入行则具有资金优势，二者互补，转出行可赚取差价，作为其表外业务收入。

3. 当前我国商业银行的贷款转让活动主要有三种类型

(1) 商业银行之间的正常（甚至优质）贷款的转让活动。

如2009年4月，民生银行与邮政储蓄银行签署银团贷款暨信贷资产转让业务合作协议，2009年双方银团贷款及信贷资产转让业务计划合作额度达300亿元人民币。民生银行将发挥贷款营销优势，邮储银行发挥资金优势，具体合作模式包括直接银团贷款、间接银团贷款、联合贷款、信贷资产转让、理财产品发行、供应链金融服务合作等。

(2) 银团贷款的转包、批发和转让。

银团贷款在国际上已有60多年的发展历史，是一种比较成熟的贷款产品和技术。由于银团贷款在我国起步较晚，无论从占比上还是从技术的成熟度方面，与发达国家相比还存在一定的差距。银团贷款占全部公司贷款余额比例只有5%左右，远远低于国际上20%的水平。

截至2009年9月末，我国银团贷款达到1.7万亿元，较2005年年末增长了7倍；银团贷款占全部公司贷款余额比例从2006年的1.72%上升到2009年的5%左右，未来随着我国经济增长和区域发展的需要，银团贷款规模将会有快速的增长。而通过银团贷款进入二级市场的贷款转让活动将是贷款交易市场的重要力量。

(3) 我国商业银行对其拥有的某些低级别（有可能无法回收的贷款）进行打包折价转让。

比如，中国建设银行2004年首次以公开竞价方式在国际范围内转让不良资产组合。这次转让的资产组合为该行拥有的抵债资产，资产所在地以珠江三角洲为主，并涉及北京、上海等共18个省市，账面价值约为人民币40亿元。经过激烈竞价，摩根士丹利和德意志银行牵头的投资财团在角逐中胜出。两家外资银行将为此支付14亿多元人民币，相当于账面价值的34.75%，高于资产管理公司给出的一般的现金回收率。

我国1998年成立了四大资产管理公司，接收四大国有银行的不良贷款，对其进行处置。在随后国有商业银行上市前，又将一部分不良贷款转出到资产管理公司，但对其的处置方式日益市场化了，如通过招标、竞价等方式进行转让。

再如，在2008—2011年信贷高涨期间，许多中小银行由于贷款规模已经逼近监管的上限，为了能继续发放贷款，争夺优质客户，也会通过"障眼法"将正常的贷款"打扮"成低级别的贷款，暂时转到资产管理公司，规避信贷规模的监管，这就是2014年被银监会大力整顿的商业银行同业业务中的不合规的做法。

◇ 能量棒 3-2

规模最大化还是利润最大化？——为何美国的银行开始拒绝现金存款了？

（一）为何美国的银行开始拒绝现金存款了？[3]

1. 美国商业银行吸收存款业务的（边际）收益曲线和需求曲线下移了

美国商业银行吸收存款业务的（边际）收益或需求下降了，原因如下。

1）低利率环境挤压了存贷利差

2015年，由于中国经济增长放缓以及一些主要新兴市场国家衰退，使得美联储将在年内加息的希望变得渺茫，低利率环境挤压了美国商业银行的存贷利差，从而挤压了其利润；同时，有利可图的贷款项目较金融危机前减少，使得美国商业银行贷款量占总存款量的比例下降①，造成存款的边际收益曲线下移。

2）自2008年金融危机以来监管层加强了流动性要求，使得存款的边际收益下降

2014年9月，美联储和其他监管机构制定了一项规定，涉及商业银行的流动资金覆盖率，迫使银行保有高质量的流动性资产（如存款准备金和政府债券），以覆盖30天内的存款流失量。针对某些企业存款，银行必须持有多达40%的拨备，而针对对冲基金存款的拨备则高达100%。商业银行在满足了这些监管要求的同时，存款对其补充准备金或流动性的边际收益就下降了。

2. 美国商业银行存款供给曲线上移了

在对商业银行加强监管的同时，美国证券交易委员会也加强了对共同基金的流动性管理，使得共同基金一直在增加其投资组合中现金的持有量，纷纷将这些现金存入商业银行，导致存款供给曲线上移。

3. 供求决定了美国的存款利率及商业银行利润最大化的吸收存款数量均下降了

由可贷资金的供求决定论可知，当前美国的利率必然下降②；同时，美国商业银行利润最大化吸收存款数量也下降了，因此美国的商业银行开始变相拒绝吸收存款，比如，一些银行拒绝了客户的现金存款，继劝说无效后，银行开始对现金存款征收费用了，据说摩根大通银行在2015年已削减了超过1 500亿美元现金存款（2015-10-27，还在拉存款？别人家的银行开始拒绝了[J/OL]）。

（二）中资银行的拉存款现象与存款立行的观念表明了其规模最大化，而非利润最大化的倾向

我国的商业银行一向奉行着规模比拼的战略以及“存款立行”的思想，不注重利润最大化，不管存款的边际收益如何因企业贷款的恶化而下降，也要拼命拉存款，因为有了存款才有贷款，才可能在资产规模上与同行竞争，因此形成了拉存款、存款大战的文化。

（三）在华外资银行的存款瓶颈——再论存款立行[4]

1. 汇丰等在华外资银行的优势在于零售银行业务，瓶颈在于人民币存款来源

与中资银行有时将存款规模扩张到了边际收益小于边际成本的非利润最大化点相反，在华

---

① 美国联邦存款保险公司的数据显示，2015年第2季度美国银行业国内存款达到了10.59万亿美元，较5年前增加了38%，发放贷款量占总存款量的比例从2010年的78%下降到了71%，而在金融危机前的2007年中，这一比例为92%。

② 2015年10月，美国1个月和3个月的国库券拍卖中出售的国库券收益率降至零。

外资银行自2007年进入中国以来，一直受制于存款瓶颈，即其存款规模始终处于边际收益大于边际成本的点，因此，外资银行一直在向中资银行进行同业借贷，以增加存款来源。由此看来，存款立行的理念也不能简单地被否定。

2007年，中国践行入世承诺，一大批外资银行如渣打、汇丰、花旗、德银等纷纷进入中国，到目前为止，外资银行在华度过了黄金十年。虽然它们网点少，人民币存款少，贷款自然也少，导致表内业务盈利受损，反过来又影响了网点、存款、贷款规模的扩张，但是它们在高端的银行理财产品、信用卡(这两项被业内人士称为零售银行业务)、丰富的金融衍生品和网上银行等方面具有明显的优势，零售银行业务一直是外资银行的核心竞争力之一(2016-02-29，告别黄金十年，外资银行路在何方？[J/OL])。

2. 外资银行在入华十年间中间业务优势渐失

但是在这十年中，面对中国如此庞大的市场，外资银行发展的速度太慢了，因为中资同行迅速地学会了它们的私人理财业务等零售银行业务①，使其丧失了竞争优势。并且，自2015年以来，随着人民币的贬值，中国人民银行加强了外汇管制，在2016年年初，为打击外汇投机套利，中国人民银行对个别外资银行(如德意志银行、渣打银行、星展银行等)进行窗口指导，暂停其跨境及参加境内外汇业务至3月底止，被暂停的外汇业务包括现货平盘等，使其中间业务量下降。

3. 外资银行的存款瓶颈日益严重

经过近十年的网点少—存款少—贷款少—盈利少—网点少的恶性循环，其存款瓶颈日益严重了。尤其是自2015年以来，随着人民币持续贬值，外资银行的客户(中国香港客户为主)纷纷将人民币存款提走，甚至出现了亿元人民币存款一夜走光的现象，致使这些外资银行在2015年度的业绩极为萧条，渣打银行甚至迎来了首次年度亏损，这一切都表明，外资银行在华的黄金十年已经结束了(2016-02-29，告别黄金十年，外资银行路在何方？[J/OL])。

第二节 商业银行的流动性危机与清偿力危机及其管理

一、商业银行的流动性危机及流动性管理

上述存款、贷款的多倍紧缩过程其实暗藏着出现银行危机的风险，银行危机就是指银行的支付危机，也叫流动性危机，即银行没有现金支付负债(如存款等)，只能破产清算。如果清算后得到的现金足以支付所有负债，则事后证明这家银行具有清偿力，其危机只是流动性危机，而非清偿力危机。如果清算后得到的现金不足以支付所有负债，则事后证明这家银行经历的流动性危机背后的原因是清偿力危机。银行危机的发生表明银行是脆弱的，而这正是由其赚钱的奥秘——部分存款准备金制度决定的。

(一) 流动性危机的定义

流动性资产就是指具有流动性的资产。同理，流动性负债就是债权人的流动性负债，比

① 外资银行的私人理财部门的很多中国员工在掌握了核心技能之后，纷纷被中资银行高薪聘请，通过人员的流动完成了中外资银行之间的知识扩散。

如，商业银行的活期存款是随时到期的，定期存款在存款人要求提取时也是立即到期的，只是存款人会损失一些预期的利息而已。因此，存款显然是存款人的流动性资产，反过来看就是银行的流动性负债。

商业银行等机构如果自有的、借入的流动性资产大于、等于流动性负债，则具有流动性；反之，如果自有的、借入的流动性资产小于流动性负债，在债权人的压力下该机构就要破产清算、变卖资产以还债，这就是流动性危机。如果变卖资产所得的现金足以偿还负债，表明该机构是黑字破产，表明它在破产前具有清偿力但缺乏流动性。

（二）挤提与银行的脆弱性

1. 挤提（bank run）的定义

部分准备金制度成功的关键在于存款人的提款金额只在存款金额的部分比率以内（此比率即准备金率），这一情况有一个很大的概率（如 99.8%），超过该数额提款的概率很小（如只有 0.02%）。但是，由于一个经济中的支付活动是随机的，在一些特殊情况下，如农产品收购季节、偶发性自然灾害等，这种小概率事件就会发生，将导致挤提甚至银行倒闭。

2. 挤提的成因之一是存款合约的不稳定性

存款合约的不稳定性是指活期存款合约与其他金融合约如贷款合约、股票合约相比，具有更不稳定的性质——存款人之间的“顺序服务约束”使银行破产成为“自我实现（self-fulfilling）的预言”。

首先，所谓顺序服务约束，是指当所有存款人都得到存款开户银行有可能破产的传言后，他们所选择的最优策略都是尽可能比别人早地赶到开户银行排队提款，即使是认为这种传闻的可信度很小的聪明人也争先恐后地去挤提。这是因为信息不对称使得存款人无法辨别传言的真假，每个人想的都是：“尽管我知道这种传闻不是真的，可是万一其他存款人都相信了这种传言去提款，由于银行只保留了部分存款准备金，排在队尾的人就可能血本无归，所以，不管这种传闻是不是真的，我的最优策略就是赶快跑去排队提款吧”，挤提就是这样发生的，这就是囚徒博弈中的纳什均衡。

其次，排在队前并成功提取了存款的人越多，越不能使排在队后的提款人增强关于银行运转良好的信心，因为准备金可能快被耗尽了，反而强化了其银行即将破产的预期，形成了越是担心破产、银行越会在挤提下破产这种“信则灵”的自促成（或称自我实现）的破产，这就是个人理性和集体非理性并存的“囚徒困境”。

3. 银行的脆弱性

挤提使银行业成为了一个脆弱的行业。脆弱是指在部分存款准备金制度下，银行如果遭受挤提，则会倒闭；如果不遭受挤提，则不会倒闭。因此，银行是否倒闭依赖于外部因素——存款人行为，具有多重均衡解①，这就是脆弱性的含义。

---

① 有 100%金准备率的银行吗？有！仅为昙花一现的一朵奇葩而已。成立于 1609 年的阿姆斯特丹银行，在 1781 年前一直都是百分之百准备金率的银行，也就是说它发行的银行券都有足额的黄金储备支持，这种百分之百准备金银行被称为“钱庄”或“钱币仓库”，其实它借贷的就相当于金币，但借贷金币也能够赚利息。在英荷战争的腐败下，这个坚守了 170 多年的银行于 1781 年开始发行超量的银行券，或者说开始伪造自己的银行券，因此它不再是一个钱币仓库，而沦为部分准备金银行。

但也正是因为部分存款准备金制度，银行才得以多倍地创造存款、贷款，这正是其赚钱的模式。从银行的起源可以看出，部分存款准备金制度是银行挪用客户存款的结果，正因为银行得以挪用客户存款多倍地发放贷款、赚取存贷利差，银行才会对存款人支付利息。因此，若银行不遭受挤提，在部分存款准备金制度下，它既有能力随时满足存款人的提款要求，又得以发放贷款、赚取存贷利差，并支付存款利息，从而使得存款人、贷款人和自己三方共赢。可见，部分存款准备金制度既是银行制度的精妙之处，也是其脆弱之处，是银行这个巨人的“阿喀琉斯之踵”。

◇ 显微镜 3-2

商业银行的起源

（一）近代银行的诞生

1. 巴比伦、希腊、罗马等国的银行起源于货币兑换商

公元前2000年的巴比伦以及中世纪的一些文明国家如希腊、罗马，就存在货币兑换业，银行就起源于该行业。当时，货币兑换商通常聚集在寺庙的周围，为各国的朝拜者鉴定、兑换各国不同的金属铸币。除了这项主业外，他们还经营两项辅业——保管和汇兑，正是这两项辅业使它们演变成了近代银行。

保管业务是指商人们将用不完的货币委托货币兑换商保管，比如，今天张三来存了10个金币，李四来存了20个金币，谁也没说哪天要取、取多少，所以这些金币相当于活期存款。汇兑业务是指：如果甲地的一位客商（如阿里巴巴）要向乙地的一位客商（如芝麻开门）支付一笔款项（如100个金币），他可以直接把钱交给甲地的货币兑换商A，由该货币兑换商开具文书，通知他在乙地的代理人（如该兑换商的同行小师弟）B，用B自己的钱款支付给乙地的客商，从而避免了甲地客商长途携带货币到乙地去的风险和麻烦；同样，B也在开展汇兑业务，其客户（如四十大盗）要将款项（如90个金币）汇给甲地的客商（如五十大盗），就直接将90个金币交给B，由B开具文书，通知甲地的A用自己的钱款支付给甲地的客商（如五十大盗），因此，A的100个金币相当于活期存款，当B的客户（如五十大盗）来取汇款时，就相当于该笔活期存款被提取了；同理，B的90个金币也相当于活期存款。以这种方式，两家兑换商都可以愉快地赚取汇兑的手续费了，只需定期进行净额的现金结算即可。这相当于我们今天的邮局和银行汇款。

2. 英国的银行起源于16世纪英国的金匠

无独有偶，16世纪，英国的金匠们也帮客户保管金银。英国的金匠原本只是从事金银饰品加工的商人，他们刚开始只是收取一定费用来替客户保管一些金、银、首饰等，其收据就是“金匠券”——一种承诺可随时取回黄金的凭证，这些被金匠保管的金银相当于金匠收到的活期存款。

本来，金匠帮客户保管着10盎司黄金，就会开立10盎司面值的收据；换言之，金匠如果开出了10盎司黄金的金匠券，必然有100%的实物黄金作为客户兑换金匠券（相当于提款）的准备金，这就是100%准备金率制度。

但是，由于携带大量的金币非常不便，金匠的客户们便开始用金币的收据进行交易，过段时间再从金匠那里兑换回相应的金币。由于金匠每次都遵守承诺给予储户自由兑换，时间久了，人们觉得没有必要总是到金匠那里兑换金币，后来这些收据逐渐就作为货币在流通了。

3. 挪用客户存款发放高利贷——部分存款准备金制度的发明

金匠们和货币兑换商们发现，张三来存了10个金币，李四来存了20个金币，谁也没说哪天要取、取多少，所以这些金币相当于活期存款；汇兑业务中收到的待汇的钱款也相当于活期存款。

本来，货币兑换商们都老老实实地保管着这些金币，即存款准备金率为100%，但是，聪明的兑换商发现，假如他平均每天收到100个金币，不管怎样，每天总会有70～80个金币被留下。也就是说，每天只要准备20%～30%的金币用作应付客户提款的准备金就足够了，其他70个金币可被神不知、鬼不觉地挪用以发放高利贷，即准备金率为30%、而非原来的100%，这就是部分存款准备金制度。

无独有偶，英国的金匠们也发现每天只有很少的人来兑取金币或黄金，于是他们就悄悄地凭空开立一些收据，贷给需要钱的人，并收取利息。当借款人连本带利还清时，金匠们收回收据并悄悄销毁。

由于可以挪用客户存款发放高利贷谋利而又不会被发现，于是兑换商、金匠们便不收保管费，甚至支付利息来吸收存款、发放高利贷，这就是银行业的负债与资产业务，而汇兑就是中间业务，这样货币兑换商和英国的金匠就演变成了近代银行。

其实，金匠和货币兑换商的行为属于挪用客户资金的欺诈行为，只要存款人挤兑（或挤提），银行在得不到融资的情形下就要对存款人违约。这种挪用在其他任何行业都会被政府禁止，但是，银行却成了唯一一个不被处罚、并能从中获利的行业，也正是因为银行有被挤提的高风险，因此它历来都是被政府严格监管的。

（二）英格兰银行——现代银行的诞生

近代银行与现代银行不同的是：近代银行的贷款主要是面向政府的高利贷，商人很难获得低利率的贷款，这无法满足日益发展起来的资本主义工商业的需要，客观上要求建立能够服务于资本主义生产的银行业。于是，1694年，在英皇威廉三世的支持下，英国商人组建了股份公司制的英格兰银行，一开始就将贴现率定为4.5%～6%，而当时的高利贷利率为20%～30%。凭借其雄厚的资本和较低的利率，现代银行大大促进了资本主义的发展。

具体来说，1694年，英国国王威廉三世需要紧急为对法战争筹款，而通过税收筹集资金需要的时间太长，一位苏格兰商人威廉·帕特森提议创建一家银行，这家银行可以其资本金贷款给政府。在这一年的春天，国会通过了一项建立股份制银行——英格兰银行的法案，公众也被邀请投资该银行，在11天之内，英格兰银行的120万英镑的股票被认购一空。

私人银行在世界上已经存在了几个世纪，英格兰银行的特别之处在于其拥有皇家的特许，它可以独占伦敦城内60英里半径范围内的任何银行业务，即具有垄断地位。更重要的是，在英格兰银行成立后，政府不得不在税收和铸币等事务中与之商议，这为其后来由商业银行而升级为英国专门的中央银行奠定了基础。直到1832年，英格兰银行才失去垄断地位，新银行在伦敦纷纷建立起来，伦敦的金融业才开始繁荣。

可见，商业银行产生的方式有两种：一是从货币兑换商演变而来的；二是采用股份制方式新设立的。在英格兰银行成立后，其他主要资本主义国家也于18世纪末至19世纪初建立起了规模巨大的股份制银行。

◇ 能量棒3-3

钱庄、票号——中国近代银行的起源

（一）中国明清时期金融机构概述

1.“银行”一词在中国的由来

“银行”是一个外来名词，在1897年中国通商银行开办之前，中国从事存放汇业务的金融中

介机构，没有叫“银行”的，而是按照中国的传统和习惯，分为账局、票号、钱庄、银号①、当铺、镖局、印局等。到了清末，这些机构虽然名称不同，规模、资本大小也不一样，但它们经营存放汇这三类银行业务的性质是相同的，1897年以后，又出现了中国通商银行、户部银行、交通银行等大银行，以及各省的官钱局、籽银吨，名目越来越庞杂。1908年，清政府立法将其全部称为“银行”②。

明清以后，随着银本位制的确立，典当、存放款、代客保管、铸造和兑换等金融业务先后出现并有很大发展，金融机构主要有钱庄、票号、当铺、镖局、印局等，构成了一个相对完善的金融体系。当铺是我国最早出现的金融机构，以经营典当为主，典当是一种以货物抵押取得高利息的贷款业务，明清时期的当铺以经营典当为主，兼营兑换、保管、存放款、汇兑等业务；镖局以押运为主业，以汇兑，保管为辅业；票号以汇兑为主业，兼营存放款、兑换、保管业；印局是针对中下层阶段的高息贷款机构。各金融机构之间分工不同而各自独立经营，有的是以行业会所为依托，有的以同乡彼此联络，各业各号之间是一种在竞争中的合作关系（张越，2013）[5]。

钱庄与票号则是这些早期金融机构中最引人瞩目的，清朝末年，钱庄、票号与外国银行所设分支机构，共同构成了当时中国金融体系的三大支柱，形成了极具近代中国特色的金融格局。

（二）账局（账庄）

清朝雍正年间，我国北方已出现与商业发生借贷关系的金融组织，称账局，又称账庄。当时，中俄恰克图③贸易开始了，内地商民到恰克图贸易，多半是山西人，由张家口贩运绸缎布杂货等，易换各色皮张、毡毛等物。由于长途贩运，商品每周转一次，有时需一年，需要资金融通，故晋商最早设立账局放太原、汾州、张家口、库伦。后来，账局主要分布在北京、天津、张家口、太原等商埠，经营者也多为山西商人。

账局从1735年诞生，到1853年消亡，仅经历了120年，主要经营存款和放款业务，部分账局还兼营汇票、发行银票，买卖生金银和收取各种票据，完全属于银行性质。但账局家数众多，资本很少，活动地域狭窄，经营业务项目不完善，部分账局还兼营商业，并没有从商业中完全分离出来，由于实力小，后来慢慢被大银行淘汰，最后，由少数几家大银行垄断了中国金融业，这是金融业发展的必然规律。

但是，账局在其鼎盛时期曾是经济的中枢。比如，1853年春，太平天国北伐军进逼北京，都城恐慌，账局收本不放，工商铺户纷纷关闭，京城有许多官吏，纷纷上奏皇帝，说明账局对工商业的贷款在整个经济生活中已经发挥着重要的作用，当时它对于工商业的放款处于金融业之首，对于京城的钱铺、印局、当铺也都有贷款（黄鉴晖，1984）。[6]

（三）票号

1. 概述

票号也称“票庄”或“汇兑庄”，顾名思义，是明末清初出现的专门经营银票汇兑业务的金融机

---

① 钱庄和银号虽然诞生时间早于账局和票号，但由于它们由货币兑换业演变成银行业的时间晚于账局和票号，所以人们习惯于把它们列在账局、票号之后（黄鉴晖，1984）。

② 该年，度支部（户部的前身）通过《银行通行则例》的立法，第一条便规定：“凡开启设铺经营左列之事业，无论用何店名牌号，总称之谓银行，皆有遵守本则例之义务。一、各种期票汇票之贴现；二、短期拆息；三、经理存款；四、放出款项；五、买卖生金生银；六、兑换银钱；七、代为收到公司、银行、商家所发票据；八、发行各种期票汇票；九、发行市面通用银钱票。”如果经营上述业务，还兼营兑换银钱业务的机构，也视为银行；但倘若不经营存放汇等主要银行业务，“凡只兑换银钱”，则“均作为银钱兑换所”性质对待（黄鉴晖，1984）。

③ 恰克图，俄语意为“有茶的地方”，俄罗斯布里亚特自治共和国南部城市，在俄蒙边境，原属中国，19世纪后半叶以前曾为俄国同中国贸易的中心。1727年建为要塞，次年6月，中俄在此签订了《恰克图条约》，划定两国以恰克图为界，旧城归俄，即恰克图。

构，后来，许多票号又增加了存贷款业务，类似于银行。早期经营票号的全是山西商人，最有代表性的是清朝1828年创建的“日升昌”，所以票号常被称为山西票号。

票号产生的背景是：明中之后，社会经济取得了很大的发展，全国性的大市场逐渐形成，形成了30多个大型商业城市，出现了晋商、徽商、粤商、陕商等地方大商帮，仅依靠镖局押送现银进行货款清算已经无法满足当时的贸易需求，对于当时业务数量最大、业务领域最广泛的晋商尤其如此。

2. 资金异地转移的方式——从飞钱、镖局押运到票号的汇兑

1）唐代中期到宋代的飞钱

(1) 飞钱的诞生及运作

“飞钱”又名“便换”，是中国历史上出现的最早的汇兑（异地转移现金）的方式，类似于今天的汇票。

一方面，秦始皇统一中国后，中国一直是中央集权的国家，为了及时了解中央决策、递送重要文件，并为进京办事的地方官员提供服务，历朝历代相当于省一级的地方政府都会在京城设立驻京办事处，唐代统辖地方州县的上级政府叫“道”，道级政府在京城设置的办事机构叫“某某道进奏院”①。

另一方面，唐宪宗时期（公元806—820年）属于盛唐时期，由于佛教兴盛，铜多用于铸造佛像，导致社会上出现铜币升值、“钱重货轻”的通货紧缩。地方各州县政府都禁止携带铜钱出境；同时，随着商业的快速发展，商人们产生了快捷划拨资金。避免长途携运价值低廉而笨重的铜钱的客观需求。

这两方面结合在一起，飞钱便无心插柳地诞生了。进奏院要负责地方政府向中央收入的上解，因此，地方政府要将钱币运到进奏院；同时，各道的商人将商品运到京城贩卖后，需要将铸币运回家乡。于是，进奏院便开始经办一项新的业务——商人们将在京师赚取的铜钱交给本道的进奏院，进奏院收进现金，作为税收上解中央，同时发给商人一张叫作“公据”的文牒，这种文牒被分成两半（相当于现在的两联单②），一半由商人持有带回本道，另一半由进奏院送至本道地方政府。商人们回到本道后，将“公据”交给地方政府，合券无误后便可领回铸币③，这种汇兑方式就像钱飞来飞去一样，故称为“飞钱”或“便换”。

唐朝后期，中央政府指令中央政府设置在地方上的度支巡院、盐铁巡院开展便换业务。北宋初期，中央政府专设机构经营便换业务④，推动了便换业务的发展（俞礼华，2012）[7]。

此外，唐代也曾有过一段时期，政府误以为便换业务造成商人们囤钱、致使钱币更加短缺，从而禁止开展便换业务，这时驻京的富商们受到便换的启发，为了自己经商方便和牟取利润，便利用他们在各地的联锁店邸或种种交易往来，也办理飞钱业务，这些私商就是明清时期在全国各地

① 同样，中央政府为了加强对地方的控制，也都在地方上设置了派出机构，如财政上专管支出的度支使在各道设立度支巡院，统管支出；专司盐铁专卖和漕粮运转的盐铁转运使（常由宰相出任），在各道设置盐铁巡院，统管一切税源。

② 联单是一种单据，上面记录着商品货物的重要信息，如名称，数量，重量，价值等，关系人各取其一，以为执证、查对之用，有两联单、三联单、四联单等，多为复写。

③ 商人们在唐末持便换文牒到各地兑换现钱时，常被各地方政府加以留难，即托故占留汇款、刁难商人，以至于商人们不敢再行汇兑，经过财政官员奏请，唐政府曾于咸通八年（公元867年）指令各地州府诚信兑换，便换业务才在各地推广起来，客观上促进了商贸事业的发展。

④ 北宋初期，由于主币仍为铜钱，为了方便商人，宋太祖赵匡胤积极支持开办飞钱业务，一开始是中央财政部门兼营，到了开宝三年（公元970年），鉴于经手的官吏私自扣减换钱数量（过高收取手续费）、引起商人们不满，宋太祖就下令专设“便钱务”这一机构来专营便换业务，到了宋真宗天禧末年（公元1201年），汇兑额达到了300万贯之巨。

开设钱庄、票号的业祖(夏丽梅,2004)[8]。

但"飞钱"只是一种汇兑业务,飞钱的凭证仅相当于现在的汇票,并没有投入流通而行使货币的职能,因此也不是真正意义上的银票。北宋时期四川成都的"交子"则是真正意义上的银票的开始。

2) 镖局运钱

镖局是以武术为基本手段,以保护商人人身安全、经营场所安全和商品、现银长途运输安全为主要目的的商业机构。清康熙时期经济高速发展,全国出现了区域性大市场,现金运送的矛盾突出①,镖局②就应运而生了。

因为镖局是一种危险性极高的行业,能否为商业提供支持主要看镖师武艺的高低,镖局行业必须要有强悍好武的民风作为土壤和武艺高强的拳师作为支撑,而山西即有习武的民风;同时,清代众多的商帮中,历经明代200多年锤炼的山西晋商是资本最雄厚、经营项目最多、活动区域最广泛的。因此,晋商解决货物贩运和资金运输困难的办法就是借助镖局的武装押运。即使是山西的票号,也需要找镖局运送现银,因此,镖局为晋商赚取了高额利润,促进了晋商的繁荣(丹豫晋,2012)[9]。

但是,镖局运现毕竟时间长、费用高,安全系数低,当运现需求增大时,靠镖局运现已经不能满足经济发展的要求了,于是,以经营汇兑业务为主的票号就自然而然地发展起来了。

3) 以汇兑为主业的金融机构——票号

(1) 第一家山西票号——日升昌的诞生

我国第一家也是最大的一家汇兑票号叫"日升昌",创始于清代。清嘉庆年间,商品贸易有了长足发展,每到年关,商人们便通过镖局携带银两回家,但镖局不仅运费高,而且路上也不安全。有一位在京商人,由于与山西西裕成颜料庄京号的掌柜相熟,便与之商量:他往山西老家捎带的银子,先交到西裕成京号,由西裕成京号写信给山西平遥总号,等他回晋后,再到平遥总号取银,中国金融领域的一个重大变革便不经意地由此萌芽了,开创了异地汇兑的先例。

起初西裕成对这项业务是无偿帮忙的,随着时间的推移,要求汇兑的商人越来越多,西裕成才要求客户交付点汇水,变无偿服务为付费服务。很快,西裕成颜料庄的掌柜雷履泰慧眼独具,看到了其中的巨大商机,就争得财东的同意,把汇兑作为其主营业务,并加以改良:由西裕成颜料庄收银出票,客户凭票到指定地点的联号兑取现银,结果效果良好,由京晋两地,推广到中国各地,凭借晋商百年信誉,加上雷履泰的精心运筹,日升昌生意日益昌盛,盈利颇丰。

1823年,雷履泰说服了财东在山西平遥城内将西裕成颜料庄更名为日升昌票号,成了中国第一家专营异地汇兑换业务的金融商号,在全国各地广设分号,最多达600多处,甚至走出国门,最远设到日本的东京、大阪、神户,朝鲜的仁川,印度的加尔各答,俄罗斯的恰克图等地。其经营对象不仅是普通的商民,日升昌还开始大量承揽清政府的各项业务:军饷、京饷、协饷、关税、代办捐项等,成为当时中国的第一大金融机构,日升昌经营了100多年才关门歇业。

在山西票号的影响下,从同治年起,江浙人也开始建立票号,如人称"红顶商人"的浙江钱塘

---

① 清代社会的银钱转移,小量的可以自行揣带,稍多一些,比如,可兑换10两银子的铜钱(约1万枚),或1 000两的银锭,就得车载马驮。金属货币实在太重了,难怪过去各省举人进京参加进士考试,揣带的盘缠要是超过200两银子,就没办法放在衣袋里塞入腰带里,需要由书童或仆人挑担,而商人经商资本远大于百两、千两,而且社会治安还不好,这样才产生了镖局。

② 镖局雇用的武艺高超的工作人员被称为"镖师",他们腰系镖囊,内装飞镖,手持长矛,在车上或驮轿上插一面小旗,旗上写明师傅的姓,沿途强盗看见标帜上的名字,知道此人武艺高强,便不敢侵犯,因为镖局重视旗标,故又名"标局"。镖局起运的骡驮子,每一驮可驮银3 000两。

人胡光墉在同治二年(1863年)建立了阜康票号;江苏洞庭商人严信厚在光绪九年(1883年)建立了源丰润票号,当时人们把江南人开办的票号称为"南帮票号"(杨梓润,2013)[10]。

(2) 票号的业务

票号的标志性业务是汇兑,是银行的中间业务;负债业务主要是吸收存款和同业拆借;从资产业务来看,票号(和钱庄)在初级阶段并没有贷款业务,后来信用贷款业务才成为其主营业务之一;票号还兼营抵押贷款、银票、钱票的发行、货币兑换和金银受托保管等。

(3) 票号与钱庄的比较

① 票号与钱庄的性质、组织和营业范围不同,二者可互补。钱庄以兑换银钱为主,起初资本薄弱,须向票号借贷。钱庄的营业范围只限于本地,不在外埠设分店,票号则分庄遍布全国各大商埠。

② 山西票号最初以商号、个人为放款对象①,以内陆商埠为重心,但自清朝咸丰以后,又为清政府大量汇兑公款,从而票号的存款主体是官款,票号也只对钱庄、官吏及殷实商号放款,钱庄的存放款则以一般商人为对象。

③ 钱庄做贴现、兑换、买卖金银、交换票据等,票号均未兼及。

④ 票号兼营银票的发行,具有中央银行的部分职能。1911年辛亥革命后清政府垮台,票号失去了其攀援的大树,一些票号惨遭匪徒抢劫银钱,之后又遭民众纷纷挤兑,欠款也无力收回,整个行业颓势难以挽回,盛极一时的山西票号退出了历史舞台。

而此时上海的钱庄由于与列强的特殊关系,再加上"一战"期间列强无暇东顾,江浙一带的工商业发达,钱庄又一次兴盛起来。但是,好景不长,1933年南京国民政府实行废两改元的统一货币政策,使得银钱兑换业务消亡,钱庄谋利空间顿时被扼杀了,到了1952年,全国仅存的28家钱庄被并入公私合营银行,钱庄从此退出了中国的历史舞台。

⑤ 票号以黄河流域尤其是以山西晋商的足迹为主,钱庄势力范围则以长江以南为中心②,到了太平天国后期,由于特殊的历史环境,票号经营范围逐渐南移并且进一步扩大,这一时期票号成为当时中国金融的主要力量,钱庄的实力远不及票号。

第二次鸦片战争后,由于江浙一带的地理位置优越,上海成为商业枢纽城市,钱庄依托城市而发展,业务也扩展到对公业务,势力逐渐壮大,与票号形成了直接竞争,到了20世纪初,钱庄、票号与外国银行形成三足鼎立局面③(张越,2013)[11]。

(四) 钱庄

钱庄兴起的时间远早于票号,在明朝甚至更早时间就出现了钱庄的早期组织,主要经营货币兑换、倾熔银锭和金银买卖,兼营抵押贷款。在清朝乾隆年间,钱庄业务发生变化,逐渐从银钱兑换向信贷转化,并以信用放款、汇兑存款、发行被称为"银票""钱票""庄票"的可兑换为金属货币的纸币为主业,同时兼营货币兑换、抵押放款和金银买卖。钱庄在不同区域、根据规模的不同还有其他称谓,如银号、钱店等④,就民国时期来说,它的主要业务如下。

---

① 下面列举日升昌票号清江浦分号咸丰二年(1852年)的几笔对商号的贷款:郁丰号银500两月息7厘;丰兴典银4 000两年息7厘;裕泰典银1 000两月息6厘;德馨堂银2 000两月息8厘。

② 江南地区由于地理位置优越,明朝中期以后,商业得到了突飞猛进的发展,钱庄业即在此基础上率先发展起来,江浙地区成为当时银钱业的中心。

③ 当时有对其三者关系的描述:"洋商之事,外国银行任之;本埠之事,钱业任之;埠与埠间之事,票号任之。"

④ 民国时期的钱庄主要分布在上海、南京、杭州、宁波、福州等地;在北京、天津、沈阳、济南、广州等地钱庄则被称为银号;另一些地方,如汉口、重庆、成都、徐州等地,钱庄与银号并称。钱店是指仅提供兑换银票服务的小钱庄。

1. 中间业务(表外业务)

(1) 钱庄的特色和起源时的主业就是其表外业务——钱币兑换。由于我国历史上币种复杂、币材多样,铁钱、铜钱、银等并行流通,且各地所铸的银、钱成色重量不一致,需要大量的钱币兑换业务。况且,在实行银本位制的明清时期,中国始终没有大规模地铸造银元,使用的是银两,而自明中叶之后对外贸易顺差导致大量外国银元流入中国,因此银两与银元并用,必须将外国银元折算成中国的银两。由于银元种类繁多,折算过程非常繁复,而且折合率也如汇率涨跌一般地上下浮动,因此,就出现了钱庄这种专门从事银钱兑换、赚取手续费的金融机构。但早期这些组织并不称为钱庄,到了清朝道光年间才开始称为钱庄。

(2) 钱庄还经营生金银买卖,鉴定金银、银元和各种金属货币的成色、重量和真假,并核定其价格。有些资本雄厚的钱庄还附设或控制银炉、银楼、金店、铸造和买卖金银器饰等。

(3) 民国初期,钱庄汇兑(也称汇划)业务迅速展开,深入内地。比如,上海钱庄就同武汉、镇扬、宁绍等地钱庄建立业务联络网,有联号、代理关系等,通过这些地区向内地渗透。口岸钱庄则在外国银行、洋行的操纵下,以资金支持内地钱庄,根据合约办理汇划,每年进出金额高达数千万两,为外商对华收购倾销原料商品充当买办(成晓明,俞会福,2011)[12]。

2. 表内的负债业务

(1) 钱庄的自有资金较少,负债业务主要有:向票号和外资银行再融资;吸收商人的存款,各地政府往来的款项也有存入钱庄的;同业拆借等。

(2) 一项特别的负债业务是发行银票,银票就是可兑换为金属货币的纸币,即银行券。

3. 表内的资产业务

钱庄的资产业务主要是贷款,分为信用放款、抵押放款、短期拆息等,放款对象主要是工商企业(所谓的"商号"①),对当时刚刚兴起的民族工商业发展起了积极推动作用。

(三) 商业银行的流动性管理

◇ 显微镜 3-3

商业银行的流动性管理简介

(一) 商业银行的流动性需求与流动性供给概述

商业银行的流动性供给(或称流动性资产)包括已有的流动性与借入的(或称潜在的)流动性,前者是其各种现金资产(一线与二线准备金),后者包括:①新的客户存款,包括新开账户和已开立账户中的存款;②客户偿还贷款;③商业银行从投资组合中出售资产(如流动性良好的证券等);④中间业务、表外业务收入;⑤从货币市场上的借款,即短期借款。

商业银行的流动性负债(或称流动性需求)来自:①客户提取存款;②客户的信贷要求,其表现形式为新的贷款要求、重续到期的贷款协议的要求、对剩余贷款额度的提取等;③偿还同业借款;④定期支付所得税、向股东支付股利等。

商业银行的流动性负债根据到期的时间长短可分为即刻的流动性需求与长期的流动性需

① 商号即厂商字号,或企业名称。古代人一般都是以自己的姓氏、名字作为商号,如宋代孟元老的《东京梦华录》里就有许多商号,"曹婆婆豆饼""李生菜小儿药铺""张戴花洗面药""丑婆婆药铺""唐家酒店""黑虎王医生"等。而一些大的商铺,为求吉利另起店号,如顺裕兴隆瑞永昌等。

求。例如,明天就要到期的大额存单,并且客户已经表示计划将这些存款取出、不再续存,就是即刻的流动性需求;而有些流动性需求是几个月以后的,就是长期的流动性需求,如在几个月后的秋天或夏天,由于开学、放假和出游等原因,客户需要大量用钱而提取存款,就构成了长期的流动性需求。

这些不同的流动性需求与供给共同决定了金融机构在任一时刻的净流动性头寸(net liquidity position),在 t 时刻的净流动性头寸(L)可如下计算:

金融机构的净流动性头寸＝存款流入＋非存款服务收入＋客户还贷＋资产出售＋从货币市场借款－存款提取－已接受的贷款要求－偿还借款－其他经营费用－向股东支付的股利

在上述多倍存款紧缩的例子中,如果该行不能立即收回某些贷款以足额满足存款提取的需求,就表明其净流动性头寸为负,就出现了流动性危机。银行管理者为了避免出现流动性危机或净流动性头寸为负,可以从银行间同业市场(货币市场的一种)借入准备金(或称流动性),以及出售国债等流动性资产,借入准备金就是商业银行的负债管理方法。

(二) 非存款负债的重要性与商业银行的负债管理

1. 负债管理的战略

商业银行的资金来源可分为自有资本与负债两大类,负债又可分为存款负债与非存款负债两类,其中存款负债中的支票存款与储蓄存款是商业银行的被动性负债,因为商业银行基本上只能坐等这两类存款人上门。当这些存款不足以满足优质客户的贷款需求时,商业银行的明智做法不是拒绝客户的贷款请求,因为这样会伤害与客户的关系,客户可能会把存款和一些中间业务也转出这家银行。因此,商业银行应尽可能地放出所有的优质贷款,当资金不够时,银行应不惜以借款来满足优质客户的贷款需求,这样做的目的是建立持久的客户关系,这种思想被称为"客户关系准则"。

也就是说,商业银行的贷款决定常常优先于融资决定,商业银行应进行所有回报大于成本、品质符合信贷标准的贷款和投资,如果现有存款不能立即满足其资金需求,管理层应找到成本最低的借款资金来满足客户的信贷需求,这种战略就是"负债管理"(liability management)。

2. 商业银行主动性负债的种类(借入准备金的方法)

我们将商业银行的非存款负债称为"借款",是其主动性负债,也是其借入准备金的方法,包括如下内容。

(1) 向本国的家庭、企业、地方政府借款,如出售大额可转让存单来进行借款。其净影响常常是同一商业银行的不同存款账户间简单的资金转移,特别是从支票存款、活期储蓄存款账户转入到存单账户。不过,这一简单的转账也能使商业银行获得更多的可贷资金,因为存单的期限固定,到期前一般不会被提款,而活期存款随时可被提款,所以大额可转让存单能够提高存款机构存款的稳定性。

但是,大额可转让存单属于批发性资金来源,资金提供者往往是机构投资者与富裕的个人,他们对利率很敏感,这意味着大量利用大额可转让存单及其他负债管理技巧的存款机构,比依赖于支票存款、储蓄存款的存款机构遭受着更大的利率风险与流动性风险。在我国,目前虽有面向家庭、企业的大额可转让定期存单,但其转让机制尚未建立起来,还处于不可转让、只能在发行的银行提前支取的阶段,因此限制了对其的需求。

(2) 向国内金融机构(包括中央银行)借款。当前我国商业银行向中央银行借款的方式有再贷款、再贴现以及申请 MLF、SLF、PSF、TLF 等新型再贷款等。

商业银行向国内金融机构融资属于同业融资,根据我国自 2014 年 2 月 1 日实行的《商业银行同业融资管理办法》(俗称 9 号文)中的表述,同业融资是指在中华人民共和国境内依法设立的商业银行向各类金融机构[①]开展的资金融入和融出业务,主要业务类型包括:同业拆借、同业借款、同业账户透支、同业代付、同业存款(指吸收同业存款,如发行同业存单吸收同业存款)、买入返售金融资产和卖出回购金融资产等,所有这些业务最长期限不得超过一年(含),业务到期后不得展期。这些业务中的同业拆借、同业代付、同业存款、卖出回购金融资产这四项业务是商业银行的短期借款业务,其余的是商业银行的短期融出(同业投资)业务。

(3) 在国际金融市场上借款,如在人民币离岸市场上发行人民币点心债等。

二、商业银行的清偿力危机及资本管理

(一) 商业银行的资产、负债与净值的关系

从"货币兑换商发现在收收付付中总会积存相当数量的稳定货币,可用以发放高利贷谋利"中可以看到,商业银行的经营方式是"借鸡下蛋",其资金来源主要是吸收存款,存款构成了其对存款人的负债,负债指银行所欠的财产,或者说外部实体对银行的求偿权,它构成了银行(或货币兑换商)的资金来源之一。另一种资金来源是资本(capital),或称所有者权益(equity)、净值(net worth),即银行所有者自己的钱,它也可被用于发放贷款、购买银行办公设备等,因此也是一种资金来源。

银行将这些资金贷给工商企业,或购买生息资产如国债,贷款和证券构成了其资产,商业银行的资产指其所拥有的财产,或者说银行对外部实体的求偿权,它构成了银行(或货币兑换商)的资金运用。

有一种会计报告书能集中反映银行的资产、负债及资本的组成状况,我们可据此了解商业银行的经营情况,这就是资产负债表。其中所有者权益或净值、资本,是一个事后调整项目,它的值待定,永远等于资产减去负债。比如,如果资产中的国债价格上涨了,则资产值增大了,超过了固定不变的负债,说明资本或所有者权益增加了;如果资产中国债价格大跌、以至于负债值超过资产值,说明资本或所有者权益为负,意味着银行该破产倒闭了。换言之,资产负债表的编制遵循着如下的会计恒等式:资产=负债+净值。

表 3-1 是虚构的某货币兑换商的示意性资产负债表。

---

① 指在中华人民共和国境内依法设立的政策性银行、中资商业银行、外商独资银行、中外合资银行、农村信用合作社联社、企业集团财务公司、信托公司、金融资产管理公司、金融租赁公司、汽车金融公司、证券公司、保险公司、保险资产管理公司、外国银行分行,以及中国银行业监督管理委员会(以下简称中国银监会)确定的其他金融机构。

表 3-1 资产负债表

资产		负债	
现金准备	2.3	存款	11.499
高利贷	9.2	总负债	11.499
		资本	0.001
总资产	11.5	总负债与资本	11.5

这里假设货币兑换商(或近代银行、金匠银行家)除了价值区区 0.001 单位的简单的营业设施(如一条长板凳)算是他投入的资本外,剩下的几乎全是依靠挪用存款人的资金来发放高利贷——“空手套白狼”。

(二)坏账、证券价值下跌是银行倒闭的根本原因

1. 清偿力危机最先表现为挤提、流动性危机

假设货币兑换商挪用客户资金发放高利贷的事情突然被揭发了出来,恐慌的存款人知道兑换商只有少量的现金,谁先跑到谁就可以拿回自己的存款,于是存款人争先恐后去提款,要求取款额超过了准备金数额,这就是挤提(run)。当挤提发生时,存款人要求提取的存款数额远超过其库存现金,假设货币兑换商能够立即借到现金以应付挤提,就可能平息存款人恐慌的情绪,令存款人不再要求提款,就可以摆脱流动性危机。

2. 庞氏骗局——有流动性、无清偿力

但是,货币兑换商或商业银行应付流动性危机时借的钱总是要偿还的,即使在借新还旧、拆东墙补西墙期间能够维持流动性,但如果贷款成为坏账收不回来,该银行就会有借不到新债、需偿还旧债的一天,终将因冲销坏账后资不抵债而破产倒闭,证明其在借新还旧期间有流动性而无清偿力。

◇ 显微镜 3-4

P2P 平台的庞氏骗局

假设一家名叫“钱宝宝”的 P2P 网络借贷平台(其资本金忽略不计)发布虚假的、承诺保本保息、日利率高达 1%的隔日 16:00 到期的借款标以骗取理财投资者的资金、供平台控制人钱跑跑挥霍。假设钱跑跑每天 9:00 准时将平台筹集的资金仅留下当日兑付投资人的数额,其余全部提走,他就这样采用借新还旧的庞氏骗局手法吸引了越来越多的投资者,在短期内募集了大量资金,到了第 8 天一早突然卷款而逃,从而钱宝宝平台也破产倒闭了。下面用虚构的该平台第 2 天、第 8 天 15:59 的资产负债表从清偿性、流动性两方面解释这个庞氏骗局。

可见,从第 2 天到第 8 天,该平台每天都是资不抵债、没有清偿力,但在第 8 天以前,该平台依靠借新还旧、每天都维持着流动性,因为其准备金刚好够兑付前一天的负债。如表 3-2、表 3-3 所示。

表 3-2 钱宝宝平台第 2 天 15:59 的资产负债简表 单位:万元

资产		负债与所有者权益	
准备金	+101	应付第 1 天投资人的存款本息和	+101
		第 2 天投资人的存款本息和	+303

续表

资　　产		负债与所有者权益	
		总负债	+404
		所有者权益	−303
总资产	+101	总负债与所有者权益	+101

表 3-3　钱宝宝平台第 8 天 15:59 的资产负债简表　单位：万元

资　　产		负债与所有者权益	
准备金	0	应付第 7 天投资人的存款本息和	+2 020
		第 8 天的投资人的存款本息和	+1 010
		总负债	+3 030
		所有者权益	−3 030
总资产	0	总负债与所有者权益	0

3. 冲销坏账后若资不抵债就陷入清偿力危机

在现代银行业，即使没有挤提，如果贷款到期无法收回，则成为坏账（bad loans，我国称为呆账），需要被冲销，也可能引起银行破产。表 3-4 是虚构的 A 银行的资产负债表，假设其总资产为 11.0 百万元，总负债为 10.5 百万元，故其净值为 0.5 百万元。

表 3-4　冲销坏账前 A 行资产负债表　单位：百万元

资　　产		呆账冲销前负债	
现金资产	1.0	存款	10.0
贷款	7.0	其他负债	0.5
证券	2.0	总负债	10.5
其他资产	1.0	资本	0.5
总资产	11.0	总负债与资本	11.0

现在假如其贷款中有 0.6 百万元成了坏账、收不回来，由于银行是用负债如定期存款来发放贷款的，这等于是银行欠了存款者 0.6 百万元，银行就要从其“资本”即“净值”中拿出 0.6 百万元补偿给存款者，这样，在其账面上银行资本将减少 0.6 百万元，同时其“贷款”这一资产也被冲销（write off）掉了 0.6 百万元，经冲销坏账后其资产负债表如表 3-5 所示。

表 3-5　冲销坏账后 A 行资产负债表　单位：百万元

资　　产		呆账冲销后负债	
现金资产	1.0	存款	10.0
贷款	6.4	其他负债	0.5
证券	2.0	总负债	10.5
其他资产	1.0	资本	−0.1
总资产	10.4	总负债与资本	10.4

此时，A 银行“资不抵债”（总资产为 10.4 百万元，总负债为 10.5 百万元）、净值为负，就要破产，拍卖其资产以偿还债权人（如存款者、银行所发行的金融债券的持有者）和股东。

◇ 显微镜 3-5

当前我国不良贷款的定义

1. “一逾两呆”

商业银行应根据已有的信息，以及贷款的风险程度对贷款的质量做出评价，区分出优质贷款与不良贷款等类别，以便对其采取不同的控制措施，不良贷款也被称为不良资产。

1996 年以前，我国商业银行一直根据 1988 年颁布的《金融保险企业财务制度》的规定，将贷款划分为正常贷款、逾期贷款、呆滞贷款和呆账贷款。其中，逾期、呆滞和呆账贷款简称为“一逾两呆”，一逾两呆就是不良贷款。“逾期”贷款指逾期未还的贷款，只要超过一天即为逾期；“呆滞”指逾期两年或虽未满两年但经营停止、项目下马的贷款；“呆账”指按照财政部有关规定确已无法收回、需要冲销呆账准备金的贷款。

我国规定以下情况的债权（贷款）可以被认定为呆账：

(1) 借款人和担保人依法宣告破产、关闭、解散或撤销，并终止法人资格，金融企业对借款人和担保人进行追偿后，未能收回的债权；

(2) 借款人死亡，或者依照《中华人民共和国民法通则》的规定宣告失踪或者死亡，金融企业依法对其财产或者遗产进行清偿，并对担保人进行追偿后，未能收回的债权；

(3) 借款人遭受重大自然灾害或者意外事故，损失巨大且不能获得保险补偿，或者以保险赔偿后，确实无力偿还部分或者全部债务，金融企业对其财产进行清偿和对担保人进行追偿后，未能收回的债权；

(4) 借款人和担保人虽未依法宣告破产、关闭、解散、撤销，但已完全停止经营活动，被县级及县级以上工商行政管理部门依法注销、吊销营业执照，金融企业对借款人和担保人进行追偿后，未能收回的债权；

(5) 借款人和担保人虽未依法宣告破产、关闭、解散、撤销，但已完全停止经营活动或下落不明，未进行工商登记或连续两年以上未参加工商年检，金融企业对借款人和担保人进行追偿后，未能收回的债权；

(6) 借款人触犯刑律，依法受到制裁，其财产不足归还所借债务，又无其他债务承担者，金融企业经追偿后确实无法收回的债权；

(7) 由于借款人和担保人不能偿还到期债务，金融企业诉诸法律，经法院对借款人和担保人强制执行，借款人和担保人均无财产可执行，法院裁定终结、终止或中止执行后，金融企业仍无法收回的债权；

(8) 对借款人和担保人诉诸法律后，因借款人和担保人主体资格不符或消亡等原因，被法院驳回起诉或裁定免除（或部分免除）债务人责任；或因借款合同、担保合同等权利凭证遗失或丧失诉讼时效，法院不予受理或不予支持，金融企业经追偿后仍无法收回的债权；

(9) 由于上述 1～8 项原因借款人不能偿还到期债务，金融企业依法取得抵债资产，抵债金额小于贷款本息的差额，经追偿后仍无法收回的债权；

(10) 开立信用证、办理承兑汇票、开具保函等发生垫款时，凡开证申请人和保证人由于上述 1 至 9 项原因，无法偿还垫款，金融企业经追偿后仍无法收回的垫款；

(11) 按照国家法律法规规定具有投资权的金融企业的对外投资，由于被投资企业依法宣告破产、关闭、解散或撤销，并终止法人资格的，金融企业经清算和追偿后仍无法收回的股权；

(12) 金融企业经批准采取打包出售、公开拍卖、转让等市场手段处置债权或股权后，其出售转让价格与账面价值的差额，可认定为呆账。

1996 年颁布的《贷款通则》对逾期贷款和呆滞贷款的界定又重新做了调整，但总体的分类仍保持不变。这种分类方法是以贷款期限为标准，比较简便易行，但却忽视了对贷款真实质量的识别，不能够准确地对贷款进行分类。

2. 贷款的五级分类法

国际上通行的是美国的贷款五级分类法，即正常类(Pass)、关注类(Other Assets Especially Mentioned)、次级类(Substandard)、可疑类(Doubtful)、损失类(Loss)。五级分类法是根据贷款可回收情况和风险程度进行分类的。其中，正常类指借款人能够根据合同要求及时全额还本付息；关注类指尽管借款人目前没有违约，但存在一些对借款人财务状况不利的因素，将对借款人还款产生影响；次级类指借款人的财务状况已经出现问题，依靠其正常收入来源已经无法保证贷款的按时足额偿付；可疑类指借款人已经无法足额偿还贷款，即使执行抵押或担保，也会给银行造成一定的损失；损失类是指银行在采取一切必要的和可能的措施后，仍然无法收回的贷款。可见，现实的(已形成的)不良贷款包括次级类、可疑类与损失类，潜在的不良贷款是指关注类。

1998 年，中国银行监管委员会制定并实施了《贷款风险分类指导原则》，中国国有银行开始按“一逾两呆”和“五级分类”两种口径分类法同时向监管当局报备不良贷款情况。2002 年以后，“五级分类法”在中国银行业才得以从国有商业银行逐渐向股份制商业银行、信用社等金融机构扩展，在全国范围内全面实施。

但是，目前我国基层支行的信贷员大多对不良贷款睁一只眼闭一只眼，等待自己调离后，让后人来处理这些烫手山芋，于是，本应成为坏账的债务并没有被划为不良贷款，而是被纳入关注类贷款，或者干脆就隐藏在正常贷款里。等时间久了银行发现自己的现金流快转不动了，躲在暗箱里的坏资产才逐渐暴露在阳光之下。

4. 证券价值下跌与银行的清偿力危机、倒闭

银行投资的证券市价大幅度下跌也会造成同样的影响，将表 3-5 中的贷款想象成是国债即可，假设该行投资的国债的市场价值下跌了 0.6 百万元，冲销后银行的资产负债表也与表 3-5 相同。

(三) 赤字破产与黑字破产

1. 赤字破产

上例中假设货币兑换商在面临挤提时，其贷款的变现值为 0，因此它在破产时资不抵债、资本为负，这在另一种财务报表——利润表中被记为利润为负，过去在手工制表时代以红色标注，故称赤字，赤字破产的来历即如此。

但如果其贷款的变现值很高，则会出现黑字破产现象，如表 3-6 所示。

表 3-6 资产负债表 单位：百万元

资产		负债	
现金准备	2.3	存款	11.499
高利贷变现价值	9.199 5	总负债	11.499
		资本	0.000 5
总资产	11.499 5	总负债与资本	11.499 5

2. 黑字破产

假设这位货币兑换商已说服了借款人提前全部还款9.199 5单位，因此在账面上其变现值为9.199 5单位，但是，由于资金不能立刻到位，愤怒的存款人不相信他的话，仍然砸坏了他的营业设施，致使他破产倒闭了，这就是令人痛惜的黑字破产。

◇ 显微镜3-6

黑字破产

1. 黑字破产的含义

比如，2016年1月某糖果厂向某大超市赊销了10万元的糖果，在糖果厂的会计记录上这10万元应被记为1月的收入，当然，收入减去成本后就是利润。但是，由于货款约定在12月收回，因而1月的收入和利润无法变成现金，如果该工厂得不到融资的话，就无法满足2月现金支付的需要，如进不了货、支付不了工资、无法分红、无法再投资等，此时企业就会停产，工人会讨薪，供货方等债权人会讨债，如果债权人要求还款，可能要求企业破产清算。又因为其利润表在账面上存在净利润，应该标注为黑字，故称黑字破产。

可见，黑字破产的含义是：由于利润是按照权责发生制原则核算和确认的，如果一个企业的账面收入没有转化为现金，就体现在其利润表中的净利润为正数、而现金流量表中的现金及现金等价物为负数，即现金收不抵支，会使该企业因缺乏流动性而破产，这就是黑字破产，这也体现了"现金为王"这一说法的深刻含义。

2. 银行惜贷、三角债、产能过剩、黑字破产还是赤字破产？

与美国大萧条期间由于银行惜贷造成企业资金链断裂和黑字破产一样，我国在2008年上半年次贷危机爆发前为治理通货膨胀而实行的紧缩性货币政策，使得很多企业、特别是依赖银行贷款作为主要现金来源的企业一下子出现了现金断流现象。到了2008年下半年，在次贷危机的影响下，尤其是珠三角地区和长三角地区，大批小微企业出现了员工放长假、老板失业甚至外逃的现象，因为这些企业看似销售出去的产品却由于买方无力支付货款，而只是形成暂时的账面利润，实际上企业无法收回现金，只得被其债务人逼迫破产。这些破产的企业以为自己遭受了黑字破产，因为"产品还是好产品、管理团队还是好团队，销路和利润都还正常，就是无法收回现金"，其实这只是经济刚开始萧条时企业容易产生的错觉而已，因为这些应收账款应被作为坏账处理，被冲销后，这些企业就资不抵债、净值与利润为负了，就是典型的赤字破产。

3. 稳健的银行与不稳健的银行的区别

我们都听说过稳健的银行不太会倒闭，那么稳健的银行与不稳健的银行区别在哪里？既然商业银行都是实行部分准备金制度的、即负债率都很高，因此，它们之间一个明显的区别在于稳健银行的资产质量优于不稳健银行，即它的贷款到期是能够收回的，因此，当它遭受挤提危机时，知道其贷款最终能够收回的内情人（如同行或中央银行等）可能会借给它钱，让它有钱应对挤提，它就不太会倒闭。但如果它的贷款不可能收回（比如，它冒险贷给炒股票者，又恰逢股市大跌，把它客户的资金全套住了），知情者就不会借给它钱，这两种不同的情形正体现了同行对其"救急不救穷"的原则。

总之，虽然稳健的银行也禁不起挤提（可能会黑字破产），但如果能够得到融资以应付流动性危机的话，就不会倒闭。可见，具有稳健的口碑、良好的信誉对于商业银行至关重要，因为如果银行信誉很好，即使遭受谣言（如说它的贷款收不回来了），众多存款人也不会相信谣言，就不会去挤提，因此银行也不会倒闭；反之，如果银行信誉不好，即使它的贷款是稳健的，但谣言会煽动众多存款人挤提，如果它得不到融资以应对流动性危机，就只得破产清算，遭受令人惋惜的黑字破产。

正因为以商业银行为代表的金融企业的负债率很高、容易发生流动性危机，因此金融企业很不愿对债权人违约，即很讲信用（庞氏骗局除外），所以金融企业的信用通常高于工商企业，工商企业会花钱借商业银行的信用，比如，开立银行承兑汇票、开立信用证等。

（四）商业银行的资本监管

从上述清偿力危机中可以看出，如果商业银行资本雄厚，就可以用资本金冲销坏账或弥补证券价值下跌的损失而不至于破产倒闭。商业银行倒闭不仅给自己的股东造成了财产损失，还有很多负外部性，因此，银行监管者为了防范银行的清偿力危机与倒闭，就对其进行资本监管，监管方法之一就是全球各国银行监管者普遍按照《巴塞尔资本协议》的标准来要求商业银行。但是，各国商业银行一直在与监管者玩"猫捉老鼠"的游戏——创造出了花样繁多的金融创新手法来逃避这种资本监管，这被称为"监管资本套利"，而各国银行监管者也一直在见招拆招地与商业银行进行博弈，制定各种补充规定堵死一个个套利渠道，这场博弈将永远进行下去。

◇ 能量棒 3-4

巴塞尔协议

（一）概述：巴塞尔委员会与资本监管

1. 为何要对银行实行资本监管？

监管机构对于银行资本头寸的监管远早于对其他金融机构的监管，对银行资本的监管包括：(1)银行只有满足了最低资本要求，才能获得执照；(2)银行在存续期所持有的资本必须达到监管的最低要求；(3)对于银行资本的来源也有监管规定等。为什么要对银行进行资本监管呢？原因如下。

1）银行破产有负外部性，因而需要政府监管

政府需要监管银行的理由将在第四章中详述。

2）充足的资本可抵御银行的非预期损失

银行的风险可分为预期损失、非预期损失及异常损失，预期损失是商业银行根据历史数据可计算出的、在运营过程中可预见到的正常损失，银行能通过自身的一些行动（主要是提取坏账准备金等）来抵御掉该部分的风险；非预期损失是预期之外的损失，即意外损失，是最大损失与平均损失的差，银行只有通过资本金冲销坏账的方式才可以化解这种风险；异常损失是在极端情况（如巨灾）下超过最大损失值的那部分损失，一般发生的概率非常小、且无法预见，需要外部融资（如央行充当最后贷款人）才能抵御这种风险。

可见，对银行资本实行监管的基本目的是：

(1) 降低银行破产的风险，因为充足的资本可以抵御非预期损失；

(2) 保持公众对银行的信心，因为银行达到了一定的资本充足率，破产的可能性就大为降低，因此公众对银行就更有信心了；

(3) 限制存款保险索赔对政府机构造成的损失，因为银行达到了一定的资本充足率，破产的可能性就大为降低，因此就免除了政府设立的存款保险机构对于破产银行的小额储蓄进行赔偿

的义务。

2. 监管套利

银行的股东追求更高的资本回报率，因此希望采用更高的杠杆率，即降低资本充足率；而监管者的目标是保障银行有足够的资本应对风险和损失，达到避免银行破产和保护存款人利益的目的。这样"猫"(监管部门)和"老鼠"(商业银行)就有了利益的不一致，于是有了监管——猫捉老鼠和监管资本套利——老鼠骗猫的矛盾。监管资本套利是指金融机构在不违背监管资本规定的前提下，通过各种巧立名目的金融交易，在不实际降低金融机构的业务规模和整体风险的前提下降低监管资本要求，是一种"障眼法"。

3. 巴塞尔委员会

巴塞尔银行监理委员会(The Basel Committee on Banking Supervision)简称"巴塞尔委员会"，是由美国、英国、法国、德国、意大利、日本、荷兰、加拿大、比利时、瑞典10大工业国(G10十国集团)的中央银行于1974年年底共同成立的国际清算银行的一个正式机构，成员为各国中央银行和银行监管机构的官员，总部设在瑞士的巴塞尔。自成立以来，巴塞尔委员会制定了一系列重要的银行监管规定，如1983年的银行国外机构的监管原则(又称《巴塞尔协定》，*Basel Concordat*)、1988年的《巴塞尔资本协议》(*Basel Agreement*，以下简称《巴塞尔协议Ⅰ》)。

这些规定不具有法律约束力，但十国集团监管部门一致同意在十国集团内部实施。经过一段时间的检验，鉴于其合理性和可操作性，许多非十国集团监管部门也自愿遵守《巴塞尔协定》和《巴塞尔资本协议》，特别是那些对于国际金融参与度高的国家。虽然巴塞尔委员会不是严格意义上的银行监管国际组织，但事实上已成为银行监管国际标准的制定者。

1988年的《巴塞尔协议》主要是关于商业银行资本标准的国际间协议，自它诞生后，发达国家不断地对其进行发展，目前已发展到了《巴塞尔协议Ⅲ》。

(二)《巴塞尔协议Ⅰ》

1. 诞生的背景及主要内容

1) 诞生的背景

自20世纪60年代起，银行业金融创新层出不穷，并开始突破传统银行业务的限制，风险不断增大。1974年5月，美国富兰克林银行在外汇买卖中出现巨大损失，最终被7家欧洲银行集团接管。富兰克林银行的轰然倒塌，令人们在惊愕之余意识到加强银行监管的必要性。鉴于银行资本监管①存在严重的缺陷，1988年，美国、比利时、加拿大、法国、德国、意大利、日本、荷兰、瑞典、瑞士、英国和卢森堡这12国的代表宣布就新的资本标准达成了初步协议，由于签订于瑞士的巴塞尔，就被称为《巴塞尔协议——关于统一国际银行的资本计算和资本标准的协议》，这在银行发展史上具有里程碑式的意义。

2) 主要内容

该协议的主要内容是鼓励大银行增加资本、降低各国管理规则的不公平性、促进公平竞争，紧跟金融服务的创新步伐(如当时银行开发的许多表外业务)，其主要内容如下。

(1) 确立了以风险为基础的资本充足性标准。它根据资产性质的不同，将银行资产负债表的表内和表外项目划分为0%、20%、50%和100%四个风险档次(注：这只是信用风险)，加权风险资产的值等于风险资产乘以其权重。最受关注的表外项目包括银行开立的备用信用证和向私

① 资本监管主要指资本充足监管，即监管银行的资本与各类资产的比例，使银行资本的数量足以吸收可能发生的意外损失，使银行在遭受风险损失时不致破产，资本监管的主要规范就是《巴塞尔协议》。

人客户提供的具有长期法律约束力的贷款承诺。

(2) 将银行资本划分为核心资本和附属资本两类，要求银行核心资本对风险加权资产的比率保持在4%以上，而总资本(一级资本与二级资本之和)对风险资产的最低比率为8%，二级资本的数额最高只能是一级资本的100%。商业银行的贷款、证券投资等均为100%的风险资产，这意味着商业银行在发放贷款、投资证券等活动中的资金来源至少要有8%是资本，吸收存款等负债性资金来源最多只能占到92%。《巴塞尔协议Ⅰ》的一个突出特点是明确给出了银行资本的界定，防止了银行有意无意地扩大资本认可的范围而导致不审慎经营的问题。

3) 一个计算最低资本要求的例子

下面是某银行的资产负债表的表内与表外项目，假定该行有一级资本4 000万元，二级资本2 000万元，总资产为100 000万元(10亿元)。其资产负债表如表3-7所示。

表3-7 某银行加权风险资产的计算

项目	金额(单位：万元)	×转换系数	=等价贷款额
表内项目(资产)：			
现金	5 000	×0	=0
国债	20 000	×0	=0
在国内的同业存款余额	5 000	×20%	=1 000
住户抵押贷款	5 000	×50%	=2 500
公司贷款	65 000	×100%	=65 000
总表内资产	100 000		
表外项目(OBS)			
备用信用证	10 000	×20%	=2 000
贷款承诺	20 000	×100%	=20 000
总表外项目	30 000		
总加权风险资产			90 500

资料来源：彼得·S.罗斯，西尔维娅·C.赫金斯著，刘园译，《商业银行管理》，2013年10月第1版。

$$\text{一级风险资本比例}=\frac{\text{一级资本}}{\text{总加权风险资产}}=\frac{4\,000}{90\,500}=4.41\% \tag{3-4}$$

资本充足率有不同的统计口径，主要比率有资本/存款、资本/负债、资本/总资产、资本/风险资产的比率等，根据《巴塞尔协议Ⅰ》，该行的资本充足率情况如下：

$$\text{总风险资本比例}=\frac{\text{一级资本}+\text{二级资本}}{\text{总加权风险资产}}=\frac{4\,000+2\,000}{90\,500}=6.63\% \tag{3-5}$$

可见，该行4.41%的一级资本对加权风险资产的比例高于4%的一级资本最低要求，但一级资本与二级资本之和占总加权风险资产的6.63%的比例低于8%的最低要求，因此，该行必须筹集新资本或减少风险资产，以满足《巴塞尔协议Ⅰ》的标准。

4) 衍生工具的资本要求

银行的衍生工具(期货、期权、远期合约、利率和货币互换、利率上限和利率下限合约)也面临着交易对手风险——即客户不付款或不履行义务。从而迫使银行与不是很合适的另一方签订替代合约的风险。降低交易对手风险的重要手段之一就是让期货和期权合约在有组织的交易所中交易，这样，如果一家银行的客户未能根据在其交易所交易的期货或期权合约对银行交货，有关的交易所就会作为交易对手方向银行如数交货，在这种情况下，银行就无须对这种交易合约做出资本担保了。

但是，对于利率合约、外币合约等其他类型的衍生合约，《巴塞尔协议Ⅰ》则要求银行将这些合约金额按照一个信用转换系数转换为风险资产，例如，为期一年或一年以下的利率合约的信用转换系数为0%，一年以上的为0.5%；一年或一年以下的外币合约的信用转换系数为1%，一年以上的为5%（彼得·S.罗斯，西尔维娅·C.赫金斯著，《商业银行管理》）[13]。

2. 对《巴塞尔协议Ⅰ》的批评

学术界和银行界对1988年的《巴塞尔协议Ⅰ》提出了以下一些质疑和批评：

1）风险权重的灵活性问题

批评者认为其风险权重的级次过于简单且不合理，仅有0%（低信用风险）、20%（低信用风险）、50%（中等信用风险）和100%（最大信用风险）四个档次，没有充分考虑到同类资产的信用差别，也就难以准确反映银行所面临的真实风险。

2）只考虑了信用风险，而忽视了市场风险

《巴塞尔协议Ⅰ》明显的不足就是只考虑了信用风险而忽视了市场风险。市场风险即利率、汇率、证券、商品等价格的不利变动给银行带来的损失。为了应对市场风险，巴塞尔银行监管委员会建议面临很大市场风险的银行持有更多的资本，并且在《巴塞尔协议Ⅰ》出台后不久就开始了《巴塞尔协议Ⅱ》的起草工作。1996年1月巴塞尔委员会正式批准了对《巴塞尔协议Ⅰ》条款的修改，允许大型银行进行内部风险评估，并估计应对市场风险所需的资本数额。1998年，监管机构对大型银行交易头寸的市场风险敞口提出了资本要求。

3）无法应对金融创新对于资本监管的逃避

金融新业务的推出和银行组织形式的创新在信息不对称的情形下，都可以成为银行业逃避资本监管的手段。如银行资产证券化和金融控股公司的建立等，《巴塞尔协议Ⅰ》无法应对金融创新带来的监管资本套利。

此外，非OECD成员国认为，《巴塞尔协议Ⅰ》对于非OECD成员国的资产的信用风险（对于OECD成员国而言就是国家风险）设定得较高，是对其的歧视。

◇ 能量棒 3-4-1

商业银行的风险价值模型与信用风险模型

（一）风险价值模型（VaR模型）

1. 主要内容

银行监管者意识到《巴塞尔协议Ⅰ》存在种种弊病——比如，它忽略了市场风险、对金融创新的反应缺少灵活性等，因此允许大型银行运用其偏好的方法（被称为内部评估模型）来评估其市场风险，并自行确定其最低资本要求，这种模型之一是风险价值模型。

例如，某银行管理层需要利用一定历史时期（不得短于1年）的信息预测市场利率和市场价格，如果管理层以99%的置信水平，预计其交易资产组合在未来10天内将遭受市场风险，使其价值日平均将下降1亿美元，也就是说，银行预测在未来10天内有99%的可能其最大损失不超过1亿美元，或最大损失超过1亿美元的可能性不高于1%，这被称为在未来10天内以99%的可能性其日平均风险价值为1亿美元。这样管理者就可以将此估计的未来损失与其当前的权益资本水平进行比较，以确定该银行是否拥有足够的资本以防止倒闭。如果管理层认为风险价值上升了，就应使银行增加资本或减少风险敞口。此外，管理层还需要对问题资产在市场恶化的情况下变现的时间进行估计，比如，估计高流动性资产可能 24 小时可变现，而流动性较差的资产可能是两周才可变现。

2. 局限性

风险价值模型存在以下局限性。

(1) 一些大型的银行资产规模庞大复杂，受到数以千计的风险因素的影响，以至于无法对其进行持续准确的风险价值估计。因此，银行要么会做出非常保守的风险价值估计，使其持有过多的资本；要么会做出冒险的风险价值估计，使其资本不足以抵御真实的风险。

(2) "事后检测"即监管机构通过评价银行过去的预测表现，来对其资本要求进行修正的方法，可能将提高评估的准确性，即如果某家银行有着频繁的预测不准的记录，则监管机构将要求它充实资本，这种事后检测将激发银行开发出更好的预测模型。但是，事后检测等方法即使能够促使银行提高预测水平，也无法使其抵御系统风险。系统风险是指由于金融系统的相互联系，几家银行会同时遭受市场损失的风险，每家银行的风险上升将为其他银行带来负外部性，加剧了其他银行的风险，2007—2009 年美国次贷危机就是例证。

（二）信用风险模型

与风险价值模型平行发展的另一种内部评估模型是信用风险模型，该模型是在推出了 Credit Metrics 模型的 J. P. 摩根公司的领导下创建的，运用计算机算法试图测量由于借款客户违约以及信用评级下降而导致的贷款价值缩水给银行带来的损失。

对信用风险的评估甚至比对市场风险的评估更加困难，信用风险的统计模型必须考虑借款人的信用等级、信用等级变化的概率、一些违约贷款被偿还的可能性，利差在高风险贷款与低风险贷款间变化的可能性。此外，还要分析一些大额借款人的贷款集中度，因为贷款违约的统计分布并非正态，而是严重偏斜的，当经济不景气时借款人可能联合违约，银行管理者必须要为这种极端的信贷损失准备好资本，而在其他时间只需要面对较小的损失及较少的资本即可。虽然信用风险模型面临着很多困难，但它毕竟为估算可抵御潜在贷款损失、保护银行清偿能力的必要资本额提供了定量基础。

在《巴塞尔协议Ⅰ》的框架下，大多数贷款不论其信用评级如何，其最低资本要求都是相同的，例如，一个评级为 AAA 的商业贷款在《巴塞尔协议Ⅰ》下的最低资本要求保持在每 100 美元贷款需要 8 美元资本（可被记为 8 美元/100 美元）的固定水平，而在《巴塞尔协议Ⅱ》框架下，根据具体贷款的信用质量，其最低资本要求可能在 0.37 美元/100 美元至 4.45 美元/100 美元之间变动，而 BBB 级贷款的最低资本要求则可能在 1.01 美元/100 美元至 15.13 美元/100 美元之间变动，可见，《巴塞尔协议Ⅱ》比《巴塞尔协议Ⅰ》对信用风险敏感得多。

（三）2004 年的《新巴塞尔资本协议》——《巴塞尔协议Ⅱ》

1. 出台的背景

《巴塞尔协议Ⅰ》在出台后不久，对其的修订版（今天的《巴塞尔协议Ⅱ》）的起草工作就已经开始进行了。尽管在《巴塞尔协议Ⅰ》框架下，1997 年已形成了全面风险管理的理念，但并未对其内容作详尽解释，更未提出切实、可行的方法。20 世纪 90 年代爆发了 1992 年的欧洲汇率机制危机、1997 年的东亚金融危机，汇率的大幅度变动引起金融业的剧烈动荡，凸显了为抵御市场风险而增加银行最低资本要求的必要性，也为《巴塞尔协议Ⅰ》的修订提供了明确的方向。因此，2004年，十国集团的央行行长一致通过了《新巴塞尔协议》即今天的《巴塞尔协议Ⅱ》（以下混用《新巴塞尔协议》与《巴塞尔协议Ⅱ》这两个相同的概念），并于2006年年底在十国集团开始实施。

2.《巴塞尔协议Ⅱ》的主要内容

《新巴塞尔协议》全面考虑了银行经营中的三种风险：信用风险、市场风险和操作风险，根据各项资产的风险权重来确定资本充足率指标，并对仅仅从资本充足率的单一监管扩展为最低资本要求、监督检查和市场约束这三个维度的监管。

1）根据信用质量确立不同的最低资本要求

在《巴塞尔协议Ⅰ》框架下，精明的银行管理者已找到了一些监管资本套利的方法，比如，一些银行发现在《巴塞尔协议Ⅰ》的规定中，企业贷款和信用卡贷款处于同一风险类别，风险权重相同，但实际上信用卡贷款往往风险更高。因此，银行就可以出售低风险资产、买入高风险（同时收益也高）资产而不改变其最低资本要求，这就是监管资本套利。在这种套利下，《巴塞尔协议Ⅰ》不但没有降低银行风险，反而鼓励银行承担了更高的风险。

因此，《巴塞尔协议Ⅱ》要求对众多资产类型的信用风险进行复杂计算，还要求对这些资产的市场风险与操作风险进行计算，从而确定其最低资本要求。但是这将大大提高计算最低资本要求的复杂程度，使得小银行的压力大增。为此，2004年《巴塞尔协议Ⅱ》出台时国际银行监管机构达成的共识是：最初只将其运用到美国最大的20家银行和一些顶尖的外国银行，剩下的7 000多家美国银行和外国的小银行至少要在一段时间以后才能逐步调整到《巴塞尔协议Ⅱ》的管理框架，在过渡期内仍实行《巴塞尔协议Ⅰ》的管理框架。

尽管一开始多数银行并非必须满足《巴塞尔协议Ⅱ》的要求，但由于《巴塞尔协议Ⅱ》规定，在许多情况下，使用最先进风险计算技术的大银行的资本/风险资产比例可以低于《巴塞尔协议Ⅰ》下的许多小银行的比例，因此使用《巴塞尔协议Ⅱ》框架的银行就有更多的竞争优势，因为它可以更低的利率向借款人发放某些贷款等。并且，银行的股东、存款人、信用评级机构和其他行业的参与者会得出以下结论：采用《巴塞尔协议Ⅱ》的银行比采用《巴塞尔协议Ⅰ》的银行能够更好地计算真实风险，也能够更好地管理真实风险，因此使采用《巴塞尔协议Ⅱ》的银行享受到融资成本下降等各项好处，甚至可能使一些采用《巴塞尔协议Ⅱ》的国际大银行得以收购采用《巴塞尔协议Ⅰ》的小银行，最终会促使所有银行都实行《巴塞尔协议Ⅱ》的框架。监管机构和公众都期望以先进的风险衡量技术为基础的《巴塞尔协议Ⅱ》下的最低资本要求的决定方法将大大降低全球金融体系的不稳定性。

2）在确立最低资本要求时还要考虑市场风险与操作风险

《巴塞尔协议Ⅱ》议案中最重要的一项创新就是要求银行持有资本来应对除信用风险与市场风险之外的操作风险，操作风险包括诸如雇员欺诈、产品瑕疵、会计错误、计算机故障、恐怖袭击与自然灾害（如暴风雨和地震等）给银行的实体资产带来损失的风险。

3）内部风险评估法

《巴塞尔协议Ⅱ》的革命性变化是使银行自行测量其风险敞口[①]，并确立需要多少资本来满足要求，这被称为内部风险评估法。当然，监管机构还要对其进行审查以确保测量的合理性。确

---

① 何为风险敞口、风险暴露？比如，兴业银行在1月1日这天购买了一份5 000万美元的4月1日到期的卖出美元的期货合约，就承担了这笔负债，但在资产方并没有持有相应的美元，只有人民币。这样兴业银行要用人民币来购买美元，当人民币贬值时，它就发生意外损失；当人民币升值时，它就享有意外收益，无论怎样，兴业银行都暴露在汇率风险之中，它有5 000万美元风险敞口。

立内部评估法是希望改变《巴塞尔协议Ⅰ》条款僵化、无法跟上大型金融机构开发新服务及新方法的步伐的缺点。采用内部评估法的同时，监管机构还要求银行在商业周期内采用内部评级法(IRB)反复进行压力测试，以确保能够应对变幻无常的市场变化可能造成的损失。

4）市场约束

巴塞尔委员会在银行业机构的资本结构、风险敞口、资本充足率等领域建立了一套披露要求，将银行风险暴露的信息通知市场，这是为了对银行管理层施加市场约束。比如，上市公司的股价变动可以导致高级管理人员的更迭，因此，若不利信息被披露，该银行上市公司的高管就可能位置不保，这种顾虑就可在事前约束高管的风险性行为。

3.《巴塞尔协议Ⅱ》的局限性

《巴塞尔协议Ⅱ》还有一些重要的问题仍未得到解决，包括如下内容。

(1) 某些风险(如操作风险)还没有可接受的测量尺度，因此我们无法确切地知道怎样计算风险敞口，以及风险敞口将如何随时间而变化。

(2) 风险汇总的问题也很复杂，应该如何将不同形式的风险敞口加总以得到银行总体的风险敞口呢？很明显，必须要用某种方法量化把它们加总成一个风险指数，从而计算出银行需要持有多少资本。

(3) 商业周期该如何处理呢？与经济扩张时期相比，大多数银行在经济衰退期很可能面临更大的风险敞口，这意味着大多数银行在经济不景气时需要更多的资本，该如何预测经济不景气下银行需要的更多的资本呢？这是个统计学上的厚尾难题①。

(四) 2010年的《巴塞尔协议Ⅲ》

《巴塞尔协议Ⅱ》从来没有被完整地实施过，因为它饱受争议，2007年由美国次贷危机引发的全球金融危机，充分暴露出在银行因高风险的抵押贷款支持证券及其衍生品出现巨额亏损从而面临倒闭的情况下，《巴塞尔协议Ⅰ》与《巴塞尔协议Ⅱ》对于银行核心资本充足率的要求过低，使得银行体系难以抵御金融风险。为此，全球银行业监管者于2010年9月12日在巴塞尔达成了《巴塞尔协议Ⅲ》，强调核心资本充足率。

其实《巴塞尔协议Ⅰ》与《巴塞尔协议Ⅱ》大同小异，都诞生于经济周期上升期的太平盛世，危机意识不强，对资本的要求较低，而《巴塞尔协议Ⅲ》则诞生于危机之时，因此对资本的要求较高。《巴塞尔协议Ⅲ》的主要内容如下。

1. 资本框架的再定义和新要求

1）银行的一级资本必须考虑在“持续经营资本”的基础上吸收亏损

《巴塞尔协议Ⅲ》规定银行的一级资本必须考虑在“持续经营资本”的基础上吸收亏损，意思是要为最坏的时候做最充分的打算、留下充足的资本。一级资本的核心形式是普通股和留存收益，剔除少数股东权益、无形资产等项目。不满足普通股资本标准的资本工具，不计入普通股核心资本。该议案强调了普通股的重要性和逆周期审慎的重要性。

(1) 为什么要强调普通股的重要性？

次贷危机给监管者的教训主要有：

---

① 一个例证是2007—2009年美国次贷危机期间，许多银行的资产(特别是住户抵押贷款及抵押支持证券)的价值暴跌，使得全球银行蒸发了上亿美元资本，业界领袖如花旗集团和美林证券等，通过接触美国、欧洲和亚洲的私募基金，以及从亚洲延伸到中东的主权财富基金来寻求巨额的新资本。一些顶级银行，包括巴克莱银行和苏格兰皇家银行等，也在国际市场上折价出售股票，以从激烈竞争的市场中吸引高成本的资本(彼得·S.罗斯，西尔维娅·C.赫金斯著，刘园译，《商业银行管理》，2013年10月第1版)。

① 一级资本的监管不能放松，因为只有一级资本才能够"弥补和吸收损失"，并且是永久性的，可支配性的，即其发行者不需要、也不能向持有人偿还，这些特性二级资本工具是不具备的。二级资本(附属资本)是在银行破产和未能持续经营时先于存款人而吸收损失，但是，如果监管的目的是避免银行破产，则二级资本就没有什么用处，因此，新的监管思想是扩大一级资本、而不是二级资本。例如，雷曼倒闭时算上附属资本后的资本仍是充足的，但长期债务(附属资本)不能被用于冲销坏账，因此，在需要冲销坏账时，只有普通股和留存收益才有用。

② 在资本的付息安排上，资本工具的发行者必须保持可付、可不付的灵活性。因为目前西方国家的一些混合资本工具具有支付股息的"推动器安排"，即要求资本工具的发行者在一定条件下必须支付股息。显然，在萧条时期，这种安排将减少银行的资本，所以监管者要求银行对于一级资本有取消和延缓支付股息的灵活性。

(2) 什么是逆周期审慎?

逆周期审慎即要建立前瞻性的贷款损失拨备、留存缓冲资本和逆周期缓冲资本，也就是说，在经营环境差时，要主动多准备一些资本以提高吸收经济衰退时额外损失的能力；而在经营环境好时，可以少准备一些资本，使得资本成为反周期的缓冲垫和银行的保护神。

(3) 稳健的资本过滤

监管部门在计算资本金额时，应采用审慎和稳健的条件，应将那些在经济压力较大时变现性差的资产排除在资本之外。

① 物业投资及其他流动性较差的资产。因为在市场紧张的情况下，其公允价值的获取很困难，流动性差，因此中国银监会对银行购置物业提出了严格的监管要求，要求银行不能购置超过其自身业务用途之外的物业，这是保障银行资本基础比较健康的务实做法。

② 投资给子公司的资本金要被扣除，因为投资或借贷给子公司的资金在经济情况紧张的时候，无法及时送回总行、而被子公司占用，这种资本金的用途就是有限的，需要在计算监管资本时被扣除。

2) 银行的二级资本在"破产清算资本"的基础上吸收损失

"破产清算资本"指一级资本，《巴塞尔协议Ⅲ》规定银行的二级资本要在"破产清算资本"的基础上吸收损失，意思是一级资本基本上要足够，只给二级资本留下不大的空间即可。而在旧的《巴塞尔协议Ⅰ》与《巴塞尔协议Ⅱ》中，以普通股为主的一级资本比重较低，二级资本及更低级的抵御市场风险的三级资本却占了大部分的资本构成，这使得旧协议中的资本充足率具有明显的顺周期特征。

2. 系统重要性银行(Systemically Important Bank)

1) 概念的引入

巴塞尔委员会在《跨境银行处理组报告及建议》中指出，某些大机构在金融体系中起到了中枢作用，类似于基础设施或公共事业设施，并提出了"系统重要性银行"的概念，指业务规模较大、业务复杂程度较高、发生重大风险事件或经营失败会对整个银行体系带来系统性风险的银行，并对其提出了特别资本要求，使其具有超出一般标准吸收亏损的能力。资产规模在 5 000 亿美元以上的机构均可被归为此类。

2) 防范系统重要性银行的道德风险的监管

系统重要性银行之间也存在很强的关联性，在次贷危机中，许多大型银行的倒闭，破坏了整个金融体系的稳定性，导致对实体经济产生巨大冲击。为防范其道德风险，就需要对其加强监管。比如，在资本计提上有额外奖惩，对衍生品、复杂证券化产品要计提更高的资本，对风险暴露计提更高的资本；再如，对其流动性增加附加要求。委员会还提出了跨境银行的处置决议，对跨境银行的有序倒闭开辟了一条道路。

（五）我国的银行业资本监管

1. 我国参照《巴塞尔协议Ⅰ》的要求的时期

1988年，我国并未参加巴塞尔协议，但也自觉地按照巴塞尔协议来要求自己。由于体制与历史的原因，我国国有商业银行积累了大量的呆账，资本充足率始终达不到8%。

1998年财政部发行了2 700亿元人民币的特别国债来充实四大国有银行的资本金，并剥离了1.4万亿元的坏账给四大资产管理公司，使四大行的资本充足率上升到8%以上。但随着新的坏账的出现以及总资产的增长，许多银行不久又达不到资本充足率的要求了。

2004年年初，国务院又动用了450亿美元注资中国银行与中国建设银行，以增强其资本实力。

2. 我国2007年正式实施《巴塞尔协议Ⅱ》

2007年2月28日，中国银监会发布了《中国银行业实施新资本协议指导意见》，标志着我国正式启动了实施《巴塞尔协议Ⅱ》的工程，虽然当时《巴塞尔协议Ⅲ》已经发布。

中国银监会规定，在其他国家或地区（含中国香港、澳门等）设有业务活跃的经营性机构、国际业务占相当大比重的大型商业银行，应自2010年年底起开始实施《巴塞尔协议Ⅱ》，如果届时不能达到中国银监会规定的最低要求，经批准可暂缓实施《巴塞尔新资本协议》，但不得迟于2013年年底。这些银行因此也被称为新资本协议银行。而其他商业银行可自2011年起自愿申请实施《巴塞尔协议Ⅱ》。具体来说，这套监管规则包括：

(1) 最低资本金要求。规定总资本比率不得低于8%，二级资本不得超过一级资木。

(2) 信用风险权重的确定。信用风险权重如何确定？中国银监会规定，允许银行从两种主要方法中任选一种，一种是外部评级结果，另一种是银行系统开发的内部评级体系，但该体系须经过银行监管当局的正式批准。

为什么可以宽容银行实行内部评级法呢？因为资本充足率的提高会降低银行的盈利，因此商业银行总是倾向于持有较少的资本。实施内部评级法，对于风险管理能力较强的银行，可以减少其风险加权资产，降低资本金要求。对于风险管理能力较弱的银行，则会提高其资本比例，有效地制约其盲目扩张。

3. 我国2011年起开始实施"中国版巴塞尔协议Ⅲ"

根据《巴塞尔协议Ⅲ》，2011年5月，中国银监会颁布了《中国银行业实施新监管标准指导意见》，确立了新的监管框架，被称为"中国版巴塞尔协议Ⅲ"，主要内容如下。

1) 资本充足率

(1) 规定我国核心一级资本充足率、一级资本充足率和资本充足率分别不低于5%、6%和8%。核心一级资本充足率最低标准比《巴塞尔协议Ⅲ》还高出0.5个百分点。

(2) 引入逆周期资本监管框架，包括2.5%的留存超额资本和0%至2.5%的逆周期超额资本。

(3) 增加系统重要性银行的附加资本要求，暂定为1%。

总之，在新标准下，正常情况下系统重要性银行和非系统重要性银行的资本充足率分别不低于11.5%和10.5%。若出现信贷过快增长，商业银行还需要计提逆周期超额资本。

2) 改进的流动性风险监管

在流动性风险监管方面，中国版的巴塞尔协议Ⅲ推动银行业金融机构建立多情景、多方法、多币种和多时间跨度的流动性风险的内部监控指标体系，如：

流动性覆盖率＝未来高质量流动性资产存量/未来30天净现金流出总额，要大于等于100%；

净稳定融资比例=可获得稳定融资金额/必要稳定融资金额，要大于等于100%；

3) 强化贷款损失准备监管

规定贷款拨备率不得低于2.5%，拨备覆盖率不低于150%，原则上按两者孰高的方法确定商业银行贷款损失准备的监管要求，并根据经济周期、贷款质量和盈利状况，对贷款损失准备监管要求进行动态化和差异化调整，进一步缓解银行体系的顺周期性。

4) 新监管标准对中国银行业的深远影响

新监管标准中的新资本充足率标准将使中国商业银行长期面临资本补充的压力，流动性监管标准将促进银行业务转型，拨备率和杠杆率监管标准抑制了商业银行的信贷扩张冲动。拓宽资本补充渠道、促使经营模式转型、强化风险管理、走内涵式发展道路将是中国商业银行增强抵御风险能力、适应新监管标准的有效对策。

（六）批评：资本充足率监管的顺周期性使其无法抵御金融危机

《巴塞尔协议》是资本充足率监管框架，但对于资本充足率监管框架本身就有如下一些批评意见：

1. 银行信贷行为的顺周期性

一般认为，银行信贷行为本身具有顺周期性。在宏观经济景气时，由于银行的盈利能力增强，信用等级上移，银行具有主动扩张信贷规模的动机；而银行对实体经济流动性供应的充足又会进一步推动宏观经济的繁荣甚至泡沫化，即火上浇油。而在经济萧条时期，出于对实体经济发展不确定的预期，银行会减少持有与宏观经济相关性较强的资产，收紧贷款，转而增持收益稳定的政府债券等产品，这又直接导致经济系统中流动性减少、信贷供应量下降，反过来又会加剧经济的不景气。

2.《巴塞尔协议Ⅰ》体现出了资本监管的顺周期性

《巴塞尔协议Ⅰ》与《巴塞尔协议Ⅱ》的资本监管也具有顺周期性，因为当经济处于上行阶段时，商业银行贷款的信用风险下降，因为贷款人信用级别改善、违约概率下降，银行资产质量总体水平改善，造成银行所需配置的资本金减少，促使银行扩大贷款规模，从而进一步刺激经济增长。而当经济下行时，由于贷款人信用级别恶化、违约概率上升，使得银行资产质量下降，银行必须增加资本金，这样就会挤压本可用于发放新贷款的资金规模，使得经济进一步萧条。

3.《新巴塞尔协议》进一步体现出了资本监管的顺周期性

《新巴塞尔协议》主要在以下几方面加剧了资本充足率监管的顺周期性。

(1) 由于一些大型商业银行持有的抵押贷款支持证券及其衍生产品具有复杂的结构，对其信用风险的评估困难重重，因此欧美国家的监管机构在计算这些银行的信用风险时，采用了外部评级公司的评级结果确定其资产的风险权重，从而产生了显著的顺周期性特征。因为欧美国家的信用评级业由少数几家大型机构主导，它们几乎提供了全部重要的评级服务，而三大信用评级机构的评级相关性很高，它们叠加在一起将产生强大的顺周期性力量，即经济繁荣促使乐观情绪的产生，导致其评级结果也乐观；经济衰退导致悲观情绪的蔓延，导致其评级结果也悲观，因此使得资本监管也产生了顺周期性。

(2) 在诸信用风险的内部评级法中，监管机构采用了银行内部评级的结果计算其资产的风险权重。而银行普遍采用的VaR等内部评级模型具有内在缺陷，如相关参数数据的不可得、评级周期过短、简单地假定各个借款人之间的相关性是固定不变的，等等。但实际情况是，不同借款人之间的相关性会随着宏观经济的波动而变化，比如，在经济衰退时一损俱损。因此，这类评级模型将低估扩张时期的风险，而高估衰退时期的风险，依此模型作出的资本监管也具有顺周期性。

(3) 现有国际会计准则规定，金融资产或负债应按照公允价值进行初始计量和后续计量，而所谓的"公允价值",就是在一个活跃市场中的成交价,如果在一个活跃市场中没有相同产品的成交价,与其相类似产品的近期可观测到的成交价也可被视为公允价。但如果上述两个层次的价格都不能获得,则需要通过估值模型来计算有关产品的价值,因此,公允价值具有市场客观性和主观判断性双重属性,这又容易产生顺周期效应——市场情况好时,资产价值被高估;市场情况差时,资产价值被低估。

此外,内部模型法对信用风险、市场风险和操作风险给出了庞杂的计量经济学的计算方法,这些计量方法依赖于统计分布的假定,计算过程成了令人费解的黑箱,并使得计算结果具有一定的随意性,比如,有时计量出来的资本竟然比传统方法下节约50%。

总之,《巴塞尔协议》中监管机构在计算各银行资本充足率时的顺周期性,使得次贷危机前美国各商业银行的资本充足率均良好,但危机爆发后资产质量迅速恶化,使得资本充足率也迅速下降,大量商业银行濒临破产,这说明,完全通过计量方法计算出来的资本并没有很好地抵御商业银行所面临的风险。如果能够综合运用计量方法和传统的按照财务报表计算出来的资本充足率,就应该能够早些对一些银行做出预警。

此外,《新巴塞尔协议》对银行表外业务监管不足。在次贷危机中,正是这些表外业务风险对商业银行造成了毁灭性打击——在次贷危机爆发前,大量商业银行均持有次级债券的资产或负债,但在进行资本充足率计算时,并没有考虑该业务给商业银行带来的风险。次贷危机爆发后,大量次贷债券贬值,导致以其为资产的商业银行亏损严重,不断蚕食资本金,造成破产倒闭。

◇ 能量棒 3-5

监管资本套利——信贷资产证券化与非标资产业务

(一)定义

监管资本套利指金融机构在不违背监管资本规定的前提下,通过金融交易在不降低金融业机构的业务整体风险的同时,降低监管资本的要求,主要手法是把高风险资产包装成低风险资产,从表面上虚假地提高了银行的资本充足率。自1988年《巴塞尔协议Ⅰ》实施后,银行业金融机构就开始了监管资本套利的探索。

银行提高资本充足率通常有提高资本金的所谓"分子策略"(如发行股票、可转换债券和五年期以上的长期次券债券等),以及降低风险资产规模的所谓"分母策略"(如出售一部分贷款变成现金资产、将高风险权重的资产转换成低风险权重的资产,特别是资产证券化)。由于在《巴塞尔协议Ⅰ》中,监管机构与银行处于信息不对称状态,监管部门具有信息劣势,因此《巴塞尔协议Ⅰ》中规定的计量监管资本需要量的资产的风险权重不可能完全反映银行资产的实际风险,于是银行就可以通过对其资产进行形式上的调整(如把高风险资产装扮成低风险资产)来从表面上提高资本充足率,其实银行的总经济风险几乎没变,这就是监管资本套利。

(二)监管资本套利的方法(一)——信贷资产证券化

1. 次贷危机前美国商业银行的抵押贷款证券化

监管资本套利泛滥成为美国次贷危机爆发的重要原因,次贷危机前商业银行进行监管资本套利的具体操作手法是抵押贷款证券化。

2001年后,欧美大型商业银行大量发放以次贷为基础资产的衍生工具来转移表内资产,并通过资产证券化方式快速收回现金,用于进一步的业务扩张,其具体操作流程为:

(1) 以商业银行为主的抵押贷款经纪商将次级抵押贷款按照数量、期限、利率和风险特征分离打包成抵押贷款支持债券(Mortgage Backed Securities,MBS)出售给投资银行。

(2) 投资银行将MBS及其他债券组合带来的现金流再次进行分割，打包成风险不同的抵押担保债券(Collateralized Obligation，CDO)，并基于CDO进一步开发出CDO的平方、CDO的立方等各类衍生产品，并将这些产品出售给保险基金、养老基金或对冲基金等机构投资者。

此外，2003年美国颁布的《实施新巴塞尔协议的风险资本指引》规定，自2007年开始，要对美国核心银行按照新协议实施资本监管，即对资产证券化及其表外实体提出了资本要求，从而扩大了资本覆盖风险的范围，这促使银行有动力在实施新协议前更加积极地实施资产证券化。

2. 信息不对称造成的监管缺失使得资产证券化成为商业银行实施监管资本套利的方法

监管资本套利的主要形式是资产证券化，因为资产证券化后，从表面上看基础资产的信用风险已从银行的资本负债表中移除，从而减少了风险资产，提高了该行名义上的资本充足率①。但实际的信用风险可能并未从商业银行的资产负债表中移除，因为银行为维护自己的市场信誉，要为证券化资产或证券化产品提供各种形式的保证，因此保留了风险。

这种实际上有追索权的资产证券化的危害是：

(1) 被蒙骗的监管部门仅看名义资本充足率，因此难以判断银行是否达到了应有的稳健水平，使得资本充足率监管形同虚设，为金融危机的全面爆发埋下了伏笔；

(2) 它使不同银行的资产充足率变得缺乏可比性；

(3) 资产证券化提高了银行的名义资本充足率，促使银行从事更高风险的业务，带来了银行业整体风险的上升。

(三) 监管资本套利的方法(二)——我国的非标资产业务

1. 非标资产业务的定义与实质

1) 定义

非标准化债权资产(简称非标资产)本质上就是银行向企业发放的贷款，由于贷款条件由双方议定，不是债券那样的标准化合约，所以称为非标。所谓非标准化债权资产，是指未在银行间市场及证券交易所市场交易的债权性资产，包括但不限于信贷资产、信托贷款、委托贷款、银行承兑汇票、信用证、应收账款、各类受(收)益权、带回购条款的股权类融资等，几乎涵盖了商业银行的资产业务，其中的信贷资产和银行承兑汇票更是商业银行贷款业务的重要组成部分，也是银行监管的核心(郭晨，2016)[14]。

2) 产生的背景

非标资产业务在我国产生的背景是：2010年巴塞尔委员会通过了《巴塞尔协议Ⅲ》后，我国国务院规定我国也将执行《巴塞尔协议Ⅲ》的商业银行资本充足率新标准——即系统重要性银行的最低资本充足率要求为11.5%，而非系统重要性银行则为10.5%。由于很多商业银行资本充足率均低于此标准，于是就利用银行间市场贷款的卖出回购与买入返售业务将信贷资产虚假出表，以降低实际的资本充足率来进行监管资本套利。另一种情况是，由于这些年来监管部门严格控制银行贷款投向地方融资平台、房地产、资源类矿产等产能过剩行业，某些银行想对这些限制行业发放贷款时，也会采用非标资产业务，将这些贷款虚假出表(郭晨，2016)。

3) 实质——影子银行业务

以商业银行用理财资金投资非标资产为例，一方面，在资金运用上，由于我国规定银行理财

---

① 优良贷款证券化在真实出售方式下直接按面值将其移出银行的资产负债表，而不良贷款证券化，银行必须先将拟证券化的不良贷款的确认损失从其资本中扣除。因此，它一方面减少了分子，另一方面减少了分母，当不良资产的损失小于资本充足率时，不良贷款证券化能够改善资本充足率；当不良资产的损失大于资本充足率时，反而会恶化银行的资本充足率。

资金只能投资于有限的用途上，因此，有银行发明了“银信合作”模式作为规避，即先由信托公司设立一只信托计划，向银行选中的借款人发放贷款，再由银行用发售非保本型理财产品筹集的资金去购买(投资于)该信托计划，这样只需要一个信托计划作为通道，银行就达到了用理财资金向借款人放款的目的。但这种贷款按当时的规定是作为表外的投资业务而登记的，并不是表内信贷，因此规避了资本充足率、存贷比、贷款规模、不良贷款率、流动性等指标的监管制约，属于影子银行业务。银行甚至还可以用理财资金借道信托计划投资于股票一级市场(打新)、二级市场、另类投资等，即以理财资金购买以这些投资为目的的信托计划。

另一方面，在资金来源上，银行在用理财资金投资非标资产时，继续向理财产品投资人支付稳定的收益率，这种刚性兑付使得非保本型理财产品变成了高息揽储。结合这两方面来看，银行的非标资产业务已经变成了不受监管的存贷款业务，只不过利差薄一点而已(因为理财的收益率高于存款利率)，是一种典型的影子银行业务(2016-07-28，监管的逻辑：理财业务深度解析[J/OL])[15]。

4) 非标业务作为影子银行业务的风险——期限错配与收益率错配问题

(1) 用理财资金发放表外贷款的期限错配与流动性风险

中国商业银行用理财产品筹集的资金发放表外贷款，存在流动性风险，因为存在显著的期限错配。常见的理财产品期限为1～3个月，一般不超过1年，但银行理财产品的投资对象却是期限长得多的资产，例如，期限长达6～7年的城投债，这种期限错配就造成了理财产品的流动性风险。

为了应对流动性风险，商业银行通常使用“资金池”的方式来管理理财资金，即将出售各类理财产品的资金统一放入一个池中，进而投资于各类资产。此后，商业银行用从所投资资产处获得的分红来偿付到期的理财产品的本息，即使部分资产出现质量问题，只要商业银行能够通过继续出售理财产品获得资金补充，从整体上来看就不会出现理财产品的违约。

这种“借新还旧”的方式固然能够帮助商业银行克服期限错配，但如果投资出现系统性质量问题，或如果投资者对理财产品丧失信心以至于银行不能借新还旧，那么这个击鼓传花的游戏就会终结，从而这种理财产品就构成了“庞氏骗局”(张明，2013)[16]。

后期的监管明确规定了理财业务属于委托或信托性质，因此银行就不能建立资金池以形成期限错配，而应建立理财资金与投资用途间一一对应的关系；而前期的银信合作理财产品投资非标资产则形成了资金池，因此是影子银行业务，存在期限错配的流动性风险。

(2) 收益率错配

据英国《金融时报》统计，目前中国影子银行资金提供方的预期年化收益率约在10%，显著高于6%的一年期基准贷款利率；影子银行的主要融资对象包括房地产开发商、地方融资平台与制造业企业，而这三个对象目前都面临经营困境：受制于持续的宏观调控，中小房地产开发商的经营现金流已经相当匮乏；在经历了2009年至2010年的基础设施投资大跃进之后，未来几年地方融资平台能否获得令人满意的投资回报率，存在很大的疑问；受外需萎缩与国内宏观调控的影响，目前很多制造业都存在高产品库存、产能过剩甚至产业过剩的现象，未来的利润率不容乐观。如果影子银行资产方的投资收益率显著低于负债方预期的收益率，理财产品就会形成系统性违约，2012年华夏银行理财产品违约就是一例①。

---

① 2012年12月，华夏银行上海一家分支机构代销的一款总额高达人民币1.4亿元、承诺投资者年收益率在11%至13%之间的理财产品到期无法兑付，这是中国自2012年以来发生的最引人注目的投资违约案之一。不能兑付的原因就在于华夏银行将这款预期高收益率的非保本型、非保证收益率型理财产品筹集的资金贷给了一家民营企业，由于这家民营企业不能偿还贷款，导致这款理财产品到期不能兑付，而理财投资者将承诺收益率视为刚性兑付的收益率，因而心怀不满的群众引发了一些骚乱。

(3) 影子银行业务的成因——信息不对称导致的对银行表外业务的监管漏洞

由于投资者、发行者、监管者三方对投资于非标资产等的理财产品信息掌握得不对称，同时前些年它又游离于银监会和中国人民银行的监管之外，使其在权利和义务上极为不对称。体现为：在表内贷款业务中，银行对这类高风险民营企业通常是唯恐避之不及，而在表外业务中则放松了贷款标准，因为监管没有规定表外非标资产需要占用风险资本等，只能说明当时的监管存在漏洞。

2. 对非标业务的监管

1) 2008—2011 年的银信合作及其监管

由于用理财产品投资非标资产相当于赚取息差的存贷款业务，在息差率稳定的情况下，规模越大越赚钱，因此银行都有强大的动力去做大规模。同时，风险越高的表外贷款客户能够支付的利率也越高，有些银行为了赢利，就去拓展这些客户，导致贷款业务的风险上升。自 2010 年起，监管层就不允许银行信贷投向房地产、地方投融资平台、“两高一剩”行业等领域，而信托计划的投资范围几乎没有受到监管限制，因而银信合作就可以绕开表内信贷的各种监管。虽然银行承担着各种风险，但由于相信“大而不倒”原理——即当它们出现流动性、清偿力危机时，央行与财政部很可能会救助，所以这些银行拼命做大非标规模、放大风险，构成了对国家的道德风险。

银监会很快发现了这种做法并叫停，但是银行很快又有了新的发明，比如理财资金不再直接购买信托计划，而是购买信托计划受益权；之后银监会识破了这种做法，又发文遏制，而银行又创新出新的变通办法，等等，这种业务屡禁不止，导致银监会在 2008—2011 年连发了 10 道文件予以遏制①。

2) 2013 年银监会对理财产品投资于非标资产总量的监管

如果这些文件被严格执行，即表外信贷全部回表，则很多银行的监管指标会被突破。但是，2012 年券商创新大会召开会，中国证监会突然允许券商资管、基金子公司、期货公司资管充当银行的表外信贷通道，这被称为“银证合作”“银基合作”等，其流程与银信合作一样。

因此，银监会发现自己的 10 道禁令形同虚设，于是改变了监管方式，直接规定银行理财投资于非标资产的总量上限。2013 年，银监会颁布了《中国银监会关于规范商业银行理财业务投资运作有关问题的通知》(银监发〔2013〕8 号)，规定理财资金投向非标资产不得超过理财总额的 35%，亦不得超过银行总资产的 4%②。

这相当于银监会承认自己无法杜绝影子银行业务，只能退而求其次，限制其规模。该规定取得了较好的效果，此后非标总量得到了控制，但仍有部分银行将非标资产通过各种手段包装成标准化债券，从而规避监管(2016-07-28，监管的逻辑：理财业务深度解析[J/OL])。

---

① 即 2008 年 9 月《关于印发〈银行与信托公司业务合作指引〉的通知》(银监发〔2008〕83 号)；2009 年 7 月《关于进一步规范商业银行个人理财业务投资管理有关问题的通知》(银监发〔2009〕65 号)；2009 年 12 月《关于进一步规范银信合作有关事项的通知》(银监发〔2009〕111 号)；2009 年 12 月《关于规范信贷资产转让及信贷资产类理财业务有关事项的通知》(银监发〔2009〕113 号)；2010 年 8 月《关于规范银信理财合作业务有关事项的通知》(银监发〔2010〕72 号)；2010 年 12 月《关于进一步规范银行业金融机构信贷资产转让业务的通知》(银监发〔2010〕102 号)；2011 年 1 月《关于进一步规范银信理财合作业务的通知》(银监发〔2011〕7 号)；2011 年 5 月《(办公室)关于规范银信理财合作业务转表范围及方式的通知》(银监办发〔2011〕148 号)；2011 年 6 月《(非银部)关于做好信托公司净资本监管、银信合作业务转表及信托产品营销等有关事项的通知》(非银发〔2011〕14 号)；2011 年 7 月《关于进一步落实各银行法人机构银信理财合作业务转表计划有关情况的函》(银监办便函〔2011〕353 号)(资料来源：国泰君安银行团队，2016-07-28，“监管的逻辑：理财业务深度解析”，微信公众号《金羊毛工作坊》)。

② 该文件公布的第二天，银行股行业指数大幅低开，全天暴跌超过 6%，足见威力之强大。

3）2014年银监会颁布的《商业银行理财业务监督管理办法（征求意见稿）》要求非标资产回表

2014年银监会曾颁布《商业银行理财业务监督管理办法（征求意见稿）》，对理财业务做出多方面详尽规定，使其成为真正的资产管理业务，其中主要包括：要求非标资产回表、非标资产不允许期限错配、实行穿透式管理（解包还原）和限制通道层级、监管分组产品、细化托管制度、不允许设立资金池、建立风险准备制度等。

但是由于种种原因，至2016年年底为止，该征求意见稿征求了两年多意见，依然没有下文。而这两年多来，理财业务已呈现出失控状态，表现在：

（1）规模失控：理财业务规模已疯狂增长到了23万亿元（2015年年底），占银行业表内资产比例高达20%多。

（2）投向失控：经过层层通道，理财资金已经实现了多种投资，甚至包括风险极高的恶意并购投资。

（3）杠杆失控：经过多层通道，层层叠加的杠杆使得整个金融体系潜在风险日益积累。

4）对于监管的小结

总之，至2016年止我国仍然没有出台针对银行理财业务的系统法规，只有一个《暂行办法》暂行了十几年，后面还有几个补丁式的规章，无法从系统上管控理财业务风险，直到2018年《理财新现》正式出台，理财业务的监管才走上正轨。

5）对于监管的展望——银行的理财业务变成了大型P2P模式

展望一下我国理财业务的发展与监管，可以发现如果真的要实现非标转标，银行相对于其他金融机构的资产管理优势就会丧失，因为银行的专业优势在于信贷业务（发放非标准化债权）和债券业务，在股权投资方面并无优势，所以银行若真正做资产管理，现实的投资方向也是非标与债券。

而银行理财要真正实现信托式地投资于非标资产，就要求期限不得错配、投资人风险自担、不设资产池等，其模式就是银行自行寻找、审查借款人，然后发行理财产品、向投资者募集资金，再贷给借款人，这就是大型P2P模式，在此模式中银行充当信息中介。这样，银行的业务就变成了表内的存贷款以及表外的P2P两块。

3. 非标资产业务（一）——商业银行用出售非保证收益型理财产品筹集的资金投资于非标资产

我国曾经出现过的商业银行通过非保证收益型理财产品对接非标资产的主要形式如下。

1）投资于信托受益权

其步骤是：

（1）某银行A意欲贷款给客户B，但由于监管的限制而不能直接贷款，于是安排某信托公司C与B一起成立一个信托计划；

（2）A安排过桥企业D投资于该信托计划，即D将贷款的资金给信托公司C，C贷款给B，取得信托受益权；

（3）银行A通过向投资者发行理财产品，将募集的资金投资于该信托受益权，并对过桥企业D还款；

（4）D向A转让信托受益权，这样就达到了A迂回地向B贷款的目的。

由于信托受益权同时具备物权与债权性质，是一种典型的非标资产，因而这个业务就属于银行理财产品投资于非标资产。过桥企业D一般无须实际出资，因为融资企业B一般为发起行A的客户，发起行A通常会以“抽屉协议”向出资方D提供担保或到期回购（朱焱，汪静，2015）[17]。

2）投资于资产管理计划

2012年下半年，基金、证券、保险等行业新政相继出台，资产管理计划成为非标资产业务的新通道。与投资信托受益权相比，其优势在于：

(1) 不受监管部门对银信融资性理财比例等的限制；

(2) 信托公司净资本消耗较小，风险资产系数仅为0.5%～1%，而银信合作为10.5%；

(3) 成本优势明显，信托通道费用一般为0.3%～0.5%，而基金、证券或保险通道则仅为0.1%～0.3%（朱焱，汪静，2015）。

2) 伪装的委托贷款业务

◇ 能量棒 3-5-1

委托贷款及其监管套利

2015年1月16日，为规范商业银行委托贷款业务经营，加强委托贷款业务管理，促进委托贷款业务健康发展，银监会起草了《商业银行委托贷款管理办法(征求意见稿)》。

（一）概述

1. 定义

由于利率管制和融资机会差异等原因，不同类型的企业掌握的资金或融资能力与其投资机会不匹配，因而产生了大量的企业私下调剂资金余缺的需求。但我国《贷款通则》明确规定只有合法的金融机构才能发放贷款，为了规避这条管制，委托贷款作为一项具有中国特色的金融创新工具就应运而生了。委托贷款即拥有富余资金的企业找到商业银行或财务公司等具有合法放贷资格的金融机构，委托其将资金贷给需要资金的企业，商业银行、财务公司等中介机构收取一定的手续费，是一项表外业务，贷款风险全部由企业自身承担（钱雪松，李晓阳，2013）[18]。

2. 由来

人民银行1996年颁布的《贷款通则》最早提及委托贷款①，第7条明确规定委托贷款是由政府部门、企事业单位及个人等委托人提供资金，由贷款人即受托人根据委托人确定的贷款对象、用途、金额、期限、利率代为发放、监督使用并协助收回的贷款，贷款人(受托人)只收取手续费，不承担贷款风险。可见，委托贷款属于银行的表外业务。

正是由于委托贷款使借入、借出资金的企业与银行三方共赢，因此近年来委托贷款快速增长，业务规模迅速扩大（王家辉，2013）[19]。但是，由于委托贷款属于商业银行的表外业务，银行基本不承担风险，因此在实际操作中，银行对委托贷款的准入标准、审查审批以及贷后管理等方面普遍较为宽松。部分商业银行对委托贷款借款人的单位性质、资信情况和贷款用途等情况审查不严，贷后管理监督薄弱，不能有效地监控委托贷款的流向和用途，且贷款追究机制不健全，对委托贷款仅限于“代为发放”和“协助收回”，这也将增加委托贷款的违约风险（陈志理，2014）[20]。

（二）委托贷款的监管套利——伪委托贷款成因分析

伪委托贷款业务主要指银行利用虚假的委托贷款进行监管套利，表现形式有：

(1) 根据监管规定，商业银行不得通过面向大众化客户发行标准化的理财产品、募集资金来发放所谓的委托贷款，但在实践中，有些商业银行为了扩大信贷，先发行理财产品募集资金，再将资金委托给某证券公司进行管理，再由该证券公司委托该银行的分支机构向银行

① 如果追溯到早期以出口工业品生产或引进国外技术设备为目的的政府贷款，那么委托贷款无疑是新中国成立后银行业历史最为悠久的表外业务之一。

指定的融资企业发放贷款。这样,委托贷款名义上的委托人是证券公司,实际上则是银行本身,因此委托贷款的信用风险也是由银行承担,可称其为"伪委托贷款"。

(2) 委托贷款是商业银行的一项传统表外业务,银行仅作为一个平台,不承担任何风险,银行每个月收取万分之一的手续费,年化收益率是千分之一点二。而在伪委托贷款中,一般来说,借款企业都是银行的客户,这类企业往往由于政策限制、银行信贷规模等因素无法直接获得银行授信,这时银行就找到委托企业(出资企业)并向其开具担保函,由其向借款企业提供贷款。在整个过程中,委托企业和借款企业甚至有可能互不相识,全部都由银行操作完成。所谓的担保函其实是委托企业和银行之间的"抽屉协议",相当于以银行信用替代了借款企业的信用,银行为这笔贷款提供了担保,因此,企业通过这种伪委托贷款来融资,银行的收费必然较高,比如,借款企业为获得一笔委托贷款可能支付年利率12%,而银行给委托企业的利率可能是8%,剩下的4%就是银行的收益率了。

银行从事伪委托贷款业务的目的是将表内的贷款资产挪到表外,不仅可避开人民银行的信贷规模调控,还能借伪委托贷款的机会向受调控较严格的行业和领域发放贷款,并且贷款利率的定价权较为自由。

(三) 委托贷款的操作模式

1. 传统模式

委托人和借款人相互之间比较了解,委托人和借款人就贷款条件初步达成协议后再委托商业银行代为发放贷款(陈志理,2014)。

2. 现金池管理模式

现金池也叫现金总库,最早是由跨国公司的财务公司和国际银行联手开发的资金管理模式,以统一调拨集团的全球资金,最大限度降低集团持有的净头寸。现金池业务主要包括成员单位账户余额上划、成员企业日间透支、主动拨付与收款、成员企业之间委托借贷以及成员企业向集团总部的上存、下借分别计息等(陈志理,2014)。

现金池的建立导致了不同法人实体账户间资金的转移,而这种转移基本上都没有实际的贸易背景,形成公司间的借贷。由于在我国公司间的直接借贷是《贷款通则》所禁止的,因此现金池结构下集团主账户和成员单位账户之间每笔资金划转都是通过商业银行,采用委托贷款放款或委托贷款还款的方式进行的,集团公司是委托人,子公司是借款人,银行是受托人、放款人,通过电子银行来实现一揽子委托贷款协议(陈志理,2014)。

3. 住房公积金模式

我国的住房公积金委托贷款,是各地住房公积金管理中心以住房公积金为资金来源,委托银行向缴存住房公积金的职工发放的定向用于购买、建造、翻建、大修住房或改善自住房条件的住房消费贷款。住房公积金委托贷款起源于20世纪90年代中期,随着我国住房改革的深入和住房公积金管理的规范,住房公积金委托贷款逐渐发展起来,并成为委托贷款的重要组成部分(陈志理,2014)。

传统上住房公积金委托贷款基本都是个人委托贷款,借款人为缴存住房公积金的职工。2009年10月,住建部等七部委联合发布了《关于利用住房公积金贷款支持保障性住房建设试点工作的实施意见》,选取部分城市作为试点,利用住房公积金贷款支持保障性住房建设,住房公积金委托贷款的借款人范围扩大至承担保障性住房建设的单位和项目(陈志理,2014)。

4. 理财产品模式

理财产品模式是理财业务和委托贷款业务的结合,即银行将募集的理财产品资金投资于委托贷款的业务，目前在实践中主要是理财产品购买委托贷款债权。从形式上看，委托人自行与借款人达成借款协议，通过银行发放委托贷款，银行根据理财资金的投资需求购买委托人的委托贷款债权，分享委托贷款收益，两个事件相互独立(陈志理，2014)。

(四) 当前我国委托贷款的特征

1. 关联交易占比高

据统计，从2001—2011年十年间有200家上市公司披露了委托贷款公告，超过一半的委托贷款交易(51%)发生在关联方之间。由于关联交易并不是在完全公开竞争的条件下进行的，客观上可以节约大量商业谈判等方面的交易成本。并且，上市公司可以利用关联关系保证合同的顺利执行，提高交易效率。但关联方之间的这种关系，也可能造成交易价格、方式等在非竞争的条件下出现有失公允的情况，侵犯股东或部分股东的合法权益(李西文，申富平，周欢欢，2015)[21]。

据调查商业银行委托贷款绝大部分为关联交易，容易诱发系统风险。2012年上半年，存在关联关系的委托贷款共发放20 802笔，占总笔数的96.8%，金额1 069.8亿元，占总金额的89.2%。集团内部的资金调剂是最常见的关联交易形式，主要包括母子公司的资金调剂、兄弟公司之间的资金借贷等。其他常见的关联交易还包括长期合作的企业伙伴，集团公司与股东实际控制的其他企业。关联交易的表征主要体现在两个方面：

(1) 信用贷款，一般不需要抵质押品；

(2) 利率较低，委托贷款利率大都低于基准利率(王家辉，2013)。

2. 企业利用银行信贷资金发放委托贷款以赚取利差

大型企业特别是集团企业融资渠道广泛，也比较容易从商业银行获得稳定的低成本资金。这些集团企业在资金充裕时，可能将从银行低成本获取的信贷资金以委托贷款的形式发放给小微企业①，以获取利息差额收益，这不利于实体经济的发展。

在表明这些大型企业在委托商业银行发放贷款的同时，在商业银行仍有较大规模的借款余额，其占用银行资金的现象较为突出②(王家辉，2013)。其危害性在于：一旦委托贷款的借款人出现违约，可能引发连锁信用风险，进而危及银行信贷资金的安全(陈志理，2014)。

3. 委托贷款投向房地产等宏观调控限制的行业和领域

近年来，受房地产调控政策影响，商业银行对房地产企业的信贷投放控制趋于严格，房地产企业直接从商业银行获取一般性贷款的难度加大，因此房地产企业转而通过委托贷款渠道融通资金。这与监管部门严控房地产贷款的信贷政策不符，大大削弱了政策效果；此外，如果未来房地产市场调控力度继续加大，大房地产企业资金链绷紧甚至断裂，很可能会出现大面积的委托贷款违约现象，影响金融体系稳定(陈志理，2014)。

同时，由于委托贷款属于商业银行的表外业务，银行只充当中间人角色，收取手续费，并不承担贷款风险，因此，银行在开展委托贷款业务时，重点是审查委托人主体资格和资金来源的合法性。但是调查发现，银行对资金来源合法性的审查多流于形式，存在合规风险。比

---

① 很多小微企业由于缺乏有效抵押物，不符合商业银行的贷款条件，极需资金却无法从商业银行获得贷款，只有通过委托贷款等渠道融资。

② 2012年6月末，81家委托企业在9家商业银行的借款余额达334.2亿元，相当于上半年委托贷款累计发放额的30%。其中3家委托企业在工、农、中、建四大银行的贷款余额为124亿元；41家委托企业在交通银行、浦东发展银行、招商银行3家银行的贷款余额为136.4亿元；9家委托企业在上海银行和上海农商行的贷款余额为73.8亿元。倘若考虑委托企业在9家银行之外的银行借款，资金占用量可能会进一步上升(王家辉，2013)。

如，一些银行通过分析企业委托资金是否与其净资产、销售收入等财务指标匹配来核实其资金来源的真实性，另有一些银行对委托人资金来源的审查主要看在本行有无贷款，只要不在本行有贷款，就认定其来源与贷款无关（马军伟，2013）[22]。

4. 利率呈现两极分化的特点，一些非关联的委托贷款利率畸高

研究发现，不同类型委托贷款的利率水平高低存在显著差异，表现出两极分化特征。具体来说，按照交易双方是否存在股权关联关系，将委托贷款划分为关联型和非关联型（钱雪松，李晓阳，2013）①，非关联型委托贷款的利率平均值远高于关联型委托贷款的利率平均值。

进一步地，比较参股、控股、全资等不同股权关联程度的委托贷款利率可以发现，参股关联程度的平均委托贷款利率为8.3%，控股关联程度的平均委托贷款利率为6.69%，全资子公司关联程度的平均委托贷款利率为6.62%。这表明股权关联程度越大，委托贷款利率越低（钱雪松，李晓阳，2013）。

从委托贷款个案来看，单笔委托贷款金额少则几百万元，多则达到几十亿元，高利率特征更加突出②。巨额的贷款金额和畸高的贷款利率，无疑加大了上市公司和借款人的风险，一旦管理不力，很可能将破坏金融市场的正常秩序（李西文，申富平，周欢欢，2015）。

（五）监控措施——对2015年1月出台的《办法》的解读

1.《办法》的主要规定

2015年1月16日，为规范商业银行委托贷款业务经营，加强委托贷款业务管理，促进委托贷款业务健康发展，银监会起草了《商业银行委托贷款管理办法（征求意见稿）》（以下简称《办法》）。

《办法》规定，委托贷款业务是商业银行的委托代理业务，商业银行依据规定，与委托贷款业务相关主体通过合同约定各方权利义务，履行相应职责，收取代理手续费，不承担信用风险。

同时，《办法》还对可以发放委托贷款的资金以及用途进行了严格限制。其中，国家规定具有特殊用途的各类专项基金、银行授信资金、发行债券筹集的资金、无法证明来源的资金等严禁发放委托贷款。商业银行受托发放的贷款应有明确用途，资金用途应符合法律规定和信贷政策：不得用于生产、经营或投资国家明令禁止的产品和项目；不得从事债券、期货、金融衍生品、理财产品、股本权益等投资。

《办法》规定，商业银行应对委托贷款业务与自营贷款业务实行分账核算，严格按照会计核算制度要求记录委托贷款业务，同时反映委托贷款和委托资金，二者不得轧差后反映，确保委托贷款业务核算真实、准确、完整。

下面将就《办法》所涉及的资金来源、资金去向、银行承担风险、会计处理这四个方面联系国内委托贷款的现状进行解读。

2. 对《办法》的解读

1）资金来源问题

在《办法》出台前，A银行提供资金，借道某证券公司、并通过B银行以委托贷款的形式

① 两位作者收集整理了2004—2013年上市公司发布的委托贷款公告，并以上市公司披露的委托贷款交易作为研究样本，十年间共有291家上市公司委托贷款，委托贷款交易数量为756笔。两位作者发现，委托贷款利率的分布较为分散，最低为0，最高则达21.6%，总体平均利率为7.81%。

② 例如，2011年，医药企业武汉健民（600976）向汉口饭店发放的一笔亿元的委托贷款，其贷款利率高达20%；更有甚者，同年8月，时代出版（600551）以24.5%的年利率向外提供贷款6 000万元，该利率是当时银行同期贷款利率的3.7倍之多。

向企业发放贷款，可见，这笔伪委托贷款其实仍是A银行向企业发放的贷款，A由此可实现表内贷款表外化的目的，这就是银证合作的一个主要内容。

从《办法》征求意见稿来看，银监会特别严格地限制资金来源及投向——从资金来源上，要求商业银行应严禁接受具有特殊用途的各类专项基金、银行授信资金、发行债券筹集的资金以及筹集的他人资金和无法证明来源的资金，这对券商资管业务及基金公司委托贷款模式将造成直接的冲击。

基金、券商以及有限合伙人是过去一段时间委托贷款的主力军，但属于此次资金来源中被禁止的筹集他人资金的范畴。由于委托人并未将保险、基金子公司和券商资管排除在外，券商资管或基金子公司设立专项资产管理计划，该计划与银行理财资金或自营盘对接，然后该计划通过委托贷款，最终流入地方政府投融资平台、房地产和部分产能过剩行业，实现监管套利。

2）资金去向问题

实际上，委托贷款资金的去向集中流向了房地产、制造业和地方政府投融资平台。借款人主要有一般实体企业、金融租赁公司、典当行、投资公司、地方政府投融资平台、小额贷款公司等。

《办法》明确规定，资金不得投向生产、经营或投资国家明令禁止的产品和项目；不得从事债券、期货、金融衍生品、理财产品、股本权益等投资；不得作为注册资本金、注册验资或增资扩股；以及国家明确规定的其他禁止用途。还规定委托人不得为金融资产管理公司和具有贷款业务资格的各类机构。

3）银行承担的风险问题

针对目前委托贷款中较为普遍的银行通过抽屉协议进行委托担保的做法，《办法》严禁银行垫付与担保，即严禁"代委托人垫付资金发放委托贷款"，也不得为委托贷款提供各类形式的担保，以及变相的"代借款人垫付资金归还委托贷款，或者以自营贷款置换委托贷款代委托人承担风险"①。

4）会计处理问题

此外，商业银行内部的分账核算、管理信息系统也需进一步完善。按照新规，商业银行应对委托贷款业务与自营贷款业务实行分账核算，严格按照会计核算制度要求记录委托贷款业务，同时反映委托贷款和委托资金，二者不得轧差后反映，确保委托贷款业务核算真实、准确、完整。此外，商业银行应建立、完善委托贷款管理信息系统，对资金来源、投向、期限、利率以及委托人和借款人等相关信息进行登记，确保该项业务信息的完整、连续、准确和可追溯。

3. 非标资产业务(二)——商业银行用同业拆借资金投资于非标资产

银行间市场业务(同业业务)最初主要是同业拆借，是用于解决拆入资金的金融机构短期流动性不足的问题，但自从2010年开始，同业业务就演变为主要解决商业银行信贷资产出表的渠道，主要采用直接购买非标资产、买入返售非标资产和同业代付这三种业务形式(朱焱，汪静，2015)。

1）同业拆借资金直接购买非标资产

商业银行利用同业拆借资金购买其他商业银行、信托机构、证券公司等金融机构发行的金融

① 规定商业银行应严格隔离委托贷款业务与自营业务风险，不能为委托贷款提供各类形式担保，严禁代委托人确定借款人、参与委托人的贷款决策、代委托人垫付资金发放委托贷款、代委托人垫付应纳税金、代借款人确定担保人、代借款人垫付资金归还委托贷款、以自营贷款置换委托贷款代委托人承担风险等。

工具(主要是理财产品、信托受益权或资产管理计划),可以将本行贷款转变为投资项目,从而达到间接发放贷款的目的。这种运作方式出现得较早,在2012年前最初被几家上市商业银行采用,到了2012年该模式已成为商业银行广泛使用的银行间市场非标资产业务手段(郭晨,2016)。

直接购买非标资产的业务模式如下:银行A首先选定贷款项目,但直接放贷会受到贷款投向、资本金以及流动性等各方面的约束,因此银行A可以选择其他银行、信托公司等金融机构作为"过桥"公司B,通过购买B发行的各种附有受益权的非标资产,达到间接放款的目的。在此过程中,银行A购买的非标资产并不计入"客户贷款及垫款"科目,而是转移到其他科目,变身为投资项目。各家银行的转移科目并不相同,但主要都是在"应收账款类投资"项下种类繁多的二级科目,如"受益权转让计划""资金信托及资产管理计划""其他金融机构发行的理财产品"等,还有个别银行不是计入"应收账款类投资"项目,而是计入"可供出售金融资产"项目中。商业银行在以上各种投资类别中更偏好于选取信托受益权及资产管理计划(郭晨,2016)。

2) 用同业拆借资金买入返售非标资产

用同业拆借资金买入返售非标资产是指商业银行通过回购交易,将选定或已形成贷款的融资项目转化为短期同业资产,主要包括买入返售信托受益权和买入返售票据。商业银行大规模使用买入返售信托受益权始于2012年。2013年中期出现的"钱荒"事件以及2014年年底央行及银监会对于银行间市场的一系列监管,使该业务逐渐被其他业务模式所取代(郭晨,2016)。

买入返售票据在很多商业银行的非标资产业务中占据重要地位,该业务大规模发展始于2010年,2013年上半年交易量高达28 112亿元,同样源于"钱荒"事件和监管,商业银行对该类交易不断进行调整,但其存量在2015年时仍然维持在较高水平(郭晨,2016)。

(1) 买入返售信托受益权

最早开始进行买入返售信托受益权的是兴业银行,2010年该行买入返售金融资产高达14亿元。银行大规模进行信托受益权的买入返售是在2012年下半年,其运作有各种各样的模式,下面列举三种。

① 标准的买入返售三方模式

C银行想对自己的客户——D企业贷款,但由于监管的限制,因此采用迂回方式。

买入返售的标准模式是三方协议,即甲方(资金的过桥方)、乙方(实际出资方)和丙方(提供信托受益权远期受让的兜底方,常为融资客户的授信银行),具体操作如下:(1)甲方——A银行以自有资金或从同业市场融入的资金设立单一信托,通过信托公司放款给C银行的授信客户D;乙方——B银行作为实际出资方,以同业资金受让A银行持有的信托受益权;丙方——C银行作为风险的真正承担方,承诺在信托计划到期前1个工作日无条件购买B银行的信托受益权。在实际操作中,甲方可以是银行,也可以是券商,基金子公司、财务公司、资金企业等,其实质是C银行通过B银行的资金,间接实现向自身授信客户贷款的目的(朱焱,汪静,2015)。

银行在进行此项买入返售信托受益权的非标业务中实现了资本监管的套利,因为银行B和信托公司之所以愿意为银行A的信贷项目进行融资,是因为三者签署了"三方协议"(或称"抽屉协议"),即当金融机构之间进行信托受益权交易时,为了解除"过桥"金融机构的担忧,银行会提供一个对项目进行"暗保"的承诺函——当项目出现问题时,由银行A"兜底"。这种隐性担保并没有风险资本的约束,因此银行A不会计提资本金。对于银行B而言,由于认购的是信托受益权,同时经过担保的项目相当于一次信用增级,因此也不会提高资金本。但从本质上看,项目风险并没有减少,却没有得到相应的监管(郭晨,2016)。

② $T+D$ 买入返售模式

与上一模式相比,该模式减少了过桥行(甲方)的角色,首先由项目银行C(丙方)为融资企业提供授信，出资银行B(乙方)借信托、券商、基金子公司等通道向企业发放资金。B银行提供资金当天(T日)即将上述受益权转让给C银行进行名义代持。项目到期日($T+D$日)，C银行向B支付转让价款。该模式可概括为"即期转让、延期付款"。与上一模式相同，一笔本应计提100%风险资本的实质贷款，只有出资行计为同业借款，计提25%的风险资本；而项目行因T日未实际支付受让费用，普遍采取不计账的操作，所以完全不占用风险资本，也无账面资金进出(朱焱，汪静，2015)。

③ 买入转售模式

针对买入返售"不得接受和提供任何直接或间接、显性或隐性的第三方金融机构信用担保"的规定，买入转售这个变种就出现了。首先由C银行(丙方)给企业放款，并将此资产包通过金融交易所挂牌；同时出资方B(乙方)借金交所受让该资产，完成实际出资。该模式的核心在于一份变种的兜底(包销)协议，约定由C在到期日向"第三方"推荐购买B持有的受益权，同时在包销补充协议或备忘录中明确第三方"不排除融资方"，其优势在于使项目行实现资产出表，同时任何一方均不计提资本和拨备(朱焱，汪静，2015)。

(2) 买入返售票据

票据常用于贸易结算，当企业的贸易背景得到银行认可后，企业支付20%～100%的保证金，银行便为其开出银行承兑汇票并签署付款承诺，银行承兑汇票属于银行的表外业务，并不计入贷款规模。但当持票人在票据到期前向银行办理贴现时，就要视同贷款计入表内的"客户贷款和垫款"科目，并接受各项监管(郭晨，2016)。

为了规避监管，银行A采用"卖断＋买入返售"的做法，即银行A将已贴现的银行承兑汇票卖断给银行B，由于该交易会占用银行B的资金，因此，两家银行会进行附带买断条款的票据回购交易，即银行A先将已卖出的票据进行买入返售，将贷款进行转化。当票据快到期时，两家银行在办理回购结算的同时，银行A对其买断(郭晨，2016)。

商业银行频繁地使用票据的买入返售，从银行资产负债表中表现为银行间市场交易量暴涨，这在中小商业银行中表现得尤为明显。很多城市商业银行也将其作为资产扩充的手段。城市商业银行之所以频繁地使用银行间交易，是因为大部分银行都有上市计划，上市要求其资产达到一定规模，因此很多城市商业银行就利用银行间资金的流转使资产负债表上的对应项目的账面价值快速虚增。例如，采用"票据对敲"，即银行A买入银行B的票据，B承诺在一定期限后回购；与此同时，B也买入A的票据，B也承诺在一定期限后回购，这样交易后两家银行的票据资产规模都虚增了(郭晨，2016)。

3) 同业代付

同业代付主要包括国内信用证结算项下代付、国内保理项下代付和票据类代付。以信用证为例，首先由作为贸易中的买方的客户向开证行提出融资申请，开证行/委托行在自身资金紧张、资金成本较高或缺乏信贷规模的情况下，委托一家受托行代为向其客户付款，相当于受托行对开证行提供一定期限的融资。等到融资到期时，委托行向受托行偿付相应款项。

2012年8月，监管部门新规对同业代付相关的会计处理进行了规范，通过同业代付开展非标资产的业务由此被终止(朱焱，汪静，2015)。

4. 非标资产业务(三)——商业银行用自营资金投资于非标资产

该渠道盛行于监管部门对于商业银行的理财产品投资于非标资产的规模实行以"理财产品余额的35%与披露的总资产的4%之间孰低者为上限"规定的初期，一些超过额度的银行创新了以下方式，从表面上减少了投资于非标资产的规模。

1) 互买方式

互买方式即A银行以自营资金接盘(购买)B银行理财产品投资的非标资产，B银行再以自营资金接盘A银行的非标资产,这种方法的好处是:一方面,避免了银行直接以自营资金接盘自身非标资产导致的理财和自营账户相互交易、代客和自有资金混淆的违规操作;另一方面,直接将非标资产转入自营资产,风险资本计提由100%降至20%,资本消耗大为减少(朱焱,汪静,2015)。

2) 过桥方式

过桥方式即借助于第三方机构(如券商的资管计划或信托计划)作为通道,实现非标资产从理财到自营的过户转移,缺点在于:并不降低风险资本占用,风险权重仍为100%;非标资产本身已借助于信托或资管计划等通道,过桥方式又增加了一次通道,实际上构成了通道的通道。此模式一般是作为互买模式的补充(朱焱,汪静,2015)。

3) 直接投资于信托受益权

银行A通过信托计划(A作为委托人)向融资企业发放信托贷款,并将该信托受益权转让给过桥企业,过桥企业再转让给银行B的理财产品,最后银行C以自营资金受让过桥行B的信托受益权。引入过桥企业可避免"信托公司融资类业务余额占银信理财合作业务余额的比例不得高于30%"的规定,引入过桥银行则可将信托受益权转化为同业资产,降低风险资产权重。本质上,银行C以自营资金对企业融资,并不计入贷款,而是以同业资产入账,从而规避贷款规模、存贷比等监管,减少资本消耗(朱焱,汪静,2015)。

4) 委托投资

典型的代表即委托定向投资。银行A向银行B存入一笔同业存款,并与B签订委托定向投资协议,这份协议是A对B进行风险兜底的抽屉协议。银行B再将这笔同业存款贷款给A指定的企业。B银行在整个过程中仅作为通道,一般收取0.5%～0.8%的通道费,以帮助银行A将存量买入返售和应收账款投资变种为存放同业、以隐藏非标资产的目的。在该模式中,因B行不承担风险,因而这笔业务仅属于B行的表外业务(朱焱,汪静,2015)。

5. 非标资产业务发展对宏观审慎管理的影响

相对于债券等标准及高流动性品种,非标资产业务在资金募集、机构合作、运作机制及投资标的等环节均具有多样性、灵活性和隐蔽性,但也面临着较大的违约风险。违约风险极易在金融机构间转移,并演化成系统性风险,从而威胁到金融稳定,可见非标资产业务属于影子银行业务,它规避了对金融机构的资本监管,削弱了宏观调控效果(朱焱,汪静,2015),下面就具体来说一下。

1) 削弱了货币政策的效果

(1) 缩小了存款准备金率政策的作用范围

对存款类金融机构而言,理财、同业业务等渠道使其将资金转移到非银行机构,一方面,使得存款在不同科目间转移,从而缩小了存款准备金的缴存范围,减少了缴存的基数;另一方面,非标资产增加使得资金来源中同业拆借等货币市场渠道的比例上升,降低了存款在负债中的占比,进而绕开了存款准备金的限制(朱焱,汪静,2015)。

(2) 弱化了再贴现政策的效果

非标资产业务推动了商业银行借出售证券、同业拆借、发行短期存单等方式满足流动性的需求,商业银行对于通过再贴现弥补流动性的需求下降,使得央行再贴现的政策效果弱化(朱焱,汪静,2015)。

2) 影响了货币供应量

在商业银行投资于非标资产的资金的募集期、运作期及兑付期,资金在不同科目间转换频繁,从而弱化了货币供给量统计的稳定性;同时,非标资产的期限错配导致同业、企业及个人存款

在 M_1、M_2 间转换，降低了货币乘数的稳定性(朱焱，汪静，2015)。

3) 规避了信贷调控政策、影响了信贷结构的调整

非标资产业务的创新过程正是我国信贷政策调整的过程。2007 年下半年，人民银行实行紧缩性货币政策，商业银行就创新了以理财产品投资于非标资产的模式，以实现信贷资产出表、释放信贷额度；2008 年年底，货币政策转向宽松，金融机构信贷资产出表的需求下降，非标资产业务也随之减少；2010 年，信贷规模控制重新趋严，用理财产品投资于非标资产的业务又面临迅速增长的局面。

同时，非标业务也影响了商业银行信贷结构的调整。一方面，随着金融交易的日趋活跃，非标资产将转而投向投资基金及互联网金融等新型金融产品，造成银行体系外游离的资金规模的逐步扩大，从而增大了以货币供应量为中介目标的货币政策调控的难度；另一方面，将降低货币政策的传导效果，因为非标资产业务规避了监管部门对贷款流向的监管，最终流向房地产及地方政府投融资平台等领域的融资类非标资产仍占据一定比重，使得房地产调控和整顿政府投融资平台的效果弱化(朱焱，汪静，2015)。

4) 货币空转降低资金使用效率

货币空转是指货币在循环过程中脱离实体经济，在金融机构之间不停打转的现象，本质上体现了资金运用的低效及金融机构对流动性的滥用。相比较而言，很多需要资金支持的中小企业却无法向银行获得融资，只能通过小贷公司、P2P 等成本高昂的民间融资渠道获得有限的资金。鉴于这种情况，中央银行在 2014 年 4 月和 6 月两次下调农村合作银行、农村商业银行的法定存款准备金率，并选择性地降低了“三农”和小微企业贷款达到一定比例的商业银行的存款准备金率。2015 年 2 月，央行又下调了对小微企业贷款占比达到定向降准标准的城市商业银行、非县域农村商业银行的存款准备金率 1 个百分点。

央行定向释放流动性的意图十分明显，但小型金融机构却并没有因此而偏好对具有高度不确定性的小微企业的贷款，而仍然偏好于将资金投向流动性高、回报稳定的金融工具，如城市商业银行偏好于帮助股份制银行削减信贷规模而收取过桥费，城市信用社、农村信用社等金融机构则偏好于同业存放或拆放以赚取利息收入，而这些交易与实体经济并没有直接关联(郭晨，2016)。

5) 加大了期限错配风险

非标资产业务是通过短期的理财产品、同业拆借等渠道筹集资金投资于长期的资产上，加大了期限错配和流动性风险；同时，金融机构之间通过同业业务而紧密关联，一家金融机构的流动性出现问题，很容易在多家金融机构之间传导；并且各家期限错配严重的金融机构也容易受到影响市场流动性状况的外部因素的影响，触发系统性风险(朱焱，汪静，2015)。

6. 非标资产业务发展的对策建议

1) 对于非标业务这种影子银行业务用堵的方法行不通

这些非标资产业务就是商业银行的影子银行业务，对于这种影子银行业务，监管部门若用“堵”的方法是行不通的。因为从实践来看，近些年来我国商业银行的非标资产业务具有很强的替代性，各种业务在被监管叫停后又不断地有新业务被创新出来，此消彼长①。

---

① 过去一二十年，中国银行业的诸多创新都是为监管套利而生，同业创新尤其如此，金融机构以“在合规的基础上把钱挣了”为座右铭，上有政策、下有对策，商业银行与监管层在资本监管与监管资本套利方面的博弈不断上演。这些年中国银行业盛行的监管资本套利手法主要是 2012—2013 年的三方买入返售、2014 年的 TRS 理财产品、2015 年的伞形信托，每一种套利手法在出台后不久即被监管识破并叫停。

例如2011年7月，银监会禁止将银行理财产品投向委托贷款、信托资产转让等非标资产业务，要求将这些项目全部转入表内，这导致2012年银行应收款项类投资和买入返售信托受益权规模大幅提高。2013年3月，银监会下发了《关于规范商业银行理财业务投资运作有关问题的通知》，对银行理财的表外非标资产进行规范，但很快两项业务规模又一次上涨。另外，虽然银监会对银信合作反复监管，但两类金融机构的交易规模仍呈扩大趋势，只是鉴于频繁的监管，两者在合作中更加谨慎而已(郭晨，2016)。

2) 应推动标准化债权资产业务的发展来实现非标转标

既然用堵的方法行不通，那么在监管上就应该采用疏导的方法，例如，通过发展优先股等金融工具，丰富企业的融资工具，拓宽企业的融资渠道，摆脱企业对于非标业务的依赖；再如推动资产证券化，使非标资产转化为流动性强的资本市场证券。这不仅可加快银行资金的周转，还能为投资者提供更多的投资选择。同时，由于银行间的非标资产交易仍然集中在金融系统，因而建立一个广泛、活跃的资产支持证券的二级市场才能吸引更多的非金融机构参与者，达到分散风险的目的(郭晨，2016)。

3) 应要求与银行存在非标资产业务往来的非银行金融机构也要根据资产质量计提资本金，取消三方协议

从非标资产业务中表现出来的银信合作、银证合作和银保合作的模式及业务量来看，信托公司、证券公司和保险公司是银行业务发展不可缺少的伙伴，凸显了我国目前分业经营、分业监管模式的弊端。

这种弊端之一就是当前金融机构之间的合作只做到了收益共享，但风险却由银行一方承担。对此的解决方法是：由于非银行金融机构参与银行的非标资产业务，发挥着类似银行的作用，因此要求与银行存在非标资产业务往来的非银行金融机构也要根据资产质量计提资本金，取消三方协议，这也是减少风险积累的手段之一(郭晨，2016)。

如何通过资产证券化实现非标转标呢？在当前我国商业银行的报表中，经常可以看到“应收款项非标资产”这个科目，很大一部分是银行投资的信托或资管计划的资产，这意味着银行通过信托或资管计划这两个通道给借款人融资，通常这部分资金对接的是银行理财产品。而对于银行用理财产品筹集的资金，银监会明确规定其投资于非标资产的比例最多为理财总规模的35%和上一年度经审计后总资本的4%的孰低者，对中小银行而言，限制他们的往往是后者(2016-07-17，银行非标转标和非标、不良资产出表引爆[J/OL])[23]。

如果某银行以理财资金投资于非标资产的比例超过此标准，就需要将超标的部分进行“非标转标”。假设该银行先投资了信托计划和定向资管计划，此时可将信托受益权和定向收益权的一部分转让给一个资产支持专项计划(SPV)，从而实现非标转标。对于银行而言，更早地收回了投资款，即资产支持专项计划的转让款，而原信托计划受托人和定向资产计划管理人将向专项资管计划支付(朱焱，汪静，2015)。

4) 应加强信息披露

目前，我国银监会对于银行理财产品信息披露要求的文件中《商业银行理财产品销售管理办法》要求银行将合作的产品卖给合适的客户；《关于进一步加强商业银行理财业务风险管理有关问题的通知》要求银行披露产品相关信息，载明非标准化债权类投资资产的具体种类和比例区间，通过事前、事中和事后的持续披露，不断提高理财产品的透明度。

此外，8号文还明确了银行应向理财产品投资人充分披露投资非标准化债权资产情况，包括融资客户和项目名称、剩余融资期限、到期收益分配、交易结构等。理财产品存续期间所投资的非标准化债权资产发生变更或风险状况发生实质性变化的，应在5日内向投资人披露。

目前，业务管理规范、IT系统支持能力完善的银行已投产上线了理财产品信息披露系统，理财产品投资者可在银行门户网站的信息披露专区或者网银内部查询每只理财产品的成立、运作、到期兑付的相关信息，甚至包括每笔资产的融资客户、投资者名称、融资期限、收益率等信息，客户能充分了解和掌握产品的风险和收益，真正实现投资者对理财产品投资的知情权。

另外，银监会已牵头中央结算公司建立"全国银行业理财产品信息登记系统"，目前该系统已投产使用，实现了理财产品全流程登记、电子化报告、在线审查、统计分析功能，每只理财产品的相关信息都将被纳入系统进行管理和监测，通过系统对理财产品实时、动态监测，将极大地提高理财产品的信息透明度(朱焱，汪静，2015)。

第三节 商业银行的资产业务

商业银行的资产业务指将自己通过负债业务所积聚的货币资金加以运用的业务，是其取得收益的主要途径，主要包括现金资产、贷款及证券投资三大类。

一、现金资产

(一) 准备金

从货币兑换业如何演变成银行的过程中可以看出，银行并不是将吸收存款而收进的现金全部用于发放贷款等活动，而是必须保留存款的一部分作为应付客户提款的"准备金"。

银行可将这部分纸币和硬币存放于银行金库之中，叫作库存现金。在中央银行成立以后，央行用法律规定商业银行必须向央行交存一定比例的存款准备金，这就是法定存款准备金制度，其目的在于：一方面，保证存款机构的清偿能力、以备客户提现；另一方面，有利于中央银行调节信用规模和控制货币供应量(详见第七章)。

因此，准备金等于银行的库存现金与在央行的存款之和。当然，银行保有的准备金可以超过法定要求，但绝不能不足，超过部分叫超额准备金，可用来应付提款、发放贷款或购买证券等。

◇ 能量棒3-6

法定存款准备金及准备金付息制度

(一) 概述

法定存款准备金制度，即法律规定商业银行及有关金融机构必须按照其所吸收的可开列支票存款与定期存款的一定比率向中央银行交存存款准备金，这部分准备金就叫作法定存款准备金(在不会与超额存款准备金相混淆的情况下，就简称为准备金)。但随着金融自由化的发展，这一规定也有了例外，比如，当前英国和加拿大的商业银行就没有法定准备金的要求。

法定存款准备金制度的目的在于：一方面，保证存款机构的清偿能力，以备客户提现，从而保障存款人的资金安全以及金融机构本身的安全；另一方面，法定准备金率的调整被中央银行用作调节信用规模和控制货币供应量的手段，是货币政策的三大工具之一。

但商业银行还可能保有超额准备金，超额准备金即准备金同法定准备金之间的差额，超额准备金率即超额准备金占需计提准备金的存款总额的比率。法定与超额准备金统称为准备金，准备金有两种形式：(1)存款货币银行的库存现金；(2)各存款机构在中央银行准备金账户上的存款。准备金中除一小部分可以库存现金形式持有之外，大部分要交由中央银行以准备金存款形式保管，这样做的目的是：(1)为了便于中央银行了解各存款机构的准备金状况；(2)使中央银行可以组织全国范围内的资金清算，这是用超额准备金(备付金)来实现的；(3)用集中起来的准备金向出现支付困难的银行提供资金支持，体现中央银行最后贷款人的职能。

在我国的实践中，每家银行的总行在其所在地的人民银行或人民银行的分支机构开立一个最主要的账户，叫作“法定准备金账户”，这个账户里超过法定准备金的钱就叫“超额准备金”；此外，每家银行的分行在当地人民银行或其分支机构开立的准备金账户叫“一般准备金账户”，该账户里的钱与超额准备金加起来叫作“备付金”，也称“超储”。

（二）我国缴存法定存款准备金的基本规定

1. 缴存法定存款准备金的机构与存款种类

中国人民银行自1984年开始履行中央银行职能，开始实行法定存款准备金制度，当时还规定了备付金(强制商业银行保留的超额准备金)，直到1998年3月才将各金融机构的法定存款准备金账户和备付金账户合并为存款准备金账户，法定存款准备金率才从18%～20%下调至8%。

我国2004年规定，各商业银行包括外资银行、中外合资银行、农村信用合作社、城市信用合作社和区域性、地方性银行吸收的各种人民币存款与外汇存款，都要向当地人民银行分支机构缴存存款准备金，对于未按照中国人民银行规定缴存存款准备金的金融机构，依法减轻处罚的，对其缴存存款准备金不足部分按每日万分之六的比例处以罚款，违规金融机构应以人民币缴纳罚款，违规金融机构欠缴外汇存款准备金的罚款按照应缴存时国家外汇管理局公布的汇率折算成人民币缴纳。

2. 2015年9月央行将准备金考核方法由维持了17年的时点法改为平均法

在2015年9月前，法定存款准备金维持了自1998年以来实行了17年的时点法考核方式——在每日营业终了时，金融机构按法人存入的存款准备金余额与维持期内(一个月内)准备金考核基数之比，不得低于法定存款准备金率，即每日必须达标。这个相对简单的考核方式可能会放大资金面的波动，因为当某个营业日有突发性大额存款(如月末时银行的存款通常会突然增加)时，银行必须要有更多的准备金才能达标，对银行的流动性造成压力。

2015年9月，由于资本外流，各商业银行外汇占款下降，流动性、资金面趋紧，央行为了缓解这个矛盾，便实行了一项改革，将法定准备金的考核由时点法改为平均法，即在维持期内，金融机构按法人存入的存款准备金日终余额的算术平均值与准备金考核基数之比，不得低于法定存款准备金率，即一个月内平均达标即可。并且，在维持期内每日营业终了时，这个比率可以低于法定存款准备金率，但幅度应在1个(含)百分点以内。据兴业银行首席经济学家鲁政委测算，此举相当于给了商业银行1.1万亿随时可动用的紧急备付，有助于应付外汇占款的剧烈波动(陈月石，2015-09-14)[24]。

（三）我国具有高准备金率的传统

1. 我国在1984—1995年间制定高准备金率，将吸收准备金作为中央银行筹集资金的手段

中国人民银行成立于我国从计划经济向市场经济过渡的1984年，最初设定法定存款准备金率的目的并非如西方国家那样为满足金融机构支付和清算的需要，而是为了“集中资金，配置资金”，即人民银行先通过较高的准备金率征收高额的准备金税，通过再贷款的方式，支付农副产品的收购和某些中央大型建设项目的资金需要。因为当时人行既履行中央

银行的职能,又履行商业银行的职能,所以能直接对项目贷款,因此人民银行规定了较高的法定存款准备金率,从1984—1998年间平均为12%~13%的高水平。我国也将"准备金"称为"储备金"或"储备"。

此外我国还规定了备付金率,即强制规定商业银行必须留存在央行作为清算资金的超额准备金。比如,央行规定备付金率为3%、法定准备金率为7%,某行存款总额有100万元,其央行的准备金存款有15万元,还有库存现金2万元,可见,其超额准备金有15－7＋2＝10(万元),超额准备金率为

$$\frac{15-7+2}{100}=10\% \tag{3-6}$$

备付金是超额准备金的一部分,因为只有在央行的超额准备金存款才能叫备付金,所以其在央行的备付金存款总共有8万元,超额备付金存款为5万元。

2. 20世纪90年代中期后,法定存款准备金率为央行集中资金的功能弱化,而逐步成为货币政策的操作工具

从"1984—2012年中国法定存款准备金率调整表"中可以看出:

(1) 1985年为减轻存款机构的负担,人民银行将法定存款准备金率降低至10%,并将各类存款间各不相同的法定存款准备金率统一确定为10%。

(2) 为抑制1987—1988年间的高通货膨胀,央行分两次将法定存款准备金率提高到12%和13%;为进一步抑制专业银行超高的信贷扩张,1988—1989年,央行又提高了法定存款准备金率,并对法定准备金存款与备付金存款调高了利率。

(3) 1996—1998年期间为了缓解通货紧缩,鼓励商业银行向企业贷款,央行调低了法定存款准备金率,1998年从13%下调到8%,1999年从8%下调至6%。

(4) 2003年以后,随着我国国际收支双顺差的持续增长、外汇占款的大规模投放,中国人民银行不断调高法定存款准备金率,由2003年9月21日的6%一路上调至2013年,大型金融机构为20%,中小型金融机构为16.5%。

20世纪80年代的拉丁美洲和90年代的东南亚和中东欧国家也与中国一样,在外汇大量流入时,不得不连续上调法定存款准备金率。我国仅2007年就10次上调准备金率累计达5.5个百分点;在2008年前3个月曾2次上调准备金率累计1个百分点、达到了15.5%,当时我国已成为全球准备金率最高的国家之一。而在2011年6月20日我国将大型金融机构的法定存准备率上调至21.5%,是近些年来的最高水平,随后,从2012年2月开始下调,直到2012年5月下调至20%(张晓慧,纪志宏,崔永,2008)[25]。

能量棒3-6 表3-8　中国1984—2012年存款准备金率调整一览表

次数	时　间	调整前(%)	调整后(%)	幅度(%)
45	2012年5月18日	(大型金融机构)20.50	20.00	－0.5
		(中小金融机构)17.00	16.50	－0.5
44	2012年2月24日	(大型金融机构)21.00	20.50	－0.5
		(中小金融机构)17.50	17.00	－0.5
43	2011年12月5日	(大型金融机构)21.50	21.00	－0.5
		(中小金融机构)18.00	17.50	－0.5

续表

次数	时　间	调整前(%)	调整后(%)	幅度(%)
42	2011 年 6 月 20 日	(大型金融机构)21.00	21.50	0.5
		(中小金融机构)17.50	18.00	0.5
41	2011 年 5 月 18 日	(大型金融机构)20.50	21.00	0.5
		(中小金融机构)17.00	17.50	0.5
40	2011 年 4 月 21 日	(大型金融机构)20.00	20.50	0.5
		(中小金融机构)16.50	17.00	0.5
39	2011 年 3 月 25 日	(大型金融机构)19.50	20.00	0.5
		(中小金融机构)16.00	16.50	0.5
38	2011 年 2 月 24 日	(大型金融机构)19.00	19.50	0.5
		(中小金融机构)15.50	16.00	0.5
37	2011 年 1 月 20 日	(大型金融机构)18.50	19.00	0.5
		(中小金融机构)15.00	15.50	0.5
36	2010 年 12 月 20 日	(大型金融机构)18.00	18.50	0.5
		(中小金融机构)14.50	15.00	0.5
35	2010 年 11 月 29 日	(大型金融机构)17.50	18.00	0.5
		(中小金融机构)14.00	14.50	0.5
34	2010 年 11 月 16 日	(大型金融机构)17.00	17.50	0.5
		(中小金融机构)13.50	14.00	0.5
33	2010 年 5 月 10 日	(大型金融机构)16.50	17.00	0.5
		(中小金融机构)13.50	不调整	—
32	2010 年 2 月 25 日	(大型金融机构)16.00	16.50	0.5
		(中小金融机构)13.50	不调整	—
31	2010 年 1 月 18 日	(大型金融机构)15.50	16.00	0.5
		(中小金融机构)13.50	不调整	—
30	2008 年 12 月 25 日	(大型金融机构)16.00	15.50	−0.5
		(中小金融机构)14.00	13.50	−0.5
29	2008 年 12 月 5 日	(大型金融机构)17.00	16.00	−1
		(中小金融机构)16.00	14.00	−2
28	2008 年 10 月 15 日	(大型金融机构)17.50	17.00	−0.5
		(中小金融机构)16.50	16.00	−0.5

续表

次数	时　　间	调整前(%)	调整后(%)	幅度(%)
27	2008年9月25日	(大型金融机构)17.50	17.50	—
		(中小金融机构)17.50	16.50	−1
26	2008年6月7日	16.50	17.50	1
25	2008年5月20日	16	16.50	0.50
24	2008年4月25日	15.50	16	0.50
23	2008年3月18日	15	15.50	0.50
22	2008年1月25日	14.50	15	0.50
21	2007年12月25日	13.50	14.50	1
20	2007年11月26日	13	13.50	0.50
19	2007年10月25日	12.50	13	0.50
18	2007年9月25日	12	12.50	0.50
17	2007年8月15日	11.50	12	0.50
16	2007年6月5日	11	11.50	0.50
15	2007年5月15日	10.50	11	0.50
14	2007年4月16日	10	10.50	0.50
13	2007年2月25日	9.50	10	0.50
12	2007年1月15日	9	9.50	0.50
11	2006年11月15日	8.50	9	0.50
10	2006年8月15日	8	8.50	0.50
9	2006年7月5日	7.50	8	0.50
8	2004年4月25日	7	7.50	0.50
7	2003年9月21日	6	7	1
6	1999年11月21日	8	6	−2
5	1998年3月21日	13	8	−5
4	1988年9月	12	13	1
3	1987年	10	12	2
2	1985年	央行将法定存款准备金率统一调整为10%	—	—
1	1984年	央行按存款种类规定法定存款准备金率,企业存款20%,农村存款25%,储蓄存款40%		

（四）各国的存款准备金是否付息？

1. 准备金税及其影响

在货币当局对金融机构的准备金存款支付低于存款利率的很低的利率（甚至不支付利率）的情况下，金融机构有规避准备金缴纳的动机和行为，将准备金视为一种税收。

准备金税的存在降低了金融机构的盈利能力，一方面，会促使存款类金融机构通过金融创新，拓展其他不需要交纳准备金的资产负债表表外业务；另一方面，准备金税还可能会转嫁给存款人和借款人，使其避开银行体系，进行直接融资，导致“金融脱媒”现象，造成货币需求函数、货币乘数不稳定，降低货币政策的有效性。

2. 各国的存款准备金付息制度比较

央行对存款准备金是否付息会影响金融机构的经营成本，目前国际上对存款准备金是否付息存在以下几种形式。

(1) 2018 年次贷危机以前，美国的不付息制度，因为存款准备金的利息支付属于央行基础货币投放，为避免基础货币因为这个细枝末节的原因而投放、从而对货币供给量造成扰动，因此美联储对准备金不付息，因而美国的存款机构认为交存法定存款准备金就是交纳“准备金税”。但是，因为美国的存款准备金率很低(3%)，对银行造成的负担不会很大。

(2) 意大利、荷兰、中国的付息制（直接补偿制），就是央行直接对准备金存款付息，利率一般低于市场利率。

(3) 间接补偿制，就是允许商业银行用其持有的流动性较强的国债和金融债券等有价证券，上缴法定存款准备金。

(4) 实行零法定准备金率，并对商业银行在央行清算账户中的结余资金支付利息。

墨西哥、瑞士等国充分相信商业银行的自我管理能力，不设法定存款准备金率要求，但要求商业银行在中央银行保留清算账户用于清算。比如，上海农行要将一笔钱给上海工行，通过中央银行转账划拨会很方便，央行提供的清算业务相当于商业银行的中间业务，因为有手续费收入，所以也支付存款利息。

（五）我国 20 世纪 80 年代中期后至今的准备金付息制度

我国自 20 世纪 80 年代中期建立起准备金制度后，就一直对准备金付息，沿用到今天，虽然它曾经影响到货币政策调控的效果，但由于现实原因而欲罢不能。比如，在 1996 年 8 月至 1998 年 3 月，当时处于通货紧缩时期，央行实行扩张性货币政策，但当时的准备金利率略低于中央银行再贷款利率和金融机构 1 年期贷款利率，略高于居民 1 年期定期存款利率，对于正处于“惜贷”状态下的商业银行而言，用超额准备金发放商业贷款有信用风险，而存在中央银行却没有信用风险，再加上如此高的利率，促使商业银行将大量资金存在中央银行获取存款利率与准备金存款利率之差，从而不利于扩张性货币政策的实施。为此，中央银行于 1998 年 3 月 25 日将准备金利率调整为与居民 1 年期定期存款利率相同；1998 年 7 月 1 日进一步将准备金利率调整为低于居民 1 年期定期存款利率和金融机构同期贷款利率，以鼓励商业银行发放贷款。

我们应该借鉴国际上通行的做法，逐步降低法定存款准备金率，并停止对超额准备金付息，再逐渐取消对法定存款准备金付息。

（六）西方国家法定存款准备金制度为什么趋于弱化？

1. 西方国家的趋势是降低甚至取消法定存款准备金率

当 20 世纪 20 年代世界各国开始实行存款准备金制度时，政策意图是保持银行的清偿能力。到了 20 世纪 30 年代，西方国家将其主要功能转变为调节货币供给量，但在实际操作中又从未将其作为一个主要的政策工具加以运用。

20世纪90年代以来，为了减轻金融机构的负担和减少存款准备金制度的税收功能对竞争机制的扭曲效应，新兴市场经济国家与发达国家一样也存在降低法定存款准备率、甚至取消该制度的趋势。英国、加拿大、澳大利亚、丹麦、瑞典等国实行通货膨胀目标制，已经完全取消了存款准备金要求，大多数商业银行的准备金水平降低到了只与其日常清算需要相应的水平。

即使在法定存款准备金制度依然存在的美国、欧元区和日本这样的大经济体，也已基本上不将调整法定存款准备金率作为一项货币政策工具了，且法定存款准备金率已经下降到非常低的水平，呈固化及逐步下调的趋势。

2. 弱化准备金制度的原因

1) 许多创新型金融工具都可以避开存款准备金政策的影响

(1) 美国的情形

由于过高的准备金率必然提高存款机构的运行成本，因此各存款机构都在积极进行金融创新以避免存款准备金政策的影响，目前有很多创新型金融工具都可以避开存款准备金政策的影响了。比如，20世纪60年代，美国的存款货币银行纷纷发行大额可转让存单和从欧元市场上借款以规避交纳准备金，这使得央行调整法定准备金比率对货币供给量的作用越来越小，这正是目前一些国家相继放弃这一政策工具的主要原因。从20世纪90年代以来，美国、新西兰、加拿大、英国等发达经济体不断降低法定存款准备金率，甚至实行零准备金制度(张晓慧，纪志宏，崔永，2008)。

(2) 中国的情形

我国在准备率较高的1989—1997年，尤其是1995年加强金融机构备付金管理前后，出现了大量的账外经营问题。

近年来，我国金融业出现了大量的人民币理财业务、委托贷款业务、短期外债业务、结构性存款业务、信用卡业务，其实都是金融机构在积极规避准备金缴纳(张晓慧，纪志宏，崔永，2008)。

此外，企业短期融资券等直接融资产品的出现也表明了企业规避准备金税转嫁的行为。

(3) 最优准备金率的确定——拉弗曲线原则

准备金税率的提高会使央行冻结的法定准备金数额增大，但高出一定水平后，又会由于私人部门的规避行为而导致税基流失，使得央行冻结的法定准备金数额下降，因此有一个最优准备金率，使得央行征收的准备金数额最大化——拉弗曲线。

2) 西方央行在货币政策中介目标选择上日益偏重价格型指标

利率就是价格型工具，而货币供给量是数量型工具，存款准备金工具作为典型的数量型工具，只能作用于银行机构的可贷资金量，而不能有效影响金融市场上的资金价格、并引导资金流向，这一数量型特征也导致存款准备金工具逐渐淡出舞台。

3) 相对于公开市场操作等货币政策工具，存款准备金工具不利于央行及时微调

法定存款准备金率工具对信用收缩或扩张的影响力度过大，在金融市场国际化程度高的国家，该工具还会出现严重的影响时滞。"哪里有压迫，哪里就有反抗"，如果央行提高法定存款准备金率，急于进行资产扩张的商业银行会立刻通过向国外借入准备金来弥补其准备金的不足，从而使得紧缩性货币政策的效果打折扣。过了一段时间以后，商业银行由于负债过多，因此才会减少借入准备金，只有这时，高准备金率才会约束其贷款行为，这就是提高准备金率这一政策工具的影响时滞，使其效果下降。

4) 自1988年起，存款准备金的风险管理功能逐渐被资本监管所取代

随着1988年"巴塞尔资本协议"和"新资本协议"的全面实施，资本监管日益取代存款准备金

制度而成为货币当局对商业银行进行风险监管的主要手段，其主要原因为：

第一，如前所述，在金融创新条件下，规避存款准备金的金融创新产品繁多，存款准备金要求日益失去了风险监管功能。

第二，监管者意识到商业银行面临的风险绝不仅仅是支付问题，以资本充足率要求为核心的资本监管模式日益成为各国监管的主流。打个极端的比方，一家完全没有自有资本的银行用不断扩张的借款来支持不断扩张的贷款，虽然它为存款保留了较高比例的准备金，但是，如果贷款出现坏账，不能收回，而又没有吸收到足够的新的存款，一旦旧存款人要提取存款时，当较高比例的准备金用完后，这家银行就会暴露出支付困境，这时，惟有充足的自有资本才能冲销坏账，用以对存款人进行支付。也就是说，银行把借的钱锁在柜子里一部分是没有用的，真出了事情，还得自己拿钱出来填补窟窿。

3. 取消准备金付息制度后，央行的货币政策调控怎么办？

但是，既然商业银行自行保留准备金，如果小银行都把资金存放在某大银行作为清算的准备金，大银行之间开立共同账户并将清算准备金存放其中，同时商业银行也不找央行再贷款、再贴现了，则央行将失去调节准备金以调节基础货币这一政策工具了。这样，中央银行就会更加倚重其他两种政策工具，即保持其进行大规模公开市场操作的能力（如保有大量未到期国债可供其买卖），在实行扩张性货币政策时，诱使存款机构进行贴现窗口贷款（通常商业银行不大愿意使用贴现窗口贷款）。

如上所述，1996—1998 年我国治理通货紧缩时，由于法定准备金利率过高，影响了商业银行向企业发放贷款的积极性，下面我们来看看 1996 年以来我国的准备金利率政策。

（七）我国 1993 年以来的准备金利率

1. 我国准备金年利率变动一览表

能量棒 3-6 表 3-9　我国 1993 年以来准备金年利率一览表

日　　期	法定准备金存款的年利率(%)	超额准备金存款的年利率(%)
1993-05-15	7.56	7.56
1993-07-11	9.18	9.18
1996-05-01	8.82	8.82
1996-08-23	8.28	7.92
1997-10-23	7.56	7.02
1998-03-21	5.22	5.22
1998-07-01	3.51	3.51
1998-12-07	3.24	3.24
1999-06-10	2.07	2.07
2002-02-21	1.89	1.89
2003-12-21	1.89	1.62
2005-03-17	1.89	0.99
2008-11-27	1.62	0.72

2. 1992年后央行运用准备金利率政策的沿革

我国1992年后市场经济建设步伐加快，1994年加快金融体制改革，成立了三大政策性银行，原国有商业银行进行商业化改革，货币市场与资本市场得到快速发展，相应地，央行货币政策调控方式也由直接调控（如贷款规模管理等行政命令）向间接调控（如三大货币政策工具）转变，央行加快了间接型货币政策操作工具的建立与完善。

1996年，央行开始公开市场业务的试操作，构建了全国性的银行间同业拆借市场，开始进行利率市场化改革，对法定存款准备金与备付金的利率水平作了调整，法定准备金和超额准备金利率均由1996年以前的9.18%下调至8.82%，说明央行已充分认识到准备金率及准备金利率的变动对商业银行具有一定的影响，因此将准备金率及准备金利率作为总量性货币政策工具来使用。

1998年3月，央行对存款准备金制度进行了改革，合并了法定存款准备金账户和备付金账户，并将法定存款准备金率下调为8%，同时调低了准备金利率，由年利率7.56%下调到5.22%，继而又下调到3.51%。

3. 1996年通货紧缩期间超额准备金存款利率高于一年期存款利率，不合理的利率结构成为拉动商业银行"惜贷"的力量

1996年8月23日降息后，一年期的存款利率为7.4%，而超额准备金存款利率为7.92%，套利空间高达0.45个百分点，1997年10月23日再次降息后，反而进一步扩大到1.35个百分点，造成了商业银行超额准备金存款增加、信贷资金向央行回流的不合理局面。央行在第5次降息时才纠正这个问题。可见，企业效益不好是银行"惜贷"的推力，而存款准备金利率高是"惜贷"的拉力。

4. 2004年的超额准备金存款利率低于同业拆借利率，成为推动银行放贷、加剧通货膨胀的力量

2004年我国的超额存款准备金年利率为1.62%，而在2004年4月资金面比较紧张的背景下，银行间同业拆借市场加权平均利率和债券回购加权平均利率接近2.2%，略高于超额存款准备金利率，而当时正在治理通货膨胀，法定准备金利率不够高构成了推动银行贷款的力量。

（八）中外金融机构的外汇存款也要缴存法定存款准备金

1. 外资银行的定义

外资银行在华的形式分为外资银行在华分行、本土注册的外资独资银行和中外合资银行三种形式。

2. 中、外资银行的人民币存款与外汇存款都要交法定准备金

凡是公开吸收存款的机构都需要交纳准备金，除了名称中有"银行"二字的机构外，我国目前还有城市信用社、农村信用社、企业集团财务公司、外资金融机构，也是公开吸收存款的机构。

我国央行2005年规定所有存款机构（包括外资银行）吸收外汇存款都需要交纳准备金，从2005年1月15日起，金融机构外汇存款准备金率统一调整为3%。交存时，向中国人民银行营业管理部提交"外汇存款准备金交存凭证"，中国人民银行营业管理部审查合格后，上述银行向中国人民银行营业管理部办理划款手续。然后，中国人民银行再将外汇存款准备金交存到中国人民银行在某个中资银行开立的外汇准备金存款专用账户。

金融机构应交存外汇存款准备金的外汇存款范围包括：金融机构吸收的个人外汇储蓄存款、单位外汇存款、发行外币信用卡的备用金存款及其他中国人民银行核定的外汇存款或负债等。

关于外汇存款准备金缴存调整金额起点：金融机构缴存外汇存款准备金时，美元存款准备金计至千元，千元以下免缴；港币存款准备金计至万元，万元以下免缴。人民银行调整存款准备金时，美元存款准备金计至千元，千元以下不需调增或调减；港币存款准备金计至万元，万元以下不需调增或调减。

3. 我国的外汇存款准备金不付息

中国人民银行对金融机构交存的外汇存款准备金不计付利息，在人民币升值预期下造成了商业银行的套利行为：商业银行劝说存款客户将外汇存款结汇为人民币存款，这样商业银行的人民币存款准备金就可以得到央行的利息了，而结汇的外汇则构成了外汇储备，导致央行外汇储备激增。

4. 2005 年以来我国外汇存款准备金率不断提高

中国人民银行从 2005 年 1 月 15 日起，将我国中外资金融机构的外币存款准备金率统一为 3%。

2006 年 9 月 15 日，中国人民银行上调外币存款准备金率至 4%，就冻结了 16 亿美元外汇存款。

2007 年 5 月 15 日，中国人民银行上调外币存款准备金率至 5%（同期人民币存款的准备金率为 11%），就冻结了 16.49 亿美元外汇存款。

5. 我国外汇存款准备金率变动的原因

这些政策的实施，表明中国人民银行已将外币存款准备金率纳入货币政策工具的范畴，因为近些年来随着人民币升值预期及外汇贷款利率低于人民币贷款利率的上升，外汇贷款的结汇已成为人民银行投放基础货币的因素之一。

（九）金融机构何时可以动用法定存款准备金？——中国人民银行 2004 年关于加强存款准备金管理的通知摘要

1. 金融机构开办新业务、开发新产品所获得的资金是否需要缴存存款准备金需央行批准

2. 金融机构动用法定存款准备金必须经中国人民银行批准；动用外汇法定存款准备金需由中国人民银行总行负责审批

3. 金融机构动用法定存款准备金的条件

金融机构发生严重支付困难时，先要通过大力组织存款和清收贷款及其他资金占用，筹措支付资金来源。在采取上述措施后，对于仍存在严重支付困难的金融机构，可申请动用法定存款准备金。

4. 金融机构动用法定存款准备金的最高限额期限和用途

中国人民银行批准动用的最高限额不得超过其实际缴存的法定存款准备金余额。金融机构动用法定存款准备金的最长期限为 6 个月，视具体情况可展期一次，展期期限不得超过原动用期限。金融机构经批准动用的法定存款准备金，仅用于兑付储蓄存款。

（十）美国存款准备金制度的变革[26]

美国联邦储备局在正式建立存款准备金制度以来，实际上执行的一直都是一种差额存款准备金率制度，但其具体操作却经历了一些变革。

1. 美国联邦储备体系创立初期实行的是以提供短期流动性为目标的差额存款准备金率制度

1913 年的《联邦储备法》建立的联邦储备银行体系扮演着最后贷款人的角色，主要目标是满足银行体系的短期流动性，以缓解周期性的经济危机。联邦储备体系的成员商业银行被要求按照其活期存款一定比例持有准备金，但这种比例因地区而异：中心储备城市的银行为 18%，储备城市银行为 15%，乡村银行为 12%。后来由于这种较高的存款准备金率给成员银行造成较大的成本压力，1917 年美联储降低了相应的准备金率，中心储备城市的银行为 13%，储备城市银行为

10%，乡村银行为7%。成员银行的定期存款准备金率降为3%(侯建强，黄兰，2006-05-04)。

2. 20世纪二三十年代至"二战"前，美国存款准备金制度转向以影响信贷为目标

20世纪二三十年代的大萧条期间，准备金制度从风险管理转向作为扩张性货币政策工具，美联储逐渐转变为最后贷款人的角色，存款准备金制度也从原先以保证银行体系流动性，目标转向以影响商业银行的信贷行为为目的。

但直到20世纪20年代末，由于联储扩张性货币政策，再贴现率总体上低于市场利率，以及美联储较愿意对商业银行进行贴现窗口贷款，因此美联储主要以再贴现窗口贷款作为政策工具来影响银行的信贷行为，而没有动用法定存款准备金。加上美联储没有提高法定准备金率的授权等因素，这一时期存款准备金制度对信贷扩张的影响较小。

3. "二战"后，美国准备金制度仍以调控货币供应量为目标，但实行了差额存款准备金率

由于准备金率较高，商业银行一方面为了逃避或降低存款准备金对成本的影响，另一方面也是为了满足客户的需求，而对存款业务进行了一些创新。比如，不是吸收国内的美元存款，而是到欧洲货币市场进行欧洲美元借款，美联储通过修改准备金制度而将这部分存款账户也纳入了准备金的计算范畴，但是根据存款规模和账户种类设置差额准备率。

4. 1968年后美国放宽了存款准备金计提要求

1968年后美国放宽了存款准备金计提要求，实施了新的方法。新方法包括：

(1) 允许商业银行用库存现金来满足对其的存款准备金要求

由于联邦储备体系创立初期，存款准备金的主要目的是为商业银行提供短期流动性(各行把准备金集中在央行，当某商业银行的存款以现金漏损形式流出或以存款搬家形式流出时，该行就会发生多倍存款紧缩，法定存款准备金要从央行被提走，因此法定存款准备金也能应付一部分存款提取，使其获得流动性)，所以1917年美联储规定，商业银行充当准备金的只能是其在联邦储备银行的无息账户余额。

(2) 自1968年开始实行滞后的存款准备计提方法(LRR)，即以商业银行前两星期存款水平来计算对其当期的准备金要求。美联储希望以此来降低成员银行计算准备金的困难和管理准备金的成本。但这种准备金计提方法，至少在短期内降低了准备金政策对货币量的调控力度。

5. 1980—1984年美国大幅度降低了准备金率的差别化

美联储自1980年实行《货币控制法》至1984年间，建立了一套普遍适用于所有存款机构的存款准备金制度，消除了原来美联储会员和非会员银行适用于不同准备金制度的弊端，将互助储蓄银行、储蓄和贷款协会等存款类金融机构纳入了存款准备金制度体系；同时赋予美联储对交易账户追加最高为4%的补充准备金等权力，这些规定强化了美联储利用准备金制度实现货币政策目标的力度。

6. 1982年开始美国设定了免除准备金的额度——对低于200万美元的负债不要求准备金

为了减轻存款准备金给存款机构带来的成本压力，美联储对存款准备金制度的具体条款进行了不断调整，比较突出的就是1982年的《加恩-圣杰曼存款机构法》。该法案对存款机构低于200万美元的储备性负债不要求准备金。在此后几年中，联邦储备委员会对这部分免除额一直在做调整，到了1997年12月31日，免除额已经增加至440万美元。

7. 1984年后，美国存款准备金制度作为一种货币政策工具的作用被削弱

1984年以后，美联储更多地利用公开市场业务和再贴现窗口操作来进行货币政策调控，货币政策中间目标也转向对市场利率更为敏感的M_2，因此，原来建立的以调控M_1为目标的存款准备金制度作为一种货币政策工具的作用也被削弱了。

8. 小结

美国的存款准备金制度一直没有什么实质性的改变，只有其中个别条款经历了一些修改。如1990年12月将非交易账户和欧洲货币负债的准备金率由原来的3%降为0%，1992年将交易账户的准备金率由原来的12%降为10%。

我们以1998年1月1日起美国实行的存款准备金制度为例来说明其现状。交易账户类存款的准备金率分为三个档次：440万美元以下的存款准备金率为0%；440万至4 930万美元为3%；4 930万美元以上为10%。

由于1980年的《货币控制法》规定，服从3%法定存款准备金率要求的金额，每年以当年6月30日所有存款机构交易账户新增额的80%进行调整，以及1982年的《加恩-圣杰曼存款机构法》规定，服从0%法定存款准备金率要求的金额，每年以当年6月30日所有存款机构总负债额增长率的80%进行调整，因此440万美元和4 930万美元这两个金额均是不断调整的。

对于"非个人定期存款和储蓄存款"以及"欧洲货币负债"不要求存款准备金；对"附属公司不合格的承兑与债务"要求提取3%～10%的准备金。其他准备金制度的相关规定，在联邦储备当局的D条例中有详细阐述。

（二）存放同业

存放同业指商业银行为便于同业之间的结算、转账和代理业务而相互开立的活期性质的存款账户。比如，在上海浦东农业银行开户的农民企业家向在上海浦西工商银行开户的某企业购货，向其签发支票，如果农业银行在浦西的工商银行某营业网点有同业存款，则该企业就可以在浦西兑取这张支票。

（三）应收现金（在途资金）

当存款人将一张由A银行开出的支票存入B银行时，B银行将在其资产负债表的负债方，即该客户的存款账户上记上相应金额。假定与此同时，这笔资金也迅速地由A银行的账户转到B银行的账户上，那么B银行只须在其资产方的准备金账户上增记相应金额就可以了。

但事实上支票的清算是需要一定时间的（A银行与B银行均通过央行的准备金账户一增一减进行清算），在B银行实际收到这笔金额之前，其准备金并没有增加，因而只能在资产方的"应收现金"项上记入相应金额，待收到资金后，再把它转入准备金账户。为什么也将其称为现金资产呢？因为这笔款项虽然现在还未收到，但在短期内就可收到，故也被视为现金资产。

现金资产是无利或微利资产——通常中央银行对法定存款准备金是不支付利息的，但我国人民银行对法定存款准备金和超额准备金存款却支付利息。现金资产是银行流动性的重要保证，也被称为银行的"一线准备"。

二、贷款

贷款是商业银行最为重要的资产业务，贷款的利息收入占总收入的一半以上，是其利润的最大来源。为什么贷款是商业银行收益最高的资产？因为，一方面，贷款的流动性要低于证券等其他资产——贷款在到期之前不能兑换成现金；另一方面，与其他资产如国债、承兑票据相比，贷款还面临很高的违约风险。因此，作为高风险和低流动性的补偿，与证券投资、贴现等业务相比，贷款在银行的资产业务中的收益率最高。

同时，通过向客户发放贷款，商业银行还可以建立和加强与顾客之间的关系，从而有利于商业银行其他业务的拓展。按照不同的标准，贷款可分为不同的种类，下面按不同的分类方法来介绍各种贷款。

（一）按期限可将贷款划分为活期贷款、定期贷款与透支

活期贷款指一种偿还期限不固定，但银行可以随时通知借款人于一定期限内归还的贷款，故又称通知放款。此种贷款适宜于借款人短期周转使用，对银行来说，也是相当灵活便利的。

定期贷款指规定偿还期限的贷款，根据偿还期限的长短，它又可分为短期（1 年以下）、中期（5～7 年）、长期贷款（6～10 年以上）。

透支是指当活期存款客户账上的资金用完时，银行同意在规定的额度内，客户可以继续签发支票，而当客户的存款账户上收到资金时，可随时用来归还以前的借款，此种业务又被称为“活存透支”。透支实际上是一种临时融通资金的贷款，但它又不同于一般的贷款，表现在办理贷款的程序、手续、归还贷款以及贷款利息的计算等方面。根据有无抵押品作担保，又可分为信用透支（又称往来透支）和抵押透支。

（二）按照有无担保品可将贷款划分为信用贷款与担保贷款

信用贷款指仅凭借款人的信用而无须提供抵押品的贷款。银行主要向信誉好、经济实力强、效益好的企业发放信用贷款；此外，信用卡贷款也属于信用贷款。对这种贷款，银行通常收取较高利息，并往往附加一定条件，如提供资产负债表、个人收支计划和报告借款用途等。

银行为了防范信用风险，往往要求借款人在借款的同时提供一定的还款保证，这种贷款就是担保贷款。按担保方式的不同又可分为保证贷款、质押贷款、抵押贷款和抵押（或质押）加保证贷款四种。

保证贷款指银行在发放贷款时，由第三人保证当借款人违约时代为偿付的贷款，这种贷款不需要有价证券或物品的质押抵押，而是以保证人的全部资产作为担保，保证人对债务负无限责任。但是，保证人财力可能变化无常，使得保证没有物权担保稳定，这也是很多放贷人愿意接受物权担保的重要原因。保证贷款有时也被视为有保证人的信用贷款。

质押贷款指借款人或第三人将等价的各种有价凭证如债券、存款单交给贷款人，作为还款的担保。抵押贷款指以特定的抵押品作担保的贷款，抵押品（collateral）是向贷款人承诺偿还的一种财产，可以是库存货物、不动产、应收账款、机器设备、有价证券等资产。作为抵押的资产必须是能够在市场上出售的，如果贷款到期时借款人不愿或不能偿还时，银行可取消抵押品的赎回权并在市场上出售抵押品。

抵押品资产的价值往往要超过贷款数额，这是为了保护银行免于遭受抵押资产的市场价值下跌的损失，根据我国的情况，融资方通常只能按资产评估价值融得相当于抵押资产价值的 60%至 70%的贷款。大部分居民和企业的债务都是抵押债务，比如，汽车贷款的抵押物就是汽车，抵押贷款的抵押物就是住房等。

（三）按用途可将贷款划分为工商贷款、农业贷款、不动产贷款和消费贷款

1. 工商业贷款

在商业银行资产中占很大份额，因为：(1)相对于其他的金融中介机构如保险公司而言，商业银行在发放工商业贷款方面更有优势，因为它们通过吸收工商企业的活期存款而对这些客户有更好的了解，便于评估向其贷款的风险和对其进行贷款后的监督；(2)企业活期存款在商业银行存款中占据最大份额，为了吸收其存款，商业银行有动力为其发放贷款。

但银行并非对所有的贷款需求都是有求必应的，而是采用信贷配给的做法。

◇ 显微镜 3-7

信贷配给

（一）信贷配给的含义、成因及理论沿革

1. 信贷配给的含义

信贷配给是指在信贷市场上，商业银行制定的利率不能使市场出清，存在超额信贷需求的状态。当贷款供不应求时，银行并不准备按顾客所希望的数额来对其贷款，即使借款人愿意支付更高的利息。银行要拒绝其认为风险较大的投资项目的贷款申请，而只满足部分贷款申请。也就是说，银行宁愿在较低的利率水平上以信贷配给的方式来解决贷款的供不应求问题，而不愿在较高的利率水平上出清市场，因为更高的利率可能迫使企业进行“逆选择”——即从事高风险、高收益的投资，因此，企业承诺支付更高的利率，对银行而言并不能使贷款变得更安全。

2. 信贷配给的成因

假设某商业银行吸收了 D 元钱存款，按照法定存款准备金率 r_r 提取了准备金后将剩余的 $(1-r_r)\cdot D$ 全部贷放且准备金存款利率为零，则银行从这笔存、贷业务中预期可获利润为

$$\pi^e = Prob(i_{lend})\cdot(1+i_{lend})\cdot(1-r_r)\cdot D-(1+i_{borrow})\cdot D-C \qquad (3\text{-}7)$$

其中：$Prob$——还款概率；

$\pi^e, i_{lend}, i_{borrow}, r_r, D, C$ 分别表示银行从存、贷业务中获得的预期利润、贷款利率、存款利率、法定存款准备金率、存款额及其他成本。

银行要求贷款客户提供抵押、质押品，就是为了提高 $Prob$。假设 i_{borrow}，C 给定不变，利润取决于 i_{lend} 与 $Prob$。当利率水平较低时，随着利率的提高，还款概率下降的幅度不及利率提高的幅度，因而利润总额随着贷款利率的上升而上升；但是，由于信息不对称与逆向选择的存在，利率水平提高到一定程度之后，i_{lend} 与 $Prob$ 之间是负相关关系，因而总有一个最优的 i_{lend} 值使得 π^e 达到最大化，这就是银行确定的贷款利率，如下图《利润最大化的贷款利率》所示。

在此利率下，高风险借款人觉得这个利率非常便宜，仍有贷款需求，但银行不对其贷款，表现为银行信贷市场供不应求，市场非出清，这就是配给现象。

如下图《信贷配给》所示，银行的贷款供给曲线是在既定的利率水平 i^* 下水平的一条线段，贷款数量止于 E 点为止，在较低的利率水平下 i^* 下，贷款需求量如 F 点所示，因而有 EF 点之间的贷款供不应求缺口，E 点为止的稀缺的贷款量将在所有要求借款的客户之间配给，表现为利率未上涨到使市场出清的水平，市场非出清，或者说市场依靠数量配给的方式出清。

也可以理解为银行屏蔽掉了信用风险高的借款人，只筛选出了合格的借款人，它认为合格贷款人的贷款需求曲线为 D'，因此在 i^* 下市场其实是出清的。

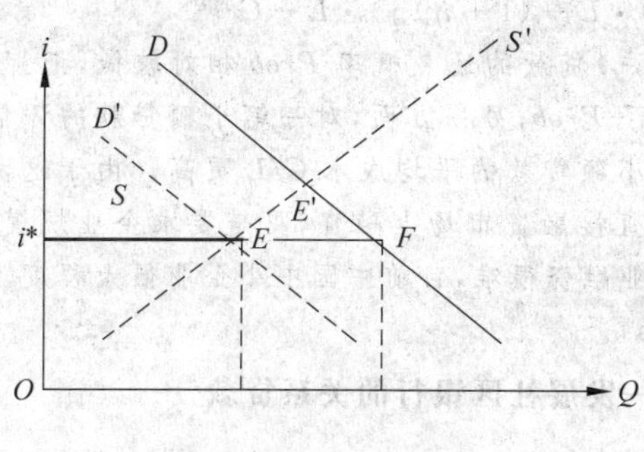

图 3-1 信贷配给

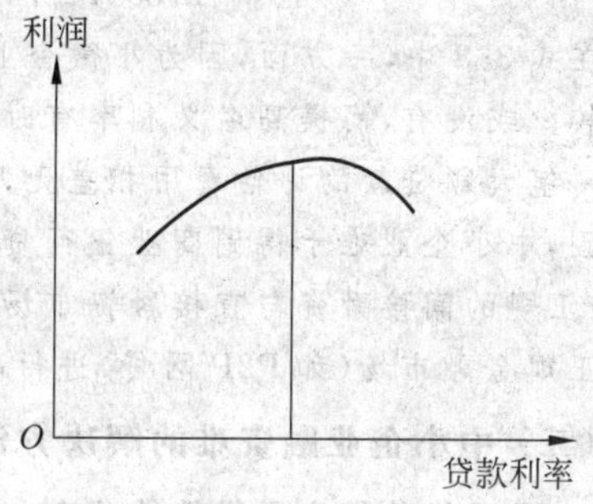

图 3-2 利润最大化的贷款利率

3. 信贷配给理论的沿革

凯恩斯早在1930年的《货币论》中就提到："大不列颠方面对于借款人所持的态度，存在一种限额分配的传统制度，对任何人的放款数额并非完全取决于借款人所提供的抵押品和利率，而是同时也参考借款人的意图以及他在银行心目中的地位，因此通常总会有一批在边际上未被满足的借款人。"

20世纪60年代，新凯恩斯主义学者在信息不对称的假设下，发展了凯恩斯的非市场出清假说，逐步形成了信贷配给理论。1981年，斯蒂格利茨和威尔斯(Stiglitz and Weiss，1981)的论文《对于不完全信息下的逆向选择导致作为一种长期均衡现象而存在的信贷配给》中做出了经典性的证明，得出了信贷配给的经典性定义——信贷配给是指如下两种情况：第一，在所有的贷款申请人中，另一部分人得到贷款，一部分人被拒绝。被拒绝的申请人即使愿意支付更高的利息也不能得到贷款。第二，给定申请人的借款要求只能部分被满足。

（二）信贷配给导致"熟客市场"现象

银行将其信贷资源分配给谁呢？它取决于银行对哪个借款申请人具有更多的关于贷款是否安全的信息，而银行对于老顾客更了解一些，因此，为了利用这种信息，银行会与某些老顾客进行重复性交易，即建立起一种主顾关系，这种主顾关系不仅仅包括借贷关系，企业还可以利用银行的其他一些服务，如外汇买卖、代为发放工资等，而这种服务对银行而言通常也是有利可图的。

当然，这种主顾关系意味着银行有义务照顾老顾客的合理信贷需要，因此银行有时必须回绝一些其他潜在的顾客，即使这些新顾客愿意按高于老顾客的利率支付利息。有时，银行不得不售出它持有的一些证券，或者用提高它的大额存单利率的办法来获取额外资金以满足这些贷款需要，对银行而言，这样的一些做法在短期内代价可能是高昂的，但却是获取最大的长期收益所必须的。

◇ 能量棒 3-7

中小企业融资难的成因及解决方法

（一）中小企业融资难的原因

忽略存、贷款期限可能不一致、需要为存款保留准备金等细节，简单地假设商业银行用 i_{borrow} 的利率吸收存款 L，以 i_{lend} 的利率发放贷款 L；除资金成本外，还发生贷前审查、贷后管理等成本 C；企业偿还贷款本息的概率为 $Prob(i_{lend})$，因此，银行这笔存贷款业务的预期利润额为

$$\pi^e = Prob(i_{lend}) \cdot (1+i_{lend}) \cdot L - (1+i_{borrow}) \cdot L - C \quad (3\text{-}8)$$

在式 3-8 中，一方面，因为小微企业(包括农户)贷款的还款概率 $Prob$ 相对较低，抵押、质押品也较少或没有，而提高名义利率有时反而降低了 $Prob$；另一方面，对一笔小额贷款的评估费用与对一笔大额贷款的评估费用相差无几，因此对小额贷款的平均成本 C/L 更高。由于这两方面的原因，中小企业难于得到商业银行贷款。而在直接融资市场上融资，更是要求企业规模大，因此，在正规的间接融资与直接融资市场上中小企业融资很难，目前中国中小企业很大程度上依赖于非正规金融市场(如 P2P 网贷)进行融资。

(二) 中小企业融资难的解决方法(一)——发展社区银行的关系贷款

1. 关系贷款与交易贷款的概念

中小企业融资难问题的解决方法主要有两大类：增大 $Prob$ 或(与)降低 C。就前者而言，熟知中小企业经营状况的小型金融机构(如美国的社区银行)可能找到 $Prob$ 大于商业银行眼中的 $Prob$ 的中小企业客户，因为小银行评估客户信用风险主要基于非正式信息或软数据，包括借款人的特征或管理能力，这种信息一般只能通过与借款人之间的亲身互动才能搜集到。而大银行喜欢正式信息或硬数据，包括信用记录、收入、债务和其他能够从财务报表和信用报告中得到的信息。

小银行拥有的非正式信息揭示这家小企业的还款概率大于大银行看到的正式信息所揭示的概率，小银行基于非正式信息而发放的贷款被称为关系贷款，大银行基于正式信息发放的贷款被称为交易贷款。将关系贷款开展得最好的是美国的社区银行。

2. 美国社区银行发放关系贷款的经验[27]

美国社区银行在一百多年的发展历程中形成了发放关系贷款的以下经验：

(1) 强调在特定社区范围内，在对客户深入了解的基础上提供针对客户的个性化金融服务，即从事关系贷款。

(2) 为获得软数据，它们注重灵活的客户互动方式与优异的客户服务体验。社区银行一般将人性化、特色化服务作为其最重要的竞争优势。比如，许多社区银行通过在社区中活跃表现展示其服务和地区性，相当大比例的社区银行参加民间组织与当地商会合作、支持当地学校、支持当地的公益工作，并向社区的低收入人群提供特别的帮助等。

由于社区银行普遍网点数量较少①，因此在网点设计、布局的更新力度上，美国的社区银行也远远领先于同业，这使得社区银行的客户体验满意度远高于大中型银行。

(3)由于社区银行具有处理软数据的能力，在向信息不透明的借款人放贷中具备明显优势，这形成了其独特的定位——它们和大银行是互补关系，而非替代关系。

(4) 相比起大中型银行，社区银行由于亲民的特性而具有获得大量的、稳定的核心存款的能力。社区银行存款客户主要是社区内的农场主、小企业和居民，短期内存款余额可能有所波动，但长期来看相对稳定，即使某一个社区银行被大机构合并，其用户也大多选择转投本地的其他社区银行，而非跟随之前的银行继续保留自己的账户。

社区存款人偏爱社区银行是因为：在有稳定的核心存款来源的情况下，社区银行对存款服务收取的手续费通常低于大银行，例如，美国大银行对简单的存折账户所收取的平均年度手续费要比社区银行高 72%；此外，由于社区银行是向难以从大银行获得贷款的当地小企业、农场主提供资金支持，因此会收取比较高的贷款利率，这样社区银行获得的净利差就高于大银行，从而能

① 2003 年时，平均每家社区银行下辖 4 个分支网点，而大银行平均每家辖 94 个分支网点。

向存款支付更高的利率(2015-10-26,美国社区银行的三大核心能力分析[J/OL])。

(三) 中小企业融资难的解决方法(二)——发展中小企业融资性担保体系

地方政府为解决中小企业融资难,常常会出资建立融资性担保公司,不过,这种方法无非是将信息不对称从银行与企业之间转移到企业与担保公司之间,难以实质性地解决信息不对称问题。并且,担保公司的坏账在冲销后也可能破产倒闭,从而逃掉应代偿的贷款,使商业银行蒙受损失。

◇ 能量棒 3-7-1

融资性担保公司

(一) 融资性担保公司简介

1. 融资性担保的定义与商业模式

商业银行在向小微企业贷款时,如果小微企业不能提供有效的担保,又承受不起商业保险(信用保险与保证保险)的高成本,往往要求它们购买更便宜一些的担保公司的融资性担保①,类似于一种信用保证保险。融资性担保是指企业在向银行融通资金的过程中,根据合同约定,由依法设立的担保机构(担保人)以保证的方式为债务人(被担保人)提供担保(保证),在债务人不能依约履行债务时,由担保机构承担合同约定的行为偿还责任,之后再向借款企业追偿,从而保障银行债权实现的一种金融支持方式。

可见,担保公司的作用就是提升小微企业的信用等级,使其取得银行的贷款,本质是将小微企业贷款的信用风险转嫁给了担保公司,担保公司凭自身的风险管理能力来化解风险。

融资性担保公司的商业模式可用其资产负债表来描述如表 3-10 所示。假设某担保公司的担保总额为 1 000 万元,根据预期,其中 0.1%将需要担保公司代偿,则预期负债为 1 万元,如果担保公司的资本为 10 万元,即使这笔 1 万元成为坏账,冲销后担保公司仍不会破产。但是,如果代偿率超过预期,比如达到了 1.1%,则代偿金额达到 11 万元,冲销坏账后该公司将资不抵债,可能破产倒闭,因此,担保公司的负债是或有负债,具有不确定性,经营风险较大(赖昆鹏. 2012)[28]。

表 3-10 融资性担保公司

资 产	负债与资本
担保费收入	代偿金额
投资收益	资本
总资产	总负债与资本

2. 当前我国融资性担保公司的市场需求(生存空间)

当前我国融资性担保公司面临的客户信用风险远高于保险公司与商业银行,融资性担保行业经营的信用风险与财产保险公司可保的信用风险不同。可保的信用风险要求标的具

① 这类保证保险融资的贷款大都设置了贷款额度 2 000 万元的上限,且以一年以内的流动资金贷款为主。如工商银行某分行的"易保贷"业务自 2012 年 6 月试点以来,户均余额为 150 万元。某地方银行的"保易贷"业务则规定单户授信余额最高为 300 万元,实际发放中以 100 万至 200 万元居多。

有同质性、大样本量，因而其风险损失的概率可用统计学方法精算出来，从而可以科学地厘定保费率，以弥补风险损失，进而获得利润。

商业银行通常是用物的担保(抵押、质押)来保障自己债权的实现，但是众多的小微企业一方面缺乏物的担保，另一方面其贷款项目的同质性差，表现为金额、期限各异，反担保措施的落实程度千差万别，导致这些项目的离散性大，难以运用大数法则，从而无法精确地厘定担保费率，因此商业银行不愿对其贷款，保险公司也不愿意对其提供保险，这些高风险的贷款人市场便成了融资性担保公司的生存之地。在实践中，融资性担保公司确定各个项目的担保费率时采用的是个案分析法①，结合担保项目和企业的实际情况设计担保方案，力图将每笔业务的风险控制在担保机构可承受的范围内。

可见，担保公司面临的信用风险(为被担保人代偿②的风险)大于银行面临的信用风险，如果担保公司不具备比银行更强的风险控制能力，发生一笔或几笔代偿就可能令担保公司破产倒闭。

自从1993年我国第一家担保公司成立以来③，我国担保行业在解决中小企业融资难问题中发挥了重要作用，但目前中国的融资性担保公司正处于发展初期，数量庞大，行业竞争激烈，大多数规模过小，担保的代偿性过多，风险损失过大，已被全社会公认是高风险行业(张惠，2011)[29]。

(二) 当前我国融资性担保公司高风险的成因

1. 担保公司在夹缝中求生存的根本原因在于供求双方均来自个人和私营企业

担保公司在夹缝中求生存的根本原因在于供求双方均来自个人和私营企业。一方面，由于法律层面并未明确禁止民间资本进入担保行业④，目前以战略性和财务性投资担保行业的民间资本异常活跃，但民间金融本身处于一种无序状态，担保公司很难保证注册资金的合法性、充足性、持续注入性，一些担保公司虚假出资，经营期间抽逃资金。另一方面，中小

---

① 比如，融资性担保公司在做保前风险评价时，通过关注国内外宏观形势，从资本市场、货币市场、石油价格、有色金属价格、粮食价格变化、国内和本地的各种政策、鼓励和倡导的产业、国家的货币政策等，推断其对所涉及行业的影响。如重点支持中央和地方政府产业政策鼓励和支持的产业和企业、为国家鼓励和支持发展的大型产业和企业进行配套的产业和企业、回避国家宏观调控和产业政策限制和整顿的行业和企业，如能源消耗大、不符合环保要求的企业，就可以不接受其担保申请。为此，担保公司需参考银行的做法建立自己的客户评价体系，建立自身的风险评价体系，目前国内较大的担保公司都建立了具有自身特色的风险评价体系。

② 代偿指获得融资性担保的被担保企业由于不能按合同要求按时偿还商业银行贷款，由融资性担保公司代替被担保公司向银行清偿债务。

③ 1993年，财政部和国家经贸委共同发起组建我国第一家主营担保业务的全国性专业公司，中国担保业进入初创阶段。1998年，江苏镇江、山东济南等地探索以资金独立的形式组建担保机构，我国担保公司开始正式步入商业化阶段。1999年，中国最大的民营担保集团——"中科智"担保集团成立，带动各地民营性商业化担保企业的发展。2001年，《中小企业融资担保机构风险管理暂行办法》颁布，以中小企业融资性担保为契机，民营性担保公司迅速增长。2003年，由于与银行合作时高额的代偿和保证金，部分规模小、实力弱、管理不完善、抵御风险能力不强的担保机构迅速陷入困境。2006年，国务院办公厅颁布《关于加强中小企业融资性担保体系建设意见的通知》，各级地方加强对担保机构的指导和服务，为担保机构开展业务创造有利条件。迄今为止，中国已构建起了以政策性担保公司为主体、商业性和互助性担保公司为两翼的中小企业担保体系，各地已基本完成省、市、县三级担保服务体系的筹建工作(张惠，2011)。

④ 我国担保公司的法律地位仍然处于不明确状态。当前与担保公司权益相关的法律依据有公司法、中小企业促进法、合同法、中小企业融资担保机构风险管理暂行办法，也有各部门归纳性的规章与意见。但针对担保公司的法律法规并没有配套到位，已出台的法律法规多侧重于债权人权利的保护与对担保行业的监督，对于担保公司权益的保护并没有涉及太多的内容。

企业、私营业主等因自身的信用等级较低，而难以达到商业银行的信用标准，它们就成为担保公司的主要客户群体。

由于融资性担保公司与被担保企业之间固有的信息不对称性，因此那些具有高风险的小微企业往往积极地寻求担保，通过提供虚假信息、隐瞒真实情况等手段来骗取担保和贷款。但是，它们又承受不起较高的、能够弥补其高风险的担保费，使得担保公司的担保费过低，担保费收入并不能覆盖其实际承担的风险(这相当于保险费率小于预期的保额损失)，即不足以弥补代偿，一旦发生一笔代偿，就可能使担保公司资不抵债从而破产倒闭(张惠，2011)。

由于主营业务不赚钱，在逐利动机下，担保公司只能将担保费作为融资，不断扩大股权投资、债权投资、短期贷款等高风险资产业务，成为社会上的高利贷公司。

2. 融资性担保公司与银行之间的信息不对称与道德风险

国外成熟的做法是根据担保额度的不同，担保公司承担50%～80%的保证责任，相当于商业银行自留了20%～50%的信用风险，而将50%～80%的风险分保了出去。但是在我国，由于融资性担保公司都是小企业，与银行相比处于弱势地位，因此其与银行之间还没有普遍形成风险共担、即再保险(分保)的合作模式，担保公司基本上都是承担了100%的保证责任①，这样就使贷款银行产生了道德风险——银行可能会为了多赚钱而放松对企业的资信调查、贷款审查与审批，使得融资性担保公司自行筛选担保企业。由于融资性担保公司的甄别能力逊色于商业银行②，使得融资性担保公司的代偿率大大上升(赖昆鹏，2012)。

3. 担保公司将信用杠杆过度放大，资本金不足

根据我国的相关规定，担保公司对外担保总额可以放大到其自有资本的10倍，沿海地区某些担保公司的杠杆倍数甚至达到10倍以上，一旦代偿率超过预期，担保公司就可能资不抵债而破产。

(四) 中小企业融资难的解决方法(三)——借鉴孟加拉国经验发展农户联保贷款

◇ 能量棒 3-7-2

孟加拉乡村银行的农户联保贷款及其在我国的实践

(一) 孟加拉农户联保贷款概述

20世纪70年代孟加拉国吉大港大学经济系教授尤努斯(Muhammad Yunus)提出了一种农村小额信贷模式——农户联保贷款(Group Lending)，即几家农户联合互相担保，组成贷款组合，这种形式使得低收入及低信用的借款者互相进行约束，如遇任何一方发生违约情况，便会影响到组内其他农户的贷款发放。

这种农户联保贷款在孟加拉乡村银行取得了巨大成功，尤努斯也因此而获得了2006年度的诺贝尔和平奖。这种农村小额信贷模式以其独特的运作方式而维持了高达98.89%的还款率，既能盈利又达到了扶贫的目的(杨峰，2011)[30]。

① 有些担保公司还要向银行交存一定比例的保证金，即使如此有的银行还是不愿和担保公司合作。

② 融资性担保公司经营水平较低，缺少健全的内控制度、操作规程，从业人员业务素质不高，有可能对被担保企业判断不准、担保条件把握不严。甚至少数从业人员在担保过程中违规操作，恶意贪污、侵占、挪用担保费，使得融资性担保公司蒙受损失。

（二）孟加拉农户联保贷款的运行机制及其优点

1. 解决逆选择问题

Ghatak(1999,2000)分析模型认为团体贷款有利于解决贷款中的逆向选择问题，由于具有相同社会背景的团体贷款成员彼此了解，在连带责任下，借款人会选择与自己风险类型相同的借款人作为贷款同伴①，而银行只需调查其中一个成员的风险类型就知道团体的风险类型，并根据团体的风险类型确定适当的利率，从而有效地解决了逆向选择问题，降低了银行发放贷款的交易成本。

很自然地，农户联保贷款的自动匹配机制使得好农户联富不联贫，容易自愿组建联保小组，而最贫困的农户则较难组建联保小组。

2. 解决道德风险问题

1）横向监督机制

Stiglitz(1990)论证了团体贷款中的横向监督机制能有效解决项目选择中的道德风险问题。因为在连带责任下，借款人有动力去监督其他借款人。由于团体贷款成员具有熟人社会中的信息优势，借款人相互实施监督比银行监督更容易，与个人责任的贷款相比，团体贷款的借款人倾向于选择风险程度较低的项目，这对贷款人有利。

Tedeschi(2006)研究指出，小额信贷中小组全体成员成功还款后能获得再次贷款的制度安排，能为借款人提供动态的激励机制和重复博弈机制，有利于抑制借款人在项目成功后的策略性违约(杨峰，2011)。

2）风险共担机制(好人为坏人埋单)

对于农村小额信贷机构来说，联保贷款有效分散了贷款风险，将个体的信贷风险转化为小组集体成员的共同风险，共同分担。一般情况下，小组所有成员同时陷入不能还贷困境的概率较小，联保小组成员同进同退，一户无力还贷时其他成员可以帮助还款。同时，共担风险的机制促使小组成员定期共同评议贷款农户的贷款目的、用途及预期收益，及时了解其他成员已贷资金使用状况和经营收益，降低了贷款交易成本和违约风险。

3）低利率不会产生倒逼机制

其实农户们所需的资金是很少的，他们只需要借到能够满足一般的农田耕作及畜牧开支需要的款项就可以了。那么，小额贷款的利率水平应高于还是低于一般的商业贷款利率呢？尤努斯认为应该相对较低，比如，尤努斯的格莱珉银行(Grameen Bank)采取的是每年20%的单利利息，相比普通商业贷款15%的复利而言，农户申请每100万元的贷款可节省1.12万元利息。低利率不会产生倒逼着借款人在借到款后将贷款改用到高风险项目上的道德风险。

要使小额信贷机构保持低利率，势必要降低其融资成本。对于尤努斯本人而言，他的资金成本低是因为其资金来源于社会的、政府的捐助，而一般的商业贷款资金则来源于存款及资本金，形成了较高的营运成本。

总之，孟加拉农户联保贷款给各国开展小额贷款提供了借鉴，联保贷款模式相对于信用贷款而言比较有优势，成功地解决了穷人贷款难的理论难题(杨峰，2011)。

---

① 因为借款人总希望与安全型借款人做同伴，又由于风险型借款人与安全型借款人做同伴所增加的效用，不足以补偿安全型借款人与风险型借款人做同伴所损失的效用，在效用最大化原则下，同伴筛选的结果将是与同一风险类型的借款人组成一个团体。

（三）我国农户联保贷款的实践

1. 概述

2000 年，中国人民银行颁布了《农村信用合作社农户联保贷款管理指导意见》，并组织开展农户联保贷款。农户联保贷款在黑龙江等地取得了一定的成功。

后来，农村信用社等正规金融机构、小贷公司等准正规金融机构也大力开展了联保贷款。它们不仅开办信用贷款，而且仿效格莱珉银行重点推行联保贷款。有些小额信贷机构甚至把格莱珉银行重点服务贫困妇女的经营理念引入小额信贷领域，取得了一定成效。

但总的说来，中国的农户联保贷款发展不是很理想，与一些发展中国家小额信贷的成功相比还有较大差距，近年来部分地区农户联保贷款业务甚至出现了一定程度的萎缩局面。总体来看，我国农户联保贷款虽然名义上有较高的贷款偿还率，但各类小额信贷机构普遍存在 10%～50% 的拖欠率，违约率较高。

以河北易县扶贫社为例，该社实行以贫困妇女为主要对象的五户联保贷款（格莱珉银行贷给妇女是因为贫困地区的妇女比男子更有责任心，而当前我国农村人口流动性增强，农村青壮年人口大规模流向经济相对发达的地区，农户家庭中的留守人员主要是妇女和老人，这碰巧使得我国的农户联保贷款也应重视开发适合妇女的产品）。小组内部负有连带互助清偿责任，一般每个社员首轮贷款 1 000 元，二轮 4 000～5 000 元，对项目搞得好、急需资金的社员还给予季节性或临时性短期贷款，一次不超过 5 000 元，以周还贷为主，农户在得到贷款时，首先要交还全年利息的 50%，从第三周开始按周或者规定的日期分期还贷，每周归还全部贷款本金的 2%，一年最后两周还清剩下的一半利息。从上述规定可以看出，河北易县扶贫社的联保贷款具备了完整的联保贷款特征，但运行 10 多年来，资产回报率偏低，原因在于操作成本侵蚀了经营收益。

我国农户联保贷款违约率较高的制度方面的原因主要有：自动匹配机制效果有限、联保小组内部责权易流于形式、信用约束的有效性不高、小组成员合谋欺骗导致联保无效等。

2. 我国农户联保贷款的缺陷

联保贷款的关键是要让好苹果自己跳出来，寻找其他的好苹果，构成好苹果组合；或者好苹果和坏苹果搭在一起，好苹果为坏苹果埋单。

但是，当好苹果数量不够多时，只能好苹果和坏苹果搭在一起，而好苹果可能过河拆桥，不愿为坏苹果埋单；或者坏苹果搭在一起，集体赖账不还；或者坏苹果搭在一起，一人无法还款，其他人也是“泥菩萨过河——自身难保”，无力相帮。

1）联保小组内部责权关系易流于形式

由于农户联保贷款的规模不够大——它既要求小组贷款者之间不能是直系亲属，又要彼此了解，这样潜在贷款人范围就较小了，难以找到足够多的贷款额度、期限、风险都同质的贷款人。

而实际上联保小组成员贷款额度、经营风险、资金使用周期等各不相同，导致内部履行连带义务以降低逆向选择风险、规避信贷违约风险的责任实际上也不相同。当联保小组成员之间责权差异过大以及小组成员对合同的连带义务认识不明确时，联保贷款制度在具体实施上将会遇到障碍，具体表现为小额资金需求者不愿为大额资金需求者担保和承担义务，近期资金需求者不愿为远期资金需求者担保和承担义务，造成连带义务可能不能被及时履行甚至不被履行的后果。

2）信用约束的有效性不高

联保贷款的理论假设是农户重视自己的信用，违约将会导致严重的声誉损失，甚至导致违约人无法在当地立足。但对于生活在偏远地区且信用意识不强的农户来说，违约成本相对较小，因为：第一，农户联保贷款中某成员 A 违约，目前只是损失了声誉，由于 A 和其他成员 B 之间并无产业合作的关系，因此得不到其他处罚，这样的话，A 违约的私人成本小于社会成本——使 B 承担连带还款责任，具有负外部性。而 B 事前预计到了这一点，因此不愿参加联保贷款。第二，做坏苹果的人目光短浅，不觉得这会妨碍自己什么，心安理得，但长期而言将损害其在银行的融资可得性，因此，这个问题可以依靠经济发展后村民们对融资的需求扩大后，贷款人与银行的重复博弈来解决，市场文明是经过教训和学习得来的。

如果全是坏苹果组合在一起，集体违约的可能性就增大了。因为小组成员作为贷款人的同时也互为担保人，形成借款人与担保人于一身和借款人之间"互连保""连环保"的状况，信用约束实际上处于虚置状态，联保贷款在一定程度上为小组成员合谋欺骗创造了条件。这样，联保贷款所设计的互相监督的信用约束机制是否有效，在很大程度上取决于联保小组内部的默契和导向，如果联保贷款违约收益足够大，就容易出现小组成员合谋骗贷，导致联保无效。

3）一家违约，小组其他成员也无力帮其还款

坏苹果搭在一起，一家无法还款，其他人也是"泥菩萨过河——自身难保"，无力代为还款。由于农业的特点，农户生产生活贷款风险较大，存在更大的偿还不确定性。如果农户自己无法及时偿还贷款，那么要求联保小组的其他成员偿还是既定规定。但其他成员往往也是低收入者，代他人偿还将会造成其进一步的贫困（杨峰，2011）。

3. 联保贷款偿还机制的优化

1）通过内部强制储蓄、建立抵押担保来优化

偿还机制是联保贷款持续经营的关键，当联保小组有违约的成员时，其他成员可能有意不承担或有心无力承担连带还款责任。解决这一问题的关键是对联保小组征收一定额度的农户担保基金，或设定一定比例的物权抵押，例如，联保成员拥有的土地承包权、房屋、农业产品、家庭小手工业品和牲畜等，配合强制储蓄、存款保证金、救济基金、保险服务等措施，但这其实又倒退到了抵押担保的思路。对此可以借鉴印度的经验（杨峰，2011）。

印度有联保自助小组方式的联保贷款，自助小组一般由 15～20 人组成，当小组成员无力偿还银行贷款时，依靠小组内部融资的方式来解决。联保自助小组内部的融资资金来源是依靠内部强制性小额储蓄形成的，一般每人每月要储蓄 20～100 卢比，银行则根据小组的储蓄情况对其进行信用评级而给予授信。因此，这笔强制储蓄相当于这个小组的资本金，如果出现坏账，则用资本金冲销，最终从强制储蓄中拿出钱来还给银行。显然，这又违背了农户联保贷款是向最穷的人发放的贷款的初衷，属于倒退。

2）通过扩大联保规模来优化

由于需要强制储蓄，农户经济基础越薄弱，联保小组的规模就应越大；反之，农户经济基础越雄厚，联保小组的规模就可越小。可根据当地的经济发展水平、农户信用程度、还款潜力和贷款额度等因素灵活确定联保小组户数，最少不能低于 3 户，依据经验一般可定为 5 户。而对贷款额度大、违约风险高的群体，应实行 5 户以上联保。

3）通过扩大联保的地域来扩大联保规模

按现行规定，联保贷款的服务对象是"社区居民"。一般意义上的"社区"是街道办事处或村民委员会活动范围内的地区，这是为了将联保贷款局限在"熟人社会"，利用血缘、地缘的纽带和压力来保证贷款的偿还。

可见，当"熟人社会"中合格的潜在贷款人的数量不够时，是否应将联保小组的范围扩大到"生人社会"？这样做，一方面人多力量大，增强了还款可能性；而另一方面又弱化了约束，

减小了还款可能性。

4）建立联保小组信用记录

农户普遍更重视个人信用而相对轻视联保小组的信用。作为联保贷款，直接面对的却是为同一批贷款而组建的联保小组，在这一同质小组内必然存在利己主义与利他主义的博弈。因此，建立联保小组信用记录、结合个人信用记录用于以后综合评价农户信用的做法将更有效地加大农户违约成本，提高农户及时还款的意识，降低其违约风险。

例如，海南省农村信用社根据贷款人还款记录设计联保贷款动态额度和利率。信用社规定第一年为诚信测试年，贷款的额度较低、利率较高；如果贷款人按时还款，第二次就可以增加至1万元，利率降至每月8‰；如果第二次按时还款，此客户将可以享受6‰的月利率，额度可以增加至2万～3万元每月。但如果贷款人有一次出现拖欠贷款的情形，将很难再次从信用社贷款，即使同意其贷款，利率也按第一次执行，享受不了任何优惠。

5）贷款机构或小组成员之间加强技术指导

贷后是联保贷款管理的重点环节，可以通过以农村金融机构牵头、其他部门协作的途径，鼓励联保小组成员间的互助和技术指导，提高贫困农户的创收能力。贷款人可为联保小组成员开展技术指导和培训、根据当地实际组织小组成员交流项目运作经验，定期检查贷款项目落实和资金的使用情况，使农户能得到更多实惠，进而保障联保贷款的长期发展（杨峰，2011）。

1994年，在孟加拉国乡村取得巨大成功的联保贷款模式被引入中国农村。1995年，由中国社科院杜晓山院士发起成立的“扶贫经济合作社”和由经济学家茅于轼发起的山西吕梁的“龙水头村民互助基金”，是国内最早采用孟加拉格莱珉银行模式进行小额信贷扶贫的机构。

◇ 能量棒 3-7-3

水龙头村民互助基金[31]

（一）概述

茅于轼创办的“龙水头村民互助基金”具有尤努斯乡村银行的特征。13年来，从最初的500元家底发展到如今的130万元，茅于轼的实践见证了中国民间小额贷款的艰辛历程，也提供了很多有益的经验。这是一个公布在网上的山西某民间扶贫捐助组织的联系办法：“北京三里河南沙沟×号，电话：(010)6852××××。”一个已经持续了13年的项目迄今为止收到的近130万元款项，几乎都和这个联系办法有关。

事实上，这只是山西临县湍水头镇龙水头村的民办小额贷款扶贫项目的一部分。项目直接承办人、这个村的民办教师雒玉鳌还记得，1993年9月，一个叫茅于轼的人将个人现金500元和管理的想法一同托付给了自己，民办小额贷款基金会（以下简称互助基金）就此登场。在成功运作了8年之后，互助基金又被推广到了湍水头村和小寨上村，以统一的运作模式、统一的管理制度、统一的领导，分别实施小额贷款的发放和回收业务，使有限的资金滚动利用。

（二）操作方法

1. 不收利息的扶贫基金

基金跟孟加拉国的乡村银行一样，专门服务于贫困人群，不针对中小企业。基金一开始运作，茅于轼就制定了严格的章程，规定基金有两种用途：“扶贫基金”用于治病、治伤及求学，可贷款一年，不收利息，期满只须还本金；“付息基金”用于生产，如买化肥、经商、出门打工等，可借款6个月，要收息。它是极少数在国内采取“又存又贷”的小额贷款组织之一，为了不踩政策的红线，以高达 6%的利息和茅于轼的影响力向社会上的仁人志士“引资”。

2. 付息基金

为了使资金滚动起来，该基金在扶贫的基础上增加了月息为 1%的“付息基金”用于发展生产。一开始，村民不敢到基金贷款，觉得没什么可以抵押。茅于轼叫雒玉螯告诉大家，贷款给你们是对你们的信任，你们借了钱去生产，赚回来再还给基金。基金就这样逐渐为村民所接受，负责发放贷款的雒玉螯家也从门可罗雀到外村人都赶来排队贷款。截至 2003 年 8 月 31 日，该项目已经滚动服务当地村民 1 415 次，累计利用扶贫基金 125.9 万元。村民的还款情况也非常良好，还贷率达到 95%。

目前，互助基金所收利息是月息 1%，已经远远高出当前的国家银行利率。茅于轼说：“1%的月息是利率最高的那几年定下的，为了方便计算，村民不糊涂，放贷的人也容易操作。通货膨胀率高达 25%的时候，这个利率也没变。”

村民的借款手续很简单，只要茅于轼委托的村民 3 人小组中两人以上同意，村民写张借条就可以借钱。治病借款必须出示医院证明，因上学而贷款者必须由管理人员至少两人调查核实后方可借款，每笔借款不得超过 4 000 元，如果超过，借款户必须写申请，需经茅于轼批准。

在 1995 年以前，龙水头村关于借贷的情况都是雒玉螯通过书信汇报给茅于轼看的。茅于轼也通过书信指导基金的使用。茅于轼认为，基金帮助村民治病，其实也就是帮他们恢复劳动资本，而借给村民的“付息基金”，更是让欠债者琢磨着该干点事儿了。

3. 资金来源——社会捐赠与开放存款

小额贷款在中国发展的历史不短，但由于没有取得实质性成就，一直被人们所忽视，直到 2006 年尤努斯获得了诺贝尔和平奖，这个话题才开始在国内受到追捧。不过，研究过乡村银行模式的人都知道，如果没有许多国际组织的资助，该项目很难开展。在我国，小额信贷的发展同样受困于此。多年来，茅于轼都是依靠自己的影响力和 6%的高利率向亲友、国内外机构化缘。

目前，互助基金的资金来源分为扶贫基金（出资人不收利息）和付息基金（出资人收取部分利息）两部分。不论哪种性质的基金，所有权都属于出资者本人。出资者如果想抽回贷款，也可以及时办理退资手续。但遗憾的是，期间本来也有一些国际扶贫机构向茅于轼表达了愿意合作投资的意向，但因受限于中国的金融政策，基金会一直没能接受国际扶贫机构的投资。

残酷的现实让茅于轼及互助基金的管理人员意识到，基金想要持续运作下去，吸收农民存款必不可少。为鼓励农民存钱，一开始利率很高（6%），后来，为降低运营成本降到 3%，但这并没有影响农民们存款的热情，原因就在于他们多年来和互助基金建立了深厚的感情。

13 年来，龙水头村民都知道“遥远的、神通广大的”茅老不断地给雒玉螯写信。信里有时指导基金会的工作，有时告诉大家一些像女孩子为什么应该读书这样的“新说法”，有时他还会给村学校的孩子们寄小报和各种参考资料。

茅于轼的每封信，龙水头村民识字的自己看，不识字的由雒玉螯念给他们听。“文明、信用、管理、平等”这些字眼就这样渗透进了这个偏僻的山村。当中国的银行在不同程度上面临坏账的困扰时，在龙水头村，人们却恪守信用，实践着十分简单的借贷。

（五）中小企业融资难的解决方法（四）——发展中小企业联保贷款

1. 发展中小企业联保贷款能够降低商业银行面临的信用风险的理由

1）同一供应链中的中小企业之间经济联系紧密，易于减少道德风险

由上述分析可知，联保贷款的前提是在熟人社会中组成贷款小组，小组成员间互相信任，利

用信任来解决事后信息不对称所造成的道德风险问题,如果没有一个信任的群体,则无法组建小组贷款,比如,赵岩青等(2007)[32]对四川、河南部分地区的农户进行调查发现,那些不愿意参加联保小组贷款的农户,大部分原因都是缺乏对合作农户的基本信任——担心联保小组的人不讲信用而连累自己。

同理,在同一产业集群或同一供应链中的中小企业,由于生产上或经营上的紧密合作关系,使它们事实上具有利益共同体的特征,彼此间更易产生信任,从而有利于组建联合体。可见,具有紧密经济联系的中小企业比农户更易于组建联合体。

反过来看,因为中小企业更是一个需要合作才能生存和发展的经济主体,尤其是当中小企业处于产业集群中时,良好的声誉能为企业在未来带来更多的合作机会,声誉与经济利益联系更紧密。与农户相比,声誉对中小企业的价值更高,因此,中小企业联保贷款更不易违约。

2) 中小企业生产经营持续稳定,还款更有保证

与农户相比,银行与中小企业更符合经济学中的"理性人"假设。银行发放贷款的动机源自对利润的追求。银行对借款人后续贷款的概率受银行预期借款人投资的持续性、盈利的稳定性及项目成功后还款的可能性影响。

第一,中小企业在投资方面更具有持续性;农产品投资不仅受市场因素的影响,还受自然灾害的影响,农业天生具有弱质性的特征,相比中小企业,农户盈利的不确定性更大。

第二,项目成功后还款的可能性受借款人预期与银行保持合作的重要性的影响,中小企业的经营更需要银行持续的支持,与银行保持合作更为重要,因此中小企业在项目成功后还款的可能性更大。由以上分析可知,银行对中小企业后续贷款的概率更大,即与银行的长期合作关系对中小企业更具有价值。可见,与农户相比,相互间具有较强经济联系的中小企业开展联保贷款的违约可能性更低。

2. 中小企业联保贷款对于商业银行的系统性风险

中小企业联保贷款不能避免行业不景气所造成的系统性风险。例如,据2012年8月9日"亚博经济信息"报道,日前,20家左右的钢贸企业因为贷款到期无法偿还,被上海民生、光大等银行集体告上法庭。而银行内部人士告诉记者,之所以将众多企业集体告上法庭,一个重要原因在于他们采取联保形式共担风险。但行业性风险让联保成为空谈,银行只能将其"打包"上告。原因是,这些被集中起诉的企业,实行了"互保""联保",告一家企业,就必须附带起诉其他企业,不然起诉就失去了意义,也不可能将债权追索到位。

(六) 中小企业融资难的解决方法(五)——小微企业城市商业合作社中的互助基金

◇ 能量棒 3-7-4

2011年温州民间借贷危机与金融改革

(一) 2011年温州民间借贷危机的成因

2011年的温州,在紧缩性货币政策打压房地产和通货膨胀的同时,其对信贷的紧缩作用也日益体现,集中体现在银行抽贷、民间高利贷盛行。民营企业家群体跑路①导致这些民

① 曾任中国银行业监督管理委员会主席、党委书记的刘明康曾提示:"企业家宁可跳楼、跑路,也不愿申请破产保护,是因为没法透露很多借贷资金的真实来源,说明官商勾结。"

营企业不能偿还民间借贷与银行贷款①，被称为2011年温州民间借贷危机。民营企业资金链断裂的原因在于以下几点。

1. 企业在外需旺盛时扩张过快、负债率过高，遭遇经济萧条时资金链断裂

温州人敢于投资冒险，例如，制鞋、服装加工等劳动密集型企业在外部需求旺盛时扩张过快，过度投资，导致企业负债率过高（除了银行贷款外，还大量从民间融资），其资金链长期处于紧绷状态，一旦经济环境不景气，就难以保本盈利，再加上信贷可得性急剧下降，企业就会出现资金链的断裂。以2011年为例，当时中小企业实际借贷成本已达到年化15%，如果从民间借贷将达到30%甚至更高，而利润率不过3%～5%。

2. 企业用负债借来的资金从事炒房、发放高利贷等投机行为，投机失败导致资金断裂

温州人用劳动密集型产品的内销与外销完成了资本积累，在2008年美国次贷危机后，出口受到严重打击，实体经济无利可图，温州企业主纷纷将资金抽离实业经济，从事炒房②、炒作金银期货、发放高利贷等所谓"赚快钱"的投机活动，当房价下跌被套或发放高利贷出现坏账时，只得拆东墙补西墙，谋求贷款加倍炒作。正当被套或亏损之际，又碰上2011年开始实行紧缩性货币政策，银行对其收缩信贷，这些企业被迫走上借高利贷还贷、借高利贷以新还旧的道路，完全演化成了金融传销炒钱→房地产难出货或金银期货大跌→借款人跑路→金融传销击鼓传花游戏中止→高利贷资金链断裂→民间债务危机。

（二）2011年温州民间借贷危机形成的三步曲

1. 第一波——银行信贷资金链断裂后的企业主"跑路潮"

比如，浙江老板孙福财，一方面，要求银行续贷的数千万元流动资金贷款超过了一个月也得不到；另一方面，数千万元的民间过桥贷款无法归还，最后利息越滚越高，逼债人把设备也搬走了，孙福财的人身安全受到威胁，只得跑路。从2011年4月9日以来，温州已有29位知名老板跑路，1人自杀，这还不算没有报道的企业和个人，直到老牌明星企业——信泰集团董事长胡福林欠债20亿元逃跑美国曝光之后，不仅震动了温州全城，更是把温州民间借贷爆发的紧张气氛推向了高潮。那一年，跑路潮不仅在温州，在民营企业发达的浙江省也迅速蔓延。

2. 第二波——大规模民间高利借贷机构的停业破产潮

由于放贷出去的资金无法收回，2011年4月至9月，第二块多米诺骨牌是为上述跑路企业提供资金的为数众多的民间高利贷公司——投资公司、担保公司。2011年9月开始，温州全市270多家担保公司遭到挤兑危机。

温州所谓的投资公司、担保公司、寄售行、典当行总共在1 000家以上，这些机构全都充当了民间借贷的中间商，民间借贷以击鼓传花的方式流转，比如，A以1分月息把钱借给B；B以1.5～2分月息把钱借给C；C再以2.5～3分月息把钱借给某民间高利借贷机构，然后，

① 温州市政府多年奉行小政府和不干预市场的政策，银行业不会遭受地方行政因素的干扰，而温州民营企业跨省、跨国的一次次冒险，虽然成败参半，但是企业主们多年来对银行业的负债一向有借有还，2010年0.38%的不良率创下了全国最低纪录。信用环境如此优良，让银行业对温州民营企业发放了大量贷款。银行业对温州经济的盲目乐观使得包括温州在内的江浙两省成为2008年年底"四万亿"刺激政策信贷资源倾斜力度最大的地区，温州地区2009年、2010年的贷款增量分别都达到了1 000亿元，但是2009年温州GDP只增加了100亿元。也就是说，温州的投入产出比是10∶1，温州民营企业负债水平与背负银行债务升高得过快，但是温州银行业集体忽视了温州经济下滑的系统性风险。

② 温州1 100亿元民间借贷资金中，用于一般生产经营的占35%，用于房地产项目投资或集资炒房的占20%。有些人以融资中介的名义，在社会上筹集资金，用于外地房地产项目投资。

民间高利借贷机构又以更高的利率借给D。

3. 第三波——个人破产和银行呆账潮

2011年人民银行温州中心支行进行的一次民间借贷问卷调整显示，接受调查的对象中，有89%的家庭和59.67%的企业参与了民间借贷，那几年，温州呈现出满城借贷的态势。

由于担保公司都存在非法吸储的现象，这些储蓄来自普通家庭和原来主业经营正常的企业。比如，温州人瑞担保公司吸存的6亿元金额中，个人以房产抵押从银行贷款而存入的资金高达3亿元。一家事业单位工作人员以1分多的月息，向某商业银行贷出个人信用贷款20万元，随后把这笔钱以2分月息交给一个开担保公司的亲戚放高利贷。在民间金融活跃的温州，很多普通老百姓或多或少都与高利贷沾上边。担保公司的资金或放贷无法收回，或被房地产等长线套牢，而其资金最终来源是银行贷款，银行贷款期满后无法偿还，导致个人破产潮与银行1 600亿元的呆账潮(2016-11-02,温州硬着陆真相调查：银行业损失1 600亿元[J/OL])[33]。

(三) 温州民间借贷危机产生的根源——产业空心化、金融抑制

1. 次贷危机后温州民营企业的产业空心化

2008年国家推出了4万亿元的刺激计划，货币政策宽松，但对于产业还没来得及升级换代的大量中小民营企业而言，由于外贸需求的下降，导致实体生意越来越难做，于是大量资金流向了房地产，产生了房地产泡沫和产业空心化。

2. 金融抑制导致民营企业用于房地产投资的融资供不应求，导致高利贷横行

印度、东南亚和拉美地区的许多历史证据表明，每次货币宽松时都会出现官方利率下跌、民间高利贷反而盛行的谜团，其答案在于：在可贷资金需求方面，这些地区萧条时期的扩张性货币政策都出现在实体经济遇冷的情况下，因而催生了过热的房地产业——因为房地产是一个依靠大规模资金的行业，资金越多导致房价、地价越上涨，在全社会的投机心理下，房价越高，就越有房价继续上涨的预期，从而投机需求、刚性需求越旺盛。在房价暴涨的情况下，企业进入房地产一个月的收益远高于辛辛苦苦做一年实业的收益，因此造成了民营企业的房地产投机狂潮和旺盛的资金需求。

在可贷资金供给方面，中国存在金融抑制。金融抑制表现为官办金融机构垄断了大量的信贷资源，导致很多民营企业无法从主流的金融机构获得贷款。我国国有经济对经济增长的贡献率约为40%，贷款却占金融机构贷款总量的80%，非国有部门的经济增长贡献率约为60%，其贷款却只占正规金融机构贷款总量的不到20%。也就是说，我国经济增长主要来源于非国有经济的成长，而四大国有商业银行70%以上的贷款都给了国有企业。这样，民营企业只能诉求于民间借贷市场，且在民间借贷市场上，可贷资金供不应求导致民间借贷利率连连上涨。

但是，房地产和证券市场投机是高风险行业，泡沫迟早会破灭，只有在实业投资领域有专长的企业才能够获得稳定和长久的利润，比如，《财富》500强的企业中就鲜有依靠炒作房地产和资本运作而成功的。

(四) 央行的救助与地方政府的放弃

1. 概述

2011年9月出现的温州金融危机是企业家群体跑路，虽然这些企业借的主要是民间贷款和银行贷款，但是银行并没有遭受挤兑，由于当时美国次贷危机和欧债危机演变扩散的前车之鉴历历在目，因此时任中国人民银行长行长的周小川敏感地意识到温州几十家企业主

跑路背后风险蔓延的破坏力，很快决定由央行向温州的商业银行再贷款 600 亿元，期限为 1 年，令温州用这笔钱快速地处置金融危机，但条件是这笔钱必须由浙江省财政担保归还。

央行救助温州的方案曝光后舆论哗然，浙江省银监局激烈反对，认为应该让高负债盲目扩张的民营企业倒闭，实现自然淘汰；接着，各大主流财经媒体充斥着能否用大量公共资源救助私人老板的质疑声，最终浙江省政府选择了沉默与放弃救助。

但是温州地区的银行业不敢壮士断腕，在温州金融危机最严重的 2011 年和 2012 年两年，温州地区的银行业继续对这些企业输血，增加了 1 500 亿元的贷款投入；同时，温州市政府也组建了 15 亿元的应急转贷基金，而浙江省政府则没有分担损失。但是截至 2016 年年底，温州已有超过 1 万家的企业倒闭、重组，银行业基本确认的坏账损失总额高达 1 600 亿元(2016-11-02，温州硬着陆真相调查：银行业损失 1600 亿[J/OL])。

2. 温州民间借贷危机给金融业造成的真实损失

2012 年的几个统计数据显示温州工业受到了重创——GDP 的增速从之前增长 12%下滑到 5%，规模以上企业利润总额、工业总产值和出口交货值全部出现负增长，但在温州工业最困难的年份，当地政府税收却仍然增长了近 7%。但是，温州工业和出口的负增长转瞬即逝，到了 2013 年、2014 年温州工业即全面复苏，表明温州实体经济即使经受了银行抽贷、政府救助不力的短期折磨，其强劲的活力和自我修复能力却十分强大。

但与此形成鲜明对比的是，一方面，温州银行业的表现出人意料的糟糕，温州法院受理的银行借贷案例攀升速度仍然不减，银行系统的风险在不断暴露，最终损失有可能突破 2 000 亿元。2013 年温州银行业的坏账核销总量竟然占到全国银行业的 28%，大多数银行吐出了过去二三十年在温州赚取的所有利润，重回 21 世纪初银行业整体技术性破产的尴尬境地。另一方面，外界普通预计规模庞大的民间借贷的损失金额应该会大大超过银行业，但是近 3 年法院审结民间借贷纠纷标的金额只有银行系统的四分之一，即 500 亿元左右；而据浙江司法系统统计，银行贷款在破产企业的总负债中占据 30%的比例，据此推算下来，危机过后温州民间金融的损失应在 6 000 亿元左右(2016-11-10，透视温州民间借贷下银行不良真相[J/OL])[34]。

3. 温州民间借贷危机有可能演化成温州金融危机

2011 年的温州民间借贷危机有可能最终演化为温州金融危机，因为：

(1) 温州银行业的大量坏账始终没有引起储户的挤提，因为全体国民仍将银行信用等同于国家信用，而无视温州银行业在技术上已破产的事实。但是，当前我国毕竟已经实行了存款保险制度，大额储户与投资者的风险正在快速强化，温州银行业因大额坏账而衰落，很可能遭致突然之间的挤兑，使得系统性风险爆发。

(2) 在 2011 年、2012 年温州经济最困难的年份，温州银行业对当地企业增发了 1 500 亿元贷款帮助它们周转，工业增长失速才得以控制。但是，当规模企业的利润、出口指标变健康之后，银行业的坏账却大规模爆发，使得温州近 3 年信贷净投放比全省、全国平均水平减少了 1 500 亿元。更严重的是，由于温州企业大面积逃废债，信用环境迅速恶化，导致银行对企业惧贷心理严重，这就可能使得温州信用突然萎缩，造成更大的危机。

要解决此问题，温州市政府应该：(1)尽快淘汰低效、非诚信企业；(2)温州市现有 1 000 多亿元财政储蓄，如果政府拿出 200 亿元为陷入企业联保的担保陷阱中的企业归还所担保的贷款，就可能使银行重新恢复对温州地区的贷款。但是到目前为止，温州市县两级政府仅筹措了 15 亿元应急转贷基金，但应急转贷时间很短，不能发挥较大作用(2016-11-10，透视温州民间借贷下银行不良真相[J/OL])。

4. 银行业的教训

温州金融危机中银行业的教训是：中国银行业自21世纪初自上而下的改革，在温州金融危机中充分暴露了其不彻底性，即银行业市场化程度仍然严重不足，行政化倾向严重。体现在如下几点。

(1) 在银行内部管理上，政企分离后银行业的重要股东、董事会和管理层检视现行政策的独立意识不强，基层支行对区域经济发展质量的审视过于粗糙，基层信贷人员过度放松审贷标准，过于注重书面文件审批和内部程序完整，只是上级放贷、收贷的执行者；合同审查和尽职调查流于形式；连哄带骗诱导担保人签字、不认真履行风险告知义务；在处置风险阶段，为追求责任最小化，经常贻误时机，从而扩大了实际损失和风险。

(2) 政府干预影响了银行业的风险偏好。前总理温家宝曾到温州视察，希望当地银行提高对中小企业不良贷款率的容忍度，这是中央政府用稳增长的名义对银行经营的干预。在实践中，容忍的结果是全国范围内加大了普惠金融的研究及实践力度，较大比例地提升了对中小微企业的贷款规模，增加了数万亿中小微企业贷款的增量投放。但是，忽略了对中小微企业贷款资质审核后，反而激发了更多中小微企业负债的欲望，甚至成为过度负债企业拖延还贷、逃避还债义务的挡箭牌①(2016-11-10，透视温州民间借贷下银行不良真相[J/OL])。

5. 浙江省政府不救助的理由

浙江省政府不愿救助的原因如下所述。

(1) 因为浙江全省企业之间普遍存在连环担保的关系，如果浙江省政府担保救助温州的企业，势必也要救助其他地区的企业，这样浙江省政府的负担就会过重。

(2) 更主要的原因是，不救助将导致银行出现坏账，而金融系统的盈亏对地方官员完成短期GDP各项指标考核的权重影响微乎其微，地方政府对于贷款巨额损失引发的信贷增速骤降、信用崩塌对地方经济的长远负面影响、对诚信企业与逃废债企业的甄别处置等问题往往重视不足，这是地方政府造成的一种负外部性。

(3) 即使央行600亿元再贷款到位，如何有效地分配这笔钱来救助民营企业，也是充满操作风险的问题，因为贷款应发放给有清偿力、只是缺乏流动性的企业，因此首先要筛选出这类企业。但是，我国当前的征信系统缺乏公安、司法、抵押评估等多部委大数据的有效支撑，使得债权银行缺乏快速识别企业真实财务状况的能力②。如果对缺乏清偿力的企业发放贷款，可能最终将造成银行更大的坏账损失③。因此，中央政府与其寄希望于地方政府兜底，不如尊重地方金融监管和银行一线人员的判断。

① 在温州金融危机期间，地方官员埋怨金融业对实业界见死不救，企业责怪银行越困难越是压贷抽贷，而银行则认为企业欠债还钱天经地义，既然作了担保就要履行责任。

② 温州企业普遍逃废债。有监管部门官员和司法系统庭长指出，温州企业逃废债从刚开始的个别偶然、迫不得已，发展到后来普遍自觉自愿、甚至在小范围内公开探讨如何逃废债，比如，将企业应收账款转到其他可依赖的个人名下，或者对外宣告企业严重资不抵债，让亲友用低价购买成为新企业主，将资产转移到海外后再合法回流等。在金融危机最严重的年份，温州居民个人存款的数量不但没有下降，反而一直在上升，说明企业流动资金绕道通过个人账户流转，因而造成了温州企业存款近3年持续下降、而多项工业指标表现持续走好的矛盾现象。但是，温州逃废债的民营企业主与银行博弈的结果是有四万多失信人的黑名单在2016年年初进入了最高法院和央行征信系统，有偿还能力而拒不履约的典型老赖被媒体曝光、限制出行、限制高消费。

③ 比如，在这次温州金融危机中陷入危机的都是非上市的民营企业，其财务状况十分隐蔽，企业掌门人运用高杠杆十分大胆，部分企业资产负债率达到700%～1 000%，比如，立人集团、信泰集团、海鹤药业，这3家公司是通过破产程序才完整地暴露了真实的资产、负债全貌的。这些高杠杆企业倒闭后，除却抵押物进入拍卖渠道回收极少量现金外，银行和个人对其的债权往往血本无归。

中央政府对2011年温州民间借贷危机救助的方法之一是给钱,即再贷款,另一种是给政策,体现为2012年的温州金融改革。

(五) 2012年的温州金融改革

如何破解温州经济投资难与融资难的双重困境引起了中央的重视,2012年3月28日国务院常务会议决定设立"温州市金融综合改革试验区",提出了规范发展民间融资、加快发展新型金融组织等12项任务,温州成了全国金融改革的基地与窗口。

1. 成立了温州首家小微企业的城市商业合作社

温州金融改革的一项举措是:于2012年6月成立了小微企业城市商业合作社——中国民生银行温商城市商业合作社(以下简称合作社),它由温州市商务局和中国民生银行温州分行合作成立,它规定具备完备的工商登记、合法经营两年以上、信用良好的企业或个体工商户,都可以申请加入合作社。

合作社的目的是把松散的小微企业整合成一个有组织的经济体,让这些企业抱团发展,共同融资,也一起抵御风险。合作社具有互助合作基金、还贷周转基金、政府支持平台、集体团购平台、交易撮合平台和信息共享平台六大功能。合作社还帮助成员寻找上下游生意机会,甚至帮助企业开设分店、分厂,提供金融、产业方面的综合服务(2012-06-20,温州企业"抱团"联手互助,银行无抵押放贷无压力[J/OL])[35]。

2. 合作社中的互助合作基金被视为小微企业融资的新模式

在上述平台中,最引人关注的当属"互助合作基金"了,这被看成是小微企业融资新模式。它是一个小微企业向银行申请贷款的担保基金,担保基金就是用以冲销坏账的资本金。

比如,温州一些融资渠道狭窄的外贸小微企业需要从银行贷款时,不需要抵押,也不用找担保公司,只要加入这样一个城市商业合作社,认缴一定数额的互助合作基金,就可以利用该基金为其担保,再无须任何抵押和担保,就能顺利地获得银行贷款了,银行在其核定的授信额度内,扣除一定比例的风险准备金,就对其发放贷款(2012-06-20,温州企业"抱团"联手互助,银行无抵押放贷无压力[J/OL])。

比如,A企业认缴了20万元基金,成为合作社成员,因扩展生产线,A需要贷款100万元,他还要再缴纳1万元的风险准备金。这样算起来,A总共付出21万元的资金占用成本,拿到100万元的一年期贷款,贷款成本较低廉,年利率也许只有6%。

假设在这个合作社中有50家企业,50家企业都贷了款,那么就有50万元的风险准备金。如果A企业还贷出了问题,银行首先扣除A企业认缴的20万元基金,在剩下的80万元中,先用50万元风险准备金填补,最终还剩下30万元"烂账"由其余49名成员按所缴的基金比例分摊。如果每家企业都缴纳了20万元基金,则平均每个企业要为A企业的违约承担6 122元[30/49=0.612 2(万元)]。

如果今后银行追回了贷款,则会把基金全部补齐。如果基金内同时有多家企业还贷都出了问题,把基金赔完了,不够的部分由银行来承担这方面风险。不过,银行也会定期评估,发现问题就会通过降低对该企业的授信额度、要求该企业充实基金以及提前清算等方式,进行预先应对。而对于基金内正常运转的企业来说,承受的最大风险也就是把认缴的基金全部赔完,也就是说,合作社各成员以各自认缴的基金为限来承担其他成员的贷款风险(2012-06-20,温州企业"抱团"联手互助,银行无抵押放贷无压力[J/OL])。

根据规定,温商城市商业合作社的成员企业不得少于50家,温州市商务局已通过系统内的行业协会吸引各行各业的企业加入,首批已有36家企业入会了。大企业一般实力雄厚,而小企业则可能不偿还贷款,当小企业的贷款成为坏账时,会吞没大企业投入的资金,但在温商城市商业合作社中，不乏德力西、人民电器、康奈集团等一批大企业的身影，由大企业发起入社，为小微企业做支持后盾，抱团实现共赢。

但是，这种互助基金仍属于中小企业联保贷款的一种，因此仍然摆脱不了中小企业联保贷款中的系统性风险。

3. 一个借鉴——香港 2012 年千亿中小企业担保计划

政府可以与银行合作解决中小企业融资难问题，可以借鉴香港 2012 年的一项 1 千亿港元规模的中小企业担保计划，即政府为中小企业向银行融资提供 1 000 亿港元的保证额度，但是政府并不负责审贷，审贷工作完全交给银行来做，这笔政府资金担保的银行贷款不能被中小企业用于偿还旧债，只能用于新的经营活动。如果银行尽责后贷款不能偿还，则政府承担 80％的本金赔偿，银行承担 20％的本金赔偿；但如果有证明银行没有尽责，则银行须承担 100％的本金损失。

对比温州 2011 年以来的金融危机，政府喊话支持中小企业，但对于中小企业不能偿还的贷款却让银行承担 100％的损失，这样银行就有可能全面亏损甚至倒闭。

（七）中小企业融资难的解决方法（六）——发展小贷公司、互联网金融机构

◇ 能量棒 3-7-5

我国的小贷公司

（一）概述

为了缓解我国中小企业、个体工商户、农牧民贷款难的问题，我国自 2005 年开始在山西、四川、贵州、陕西和内蒙古五个省区试点开办小额贷款公司（以下简称小贷公司）。2008 年年初，五个试点省区成立的 7 家小贷公司整体运行良好，7 家小贷公司已有 6 家实现了盈利。2008 年 5 月，银监会与人民银行出台《关于小贷公司试点指导意见》，允许自然人、企业法人和其他社会组织投资设立小贷公司，自此，小贷公司在全国范围内推广开来。因此，小贷公司就是由自然人、企业法人和其他社会组织依法投资设立、本着“只贷不存”的原则不吸收公众存款、经营小额贷款业务为中小企业服务的有限责任公司或股份公司。

我国的小贷公司自 2005 年试点至今，发展迅速。从央行统计数据来看，目前我国小贷公司有 8 910 家，贷款规模有 9 412 亿元，从业人员有 117 344 人，其中江苏、辽宁和河北小贷公司机构数量最多。众多的中小企业、个体工商户、农牧民已从小贷公司中获得了贷款，小贷公司在激活农村金融市场方面发挥了积极作用，但其在发展过程中也暴露出了以下问题（台莉本，2017）[36]。

（二）当前我国小贷公司在经营中存在的问题

1. 身份界定不清、存在监管真空

1）身份界定不清

我国小贷公司是在相关工商部门注册的企业法人，是按照《公司法》的有关规定设定的工商企业，但其主要业务是与商业银行类似的放贷业务，但是由于小贷公司不适用于《商业银行法》，所以银监会不承认其银行身份，也不对其进行监管，这就导致对其的监管存在真空（台莉本，2017）。

2）目前没有明确的监管主体

（1）小贷公司不属于金融机构

目前，小贷公司尚无行业统一的管理办法，银监会下发的《小贷公司管理办法》作为小贷

公司管理的框架性办法，具体的实施细则则由各地方政府指定的监管部门制定。

小贷公司与一般的工商企业不同，其从事与商业银行类似的信用业务，但银监会不向小贷公司颁发《金融许可证》，未明确其金融属性①，在法律上称不上金融机构，所以尽管它经营贷款业务，但却不受银监会监管，也无法享受金融机构的财政补贴、税收优惠、同业拆借利率优惠等一系列政策。而作为小贷公司试点主要推动者的人民银行，目前专司国家货币政策的制定和执行职能，也不具有法定监管职能，在这种情况下，小贷公司实际上已游离于正规的金融监管体制了。

(2) 小贷公司被各地金融服务办公室监管

由于正规金融管理部门无法将小贷公司纳入监管范围，因此，《指导意见》中规定："凡是省级政府能明确一个主管部门(金融办或相关机构)负责对小贷公司的监督管理，并愿意承担小贷公司风险处置责任的，方可在本省(区、市)的县域范围内开展组建小贷公司的试点。"

从各地小贷公司的监管模式来看，监管部门众多、涉及金融办、人行、银监、工商、公安等部门，看似监管严格，实则管理分散、片面，缺乏实质、有效、专业的监管。有些地方甚至指定由工商部门或中小企业在地方政府的统一领导下开展日常监管工作，在监管上存在虚拟化、无序化问题。从长远来看，小贷公司的监管制度必须由具备更高法律地位的文件来确立。

3) 存在监管真空

因为小贷公司虽然从事着金融业务，但本身并不属于金融机构，一些金融机构的法律条文如《中华人民共和国商业银行法》《中华人民共和国中国人民银行法》《贷款通则》等一系列法则并不能监管约束小贷公司，目前真正能起到监管作用的只有银监会和中国人民银行出台的一些政策法规，有的只是通过决定、通知、意见等形式，实际上并没有相关法律法规进行明文规定。小贷公司属于工商企业，由工商局进行监管，但是由于小贷公司业务专业性较强，工商局缺乏金融业监管经验，无法对其规范监管。

同时，鉴于身份问题，小贷公司受到多方监管，存在监管真空。因为根据我国目前的政策规定，小贷公司的日常管理和风险处置主要由相应的各级地方政府负责，其监管职能基本上是由各地的金融办或跨部门的领导协调小组在承担，而法律依据主要是依据银监部门、人民银行和地方政府制定的一些文件。在这种监管制度安排下，监管协调部门多、跨度大，存在诸如信息共享不畅、启动难度较大、运转不流畅等多方面的问题，容易出现多头监管和监管真空，导致一些小贷公司非法融资、违规放贷，风险丛生(台莉本，2017)。

2. 资金来源匮乏

为了防止小贷公司演变成商业银行进行监管套利，依据银监会和央行制定的《指导意见》可知，小贷公司不能吸收公众存款，则公司的资金来源主要是股东缴纳的资本金、捐赠资金和不超过 2 家银行业金融机构的融入资金、股东定向借款和小贷公司同业之间的资金调剂拆借，而从银行获得的融资余额不得超过小贷公司资本净额的 50%，这是为了避免小贷公司的高风险资产牵连到银行体系。

这些规定造成了小贷公司资金来源匮乏的问题，因为：(1)"接受捐赠"的融资规定形同虚设，因为很多小贷公司得不到捐赠；(2)在近年来我国经济下行的背景下，银行奉行严格的审贷原则，使得小贷公司的资金来源严重受限，因为在银行眼里，小贷公司只是普通企业，

① 银监会 2014 年 5 月下发的征求意见稿中，仍未对小贷公司属于一般性工商企业还是金融企业做出明确定位。

其贷款也需要抵押物，但小贷公司经营的是货币生意，没有仓储、厂房设备等银行所需要的抵押物，因此一般很难得到贷款；(3)小贷公司不属于金融机构，也不能进行同业拆借；(4)增资扩股需要股东再次出钱，但近年来很多小贷公司不良贷款率高、收益不佳，很多股东信心不足，难以增资。

资金来源匮乏导致目前我国很多小贷公司几乎无钱可贷，只有等到上一笔贷款收回，才能进行下一笔放贷业务，严重阻碍了小贷公司的发展(台莉本，2017)。据统计，小贷公司从银行获取信贷资金的比例不到10%，且大多数公司授信额度不超过注册资金的一半，因此目前95%以上的小贷公司业务几乎处于停滞状态①(曾建中，2016)[37]。

但是，银监会只是规定小贷公司从银行业金融机构中借入的资金余额不得超过其资本净额的50%，但并未对小贷公司股权融资比例进行限制。但某些地方的金融服务办公室对小贷公司的股权融资比例或定向增发比例进行了限制②。此外，中小企业私募债③和新三板的优先股的推出也扩大了小贷公司的融资渠道和规模。

目前，中国的小贷公司距离在主板市场上进行IPO的要求还有很大差距，但已经开始尝试在门槛低、挂牌快、包容性高的新三板市场上挂牌上市了④。其实已上市或拟市的小贷公司都经营良好，本身并不缺钱⑤，它们只是把新三板当做平台，为满足后期的融资需求做准备。

3. 经营风险高

由于小贷公司成立的本意是为中小企业提供资金援助，发放贷款，应坚持小额、分散原则，以农户和微型企业为主要服务对象，其贷款的额度应该较小，因此《指导意见》规定小贷公司给同一借款人的额度不能超过公司资本净额的5%，或者也可以根据当地的经济状况制定最高贷款额度；多数省份还规定小贷公司投向三农贷款的比例不得低于50%～70%，且同一借款人贷款余额不超过50万元。因此，小贷公司的贷款对象大多是从其他金融机构难以获得贷款的信用等级较低、风险控制较难的三农和微型企业，这部分客户往往经营规模小、偿债能力不强，普遍缺乏有效的抵押物和质押物，信用风险较大。

但在当前的监管漏洞下，一些小贷公司却违规放贷，远远扩大贷款额度，导致经营风险增大⑥。此外，小贷公司经营产品单一，只能从事小额贷款业务，不能经营如票据贴现、担保咨询、资产转让、委托贷款、贷款结算等低风险业务。近几年经济萧条，很多小贷公司经营困

---

① 即使放松了融资限制，面对农户、中小企业和个体经济的庞大市场，小贷公司资金明显不足。在2005年试点时期，浙江、四川、云南等省份开业的小贷公司基本上都是3个月内就把注册资本金全部贷完，处于“无米下锅”的尴尬境地。

② 比如，湖南省金融办鼓励各银行为小贷公司提供融资，但规定在经湖南省政府金融办批准、探索小贷公司在国家认可的金融交易所或股权交易所等机构进行融资试点，但上述两类融入资金余额不得超过公司资本净额的100%。江苏省金融办规定，挂牌小贷公司每次定向增发的股份不得超过增发后总股本的25%，前后两次定向增发间隔时间不得少于半年。

③ 例如，浦东浩大小贷公司私募债在上海股权托管交易中心成功地挂牌发行，发行总金额为3 000万元，期限1年，票面利率为8%，由上海银行主承销，上海再担保公司提供担保。

④ 2014年，有10家小贷公司挂牌或拟挂牌新三板，已经挂牌的3家小贷公司是鑫庄农贷(830958)、海博小贷和通利农贷，但它们暂时没有活跃的交易，也没有定向增发。正在证监会审核的拟挂牌公司有浏阳市的通源小额贷款股份公司等。2013年下半年，江苏吴江鲈乡小贷公司以借壳方式在美国纳斯达克上市，让8 000多家小贷公司看到了借助于资本市场打破自身融资瓶颈的可能性。

⑤ 现在已在排队和已挂牌的小贷公司盈利在3 000万元以上的有好几家。

⑥ 例如，广州两家小贷公司，向同一借款人发放贷款达5 000万元，远远超过最高限额，之后因贷款无法追加，无奈向法院起诉，监管部门才知悉(台莉本，2017)。

难，尤其是经济欠发达地区的小贷公司的从业人员和机构数量、净利润都在迅速下滑，小贷公司正在经历从快速发展到骤然缩减的过程。近年来，大部分小贷公司自从成立以来，主要业务便是为小微企业提供对金融机构借新还旧的“过桥贷款”——即小微企业从银行的借款到期后，去小贷公司高息拆借，还清银行贷款后，再从银行续借，并用银行贷款偿还对小贷公司的借款。因为前几年这项业务利息高且风险不大，使得一些小贷公司得以生存发展，但是自2015年以来银行开始限制对矿产和房地产行业的贷款，对一些小微企业不再续贷，使得这些小微企业也无法偿还对小贷公司的过桥贷款，导致小贷公司不良贷款率急剧上升①(台莉本，2017)。

4. 运营成本高、税费负担重导致其盈利空间狭小

当前我国小贷公司面临的税收成本非常高，因为：

(1) 小贷公司身份尴尬，人民银行虽然认定小贷公司属于金融企业，但是税务部门不认可，导致其不能享受金融企业可以享受的待遇，比如，小贷公司不能享受银行按利差征税、税收减半、拨备可以在税前抵扣等优惠政策(曾建中，2016)；并且大部分小贷公司也不符合小微企业的认定标准，不能享受国家税收减免补贴②，税负较重(王崇彦，2017)[38]，比如，小贷公司必须作为企业纳税，即负担25%的企业所得税和5.56%的营业税及附加；而同样是服务于“三农”的农村信用合作社，只需负担12.5%的企业所得税和3.3%的营业税及附加。

(2) 2016年营改增政策实施后，本质上加重了小贷公司的负担；再加上25%的企业所得税和股东分红缴纳20%的个人所得税，使得小贷公司总体税负超过了50%(曾建中，2016)。

此外，小贷公司在银行的存款也只能按一般工商企业的活动存款利率计算，远低于金融企业的同业存放利率，这些都使得小贷公司的运营成本远高于金融机构。

5. 转制门槛较高，小贷公司面临发展前景难题

尽管很多投资者在组建小贷公司之初，都希望能最终发展成为正式的银行业金融机构，但目前相关的政策安排却使小贷公司在发展前景上面临艰难选择。

《指导意见》规定：“小贷公司依法合规经营，没有不良信用记录的，可在股东自愿的基础上，按照《村镇银行组建审批指引》和《村镇银行管理暂行规定》规范改造为村镇银行”，这意味着从政策制定者来看，村镇银行其实被设定为小贷公司的高级形式。

但是中国银监会2009年6月出台的《小贷公司改制设立村镇银行暂行规定》明确了小贷公司改制为村镇银行的条件和准则，要求小贷公司“改行”必须以国内银行业金融机构作为发起人、单一银行业金融机构的持股比例不低于20%，此外，还必须满足持续营业3年以上，贷款全部投放到县域、不良贷款率低于2%等条件，而且改制前四个季度的涉农贷款比率不得低于60%。

政府设置转行门槛的目的是引导和规范小贷公司的发展，但不少小贷公司的负责人认为改制门槛太高，如果改制必须以某家银行作为牵头人，而且要给银行不少于20%的股份，就等于几年来的汗水为别人流了。因为按照此前的规定，小贷公司单个股东的持股比率不

① 比如，2016年辽宁省白山市小贷公司不良贷款大多超过了90%，甚至有的已达到100%；单笔贷款逾期最多已达1 400余天，大多逾期300～700天；超过30%的小贷公司在2015年年末发放贷款，主要工作就是清收不良贷款(王崇彦，2017)。

② 以辽宁省白山市某小贷公司自成立以来的税费情况为例，其税费种类达到14种之多，其中金额较大的是所得税和营业税，总体来说，税费在营业收入中所占比例达到21%，总体上与净利润持平；6个年度中有4个年度税费合计大于净利润，可见小贷公司的税费负担较重(王崇彦，2017)。

能超过10%,银行之前没有任何贡献就做最大股东,显然不够公平。

2009年4月,银监会宣布,三年内拟组建村镇银行、贷款公司、农村资金互助社3类新型农村金融机构至少千家以上,基本实现县(市)及以下乡镇、行政村金融服务全覆盖。这3类金融机构不仅都以小企业、三农和个体经营户为贷款目标,与小贷公司具有客户的同质性和竞争性,更重要的是,这3类新型农村金融机构都拥有金融牌照,"既能贷、又能存"(贷款公司除外),无疑比只贷不存的小额信贷公司具有竞争上的优势。

与新型农村金融机构相比,小贷公司还缺乏国家政策的扶持。2009年财政部出台《中央财政新型农村金融机构定向费用补贴资金管理暂行办法》,对符合规定条件的上类新型农村金融机构进行补贴,按上年末贷款余额的2%发放补贴资金。同时,还将出台重大政策,对所有发放5万元以下农户贷款的金融机构给予税收减免优惠,但这两项新政均未将小贷公司纳入补贴范围。

与民间金融资本相比,小贷公司的竞争压力明显。一是利率水平受限,按政策规定,小贷公司的贷款利率被控制在20%以下(目前基准利率的4倍以下),而在民间资本最为活跃的温州,"地下钱庄"的年息几乎接近本金,即100%,有些甚至更高。从盈利角度看,小贷公司远不如民间高利贷优越。二是资金来源受限,根据规定,小额贷款不准吸储,若有非法集资、变相吸收公众存款等违法违规行为,将受到法律追究。而地下钱庄却可以在私下里集中大量资金,在经营上比小额贷款具有更大灵活性。三是业务范围受限。按政策要求,小贷公司重点支持三农和小企业,这些行业往往存在较大的坏账风险,而"地下钱庄"却不受业务范围限制,甚至会向一些违法暴利行业放贷。

建议从政策层面为小贷公司开辟多元化融资渠道,明确税收减免政策、降低小贷公司的税负,建立财政资金补贴机构,鼓励社会资本投资小贷公司。进一步明确监管主体,突出央行、银监会在监管中的作用,完善全国征信体系,设置一条通往"民营银行"远景的政策通道。

(三)小贷公司的积极作用

1. 为县域经济开辟新的融资渠道

目前成立的小贷公司注册资本金一般都在1 000万元以上,注册资本金的注入相当于将县域之外或流散于社会的闲散资金投入县域经济发展中,为县域经济开辟新的融资渠道。

2. 推动了民间借贷的阳光化

民间金融处于金融监管之外,由于缺乏法律的政策依据,当债务人的预期违约收益大于其丧失社会信用的成本时,就会发生道德风险。同时,随着参与民间金融的范围和人数的增加,血缘、地缘关系的突破带来风险的不断增大,降低了民间金融的效率。

小贷公司通过吸引、聚集各类企业法人资金和自然人资金入股,组成具有独立法人资格的新型金融机构,以零售方式向农民提供小额贷款,有效地规避了地下借贷行为。

3. 灵活的贷款方式为"三农"和小企业提供了融资支持

小贷公司在业务操作过程中,不单纯强调担保抵押,对于那些产品有市场、生产有基础,只是在资金周转上出现困难的贷款户,根据其自身情况和贷款额度,灵活采用信用贷款、融资性担保贷款、公司+农户贷款、抵押贷款、质押贷款、亲属担保贷款、村干部担保贷款、公务员担保贷款等方式为其提供贷款支持。

小贷公司不设立过多审批环节,一般贷款从客户申请到公司放贷,不会超过3天。小贷公司发放贷款过程中实行浮动利率。例如,宁夏小贷公司执行的最高贷款月利率严格控制在人民银行公布的同档次贷款基准利率的4倍以内,同时根据贷款用户的身份、用途及期限的不同实行不同的浮动利率,尤其是对农户种植、养殖业贷款的利率仅上浮1.5倍。

由于采取了严格的监管措施，小贷公司目前没有给现有的金融秩序造成任何冲击和影响。

（四）小贷公司发展对策

1. 建立风险管理机制

要帮助小贷公司建立健全以资本管理为核心的约束机制，坚持商业化、市场化的发展方向，以较高的利率去覆盖贷款的交易额成本和风险，严防因初期对风险预期不足，诱发暴力催贷从而影响社会稳定的事件发生。

2. 完善征信体系，将小额贷款发放纳入央行征信系统

《指导意见》要求小贷公司定期向信贷征信系统提供借款人、贷款金额、贷款期限和贷款偿还等业务信息监控资金运用。当前应指导符合条件的小贷公司尽早加入人民银行征信系统，对于暂时达不到硬件要求的小贷公司，也要积极探索过渡的查询方法，共享社会征信资源，为审贷提供重要依据。

3. 用信贷资产证券化为小贷公司融资的一个案例[39]

1）产品——用民生保险公司的"金元宝"万能险募集资金，购买蚂蚁微贷公司的小微贷款

2014 年 12 月，经保监会批准，民生保险公司旗下的民生通惠资产管理有限公司和蚂蚁金融服务集团旗下的蚂蚁微贷公司合作推出了"民生通惠—阿里金融 1 号支持计划"（以下简称"1 号支持计划"），这是一个信贷资产证券化项目，民生通惠作为管理人，通过出售民生保险公司的"金元宝"万能险产品，总共募集资金 30 亿元，来购买蚂蚁金融服务集团旗下小贷公司的小额贷款资产，以该基础资产的本息来偿付"金元宝"万能险的固定收益率的投资收益，到期向投资者返还投资本息。这款产品第 1 年预期年化收益达到 6.2%，同时，被保险人在合同生效期内还能享有相应生命保障（2014-12-09，阿里蚂蚁金服 30 亿小贷资产通过保险资管证券化[J/OL]）。

2）"金元宝"万能险的信用风险

"金元宝"万能险的收益取决于蚂蚁微贷的信用风险，而这取决于蚂蚁微贷自身的风险控制能力①。

3）这款产品对于投资者、保险公司及小贷公司的意义

(1) 以往很多这类资产项目是向机构投资者发售的，而这款产品是在淘宝民生保险官方旗舰店、聚划算等平台进行发售的，最低购买金额（门槛）也降低了，普通民众也可以参与其中，这样就为投资者提供了低风险的固定收益投资品种。

(2) 为蚂蚁金融提供了融资服务，进而为小微企业提供了融资服务。

(3) 为保险公司提供了合适的投资渠道。保险机构很适合参与资产证券化产品，因为这类产品作为一项有稳定、长期的现金流收益的资产，与保险公司的长期负债相匹配。

---

2. 消费贷款

消费贷款是贷放给个人用来购买消费品或支付劳务费用的。可分为：(1)耐用消费

① 首先，蚂蚁微贷成立三四年来，其信用风险控制能力已经得到了验证，不良贷款率大约为 1%；其次，蚂蚁微贷在 2013 年和中证资产合作的 50 亿元规模的资产证券化，预期年化收益率在 6% 以上，到 2014 年到期时投资人已得到了全额偿付。

品贷款：多用于购买耐用消费品如汽车，而且这些耐用消费品又成为贷款的抵押资产。银行既可直接向顾客发放消费贷款，也可贷款给商店(这些耐用品的经销商)，商店再赊销商品，消费者根据协议向银行或向商店分期付款；(2)一般目的贷款，如信用卡透支贷款，透支使持卡人在签发支票超过其活期存款余额的情况下自动获得信用卡贷款；再如助学贷款。

在发达国家如美国，发放消费贷款的机构除了商业银行、财务公司等金融机构以外，还有一些商店，后者属于商业信用的范畴。近年来由于竞争的结果，商业银行也开始经营这项业务，或者直接贷款给消费者，或者间接将资金融通给工商业，向他们购买赊销合同。20世纪30年代的商业银行不经营消费贷款，因为那时的银行家们认为这种放款是非自偿性的，也就是说，放款用于消费而不是用于生产，因而放款本身不会产生偿还贷款所需的资金，其后由于竞争和经济形势的变化，银行开始加入办理消费贷款的行列。

消费贷款由于笔数多、金额小，银行办理这种贷款的成本要高于一般工商业贷款，故消费贷款的利率要高于工商业贷款。按照偿还方式，消费信贷可分为分期付款与一次偿还两种，一次偿还的主要是一些劳务性债务，如医疗费等。

3. 不动产贷款

包括以住房等民用建筑、农场、商业性不动产为抵押的长期贷款，以及对建筑商的短期贷款。住房抵押贷款即购买房屋的人自己只要支付一部分款项，不足的部分可以用房屋作为抵押品借款支付，这种贷款通常都是按分期付款方式偿还的。

不动产贷款兼有利率风险与违约风险(或称欺诈风险，default risk)，利率风险指固定利率的抵押贷款面临着在贷款发放后利率急剧上升使银行遭受潜在利息损失的风险，解决方法之一是发放可变利率、而非固定利率的抵押贷款；违约风险是指由于以房地产作为担保物，而房地产价格的波动幅度又很大，因此，当房地产价格下跌时，抵押品的价值也下降了，当借款人违约时，银行处置抵押品所获收益不足以偿还贷款本息，解决办法之一是抵押贷款证券化，即将个体化的抵押贷款作成标准证券，出售给养老基金和人寿保险公司这样的大投资者。

4. 其他贷款

其他贷款如我国商业银行的同业拆放、美国商业银行出售联邦基金等。

三、贴现

(一) 概念

票据持有人请求银行对其未到期的票据提前给付现金而给银行一定利息报酬的业务称为贴现。贴现实质上是银行的一种票据抵押放款，顾客将未到期的票据经过背书转让给商业银行，由银行扣除自贴现日起至到期日止(票据贴现期限)的利息而取得现款，票据到期后，由银行向票据债务人收回相当于票面额的款项，事实上，银行对顾客付款预扣了贷款利息。它既是票据转让又是资金融通行为，它是西方商业银行开始发展阶段最重要的资产业务。事实上，经营存贷款的机构为什么被称为“商业银行”呢？是因为早期的银行家们认为商业银行只应承做“商业”短期放款即票据贴现，放款期限不超过1年，因为这是自偿性的，可保障信贷资金的安全。当时的放款对象限于商人和进出口贸易商，为的是对国内和国际贸易中货物的转运供应资金，以及在货物销售所需的较短时期内持有存货而供应资金。但随着社会化大生产的发展，商业银行早就不遵循这一理论了。

但贴现不同于普通放款，体现在：

(1) 普通放款是银行同借款人之间的借款契约关系，而贴现则体现为银行向客户购买未到期票据的行为。

(2) 票据到期的期限一般较短(多为3～6个月，我国《票据法》规定最长不超过9个月)，故银行办理贴现比发放贷款收回资金的时间要快(短期贷款为一年以下，中长期贷款则在一年以上，长期贷款可达10年)；而且票据到期前可以在市场上流通转让，可随时收回资金。

(3) 贴现贷款比普通贷款更加安全，一方面是因为普通贷款的责任人仅有借款人和保证人，而票据贴现的责任人有发票人、承兑人和背书人等，故用于贴现的资金收回的可靠性较大，比较安全；另一方面是因为贴现的票据是以商品交易为基础的，期满时付款人自动付款，一般很少违约，而普通贷款违约风险更大些；

(4) 普通贷款的利息要等到到期时才能收取。我国目前一般采取季末除息，而贴现利息则由银行预先扣取。如果贷款利率与贴现率相同，贷款金额和贴现金额相等，则银行办理贴现要比发放贷款的利息收入的现值更高。

(二) 贴现的计算问题

比如，银行为顾客的一张面额为10 000元，72天后才到期的票据办理贴现，即银行买进这张票据，72天后可以得到票据载明的支付人给付的10 000元，那么银行现在要给顾客多少现款即贴现付款额呢？这等于是银行为顾客提供72天的贷款，要收取多少贴现利息或折扣呢？

◇ 显微镜 3-8

贴现付款额、贴现率的计算

1. 以贷款利率计算贴现付款额和贴现利息

贴现付款额相当于银行给客户的贷款额，如果贷款年利率为10.2%，那么一张72天后到期的10 000元面额的票据的贴现付款额是多少？

解：设贴现付款额为x，则有：$x(1+10.2\%\times72/360)=10\,000$元，解得$x=9\,800$元，贴现利息为200元。

2. 反过来计算要为72天后到期的面额为10 000元的票据办理贴现的贴现率应为多少

贴现率就是从票面金额10 000元中扣除掉年率为$y\%$的折扣率作为贴现利息、把剩下的钱作为贴现付款额。已知总共要从这张票据中扣除10 000−9 800元作为贴现利息，故贴现利率的计算公式如式3-9所示。

贴现利息(票据面额−贴现付款额)＝票据面额×年贴现率×未到期天数/360天　(3-9)

$10\,000-9\,800=10\,000\times y\%\times72/360$，可计算出贴现年利率为10%。

3. 根据贴现率计算贴现息

贴现利息＝票面金额×年贴现率×未到期天数/360天

4. 练习

试计算贷款年利率为6%时的一张面额为10 120元、72天后到期的票据的贴现付款额、贴现率为多少?

解:贴现付款额为

$x(1+6\%\times72/360)=10\ 120$元,解得$x=10\ 000$元。

贴现率为

$10\ 102-10\ 000=10\ 120\times y\%\times72/360$,解得贴现率$y\%=5.928\ 9\%$。

(三)转贴现与再贴现

转贴现是指商业银行需要资金时,持未到期的票据向其他银行办理贴现的一种行为。再贴现是指央行对商业银行以贴现过的票据作抵押的一种放款行为。相应地,贴现率也可分为市场贴现率与再贴现率。市场贴现率就是贴现利率与转贴现利率;再贴现率是官定贴现率,它可能高于也可能低于市场贴现率。

(四)贴现票据的种类

可贴现的票据必须是未到期的、以合法的商品交易为基础的票据,如商业承兑汇票、银行承兑汇票、商业期票、短期政府债券等。银行在办理商业票据贴现时,要注意防止空票据(融通票据)混杂其中。

◇ 显微镜3-9

我国贴现实务[40]

1. 贴现申请人必须具备的条件

贴现申请人必备条件。

(1)在贴现行开立存款账户的企业法人或其他经济组织;(2)与出票人或直接前手之间有真实的商品交易关系;(3)能够提供与其直接前手之间的增值税发票(按规定不能出具增值税发票的除外)和商品发运单据复印件(2015-07-29,承兑汇票贴现、转贴现和再贴现汇总[J/OL])。

2. 贴现申请人需提供的资料

贴现申请人需提供以下资料:需填写《商业汇票贴现申请书》,加盖公章和法人代表人章(或授权代理人章)后提交开户行,并提供以下资料:(1)未到期且要式完整的银行承兑汇票;(2)贴现申请人的《企业法人营业执照》或《营业执照》复印件;(3)持票人与出票人或其直接前手之间的增值税发票(对因《中华人民共和国增值税暂行条件》所列不得出具增值税发票的商品交易,无增值税发票作附件的,可由申请人提交足以证明其具有真实商品交易关系的其他书面材料)和商品发运单据复印件;(4)贴现银行认为需要提供的其他资料。

3. 贴现期限与贴现利率

贴现期限自其贴现之日起至汇票到期日止,期限最长不超过6个月,实付贴现金额为票面金额扣除贴现日至汇票到期前一日的利息。

贴现利率按人民银行规定执行,按商业银行同档次流动资金贷款利率下浮3个百分点执行。

4. 票据贴现回购

票据贴现回购业务指当卖方企业(持票人)临时资金短缺时,持未到期票据办理贴现业务,票据贴现后至到期日前，当客户资金充足时可按与银行的约定归还票面金额，赎回票据。企业贴现回购分定期回购与不定期回购。

5. 业务流程

(1) 持票企业提供票据原件由银行代为查询，确定真实性；

(2) 持票企业填写贴现申请书、贴现凭证；

(3) 持票企业提供与交易相关的合同、交易发票；

(4) 商业承兑汇票贴现前由银行对出票企业进行授信审查；

(5) 银行审核票据及资料；

(6) 银行计收利息，发放贴现款；

(7) 按协议约定日，企业归还票据款，银行取得企业归还票据并退还未使用资金的利息。

四、证券投资与包销

银行是否可以投资或包销证券，可以投资于哪些证券，均取决于各国的监管规定，依照不同的监管规定可分为职能分工型模式与全能型模式。

(一) 职能分工型模式与全能型模式

1. 定义

全能型商业银行可以经营所有金融子行业的业务，如商业银行、证券、保险、基金、信托等，被称为"混业经营"。混业经营的载体又可分为两种：一是以德国为代表的内部综合经营型全能银行(universal banking)，它不仅可经营各类金融业务，还可持有非金融企业的股权；二是以 1989 年"金融大爆炸"之后的美国为代表的金融控股公司型全能银行，金融控股公司指主要从事金融业务，并且至少明确地从事银行、证券、保险中的两种或两种以上的经营活动，受两个或两个以上行业监管当局监管的一类企业集团。

职能分工型模式指法律限定金融机构必须分门别类、各有专司，有专营长期金融的，有专营短期金融的，有专营有价证券买卖的，有专营信托业务的等，又叫分业经营。在这种体制下商业银行主要经营 1 年期以下的短期工商业贷款业务，且只有商业银行能够吸收可开列支票的活期存款，以 1933 年后至 20 世纪 90 年代"金融大爆炸"之前的美国、日本、英国为代表。

◇ 显微镜 3-10

《格拉斯-斯蒂格尔法案》与"沃尔克规则"

(一) 1933 年《格拉斯-斯蒂格尔法案》(*The Glass-Seagall Act*)

"一战"期间，美国的许多商业银行卷入了证券业，负责销售战争债券，不仅如此，许多银行还在其投资组合中持有这些债券，因此，这些商业银行渐渐变成了投资银行——负责承销新发行的证券及进行现有证券交易的机构。

1929—1933 年间，许多商业银行破产了，参议员卡特·格拉斯认为是商业银行兼营投资银行业务造成了这场灾难，具体来说：第一，许多银行资产中的很大比例是证券，在股市崩溃(如 1929 年的股灾)时资产价格大幅度下跌，导致资不抵债而破产；第二，许多银行在向客户发放贷款时允许其以证券作担保品，一旦经济形势恶化，贷款违约率就上升，但由于证券价格大幅度下跌，使得银行在处置证券担保品时遭受损失、资本受到侵蚀，当资本项目变为负时就会破产。

于是国会通过了1933年的《银行法》，被称为《格拉斯-斯蒂格尔法》①，规定了分业经营原则（规定美国的商业银行只能承销和持有政府债券、一般责任的市政债券以及存单，而不能承销和持有股票、公司债券以及其他证券；同时，投资银行也不能吸收公众存款，甚至商业银行与投资银行间建立交叉董事关系也是禁止的）。

还包括Q项条例——禁止向活期存款支付利息并对定期存款支付利息规定了上限。因为银行为活期存款办理开列支票和收兑支票业务本身就要花费成本，因此，向活期存款支付利息，并把吸收来的资金用于该法规定的资产上，就会使银行赔本。这说明如果银行向活期存款支付利息，意味着它准备将吸收来的资金用于高风险、高收益的资产上去；在定期存款上的高息揽储也是基于同样动机，因此，为避免这种"逆选择"，该法案作出这样的规定。

该法案实施后，著名的摩根集团被一分为二：J.P.摩根从事商业银行业务，而摩根士丹利则从事投资银行业务。

（二）"金融大爆炸"

20世纪80年代，西方各国金融管理当局逐步放宽了对商业银行与投资银行业务分工的限制：1980年3月31日，美国里根总统签署了有关储蓄机构市场化的法令以及货币管制法；在此后6年中废除了Q条例；1989年，美国国会正式通过《金融改革现代化法案》，宣告历经60多年的分业经营模式彻底终结。英国1986年10月实行金融"大爆炸"，宣告各类金融机构均可以混业经营。日本在1998年4月正式启动日本版的"金融大爆炸"。

（三）2013年"沃尔克规则"[41]

1. "沃尔克规则"将使美国银行业重回分业经营时代

次贷危机后，华尔街掀起了是否重回分业经营的激烈的争论②。2013年12月10日，美国五大监管机构相继批准"沃尔克规则"的最终版本，意味着美国将结束混业经营时代，重回《格拉斯-斯蒂格尔法案》的分业经营时代。

---

① 《格拉斯-斯蒂格尔法案》是罗斯福新政的一个组成部分。罗斯福总统的前任胡佛总统就职于失业率高达25%的1932年美国大萧条期间，他曾下令参议院、银行与货币委员会调查华尔街银行家们做空股市、导致"大萧条"的行为，揭露了高盛集团、摩根公司等诸多大公司在20世纪20年代末的股票操盘黑幕。1933年3月4日，罗斯福就任美国第32届总统，上任伊始就继续整顿华尔街的金融业，就任当天就宣布全国银行从3月6日起停业整顿，直至调查清账工作完成才能重新开业，使得美国在完全没有银行营业的空前状态持续了至少10天；又于1933年6月16日签署了使金融业分业经营的《格拉斯-斯蒂格尔法案》；接着又签署了《1933年证券法》和《1934年证券交易法》，建立了证券交易委员会（SEC），负责对股票市场进行监管，因此，美国人民盛赞罗斯福"仅任总统一个星期的成就简直匪夷所思"。《格拉斯-斯蒂格尔法案》导致摩根公司被分拆为摩根银行和摩根士丹利公司，前者只能从事商业银行业务，后者只能从事投资银行业务。但分拆并没有重创JP摩根公司，JP摩根公司从425名员工中，拨出了25人组建了摩根士丹利公司，杰克·摩根及其合伙人拉蒙保持了90%的股权，实际上，分拆后的两家公司仍然完全在杰克·摩根的掌握之下。1935年，摩根士丹利开张的第一年就获得了惊人的10亿美元债券承销的生意，席卷了全球市场份额的25%。而《格拉斯-斯蒂格尔法案》的提案人——格拉斯参议员，也以分拆摩根公司而闻名，他也是当年策划美联储法案的参议员之一（宋鸿兵，2007）。

② 2012年7月，曾经为终结《格拉斯-斯蒂格尔法案》、开启混业经营新时代作出过贡献的花旗集团前董事长兼CEO掉转枪口，表示要重建美国金融市场声誉，唯一办法就是分拆大银行，他提议回到20世纪90年代之前投资银行和商业银行独立运营的时代（华尔街见闻，2012），一时间引起舆论哗然。对于人们的疑问，韦尔回答道："我认为混业经营在当时看来是正确的，但房地产市场泡沫崩盘后，情况发生了变化。"2013年5月，"经济人"（Economist）网站发布了一个关于"大银行业务是否应该被分拆"的辩论题，得到了83%的正方支持率。

2010 年夏季出台的《多德—弗兰克华尔街改革和消费者保护法》的核心内容就是以前美联储主席保罗·沃尔克的名字冠名的"沃尔克规则"。沃尔克规则的意图是大力削弱银行的投机性交易活动，从根本上抑制银行从事这些活动的商业欲望，以此减小可能引发金融危机的系统性风险，按照沃尔克的原话，"这些办法就是要让银行业变得沉闷无趣"。

沃尔克规则的操作手段是：(1)对目前美国银行机构从事自营和投资对冲基金、私募股权基金等进行严格限制，这实际上鼓励美国的大银行回归分业经营模式；(2)监管部门将基于各银行实体规模的大小和交易数量的多少向其下达合规要求，银行建立内部合规程序，并根据监管指引上报交易数据，同时执行首席执行官背书制度，这意味着监管部门将实行严格的从上到下对每名员工的追溯问责制，彻底斩断了华尔街冒险主义之根(2013-12-13，亚博网站每日经济大情势)。

2. "沃尔克规则"对华尔街的影响

"沃尔克规则"的初稿于 2011 年 10 月公布，随即引发了华尔街和部分共和党议员的强力反对，在各方面讨价还价、反复斟酌、多次修改后，终于在 2013 年 12 月 10 日，美国五大监管机构批准了其最终版本。

沃尔克规则最终版本将对华尔街产生多大的影响呢？

(1) 2013 年，华尔街最大的五家银行是摩根大通(JRM)、美国银行(BAC)、花旗集团(Citigroup)、高盛集团(Goldman Sachs)、摩根士丹利投资公司(MS)，2013 年全年实现总盈利 440 亿美元，尽管其中只有一小部分利润源于风险业务，但将要出台的沃尔克规则在一定程度上禁止银行从事投资组合的套期保值以及非客户交易，限定了银行的业务范围，而在实际执行中还将有多少业务被禁止尚不得而知。

(2) 据英国广播电台(BBC)援引国际信用评级机构——标准普尔的评估数据，弱化的"沃尔克规则"可能导致美国最大的 8 家银行每年税前利润减少 20 亿～30 亿美元，强化版则将使其减少 80 亿～100 亿美元(2013-12-13，亚博网站每日经济大情势)。

3. "沃尔克规则"的漏洞与监管套利空间

"沃尔克规则"也有漏洞，比如，如何界定"自营交易"和"做市交易"？很难划出一条明确的分界线。正是诸如此类的模糊细则，将来会给华尔街一定的监管套利空间。

但在允许全能经营的国家中，不少国家在商业银行投资企业股票的数量上也有限制性规定，这是为了防止垄断，因为银行如果持有某工商企业的较多股票，就会出于自身利益对企业提供更多资金以支持它发展在本行业中的垄断地位。

（二）我国商业银行的类型和组织——分业经营

1995 年，我国明确了对金融业实行"分业经营、分业管理"体制，目前我国的商业银行均属职能分工型。

◇ 显微镜 3-11

我国的分业与混业

（一）20 世纪 80 年代确定金融业分业经营、分业管理原则的原因

早在我国金融改革开放初期的 20 世纪 80 年代中期，当时中国人民银行的一些专家学者在原副行长刘鸿儒的带领下，就欧洲大陆综合性银行、美日等国专业化银行的利弊，以及美国《格拉斯-

斯蒂格尔法案》形成的历史背景进行过认真探讨。但是，考虑到金融改革刚刚开始、人员素质和管理经验非常欠缺的现实，还是非常自觉地选择了分业经营的模式①（周艾琳，2015-11-10）[42]。

（二）1997年以后实行严厉的分业管理的原因

在1992年下半年开始的泡沫经济中，大量的银行资金通过国债回购、同业拆借渠道被骗入证券市场，之后，这些资金操纵股价、诈骗资金、携款潜逃之事屡屡发生，大量的官司久久难断，导致银行资金、居民钱财血本无归，金融秩序极度混乱。

1993年年底，中共中央、国务院的有关文件提出"分业经营、分业管理"的原则，但在1994年到1996年3年中，在金融界并没有得到彻底的贯彻，直到1997年以后才采取了严厉的措施贯彻分业经营的原则（周艾琳，2015-11-10）。

（三）现阶段我国金融机构正在走向金融控股公司下的混业经营

1. 我国已有的金融控制公司式的混业经营

从世界各国的发展方向看，混业经营是趋势。混业经营有严格意义上的混业经营与宽泛意义上的混业经营两种模式，前者是德国式的内部混业经营型，或全能银行模式；后者是美国式的金融控股公司下辖经营证券、银行、保险等业态的子公司模式，各子公司之间、子公司与母公司之间是风险隔离的，相当于混业包装下的分业经营。当前我国的法律框架不支持德国式的全能银行存在，但允许金融控股公司式、宽泛意义上的混业经营，目前已有中银集团（中国银行的控股公司）、中信集团、光大集团（光大银行、光大证券的控股公司）这样的金融控股公司。

2. 各业态在某些金融产品和业务上的一些交叉试点

除了这三家金融控制公司之外，我国还允许各业态在某些金融产品和业务上进行一些交叉试点，例如：

（1）保险资金入股市、券商进入银行间同业拆放市场和股票质押贷款市场融资，银行理财产品投资于企业信用债券②。

（2）银行从事证券业的延伸业务，如开放式基金、企业短期融资券等企业直接融资工具的发售、赎回、结算等③，银行代销的其他业态的金融产品，如保险、基金、国债等。

（3）客户资金通过银证通、银证转账等渠道实现在银行和股票账户之间的流动等。

3. 我国未来将诞生的对商业银行颁发证券、期货牌照模式的混业经营

2015年3月，中国证监会新闻发言人表示，证监会正在研究落实"国九条"的有关要求，在现行的不支持全能银行模式的法律框架下，研究证券、期货业务的牌照管理制度，以及商业银行等其他金融机构在风险隔离基础上申请证券、期货业务牌照的有关制度和配套安排。随着中国进一步扩大资本市场的双向开放，包括深港通等的开通、注册制的实施，以及纳入全球指数，A股市场有望吸引全球投资者的关注，银行未来获得券商牌照后，那些遍布世界各地的投资者，就可以

---

① 当时，中国人民银行的决策者在美国的称谓"投资银行"、英国的称谓"商人银行"、日本的称谓"证券公司"中，选择了中国人易于理解的"证券公司"的名称。1995年破产的英国巴林银行就是一家有着232年历史的商人银行，有着女皇母亲100万元存款，在28岁的交易员利森的"股票指数期货"的投机中损失的净值超过10亿美元，导致了巴林银行的破产。

② 截至2014年5月底，我国银行理财产品余额达到13.44万亿元，除投资于企业非标债权融资、货币市场工具、存款外，有22%即2.9万亿元投资于企业信用债，占银行间市场和交易所市场企业债券融资的31%。

③ 中国人民银行从2005年开始陆续推出了主要由商业银行承销的企业短期融资券、中期票据、非公开定向债务融资工具、资产支持票据等企业直接融资工具，到2014年5月底这些品种余额近6万亿元，占企业债券融资的63%（张旭阳. 2014-06-27. 一个银行资管管老部的新宣言：大混业渴望与银行资管雄心[J/OL]. http://www.cntreasury.com/cn/assetmanagement/20140627/MTQWMZGZMTK4MZQ.html）。

通过中国的银行所属的券商，直接开户购买A股，将为银行带来规模经济性与范围经济性(2015-03-09，银行持有证券牌照有长远意义[J/OL])[43]。

4. 我国未来将实行金融分业监管十协调模式

1) 2015年6月底的股灾暴露出了互联网金融造就的中国新的金融混业乱象

2003年"一行三会"(央行、银监会、证监会、保监会)的分业监管格局初定之时，当年修订的《中国人民银行法》就已将国务院建立金融监督管理协调机制"纳入其中，但迄今十余年，中国一直未建立实质性的金融监管协调机制，直到2015年6月底的股灾暴露了现行分业监管体制的弊端，因为：

(1) 在实践中，随着互联网金融的兴起，形成了中国新的金融混业状态，比如，2015年6月底的股灾就是"伞形信托十配资资金十HOMS互联网账户"，使得银行信贷资金进入股市，最终泡沫破裂后引起了股灾。

(2) 在实践上的混业环境下，分业的监管对于金融信息的收集呈碎片化，各个监管部门信息不统一，很少共享，导致监管部门无法获得完备的信息而使监管不到位。

2) 2015年11月，中央表示应统筹协调监管

2015年11月3日，国家主席习近平就《中共中央关于制定国民经济和社会发展第十三个五年规划的建议》起草的有关情况，向中共十八届五中全会所做说明中表示，要统筹协调监管。习近平指出：国际金融危机发生以来，主要经济体都对其金融监管体制进行了重大改革，主要做法是：统筹监管系统重要金融机构和金融控股公司；统筹监管重要金融基础设施①，包括重要的支付系统、清算机构、金融资产登记托管机构等；统筹负责金融业综合统计，通过金融业全覆盖的数据收集，加强和改善金融宏观调控，维护金融稳定(2015-11-16，构思超级监管者，寻找成本最低模式[J/OL])[44]。

3) 建立我国金融监管的统筹协调机制的两种方案

关于如何建立我国的统筹协调机制，目前有两种方案。

(1) 借鉴美联储由央行统筹协调，并将系统重要性机构纳入央行监管

借鉴美联储由央行统筹协调，并将系统重要性机构纳入央行监管。但反对者认为，这个方案将使央行重蹈监管职能与货币政策目标的冲突，而我国在1997年至2003年间央行分家，逐步形成"一行三会"的监管架构的初衷就是为了解决货币政策和金融监管的目标冲突和道德风险。比如，如果银行发生了支付危机，央行作为发牌照的机构有着宏观审慎的职责，必然是风险厌恶者，可能存在开动印钞机过早积极救助、过度救助、过于宽容救助、从而引起通货膨胀的道德风险，因此，将央行的监管职能与货币政策调控分离，可以提高央行与各专业监管部门的监管水平(2015-11-16，构思超级监管者，寻找成本最低模式[J/OL])。

但是，反过来看，当金融危机发生时，如果监管机构不与央行合二为一，则监管机构可能就没有足够多的货币来拯救危机，这说明监管机构与央行合二为一也有好处，在2015年六七月我国的股灾中，央行出资救市就是一例。

---

① 比如，2008年中央财经领导小组针对债市的调研报告中曾指出，中央外汇交易中心属于市场交易前台，中央国债登记公司属于市场中后台，两者在归口管理体制上相互割裂，使原本需要高度统一的前后台机构被人为分割，影响了管理效率，并潜藏风险，是当前债券市场发展面临的主要困难。

◇ 显微镜 3-11-1

2015 年六七月股灾中中国政府的救市

2015 年六七月股灾发生后，中国政府开始救市，在前期号召了 20 家证券公司，凑出了 1 200 亿元资金救市，这就是所谓的“救市国家队”的一部分。由于资金实力有限，国家队每天的买入量仅为 1 万亿元，救市效果欠佳，直到央行出资救市，才止住了股灾。

美银美林证券公司根据 A 股上市公司披露的前十大流通股股东名单估算，中国政府在 2015 年第 3 季度救市中动用的资金总额至少为 1.5 万亿元人民币，剔除 ETF 持仓，政府的救市资金至少购买了 1 365 家 A 股上市公司的股票，占 A 股企业总数的 49%，购买量占 A 股流通股总量的 7%左右。

但此次央行出资救市很可能增加了货币投放，体现为 2015 年 10 月我国的 M_2 增长加快，同比增长了 13.5%，而第 3 季度名义 GDP 仅增长了 6.2%，额外的资金看起来是流入了一线城市的房地产业和中国的证券市场，这种货币扩张的后果将损害以保持币值稳定、控制货币发行量和防止通货膨胀为使命的中国央行的信誉，增加人民币贬值压力，有一定的副作用，属于非常规措施，今后如果 A 股再度遭遇沉重的抛售压力，央行并不一定会再度出资救市(2015-11-15，你可能不知道的中国“国家队救市细节”[J/OL])[45]。

(2) 借鉴美国成立跨部门的“金融稳定监管委员会”

借鉴美国成立跨部门的“金融稳定监管委员会”，即我国应在国务院层面建立金融协调委员会。

在分业经营体制下，当前我国商业银行投资于证券主要是为了增加收益和增加资产的流动性，因此，证券投资的主要对象是信用可靠、风险较小、流动性较强的政府所属机构的证券，即国债、政策性金融债和央行票据；近几年来，也可以投资高等级的公司债、地方政府债券、城投债。

五、其他资产

其他资产指银行的实物资产，如计算机、自动提款机、建筑物等。

第四节 商业银行的负债业务与资本

负债业务指银行通过发行和销售负债来取得资金、形成资金来源的业务。商业银行的资金来源于自有资本和负债。

一、支票存款(交易存款，transaction deposits，checkable deposits)

(一) 定义及种类

支票存款是指允许其持有者向第三者签发支票的银行账户，包括不计息的支票账户即活期存款账户(demand deposits)、有息的可转让提款通知账户(NOW 账户)以及货币市场存款账户(MMDA),后两种金融产品美国有,中国目前没有。

支票存款是商业银行流动性最高的一种负债,因为它是见票即付的,即支票存款的所有者可随时要求提取账户中的余额,也可以向第三者开出支票,由第三者凭支票到开户银行要求付款或转账。存款人开立这种账户的目的是方便进行各种支付结算,接受支票者通常并不是凭支票提取现金,而是将支票转存于自己的活期账户上,即转账,从而节省了现金的使用,提高了支付效率。

◇ 显微镜 3-12

美国的支票存款还包括 NOW 账户、超级 NOW 账户及货币市场存款账户(MMDAs)

NOW 账户指有息的可转让提款单存款(negotiable order of withdrawal accounts),可转让提款单最初是于 1972 年由马萨诸塞州储蓄银行发行的,目的是避开不能对活期存款支付利息的限制,其实可转让提款单和支票只有名称上的不同,功能则完全一样。

货币市场存款账户(money market deposit accounts,MMDAs)是产生于 1982 年的一种创新金融工具,和前面两种支票存款不同的是,商业银行不必为其保留法定准备金,但该账户每月签发支票的数量是有限的。

(二) 利率

支票存款通常是银行成本最低的资金来源。因为从存款人方面来看,他们愿意为了流动性而放弃一些利息。从银行方面而言,银行经营支票存款的成本包括利息的支付和为存款提供服务所产生的费用(如处理和存储已付款的支票、编造和发送月报、提供有效的现金出纳设施(人员与设备)、维持一座给人印象深刻的营业大厦和地点适中的分支机构、作广告和进行市场推销以吸引客户存款等),收益为吸引存款资金用于投资或贷款的利息收入。虽然活期存款流动性强,但在存取交替之中总会形成一笔相对稳定的余额,这笔余额即是银行用于贷放资金的重要来源。

由于该账户支付频繁,而银行提供服务要付出较高费用,因此美国 1933 年的《格拉斯-斯蒂格尔法案》曾规定,商业银行不能向活期存款支付利息,原因是怕银行高息揽储、进行高风险投资或贷款,因此,商业银行主要是通过免费服务、赠送促销品来吸引存款者,例如,银行可为持有活期存款的企业代发工资、代交水电费等,这实际上是一种隐性的利息。

我国目前个人支票的使用还没有普及,支票存款账户主要由企业的结算户存款账户构成,个人的"活期存款"叫作"储蓄存款"。

二、非交易存款

指存款的所有者不能对其签发支票以用作交易媒介的存款,主要包括两类:储蓄存款和定期存款(亦称存单)。

(一) 储蓄存款(passbook savings accounts)

在我国企业与居民都可以开立活期储蓄存款账户,这种账户中的资金可以随时增添或提取，存款的存入、提取以及利息的支付记载在账户持有者的存折上。从理论上说，此类存款并非应求即付的，银行可以在30天内支付，然而由于银行在争取存款方面存在竞争，因此允许存款户不受耽搁地从其储蓄账户上提取。有些国家曾规定只有专门的金融机构(在美国如储蓄贷款协会)可经营储蓄存款，商业银行则不准经营，但我国的商业银行也可以经营。

(二) 小额定期存款(small consumer-type time deposits)

定期存款有固定的期限，从几个月至几年不等。由于期限固定，因此定期存款是商业银行稳定的资金来源，银行可用于中长期贷款或投资，获取较高的盈利(贷款或投资的期限越长、收益率越高)，银行也对此支付较高的利息以补偿储户的流动性损失，即银行的筹资成本较高。定期存款的提前支取并非不可以，但银行有权罚息甚至取消利息。它可以是存折，也可是存单。在美国"小额"指的是10万美元以下。

美国的消费者存单(Consumer Certificates of Deposits)的发行对象为普通消费者，面额通常低于1 000美元，甚至可以为100美元，利率通常固定，期限越长利率越高，期限通常高于大额可转让存单，在到期之前提前支取则按规定支付罚金。

(三) 大额可转让存单(large negotiable certificate of deposits)

由于定期存单一般不能像支票一样流通与转让，只是到期提取存款的凭证，为了克服定期存款不能流通的缺点，同时又为了保持其是银行稳定的资金来源的优点，西方国家的银行于20世纪60年代推出了一些兼具流动性与收益性的金融创新产品，如大额可转让存单。

◇ 显微镜 3-13

大额可转让存单市场——货币市场的子市场之一

(一) 美国的大额可转让存单(Negotiable Certificates of Deposits, NCDs)

1. 简介

美国的大额可转让存单指具有固定面额(为10万～100万美元)、固定期限(3个月、6个月、9个月、12个月)的存单，不记名，利率有固定的，也有浮动的，不得提前支取，但可在二级市场转让，在美国、日本等国都有活跃的二级市场，一般由交易商(如日本的短资公司)作为中介，购买者可于到期前在货币市场上将它们售出以回收资金，这一点使它类似于证券，它是证券与存单的结合体，因而兼有流动性与收益性，在到期日银行将对任何一个持有该定额存单的人付款。大额可转让存单主要为机构投资者所购买，货币市场共同基金、公司等购买它是作为短期政府证券的替代品，个人投资者不占主要地位。

2. 产生的背景

20世纪50年代末，美国的市场利率上升，而定期存款利率由于受到Q项条例的限制，低于一般市场利率水平(如同期的企业债券利率)，导致定期存款大幅度下降。为了避免这种不利影响，纽约花旗银行首先对大客户发行了大额可转让存单，同时和证券商一起安排了大额存单的二级市场。

大额可转让存单惠及可贷资金的供求双方：(1)投资者购买大额存单可获得高于定期存款的利率，当需要用款时可随时在二级市场上出售，即它兼有收益性与流动性，对投资者闲置资金的利用和周转都比较方便；(2)商业银行则可以此绕过Q条例的限制，以市场利率来吸收定期存款资金。

（二）我国的大额可转让存单

1. 我国1986年推出了大额不可转让、不可提前支取的定期存单

与其他西方国家相比，我国的大额可转让存单业务发展比较晚。我国第一张大额可转让存单面世于1986年，最初由交通银行和中国银行发行，1989年经中央银行审批其他的专业银行也陆续开办了此项业务。大额存单的发行者仅限于各类专业银行，不准许其他非银行金融机构发行。存单的主要投资者是个人，企业为数不多。

中央银行当时规定：对个人发行的存单面额为500元及其整数倍，对单位发行的存单面额为5万元及其整数倍，存单的期限分别为1个月、3个月、6个月及1年。存单不分段计息，不能提前支取，到期时一次性还本付息，逾期部分不计付利息；存单全部通过银行，由营业柜台向投资者发放，无须借助于中介机构。存单的利率水平一般是在同期限的定期储蓄存款利率的基础上再加1～2个百分点，弹性不大，银行以大额可转让定期存单吸收的存款需向中央银行缴存准备金。

最重要的是，它缺乏二级市场，因此不可转让，可见，它已不具备大额可转让存单市场的精神实质，相当于国外针对居民的小额定期存单（消费者存单）。

2. 我国2013年12月推出了大额可转让同业定期存单（NCDs）

我国2013年12月推出了大额可转让同业存单，作为银行在同业市场上主动吸收存款的工具，实行的是市场化的利率。但是如果政府仅仅只是推出大额可转让同业定期存单，意义并不大，因为它只是同业存放的替代，而后者已实现了利率市场化，只有推出针对企业、个人的大额可转让存单才具有利率市场化的标志性意义。因此，我国于3年后又推出了面向企业、个人的大额可转让存单。

3. 我国2016年6月推出的针对企业与个人的大额可转让定期存单（NCDs）[46]

2015年6月2日，我国央行公布了《大额存单管理暂行办法》，6月15日，工商银行等9家银行发行了首批大额存单。

我国的大额存单是指由商业银行、政策性银行、农村合作金融机构等面向非金融机构投资人（企业与个人）发行的、以人民币计价、以市场化方式确定利率的记账式大额存款凭证，个人投资者认购的大额存单起点金额不得低于30万元，机构投资人不得低于1 000万元。首批9家银行发行的存单共有期限为1个月、3个月、6个月和1年的4个品种，利率由发行者以上海银行间同业拆放利率（shibor）为基准，可上下浮动①。在存款利率尚未放开管制的当时，大额存单的出现属于我国利率市场化的标志性事件（董希淼. 2015-08-02）。

美国大额存单的精髓是像股票、债券一样有一个发达的二级市场，即可转让，但我国目前发行的大额存单仍未有二级市场，即不可转让，但是可以在发行的银行柜台提前支取。

三、非存款借款

商业银行尽管可以被动吸收存款或主动争取存款资金来源，如按市场利率发行大额可转让存单就是主动性的负债管理方法，但存款水平毕竟不能直接控制，仍然会有波动，因此，商业银行还必须开展非存款性负债业务，通过借入资金以应付提款需要、弥补法定准备金的

① 2015年6月15日首批的9家银行多数是在基准利率上浮了40%，但工行略低于其他银行的水平。

暂时不足,或作为永久性的资金来源。具体包括以下几种。

(一) 银行同业拆借

◇ 显微镜 3-14

同业拆借市场(Interbank Market)——货币市场的子市场之二

1. 定义

指银行及其他金融机构(如政府证券交易商)之间进行临时性的资金融通的市场,拆借期限较短,多为隔夜,利率由双方协商,水平一般较低。

2. 起源

中央银行对商业银行有法定存款准备金规定,商业银行的资产负债的变动必然引起其在央行的存款准备金在短期内出现不足或盈余。不足的银行必须在营业日结束时补足(否则要遭受罚息),就要设法融资,由于央行对准备金存款一般不支付利息,故盈余的银行也希望将这部分资金短期融出以获得收益,于是就产生了同业拆借市场。这种借款通过中央银行进行,拆出行通过央行将相应的款项从自己的账户转到拆入行的账户。

3. 类型

同业拆借可分为头寸拆借与同业借贷这两种类型。

以上这种拆借叫头寸拆借,又称轧平头寸,即补足准备金或减少超额准备金,属于"日拆"即今借明还、"隔夜拆借",多为信用放款。有些银行将同业拆借资金作为一个较长期的资金来源:一些经常缺乏资金的银行同一些经常资金有余的银行建立了定期和连续拆借合同,期限最长可达1年,叫同业借贷,同业借贷一般要提供担保、或以短期证券作抵押、或订立回购协议。

4. 美国的联邦基金(Fed)市场

美国的同业拆借市场举世闻名,叫作联邦基金市场。联邦基金并不是属于联邦政府的资金,而主要是各存款机构存入联邦储备系统(美国的央行)的准备金。联邦基金市场是美国的同业拆借市场。基金的"借""贷"从交易的角度来看也被称为"买""卖",卖方计收的利率就称为联邦基金利率。联邦基金的供给者通常是小银行,它们的放款市场比较狭窄,剩余基金较多,而大银行则成为主要的需求者。

5. 我国的同业拆借市场

我国的同业拆借市场创立于1984年,即人民银行开始行使中央银行职能的时候。当前我国已基本实现了利率市场化,因而同业拆借利率已被放开,属于市场利率。拆借品种按照期限来划分主要有1天、7天、30天、60天和120天这5个品种。同业拆借市场的参与者包括商业银行、证券公司、财务公司、信托投资公司等,其中商业银行多为净拆出方,而其余机构则多为净拆入方。

(二) 向中央银行借款

中央银行作为金融机构的最后贷款人,在商业银行出现资金困难时,可以向商业银行发放贷款。我国商业银行向中央银行借款有两种形式:

(1) 再贷款,即向中央银行申请信用式的贷款;

(2) 再贴现,即商业银行把自己向客户办理贴现业务所买进的尚未到期的票据向央行申请再贴现。

在西方国家，无论是对于商业银行还是对于中央银行而言，向中央银行的借款和中央银行向商业银行的放款，都只占商业银行与中央银行负债与资产中的很小比重，但我国由于历史体制原因，向央行借款一直是国有商业银行的一项比较重要的资金来源渠道。

（三）回购

◇ 显微镜 3-15

回购市场——货币市场的子市场之三

1. 概念

回购(sale and repurchase agreement，Repo)，指卖出证券但附加一个协议，规定在指定的时间以预定的价格从对方再次购回这些证券，因此，回购协议是一种以证券为抵押品的短期资金融通。购回价格要比卖出价格有足够的升水，以使放款者的收益等于短期货币市场上的抵押放款收益。回购也被称为正回购。

相应地，反向回购(逆回购)协议(reverse repo)是指先购买再售回。由于回购交易的双方进行完全相反的操作，因此，交易一方的回购交易就是另一方的逆回购交易，但为了不造成误解，我们将出售债券、借入资金的交易叫回购，而将购买债券、贷出资金的交易叫作逆回购。

2. 参与者

通常各国回购市场上的资金需求者主要是商业银行与证券交易商，因为商业银行在其资产中持有大量政府债券，可以通过回购协议出售债券融资；而证券交易商常拥有大量的库存证券，可用回购协议取得资金、投资于其他收益高的证券，进行套利活动，而无须出售原来持有的证券，故证券交易商将回购视为银行贷款的替代品，并且回购利率低于银行贷款利率。

美国回购市场上的资金供给者主要是银行、非金融公司(如制造业企业等)、政府机构。对其而言回购是一种短期投资方式，如非金融公司红利发放日、发薪日、所得税缴纳日到来以前可以把多余资金通过逆回购贷给券商。我国回购市场上的参与者只能是银行间同业市场的参与者，不包括非金融公司等。

3. 期限与利率

回购市场上的隔夜回购相当于日拆，此外还有一般不超过 30 天的各种期限的定期回购。回购的利率一般低于同业拆借利率，因为回购相当于抵押放款，而同业拆借是信用放款。

4. 我国的回购市场

我国的证券回购主要是国债回购，国债回购业务始于 1991 年，当时是为了提高国债的流动性，在我国国债回购市场发展初期的 1994—1995 年，市场虽然发展迅猛，但也出现了许多问题：

(1) 资金用途不规范：从回购市场取得的资金，主要流入了股票、期货、房地产市场，导致许多回购协议到期不能履约，因为资金被股市套牢、协议到期时没钱买回抵押的证券，相当于贷款的信用风险，形成严重的金融机构间的债务拖欠；同时，加剧了股市、期市和房地产市场的投机活动。

(2) 交易形式不规范：按照中国人民银行、证监会、财政部的规定，回购交易必须有 100% 的现券作抵押，但实际上，许多交易主体持有的现券比例在 30% 左右甚至更低，这意味着银行为了赚取回购协议的高额利息而允许融入资金方不提供足额的抵押，银行为了逐利而承担过多的信用风险，而这又是因为银行未转换经营机制，没有真正确立商业银行的意识，通过虚开国债代保管单为客户套取资金。

1995年8月，中国人民银行、财政部、证监会联合下发了规范回购业务的通知，整顿回购市场、清偿回购到期债务。

目前我国回购市场上券商拆进拆出很活跃，因为我国的券商无法取得商业银行的贷款，也不能进入同业市场进行信用拆借，因此将回购市场作为其融资的重要渠道。

（四）发行金融债券与商业票据融资

金融债券就是由银行与非银行金融机构发行的债券。我国自1985年开始允许银行通过发行金融债券来筹集资金，目前我国金融债券的期限一般为5年，发行债券所筹集的资金主要用于发放特种贷款。

随着我国国有商业银行的政策性任务与商业性任务的分离，政策性任务由政策性银行——中国进出口银行、中国农业发展银行、国家开发银行等来承担。这些政策性银行主要投资于基础设施建设和重点项目建设，需要长期资金，其资金来源一部分是国家投入的资本金，另一部分是向商业银行发行金融债券所筹集的资金，这种债券叫作政策性金融债券。

此外，在美国，商业银行还可以通过银行持股公司发行融资性商业票据，来为商业银行筹集短期资金，这是以银行持股公司自身的信誉为担保的筹资方式，因为商业银行自身不能发行商业票据，所以商业票据要通过银行持股公司来发行，商业银行从其持股公司取得这笔资金时也要支付利息，相当于是银行持股公司给商业银行的贷款。

（五）向国际金融市场借款

商业银行还可在国际货币市场上通过吸收存款、发行大额可转让存单、发行融资性商业票据、金融债券等方式获取资金。我国《商业银行法》规定，商业银行可以到境外借款，但应依据法律、法规报经批准。

我国的境外借款过去只能借到自由兑换的货币如美元、日元、马克、英镑、法郎等，而不可能借到人民币；与此对比，美国等国际储备货币发行国就可能在境外的国际金融市场上借到本国货币，这就是离岸市场上的欧洲美元借款。但是，近年来随着人民币国际化的推进，我国商业银行也可能在中国香港、伦敦等人民币离岸市场上发行人民币债券来筹集资金。

◇ 能量棒 3-8

离岸金融中心——以欧洲美元市场与中国香港人民币离岸市场为例

（一）欧洲美元市场的起源[47]

1. 客户的需求

欧洲美元起源于苏联和其他东欧国家的美元资金。1957年，苏联和其他东欧国家在战后重建中积聚了巨额的美元储备，并将这些美元存在纽约的几家银行。由于当时美国存在强烈的反苏反共情绪，"冷战"升级，为了避免可能发生的美国政府对其资金的冻结，苏联有意将其美元存款转出美国的银行。当时一家位于伦敦的法国银行愿意为苏联提供美元存款服务，于是苏联就将其美元资金存入这家法国银行。由于其电传地址是"欧洲银行"(EURO-BANK)，存入这家银行的美元资金就被称为"欧洲美元"([英]基思·皮尔比姆著，汪洋主译，《国际金融》[原书第4版])。

而苏联之所以选择法国银行作为主要存款行，一方面是因为当时法国议会有大量的共产主义议席，另一方面是因为这家法国银行在伦敦市场开业，当时伦敦的金融机构为了开展劳埃德海上保险公司的保险费和理赔的结算业务，已经在纽约建立了高效、现代化的美元清算系统。因此，欧洲美元市场在“二战”后的20年间在伦敦兴盛起来了。

由于这家法国银行吸收了苏联的美元存款后，也许不能立即找到需要美元贷款的客户，因此又将这些美元存款存入其在纽约的代理行作为同业存款生息，但是，这笔美元存款经过这样的转化后，美国方面就不会认为它是苏联的资产了，而是认为它是这家欧洲银行的资产，对于苏联这个客户而言就安全了，因此欧洲美元存款能够满足苏联这个客户的需求。

此外，在1973年、1974年的石油危机之后，石油输出国组织赚取了大量的石油美元，它们也将这些美元存放在欧洲货币银行(开展欧洲美元业务的银行)，而欧洲货币银行又充当了重要的媒介，将这些美元资金借给面临国际收支逆差的石油进口国。

2. 银行的供给

这家位于伦敦的法国银行经营苏联的存款，就是在供给离岸银行业务，显然是为了牟利。

1) 欧洲商业银行热衷于供给欧洲美元业务的原因——规避监管

“二战”后，伴随着通货膨胀压力在英国的出现，英国的国际收支开始出现赤字。为了维持布雷顿森林体系下的固定汇率，英国只得提高利率，但提高利率将会打击实体经济，因而英国为了避免提高利率，转而在1957年直至整个20世纪60年代都试图直接限制银行可以贷出的英镑数额(类似于中国的贷款规模管理)来减小其货币供给量、减轻通货膨胀压力。国内信贷的紧缩必然导致“外资本币化”——英国的商业银行想出了用美元为客户融资的方法来逃避监管，这样一来，英国的商业银行将美元贷款给英国出口商，出口商将美元兑换为英镑在国内购买原材料和组织生产，出口后换得的美元再还给英国的商业银行。

开展欧洲美元业务的技术条件也具备了，1958年欧洲支付同盟解散，欧洲各国恢复了货币的自由兑换，使得欧洲各国的银行可自由持有美元，而不必向其中央银行将美元兑换成本国货币；同时，伦敦为了开展劳埃德海上保险公司的保险费和理赔的结算业务，已经建立了高效、现代化的美元清算系统，因此，欧洲美元市场在“二战”后的20年间在伦敦兴盛起来了，这就是欧洲美元市场形成的历史原因。

2) 美国货币当局对国内银行业严格的管制也推动了欧洲美元市场的发展

(1) 美国1933年出台的《格拉斯-斯蒂格尔法案》的Q项条例

美国1933年出台的《格拉斯-斯蒂格尔法案》的Q项条例规定美国的银行对储蓄存款和定期存款所能支付的利率上限为5.25%(目的是防止美国的商业银行竞相推高利率揽储、以发放高风险贷款)，但在20世纪六七十年代，美国通货膨胀来临，Q项条例限制了纽约美元利率的上升，使其存款利率低于欧洲美元，造成了美国商业银行的存款流失。由于Q项条例并不适用于离岸银行，因此美国的许多商业银行都在境外的金融中心如伦敦设立分支机构以规避Q项条例、吸收美元存款，这也促使了欧洲美元市场的兴盛。

(2) 1963年美国推出的利息平衡税与1965年颁布的《自愿限制贷款指引》

1963年，美国货币当局担心资本外流会对其国际收支造成不利影响，因此推出了利息平衡税，此举增加了外国人在纽约借入美元的成本，促使其在欧洲美元市场上筹集资金，后来利息平衡税在1974年被废除。

1965年，美国政府又颁布了《自愿限制对外贷款指引》限制了美国的商业银行向外国人贷款，该指引在1968年被强制实施。这些监管措施推动了美国商业银行设立外国分支机构或子公司以规避监管，因为这些分支机构或子公司属于欧洲货币银行，并不受美国国内银行监管措施的约束，因此也促进了欧洲美元市场的兴盛。

(3) 美国推出“国际银行便利”使欧洲美元业务在境内合法化

1981年12月，美联储意识到本国许多商业银行为了规避国内管制，纷纷在海外如巴哈马和开曼群岛设立离岸分支机构，因此决定将所谓的“国际银行便利”(IBF)合法化，即允许美国国内的银行通过建立一套独立于母公司的业务账簿来从事欧洲美元业务，其实质是允许美国的商业银行在境内不受管制地开展欧洲货币银行业务，即IBF不受法定存款准备金要求、利率管制或存款保险费率的约束，但它只能从非美国居民处接受存款、并向非美国居民提供贷款。事后证明，IBF在推出之日起就很受欢迎，许多原先在离岸分支机构办理的业务都重新转回美国境内。

效仿IBF的成功经验，日本政府在1986年也批准设立了日本在岸市场(JOM)，同样允许日本的商业银行在东京吸纳欧洲日元存款，前提是不得将这些资金转借给日本居民，而只能转借给非日本居民。

（二）相关概念

1. 欧洲美元与纽约美元

欧洲美元市场是欧洲货币市场的一部分，欧洲货币就是离岸金融市场在货币发行国境外被储蓄和借贷的各种货币的总称，欧洲货币市场就是经营欧洲货币业务的市场。“欧洲货币”这一名称极易引起误解：它不是指欧洲国家的货币，事实上最早出现的欧洲货币是欧洲美元。由于任何国家只能流通本币，欧洲美元只能在美元境内作为交易媒介，因此，通常吸收了欧洲美元存款的商业银行又会将这些存款存入作为其代理行的美国商业银行，作为同业存款、清算资金等，因此，欧洲美元是一种仍在美国境内的美元定期存款，只不过其所有者是外国银行或美国银行的海外分支机构。相应地，纽约美元就是指所有者为美国商业银行的同业存款，或所有者为美国企业与居民的存款。

例如，苏联存在一家法国银行A的美元存款是由这家法国银行，而不是美国的银行确定其利率的，而法国银行A是根据这笔美元的投资收益率来确定其给付的存款利率的。A银行最简单的投资就是将这笔美元存放在美国的商业银行(如花旗银行)作为存放同业，但是这种存款的利率很低、不合算，因此，A银行可将其贷给美国的企业如投资银行——雷曼兄弟公司，以赚取存贷利差。而雷曼之所以选择找这家法国的银行贷款，是因为其美元贷款利率低于美国花旗银行；反过来，雷曼的美元既可以存放在花旗银行(这就是纽约美元存款)，也可以存放在法国银行A(这就是欧洲美元存款，当然，法国银行A随后仍然可能将这笔存款转存到美国花旗银行)，当法国银行A的利率高于花旗银行时，雷曼就可能选择法国银行A。可见，欧洲美元的存、贷款利率与纽约美元的存贷款利率很可能不相同。

再如，德国的法兰克福银行有一笔美元存款存放在纽约的花旗银行，法兰克福银行向德国大众公司卖出了这笔美元外汇，德国大众公司要用这笔美元向美国通用汽车公司支付货款。假设通用公司的开户行是纽约的大通曼哈顿银行，则法兰克福银行的代理行——花旗银行要将这笔美元存款通过联邦储备体系转给大通曼哈顿银行。

2. 离岸金融

离岸金融指设于某国，但却与该国金融制度无甚联系，且不受该国国内银行法等金融法规管制的、以离岸存款等金融工具为载体的资金融通活动。例如，一家股东大多为俄罗斯公民的信托投资公司将总部设在塞浦路斯这个小国，则这家公司就算是塞浦路斯的公司了，但其业务却是从俄罗斯居民处吸收卢布资金，再将这些资金投资到俄罗斯生息牟利，如存放在俄罗斯的代理行中作为同业存款。或者这家公司吸收的是俄罗斯富豪的美元资金，再用这些资金购买美国次级债券等金融产品进行投机牟利，或者存放在美国的银行中生息，该公司便在从事离岸金融活动。

3. 离岸货币(欧洲货币)

欧洲美元就是一种欧洲货币,欧洲货币就是离岸货币的意思。有关欧洲货币的投、融资业务按照时间长短主要可分为欧洲货币市场业务与欧洲债券市场业务,这二者也可被合称为离岸金融业务。可见,"欧洲"一词具有误导性,因为今天的"欧洲货币"并不局限于在欧洲地区的银行中被储蓄与借贷,也可能在其他国家(如美国)的银行在欧洲地区的分支机构中被储蓄与借贷(如花旗银行法兰克福分行的美元存款与贷款,就是欧洲美元)。更重要的是,"欧洲货币"现在更是超出了欧洲的范围,比如,在亚洲(如东京、中国香港)和加勒比地区(如巴哈马、开曼群岛)形成了许多离岸金融中心,这里经营的离岸货币业务也可称为"欧洲货币"。比如,中国香港的银行业吸收中国内地企业与银行的人民币存款,并向中国内地的企业与银行进行放贷或同业存放等,就是离岸人民币业务。再如,上海也要建成国际金融中心,经营离岸业务,因此,现在的"欧洲货币市场"一词等同于"境外金融市场"或"离岸金融市场",只是因为最早的离岸市场是在美国之外的欧洲交易的美元,因此离岸金融称为欧洲美元业务。

欧洲货币市场是指一年以内(包括一年)的、借贷活动发生在面额货币管理当局的法定辖区之外的银行存款、贷款的市场;欧洲债券市场指借贷期限超过一年的、借贷活动发生在面额货币管理当局的法定辖区之外的金融工具交易的市场。欧洲债券是由各国中央政府、地方政府、金融机构①或私人公司以非发行国货币标价出售的债券,例如,在伦敦出售的人民币债券是欧洲人民币债券,在德国出售的美元债券是欧洲美元债券,在法国出售的英镑债券是欧洲英镑债券等。

迄今为止,最主要的欧洲货币是欧洲美元,占到全部欧洲货币业务的60%~65%,其次是欧洲欧元、欧洲瑞士法郎、欧洲英镑与欧洲日元,这些欧洲货币市场是在石油美元成为欧洲美元的主要供给源之后才逐渐兴起的。

(三) 离岸金融市场的特征[48]

欧洲货币市场、欧洲债券市场被合称为离岸金融市场,它具有以下特征。

1. 出口金融服务并以非居民之间的批发交易为主要的业务取向

1) 金融服务的出口

离岸金融的本质是该国的金融机构对他国的居民出口金融服务,但形式是他国的居民上门来消费这种金融服务,比如,欧洲的商业银行为美国的居民提供存、贷款业务。

2) 什么是离岸金融中心

但是,如果一个国家或行政辖区提供的离岸金融服务的规模远小于它向居民提供的金融服务,则该国家或行政辖区还不能被称为离岸金融中心。IMF经济学家 Ahmed Zorome(2017)给出了离岸金融中心的一个深刻的定义:"离岸金融中心是以与国内经济总量和融资需要不相称的规模向非居民提供金融服务的国家或行政辖区。"并且,离岸金融中心不一定要求资金的投融资双方都是非居民,通常资金的融资方是非居民,而投资方则可以是居民,即离岸金融中心的银行、证券商、共同基金、对冲基金、保险公司、养老基金、非金融公司经常代表非居民执行指令,帮助非居民向居民发行股票和债券,这些交易所造成的资产头寸被记录在该国国际收支表中,名为"组合投资资产",即由非居民发行、并由居民持有的资产(潘英丽,2014)。

Ahmed Zorome 使用 IMF 发表的《组合投资综合概览》(*the Coordinated Portfolio Investment Survey*, *CPIS*)和《国际投资头寸》(*the International Investment Position*, *IIP*)的统计数据,用一

① 例如,商业银行、跨国公司、国际组织如国际货币基金组织、世界银行、欧洲投资银行等。

国或行政辖区的CPIS资产与GDP的比例以及过滤的IIP资产[①]与GDP的比例这两个指标作为其金融服务出口的替代指标，通过计算样本国家级别相关指标的平均值和标准差，并将标准差看作是围绕平均值的预期变动，将金融服务出口比例高于标准差的国家或行政辖区看作是离岸金融中心。IMF的统计部门2002年给出了离岸金融中心如下的定义：离岸金融中心是一个包括具有永久居留权的实体和居民在内所拥有的国际投资头寸资产超过GDP的50%，并且其绝对规模大于10亿美元的司法管辖区。按照这个标准，全球主要的离岸金融中心包括非洲的毛里求斯、亚太地区的新加坡、中国澳门、中国香港、马来西亚、欧洲的瑞士、卢森堡、摩纳哥、塞浦路斯，爱尔兰(都柏林)、中东的巴林、黎巴嫩、美洲的巴哈马、巴拿马、开曼群岛、百慕大等地(潘英丽，2014)。

3) 以非居民之间的交易为主要业务取向

离岸金融中心东道国政府为了鼓励当地金融服务的出口及离岸金融中心的发展，往往以优惠的税收与制度环境吸引境外客户，但这些优惠条件仅适用于非居民，而不适用于居民。因此，在大多数内外分离型的离岸金融中心，政府都对本国居民参与离岸市场交易施加一定的限制，使得在一些离岸金融中心，居民与居民、居民与非居民之间的交易额很小。即使在伦敦这样的自然形成的内外一体型的离岸金融中心，居民参与的交易份额与整个交易额相比还是比较小的。

4) 批发性的银行业务

欧洲货币市场的参与者包括许多跨国公司，它们一方面希望其富余的资金能获得较高的回报，另一方面希望以较优惠的利率借入资金；国际组织如世界银行为了贷款给发展中国家，也时常向欧洲货币银行筹集资金。此外，欧洲货币交易的很大一部分是在欧洲货币银行之间开展的，即拥有富余资金的银行向那些拥有贷款项目却缺乏资金的欧洲货币银行提供贷款。

由于从事离岸业务的银行不受管制，也不用缴存法定存款准备金，使得其货币创造乘数大于在岸银行，因此其贷款业务可以降低利率、以利用规模效应。因此，离岸金融业务都是批发性的银行业务，存贷款金额大，交易对象通常是银行及跨国公司，而与个人无关。例如，塞浦路斯的商业银行从俄罗斯的商业银行以高息吸收欧元存款，再以更高的利率转贷给意大利；再如，包括中国香港银行在内的外资银行在中国内地由于营业网点少等原因而缺少人民币存款来源，这制约了其在中国内地的贷款业务，现在，它们可以从中国香港从事离岸人民币业务的银行批发购买人民币贷款，再转贷给中国内地的企业，以达到套利的目的。

5) 欧洲货币银行资产与负债的期限均为短期，且通常是匹配的

欧洲货币银行的资产(贷款)与负债(存款)的一个显著特征是负债期限主要为短期性的，部分存款短到只有一天的期限(隔夜存款)，绝大多数都不足6个月。欧洲货币银行的资产、负债的期限结构基本上完全匹配，比如，如果一笔资金的存款期限是3个月，那么欧洲货币银行将其贷出的期限也是3个月。欧洲货币银行之所以要匹配资产与负债的期限，是为减小客户突然大量提取资金所造成的流动性风险，以及利率风险。

欧洲货币市场的核心利率是伦敦同业拆借利率(LIBOR)，即伦敦金融市场上银行间的同业拆借时拆出方(贷出方)要求的利率，非银行借款方需要在LIBOR的基础上支付一笔利差，具体要求取决于自身的信用评级与交易成本等；而非银行拆出方收到的利率一般低于LIBOR。伦敦之所以成为全球最大的外汇交易中心，就在于伦敦拥有全球最为活跃的美元离岸交易市场(每天成交约4 620亿美元)，伦敦的美元交易量比美国国内还要高，美国国内交易量为日均2 360亿美元左右。

① IMF第五版国际收支统计表将IIP分为五个组成部分：外国直接投资、组合投资、金融衍生品、储备资产和其他投资资产，过滤的IIP资产是总的IIP资产减去与组合资本交易不相关的成分，它包括组合投资与金融衍生品，但排除政府资产、储备资产和货币当局持有的资产，因为研究主要关注的是私人或市场的交易活动。

6）欧洲美元可被视为一种货币市场工具

这是因为，一方面，美国的银行在需要美元资金时可从外国银行或美国银行外国分支机构借取欧洲美元（如在20世纪60年代，美国的银行由于受到定期存款利率上限的限制在国内较难获得资金，因此转向欧洲美元市场寻求资金来源）；另一方面，当欧洲美元存款利率高于美国国内时，美国的公司可将欧洲美元市场作为一种短期闲置资金的投资方向，就像投资于短期国库券一样。

2. 拥有相对低廉的经营成本

1）高度宽松的监管环境

（1）高度宽松的监管环境使得离岸金融机构的经营成本相对低廉

东道国为吸引境外客户，一般对离岸金融中心实施较少的监管；而货币发行国对于境外经营的金融业务也实施较少的监管，这就使得离岸金融中心在经营方式和成本上形成了在岸业务无法比拟的优势，具体而言：(1)经营自由。自由宽松的公司注册制度使得企业和国际金融机构可以在很宽松的条件下方便地注册或成立公司，包括特别目的公司和信托公司；不要求国际金融机构和企业在当地具有物质存在形式；对非居民不实施外汇管制，非居民可以浮动的市场汇率兑换各种货币；允许非居民的资本自由进出或转移；没有利率管制，存贷款利率自由浮动。(2)经营成本低廉。不要求在离岸金融中心设立分支机构的国际金融机构交纳存款准备金、存款保险费，对其流动性比率和资本充足率的要求也相对宽松，因此国际金融机构的经营成本相对低廉。(3)对在离岸金融中心设立分支机构的国际金融机构或企业实施很少的信息披露要求，或实施客户信息保密规则。

（2）一些离岸金融中心成为洗钱、避税及国际热钱的来源之地

但是，很多事物都有两面性。从欧洲美元的起源就可看出欧洲货币市场基本上脱离了一国政府的干预和管制；一些弹丸之地的离岸金融中心（欧洲货币市场）为了增强对欧洲货币资金的吸引力，纷纷以低税率或零税率吸引非居民的金融服务，没有或很少管制，具有地理优越性、政府政策优惠、政治稳定、透明度低等特点，因此被各类资本视为“避税天堂”和资本外逃、洗钱的“中转站”。在这个世界的任何地方，只要政治安定、管制较松、赋税较轻、风景优美、生活舒适，并拥有一定数量的合格金融从业人员，都有望成为离岸金融中心。据估计，20世纪90年代初期，世界货币存量的50%通过离岸市场周转，世界私人财富约有1/5集中于离岸市场，多于1/5的银行资产投资于离岸金融市场。

当前，石油美元已成为欧洲美元市场的供给主体——由于美元在国际贸易中被普遍接受，因此，外国商人在外国银行保存美元存款就可避免将本国货币兑换成美元的成本。这些“欧洲货币”（如石油美元）主要投资于金融资产，而很少投资于生产，故期限短、流动性大，在浮动汇率制下欧洲货币在国际间大量且迅速地流动，使得外汇市场波动剧烈，加剧了国际金融市场的动荡，成为国际热钱的主力之一。

2）实施免税或低税率优惠政策

致力于发展离岸金融中心的东道国所提供的最具特色的优惠政策就是实施免税或低税率优惠政策，这也是离岸金融中心的最重要的特征。一般而言，离岸金融中心不设存款及债券预扣税、利息所得税，以及各类有价证券交易的印花税，大幅度调低资本利得税，允许海外利润自由派息等。

欧洲货币银行业务的主要中心是伦敦、巴黎、纽约、东京和卢森堡，其余业务则主要发生在巴林、巴哈马、开曼群岛、中国香港、巴拿马、荷属安的列斯和新加坡等地的离岸银行中心。

（四）欧洲货币银行与国内商业银行的共存

1. 欧洲货币银行的竞争优势

以欧洲美元市场为例，尽管美国国内对商业银行的管制不断放松，但欧洲货币银行业务仍在继续发展，其中的主要原因是它们能够比美国商业银行提供更高的存款利率和更低的贷款利率，

从而更具有竞争优势。欧洲货币银行的存贷利差小于美国国内银行的原因是：

(1) 欧洲货币银行面临的监管成本小于美国国内银行，比如，它没有法定存款准备金和存款保险方面的约束；又如，欧洲货币银行业务并不需要大量的分支机构，而国内银行通常需要设立众多的分支机构；再如，国内银行被要求制定烦琐的内控机制，以及开销庞大的法律部门，而欧洲货币银行在这方面的需求则少得多。

(2) 欧洲货币银行比美国国内银行更具有规模经济性，因为其存款和贷款的平均规模为几十万美元，通常是几百万美元，而国内银行的存贷款规模通常是几十、几百或几千美元，这意味着欧洲货币银行每一美元存贷款交易摊销的平均运营成本要低得多。

(3) 欧洲货币银行的贷款几乎专门提供给违约率接近于零的高质量客户，这与面临着较高违约率的国内银行形成了鲜明对比，因此，国内银行需对贷款收取违约溢价，体现为贷款利率较高、存款利率较低(潘英丽,2014)。

2. 国内商业银行为何能与欧洲货币银行共存

既然欧洲货币银行一般比美国国内商业银行支付更高的存款利率、更低的贷款利率，为什么不是美国所有的借贷活动都由欧洲货币银行开展呢？答案是不同的参与方的交易成本存在差异。美国公司一般选择向当地的商业银行贷款，因为当地商业银行(如社区银行)拥有其信用记录并了解其业务发展，因此能更便捷地评估其贷款风险，持有其抵押物并监督其贷款的使用情况。但如果该公司向欧洲货币银行贷款，可能就得大费周折地说服欧洲货币银行，让后者相信其信誉良好且投资该项目安全可靠。

类似地，除非拥有相当大额的资金，个人和小公司持股欧洲货币存单通常并不划算，因为欧洲货币银行对小额资金不感兴趣，因而不会给付更高的利率。况且大多数私人客户偏好使用当地银行提供的其他便利，如支票账户服务、便捷的融资渠道等，而欧洲货币银行经营批发业务，并不向零售客户提供这些服务(潘英丽,2014)。

(五) 人民币离岸金融市场[49]

1. 几个主要的人民币离岸市场

离岸人民币市场主要分布在中国香港、新加坡、伦敦和纽约等城市，其中中国香港人民币存款和支付交易约占全球人民币离岸市场份额的70%，是目前最大的人民币离岸金融市场。

2. 离岸人民币市场资金流入与流出的合法渠道

在当前人民币资本项目尚未完全自由兑换的背景下，通过我们政府推动的人民币经常项目下的跨境贸易支付，一方面，人民币主要是通过我国进口商品与服务时的支付①以及央行的交叉货币互换业务中的流出来进入离岸市场。另一方面，人民币从离岸市场回流的渠道主要包括：(1)中国人民银行允许的三类机构(境外中央银行或货币当局；境外人民币业务清算行；境外人民币业务参加行)以人民币结算的资金投资于国内银行间债券市场；(2)商务部允许的境外合格投资者用合法的境外人民币所得在中国境内开展证券投资活动；(3)证监会、人民银行、外汇管理局三部门联手推出的QFII试点等。

可以看出，我国目前资本账户尚未开放，离岸人民币资金尚无法顺畅地进入中国内地，合法回流的资金需要经过层层审批，且境外人民币可以投资的资产相对有限，主要集中在离岸人民币债券和相关的理财产品上。离岸人民币投资规模远远小于存款规模，离岸投资渠道仍需要进一步拓展(祝元荣，王超,2014)。

---

① 即我国贸易及资本项下的跨境人民币结算业务以及中国游客出境消费所支付的人民币等。

3. 离岸人民币市场的发展关键是要解决境外对人民币需求不足的问题

1）离岸市场发展起来的条件之一是离岸、在岸利率间形成套利通道

人民币离岸市场的发展关键是要解决境外对人民币需求不足的问题。境外对人民币的需求主要源于人民币作为货币的价值储藏手段的职能，而不是交易媒介的职能，因为归根结底，一种货币只有能够很好地履行价值储藏手段的职能，人们才会将其作为交易媒介来使用。从贸易角度来看，假如境外企业需要人民币作为交易媒介，人民币通过进口贸易而流出到境外企业手中，随后，只有境外企业相信人民币能够很好地履行价值储藏手段的职能，才愿意将人民币存在境外经营离岸人民币业务的银行中，这要求企业预期人民币币值稳定，且离岸人民币存款利率高于在岸。同理，只有境外银行（离岸金融机构）相信人民币能够很好地履行价值储藏手段的职能，才愿意持有人民币，并通过证券投资或贷款、存放同业等渠道投资于境内，这就要求离岸金融机构预期人民币币值稳定，且在岸的人民币贷款利率高于离岸，或在岸人民币有良好的证券投资渠道等。

而在欧洲货币市场，这些条件通常可以得到满足，因为离岸的存、贷款业务面临的税收与监管都比在岸宽松得多，使得离岸市场的存款利率通常要高于在岸、离岸市场的贷款利率通常要低于在岸，即在岸贷款利率＞离岸贷款利率＞离岸存款利率＞在岸存款利率。

这样才自然形成离岸与在岸间的套利通道，即批发性资金有动力存在离岸银行，而企业与金融机构也有动力从离岸市场贷款，这样离岸市场上才会有对该货币的需求，离岸市场才能发展起来。例如，美国境内的贷款利率高于伦敦同业拆借利率 LIBOR，而 LIBOR 高于伦敦同业拆入利率 LIBID，而 LIBID 又高于美国的同业拆借利率——即联邦基金利率 FFR。在这种利差关系下，美元形成了相对稳定的离岸金融市场（祝元荣，王超，2014）。

2）香港人民币离岸市场发展的障碍之一是离岸人民币存、贷款利率均低迷

一方面，我国离岸市场人民币交易（包括即期、远期和掉期）发展得较为迅速，在参与机构、产品种类、交易量方面，都有了长期的发展。虽然外汇交易属于 OTC 交易性质，难以有一个中央机构提供准确的人民币交易量的统计，各大行的估计数字也有差别，但据估计，2015 年时的离岸人民币日均交易量已较 2013 年以前的数字翻了几番。但另一方面，离岸市场人民币数额仍较少，2015 年时离岸人民币资金池为 2 万多亿元人民币，其中约 1.1 万亿元在香港。2015 年以来，中国香港、中国台湾和新加坡等主要离岸市场人民币资金池规模的增长放缓，同时离岸人民币同业拆借价格几度大幅度上涨，反映出了离岸人民币资金池仍然缺乏足够的规模（叶允平，2015）[50]。

香港人民币离岸市场发展的障碍之一是人民币需求不足，因为缺乏离岸、在岸间的套利通道。一方面，香港离岸人民币的贷款利率低于境内，比如，2014 年 3 月，中国银行（香港）提供的最优惠贷款利率为 5%，而根据中国人民银行公布的数据，同时期金融机构对非金融企业及其他部门贷款的加权平均利率为 7.18%，可见，国内贷款利率与离岸贷款利率有约 2 个百分点的利差；另一方面，当时境内存款利率尚受到管制，因此以大型商业银行发行的理财产品收益率作为参考，2014 年 3 月香港人民币 1 年期存款利率为 0.59%，而同时期国内大型商业银行年期理财产品的预期收益率为 5.62%，因此，当中国内地的企业向香港出口时，香港企业不愿接受人民币付款，因为将人民币存在香港经营离岸人民币业务的银行中的收益过低，这样就影响了香港离岸人民币市场的发展，导致离岸市场上人民币资金池的规模远小于我们所希望的规模。

3）人民币贬值预期不利于人民币离岸市场的形成

境外（如香港）的公司及个人客户通过对中国内地出口、外汇买卖等手段而获取人民币并长期持有，目的是利用人民币的高息与升值预期而进行套利、套汇交易，因为离岸人民币的利率虽然低于境内，但相比于美元、港元的收益仍然很高，如果又处于人民币有升值预期时，香港离岸人民币市场上的套利、套汇交易就会十分普遍，从客观上支撑着人民币走出去、留在离岸市场。但

是，如果人民币升值预期停止、甚至转为贬值预期，则离岸人民币市场就可能出现大幅度萎缩。2017年人民币仍处于贬值预期之中，因此离岸人民币市场处于发展“瓶颈”期。

如何解决离岸人民币利率水平过低。扩展离岸人民币的投资渠道、稳固境外沉淀资金，是当前人民币国际化能否成功的关键。鉴于境外银行业金融机构所持有的人民币存款主要为公司及个人客户存款，存款波动率较大，金融机构需要流动性强的投资工具对接这部分负债，因此建议在人民币币值稳定时期逐步推进资本账户开放，将境内人民币同业拆借市场放开，作为离岸人民币的回流通道，辅之以将离岸人民币、境外美元统一纳入外债管理指标。

四、结算中的负债

结算中的负债指商业银行在办理转账结算等业务中所占用的客户资金，如在办理汇兑业务时，从客户将款项交给汇出银行，到汇入银行把该款项付给指定的收款人为止，中间总会有一定的间隔时间，这段时间资金为银行所占用，构成结算中的负债。再如，商业银行在办理信用证业务时往往会要求申请人缴纳一定的保证金，这也是结算中的负债。

五、银行资本

（一）定义及构成

总资产减去总负债之后的余额就是银行资本，它代表了商业银行股东的所有者权益，即所有者的净财富，也称为银行的净值。银行资本大体包括如下内容。

(1) 股本：包括普通股股本和优先股股本，它等于股票发行数量乘以每股面值。

(2) 资本盈余（资本公积）：指商业银行发行股票时，股票实际销售价格超过股票面值所带来的额外收入，即股票发行溢价。

(3) 未分配利润（留存收益、盈余公积）：指商业银行税后利润中未分配给股东的部分。这是商业银行增加资本的重要渠道（内源融资），对于那些难以进入股票市场进行外源融资的中小银行来说尤其如此。

(4) 补偿性准备金：指银行为应付意外损失而从收益中预先提留的资金，包括资本准备金和贷款、证券损失准备金，贷款损失准备金在我国被称为拨备。资本准备金用于应付优先股的赎回等股本的减少；贷款、证券损失准备金则用于应付贷款呆账损失、证券本金拒付或价格下跌所造成的损失。需要注意的是：作为资本构成部分之一的补偿性准备金与资产方的准备金是完全不同的。

为鼓励商业银行的审慎经营，许多国家的银行监管者允许银行从税前收益中提取包括贷款损失准备金在内的补偿性准备金，因此提取补偿性准备金是商业银行避税的重要手段。

◇ 显微镜 3-16

我国的拨备 [51]

银监会要求商业银行从税后利润中提取贷款损失准备金，又称为拨备，拨备与不良贷款的比例被称为拨备覆盖率，或不良贷款拨备覆盖率、拨备充足率，即：

$$拨备覆盖率 = \frac{拨备}{不良贷款} \tag{3-10}$$

例如，某银行有贷款余额100亿元，其中正常类90亿元、关注类2亿元、次级类5亿元、可疑类2亿元、损失率1亿元，后3类即为不良贷款，因此其不良贷款率为8亿元。假设不计提特种准备，按照现行规定，首先计提贷款一般损失准备金，然后按比例计提专项贷款损失准备金，贷款损失准备金总额达到了4.29亿元，则其拨备覆盖率为

$$拨备覆盖率=\frac{拨备}{不良贷款}=\frac{4.29}{8}=53.6\%$$

银监会要求拨备覆盖率应达到100%，某些银行还应达到150%，显然，该行拨备尚不够充足(嵇少峰，2014-11-06)。

(5) 从属债务：这是银行资本中较为特殊的一项。在现实生活中，各国的银行监管当局一般都允许银行将某些从属债务(次级债务，surbordinated debt)也算作银行资本。所谓从属债务是指当商业银行破产清算时，偿还顺序较为靠后的债务，由于这些债务的清偿排在担保债务、存款和其他一般性债务之后，所以也具有一定的资本属性。

(二) 银行股权资本的作用

早期的美国银行家协会在“银行的资本金是否充足”的报告中指出，银行的股权资本具有以下几项重要职能。

(1) 提供一个承受偶然损失的资本缓冲器，使存款人得到保护。银行的资产遭受损失时，需用银行的当期收益抵补。如果这些收益不足以抵补损失，商业银行就需要用资本金进行补偿。

(2) 为购置房屋设备及其营业所需的非盈利资产提供资金，即营运作用。世界上主要国家几乎都对银行实施准入限制，只有资本充足的银行才能正常开业运营；银行的运营需要购置土地、办公设备及聘用人员，这些都需从银行资本中列支。

(3) 满足金融监管当局针对可能招致的风险增加资本的要求。

(4) 向公众保证，即使发生贷款损失和投资损失，银行也能够及时偿付债务并继续为公众服务。

英格兰银行1980年发表的“资本衡量标准”也提出了与此十分类似的资本的四个作用。

从职能(1)来看，商业银行的资本越充足，经营就越安全，因为银行资本(尤其是指其中的贷款、证券损失准备金)是其资产价值下跌的缓冲器，从冲销呆账的方法中可看出这一点。

(三) 冲销呆账的方法

我们来看A银行的资产负债表，因其总资产为11.0(百万元)，其总负债为10.5(百万元)，故其净值为0.5(百万元)，如表3-11所示。

表3-11 A银行资产负债表 单位：百万元

资产		呆账冲销前负债	
现金资产	1.0	存款	10.0
贷款	7.0	其他负债	0.5
证券	2.0	总负债	10.5
其他资产	1.0	资本	0.5
总资产	11.0	总负债与资本	11.0

现在假如其贷款中有0.6(百万元)成了呆账、收不回来,由于银行是用负债如定期存款来放款的,这等于是银行欠了存款者0.6(百万元),银行就要从其"资本"即"净值"中拿出0.6(百万元)补偿给存款者,这样,在其账面上银行资本将减少0.6(百万元),同时其"贷款"这一资产也被冲销(write off)掉了0.6(百万元),经冲销呆账后其资产负债表如表3-12所示。

表3-12　A银行资产负债表　　单位：百万元

资　产		呆账冲销后负债	
现金资产	1.0	存款	10.0
贷款	6.4	其他负债	0.5
证券	2.0	总负债	10.5
其他资产	1.0	资本	−0.1
总资产	10.4	总负债与资本	10.4

此时,A银行"资不抵债"(总资产为10.4,总负债为10.5)、净值为负,就要破产,拍卖其资产以偿还债权人(如存款者、银行所发行的金融债券的持有者)和股东。

银行证券投资的失误导致证券的市价大幅度下跌也会造成同样的影响。

(四) 银行资本充足的意义

如果银行资本雄厚——不是0.5(百万元)而是1.0(百万元),则冲销呆账前资产负债表如表3-13所示。

表3-13　A银行资产负债表　　单位：百万元

资　产		呆账冲销前负债	
现金资产	1.5	存款	10.0
贷款	7.0	其他负债	0.5
证券	2.0	总负债	10.5
其他资产	1.0	资本	1.0
总资产	11.5	总负债与资本	11.5

增加的0.5(百万元)资本表现为现金资产增加到1.5(百万元),这样账面平衡。

此时冲销呆账后资产负债表如表3-14所示。

表3-14　A银行资产负债表　　单位：百万元

资　产		呆账冲销后负债	
现金资产	1.5	存款	10.0
贷款	6.4	其他负债	0.5
证券	2.0	总负债	10.5
其他资产	1.0	资本	0.4
总资产	10.9	总负债与资本	10.9

冲销呆账后A银行资产仍大于负债、净值为正,不至于破产。因此,商业银行资本充足

的意义是使其在资产价值下跌时有更多的实力冲销呆账而不至于破产。

◇ 显微镜 3-17

破产源于流动性危机还是清偿力危机？

1. 商业银行"流动性转换"的本质

部分准备金制度体现了银行为整个社会提供流动性转换的职能，Diamond 和 Dybvig(1983)指出：商业银行所提供的服务实质上是一种流动性转换，即银行用流动性负债为非流动性资产提供融资。显然，银行这种流动性转换能够促进社会的储蓄转化为投资，促进经济增长，因此，银行是一个有益的机构。

2. 一个经济主体的流动性与清偿性

当一个经济主体的当前和潜在的流动性资产数量大于流动性负债数量时，该经济主体就具有流动性；当其现实的和潜在的流动性资产数量小于流动性负债数量时，该经济主体就缺乏流动性，如果债权人要求它清盘，它就要破产。

如果清盘后其资产大于负债，那么它就是黑字破产，表明它有清偿力；反之，则为赤字破产，表明它没有清偿力。

3. 有清偿力但无流动性的企业也可能破产

可见，有清偿力的经济主体如果失去了流动性，在债权人的不宽容下也可能破产，因此，对商业银行而言，虽然要根据三性原则——安全性、收益性、流动性来进行资产、负债综合管理，但对于避免破产威胁而言，银行的首要任务是管理其流动性，"重要的永远是流动性、流动性、流动性"。挤兑就是流动性风险的爆发，足以导致一个银行被破产清算，因此，银行业是一个高风险行业。

如果某商业银行是有清偿力的，当流动性发生问题时，它可以紧急融资，无论是同业拆借还是向央行借款，同行或央行(包括 IMF)都是本着"救急不救穷"的原则。因此，当银行借不到钱时，其实不是流动性危机，而是清偿力危机，因为此时它既缺乏流动性、又最终被证明缺乏清偿力，就是一个拆东墙补西墙的"庞氏骗局"，借给它的钱就会血本无归。

有时，当一个经济主体的资产价格极不稳定时，其是否具有清偿力也变得极不稳定起来，流动性就是其破产与否的关键。而流动性的增强包括债权人不要求其偿还债务，能够迅速融资等，由于投资人是"救急不救穷"，因而流动性能否增强归根结底又取决于投资人对于该经济主体是否仍具有清偿力的判断或信心，其很大的一个融资来源就是中央银行。

第五节　商业银行的中间业务和表外业务

一、我国广义的中间业务、广义的表外业务的定义

表外业务(或中间业务)有广义和狭义两层含义，广义的表外业务(或中间业务)指不构成商业银行表内资产、负债，形成银行非利息收入的业务。根据 2001 年 7 月 4 日人民银行颁布的《商业银行中间业务暂行规定》，"中间"是指银行居间服务，以收取手续费。广义的表外业务(或中间业务)包括两大类：不形成或有资产、或有负债的中间业务和形成或有资产、或有负债的中间业务，前者就是金融服务类业务，又被称为狭义的中间业务；后者是有风险

的中间业务，又被称为狭义的表外业务。

金融服务类业务是指商业银行以代理人的身份为客户办理的各种业务，目的是获取手续费收入，主要包括支付结算类业务、银行卡业务、代理类中间业务、基金托管类业务和咨询顾问类业务。

狭义的表外业务虽然对资产负债表没有直接影响，没有反映在资产负债表内，但它们一定条件下就会转为表内资产、负债业务，因而其风险和收益又必须被反映、核算、控制和管理，需要在表外进行记载，故称其为表外业务，主要包括担保或类似的或有负债、承诺类业务和金融衍生业务三大类。

二、狭义的中间业务

中间业务指银行并不需要动用自己的资金，而是利用银行设置的机构网点、技术手段和信息网络，为顾客办理服务并收取手续费的业务，又称为金融服务类业务，它不反映在资产负债表中，主要包括结算业务、代理业务、信托业务、租赁业务、信息咨询业务等。

（一）结算业务

1. 概念

结算是指各经济单位之间因交易、资金转移等原因所引起的货币收付行为（与之相近的一个概念是清算，它是指银行之间的货币收付）。交易双方的货币收付除少量以现金形式进行外，大部分是通过双方支票存款账户上的资金划拨来完成的，因此，商业银行在其间扮演着重要角色，结算业务是商业银行存款业务的自然延伸。

按照收款人和付款人所处的地点，可将结算分为同城结算与异地结算。

2. 同城结算

指收款人和付款人在同一城市或地区的结算，主要采用支票结算的方式。付款人根据其在银行的存款和透支限额，向收款人开出支票；收款人收到这张支票之后，可以自己到付款人的开户行要求付款，但一般的做法是将支票交给自己的开户行，委托它向付款人收款。若支票的收付方恰好在同一银行开户，银行只需将支票上所载金额从付款人账户划转到收款人账户即可。若收付双方不在同一银行开户，银行就必须把支票送到票据交换所进行清算。票据交换所是银行同业间为提高支票清算效率而设立的一种机构。

显微镜 3-18

伦巴第街与世界上第一个票据交换所

商业银行为客户收进的票据（如支票）向出票人的开户行索款，由于支票的签发是以客户在银行有存款为前提的，因此，支票授受双方的债权债务关系就转为双方开户银行间的债权债务关系。早期的结清方法是由银行每天派人持客户交来的收款票据前往各应付款银行收取款项（现金），这种方法费时费力又不安全。18 世纪英国伦敦的伦巴第街是金融业集中的地区，1773 年在那里诞生了世界上第一家票据交换所。

票据交换所是指同一城市（包括郊区）内各银行间清算其各自应收应付票据款项的场所。每家银行都可能收到许多在别的银行开户的存款人开出的支票（这意味着该银行受其客户的委托要找其他银行收款），同时它自己的存款人开出的支票又会被存入别的银行，因此，各银行都把收到的支票集中送到票据交换所进行交换，有一部分债权债务可以相互抵消，银行之间只需收付一个净的差额便可以了，最后由交换所的总结算员办理最后款项的现金收付。

现在一种更为便捷的同城结算手段是票据交换所的自动转账系统。所有参加这一系统的银行之间的同业拆借、外汇买卖和汇款划拨等都不用通过支票或通知书来完成，而可以通过将有关数据输入自动转账系统的终端机来进行，这样就进一步加快了结算速度。

银行办理结算业务通过收取手续费而获利（如代收支票要收手续费），同时，银行从接受款项到支付款项之间存在着时间差，这对于银行来说相当于一笔无息资金来源。

3. 异地结算

异地结算指收款人和付款人不在同一地区的结算。它有汇兑、托收和信用证结算三种方式。如果收付款双方处在不同国家，则银行通过汇兑、托收和信用证三种方式为其提供的结算服务就是国际结算。

1）汇兑（remittance）

汇兑指顾客以现款交付银行，由银行把款项支付给异地或异国受款人的一种业务。在汇款业务中并不需要寄送货币，而是由承汇银行向另一银行或自己的分支机构以银行支票、汇票、邮信或电报的支付委托书命令其向第三方支付一定数额的货币。

银行支票或汇票由银行交给客户，客户再将它寄给收款人，然后由收款人向凭证上指明的银行收款，这就是票汇；支付委托书由承汇银行用邮信或电报直接寄给另一家银行，再由后者通知收款人取款，这就是信汇与电汇。

在国际贸易中可使用汇兑方式进行国际结算的可分为两种情况："货到付款"（出口商先发货，进口商收到货物后再汇款给出口商）与"款到发货"（进口商先汇款给出口商，出口商收到款项后再发货），可见，两种方式都属于商业信用，"货到付款"相当于赊销，"款到发货"相当于预付货款，由交易的一方承担全部的资金占用和风险，而不是银行信用，因为银行只是充当付款代理。由于银行信用强于商业信用，故国际结算中广为使用的是银行信用而非商业信用，这种汇款在国际结算中使用最少，除非业务双方相互了解信任。

2）托收（collection）

汇兑结算方式对出口商的付款行为似乎没有什么制约，于是进口商想出了一个办法：将发货的运输单据扣下来，等出口商付款后再给他，这样他才能提货，因此发明了托收的结算方式。汇兑是付款人主动向收款人付款，而托收则正好相反，是由收款人向付款人索款，即卖方（收款人）发货后，向买方（付款人）开出一张汇票，并把它连同运输单据交给本地银行申请托收，本地托收银行将单据发往付款方所在地的代收银行，代收行提示买方付款，并在收到款项后交单，付款人凭单提货。

相对于汇款而言，托收的风险较小，但它仍是一种商业信用，因为出口商在发货后要经过一段时间才能收到货款，因此，资金占用的压力较大，属于赊销方式；并且，仍然存在出口商违约的可能，比如，进口商不想要这批货了，因此不去付款、也不去提货，虽然货物可以运回或委托托收行就地处理，但也将给卖方造成损失。托收不是银行信用，因为银行在此只是代理收款，并不负担风险。

3）商业信用证（信用证，Letter of Credit，L/C）

商业信用证是银行提供保证的结算业务，是银行信用，在国际贸易中被普遍采用。其基本业务流程是：进口商凭贸易合同向本地银行申请开立信用证，信用证就是本地银行开给出口商的信用保证书，保证在信用证上载明的各项条款得到满足的条件下（如销货方提交证明自己已发货的发票、提货单等单据）由自己而不是购货方向销货方付款。销货方收到信用证后，根据销货合同及信用证所列条款发货，然后凭信用证及相关单据向开证行要求付款。

在国际贸易中，通常开证行在购货商所在国，因此它会在销货方所在国指定一家银行代为向销货方议付货款，这样，销货方就是向指定银行要求付款。指定银行审单无误后，一般预先议付给出口商，并寄单给开证行。开证行审单无误后，付款给指定银行，同时通知进口商付清全部货款并赎单，而购货方向银行申请开立信用证时一般需预交一部分货款。

可见，信用证结算是手续最为烦琐的一种方式，因此银行收取的手续费也较高，然而信用证结算是相对较完善的一种国际结算方式，其使用最为广泛，因为：(1)它是一种银行信用，只要审单无误，开证行必须付款，而不管进口商是否付款，银行承担了第一付款责任。(2)交易双方的资金负担比较平衡：出口商只要交单无误就可以得到货款的议付，而无须等到货物运到后才从进口商处得到货款。出口商先于进口商实际付款之时而得到货款（此时开证行还没有收到进口商的货款，因此出口方银行也还没有收到开证行的货款）是因为开证行相当于给进口商提供了贷款，因此，信用证是将结算业务和贷款业务结合了起来（贷款的利息被包含在进口商支付的信用证手续费中了）。如果这种预先支付在出口商交单之前，则被称为打包放款；如果在交单之后，则被称为出口押汇，即议付货款。

信用证结算方式的特点是：(1)信用证是一项自足文件（self-sufficient instrument）。信用证不依附于买卖合同，银行在审单时强调的是信用证与基础贸易相分离的书面形式上的认证。(2)信用证方式是纯单据业务（pure documentary transaction）。信用证是凭单付款，不以货物为准。只要单据相符，开证行就应无条件付款。(3)开证银行负首要付款责任（primary liabilities for payment），以体现银行的担保。

（二）代理业务

代理类中间业务指商业银行接受客户委托、代为办理客户指定的经济事务、提供金融服务并收取一定费用的业务，包括代理政策性银行业务、代理中国人民银行业务、代理商业银行业务、代收代付业务、代理证券业务、代理保险业务、代理其他银行银行卡收单业务等。

1. 代理政策性银行业务

代理政策性银行业务指商业银行接受政策性银行委托，代为办理政策性银行因服务功能和网点设置等方面的限制而无法办理的业务，包括代理贷款项目管理等。

2. 代理中国人民银行业务

代理中国人民银行业务指根据政策、法规应由中央银行承担，但由于机构设置、专业优势等方面的原因，由中央银行指定或委托商业银行承担的业务，主要包括财政性存款代理业务、国库代理业务、发行库代理业务、金银代理业务。

3. 代理商业银行业务

代理商业银行业务指商业银行之间相互代理的业务，如为委托行办理支票托收等业务。

4. 代收代付业务

代收代付业务是指商业银行利用自身的结算便利，接受客户的委托代为办理指定款项的收付事宜的业务，最常见的是代收支票——客户将收到的由其他银行付款的支票交给自己的开户银行委托代收，再如，代理各项公用事业收费、代理行政事业性收费和财政性收费、代发工资、代扣住房按揭消费贷款还款等。

5. 代理证券业务

代理证券业务是指银行接受委托办理的代理发行、兑付、买卖各类有价证券的业务，还包括接受委托代办债券还本付息、代发股票红利、代理证券资金清算等业务。此处有价证券主要包括国债、公司债券、金融债券、股票等。

6. 代理保险业务

代理保险业务是指商业银行接受保险公司委托代其办理保险业务。商业银行代理保险业务，可以受托代个人或法人投保各险种的保险事宜，也可以作为保险公司的代表，与保险公司签订代理协议，代保险公司承接有关的保险业务。代理保险业务一般包括代售保单业务和代付保险金业务。

7. 其他代理业务

其他代理业务包括代理财政委托业务、代理其他银行银行卡收单业务等。

（三）信托业务

信托即信任委托。商业银行的信托业务是指它接受个人、机构或政府的委托，代为管理、营运、处理所托管的资金或财产，并为受益人谋利的活动。

银行的信托业务主要有：(1)个人信托：指为客户管理财产、办理证券投资等。(2)法人信托，如办理公司股票发行、登记注册、过户，公司债券的发行和还本付息业务；为经济法人存款、贷款；管理经济法人的基金，如企业职工福利基金、公益基金等，但银行从事该信托业务的收益主要是相关的手续费和资金占用，托管财产获得的收益则归委托人。(3)保管业务：银行设立保险箱，供客户用以保管贵重物品、重要文件等。信托业务中的受益人既可以是委托人本身，也可以是委托人指定的个人或机构。经营信托业务的可以是专门的信托公司，也可以是商业银行的信托部。

信托不同于信贷，商业银行对信托业务一般只收取有关的手续费，而营运中所获得的收入则归委托人或其指定的受益人所有。信托也不同于代理，在代理关系中，代理人只是以委托人的名义，在委托人指定的权限范围内办事，在法律上，委托人对委托财产的所有权并没有改变；而在信托关系中，信托财产的所有权则从委托人转移到了受托人手中，受托人以自己的名义管理和处理信托财产。

◇ 显微镜 3-19

信托业与银行业的分业经营

信托业务拓展了商业银行的活动领域，但商业银行从事信托业务是否合宜一直是一个有争议的问题，不少人主张应使银行业和信托业相分离，理由是：第一，信托部门使银行集聚了过大的经济力量；第二，银行不可能按所要求的那样把信托业务和其他商业银行业务分开。例如，如果银行作为一家公司的贷款人能够比这家公司的其他股东更早得知这家公司的不利前景，则它可以让其信托部门卖出这家公司的股票，从而使其他股东受到损害，而这是不正当的交易。因此，目前各国一般都要求银行的信托部门和银行部门在财务、人事等方面相互独立。

我国各商业银行曾大量涉足信托业务，但是从 1995 年开始，根据分业经营、分业管理的原则，中国人民银行要求银行系统所办的信托投资公司(包括该类公司的分支机构及银行的信托部、证券部)与银行在机构、资金、财务、业务、人事、行政等方面彻底脱钩，或改为银行的分支机构。到 1996 年年底，这项工作基本完成。

然而，欧洲的大银行一般是全能银行(银行、证券、信托、保险业务都可以做)。近年来，北美、日本也放松或废除了分业管理限制，使其银行业向全能型方向发展。

(四) 租赁业务

所谓租赁，是指所有权与使用权之间的一种借贷关系，由所有者(出租者)按照契约规定，将财产租给使用者(承租人)使用，承租人按期交纳一定的租金给出租人，有关财产的所有权归出租人所有，承租人只有使用权。这里介绍的是银行的设备租赁业务，它可分为融资租赁与经营(服务)租赁两种形式。

1. 融资租赁(资本性租赁)

由承租人自行向制造厂商选好所需设备，并谈妥规格、价格、交货条件等，然后找出租人(通常是金融机构或其附属的专业租赁公司)，要求后者按谈妥的条件向制造厂商购买设备，并签订租赁合约。因为是出租人支付全部资金，等于是提供百分之百的贷款，所以叫融资性租赁。由于设备是承租人选定的，出租人对出租的机器设备性能与物理性老化风险以及适用与否均不负任何责任，融资性租赁以承租人对设备的长期使用为前提，租期应基本上与设备的使用寿命相同，租赁期满后，承租人可将设备退还给出租人，或要求续租，或按当时公平市场价格(象征性价格)购买该项设备。

租金由购买设备的资金、利息以及出租人的利润三部分组成，分期交付。当企业急需某种机器设备而又缺乏必要的资金时，这一方法不失为一种明智的选择。商业银行所从事的租赁业务主要是融资性租赁。

2. 经营性租赁(服务性租赁)

出租人向承租人提供租赁货物，并且将租赁物反复出租给不同的承租人，一般由出租人承担租赁设备的保养、维修、配件供应以及培训技术人员等服务，租赁期满后不发生所有权转移。

(五) 信用卡

信用卡业务的运作机制已在前面讲过。信用卡业务可为银行带来三项收入：为持卡人服务而收取的服务费、消费贷款的利息收入以及向特约商号收取的回扣费，其中，服务费与回扣费算作商业银行中间业务收入。

三、狭义的表外业务

狭义的表外业务可分为三类：贸易融通业务(如银行承兑、信用证)、金融保证业务(如备用信用证、贷款承诺、贷款销售等)、衍生工具交易(如远期交易、期货交易、期权交易、互换协议等)。下面对其中一些业务做一简单介绍。

(一) 贸易融通类(或担保及承诺类)

1. 承兑

商业承兑汇票是指卖主开出一张汇票要求买主必须在指定的日期支付一定的货币金额给持票人,并要求买主在这一汇票上记上"承兑"字样。

当一家企业向另一家企业赊销时,由于对购货企业不够了解,难以确定其支付承诺的安全性,因此卖主不愿接受买主的票据,但也许愿意接受买主的银行的票据,因而银行承兑汇票就诞生了。承兑是银行为客户开出的票据签章承诺到期付款的业务,当票据到期前或到期时,客户应将款项交给银行或由自己办理兑付。银行承兑过的商业汇票就是银行承兑汇票。

可见,客户请求银行承兑的意图是用银行的信用来加固自己的信用,银行贷给客户的只是其信用,而不是资金,因此属于表外业务。但若汇票到期而付款人无力付款,该承兑银行也必须向汇票的受益人付款,即承兑行负有不可撤销的第一手付款责任,这就使承兑具有了担保的性质,因此,银行承兑汇票是一种或有负债。

有风险的表外业务也应按一定的折扣率计入表内风险资产中(如将未被清偿即买主未对银行付款以前的承兑票据视为资产列入银行的资产负债表),巴塞尔协议中规定了各类表外业务的转换系数。

◇ 显微镜 3-20

银行承兑汇票市场——货币市场的子市场之四

银行承兑汇票市场由以下几类市场主体构成:

1. 承兑机构:银行承兑汇票并非只有商业银行可以承兑,美国、日本的商业汇票通常是由银行承兑的,而在英国有专门的承兑所,承兑银行与承兑所被称为承兑金融机构,它们赚取的是手续费。

2. 贴现机构:商业承兑汇票可被持票人用来向商业银行进行贴现,经银行承兑过的商业汇票更可以贴现了,办理贴现的机构叫贴现机构。它可以是普通的银行,也可以是专营机构,如美国的12家票据贴现所、日本的短资公司。

商业银行贴现汇票后可以持有到期(一种抵押放款行为),也可以向其他金融机构转贴现以及向央行再贴现,这二者是票据买卖行为;美国的票据贴现所、日本的短资公司一般根据市场资金的供求状况,以议定的贴现率购进汇票,随后再以稍高于购进的价格卖出汇票,从中赚取一定差价。

3. 投资者:那么有谁会购买银行承兑汇票呢(有时购买银行承兑汇票需要通过经纪人)?银行承兑汇票的投资者可以是商业银行、保险公司、信托公司等。

这样有人制造银行承兑汇票(指承兑与贴现机构)、有人买卖(指经纪人和交易商——美国的票据贴现所、日本的短资公司)、有人投资(银行、保险公司等),就构成了银行承兑汇票市场。

4. 中国首家专业化的票据经营机构:因为上海企业的金融意识较强,票据的使用、转让比较普通,新中国第一张商业承兑汇票就是于1981年在上海诞生的。中国工商银行票据营业部于2000年11月在上海开业,可以经营以下业务:办理银行承兑汇票及商业承兑汇票的的贴现、转贴现、回购、向央行申请再贴现。

2. 贷款承诺

银行与贷款客户达成的一种具有法律约束力的正式契约，银行承诺将在承诺期内，按照双方商定的金额、利率，随时准备应客户要求发放一定数额的贷款。银行要按一定比例向客户收取承诺费，即使在规定的期限内，客户并没有申请贷款，承诺费也要照交不误。

贷款承诺分为可撤销的承诺与不可撤销的承诺。不可撤销承诺(irrevocable commitment)如票据发行便利(note issuance facilities，NIF)，是指银行向信誉良好的大企业提供票据发行便利，是银行与客户之间的循环融资保证协议，是贷款承诺的一种。即银行保证在协议期限内(一般在 3～7 年)，客户可以不高于预定水平的利率出售商业票据融资，如果客户的票据未能在市场上全部售出，则银行将购入未售出部分，或以贷款的方式予以融通。银行的风险是可能在某天不得不履约购买这些票据。

可撤销承诺(revocable commitment)附有客户在取得贷款前必须履行的特定条款，一旦在银行承诺期间及实际贷款期间发生客户信用等级降低的状况，或客户没有履行特定条款，银行就可撤销该项承诺。有些可撤销承诺的协议对双方不具有法律上的约束力。可撤销承诺如透支、信用额度。

3. 备用信用证

银行的客户按照某种协议对其受益人负有偿付或其他义务，为了提高自己的信誉，客户可要求银行开立备用信用证，这是一种保证书，银行向客户的受益人保证在客户未能按协议进行偿付或履行其他义务时，代替其客户向受益人进行偿付，银行为其支付的款项变为银行对其客户的贷款。

备用信用证和商业信用证的区别是，在商业信用证业务中，银行承担的是第一手的付款责任，只要收款人提供合格的单据，银行就必须按合同履行支付义务；而在备用信用证业务中，银行承担的是连带责任，在正常情况下，银行与受益人并不发生支付关系，只有在客户未能履行其付款义务时，银行才代替客户履行。

4. 保函

保函包括投标保函、承包保函、还款担保履、借款保函等。

(二) 交易类表外业务

交易类表外业务指商业银行为满足客户保值或自身风险管理等方面的需要，利用各种金融工具进行的资金交易活动，主要包括金融衍生业务。

1. 远期合约

远期合约是指交易双方约定在未来某个特定时间以约定价格买卖约定数量的资产，包括利率远期合约和远期外汇合约。

2. 金融期货

金融期货是指以金融工具或金融指标为标的的期货合约。

3. 互换

互换是指交易双方基于自己的比较利益，对各自的现金流量进行交换，一般分为利率互换和货币互换。

4. 期权

期权是指期权的买方支付给卖方一笔权利金，获得一种权利，可于期权的存续期内或到期日当天，以执行价格与期权卖方进行约定数量的特定标的的交易。按交易标的划分，期权可分为股票指数期权、外汇期权、利率期权、期货期权、债券期权等。

（三）投资银行业务

投资银行业务主要包括证券发行、承销、交易、企业重组、兼并与收购、投资分析、风险投资、项目融资等业务。

（四）托管类业务

基金托管业务是指有托管资格的商业银行接受基金管理公司委托，安全保管所托管的基金的全部资产，为所托管的基金办理基金资金清算款项划拨、会计核算、基金估值、监督管理人投资运作。包括封闭式证券投资基金托管业务、开放式证券投资基金托管业务和其他基金的托管业务。

◇ 显微镜 3-21

当前发达国家表外业务的发展趋势

大部分表外业务的历史都很短，是在20世纪70年代以后才发展起来的，但是其发展速度却非常惊人。比如，1985年，美国花旗、美洲等五大银行集团表外业务所涉及的资产总额为6 000亿美元，同期表内资产总额为5 300亿美元；而1988年，这五大银行集团的表外业务量猛增至2.2万亿美元，而同期的表内业务量仅为7 800亿美元，即出现了“表内业务表外化”的趋势。

银行开展表外业务的好处是：这些或有负债并不100%地列入银行的资产负债表，银行不必为它们保留如100%计入风险资产的表内资产那样多的资本，较容易满足资本充足率的要求；可以赚取手续费收入；可以绕过监管从事高风险性项目。大量的表外业务为商业银行带来了巨额收益，某些商业银行个别年份的表外业务收入甚至超过了资产利息收入。

第六节　商业银行管理原则

一、安全性、流动性与营利性概念

商业银行从事以上介绍的各项业务的目的是实现最大限度的盈利，盈利就是各种生息资产的收益与各种手续费收入，减去各种存款及负债的利息支出以及银行的各项管理费用后的差额。但是银行也不能为了盈利而一味地从事高风险性项目，还要注意能否按期收回本息，这就是安全性问题；此外，即使银行的资产（如贷款）完全能够收回本息，但贷款期限过长，使得银行没有足够的流动资金应付客户的提款，也会导致破产，这说明银行也要注意流动性问题。因此，商业银行的管理有三项原则：安全性、流动性、营利性。商业银行要按这三个原则来进行资产、负债管理。

(一) 安全性

安全性主要指银行资产的安全,即银行资产可按期收回本息的程度。影响资产安全性的因素即风险有以下几类:

(1) 信用风险(default risk),又称违约风险、欺诈风险:指借款人不能到期偿还本息,或银行所投资的证券的发行人违约、使证券到期未能还本付息的可能性。

(2) 利率风险:指银行发放的固定利率的贷款或投资的固定利率的证券(指固定票面利率)在市场利率发生变化时给银行造成损失或收益的可能性。

比如,在银行所持有的固定利率的债券尚未到期时市场利率上升了,根据债券内在价值的决定公式:

$$PV = \frac{F(1+r)^n}{(1+i)^n} \tag{3-11}$$

这将使固定利率债券的内在价值与市场价格(假定其市场价格等于内在价值)下跌,这将对银行造成损失,因为:1)如果不抛售该证券,则银行资产价值下降,并且存在着“机会损失”——即从事其他投资或放款能够获得提高了的市场收益率;2)如果抛售该证券,则将只能得到较低的售价。

相反地,市场利率下降则会给银行带来收益,这也是风险,因为“风险”指不确定性,在数学中用“方差”和银行的净值来衡量。当然银行的风险管理主要在于防范不利情况。

(3) 汇率风险:指当商业银行的资产、负债币种不匹配时,汇率变动使其利润偏离预期值的风险。

(4) 市场风险:当市场情况发生变化,出现一些不可控、不可预见的因素使资产价格发生变化的可能性。比如,银行所投资的股票或债券的价格突然由于市场传闻等因素而发生异动,既可能大幅度上扬、也可能大幅度下跌。其实利率风险、汇率风险就是两种最主要的市场风险。

(二) 流动性与营利性

流动性指银行在资产不发生损失的条件下及时支付的能力,“及时支付”指满足客户提现及必要的贷款需求,比如,信誉良好的老客户或存款大户提出借款时,如果银行无法满足其需求将影响双方的合作关系。银行要保持流动性,也就是我们前面在银行的流动性危机中所阐述过的,需要流动性资产要大于或等于流动性负债。营利性的含义其义自明、不必多言。

二、资产管理原则

商业银行的资产管理要满足以上三个原则,从总体上看,银行资产的安全性与流动性呈正相关关系,较安全的资产往往具有较大的流动性;流动性强的资产必然具有很强的安全性,因为如果资产不安全,比如,还本付息成问题,又怎么会迅速售出、变现呢?相矛盾的是营利性与安全性、营利性与流动性间的关系,资产管理就要协调这两对矛盾。

(一) 协调营利性与安全性的关系

营利性与安全性是负相关的:以“信用风险”作为安全性的指标来衡量,比如,在银行的资产中，信用贷款的安全性最小、营利性最强；抵押贷款安全性大于信用贷款，但营利性也弱于它；票据贴现与证券投资的信用风险也较信用贷款小，营利性也较它低。再如，长期放款与投资的信用风险大于中短期放款与投资，因为后者能在较短时期内收回投资，为了补偿，前者的收益大于后者。

因此，银行应在这两个相矛盾的原则中寻求平衡，比如，将信用贷款的比例控制在一定限度内；还要注意对放款客户进行调查与筛选、实行财务监控、采用信贷配给等；再如，对放款与投资的期限要合理搭配，不能盲目追求营利性。

（二）协调盈利性与流动性的关系

营利性与流动性是负相关的：现金资产是满足银行流动性的第一道防线，是“一级准备”；短期证券、票据等资产也具有较强的变现能力和流动性，是“二级准备”。银行要保持流动性就要多持有这类流动性强的资产，但它们是无息或低息的。因此，银行应在这两个相矛盾的原则中寻求平衡，流动性资产应该达到一个合理的最低限。

三、负债管理原则

（一）负债管理理论的发展

1. 存款理论

最早的负债管理的正统理论是“存款理论”，认为商业银行在吸收存款上是完全被动的，由此制约着商业银行的资金运用必须限制在存款的稳定沉淀额度内。

2. 购买理论（主动负债理论）

1）原理

信贷配给、熟客市场的现实环境使得银行为了维持与客户的良好关系，必须满足客户对贷款的需求，这样银行将不可避免地面临资金来源不足的窘境，20 世纪 60 年代产生了负债管理的“购买理论”，即主动负债理论。该理论认为，银行应由单靠吸收存款的被动型负债方式发展为向外借款的主动型负债方式，如发行可转让大额存款单来借入资金，让负债去适应或支持资产，并通过借款提供流动性，这意味着银行无须经常保有大量高流动性的资产。

2）购买理论的缺陷

购买理论否定了存款理论，认为它过于保守，但同时也有着以下缺陷：

(1) 提高了银行的融资成本，因为一般通过借款融进的资金必须支付高于一般存款的利息，如大额可转让存单的利率高于同期限的一般存款利率。

(2) 增加了经营风险，因为借款主要借助于金融市场，属于批发性资金来源，而市场是变幻莫测的，比如，如果出现了该银行不稳定的传闻，小额存款人固然会把存款留在银行，因为他们的存款已保了险，但批发资金的供应者将会停止与该银行的借贷关系，并大量挤兑，导致银行破产，2008 年美国次贷危机爆发后英国一家老牌银行——北岩银行倒闭的原因之一就是它依赖于批发性资金来源，而在次贷危机后这种资金来源枯竭了。小额存款等零售性资金来源被称为银行的核心存款，在次贷危机后各银行重新认识到了核心存款，“存款立得”理念的重要性。

(3) 不利于银行稳健经营，因为该理论使银行忽视对于资本的补充。

◇ 能量棒 3-9

英国北岩银行倒闭案及对我国的启示

（一）北岩银行激进的商业模式

英国北岩银行原是英国五大抵押贷款银行之一，然而，与大多数银行主要依靠吸收存款作为资金来源不同，其资金来源中只有5%是存款，它主要依靠同业拆借及在金融市场上出售抵押贷款证券进行筹资，所筹集的资金除了发放住宅抵押贷款外，还投资于债券市场，如购买美国的次级债（张亮，2009）[52]。

北岩银行的盈利模式非常激进，它发放的住房按揭贷款类型相当细化，包括组合按揭(together mortgages)、固定利率按揭(fixed rate mortgages)、可变按揭(variable mortgages)、终生按揭(lifetime mortgages)、出租按揭等(buy to let mortgage)，并使用激进的低优惠利率与高住房按揭比例。以其组合按揭贷款为例，假设贷款人的房产价值为10万英镑，北岩银行可向其最高贷款9.5万元，另外购房者还可能得到最高3万英镑的不保障贷款，这3万英镑的贷款视客户自身需求情况而定，因此，此按揭计划可以使购房者得到相当于房屋价值125%的贷款。

而其利率之所以低于其他贷款机构，是因为它采取了完全依靠伦敦国际金融批发市场获得资金来源（流动性）的战略，由于货币市场批发资金成本低于通过吸收客户存款获取资金的成本，这种商业模式在2007年美国次贷危机爆发前的三四年间的国际金融市场流动性过剩的背景下，普遍被认为是非常成功的（张亮，2009）。

2007年美国次贷危机的爆发并没有对其造成严重影响，因为北岩银行持有的次贷债券相关的金融产品仅占其总资产不到1%的比重。虽然北岩银行是在远离美国次贷危机风暴中心的英国，但是由于美国次贷危机波及到欧洲短期资金市场，造成资金紧张，银行间的同业拆借大幅度减少、拆借利率随之上升，北岩银行就出现了融资困难，导致头寸不足，只得向英格兰银行求助。而英格兰银行的贷款不及时且条件苛刻，这导致北岩银行融资枯竭，完全丧失了流动性，导致其投资者与储户丧失信心，致使其股价在短短几个交易日内下跌了近80%，同时出现了挤提，使其成为英国近140年来首次遭遇挤提而陷入流动性危机的金融机构（张亮，2009）。

此外，北岩银行的资本充足率在挤兑危机发生前数年一直远高于巴塞尔协议的标准，但自2003年后，由于资产规模扩张得过快，资本充足率一直在下降，从2003年的14.30%下降到了2006年的11.60%。北岩银行在陷入流动性危机长达6个月后，2007年被英国政府宣布将其国有化，成为英国第一个次贷危机的受害者。

（二）对我国的启示

1. 要重视核心存款，要保证资金来源的相对稳定性

北岩银行在倒闭前的2006年，其从金融市场上的融资占到其资金来源的63.7%，严重缺乏核心存款客户群，导致陷入危机后不能从货币市场获得资金，也难以通过市场营销、改进服务等措施吸引核心存款，最终导致资金来源的枯竭。

2. 资金运用要保持必要的流动性

北岩银行倒闭的另一个原因是长期资产占比过大，缺乏流动性。其资产主要是中长期住房按揭贷款，截至2006年年末，其资产中向消费者发放的贷款占比为85.5%，流动性资产仅占14.2%，其中，现金和中央银行存款不到1%。

这种极低流动性的资产结构在经济环境较好时能为银行带来较高的收益，但是一旦资金来源不足、需要变卖资产来融资，就会导致资产变现收益大幅度下降。

3. 要控制信贷规模的过快增长、保持资本充足率

我国自2008年年末出宽松的货币政策以来，国内银行业特别是上市银行为确保业绩增长，在经济下行期为了保持利润而大幅度加大了信贷投放量，大部分信贷资金投入了铁路、高速公路、电网、地方基础设施建设和地方政府融资平台，并且以中长期贷款为主，这类贷款在2009年新增贷款中的比重接近70%，呈现出了明显的政府项目带动特征，而生产制造型企业，特别是中小型企业的贷款则增长乏力，表明已发贷款的客户和行业集中度高，不利于分散信贷风险。并且，信贷投放并未全部流向实体经济，资金通过多次流转后间接流入股市（梁荣松，李成青，谢洁华，2010）[53]。

2009年，伴随着天量信贷投放，银行业依靠发行大量的次级债券弥补流动性及资本充足率①。在当时低利率的环境下，银行通过大量发行次级债来补充附属资本，提高资本充足率。但是由于我国的次级债只能在银行间债券市场上发行与交易，且次级债在市场上的流通性较差，因此多为银行间交叉持有，有券商报告分析，我国银行业金融机构发行的次级债大约有50%是银行体系内部由各银行交叉持有，这意味着整个银行其实没有太多的增量资本进入，也并没有真正增强整体的风险抵御能力。

四、资产负债综合管理原则

（一）原理

在实践中，商业银行的资产管理往往过于偏重安全性和流动性而牺牲营利性，而负债管理（如主动性负债行为）又增大了银行经营风险，因此，20世纪70年代末、80年代初产生了资产负债综合管理理论，认为应对资产与负债进行综合管理。

该理论是将资产和负债两个方面加以对照，比如，银行可能因“短借长贷”而遭致利率风险，比如，以发行年利率为9%的90天大额可转让存单来筹集资金、投资于年利率为10%的5年期债券，当存单到期后需要发行新的存单时，如果利率上升到年利率10%以上，则银行就要亏本。

（二）资产负债综合管理法的运用之一——利率风险管理的缺口法与久期法

为降低利率风险，商业银行可采用缺口法与久期法。

1. 利率敏感性缺口分析（gap analysis）

1）利率敏感型与非利率敏感型的资产与负债

缺口分析是直接测量银行存、贷的利息差额（以下简称净利差）对利率变化的敏感程度，缺口指利率敏感性缺口，即利率敏感型资产与利率敏感型负债之间的差额。我们以A银行的资产负债简表为例。

该行在资产端有2 000万元的资产属于利率敏感型——即利率在短期内可调整，如一年至少变动一次；有8 000万元的资产属于利率非敏感型——即利率在短期内不可调整，如在一年内保持不变。在负债端有5 000万元的利率敏感型负债，有5 000万元的利率非敏感

① 截至2009年8月各银行已发行次级债22 40亿元，是2008年发行量736亿元的3倍（梁荣松，李成青，谢洁华，2010）。

型负债。如果存、贷款利率各提高 5 个百分点，则该行资产的利息收入增加了 100 万元（=5%×2 000 万元的利率敏感型资产），而其负债的利息支出增加了 250 万元（=5%×5 000 万元的利率敏感型负债），因而该行的利润减少了 150 万元（=100 万元-250 万元）。相反，如果利率下降了 5 个百分点，通过同样的推理过程，我们知道该行的利润将会增加 150 万元。这个例子说明，如果银行拥有的利率敏感型负债多于利率敏感型资产，那么利率的提高将会导致其利润下降；反之，利率的下降将会导致其利润上升。

2）利率敏感性缺口分析法

利率敏感型缺口分析法是针对利率敏感型资产与利率敏感型负债而言的，利率变动对净利差的影响是

$$\text{净利差变化(元)} = \text{利率变化额(\%)} \times \text{利率敏感型缺口(元)} \tag{3-12}$$

利率敏感型缺口指利率敏感型资产减去利率敏感型负债后的差额，在此例中该缺口为-3 000 万元（=2 000 万元-5 000 万元），因此，如果利率上升 5 个百分点，则该行的净利差就将下降 150 万元[=-5%×(-3 000 万元)]；反之，如果利率下降 5 个百分点，则该行的净利差就将上升 150 万元[=-5%×(-3 000 万元)]。

3）久期分析法

银行总资产与总负债的内在价值、从而银行的净值也会因为利率变动而变动与缺口分析法不同，久期衡量的是利率变动对于银行净值的影响。久期是麦考利提出的收回投资资金所需要的平均时间。计算单一金融工具（如贷款、存款、非存款借款与证券等）的久期的基本公式是：

$$D = \frac{\sum_{t=1}^{n} t \times \frac{R_t}{(1+i)^t}}{P_0} \tag{3-13}$$

其中：D, t, n, R_t, i, P_0 分别表示久期、第 t 期、总共有 n 期、预期第 t 期的现金流、该金融工具的市场利率（到期收益率）以及其当前的内在价值（假设其内在价值等于价格，因此也可用当前价格表示）。

久期的优势在于它能被用于近似估算资产、负债的内在价值对于利率变动的敏感度，因而是一个非常有用的概念。假设一项资产或负债的市场价格等于其内在价值，其内在价值（近似于市场价格）变化的百分比大致等于其久期乘以这项资产或负债的市场利率的相对变化，公式如下：

$$\frac{\Delta P}{P} = -D \times \frac{\Delta i}{1+i} \tag{3-14}$$

或

$$\Delta P = -D \times \frac{\Delta i}{1+i} \times P \tag{3-15}$$

又因为银行净值的变动额等于资产的变动额减去负债的变动额，即：

$$\Delta NW = \Delta A - \Delta L \tag{3-16}$$

又因为

$$\frac{\Delta A}{A} = -D_A \times \frac{\Delta i}{1+i}, \frac{\Delta L}{L} = -D_L \times \frac{\Delta i}{1+i} \tag{3-17}$$

因此有

$$\Delta NW=\left[-D_A\times\frac{\Delta i}{1+i}\times A\right]-\left[-D_L\times\frac{\Delta i}{1+i}\times L\right] \tag{3-18}$$

又由于一家银行的资产与负债必定有很多项，因而需要将单项资产、负债的久期演化为资产组合与负债组合的加权平均久期（以该项资产或负债额占总资产或总负债额的比重为权重），以此来考察利率变动对该行净值的影响。为此，还需要计算以各项资产与各项负债的数额占总资产、总负债数额的比重为权重的资产组合与负债组合的加权平均利率。

在此例中，假定其资产组合与负债组合的加权平均久期分别为3年和2年；资产总额与负债总额分别为1亿元和9 000万元；资产组合的加权平均利率为20%，负债组合的加权平均利率为10%，则当资产组合与负债组合的加权平均利率均提高5个百分点时，银行净值的变化将为

$$\Delta NW=\left[-3\times\frac{5\%}{1+20\%}\times 10\ 000\right]-\left[-2\times\frac{5\%}{1+10\%}\times 9\ 000\right]=-440(\text{万元})$$

可见，净值减少了440万元。

综上所述，由于银行的经理能够借助于缺口分析与久期分析预测利率变动对于其净利差、净值的影响，因此可以在预测利率变动的基础上事先调整资产与负债的结构以规避利率风险。20世纪80年代美国储蓄贷款协会全行业在利率不断上升的环境中，由于资产结构无法调整而亏损，就是一个没有很好地管理利率风险的例子。

◇ 能量棒 3-10

20世纪80年代中、后期美国储蓄贷款协会危机
——住房按揭贷款的利率风险与信用风险

美国的储蓄贷款协会（Savings and Loans Associations）是一种在政府支持和监管下专门从事储蓄和住房抵押贷款业务的金融机构，通常采用互助合作制或股份制的组织形式。

第一家储蓄信贷协会于1831年诞生于宾夕法尼亚州，但发展比较缓慢。第二次世界大战结束到20世纪70年代，美国住房市场需求日趋旺盛，给储蓄信贷协会的发展带来了一段黄金时期。到了20世纪70年代末，美国储蓄信贷协会的总资产已突破6 000亿美元，成为美国的金融巨头之一。

20世纪80年代末、90年代初，美国房地产价格大幅度下跌，房地产业客户大量违约，因此形成了储蓄贷款协会的大量的不良资产，使它们普遍陷入了严重的困境，再加上短借长贷的经营模式使其在利率上升时亏损严重，相当一部分储贷协会丧失了支付能力而破产倒闭，形成了20世纪70年代以来发达国家规模最大的金融危机之一。

（一）美国储贷协会危机的原因

20世纪80年代中后期美国储贷协会危机是继20世纪30年代"大萧条"之后的又一次商业银行、储蓄机构破产的风潮①，储贷协会几乎全面破产，美国的房地产投资、家庭消费全面下跌，使得1981—1990年间美国GDP增长率明显降低。美国政府最终用了将近1 050亿美元的巨额贷款来解决储贷协会危机，仅1999年一年纳税人的净损失高达1 240亿美元（刘胜会，2013）[54]。

① 据美国立法机构统计，有问题的储蓄贷款协会从1981年的大约200家增加到1986年的超过1 400家，储蓄贷款协会倒闭的数量从1950—1981年平均每年5家，1982—1992年平均每年13家，1988年达到200家以上。在这场危机中，各种利益集团通过立法机关谋取私利，丑闻百出，在美国金融发展史写上了不光彩的一页。

储贷协会危机的原因在于其运行机制、盈利模式、风险管理不健全，没有建立有效的内部激励和约束机制；同时，存款保险制度、金融监管等配套措施不足，使得其在市场利率上升时息差变为负，发生严重亏损。

1. 短借长贷的经营模式使得美国储贷协会在利率上升时亏损严重

1）美国20世纪70年代的利率自由化与金融创新导致储贷协会的利差变小

（1）利率稳定时的“3-6-3”经营模式

从20世纪30年代到20世纪60年代中期，美国的通货膨胀率低而稳定，因此名义利率也低而稳定，储贷协会的经营也是稳定而繁荣，局外人笑称储贷协会经理们的经营方式是“3-6-3”模式，即以3%的年利率借款，以6%的年利率贷款，每天下午3点准时去打高尔夫球（[美]劳埃德·B.托马斯，1999）[55]。

（2）市场利率上升时严重的脱媒现象

储贷协会的经营模式是吸收短期存款、发放长期固定利率的房屋抵押贷款，因而资产、负债期限错配严重。当利率上升时，短期资金来源的成本上升，而长期资金运用的收益不变，存贷利差型业务的利润就会减小，甚至为负，经营就会亏损。

在20世纪70年代中期，美国的通货膨胀率开始上升，在费雪效应下，市场名义利率也开始上升。最初，这一上升是温和的，所以储贷协会尚可经营，但在20世纪70年代末，不断上升的通货膨胀率将市场名义利率提升到高于监管机构允许储贷协会向储户支付的利率上限（此时美国商业银行仍受《格拉斯-斯蒂格尔法案》中Q项条例对利率上限的限制），导致储贷协会吸收的储蓄大为减少，储蓄资金流向了不受利率上限管制的、支付市场利率的直接融资工具——这被称为“金融脱媒”或“非中介化”现象。

（3）对脱媒的应战开创了美国的金融创新与利率自由化

为了应对“脱媒”现象，花旗银行率先向监管部门提出发行“大额可转让存单”这种金融创新产品。1970年6月，美国政府允许其发行10万美元以上、90天以内的大额可转让存单，并支付市场利率，标志着美国政府开始逐步放松利率管制，开始了美国的利率自由化进程，该进程直到1986年4月美国政府取消了存折储蓄账户的利率上限才结束。

为了解决储贷协会的资金来源（脱媒）问题，立法机构授权其效仿大额可转让存单发行货币市场单据，这一新产品面值为1万美元，允许银行和储贷协会参照6个月国库券利率来确定其利率；20世纪80年代早期，立法机构还授权银行和储贷协会发行两年半期的浮息存款证，利率根据两年半期的国债利率浮动。1980年的《存款机构放松管制和货币控制法案》规定，利率上限将在6年内被废除（刘胜会，2013）。

（4）利率自由化和金融创新挤压了储贷协会的利差

利率自由化以后，新生的货币市场共同基金对于家庭储蓄的竞争使得储贷协会不得不提高吸收存款的利率；同时，抵押贷款证券化蔚然成风，养老基金和人寿保险公司对这些抵押贷款证券的大量需求降低了抵押贷款的利率①。这些因素使家庭受益匪浅，但却降低了储贷协会的利差，导致该行业的萎缩②。

2）20世纪80年代美国金融自由化后，储贷协会的主要资金来源由吸收存款变为发行大额

① 因为养老基金和人寿保险公司与储贷协会一样，都是可贷资金的供给者，当可贷资金供过于求时，其价格（住房按揭揭贷款的利率）就下跌了。

② 到了1982年年底，大约有1/4或800家在20世纪70年代还在经营的储贷协会消失，其中一些已经倒闭，另一些则被更强大的金融机构兼并收购了。据估计，该行业的净值从1979年的大约320亿美元降低到了1982年的40亿美元。

可转让存单

20世纪50年代后，在政府税收、住房等政策的鼓励下，美国房地产市场空前兴旺，储贷协会空前发展，从1950年到1975年，储贷协会发放的住房抵押贷款一直占其资产的82%以上。

储贷协会传统的运作模式是吸收存款、发放中长期住房抵押贷款，利润率较低，发展也较慢。1980年和1982年，美国分别通过了《存款机构放松管制和货币控制法》和《存款机构法》，使得对其的利率管制和经营范围的限制大幅度放松，储贷协会的商业模式也开始转变为主要依靠发行高利率的大额可转让存单来吸收资金，从事住房抵押贷款，这样，储贷协会的资产规模和机构数量就迅速扩张。

3) 1979年后的利率上升导致其息差为负

1979年后，为了抑制通货膨胀，美联储连续大幅度提高短期利率，从1979年6月至1980年3月，短期利率上升超过了6个百分点，从9.06%上升到了15.2%，这使得储贷协会发行大额可转让存单而支付的利率高于住房抵押贷款的固定利率，使得其息差为负①，在1981—1982年，息差为－1.0%至－0.7%，导致其利润大幅度下降(刘胜会，2013)。

4) 房价下跌导致其抵押贷款的资产价值迅速下降

在1986年国际石油市场震荡和1987年纽约股市“黑色星期一”等一系列突发事件的影响下，美国房地产行情逆转，房价大幅回落②。由于储贷协会的主要资产是房地产贷款，因此房地产市场逆转导致其贷款价值迅速下降。

2. 监管的放松

当储蓄协会亏损问题暴露，甚至绝大多数储贷协会都在技术上破产之时，里根政府的监管者采取了以下几方面不恰当的措施。

1) 扩大储贷协会的经营范围

由于房地产市场有行情涨落的变动周期，即使是担保充分的房地产项目在跨周期过程中也可能出现价值意外下跌，因此，历史上美国监管部门都是限制商业银行房地产信贷业务的期限和额度，并禁止其直接投资于房地产。在1980年前，储贷协会也受到了严格的监管，资金运用被严格限制在主要为当地居民提供由房屋作担保的中长期住房抵押贷款上。

但是，在金融自由化浪潮中，1980年和1982年美国通过了具有冒险性的《存款机构法案》，授权储贷协会发行没有利率上限的货币市场存款证来同货币市场共同基金竞争(存款利率自由化)，同时允许储贷协会投资于公司、房地产和商业债券、垃圾债券、金融期货、掉期等金融衍生工具③；1983年，联邦住房贷款银行委员会废除了最高贷款比例为房价的75%的限制，允许发放房屋价值100%的住房贷款。

---

① 储贷协会的资产主要是固定利率的抵押贷款，而且大部分是过去几年发放的，还要持续多年，根据合同，储贷协会不能提高已发放固定利率抵押贷款的利率，这样，储贷协会要将其抵押贷款的平均收益率提高一个百分点都需要多年时间。由于老抵押贷款利率不能提高，抵押贷款平均收益率的提高要完全依靠新的抵押贷款利率，又由于新购房者对抵押贷款利率十分敏感，当抵押贷款利率提高时，他们就延迟购买住房，这使得储贷协会无法通过对新抵押贷款制定更高利率来迅速提高其平均收益率，而且联邦法规要求储贷协会将其绝大部分资金投放于住房固定利率抵押贷款上，不能用于其他投资，因此，到了20世纪70年代末以后，储贷协会全部资产收益率低于资金成本，1981年息差为－0.8%，全行业1981年亏损60亿美元，1982年亏损50亿美元([美]劳埃德·B.托马斯，1999，《货币、银行与金融市场》中译本)。

② 从1983—1988年的房价年均增速达13.9%，1988—1992年的房价年均跌幅为6.2%。随着房价的回落，银行房地产抵押贷款的资产价值迅速下降，信贷风险严重恶化。

③ 有几个州的立法机构为了确保本州的储贷机构相对于联邦注册的储贷协会不会处于不利地位，比如，在储贷协会亏损最严重的得克萨斯州、加利福尼亚州和佛罗里达州，对储贷协会的管制几乎完全放开，储贷协会被允许投资于垃圾债券、处于萧条时期的不动产业等([美]劳埃德·B.托马斯，1999，《货币、银行与金融市场》中译本)。

其后果是：(1)监管的放松刺激了储蓄贷款协会投资房地产等风险资产的热情，因为在1980年、1982年《存款机构法案》颁布执行时，美国绝大多数储贷协会从技术上已经破产，因此它们都愿意借机投资于高风险资产冒险一搏([美]劳埃德·B.托马斯，1999)。储贷协会发放的住房抵押贷款从1976年的7 000亿美元迅速上升到了1980年的1.2万亿美元，随着规模的扩大，风险也在积聚。

(2)在利率自由化后，美国利率波动加大，利率水平攀升，在资金成本不断提高的情况下，储贷协会为了保持盈利水平，不得不开始拓展高风险的金融衍生产品业务，但由于储贷协会长期在利率管制时期稳定的存贷利差下经营，缺乏有效管理复杂的金融衍生产品和房地产风险的能力，一旦利率上升，就将遭受重大损失。

2) 用税收等法律支持风险投资

1981年《经济振兴税法》和1986年的《税收改革法》将房地产投资的一般收入税率从70%降到50%，将房地产投资资本利得税率从28%降到20%，大幅度降低了储贷协会投资房产的成本[①]。

3) 放松资本监管要求

为了攫取房地产泡沫带来的巨大利益，储贷协会的住房抵押贷款规模不断扩张，1976年高达7 000亿美元，1980年则高达1.2万亿美元，使其资本/资产比率不断下降。但是，监管部门却不断下调对该行业的资本充足率要求：1980年11月，监管部门将储贷协会的资本充足率要求从5%降到4%；1982年1月又进一步降低到3%。

这样做的原因是：尽管许多储贷协会在1982年、1983年在技术上已经破产，但是，关闭或兼并它们将会耗尽联邦储贷保险公司的全部保险基金，因此需要得到纳税人的谅解以及再次缴税，用以补充联邦储贷保险公司的资本金，这在政治上阻力很大，所以，美国政府采取了“监管宽容”或“忍耐”政策，调低了资本充足率，让大部分在技术上已经破产的储贷协会继续经营[②]。1981年9月，监管部门又允许出现问题的储贷协会发行“收入资本凭证”来补充资本，这种凭证由联邦储蓄与保险公司提供担保，能够让本已不具清偿能力的机构在账面上显得具有清偿能力(刘胜会，2013)[③]。

但是，放松资本监管要求却使得储贷协会的道德风险上升了，因为其自有资本率的降低以及存款保险制度，使其具有了冒更大风险的欲望，因为即使投资失败，它也不会有多大损失。这样，储贷协会的业务范围、资产规模无节制地扩张，更助长了其风险积累。

4) 存款保险制度的缺陷鼓励储贷协会从事高风险投资

美国存款保险制度的缺陷是造成储贷协会危机的重要原因之一。

(1)固定保险费率带来的道德风险加大了储贷协会冒险的冲动。危机前后，储贷协会缴纳的保险费率与其资产的风险并不挂钩，是固定保险费率，这使储贷协会的成本被锁定，促使它有动力寻求高风险、高收益的资产，因为：

① 即使其资产质量下降，联邦储贷协会保险公司也不会要求其提高存款保险费率；

② 储蓄存款保险制度对存款人的利益提供了保护，存款人就没有动力去关心储贷协会经营

---

① 此外，新税法还引入了加速折旧，允许商业房产的折旧最短年限从40年改为15年，远短于其经济寿命，此举大大降低了储贷协会投资房产的成本。

② 在1983—1989年这一关键时期，每一年都有超过400家破产的储贷协会继续营业([美]劳埃德·B.托马斯，1999，《货币、银行与金融市场》中译本)。

③ 此外，监管部门还允许储贷协会在计算资本要求时，采用更宽松的有管理的会计准则，来代替公认的会计准则；在计算风险资产时采用“五年平均风险资产”来替代“当年风险资产”。

的业绩和资产的安全。1980年前，每一储户的联邦存款保险金为4万美元，1980年，国会将其提高到10万美元，这等于向成千上万的10万美元以内的小储户发出了这样一个信号：他们根本不需要监视储贷协会的行为。而对于超过10万美元的大额存款人而言，也可以通过"代理存款"这种金融创新产品而获得存款保险①。这样，存款人根据利率高低、而不是其资产质量进行储蓄，就纵容了储贷协会冒险，进行风险资产配置。

(2) 但是，联邦储贷保险公司的赔偿能力是有限的，由于储贷协会倒闭事件从1982年起急剧增多，坏账占总资产的比重从1983年的0.15%上升到了1988年的1.18%，增加了近7倍。1986年，随着储贷协会的经营恶化和各地的挤兑风潮迅速蔓延，联邦储贷保险公司因而丧失了偿付能力。

(3) 为了应对不断恶化的破产浪潮、补充资金来源，20世纪80年代，联邦储贷保险公司采取"一刀切"的方式提高了所有储蓄贷款协会的保费费率，而没有按照风险承担大小对健康和不健康的储贷协会征收不同的费率。这样，健康的储贷协会的高保费被联邦储贷保险公司用于补贴给那些濒临破产的储贷协会，但对于其坏账而言这又是杯水车薪，无济于事，反而加大了健康的储贷协会的经营成本，客观上加大了风险的传播。

（二）美国储贷协会危机的治理

1. 1989年前里根政府的治理措施

美国储贷协会危机期间，里根政府通过如上所述的监管放松，一方面，希望给储贷协会放手一搏的机会，让它们凭运气从高风险资产中获得高收益，以补充资本金，渡过难关；另一方面，通过消耗联邦储贷保险公司的资本金来弥补储贷协会的资产损失。

虽然联邦储贷保险公司的资本金在不断消耗，里根政府却一直没有为其补充资本金，到了1986年，由于储贷协会的亏损不断增加，联邦储贷保险公司已经濒临破产，里根政府才向国会请求拨款150亿美元予以资助。

1987年国会通过了《银行业平等竞争法案》，该法案要求联邦储贷保险公司继续实行忍耐政策，成百家破产的储贷协会被允许在以后的几年内继续营业，直到布什政府在1989年年初就任时，储贷协会危机才被公开(刘胜会，2013)。

2. 1989年后布什政府的治理措施

1) 恢复严格的监管

立法机构于1989年3月通过了《金融机构改革、复兴和实施法案》，用联邦存款保险公司取代了联邦储贷保险公司，该法案与1991年的《联邦存款保险公司改革法》共同采取了以下一些改革措施。

(1) 恢复了被1982年《存款机构法案》放松的一些管制措施，如要求储贷协会将其资产的至少70%用于抵押贷款和其他与住宅相关的工具；将其不动产贷款限制在其资本的4倍以内；

---

① 假设美林证券公司充当存款代理公司，它接受A公司的100万美元的代理存款，将其分割成10份10万美元的存款，存到为实现高增长而乐于以较高利率吸收资金的存款机构，如储贷协会或商业银行。接着，假设一家资不抵债的储贷协会B，它以前很难吸收到存款，现在却可以通过高利率主动投标代理存款来获得美林公司出售的存款，从而为其高风险项目筹集资金，希望冒险成功后获得高额回报，从而补充资本金、摆脱资不抵债的境地。但是，从A公司的角度来看，储贷协会B所承担的风险与自己无关，因为其存在B的10万美元存款已全额保险了；相反，A之所以选择储贷协会B，是因为储贷协会B比储贷协会C提供的利率更高，而储贷协会B之所以能够承诺或提供更高的利率，又是因为它比储贷协会C承担了更高的风险，这样，亏损最严重的储贷协会冒险的动力也最大。显然，储贷协会破产事件发生的可能性就更大了([美] 劳埃德·B.托马斯，1999，《货币、银行与金融市场》中译本)。

(2) 不允许储贷协会购买垃圾债券，而且已持有的垃圾债券必须在1994年前变现，限制储贷协会的证券投资，命令储贷协会放弃某些冒险的经营；

(3) 规定储贷协会要遵守与商业银行相同的风险资本要求，因而将其核心资本充足率从3%提高到8%；

(4) 陷入危机的储贷协会不再被允许吸收代理存款；

(5) 放弃"大而不倒"的教条，限制对规模较大的储蓄贷款协会的保护；采取及时纠正条款，当储蓄贷款协会的资本比率不足时，监管机构将进行干预；

(6) 大幅度提高了存款机构的保险费率，实行与风险相关的费率，使得高风险的储蓄贷款协会(资本充足率低、资产风险高的银行)要缴纳更高的保险费率，抑制储蓄贷款协会的道德风险；

(7) 对储蓄贷款协会进行现场检查，减少监管部门与银行储蓄贷款协会间的信息不对称，现场督促其遵守资本监管的要求等。

2) 不良资产的处置

美国有两类政府机构来处置储贷协会的不良资产：

(1) 联邦存款保险公司(FDIC)：它不仅对其承保的存款履行支付义务，还接管、处置破产的金融机构。到2016年为止，联邦存款保险公司已先后签订了14份资产管理合同，资产总额达330亿美元(2016-07-23，银行不良资产处置方式汇总[J/OL])[56]。

(2) 重组信托公司(RTC)：1989年美国颁布了《金融机构改革、复兴与加强法案》后专门成立了重组信托公司(也被译为"复兴信贷公司")。该公司通过发行债券来筹集资金，用以购买原先由联邦储贷保险公司保险的储贷机构的不良贷款并使其变现，后续的《RTC再融资、重组与改进法》《RTC完成法》等进一步提供了法律支付。RTC先后接管了747家破产和处于危机中的储贷机构，并且使其从破产的储贷协会中接管过来的4 500亿美元资产的85%得到了恢复。RTC于1995年完成了使命并被关闭(2016-10-24，美国储贷协会走向倒闭的原因[J/OL])[57]。

(三) 美国储贷协会危机对中国的启示

1. 利率市场化与商业银行发展战略的转变

储蓄贷款协会危机实际上是短借长贷的盈利模式在利率上升时期的危机。我国在2013年7月解除了对贷款利率的管制，但没有放开对存款利率的管制，存贷款之间存在稳定的政策利差，商业银行可以通过最大化存贷规模来实现利润最大化；但在2015年后，存款利率管制也被取消了，从理论上说，中国已实现了利率市场化。

利率市场化后利差收窄、直接融资的竞争等因素势必会压缩商业银行利差型业务的利润和发展空间，因此，我国银行业应吸取美国储贷协会在利率市场化过程中盲目扩张的教训，大力发展中间业务，拓宽收入来源，增强综合盈利能力。美国利率市场化进程中，银行业的非利息收入占比从20世纪80年代初的20%上升到了20世纪90年代末的40%以上。

2. 建立存款保险制度的必要性

储贷协会危机显示，存款保险制度已成为应对金融危机的重要工具。利率市场化后，一些银行可能会经营不善，甚至破产清算，这时需要建立存款保险制度，以保护存款人的利益，减少社会震荡。当前我国已建立了存款保险制度，成了利率市场化后保护存款人利益的一道屏障。

[1] 审理银行提前收回贷款纠纷案件中需解决的法律问题[J/OL].[2010-06-10]. http://blog.sina.com.cn/s/blog_44678a250100j9tq.html.

[2] 王光宇. 银行资产管理业务与资产证券化市场的联接[J]. 银行家，2016(3).

[3] 还在拉存款？别人家的银行开始拒绝了[J/OL].[2015-10-27]http://www.sinotf.com/GB/News/1002/2015-10-27/yNMDAwMDE5NDAyNQ.html.

[4] 告别黄金十年,外资银行路在何方？[J/OL].[2016-02-29]http://finance.qq.com/a/20160229/018484.htm.

[5] 张越. 票号与钱庄之比较[J]. 时代金融，2013(3).

[6] 黄鉴晖. 中国早期的银行——账局[J]. 山西财经学院学报，1984(6).

[7] 翁礼华. “飞钱”：无心插柳的异地汇兑[J]. 浙江经济，2012(15).

[8] 夏丽梅. 试论唐代飞钱的产生及性质[J]. 青海社会科学，2004(11).

[9] 丹豫晋. 清代山西镖局起源初探[J]. 沧桑，2012(6).

[10] 杨梓润. 晋商票号：中国最早的银行[J]. 光彩，2013(8).

[11] 张越. 票号与钱庄之比较[J]. 时代金融，2013(3).

[12] 成晓明,俞会福. 针庄、票号与现代商业银行的比较及启示[J]. 东方企业文化，2011(12).

[13] 彼得·S.罗斯、西尔维娅·C.赫金斯著,刘园译. 商业银行管理[M]. 2013(10).

[14] 郭晨. 商业银行非标准化债权资产业务模式及监管研究——基于银行间市场的分析[J]. 海南金融，2016(1).

[15] 国泰君安银行团队. 监管的逻辑：理财业务深度解析[J/OL].[2016-07-28]http://www.sohu.com/a/107998538_460385.

[16] 张明. 中国影子银行：界定、成因、风险与对策[J]. 国际经济评论，2013(3).

[17] 朱焱,汪静. 金融机构非标资产业务发展对宏观审慎管理的影响机理研究[J]. 金融发展研究，2015(12).

[18] 钱雪松,李晓阳. 委托贷款操作机理与金融风险防范：源自2004-2013年上市公司公告数据[J]. 改革，2013(10).

[19] 王家辉. 关于完善我国商业银行委托贷款业务管理的思考[J]. 上海金融学院学报，2013(3).

[20] 陈志理. 商业银行委托贷款辨析[J]. 上海金融，2014(7).

[21] 李西文,申富平,周欢欢. 上市公司委托贷款的形成机理研究[J]. 河北经贸大学学报，2015(36).

[22] 马军伟. 委托贷款资金来源及运用——基于对江苏省的情况调查[J]. 中国金融，2013(23).

[23] 银行非标转标和非标、不良资产出表引爆[J/OL].[2016-07-17]http://www.112seo.com/article-2928578.html.

[24] 陈月石. 央行17年来首度松绑存款准备金考核,给了银行1.1万亿临时流动性[J/OL].[2015-09-14]http://m.sinotf.com/News/index/id/193096.html.

[25] 张晓慧,纪志宏,崔永. 中国的准备金、准备金税与货币控制：1984-2007[J]. 经济研究,2008(7).

[26] 侯建强,黄兰. 美国准备金制度的变革[J/OL].[2006-05-04]http://www.docin.com/p-885816278.html.

[27] 美国社区银行的三大核心能力分析[J/OL].[2015-10-26]http://www.aiweibang.com/yuedu/62288779.html.

[28] 赖昆鹏. 担保风险管理问题及对策浅析[J]. 财会通讯，2012(10).

[29] 张惠. 我国担保公司风险偏好特点与管理策略研究[J]. 海南金融，2011(7).

[30] 杨峰. 我国农户联保贷款的制度缺陷与优化[J]. 农村经济，2011(10).

[31] 茅于轼. 2006年个人网页.

[32] 赵岩青，王玮. 以信任机制推进小额信贷[J]. 银行家，2007(12).
[33] 温州硬着陆真相调查：银行业损失 1600 亿[J/OL]. [2016-11-02]http：//www. sohu. com/a/117917582_460385.
[34] 透视温州民间借贷下银行不良真相[J/OL]. [2016-11-10]http：//blog. sina. com. cn/s/blog_64afc12c0102vlrc. html.
[35] 温州企业“抱团”联手互助，银行无抵押放贷无压力[J/OL]. [2012-06-20]http：//news. xinhuanet. com/local/2012-06/20/c_123308313. htm.
[36] 台莉本. 我国小贷公司存在的问题及建议[J]. 时代金融，2017(3).
[37] 曾建中. 试论当前小贷公司运营中存在问题及对策[J]. 时代金融，2016(11).
[38] 王崇彦. 小贷公司发展困境及对策建议——以白山市为例[J]. 吉林金融研究，2017(1).
[39] 阿里蚂蚁金服 30 亿小贷资产通过保险资管证券化[J/OL]. [2014-12-09]http：//www. weibo. com/2139165573/BA3iR1mn8? mod＝recommand_weibo[J/OL]type＝comment_rnd1503939813513.
[40] 承兑汇票贴现、转贴现和再贴现汇总[J/OL]. [2015-07-29]http：//blog. sina. com. cn/s/blog_43b66e2f0102v0uj. html.
[41] 2013-12-13. 亚博网站每日经济大情势.
[42] 周艾琳. 中国或迎混业监管时代，英美两种模式你选哪一种？[J/OL]. [2015-11-10]https：//www. zhijiandoukou. com/mp/ybxfjqf. html.
[43] 银行持有证券牌照有长远意义[J/OL]. [2015-03-09]http：//bank. cngold. org/c/2015-03-09/c3137677. html.
[44] 构思超级监管者，寻找成本最低模式[J/OL]. [2015-11-16]http：//finance. qq. com/a/20151116/031193. htm.
[45] 你可能不知道的中国“国家队”救市细节”[J/OL]. [2015-11-15]https：//wallstreetcn. com/articles/226108.
[46] 董希淼. 又一波大额存单来袭说明啥[J/OL]. [2015-08-02]http：//www. 360doc. com/content/15/0802/07/26696297_488857127. shtml.
[47] [英]基思·皮尔比姆. 国际金融[M].（原书第 4 版）. 汪洋主译. 机械工业出版社，2015(10).
[48] 潘英丽. 国际货币体系未来变革与人民币国际化[M]（下卷）. 上海：格致出版社、上海人民出版社，2014.
[49] 祝元荣，王超. 离岸人民币市场均衡及政策[J]. 中国金融，2014(16).
[50] 叶允平. 人民币在岸和离岸汇率关系探讨[J]. 国际金融，2015(12).
[51] 嵇少峰. 为什么说 99% 的 P2P 金融平台即将死亡？[J/OL]. [2014-11-06]http：//finance. sina. com. cn/zl/bank/20141113/155620809430. shtml.
[52] 张亮. 北岩银行的倒闭与商业银行流动性管理[J]. 中国金融，2009(6).
[53] 梁荣松，李成青，谢洁华. 北岩银行挤兑危机对我国银行业信贷高速增长的启示[J]. 海南金融，2010(5).
[54] 刘胜会. 美国储贷协会危机对我国利率市场化的政策启示[J]. 国际金融研究，2013(4).
[55] [美]劳埃德·B. 托马斯. 货币、银行与金融市场[M]. 机械工业出版社，1999.
[56] 银行不良资产处置方式汇总[J/OL]. [2016-07-23]http：//www. 360doc. com/content/16/0723/11/35178403_577751541. shtml.
[57] 美国储贷协会走向倒闭的原因[J/OL]. [2016-10-24]http：//www. docin. com/p-278409851. html.

即测即练

简述与论述题

1. 简述“黑字破产”及“现金为王”的含义。

2. 简述《巴塞尔资本协议》中的逆周期审慎原则。

3. 简述什么叫超储。

4. 简述美国1933年颁布的《格拉斯—斯蒂格尔法》为什么禁止商业银行向活期存款支付利息。

5. 论述当前我国中小企业融资难的成因及一些解决方法。

第四章

中央银行与货币供给

中央银行(简称央行)虽然也称为银行,但它是政府的一个机构,是政府的组成部分,它的目标不是利润最大化,而是维护整个国民经济的稳定和发展。中央银行常被比喻成商业银行的"婆婆",因为它对商业银行施加严格的监管,就像婆婆管着媳妇一样;同时,中央银行因为有印钞机,可以救助患有由部分准备金制度造成的"先天性心脏病"——流动性危机的商业银行(这被称为央行履行最后贷款人的职能),因此又被称为"央妈"。但是中央银行直到17世纪中后期才出现,在此之前的银行业由于不存在着中央银行而被称为自由银行体系,由于自由银行体系缺乏印钞机(即最后贷款人),因此,中央银行(如美联储)是在银行业危机中由"媳妇们"哭着喊着要求建立的。"婆婆"一诞生,就给"媳妇"立了规矩,由此形成了当前中央银行的三大基本职能:银行的银行、国家的银行和发行的银行。

第一节 作为"银行的银行"的中央银行

一、中央银行的起源

(一)概述

引起银行危机的一个原因是资产、负债的期限不匹配问题。随着生产的发展,银行的贷款期限不断延长,当存款人来提款时,由于贷款未到期,就算贷款项目再有利可图也是远水解不了近渴,这表明贷款的流动性差,因此需要向资金实力雄厚的大银行借入资金。

但再大的银行也没有将各银行的一部分准备金集中在一起、成为互助基金的力量大。尤其是在经济周期衰退和萧条阶段,大小银行均面临困境,这时需要中央银行作为"最后贷款人"。央行履行最后贷款人的资金来源有:①强制性地将各银行的准备金集中起来;②利用国库存款;③利用其发行银行的特权发行货币,俗称"开动印钞机"。

(二)美联储的诞生——为了履行最后贷款人的职能

美联储是根据立法新建的中央银行。1863—1913年,金融恐慌横扫美国,为了在恐慌中保存自我,许多银行联合起来组成清算所,以建立银行突发事件的应急资金来源,类似于一个互助基金。但这个体系不能应付对整个体系的冲击事件,因为这时每家银行都需要借入应急资金,有限的资金就入不敷出了,这就需要一个能够无限创造流动性的"最后贷款人"。在1907年纽约信托业一场特别严重的恐慌后,立法者开始严肃地考虑建立一个中央银行，于是在 1913 年颁布了《美联储法》，建立了美联储。

◇ 能量棒 4-1

美联储的诞生

自建国之初，美国就是一个利益多元化的社会①，在美国公众反对货币银行权力集中的传统意识支配下，美国历史上两次建立中央银行的尝试均遭遇挫折，直到 1907 年纽约信托业危机过后才于 1913 年通过立法建立了美联储。

（一）1907 年纽约信托业危机及其化解

20 世纪初，美国新兴产业的兴起又引起了繁荣和股市投机，1907 年 10 月，投机商 F. 奥古斯塔斯·海因泽和查尔斯·W. 摩尔斯企业做空联合铜业公司股票这一投机活动的失败，引发投资者和储户对信托机构的挤兑风潮②，以会员制运作的纽约清算所不能及时获得信托机构的资产负债信息，同时也缺乏经验与方法去营救非会员的信托机构，因此，清算所的反危机机制未能有效发挥作用；而联邦政府（指总统与财政部）由于缺乏直接干预货币市场的职权③，无法承担起反危机的工作；而信托公司又尚未建立自我管理机构，缺乏联合自救的能力。

---

① 17 世纪初，由于西班牙贵族和皇室在中南美洲发现了大量的金子而变得极其富裕，使整个欧洲都相信，北美洲——一个没有白人定居的地方，有许多金子，于是，一些大胆的英国商人在 1606 年在英国国王詹姆士一世的支持下成立了弗吉尼亚公司（Virginia Company），准备开拓北美殖民地。1607 年 5 月 14 日，弗吉尼亚公司的探险家们抵达了现在的詹姆斯城岛（Jamestown Island），并在距离切萨皮克湾 60 英里的詹姆斯河河岸上建立了弗吉尼亚英属殖民地定居点（settlement）——被命名为詹姆斯敦，它也是公认的英国最早于北美建立的英属定居点。他们选择在河岸边建立定居点的主要原因是为了防御，因为当时英国的殖民探险家们既要与北美洲土著居民——印第安人作战，又要防范西班牙从海上的进攻，但更为恶劣的是当地自然环境非常严峻，在 1609 年的大饥荒（starving time）中，最初的 214 名定居者只有 60 人存活了下来。受该定居点成功设立的鼓舞，1608 年 8 月，英国清教中最激进的一派——分离派，由于受英国国教的残酷迫害，1608 年 8 月离开英国来到了荷兰，其中又有一部分教徒决定迁居北美，并与弗吉尼亚公司签订了移民合同。1620 年 9 月 16 日，在牧师布莱斯特率领下乘木船"五月花号"（Mayflower）前往北美。五月花号在前往新大陆之前是一艘进行商业贸易（通常是葡萄酒）的货船，主要来往于英国和法国，以及挪威、德国、西班牙等其他欧洲国家之间。当时，五月花号共搭载了 102 名船员，包括清教徒、破产者和失意者。经过 66 天艰苦的航程，102 名船员中仅有一人死亡，但诞生了一名婴儿，因而在抵达时仍有 102 人。1620 年 11 月 21 日，在登陆前，船上的成年男子在讨论：我们将如何管理未来的新世界？依靠什么？是领袖的权威？军队的威力？还是国王的恩赐？他们决定将这些问题弄清楚之后再上岸。有权参加讨论的是船上的 41 名成年男子，妇女们只能旁听，他们由分离派领袖在船舱内主持制定了一个共同遵守的《五月花号公约》，内容是：为了国王的荣耀，基督教的进步，我们这些在此签名的人扬帆出海，并即将在这块土地上开拓我们的家园。我们在上帝面前庄严签约，自愿结为一个民众自治团体，为了使上述目的得以顺利进行、维持和发展，亦为将来能随时制定和实施有益于本殖民地的总体利益的一系列公正法律、法规、条令、宪章和公职等，吾等全体保证遵守与服从。有 41 名自由的成年男子在上面签字，此公约奠定了新英格兰诸州自治政府的基础。

② 造成该股票两小时内从 60 美元暴跌到 10 美元，使得联合铜业公司很快破产，纽约股市剧烈振荡，市场上铜股票持有人损失惨重，两家经纪行和成千上万的股票投机者在一周之内破产。又由于始作俑者海因泽、摩尔斯控制了纽约的许多小银行、股票经纪所和一些信托公司的董事会，并曾利用它们为这次铜股票做空活动提供资金支持，导致上述机构也在做空投机活动失败后资产损失严重。当投资者和储户得知许多银行和信托公司卷入了此次投机活动并损失惨重的消息后，纷纷挤提存款。

③ 当时，由于没有中央银行，财政部和非官方的清算所分别履行了部分中央银行的职能。根据《国民银行法》规定，在财政部下设的货币监理局负责国民银行的注册审批、检查国民银行的资本营运、贷款比例等是否符合要求，是否执行了存款准备金和发行准备金的规定等。尽管美国历届财政部长不断扩大财政部职权，采取投放或回收财政部盈余货币的方式来调节货币供给量，但由于联邦财政部本身不是中央银行，没有发行货币的权力，也不能调动私人银行的准备金，因此没有足够的资金实力来履行中央银行的最后贷款人职能（胡越云，2010）。

1. 清算所的反危机机制

◇ 能量棒 4-1-1

自由银行时期清算所的反危机机制
——以 1907 年纽约信托业危机中的纽约清算所为例[1]

(一) 清算所的定义与职能

1. 18 世纪英国的伦巴第街与世界上第一个票据交换所

当商业银行为客户收进的票据(如支票)向出票人的开户行索款时,由于支票的签发是以客户在银行有存款为前提的,因此,支票授受双方的债权债务关系就转为双方开户银行间的债权债务关系。早期的结清方法是由银行每天派人持客户交来的收款票据前往各应付款银行收取现金,这种方法费时费力又不安全。18 世纪英国伦敦的伦巴第街是金融业集中的地区,1773 年在那里诞生了世界上第一家票据交换所。

票据交换所是同一城市(包括郊区)内各银行间清算其各自应收应付票据款项的场所。银行的收款人员约定地点,交换所持对方银行的票据,所有参加交换的银行分别轧出自己对所有其他银行的应收应付额,并汇总轧出本行是应收还是应付的差额,最后由交换所的总结算员办理最后款项的收付(胡越云,2010)。

2. 自由银行时期的私人清算所协会履行央行的"组织全国清算"的职能

自由银行时期的私人清算所协会要求各会员银行缴纳资本金和存入一定数额的清算资金,这就是法定存款准备金的雏形。之后,在美联储成立的 1913 年,首次在法律上确立了法定存款准备金制度。但在 20 世纪 30 年代的"大萧条"后,准备金制度逐步演化为中央银行的货币政策工具。

可见,清算所是由同一座城市内的若干个私人商业银行自愿结成的自我调控机构。1853 年,纽约的一些资本金大于 50 万美元的大银行借鉴伦敦清算所的做法,组建了纽约清算所,在此基础上又建立了银行家的自治组织——纽约清算协会。自纽约之后,美国各主要城市也纷纷建立了清算所(胡越云,2010)。

3. 清算所的职能

清算所的职能有:

(1) 提供同业清算服务,以消除双边清算(即银行之间两两分别清算)的成本,提高清算效率。当然,会员银行要为这种服务付费。为此,虽然没有中央银行成立后的法定存款准备金制度,但当时清算所都要求其会员保留相当比率的准备金率(比如,纽约清算所规定准备金率为 25%)。存在清算所作为结算用的储备金。

(2) 会员银行必须向清算所提供翔实的账务数据,当清算所发现某家会员银行头寸短缺时,会组织其他会员银行动用各自的储备向该银行提供贷款——同业拆借,清算所甚至发行自己的债务凭证来向流动性短缺的银行提供临时融资。

(二) 清算所的反危机能力强于个别银行间的同业拆借

其实,在清算所产生前,各商业银行在日常借贷业务中经常出现流动性短缺或盈余的情况,所以银行间经常发生同业拆借。但是,当所有的商业银行都面临季节性或突发性的提款冲击时,就很难找到一个头寸盈余的银行进行短期借款,所以,在 19 世纪中后期以及 20 世纪初期,金融恐慌在欧美各国非常普遍,如果有中央银行的话,这些金融恐慌就会被抑制,但是，在1900年以前，世界上只有14个国家拥有中央银行①。

19世纪后半叶，美国许多城市纷纷建立了清算所，清算所将各个银行的储备合在一起对遇险银行融资，虽然反危机的能力增强了②，但是，清算所反危机的能力仍然没有一个可以印钞票的中央银行强。

（三）纽约清算所的反银行业危机机制

纽约清算所的反危机主要分以下三步进行。

1. 通过了解会员行的资产负债表确定遇险行遭遇的是流动性危机还是清偿力危机

清算所通常要求其会员定期提交资产负债表，并通过清算所或州监管当局予以公布，因此，在金融危机爆发初期，清算所就能及时获得会员行的资产负债表，并据此判断遇险会员遭遇的挤兑是清偿力危机还是流动性危机，对流动性危机给予融资救助，对清偿力危机则"见死不救"、令其破产，这正体现了市场机制的自我调节。

2. 清算所以自己的资产作为担保发行发行自身的债务工具——可流通的贷款凭证，作为救助资金的来源

1）清算所贷款凭证的操作

假设一家清算所发行了贷款凭证，当会员遇到流动性危机时，清算所首先动用会员银行存在清算所的准备金，贷给遇险行使用。当清算所的准备金不够时，它就创造同业间的流动性。具体来说，假设B行应向A行支付（如40单位），但缺乏现金，因而B行就是遇险行，但是A行资金充裕，清算所就以自己的名义向A行借款（如40单位），并印制"清算所贷款凭证"作为A行此次贷款给清算所的债权文书。随后，清算所再将这种凭证贷给B行使用，B行就可用这种凭证向A行付款。而A行之所以接受这种凭证作为B行了结其债务的手段，是因为清算所的各会员银行都接受清算所的信用，正在同业进行互助，因而A行也可用它向其他行付款③，也就是说，这种凭证就像清算所人为创造的、可在同业中流通的一种货币，其发行是基于清算所的信用。其资产负债表如表4-1所示。

表4-1 清算所的资产负债表

清算所（发行贷款凭证后）			
资产		负债与资本	
现金资产	+100	会员的准备金	+100
被抵押的贷款	+40	清算所贷款凭证	+40
非流动性资产	+20	总负债	+140
		资本	+ 20
总资产	+160	总负债与资本	+160

① 这14个国家及成立中央银行的时间分别如下：瑞典（1688年）、英格兰（1694年）、法国（1800年）、芬兰（1811年）、荷兰（1814年）、奥地利（1816年）、挪威（1816年）、丹麦（1818年）、葡萄牙（1846年）、比利时（1850年）、西班牙（1874年）、德国（1876年）、日本（1882年）、意大利（1893年）（范建军，2004）。

② 到1914年美联储成立时，美国各大城市清算所已发展到了162家；在1893年美国银行业危机中，至少有十余家清算所发行了超过6 800万美元的贷款凭证；在1907年的危机中，清算所发行了价值约5亿美元的各类型贷款凭证，而当时美国通货总量也才仅有30亿美元（范建军，2004）。

③ 纽约清算所在这种凭证上载明"其他会员银行承诺接受它们作为日常的结算资金以替代货币"。

当然，得到贷款的B行使用这种凭证需支付利息，并在短期内偿付，逾期将被罚以高息。如果B行赖账而不向清算所偿还现金，则持有这种凭证的会员行可以向清算所要求支付现金，清算所就要用自己的资本金(以缺乏流动性的资产形式存在)来偿付，可见，只有当会员向清算所求偿这种凭证时，它才最终等价于现金。

2）清算所贷款凭证没有信用风险

为了降低融入资金的B行对融出资金的A行的信用风险，这种清算所贷款凭证是由清算所作为中介、用清算所缺乏流动性的资产作抵押发行的，如果B行不能偿付，清算所最后变现资产也可以偿付，因此这种凭证没有信用风险，可以在同业之间流通。这样，遇险银行就可将这种清算所贷款凭证用于同业结算，以此腾出现金来满足存款人的提款要求，从而平抑挤提风波。

3）清算所贷款凭证的发行数额以其资本为限

表4-1中，如果融资方——B行有21单位的清算所贷款凭证无法还款给A行，则清算所被抵押的非流动性资产中就有21单位要被变现、用于偿付，因而清算所的资产将减少21单位，即资本20单位全被用来冲销坏账还不够，从而将导致资不抵债而破产，可见，清算所发行贷款凭证的最大数额以其资本为限，因而其反危机的能力有限。

而清算所的资本金正是各会员缴纳的会费(或称份额资金)，可见，清算所贷款凭证归根到底是用会员自身缴纳的会费为抵押发行的，假设在此例中，B行缴纳的会费为45单位，当B行需要融资时，清算所给予其发行清算所贷款凭证的最大额度为40单位，相当于B行把自己的基金借出来救急。

3. 清算所宣布暂停支付

此外，清算所的撒手锏是耍赖——宣布暂停为存款人将存款兑换成金属铸币，这会使想把存款兑换成现金的人受到一时不便，但却是一个应对挤兑的有效手段，一方面它能为银行争取时间筹集资金以应付挤提，另一方面它也能使存款人有时间缓解恐慌情绪，从而使得受到挤兑的银行转危为安。在1907年危机中，芝加哥清算所便安排银行采取了放假的方式，暂不营业。

---

2. 1907年危机中纽约清算所反危机机制失效的原因

1）纽约清算所对问题银行进行了有效、及时的救助

1907年金融危机初期，纽约清算所对于国民银行的求援给予积极的帮助，比如，该年10月，当纽约国民商业银行向清算所救助时，清算所及时采取行动，清查该银行的账目，替换管理层。后来又在该行无力应付挤兑的情况下，将其关闭，由清算所向存款人全额支付——这相当于事后的存款保险，这样就有效地阻止了危机在其他银行之间蔓延。

2）纽约清算所没有及时救助信托公司

(1) 信托公司不是纽约清算所的会员

1907年金融危机的策源地是信托公司，由于信托公司是州政府特许经营的新兴金融机构，不是纽约清算所的会员(是没娘的孩子)，因此，当纽约第二大信托公司——尼科博克信托公司遭到存款人挤兑时，纽约清算所并没有提供救助。后来一段时间内危机仅在信托机构之间蔓延，清算所基本上处于不作为状态。直到危机进一步扩散，会员行也惹火上身，普遍遭受挤兑，纽约清算所才在摩根等银行家的劝说下，在危机爆发8天后才迟迟地发行了惯常用以应急的清算所贷款凭证。

(2) 清算所没有信托公司的资产负债表,无法筛选适宜救助的对象

由于信托公司不是清算所会员,纽约清算所在1907年危机爆发时,不能及时获得信托公司的资产负债表,因此无法筛选出适宜施救的对象,这是其在危机初期反应迟缓的重要原因。

(3) 纽约信托公司也不联合自救

1907年危机爆发后,纽约各信托机构不联合自救,而是竞相窖藏现金以自保,相继陷入困境,只得向J.P.摩根求助①。

3. 1907年纽约的银行业与信托业危机最终依靠J.P.摩根的个人之力予以化解

在银行挤兑蔓延的情况下,华尔街的私人银行家们只得请出已隐退的时龄70岁的华尔街老银行家J.P.摩根来组织反危机工作,完全是依靠了J.P.摩根的个人之力来组织同业对缺乏流动性的信托公司与银行进行融资,从而化解了这场危机。

与纽约清算所形成鲜明对比的是,芝加哥清算所在1907年危机初期反应迅速,因为芝加哥地区的信托公司均为芝加哥清算所的会员,始终处于清算所的监控之下,及时对遭到挤兑的信托公司施以援手,对那些无力应付存款人挤兑的银行采取休业等措施予以保护,因此在这场危机中,芝加哥地区没有一家信托公司或银行倒闭。

(二) 1907年纽约信托业与银行业危机促使美国公众转变了观念,建立了美联储

这次由私人银行家主导的特殊反危机机制令美国社会各界转变了观念,一致呼吁加强

---

① 摩根财团(Morgan Financial Group)是美国历史最悠久、规模最大的垄断资本集团之一,于19世纪末20世纪初形成,创始人J.P.摩根(J.P.Morgan)在其父J.S.摩根资财的基础上,1871年与人合伙创办德雷克塞尔一摩根公司,从事投资与信贷等银行业务。1894年合伙人逝世,由其独资经营,1895年改名为J.P.摩根公司,并向经济各部门(如钢铁、铁路以及公用事业等)扩张势力,在第一次世界大战中摩根财团大发横财。J.P.摩根公司是世界上最大的跨国银行之一,在国内有10个子公司和许多分支行,还有1 000多个通信银行。在国外约20个大城市设有支行或代表处,在近40个国家的金融机构中拥有股权。其经营特点是大量买卖股票和经营巨额信托资产。它控制着外国37个商业银行、开发银行、投资公司和其他企业的股权。此外,还有制造商汉诺威公司、纽约银行家信托公司以及西北银行公司、谨慎人寿保险公司以及纽约人寿保障公司等。在工矿企业方面主要有国际商业机器公司、通用电气公司、国际电话电报公司、美国钢铁公司以及通用汽车公司等;在公用事业方面则有美国电话电报公司和南方公司。

华尔街的金融老板称摩根为"银行家的银行家",因为他两度使美国经济起死回生,因此,也有人戏说三代美国总统为其打工。第一次救市是在1893年,该年美国因黄金与白银之间的投机引起危机,美国黄金如水泻般地流向伦敦,在当时的金本位制下,美国黄金外流使得美国国债不能用黄金来偿还的信用风险陡然上升,欧洲大量抛售美国债券,美国财政部束手无策。摩根组织了6 200万美元的国债发行,堵住国库的漏洞,并入市干预,凭他个人的市场信誉在华尔街和伦敦之间运作,使黄金回流,抬升了美元的汇价(资中筠,2010)。第二次救市是在1907年,金融恐慌导致了为期两周的银行挤提,华尔街银行家们请出了年逾70的摩根,摩根召集了一群声名显赫的银行家充任急救小组成员,对信托公司开展资产调查。由于缺乏纽约第二大信托公司尼克博克信托公司的资产负债信息,摩根等银行家们只得连夜审查该公司的账目,由于其财务状况尚可,便准备设法筹资给予救助。但查账工作尚未完成,该公司已支付完所具有的准备金,在无法确定该公司是否有足够的资产做抵押以保证在短时间内筹集到新的贷款的情况下,经过了一番权衡,摩根最后放弃了对它的解救。摩根等银行家对其他的有清偿力但流动性不足的信托公司,动用各信托公司出资建立的"资产池",注入了大量的资金,以此平息了挤兑风潮,终于化解了这场纽约的银行业与信托业的挤兑危机(胡越云,2010)。

摩根是如何促使各信托公司联合组建资产池的呢?摩根在接手反危机事宜后,立即将纽约各信托公司的总裁召集起来,想敦促他们联合自救,但这些总裁互不相识不愿联合。为了从各信托公司聚集资金顶住储户对纽约第一大信托公司——美洲信托公司的挤兑以防止其破产造成的多米诺骨牌效应,摩根苦口婆心地劝说、命令、威胁和恫吓,甚至将纽约各信托公司总裁关在图书馆逼其出资,方得如愿。而纽约清算所作为半官方的正规机构,自然不能采用摩根这样的独特手段(胡越云,2010)。

联邦政府的金融监管，以维护金融稳定、保障社会公平。同时，纽约的大银行家们通过这次危机，也认识到早前在行业协会式的清算所的协调下通过同业融资来实现自我救助的力量的薄弱，因此也成为支持建立美联储的强大力量。

◇ 能量棒 4-2

SDR到底是什么？

随着人民币进入了SDR，SDR(国际货币基金组织IMF的特别提款权)这一概念成为我国的一个"深奥的常识"——网上解释SDR到底是什么的帖子大同小异、几乎是一个版本(百度词条SDR的版本)，但这个版本令人费解。而关于SDR的学术论文则着迷于SDR的定价(即其货币篮构成)、人民币加入SDR货币篮的益处，以SDR为新型国际储备货币的可行性等问题，对于SDR到底是什么也只当作常识而一笔带过。本书只专注于回答一个问题——SDR到底是什么？希望把这个"深奥的常识"再解释得通透一些。为了避免喧宾夺主，不妨设1个SDR份额等于1美元——正是它刚诞生的样子。

(一) IMF与清算所都像是会员发生支付危机时的互助基金

百度词条版本说"SDR是IMF人为创设的国际储备资产"，因此我们先来看看IMF，它是美国主导的各国为方便与帮助彼此间的支付而凑份子设立的一个基金，更像是在国际间发生支付危机时的互助基金，而清算所也是如此。我们都知道商业银行被中央银行严格监管着，就像媳妇被婆婆管着一样，而在商业银行诞生后的很长时间中央银行才诞生，因此"婆婆"诞生之前的时日就被称为"自由银行时期"。可是在"自由"的时光里"媳妇"生病了也没有"婆婆"帮忙，"媳妇"们只好自发地组建了"婆婆"的雏形——一个协调与互助的同业组织，因为最需要协调的是各银行之间的清算，因此这个组织就叫清算所，也叫票据交换所。

世界上第一个票据交换所诞生在伦敦，清算所要求各会员银行缴纳资本金(以下也称会费)和存入一定数额的清算资金，这就是法定存款准备金的雏形。1853年，纽约的一些资本金大于50万美元的大银行借鉴伦敦清算所的做法，组建了纽约清算所，在此基础上又建立了银行家的自治组织——纽约清算协会。自纽约之后，美国各主要城市也纷纷建立了清算所。在1907年以前，纽约清算所都成功地应对了纽约的几次银行业支付危机，但它未能成功地应对1907年纽约信托业危机，最后是依靠老摩根的一己之力才化解了这场危机。受到这次触动，再加上摩根等人的推动，美国才在1913年通过立法建立了美联储。在纽约清算所以前成功的反危机经验中，贷款凭证这一工具颇似SDR，所以我们来看看纽约清算所贷款凭证的运作机制。

(二) 纽约清算所贷款凭证是一种以会员基金为抵押的、清算所发行的白条(债券)

纽约清算所贷款凭证是其反银行业支付危机机制中的一种金融创新。纽约清算所的反危机步骤是(胡越云，2010)：

第一，通过了解会员行的资产负债表来确定遇险行遭遇的是流动性危机还是清偿力危机。清算所通常要求其会员定期提交资产负债表，并通过清算所或州监管当局予以公布，因此，在金融危机爆发初期，清算所就能及时获得会员行的资产负债表，并据此判断遇险会员遭遇的挤兑是清偿力危机还是流动性危机，对流动性危机给予融资救助，对清偿力危机则"见死不救"、令其破产，这正体现了市场机制的自我调节。

第二，清算所以自己的资产作为担保发行一种白条(或债券、自身的债务工具)——可流通的贷款凭证，作为救助资金的来源。

（三）清算所贷款凭证的信用风险问题

1. 清算所贷款凭证是以清算所资产作抵押发行的债券

为了降低融出资金的A行所面临的信用风险，这种清算所贷款凭证是由清算所以其缺乏流动性的资产作抵押发行的，如果B行不能偿付，清算所变现资产也可以偿付，因而这种凭证没有信用风险，可以在同业之间流通。这样，遇险银行就可用这种凭证用于同业结算，以此腾出现金来满足存款人的提款要求，从而平抑挤提风波。

2. 清算所贷款凭证归根到底是由会员缴纳的会费作抵押的，不是凭空发行的

清算所贷款凭证并不是凭空变出来的、没有资产支持的债券，清算所贷款凭证的信用风险不能一概而论，而是要分为以下3种情形来讨论：

(1) 如果清算所发行贷款凭证的数额小于或等于会员缴费形成的资本金数额，并且借用了清算所贷款凭证的会员都将能及时偿还，它就没有信用风险。

(2) 如果清算发行贷款凭证的数额小于会员缴费形成的资本金数额，即使借用了清算所贷款凭证的会员未偿还，但清算所的资金本在弥补了这些坏账后仍将有余额，它也没有信用风险。

(3) 如果清算所发行贷款凭证的数额大于会员缴费形成的资本金数额，并且预期借用了清算所贷款凭证的会员将不会偿还，同时清算所的资金本将不足以弥补这些坏账，它就有信用风险。

（四）什么是SDR？——它就相当于清算所贷款凭证或一种贷款额度

1. 赤字国相当于B行，IMF指定的兑换国相当于资金充裕的C行，SDR相当于贷款凭证

IMF就相当于纽约清算所，国际货币基金就相当于纽约清算所的资本金。SDR创设于1967年，在当时的布雷顿森林体系下，作为国际储备的黄金和美元增长跟不上国际贸易的飞速发展，部分国家出现了国际支付困难。假设比利时需对法国支付40万美元，但比利时既没有美元也没有黄金，它只有通过拼命对美国形成贸易顺差来赚取美元，这就是布雷顿森林体系下赚取美元的主要方法。

但是，在比利时等国的建议下，IMF创设了SDR这样一种辅助性的国际储备资产来缓解美元荒，相当于纽约清算所创设了贷款凭证来解B行的燃眉之急。根据《基金协定》第19条第3款的规定，参加国基于国际收支平衡或储备地位的需要，可申请基金组织在特别提款权账户下安排向其他参加国兑换为可自由使用的外汇；基金组织在收到申请后，可协调指定某些参加国（国际收支情势好、国际储备地位强）为承兑特别提款权的对象，并在规定期限内与申请国兑汇；申请国的此种兑汇没有比例限制，可将其持有的全部特别提款权兑为可自由使用的外汇（资料来源：百度词条）。

具体来说，假设比利时（相当于A行）需向法国（相当于B行）支付100万美元，于是IMF就给予比利时100万美元的在成员国间的借款权——其实是因为比利时的基金份额（即资本金）大于100万美元，因此，这相当于提取自己的基金份额拿出来救急，因此叫做“特别提款权”SDR。我们已经知道，清算所的贷款凭证是会员把自己缴纳的资本金借出来用，同理，SDR也是赤字国将自己缴纳的国际货币基金借出来用，所以说它类似于纽约清算所的贷款凭证。

假设德国外汇储备充裕，它就相当于C行，IMF就与之协商，指定其为比利时兑换100万美元的SDR，于是德国持有100美元等值的SDR，而将100万美元的真金白银交给比利时去偿还对法国的债务。再假设下次德国需对日本支付等值于300万美元的日元，而它也短缺外汇，假设德国本身拥有SDR配额200万美元，再加上这100万美元，共有SDR300万美元，就可以拿着这300万美元的SDR在IMF的协调下，找到另一个外汇储备充裕的国家（如中国）兑换等值于300

万美元的日元向日本支付，这次中国就相当于C行了。可见，SDR相当于IMF人为设立的一种货币，用于成员国之间的清算，它的诞生是为了增加国际储备的数量，弥补美元的不足。

2. SDR是IMF以其资本金为抵押发行的没有信用风险的白条

既然SDR是赤字国提取自己基金的权利，而IMF各成员国的基金份额相去甚远，因此SDR不能平均分配，IMF对每个国家分配的SDR是根据其上缴IMF的资金份额所决定的。尽管IMF规定SDR每5年分配一次，不过迄今为止IMF只进行过3次分配，SDR的总份额大约在2042亿份(资料来源：百度词条)，根据SDR的美元价值来计算，SDR的总额远少于基金总额。

那么SDR有没有信用风险呢？首先，在IMF的权威与强制下，SDR在成员国之间是无限法偿的，也就是说，对于持有SDR的成员国而言，其求偿方式不是直接找IMF兑现(即兑换美元、欧元、日元、英镑或其他国家的货币、黄金等)，而是在IMF的协调下找其他成员国兑现，这是不容拒绝的，因此它没有信用风险。

其次，假设成员国集体感到持有SDR不安全而要求向IMF求偿，那么就需要对IMF清盘。只要IMF发行的SDR连同其他债务工具(如普通提款权等)的总金额被控制在资本金(即基金)的金额以内，清盘后IMF将可以偿还所有债务(包括各成员国持有的SDR)，因此也没有信用风险。

3. SDR不同于清算所贷款凭证之处在于它无须偿还，像货币一样永远在成员国之间流通

但SDR与纽约清算所贷款凭证有以下两点不同：

(1) SDR无须偿还，也就是说，IMF慷慨地将成员国缴纳的基金的一部分，按各国的基金份额的一定比例返还给成员国，形成各国的SDR配额，然后成员国之间互相调剂这个配额，贷出的配额部分可以收到利息，借入的配额部分需支付利息，但这些SDR永远作为货币一样在成员国之间流通，因此它被称为辅助性的国际储备货币，持有国永远不用向IMF偿还SDR。而清算所的贷款凭证是需要偿还的。同时，IMF的普通提款权也是基于各国基金份额的白条——因此也叫提款权，但它是需要向IMF偿还的，否则，如果普通提款权与特别提款权都不需要偿还，则基金被提光的话就解体了(资料来源：百度词条)。

(2) 纽约清算所贷款凭证是清算所临时对陷入支付危机的银行发行的，而SDR是IMF预先就分配给各会员国的，会员国需要进行国际间支付时，不用跟IMF申请，理直气壮地直接拿来用就行了，至多需要IMF协调一下找到外汇储备充裕的国家接受SDR的兑换而已，这使得它比纽约清算所贷款凭证更像债权或货币。

(五) SDR的利息与三态

1. IMF的规定

IMF规定：

(1) 正好持有IMF分配的SDR额度的国家是没有利息的；

(2) 只有持有的实际份额多于IMF配额的国家才能够收到利息，而且只有超额部分是计息的；

(3) 实际份额少于配额的国家需要支付利息，同样只有不足部分计息(资料来源：百度词条)。

2. 各国持有的别国交付的SDR份额相当于资产，被分配的SDR份额一旦用出就相当于负债

容易看出，各国持有的别国交付的SDR份额相当于资产，自己的SDR配额一旦用出就相当于负债，为什么呢？一方面，在上例中，假设比利时(A行)有100万美元的SDR配额，在时期1它找外汇充裕的德国(C行)兑换了100万美元、以偿还对法国(B行)的负债，于是这100万美元的SDR就是比利时未用自己的资本金(基金份额)偿付给德国的债务文书(即白条)，因此用出去的

SDR是负债，债权人就是持有其SDR的国家。如果一国从未使用过SDR，它对IMF及其他成员国就都没有负债。

另一方面，在上例中，假设德国持有比利时交来的100万美元的SDR配额，表明德国曾兑换给了比利时100万美元的外汇，拿着这张白条就是求偿100万美元真金白银的债权文书，债务人就是交给它SDR的国家(此例中的比利时)，因此，各国持有的别国交付的SDR就相当于资产。

3. 用净值来解释SDR的三态——货币、债权与债务

在上例中，假设比利时的SDR配额为100万美元，在时期1它外汇短缺时，用掉了100万美元的SDR通过找德国兑换而得以向法国偿付，接着：

假设在时期2它外汇充裕时，接受IMF的协调而接受了英国100万美元的SDR兑换，形成了100万美元的资产，而在时期1它用掉SDR配额时形成了负债100万美元，因此在时期2我们可以看到它的净值为零，且持有的SDR份额正好等于其配额。由于它的配额等于或小于其向IMF缴纳的资本金，因此正好等于其配额的SDR负债是有100%的资本金支持的，所以它不欠IMF，也不欠任何成员国，在此状态下它无需支付利息，也不会收到利息，这就解释了规定(1)。可见，此时它持有的SDR份额相当于不生息的货币，因此"货币"是SDR的第一种形态。

假设在时期2它外汇充裕时，接受IMF的协调而接受了英国150万美元的SDR兑换、从而形成了150万美元的资产，而在时期1它形成了100万美元负债，因此在时期2我们看到它的净值为50万美元，同时它持有的SDR份额大于其配额，由于它对IMF缴纳的资本金只有100万美元，这次却对英国付出了150万美元外汇，相当于贷款给IMF或英国50万美元，因而这50万美元应收到利息，这就解释了规定(2)。可见，此时它持有SDR份额中超过配额的部分相当于生息的债券，因此，"债权"是SDR的第二种形态。

反之，假设它接受的是英国60万美元的兑换，从而形成了60万美元的资产，则时期2其净值为−40万美元，同时它持有的SDR份额小于其配额，说明时期1德国帮助了它100万美元外汇，而在时期2它只帮助了英国60万美元外汇，对国际货币基金这个支付危机救助基金的索取大于贡献，相当于负债40万美元，需支付利息，这就解释了规定(3)。可见，此时它持有SDR份额中不到配额的部分相当于需付息的白条，因此，"债务"是SDR的第三种形态。

4. SDR相当于各成员国发行的白条，而纽约清算所贷款凭证相当于清算所发行的白条

容易看出，SDR相当于各成员国发行的白条，或者像是欧元区各国发行的欧元货币，因为SDR的发行额度不由本国决定，而是由IMF决定，正如欧元的发行额度不由欧元区各国决定，而是由欧元区中央银行决定一样。因此，SDR相当于各成员国之间的直接融资工具，正如欧元货币(更典型的是欧元区各国发行的国债)也是欧元区各国间的直接融资工具一样。

由于经过所有成员国债权债务的清算后，不可能有净债务或净资产存在，因此，利息的收付全在成员国之间进行的话，就足以在总额上互相抵消，这样IMF事实上完全不需要付出任何利息，因此对于IMF来说，SDR并不是一项负债，而只是一种货币，虽然对于成员国来说，SDR有时需要收息或付息。

相比之下，纽约清算所贷款凭证是它自己发行的融资工具，因此，如果清算所将这种贷款凭证借给会员银行A使用，A就要向清算所支付利息。而A行将这种贷款凭证交给B行，B行就要收到清算所支付给它的利息，因为是B行在对清算所融资。

(六) 小结

SDR到底是什么？网上的经典解释是："特别提款权不是一种有形的货币，它看不见摸不着，而只是一种账面资产"，本书将其明确化为：

(1) 特别提款权有三态，有时像无息的货币，有时像生息的债券，有时又像需付息的白条。

(2) 特别提款权顾名思义就是IMF成员国对其缴纳的基金的一种提款凭证，IMF对各国分配的SDR小于、等于其对应的资本金(即该国缴纳的会费或基金数额中分给特别提款权的部分)，当某国持有IMF分配给自己的SDR闲置不用时，就相当于将货币作为贮藏手段而没有投入流通，只有当它用SDR份额向别国支付时，才相当于使用了这种货币。

(3) 一国收到的SDR是其向交付国兑换了真金白银的外汇的债权文书，而它的SDR配额如果已被用出，就是找外汇储备充裕的第三国兑换了外汇、用以对自己的债权国支付了，因此是该国负债的文书。如果一国持有的SDR大于其配额，说明其资产大于负债(盈余国)，超过的部分相当于一种债券，需得到IMF转交的赤字国向其支付的利息。反之，如果该国持有的SDR小于其配额，说明其资产小于负债(赤字国)，不足的部分就是其债务，相当于一种白条，需向IMF支付利息，并由IMF转交给盈余国。

(4) 虽然有些SDR是债务，有些SDR是债权，但若将IMF清盘，则所有的SDR都可以被兑现，因为这就是SDR项目所对应的那部分真实存在的国际货币基金，因此，SDR并不是凭空创造出来的，它有对应物——国际货币基金的一部分，只不过IMF减持其基金或IMF被解体都是令人难以想象的事件，因而SDR的最终流动性很小，但它确实几乎没有信用风险，这就是它有可能被作为独立的货币而用于国际间结算的原因①。

(三) 英格兰银行由商业银行转化为中央银行

英格兰银行是世界上第一家中央银行。19世纪中叶，英国发生了几次金融危机，当小银行缺乏资金、向英格兰银行求助时，英格兰银行总是慷慨解囊，对它们进行同业拆借，这样，英格兰银行就支撑住了整个银行体系的存款支付，使各银行避免了破产。英国经济学家瓦尔特·巴吉特(Bagehot)总结了这段历史经验和教训，在《伦巴第街》一书中提出了著名的“最后贷款人”理论，鼓励英格兰银行继续这样做，提出英格兰银行有责任支持资金周转困难的银行，以免发生挤兑风潮。后来，在这种理论的影响下，英格兰银行就成为世界上第一家中央银行，中央银行与商业银行的一大区别就在于中央银行掌握着货币发行权。

可见，中央银行的建立有两种方式：一是像英格兰银行这样由商业银行演化而来的，二是像美联储这样新建的。第一次世界大战以后，多国参加的一次国际金融会议建议各国建立中央银行，并把稳定币值作为央行的重要任务之一。

(四) 中央银行的形式

◇ 能量棒 4-3

美联储是私有的吗?

——兼论中央银行的资本组成类型[2]

有一件耸人听闻的事情是：美联储是私有的股份制银行，但这只能说明作为一家中央银行

① 根据《基金协定》第30条的规定，只要经基金组织批准，特别提款权还可以用于基金成员国与非成员国之间的其他相关金融业务。从基金组织已有的决议和目前的实践来看，特别提款权已在成员国和非成员国之间被用于远期贸易付款、特定的贷款、国际金融结算、国际金融业务保证金、基金利息与红利支付、赠款等(资料来源：MBA智库百科“特别提款权”词条)。

的美联储的资本的构成方式，并没有改变美联储是一家中央银行的事实，中央银行资本的构成类型可分为以下几种。

1. 全部资本为国家所有的中央银行

目前大多数国家的中央银行的资本为国家所有，我国也是如此，《中国人民银行法》第 8 条规定："中国人民银行的全部资本由国家出资，属于国家所有。"

中国人民银行 1998 年年底在分支机构的设置上进行了重大改革，撤销了省级分行，按经济区域在全国范围内设立了 9 家跨省、自治区、直辖市的分行，它们是：天津分行(管辖天津、河北、内蒙古)；沈阳分行(管辖辽宁、吉林、黑龙江)；上海分行(管辖上海、浙江、福建)；南京分行(管辖江苏、安徽)；济南分行(管辖山东、河南)；武汉分行(管辖江西、湖北、湖南)；广州分行(管辖广东、广西、海南)；成都分行(管辖四川、贵州、云南、西藏)；西安分行(管辖陕西、甘肃、青海、宁夏、新疆)。

一般来说，历史比较久远的中央银行大多是由私营银行或股份制银行演变而来的，最初的资本金大多是私人投资或股份合作的，随着中央银行地位的上升，为了更好地行使中央银行的职能，许多国家认为排除私人股本更为适宜，所以国家通过购买私人股份的办法逐渐实行了中央银行的国有化，如英格兰银行于 1946 年实现了完全国有化。

1920 年布鲁塞尔国际经济会议要求各国普遍建立中央银行制度以后，许多国家纷纷由政府拨款直接建立了自己的中央银行。

2. 国家拥有部分股份与民间股份混合所有的中央银行

这种类型的中央银行国家资本大多在 50%以上，非国家资本即民间资本(包括企业法人和自然人)的股份低于一半，如日本银行，政府拥有 55%的股份，民间持股为 45%。

但这种类型的国家一般用法律对非国家股份持有者的权利作了限定，如仅允许有分取红利的权利，而无经营决策权，其股份转让也必须经中央银行同意后方可进行等。由于私股持有者不能参与经营决策，因此对中央银行的政策基本上没有影响(王广谦，1998)。

3. 全部股份非国家所有的中央银行

这种类型的中央银行主要有美国、意大利和瑞士等少数国家，即国家不持有股份，全部资本由股东投入，由法律规定该机构执行中央银行的职能。

美国的中央银行——美国联邦储备体系(Federal Reserve System，"美联储")由联邦储备理事会和 12 家按经济区域成立的联邦储备银行组成。全美的 50 个州和哥伦比亚特别行政区被划分为 12 个联邦储备区，每个区在指定的中心城市设定一家联邦储备银行。各联邦储备银行在各自的辖区内执行中央银行的职能，如持有存款机构的准备金、通过贴现窗口向存款机构提供贷款、印制、保管货币；为存款机构收集和清算支票、转换资金；处理政府的债务和现金事宜，对辖区内的金融机构实施监管、向联储理事会提出有关贴现率的建议等。

这 12 家联邦储备银行分别设在纽约、波士顿、费城、克利弗兰、里奇蒙、亚特兰大、芝加哥、圣路易斯、明尼波里、康萨斯城、达拉斯、旧金山，此外，它们还在 25 个城市(1998 年数据)设立了分行，并在 9 个城市设立了特别办事处(为便利票据清算业务而设立)。

美国联邦储备银行的股本全部由参加联邦储备体系的会员银行所拥有，会员银行按自己实收资本和公积金的 6%认缴所参加的联邦储备银行的股份，并按实缴股本享受年息 6%的固定股息。所以，虽然各联储银行花 3 美分就可以印刷 1 美元，但联储银行赚再多的钱都与这些股东没有关系，因为他们只能拿到固定的股息，是优先股股东。

虽然美联储的出资是私有的、股份制的，但美国 1913 年的银行法——被称为《美联储法》赋予其执行中央银行职能，资本所有权的归属不对中央银行的性质、职能、地位、作用等发生实质性的影响，各种出资类型的中央银行都有这个特点。

4. 无资本金的中央银行

韩国的中央银行是目前世界上唯一一个没有资本金的中央银行，1950 年韩国银行成立时，注册资本为 15 亿韩元，全部由政府出资。1962 年《韩国银行法》的修改使其成为“无资本的特殊法人”，该行每年的净利润按规定留存准备金之后，全部汇入政府的“总收入账户”，会计年度如发生亏损，首先用提存的准备金弥补，不足部分由政府的支出账户划拨（王广谦，1998）。

5. 资本为多国共有的中央银行

货币联盟（如欧盟）中成员国共同组建中央银行——欧洲中央银行，中央银行的资本金是由成员国按商定比例认缴的，各国以该比例拥有对中央银行的所有权。

6. 各国中央银行的盈利都上缴国库

各国中央银行不以盈利为目的，而以宏观调控为职责。如果亏损（比如，为实行扩张性货币政策，需在公开市场上买进国债，如果私人部门不愿意出售国债，央行只有高价购买；过了一阵子，央行又调整了政策方向，转而实行紧缩性政策，又需要在公开市场上将这批国债卖出、借以收回基础货币，而私人部门不愿意购买，央行只有低价出售。除了交易佣金外，央行高买低卖一定会亏损），则由国库补贴；如果盈利，也要上缴国库。

比如，美联储在公开市场操作中积累了一些国债作为其资产，便可坐收每年 100 亿～400 亿美元的债息，如 2007 年时为 402.98 亿美元，平均债息率为 4.95%，美联储将其中的 346 亿美元上交美国国库，将 9.9 亿美元用于向股东支付 6% 的股息，平均每家股东银行分得 400 万美元，剩下的作为美元货币印刷防伪以及美联储运作费用，是备用金。

二、中央银行的最后贷款人与银行监管的职能

（一）最后贷款人理论及其副作用——金融机构的道德风险问题

金融恐慌或支付链条的中断往往是触发经济危机的导火线，“最后贷款人”理论主张央行全力支持资金周转困难的商业银行及其他金融机构，以免银行挤提风潮的扩大而最终导致整个银行业的崩溃。

最后贷款人理论碰到的一个难题是被救助银行的道德风险问题，即商业银行知道自己产生高风险资产后，如果变成了大面积坏账或资产价值大幅度下跌而产生流动性危机或清偿力危机，政府因害怕银行倒闭产生的负外部性，而不得不出手救助（如注资、再贴现、再贷款或安排银行间的合并等）——履行最后贷款人职能。而政府注资消耗的是纳税人的钱，政府甚至会开动印钞机来注资，从而产生通货膨胀，这就是救助的负外部性。因为救助有负外部性，所以商业银行的风险偏好会增大，也就是说，政府履行最后贷款人职能的副作用是助长了银行业的败德行为或道德风险。

抑制这种副作用的方法，就是不让商业银行（或广义的金融机构）产生政府一定会履行最后贷款人职能的预期，政府只有在行动上此一时救助、彼一时见死不救，从而使金融机构产生不确定预期，才能减小其道德风险。

（二）问题银行的自救与政府处置

下面的能量棒《问题银行的自救与政府处置》告诉我们在实践中政府应如何处理好履行

最后贷款人职能与减小金融机构的道德风险的矛盾。

◇ 能量棒 4-4

问题银行的自救与政府处置

在过去的几十年中,发达国家和发展中国家多次受到金融危机的困扰,历次金融危机都会造成大量金融机构倒闭或陷入困境,形成大量有问题的资产。政府对于有问题金融机构的处理应遵循 3 个原则:①尽快恢复金融系统的功能;②最小化危机处理的成本;③减少金融机构的道德风险。在历次危机中,各国实际所采用的处置问题银行的政策包括以下几种:

(一)问题银行的政府处置方法[3]

1. 监管宽容

当监管部门发现金融机构陷入困境时,如果认为金融机构的关闭清算的负外部性过大,可以允许其继续经营,希望金融机构的业绩能够在未来提升,这就是监管宽容。包括放松资本充足率要求。

问题是:监管宽容虽然减少了当前清算的经济成本,但让问题银行继续经营,却增加了债权人的风险,这常常被称为"为了复苏的赌博"。

2. 银行自行重组

在面临金融危机时,政府首先希望找到市场化的解决方法,即由银行自行筹集资本进行重组,如劝说股东增加投资。

3. 利用公共资金注资

政府利用公共资金注资可采用两种方法:二级资本注入(次级债)和一级资本注入(股权)。

4. 收购不良资产或向金融机构提供处置不良资产的补贴

政府购买不良资产后,可采取多种方法处置,以提高不良资产的回收率。亚洲金融危机期间,印尼和韩国就通过政府债券置换的方式购买了银行的不良贷款,我国在国有银行重组过程中也收购了不良资产,美国应对次贷危机的问题资产救助计划中也包含不良资产处置。

5. 关闭清算

如果股东不愿意或者无力增加投资,则债权人可能要求对银行进行关闭清算(杨军华,2011)。

(二)问题银行的自救——以雷曼为例[4]

1. 事件描述——美国"雷曼兄弟公司"的破产源于流动性不足(投资银行版的挤提悲剧)

2008 年 9 月 15 日,美国投资银行——雷曼兄弟公司宣布破产,随后金融危机进入高潮。其破产的原因就是这家投资银行那些年来一直在货币基金等市场进行滚动式的短期借贷,来为其短期投资进行融资,而其资产很多是与房贷有关的证券产品。

危机爆发前美国房地产市场泡沫破灭,房价总水平持续下滑,使得这些与房贷有关的证券产品价值大跌,导致雷曼兄弟公司净值大幅度下降,即使它净值仍为正,但在一个动荡的环境中,债权人仍对它的偿付能力存在疑虑,为了避免它无力偿付债务,债权人纷纷撤资,导致它流动性不足。而美联储又未施以援手(美联储对商业银行有履行"最后贷款人"职能的责任,但对投资银行却没有),因而它最终破产了,这是投资银行版的银行挤兑悲剧。

具体来说,2008 年第二季度,雷曼税前亏损 41 亿美元,其中资本市场业务税前亏损 45 亿美元;三季度预计减计 78 亿美元资产,税前亏损 58.2 亿美元,税后亏损 40.9 亿美元。尽管公司在 2008 年上半年连续融资 177 亿美元(其中通过发行长期债净融入现金 100 亿美元,股权融资 30

亿美元,优先股融资58.5亿美元),但不断暴露的新风险头寸动摇了投资人的信心。为了挽回市场信心,2008年9月雷曼提出自救方案,即分拆商业地产资产,使其以REITS方式独立运营。

根据分拆计划,公司将250亿～300亿美元的商业地产头寸剥离给新公司REI Global,同时,为其注入约70亿美元的资本金,其余部分以长期债支撑,这样新公司的负债率将保持在75%～80%,这意味着新公司的杠杆率只有4～5倍,显著低于该业务在雷曼内部运营时20～30倍的杠杆率。因此,在商业地产业务带着70亿美元的资本金被剥离后,雷曼整体的杠杆率将由21.1倍上升到26.6倍,一级资本充足率将由11%下降到8.7%,同样的资产,在雷曼内部运营时可以享受20～30倍的杠杆率,而在独立经营时投资人只能接受4～5倍的杠杆率,这一事实已充分暴露了原来的高杠杆运营模式是不恰当的,仅仅是雷曼集团整体信用支持下的低风险假象。

意识到集团原有资本拨备的严重不足,分拆方案的提出并没能恢复市场信心,方案提出当日,穆迪就威胁要大幅调低公司评级至垃圾级。而降级则进一步触发了客户和交易对手的回购要求,实际上,尽管雷曼在破产保护申请中称公司有资产6 390亿美元,即二季度财报数据,但根据雷曼的破产律师计算,雷曼的经纪业务已经从5 000亿美元快速下降到1 000亿美元。大批客户出于恐慌情绪取消和终止了在雷曼的业务,将资金往别处大规模转移,导致雷曼资产在短期内大幅下降63%。换句话说,雷曼遭遇了类似银行的客户挤兑。

同时,债权人停止了雷曼的所有短期贷款,清算公司冻结了雷曼的账户资产;交易对手停止了和雷曼交易,而停止交易就意味着雷曼无法根据市场情况对其资产进行反向交易以对冲风险。雷曼的整个盈利模式随之崩溃。

2. 雷曼的自救

1) 托住股价

很多雷曼的员工在这里工作了几十年,都把这里当作一个家,在华尔街上,也只有高盛、摩根士丹利和雷曼这三家公司的员工能够把自己的公司当作家。

雷曼的资产总共损失了100亿美元,而负债不变,因而净值下降,公司股价不断下跌,这会使公司有破产或被收购的风险。雷曼有2万员工,资产损失平均到每个员工身上就是50万美元。随着股价的下跌,内部员工一直在买公司的股票,公司也鼓励员工们买。很多人都买了,因为觉得雷曼不会倒。

2) 分离不良资产,寻找融资

此外,雷曼还积极分离坏资产,寻找融资。其实不良资产只要价格低廉,还是能够变现的,就看谁有耐心了。但即使这样,仍然不能避免流动性危机,因此美国政府令其破产清算。

3. 雷曼倒闭前资本绝不充足

1) 雷曼表面上的高资本充足率

2008年9月15日,有着158年历史的美国投资银行——雷曼兄弟公司宣布申请破产保护,这对于整个金融界来说是一个不小的打击,不仅因为规模,更因为倒闭前的雷曼从表面来看,资本充足率很高,流动性充足:2007年年底根据雷曼的风险资产总额计算的一级资本充足率为10.7%,二级资本充足率为16.1%;2008年中期一级资本充足率为11%,二级资本充足率为16.5%。

在流动性方面,2008年中期(5月底),雷曼手中有65亿美元现金,公司的流动性池里仍有450亿美元流动资产,长期资本达到1 540亿美元,加上2008年6月发行的40亿美元的普通股和20亿美元年息8.75%的可转换优先股,使总长期资本达到1 600亿美元,三季度末,流动性池中仍有420亿美元流动储备,现金资本在剔除长期资金需求后富余150亿美元。

此外,雷曼旗下还有三家银行——雷曼银行(一家美国储蓄贷款机构)、雷曼商业银行(一家企业贷款银行)和一家境外银行,它们都被视为低成本的存款资金的重要来源,能在特定的公司事件或市场流动性冲击中为其提供稳定的资金,截至2007财年年末,这三家银行的存款总额达到294亿美元。

这也是很多分析师在2008年8月时仍认为雷曼不会发生大危机的原因;但实际情况是,在金融创新面前公司已变得不堪一击。

2) 雷曼的风险资产加权计入表内是否权数过低,低估了风险?

"雷曼兄弟"以债券承销起家,被称为"债券之王",20世纪90年代后期,声称"要把资本配置到能够产生更高风险回报的业务上去"(资料来源:雷曼2006年报)。

沿着金融创新的道路,雷曼逐步形成了资本市场、投资银行和投资管理三大业务板块,涵盖了固定收益、股票、衍生品、传统贷款、次级贷款、证券化、房地产投资、私人股权基金投资、对冲基金、证券经纪、IPO融资、私募融资、杠杆融资、结构化融资、并购重组、分拆剥离、资产管理、私人银行等多项子业务,形成了复杂的业务结构。

复杂的业务结构增加了集团自身的风险控制难度,也增加了外部人(包括投资人、交易对手和评级机构)对集团风险的评价难度。

评级机构其实看不清雷曼的风险,仅凭借着其庞大的业务规模,就给予它高的信用评级。随后,雷曼利用集团的高信用评级不断为其新推出的创新业务提供全额担保,雷曼的衍生品交易部门LBFP(Lehman Brothers Financial Products Inc.)、LBDP(Lehman Brothers Derivative Products Inc.)等在母公司的信用支持下均获得了AAA信用评级,这降低了对其的保证金需求,进一步提高了其杠杆率。

2008年中报显示,雷曼持有的MBS、ABS账面额达到725亿美元,房地产投资207亿美元,另外还持有6 146亿美元的CDO(多数并未并表),表外的衍生品名义额为7 290亿美元。与之相对,截至2007年年底,公司的资本金只有225亿美元,上述风险资产中任何一项损失都将对资本金形成严峻冲击。实际上,在2007年年末,雷曼的整体杠杆率达到30.7倍,3%的资产损失就会吞噬掉全部资本金。

3) 教训:雷曼为何不建立衍生品防火墙?

破产后的雷曼被拆分出售了,尽管它的研究团队在2007年排名第一,尽管它有着庞大的经纪业务和强大的债券承销能力,但有着158年历史的雷曼还是毁在了地产抵押贷款这一业务上。

如果它能早一点将具有高度不确定性的创新业务彻底隔离经营、切断所有担保关系,那么,今天的雷曼仍将存在,尽管它会有损失,但最多只是一个子公司的倒闭。

4. 为何美国政府不救雷曼?

1) 监管考虑:不救的好处——摒弃道德风险

前雷曼员工的话:"回想起去年雷曼倒的时候,当时我们的感觉就是雷曼被鲍尔森给干掉了——他死活不愿意救。"

但是雷曼倒了之后,政府救了美林,马上又救了AIG,所以鲍尔森不救雷曼实际上就是杀鸡给猴看。雷曼CEO迪克·富德(Dick Fuld)其实只是一只替罪羊,如果没有政府救助,哪个公司都一样会倒闭。雷曼在华尔街上是一家很小的公司,它的有毒资产比高盛和摩根士丹利要少得多。鲍尔森只有找一只鸡杀了,才能去国会要到钱。

"我们可以理解鲍尔森这样的行为,但我们还是会非常愤怒。公司倒闭之前,我们自己也提出了解决方案,分离坏资产,寻找融资,但为什么死的只有我们一个呢?"雷曼员工如是说。

2) 监管考虑:不救的坏处——倒闭的负外部性

从雷曼倒台开始,就是一个转折点,整个市场就一泻千里了。市场冻结,没人敢做交易,全球金融市场崩溃，整个市场完全不运作了，这就说明鲍尔森和伯南克犯下了严重错误，因此这时候不管什么公司鲍尔森都救不了。

◇ 能量棒 4-4-1

AIG被美国政府接管

1. AIG陷入实质性破产

就在雷曼宣布申请破产保护的当天，全美最大的保险公司AIG被信用评级机构连降三级，由此触发的保证金追缴和交易终止使AIG陷入了流动性危机，公司被迫向联邦政府求助，在接受了850亿美元贷款后被政府接管。从某种意义上说，AIG已经陷入了实质性破产。

20世纪90年代末，AIG也进行了广泛多元化扩张，从传统的保险业务多元化进入了证券公司、商业银行、投资管理、融资租赁等多个领域，其中最让公司得意的就是它开发和销售金融产品的AIGFP(AIG Financial Products Inc.)子公司，其核心业务是从事OTC衍生产品和结构性金融产品的发起和交易，在次贷危机前些年更成为信用违约互换产品(CDS)的主要提供商。CDS的本质是一款为债券提供信用保障的保险合约。

实际上，作为一种金融衍生品，CDS的卖方几乎不需要为CDS拨备风险，而交易对手一般也只会象征性地要求一些保证金，但在繁荣时期，如果卖方是AAA评级，连保证金也可以免了。可见，计算资本充足率的风险资产对于衍生品并没有充分计值，并不准确。

CDS的上述特性使其得到了众多金融机构的喜爱，AIGFP子公司获得了母公司的大力支持，其借款由母公司全额担保，此外，AIG还为AIGFP所有衍生品可能引发的表外负债提供无条件担保。在集团AAA级信用支持下，AIGFP几乎不需要任何资本金就可以出售CDS产品、赚取“点差”收入，结果到2007年年底，AIG为价值5 800亿美元的债券提供信用担保，而此时其全部资本金只有958亿美元——资本严重不充足！

2. 何为CDS

信用违约互换(Credit Default Swap，CDS)是1995年由“摩根大通”创造的一种金融衍生产品，类似于保险合同。在信用违约互换交易中，买方将定期向卖方支付一定“保费”(称为信用违约互换点差)，而一旦出现信用类事件(主要指债券主体无法偿付或被降低信用评级等)，违约互换购买者有权利要求卖方以面值回购该违约债券，从而有效地规避信用风险。

CDS被创造出来后迅速得到金融机构的欢迎：一方面，出售CDS的一方几乎不需要资本金来支持，而且在不发生违约事件时可以每年获得一笔保费收入；另一方面，CDS的购买方可以用它来将手中的次贷证券变成有担保的优质证券，从而降低新巴塞尔协议中的风险系数，减少法定资本需求。此外，CDS还可以作为做空金融机构或企业信用的有力工具。

(三) 雷曼倒闭后美国政府的救市举措

美国次贷危机爆发后，美、英、法等主要发达国家相继采用向商业银行及其他金融机构注入资本(即持有股份)、向其贷款、提供担保(使其可以向其他私人部门融资)等方法拯救陷于严重困境的银行，防止金融体系崩溃。具体来说，美国的救助方法是这样的。

1. 不良资产救助计划

为应对金融危机，美国国会于2008年10月3日通过了《紧急经济稳定法案》，主要内容是建立 7 000 亿美元的“问题资产救助计划”(Troubled Asset Relief Program),即购买问题资产。

但问题资产救助计划在财政部发布两个月后,就在奥巴马总统的动议下调整为对问题金融机构注资,帮助金融机构改善资本充足率,而且通过股权稀释和股权约束使金融机构承担损失。

2. 股权收购计划

商业银行的资本包括核心资本和附属资本,附属资本主要包括次级债。股权收购计划包括购买优先股和次级债为银行注资。

(三) 银行监管

中央银行还有一个重要职能就是监管商业银行等存款机构。

◇ 显微镜 4-1

银行监管

为什么人们不能像创办一个新企业那样来开设银行,而必须经过货币当局的批准即特许呢?为什么政府的许多机构如我国的人民银行、日本的大藏省要检查商业银行持有的资产、干预其经营,而不是任其自生自灭呢?

(一) 监管的理由

1. 存款人不具有对于金融中介机构的经营情况的完全信息并且金融中介机构有着购买从存款人或整个经济的角度来看风险过大的资产的动机

我们在间接融资中的金融中介机构的作用中讲过,直接融资的一个缺点就是储蓄者不清楚负债消费方将如何使用其资金(即处于信息劣势),但是相信银行将谨慎使用其资金,因此将储蓄资金交给银行。

现在放松这个假定,其实储蓄者也不清楚银行是否会谨慎使用其资金、处于信息劣势。在储户处于信息劣势的情况下很容易遭受银行的道德风险:银行可能会暗中违反其吸收资金时所承诺的稳健原则,将储户资金投资到高风险项目中去,如我国银行的资金违规进入股市被高位套牢。

银行为什么有购买从存款人或从整个经济来看风险过大的资产的动机呢?因为如果它放出有风险的贷款(或投资于高风险证券),则借款人所支付的风险报酬(即更高的利息)会增加银行的收入,而存款人并不知情或受约定的存款利率的制约而不会要求提高存款利息。

存款人很难消除其信息劣势,尤其是小额存款人由于所存金额较小,花费较高的成本来获得足够的信息以保证其资金的安全是不合算的,因此,客观上需要一个权威机构(如央行)来对金融机构实行监管,来保护小额存款人的利益。央行监管比小额存款人自行监管合算,因为前者具有规模优势。

这表明,由于银行与存款人及金融交易者之间存在严重的信息不对称,在金融商品的提供者和消费者之间存在着复杂的委托—代理关系,为保证作为代理人的金融机构更好地为委托人服务,金融商品的消费者需要对金融机构的经营者进行监督。但由于数量众多而分散的中小存款者普遍存在“搭便车”倾向,因此,银行监管对于中小存款者而言是公共产品,供给严重不足,需要政府承担这一公共产品的供给。

2. 不受管制的银行体系可能会产生负的外部效应

负的外部效应指一个人做了一件坏事所承受的私人成本小于社会成本,这是不公平的,这就是某同学上课讲话影响他人老师要管的原因，但你上课睡觉，不影响他人，老师才懒得管你呢。正的外部效应指一个人做了一件好事所得到的私人收益小于社会收益，如某大学周围的房地产升值是沾了该大学的光，但房产商并未为此向读大学支付报酬。外部效应的存在表明“收益与成本要相等”“天下没有免费的午餐”等的市场原则失灵了，因此，外部效应是市场失灵的一种情形。

1）银行倒闭时由金融机构和存款人综合承担的成本超过了金融机构单独承担的成本

银行经营的失败如呆账过多、资产流动性不足等将引起支付危机、银行倒闭，但即使对该资不抵债的银行实行了破产清算，在有限责任制下银行只是把资本金赔光了事，对于资不抵债、资本为负的部分概不负责，让债权人承担损失，因此，也并非承受了所有的损失，存款人显然也要承受损失，因此，一旦倒闭，由金融机构和存款人综合承担的成本超过了金融机构单独承担的成本。

2）承担太大风险的银行倒闭会牵连经营良好的银行跟着倒闭

银行业经不起挤提，银行业是一个高风险行业，且具有系统性风险。因为公众不具有完全信息，因此不能很好地分辨可靠的银行和有风险的银行，一家银行发生危机可能引发金融恐慌，导致公众向经营良好的银行挤提、使其跟着倒闭，从而引发全面的金融危机。

3）银行倒闭可能导致通货紧缩

存款机构创造了货币供给的主要部分——存款货币，银行倒闭风潮能使货币存量的很大一部分消失，减少了货币供给，由于没有足够的货币去购买市场提供的商品和劳务，生产就要缩减，失业将增加，这会导致经济危机。

4）银行倒闭将引起社会支付体系的混乱

如果一个公司的开户银行倒闭，使其向雇员支付工薪的支票被其他银行拒付，则这些雇员就无法进行他们的支付（如无法支付银行的住房按揭贷款），将引起极大的混乱。

5）银行倒闭的负外部性小结——“蝴蝶效应”与“太阳黑子效应”

美国气象学家海伦兹将“蝴蝶效应”描述为：“一只蝴蝶在巴西扇动翅膀，会在美国得克萨斯州引起龙卷风”，它是指初始输出十分微小的变化，经过不断地放大，对未来输出状态会造成极其巨大的差别。

“太阳黑子效应”是在论述银行体系脆弱性中提出来的一个概念。银行体系的脆弱性就是指银行由于承担着资产转换功能，因而面临着存款人挤兑风险，这是银行体系不可避免的脆弱性——即银行是一败涂地还是盛极一时、是破产还是盈利取决于存款人是否挤兑，是个多重均衡的结果。银行可能昨天还盛极一时，今天就被挤兑，一下子就被破产清算了。

接下来的问题就是，挤兑是很容易发生的事？还是不容易发生的事？如果挤兑不容易发生，则银行体系也不脆弱，反之则反是。因此，经济学家对银行脆弱性的解释就变成了对挤兑行为的解释。有学者提出，银行挤兑完全可能由存款人对某些完全不相关的因素（如太阳黑子）的心理反应而引起，这表明挤兑非常容易发生，且发生前完全没有可控性。也有学者证明，如果银行之间相互借款，相互帮助，则流动性冲击引起的银行倒闭就完全可以避免。

3. 监管目标的冲突、银行业与证券、保险业的监管侧重点的不同

监管目标的冲突指，比如，从稳定整个金融系统的角度出发，当银行业出现一定问题时，出于对整个市场崩溃的担心（投鼠忌器），监管者可能会故意隐瞒一些重要信息；但从存款人角度考虑，监管这样做则存在欺诈之嫌，侵犯了消费者的充分知情权，不利于其及时调整投资策略。

可见，监管目标的冲突使得监管时必定有所侧重。一般认为，银行的系统性风险特征明显，且与宏观经济政策密切相关，因此应当由中央银行负责监管，这样，央行对银行业的监管只以维护系统稳定为重点，有时难以顾及消费者权益的保护问题。而对证券业的监管则主要是顾及消费者权益的保护，而忽视了其对整个金融系统的影响，可以由专业监管机构负责。

（二）监管方法

1. 建立完善的信息披露制度

让顾客知道更多的信息、以减小其信息劣势：如要求会计师和财务专家提供评估银行等金融中介机构的报告；再如，要求银行提供有关资产质量的更多信息，如提供大笔贷款给哪些国家。但也有人认为过多的披露反而容易引起存款人的恐慌及挤兑。

2. 存款保险

存款保险指银行或其他金融中介机构向保险公司投保，使存款人在银行发生危机时可以从保险公司得到补偿，因此在一定程度上降低了公众去银行挤提存款的可能性，有利于银行体系的稳定。

有了存款保险后，银行仍然有发放风险贷款的动机，但投保的存款人就没有动力去监督、反对它这样做了，因为如果银行的冒险遭到失败，那么受损失的不是存款人，而是存款保险公司，这就是对保险公司而言的道德风险。

为了解决此问题，大多数国家都规定了存款保险的最高限额，如美国的存款保险公司只对最高为 20 万美元的存款进行保险，对拥有超过 20 万美元的大额存款人而言，这不是完全的保险。为什么要有保险限额，而不是赔偿大额存款人的全部损失呢？提供完全的保险并不会使保险公司增加多少支出，这样做的目的是解决道德风险问题，使大额存款人仍有动力监督银行的经营，使这种监督成为政府部门监管、存款保险公司监督的有益的补充。

例如，在 1997 年东南亚金融危机发生前，发达国家的贷款人为什么不审慎考虑向新兴市场国家的贷款风险？因为知道出了事情 IMF 会出面向新兴市场国家提供贷款，使新兴市场国家借这些钱来归还发达国家的贷款人的钱，这说明发达国家的贷款人也存在着道德风险，因此，出了事情，一味地要求新兴市场国家还款，而不追究发达国家贷款人的责任，对于新兴市场国家而言是不公平的。再如，受东南亚金融危机的波及，美国“长期资本管理公司”也行将倒闭，美联储当时陷入了对长期资本管理公司救还是不救的矛盾之中。

3. 央行充当最后贷款人

“最后贷款人”理论主张央行全力支持资金周转困难的商业银行及其他金融机构，以免银行挤提风潮的扩大而最终导致整个银行业的崩溃。但此法容易引起滥发钞票和通货膨胀。

4. 银行合并

货币当局(在美国是联邦存款保险公司)出面组织，说服稳健的银行并购濒临倒闭的银行，使其在享有濒临倒闭的银行的资源的同时，也承担其全部负债，这样存款人就不会遭受任何损失。例如，美国的联邦存款保险公司常常提供补助金以劝诱稳健的银行进行这种合并，如果没有一家银行愿意冒风险与问题银行合并，则只有联邦存款保险公司为其提供资本，购买可疑贷款，取得股权，过段时间再出售其所持有的股份。

5. 禁止存款机构持有某些有风险的资产，如分业经营的规定

详见《显微镜 3-11-1 我国的分业与混业》。

6. 实行资本充足率要求，提高资本比率

1）银行的风险可分为预期损失、非预期损失及异常损失

银行的风险可分为预期损失、非预期损失及异常损失。预期损失是商业银行根据历史数据计算所得，反映出在运营过程中可预见到的正常损失。银行能通过自身的一些行动来抵消掉该部分的风险损失，主要包括提取坏账准备金等。

非预期损失是预期之外的损失，即意外损失，是最大损失与平均损失的差。银行需要通过资本金来化解此类风险。异常损失是在极端情况下超过最大损失值的那部分损失，如巨灾情况，一般而言异常损失发生的概率非常小，无法预见。

2）银行资本抵御风险的作用

已知当银行资产遭受损失时，银行可以用资本向债权人偿还债务，因此银行资本是保护银行免于倒闭的缓冲垫，且较高的资本比率也使工商业借款人以及大额存款人感到放心，有利于银行业务的拓展。

因此，监管者通常会要求银行达到一定的资本充足率：不仅市场准入方面实行最低资本限额、合格的管理人员等方面的要求（这就是人们不能像开一家红茶坊一样地开一间银行的原因），而且在银行经营过程中也要随时对其资本充足度实行监管。

三、中央银行集中商业银行的存款准备金的职能

商业银行发生支付危机的一个原因是：资产、负债期限不匹配导致流动性危机，表明商业银行自行决定的准备金率也许过低，即流动性资产过少，不能满足流动性负债（如提款需求），因此，中央银行产生之后就强行规定各银行保留一定比例的准备金，这就是法定准备金率制度。

四、中央银行组织全国清算的职能

央行诞生后，由于各存款机构都在中央银行设有准备金账户，央行就可以通过在各存款机构的准备金账户间转账划拨来完成各银行之间的款项支付，比如，A 银行要支付 100 万元给 B 银行，中央银行仅需在 A 银行的准备金账户上减少 100 万元，在 B 银行的准备金账户上增加 100 万元即可。

当前各国异地之间的支票清算都是由中央银行的清算中心统一办理，但是现在一般不用支票了，而是用电子资金转账系统。央行办理清算一般要收取手续费。

◇ 能量棒 4-5

关于清算的小故事

（一）一个债台高筑的小镇的故事

1. 飞来一张百元大张

在一个小镇上，每个人都债台高筑：旅店老板欠裁缝 100 元钱，裁缝欠杂货店主 100 元钱，杂货店主欠面包师 100 元钱，面包师欠牙医 100 元钱，牙医欠肉铺老板 100 元钱……最后，肉铺老板又欠旅店老板 100 元钱。由于大家都很穷，都还不出钱来，彼此见了面都有点惴惴不安。

这天，一位异乡人来到小镇想住店，他拿出一张百元大钞往柜台上一放，说："我先去看看客房吧"，就自说自话地上楼去了。趁着这个空当，旅店老板抓起这张百元大钞飞奔到裁缝那里归还了积欠已久的债务，长吁了一口气，感觉真爽。裁缝接过这张百元大钞，也飞奔到杂货店老板那里还清了债务；接着，杂货店老板又飞奔到面包师那里去还债……每个人都如法炮制，最后，当肉铺老板拿着这张百元大钞来旅店老板这里还债时，小镇上所有人的债务都还清了，人人眉开眼笑。

这时，那位异乡人下楼了，说："你的房间我不满意，我走了!"说着，抓起肉铺老板刚放在柜台上的那张百元大钞，扬长而去。真是奇怪，这个异乡人什么也没有留下，但债台高筑的小镇却发生了天翻地覆的变化，这是为什么？

2. 该故事中体现着清算的作用

其实这个小镇每个人表面上债台高筑，其实债权、债务刚好相等，净债务为0，比如，旅店老板欠裁缝100元，同时又被肉铺老板欠100元，所以，当债权被相互抵消——即清算之后，他既不欠任何人的，也不被任何人所欠。可是，这种清算是一种金融服务，需要有人专门去供给，也需要必要的金融工具，如此例中的百元大钞，小镇刚开始的债台高筑就是因为缺乏这种公共产品，而得来全不费功夫的清算工具——一张百元大钞，无意当中促成了以旅店老板为首的所有债务人集体完成了清算（此例中确切地说是结算），因而提高了效用水平。

（二）自由银行时期的清算所

1. 伦巴第街与世界上第一个票据交换所

当商业银行为客户收进的票据（如支票）向出票人的开户行索款时，由于支票的签发是以客户在银行有存款为前提的，因此，支票授受双方的债权债务关系就转为双方开户银行间的债权债务关系。早期的结清方法是由银行每天派人持客户交来的收款票据前往各应付款银行收取现金，这种方法费时费力又不安全。18世纪英国伦敦的伦巴第街是金融业集中的地区，1773年在那里诞生了世界上第一家票据交换所。

票据交换所是同一城市（包括郊区）内各银行间清算各自应收应付票据款项的场所。银行的收款人员约定地点，交换所持对方银行的票据，所有参加交换的银行分别轧出自己对所有其他银行的应收应付额、并汇总轧出本行是应收还是应付的差额，最后由交换所的总结算员办理最后款项的收付。伦巴第街的票据交换所也被称为伦敦清算所，后来美国各地如纽约、芝加哥也效仿伦敦清算所建立了自己的同城清算所。

2. 自由银行时期的私人清算所协会履行央行的"组织全国清算"的职能

自由银行时期的私人清算所协会，要求各会员银行缴纳资本金和存入一定数额的清算资金，这就是法定存款准备金的雏形。之后，美联储在其1913年成立时，首次在法律上确立了法定存款准备金制度。但在20世纪30年代的"大萧条"后，准备金制度逐步演化为中央银行的货币政策工具。

（三）理解清算的另几则小故事[5]

1. 行内同城划汇

民国年间的一天，"北京通县养鸡场"的伙计走进"农业钱庄"，手里拿着"北京全聚德"背书的票据。两家单位都是农业钱庄的客户，"北京全聚德"要付给"北京通县养鸡场"肉鸡费用白银一千两，于是农业钱庄的账房先生分别打开了两个账本，一本写着"全聚德"，一本写着"通县养鸡场"。账房先生在"全聚德"的账本上用毛笔记下"支：银一千两"，又在"通县养鸡场"的账本上记下"收：银一千两"，于是两个伙计开心地走了，这样就完成了一笔"行内同城划汇"。

在本故事中，北京通县养鸡场的伙计手里拿的票据，最常用的应该是北京全聚德开具的"支票"，同时他还需要有自己东家开具的"进账单"，因为付款人开具的支票是没有收款人户名、账号等相关信息的。由于支票是"农业银行"自己家的，所以见票即付，省了很多银行和银行之间鉴定的烦恼。与此同时，付款人、收款人都在同一家银行，所以记账时信息是在"行内"的系统流转的，是实时的，这个系统在今天的银行业中被称为"核心系统"，核心系统是一家银行自己家的"内网"。内网（核心系统）可以独立运行，相对自由，当官方"外网"（人行的支付清算系统）关闭时，

“内网”也可以独立运作(王超,2015-10-21)。

2. 行内异地划汇

后来,“北京全聚德”觉得通县的鸡肉有点柴,所以特地订购了一批“山东德州养鸡场”的肉鸡,并且在交货时,“北京全聚德”交付“山东德州养鸡场”一张有全聚德背书的农业钱庄的单据一千两。两个商家依旧都是农业钱庄的客户。

德州养鸡场的伙计怀揣着这张银票一身轻松地回到了山东,来到了“农业钱庄”山东分号的柜台,于是山东分号的账房先生又摊开了“全聚德烤鸭店”和“山东德州养鸡场”的账本,分别进行了记账。这里假设每家钱庄都有各自的“神奇账本”(核心系统),总庄和各家分号的账本,只要在一本上写字,其余账本都会神奇地出现相同的内容(不同于人行的支付清算系统,一家银行自己的核心系统“几乎”是7×24运作的)。于是德州养鸡场的伙计开心地走了。短短的时间内,就完成了一笔“行内异地划汇”。

在这个例子中,由于涉及跨地域,所以这里的“票据”,其实是“结算业务申请书”。柜台接收到结算业务申请书以后,通过验印等流程确认真实有效以后,会通过系统发起支付清算指令,再经过复核、授权等步骤,完成清算。由于本例虽然是异地,但仍然是在行内结算,所以仍然使用银行自己的“核心系统”,快速、便捷、自由地记账。

事实上,在同行异地划汇当中,使用支票也是可以的,但就存在对支票的验证“托收”,而这就需要使用到支票影像交换系统,即人行的支付清算系统,虽然不存在跨行资金清算的时效性,但由于其局限性,一般不采用这种方式(王超,2015-10-21)。

3. 跨行同城划汇

当“北京全聚德”想要付给“六必居”一千两麻酱钱的时候,发现“六必居”居然不是农业钱庄的客户,而是工商钱庄的客户。于是“北京全聚德”的伙计(其实“六必居”的伙计也可以)拿着“北京全聚德”开的票,来农业钱庄的柜台,说要付给工商钱庄的“六必居”一千两。

农业钱庄的账房先生大笔一挥,摊开自家“北京全聚德”的账本,记上“支:一千两”,又吩咐库房给工商钱庄送去真金白银的一千两,并带上小纸条:付给贵司“六必居”一千两。工商钱庄的账房先生收到银两和纸条,就摊开六必居的账本,记上“收:一千两”。以上,发生了一笔“跨行同城划汇”。

这个环节中,终于涉及不同清算机构之间的关系。在这个例子中,由于是同城划汇,所以用到的是“支票”(异地则使用结算业务申请书);此外,还涉及托收,即收款人委托自己开户的收款行向付款企业开户的付款行进行收款,收款行无法直接接受付款行的支票,还要向开具支票的付款行进行印鉴等相关信息的确认。只有当收款行收到付款行的款项时,才会给收款人记账,付款行给收款行付款的同时,也会给自家客户记账(记支出)。

注意:①同城的划汇是不可以使用“结算业务申请书”的,否则会造成一例凭证差错;②在本例中,由于尚未引入中央银行,因而假设农业银行直接给工商银行送去真金白银的一千两,但在实际情况中并不会有真实的货币被运输,而是通过全国支票影像交换系统转账(王超,2015-10-21)。

4. 跨行异地划汇

不久后,“北京全聚德”在河北开立了分号,而“全聚德河北分号”依然选择了农业钱庄作为自家的钱庄,但区别是开户时,开到了“农业钱庄河北分庄”。与此同时,“六必居”在河南也开立了分厂,自然,分厂的账户和老东家一样开立在了“工商钱庄河南分庄”。两家子公司之间也存在着贸易往来,当“全聚德河北分号”要付给“六必居河南分厂”麻酱钱的时候,双方发愁了,因为在上面的例子中,“农业”和“工商”两个钱庄的总庄都在金融街,但是“农业河北分庄”和“工商河南分庄”,一个在河北、一个在河南,不方便送银子啊。

没关系,分庄没挨着,总庄还是挨着的嘛,既然内部分别都有神奇账本——“核心系统”,那就好办。于是“全聚德”(或者“六必居”)的伙计拿着凭证来到付款的钱庄,即“农业钱庄河北分庄”,账房先生在自家的神奇账本上大笔一挥:“替全聚德河北分号付给在工商钱庄河南分庄开户的六必居河南分厂纹银一千两。”

于是在农业钱庄总庄的账本上立刻出现了这行字,只见在北京金融街上,农业钱庄总庄的小哥抱着一千两纹银送到了隔壁的工商钱庄总庄,工商钱庄总庄收到了这笔银子,在自家的神奇账本上大笔一挥写道:“收到了农业钱庄河北分庄送来的全聚德河北分号(农业钱庄总庄代付),支付给工商钱庄河南分庄的六必居河南分号的(工商钱庄总行代收)一千两。”“工商钱庄河南分庄”的账本上立刻出现了这行字,于是在账本上给“六必居河南分号”记了账。以上即是一笔“跨行异地划汇”。

在现实生活中,一家银行有很多分(支)行,比如,分行A有10亿存款,分行B有15亿存款,分行C有12亿存款,但这并不代表分行A、B、C的金库里就有10亿、15亿、12亿现金。大部分的钱都是存在总行的,因为大部分支付结算业务都不会用到现金,而是虚拟的转账。所以两家银行的分(支)行之间进行清算时,其实很多时候是两家总行进行头寸交割,然后再各自进行内部的记账。

即当河北全聚德要给河南六必居付款时,其实是按照这个路径:农业银行河北分行——农业银行总行——工商银行总行——工商银行河南分行。其中,农行河北分行和农行总行之间、工行河南分行和工行总行之间,都是内部系统记账就可以,不用真正的结算(钱都在总行,总分之间全靠记账不用清算),真正需要交割头寸的,只是两家总行,而两家总行又挨着,交割起来很方便,于是问题就解决了。但是,如果两家总行也不挨着,又该怎么办呢(王超,2015-10-21)?

5. 跨行异地划汇升级版——中央银行粉墨登场!

“北京全聚德”的生意越做越大,甚至做到了广东,终于有一天,“北京全聚德”从“华润五丰行”订购了一批美国进口的火鸡,需要支付纹银一千两。而“华润五丰行”的开户行是“珠海华润银行”,珠海华润银行的总行又是在珠海!按照上面故事的流程,需要“农业银行总行”给“珠海华润银行总行”送去纹银一千两,然后双方分别记账。可是,这下送纸条、送银子就没那么容易了,又要浩浩荡荡地派镖局出马了。要把银子从北京运送到广东珠海。于是钱庄大佬们坐在一起合计着,怎么办呢……怎么办呢……大宗钱币运输繁密,多有损耗,兼虑强盗路霸之扰……咦?这不就是当初商贾们面临的问题吗?那我们把自己当成商贾(客户),成立一家钱庄的钱庄不就行了!于是,伟大的“人民大钱庄”诞生了!(这只是为了讲故事,央行成立的真实过程不是这样的。)与之前的钱庄相同,“人民大钱庄”在全国各地都开立了分庄,并且也有自己的“神奇账本”,那就是“支付清算系统”,于是前面送纸条、搬银子的故事就被改写了。

在上面的故事中,终于引入了“中国人民银行”(央行)的概念,可见,中央 银行是“银行的银行”,即给银行记账、以代替真金白银的运输的银行,因为全国都在银行的管辖内,全国的银行都连接着人行的“内网”(王超,2015-10-21)。

6. 地域性支付(非营业时间)

有一次,“华润五丰行”进口了一批圣诞纪念版火鸡,所有餐馆都抢着订货,由于货源有限,“华润五丰行”宣布先款后货,先到先得。“北京全聚德珠海分号”为了抢占一批货源,急忙赶到钱庄,可惜过了17:00,“农业钱庄珠海分庄”的账房先生遗憾地告诉伙计:“人民大钱庄的魔力账本(大额支付系统)已经关闭了。”

正当伙计抓耳挠腮时,账房先生提醒道,在非营业时间,广东省内有一个地域性的魔力账本还开着,可以通过它进行结算。账房先生查了查广东省的省会广州的金库余额,够用!于是替"北京全聚德珠海分号"通过"地方版魔力账"本办理了转账。这个地方版魔力账本——同城系统就是第三方支付平台之一。

同城系统可以理解为地方版的小额支付清算系统,由当地人行组织建立的区域范围内的支付结算系统,有省域的,也有市域的。一般这种地域性的支付系统都采用 7×24 的方式运行,支持即时清算,也支持批量清算。地域性的支付系统的头寸交割一般是在各家银行在省会人行或者重要的市人行开立的一般准备金账户。即使是在人行主要的支付清算系统运营时段内,同城系统等也有其优势,如可即时记账、手续费低廉等。

人行的支付清算系统有其运营时间,其中大额支付系统是 8:30 至 17:00。虽然分行的钱大部分是存在总行的,但仍有一部分留存,用于第三方支付平台的结算,原因如上所述,如它方便快捷等(王超,2015-10-21)。

7. 国际间的清算——国际清算银行、人民币清算行与跨境人民币清算系统

1) 国际清算银行

◇ 能量棒 4-5-1

国际清算银行

1. 从分配德国赔款的机构演变为各国中央银行的银行

国际清算银行是英、法、德、意、比、日等国的中央银行与美国的商业银行——摩根银行、纽约和芝加哥的花旗银行,根据海牙国际协定于 1930 年 5 月共同组建的,总部设在瑞士巴塞尔。它最初创办的目的是为了处理第一次世界大战后德国的赔偿支付及其有关的清算等业务问题(第一次世界大战后,"凡尔赛协议"中关于德国战争赔款事宜原来是由一个特殊的赔款委员会执行),按照当时的"道维斯计划",从 1924 年起,德国第一年赔付 10 亿金马克,以后逐年增加,一直赔付 58 年。至 1928 年,德国赔款增至赔付 25 亿金马克,德国声称国内发生经济危机,无力照赔,并要求减少。美国同意了德国的要求,又由杨格策划制订了"杨格计划"。协约国为执行"杨格计划",决定建立国际清算银行取代原来的赔款委员会,执行对德赔款的分配和监督德国财政,刚建立时只有 7 个成员国(资料来源:百度词条)。

1944 年,根据布雷顿森林会议的决议,国际清算银行的使命已经完成,应当解散,但美国仍把它保留下来,作为国际货币基金组织和世界银行的附属机构,事实上,它已经成为除国际货币基金组织和世界银行集团之外的最重要的国际金融机构。

目前其成员国已发展至 45 个(1996 年 9 月 9 日,国际清算银行通过一项协议,接纳中国、巴西、印度、韩国、墨西哥、俄罗斯、沙特阿拉伯、新加坡和中国香港地区的中央银行或货币当局为该行的新成员,中国香港回归之后,其在国际清算银行的地位保持不变,继续享有独立的股份与投票权。中国香港金融管理局与中国人民银行同时加入国际清算银行),虽然其成员只有 45 个,但实际上,现在世界上绝大多数国家的中央银行都与其建立了业务关系。它不是政府间的金融决策机构,亦非发展援助机构。

2. 何以体现它是"中央银行的银行"?

今天的国际清算银行已发展成为各国中央银行的银行——组织各国中央银行间的清算、接受中央银行的外汇储备存款、向其发放硬通货(外汇)贷款、帮其买卖黄金等。

1) 宗旨

1969 年国际清算银行将其宗旨修改为:促进各国中央银行在国际清算之间的合作,并向其提供更多的国际金融业务的便利,在国际清算业务方面充当受托人或代理人。事实上,国际清算银行以各国中央银行、国际组织(如国际海事组织、国际电信联盟、世界气象组织、世界卫生组织)为服务对象,不办理私人业务。

2) 业务内容

扩大各国中央银行之间的合作始终是促进国际金融稳定的重要因素之一,因此国际清算银行便成了各国中央银行家的俱乐部,并接受各中央银行的委托开展各种业务。根据国际清算银行的章程的规定,其有权进行下列业务活动:

(1) 既可为自己,又可为各成员国中央银行购买、出售、交换和储存黄金(在国际清算银行存放黄金储备是免费的,而且可以用作抵押、从国际清算银行取得黄金价值85%的现汇贷款)。同时,国际清算银行还代理各国中央银行办理黄金购销业务,并负责保密,因此它在各成员国中央银行间备受欢迎;

(2) 为各成员国中央银行提供贷款和接受他们的存款;

(3) 为各成员国中央银行办理和重办期票,收买或出售期票以及其他优等短期债券;

(4) 既可靠自己,也可以靠各成员国中央银行收受展品出售(外汇和有价证券除外);

(5) 接受各成员国中央银行往来资金和存款。即其外汇储备,现在世界各国的国际储备约有1/10存放在国际清算银行。各国中央银行在该行存放的外汇储备,货币种类可以转换,并可以随时提取而无需声明理由,这对一些国家改变其外汇储备的结构,实现多样化提供了一个很好的途径;

(6) 作为被委托人接受政府的存款或根据董事会的决议,接受其他资金。不得发行提示付款银行券、承兑汇票、为各国政府提供贷款(购买国家公债例外);

(7) 对任何一个企业都有监督权;

(8) 对由于抵偿还银行的债务而归于银行的不动产,在没有更合适的价格被变卖之前,掌管这些不动产。

四、小结

中央银行作为“银行的银行”而履行最后贷款人、银行监管及为银行服务的职能时表现得像商业银行一样,也有以“存、放、汇”代表的负债、资产及中间业务,与商业银行不同的是,其业务对象不是一般的企业和个人,而是商业银行与其他金融机构。

第二节 作为“发行的银行”与“国家的银行”的中央银行

一、作为“发行的银行”的中央银行

(一) 含义

央行作为“发行的银行”有广义与狭义两方面的含义:狭义的是指中央银行垄断银行券(我国当前流通的银行券即人民币现钞)的发行,有些国家硬辅币也由中央银行垄断发行(我国就是如此);广义的是指中央银行作为货币政策的最高决策机构,在决定一国的货币供应量方面具有重要作用。

（二）历史渊源——银行券由自由发行到垄断发行

◇ 显微镜 4-2

银行券由自由发行到垄断发行

自由银行体系的一个缺陷就是银行券发行中的混乱问题：

(1) 最初，每家商业银行都可以发行银行券，银行券是商业银行为弥补金属货币的不足而发行的代用货币，人们接受这种代用货币是相信发行银行可随时兑现的承诺。但是，由于一些银行经营不善(如贷款损失而无法收回预期的铸币)，就无法保证兑现，导致了信用纠纷。

(2) 如果各家银行的银行券都能随时兑换，它们之间的比价就只需简单地根据各自所代表的金属货币量加以确定，但事实上为数众多的小银行信用能力薄弱，它们发行的银行券常常不能兑现，因此不得不以低于面值的价值流通，这就使各银行券之间的比价难以确定，货币流通出现混乱。且大量不同种类的银行券同时在市场上流通，使得交易双方不得不花大量精力去辨别它们的真伪，同时也为不法之徒的欺诈行为提供了方便。

(3) 一般中小银行的业务局限在一定地区之内，它们发行的银行券也就难以被外地接受，从而不利于大范围的商品流通。

最简单的解决办法是由一家大银行统一银行券的发行，并保证其自由兑换。1694 年成立的英格兰银行在成立之初就因与政府的关系密切而与一般的商业银行不同，因此它在 1844 年基本上垄断了英国银行券的发行。

（三）狭义的发行管理——对现钞与硬币的发行管理

1. 发行库与业务库

人民币的发行是由发行库与业务库来办理的。发行库即中国人民银行的发行基金及黄金储备的保管库。发行库在人民银行总行设发行总库，在分行设立分库①。在不设人民银行机构的县，人民银行也可以在商业银行基层行处的金库中租赁一个保管箱放置发行基金，此谓委托商业银行代理的“发行基金保管库”。

业务库是商业银行基层行处的金库。业务库中保留的人民币是作为商业银行办理日常收付业务的备用金，它是流通中的现金，不是发行基金。为避免业务库过多地存放现金，通常由上级银行和同级人民银行为业务库核定库存限额。发行库与业务库统称为银行金库。

2. 发行基金

发行基金是人民银行保管的已印好但尚未进入流通的人民币票券，人民币的纸币、硬币只要在发行库里，就是发行基金，不论是新钱还是旧钱，因为发行基金有两个来源：一是原封新券，即国家印钞厂、造币厂解缴入库的产品；二是回笼券，即商业银行缴回发行库的回笼货币。

---

① 确切地说，是在省、自治区、直辖市人民银行分行设立发行分库，在地市分行设立中心发行分库，在市、县支行设立发行支库。总库在若干分行设立总行重点库，代保管发行基金。

3. 人民币的投放与回笼——发行基金与现金间的转化

1）人民币的投放

投入流通的人民币纸币、硬币被称为现金，一旦回笼到发行库，就被称为发行基金。人民币投放（即发行）包含两个层次：

（1）当商业银行基层行处现金不足时，到当地中国人民银行从其存款准备金账户内提取现金，于是人民币就从央行的发行库转移到业务库，哪怕躺在商业银行的金库里作为准备金睡大觉，而并没有媒介商品交易，在中国人民银行的统计里也被视为投入流通了，这就是现金投放。因此，"流通中的通货"指存款货币银行所持的现金 C^b（这是准备金）与公众所持的现金 C^p 之和，不包括央行与财政部所保有的现钞与硬币。

（2）当企业、居民通过提取存款的方式使商业银行的库存现金出库、作为交易媒介时，这部分现金就真的是被投入流通了。

2）人民币的回笼

当商业银行业务库收入的现金超过其库存限额时，超过的部分应自动缴存到中国人民银行发行库作为准备金存款，因此这部分现钞就进入了发行库，意味着这部分人民币退出流通领域，由现金形态变成了发行基金，这就是现金回笼。

发行基金的运用权属于总库，各地分、支库保管的发行基金是总库的一部分，下级库只能凭上级库的调拨命令办理出库，不能擅自动用。

4. 硬辅币是由谁发行的？

目前世界上几乎所有国家的现钞（纸币）都由中央银行发行，中国香港等地区除外，港元纸钞是由三大发钞的商业银行发行的。而硬辅币的铸造、发行，有的由中央银行经管（如中国），有的由财政部负责（如美国），发行收入（即铸币税）归财政部，然后由央行投入流通，中国香港的硬币与10元港钞均由金融管理局发行，而非由三大发钞的商业银行发行。

◇ 能量棒 4-6

中国印钞造币的实务问题

中国的货币发行单位是中国人民银行，而负责印刷纸币、铸造硬币的则是中国印钞造币总公司——一家中国人民银行直属的法定从事人民币印刷业务的大型国有独资企业，它下辖22家大中型企业和1个技术中心。其中印钞厂有6家，分别在成都、北京、上海、西安、石家庄、南昌，而铸造硬币的只有3家，分别在上海、南京、沈阳，其余的均为研发、造纸等相关公司。

由于造币厂集中在东部沿海地区，且只有3家，将大量硬币运往全国各地，调拨费用必定较高①，虽然硬币是由中国人民银行在全国进行调度的，但调度时也必定会考虑到经费问题，因此，东部沿海、长三角地区使用硬辅币较多，而内陆地区、新疆、西藏等地使用小额纸币较多。

和发达国家相比，中国目前在市面上流通的纸币的整体整洁程度不容乐观，特别是10元以下的纸币更是经常"胶带缠身、面目全非"。而硬币的材质允许清洗，又耐磨防水，耐腐蚀，因此流通时间比纸币长。1元硬币的流通时间约为30年，而纸币的流通一般为3～6个月（夏晓虹，2009）[6]。

① 1枚标准的1元硬币的重量为6.03克，是现行100元面值纸币重量的6倍，6吨运钞汽车可以荷载100元纸币6亿元，但是只能装1元硬币100万元，整整相差600倍（夏晓虹，2009）。

硬币的制作工艺相对于纸币而言简单得多，相应地，其防伪能力也较弱。小面额的纸币的防伪技术和大面额纸币相差不大，易于分辨；而对于硬假币，人们则无法辨别其真伪，市面上的民用验钞机也只能验纸币(孙翌，2012)[7]。

(四) 广义的发行管理——对货币供给量的管理

中央银行广义的货币发行行为就是货币供给行为，因此，广义的发行管理就是对于货币供给量的管理。

1. 多倍存款货币的创造过程——"1万变10万"的例子

在第三章中我们介绍过商业银行经营的秘密——在部分准备金制度下银行挪用客户的存款发放贷款，贷款又派生存款，结果1万元的原始存款最终派生出了10万元存款和9万元贷款，这个例子"横看成岭侧成峰"，还可被用来说明央行的货币供给。

假设这1万元原始存款是中国人民银行用财政拨款(办公经费)购买打印机而投放给北京西单商场的，则有：

(1) 1万元发行基金出库、成为流通中的通货(即现金)，则我国的货币供给量增加了1万元。

(2) 西单商场将这1万元现金存入A银行，A银行记西单商场的结算户存款(即可开列支票的活期存款)增加1万元；同时，这1万元现金全部变成了A银行的库存现金(即准备金)，由于银行库存现金虽然算作流通中的通货，但不能算作M_1或M_2以免被重复计算，因而我国的货币供给量在这一步并没有增加。

(3) A银行将这1万元原始存款最终变成了9万元贷款并派生出了10万存款，一方面，为简单起见，假设这10万元存款全部是得到贷款的各企业的结算户存款；另一方面，这1万元原始存款的"肉身"——那1万元现金最终去了哪里呢？正如我们在第三章讲这个例子时所假设的，在每一个贷款派生存款的环节上A银行都要提取10%的法宝存款准备金，即1 000元、900元、810元、729元……，这也是一个无穷递减等比级数，其和为1万元。可见，1万元现金陆陆续续变成了法宝存款准备金被A银行一次次缴存到中央银行，变成了发行基金被回笼了。结合这两方面来看，中央银行投放的这1万元现金最终使我国的货币供给量增加了10万元存款货币，不妨把它叫作"1万变10万"的例子。

2. 基础货币、货币乘数与货币供给模型简介

这个"1万变10万"的例子揭示了中央银行货币供给的奥秘：货币供给量(无论是以M_1还是M_2来衡量)就像是我们超市里卖的一瓶一瓶的可口可乐，央行出售浓缩可乐汁，商业银行等相关主体是用苏打水稀释、灌装生产可乐的工厂，央行对于自己卖出去了多少浓缩汁是心中有数的，但是灌装工厂稀释了多少倍它是无法完全掌控的，浓缩汁就是基础货币，稀释倍数就是货币乘数，货币供给量就是基础货币与货币乘数的乘积。M_1与M_2面临的基础货币是相同的，只不过乘数不同，这就是货币供给模型，即：

$$M_1 = B \cdot m_1 \tag{4-1}$$

$$M_2 = B \cdot m_2 \tag{4-2}$$

例如，2017 年 4 月中国货币供应量 M_2 为 159.6 万亿元，M_1 为 49.02 万亿元，其中绝大部分为存款货币，现金仅占微小份额，所以大家不要认为央行正在挥汗如雨、加班加点地开动印钞机为我们供给数额如此庞大的货币，其实央行供给货币是四两拨千斤的——它只需要投放基础货币，商业银行等相关主体就会帮它倍数扩张为存款货币的。

3. 多倍存款货币的紧缩过程——“10 万变 1 万”的例子

同样，央行如果想收缩货币（减小货币供给量），也不用那么费力，只需要像孙悟空一样浑身一抖，无数个小孙立刻就还原成一根毫毛回到它身上了，这就是如下的多倍存款货币的紧缩过程：

(1) 假设西单商场的总经理购买了央行行长办公室的打印机（二手货），需要支付 1 万元现金，就到 A 银行提取 1 万元存款。但这不是 A 银行客户之间的转账，而是 A 银行真的要失去这 1 万元存款了，正如我们在第三章所看到的，A 银行最终要减少 10 万元存款才能凑齐这 1 万元现金给西单商场。

(2) 随后，这 1 万元现金进入央行发行库变成了发行基金、被回笼了。

可见，在此例中，央行要减少 1 万元基础货币，就可能使得货币供给量减少 10 万元，就像央行要收回 1 万吨浓缩可乐汁，可乐生产厂就要毁掉 10 万吨可乐才能萃取出这 1 万吨可乐汁一样，不妨称它为“10 万变 1 万”的例子，它说明了存款货币的多倍紧缩过程。

◇ 能量棒 4-7

直接融资取代间接融资不影响货币供给量

时常看到有人写文章时提到直接融资取代间接融资会削弱存款货币的倍数扩张、从而减少货币供给量，例如时文朝(2011)[8]文中指出：“提高直接融资比例可减弱社会总融资行为的货币派生效应，因为直接债务融资使得多倍存款货币的创造过程中断，使货币供给量减少”，这是错误的观点，我们来看一看企业由需求银行贷款转向发行短期融资券对于货币供给量的影响。

假设 A 行用央行的再贷款 1 万元向 B 企业贷款 1 万元，以增加 B 企业在该行存款的方式给付，则 A 银行的 T 形账户如下：

资产		负债	
向 B 企业贷款	+10 000 元	B 企业存款	+10 000 元

接着，A 银行要为这笔存款保留法定准备金（假设法定准备金率为 10%），然后将超额准备金用于向 C 企业贷款，则 A 行的 T 形账户如下：

资产		负债	
存款准备金	1 000 元	B 企业存款	+10 000 元
向 C 企业贷款	9 000 元		

当然，对 C 企业的贷款又将派生存款，暂且不论。假设在 A 行派生存款的同时（或还来不及派生存款时），B 企业又用这笔贷款向 D 企业开支票支付购货款，假设 D 企业仍在 A 银行开户，则 A 银行的 T 形账户如下：

资产		负债	
存款准备金	1 000 元		
向C企业贷款	9 000 元	D企业存款	+10 000 元

可见，B企业向D企业转账，只要D企业的存款仍在A行，对A行派生存款的过程就没有任何影响。假设后续一系列存款派生过程结束后，A行用1万元央行再贷款为社会新增了存款货币10万元。

现在，假设B企业不向A行贷款，而是向某股民发行短期融资券1万元，如果B企业发行成功后以现金形式保留这笔钱，则居民购买短融券和B发行短融券的行为不能在商业银行的T形账户中反映，因为“脱媒”了。

但是，B企业不可能永远以现金形式保留这笔资金，一定会用到银行的清算体系以转账结算。假设B企业为了向D企业开支票购货而将这笔融资存入A银行，则A行的T形账户如下：

资产		负债	
存款准备金	1 000 元	B企业存款	+10 000 元
向C企业贷款	9 000 元		

又回到了如上间接融资的第一步，又将发生多倍存款货币的创造。

可见，由于企业不可能脱离银行清算体系，因此，间接融资转为直接融资对于整个社会货币供给量没有影响，但是对于单个银行的资产、负债规模可能会有影响，因为，假设B企业本来找A行贷款，这样B的贷款转为存款后仍留在A行。但是如果B发行短期融资券，因为资金不是A行提供的，B可能就不会将这笔资金存入A行了，而是存入E行，从而与B将贷款转为存款存入A行时相比，将造成A行资产、负债的多倍紧缩。

二、作为“国家的银行”的中央银行

作为“国家的银行”，中央银行具有以下职能。

（一）经理国库

国家财政收支一般不另设机构，而交由中央银行代理，中央银行是政府（这里指财政部）的出纳。政府的收入与支出均通过财政部在央行开立的账户进行，一般将财政部门征收、并存入中央银行的款项称为“金库存款”；中央银行又根据财政的支付命令向经费使用单位划拨资金，一般将经费使用单位经中央银行划拨并转存商业银行的存款称为“经费存款”。

◇ 能量棒 4-8

中央银行的经理国库业务

1. 国库的定义

国库是国家金库的简称，从字面上理解，国库就是一个国家储藏财富的仓库，国库在今天的含义是指负责办理国家财政预算收支的机关，担负着国家预算（预算即国家的基本财政计划）资金的收纳和库款的支拨、代理政府债券的发行和兑付、反映国家预算执行情况的重任。

从世界各国对国家财政预算收支的组织管理实践来看，国库制度可分为两种基本制度：独立国库制与委托国库制。独立国库制指国家特设经管国家财政预算的职能机构，专门办理国家财政预算收支的保管、出纳工作，目前世界上有少数国家采用独立国库制。

委托国库制指国家不单独设立经管国家财政预算的专门机构，而是委托银行（主要是中央银行）代理国库业务，目前世界上多数国家（包括美国、英国、中国等），尤其是实行中央银行制度的国家均实行委托国库制度（王广谦，1998）。

2. 我国国库制度沿革

据考证，我国早在周朝即出现了国库的雏形。国库最初是以实物库制形式出现的。清朝末年，晚清政府建立了公库制度——即委托国库制，1904 年清政府设立了户部银行，1908 年改称为"大清银行"，为国家银行，国家授权其经理国库事务及国家一切款项，代理政府公债及各种有价证券的发行，从而使中国的国库制度发生变革，即由国家银行经理国库制度取代了沿袭了几千年的实物库制。

中华人民共和国成立后，1950 年，中央人民政府政务院颁布了《中央金库条例》，决定由中央银行设立中央金库，各大行政区设中央区金库，各省（市）设中央分金库，各县（市）设中央支金库，各级金库均由中国人民银行代理，金库主任由同级中国人民银行行长担任，从而确立了我国的国库制度为委托国库制。

1994 年国家财政全面实行了分税制改革，各项税收除划分为中央税、地方税和共享税外，还要按照有关规定办理中央财政对地方财政的税收返还。根据分税制要求，我国组建了中央金库和地方金库，属于中央和地方的固定收入分别上缴入中央金库和地方金库；属于中央、地方共享的收入则按比例划解至中央金库和地方金库。这里的"金库"就是指银行金库（bank vault），是中央银行的货币发行库与商业银行的现金业务库的统称。

3. 国库的职责

根据《中华人民共和国国家金库条例》的规定，国库职责包括：

(1) 准确、及时地收纳国家各项预算收入。

国库收纳的预算收入库款，在财政部门尚未拨付使用之前，形成存放于中央银行的"财政存款"，财政部门可直接通过银行的联行往来系统加速税款收缴和库款调拨。

(2) 为各级财政机关开立账户，审查并办理同级财政库款的支拨。

国家财政制度规定，各级财政就在同级国库开立账户，各级国库根据有权支配财政存款的财政机关填发的付款凭证，并对其严格审查后，办理同级财政库款的支拨。

(3) 其他工作，如代理国家进行国库券的发行与兑付等。

4. 2015 年央行经理国库还是代理国库之争——3 万亿国库库底资金如何管理？[9]

1) 经理还是代理？

2015 年新《预算法》中保留了"央行经理国库"的条款，但何为经理，法律并未作过多解释，因为国库管理中的重要内容——国库现金管理涉及我国国库的 3 万亿元左右的库底资金，新《预算法》中明确指出，要完善国库现金管理，合理调节国库资金余额，那么 3 万亿元现金如果过量的话，多余的将被释放到市场上运作，问题是由谁来运作？对市场、货币政策将产生怎样的影响？

"由谁来运作"的问题实质上是由财政部来运作还是由央行来运作的问题。主张由央行经理国库的理由是：担心财政部若不让央行经手国库资金，就失去了央行的制衡，规模高达十几万亿的财政资金会不会被胡乱花掉或浪费掉。

主张央行仅可以"代理"国库，而非"经理"国库的观点则认为：

(1) 国际上没有一个国家规定央行可以监督财政，我国正在推行国库集中支付制度改革，央行监督国库的作用被大大弱化了，因此，央行应是代理国库，即便使用“经理”国库的字眼，经理的含义也是“经手办理”，而不是“经营管理”。

(2) 央行作为货币政策的制定者，如果再作为市场投资者为国库管理现金，就会出现同时身兼“裁判员”与“运动员”带来的利益冲突，国库现金应由财政部主导，进行市场化运作与管理(周潇枭，2015-07-27)。

2) 3 万亿元库底现金如何管理？

截至 2015 年，我国有 3 万亿元的库底现金，这属于资源的浪费，因为一方面财政部举债融资，另一方面大量资金趴在央行账户上仅获活期存款利息。相比之下，发达国家的库底平滑资金规模要小得多，比如，美国联邦财政在美联储账户上过夜的钱保持在 50 亿美元，英国是 5 亿英镑，瑞典则是零。

到 2015 年，我国财政部已开展了 80 多次现金管理，绝大部分为通过招投标定存到商业银行(多需要商业银行向财政部提供国债或地方债作质押)，仅有两次回购了部分国债，但财政部表示未来不会以买回国债的方式来管理库底现金了，因为国债的存在起到了为资金定价的基础性作用。规模巨大的财政资金一向为商业银行所青睐，无论是质押品还是现金管理投资手段，我国国库资金的市场化运作都给市场主体很大的想象空间(周潇枭，2015-07-27)。

(二) 为政府代办各种金融事务

如代理中央政府债券的发行和还本付息；代理政府保管黄金及外汇储备或办理黄金及外汇的买卖业务(如购进或抛售外汇、以稳定人民币汇率等)；代表政府参加国际金融组织、出席国际会议、从事国际金融活动；充当政府顾问，提供有关金融方面的信息和建议等。

(三) 为财政融资

1. 为财政融资的三种方法及其通货膨胀效应

当财政出现赤字时才会出现为其融资的问题，财政赤字的融资要防止“债务(公债)的货币化”，即导致通货膨胀。假定社会上有 100 元钱对应着 100 斤大米(用大米代表着实际资源)，财政收入为 50 元，公众收入为 50 元，这意味着政府和公众各自可支配 50 斤大米(实际资源)。但政府想多用 10 斤大米，因此发生了财政赤字 10 元钱，弥补方法以下三种。

1) 向公众征税

公众交了 10 元钱的税等于是将 10 元钱转移给了政府，现在仍是 100 元钱对应着 100 斤大米，因此这不会导致通货膨胀，不是债务的货币化，但征税的政治阻力较大，因此政府并不认为它是一个好方法。

2) 增发货币

增发货币的方法指财政部向央行借款或透支[①]，这相当于是政府强制中央银行开动印钞机印 10 元钱钞票借给政府，则社会上将有 110 元钱对应着 100 斤大米，因此会发生通货膨胀，这就是债务的货币化。

① 透支就是当财政部的支出超过了它在中央银行存款账户上的余额时根据透支协议，在透支额度内的超过部分自动转化成央行对财政部的贷款而无须另行申请，贷款则要专门申请。

因为央行的职责之一是保持币值稳定，因此上面用了“强制”一词，表明央行不具有独立性。中央银行具有独立性就意味着中央银行不必为弥补财政赤字而超量发行货币，即货币发行将主要依据总产出增长、通货膨胀等宏观指标。一般说来，各国对于央行对财政的直接贷款或透支均在期限和数额上实行了严格的限制①，这样做主要是为了避免使中央银行“为虎作伥”，沦为弥补预算赤字的工具、进而使货币发行失控。

3）向非银行公众、商业银行发行公债

政府向非银行公众发行公债的当期影响与征税相同，即公众减少了 10 元钱所对应的实际资源，转化为政府增加的对实际资源的占用，但社会上仍是 100 元钱对应着 100 斤大米，因此这种方法在当期不是债务的货币化、不会发生通货膨胀。

若政府向银行发行公债，银行必定是用超额准备金购买的，这意味着银行要减少对私人部门②的贷款，结果同样是 100 元钱对应着 100 斤大米，不会发生通货膨胀。

2. 合法的、不合法的公债货币化

1）定义

虽然政府向商业银行发行公债不是债务的货币化，但是如果政府向中央银行发行公债，即中央银行在一级市场上认购国债，则中央银行的资金直接流入国库、变成财政存款，这与直接贷款无异，也是“公债（债务）的货币化”、可能造成通货膨胀，因此，很多国家（如中国）规定央行在一级市场上购买公债是不合法的公债货币化。

但是如果央行在二级市场上购买国债——这就是公开市场操作，则资金间接地流向财政，因为在财政部向银行与非银行公众出售债券后，央行再从他们那里购进同等数额的政府债券，这样，银行与非银行公众所持有的货币余额不变，同时政府拥有的货币余额增加了，相当于 110 元钱对应着 100 斤大米，将导致通货膨胀。不过，这是合法的公债货币化，因为公开市场操作是央行的一项日常工作，立法者难以区分哪些操作是为政府融资，哪些操作是为了宏观调控的需要，因此，不能因噎废食。

2）为何央行有时出于货币政策调控的目的也要帮财政在二级市场上购买国债？

有时，央行与财政部就像一对怨偶。当财政部大举融资时可能导致利率上升，因为这时可贷资金的需求增加，而供给不变，必然导致可贷资金的价格——利率提高，这样才会使政府债券对公众更有吸引力。显然，利率的上升将使政府的融资成本提高、加重其还本付息的负担，如果央行出手相救——即在二级市场上购买政府债券，则会增加可贷资金的供给，才会从根本上降低利率。

但是这也导致货币供给增加，从而使通货膨胀的风险上升，因此，以保持币值稳定为己任的央行通常不愿出手在二级市场上相救。但是，利率的上升将妨碍经济复苏与增长，央行出于刺激经济增长的目的，也只得在二级市场上购买政府债券，客观上帮了财政部的忙。

---

① 比如，美国就不允许联储直接对财政部贷款。

② 私人部门指企业与居民，不管是国有企业还是民营企业，只要以盈利为目的，都被称为私人部门，而非政府部门或监管部门。

总之，从中央银行的资产负债表来看，只要持有国债，就意味着它曾经向财政部（政府）提供了融资，换言之，它曾经进行过公债的货币化。

◇ 显微镜 4-3

我国的公债货币化问题

1. 1994 年颁布的《中华人民共和国中国人民银行法》禁止央行对财政融资

1994 年以前，由于时任总理朱镕基尚未推行分税制，导致中央财政常常入不敷出，我国中央银行为中央财政融资的现象一直存在（老的教科书称其为“为国家提供信贷支持”），表现为央行直接贷款给财政。1994 年，我国加快了金融体制改革，表现为：

(1) 成立了中国农业发展银行、中国进出口银行、国家开发银行这三家直属国务院领导的政策性银行；

(2) 原国有商业银行进行商业化改革；

(3) 货币市场与资本市场得到了快速发展，央行货币政策调控方式也由直接调控（如贷款规模管理等行政命令式的手段）向间接调控（如三大货币政策工具）转变，央行加快了间接型货币政策操作工具的建立与完善；

(4) 颁布了《中华人民共和国中国人民银行法》，规定中国人民银行不得对政府财政透支、不得直接认购、包销国债和其他政府债券，这样就从制度上割断了财政与央行的融资关系，明确了央行的独立性。

2. 我国合法的公债货币化

自改革开放以来，我国各级政府或明或暗的财政赤字一直在积累，我国央行虽然不能在一级市场直接购买公债，却可通过公开市场操作向商业银行等金融机构购买。当财政发行国债与央行购进国债的公开市场操作同时、连续地进行时，就是合法的公债货币化。

比如，在 1985—1989 年、1993—1995 年的高通货膨胀时期，预期通货膨胀率上升使得企业和居民都不愿意购买国债，因为较低固定利率的国债没有吸引力，这使得央行近乎以行政分配的方式强令商业银行等金融机构购买并持有国债。这样银行的信贷资金就紧张了，央行为了缓解信贷紧张的压力，随后又迫使商业银行等金融机构向央行再贷款，这无疑将扩大货币供应量，显然是公债货币化行为。

再如 2008 年次贷危机后，为与中央政府 4 万亿投资项目配套，各级政府为刺激实体经济复苏而投入了 20 多万亿元的人民币，据估计赤字总额不会少于 10 万亿元人民币（对比一下：1980 年至 2008 年已公布的中央级财政赤字累积约 3.08 万亿元），而我国居民的储蓄余额大约为 22 万亿元。如果让居民把储蓄存款全部拿出来购买国债，就可以避免公债货币化，但问题是这些储蓄存款中仅有富人的存款才有可能购买国债，而穷人的存款是不可能购买国债来理财的，可以推断当时的公债货币化是不可避免的。

（四）金融管理

作为政府的银行，中央银行还有金融管理职能，如制定金融政策、法令；检查、监督各金融机构的活动即金融监管，等等。关于金融监管我们已在第三章讲过了。

第三节 基础货币

一、概述

（一）中央银行投放了整个银行体系的原始存款后的多倍存款货币创造过程

在前面那个“1 万变 10 万”的例子中，我们知道 A 银行吸收了 1 万元原始存款就可能派生出 10 万元存款货币，但是，如果这 1 万元存款是从 B 银行搬家过来的，则 B 银行可能会减少 10 万元存款货币，因而存款大搬家并不能改变一国的货币供给量。

要想使一国的货币供给量增加，不能依靠这些“人间的恩怨纷争”，一定要“天上掉下来一个林妹妹”，即中央银行投放对整个银行体系而言的原始存款，这就是基础货币。现在我们将那个 1 万变 10 万的例子改造成不是仅仅发生在 A 银行而是牵涉到 B、C、D 等众多银行即整个银行体系的事情。

(1) 假设中央银行用发行基金出库的方式从西单商场购买了 1 万元的打印机，西单商场随后将这 1 万元现金存入 A 银行，A 银行上缴了法定准备金 1 000 元（使其回笼到发行库），并将剩余的 9 000 元贷出给企业甲，其 T 形账户如下：

A 银行

资产		负债	
存款准备金	1 000 元	存款	+10 000 元
贷款	9 000 元		

(2) A 银行贷给企业甲 9 000 元，以增加其存款的形式给付，A 银行 T 形账户如下：

A 银行

资产		负债	
法定存款准备金	9 000 元	存款	+9 000 元
超额存款准备金	8 100 元		

(3) 随后，企业甲要求 A 银行将这 9 000 元存款转账至离自己更近的 B 银行，A 银行 T 形账户如下：

A 银行

资产		负债	
法定存款准备金	−9 000 元	存款	−9 000 元
超额存款准备金	−8 100 元		

(4) 以上第(2)、(3)步抵消。由于这笔贷款尚未到期，因而仍作为一项资产保留在 A 银行账上；同时，B 银行迎来了一笔原始存款 9 000 元，它在上缴了 900 元法定准备金后，将剩余的 8 100 元贷给了企业乙，其 T 形账户如下：

B银行

资产		负债	
存款准备金	900 元	存款	+9 000 元
贷款	8 100 元		

(5) 同理,随后,企业乙要求B银行将这8 100元存款转账至离自己更近的C银行,但这笔贷款仍作为一项资产保留在B银行账上。同时,C银行迎来了一笔原始存款8 100元,它在上缴了800元法定准备金后,将剩余的7 290元贷给了企业丙,其T形账户如下:

C银行

资产		负债	
存款准备金	800 元	存款	+7 290 元
贷款	7 290 元		

(6) 以此类推,类似于第三章的推演,我们知道各银行产生的存款总额必定为10万元,这又是一个"1万变10万"的故事。

(7) 与第三章中不同的一个细节是:对每家银行而言,由于其吸收原始存款(10 000元、9 000元、8 100元……)所派生的贷款(9 000元、8 100元、7 290元……)又转化成的存款(9 000元、8 100元、7 290元……)的存款就被转存到其他银行,因而每家银行所增加的存款数额只是它的原始存款,而并没有倍数扩张,但是将所有银行合并到一起(即作为整个银行体系)来看,这笔对于整个银行体系而言的1万元原始存款仍将给整个银行体系带来10万元存款货币。可见,中央投放基础货币将使"人间"形成多倍的存款货币。

(二) 中央银行收缩了整个银行体系的原始存款后的多倍存款货币紧缩过程

同理,要想使一国的货币供给量减少,也不能依靠存款大搬家[①],只能依靠"织女"被召回天庭,连带着把"牛郎"和两个"孩子"也带走了,即只能依靠中央银行减少对于整个银行体系而言的原始存款(收缩基础货币)。现在我们将那个10万变1万的例子改造成不是仅仅发生在A银行,而是牵涉到B、C、D等众多银行、即整个银行体系的事情。

(1) 假设西单商场因为购买了央行的一台二手货打印机而需要对央行付款1万元现金,于是西单商场向A银行要求将其1万元存款提现,A银行除了从央行提取法定准备金1 000元外,还催收了贷款9 000元,才得以凑齐了1万元现金应付西单商场的提款,这一过程使得A银行的存款、准备金与贷款分别减少了1万元、1 000元与9 000元,其T形账户如下:

A银行

资产		负债	
存款准备金	−1 000 元	存款	−10 000 元
贷款	−9 000 元		

① 比如,B银行的信贷员成功地抢走了A银行的一笔1万元存款,使得A银行总共减少了10万元存款,但是由于B银行吸收了这笔1万元存款后,也可派生出10万元存款,因此整个社会的存款货币总额并没有变化。

(2) 假设被A银行催还贷款的正是企业甲,而甲将那笔9 000元贷款存在了B银行,因而向B银行要求提现9 000元,真是"城门失火,殃及池鱼"啊!B银行也催收了贷款8 100元,并提取了法定存款准备金900元,才凑齐这笔款,,其T形账户如下:

B银行

资产		负债	
存款准备金	−900元	存款	−9 000元
贷款	−8 100元		

(3) 依此类推,类似于第三章的推演,我们知道为满足央行1万元的货币收缩,各银行减少的存款总额必定为10万元,这是一个"10万变1万"的故事。

(4) 与第三章不同的一个细节是:对每家银行而言,由于其吸收原始存款(10 000元、9 000元、8 100元……)所派生的贷款(9 000元、8 100元、7 290元……)又转化成的存款(9 000元、8 100元、7 290元……)被转存到其他银行,因此当存款被提取时,每家银行所减少的存款数额只是它的原始存款,而并没有倍数扩张,但是将所有银行合并到一起(即作为整个银行体系)来看,这笔对于整个银行体系而言的1万元的原始存款的减少将给整个银行体系带来10万元存款货币的减少。可见,央行收缩基础货币将使"人间"多倍地损失存款货币。

(三) 基础货币(Base Money)的概念

1. 商业银行的准备金存款是基础货币

基础货币就像可乐制造中的浓缩汁,它还可被称为"高能货币""强力货币""货币基础""银根",也就是上述存款货币的多倍创造与多倍紧缩过程中所说的对于整个银行体系而言的原始存款。由于这样的原始存款后来都裂变为准备金了,因此反过来看,商业银行的准备金存款就是基础货币——原来在央行账上的每1元钱准备金(在"1万变10万"的例子中,那1万元央行投放的现金不是被多家银行以1 000元、900元、810元……的规模分批运回到央行存准备金了吗?其"肉身"变回了发行基金,其"灵魂"变成了在央行的准备金存款)。准备金存款的存款都像在银河彼岸的织女一样,曾在人间轰轰烈烈地恋爱、结婚、生子啊,每1元钱准备金都是曾经创造过多倍存款货币的迟暮安详的美人啊!

2. 流通中的通货也是基础货币

假如羊百万先生发现了一艘冰海沉船上有巨额的人民币百元大钞,他将其据为己有,并将它们投入流通,大肆挥霍,这笔现金后来被各个商家作为营业款陆续存入各家银行,则对每家银行而言,这些现金存款都是原始存款(因为它不是国家银行的贷款派生过来的),将发生多倍存款货币的创造。

由于非银行公众持有的通货与银行准备金之间的转化是很频繁的——当通货被存入银行,就变成了准备金;当存款以现金形式被提取出来,准备金就变成了非银行公众持有的通货,并且这种转化取决于公众,央行很难单独控制银行准备金的数量,只能大致控制流通中的通货与银行准备金的总额,所以我们将存款货币银行的准备金(商业银行的库存现金和在央行的准备金存款)和非银行公众持有的通货之和定义为基础货币,即:

$$B = R + C^p = F_B + C_B + C^p \tag{4-3}$$

其中：F_B 为存款货币银行在央行的存款；R 为准备金；C_B 为银行所持通货；C^p 为非银行公众所持通货。

注意："流通中的通货"指商业银行的库存现金 C_B 与非银行公众所持的现金 C^p 之和；狭义货币仅包括可开列支票存款加上非银行公众所持的现金，而不包括银行的库存现金，即 $M_1=D+C^p$，因为存款货币银行的库存现金是准备金，而不是交易媒介。

二、基础货币的投放渠道

（一）中央银行的资产负债表

央行为履行其三大基本职能而从事各种业务时通常会投放或收缩基础货币，与商业银行一样，央行也有资产、负债和中间业务，其资产主要是再贴现、再贷款、在公开市场操作中购进的证券与外汇储备，负债主要是货币发行、接受存款货币银行的准备金存款等，中间业务如组织全国的清算等，其简化的资产负债表如表 4-2 所示。

表 4-2　中央银行的资产负债表

资　产	负　债
向存款货币银行的贴现及放款(A1)	流通中的通货(L1)
政府债券和财政借透支(A2)	商业银行等金融机构存款(L2)
外汇、黄金储备(A3)	财政性存款(L3)
其他资产(A4)	其他负债(L4)

（二）中央银行资产负债表科目解读

1. 为什么说流通中的通货是央行的负债？

◇ 显微镜 4-4

为什么说流通中的通货是央行的负债？

1. 金块本位制度下的情形

从金块本位制的实施过程来看，央行将公众手中的贵金属全部收购，以央行银行券支付，银行券代替金属货币流通，央行保证银行券能以一定的条件兑换成贵金属，因此，银行券(通货)就代表公众对央行索要贵金属的债权，反过来就是央行对公众的负债。

如果生产规模扩大，那么交易额也扩大了，则需要更多的贵金属作为货币(比如，去年只有100 斤大米，需 1 盎司黄金作货币，今年生产了 200 斤大米，就需 2 盎司黄金作货币)，此时政府就应适应货币流通的需要，从金矿主手中再购买 1 盎司生金，以铸造更多的金币，当然，支付的仍是央行银行券，可见，银行券仍代表着对公众的负债。

2. 信用货币制度下的情形

信用货币制度下纸币不能兑换成贵金属，而只是金属货币的价值符号，但为了保持物价稳定，政府发行纸币的原则也应是：使流通中的纸币量等于所需的金属货币量，可谓"手中无剑、心中有剑"。

其实这里用“金属货币”一词是因为我们是在金本位制下谈论此问题。如果在商品货币(如绵羊)制下谈论此问题,就可以说“纸币发行量应等于所需的‘绵羊’这种货币的量”,可见,无论是用“绵羊”还是“黄金”,无非是想说明纸币要等于一种有真正价值的商品或劳务。

可见,信用货币制下政府要保持物价、币值稳定,其所发行的通货也应被视作代表着有真正价值的商品,当人民银行发行10 000元现金去西单商场购买打印机时,其实应该付给西单商场的是有真正价值的商品,因此,信用货币制下政府所发行的通货也代表着对公众的负债。

3. 更加深刻地理解铸币税

在金块本位制下由于政府用银行券支付新添置的贵金属币材,因此这部分贵金属就是因使用了银行券而被政府无偿占用的资源,这就是政府通过发行通货而得到的公众给付的实际利益,即铸币税。

在纸币本位制下,政府本应该用商品或劳务等实际资源来等价交换公众的商品和劳务(如打印机),但事实上是以发行货币的方式来支付的,因此,所发行的通货就代替了政府本应支付的实际资源,这部分实际资源被政府长期、无偿占有,就是铸币税。

信用货币制下政府所发行的通货代表着对公众的负债,不过,由于纸币不可兑换成贵金属,也就是说,公众不是持纸币向央行求偿,而是到市场上换取商品和劳务。因此,央行的通货负债事实上成为了长期的无须清偿的债务。

2. 财政性存款

财政预算(国库)存款存入中央银行,被称为财政性存款;同时,政府与事业单位、金融机构之间的相互划拨转账也通过在央行的财政性存款账户进行。

3. 其他负债

中央银行的其他负债主要包括外国央行或外国政府存在本国央行的存款,这就是外国政府的外汇储备。我国的外汇储备不仅购买美国国债、存放在美联储,还有一些存放在国际清算银行。

4. 再贴现、再贷款

我国央行如对存款机构的放款分为再贷款与再贴现两种(美国统称为贴现窗口放款),它体现了央行最后贷款人的职能。这种贷款一般是短期的,央行也要避免直接对个人和工商企业放款。

◇ 显微镜 4-5

美联储的贴现窗口放款

早期美联储是通过“贴现”其贷款而收取利息的:一家存款机构从美联储获得100万美元,但美联储只给它99万,等到贷款到期时该存款机构只需归还100万。然而现在是真正的贷款形式了,当贷款期满时要收取利息。

早期美国的各联储银行专设一个窗口为各商业银行办理贴现贷款,现在办理放款只需电子化转账了,窗口已不复存在,但央行对商业银行的各种放款、指导仍习惯被称为贴现窗口放款、窗口指导。

（三）基础货币的投放渠道

在央行的资产负债表中，基础货币等于流通中的通货(包括商业银行的库存现金与非银行公众所持有的通货)加上商业银行的准备金存款，即 L1＋L2 项，下面我们介绍一种将基础货币投放渠道"一网打尽"的方法。根据"资产＝负债"的会计恒等式，我们有

基础货币＝流通中的通货＋商业银行在央行的存款

＝(向存款货币银行的贴现及放款＋政府债券和财政借透支＋外汇、黄金储备＋其他资产)－(财政性存款＋其他负债)

可见：

(1) 在除基础货币以外的央行负债不变的条件下，任何央行资产的增加都会引起基础货币的增加；

(2) 在央行资产项目不变的条件下，除基础货币以外的央行负债的减少都将引起基础货币的增加，以下是具体分析。

1. "其他资产"的增加

如上所述，央行购买一台打印机的支付方式有两种：

(1) 以现金支付，此即货币发行、"流通中的通货"增加；

(2) 由于央行不发行支票，因此央行直接增加西单商场开户行的准备金存款，而不是开出央行支票，令西单商场拿到其开户行兑取。

无论是哪种方式，都依照央行购买其他资产的金额而等额增加了基础货币。

2. "政府债券"的增加

凡是央行购买都会投放基础货币，无论是购买打印机等资产，还是在二级市场上买入政府债券。如果央行想要投放基础货币，既然买什么都能达到目的，为什么央行限制自己只买政府债券呢？这个问题我们将在第七章公开操作工具的选择中解答。

此外，央行在二级市场上买入国债，无论是向居民个人购买，还是向券商、商业银行等金融机构购买，也无论是以增加卖方开户银行在央行的准备金存款的方式支付还是以现金支付，最终都会使整个银行体系在央行的准备金存款增加或通货增加，即基础货币增加。

买入国债后的央行 T 形账户为：

资产		负债	
政府债券	＋10 000	商业银行体系的存款	＋10 000
		(或通货	＋10 000)

◇ 显微镜 4-6

为什么央行无论以何种形式在二级市场上购买国债都必然会投放基础货币？

我们可以设想央行在二级市场上购买国债及支付的各种情形，但结果无一例外地都是投放了等额的基础货币，例如：

(1) 假设央行向个人投资者 A 购买了 10 000 元国债，以中央银行所开列的支票支付(央行其实不用支票，这是一种假想)，A 一般不会用支票提现，而是将其存入自己的开户银行 B 行转账。B 行将支票交央行清算后，央行增加 B 行在央行的准备金存款 10 000 元。假定法定存款准备金

率为10%，则B行现有超额准备金9 000元，而整个商业银行体系——现在只牵涉到B行增加了在央行的存款10 000元。

如果B行将超额准备金全部用出去放款(或购买证券)，则会发生多倍的存款创造，当整个过程结束后，这10 000元必然成了所牵涉的一系列商业银行在央行的法定或超额准备金(假定没有现金漏损)，而整个商业银行体系现在增加了在央行的准备金存款10 000元。

(2) 假设央行向券商A购买国债10 000元，以支票支付，则券商A也可能像个人投资者一样将支票存入开户行B进行转账，接下来就是(1)中所描述的情形：无论B是否将其超额准备金用出，整个商业银行体系都将增加在央行的存款10 000元。

(3) 假设央行向商业银行B购买国债10 000元，以支票支付，则商业银行B在央行的账户上的存款将增加10 000元。接下来就是(1)中所描述的情形：无论B是否将其超额准备金用出，整个商业银行体系都将增加在央行的存款10 000元。

(4) 假设央行向个人A或券商A、商业银行A购买国债，以现金支付，并且A也不将现金存入商业银行体系，则通货增加10 000元，也是基础货币增加。

3. 财政借透支的增加与财政性存款的减少

央行向财政贷款或给予其透支，即等额增加了财政部在央行的“财政性存款”，中央银行的T形账户(对财政部融资时)为：

资产		负债	
财政借透支	+10 000	财政性存款	+10 000

仅仅是“财政性存款”增加，并非基础货币增加，因为财政性存款不算基础货币；但当财政部将存款用出去后，必将增加“流通中的现金”或“商业银行体系在央行的存款”(假设财政部用这笔款来兴建一条高速公路，则拨款会变成建设单位在商业银行的存款，又会演变成商业银行体系在央行的准备金存款)，因此基础货币将等额增加，央行的T形账户(财政部用钱时)为：

资产		负债	
		财政性存款	−10 000
		商业银行体系的准备金	+10 000

◇ 显微镜 4-7

从基础货币的角度再论债务的货币化

在前面央行的职能中我们粗略地讲过财政赤字的三种弥补方法及债务的货币化问题，现从基础货币的角度再次讨论此问题。

1. 征税及政府向公众出售公债这两种方法不投放基础货币

在公众交纳税款的时候，流通中的现金或公众在银行的存款将减少，导致银行准备金等额减少，因此，基础货币减少；财政部税款存入央行，引起“财政性存款”增加，之后又将它用出去，又变成了流通中的现金或银行体系的准备金存款，基础货币又等额增加，因此，征税对基础货币没有影响。向公众出售公债，引起流通中的通货或银行体系的准备金存款减少，而政府将公债收入花费之后，又会引起流通中的通货或银行体系的准备金存款等额增加，因此，对基础货币没有影响；向银行出售公债，使银行准备金减少，政府将公债收入花费之后，又引起又引起流通中的通货或银行体系的准备金存款等额增加，因此，对基础货币没有影响。在这两种方式下，当财政部融资时，中央银行的T形账户为：

资产		负债	
		财政性存款	+10 000
		通货	−10 000
		(或商业银行体系的准备金	−10 000)

当财政部用钱时，中央银行的T形账户为：

资产		负债	
		财政性存款	−10 000
		通货	+10 000
		(或商业银行体系的准备金	+10 000)

2. 央行对财政部借透支，或在一级市场上购买国债会投放基础货币

当央行直接贷款给财政部，其T形账户为：

资产		负债	
财政借透支	+10 000	财政性存款	+10 000

当央行在一级市场上购买国债时，其T形账户为：

资产		负债	
国债	+10 000	财政性存款	+10 000

虽然这一步尚未投放基础货币(财政性存款不算基础货币)，但当财政部用钱时，就投放基础货币了，此时央行的T形账户如下：

资产		负债	
		财政性存款	−10 000
		流通中的通货	+10 000
		(或商业银行体系的准备金	+10 000)

这就相当于开动印钞机，即用增发货币的方法对财政赤字融资。

3. 央行在二级市场上购买国债也会投放基础货币

央行在二级市场上购买国债，使央行的“政府债券”这项资产和“商业银行体系的准备金存款”这项负债等额增加，将引起基础货币增加，其T形账户为：

资产		负债	
政府债券	+10 000	商业银行体系的准备金	+10 000

根据货币供给模型 $M=m \cdot B$，B 增加，在 m 不变小的情况下将使 M 增加，因而可能引起通

货膨胀。因此，有高额财政赤字的国家如拉美国家在20世纪七八十年代常常发生恶性通货膨胀。

4. 中国的债务货币化有助于人民币国际化？——人民币国际化产生了新增货币需求，财政赤字的货币化正好可以满足这部分需求

我国在应对2008年国际金融危机后的这些年中，必须用到扩张性财政政策，或许可以考虑调高目前各国惯用的财政赤字占GDP的3%的红线——虽然根据中国财政部的数据，2015年计划的财政赤字将达到1.62兆元，我国的财政赤字率也将上升到2.30%，但仍未到3%。而在一国货币国际化的进程中，国外产生了对本国货币及本币资产的需求，因此，更高的财政赤字正好可以采用债务货币化的方式来弥补，因为新增的货币供给正好可以满足新增的货币需求，这样就不会使国内遭受通货膨胀或(和)资产泡沫了。这表明，国际储备货币国家的债务货币化可以演化成本国债务的国际化(2015-11-20，IPO重启：构筑人民币国际化资产池——不是多空，而是颠覆[J/OL])[10]。

2008年次贷危机后，美联储实行了四轮量化宽松；2010年欧债危机爆发后，欧洲中央银行也实行了量化宽松。美国的量化宽松本质上是美联储通过购买抵押贷款支持债券、两房债券的公开市场操作来投放基础货币，而欧版的量化宽松本质上是欧洲中央银行用购买重债国国债的公开市场操作方式来投放基础货币。

◇ 能量棒 4-9

美国的量化宽松——从格林斯潘到伯南克、耶伦

引言——货币当局只能无奈地用抗生素治疗滥用抗生素造成的病？

2008年前中国的流动性过剩是因为人民币升值预期导致热钱流入，但热钱是从哪里来的呢？原因之一是美国的流动性过剩被输入到了中国，因为当时的美联储主席格林斯潘为治理2002年网络泡沫破灭带来的经济萧条而开动印钞机，造成美国的房地产泡沫以及热钱流出，在全世界乱蹿，可被称为“格林斯潘流动性过剩”，房地产泡沫破灭即爆发了2008年美国次贷危机。

然而，继任的美联储主席伯南克为治理格林斯潘流动性过剩的后果——房市泡沫的破裂而造成的经济萧条，同样采取了开动印钞机的方法，即实行量化宽松政策，再次使得“伯南克流动性过剩”造成的过剩资金涌入中国，又造成了2009年以来世界范围内石油和大宗商品的价格上涨和中国的流动性过剩。

(一) 2002年网络股泡沫破裂后的“格林斯潘流动性过剩”——2008年美国次贷危机发生的原因之一是货币政策对于资产泡沫的无知与放任

1. 格林斯潘大量投放货币，带动了经济增长，同时造成了房市泡沫

在2002年网络股泡沫破灭之后，美国经济存在通货紧缩的可能，时任美联储主席的格林斯潘为了刺激经济增长，投放了大量货币，并使利率大幅度下降，这在当时一方面刺激了房地产业的发展并带动了经济增长，另一方面又催生了房市泡沫。

2. 信奉货币主义的格林斯潘只注意防止实体经济的通货紧缩，不重视防止资产泡沫

格林斯潘为什么要不顾房市泡沫、大水漫灌式地投放货币从而造成了格林斯潘流动性过剩呢？因为他信奉货币主义。货币主义者简单地认为治理萧条只要“大水漫灌式”地投放货币即

可；反之，如果出现了萧条，反过来证明货币当局投放货币的量不够①，货币主义者认为货币政策的最终目标是防止实体经济中的通货膨胀与通货紧缩，而不涉及资产泡沫问题。因此，在次贷危机前，不少观察家提出美国房市可能出现了泡沫，但格林斯潘认为防止资产泡沫并非美联储的职责，所以采取了放任不管的态度。

3. 格氏的借口是资产泡沫很难识别，其实是他对于泡沫破裂后的深重灾难体会得不深刻

格林斯潘一直认为资产泡沫是很难识别的，人们往往要到泡沫破裂的时候才知道它是泡沫，这个现实的技术问题妨碍了美联储去干预泡沫。尽管预测和识别泡沫不是一件轻而易举的事情，但并非像格林斯潘所说的那么难，因为在泡沫发生时，还是有不少迹象可循的。比如，美国房地产市场在2005年、2006年的时候，很多地区都出现了大量的投资性购房，在佛罗里达州占到了总购房比例的30%，这已是非常明显的泡沫迹象了，但美联储当时不愿意面对这个问题，终于酿成次贷危机(2009-09-15，《21世纪经济报道》)[11]。

（二）2008年次贷危机后美国的量化宽松(QE)

1. 伯南克与格林斯潘、弗里德曼一脉相承的思想渊源

撰写过不少有关金融危机、大萧条主题论文的本·伯南克堪称研究经济危机的专家，他禀承了弗里德曼的货币主义思想②，主张在萧条时期，货币当局应注资或贷款给资产质量出了问题的银行，让其保持对企业的贷款能力，即保留商业银行作为央行印钞机的出钞口③。2002年，时任美联储理事的伯南克提到弗里德曼在1969年提出的“在萧条时央行应坐着直升机撒钱”的方式来发放货币、对抗通货紧缩，一时间被称为“直升机·本”。因此，在2008年雷曼兄弟公司倒闭、次贷危机爆发后，出于对历史教训的警醒，伯南克果断提出了量化宽松政策。

2. 何为量化宽松？——美联储通过购买抵押贷款支持证券的公开市场操作而投放基础货币

QE就是Quantitative Easing的缩写，被译为“量化宽松”，是指中央银行通过公开市场操作购入证券等投放基础货币、使金融机构在央行的准备金增加，从而为金融体系注入流动性。“量化”是指美联储购入证券的数额、亦即新投放的基础货币的数额是有定量的，“宽松”则指减低银行的资金压力。

2008年国际金融危机后，美联储实施了3轮量化宽松和1轮扭转操作，资产负债表规模已从2007年的0.9万亿美元大幅扩张至2017年10月的近4.5万亿美元，约是危机前的5倍(牛慕鸿，2017)[12]。

3. 第一轮量化宽松(QE_1)——2008年11月—2010年3月

1) QE_1 的含义

第一次量化宽松(QE_1)是指，在2008年9月雷曼兄弟公司倒闭、从而美国次贷危机爆发后，美联储在当年11月立即从金融机构手中按账面价值购买了6 000亿美元的已经陷入破产边缘的两大政府机构——“房地美”和“房利美”发行的抵押贷款支持证券；又在随后的3个月中通过这

① 1968年，货币主义学派大师弥尔顿·弗里德曼说过，“大萧条是政治家们的最后一次大错……大萧条是以一种悲剧性的方式印证了货币要素的重要性”，因为他考察了大萧条时期货币供给量增长较慢，他认为美联储的紧缩性货币政策加剧了大萧条的程度。

② 在当选美联储主席后，他在给弗里德曼的生日贺词中说，“在大萧条的问题上，你的看法是正确的，我们问心有愧，感谢你的指正，我们不会再次犯错了”。

③ 1983年，伯南克在书中说，“关闭银行可能会阻碍正常的信贷媒介作用，因此会对经济产生负面冲击”。他的意思是说，在萧条时期货币当局也要注资或贷款给资产质量出了问题的银行，让其保持对企业的贷款能力，即保留商业银行作为央行印钞机的出钞口。1995年，伯南克在另一本书中提出“在银行业恐慌严重的国家，工业产出的下滑远比银行业体系稳定的国家严重”，他的意思是说，在美国一定要首先保证银行业的贷款能力。

种公开市场操作累计为银行体系创造了超过1万亿美元的准备金。在2008年11月至2010年3月的第一轮量化宽松中，美联储总共购买了1.725万亿美元的资产，包括1.25万亿美元的抵押贷款支持证券、3 000亿美元的国债等。在第一轮量化宽松过后，虽然美国经济依然在苦苦挣扎，但华尔街的金融公司从破产的边缘中被拯救了出来。

可见，美联储的救市重点是维持银行的贷款能力，体现为对问题银行的救助，而不是简单地令其破产。因为银行的贷款收不回来，如果不予展期、宣布为坏账，则该机构就要破产，但如果给予债务人展期，银行将面临现金流缺乏和支付能力不足的困境。所以，美联储用量化宽松政策来购买这些资产，就等于开动印钞机送钱给这些金融机构，令其对企业贷款。与此对比，中国政府的救市(即“保增长”)依靠的是4万亿元的基础设施投资。

美联储的救助分为央行融资(即公开市场操作)、央行购买私人企业优先股(非常规操作)与财政注资(含资产剥离)几类方式。在非冲销情形下，央行的融资直接体现为基础货币投放，而财政注资则可能不投放基础货币，下面详细介绍。

2) QE_1 中的常规货币政策工具

(1) 通过公开市场操作买入巨量美国国债

通过公开市场操作买入巨量美国国债属于常规的货币政策工具。

(2) 降息——联邦基金利率进入零利率时代

美联储从2007年9月18日开始降息，使联邦基金基准利率水平从5.25%降至4.75%。后来，随着市场环境的恶化，美联储加快了降息的步伐，连续10次降息之后，2008年12月16日美国联邦基金利率降至0～0.25%的历史低位——进入“零利率”时代。不仅如此，美联储还引导市场对未来低利率水平的预期，承诺将零利率的联邦基金利率维持较长时期。

3) QE_1 效果差的原因——银行惜贷

QE_1 效果差的原因是美国的商业银行纷纷惜贷，它们宁愿将美联储注入的资金保留在美联储账上做超额准备金，也不愿贷放给急需融资的居民和企业，致使美联储注入的流动性被大量囤积在银行体系内部而无法流入企业与居民手中，导致美国主要的信贷市场一度陷入运转失灵的困境(无怪乎格林斯潘批评说量化宽松政策“一点用也没有”)；同时，惜贷也使得货币乘数大为减小。

由于金融机构在美联储保有许多超额准备金，2008年10月，美国国会授权美联储对银行准备金支付利息。

4) QE_1 中的创新性货币政策工具——绕过银行，央行送钱，何患无辞？

(1) 直接救助非银行金融机构

① 购买其抵押支持证券

为应对金融危机，美国国会于2008年10月3日通过了《紧急经济稳定法案》，主要内容是建立7 000亿美元的“问题资产救助计划”(Troubled Asset Relief Program)，即允许美联储购买问题资产。这使得美联储一反常态，大大拓展了其公开市场操作工具的范围——以前是 bills only，但现在金融机构最多的资产是可能不值一文的“抵押支持证券”和“两房”债券，因此，美联储购进了1万多亿美元的两房债券与抵押贷款支持证券，将央行资产负债表扩大至1.15万亿美元，而央行资产的增加就是投放的基础货币(卢庆杰，2010)，T形账户如下：

美联储

资产		负债与资本	
抵押贷款相关证券	+	准备金存款	+

② 直接贷款给非银行机构

公开市场购买需要金融机构有证券可以卖给美联储，但随着危机的不断升级，尤其是雷曼公司破产引发的新一轮冲击波愈演愈烈，有些机构后来都没有证券可卖了。于是美联储便发明了一些创新性货币政策工具，巧立名目，直接救助一些金融机构，如贝尔斯登（投资银行）、房利美、房地美和美国国际集团（AIG，保险公司）。具体来说：

a. 2008 年 3 月 14 日，美联储紧急批准了 JP 摩根（商业银行）与贝尔斯登（投资银行）的特殊交易，即美联储通过 JP 摩根向贝尔斯登提供应急资金，以缓解其流动性短缺问题。

b. 2008 年 7 月 13 日，美联储和美国财政部联合宣布对陷入财务困境的"两房"提供救助，允许"两房"直接从联储贴现窗口借款，还运用量化宽松政策购买"两房"发行和抵押的证券，从而投放了基础货币，T 形账户如下：

美联储

资产		负债与资本	
对"两房"的再贴现	+	准备金存款	+

c. 2008 年 9 月 16 日、2008 年 10 月 8 日和 2009 年 3 月 2 日，美联储分别宣布向"美国国际集团"（AIG）提供 850 亿美元、378 亿美元和 300 亿美元的救助资金。截至 2010 年 6 月 10 日，AIG 在美联储的借款余额仍为 266.99 亿美元，从而投放了基础货币，T 形账户如下：

美联储

资产		负债与资本	
对"AIG"的再贷款	+	准备金存款	+

d. 2009 年 12 月纽约储备银行购买了"美国友邦保险极光有限责任公司"（AIA Aurora LLC）和"美国人寿保险控股有限责任公司"（ALICO Holdings LLC）的优先股，为此，美联储在其资产负债表的资产方增设了一个一级项目"对友邦保险极光有限责任公司和美国人寿保险控股有限责任公司的优先权益"（Preferred interests in AIA Aurora LLC and ALICO Holdings LLC），T 形账户如下：

美联储

资产		负债与资本	
对友邦保险极光有限责任公司和美国人寿保险控股有限责任公司的优先权益	+	准备金	+

e. 此外，美联储还发明了对金融机构提供短期流动性支持的融资工具，被称为"流动性支持工具"，包括：定期拍卖便利（TAF）、一级交易商信贷便利（PDCF）、定期证券借贷便利（TSLF）以及定期资产支持证券贷款便利（TALF）等。这些创新工具与传统工具相比，有的延长了贷款期限，有的扩大了抵押品范围，有的增加了流动性供给的对象，有的降低了获得流动性的成本。

(2) 直接贷款给企业和居民

以前美联储作为央行是不会直接贷款给居民和企业的，但金融机构的惜贷让美联储深感事与愿违。因此，美联储发明了一些消费贷款以及中小企业贷款，直接贷款给居民和企业，统称为"其他贷款"，从而又投放了基础货币，T 形账户如下：

美联储

资产		负债与资本	
消费贷款、中小企业贷款	+	准备金存款	+

5) QE_1 的结束

2010 年 4 月 28 日，美联储在利率会议后发表的声明中未再提及购买机构抵押贷款支持证券和机构债①的问题，这标志着美联储的首轮定量宽松政策正式结束。此轮对于抵押贷款支持证券、两房债券的购买，再加上 2009 年 3 月至当年秋天结束前所购买的 3 000 亿美元较长期国债证券，使得美联储在 QE_1 中共购买了 1.725 万亿美元资产，总共投放了 1.725 万亿美元基础货币。

4. 第二轮量化宽松（QE_2）——2010 年 11 月希腊主权债务危机爆发后至 2011 年 6 月

1) QE_2 的开始与结束

自 2008 年实施 QE_1 后，到 2010 年 4 月，美国的经济数据开始令人失望——经济复苏步履蹒跚，失业率依然停留在 9.6%的高位。雪上加霜的是，希腊主权债务危机掀开了欧洲债务危机的序幕，使得欧洲和整个世界都陷入经济再次低迷的阴影之中。因此，自 2010 年 8 月开始酝酿，到 2010 年 11 月，美联储正式宣布启动第二轮量化宽松计划即 QE_2，主要内容是：将于 2011 年第 2 季度前采购 6 000 亿美元的美国长期国债，每个月的采购额约为 750 亿美元，以进一步刺激美国经济复苏；同时维持 0～0.25%的基准利率区间不变。QE_2 于 2011 年 6 月 30 日结束。

2) QE_2 的效果

(1) QE_2 投放了 6 000 亿美元的基础货币，虽然成功地消除了通货紧缩的担忧，但美国的经济增长速度却比 QE_1 推出时还要慢，就业市场形势也没有明显好转，对实体经济收效甚微；

(2) QE_2 使美元又重新回到了弱势地位，不到 8 个月，美元兑欧元的汇率就从 2010 年 8 月的 1.2 美元/欧元，迅速蹿升至 1.45 美元/欧元。但是，弱美元政策为美国企业的出口创造了有利的条件；

(3) 由于 QE_1 遭遇了银行惜贷、货币乘数变小的困境，所以，伯南克为了避免重蹈覆辙而一反常态，不是购买几大银行的证券，而是直接购买几大企业的债券，从而对美国的经济回暖起到了推动作用。到了 2012 年，当欧洲经济深陷债务泥潭、中国经济面临整体硬着陆风险以及世界经济整体低迷的时候，美国的各大经济景气指数却开始悄然复苏。

5. 不设额度上限的“加强版”QE_3——2012 年 9 月至 2014 年 10 月

1) 为何要推出 QE_3？

市场的整体好转淡化了人们对于伯南克推行第三轮量化宽松政策的预期，但是出乎意料的是，2012 年 8 月美联储宣布将推出第三轮量化宽松政策以推动经济的整体恢复。自 2012 年 9 月至 2014 年 10 月的第三轮量化宽松中，美联储总计购买了 1.6 万亿美元资产，每月分别采购 400 亿元的抵押贷款支持证券和 450 亿美元的国债。美联储推出第三轮量化宽松的原因如下。

(1) 美国大选

因为 2012 年 10 月美国要进行大选，当时美国的其他经济指数都恢复了，但就业指数却迟迟没有动静，因此成为奥巴马政府连任的一大心病。伯南克希望新的量化宽松政策能给美国的就

① 房地美、房利美的债券在美国被称为政府机构债券，次贷危机前一直被视为准国债。

业市场带来起色①,因此,第三轮量化宽松政策已经超越了货币金融学的范畴,是真正的政治博弈。

(2)"财政悬崖"(Finance Cliff)问题

"财政悬崖"一词是由伯南克在2012年2月7日的国会听证会上首次提出的,它是指美国将在2013年1月1日同时出现税收增加和开支削减的局面②。由于前期是庞大的政府支出与财政赤字支撑着美国企业的利润率,所以美国政府支出减少将令美国经济受到重创。

据估计,财政悬崖一旦触发,第1年对美国的经济影响总额达到6 000亿美元,相当于GDP的4%,足以影响美国经济复苏。由于财政悬崖的逼近,美国2013年年初将迎来大规模的财政紧缩,这可能延续放缓美国经济复苏和整体就业市场的表现。因此,美联储有必要在财政紧缩下采取扩张性货币政策,因而于2012年9月14日推出第三轮量化宽松(QE_3)——不设额度上限的"加强版"QE。

(3) QE_3 的意图——刺激美国的房市来引领经济复苏?

① 美联储宣布将从2012年9月14日开始,以每月400亿美元的规模购入机构抵押贷款支持债券。

② 同时继续购买长期国债、维持6月实施的延长"扭转操作"至2012年年底不变的政策,上述两项措施并行将令美联储在2012年年底前每月增持长期债券规模达850亿美元。"扭转操作"(Operation Twist)是美联储出售短期国债而购入长期国债的一种操作手法,目的在于降低长期利率从而促进长期投资。根据利率期限结构理论,长期利率等于短期利率加上流动性溢价,所以在金融市场上,长期利率一般高于短期利率。但是对于美国而言,由于美国经济刚遭遇次贷危机的破坏,经济的不确定性使得市场观望情绪严重,长期投资意愿不高,这不利于美国经济的发展。央行通过出售短期国债的资金而购入长期国债,希望会使得长期国债价格上升、长期贷款利率下降,从而鼓励长期投资、刺激实体经济发展。

③ QE_3 宣称要购买的是美国两房债而不是美国国债,可见其目的就是刺激美国住房市场,并通过房市来带动经济增长,因为前两轮QE的效果有限,此次也算是美联储的新尝试。

因为在一般的经济危机中,房地产市场会引领经济复苏。然而在本次危机中,房地产部门却一直在拖后腿,所以 QE_3 就要加速房地产市场回暖。

◇ 能量棒 4-9-1

QE_4——2012年12月出台的美联储每月450亿美元的长期政府债券购买计划[13]

也有人把上述 QE_3 中2012年12月出台的每月450亿美元的长期政府债购买计划称为 QE_4。

1. 何谓 QE_4?

美联储直接购买长期政府债券的公开市场操作(即"扭转操作")原计划于2012年12月底到期,但是,由于美国经济复苏乏力,美联储希望继续降低长期利率,因此,在扭转操作即

① 因为他知道,如果奥巴马落选了,自己也将被迫离开美联储。

② 税收增加是因为小布什总统的减税计划即将到期(2%个人所得税即将结束);开支削减是因为:第一,发放已延长的失业救济金时间即将截止;第二,如果国会未达成"超级委员会"定下的赤字削减目标,根据预算控制法,美国将在2013年启动自动削减赤字机制——即在十年内削减国防等安全开支和国内其他项目开支共约1.2万亿美元。

将到期的2012年12月，美联储宣布，在每个月购买400亿美元住房贷款抵押债券的基础上，从2013年1月开始每个月再购买450亿美元的长期政府债券，也就是说每个月长期债券的购买总量是850亿美元，以替代2012年12月底到期的“扭转操作”；同时，委员会宣称，0～0.25%的低利率将持续多长时间，不设时间点，而是取决于美国的经济指标，委员会认为，至少失业率持续在6.5%以上和未来两年的通货膨胀预期在2.5%以下时，低利率政策都是合适的[2012-12-02，没有财悬悬崖，只有QE_4(J/OL)]。

可见，所谓的QE_4即450亿美元长期政府债券的购买计划，只是2012年9月推出的没有上限和期限的量化宽松QE_3的强度的调整，而并非新的量化宽松政策；而购买450亿美元的政府长期债券也是延续了正在执行、即将到期的“扭曲操作”政策，并非什么新鲜事物。

2. QE_4的技术细节

QE_4有如下几点技术问题需要说明。

(1) 如果是对QE_3的加强，为什么不把450亿美元直接加在原来每个月400亿美元的住房贷款抵押债券上，而是选择长期国债券呢？

这主要是因为住房抵押债券市场容量不够大，如果美联储购买得太多，会引起不必要的市场波动。而政府债券市场相对容量要大很多，美联储可以有更多的操作空间。

(2) 为什么美联储不继续扭转操作，而是按计划退出扭转操作并改成量化宽松？

这主要是因为美联储当时持有的短期债券已经所剩无几，无法再进行扭曲操作中的资产置换。

---

6. 小结——QE_1、QE_2、QE_3的传导机制及对其效果的评论

1) 赞成QE_1、QE_2、QE_3的理由

(1) 达到了中介目标Ⅰ(即通过提升资产价格而可能间接推动实体经济复苏)

QE_1、QE_2从政策工具到最终目标之间的传导机制如图4-1所示。

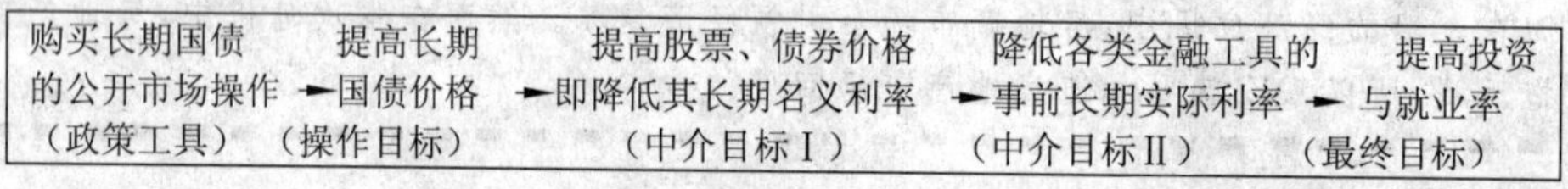

购买长期国债的公开市场操作（政策工具）	→	提高长期国债价格（操作目标）	→	提高股票、债券价格即降低其长期名义利率（中介目标Ⅰ）	→	降低各类金融工具的事前长期实际利率（中介目标Ⅱ）	→	提高投资与就业率（最终目标）

图4-1 政策工具到最终目标之间的传导机制

美联储的政策工具是直接购买长期国债、长期两房债券的公开市场操作，此举必将达到其操作目标——直接拉高长期债券价格，即降低其名义利率。但是，刺激企业投资的是其股票、债券这些长期融资工具的事前长期实际利率下降，因此这是中介目标。而事前实际利率是名义利率减去预期通货膨胀率，因此，首先要降低股票债券这些长期金融工具的名义利率，因此，长期名义利率下降可被视为中介目标Ⅰ。相应地，事前长期实际利率下降是中介目标Ⅱ。

QE_1达到了中介目标Ⅰ，表现为股票、债券、大宗商品等高风险资产的价格上升①，美股自QE_2推出以来一路上行至2012年4月触顶，使标普500指数上涨。股市的良好表现一方面能够带来美国家庭的财富增加，进而带动消费上扬；另一方面也有利于企业直接融资，在一定程度上抵消了银行惜贷对于经济复苏的不利影响；还可通过“托宾的Q效应”促进实体经济投资。

① 在2008年11月第一轮量化宽松后的12个月内，股市上涨了29.5%，黄金价格上涨了44.5%，高收益债券价格上涨了16.6%，美元汇率贬值了12.6%。

(2) 击退了通货紧缩风险

QE_2 推出时，美国核心通货膨胀率仅为0.2%左右，2012年年底时这一数字已升至2%。虽然有人质疑容忍通货膨胀上升是否过于冒险，但更多的人认同伯南克提出的在经济低迷时期通货紧缩比通货膨胀更可怕的观点。

(3) 促使了美元贬值

由 QE_2 带来美元币值一路下行促进了美国的出口，出口已成为了美国的经济亮点。

(4) 副作用小——实行三轮 QE 之后的通货膨胀率尚可控制

与此同时，包括摩根士丹利在内越来越多的分析机构也认为，美国可能需要容忍较原来更高一些的通货膨胀目标来支持经济增长，况且，自2012年以来，在三轮 QE 实施后，美国 CPI、PPI 温和上涨，物价总体水平稳定可控，原因在于美国的商品供给量多而且价格低廉，而这又是因为：

① 东亚低端制造业产品仍源源不断地寻求对美国的出口

美国低收入阶层可以在沃尔玛轻而易举地购买到低价消费品，孩子们可以在大卖场随意购买廉价玩具。虽然中国的劳动力成本在上升，但斯里兰卡目前平均劳动成本只有中国的五分之一，总有经济体在制造业低端愿意辛苦赚取绿票子，为美国提供低价物品。

而这些大规模制造的低端产品所需的资源价格由于美元贬值却会大幅度上升，比如，国际铁矿石的价格从2012年9月以来已经反弹了40%，但是东亚国家迫于争相对美国出口的价格竞争压力，不敢提高美元售价（正所谓“美国注水，中国吃药”），但长期来看，这些国家一定会提高美元售价的。

② 美国的创新能力保障了能源与粮食的低价

2012年11月，IEA（国际能源机构）发布预测报告，随着页岩革命的兴起，2015年，美国将超越俄罗斯，成为最大的天然气生产国；2017年，美国将超越沙特阿拉伯，成为世界上第一大石油生产国。事实上，目前美国基本摆脱对国外的能源依存。同时，美国的粮食生产、粮食技术、智能技术都是一流的，不存在粮食安全隐患，可以把通货膨胀的两大根源控制住。

2) 反对 QE_2、QE_3 的理由

(1) QE_2、QE_3 刺激实体经济效果有限

QE_2 的传导梗阻是无法压低事前长期实际利率，因为通货膨胀率在下降，且私人部门产生了通货紧缩预期，因此事前长期实际利率即使在名义利率接近于零时仍较高，妨碍了消费与投资、就业的增长[①]，最终将导致被过剩的流动性推高的股票、债券、房地产等资产的价格，因为经济仍处于萧条而失去了上涨和维持在高位的基础而破裂，引起私人部门资产的损失，导致投资、消费萎缩，反过来证明这种由量化宽松引起的资产泡沫是不合理的，因此这种量化宽松就是过剩流动性，可被称为“伯南克流动性过剩”。

扩张性货币政策就像抗生素一样，对于经济萧条这种病症有着不确定的治疗效果，虽然也有副作用，但我们没有更多选择，仍在大量使用抗生素。具体到美国的问题就引出了一个矛盾的现象：次贷危机在某种程序上由格林斯潘治理20世纪90年代互联网泡沫破裂后投入的过度流动性造成的——可被称为“格林斯潘流动性过剩”，但其继任者伯南克治疗“格林斯潘流动性过剩”的法宝却是制造新一轮的“伯南克流动性过剩”，相当于用抗生素治疗抗生素滥用造成的疾病。

---

① 瑞银集团2010年表明，若美联储 QE_2 祭出5 000亿美元的国债计划，可令美国GDP在2011年年底多增长0.4个百分点，按常规来算也就是可创造40万个就业机会，相当于每月只有3万个新增就业，这对降低当时的高失业率来说可谓杯水车薪。

(2) QE_2、QE_3 易引发通货膨胀和资产泡沫

由于银行的惜贷,QE_2 释放的大量流动性被囤积在大银行中,或者流向股市,或者直接流向新兴经济体,从而引发人们对于美国正在经历日本式流动性陷阱的质疑,这也是不少经济学家反对推出 QE_3 的主要原因,因为它的副作用是造成资产泡沫和通货膨胀,特别是在 QE_3 实施时美国的通货膨胀已有所抬头的情况下。

(3) 有负外部性——美国的量化宽松、资产泡沫引致了别国的量化宽松、资产泡沫

批评者还指出,美国的量化宽松还有负外部性:美债收益率下降、美国全面降息后,根据无抛补利率平价原理,美元贬值,导致美元热钱流到别国(尤其是新兴市场国家)寻找投机机会,比如,一部分热钱流入中国。如果这些流入国想保持其货币对美元汇率的稳定,央行就要被迫投放基础货币,这样,美联储的量化宽松就外溢为别国的量化宽松了,将导致别国的资产泡沫,因此,它甚至被称为"以邻为壑的政策"①。确实,自量化宽松实施后,2009 年全球石油和大宗商品价格上涨了。

但是,美联储则争辩说量化宽松能够实现中介目标Ⅱ即降低事前长期实际利率,进而刺激、消费投资与就业,可见,QE 争论双方的重点在于治疗作用与副作用哪个更大而已。

3) 评论:量化宽松效果差的根源在于美国实体经济中缺少有利可图的投资机会

如果实体经济的投资与消费启动后,将占用货币作为交易媒介,企业没有闲置的资金可以进入资本市场来制造泡沫,因此,QE 效果差的原因在于实体经济中有利可图的投资机会稀缺。

7. QE 的退出

1) 美联储于 2014 年 9 月提出退出 QE——加息与缩表

美联储于 2014 年 9 月发布了《Policy Normalization Principles and Plans》,提出将要使美国的货币政策正常化。正常化将分两步走,第一步是加息,第二步是收缩资产负债表。加息与缩表均为紧缩性货币政策措施,其中加息是通过公开市场操作直接抬升短期利率,而缩表则是通过抛售所持债券或停止到期债券的再投资收回长期流动性,从而使长期利率上升。从严格程度来说,加息是通过抬升价格(即短期利率)来抑制贷款活动,效果较为温和,而缩表则是通过减少基础货币的投放量来直接减少市场的流动性,对市场的冲击更大,所以大部分联储官员均表示要等到利率抬升到一定程度后才会考虑缩表,且加息和缩表不会并行。但是,对于加息到何种程度开始缩表,美联储并没有给出明确意见(2017-05-05,美联储缩表=利率上行?没这么简单[J/OL])[14]。

由于第三轮 QE 将于 2014 年 10 月到期后将退出,因此自 2014 年 10 月直到 2017 年 5 月,美联储一直通过将到期证券的本金用于再投资的方法保持着自己资产负债表规模的稳定。

---

① 德国总理默克尔 2009 年上半年罕见地公开批评美联储,认为其向经济中注入了太多资金,也对全球各国带来了热钱涌入潮,可能埋下新一轮流动性过剩(包含资产泡沫)的隐患。确实,流入中国的热钱有一部分来自于美国,美国投资大鳄罗杰斯建议抛光所有的美元资产买入人民币、瑞士法郎、日元和真正的硬通货——大宗商品,他认为农产品最有上涨潜力。咨询机构科尔尼预测,中国食品支出将每年递增 17%,发展中国家有望推动食品走出新的牛市。罗杰斯最看好的农产品包括糖和棉花,称它们的库存处于几十年来的最低,同时反复强调买 30 亿亚洲人所需要的大米不会错。罗杰斯仍然看好石油,认为油价有机会升到 150~200 美元一桶(资料来源:http://finance.QQ.com,2007 年 11 月 14 日叶檀博客)。

2）缩表规模及路径预计

(1) 缩表规模预计

2017 年 9 月，美联储公开市场委员会宣布将于 10 月正式开启缩减资产负债表的进程，并称此次缩表将采取渐进、被动、可预期的方式，即逐步减少到期证券的本金再投资规模，起初每月缩减 60 亿美元国债、40 亿美元 MBS；缩表规模每季度增加一次（面幅度同样为 60 亿美元国债、40 亿美元 MBS），直到每月缩减 300 亿美元国债、200 亿美元 MBS 为止。届时，缩表计划将按照每月缩减 300 亿美元国债、200 亿美元 MBS 的节奏进行，直到美联储认为资产负债表规模达到合意水平为止（牛慕鸿，2017）[15]。

假设缩表进程将持续 5 年（2017—2021 年），最终会缩到什么程度呢？美联储前主席伯南克认为美联储资产负债规模将最多缩到一半，即 2.25 万亿美元的水平，相当于危机前的 2.3 倍左右。所以，预期美联储的资产负债表终将只是相对于量化宽松期间而言收缩了，但与危机前相比则是大幅度扩张了（2017-04-25，美联储缩表的方式及其影响探讨[J/OL]）[16]。

(2) 被动缩表与主动缩表

美联储缩表可用被动与主动两种方式。

① 由于 QE 的某些融资是有期限的，到期收回本身就是逆转。分析人士估计 2018—2021 年美联储持有的 MBS 到期量约 1.1 万亿美元，国债到期金额约为 1.22 万亿美元。国债和 MBS 到期被兑付后，美联储可以用被偿付的本金逐步减少再投资于国债的规模，并且停止对新的 MBS 的再投资，这被称为被动缩表；此外，美联储还可在到期规模较少的年份直接在公开市场上出售未到期的 MBS，这被称为主动缩表。

② 2008 年 9 月，美国财政部曾公布了一项“补充融资计划”，财政部发行债券，将收入存在美联储账户不动用，这样，当投资者购买债券时，商业银行在联储的准备金下降，也收缩了基础货币，这也是主动缩表（2017-04-25，美联储缩表的方式及其影响探讨[J/OL]）。

◇ 能量棒 4-10

欧版的量化宽松与公债货币化

（一）ECB（欧洲中央银行）的资产负债表及其解读

1. ECB 的资产负债表

欧洲央行的一份资产负债表样本如表 4-3 所示（2011-09-1，高盛呼唤欧洲 QE：ECB 用资产负债表能走多远？相当远！[J/OL]）[17]。

表 4-3　欧洲中央银行资产负债表

资产	负债
黄金与外汇储备 606 084 377 999	流通中的银行券 850 189 649 514
欧元区信贷机构的债权 574 409 473 063	欧元区金融机构的负债 347 067 277 459

续表

资产		负债	
其他证券	544 269 136 762	其他负债	347 067 277 459
其他资产	346 872 349 718	重估账户	316 657
		资本和储备	81 481 69 705
总资产	2 071 634 1 337 542	总负债	2 071 634 1 337 542

2. ECB 资产负债表科目解读

1) 负债

(1) 流通中的银行券(Banknotes In Circulation)：商业银行随时有权力向 ECB 要求用存款兑换欧元现钞，所以 ECB 有这项负债。

(2) 对欧元区金融机构的负债(Liabilities To Euro-Zone Credit Institutions)：欧元区目前仍实行法定存款准备金率制度，所以 ECB 有这项负债。

(3) 其他负债(Other Liabilities)：包括欧元区各国政府、非欧元区国家中央银行在 ECB 的存款，还有 IMF 的特别提款权存款。

(4) 重估账户(Revaluation Accounts)：这是对应于其各项资产因价格和汇率波动而变动所设置的账户。

(5) 资本和储备(Capital And Reserves)。

2) 资产

(1) 黄金与外汇储备(Gold And Fx Reserves)

黄金储备是金本位制时期遗留下来的财产，外汇储备是 ECB 干预欧元汇率的必要手段，比如，2000 年秋季，ECB 想使欧元走强，曾用美元买入欧元。

(2) 对欧元区信贷机构的债权(Claims On Euro-Zone Credit Institutions)：这个项目体现了 ECB 对信贷机构提供流动性、履行最后贷款人职能的功能。

(3) 其他证券(Other Securities)：ECB 持有的各国政府发行的欧元国债。

(4) 其他资产(Other Assets)：如各商业银行在 ECB 保留的清算账户余额，以及其他有形、无形资产(高盛呼唤欧洲 QE：ECB 用资产负债表能走多远？相当远![J/OL],2011-09-12)。

3. ECB 原则上可以开动印钞机

因为 ECB 的“负债”就是基础货币投放，其投放基础货币并无外在限制，换言之，ECB 永远也不会像商业银行那样面临流动性问题。但是，无节制地投放基础货币，将使欧元区遭受通货膨胀和欧元贬值，欧元的建立就是为了约束各国政府为了弥补财政赤字等原因而无节制地投放基础货币，从而遭致通货膨胀和贬值的厄运，因此，ECB 不到万不得已是不会超经济地投放基础货币的。

（二）替代 ECB 履行最后贷款人职能的欧洲金融稳定基金（EFSF）

1. 什么是 EFSF（欧洲金融稳定基金）？——相当于自由银行时期清算所的同业互助基金

为了保护各成员国的金融稳定，2010 年 5 月国际货币基金组织与欧元区 17 个成员国在欧盟经济财政部长理事会的框架下创立"欧洲金融稳定机制"（ESM），并设立了"欧洲金融稳定基金"（European Financial Stability Facility，EFSF），该基金性质为欧元区成员国共同拥有的公司，其职责是向申请援助、并得到批准的欧元区成员国提供紧急贷款。

刚设立时其资金规模为 4 400 亿欧元，2010 年 10 月 26 日欧盟峰会通过决议将基金规模扩大到 10 000 亿欧元。但 EFSF 规模有限，因为欧盟决策者不会同意提高 EFSF 的规模（如德国已表示了明确反对），认为提高其规模而对受灾国无节制地贷款，不足以惩罚 PIIGS（陷入欧债危机的几个欧元区国家的缩写）的败德行为。

2. EFSF 对受灾国的贷款相当于同业拆借，不影响基础货币

只要 ECB 不参与，欧洲金融稳定基金就不可能投放基础货币，因为它相当于我国的同业拆借。欧洲金融稳定基金对受灾国的贷款行为并不影响基础货币，可在 ECB 资产负债表上体现，如表 4-4 所示。

表 4-4 欧洲中央银行资产负债表上 EFSF 的运作

资产	负债	
	德国央行（即德意志联邦银行）的存款 欧洲金融稳定基金存款	－ ＋
	欧洲金融稳定基金存款 希腊央行（代理希腊财政部）在 ECB 的存款	－ ＋

表 4-4 表明德国央行认缴 EFSF 的股份，这笔资金从德国央行最终被转到希腊央行的账户上，但欧元基础货币不变。

3. EFSF 的局限性——数额有限，决策缓慢

当 2011 年 7 月 EFSF 最初被提出来的时候，它的规模本来足够应对希腊、葡萄牙和爱尔兰的危机，但从那时起，危机又开始蔓延到了意大利和西班牙，EFSF 资金就不够用了，它就像自由银行时期英美国家的清算所一样，由于不能创造基础货币（没有印钞机），所以在履行最后贷款人职能时心有余而力不足。

如果要使它增资，决策也很缓慢，因为该基金的治理是建立在全体一致同意原则的基础之上的，在需要迅速采取行动的危急关头，它就会陷入瘫痪。可见，EFSF 这项基金在履行最后贷款人职能方面不能替代能够无限投放基础货币的 ECB。

（三）欧版的量化宽松

当 ECB 用投放基础货币的方式购买重债国的主权债务时，就是公债的货币化，即开动印钞机；ECB 这样解决欧债危机，就是欧版的量化宽松。具体来说，欧债危机爆发后，ECB 采取了以下方式投放基础货币。

1. ECB 扩大对欧元区主权国家央行再贷款所要求的抵押担保品范围

ECB 对成员国央行的再融资相当于各国央行对商业银行的有抵押担保的再贷款，其再融资利率相当于再贴现、再贷款利率，属于欧元区的基准利率。2010 年 5 月，ECB 就宣布不论希腊主权信用评级如何变化，都将接受希腊国债作为其再融资操作中的抵押品，此举意在为希腊融资提供支持，提高希腊国债的吸引力，降低其融资成本。特别是希腊被降级后，ECB表示愿意接受其“垃圾级”主权债作为抵押，这远远超过了ECB以往的底线。如表4-5所示。

表4-5　欧洲中央银行资产负债表

资产		负债	
对希腊以其国债为抵押品的再融资	+	希腊央行(代理希腊财政部)的存款	+

2. ECB实行证券购买计划(SMP)，从一级市场、二级市场购买政府债券和私人公司债券

ECB从二级市场购买欧元区重债国的中央政府和公共部门发行的债券，也从一级市场和二级市场上购买欧元区重债国私人公司发行的可交易债券，通过这种非常规措施投放基础货币，使得ECB的资产负债表迅猛增长①。

3. 降息

ECB自全球金融危机以来持续地实施降息这一强力政策工具，至2009年5月7日，ECB基准利率降至1%的历史低点。欧元区形势暂时缓解后，为应对通货膨胀风险，欧元区又进入加息行列，然而欧债形势的恶化以及欧元区主要经济体面临严重疲软，让ECB两次加息后又重返降息通道，于2011年12月8日再返1%的历史低点。

后由于经济继续疲软，ECB继续将其对成员国央行的再融资利率(即欧元区基准利率)降到了0.05%，隔夜存款利率(即准备金利率)为－0.20%，隔夜贷款(即无抵押担保的再贷款)利率为0.30%，直到2014年12月仍是如此，因为欧元区经济仍然疲软②。

4. ECB直接对各国商业银行提供流动性

1) ECB直接对重债国商业银行发放固定低息的3年期长期贷款(LTRO)

2011年11月欧元区出现银行挤兑的混乱局面，与2008年秋季美国的情形极为相似，当时，储户们对持有其资产的银行的稳定性丧失了信心，只有政府为所有银行提供全面担保，才能避免银行挤兑风险。为此，ECB启动了两轮向商业银行发放3年期低息贷款的行动，即3年期的长期再融资行动(Long-Term Refinancing Operation，LTRO)③，两轮LTRO规模超过了1万亿欧元，为ECB有史以来通过再融资操作投放货币的最高规模，有效地缓解了银行流动性的不足。在欧元区，ECB的再融资无论是针对各国央行还是各国商业银行，都是一种央行的再贷款，是投放基础货币的方式之一。

2) 德法等国通过ECB自有的Target-2系统(欧元区的同业拆借)为重债国提供流动性

欧元区各国商业银行以及总部没有设在欧元区，但在欧元区有分支机构的信贷机构都要在

---

① 2010年5月欧洲央行开始在证券市场计划(Securities Market Programme，SMP)框架内购买重债国债券。至2011年年底欧洲央行总共购买了2 100亿欧元，其中1 570亿欧元为重债国债券，约为欧洲央行资产的10%。

② 欧洲央行官网数据显示，2014年9月欧元区通货膨胀率为0.3%，低于8月的0.4%；8月失业率为11.5%，与前两个月数据持平，但低于去年同期的12%。

③ LTRO是欧洲央行的一种传统政策工具，就是一种对商业银行的再贷款，旨在增加银行的流动性。为了应对银行间流动性的不足，缓解欧债危机，ECB于2011年12月启动了第一轮为期3年的、贷款利率为1%的LTRO，向523家欧洲银行提供了总计为4 891.9亿欧元的低息贷款(当时的ECB隔夜贷款利率尚且高于1%，为1.75%)。2012年2月，ECB又进行了同样期限和利率的LTRO，向800家银行发放了5 295.3亿欧元贷款，为ECB有史以来通过再融资操作投放货币的最高规模。

本国央行处缴存最低存款准备金①，然后各国央行将准备金缴存到欧元区央行。各国央行在ECB的准备金存款划转相当于一种同业拆借，这是通过ECB Target-2系统进行的。

事实上，自欧债危机爆发后，德国、法国的中央银行一直在通过ECB的Target-2系统向重债国央行提供大额贷款②，缓解了重债国的融资困境，也表明德、法等核心国家被拖入了欧债危机。但它们也担心如果重债国退出欧元区，重新采用自己国家的主权货币，则这些Target-2系统的债权将完全收不回来。其资产负债表如表4-6所示。

表4-6　欧洲中央资产负债表

资产	负债	
	德意志联邦银行的存款	－
	希腊央行的存款	＋

5. 与美联储等五大央行联手，向欧元区投放美元基础货币

欧洲银行业的美元资金来源是以向美国、欧元国家以及其他国家的机构投资者进行同业拆借为主的，而欧洲银行业持有的重债国国债资产价值的不确定性，使得美国及其他国家的货币市场基金从欧洲大幅退出，导致欧洲银行的美元流动性短缺，这不仅让欧洲银行陷入流动性衰竭的困境，也可能会影响到美国乃至全球的信贷。

因此，美联储、ECB、英国央行、加拿大央行、日本央行及瑞士央行重新启动了货币互换协议，2011年11月30日决定自12月5日起将几大央行之间现有的临时性美元流动性互换利率下调50个基点，又将货币互换协议延长至2012年8月1日。六大央行联手，临时提供美元流动性，减缓全球资本流向的逆转(2011-12-05. GMI：六大央行联手下调美元流动性互换利率[J/OL])[18]。

(四) 对欧版量化宽松(公债货币化)的争论

1. 欧版量化宽松(公债货币化)之弊——有可能导致通货膨胀

ECB开动印钞机、大量投放基础货币，可能使欧元区面临潜在通货膨胀威胁。但自欧债危机爆发后，欧元区经济一直处于萧条状态，没有现实的通货膨胀，因为萧条时期货币乘数变小，故广义货币数量还未明显增加。但相对于美元等货币而言，欧元逐渐变弱，这使得德国觉得吃亏了，因为德国人通过削减福利而降低了产品与服务的成本，导致薄利多销、形成贸易顺差，积累了财政盈余，现在欧元贬值了，导致德国的财富减少，德国觉得不公平，自然不愿意购买PIIGS的国债，为懒人付账。

2. ECB公债货币化之利——缓解经济衰退

1) 德国否认ECB有权力担任最后贷款人

德国央行(Bundesbank)行长刚刚对ECB是否有权承担最后贷款人的角色提出了质疑，第二天，银行挤兑危机就蔓延到欧元区其他地方。

---

① 按照《欧洲中央银行体系章程》的有关规定，自1999年1月1日起，凡是在成员国建立的信贷机构，都要向所在成员国中央银行缴存最低存款准备金；总部没有设在欧元区。但是在欧元区有分支机构的金融机构也需要缴存最低存款准备金。欧洲中央银行体系确定最低存款准备金的数额取决于两个因素：1)存款准备金率；2)存款准备金基础，它是由信贷机构负债项目中的隔夜存款、2年期以下的通知存款和定期存款、原始期限为2年期以下的证券以及货币市场票据加总而成的。

② 仅在2011年年底前，德意志联邦银行就通过Target-2系统提供了4 950亿欧元的贷款。

2）法国、比利时、意大利、西班牙等国认为在通货紧缩时ECB应扩大银根、购买欧债

2011年11月欧洲银行业遭遇挤兑是因为德法两国与其他国家对ECB购买债券的适当性持截然相反的观点，德国央行一直大肆反对，但是，当时作为欧洲稳定的典范的德国，在其国债拍卖时竟然未吸引到足够的买家，表明投资者对涉及欧元区的任何资产都越来越反感。当时的经济数据已经表明欧洲正面临通货紧缩、正滑向一场经济衰退[①]，有关欧洲货币联盟解体的言论加剧。ECB还要等多久才会采取行动？

比利时、西班牙、意大利、法国等国都达成共识，认为ECB应采取行动，扮演各国政府实际上的"最后贷款人"角色，即扩大银根，购买欧元区国家的国债、抑制其收益率的上升[②]。他们认为，ECB的相关法令要求维持价格稳定，这要求对通货膨胀和通货紧缩给予同等关注，而不是像被通货膨胀吓破了胆的德国人那样给予通货膨胀过分的、不对称的防范。并且，ECB理事会是一家独立机构，即便是德国央行，也必须尊重该机构的独立性。

3. 评论：ECB救市要严格财政纪律，避免道德风险

收益率上限应被当作一项应急措施，但在中期内，它可能会导致重债国的政客们抛弃财政纪律。其实，政客们应该利用实施收益率上限所争取到的喘息空间，建立适当的财政规则，并制定使欧元区能够通过经济增长、摆脱过度负债的战略。

4. 索罗斯方案——ECB开动印钞机，EFSF作为ECB的贷款损失准备金

索罗斯(Soros)在英国《金融时报》2011年10月30日的文章中提出了一个方案：ECB大举购入危机国主权债券，使其价格上升、收效率下降，减轻欧洲各国政府的融资成本，治理通货紧缩。但是，如果这些债券违约，冲销坏账将很快会耗尽其资本金，这样央行也应该被破产清算，所以央行也要注重资本充足率、即财务健康问题。一旦ECB冲销坏账耗尽其资本金，就会要求欧元区各国央行重组资本(即追加投资、增加资本金)，而2010年，各国央行的利润之和仅为120亿欧元，这表明它们重组ECB的资本能力有限。

索罗斯提出不要动用EFSF，就让它作为ECB的备用资本金，随时准备来冲销坏账。只要违约率非100%，EFSF就具有杠杆效应。比如，违约率为20%，则20单位的EFSF资金可以用来担保100单位的主权债务。

截至2015年9月，欧版的量化宽松——欧央行的资产购买计划总额已达到了5 600亿欧元。

5. 欧元区该何去何从？

1）欧元区货币政策应该是紧的还是松的？——强国弱国众口难调，难以兼顾

ECB行长马里奥·德拉吉(Mario Draghi)明确表示ECB不会履行最后贷款人职能，欧元区各国政府别指望ECB会为它们的财政提供最后的支持。德拉吉表示"解决问题的方法在于，各国依靠自己的力量，拿出正确的经济政策进行改革"，这番话是针对意大利政府的。

说是这么说，但谁都明白央行的使命决定了他不可能不投鼠忌器，市场人士仍认为"如果最糟糕的情形出现，ECB会购买更多的国债，数量将远超出许多人现在的想象。"

2）把希腊等国开除出欧元区也不现实

把希腊开除出欧元区，接着意大利和西班牙作为欧元区第三、第四大经济体，也有债务危机，如果也被开除出去，则欧元就要解体，欧洲决策层显然不愿意看到这个结果。

---

① 2011年11月欧元区采购经理人指数疲弱，企业报告的9月新工业订单意外大幅下跌6.4%。

② 索罗斯认为ECB应设定一个重债国国债的收益率上限，ECB随时准备进行无限量的购买。上限最初可以是固定的，比如，设定在5%，然后在条件允许的情况下逐步降低，这样就可以抑制重债国融资成本的上升。

3）欧元区建立财政联盟也不现实

货币联盟让成员国放弃了货币政策的主权，财政联盟让成员国放弃了财政政策的主权，显然，欧元区各国不愿将货币政策与财政政策主权全部都放弃，因此欧元区在未来几年乃至几十年都不可能出现像外界讨论的那样建立财政联盟，因为如果实行了财政联盟，则各国就完全没有实行经济政策的主权了，整个欧元区的经济政策将由强国根据本国情况来定，因而弱国将变成强国的附庸国，这正是各国担心之处。

总之，欧元区将在摇摆不定的政策（是一体化还是分裂）中胡乱前行，欧元还远未走出困境。

4. 向存款货币银行的贴现与放款（即我国的再贴现、再贷款）的增加

假设央行为实行扩张性货币政策而向任意一家商业银行发放了一笔再贷款 10 000 元（授意其增加对民营企业贷款，以刺激经济复苏），央行在该行的准备金存款账户上增加一笔存款10 000 元，这样，基础货币就增加了 10 000 元。因此，央行向存款货币银行的放款与贴现将使基础货币增加，中央银行的 T 形账户为：

资产		负债	
贴现与放款	+10 000	商业银行体系的存款	+10 000

央行向商业银行发放了这笔贷款，使商业银行增加了超额准备金 10 000 元，商业银行就可以向企业发放 10 000 元贷款了。

启示：此例中的企业存款先有存款还是先有贷款？正如先有鸡还是先有蛋一样，是由央行的再贷款创造的，对整个经济体系而言，是贷款创造了存款。虽然对于单个存款货币银行而言，是存款创造了贷款，因为有存款才有超额准备金，才可以发放贷款。

◇ 能量棒 4-11

1992—1993 年中国通货膨胀的成因——钓鱼工程与倒逼机制

1989—1991 年，中国经济经历了 3 年的治理整顿（即治理经济萧条），于 1992 年进入了新一轮经济高速增长期，但仅仅一年后，1993 年通货膨胀又卷土重来，居民生活费指数超过 20%，同期国民经济增速为 13.4%，经济又进入了“过热”状态。1994 年，政府不得不再次实行经济紧缩。那么，1992—1993 年通货膨胀的成因是什么？

1. 国有企业、大集体企业的产权虚置、预算软约束、投资饥渴症、消费过度造成需求拉上型通货膨胀

在投资方面，产权虚置造成预算软约束，预算软约束造成投资饥渴症，引发通货膨胀。1993 年固定资产投资达到 11 829 亿元，比上年名义增长了 50.6%，实际增长了 22%；1994 年 1—10 月，固定资产投资规模依然偏大，国有单位完成固定资产投资同比增长 41.3%，更新改造投资增长 36.1%。庞大的投资规模造成了交通运输、能源、原材料工业的全面紧张，1993 年工业的出厂价上升了 24%，固定资产投资品价格上升了 28.6%。

虽然由于 20 世纪 90 年代收入分配向个人倾斜，造成了消费总需求超过了不变物价下的消费品总供给，因而引发通货膨胀，但比起投资需求来，消费需求仍是低速增长，1990—1994 年间保持在 15%左右。

2. 通货膨胀的“弹药”来源于什么？

1）来源于银行贷款和直接融资

但投资的资金——通货膨胀的“弹药”是从何而来的呢？投资资金只可能来源于企业自身留存收益（即自身积累，或称内源融资）、财政拨款、银行贷款与股票债券市场的直接融资。由于企业亏损面增加，自身积累薄弱，而财政也入不敷出，财政拨款不足，在“拨改贷”的改革下，企业庞大的投资需求主要由银行不考虑是否能够收回本息和的贷款来满足，当时国营工业企业70%的流动资金、国营商业企业80%的流动资金都来自银行，这就是“信贷资金财政化”。

此外，1992年后直接融资的发展，一方面使得企业投资资金来源不再单纯依赖于银行贷款，另一方面也使得央行通过控制信贷规模来抑制投资需求的有效性下降，1992年企业共发行债券379亿元，股票109亿元，再加上410亿元国债，仅这三项规范性直接融资规模就达到了近900亿元，要是算上各种不规范的内部集资，直接融资量可达1945亿元，相当于全国金融机构当年贷款增加额的46%（郑友青，1995）[19]。

2）银行贷款又来源于央行再贷款

——“钓鱼工程”与“倒逼机制”的故事

当时，基层国有企业的投资需要得到银行贷款的支持，但央行为了抑制通货膨胀，已告诫商业银行减少贷款规模，于是，基层国有企业在地方政府的支持下，就通过“钓鱼工程”骗取银行的贷款。“钓鱼工程”是指在决策阶段被描述为造价很低、见效很快，但在实际建设过程中，建设单位不断变更资金预算，迫使投资部门不断追加投资，最终决算超预算、预算超概算、实际造价大大超出原先计划的那些工程。

比如，某市计划扩建一家工厂，向当地某商业银行申请贷款。行长说：“不行啊，央行说了，现在要控制信贷投放，我不能给你贷款。”厂长说：“行长啊，那我听你的话，就不扩建了，但是，请你贷给我区区20万元，我就修个女澡堂，解决女职工的洗澡问题。”于是，行长心软了，批了这笔贷款。

半个月后，厂长又来找行长了：“行长啊，实话跟你说了吧，那20万元我没盖澡堂，我扩张工厂了，搞基建了，请你再给我追加贷款100万元，否则我就停工待料了，工程就成了烂尾楼了，您已贷给我的这20万元就会成坏账了，您要是不心疼国有资产流失，您要是不担心不良资产率上升，您就别贷给我。”行长闻听此言，着实吓得不轻，心中暗暗叫苦，只得继续贷给他100万元。

过了3个月，厂长又来摊牌了：“行长啊，实话跟你说了吧，这个扩建项目再贷给我2 000万元才能完成，否则，您已经投资的120万元一分钱也拿不回来了。贷还是不贷，您就看着办吧。”

可是行长要有存款，才能贷款，现在他的存款全部贷完了，怎么办？只得找央行再贷款。央行行长听到基层的情况也大吃一惊：“可恶！我们已贷的120万元竟然成了基层的人质了！”央行没办法，只得大笔一挥，给该银行记上再贷款2 000万元，该行在央行的超额准备金就增加了2 000万元了，可以向该企业贷款了，而再贷款是基础货币投放渠道之一，这就是由基层倒逼着央行投放基础货币的“倒逼机制”。

“倒逼机制”的概念在国内最早是由经济学家钟朋荣在《中国通货膨胀研究》一书中提出的，是对我国经济中超额货币量供应形成原因和过程的概括和描述。“倒逼机制”的源头是国有企业对信贷资金的无限度的需求，它们和地方政府的行政力量相融合，不断向国有银行施加压力。国有银行通常会对国有企业的借款要求做一定程度的让步；国有银行总行最后又向中央银行申请再贷款，迫使中央银行不得不扩张货币供应规模。这种起源于国有企业借款要求的自下而上的货币供给扩张过程，就是所谓的“倒逼机制”。

因为1993年时的通货膨胀在这种机制下难以控制，因此，朱镕基同志以国务院总理的身份于1993年6月至1995年6月亲自兼任中国人民银行行长，才得以“关住水龙头”——控制住基础货币通过央行再贷款渠道的投放。

3）财政赤字的货币化（公债货币化）也是通货膨胀的弹药来源

1979—1995年的16年，我国财政除了1985年因一次临时性因素而有少量结余外，其余各年都出现了赤字。1992年时财政赤字累积达1 300亿元，平均每年赤字100亿元。财政赤字的成因一方面是支出增加，另一方面是收入下降，由于承包制造成的企业内部人控制问题，造成“工资侵蚀利润”，使得财政收入在国民生产总值中的比重从1987年后不断下降，1988—1991年降为16％，1992年降为15.5％，比西方国家低了25个百分点，比亚洲四小龙低了10个百分点。财政赤字的弥补依靠向中央银行透支或变相透支（郑友青，1995），此即财政赤字的货币化。

4）货币化的完成使得银行贷款造成的过度货币不能被足够的货币需求所吸收

20世纪80年代由于我国货币化程度还不高，货币超量发行被庞大的货币需求所吸收，因此，虽然货币供应量连年超经济增长，但没有引发恶性通货膨胀。但是，进入20世纪90年代后，我国的货币化指标已接近了市场经济国家的平均水平，社会的实际货币余额不再明显上升，表明货币需求量已不再明显上升，货币供过于求必然体现为通货膨胀。

5）“瓶颈”产业发展不足造成供给不足和成本推动型通货膨胀

由于当时中国的原材料、燃料、动力价格涨幅较大，1993年上半年钢材、水泥、玻璃等价格涨幅超过了70％，反映了由于这些基础产业（也就是当时的瓶颈产业）投入周期长，所以供给不足，从成本推进方面促成了通货膨胀。

3. 预算软约束在当前仍存在于地方政府融资中

目前中国的商业银行普遍认为，地方政府投融资平台公司大规模举债的还款来源为地方政府预算内的财政收入和预算外土地出让金收入（即“第二财政”），本质上是依靠政府信用举债，与公司本身经营和财务状况无关，银行就认为地方政府融资平台的贷款是无信用风险的。银行的宠溺使得地方政府融资平台公司变成了预算软约束的，因此地方政府融资平台公司有着强烈的冲动去争取无穷多的银行贷款，其与实体经济中的融资企业一起争夺银行贷款，抬高了利率，反过来又使得实体企业信用风险增大，使得商业银行更倾向于将贷款发放给地方政府融资平台公司。当银行贷款规模受到监管限制时，它们有冲动通过金融机构的同业业务及其他渠道向地方政府融资平台贷款，当然，这样大费周章后贷款利率更高了，进一步增大了实体经济的融资成本(2014-12-04，地方政府是如何扰乱中国金融体系价格信号的？[J/OL])[20]。

---

5. 外汇、黄金储备的增加

1）外汇、黄金储备的增加将投放基础货币

外汇、黄金储备增加使得央行投放基础货币。在当前我国的意愿结售汇制度下，企业出口或引进外资所得的外汇如果卖给了商业银行，随后商业银行又将这些外汇在银行间市场上卖给了中央银行，就形成了官方外汇储备。中央银行一方面增加了这家商业银行出售外汇所得的准备金存款——这被称为外汇占款，另一方面增加了外汇储备，中央银行与商业银行的T形账户分别如下：

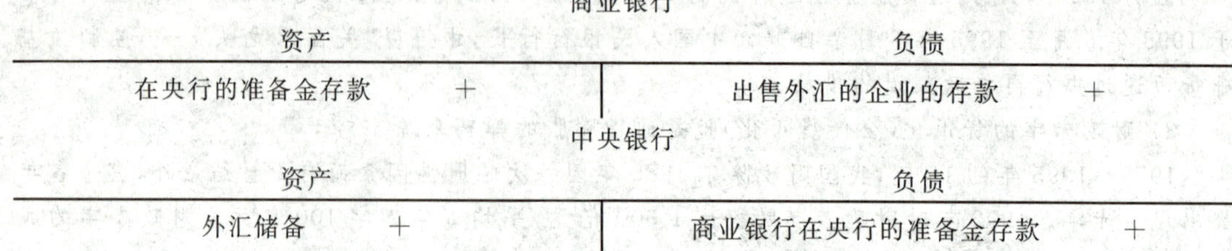

商业银行

资产		负债	
在央行的准备金存款	+	出售外汇的企业的存款	+

中央银行

资产		负债	
外汇储备	+	商业银行在央行的准备金存款	+

2）举例——我国 1994—1996 年通货膨胀的主要成因

◇ 显微镜 4-8

我国 1994—1996 年通货膨胀的主要成因

1. 1994 年的外汇体制改革

1994 年 1 月 1 日我国进行了外汇体制改革，同年 12 月实现了具有重大意义的人民币经常项目可兑换，这两项改革的主要内容是：①取消了 1980 年以来的人民币官方汇率与外汇调剂市场汇率并存的汇率制度，官方汇率（1 美元＝5.8 元人民币）与调剂市场汇率（1 美元＝8.7 元人民币）并轨，人民币汇率一次性、大幅度贬值到 8.7 元人民币/美元；②实行以市场供求为基础的、单一的、有管理的浮动汇率制度；③人民币实行经常项目可兑换以及强制性结汇与售汇制度，即企业出口等经常项目以及引进外国直接投资等某些资本项目下所收到的外汇，要被强制性地卖给外汇指定银行，这就是向银行“结汇”；企业进口等经常项目以及对外直接投资等某些资本项目下所需的外汇可以凭进口合同等相关单证到外汇指定银行购买外汇，不再需要外汇管理局的审批，这就是银行向其“售汇”。

2. 汇率并轨后的双顺差导致外汇占款、基础货币投放的大幅度增加

人民币大幅度贬值引起了经常项目顺差，同时外资持续看好中国的投资前景而纷纷涌入，使资本项目也出现顺差，双顺差导致人民币结汇需求大增。在外汇储备增加的同时，央行投放了大量的基础货币，因为 1994 年、1995 年新增外汇占款占人民银行资金运用（资产）的 75%，而外汇占款并没有列入年初的计划之中。

自 1994 年外汇体制改革以后，中国基本上一直处于双顺差状态，外汇储备快速增加，至 2012 年年底已达 3.31 万亿美元，位居全球第一；至 2015 年 10 月，据中国外汇管理局的报告，中国持有 3.53 万亿美元的外汇储备，按 6.5 元人民币/美元计算，它对应着累计 22.945 万亿元人民币的外汇占款（即累计的基础货币投放）。

3. 冲销操作的无效性

1）什么叫冲销操作？

在影响基础货币的因素中，“向商业银行的贴现及放款”“黄金、外汇储备”“财政借透支”等均不在央行的控制范围之内，但从理论上说，央行至少可以控制其持有的“政府债券”，用这一项的增减来冲销（sterilize，又译为“消毒”）其他几项，从而使得基础货币保持在一个理想水平，而买卖政府债券就是三大货币政策工具之一的公开市场操作。

2）我国 1994—1996 年冲销操作的无效性

（1）当时我国央行资产中国债很少、再贷款最多

1994—1996 年通货膨胀期间，由于我国央行持有的可用于冲销外汇占款的国债数额很少，

因此无法用出售国债来冲销(对冲)。我国央行与美联储资产结构的不同之处在于,美联储由于每天都要进行公开市场操作,因此是美国国债市场上最大的买主和卖主,自1990年至2007年次贷危机以前,其总资产中国债大约占到82%。而我国在1994年时由于商业银行还有很多政策性负担,比如,用"安定团结贷款""饺子贷款"来维持不产生利润的国有企业因而隐性的坏账较多,中央银行以对商业银行再贷款的方式来为其提供资金以维持其流动性,因此我国央行资产中占比最大的是再贷款,我国的冲销只好以收回再贷款的形式来进行。

(2) 以收回再贷款为主的冲销操作效果不理想

1994—1996年我国实行了以收回再贷款为主的对冲操作,但再贷款发放时多与具体项目挂钩,担负着繁重的调整经济结构的任务,且期限较长、地区分布不均衡,因此,收回再贷款数量有限、行动缓慢、冲销效果不理想。

(3) 当时仅发行了两期、总额为200亿元的央行融资券(央票)来回收外汇占款

除收回再贷款外,央行从1995年开始提前偿还部分利息较高的国外借款,有选择地引入外商投资项目,希望降低外汇占款增加的速度,但效果也不理想,于是央行启用了自1993年被准予发明的央行融资券(后被称为央行票据,简称央票),在1994—1996年的反通货膨胀斗争中,我国央行发行了总额为200亿元的两期融资券,规模过小,不足以冲销外汇占款所造成的基础货币投放。这是因为融资券当时是个新生事物,发行机制还不够灵活。可见,融资券未能发挥它应用的冲销作用,造成基础货币失控、通货膨胀发生。

4. 启示:应该让人民币升值?

其实当时还是有办法的,比如,有观点主张应放松对结售汇的管制程度(如允许企业保留更多的外汇)、允许人民币对美元升值(如升回到1美元=5.8元人民币),这样的话双顺差就会大为减小或消失,持这种观点的人被称为"升值派",因为他们主张牺牲出口部门的利益来治理通货膨胀。相反,"贬值派"则主张使人民币进一步贬值,使出口、外汇储备增长,即使发生更严重的通货膨胀也在所不惜。"升值论"者大骂"贬值论"者是"不懂金融的重商主义者"。

◇ 能量棒 4-12

我国的央票(中央银行票据、央行融资券)

1. 概念

我国的中央银行票据(Central Bank Bill)是中央银行为调节商业银行的超额准备金而向其发行的短期债务凭证,其实质是中央银行债券,之所以叫"中央银行票据",是为了突出其短期性特点,从已发行的央行票据来看,期限最短的是3个月,最长的也只有3年。

2. 1993年的央行融资券

我国自1993年起开始发行央行融资券,当年发布了《中国人民银行融资券管理暂行办法实施细则》,并发行了两期融资券,总金额200亿元。

3. 2002年后央票的发行、现券交易与回购开始成为公开市场操作的重要工具

1) 央票已成为我国公开市场操作的一项重要工具

1995年央行开始试办债券市场公开市场业务。从2002年开始,为弥补手持国债数额过少的不足,央行开始将融资券作为公开市场操作的补充性工具——当央行要卖出国债、回收基础货币时,可以新发行央票或正回购已发行的央票,当前,中央银行票据已经成为我国公开市场操作的一项重要工具。

2）央行票据的发行与流通

央行票据由中国人民银行在银行间市场通过中国人民银行债券发行系统发行的，其发行的对象是公开市场业务一级交易商。目前我国公开市场业务的一级交易商有43家，均为商业银行。

目前央行票据是采用价格招标的方式贴现发行的，由于央行票据发行不设分销，因此其他投资者只能在二级市场投资。

央行票据的交易方式为现券交易和回购。央行票据在银行间债券市场上市流通和作为人民银行公开市场业务回购操作工具的交易的时间均为"T＋2"，即发行日的第三个工作日可上市交易。通过配售方式购买央行票据的双边报价商必须将央行票据作为双边报价券种，在交易的同时连续报出现券买、卖双边价格，以提高其流动性。央行票据由于其流动性优势而受到了投资者的普遍欢迎。

3）发行央票收缩基础货币的原理

由于外汇储备增加就投放了基础货币，如表4-7所示。

表4-7　央行资产负债表

资产	负债
外汇储备　＋1万美元	商业银行体系的准备金　＋6万元

商业银行购买了央票就使央行收回了基础货币，如表4-8所示。

表4-8　央行资产负债表

资产	负债	
	商业银行体系的准备金存款 央行票据	－6万元 ＋6万元

4）央行票据的作用

(1) 丰富公开市场业务操作工具，弥补公开市场操作的现券不足

自1998年5月人民银行恢复公开市场业务操作以来，主要以国债等信用级别高的债券为操作对象，但无论是正回购还是现券卖断，都受到央行实际持券量较少的限制，使公开市场操作的灵活性受到了较大的限制。央行票据的发行则改变了以往只有国债这一种操作工具的状况，增加了央行对操作工具的选择余地。

(2) 为市场提供基准利率

国际上一般采用短期国债收益率作为基准利率，但从我国的情况来看，财政部发行的国债绝大多数是三年期以上的，短期国债市场存量极少。在财政部尚无法形成短期国债滚动发行制度的前提下，由央行滚动发行短期票据，可以完善市场利率的期限结构，形成市场基准利率。

(3) 推动货币市场的发展

目前，我国货币市场的工具很少，由于缺少短期的货币市场工具，众多机构投资者只能去追逐长期债券，带来债券市场的长期利率风险。

央行票据的发行将改变货币市场基本没有短期工具的现状，为机构投资者灵活调剂手中的头寸、减轻短期资金压力提供了重要工具。

三、小结：央行对于货币供给的控制(上)

(一) 冲销的含义

已知货币供给模型为：$M_1=m_1 \cdot B$、$M_2=m_2 \cdot B$，央行能否控制货币供给量取决于央行能否控制基础货币 B 以及货币乘数 m_1、m_2。由于从理论上来说，央行总可以运用其所持有的国债进行公开市场买卖来冲销外汇储备、向商业银行的贴现放款等对基础货币的扰动，因此基础货币是外生变量。

(二) 外生变量与内生变量

外生变量的含义是：这种变量可以由经济决策当局按照自己的意愿给定，而不是受内在经济规律的影响而有其特定的值；受内在经济规律的影响而有其特定值，因此决策当局无法影响的变量对于决策当局而言就是内生变量。

这里，"外生"与"内生"的区别在于能否由决策当局从外部设定，能的话就是外生变量，不能的话就是内生变量。比如，女同学的头发是长还是短，只要假以时日，一定是自己可以做主的外生变量。但是，女同学是胖还是瘦，就有一定的内生性，因为每个人的遗传基因与体质等是不同的，有些女生自称"喝口凉水都长肉"，而有些女生是再怎么吃都不胖。

(三) 在实践中，基础货币也有一定的内生性

正如我国 1994—1996 年通货膨胀所显示的，在实践中，冲销操作的有效性受到很多条件的限制，因此，有时基础货币也有一定的内生性。

第四节 货币乘数

一、制约存款货币创造和收缩的因素

在商业银行创造存款货币的过程中，我们发现对于一笔原始存款 R，在法定准备金率为 r 的情况下，所创造的存款货币最大可达到：$D=1/r \cdot R$。但考虑到以下因素后，商业银行创造存款货币的能力就要减小。

(一) 银行保留超额准备金

为了经营的安全及应付意外之需，商业银行实际上总是持有部分超额准备金。超额准备金的存在相当于法定存款准备金率 r 变大了，因此影响了其创造存款货币的能力。

假如在上述存款货币创造的例子中，A 银行在吸收了 10 000 元存款后不仅保留了 1 000 元的法定准备金，还保留了 5％的超额准备金 500 元，则能贷给客户的只有 8 500 元；当客户将这 8 500 元存入 B 银行时，B 银行只能得到 8 500 元的存款，而不是以前的 9 000 元了。

（二）现金漏损

在现实生活中，随着支票存款规模的扩大，肯定会有一部分支票存款被以现金的形式提取出来，并继续在公众手中流通。由于这部分现金从银行系统流出后，银行就不可能挪用它们来进一步扩张贷款，所以它们就从存款创造过程中退出了，这被称为现金漏损。

比如，银行体系每增加1元支票存款，公众便提取现金20%，则现金与支票存款的比率为20%/80%=25%，可见，现金漏损率k又称为提现率，指存款人从商业银行提取的现金与银行体系剩下的可开列支票存款的比率。

回忆一下存款货币多倍创造的那个“1万变10万”的例子吧，假设A银行在接收了西单商场的10 000元支票存款后，还来不及贷放就被西单商场又提取了2 000元现金，则A银行只剩下8 000元的支票存款了，在提取了10%的法定准备金800元后，所能贷放给客户甲的资金仅为7 200元了；而如果没有现金漏损，A银行就可以贷放给客户甲9 000元。可见，现金漏损减小了货币乘数。

在极端的情况下，假定A银行在收到央行购买打印机而投放到西单商场的10 000元原始存款后，马上又被西单商场将这10 000元存款全部提取为现金，并且不再存入任何一家银行，则A银行将不再能够发放贷款，存款创造过程就此结束。这样，原始存款1万元就无法创造出10万元的存款货币了，事实上这1万元基础货币投放只是创造了1万元流通中的通货而已，在此例中现金比率极高，使得货币乘数下降到了1。

（三）交易存款（支票存款）向非交易存款的转化

在现实生活中，随着支票存款的增加，其中必定有一部分转化为非交易存款，但这部分非交易存款不会像现金一样退出存款创造过程，因为它仍保留在银行手中仍可被银行挪用，仅仅是性质发生了变化而已。银行除了要为非交易存款保留少量的法定准备金（通常非交易存款的法定准备金率要低于交易存款，因为前者的流动性要小于后者）外，其余的仍可用于贷款，即增加下一个银行所吸收的支票存款。

比如，每新增1元支票存款就会有30%转化为定期存款，则非交易存款与支票存款的比率为30%/70%=42.9%，则在存款货币创造过程的例子中，A银行吸收了10 000元支票存款之后，其中的3 000元转化为定期存款，支票存款和定期存款的法定准备金率分别为10%和5%，则A银行要为7 000元支票存款保留700元法定准备金，为3 000元定期存款保留150元（3 000×5%）法定准备金，因此，可用于贷放给客户甲的资金为10 000－700－150＝9 150元。

央行一般对这两种存款分别规定不同的准备金率，通常非交易存款的准备金率比交易存款低，因此交易存款向非交易存款转化的比率越大，商业银行能用于发放贷款的资金就越多，创造的派生存款就越多，货币乘数就越大。但是，目前我国央行在核定商业银行的法定存款准备金率时并不区分存款类型。

这三种因素影响的是对于既定的一笔原始存款，整个银行体系的创造派生存款的能力，因此影响的是货币乘数m。

二、简单存款货币乘数

显然，$D=R\cdot 1/r$ 中是将超额准备金率、现金漏损率、交易存款向非交易存款转化的比率视为 0 的特例，因而 $1/r$（r 为法定存款准备金率）被称为“简单存款货币乘数”。

简单在哪里？第一，仅考虑了一个因素（即法定存款准备金率），而不用考虑超额准备金率和现金漏损率；第二，仅考虑了支票存款，而没有考虑非交易存款。下面我们就来推导更复杂，因此也更现实的货币乘数。

三、货币乘数

（一）狭义货币乘数模型（乔顿模型）

20 世纪 60 年代末，美国经济学家乔顿 J. L. Jordan 在研究了弗里德曼和施瓦兹以及卡甘的模型的基础上，提出了较为复杂的狭义货币乘数及狭义货币供给模型。

1. 假定条件

假定：流通中的现金与支票存款的比率为 k；非交易存款与支票存款的比率为 t；银行体系的超额准备金占支票存款的比率（即超额准备金率）为 r_e；支票存款的法定准备金率为 r_r，非交易存款的法定准备金率为 r_t。再假定交易存款中有一部分向现金以及非交易存款转化，比如每 1 000 元支票存款中便有 100 元转化为现金、300 元转化为定期存款，则此时流通中的现金与支票存款的比率 k 为 100/(1 000－100－300)＝0.17，非交易存款与支票存款的比率 t 为 300/(1 000－100－300)＝0.5。

2. 推导

(1) 狭义货币 $M_1=DDO+C^p$，其中：DDO——可开列支票存款；C^p——非银行公众持有的现金。

(2) 基础货币 $B=R+C^p$，其中：R——商业银行体系的准备金，既包括法定准备金，也包括超额准备金；既包括准备金存款，也包括库存现金。

(3) 准备金 R＝支票存款的法定准备金＋支票存款的超额准备金＋非交易存款的法定准备金，即

$$R=r_rDDO+r_eDDO+r_t\cdot t\cdot DDO \tag{4-4}$$

将以上变量代入 $m_1=M_1/B$，可得：

$$m_1=\frac{DDO+C^p}{R+C^p} \tag{4-5}$$

再将 $C^p=k\cdot DDO$ 代入上式可得：

$$m_1=\frac{(1+k)DDO}{(r_r+r_e+r_t\cdot t+k)DDO}=\frac{1+k}{r_r+r_e+r_tt+k}$$

这就是乔顿模型中的狭义货币乘数。有时，忽略交易存款转化为非交易存款及非交易存款不同于交易存款的法定存款准备金率的因素，则狭义货币乘数可被简化为

$$m_1=\frac{1+k}{r_r+r_e+k} \tag{4-6}$$

(4) 因此有

$$M_1=\frac{1+k}{r_r+r_e+r_t t+k}\cdot B$$

这就是乔顿的货币供给模型。

(5) 由于货币乘数一般是大于 1 的,因此基础货币的投放通常能带来多倍于它的货币供给量。

2. 广义货币乘数模型

$$m_2=\frac{M_2}{B}=\frac{C^p+DDO+t\cdot DDO}{R+C^p}=\frac{DDO\cdot(k+1+t)}{DDO\cdot(r_r+r_e+t\cdot r_t+k)}$$
$$=\frac{1+k+t}{r_r+r_e+k+t\cdot r_t} \tag{4-7}$$

其中:k 为流通中的现金与交易存款(即支票存款)的比率,即现金漏损率;r_r 为法定存款准备金率;r_e 为超额存款准备金率;r_t 为非交易存款的法定准备金率;t 为非交易存款占支票存款的比率。

四、影响货币乘数的因素分析

(一) 概述

已知狭义货币乘数由五个变量决定:现金比率 k、法定准备金率 r_r、超额准备金率 r_e、非交易存款准备金率 r_t 以及非交易存款占可开列支票存款的比率 t。法定准备金率 r_r、超额准备金率 r_e、非交易存款的法定准备金率 r_t、非交易存款与支票存款的比率 t、现金比率 k 的增大将使货币乘数 m_1 变小。

◇ 显微镜 4-9

证明现金比率 k 的增大将使货币乘数 m_1 变小

r_r、r_e、r_t、t 均出现在分母上,因此,若其增大将使货币乘数变小。但是,现金比率 k 既出现在分子上,又出现在分母上,但经过简单的数学变换,可使 m_1 变为

$$m_1=1+\frac{1-(r_r+r_t\cdot t+r_e)}{r_r+r_t\cdot r_e+k} \tag{4-8}$$

由于 $1-(r_r+r_t\cdot t+e)$ 一般是大于 0 的,所以式(4-8)右边的第二项一般大于 0,而 k 在它的分母上,所以 k 的增大将使货币乘数变小。

其经济学含义是:

(1) 由于货币供给与基础货币间的关系主要源于银行准备金的多倍存款创造作用,因此,支票存款与非交易存款的法定准备金率 r_r、r_t 超额准备金率 r_e 越高,进入下一轮存款创造的资金就越少,故创造的存款货币就越少,说明货币乘数越小,因此,r_r、r_t、r_e 与货币乘数成反比。

(2) 流通中的现金与支票存款的比率 k 越大,说明在存款创造过程中从银行体系中漏出的资金越多,从而能够支持存款扩张的准备金就越少,最终形成的货币存量也越少,货币乘数也越小,因此,现金漏损率 k 与货币乘数也成反比。

(3) 由于非交易存款的法定准备金率要比支票存款低得多，所以它的存款创造能力也比支票存款大得多，非交易存款占支票存款的比例 t 越大，能够创造出来的支票存款与非交易存款的总额也越大，因此，货币 M_2 的乘数与非交易存款占支票存款的比率 t 成正比；但该比率越大，意味着用来支持非交易存款的准备金就越多，在准备金总额既定的情况下，用来支持支票存款创造的准备金便越少，因此能够创造出来的支票存款便越少，从而货币 M_1 的乘数与该比率成反比。

(二) 现金比率的决定因素

现金比率是由非银行公众在以现金还是以支票存款持有其财富间进行选择的结果，因此 k 是由公众的偏好所决定的，央行不能控制。

根据资产选择理论，财富所有者对某种资产的需求(即以该种资产持有其财富的愿望)主要取决于：财富总额、该种资产相对于其他资产的预期报酬率、该种资产相对于其他资产的风险、该种资产相对于其他资产的流动性。下面我们就从这几个方面考察影响 k 的因素。

1. 财富总额

非银行公众财富总额的增长将会使现金、支票存款的数额都增大，但随着财富总额的增大，以现金形式持有资产进行交易，相对于以支票存款方式将显得越来越不方便，因此，现金需求的收入弹性小于支票存款，所以现金与支票存款的比率 k 将随着财富、收入的增长而下降。

2. 资产的相对预期报酬率

持有现金的预期报酬率为零，而持有支票存款不仅可以获得少量利息，还可以享受银行提供的某些服务如代付水电费等，在我国，用微信、支付宝交易，背后都是交易存款的转账，显然，交易存款利率的提高，或银行对交易存款提供的服务的增加，都会使现金比率 k 下降。

3. 资产的相对风险

支票存款在银行倒闭时具有一定风险，因为它可能变成废纸一张，相应地，现金就是最安全的资产。例如，在 20 世纪 30 年代大萧条时期，美国大量的银行倒闭，使得公众对银行的信心发生严重动摇，纷纷将存款从银行中提取出来，从而使现金比率急剧上升。而许多银行面对这种情形，不得不大量增加超额准备金的持有量以应付提款，从而使超额准备金率也急剧上升。二者双管齐下，使得货币乘数急剧下降。因此，在大萧条期间，虽然美国的基础货币增加了 20%，但货币供给量 M_1 却下降了 25%，造成了通货紧缩，使得萧条的经济雪上加霜。

再如，2014 年中国货币供给量内生性下降的一个因素是反腐败日益严厉，许多贪官心生恐惧，纷纷将一笔笔几千万元、几亿元的存款从银行中提取出来变成现金，窖藏在家里或其他奇奇怪怪的地方，使得中国的货币乘数下降了。

4. 资产的相对流动性

我们考察资产的流动性就是考察其变现性、货币性，目的是考查它充当交易媒介时的便利程度，从这个角度来看，支票存款的流动性小于现金，因为：①在人们对支票存款这种交易媒介尚缺乏足够的了解之前，更习惯用现金进行交易；②当开立支票账户的银行规模较小、覆盖的地域范围有限时，支票的使用范围会受到限制，不如现金作为交易媒介那样方便；

③利用现金进行交易不像支票存款那样会留下交易记录，因此不容易被警察、税务部门追查出来，所以在非法的地下经济活动中，现金被大量使用；同时，当税率提高、人们逃税的动机变得强烈时，现金比率也会上升。

（三）超额准备金率的决定

1）银行为什么要保有超额准备金？

（1）银行除保有法定准备金之外，还必须保有一些用于清算的资金，这些资金按定义来看属于超额准备金。

（2）在经营过程中银行并不是每时每刻都清楚有没有超额准备金、有多少超额准备金、法定准备金是否充足，因为支票、现金不断地被存入、提取，在存入时准备金与支票存款额都增加，在提取时准备金与支票存款额都减少，因此，法定准备金率、超额准备金率随时都在发生变化，直到营业日结束，银行在轧账时才会知道是否满足法定准备金率的要求，因为法定准备金率是指营业日结束时的准备金头寸。

（3）超额准备金只是按照定义是“超额”的（即超过法定要求），但实际上也许是“必须”的，因为虽然银行保有超额准备金是有成本的，但也有收益，权衡收益与成本，有时保有超额准备金就是必须的。

2）银行保有超额准备金的成本

银行保有超额准备金有着昂贵的机会成本——即用它放款、投资于证券等所能获得的收益。

3）银行保有超额准备金的收益

由于央行对超额准备金不付息，或仅支付微薄的利息，所以银行保有超额准备金的收益主要是避免了因准备金不足而造成的损失。准备金不足分为法定准备金不足与超额准备金不足两种情况，统称为流动性不足。当银行认为为了银行的发展而必须满足特定客户的贷款，或进行特定项目投资时，如果缺少超额准备金就不能实现此愿望，此时就发生超额准备金不足的情形。

当前我国商业银行为弥补准备金缺口可采用以下方法：

（1）出售证券（但要支付佣金）；

（2）催还贷款（但会伤害同客户的关系），或将未收回的贷款出售给其他银行（但可能蒙受巨大的本息损失）；

（3）向别的银行借入同业资金（但要支付利息）；

（4）在大额存单市场上购买存款（但要支付利息）；

（5）在全国同业拆借市场上与其他商业银行或中央银行签订国债回购协议（但要支付利息）；

（6）向央行申请贴现贷款等（但要支付利息，并招致央行审查）。

可见，各种方式都有成本，而保有超额准备金的收益就在于避免了这些成本。

4）银行超额准备金率的决定因素

银行保有超额准备金的最优规模在于保有准备金的边际收益等于边际成本的那个数额，即银行必须寻求上述各种相反成本（持有超额准备金的机会成本）与为弥补准备金缺口所发生的交易成本之间的平衡，因此，凡是影响到以上收益与成本的因素，均是决定超额准备金率的因素。

(1) 贷款的预期收益率及风险

在经济萧条时,贷款的预期收益较小、风险较大,说明超额准备金的机会成本较小,在其他条件不变时,可能使超额准备金率增大,因此,经济萧条时,银行就惜贷,情愿让超额准备金率上升。

(2) 国库券等货币市场工具的投资收益率

由于国库券具有很好的流动性,且交易成本很低,因此银行经常通过买卖国库券来调整其准备金头寸。国库券收益率是持有超额准备金的机会成本的代表,其他的货币市场投资工具包括同业拆借等,因此,国库券收益率和其他货币市场工具利率的上升(下降)将降低(提高)超额准备金率。

(3) 贴现率

贴现率就是央行向有准备金缺口的商业银行提供再贷款时的利率,贴现率的提高使保有超额准备金的收益增大,将使超额准备率提高。

(4) 存款和现金流量的波动性

支票清算与现金存取的波动都能使银行遭受准备金的不足,因此,波动性的增强将提高超额准备金率。比如,受洪水、地震、龙卷风侵袭地区的银行会在自然灾害后增加持有超额准备金,因为预期当地客户会来提取修缮和重建的资金;再如降息后银行超额准备金率将上升,因为预期居民将要提取存款去投资股票。

(5) 预期的央行政策

如果银行预期央行将采取紧缩性货币政策,则预期贴现率也将提高,这意味着弥补准备金缺口的成本将上升,即保有超额准备金的收益将增大,因此银行就会提高超额准备金率。

◇ 能量棒 4-13

我国的房子也在创造货币

——对比美联储实施量化宽松政策后商业银行体系的超额准备金率大幅度上升

(一) 中国自2008年以来货币供给量增长的主要原因是货币乘数变大,而美日则是因为央行过多地投放了基础货币

1. 中国自2008年以来货币供给量增长的主要原因是货币乘数变大

货币泛滥是当今全球各国都面临的问题,中国似乎尤为严重,于是大家都纷纷指责我国央行超发货币,而我国央行则不承认货币超发,因为中国自2008年以来货币供给量增长的主要原因是货币乘数较大,而不是央行基础货币投放过多造成的,证据就是央行总资产的规模在2008年时为19.9万亿元人民币,在2016年8月时为33.4万亿元人民币,在8年中总资产规模只增长了67.8%,与美联储、日本央行、欧洲央行比较起来是小巫见大巫,说明我国央行并没有明显地做大资产负债表、大量投放基础货币的意愿①。

① 相比之下,美联储实施量化宽松可谓不遗余力——美联储的总资产规模从2008年8月末(雷曼倒闭前夜)的约0.9万亿美元急剧膨胀至2016年8月的4.47万亿美元,增长了396.7%,说明美联储在过去8年推进量化宽松政策的力度非常之大,尽管这两年已经退出了QE。日本央行则在安倍2012年年底上任之后积极推行量化宽松政策,日本央行的基础货币就从100万亿日元急剧扩张至2016年8月的近400万亿日元(李迅雷,2016-09-29)。

虽然美联储和日本央行大量投放基础货币，但它们的 M_2 增速并不快，因为它们的商业银行惜贷使得货币乘数较小；而我国则由于商业银行大规模的表内、表外房地产贷款而做大了货币乘数，导致 M_2 大幅度增长①（李迅雷，2016-09-29）[21]。

2. 对比：美联储实施量化宽松政策后商业银行体系的超额准备金率大幅度上升

1）现状

美联储在次贷危机后的量化宽松政策后，资产规模已从2007年的0.9万亿美元大幅扩张至2017年10月的近4.5万亿美元；从负债端来看，准备金余额从2007年的110亿美元大幅度扩增至2017年10月的2.3万亿美元，增幅达190倍，这其中的剧增主要体现在超额准备金上：次贷危机前，美国商业银行体系超额准备金率几乎为0——2007年年初，美国存款类机构超额准备金仅17亿美元；但在量化宽松过后，截至2017年10月，这一数值约为2.1万亿美元，增幅达1 234倍，超额准备金规模之大前所未有，超额准备金率一度达到25%以上，截至2017年10月4日，超额准备金率约为18%，当前美国银行业整体处于流动性过剩状态（牛慕鸿，2017）[22]。

2）原因

（1）美联储付息

2006年，美国国会通过了《金融服务监管救助行动法》（Financial Service Regulatory Relief Act），授权美联储对准备金支付利息，并定于2011年10月1日生效。但是，2008年国际金融危机爆发后，美国银行体系的超额准备金迅速增加，达到了前所未有的规模，在此背景下，美联储为了减轻银行持有准备金的成本，将这一法案的生效日期提前到了2008年10月6日，自此，美联储正式对商业银行超额准备金支付利息（牛慕鸿，2017）。

（2）商业银行惜贷

次贷危机以后，由于经济萧条，导致金融市场利率极低，美国银行放贷或持有证券的动力不足，再加上美联储对超额准备金付息，使得商业银行更倾向于存超额准备金牟利。这体现在美国商业银行的信贷、证券持有量增速均大幅低于超额准备金增速：2008—2017年，美国商业银行贷款和持有证券年均增速仅为3.86%和5.50%，而同期商业银行超额准备金年均增速为76.36%（牛慕鸿，2017）。

（3）影响之一——使货币乘数变小，抑制了货币供给量的扩大

超额准备金率上升导致美国的货币乘数从2007年的9.0大幅降至2017年9月的3.5，虽然基础货币从2007年的0.8万亿美元提升至2017年9月的3.9万亿美元，但是 M_2 的年均增速仅为6.3%（牛慕鸿，2017）。

（4）一个理论假设——超额准备金率大于1是如何形成的？

在银行极度惜贷的条件下，从理论上说，超额准备金率可以大于1，这似乎匪夷所思，因为我们通常认为是这种情况：假设A银行得到一笔原始存款100万元，在法定准备金率为10%的情况下，即使该行惜贷，将这100万元钱全部作为准备金存在央行，这种情况下其超额准备金率达到最大值，但也只是100%而已。

其实还有一种情况是我们不太可能想得到的：假设美联储按账面价值购买了花旗银行的100万美元的两房债券，将花旗银行在美联储的准备金存款增加了100万美元，但花旗银行惜贷，就把这笔钱放在美联储账上作超额准备金存款；同时，花旗银行由于惜贷，因此贷款派生的存款也很少，其需缴纳准备金的存款总额只有80万美元，并且已按3%的法定准备金率缴足了法定

① 自2000年至2016年，美国的 M_2 年平均增速为6.4%，日本只有2.5%，而中国竟然高达16.6%（李迅雷，2016-09-29）。

准备金存款 2.4 万美元，这样其准备金存款总共为 102.4 万美元，其中超额准备金为 100 万美元，因此其超额准备金率为 125%（=100/80），超额准备金率大于 1 的现象就是这样形成的。

（二）日美商业银行在贷款上的保守与中国商业银行在房地产、地方投融资平台、过剩产能行业贷款上的激进之对比

次贷危机之后，虽然美联储煞费苦心地投放货币，但是美国商业银行却在惜贷，导致自 2008 年 8 月至 2016 年年初，美国商业银行的信贷增幅仅 20% 多（大致是年均增幅 3%），但持有的现金资产增幅竟然达到 760%；同时，日本的商业银行信贷余额在 1990 年时与 M_2 的规模几乎相等，如今，M_2 已经翻了一倍，但信贷余额却比 26 年前还减少了。可见，美国和日本的商业银行即便在法定准备金率极低、利率极低或为负的背景下，仍然在惜贷。

而中国商业银行的行为则与美日完全不同，中国商业银行则是在法定准备金率高达 15% 的情况下，仍然大肆扩张信贷规模——2000 年年初中国的信贷余额为 9.3 万亿元人民币，2016 年已达到了 108.3 万亿元人民币，扩大了 10 倍以上。

近年来，房地产抵押贷款已成为是中国式货币创造的重要途径，尤其是 2016 年上半年，上市银行新增贷款中居民房贷已超过了一半。同时，房地产抵押贷款与房价和地价又形成了正反馈关系，即由于房价和土地价格不断上涨，因此可抵押物价值不断提升，居民和企业就可以根据升值了的抵押物从银行得到更多贷款；同时，在有限的土地上不断建起新的楼盘，相当于在不断增加新的抵押品，故中国可以用来增加信贷规模的抵押品价值就越来越大，信贷规模也就可以不断膨胀，M_2 的规模也越来越大，所以说房产和土地也可以创造货币（李迅雷，2016-09-29）。

五、小结：央行对货币供给的控制（下）

在货币乘数中，央行仅可以控制法定存款准备金率，现金比率由公众决定，超额准备金率由存款货币银行决定，因此，央行不可以完全控制货币乘数，因此不能完全控制货币供给量。所以，货币供给量在一定程度上是一个内生变量。

货币供给与货币需求理论是货币经济理论的两大基石，但货币供给理论的产生却比货币需求理论晚得多，直到 20 世纪 60 年代才有现代意义上的货币供给理论，因为在很长一段时期里，绝大多数经济学家都把货币供给视为是央行所能完全控制的一个变量，后来才认识到货币供给在一定程度上是一个内生变量。有专家研究表明，货币供给量在长期内由基础货币决定，在短期内由货币乘数决定。

六、专题研究——人民币汇率与近年来我国的货币供给量调控

◇ 能量棒 4-14

无抛补利率平价机制与人民币汇率的决定

人民币汇率问题是近年来中国所有货币、金融问题的“牛鼻子”，那么，人民币兑美元的汇率是如何决定的呢？我们可以把这个复杂的问题想象成一个俄罗斯套娃，一层层地打开。先打开大套娃——汇率的供求决定论。不妨把美元想象成苹果，苹果的价格是由供求决定的，同理，1 美元的人民币价格（即汇率）也是在中国外汇交易市场上由美元的供求决定的，下面我们先来介绍一下中国的外汇交易市场。

（一）中国的外汇交易市场

1. 中国的两级外汇交易市场

（1）外汇批发市场——中国外汇交易中心与银行同业市场

当前我国的外汇市场分为批发与零售两个层次。外汇批发市场就是银行间同业市场，各个商业银行、外汇经纪公司和中央银行等金融机构在这里批发买卖外汇，交易金额一般比较大，每笔至少为100万美元。人民币汇率（即外汇的批发价格）就是由银行间同业市场的供求决定的。

该同业市场是指1994年汇率并轨改革后成立的位于上海的中国外汇交易中心，该中心与20个城市的分中心联网，形成了一个整体。中国外汇交易中心的交易方式是各参与者分散报价、计算机统一撮合成交，资金由交易中心集中清算，因此是场内交易，交易中心采取境内与境外两条线路清算人民币和外汇资金，形成了T+1的清算速度，保证了资金双向同步到位。

（2）外汇零售市场

外汇零售市场就是个人或公司客户在各商业银行买卖外汇的柜台。目前我国的个人或公司客户主要是因为国际贸易、国际投资用途的结售汇而参与外汇市场，但在合法的范围内，银行、个人、公司也会出于外汇投机、套利的目的而买卖外汇，此时他们是将外汇视为一种金融资产（下面将这类市场参与者称为投机者），因此，我们将市场参与者的外汇供求分为贸易供求与金融供求。在零售市场上，汇率由银行单方面决定，但这个零售价格是银行在批发价格的基础上加上一定的利润而形成的。

（二）汇率的供求决定论——“大套娃”

1. 供求决定模型可容纳所有的汇率决定模型

经济学中关心的价格是均衡价格（比如，汇率就是一种货币用另一种货币表示的价格），因为价格是瞬息万变的，许多价格是过眼云烟，不可持续，不会稳定的，所以，有意义的是发现均衡价格——即可持续的、可稳定的、目前价格正在朝它变动的那个价格，在汇率问题上这个价格被称为“均衡汇率”。而在均衡汇率中，容易被看到的是没有剔除价格变动的名义均衡汇率，而在名义均衡汇率中剔除物价变动的影响后的实际均衡汇率却更有意义，但要解释实际均衡汇率的决定，首先要解释名义均衡汇率的决定。

再复杂的汇率决定理论都可被装进“名义汇率的供求决定模型”这个“大套娃”里，因为供求决定模型将供求曲线视作外生给定的，因此均衡汇率及均衡供求量很简单地就是由供求曲线的交点内生地决定的。当供求曲线外生性地移动或转动时，其内生的均衡名义汇率也随之变动。其他的汇率决定模型（如利率平价、购买力平价理论）都是对供求曲线及其移动、转动的内生性进行解释的理论。

2. 汇率的供求曲线

在中国的外汇市场上，美元的供给曲线表示在每个汇率水平上外汇市场参与者们愿意卖出的美元数量。供给者至少要得到这个价格水平才会供给这个数额的美元，此即供给者的保留价格；当然，价格越高，供给者们越愿意供给，甚至愿意增加供给量，所以，供给曲线向上倾斜。同理，美元的需求曲线表示在每个汇率水平上外汇市场参与者们愿意购买的美元数量。购买者最多愿意支付这个价格才会购买这个数额的美元，此即需求者的保留价格；当然，价格越低，需求者们越愿意购买，甚至愿意增加购买量，所以，需求曲线向下倾斜。如图4-2所示。

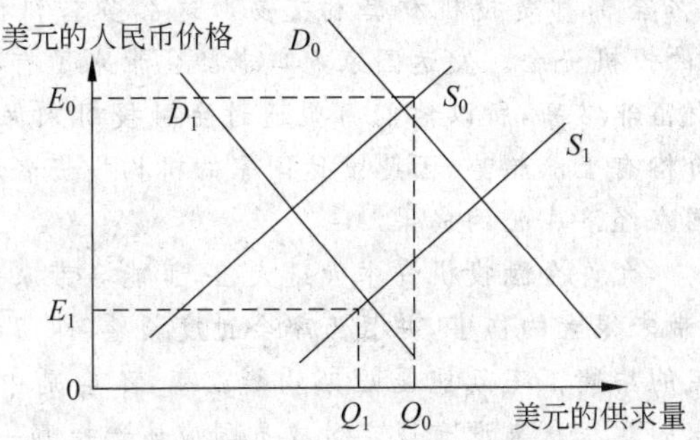

图 4-2 人民币汇率的供求决定论

1) 为什么美元越贵,需求量就越小,供给量就越大?

美元越贵,需求量就越小,供给量就越大,因为:

(1) 从贸易角度来看,当美元变贵,即人民币贬值时,如果使得中国的商品、服务的出口额增加、进口额减少,同时在强制结售汇制度下,或虽实行意愿结售汇制度,但私人部门的结汇意愿强烈①,则外汇市场上美元的供给量就会增加,需求量就会减少。

(2) 从金融角度来看,每个投机者心目当中都有一个美元兑人民币的均衡汇率水平,当该均衡汇率水平不变时,当前美元越贵,就会有越多的投机者心目当中的均衡汇率水平被它超越,因此就会有越多的人预期美元将贬值、人民币将升值,从而就会有越多的人卖出美元、有越少的人买进美元②,因此美元的供给量就越多,需求量就越少。

2) 为什么美元越便宜,需求量就越大,供给量就越小?

反之,美元越便宜,需求量就越大,供给量就越小,因为:

(1) 从贸易角度来看,美元便宜相当于人民币升值,人民币升值如果具有使中国商品、服务的进口额增加、出口额减少的效果,则外汇市场上美元的需求量就会增多,供给量就会减少。

(2) 从金融角度来看,当投机者心目当中的均衡汇率水平不变时,当前美元越便宜,就会低于越多的投机者心目当中的均衡汇率水平,就会有越多的投机者预期美元将升值、人民币将贬值,就会有越多的人买进美元、有越少的人卖出美元,因此美元的需求量就越多,供给量就越少。

3) 由市场供求决定的短期均衡汇率不一定是中、长期均衡汇率

由每一时刻供求曲线交点决定的是市场短期名义均衡汇率,之所以称其为"短期",是因为它只是由此时的供求曲线决定的,但供求曲线可能在彼时发生移动,又会形成彼时的均衡汇率,这些变动不安的汇率都被称为短期均衡汇率。相应的,能在中、长期内稳定下来的汇率水平被称为中、长期均衡汇率,它当然更有意义。

供求曲线之所以会在中长期内稳定,是因为决定着它们移动的内生性因素在中、长期内不变,这些因素包括政府干预、汇率预期等。当政府干预情况变动时,或汇率预期变动时,供求曲线将移动,从而均衡汇率水平也将变动。

(1) 政府平抑短期汇率波动的理由

今天全球外汇市场每年的交易量达到 800 万亿到 1 000 万亿美元,其中只有 30 万亿美元是

① 在没有人民币升值、贬值预期,从而没有货币替代的情形下,在中国使用无限法偿的人民币是非常方便的,所以在正常情况下私人部门的结汇意愿应该是强烈的。

② 美元这么贵,为什么还有一小撮投机者买进美元呢?他们买进美元,是因为看涨美元,因为他们预期美元会涨,金融市场上是"林子大了,什么鸟都有",每个人对资产价格的走势有不同的预期。

有贸易背景的,剩下的97%全部都是投机和套利交易。这么多套利和投机资金是从哪里来的呢?其中之一是发达国家的投机资金。发达国家人口老龄化带来了有利可图的实业投资机会的下降,但是他们人均拥有财富非常高,所以他们希望通过金融投机来保值增值,因为发展中国家经济不断增长,金融资产价格有上涨趋势,因此发达国家的机构投资者就在发展中国家的金融市场上投机,想分享发展中国家经济成长的成果。

如果中国开放资本账户,允许金融投机资本大进大出,可能会带来短期汇率的过度波动。汇率波动不仅将对实体经济带来很大的伤害,并且汇率会过度调整(即所谓的超调),如果政府不干预,由投机性市场供求决定的均衡汇率只能是短期均衡汇率,不会是中、长期均衡汇率。由于这个原因,国际货币基金组织的章程从来没有规定过成员国应该选择哪一种汇率制度,而是允许成员国政府干预外汇市场,所以汇率制度的选择是一个国家的货币主权。

(2) 引入无抛补利率平价理论

下面我们将要介绍另一种汇率决定理论——无抛补利率平价理论,它描述了因汇率预期变动而引起供求曲线变动、从而引起均衡汇率变动的无抛补利率平价机制。该理论可被视为将汇率的供求决定论这个"大套娃"剥开后可见的"中套娃"。

(三) 无抛补利率平价论——"中套娃"

1. 无抛补套利平价理论在中国适用吗?

无抛补利率平价(uncovered interest rate parity)中的套利机制是对跨国金融交易的简洁描述,虽然无抛补利率平价成立的基本假设是资本在国家间完全流动,并且国内和国际都存在成熟的资本市场(特别是债券市场),但由于我国一直存在较严格的资本管制,国内资本市场发育也不成熟,同时人民币利率的市场化也在发展之中,因此学者们早期的观点普遍认为无抛补利率平价理论在我国并不成立。

但是,在国际资本大规模流动的背景下,随着我国开放度的日益增加,特别是近年来我国资本市场本身的发展壮大及利率市场化进程的加快,已有研究表明,中美利差至少是短期内影响我国资本流动的关键因素,无抛补利率平价在决定人民币均衡汇率上已经逐渐发挥其作用了。

2. 无抛补套利机制

这个套利机制是:假设美国投资者A现在将1美元以一年定期存款的方式存入中国的商业银行,一年后连本带息取出、再兑换回美元,其收益是不是比存在美国的银行更高呢?在不进行远期套期保值交易(即无抛补)时,外汇投机者是根据对未来汇率的预期来计算金融投资的收益的。假设现在1美元可兑换E元人民币,人民币一年期定期存款利率为i,则一年后的本利和为$E(1+i)$。如果A预期人民币一年后将升值为E^e元人民币/美元,则会预期这笔钱在一年后可兑换回数额为$\frac{E(1+i)}{E^e}$的美元。

再假设美国的一年期定期存款利率为i^*,他不这么大动干戈,就在本国存钱的话,一年后的本息和为$1+i^*$美元。美国的存款利率i^*经常不等于中国的存款利率i,即使假设$i^*<i$,但如果A预期人民币在一年后将大幅度升值,即$E^e<E$,则可能有:

$$\frac{E(1+i)}{E^e}>1+i^*\Rightarrow \text{套利空间}=\frac{E(1+i)}{E^e}-(1+i^*)>0 \qquad (4\text{-}9)$$

则套利机会就出现了,A就会将美元兑换为人民币存入中国,在中国外汇市场上这体现为A正在供给美元。相反,如果美国投资者B早些时候已将美元兑换为人民币存入中国的银行,现在产生了人民币贬值预期,B就会立刻将人民币兑换为美元,以存入美国的银行,这也是套利,在中国外汇市场上这体现为B正在需求美元。

3. 无套利条件(或无抛补利率平价)的决定

1) 消除套利空间的机制(一)——本币即期汇率变动

如果在当前汇率水平下,外汇市场投机者普遍产生了人民币升值的预期,则如图 4-2 所示,若没有央行的干预,美元供给曲线将右移①、需求曲线将左移,使得人民币即期汇率不断升值。而在新的预期汇率不变的条件下,一旦人民币开始升值,套利空间就在缩小直至消失,可见,套利本身会消除套利空间。

2) 消除套利空间的机制(二)——本币利率变动

套利空间被消除的另一个机制是人民币利率的变动。当人民币升值预期普遍存在时,假设中国存款或债券市场的利率已市场化了,则套利的美元涌入中国、并按未升值到位的汇率兑换为人民币后,中国存款或债券市场上可贷资金的供给将增加,当可贷资金的需求不变或需求增加幅度小于供给增加幅度时,中国的利率水平将下降,从而套利空间将缩小直至消失。可见,套利本身会消除套利空间。

3) 消除套利空间的机制(三)——外币利率变动

当预期人民币将升值,从而美国的套利资金流入中国时,如果这种资金流出使得美元相对于人民币而贬值,以及美国由于可贷资金供给减少、需求不变而利率上升的话,则套利空间会被更快地消除。但通常假设美国资金雄厚,美国的投机资金涌入中国套利,不至于使美国可贷资金减少、利率水平上升;同时,由于人民币不是可自由兑换货币,在美国外汇市场上尚无大规模的交易,美元欲进入中国套利,无须在美国市场上先行兑换为人民币,因此这种资金流出也不会引起在美国外汇市场上美元对人民币贬值,因此,这种套利对美国的汇率与利率的影响可忽略不计。

4) 无套利条件与无抛补利率平价

显然,当$\frac{E(1+i)}{E^e}=1+i^*$时,套利空间被消除,这就是无套利条件。

由于均衡汇率又被称为汇率"平价"(parity),这种由预期汇率值及两国间利率水平决定的即期均衡汇率就被称为无抛补利率平价,即:

$$E=\frac{E^e\cdot(1+i^*)}{1+i} \tag{4-10}$$

式(4-10)也意味着,当没有政府干预外汇市场且两国利率水平不变时,市场参与者预期人民币贬(升)值多少,人民币最终(即达到均衡时)就会贬(升)值多少。例如,假设中、美利率均为 5%,如果外汇投机者预期人民币将由 6 元人民币/美元贬值到 7 元人民币/美元,则人民币均衡汇率就正好是 7 元人民币/美元,也就是说,人民币只有贬值到位,套利空间才被消除,从而投机资金的流动才会停止,从而该汇率水平才是可持续的、均衡的。

5) 启示——可用利率的变动"买来"汇率的稳定吗?

(1) 本币贬值时的加息

当市场参与者对一国货币(如人民币)产生了强烈的贬值预期,因此抛售人民币资产、要求兑换为美元时,人民币就遭遇到了货币危机(或称汇率危机)。如果美国碰巧不加息,而中国央行又不希望人民币贬值,就只得加息,以提高人民币的吸引力。这种方法有时奏效②,可见,汇率变动

---

① 再次看出预期汇率的改变将使汇率供求曲线移动。

② 比如,2014 年,由于国际市场原油价格降低到每桶 60 美元,致使依赖石油和天然气出口的俄罗斯经济萎缩,其货币——卢布出现大幅度贬值。2014 年,俄罗斯央行投入了 800 亿美元外汇储备来购买卢布,并 6 次加息,但都未能阻止卢布在一年内贬值 49%,成为 2014 年全球表现最差的货币,因此,在年底时(2014 年 12 月 16 日),俄罗斯央行再次加息,将基准利率从 10.5%上调至 17%,以阻止卢布贬值。

和利率变动间有一定的替代关系，有时可以用利率的变动“买来”汇率的稳定。

但发生货币危机时，由于外汇市场参与者越来越悲观地修改本币贬值预期(体现为外汇需求曲线不断右移)，因此货币当局依靠加息来阻止资金外流时，加息的幅度往往跟不上贬值预期恶化的幅度，这时它就不奏效，货币当局往往会在一系列加息的努力后，放弃捍卫汇率而令其贬值，详见下面的能量棒《1992年欧洲货币危机与2010年欧债危机》《美元周期与全球经济危机》《2011年以来的人民币贬值》。

(2) 本币升值时的降息

反之，当市场参与者对人民币产生了强烈的升值预期时，热钱就会流入我国，要求用美元(及其他货币)兑换人民币，以抢购人民币资产时，人民币就遭遇到了升值压力[①]。如果中国央行不希望本币升值，在不能促使美国加息时，只得降息以降低人民币的吸引力。

◇ 能量棒 4-15

1992年欧洲货币危机与2010年欧债危机

(一) 欧元的历程简介

1. 从1950年的欧洲煤钢联营到1967年的欧洲共同体、1968年的关税同盟

欧洲一体化是在“二战”后起步的，1950年5月9日，法国外长舒曼向西德总理阿登纳提议将两国的煤钢生产置于一个超国家的高级机构管理之下，并将该机构向其他国家开放，这项建议得到了意大利、荷兰、比利时和卢森堡的响应。1951年4月18日，6国在巴黎签订了《欧洲煤钢联营条约》，正式成立“欧洲煤钢共同体”；1957年3月25日，6国在罗马签订《欧洲经济共同体条约》和《欧洲原子能共同体条约》，统称《罗马条约》，决定建立“欧洲经济共同体”和“欧洲原子能共同体”，条约于1958年1月1日正式生效。1967年7月1日，6国正式将“欧洲经济共同体”、“欧洲原子能共同体”和“欧洲煤钢共同体”的部长理事会及委员会等主要机构合并，统称“欧洲共同体”。

1968年7月1日，欧共体实现了关税同盟。

2. 1979年欧洲汇率机制(European Exchange Rate Mechanism, ERM)的诞生

为巩固工业品关税同盟及实行共同农业政策，避免汇率的过度波动，欧共体于1979年3月13日正式建立欧洲货币体系，为单一货币的出现奠定了基础。

3.《马约》、1991年欧盟的诞生及1993年欧洲统一大市场正式启动

1985年6月，欧委会正式提出了关于完成内部统一大市场的白皮书，提出在欧共体内建立“无国界”的统一大市场，真正实行人员、商品、资本、服务的自由流通。1985年12月，委员会的“白皮书”得到理事会批准。

1991年12月9日，欧共体第46届首脑会议在荷兰的马斯特里赫特举行，12个成员国经过激烈的讨价还价，草签了包括《经济联盟条约》和《政治联盟条约》两部分的《欧洲联盟条约》。因该条约是在马斯特里赫特签署的，故而又称作《马斯特里赫特条约》，简称《马约》。1993年11月1日，该条约在得到所有成员国的批准后正式生效，欧共体正式更名为欧盟。

《马约》规定于1999年1月1日实行单一货币。因为无论是单一货币还是固定汇率，都要求政府遵守财政纪律，控制或消除财政赤字，因此，《马约》规定了实行单一货币国家的经济标准：

① 升值压力不被称为货币危机或汇率危机。

通膨率在5%以下，财政赤字不超过国民生产总值的3%，公共债务不超过国民生产总值60%。

1993年1月1日，欧洲统一大市场正式启动，商品、资金、服务和人员开始在欧盟成员国内部自由流通。

可见，欧洲经济一体化进程以关税同盟为起点，通过实施统一大市场、单一货币而最终向全面的经济联盟迈进。但目前欧元只是货币联盟，不是财政联盟，这是一个缺陷。

4. 2002年欧元正式诞生

2002年1月1日，欧元纸币和硬币正式流通，3月1日，欧元区各国原货币停止流通，欧元正式成为欧元区国家的唯一法定货币。

（二）欧洲汇率机制（EMS）

欧洲单一货币——欧元的前身是欧洲汇率机制，欧洲汇率机制（EMS）是欧洲货币一体化进程中的固定汇率制度。欧洲汇率机制（EMS）于1979年创立，旨在限制欧盟成员国货币的汇率波动。1979年成立之初，参与欧洲汇率机制的仅有前联邦德国、法国、意大利、荷兰、比利时、卢森堡、丹麦及爱尔兰八个成员国。其后，西班牙于1989年6月，英国于1990年10月，葡萄牙于1992年4月加入了EMS。

1992年欧洲货币危机爆发前，欧洲货币体系实质上是一个固定的、可调整的汇率制度。该汇率制度以欧洲货币单位为中心，让成员国的货币与欧洲货币单位（ECU）挂钩，然后再通过欧洲货币单位使成员国的货币确定双边固定汇率。

实行EMS的意图是：第一，固定汇率促进区域内的贸易与投资；第二，各国政府为向公众表明自己遵守财政纪律、并约束自己遵守财政纪律提供一个名义锚。

当时，每一成员国的货币与ECU中心汇率上下波动幅度被设定为正负2.25%，而对于西班牙比塞塔、葡萄牙埃斯库来说，这一浮动比率可达到6%。在ERM中，德国的位置极其类似于美国在布雷顿森林体系中的地位。鉴于德国马克是欧洲货币体系中最强的货币，欧洲货币体系成员国货币与马克汇率的波动常常作为各国中央银行干预汇率的标志。

（三）1992年欧洲货币危机回顾

1. 1991年德国为何加息？

1）为抑制两德统一财政赤字增加后的通货膨胀

1990年两德统一，由于当时的东德与西德经济发展差距较大，西德加大了对于东德的转移支出，促使德国政府财政赤字从5%上升至13.2%，财政赤字的货币使其通货膨胀不断恶化，德国不得不采取紧缩的货币政策以抵抗通货膨胀。1991—1992年，德国的利率几乎上升了3个百分点。

2）不升值与反通货膨胀的权衡——更注重反通货膨胀

需要注意的是，20世纪的60—90年代，德国经济和日本经济有着非常相似的地方，二者都成为战后世界经济最突出的亮点，也都经历了持续的贸易顺差。为了保持和美元固定的汇率，德国货币当局不得不在市场上购入超额供给的美元，从而投放基础货币。货币当局美元资产的不断增加威胁到了国内物价的稳定。

德国货币当局政策旗帜鲜明中心是国内，尤其是国内物价和产出稳定，马克汇率处于相对次要的地位，因此，在不升值与反通货膨胀的权衡中，德国选择了反通货膨胀——加息，尽管这可能导致马克升值，这一点与中国迥然不同，因为德国的要素禀赋与中国不同，不依靠价格敏感的劳动密集型产品出口来维持就业率；此外，德国马克在加息后也不会过快升值，因为德国可借助欧洲区域内的货币联动机制，使得马克汇率较少受到投机资本的冲击，也就是说，欧洲其他国家在一定程度上分担了马克升值的压力。

可见，德国在政策目标的取舍方面旗帜鲜明地奉行了独立的货币政策，使得国内产出和物价都比较稳定。

2. 英国、意大利经济周期与德国不同步，但欧洲汇率机制使其利率与德国联动

与此同时，其他国家，如英国和意大利经济则一直不景气，增长缓慢，失业增加，更加需要实行低利率政策，提振经济。这样，在无抛补利率平价的套利机制下，货币市场的投机者不断把投机目标转向不断坚挺的德国马克(1992 年欧洲货币危机爆发的一个重要原因，是德国实力增强打破了欧共体内部力量的均衡，表明马克预期汇率也没有贬值，加上利率提高，所以非常有吸引力)，致使里拉和英镑汇率大跌(相对于马克贬值)，而德国也由于货币升值导致出口大受影响。

当时德国在危机的关键时点，缺乏统筹考虑，最终酿成了英镑、里拉等其他货币脱离了欧洲汇率机制(ERM)。9 月 12 日，意大利里拉告急，汇率跌到了欧洲货币体系汇率机制中里拉对马克汇率的最大下限。13 日，意大利政府不得不宣布里拉贬值，将其比价下调 3.5%，这是自 1987 年 1 月 12 日以来欧洲货币体系比价的第一次调整。

而直到此时，德国政府才出于维持欧洲货币体系的运行做出细微让步，14 日正式宣布贴现率降低半个百分点，由 8.75%降到 8.25%，但这一举动显然已经错过了最佳时机。德国宣布降息的第二天，英镑汇率一路下跌。16 日，英国一天 2 次提高利率，仍无法帮助英镑止跌。最后，欧共体不得不同意英意两国暂时脱离欧洲货币体系。

1993 年 8 月，为应对危机，ERM 被类似于浮动的汇率所取代，汇率波动幅度从 4.5%上升至 30%。至此，危机同样使德国遭受到了巨大损失，德国马克升值接近 10%，经常项目由正转负、失业率节节攀升，经济面临沉重打击。

(四) 2009 年欧债危机

1. 2009 年欧债危机的爆发

欧债危机是指欧洲主权债务危机。主权债务是指一国以自己的主权为担保，向外(不管是向国际货币基金组织还是向世界银行，还是向其他国家)借来的债务。

欧债危机始于 2009 年全球三大评级公司下调希腊主权评级。2009 年 12 月 8 日，惠誉将希腊信用评级由“A－”下调至“BBB＋”，前景展望为负面；2009 年 12 月 15 日，希腊发售 20 亿欧元国债；2009 年 12 月 16 日，标准普尔将希腊的长期主权信用评级由“A－”下调为“BBB＋”；2009 年 12 月 22 日，穆迪宣布将希腊主权评级从“A1”下调到“A2”，评级展望为负面。

2. 欧债危机的成因——以希腊为例

1) 希腊经济为何缺乏竞争力?

(1) 希腊等国在非高科技产品上缺乏比较优势

① 比较优势是劳动生产率、工资率及汇率三者综合作用的结果

美国著名的经济史学家查尔斯·P. 金德尔伯格(Charles Kindleberger)在其名著《世界经济霸权：1500—1990》中曾意味深长地说过，一个国家的经济最重要的就是要有“生产性”，历史上的经济霸权大多经历了从“生产性”到“非生产性”的转变，这就使得霸权国家有了生命周期性质，从而无法逃脱由盛到衰的宿命。

笔者认为，生产性是指存在若干有利可图的支柱产业，通过产业关联带动着一连串产业具有投资机会，从而形成高增长。就欧盟而言，随着全球制造业逐步向新兴市场国家转移，欧元区的非高科技产品缺乏比较优势，其制造业在全球化中渐渐失去了市场。

所谓比较优势，就是指性价比，从微观上来分析，笔者认为，比较优势是劳动生产率、工资率及汇率三者共同作用的结果。

具体说来，假设希腊生产的风衣(代表劳动密集型产品)价格 P^* 为每件 68 欧元，而美国生产的同等质量的风衣价格 P 为每辆 2 000 欧元，可将其价格分解为

$$P^* = \frac{68\text{ 欧元}}{\text{件希腊风衣}} = \frac{6.8\text{ 欧元}}{\text{人时}} \times \frac{10\text{ 人时}}{\text{件希腊风衣}}$$

$$P = \frac{200\text{ 欧元}}{\text{件美国风衣}} = \frac{\dfrac{400\text{ 美元}}{\dfrac{2\text{ 美元}}{\text{欧元}}}}{\text{件美国风衣}} \times \frac{20\text{ 美元}}{\text{人时}} \times \frac{20\text{ 人时}}{\text{件美国风衣}}$$

$$E = \frac{2\text{ 美元}}{\text{欧元}}$$

可见，希腊相对于美国在劳动密集型产品上的比较优势来源于：

A. 较高的生产率，即$\dfrac{0.1\text{ 件风衣}}{\text{希腊每人时}} > \dfrac{0.05\text{ 件风衣}}{\text{美国每人时}}$；

B. 较低的资本要素价格，即$\dfrac{6.8\text{ 欧元}}{\text{希腊每人时}} < \dfrac{10\text{ 欧元}}{\text{美国每人时}}$；

C. 欧元相对于美元不太贵，即 2 美元/欧元。

容易验证，只要上述三个条件发生变化，就可以使得希腊相对于美国在劳动密集型产品上的比较优势消失殆尽。例如：

$$P^* = \frac{225\text{ 欧元}}{\text{件希腊风衣}} = \frac{15\text{ 欧元}}{\text{人时}} \times \frac{15\text{ 人时}}{\text{件希腊风衣}}$$

$$> P' = \frac{133.3\text{ 欧元}}{\text{件美国风衣}} = \frac{\dfrac{400\text{ 美元}}{\dfrac{3\text{ 美元}}{\text{欧元}}}}{\text{件美国风衣}} \times \frac{20\text{ 美元}}{\text{人时}} \times \frac{20\text{ 人时}}{\text{件美国风衣}}$$

可见，希腊比较优势的丧失是因为：

A. 劳动生产率下降为$\dfrac{15\text{ 人时}}{\text{件美国风衣}}$；

B. 要素价格上升为$\dfrac{15\text{ 欧元}}{\text{人时}}$；

C. 欧元升值为$\dfrac{3\text{ 美元}}{\text{欧元}}$。

② 希腊僵硬的劳动力市场和高福利政策使其无法内部贬值，因此缺乏竞争力

希腊为什么缺乏竞争力呢？第一，希腊的"地中海懒汉"使其劳动生产率较低，与德国的劳动生产率差距不断扩大。第二，在加入欧元区后由于国家借钱容易，助长了其高福利和僵硬的劳动力市场(即高福利、高工资、高劳动保护的劳动力市场)，使希腊人的工资率不断上涨。而对比中国香港，使得港元与美元稳固挂钩的因素之一是中国香港施行的福利体系十分有限，财富转移水平较低，再分配水平极低，使其工资成本较低，具有竞争力。第三，2008 年次贷危机后美元不断贬值，欧元相对升值，这三者导致其对欧元区外的国家出口不具有比较优势，导致产业空洞化。

③ 内部贬值疗法——名义价格下降导致实际贬值法

再来详细谈谈上述第二个原因。"没有减价两分钱所不能抵消的品牌忠诚"，当外部经济不景气导致出口增长乏力时，如果希腊商品的价格较低的话，商品的性价比就能提高，就有竞争力了，而要降低商品的价格，就要降低工资率，这要求该国没有强大的工会组织等，工

资和物价要有高度的灵活性。

A. 中国香港在1997年东亚金融危机中的成功

对比中国香港，中国香港的联系汇率使得其无法通过港元的贬值来使商品的美元价格下降，那么当外需不足时，中国香港企业自动降低产品的港元售价，这样其美元价格就会下跌，从而恢复竞争力。而企业之所以能够这样做，是因为其劳动力市场很灵活，中国香港迟迟没有建立工会组织，就是为了得到这种劳动力市场的灵活性。因此，在1997年至1998年的东亚金融危机期间，许多其他亚洲货币急剧贬值，从而获取竞争优势，而中国香港因维持与美元挂钩的联系汇率不能贬值，但它通过工资和物价水平双双降低的"内部贬值"(internal devaluation)，而恢复了竞争力。7年过后，其工资水平仍未超过危机前的水平，而消费品价格则是到2010年第4季度才回升到危机前的水平的。

B. 爱沙尼亚在2011年的成功

并不是所有欧元区国家都缺乏这样的灵活性，爱沙尼亚就提供了一个反例。该国在2011年1月加入欧元区，这个波罗的海国家通过内部贬值的做法已经摆脱了严重的经济衰退——国内生产总值(GDP)从2010年收缩14%到2011年预期增长1%，它成功地恢复了出口竞争力，迎来了急速好转的就业率、快速的发展势头、飞速发展的出口贸易和预算盈余，使其2011年第1季度的GDP增长速度为8.5%，在欧盟国家中增幅最大；失业率从18.8%大幅度降低到13.8%。

爱沙尼亚的成功在于其灵活和节俭的政策。

a. 为了实现增长，爱沙尼亚大幅度降低了名义工资，使2010年的单位劳动力成本降低了7%。这虽然抑制了国内需求，但推动了出口，这从爱沙尼亚最大的出口商——爱立信的移动电话全套物件产量的飞速增长中可略见一斑；另据生产"简单抽象北欧风格"为主的化妆品公司——乔伊克的伊娃—玛利亚·奥纳普说，经济的衰退使消费者将目光转向国产货，现在化妆品市场已经几乎饱和了，她正在准备将化妆品出口到国外。

b. 爱沙尼亚进行了大幅度的财政支出压缩，将公共部门负债率减少到只占到GDP的6.6%，这个负债率在欧盟所有成员国中最少，国际评级机构"惠誉国际"将爱沙尼亚评为欧洲十个政治风险最小的国家之一，将其信用级别提升到"A+"。

c. 出口增长和进口压缩使得其经常账户大为改善，2007年占GDP 17%的经常账户赤字已转变为2009年占GDP 4.7%的经常账户盈余。

爱沙尼亚之所以能够实行内部贬值，是因为该国130万民众习惯于过艰苦的生活，爱沙尼亚有罕见的节俭官员和开明的政治文化，在贸易诚信度和政府廉洁方面备受好评，而且收税很低，爱政府将在2015年将个人所得税从21%降到20%。

但是，仅靠主动勒紧裤腰带能否长期保持竞争力则是个问题，竞争力在于产品的性价比，还是要依靠技术创新才能长期保持竞争力。爱沙尼亚的成功为其邻国拉脱维亚和立陶宛带去了信心，这两国也希望像爱沙尼亚一样经济复苏，并早日加入欧元区。

(2) 希腊等国在高科技产品上也缺乏比较优势

由于科技水平很难在短期内提升，而高科技产品又不能填补非高科技产品退出而留下的空间，因此出现了产业空洞化现象，经济增长缺乏私人投资与出口的引擎。

(3) 希腊劳动力为何不能流动到欧元区经济强国就业呢？

根据最优货币区理论，建立单一货币区就意味着当联盟内的弱国经济萧条时，弱国不能采用扩张性货币政策，扩张性财政政策也仅在一定程度上可行，因为政府的财政盈余用完后必然产生财政赤字，而长期的、大规模的财政赤字无法用货币化的方法来弥补，使得扩张性财政政策不可行，因此，单一货币区内的经济萧条国只能依靠劳动力流动到区内的经济繁荣国家去就业，以缓解自己的危机。但是，由于希腊劳动力不如欧元区强国如德国的劳动力那样勤勉等原因，使得劳动力的流动并不顺利，不足以缓解希腊等国的经济危机。

2）希腊持续地以政府投资和信贷消费拉动经济，形成财政和经常项目双赤字

以作为欧盟援助计划的主要受益国和欧元区中较弱的经济体——希腊为例，虽然缺乏有利可图的私人投资机会、产业增长乏力，但加入欧元区后，政府刺激经济增长不能再依靠扩张性货币政策了，只能依靠扩张性财政政策，于是希腊政府向欧元区国家发行了很多国债，被欧元区及希腊本国的商业银行大量持有。

希腊政府就这样依靠加入欧元区后更容易获得的廉价的贷款大力进行基础设施建设，银行也大力开展消费信贷，依靠政府投资与信贷消费这两个引擎，拉动希腊经济在2003年至2007年快速增长，平均年增长率达到4%。

希腊财政赤字高的原因不仅在于政府依靠借钱投资于基础设施建设，还在于政府要维持高福利的沉重负担(在高福利制度下，希腊人得以维持高消费、重享受的生活方式)，并且，税收征管不严，带来了严重的偷税漏税。

但是，2008年美国次贷危机导致希腊经济下滑，因为出口需求下降，再加上欧元相对于不断贬值的美元高估，使得其出口始终较差，又不能实行扩张性货币政策，希腊政府不得不变本加厉地依靠大量投资和消费拉动经济，财政赤字与经常账户赤字不断累积。

3）希腊财政赤字的其他成因

(1) 加入欧元区前的债务积累

希腊等国在加入欧盟时，由于资本自由流动与固定汇率，使得大量资金流入，公私债务增加，不但存在大量财政赤字，还存在大量经常项目逆差。

(2) 加入欧元区时的虚假包装

对于希腊而言，主权债务危机还有重要的历史原因。2001年希腊欲加入欧元区，当时为了努力达到《马斯特里赫特条约》提出的要求——政府年度预算赤字不能超过GDP的3%，未清偿债务总额不能超过GDP的60%，希腊通过与高盛等投资银行签订一系列金融衍生品协议，以降低财政赤字，当时对于财政赤字情况的隐瞒，也为今天的危机埋下了伏笔。

(3) 加入欧元区后并未遵守稳定与增长公约

即使是在前几年经济状况较好时，希腊政府也并没有完全遵守欧元区的“稳定与增长公约”以优化其财政状况(即减少财政赤字)，而是不断保持宽松的财政政策。

对比中国香港，自1983年以来，中国香港政府每年维持的预算盈余平均相当于GDP的1.4%，有意地在经济景气时积累财政储备，以备经济衰退时之需。这与欧元区的做法存在明显反差。

(4) 有共同货币政策、而无共同财政政策，导致单个国家过度利用共同货币的败德行为——公地的悲剧

① 举债造成的通货膨胀效应被摊薄

在未加入欧元区之前，希腊政府采取刺激政策时要考虑因此带来的通货膨胀以及实际汇率升值对于出口的负面影响，但在区域共同货币下，即使整个欧元区国家货币发行不增

加，但单个国家实行扩张性财政政策，并且财政政策只是造成了投资与消费需求，却并不能迅速形成有效的商品供给，因而将造成该国的通货膨胀。比如，希腊政府依靠发行国债向其他欧元区国家借钱，使欧元资金流入本国，而本国产出又没有增长，因此本国货币供给量增加，将使希腊产生通货膨胀，这样，其他欧元区国家的商品为套利而流入希腊，使希腊的通货膨胀被摊薄，但其他欧元区国家商品外流，也将产生通货膨胀，这就是从希腊流出的通货膨胀。

② 举债造成的本币贬值效应被摊薄

在主权货币情形下，单个国家举债将造成本国通货膨胀，将使得本币名义贬值，对贸易与资本流动造成汇率波动风险，但是区域共同货币下不存在单个国家货币的贬值，因此希腊的举债消费造成的通货膨胀不会影响其与欧元区其他国家的贸易和资本流动；希腊的通货膨胀使欧元贬值的汇率波动效应也被摊薄到所有欧元区国家共同承担，因此也造成了负外部性。

因为希腊并不用支付这两种外部成本，因此希腊通货膨胀的私人成本小于整个欧元区通货膨胀的社会成本，这就是负外部性。而希腊明知这种负外部性，而仍然举借主权债务，就是一种败德行为，这使得“欧元的价值”这个公共资源被滥用，这就是“公地的悲剧”，而这又是因为欧元区对各国的财政政策没有约束所致。

4) 偿债时产出未增长时的两种结果——勒紧裤腰带还债(拉美“失去的十年”)与违约

由于产出没有增长，希腊政府借新债还旧债，一旦潜在债权人对其信心崩溃，希腊政府将不能为国债融资，主权债务就将违约。

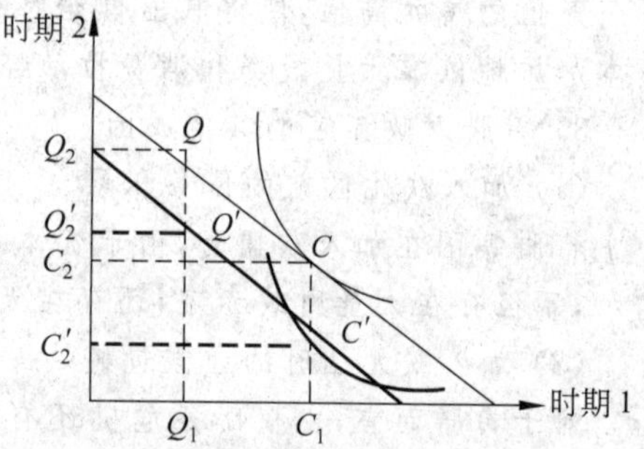

图 4-3　2011 年希腊主权债务危机

图 4-3“2011 年希腊主权债务危机”表现了希腊的跨时期选择。希腊政府借钱时以为本国的禀赋点在 Q 点，因而依靠融资使得消费达到 C 点，当前消费远高于当前产出的部分 C_1-Q_1 即借钱消费部分，表明希腊依靠借钱维持了其高福利，而钱所对应的物则依靠贸易逆差来弥补，因此形成了财政与经常账户的“孪生赤字”或“双赤字”。

但是，等到第二时期希腊才明白产出并没有增长到 Q_2，而只是略微增长到了 Q_2'——这应对着次贷危机后希腊出口下滑导致产出下降的事实。这造成了两种可能的结果：

第一，如果希腊受跨时期预算的硬约束，则产出在 Q'、而消费在 C'，使得第一时期借的 C_1-Q_1 的债务在第二时期要通过将消费压缩至极低的 C_2' 来偿还，这样才能保证：

$$\frac{Q_2'-C_2'}{1+i}=C_1-Q_1 \tag{4-11}$$

这就是“勒紧裤腰带还债”的意思。表明消费被压至过低，要求希腊大幅度削减社会福利支出、给公务员减薪等。

更有甚者，图 4-3 只考虑了家庭跨时期的消费选择，现实情况是一国的跨时期选择是跨时期的支出选择，支出不仅包括消费，还包括投资，因此，“勒紧裤腰带还债”还包括大幅度压缩投资支出，导致未来产出增长潜力下降，这就是 1982 年拉美债务危机后，在国际贷款人的压力下拉美出于"勒紧裤腰带还债"而大幅度削减消费与投资后造成的"失去的十年"的情形。

第二,主权债务违约,即在图 4-3 中,C_2'上升到 Q_2',希腊拒不偿还 C_1-Q_1 的债务。如果债权人允许其这样做,表明希腊受到了"预算软约束"。

3. 欧债危机的救治——以希腊为例

1) 希腊主权债务违约的负外部性

(1) 希腊主权债务违约导致希腊银行体系流动性短缺,全面影响希腊经济

2009 年 11 月希腊财政部长宣布,其 2009 年财政赤字对 GDP 比率将为 13.7%,而不是原来所预测的 6%。市场出现恐慌,希腊国债 CDS 价格急剧上升。2010 年第一季度,希腊国债对 GDP 之比达 115%。2010 年 4 月希腊政府宣布如果在 5 月前得不到救援贷款,将无法为即将到期的 200 亿欧元国债再融资。由于担心希腊政府对其总额为 3 000 亿~4 000 亿美元的国债违约,投资者开始大规模抛售希腊国债。希腊政府难以通过发新债还旧债,希腊主权债务危机终于爆发。

主要依赖希腊政府债券为抵押进行融资的希腊银行无法从其他地方得到资金,只能依靠廉价的欧洲央行贷款,如果欧洲央行不贷款,希腊银行业将破产,导致实体经济萧条。

(2) 希腊主权债务危机的传染

从 20 世纪 90 年代初开始,人们用"PIGS"来称呼葡萄牙(Portugal)、意大利(Italy)、希腊(Greece)和西班牙(Spain)这四个南欧国家,因为这几个国家有相似的文化传统、相近的地理位置。由于 2011 年这四国的公共赤字占 GDP 的比例都超过了 3%,主权债券信用评级较低,因而国际债券分析家、学者和国际经济界的媒体这样贬称它们。后来同样处于主权债务困境的爱尔兰(Ireland)又加了进来,变成了"笨猪五国"(PIIGS)。这个贬称颇为侮辱性,受到不少财经界忌讳。

如同 1997 年东亚金融危机一样,金融危机具有传染性,希腊主权债务危机爆发后,西班牙、爱尔兰、葡萄牙和意大利等国同时遭受信用危机。

(3) 五国主权债务危机的负外部性

当 2008 年全球金融危机出现时,《新闻周刊》的专栏作家 Juliane Von Reppert-Bismarck 于 2008 年 7 月 7 日发行的杂志上刊登了一篇文章《为什么猪不能飞》(*Why Pigs Can't Fly*),现在的问题是,Why are "PIIGS"so important?

因为如果这五国的经济都萧条了,由于其 GDP 总和占到欧元区 GDP 的 37%左右,因此将显著影响欧元区的经济与区域内的贸易与投资,影响其他国家的出口与增长,尤其是出口占 GDP 很大比例的德国的经济增长。

此外,欧元区经济增长乏力将导致欧洲的资金外逃,这样,在货币市场上将出现可贷资金供不应求,造成流动性短缺,利息率上升,与欧元贬值并存,打击实体经济——与 1992 年欧洲汇率机制危机相似。

2) 方法一:注资——欧洲央行购买私人抛售的希腊国债

救助的基本思想是让希腊受到硬的预算约束,即在图 4-3"希腊主权债务危机"中,让其待在产出 Q'点、消费 C 点,欧洲央行、IMF 等对其融资,让它可以借新债还旧债,然后使时期 1 的消费保持在 C_1 水平,依靠大大地压缩第二时期的消费来还债,即以后再"勒紧裤腰带"。

具体说来,欧盟、欧洲央行和 IMF 紧急出台 7 500 亿欧元的救援措施。欧洲央行在国债

市场上购买私人投资者抛售的希腊国债，以防其价格下跌、收益率攀升。这样，希腊政府发新债还旧债时，新国债就可以发行得出去了。

但是，这样欧洲央行资产负债表上的“垃圾”债券不断增加，这就是欧洲央行的基础货币投放，当没有冲销操作时，等于是开动印钞机，可能导致欧元的贬值，使德法等国的国民财富缩水。

不仅如此，欧洲央行还同时增加了对商业银行的短期贷款、放松贷款的抵押条件等，以缓解货币市场上的流动性短缺，这也是投放基础货币的方法。

3）方法二：令希腊减少支出——勒紧裤腰带法

自己的问题最终还要靠自己去解决。受援国的紧缩政策是必要的，这些国家必须为之前的“寅吃卯粮”的行为付出代价，并偿还欠账。作为获得救助的条件，希腊承诺降低财政赤字，削减开支，将降低公务员的薪金、冻结社保等福利。为此，希腊 2011 年 5 月 5 日发生了大规模的罢工运动，抗议政府采取紧缩措施。

救援并没有削减其债务，只是延长其还债的期限，但借得多，借得长，还得也多。

4）方法三：令希腊经济结构调整

但是救助并不能从根本上解决这些国家的中长期债务问题，比如，希腊等国的社会保障制度要改革了；再如，还债不仅需要节流，更需要开源，为此需要调整国内的经济结构——偿债国需要将不可贸易品生产资源转移到可贸易品上，增加出口偿还债务，而不是维持国内奢侈的消费。结构调整将引起结构性失业，紧缩财政的承诺势必会带来经济的进一步衰退，所以，欧盟对这些国家的救助仍将持续。

（五）欧洲危机的本质——欧元的难题

与 FMS 时期的固定汇率体系相似，欧元的建立消除了欧元区内部对于汇率波动的担忧，但货币政策的协调性则比 1992 年危机时有了根本改变。

欧元的建立比欧洲汇率机制更紧地固定了各国的货币供给量，使各国失去了用滥发货币（或扩张性货币政策，或最后贷款人机制）来弥补财政赤字或治理经济萧条，增加总需求的可能性。

南欧国家主权债务危机表明欧元区正面临成立以来最严重的挑战。对比这一轮的欧债危机与 1992 年的欧洲货币危机，可以发现，这两次危机有惊人的相似之处。上次危机最终以英镑、意大利里拉等货币被迫退出欧洲货币机制为代价，本次危机的代价又是什么呢？

据“欧元之父”蒙代尔所言，应对本次危机只有三条出路：

第一，财力充裕的国家对资金紧缺的国家实施援助以避免其陷入破产；

第二，后者要将福利项目调整到与其财力匹配的水平，实现预算平衡，遵守财政纪律，以赢得其他成员国的支持；

第三，中长期要在欧洲建立一个超政府的财政机构，以弥合欧元区管理结构上的裂缝。

我们很理解德国不愿意为希腊埋单的原因，毕竟本次危机的过错不在于德国。但是，“城门失火，殃及池鱼”，德国经济显然已经出现了与当年类似的反应——依靠出口的德国经济与出口大降，因此，德国要权衡利弊。2011 年 9 月，德国联邦宪法法院已经驳回对德国政府援助希腊违宪的指控，扫除了一大政治风险，这是一个积极的迹象。为避免像 1992 年一样错过避免危机发生的最好时机，德国应汲取教训，适当放宽对于债务国有些不切实际的赤字缩减要求，防止债务国陷入经济过度下滑与财政缩减共同作用的恶性循环。

应对本次主权债务危机，欧元区国家也并非无可作为，欧元区解体的可能性很小，因为：

第一，欧元的收益（促进区域内的贸易与投资）大于成本（货币政策失去独立性，因为根据蒙代尔不可能三角，固定汇率、独立的货币政策与资本流动三者不可得兼，只能达到其中任意两项目标。）。从1957年《罗马条约》建立欧盟六国经济共同体以来，欧洲在寻求一体化的道路上从未停止过。欧洲单一货币——欧元的诞生，是欧洲经济、金融和诸多方面合作所取得的必然结果。经过50年的发展，欧元的出现，无论从当时抑或是现在看来，都符合欧洲人的利益。

此外，欧元对于欧盟国家参与国际竞争，提高欧洲整体的竞争力功不可没。欧元出现以前，美元在全球金融交易以及国际储备货币上的巨大份额是其他国家难以望其项背的，而欧元使得国际货币体系格局更加多元化。

第二，上轮危机在很大程度上是由于国际投资资本炒作（卖出英镑、里拉，买进马克）所致，而目前欧元作为统一的货币，游资缺乏炒作的前提条件。

◇ 能量棒 4-16

2003—2012年：加息还是升值?

——2003年第4季度—2008年上半年、2009—2012年的通货膨胀与流动性过剩的成因及其治理

（一）2003年第4季度开始的通货膨胀与流动性过剩的主要成因——双顺差导致货币供给量增加

2003年，中国刚刚走出通货紧缩，又迎来了通货膨胀和流动性过剩。通货膨胀与流动性过剩的原因之一是贸易与资本项目日益庞大的双顺差导致在人民币汇率保持固定的情况下货币供给量的日益增长。具体来说，在外汇供求决定人民币汇率的图4-4中，双顺差导致美元供给曲线右移，因而人民币均衡汇率会升值。但是，央行不希望人民币升值，因而会以固定汇率在银行间外汇市场上买进美元、投放人民币，加上央行干预后的外汇需求曲线也右移了，因而干预下的均衡汇率不变。但是，央行干预导致大量投放基础货币，因而引起通货膨胀与流动性过剩。

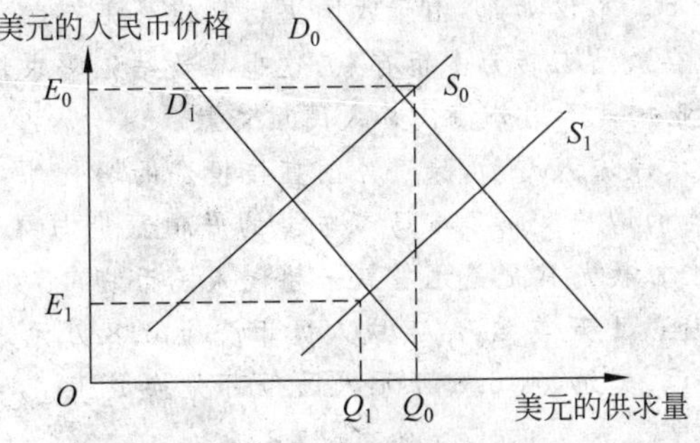

图4-4　人民币汇率的供求决定

双顺差的主要成因是：自1994年汇率改革导致人民币由1美元兑换5.8元人民币一下子大幅度贬值到1美元兑换8.7元人民币以来，人民币实际汇率一直被低估，促进了中国劳动密集型产品的出口，形成了贸易项目顺差；而外国直接投资也是由于看好中国劳动密集型产品出口的前景，而大量流入中国，形成了资本项目顺差。

（二）加息（但不升值）派的理由

治理通货膨胀与流动性过剩的直接方法是实行加息等紧缩性货币政策措施，这就是加息派的理由。但是，加息的副作用是打击国内的投资与消费，另一种替代方法是令人民币在央行不干预的外汇市场上顺应供求压力自然地升值。但是升值也有副作用，即打击出口。加息派认为两害取其轻，出口受到打击对中国经济的影响更大，应该用加息（但不升值）的方法来治理通货膨胀与流动性过剩。

总之，加息派认为升值会对中国经济产生严重影响，日元升值综合症就是前车之鉴，详见本章能量棒《日元升值综合症》。

（三）升值（但不加息）派的理由

1. 使低估或扭曲的实际汇率恢复至均衡值才是治理通货膨胀与流动性过剩的根本方法

既然中国的双顺差主要是实际汇率低估造成的，2003 年第 4 季度，国际社会以美国、日本为首，指责中国采取低估人民币币值的汇率政策对出口实行补贴①，同时，中国出口商品价格低廉也使中国向全球输出了通货紧缩，危害了全球经济，因此给中国施加了压力，要求人民币升值，即要求人民币实际汇率结束低估与扭曲而达到均衡值，才不会有庞大的双顺差，也才能从根本上根除通货膨胀与流动性过剩，这也是国内升值派的理由之一。但是，2003 年中国政府顶住了日美的压力而维持 8.28 元人民币/美元的汇率不变。

2. 升值可以消除引起货币替代与热钱流入的根源——升值预期

1）升值预期下的货币替代与热钱流入

（1）2003 年第 4 季度后通货膨胀再起的根源之一是人民币升值预期导致结汇需求增加

2004 年上半年国内又兴起了人民币是否应该升值的争论②，关注的是不升值带给中国的利弊。不升值的利主要在于可保持出口部门的价格竞争力，但弊端之一是在 2003—2008 年上半年引起了私人部门的升值预期及相应的结汇需求的增加，增大了央行投放基础货币的压力。

更不利的是，我国人民币存款利率持续高于美元，且利差较大。2003—2004 年上半年我国一年期美元存款利率为 0.562 5%，一年期人民币存款利率为 1.98%，根据无抛补利率平价理论，储户更愿意将美元兑换成人民币进行储蓄，不仅可以获得更高的利息，而且还可获得人民币升值带来的换算成美元后本金的增加，因此储户都愿卖出美元而购入人民币存款，结汇需求大增，迫使央行投放更多的基础货币。不仅如此，由于我国央行规定外汇存款准备金不付息，因此商业银行有动力劝说客户将外币存款结汇转为本币存款，这也导致结汇需求增加。

（2）升值预期导致企业热衷于用外债代替人民币贷款

资本账户顺差表明资本净流入增加，除了外国直接投资的增长外，主是要由外国间接投资即外债增加所引起的，而外债的增长反映了市场参与者的升值预期与寻求本外币存贷款利差的套利动机，即企业愿意用外汇贷款尤其是美元贷款来替代人民币贷款。比如，企业本想借人民币贷款 6.8 万元，现改借美元贷款 1 万美元，结汇成人民币资金 6.8 万元来使用。到贷款偿还时，如果人民币升值到 4 元人民币/美元，则 6.8 万元人民币可兑换成 1.7 万美元，归还外币贷款还有

---

① 据 2003-02-23 南方网《读卖新闻》报道，正在参加七国财长会议的日本财长盐川正十郎在会议上敦促其他国家的财长和央行行长对中国施加压力，迫使中国政府重新给人民币定价。盐川正十郎在会议上表示，中国出口货物价格低廉是全球通货紧缩的一个原因，这对全球经济有负面影响。舆论认为，盐川正十郎此举实为罕见，因为在历次会议上，与会各国还从未要求单独讨论非成员国的资本自由化问题。

② 2004 年上半年，关于人民币升值的国际舆论渐行渐远，而国内又兴起了人民币是否应该升值的争论。学术界的争论依据不再是国际社会的政治压力的大小，而是当时的人民币汇率是否为均衡值，即能否保持中国经济的内外平衡。

剩余。而企业这种套利直接导致我国短期外债的增长①。

(3) 升值预期导致热钱非法流入

中国经常账户的开放和资本账户的半开放状态很难严格防范热钱的流入，热钱可以经常账户顺差的名义流入。

◇ 能量棒 4-16-1

热钱非法流入

(一) 热钱的定义

1. 货币自由兑换的含义

1) 经常账户可兑换与“第八条款国”

所谓货币自由兑换，是指在外汇市场上能自由地运用本国货币购买(兑换)某种外国货币，或用某种外国货币购买(兑换)本国货币。显然，此时国际收支账户中所记录的各种国际间的经济行为产生的本币与外币间的兑换需求都可以在外汇市场上不受限制地得到满足。但在现实生活中，大多数国家对上述的自由兑换行为进行了一定的限制，从而形成了不同含义的货币自由兑换。

按产生货币兑换需要的国际间经济交易的性质分，货币自由兑换可分为经常账户下的自由兑换与资本和金融账户下的自由兑换。经常账户下的自由兑换是指对经常账户下外汇支付和转移的汇兑实行无限制的兑换。在IMF章程第八条的第二、三、四款中，规定凡是能实现不对经常性支付和资金转移施加限制、不实行歧视性货币措施或多重汇率、能够兑付外国持有的在经常交易中所取得的本国货币的国家，该国货币就是可自由兑换货币。

这一经常性支付的含义为：

(1) 所有与对外贸易、其他经常性业务(包括服务在内)以及正常的短期银行信贷业务有关的对外支付；

(2) 应付的贷款利息和其他投资收入；

(3) 数额不大的偿还贷款本金或摊提直接投资折旧的支付；

(4) 数额不大的家庭生活费用汇款。

可见，IMF此处所指的自由兑换实际上是经常账户下的货币自由兑换，因此，实现了经常账户下货币自由兑换的国家又被称为“第八条款国”，我国大陆就是第八条款国。

需要指出的是，基金组织第八条款对会员国在商品贸易方面所实行的限制并没有约束，虽然对进口所实行的数量限制会对收支产生间接的限制作用，但对贸易的限制并不构成对第八条款所指的对支付的限制，因为对贸易的限制是为了国际收支而采取的，虽然贸易管制和汇兑管制都属于外汇管制的范畴，但两者的直接作用对象不同，因而贸易自由与兑换自由是两个不同的概念。例如，贸易进口受许可证的限制，只要企业在取得许可证等有关证明材

① 2004年第一季度，金融机构外汇贷款余额为1 402亿美元，同比增长了29.9%，而其中的短期贷款余额为505亿美元，增长幅度高达51.5%。在贷少存多的夹击下，有些银行美元资金紧张，需不断拆入美元，而外资银行则从母公司借入美元资金，形成我国的短期外债增长。2003年上半年我国短期外债达到641.9亿美元，比上年年末增加了112.1亿美元，故国家发展和改革委员会、银监会和国家外汇管理局联合制定了《境内外资银行外债管理办法》，试图对短期外债进行总量控制——对外资银行套上紧箍咒。

料后，能合法地购汇，对外进行支付，就不构成兑换限制。此外，不允许施加兑换限制，仅仅是针对付款行为而言，而不是针对收款行为，因此，基金组织的条款并不排除强迫居民将外汇收入结售给国家的可能。

2）资本与金融账户可兑换

所谓资本与金融账户可兑换，则是指对资本流入和流出的兑换均无限制。在“二战”后初期，各国都对资本流动实施了严格的控制。随着经济的发展，在一些发达国家资本与金融管制逐步取消了，国际资金流动迅速带来了金融市场的全球一体化，这一趋势的发展又呼吁着各国对资本与金融账户管制的进一步放松，IMF在1997年中国香港年会上确定了推动各国实现资本与金融账户下的自由兑换的目标。

达到资本与金融账户的可兑换的要求比经常账户可兑换难得多，根据IMF《汇率安排与外汇管制：1997年年报》，在其成员中有128个成员对资本市场交易实行了限制，112个成员对货币市场交易实行了限制，144个成员对直接投资实行了限制，并且有许多成员对一部分或全部资本与金融账户交易实行歧视性汇率。在实行资本与金融账户可兑换的成员中，绝大多数是工业化国家，发展中国家和地区所占比例很小。

2. 热钱在我国的定义

我国并未实现资本与金融账户的可兑换，仅为境外资本流入中国开通了QFII与FDI这样两条合法渠道，QFII即境外合格的机构投资者，FDI即我国实际利用的外资。除此之外的境外短期投机资本流入都是不合法的，境外短期投机资本被称为“游资”或“热钱”(hot money)。

（二）热钱的危害

1. 如果没有央行干预，热钱大规模流入将导致人民币快速升值

如果没有央行干预，热钱流入将使中国外汇市场上美元的供给曲线右移，导致人民币快速升值，这将极大地打击中国出口导向型经济增长，造成失业率高企等严重的经济、社会问题。

2. 如果没有央行干预，热钱大规模流入将造成通货膨胀、资产泡沫与流动性过剩

热钱大规模地流入中国，必然要栖息在某种形式的人民币资产上，这些资产既可以是银行存款，也可以是股票、房地产等，因此会造成资产价格的膨胀。此时，拥有这些资产的经济主体的资产增值，如果其对银行等债权人的债务名义值固定不变，则其资产负债表上的净值增加，财务状况改善，使其更容易获得融资，容易形成投资高涨，进而刺激消费高涨，经济会形成虚假繁荣局面。虽然造成了通货膨胀，但很多家庭收入看涨、财富增值，所以都陶陶然，就像丑小鸭村姑得到了来自大城市的知青小伙子的垂青一样，羞涩、兴奋而甜蜜。

3. 热钱突然大规模流出将造成该国货币大幅度贬值、资产价格大幅度下跌

但是，热钱更大的危害在于它容易突然逆转而大规模地流出——一旦国内外对我国经济前景的预期转坏，或美国加息①，热钱就会迅速逃离，即抛售人民币资产，造成股市、房市价格大跌，资产泡沫破裂，该国居民、企业资产负债表急剧恶化，财富一夜蒸发（比如，上周还价值300万元的一套房子，今天就只值100万元了）；要求用人民币兑换为美元，造成人民币

① 根据无抛补利率平价，美国加息使得美元资产更具吸引力了，因此，流向发展中国家的热钱就有动力回流到美国，因此，美元的每轮降息潮，都会从美国释放出许多热钱，流向发展中国家，造成其资产泡沫；而美国的每轮加息潮，又会“虹吸”这些热钱流回美国，造成发展中国家的货币危机、金融与经济危机，就像“蝴蝶夫人”被“美国浪子”戏弄了一样。

贬值压力，央行为保卫汇率，就要大量抛售美元外汇储备，当外汇储备消耗一空后，就不得不听任本币贬值，这就是 1997 年泰国等东南亚国家经历的货币危机。这就像是突然有一天，知青无情地回城了，村姑就要独自承受"孽债"，终身吞咽苦果。

◇能量棒 4-16-1-1

美元周期与全球经济危机——剪羊毛论

（一）美元周期导致非美元国家经济周期的机制

我们将美国货币政策从宽松到紧缩定义为一个"美元周期"，我们观察到的一个现象是：美元在一个周期中从降息到加息一定会使美国以外的一些发展中国家（如新兴市场国家）经历从繁荣到经济危机爆发、经济萧条的经济周期，其中的传导机制如下。

世界上有 56% 的国家至今仍然采用钉住汇率制，且主要是钉住美元。当美国实行扩张性货币政策时，充裕的资金从收益率较低的美元资产逃离，流向全球寻找更高的回报率。因此，美国以外的钉住美元的国家面临着来自美国的资金的兑换需求，从而使本币面临升值的压力。为了维持固定汇率，这些国家需要被迫降息等，因此被迫采用扩张性货币政策，当实体经济中投资乏力、不能吸收多发的货币时，就必然造成本国实体经济的通货膨胀或（和）资产泡沫，以及经济的虚假繁荣。此外，由于大宗商品是以美元计价的，美元贬值将使得大宗商品的美元价格上涨，对于依赖大宗商品出口的资源型新兴市场国家而言，这也是导致其经济繁荣的途径。

一旦美国进入加息周期，流入这些新兴市场国家的资金便想兑换回美元以便投资于美元资产获取更高的收益，导致新兴市场国家面临着资本外逃、本币贬值的压力。为了维持固定汇率，新兴市场国家也要被迫提高利率、实行紧缩性货币政策，以增强本币资产的吸引力，对抗资本外逃。而新兴市场国家一旦实行了紧缩性货币政策，就会造成本国利率水平上升、资产泡沫破裂，并打击本国实体经济的投资与消费需求，因此导致金融危机的经济危机的爆发。

此外，美元升值将使得大宗商品的美元价格下跌，使得依赖大宗商品出口的资源型新兴市场国家出口收入、GDP、就业率、投资与消费需求等下降，这也是导致其经济危机的一条途径。

（二）案例

美元周期对历史上多次危机都起到了推波助澜的作用，比如：

(1) 20 世纪 70 年代的拉美债务危机

欧美宽松的货币政策和"石油美元"(Petrol Dollar)助长了拉美国家的外债膨胀，之后美联储采取强硬手段加息、抑制本国通货膨胀，导致拉美浮动利率的美元债务负担加重，最终导致拉美主权债务危机的爆发。

(2) 20 世纪 80 年代日本房地产"泡沫"破灭的危机

20 世纪 80 年代初美国实行扩张性货币政策，日元钉住美元，也被迫扩张，导致房地产、股市泡沫滋生。1986 年后美国货币逐渐加息、收紧货币政策，日本也被迫加息，导致房地产和股市崩盘。

(3) 1997 年亚洲金融危机

20 世纪 80 年代，由于美国连续降息，亚洲吸引国际资本大量流入；1994 年美国突然加息，货币政策转向紧缩性，导致资金撤出亚洲，使亚洲爆发货币危机、外债危机、银行危机等综合性的金融危机与经济、政治、社会危机。

(4) 2007—2008 年全球金融危机

2000 年美国互联网泡沫破裂和"9·11"事件后，美联储连续降息，且将低利率保持到 2004 年年中，致使房地产泡沫严重。于是美联储从 2004 年 6 月迅速加息，导致房地产泡沫破灭和 2007 年爆发的次级贷款危机。随后由于美国经济衰退，又通过贸易与投资萎缩的渠道使得依赖向美国出口的欧洲与亚洲等全球经济体也陷入了衰退。

（三）热钱流入我国的渠道[23]

当前我国的资本管制现状不允许热钱流入，而热钱却隐藏在经常项目与金融项目下通过非正常渠道流入或流出。2004—2007 年我国贸易顺差的异常增长背后的原因就是热钱流入。根据商务部网站的数据，从 1992 年到 2004 年的 12 年间，贸易顺差年均增长率为 18.2%，从 1998 年到 2004 年的 6 年间，贸易顺差年均下降 4.9%，然而从 2004 年到 2007 年的 3 年间贸易顺差年均增长率为 101.4%，显然，这 3 年间贸易顺差超常飞速增长很难用内需不足、国内企业生产率提升等因素来解释，因为这些因素很难在这 3 年内发生巨大变化，其实这 3 年来的巨额贸易顺差有一部分是因为 2005 年中国完善人民币汇率形成机制方案的实施使得境内外人民币升值预期逐步增大、"热钱"流入造成了虚假贸易顺差。

无独有偶，2013 年 5 月，国家外汇管理局颁发文件打击虚假贸易，因为中国出口不振，但由于中外利差较大，人民币不断升值，且市场上存在人民币继续升值的预期，因此一些境外机构想进入中国套利，导致热钱隐藏在虚假贸易下大量流入。2013 年 11 月，当月顺差达 2 089.17 亿元人民币，创近 5 年新高，国家外汇管理局再度发布通知，要求遏制无真实交易背景的虚假贸易融资行为，防范异常外汇资金跨境流动（李东平，2008）。

1. 经常项目下的渠道

"热钱"通过制造虚假贸易而流入的操作手段包括进出口单据误报、虚假外国直接投资以及通过地下钱庄入境。

1）进出口单据误报及内部转移定价

进出口单据误报是相互信任的进出口双方通过协商来转移资本的形式。出口高报和进口低报可以实现热钱流入。出口高报是指外国的进口商——如沃尔玛想将美元送入中国套取人民币，则由本国的供应商——如"美加净牙膏"开出高于实际货值的单据去收取美元，再将单据货值与实际应付货值的差额部分的美元转存入沃尔玛在中国国内的账户。同时，出口高报还可以骗取国家出口退税款。

进口低报是指（假设宝钢向美国 IBM 公司进口设备，应付 100 万美元，IBM 说："你就给我一点点美元，其余付我人民币吧，我喜欢人民币。"）国外的供应商开出低于货值的单据，进口商凭单据从银行买到外汇打入供应商账户，再将差额货款以人民币形式打入供应商在中国的账户。出口高报和进口低报可以增加经常账户顺差额和外汇储备。

相反，出口低报与进口高报可以实现资本外逃。出口低报指（美加净对沃尔玛说："你现在别给我这么多美元，给我了就全得结汇了。你把一部分美元帮我存在你们美国吧！"）在出口时，由本国的供应商开出低于实际货值的单据，再由进口商将实际应付货值和单据货值的差额部分转存入出口商在国外的账户。

进口高报是指（宝钢在国内搞到了一些美元，想让它们合法地逃出国，就对 IBM 说："我假装说要给你 A+B 美元买这些设备，这些美元出去后你就拿应该拿的 A 部分，剩下的 B 部分你就帮我存在美国吧。"）在进口时，由国外的供应商开出高于货值的单据，进口商将收到的外汇和实际应收货值的差额转存入进口商在国外的账户。资本外逃时的单据误报实际上降低了经常项目差额和外汇储备的规模。

跨国公司的内部转移定价也可有异曲同工之妙。内部转移定价是跨国公司或关联企业转移资本的一种重要手段，企业可以通过低报进口原材料和设备的价格、高报出口制成品的价格可以向境内转移资本；反之，高报进口原材料和设备的价格、低报出口制成品的价格可向境外转移资本(李东平,2008)。

2) 订立不可能执行的贸易合同

即境内、外两个关联方订立一份根本不会被执行的合同，然后境外公司通过预付款付进一笔美元，到了 90 天后或合同里订立的失效日期时，双方说由于某种原因合同无法执行，那么境内企业需要退还预付的款项，但是其中一部分可以通过各种名目如未履行合同的罚款、服务费、咨询费以及专利费等留在境内(李东平,2008)。

3) 加工贸易中的虚假"买低"操作

中国目前加工贸易仍占总贸易额的很大比例，加工贸易形态已经由来料加工进化到进料加工了，即委托方不再提供原料，而由加工方自行采购，委托方支付原料及劳动力成本，如果加工企业按照委托方的合同价格进口了一批集成电路，比如，每件 10 美元，总共进口了 100 万件，在加工一批产品时用掉了 40 万件，委托方会如实地支付成本价 400 万美元。而新的合同中订立的元件价格降为每件 8 美元，需用掉 80 万件，而库存的 60 万件的真实购买成本为 600 万美元，委托方需补偿给加工企业(10－8)×60 万＝120 万美元，这种财务操作被称为"买低"(Buy Down)。显然，它可以被人为操纵而成为"热钱"流入暗道，海关是无法核实其真实性、合理性的(李东平,2008)。

2011 年前，我国的贸易货物流与相应的资金流有显著差别，表明我国资本账户管制方面尚有漏洞，为境外"热钱"基于人民币升值预期而流入提供了可乘之机。比如，我国当时的进出口申报体系受制于申报主体的随意性，因此存在国际收支错申报，导致统计数据质量不高，建议构建经常账户的加工贸易核销和监测系统，通过加工贸易物流和资金流数据的采集，建立日常数据监测平台，切实提高对贸易的监测水平。

2. 资本与金融项目下的渠道

1) 其他投资项目

在此项目下，经济主体可以通过若干方式调动资金，如进出口的预收货款(美元提前进来)和延期付款(美元延迟出去)增多，相当于更多的短期资本流入我国；延期收款或预付货款则相当于短期资本的流出。此外，经济主体外汇贷款和贸易融资的变化、金融机构之间的贷款和拆放、资金存放、外汇现金库存及其他资产负债的变化都是资金异动的重要实现方式。例如，2003 年我国外债的差额由净流出转为净流入，外债净流入的规模增大，短期外债的占比升高，外债结汇后资金的去向异常(如投资于高风险的房地产市场)等现象都在一定程度上说明"其他投资"项目下流入的资金中有相当一部分是具有投机性质的资金(李东平,2008)。

2) 净误差与遗漏项目

当经常项目、资本与金融项目记录的外汇净流入量小于国际储备增加量(经常项目那么虚假繁荣仍不能涵盖外汇流入的，说明资本账户也有一些未统计)时，净误差与遗漏项为正值，表明资本的非正常渠道流入，这些流入并没有进入统计记录。

相反，当经常项目、资本与金融项目记录的外汇净流入量大于国际储备增加量时，净误差与遗漏项为负值。在不考虑纯统计因素的情况下，这表明经济活动本应发生的外汇流入没有实现，实际上就是资本外逃。

此外，某些资本外逃方式(如假借贸易支付和非贸易支付，偿还外债的名义转移资本)也会造成净误差与遗漏负值的增加(或正值的减少)，因为这些经济活动会被记入资本和金融项目的贷方，而没有记入相应的经常项目借方。

从1990年到2001年，我国国际收支平衡表中的净误差与遗漏项一直为负值，其中以1997年和1998年的规模最大，分别为221.2亿和198亿美元，表明这些年中国存在着资本外逃；从2002年开始，这一项发生逆转，由负变正。2002年净误差与遗漏项为77.9亿美元，2003年这一项目的规模迅速增加到了184.22亿美元，表明中国存在非正常资本流入，即热钱流入。

3）其他项目

资本和金融账户的其他项目在一定程度上也可说明短期投机性资本的流动，比如：

(1) 外商直接投资项目。在此账户下，外商可以通过提前注资或虚假投资结汇套利的方式实现资金的流入，也可以通过各种方式如未来的股利分红、转股、撤资等实现资金的流出。

(2) 证券投资项目。目前我国对跨国证券投资实施管制，如对境外证券投资的渠道QFII刚刚实行，并且其额度受到严格控制；对境内证券进行投资的渠道QDII尚处于审议阶段，因此，证券投资项的绝对规模较小，可忽略不计。

此外，在个人渠道方面主要有两个合法的漏洞——我国内地银行每人5万美元的换汇额度、中国香港银行允许每天兑换2万元港币至人民币，以及每天向我国内地银行汇款8万元人民币的安排。

2）加息更会刺激热钱流入

根据无抛补利率平价理论，当 i,i^*,E^e 给定时，人民币即期均衡汇率水平为

$$E=\frac{E^e(1+i^*)}{1+i} \tag{4-12}$$

此时两国存款间没有套利空间，即 $1+i^*=\frac{E(1+i)}{E^e}$。在美国减息和存在人民币升值预期的背景下，中国货币当局加息将加剧热钱的流入。

但“加息将吸引热钱流入”的观点成立的前提条件是人民币有升值预期或外汇管制不严格，当人民币没有升值预期或外汇管制非常严格时，加息就不会吸引热钱流入。因为根据无抛补利率平价理论，当某货币存在贬值预期时，如果加息幅度抵消不了预期的贬值幅度，则该货币吸引力下降，资金反而从该货币流出①。

3）升值到位则可消除升值预期

从理论上说，如果汇率一步升值到位，则可消除升值预期与套利空间，因此会减小货币供给，达到治愈通货膨胀与流动性过剩的目的。但是在实践中，升值到底会促进热钱流入还是会抑制热钱流入，关键是看升值幅度是否符合市场预期，如果预期人民币升值即将到位，则升值将抑制热钱流入；如果预期升值没有到位，则升值反而是央行释放的“固定汇率也可以改变”的信号，会在客观上鼓励激进投机者进一步将热钱引入中国牟利，正所谓“抽刀断水水更流”。

（四）中国不升值、不加息治理通货膨胀与流动性过剩的方法

1. 政府不加息、不升值的理由

政府采纳了两派的意见，既认为加息将直接打击投资与消费，紧缩力度过大，又担心升值会

① 比如，1997年东亚金融危机后的几年，东亚新兴经济体实行高利率，试图吸引外国资本，但没有成功。而过去几年当它们实行低利率而且并不需要外国资本时，“热钱”却因预期升值而如潮水般地涌入。

打击出口部门，因此从2003年第4季度至2004年5月，我国央行都没有提高利率，也没有加息。

2. 央行依靠冲销（公开市场操作）来对付通货膨胀

1）央行出售其持有国债的公开市场操作并不现实

央行冲销外汇占款的公开市场操作应是卖出它所持有的国债、收回基础货币，但是公开市场操作适于用短期国债作为工具，而我国当时央行所持有的国债以中长期为主，缺少短期品种，并且所持有的国债的数量也不够多，因此以出售国债来进行冲销操作并不现实。

2）2007年财政部发行特别国债以帮助央行减轻基础货币投放的压力

能量棒 4-16-2

我国1998年和2007年的特别国债

（一）1998年的特别国债

1998年正值中国通货紧缩、商业银行惜贷之时，财政部向四大国有商业银行定向发行了2 700亿元特别国债，用筹集到的资金对其注资。同时还进行了存款准备金制度改革，合并了金融机构法定存款准备金账户和备付金（即强制性要求的3%的超额准备金账户），并将法定存款准备金率从13%下调到了8%，以实行扩张性货币政策。

（二）2007年的特别国债

1. 发行背景

由于中国外汇储备持续攀升，2007年6月，全国人大常委会批准财政部发行1.55万亿元特种国债，向中国人民银行购买了等值的美元外汇储备（约2 000亿美元），作为注册资本金，成立了国家外汇投资公司（后更名为中国投资有限责任公司，简称“中投公司”），作为我国的第一家主权财富基金，履行多元化投资职责。财政部规定中投公司的资本全是有偿使用的，收益率必须高于特别国债的利率。

值此流动性过剩之时发行特别国债、组建国家外汇投资公司的意图主要是回收流动性。虽然央行已积极采取了一系列措施回笼货币，但当时流动性仍然过剩，通货膨胀压力较大。财政部在全国银行间债券市场公开发行特别国债，就是从银行手中购买外汇，可以回笼货币、减少外汇储备积累、减轻外汇占款投放和人民银行的对冲压力，有效缓解流动性过剩。

2. 具体操作手法

1）财政部“借道”农行向央行发行特别国债以购买外汇储备，组建中国第一家主权财富基金公司——中投公司

如果财政部发行国债，仅仅把资金冻结在央行账户上不动用，虽然可以收回流动性，央行的T形账户为：

央行

资产	负债	
	财政性存款	+10 000元
	银行体系的准备金存款	−10 000元

但从财务成本上看并不现实，除非财政部有其他方面的考虑。

具体来说，财政部用向商业银行发售特别国债所筹集到的资金，向人民银行购买等值外汇储备；同一天，中国人民银行利用卖汇获得的6 000亿元人民币向境内商业银行买回等值的特别国债，可见，这是合法的公债货币化，部分收入可用央行的T形账户表示如下：

财政部

资产		负债	
对中投公司的股权	＋2 000 亿美元	特别国债	＋15 500 亿元人民币

中国农业银行

资产	负债
准备金＋15 500 亿元人民币(向央行结汇 2 000 亿美元所得,准备发放贷款)	企业存款　＋15 000 亿元人民币
准备金　－15 500 亿元人民币 特别国债　＋15 500 亿元人民币	
特别国债　－15 500 亿元人民币 准备金＋15 500 亿元人民币(央行向其购买特别国债,农行又可以发放贷款了)	

央行

资产		负债
特别国债	＋15 500 亿元人民币	商业银行体系的准备金＋15 500 亿元

可见,由于央行不能在一级市场上购买国债,因此,2007 年时,财政部"借道"农行向央行发行了 6 000 亿元特别国债(15 500 亿特别国债中的首批),购买央行手中的外汇储备,作为"中国投资有限责任公司"的资本金来源。可见,此举投放了基础货币。

2) 央行紧接着用所购入的特别国债与商业银行进行正回购交易,收缩基础货币

央行从财政部手中买入首批 6 000 亿元特别国债之后,不到一周,便以特别国债为质押,在银行间市场上进行了 100 亿元人民币的 182 天的正回购操作,即央行向市场一级交易商出售特别国债,回笼货币,6 个月后再从市场买回,投放基础货币,至此可以看出,央行此举就是为了收缩基础货币,其 T 形账户如下:

央行

资产		负债	
特别国债	－6 000 亿元	商业银行体系的准备金	－6 000 亿元

但是,央行的正回购不能永久性地冲销外汇占款,下一步就是发行央票了。

3. 发行央票:虽然能够冲销外汇占款,但难以冲销持续性的、大规模的外汇占款

1) 持续性的、大规模的外汇占款需要发行越来越多的央票冲销

既然财政部不能大规模发行国债以冻结流动性,央行就自己发行对商业银行的债权——央行短期融资券(一年以内到期),又称"央行票据""央票",或正回购已发行的央行票据。这两种冲销手段被称为公开市场操作,前者属于主动性的公开市场操作,后者属于防御性的公开市场操作,二者的央行 T 形账户均为:

央行(发行央票收缩基础货币)

资产	负债	
	商业银行体系的准备金存款	－10 000 元
	(或通货)	－10 000 元
	央行融资券	＋10 000 元

央行(三个月后发行更多的新券以偿还旧券、并收缩基础货币)

资产	负债	
	商业银行体系的准备金存款	＋10 000 元
	央行融资券	－10 000 元(还旧券)
	商业银行体系的准备金存款	－20 000 元
	央行融资券	＋20 000 元(发新券)

可见,央票发行规模滚雪球似地增大,才能达到收缩基础货币的净效应。

2) 央票发行规模越大,越需要加息才能发行得出去

假设央票需求曲线不变,央票发行规模变大意味着央票供给曲线右移,价格将下降,即只有打更多折扣才能发行出去,意味着央票利率提高。事实上,在 2003 年央票发行还很顺利,但到了 2004 年,接连几期利率固定、数量招标的央票发行都出现了流标现象。具体来说,央行票据的发行可采用数量固定、对利率招标的方式,以及利率(与价格)固定、对数量招标的方式(表明央票利率市场化)。在 2003 年 11 月以前多采用数量固定、对利率招标的方式,而自此之后连续两个多月时间里由于怕加息,总计有 21 期央行票据均采用利率固定、对数量招标的方式。比如,2004 年第 6 期票据的期限为 3 个月,面值 100 元,招标价格固定为 99.39 元,则参考收益率为 2.461 7%:

$$PV = 99.39 = \frac{100}{1 + i \cdot \frac{3}{12}}, \quad i = 2.461\,7\% \tag{4-13}$$

最高发行数量上限为 200 亿元,发行数量由招标确定。由于此利率低于市场利率(如同期的国债回购利率为 3.1%左右,二者相差 60～70 个基点),故不受商业银行的青睐,因而出现流标,接连几期央行票据的实际认购数量只占计划发行数量的 20%～40%,这表明只有打折出售即加息才能将央票发行出去,也表明不加息发行央票的冲销干预难以为继了。

4. 加息不行,升值不可,央票无能,央行只得走上了提高准备金率的不归之路

央行由于穷途末路只得动用了不宜动用的工具——调整法定存款准备金率,将它由 2004 年的 7%开始一路上调,至 2011 年、2012 年时达到最高值 21.5%,这是因为基础货币收缩不了,央行只得通过提高准备金率来缩小货币乘数。

5. 采用行政手段遏制投资需求拉上型通货膨胀——紧缩地根与江苏铁本案

此外,2004 年由于银行信贷资金充裕而助长了企业的投资饥渴症及投资需求拉上型通货膨胀,因此中央政府不得不采用一些行政手段(如投资项目审批制等)来遏制低水平重复建设项目的投资需求拉上型通货膨胀,这些审批措施被称为"紧缩地根",由此引发了一些行政干预与市场竞争的矛盾,比如,在 2004 年宏观调控中被查处的"江苏铁本"就是一个有争议的案例。

(五) 2009—2012 年通货膨胀的成因与治理

1. 2009—2012 年经济尚未复苏下的通货膨胀的成因

2008 年美国次贷危机后,在各种刺激政策作用下,我国在 2009 年宏观经济活动(以

GDP 增长速度来体现)基本恢复到危机前的水平,但这主要是政府基础设施投资以及政府推动型投资造成的,民间自主性投资并没有启动。由于实体经济缺乏投资热点,过剩的国民储蓄资金和央行扩张性货币政策而放出的货币供给量(即整个社会的流动性)只会造成经济空心化和泡沫化。虽然当时实体经济尚未复苏,却已遭遇到通货膨胀,其成因如下。

1)次贷危机后美国的量化宽松及人民币升值预期导致热钱流入、造成输入性通货膨胀

2008 年美国次贷危机后,美国实行量化宽松的货币政策,美国利率水平低于中国,同时仍存在着人民币升值预期,因此热钱继续流入中国,这种外汇占款造成的基础货币投放与通货膨胀被称为"伯南克流动性过剩""输入性通货膨胀"。

2)中国政府反危机的扩张性财政政策、货币政策造成地方政府主导的投资需求拉上型通货膨胀

2008 年次贷危机后中国政府出台了 4 万亿元政府投资的计划,并实行了财政政策、货币政策的双扩张。由于中国国有商业银行尚存在着"预算软约束",因此在扩张性货币政策下,各商业银行追求利润最大化而争相扩大信贷规模,却缺乏信贷筛选功能,在有利可图的实业投资机会稀缺的条件下,使得一些在前几年通货膨胀时期被限制贷款的低水平重复建设项目在 2008 年危机后又得到了信贷支持,因此造成了中国地方投资需求拉上型通货膨胀。由于这轮通货膨胀的成因主要是固定资产投资过热,依然没有改变消费与投资比例结构失调、三次产业结构失调的问题,因此在 2013 年后出现了产能过剩、通货紧缩、经济增长速度下降等严重问题。

当信贷规模扩张受到商业银行资本充足率和中央银行差别准备金率约束时,有些银行通过虚假的贷款转让等同业业务而美化资产负债表,逃避资本充足率、存贷比、信贷政策等的监管。商业银行天量信贷投放造成了货币乘数加大,以及再贴现、再贷款渠道投放的基础货币增加。

3)在供给侧形成成本拉上型通货膨胀的因素

(1)国内刘易斯拐点的到来使得农产品价格呈现长期上涨趋势

随着中国农村剩余劳动力接近消失的"刘易斯拐点"的到来,农业劳动力转移到现代部门以及工业化、城市化挤占大量的粮食生产资源等,使得农业劳动人口下降,导致农产品生产成本增加、供不应求,价格呈现出上涨的长期趋势①。不仅如此,为了保护农民利益,国家还执行了按照最低收购价托市的政策。此外,投机性资金的炒作也是重要原因。

(2)农产品供给的短期因素

2010 年是灾难多发的一年,部分国家遭遇了洪灾、干旱、地震、海啸等自然灾害,使各国农业普遍歉收;我国华北和黄淮等粮食主产区面临罕见旱情,粮食收成受到影响,因此我国粮食供给偏紧,增加了农产品价格上涨的压力。

(3)进口大宗商品价格上涨

在 2008—2012 年,国际能源价格一路飙升,原因在于:①需求曲线右移,即国际能源消耗增加;②供给曲线左移,一方面是因为能源输出国限制能源输出,另一方面是因为美国货币供给量的增加,使得美元贬值,全球石油等大宗商品价格上涨。而我国又是大宗商品进口

① 中国国家人口计生委发布《中国流动人口发展报告 2012》指出,2011 年,中国流动人口总量已接近 2.3 亿,占全国总人口的 17%。流动人口的平均年龄约为 28 岁,"80 后"新生代农民工已占劳动年龄流动人口的近一半。与他们的父辈相比,新生代流动人口比较看重自己未来的发展,注重体面就业发展机会。他们大多数在城市成长,基本不懂农业生产,即使经济形势波动,城市就业形势不好,他们也不大可能返乡务农。

大国，以原油为例，我国已成为全球第三大原油进口国①，因此进口大宗商品价格上涨也是造成我国成本推进型和输入型通货膨胀的因素之一。

2. 2009—2012年的货币政策是如何治理通货膨胀的？——小幅加息、小幅升值、频频上调准备金率、发行央票冲销外汇占款

1）小幅加息

（1）加息会引致热钱流入吗？

央行自2008年为应对次贷危机而连续五次降息，为治理此轮通货膨胀，在2010年10月20日首次加息，从此进入加息周期。因为当时处于人民币升值预期下，有观点担忧加息会刺激热钱流入，但加息是否会吸引热钱流入其实并没有定论。

◇ 能量棒 4-16-3

加息会吸引热钱流入吗？——并没有定论

加息会吸引热钱流入吗？对此问题并没有定论，因为热钱流入炒作股票等金融资产，是为了谋求收益的增长。预期收益取决于三部分：①利息；②资本利得；③人民币本息和兑换回美元的升值收益，但这三者是矛盾的。

1. 提高利率会导致货币升值的观念，在国内外学术界受到的质疑已越来越大。目前许多新兴国家的利率比我国高得多，如印度的一年期存款利率为7.25％，巴西为12％，国际热钱为何不流去呢？因为热钱看重的主要不是利率变动带来的微不足道的利息的变化，而是资产价格波动可能带来的巨大的收益变动，而利率又常常是与该国的资产价格呈反向运行的。也就是说，加息会使利息收入提高，但可能使资产价格下跌，因此加息能够吸引热钱流向中国的银行存款，但却抑制了热钱流入股市等资本市场，因此，难以判断加息是否会使中国热钱流入总量增加。

2. 当许多热钱流入中国时，人民币汇率可能上涨，降低了套利空间。单个投机者的资金面临的资产价格下跌幅度可能小于人民币升值后的汇兑收益增加的幅度。

（2）加息打压房价，引致炒房资金转而去炒作大宗商品，将加剧成本推动型通货膨胀

本轮宏观调控的新特点是决策层严厉地挤出房市泡沫，在此背景下再加息，将双管齐下地打压房价，使资金从房地产市场流出，在实体经济缺乏投资机会的情况下，事实证明，大量投机性资金分流到了产品市场进行炒作，从而加剧了成本推动型通货膨胀。

但是这只是暂时的，因为加息迟早会打击实体经济的投资需求，使得大宗商品价格上涨的预期逆转，从而使投机资金撤离，所以，治理通货膨胀，只要加息幅度足够大，只要假以时日，加息肯定是有效的。货币当局治理通货膨胀的顾虑仅在于加息力度过大，会过度打击投资与消费，造成通货膨胀的“硬着陆”。

2）小幅升值

◇ 能量棒 4-16-4

2005年、2010年的人民币汇率改革

1. 2005年的人民币汇率改革——人民币开始升值

中国人民银行2005年7月发布公告称：

① 我国进口原油的数量占世界总进口量的8.2％，对进口石油依存度已达50％。

第一，为建立健全以市场供求为基础的、有管理的浮动汇率制度，自7月21日起，我国开始实行以市场供求为基础、参考一篮子货币进行调节、有管理的浮动汇率制度。人民币汇率不再单一盯住美元，而要形成更富弹性的汇率形成机制。2005年7月21日19时，美元对人民币交易价格调整为1美元兑8.11元人民币，作为次日银行间外汇市场上外汇指定银行之间交易的中间价，外汇指定银行可自此时起调整对客户的挂牌汇价。

第二，中国人民银行于每个工作日闭市后公布当日银行间外汇市场美元等交易货币对人民币汇率的收盘价，作为下一个工作日该货币对人民币交易的中间价格。

第三，每日银行间外汇市场美元对人民币的交易价，仍在人民银行公布的美元交易中间价上下千分之三的幅度内浮动，非美元货币对人民币的交易价在人民银行公布的该货币交易中间价上下一定幅度内浮动。实际上，我国是把当日低于中间价千分之五的汇价作为跌停板的。

2. 在2005年7月汇改及人民币升值后，人民币升值预期依然存在

自2005年7月中国人民银行宣布进行汇率形成机制的改革以后，我国双顺差和外汇储备快速增长的局面仍在继续，一些经济学家强调这是因为美元贬值，而人民币对美元升值幅度不够大，导致人民币对非美货币并未明显升值，甚至贬值，即人民币实际有效汇率仍然低估，导致国内外普遍形成了人民币升值预期，即在外汇市场上大多数投资者都调低了 E^e 的值，他们(其中很多是热钱流入者)都供给美元，因而在任何一个当前汇率水平上美元的供给量都增加了，这体现为供给曲线右移了，因此造成了人民币的升值压力。

3. 自2007年开始我国不再实行强制结售汇制度，但仍实行资本管制

目前，强制结售汇制度在我国已是一个历史概念。强制结售汇制度是外汇短缺时代的产物，建立于1994年。当时要求企业的经常项目外汇收入，除国家允许开立外汇账户予以保留的以外，均应全部卖给外汇指定银行。

此后外汇局不断放宽企业经常项目外汇账户开户条件，提高账户限额[①]；2007年，国家外汇管理局取消了境内机构的经常项目外汇账户限额，境内机构可根据自身经营需要，自行保留其经常项目外汇收入，以此为标志，我国自1994年以来实行的强制结售汇制终于淡出了历史舞台，被意愿结售汇制所取代(2007-08-14，意愿结售汇制度实施，外汇管理不再重流入轻流出[J/OL]. http://forex.jrj.com.cn/2007/08/000002546559.shtml)；后又进一步规定自2011年1月1日起，企业出口收入可以存放境外，无须调回境内。

4. 2010年6月的人民币汇改重启——人民币再次升值

2010年6月19日，中国人民银行宣布：根据国内外经济金融形势和我国国际收支状况，人民银行决定进一步推进人民币汇率形成机制改革，增强人民币汇率弹性。随后，银行间外汇市场人民币兑美元汇率弹性增强了，日波幅最大为329个基点，最小为34个基点，平均为101个基点，是2005年汇改至2008年7月底期间平均77个基点的1.3倍。

1) 汇改重启的原因

(1) 2010年美元走强，吸引全球跨境资本流入

2010年上半年，全球经济呈现全面复苏的态势：一方面，虽然希腊主权债务危机的最终解决还尚存悬念，但金融海啸已经基本平息，国际银行业渡过生存性危机，并进入新的增长

① 具体来说：(1)2002年，开户条件限制取消，凡有外贸经营权或有外汇收入的企业，均可经外汇局批准后开立经常项目外汇账户。(2)2006年，外汇账户开户无需事前审批。(3)2007年，企业可根据自身经营需要自行保留经常项目外汇收入。(4)2008年，修订后的《外汇管理条例》明确规定，经常项目外汇收入可以自行保留或者卖给银行。

阶段；另一方面，虽然金融危机的深远影响尚未彻底消除，但前期大规模金融救助政策和经济刺激政策已帮助全球主要经济体走出衰退，进入新的复苏阶段，根据 IMF 的预测，2010 年全球经济增长率有望达到 4.2%，大幅高于 2009 年的 −0.6%。

在危机后的 2008—2009 年，全球跨境资本流动多流向新兴市场经济体，但此时随着实体经济的普遍复苏，全球跨境资本流倾向于在美国市场、大宗商品市场和新兴市场建立分散化资产组合：据美国财政部发布的国际资本流动报告统计，2010 年第 1 季度美国国际资本流动净额约为 92 亿美元，实现了连续 3 个季度的资本净流入；随着大量资金进入国际大宗商品市场，国际黄金、原油价格也大幅上涨（因为经济复苏了，所以期货市场预期原油需求量将上升，因此价格上涨），至 2010 年 6 月 21 日，国际黄金现货价格和纽约商品交易所西得克萨斯中质原油期货价格分别为 1 233.7 美元/盎司和 77.42 美元/桶，分别较一个月前上涨了 4.8%和 9.59%。

随着美国经济复苏和希腊主权债务（2010 年）危机的爆发和扩散，美元就走强了，截至 2010 年 6 月 21 日，美元指数收于 85.94 点，较 2009 年年末上升了 10.29%。

(2) 人民币实际有效汇率因美元升值而被动升值，升值预期下降，热钱流入动力减弱

由于国际金融危机期间（包括人民币）实行了实际钉住美元的特殊汇率制度安排，因此自 2010 年年初以来的美元升值导致其被动地对一篮子货币升值。根据 BIS（国际清算银行）的数据，2010 年 5 月，人民币实际有效汇率（Real Effective Exchange Rate）为 119.99 点，自该年年初以来上升了 5.49%。

新兴市场货币的实际有效汇率与美元指数的同步上升导致新兴市场货币的升值预期有所下降，从而热钱不会大量流入了，这为人民币汇率形成机制改革的重启提供了有利契机。

---

3) 主要依靠调高法定存款准备金率来治理通货膨胀和收缩流动性

除不断上调法定存款准备金率外，2011 年 9 月央行采用一种新做法——扩大了缴存准备金的存款基数，将银行承兑汇票、信用证、保函的保证金纳入上缴存款准备金的存款基数。该政策效果和提高存款准备金率类似，但不能把它简单地看成是紧缩工具，因为其目的主要是控制银行表外业务风险，因为保证金存款都是涉及表外业务的。

4) “提高准备金率＋不加息”的政策组合的缺点——造成了失业与通货膨胀并存

在治理通货膨胀中，提高准备金率是数量控制方法，加息是价格控制方法，前者与后者相比，缺点在于：准备金率的一再提高缩减了银行体系可用于贷放的资金量，由于信贷配给的法则，一方面，商业银行将有限的贷款发放给了大企业和国有企业，使其能够轻易地得到低利率的资金，从而其投资需求旺盛[①]；另一方面，中小企业和民营企业则在信贷紧缩下难以得到贷款，迫使其到民间借贷市场上举借高利贷贷款，而在产业空心化背景下，资金充裕的国有企业和大型企业甚至会以低利率从银行借款，再通过各种途径，以高利率贷放给中小企业和民营企业。这将造成中小企业和民营企业投资需求不足，经营困难，大量裁员，造成失业率上升。因此，“提高准备金率＋不加息”的政策组合造成了通货膨胀与失业并存。

---

① 发改委发布的信息表明，2011 年中国工业用电需求仍然保持较快的增长，表明大企业和国有企业的投资需求依然旺盛，控制通货膨胀难度增加。

◇ 能量棒 4-17

日元升值综合征[24]

(一)1985年的"广场协议"

1. 诞生的背景

自1971年美国宣布美元与黄金脱钩(即全球进入信用纸币制度时代)后,财政赤字、贸易赤字一直是困扰美国的主要问题,自1965年日本首次出现对美盈余后到"广场协议"诞生时的1985年,日本对美贸易一直处于盈余状态。

为什么美国会出现贸易逆差呢?美国当时正在遭遇越南战争和石油危机双重打击,美国的电子、钢铁和汽车等三大传统产业在日本的步步紧逼之下节节败退,并陷入了长达10年的滞胀。面对来自德国和日本咄咄逼人的竞争压力,美国自19世纪末期开始树立起来并在"二战"后得到空前强化的全球经济霸主地位岌岌可危。与此同时,随着凯恩斯主义的衰落以及新自由主义经济思想的崛起,经济全球化运动开始陷入了全面启动。

要改善贸易收支,本币贬值或压迫贸易伙伴国的货币升值是一个好方法,于是美国把矛头对准了日本。美国的智库——国际经济研究所向美国政府提出了施压日元升值,逼使日本打开国内市场,将贸易政策由过去的自由贸易转向公平贸易等一系列政策建议,这些建议大都被里根和布什政府所采纳,并且引发了美日之间在20世纪80年代漫长的经济战。

2. 广场协议的诞生

1985年9月22日,在美国纽约广场酒店,美、日、英、德、法5国财政部长、中央银行行长开了一个只有20分钟的简短会议。会议是应美国的要求而召开的,20分钟的会议更像是走一个过场,各国财长、央行行长没有轮流发言,很快就同意了事先已经拟好的协议——"财长及行长们认为外汇汇率在调整对外经济贸易方面应该发挥应有的作用。他们认为主要非美元货币对美元汇率应该在一定程度上实现有秩序的提升",像往常的财长会议一样,结束的时候发表了一个声明,史称"广场协议",其主要内容就是"提升美元以外的各国汇率"。

自广场协议后日元便开始迅速升值。协议发表的第二天,日元从1美元兑换235日元上升到了215日元,一年后升至150日元。日元的升值并没有体现出广场协议中主张的"有秩序的提升",而是成为一匹脱缰的野马。

(二)长期顺差而汇率固定的国家一旦开始升值则会招致更大的升值预期,如果再开放资本账户,必然招致热钱大量流入

自1965年日本首次出现对美盈余到1985年签订广场协议时,日本对美贸易一直处于盈余状态。巨额的贸易盈余使国际社会形成了日元有着巨大而持续的升值空间的预期。广场协议让日本开放了资本账户,在当时全球化、自由化的潮流下,国际投机资金如怒潮般地涌入日本。

1. 评论:出口导向型国家必然会面临实际汇率升值,因此产业转型要及早发生

为什么长期贸易顺差的国家会给人以升值的预期呢?日本、"四小龙""四小虎"等东亚新兴工业化国家都是依靠出口导向型战略实现经济起飞的,出口竞争力来源于产品的比较优势,比较优势就是指东亚产品换算成美元后比美国产品的性价比高,即同等质量下价格更加便宜。但是,所有这些国家都必然会面临"好景不长"或"成长的烦恼"——一段时期后,其实际汇率必然升值,削弱了其产品的比较优势。

实际汇率是中美产品间的相对价格,简言之,实际汇率为

$$e=\frac{EP^*}{P} \tag{4-13}$$

比如，P 指一只中国制造的电子表的人民币价格，P^* 指美国制造的或美国从他国出口的同等质量的电子表的美元价格，E 指 E 人民币/美元的名义汇率水平，则

$$e=\frac{EP^*}{P}=\frac{8\text{ 元人民币 / 美元}\times 2\text{ 美元 / 只美国产品}}{8\text{ 美元人民币 / 只中国产品}}=\frac{2\text{ 只中国产品}}{1\text{ 只美国产品}}$$

两国产品同质，显然中国产品更具比较优势，因此出口竞争力强。

但贸易顺差会遭致：

(1) 贸易伙伴国要求本币名义升值的压力，比如，人民币被迫升值到 4 元人民币/美元，则有：

$$e'=\frac{E'\cdot P^*}{P}=\frac{4\text{ 元人民币 / 美元}\times 2\text{ 美元 / 只美国产品}}{8\text{ 元人民币 / 只中国产品}}=\frac{1\text{ 只中国产品}}{1\text{ 只美国产品}}$$

这样，中国产品与美国产品同质同价，美国方面认为这样符合"一价定律"，会消除中国持续、不正常的贸易顺差，使两国的贸易收支稳定下来，即达到可持续的、即均衡状态，这种汇率水平就是均衡的，消除了中国政府利用低估本币补贴本国企业的不公正做法。

(2) 即使贸易伙伴国不施加压力，从而本币名义上不升值，但贸易顺差必带来基础货币投放和货币供给量增多，导致国内通货膨胀，则本币价格上涨，同样会使本币实际汇率升值，即：

$$e'=\frac{E'\cdot P^*}{P'}=\frac{8\text{ 元人民币 / 美元}\times 2\text{ 美元 / 只美国产品}}{16\text{ 元人民币 / 只中国产品}}=\frac{1\text{ 只中国产品}}{1\text{ 只美国产品}}$$

这是市场经济在自动纠偏。事实上，1997 年东南亚金融危机前，泰国等国就呈现出口导向型经济快速发展后的国内投入品供不应求，导致劳动力工资、基础设施、原材料等价格上涨、实际汇率升值、出口竞争力下降。因为出口产业无利可图，资金便涌向了资产市场，形成资产泡沫。

2. 在升(贬)值预期下投机者与坚守固定汇率的货币当局的博弈

投机者知道，坚守某个固定名义汇率水平的货币当局是要维持还是放弃该汇率水平取决于"收益—成本"分析。比如，在持续巨额顺差下不升值的收益是保证实体经济的出口竞争力，成本是国内的通货膨胀或(及)资产泡沫、贸易对手的制裁；在持续逆差下不贬值的收益是避免银行体系在资产、负债币种不匹配时因本币贬值而破产，以及避免在本币贬值的预期下资本外逃造成的资产泡沫破裂和经济萧条。

投机者与货币当局的博弈(博弈即在信息劣势下基于对对手的预期而作出于己最优的决策)如下：

(1) 投机者如果预期货币当局维持某个汇率水平的收益小于成本(会挺不住的)，就会进行投机冲击，即在预期升值时有投机资本流入(因为预期一段时间后外汇牌价会改变，因此流入的美元资本变成人民币资本后，在外汇牌价改变后可以兑换更多的美元；但是，如果本币不升值，当其他条件不变时，则投机资本的流入除去交易成本后，不会有利润)，预期贬值时有投机资本流出(因为预期一段时间后外汇牌价会改变，因此目前的本币资本会兑换成比将来更多的美元资本，所以现在赶快兑换，即资本外逃或资本流出；但是，如果本币不贬值，当其他条件不变时，投机资本的流入除去交易成本后，不会有利润)。

而货币当局维持某个汇率水平的成本又取决于以下的(2)和(3)。

(2) 有时，货币当局维持某个汇率水平的成本取决于全体投机者的行为——有没有投机冲击就使得某个汇率水平能否被维持成为多重均衡的结果

当有投机冲击时，货币当局维持某个汇率水平的成本变大，因此可能会顺应投机预期而使其贬值(或升值)，反过来证明投机者的预期是正确的；当没有投机冲击时，货币当局维持

某个汇率水平的成本不变，因此可能会维持住该汇率水平，因此，在某些情况下汇率水平能否被维持呈现出多重均衡结果。

换言之，当众志成城时，某个汇率水平就可能会维持不住。如何才能众志成城呢？必须有一个先知先觉者振臂一呼(如 1997 年东南亚金融危机泰铢贬值的引爆者索罗斯)，大家觉得他说的有道理，然后应者云集——发动声势浩大的投机冲击，即要求卖出泰铢、买入美元的钱多于泰国政府的美元储备，泰铢就贬值了。

(3) 有时政府为抵御投机冲击的制度变迁(政府破釜沉舟)增大了维持该汇率水平的收益，因此使该汇率水平更能被维持住

比如，1983 年，中国香港政府在港元遭受投机冲击(受到贬值威胁)时，宣布实行货币局制度下的联系汇率制，使得港元钉住汇率被放弃的成本大增，即维持该汇率水平的收益大增，就打退了投机冲击。再如，当本币受到贬值威胁时本国加入欧元区，也会打退投机冲击。

(4) 在本币受到升值压力时，货币当局小幅度升值只会泄露当局觉得维持不升值的汇率水平的成本大于收益的秘密，使得投机者消除了信息劣势，大胆地进行投机冲击，即投机资本进一步流入(抽刀断水水更流)。仅当在投机者预期升值已接近到位时，升值才会消除套利空间，因而反过来会抑制投机资本的进一步流入，并使现有投机资本流出。

反之，当本币受到贬值压力时，货币当局小幅度贬值只会泄露当局觉得维持不贬值的汇率水平的成本大于收益的秘密，使得投机者消除了信息劣势，大胆地进行投机冲击，即投机资本进一步流出。仅当在投机者预期贬值已接近到位时，贬值才会消除套利空间，因而反过来会抑制投机资本的进一步流出，并使投机资本回流(抄底)。

(三) 日元升值打击了出口，造成实体经济的投资、消费下降

习惯于固定汇率制的日本企业缺乏套期保值的手段和经验，来减少日元升值的汇率风险，汇率风险极大地打击了企业。比如，“日立”是家制造重型机电装备的企业，拿到订单后要用一两年时间制造。“中标的时候，1 美元兑换 180 日元，等到了装船的时候，1 美元贬值到 100 日元了，企业该怎么应对?”早已经从“日立”退休的矶部朝彦还在追问这个问题。1986 年，在日本银行已经做了两年局长的矶部朝彦，辞去了银行的工作，来到日立制作所，成为这里的一名董事。矶部朝彦有专业金融知识，在国际货币基金组织工作多年，是日本著名的国际金融专家之一，到日立后他也感到束手无策。

面对急剧上升的日元汇率，当时无人能做出上升还是下降的预测，特别是在已经习惯了固定汇率的老一代企业家看来，动荡后会有一个较为平缓的时期，但这样的时期却一直没有到来。1986 年日元兑美元的汇率上升到 150 日元左右后，接着在 1995 年 4 月 19 日进一步提升了将近 1 倍，进入到了 1 美元兑换 79 日元的最高点。

在长期升值的一致性升值预期下，没人做日元贬值的投机，因此企业要进行套期保值也找不到交易对手，就无法套期保值。

(四) 实体经济缺乏有利可图的投机机会，内资、外资流入资产市场，造成了资产泡沫

此时日本的舆论突然出现了 180 度大转弯，过去为出口大造舆论的媒体忽然开始质疑出口的作用，一夜之间出口从好事变成了坏事。媒体开始报道说，是产品出口导致了日元的升值。

出口的停滞让日本企业难以进行设备投资，而 1 亿人口的内需市场规模也十分有限，因

此日本企业的投资需求大幅度下降。在实业投资机会缺乏的情况下,资本从实体经济中抽逃出来,转入股票、房地产市场,导致其价格急剧上升。

某房地产中介企业经纪人说:"那时经常是一个楼盘还没有开始正式销售,开发商已经号称卖完了。对于那些在报纸杂志上打出广告宣称要开盘的房地产公司,我们通常会通宵排号,一开始销售就抢着买房。那时在日本买房子如同买大白菜,很多时候是不假思索,先买下来再说。买下来后需要赶紧发布信息,通宵达旦地制作各种宣传品,把相关的广告邮寄或者直接送到有可能购买房地产的客户手中"。

在房地产中介企业的努力下,日本能买卖的地皮、房地产差不多都被炒过几遍了,之后,日本的游资开始走出日本国门。"三菱地所"花 2 000 亿日元购买了美国洛克菲勒中心,而和三菱地所一样蜂拥到国外购买土地、海滩、楼宇的日本企业不可尽数。

到国外抢购进一步刺激着日本国内的房地产市场。在 20 世纪 80 年代后半期,按当时的房地产价格,普通百姓是绝对买不起房子的,只能去找银行进行巨额的贷款。那时银行会和客户签一个两代人共同还贷的合同,即父辈买房、子孙还贷。虽然房价奇高,但居民基于房价上涨的预期,依然踊跃贷款买房。过去那种大学毕业后先租房、工作十年后买一套较小的住房、退休前买一套二层小楼的按部就班的做法已经非常过时。先买房的人先得到了实惠,到 20 世纪 90 年代初期为止,日本的房地产价格 40 年来从未下降过。买大房意味着今后溢价机会更大,也许用不着子孙还贷,在父辈有生之年就会因为地价的不断上升,房地产本身的价格大大地超过贷款数额。

从 1986 年到 1989 年,日本的房价整整涨了两倍。受房价骤涨的诱惑,许多日本人开始失去耐心。他们发现炒股票比炒房地产来钱更快,于是纷纷拿出积蓄进行投机。到 1989 年,日本的房地产价格已飙升到十分荒唐的程度。当时,国土面积相当于美国加利福尼亚州的日本,其地价市值总额竟相当于整个美国地价总额的 4 倍。到 1990 年,仅东京的地价就相当于美国全国的总地价。一般工薪阶层即使花费毕生储蓄也无力在大城市买下一套住宅,能买得起住宅的只有亿万富翁和极少数大公司的高管。

(五) 房地产泡沫崩溃使居民财富大为损失,消费需求、投资需求一蹶不振

当投机者信心逆转时,资产泡沫就会破裂。1989 年日本股市达到最高点,1993 年日本土地价格达到最高点(自 1985 年以后几年就触到了天花板),然后开始下滑,一滑就是二十余年。

泡沫经济的破裂使居民财富发生了巨大的损失,当前日本的个人收入依旧比周边国家高出几倍甚至十几倍,但是在房地产泡沫期间贷下巨款的居民可支配收入很低(在一家著名商社工作的远山先生说:"我上班单程要花一个半小时。原因在于 20 年前我花 1 亿多日元在远郊买了一套房子,至今贷款还没有还完。"商社收入不菲,但在那个时代买下的房子,压得远山先生 20 年不能喘气。相比之下在媒体工作的藤井要好很多。他 2008 年在东京的市中心花 3 000 万日元买了一套公寓,上下班差不多骑车就可以了)。

所有泡沫总有破灭的时候。1991 年后,随着国际资本获利后撤离,由外来资本推动的日本房地产泡沫迅速破灭,房地产价格随即暴跌。到 1993 年,日本房地产业全面崩溃,企业纷纷倒闭,遗留下来的坏账高达 6 000 亿美元。

从后果上看，20世纪90年代破灭的日本房地产泡沫是历史上影响时间最长的一次。这次泡沫不但沉重打击了房地产业，还直接引发了严重的财政危机。受此影响，日本迎来历史上最为漫长的经济衰退，陷入了长达15年的萧条和低迷。即使到现在，日本经济也未能彻底走出阴影。无怪乎人们常称这次房地产泡沫是"'二战'后日本的又一次战败"，把20世纪90年代视为日本"失去的十年"。

泡沫破裂最大的危害就在于在各项资本投资标的物上都出现了来不及脱身的大量的"套牢族"，例如，日本的泡沫崩坏从房屋、土地到股市、融资都有人或公司大量套牢破产，之后产生的社会恐慌心理使得消费和投资紧缩的加乘效应，不只毁掉泡沫成分，也砍伤了实体经济。且由于土地与股市的套牢金额通常极大，动辄超过一个人一生所能赚取的金额，导致许多家庭产生悲剧，所以这四年爆起爆落的经济大洗牌，等于转移了全日本社会的大笔财富到少数赢家手中，而多数的输家和高点买屋的一般家庭则成为背债者，对日后长达一代人的日本社会消费萎缩经济不振埋下了种子。

（六）日本经济的低迷还因为传统机电产品的出口导向型道路走到尽头以后，日本企业始终找不到有利可图的投资机会

不能说日本企业没有努力实现结构调整①，20世纪90年代，一方面，众多的日本企业涌入IT、数码市场，投资电脑、新电子元件等的制造；另一方面，传统的钢铁厂、化工厂也实现了自动化、数据的电子化，生产率提高了，但这并不能抵消日元升值的影响，因此其产品在国际竞争中仍缺乏比较优势。而在内需市场上，由于日本国内的设备投资开始减弱，钢铁化工行业的有效需求也不大。这样一来，日本企业选择了走出去的方式，加大了在国外，特别是在中国的生产、销售，主要的机电企业开始走出国门，实现了全球化生产。

从2009年日本主要机电企业的全球化比率看，索尼为70%，东芝为54%，日立为41%，NEC为21%。大多数企业不仅迈出了全球化的第一步，像索尼、东芝那样的企业，已经让国外业务量大大超过了日本国内(这使得日本已经从一个依赖产品出口来维持经济发展的国家，向通过资本出口赚取资本收益的国家转变)，2005年日本经常项目收入中，贸易收入与资本收入的金额基本持平，其后几年一直是资本收入大于贸易收入——使日本的就业机会外流、产业空洞化、失业率上升。2008年以后，日元再度升值，让出口收入急剧减少，但这期间日本靠资本运作，仍保证了一定程度上的外汇收益。

但是日本企业在高科技产品领域并没有国际竞争力(日本的科技创新比欧美薄弱)，到了20世纪90年代末期，日立、佳能等企业已经从计算机制造业中退了出来，仍在继续生产计算机的企业也一直未能像电视、冰箱那样在国际竞争中独占鳌头；电子元部件的制造也没有取得好成绩，东芝、松下等企业在很长一段时间内因为对半导体的投资不能回收，生产一直处于亏损，严重地拖了企业后腿。

总之，自1985年后的二十多年来，在美国的压力下日元一路攀升(2008年以后日元再度升值)，使得日本经济除了在20世纪80年代后期维持了增长外，进入20世纪90年代以后一直未能真正复兴。日元升值后日本经历了长期的经济衰退。

本币升值"既是挑战、又是机遇"这个漂亮话谁都会说，但企业如果没有能力进行科技创新，货币升值后大路货产品就会缺乏国际竞争力，如果再缺乏内需，经济发展就只有死路一条。

① 结构调整指产业结构调整，因为传统的机电产品价格因日元升值而提高了，所以要生产新奇或高科技产品，高质量、高价格才能使性价比提高，重新打开国际市场。

（七）高美元实际汇率、低日元实际汇率能让当前的日本经济得以喘息

日本经济的兴起就是依靠高美元、低日元的老路，日元升值导致其经济萧条，而2010年左右的日元实际汇率相对美元而贬值，则能使日本经济得以喘息①。早稻田大学教授野口悠纪雄观察了20世纪90年代以后的日美经济后，发现日本物价基本上没有上升，但美国差不多每年上升3%。根据实际汇率公式，美国物价相对于日本上涨使得美元实际汇率相对于日元升值。

假设“丰田”与“通用”是性能完全相同的轿车，“丰田”卖200万日元，“通用”卖2万美元，1美元等于100日元，两者换算成美元是等价的：

$$e=\frac{EP^*}{P}=\frac{100\text{ 日元 / 美元}\times 2\text{ 万美元 / 个美国产品}}{200\text{ 万日元 / 个日本产品}}=\frac{1\text{ 个日本产品}}{1\text{ 个美国产品}}$$

但是美国每年物价上升3%，一年后在美国市场上通用的车需要标价2.06万美元，10年后是2.4万美元，15年后则上升到3万美元，但进口丰田车依旧是2万美元，自然美国人会买丰田车了：

$$e'=\frac{EP^{*\prime}}{P}=\frac{100\text{ 日元 / 美元}\times 3\text{ 万美元 / 个美国产品}}{200\text{ 万日元 / 个日本产品}}=\frac{1.5\text{ 个日本产品}}{1\text{ 个美国产品}}$$

与此相反，日元的升值让日本进口产品变得更加便宜，通货膨胀突然在日本消失了，20世纪90年代以来日本的物价超级稳定。

（八）高美元实际汇率源于日元套利资金大量涌入美国等原因造成的通货膨胀和流动性过剩

日本为缓解经济萧条而实行名义利率为零的货币政策（零利率政策），国际对冲基金愿意借日元到美国去投资，实行日元套利交易。通过套利流入美国的日元资金，维持了美国的房价，也进入了美国的商品市场，造成了通货膨胀。

◇ 能量棒 4-18

2011—2017年的人民币贬值与资本外流

（一）2011年的人民币贬值

1. 现象

1）2011年9月下旬开始各国出现“美元荒”，NDF市场人民币开始贬值

自2005年“汇改”七年多来，人民币对美元汇率一直出现单边升值走向，从“8”时代到“7”时代再到“6”时代。

但是，次贷危机后，早在2011年9月下旬开始，随着欧美债务危机升级，金融市场对全球经济二次探底的担忧升温，全球资产价格的走势出现逆转，导致全球对美元的避险需求迅速攀升，各国美元流动性匮乏，出现“美元荒”。

2011年9月，人民币出现贬值的征兆，因为外资开始抛售中国的房产了，同时在NDF市场上1年期美元/人民币报价显示人民币持续走贬，NDF美元兑人民币1年期报价持续高于美元兑人民币的即期汇率，人民币贬值预期不断升温（2011-12-15，乐嘉春）[25]。

2）2011年10月，中国外汇占款自1994年以来首次出现负增长

2011年10月，中国的银行系统共向市场出售外汇248.92亿元，中国央行的外汇占款出现了

① 例如，2010年丰田汽车在美国大量被召回以后，丰田公司非常担心其在美国的销售会因此大幅下滑，但从2010年3月的销售结果看，丰田基本上保住了销量。这里面虽然有丰田促销等要素，但实际汇率的功劳显然不可忽视。

自1994年汇率并轨以来的首次负增长，在外商直接投资(FDI)和贸易顺差均持稳的情况下，外汇占款却出现负增长，无疑说明资金非法流出。

3) 2011年11月30日，六大央行下调美元互换利率以救市，人民币连续跌停十几日

(1) 现象

2011年11月30日，美国、欧元区、英国、日本、瑞士等全球六大央行为避免市场出现美元的流动性崩溃，宣布将现有的临时美元流动性互换安排的利率下调50个基点，向金融市场注入流动性以救市。

然而，美元互换对于全球金融市场巨大的美元供不应求缺口而言只是杯水车薪，这个消息反而使当日(2011年11月30日)及以后人民币对美元即期汇率连续跌停了十几日(跌停板为低于当日中间价千分之五)，已达6.366 6元人民币/美元。

(2) 人民币跌停的含义

人民币即期市场交易跌停与股市中一个股票的跌停并不相同。根据当时的人民币即期市场的交易规则，人民币兑美元的交易价格上下浮动不得超过当日央行发布的中间价的0.5%，这里的上下浮动0.5%，就视为涨/跌停。而第二天央行重新发布的中间价具有相对的独立性(事实上，央行频频调高汇率中间价)，并非前一天即期市场交易价格的延续，所以，这里所讲的人民币"跌停"是相对于当天的中间价而言的。

2. 人民币贬值的原因——贬值预期导致资本外流

1) 从汇率的供求决定论来看，人民币贬值的原因在于国际热钱的撤回及本国资本的外流

从"大套娃"——供求决定理论来看，人民币贬值是因为中国外汇市场上美元供给曲线左移、需求曲线右移，而供求曲线的这种移动主要表明国际热钱的撤回及本国资本的外流。

这种连续跌停的情形只有在2008年国际金融危机时出现过。2008年12月初，席卷全球的金融危机一度导致全球资本大逃亡到美国，人民币汇率连续4天触及跌停，周跌幅一度创下2005年7月汇改以来最大。2011年12月的人民币的这一轮贬值与外汇占款下降事发突然，人们纷纷猜测这是热钱回撤导致人民币供过于求。

2) 从无抛补利率平价论来看，人民币贬值的原因是人民币存在着贬值预期

从"中套娃"——无抛补利率平价理论来看，由于中美两国间利率水平大致相等，因此是人民币的贬值预期导致了人民币贬值。

3) 人民币贬值预期的成因

主要有以下几点原因导致了人民币贬值预期。

(1) 美国实力相对上升使得市场产生美元升值预期

一方面，2008年美国次贷危机后又出现了2010年的欧债危机，导致中国经济增长速度下滑、出口前景恶化，中央政府出台的"四万亿"等刺激方案虽然带来了一定成效①，但同时也造成了很多负面影响，使得增长不可持续，如天量的廉价信贷涌入市场造成的房地产泡沫、地方债务膨胀、产能过剩加重以及货币存量过高等问题；另一方面，美国经济却在回暖、失业率在下降，因此美元兑人民币的均衡汇率升值，即人民币相对于美元的均衡汇率贬值，因而在金融市场产生了美元升值预期和人民币贬值预期(2011-12-09，人民币贬值预期早有征兆，警惕全球流动性枯[J/OL])[26]。

(2) 人民币实际有效汇率已升值到位

况且，自2005年汇改至2011年，人民币兑美元已升值了20%；同时，2011年新兴市场货币

① 如2012年中国GDP总量达到519 322亿元，按照可比价格计算，较上年增长了7.8%。

中唯有人民币对美元升值，这意味着人民币有效汇率比人民币兑美元双边汇率更加升值了，因此金融市场预期人民币已升值到位，并且矫枉过正、应该贬值了。

（二）2012年的人民币贬值与短暂升值

1. 2012年9月、10月的人民币升值

2012年9月、10月，人民币相对于美元不断升值，从2012年9月11日的1美元兑人民币6.339 1元升值到10月29日的6.299 2元，升值了0.634%。

升值的原因在于欧元区、美国与日本等国的量化宽松。经过两轮长期再回购操作(LTRO)之后，欧央行资产负债表总规模达到了3.2万亿欧元；美联储经过量化宽松后，资产负债表总规模达到了2.9万亿美元①。同时，日本央行启动购买资产计划后一直在追加额度，2012年时已是第8次追加额度，总之发达国家量化宽松的底线已被大大地突破了，使得欧元区、美国、日本陷入了零利率，而当时中国的利率水平为正。

根据无抛补利率平价理论，以美元兑人民币汇率为例，当时美元利率下降至零，在本币存款出现了对外币存款的正利差的情况下，如果人民币汇率的预期值稳定，就会出现人民币的预期实际收益率高于其他货币的预期实际收益率的情形，从而会诱使国际游资流向人民币资产以套利，以及国内企业借外汇贷款结汇成人民币来使用等情形，导致人民币升值。

2. 2012年9月、10月与人民币升值同时发生的资本外流

但是2011年、2012年的大趋势是资本外流、人民币贬值，至少结束了热钱单方面内流的趋势，当时有观点认为人民币已经处于均衡汇率区间了，中国国际贸易收支也处于均衡水平了，因此这种热钱内流是暂时的，事实上，当时境内可交割远期和新加坡无本金交割远期汇率均认为人民币将持续贬值②(资料来源：亚博每日时事经济评论，2012-10-29)。

在贬值的同时也发生了资本外流，表现是：2012年10月外汇占款仅新增216.25亿元，环比少增近1 100亿元，而根据海关统计数据，10月中国贸易顺差高达319.9亿美元，创出4年来的新高；同时，10月外商直接投资额为83.1亿美元，两项合计为403亿美元，仅此两项增加的外汇占款就应该达到2 500亿元人民币，而现在少了约2 300亿元人民币。

对于正在外流的国际热钱，2012年9月、10月的人民币升值还在客观上创造了机会让其最大化收益、圆满离场。假设1亿元美元国际热钱是以8元人民币/美元的汇率进入中国的，它在中国股市、楼市、PE等资产泡沫中赚得盆满钵满后，当然希望人民币继续升值，比如，由6.5元人民币兑换1美元突然升值到6.3元人民币兑换1美元，这样它仅从投机中国的汇率政策中就能再赚0.2亿美元，还不包括其在国内资本市场上赚得的丰厚利润。

3. 基础货币的主要投放渠道由外汇占款转向央行逆回购及创新工具[27]

自从2012年人民币贬值、资本外流后，外汇占款增长缓慢。经历了外汇占款“一统天下”投放基础货币的十年后，央行急需新的工具来投放基础货币，因此，在2012年后央行开始以逆回购这种公开市场工具以及新创设的一些再贷款、再贴现工具作为投放基础货币的主渠道。例如，2012年年底，基础货币规模达到了25.2万亿元，超过了23.7万亿元的外汇占款规模(廖志明团队，2017-02-20)。

---

① 当时金融市场还预计，欧洲央行即将针对二级国债市场进行的无限量冲销式的国债购买(OMT)计划以及美联储即将实行的开放式的QE_3计划，可能导致2013年年底欧洲央行和美联储资产负债表飙升至4万亿美元。

② 比如，2012年10月时，1年期的可交割远期(在岸和离岸)隐含人民币贬值幅度约为2.35%，无本金交割市场隐含人民币贬值1.75%。

（三）2013年的人民币升值

1. 2013年9月、10月人民币升值的原因

2013年，美联储提出将“逐步缩减”量化宽松政策，这意味着2008年金融危机后美国实行了5年的扩张性货币政策将转变方向，也意味着美国的利率将逐步上升，在无抛补利率平价机制下，这导致美元出现了升值预期，也导致爬行钉住美元的人民币出现了升值预期。

从2013年9月第1次出现美联储可能推迟“逐步缩减”的言论以来，就有报道说中国已经开始吸引从印度和印尼流出的资金，因为钉住美元的人民币不断上涨，看起来像个安全港(2013-11-08，亚博经济信息)[28]。

2. 2013年人民币升值导致房地产泡沫更加严重

热钱流入导致中国货币供给量增加，由于中国的金融投资品种有限，因而房地产市场就成为人们心目中仅次于银行储蓄、股市的选择，2013年10月国内住宅达到创纪录的高位，使得房地产泡沫红灯再次亮起，深圳市政府作出了回应，将二套房首付比例从6成上调至7成。

3. 2013年央行冲销外汇流入的政策措施

1）发行3年期央票与公开市场逆回购

2013年第3季度外汇流入量增加，人民币又开始升值，央行因此连续发行3年期央票冻结了长期流动性。

2）创设并运用“常备借贷便利”(SLF)、短期流动性调节工具(SLO)以投放短期流动性

2013年1月，中国央行创设了“常备借贷便利”(Standing Lending Facility，SLF，网友戏称“酸辣粉”)和“短期流动性调节工具”(Short-term Liquidity Operations，SLO)以投放短期流动性，它们是两种再贴现、再贷款工具。其中MLF的主要功能是满足全国性商业银行与政策性银行期限较长的、大额的流动性需求，最长期限为3个月，利率水平由央行确定。常备借贷便利主要以抵押方式发放，合格抵押品包括高信用评级的债券类资产及优质信贷资产等，必要时也可采取信用借款的形式发放。常备借贷便利与公开市场逆回购操作相辅相成，当逆回购不能缓解某些金融机构短期资金头寸的紧张时，它们可以通过常备借贷便利向央行借款。

SLO就是央行在公开市场上进行的超短期回购或逆回购，以7天内短期回购为主，遇节假日可适当延长操作期限，采用市场化利率招标方式开展操作。其优点是：央行可根据货币调控的需要，综合考虑银行体系流动性供求状况、货币市场利率水平等多种因素，灵活决定该工具的操作时机、操作规模及期限品种等，原则上央行可在公开市场常规操作的间歇期使用这种工具。

2013年第3季度由于央行用3年期央票的发行冻结了长期流动性，因此又通过每周两次的公开市场逆回购操作和发行常备借贷便利适当地释放短期流动性(2017-02-20，廖志明团队)。

（四）2014年的人民币贬值

1. 2014年人民币贬值预期的成因

自2005年7月21日人民币汇改至2014年，人民币兑美元、欧元、日元等国际主要货币汇率均出现较大幅度升值，已经纠正了人民币汇率低估现象①。同时，从2014年第2季度起，受美联储退出量化宽松的举措以及市场上逐渐强化的美元加息预期的影响，美元相对于全球其他货币强劲升值了，由于人民币兑美元汇率基本保持稳定，这就造成人民币有效汇率的大幅升值(2014-

① 这显著改善了中国经济的内外部失衡：一方面，中国经常账户顺差占GDP比重已经连续3年低于3%，且国际双顺差已经被经常账户顺差与资本账户逆差的新组合所取代；另一方面，中国服务业增加值占GDP的比重已经持续超过了制造业，国内产业结构失衡状况有所缓解。

11-25,人民币对美元大跌200点,降息改变升值通道?[J/OL])[29]。

然而,人民币有效汇率的大幅升值是在国内基本面疲弱、金融风险逐渐浮现、短期资本持续外流的背景下进行的,即人民币均衡的实际有效汇率应该贬值才对,这更凸显了人民币被高估,因此从2014年第2季度起,市场上开始出现人民币兑美元汇率的贬值预期。这种预期一方面表现在内地银行间外汇市场上,由央行主导的中间价(以1美元兑换多少人民币来表示)持续地低于交易价,另一方面表现在内地市场上人民币兑美元汇率(以1美元兑换多少人民币来表示)持续低于离岸市场上的人民币兑美元汇率。

在2014年11月22日,为了刺激疲软的经济,中国央行意外地宣布降息,根据无抛补利率平价理论,当其他条件不变时,中国降息将降低人民币的吸引力。因此,在11月24日周一的第一个外汇交易日,人民币相对于美元直线下跌,银行间外汇市场上人民币对美元的即期汇率从开盘价6.128 4到收盘价6.141 7,暴跌了168个基点;在12月18日一度跌至6.21元人民币/美元。在2014年全年,人民币对美元名义汇率累计贬值了超过2%①,呈现出5年来的首次年度下跌。

2. 央行不希望人民币大幅度贬值

因为人民币国际化需要人民币能够很好地履行价值贮藏手段职能,所以人民币汇率需要保持稳定,因此,在2014年11月降息后的人民币贬值中,央行维持人民币汇率稳定的意图很坚定,表现为央行逆势上调人民币兑美元汇率的中间价②。

3. 在外汇占款减少的背景下央行创设的投放基础货币的工具——PSL、MLF

1) 抵押补充贷款(PSL)

2014年5月,外汇占款达到了创历史新高的27.3万亿元,并从此由盛转衰,严重影响了央行基础货币的投放。由于SLO和SLF工具的期限均较短,难以满足外汇占款下降时代基础货币的投放需求,因此,2014年4月,央行又创设了"抵押补充贷款"(Pledged Supplemental Lending, PSL,网友戏称"砒霜梨"),当时是央行为开发性金融的棚户区改造项目提供的长期稳定、成本适当的融资支持。这是商业银行以资产作抵押从央行获得的再贷款,以区别于一般的无抵押信用式的再贷款。因为市场参与者往往将获得央行再贷款的金融机构视为出现了严重问题,为了避免这种负面影响,央行可以将向这些金融机构的再贷款升级为PSL。未来PSL有可能在很大程度上取代再贷款工具。

2) 中期借贷便利(MLF)

2014年9月,央行又创设了"中期借贷便利"(Mid-term Lending Facility, MLF,网友戏称"麻辣粉")作为中长期基础货币投放的主要工具。这是央行为存款机构提供的以利率债和信用债为质押的中期借贷便利,它的期限虽然只有3个月,但临近到期时央行可能会重新约定利率并展期,但央行要求各行用MLF融资投放在三农和小微贷款上。它与常备借贷便利(SLF)类似,两者最大的区别是MLF借款的期限要比SLF稍微长一些,它第1次的期限常与SLF一样,均为3个月,但它在临近到期时央行可能会给它重新约定一个利率并展期。

但再贷款依然会存在于央行的政策工具篮子当中,因为在我国,某些基础设施建设、民生支出类的信贷需求往往获利能力差,如果商业银行基于市场利率水平自主定价,将不能满足这类信

① 该年第1季度人民币一直在贬值,对美元贬值超过了3%,曾触及1美元兑换6.26元人民币,为2012年年末以来的最低水平。进入6月以后,人民币汇率开始回调,自7月以来在美元汇率升值的大背景下,人民币汇率也一直在升值。随后几个月到年末,随着日元持续贬值和卢布的暴跌,人民币兑美元汇率也不断下跌。

② 比如,2014年12月11日,央行将境内人民币兑美元汇率中间价上调了42个基点,报6.115 3元人民币/美元,为连续第5个交易日上调。

贷需求，此时央行运用再贷款可直接为商业银行提供低成本资金，引导投入到这些领域，可起到降低这部分社会融资成本的作用。

（五）2015 年的人民币贬值

1. 2015 年的人民币贬值压力

2015 年，中国遇到了 25 年来的最低经济增长速度，在全球除美元以外的货币纷纷贬值的货币战争中，人民币兑美元汇率不贬值，就会使其实际有效汇率升值，即人民币高估、而非处于均衡汇率水平①，在外需不振的情况下会更加抑制出口，在 2015 年前 10 个月，有 8 个月出现了出口同比增速的负增长，这是除 2009 年美国次贷危机爆发之外中国经济从未经历的现象，因此在国内外普遍存在着人民币贬值的预期②(2015-11-19，人民币的"欺骗性稳定"[J/OL])[30]。

贬值预期带来了更大规模的短期资本外流，还加剧了国内居民与企业的"资产美元化、负债人民币化"（即货币替代）的操作，导致从 2014 年第 2 季度至 2015 年第 3 季度，中国连续 6 个季度出现了资本账户逆差，这也是历史上从未发生的现象。

2. 央行希望人民币汇率稳定以利于被纳入 SDR，因而抛售外汇储备干预汇市以稳定汇率

人民币如果能够被纳入 SDR 储备货币篮子，就标志着人民币的国际认可程度和影响力，将极大地推动人民币的国际使用，是人民币国际化战略的重要一跃。为了加入 SDR，央行需要保持人民币汇率稳定，因此只得通过在国内与离岸市场上消耗外汇储备的方法来干预汇市。

由于 IMF 规定加入 SDR 的货币需满足 2 条标准：

(1) 该货币发行国的出口贸易规模要位居世界前列；

(2) 该货币要可自由使用。

为达到可自由使用的要求，2015 年 8 月、10 月、11 月中国央行在推进资本账户开放、人民币汇率的市场形成机制方面做了一系列工作，被称为"811 汇改"。

3. "811 汇改"

◇ 能量棒 4-18-1

人民币汇率形成机制与 2015 年的"811 汇改"

（一）自 2005 年人民币汇率改革到 2015 年"811 汇改"前人民币汇率形成机制的市场化改革主要体现在不断扩大日波幅

1. 日波幅限制的演变

人民币汇率形成机制改革的方向是市场化，目标是建立真正的有管理的浮动汇率制度。在这个市场化进程中，央行对人民币汇率的管理一直存在，管理工具主要是日波幅限制和中间价形成机制。自 2005 年人民币汇率改革到 2015 年"811 汇改"前，人民币汇率形成机制的市场化改革主要体现在不断扩大日波幅（丁志杰，2015-10-08）[31]。

日波幅限制是指，在银行间即期外汇市场上，央行允许人民币对美元的交易价在中国外

① 据彭博数据显示，尽管 2015 年上海市场在岸人民币兑美元汇率下跌了 2.7%至 6.378 6，同期实际有效汇率却上涨了 3.8%，因人民币兑 31 种主要对手货币中的 26 种都升值了，彭博社经济学家陈世渊预计，该指标每升高 1%，出口就会遭遇类似幅度的下降，在 2015 年的前 10 个月中，除两个月外，每个月出口都出现了减少。

② 研究表明，在 2014 年、2015 年，人民币因不贬值而使其实际有效汇率上涨了近 20%，加拿大皇家银行和荷兰合作银行认为，中国要想实现 2015 年 11 月习近平主席定下的今后 5 年 6.5%的年经济增长速度的目标，人民币兑美元在 2016 年年底前起码要贬值 8%，法国兴业银行则预言中国会让人民币在 18 个月内下跌 20%以上。

汇交易中心对外公布的当日人民币兑美元汇率中间价基础上在规定的幅度内波动。具体来说：

(1) 2005 年 7 月，人民币对美元一次性升值 2%，汇率每日浮动幅度为±3‰，每日汇率的中间价为前一日汇率的收盘价。

(2) 此后逐步增强人民币汇率形成机制弹性，2007 年 5 月 18 日扩大至±0.5%，2012 年 4 月 16 日扩大至±1%(张明，2016)。总体而言，此过程采取让人民币对美元渐进升值的政策，市场供求对汇率形成并没有直接的决定作用。

(3) 2014 年 3 月，每日人民币兑美元汇率的浮动幅度扩大至±2%。人民币汇率的波动幅度增大，人民币汇率形成中市场的作用开始凸显，尽管仍然受货币当局主导(余永定，肖立晟，2016-11-25)[32]。

2. 中间价形成机制的演变

相对而言，在此期间中间价的改革则滞后很多，央行一直不愿意“松绳放手”。2006 年 1 月 4 日的中间价改革，是在银行间外汇市场引入了 OTC(即场外交易)方式，以前人民币兑美元汇率的中间价由银行间外汇市场以撮合方式产生的前一日收盘价来确定，现在改为由中国外汇交易中心于每日银行间外汇市场开盘前，向所有银行间外汇市场做市商(约 15 家)询价，去掉最高和最低报价后，将剩余报价加权平均后得到当日人民币兑美元汇率中间价，其权重由中国外汇交易中心根据报价方在银行间外汇市场的交易量及报价情况等指标综合确定。

这种形成机制本身无可厚非，但由于做市商报价和权重等信息不公开，人民币中间价实质上成了黑箱，央行自由裁量的空间很大，这体现在：中国外汇交易中心每个交易日 9 点 15 分公布的中间价体现了官方意愿的汇率水平，但 9 点半市场形成的开盘价则反映了市场供求决定的汇率水平，当市场上存在着人民币升、贬值的强烈预期时，开盘价会直接触及日波幅的上下限，表明体现官方意愿的汇率水平并不与体现市场供求力量的汇率水平相一致。

(二) 2015 年的“811 汇改”主要体现在中间价的形成更加市场化

1. “811 汇改”的内容

2015 年的“811 汇改”是指，自 2015 年 8 月 11 日起，中国人民银行允许做市商在每日银行间外汇市场开盘前，参考上日银行间外汇市场收盘汇率，综合考虑外汇供求情况以及国际主要货币汇率变化，向中国外汇交易中心提供中间价报价。这表明在 2005 年汇改后的第 10 年，央行终于下决心松绑中间价，因为做市商报价时，参考上日银行间外汇市场收盘汇率，相当于给中间价设置了一个参照系，明确了做市商报价的来源，从而大大缩减了央行操控中间价的空间，把确定中间价的主导权交给市场，由此，人民币汇率形成机制朝着市场化方向又前进了一小步，它使得人民币汇率更加浮动、以体现市场供求(海铭，2015-08-12)[33]。

随后，2015 年 12 月中国人民银行公布了确定汇率中间价时、所参考的三个货币篮子为中国外汇交易中心(CFETS)指数、BIS 和 SDR，提高了汇率形成机制的透明度，并强调中间价报价除了参考前一日收盘价，也要考虑篮子货币的汇率变化，并在 2016 年 5 月 8 日正式公布“收盘价＋篮子货币”为基础的人民币汇率形成机制。当时央行此举意在一定程度上减小人民币贬值压力，稳定市场对于人民币汇率的预期(肖立晟，张明，2016-08-11)[34]。

2. “811 汇改”后的中间价形成机制仍为央行管理汇率留有余地

但是，这个机制仍然为央行干预汇率留有余地，原因如下。

(1) 尚未公布做市商的信息；

(2) 央行的自由裁量权虽然受到了限制，但它仍然可以根据需要对中间价加以小幅修正，以体现政策导向或意图，因为这并不违背谨慎性原则。

下一步改革的方向是央行对中间价彻底松手，即将包括做市商在内的中间价形成机制的全部信息公开化，让中间价完全由做市商的报价来决定，并和开盘价合并。在这个过程中，必要时央行可以继续扩大日波幅，直至最终取消日波幅限制。

但是，即使在实现上述真正的汇率市场化后，央行依然可用以下市场化的方法干预（管理）汇率，比如：①央行通过建议和劝告，阐明相关政策意图，提出对于汇率的指导性意见；②可以通过利率调整来影响汇率；③在外汇市场短期面临大幅异常波动的情况下，央行还可以通过在市场上买卖外汇来管理汇率。

3. “811汇改”的背景

在“811汇改”前人民币的贬值压力已在持续地积累，体现在从2014年12月开始，在我国境内外汇市场上，人民币兑美元的交易价开始高于中间价，但是在央行的干预下，中间价基本保持稳定，甚至从2015年3月的1美元兑换6.13元人民币被拉升至6.11元，而实际交易价格却一直在6.20元以上，二者的背离体现了央行对汇率的行政干预，而人民币要加入SDR，这种行政干预显然不能被国际货币基金组织所接受。

另一方面，由于国内经济下行压力不减，出口形势不容乐观，同时，新兴市场国家货币大幅贬值，而我国人民币则在升值，严重制约我国同类产品的出口竞争力，因此，实行“811汇改”后的中间价形成机制允许人民币更快地贬值，就可以促进出口。出于这两方面的考虑，央行进行了“811汇改”。

4. 小结——日波幅与中间价限制只是央行入市买卖外汇的缓冲垫

容易发现，日波幅与中间价限制只是央行入市买卖外汇的缓冲垫。假设外汇市场参与者形成了人民币由1美元兑换6元人民币贬值到6.5元人民币的预期，而央行希望维持汇率稳定，希望最多贬值到1美元兑换6.1元人民币，央行会在中间价中体现这个意图。但是，可能每日交易价都会在此中间价下触及日波幅上限，央行与市场供求力量僵持一段时期后，也许仍阻止不了贬值的趋势，那么央行最后仍要入市干预才有可能让汇率稳定下来。

但这种缓冲也是有意义的，因为也许在僵持阶段由于央行的场外道义劝告等原因，会让投机者们打消了人民币将要贬值的念头，因此央行就无需消耗外汇储备来干预汇市了。

---

4. “811汇改”后人民币连续贬值与央行的干预

1）贬值的现象

“811汇改”后的2015年8月后的14个交易日里人民币连续贬值，从中间价看人民币对美元贬值了4.4%，引起了全球范围内的广泛关注。这种贬值一方面加剧了全球金融市场波动，另一方面也加剧了中国国内股票市场的调整。

2）央行的干预

(1) 央行在在岸与离岸市场上以消耗外汇储备为代价进行干预

在国内外的压力下，中国央行开始加大在公开市场上买入人民币、卖出美元的操作。中国央行不仅在内地市场上进行汇率干预，2015年10月时，由于离岸市场人民币贬值较为严重，因此中国央行开始干预离岸市场，即在离岸市场上买进人民币、卖出美元，以缩窄在岸人民币与离岸人民币汇率间的价差。央行的这种干预使得中国的外汇储备从2014年6月的4万亿美元的峰值降到了2015年年底的3.5万亿美元，中国的外汇储备还能支撑多久？当时着实令人担心。

◇能量棒 4-18-2

只有中国人帮忙，才可能做空人民币[35]

目前在国内(在岸)市场、国外(离岸)市场上做空人民币的机制包括：

(1) 在即期市场上卖出人民币、买进美元；

(2) 在远期市场上卖出人民币、买进美元。第1种机制需要现在手上就有人民币，第2种机制需要在远期合约到期时手上有人民币，因此这二者都需要有人民币作为做空人民币的筹码。

在我国离岸市场上人民币筹码并不多，人民币筹码都集中在国内、在中国人自己手里，即企业存款、居民存款、银行贷款就是做空人民币的筹码。比如，截至2015年上半年，中国居民存款超过了130万亿元人民币，这就是做空人民币的巨大筹码。因为境外试图做空人民币的主体大部分手头没有多少人民币，因此，要做空人民币，就要向境内、境外的银行借入人民币，而境内外银行的人民币主要来自于居民存款，因此，最终做空人民币的筹码还是由中国内地流到境外的，只有在中国人的帮助下才有可能做空人民币(雷思海,2015-12-12)。

(2) 发布人民币汇率指数

市场参与者预期人民币若纳入SDR后中国政府将会允许人民币主动贬值，以便在美联储年底加息前释放贬值压力，因此，人民币在2015年11月30日被IMF纳入了SDR后，从12月4日起连续五个交易日持续贬值①，从"811汇改"到12月10日已下跌超过了3.5%左右(2015-12-12，人民币棋局渐显：不应仅钉住美元，还要看一篮子货币[J/OL])[36]。

为此，12月11日，中国外汇交易中心开始正式发布CFETS人民币汇率指数，其目的主要有以下两点。

① 树立独立的人民币汇率评价体系，淡化人民币兑美元名义汇率，这样就可以在某种程度上放弃对市场的干预，并允许汇率更大的波幅，从而增强中国货币政策的独立性。因为自从2005年7月21日汇改以来，人民币对美元已连续升值了近30%，已矫枉过正，应进行合理的贬值才能实现其均衡汇率值。这个消息公布后，离岸人民币迅速走贬——1美元兑换离岸人民币涨至6.56元，创下了2011年以来的新高。

② 正确地引导市场参与者的预期，因为仅观察人民币对美元双边汇率并不能全面反映贸易品的国际比价，人民币汇率不应仅以美元为参考，也要参考一篮子货币，从更全面的角度来看，人民币对一篮子货币仍小幅升值，在国际主要货币中人民币仍属强势货币。央行稳定人民币汇率预期的愿望是好的，但是市场预期能否转变，人们能否如央行所愿来考察一篮子货币依然是未知数。

◇能量棒 4-18-3

人民币汇率指数

1. 人民币汇率指数比人民币兑美元汇率科学

2015年12月11日，中国外汇交易中心在中国货币网正式发布CFETS人民币汇率指

① 从12月4日的1美元兑换6.3851元人民币贬值到12月11日的6.4385元，如果从离岸市场的价格来看，境外人民币的抛压则更大。

数,汇率指数作为一种加权平均汇率,主要用来综合计算一国货币对一篮子外国货币加权平均汇率的变动,能够更加全面地反映一国货币的价值变化。长期以来,市场观察人民币汇率的视角主要是看人民币对美元的双边汇率,由于汇率浮动旨在调节多个贸易伙伴的贸易和投资,因此仅观察人民币对美元双边汇率,并不能全面反映贸易品的国际比价,也就是说,人民币汇率指数比人民币兑美元汇率更加科学[2015-12-12,里程碑:人民币汇率指数正式发布,参考一篮子货币,放弃对美元的严防死守(J/OL)][37]。

2. 人民币汇率指数显示人民币在2015年对一篮子货币是小幅升值的

2015年以来,CFETS人民币汇率指数总体走势相对平稳,11月30日为102.93,较2014年年底升值2.93%。这表明,尽管2015年以来人民币对美元汇率有所贬值,但从更全面的角度看人民币对一篮子货币仍小幅升值,在国际主要货币中人民币仍属强势货币。

3. 汇率指数由谁发布?

从国际经验看,汇率指数有的由货币当局发布,如美联储、欧央行、英格兰银行等都发布本国货币的汇率指数;也有的由中介机构发布,如洲际交易所(ICE)发布的美元指数已经成为国际市场的重要参考指标。中国外汇交易中心发布人民币汇率指数符合国际通行做法。

3)评论

(1)入市干预以保持人民币汇率稳定是为了促使人民币加入SDR

因为中国政府希望人民币加入SDR,以推动人民币国际化的发展,这就要求人民币币值稳定坚挺,否则它作为价值贮藏手段就没有魅力,就不会吸引各国产生对人民币资产的需求,就不能成为国际化货币,因此,中国政府入市干预了人民币汇率。

(2)入市干预又违背了人民币加入SDR的要求

但是,加入SDR同时又要求人民币是可自由使用的货币,这要求政府减少其汇率形成机制的干预,并继续开放资本账户,因此,又有人预期当人民币加入SDR之后,中国将进一步开放资本账户、实行QDII2等措施、并减少对汇市的干预,因此将带来更大规模的资本外流与更大幅度的人民币贬值。

(3)入市干预难以持续地稳定不均衡的汇率

其实,在人民币兑美元汇率存在显著高估的前提下,试图通过公开市场操作来稳定汇率的做法是难以持续的,因为只要经济的基本面没有显著改善,这种贬值预期就可能持续存在,那么,持续的公开市场操作不但难以实现稳定汇率预期的目标,还会造成外汇储备的不断流失。

如果预期未来人民币终究会对美元贬值,那么央行在市场上卖出美元买入人民币的操作将会遭受损失。如果在在岸市场上,央行上述操作意味着将福利让给了中国居民与企业,这是一种"肉烂在锅里"的藏汇于民,那么,在离岸市场上的类似操作则是将中国的国民福利让给了外国投机者。

(4)加入SDR并不意味着人民币汇率形成机制的改革已经结束

中国总理李克强说过,人民币汇率形成机制改革的最终目标是实现清洁浮动,加入SDR前夕的"811汇改"只是中国央行取消了对中间价的干预,但央行仍通过在岸与离岸市场的公开市场操作来干预人民币汇率,离清洁浮动还有差距,因此,加入SDR并不意味着人民币汇率形成机制的改革已经结束。

5. 央行疑似干预离岸市场来维持在岸人民币汇率

◇ 能量棒 4-18-4

人民币离、在岸的汇率联动

(一) CNH 市场形成的背景

发展中国香港离岸市场是在人民币资本项目尚未实现自由兑换、汇率市场化改革还未完成的双重背景下，借助于完全自由化的特别行政区的国际金融中心和自由港地位，建立人民币离岸市场，推动人民币试水境外并在一定程度上保持风险可控。

2009 年，中国人民银行公布跨境人民币贸易结算试点办法之后，中国香港的人民币参加行可以为人民币跨境货物贸易产生的头寸到中国香港的人民币清算行——中银中国香港以在岸价格(CNY 汇率)进行平盘。当时，监管方面对参加行的要求是，跨境贸易项下的头寸基本上需每日经人民币清算行平盘，导致人民币参加行日终几乎没有任何人民币买卖交易，因此，当时的人民币参加行除了和清算行平盘外，基本上不存在同业间的人民币买卖交易(叶允平，2015)[38]。

2010 年 7 月，人民银行和中银中国香港签订了新的清算协议。在新的清算协议框架下，各家人民币参加行由于跨境人民币结算产生的人民币头寸，既可以像新的清算协议签订之前那样以在岸价格和清算行平盘，也可以出于需要而保留有关头寸，这些保留下来的头寸，当时普遍被称为“策略盘”。这样，参加行不仅可以用策略盘和客户进行人民币买卖，还可以和同业进行人民币的买卖交易，而且这些交易不需要提供任何贸易单据(叶允平，2015)。

正是由于同业间的人民币买卖行为不一定具有跨境贸易背景，因此，这些同业间的策略盘交易不可以用在岸价格和清算行平盘。2010 年 8 月，这些策略盘交易逐渐形成了一个新的市场，即离岸人民币交易市场，现在被称为 CNH 市场(其中的“H”原来代表“HongKong”，现在泛指人民币各个离岸市场)以及新的汇率即 CNH 价格。而这个市场的参与机构也逐步扩大，目前，商业银行、投资银行、企业、各类非银行金融机构等都成为这个市场的重要参与者(叶允平，2015)。

和在岸 CNY 市场不同的是，CNH 市场的价格变化不受人民银行中间价和每日浮动上下限的限制。自 2010 年 8 月 CNH 市场形成以来，CNH 市场和 CNY 市场有着明显的互动，同时各自也有明显的特征导致其间也会有价差。

(二) 人民币离、在岸市场上的几种汇率简介

境内外金融市场中几种比较重要的人民币汇率主要存在于 3 个市场上：

(1) 1994 年建立的境内银行间外汇交易市场，存在在岸人民币即期汇率 CNY 和在岸可交割远期外汇市场汇率 CNYDF 这两种汇率；

(2) 1996 年产生的境外无本金交割人民币远期交易市场，存在无本金交割远期外汇汇率 NDF；

(3) 中国香港离岸人民币外汇市场，存在着中国香港人民币即期汇率 CNH 和中国香港离岸可交割远期外汇市场汇率 CNHDF 这两种汇率(冯永琦，裴祥宇，2014)[39]。

可交割远期合约(DF)到期后需现汇交割，而无本金交割远期外汇交易(NDF)是一种无本金远汇合约，合约到期时只需将合约确定的远期汇率与实际汇率差额进行交割清算，无需对 NDF 的本金进行交割，下文主要阐述离岸市场的即期汇率 CNH 对在岸市场即期汇率

CNY 的影响。

（三）人民币离、在岸汇率联动机制（一）——利用升值、贬值预期套利

对人民币汇率的预期会改变离岸市场对人民币的投机性需求，从而引起离岸市场人民币供求曲线的变动，影响 CNH 汇率。

1. 人民币升、贬值预期下 CNH 的变动

1）升值预期下

例如，在 2010—2014 年，由于利率差价以及持续的人民币升值预期，资金流入中国套利。以美国为代表的发达国家在 2008 年金融危机之后将利率降低到 0～0.5%的超低水平，而中国由于投融资需求增长，利率逐步攀升，在 2.25%～3.5%（数据来源：中国人民银行网站）。

根据无抛补利率平价理论，当两个国家之间的利率不相同时，由于资本的逐利性，资金将从低利率国家流向高利率国家，进行套利行为。假设当前将 1 美元按汇率兑换 E 元人民币，人民币一年期定期存款利率为 i，把这笔人民币存入中国银行，一年后本息和 $E\cdot(1+i)$，预期一年后人民币升值为 E^e 元人民币/美元，则一年后可兑换得到 $\frac{E\cdot(1+i)}{E^e}$ 美元。假设直接将这笔资金存入美国银行，美国一年期定期存款利率为 i^*，一年后可得本息和 $1+i^*$ 美元。因此，无抛补利率平价的无套利条件是：

$$\frac{E(1+i)}{E^e}=1+i^* \tag{4-14}$$

其中，E,E^e,i,i^* 分别表示人民币兑美元的即期汇率、人民币兑美元的预期汇率、人民币存款利率、美元存款利率。

由此，人民币即期均衡汇率（即无抛补利率平价）为

$$E=\frac{E^e\cdot(1+i)}{1+i} \tag{4-15}$$

2010 年之后，中国的存款基准利率始终高于发达经济体，即 $i>i^*$，人民币又相对强势，预期人民币会升值，即 $E^e<E,\frac{E\cdot(1+i)}{E^e}>1+i^*$，资本在人民币市场能获得更多收益。于是企业或金融机构的资金进入中国香港离岸市场进行套利。比如，投机者可以在离岸市场上借入美元贷款并将之兑换成人民币，同时在远期市场上卖出人民币、买入美元（邹小龙，2016）[40]。这在离岸外汇市场体现为中国香港市场参与者对人民币的投机性需求增大，推动 CNH 上升。

2）贬值预期下

2014 年人民币开始贬值。2014 年美国经济渐渐复苏，10 月结束了 2008 年金融危机后的三轮量化宽松政策。2015 年 12 月第一次上调联邦基金利率，开始进入加息周期，截至 2017 年 3 月联邦基金利率调升到了 0.75%～1%（傅广敏，2017）[41]。而此时的中国进入经济新常态，重视经济结构的调整，经济增速放慢，GDP 增速减小，跌破 8%，实行较为宽松的货币政策（姚宇惠，王育森，2016）[42]。美元走强，人民币相对疲软。

另根据购买力平价理论，一国通货膨胀越严重，表现为一般物价水平上涨，那么该国单位货币所能买到的商品或劳务减少，购买力下降，货币有贬值趋势。如果用消费者物价指数（CPI）代表一国通货膨胀的程度，则根据 WIND 数据库，中国的物价指数同比增长速度从 2014 年下半年到 2016 年年底基本始终高于美国，特别是 2015 年到 2016 年年中差距明显。人民币兑美元自 2005 年以来已经升值超过 20%，且中国的通货膨胀率高于美国，有贬值基

础，市场参与者会形成人民币相对于美元贬值的预期。

根据无抛补利率平价理论，2014年美国加息，即 i^* 变大，又存在人民币贬值预期，即 E^e 变大，$1+i^*$ 变大，$\frac{E\cdot(1+i)}{E^e}$ 变小，$\frac{E\cdot(1+i)}{E^e}$ 不一定再大于 $1+i^*$，资本套利的空间被挤压，纷纷撤出，中国香港离岸市场对人民币的投机性需求减少，抛出人民币，在外汇市场表现为人民币的供给增加，CNH贬值。另外，基于对人民币的贬值预期，有游资在中国香港离岸市场上沽空人民币，在人民币汇率较高时借入人民币，在即期市场上卖出人民币，买入美元，当人民币出现贬值，投机者可用较少的美元购入人民币，偿还贷款，套取汇差（余永定，肖立晟，2016）[43]。这在即期外汇市场上也表现为人民币的供给增加，造成CNH贬值。

2. 离岸人民币即期汇率对在岸即期汇率的影响

CNH汇率的变动会使得基于投机性需求的资金，通过离、在岸市场间的运作流入或流出在岸市场，引起在岸外汇市场人民币供求关系的变化，从而影响在岸CNY汇率。

1）人民币存在升值预期时

在岸市场由于资本未完全开放以及政策调控，CNY上升速度慢于离岸市场（贾彦乐，张怀洋，乔桂明，2016）[44]。CNH的上升体现了人民币升值的预期，导致资本通过离、在岸市场间的运作进入在岸市场，其中很多是热钱流入。在岸外汇市场上，投机者将这些流入的外币兑换成人民币，结汇需求增加，表现为美元的供给增加，美元的供给曲线向右移动，以人民币表示的美元价格下降，CNY有升值压力。另外，外汇需要结汇给央行，央行需要收购这些大量流入的外币，致使外汇占款增加，被动地投放了基础货币。为了抑制通货膨胀，央行采取措施进行冲销，但是成本却不小。

2）人民币存在贬值预期时

CNH市场的价格不受央行中间价和上下浮动的限制，对资金流动及国际环境的变化更敏感，人民币在离岸市场比在CNY市场贬值的速度更快，幅度更大（丛钰佳，2016）[45]。CNH的下降加剧了人民币贬值的预期，传导到在岸市场，原本进入内地套利的热钱以及境内的部分资本通过离、在岸间的运作流出。在外汇市场上表现为人民币的供给增加，即美元的需求增加，美元的需求曲线向右移动，以人民币表示的美元价格上升，CNY有贬值压力。

3. 资本管制下基于投机性需求的资金进出离、在岸市场的渠道

1）经常账户下的渠道

一般通过跨境贸易结算流动的资金具有真实贸易背景作为支撑，央行在一定程度上可以检测和控制这类资金流动的频率和规模，境内境外之间流动的不确定性和对金融稳定的冲击性一般可以承受（王书朦，2016）[46]。但是热钱，即国际短期投资资本，会隐藏在经常项目下通过非正常渠道流入或流出。

2004年到2007年货物和服务顺差从512亿美元快速增长到3 080亿美元，扩大了5倍（数据来源：中国国际收支平衡表），其间巨额的贸易顺差有一部分是由于2005年的人民币汇率形成机制改革使得人民币升值预期增大，基于投机性需求的热钱通过虚假贸易流入在岸市场，具体来说有以下渠道。

（1）内保外贷

2013年央行放开了银行等金融机构对外担保的期限和额度的限制，2014年6月1日，外汇管理局《跨境担保外汇管理规定》及其操作指引正式实施，有利于扩大对外担保规模（胥良，2016）[47]。

① 内保外贷的模式

境内母公司向在岸银行支付一定的保证金或抵押物，然后由在岸银行为其在中国香港的子公司或关联公司提供担保，签发信用证。香港子公司或关联公司收到信用证后向中国香港的银行申请贷款。中国香港地区贷款利率比较低，比如，中国香港的人民币贷款年利率约为2.25%～2.5%，再通过关联交易将这笔款给境内公司，由于内地一年期人民币存款利率是3.25%～3.3%，还有各种年收益4.3%以上的理财产品，高于离岸的贷款利率，这笔资金可以用于投资高息的理财产品，套取利差。内保外贷的核心在于凭借在岸商业银行的担保即内保，获得离岸市场上金融机构的低息贷款即外贷，套取收益(张辑，2016)[48]。

例如，中国香港离岸市场的公司A先出售货物给在岸公司B，B支付1亿保证金给在岸银行，要求其向中国香港离岸市场上的公司C签发一张信用证(C通常为在岸公司B的子公司或关联公司)，C收到信用证后向中国香港银行贴现，假设利率为2.5%，这就相当于C获得了一笔低息贷款。此时，货物到了保税区，在岸公司B再将这批货物出售给中国香港的公司C，C以支付货款之名将这笔低息贷款的资金由境外转入境内给B，B再将资金投资于收益4%的高收益理财产品(熊丹，李彤，2015)[49]。

② 内保外贷的案例

江苏泰兴(以下简称“泰兴”)皮具加工和生产企业在中国香港设立泰兴(中国香港)公司(简称“中国香港公司”)。中国香港公司在国外收购生皮卖给泰兴。2011年中国香港人民币贷款利率为3%～5%，融资成本比内地低很多。泰兴每月在国内销售熟皮和皮制品大约2 000万元人民币，因此泰兴与当地A银行谈妥此款质押给当地银行。A银行随即与泰兴签订包括银行当地分行、银行总行离岸金融部和泰兴母公司及中国香港公司在内的四方协议。分行冻结此款后向离岸金融部发出保付函，离岸金融部随即向中国香港公司开出人民币备付信用证。中国香港公司以此向中国香港银行融资。2011年到2012年，母公司以这种方法定期与银行展开此项业务共计4次进行套利(张晓冬，2013)[50]。

(2) 进出口单据误报及转移定价

当人民币存在升值预期时，经济主体通过出口高报和进口低报可以实现投机性热钱流入。出口高报可以使境外进口商将美元送入中国境内套取人民币。例如，货物的实际价格为X美元，境内的出口商开出一张高于货物实际价格的X+Y美元的单据向境外进口商收取美元，再由境内出口商将差额部分的Y美元转存入境外进口商在中国境内的账户；同时，出口高报还可以骗取出口退税。进口低报指境外出口商开出低于货物实际价格的单据，境内进口商凭单据向外汇指定银行购入美元支付给境外出口商，再将差额部分以人民币形式转入境外出口商在中国境内的账户，使得境外出口商达到了将差额部分的资金进入中国市场获利的目的(陈卫东，王有鑫，2016)[51]。

反之，当人民币出现贬值预期时，资本想要外逃，可以通过进口高报与出口低报。进口高报指货物价值X美元，境外出口商开出X+Y美元的单据，自己收取实际价值X美元，将差额Y美元转存入境内进口商在境外的账户。如此，境内企业就将Y美元转移到了境外。出口低报指货物价值X美元，境内出口商开出X－Y美元的单据，境外公司支付X－Y美元给境内公司，将差额部分转入境内出口商在国外的账户。

转移定价与进出口高低报类似，企业可以通过低报进口原材料价格、高报出口商品的价格向境内转移资本；相反，低报出口商品价格、高报进口原材料价格可以实现资本向境外的流出。

(3) 保税区一日游

例如，中国香港离岸市场上美元兑人民币汇率为6.5，在岸的汇率为6.55，在岸公司出口一批价值1亿美元的货物给中国香港的企业，出口商办理所需的合同等单据，将货物运送到保税区，收到1亿美元货款，向外汇指定银行兑换6.55亿元人民币；接着进口同一批货物，以人民币结算，向离岸的公司支付6.5亿元人民币，套取了0.05亿元人民币的收益。整个过程货物只是在保税区流转了一下，并没有真正的进出口发生。但是在岸企业假借出口名义收到的美元在境内结汇，外汇占款凭空增加了1亿美元(王宁，刘增彬，2014)[52]；同时，这种方式也能骗取退税。

(4) 预收或延期收付货款

当人民币存在升值预期时，境外进口企业在货物还未运出关外时，就提前预付美元货款给在岸企业，在岸企业结汇换成人民币。这样可以比按时结汇换取更多的人民币。另一种是延期支付货款，即在岸进口企业在货物已经运到国内时，不及时支付货款，等人民币升值后，可以用更少的人民币兑换美元支付货款(赵平，王玉华，2015)[53]。这样操作的效果是美元提前进来和延迟出去，相当于有更多的短期资本流入我国。反之，当人民币存在贬值预期时，延期收款或预付货款相当于短期资本的流出。

(5) 虚假贸易合同

在人民币升值预期下，在岸出口商和离岸的公司签订一份不会被执行的合同，境外公司支付一笔美元预付款给境内企业，境内企业结汇，将人民币兑换成美元。到了合同订立的失效日期，双方称由于某些原因合同无法执行，由于人民币升值，可以用更少的人民币兑换为美元退还给境外企业，一部分资金还可以借各种名目如合约未履行的罚款、服务费或咨询费等留在境内(周维颖，田仲他，王桂梅，2015)[54]。

在人民币贬值预期下，在岸进口商和离岸的公司签订一份不会被执行的合同，境内公司凭合同向外汇指定银行购入美元，支付一笔美元预付款给境外企业。双方并不执行合同，等到合同订立的失效日期，境外企业退还美元预付款给境内企业，由于人民币贬值，美元可以结汇为更多的人民币。

2) 资本和金融账户下的渠道

合理的主要有以下几种：①合格境外机构投资者(RQFII)，其额度由国家外汇管理局审批，境外机构进入银行间债券市场的三类机构需要央行审批；②人民币FDI和在岸企业在中国香港离岸市场上发行债券，即点心债，需要经过逐笔审批；②2014年开始推出了沪港通、深港通，但限制每日的额度及总额度，且结算后所得的资金必须按原路转回，不能留存在当地市场进行投资(甘易，谭思，2016)[55]。

2014年第三季度以后，我国的国际收支格局不再是双顺差局面，资本项目开始出现逆差。其中直接投资项目下，2014年直接投资净流入开始下降，2016年逆转为净流出。造成这一现象的原因主要有外商直接投资流入的下降，因为外商预期人民币会继续贬值，于是把获得的利润汇出，并逐步撤资；与此同时，人民币对外直接投资增加，其中包括虚假投资实现的热钱外逃，例如，去开曼群岛等一些缺乏监管的地方进行投资(肖立晟，2017)[56]。

其他投资项目的逆差是引发国际收支逆差的最主要原因，例如投机者的套利交易平仓。当人民币处于升值通道时，企业借入大量外币贷款(尤其是美元贷款)，兑换成人民币，投资于人民币资产。有些企业并不是出于生产经营需要，借入美元只是为了套利套汇。当人民币预期逆转、出现贬值预期时，大量企业将人民币兑换成美元，提前偿还外债，资本流出。另一方面，之前人民币升值时，中国香港居民与企业对人民币的需求增加，大量增持人民币，货币与存款项目中负债增加，意味着资本流入；目前人民币有贬值预期时，中国香港的居民为了避免人民币贬值产生的损失，不愿意再持有人民币，对人民币的需求下降，将人民币兑换成港元、美元，之前流入的资本流出了（余永定，张斌，张明，2016）[57]。

此外，个人方面也有漏洞可以利用。在岸市场上，每人有 5 万美元的换汇额度，中国香港居民每人可兑换 2 万元人民币或汇款 8 万元人民币，可以积少成多，蚂蚁搬家式转移资本。比如，利用别人的身份证实现资本的流入流出。内地居民大量到中国香港市场购买保险也是一种资本外逃的方式。

◇ 能量棒 4-18-4-1

“飞过海”的非法外汇买卖

1. 操作手法

由于我国目前人民币资本项目尚未完全开放，尚处于资本管制阶段，因此一些逃避外汇管制的外汇买卖即为非法。一些非法外汇买卖手法很隐蔽，例如，一种被称为“飞过海”的手法类似于我国清代山西票号的汇兑，甚至不需要发生跨境资金流动就可以完成。

在一个具体的案例中，一位被业内称为“罗汇兑”的先生系新加坡华人，他受新加坡欢裕兑换公司委派，在中国境内利用商业银行的网络银行、电话银行、通存通兑或邮政汇款的方式，用欢裕公司的账户收取希望用人民币兑换新加坡元的客户的人民币；同时，欢裕公司在新加坡收取向国内汇款客户的新加坡元（即新加坡的客户希望用新加坡元兑换人民币）。随后，欢裕公司即对这两类客户的资金进行匹配，发指令给罗汇兑，令其在国内向新加坡客户指定的账户支付人民币；同时，欢裕公司在新加坡向国内客户指定的账户支付新加坡元，而新加坡元与人民币之间的汇率则是由罗汇兑确定的。只有当这两类资金换算成同一种货币后有差额，欢裕公司才需要代客进行跨境资金流动，但是，由于上述交易频繁、持续、大量，因此其本、外币资金基本自行平衡，可能并不需要发生跨境资金流动（丁红梅，2009）[58]。

2. 案件的性质

这个案件的性质为：未经外汇管理机关批准，境内机构或个人在境内收到客户的人民币资金，并按约定汇率向客户指定的境外账户支付相应的外汇资金；或者境内机构或个人在境外收到客户的外汇资金，并按约定汇率向客户指定的境内账户支付相应的人民币资金的行为，属于非法买卖外汇行为。根据《中华人民共和国外汇管理条例》第 45 条，“私自买卖外汇、变相买卖外汇、倒买倒卖外汇或者非法介绍买卖外汇数额较大的，由外汇管理机关给予警告，没收违法所得，处违法金额 30%以下的罚款；情节严重的，处违法金额 30%以上、等值以下的罚款；构成犯罪的，依法追究刑事责任”（丁红梅，2009）。

此案件是特有的“飞过海”的交易方式——没有本、外币一一对应的交易凭证，所以很隐蔽，在破案时有两大难题，一是确定交易主体，因为当新加坡的客户要通过罗汇兑从境外汇入新加坡元款项时，其境内账户收到的人民币经常是罗汇兑的客户的客户直接汇过去的，中间不知道“飞”过了几重“海”，因此交易主体确定很困难；二是搜集证据，一般来说，没有交易主体的积极配合，检查人员极难获取一买一卖的对应交易凭证。因此破获类似案件必须要借助于公安机构的执行手段严密跟踪，长期调查，才能充分获得过硬的证据（丁红梅，2009）。

3）净误差与遗漏

净误差与遗漏为正值，表示储备资产的增加大于经常项目、资本和金融项目记录的外汇净流入量，说明有非正常渠道下的资本流入。2002 年，净误差与遗漏项由负转正，为 78 亿美元，2003 年到 2005 年迅速增加到 229 亿美元，表明存在热钱流入。

与此相反，净误差与遗漏为负值时，意味着存在没有进入中国国际收支统计的资本外逃。2015 年该项为—2 130 亿美元，是 2014 年的 2 倍多，表明基于人民币的贬值预期，投机性的热钱大量流出。

（四）人民币离、在岸汇率联动机制（二）——利用离、在岸汇率差套利

1. 离、在岸市场出现汇率差的现象

可将人民币看作一种商品，其价格用美元表示，任何一种商品的价格涨跌都可由供求的变动来解释，人民币汇率也不例外，因此，中国香港离岸市场与内地在岸市场间的人民币汇率价差也是由两个市场上不同的供求状况造成的。也就是说，中国香港离岸市场人民币开始报价后，由于境内、境外两个市场的人民币汇率形成机制存在差异，因而同时出现了境内和境外两个人民币价格，其间可能会有价差。当然，价差的存在又会引来套利，使得两个市场的价格趋于一致，但在套利未充分实施时或套利空间低于套利的交易成本时，价差仍会存在。自 2010 年 9 月至 2015 年 9 月，虽然大部分时间 CNH 市场和 CNY 市场的差别比较小（200 点以下），但也曾出现过 3 次 CNH 市场短暂大大偏离 CNY 市场的时期。

第一次出现是在 2010 年 10 月，当时 CNH 市场刚开始形成，中国香港各家银行在人民币头寸基本为零的情况下，大部分都加紧在离岸市场上以 CNH 市场汇率买入人民币，为将来的人民币业务作准备。由于 2010 年 10 月整个中国香港人民币存款才 2 000 多亿元，盘子很小，因此这些银行的买入需求很快导致离岸人民币市场上人民币价格上扬，2010 年 10 月 19 日，CNH 市场报 6.474 5 元人民币/美元，CNY 市场报 6.652 0 元人民币/美元，价差达 1 775 点（叶允平，2015）。

第二次是在 2011 年 9 月底、10 月初，当时南欧国家债务问题引发了欧债危机，国际资本纷纷买入美元资产来避险，导致美元对所有新兴市场国家货币都明显升值，包括对人民币也大幅度升值，即人民币相对于美元贬值。在岸市场由于人民币汇率属于有管理的浮动，而离岸市场则没有中国人民银行的干预，因此人民币在离岸市场上供过于求、贬值幅度更大，2011 年 9 月 25 日，CNH 市场报 6.512 0 元人民币/美元，CNY 市场报 6.388 8 元人民币/美元，价差达 1 240 点（叶允平，2015）。

此后，由于新兴市场货币贬值，人民币在 CNH 市场有较大的沽压（即贬值压力），市场对美元即将进入加息周期的预期也使美元走势坚挺。2015 年 9 月 15 日，CNH 市场报 6.399 9 元人民币/美元，CNY 市场报 6.368 7 元人民币/美元，价差达 3 112 点，表明人民币在 CNH 市场贬值幅度更大（叶允平，2015）。

2. 利用汇率差套利

由于同时存在境内和境外两个人民币价格，由此产生了基于汇率价差的套利和基于人民币升值、贬值预期的套利，套利原理可由无抛补利率平价理论来解释：如果离岸市场上人民币卖得比均衡汇率 E 便宜（即离岸市场人民币汇率高于在岸），离岸市场上的人民币将在套利资金的作用下供不应求，导致其美元价格上涨及离岸市场人民币存量提高。反之，当中国香港汇率低于在岸汇率时，表明离岸市场上人民币卖得比均衡汇率贵，离岸市场上的人民币将在套利资金的作用下供过于求，导致其美元价格下跌及离岸市场的人民币存量降低，这就是汇率价差套利。从实践来看，汇率价差与中国香港人民币存款变动的相关性较强。

3. 人民币离、在岸汇率差的成因

通过对数据的观察发现，CNH 市场价格基本上还是受 CNY 市场价格影响的，大部分时间相差不大(200 点以内)，但当市场关系发生剧烈变化时，CNH 市场也会大幅度偏离 CNY 市场，总的来说，CNH 市场的波动幅度大于 CNY 市场。

是什么原因导致了这种情况呢？从根本上说，是因为人民币在资本项下没有完全开放，致使在岸和离岸市场存在一定程度的分割，从而两个市场间的价差无法通过投机性资本的套利来消除。而市场分割的根本原因又具体表现在两个市场在以下方面的不同。

1) 市场规模不同

2015 年中国内地市场人民币存款总额为 130 万亿元，而离岸市场(包括中国香港和其他境外市场)人民币存款估计只有 2 万多亿元。如果把在岸市场比作大海，离岸市场只能算是一个湖泊。在岸市场容量大、流动性高，因此汇率波动幅度较小(叶允平，2015)。

2) 交易主体不同

国内在岸市场一方面有大量企业在日常的经营和贸易活动中产生的结售汇需求，另一方面由于资本市场尚未完全开放，国际大型对冲基金等机构一般不会将其定为与人民币相关的外汇交易的主要渠道。而相比在岸市场，离岸市场上的参与主体除了企业、银行以外，更多的是国际性对冲基金、共同基金、国际投资银行、私募股权基金和其他大型机构，这些机构的不少交易都和实体经济没有直接关系，其目的主要是通过短期的交易来获取利润。这些不以实需为基础的交易，其买卖的基础很大程度上是对人民币走势的预期，当市场情况变化时，他们便随时调整仓位以改变 CNH 市场上人民币的供求，因此能够对 CNH 市场价格产生立竿见影的影响(叶允平，2015)。

但是，由于中国内地实行资本管制，因此这类投机性需求就被伪装成中国香港离岸市场上对于人民币的交易性与预防性需求，即跨境贸易人民币结算需求。例如，在 2011 年当预期人民币将持续升值时，套利资金进入中国香港离岸市场就表现为跨境贸易结算规模和人民币离岸存款规模的快速增长，当时中国香港人民币存款中的大部分都是为了获取人民币升值收益的热钱。

3) 交易机制不同

当人民币汇率预期出现较大波动时，在中国香港和伦敦这样的市场，资金流入流出比较容易；而在岸市场上的人民币汇率既有人民银行的中间价指导，也有交易区间的限制，价格波动自然会相对温和(叶允平，2015)。

例如，2016 年 12 月 13 日，全球央行政策会议召开，市场普通预期美联储将在 2017 年加息一到两次，在中国香港离岸市场由于受到的央行干预较少，汇率更能反映市场真实的看空情绪，因而 12 个月期限的美元/离岸人民币远期汇率远高于同期限的在岸合约，价差达到了 12 个月以来的最高值(2016-12-11，终于，人民币逮到碰瓷的机会了？[J/OL])[59]。

4. 离、在岸市场的价差将逐步缩小

但是，随着中国资本账户开放程度的扩大，在岸市场和离岸市场加强互通，两地间的汇率差从长远来看，应会逐步缩小。实际上，中国人民银行的一些政策已经在加强两个市场的互通，以及提升离岸市场对人民币的需求，比如：

(1) 近年来，我国逐步放开资本项目管制，通过在境外发行人民币债券和发展人民币合格境外机构投资者(RQFII)，拓宽了境外人民币资金回流渠道，刺激了境外人民币资金需

求;同时,“沪港通”和人民币合格境内机构投资者(RQDII)的试点,扩大了境外人民币资金的供给,有助于人民币离岸市场的发展,以及离岸、在岸间人民币汇率价差的缩小(陈丽,甄峰,2017)。此外,还放开了境外央行和主权基金等大型机构在目前中国内地银行间债券市场上购买的额度限制,鼓励更多的国际投资者参与境内债券市场。

(2) 中国人民银行于2015年5月开始允许境外人民币清算行和参加行参与境内银行间债券市场的回购交易,并于2015年8月将参与境内银行间债券市场回购交易的境外主体扩大到境外央行、国际金融组织、主权基金等机构,使这些机构在境外市场流动性紧张的时候,可以从内地获取流动性。

(3) 2015年8月,中国人民银行下发了《中国人民银行关于拓宽人民币购售业务范围的通知》,允许境内人民币代理行、境外人民币清算行以及境外人民币参加行为货物贸易、服务贸易和直接投资项下的跨境人民币结算办理购售业务,交易品种包括即期、远期和掉期交易,这些政策都将逐步增强在岸和离岸市场的互通,长远来看,对于缩小两个市场的汇率差有积极作用(叶允平,2015)。

(4) 监管机构采取了不少培育市场的措施,例如,央行于2014年年底开始为参加行提供人民币日间回购服务,为市场注入了新的流动性支持。但是,由于离岸市场发展时间较短,总体流动性仍然有待提升。

(5) 中国人民银行研究局首席经济学家马骏在鲁韩跨境双边本币结算推进会上表示,中国人民银行对跨境双向人民币资金池业务政策进行了调整,以增强离岸人民币的需求。此次调整的政策包括:参加资金池的企业集团境内和境外的营业收入标准分别降低为10亿元和2亿元(原为50亿元和10亿元),成员公司经营年限降为1年(原为3年),企业可以选择1~3家主办银行(原只能选1家银行),同时跨境人民币资金净流入额上限的宏观审慎政策系数提高到0.5(原为0.1)。此外,据路透社报道,消息人士引述央行最新通知称,资金池从境外归集多少资金继续通过净流入额上限来控制,计算公式为:跨境人民币资金净流入额上限=资金池应计所有者权益×宏观审慎政策系数,但宏观审慎政策系数初始值由2014年的0.1调整至2015年的0.5,这等于扩大了企业境外资金流入额度,也是增强市场对离岸人民币需求的举措。

5. 2015年央行疑似干预中国香港离岸市场以保卫人民币汇率

2015年下半年市场预期美联储将加息后,人民币随即开启了缓慢贬值之路。受控制较少的中国香港离岸市场上人民币开始贬值。由于离岸市场汇率对在岸汇率有心理影响,为了防止在岸人民币贬值,央行疑似干预了离岸汇率。2015年9月10日下午3点开始,离岸人民币兑美元(CNH)被急速拉升,暴涨逾700点,涨幅扩大至1.1%,创出近一个月新高,成交量也大增。路透社消息称疑似央行干预,因为有中资大行在离岸市场不计成本地买入人民币、投放美元,提振离岸汇价,如果这些美元是央行借中资大行干预离岸汇率的弹药,则也是在消耗国家外汇储备。此次干预效果很好,在离岸人民币的带动下,在岸人民币兑美元(CNY)收盘也上涨了0.01%,成交额增加了30%(2015-09-11,离岸人民币创单日最大涨幅,央行或罕见干预离岸市场[J/OL])[60]。

---

6. 在外汇占款不断下降的背景下,央行多次降准以维持广义货币的稳健增长

在资本外流、外汇占款不断下降的背景下,央行在2015年曾多次降低法定存款准备金率和存、贷款基准利率①,以维持广义货币的稳健增长。

（五）2016 年的人民币贬值与资本外流

2016 年年底特朗普行情加剧了美元的上涨,在人民币贬值的强烈预期下,央行不仅加大了干预汇市的力度、提高了离岸市场做空人民币的成本,同时更是采取了更多的行政手段限制资本流出,包括:外管局对个人购汇政策的申报条件收紧、对国有企业卖出外汇购入人民币的鼓励、限制个人海外开户以及对境外投资规范增加等。外汇占款是基础货币的投放渠道之一,当其他因素不变时,外汇占款下降将导致中国基础货币投放下降。比如,当前中国广义货币 M_2 的乘数介于 3.7～3.8 倍数,因此 2015 年 10 月的 893.3 亿元的外汇占款减少将使中国的 M_2 下降 839.3×3.7＝3 105(亿元)。

中国加强外汇管制的一个副作用在 2017 年年初体现了出来——FDI 锐降。2016 年中国经济在人民币贬值和增长幅度放缓的困扰中,同期吸纳 FDI 却仍然增长了约 4%(而同期全球 FDI 下降了 13%),表明这两个因素并没有阻碍外商来华投资的意愿。但是,步入 2017 年后,为了应对资本外流的问题,中央采取了资本管制措施后,FDI 流入额应声急跌。虽然 2017 年的资本管制措施是针对大陆居民购买外汇进行境外投资的,理论上并不影响外商投资,但在美国加息的预期下,外商预期人民币贬值压力会越来越大,日后不排除中国政府进一步加强资本管制的可能性,因此,外商暂停、押后甚至取消了对华投资,导致 FDI 锐减,使得外汇储备进一步萎缩。

◇ 能量棒 4-18-5

2016 年:保楼还是保汇?[61]

1. 保汇率还是保楼市?——2016 年中国的一种争论

2016 年在中国资本外逃、人民币贬值趋势明显的背景下,国内出现了保资产还是保汇率的争论,因为加息可以减缓资本外流、保住汇率,但会刺破楼市泡沫;如果不加息、甚至降

① 2015 年的几次降息降准时间表如下:(1)2 月 4 日,降准 0.5 个百分点。央行宣布下调金融机构人民币存款准备金率 0.5 个百分点。同时,央行宣布对小微企业贷款占比达到定向降准标准的城市商业银行、非县域农村商业银行额外降低人民币存款准备金率 0.5 个百分点,对中国农业发展银行额外降低人民币存款准备金率 4 个百分点。(2)3 月 1 日,降息 0.25 个百分点。央行宣布自 2015 年 3 月 1 日起下调金融机构人民币贷款和存款基准利率。金融机构一年期贷款基准利率下调 0.25 个百分点至 5.35%;一年期存款基准利率下调 0.25 个百分点至 2.5%,其他各档次存贷款基准利率及个人住房公积金存贷款利率相应调整。(3)4 月 20 日,降准 1 个百分点。央行宣布自 2015 年 4 月 20 日起下调各类存款类金融机构人民币存款准备金率 1 个百分点。对农信社、村镇银行等农村金融机构额外降低人民币存款准备金率 1 个百分点。(5)5 月 11 日,对称降息 0.25 个百分点。央行宣布自 2015 年 5 月 11 日起金融机构人民币一年期贷款基准利率下调 0.25 个百分点至 5.1%;一年期存款基准利率下调 0.25 个百分点至 2.25%,同时,将金融机构存款利率浮动区间的上限由存款基准利率的 1.3 倍调整为 1.5 倍。(6)6 月 28 日,降息 0.25 个百分点、定向降准 0.5 个百分点。(7)8 月 26 日,降息 0.25 个百分点、降准 0.25 个百分点。央行宣布自 2015 年 8 月 26 日起,再次下调金融机构人民币贷款和存款基准利率,以进一步降低企业融资成本。其中,金融机构一年期贷款基准利率下调 0.25 个百分点至 4.6%;一年期存款基准利率下调 0.25 个百分点至 1.75%;其他各档次贷款及存款基准利率、个人住房公积金存贷款利率相应调整。同时,放开一年期以上(不含一年期)定期存款的利率浮动上限,活期存款以及一年期以下定期存款的利率浮动上限不变。(8)10 月 24 日,降准 0.5 个百分点、降息 0.25 个百分点。央行宣布自 2015 年 10 月 24 日起,下调金融机构人民币贷款和存款基准利率,以进一步降低社会融资成本。其中,金融机构一年期贷款基准利率下调 0.25 个百分点至 4.35%;一年期存款基准利率下调 0.25 个百分点至 1.5%;其他各档次贷款及存款基准利率、人民银行对金融机构贷款利率相应调整;个人住房公积金贷款利率保持不变。同时,对商业银行和农村合作金融机构等不再设置存款利率浮动上限,并抓紧完善利率的市场化形成和调控机制,加强央行对利率体系的调控和监督指导,提高货币政策传导效率(资料来源:2016-02-09,中国证券网)。

息降准,楼市泡沫可能就不会破裂,但会加大人民币贬值压力。有人将俄罗斯与日本作为两个极端例子,认为俄罗斯是任由本币贬值,反而保住了楼市,即弃汇保楼;日本则是令本币升值,再用加息的方法治理升值带来的通货膨胀,因此刺破了楼市泡沫,即弃楼保汇(2016-10-09,楼市和汇市:一个都保不了?[J/OL])。

2. 俄罗斯的经验:任由本币大幅度贬值、一步到位反而保住了楼市、股市

自2005年下半年起,俄罗斯国内房价开始一路攀升,俄罗斯国内火爆的楼市主要得益于货币超发。2010年之前原油等大宗商品的整体上行周期也使俄罗斯资产受国际资本青睐,吸引各路国际资本蜂拥而至,超发的货币①再加上政府对国内房地产市场的大力支持②使得房价迅速上涨。

但是,2013年国际能源价格下跌,使得俄罗斯的出口创汇能力及外汇储备不断下降;同时因为乌克兰问题受到西方的制裁,导致资本外流加剧,加上部分俄罗斯企业被阻断了海外融资渠道,使其融资成本短期大幅提高,这些因素导致俄罗斯国内经济自2013开始急转而下,GDP季度同比从2013年年初的1.7%一路下滑至2014年年底的-0.77%,CPI同比则从7.1%上升至11.4%,卢布对美元持续贬值。

为阻止资本外流、卢布贬值,俄罗斯政府自2014年3月起先后6次将基准利率由原先的6.5%上调至2014年12月的18%,并动用超过1 000亿美元外汇储备。然而过高的利率相当于衰退中的俄罗斯在同时实行紧缩性的财政、货币政策,因为过高的利率是紧缩性货币政策;同时,由于暴跌的油价和卢布贬值后进口品价格上涨造成的国内通货膨胀,使得财政赤字急剧扩张,俄罗斯政府在此背景下不得不实行紧缩性财政政策。可见,为了保汇率,限制了俄罗斯为拯救国内经济而实行独立的货币、财政政策。

并且,当时过高的利率仍无法缓解资本外流,反而急剧加大了俄罗斯经济进一步下行的风险。在此背景下,俄罗斯央行于2014年11月10日发布紧急声明,宣布取消外汇篮子走廊上下浮动限制,允许卢布自由浮动。其后卢布兑美元在三个月内迅速大贬超过了50%。

但是,卢布贬值一步到位却给俄罗斯释放了巨大的经济风险,因为汇率自由浮动打开了俄罗斯自主货币政策的空间,因此资本外流趋缓,使得俄罗斯央行得以略微下调基准利率。事实上,在卢布兑美元迅速贬值之后,18%的基准利率将俄罗斯CPI很好地控制了下来,并且在随后俄央行逐渐下调基准利率以缓解经济压力的过程中,CPI始终得到良好控制。同时,充分调整后的汇率使俄罗斯股市止跌反弹、楼市高位企稳③。从结果来看,可以说俄罗斯成功地"弃汇保楼"了(2016-10-09,楼市和汇市:一个都保不了?[J/OL])。

日本的问题详见第四章能量棒《日元升值综合征》。

3. 中国的选择

1) 2016年国庆期间的楼市调控与离岸市场的人民币贬值

2016年国庆假期期间,一场楼市监管大风暴席卷了全国——北京、上海、广州、深圳这4个一线城市以及苏州、南京、合肥、厦门等15个二线城市都出台了对楼市降温的严厉的限购、限贷、提高首付款比例等宏观调控政策。回想2011年40个一、二线城市先后颁布限购

① 俄罗斯的M_2/GDP在2010年之前持续维持在高位,M_2增速与GDP增速差额显著高于其他金砖国家与发达国家,平均年度差额超过15%,同期美国的平均年度差额仅2.34%。

② 2005年年底,普京将住房并入国家四大优先发展项目,承诺2012年前将实现全俄总人口的35%拥有必需住房,以后逐渐达到60%~70%。

③ 汇率贬值到位以后,俄罗斯股市从最低的578点迅速反弹至最高1 092点;俄罗斯平均公寓售价则维持在52 000卢布/平方米的高位上下小幅震荡,最低也没有跌破2014年年底的价格。

令，部分地区的市场由此进入了长达5年的冬眠期，看此次调控力度力度比2011年有增无减，说明中央已将调控楼市上升到了国家战略的高度。

与此同时，10月6日，当中国外汇市场仍处于国庆假期休市时，离岸人民币对美元却迅速贬值到了6.70关口，是6年来的新低。贬值的原因被分析人士猜测为：① 受到美元加息预期上升、美元指数快速走强(再次站上96关口)的影响；②由于人民币在10月1日正式加入SDR后，市场预期央行对资本自由流动的管制会放松，而投资者对人民币的信心不足，因此做空人民币，这次做空是人民币空头在离岸市场上对中国央行是否能保住汇率的一次试探。

在人民币贬值的背景下给楼市降温的好处在于：①有利于实体经济；②将2005年后进入中国的国际投机资金高位套牢在房地产上，因为房地产资产的流动性很差，投机客在房产价格下跌的情况下通常会惜售，观察一段时间，而不是立即斩仓止损，这样就会冻结市场上冲击人民币汇率的流动性，给人民币创造有序贬值的机会，并减少外汇储备的损耗，因为在这几年的人民币贬值预期下，我国央行为了捍卫汇率而一直在损失外汇储备①，可以说中国实行的是"弃楼保汇"战略。

2）中国可以任由人民币贬值、从而保住楼市吗？

中国不可以借鉴俄罗斯的经验，如果任由人民币贬值，则楼市与汇率一个也保不住。

(1) 中国楼市泡沫远高于俄罗斯

中国楼市泡沫远高于俄罗斯②，如果央行任由人民币贬值，人们就会在贬值尚未到位时形成强烈的进一步贬值的预期，从而抛售明显高估的房产、转而抢购总共只有3.2万亿美元的外汇储备，从而汇率与楼市都保不住。

(2) 人民币贬值将带来严重通货膨胀

有人认为人民币贬值可以刺激出口，但是，中国的石油、铁矿石、粮食、芯片、发动机等基础原材料、生活必需品、高新技术等对外依存度较高，放弃汇率意味着输入性通货膨胀将快速上升③。通货膨胀上升之后，企业的生产要素价格一样会上升，在房价没有下降的大前提下，企业因为货币贬值所取得的一点优势马上就会丧失殆尽，同时老百姓将会承担更多的通货膨胀成本。

而抑制通货膨胀，最有效的方法就是紧缩货币、提高利率，比如，中国20世纪90年代初为了抑制通货膨胀和疯狂的楼市投机，银行利率最高达到了15%左右，如果未来中国的利率达到这个水平，贷款拿地的房企与用按揭贷款买房的居民可能无法偿还贷款，因此房产将被抛售，导致房价下跌，即放弃汇率可能最终还是不能保全楼市。

退一步说，就算我们能承受输入性通货膨胀的后果，而不加息，这样房价可能不会下跌，但是这个房价是用贬值了的人民币计值的，如果用美元来衡量，仍然是下跌了。因此，放弃汇率的结果，更可能是急速刺穿房地产泡沫，使得楼市和汇市一个都保不住。

---

① 2016年9月中国外汇储备是3.166 6万亿美元，环比减少了188亿美元，连续5个月下降，创下了5年半来的新低。

② 俄罗斯在10年间楼市只上涨了2.5倍，从2004年5月到2014年3月的10年时间里，中国最主要的4个一线房地产市场——北京、上海、广州、深圳的房价，分别上涨了374%、346%、505%和420%，如果算上这两年的涨幅，至少是5倍以上，中国地产的泡沫已经超过了日本顶峰时期的泡沫水平，打破了人类有史以来楼市泡沫的纪录。

③ 原油对外依存度超过60%、食用油对外依存度超过60%、粮食的对外依存度接近30%，这几项基本代表了全社会商品价格整体水平，其上涨必然推动通货膨胀整体水平急剧上升。

（七）2017年年初的人民币汇率稳定与非典型加息、降准

1. 2017年年初的人民币汇率稳定[62]

截至2017年2月底，尽管美国总统特朗普称中国为“汇率操纵总冠军”，并表示有对华打贸易战的可能，但是人民币汇率却自2017年以来保持稳定，一改2016年的跌势、转而升值了1%，使得学者们预期2017年全年人民币对美元汇率将在6.9～7.3元人民币/美元之间波动，贬值空间很小，原因是：

(1) 中国经济增长态势改善

自2016年第3季度以来，中国经济便呈现了积极向好的态势，工业企业利润、发电量、货运量等微观数据大幅反弹，挖掘机销售连续4个月同比增速超过70%。1月非金融企业中长期贷款新增了1.52万亿，占当月全部新增贷款的74%，达近两年新高，同样预示着企业生产活动增加，特别是PPP项目加速落地带来的投资反弹。房地产一二线城市调控后，大城市溢出效应带动周边三四线城市销售走高；海外市场回暖超出预期，1月出口强劲；在经济向好的预期下，港股自2017年年初至2017年2月底涨幅接近9%，显示投资者乐观偏好增加。同时，2017年恰逢十九大，考虑到政治周期与经济周期历来关系密切，预计稳增长仍是决策层的重要考虑，为支持基建投资，可以预期将有更加积极的财政政策，使得中国保持一定的经济增长速度。从购买力平价理论来看，中国经济增长相对于美国速度提高将使人民币相对于美元升值。

(2) 2016年抑制资本外流的管控措施生效

得益于2016年抑制资本外流的管控措施的生效，2017年1月中国外汇储备只下降了123亿美元，是2016年同期的1/8。从汇率的供求决定理论来看，外汇管制的加强有利于缓解中国外汇市场上美元供不应求的局面，因此有利于人民币汇率稳定。

(3) 加息周期开启，利于抵御资本外流

2017年春节前后，中国央行相继调高了中期借贷便利(MLF)、公开市场操作(OMO)、常备借贷便利(SLF)等中短期利率，受此影响，债券市场短端和长端利率比2016年年底全面上调，学者分析央行加息主要是为了抑制房地产泡沫、防范资金大规模流出及抵御通货膨胀压力，而适度偏紧的货币政策确实起到了缓解资本外流压力与人民币贬值趋势的作用。从利率平价理论来看，中国加息将使人民币资产相对于美元的吸引力增强，因此有利于缓解中国外汇市场上美元供不应求的局面，从而有利于人民币汇率稳定。

(4) 美元走强未必持续

从历史上来看，美联储加息周期开启后，美元未必走强。例如，美联储分别在2015年、2016年年底开启加息，但此后美元走势均未延续此前上涨趋势，而是转向走弱。2017年以来，美元指数下行，至2017年2月底位于101左右，比103.3的高点下降了2.1%，因为强劲美元不利于推行特朗普的新政，因此学者预期2017年美元走势不会很强。从利率平价理论来看，这将降低美元资产相对于人民币资产的吸引力，因此有利于缓解中国外汇市场上美元供不应求的局面，有利于人民币汇率稳定。

2. 非典型加息、降准

◇ 能量棒 4-18-6

中国2016年、2017年的非典型加息

（一）2016年、2017年中国实行非典型紧缩性货币政策的背景

1. 资产泡沫及隐性通货膨胀加剧

一方面，由于连续多年的货币超发，2016年我国房地产市场、债券市场等领域资产价格

泡沫凸显，资金“脱实向虚”“以钱炒钱”以及不合理的加杠杆行为酝酿着金融风险。

另一方面，在持续多年货币超发、实体经济需求回升、供给出清的带动下，2016 年中国 PPI 大幅度上涨①，但 CPI 却出奇地平稳，仅从 1 月的 1.8%回升到 12 月的 2.1%。这是因为 2016 年年初中国统计部门对 CPI 的权重进行了大幅度地调整——将涨幅大的食品权重从 33.61%下调至 28.19%，其中涨幅最大的肉禽及制品权重从 7.34%下调至 4.58%，并大幅上调了涨幅小的非食品类权重，可见，2016 年中国出现了被掩盖的通货膨胀(2017-02-21，张勤峰)[63]。

2. 人民币贬值预期导致资本外流、外汇储备下降，又碰上美联储加息周期的来临

2016 年人民币贬值预期引发资本大幅流出，中国外汇储备跌破了 3 万亿美元大关，又碰上美联储进入加息周期，因此，自 2016 年下半年以来，中国货币当局为了防范金融风险，开始逼迫金融部门、实体经济去杠杆，因此货币政策从宽松转向持续收紧，也就是说，中国进入了新一轮的加息周期之中。

3. 中国此轮的紧缩是非典型紧缩

由于实体经济表现疲软，因此，中国此轮紧缩与历史上典型的紧缩周期是有区别的，此轮货币政策紧缩的空间有限，调整将以预调、微调为主，央行将进行非典型加息，或者说曲线加息、边际加息。具体来说：

(1) 央行货币政策是否紧缩取决于多目标的平衡

中金公司研究报告指出，央行 2016 年第 4 季度货币政策报告正式提到了“货币闸门”，表明货币政策取向比之前已经收紧，但不能就此简单认为货币政策进入传统紧缩周期，因为有多目标的平衡和取舍问题——央行要在控制金融杠杆、防范房地产泡沫、防范通货膨胀风险的同时，兼顾经济稳增长目标。

由于 2017 年中国货币政策目标是抑制流向房地产市场、债券市场、新兴保险等金融领域的所谓脱实向虚、以钱炒钱、不合理加杠杆的行为，而不是抑制基建投资、制造业投资、消费、出口等实体经济领域的经济过热和通货膨胀；同时，考虑到 2017 年中国经济企稳基础不牢、地产与汽车行业已经回调、通货膨胀整体温和，因此中国央行尚不具备大幅调高存贷款利率的可能性，除非通货膨胀率超出预期地上升。但是，由于中国的利率市场已不是完全分割的了，因此货币市场的加息将传导到债券、股票与存贷款市场，2017 年后实体经济的融资成本也将不同程度地上升(任泽平，2017-02-08)[64]。

(2) 未来货币政策调控的形式将更加灵活多样，而不仅限于传统的紧缩模式

因为央行有多目标，所以货币政策会遵循“货币政策+宏观审慎政策”双支柱模式，综合运用价、量和宏观审慎工具来实现多重目标(2017-02-21，人民币保卫战怎么打？加息是最后的办法[J/OL])[65]。

(二) 2016 年、2017 年中国实行非典型紧缩性货币政策的方法

具体来说，中国央行 2016 年、2017 年非典型的紧缩性货币政策的操作方法如下。

1. 非典型地降低货币供给量

中国央行自 2016 年 2 月 29 日降低法定存款准备金率之后，到 2017 年第 1 季度(本书写作时)为止再没有明显的宽松措施，更多地通过公开市场操作补充流动性，从宽松转向中

① 2016 年中国一、二线城市房价暴涨，部分区域翻倍。2016 年 PPI 大幅回升，从 1 月的-5.3%快速攀升至 12 月的 5.5%，回升了 10.8 个百分点。

性。例如，半年之后即2016年8月底，央行重启了14天的逆回购，随后又重启了28天的逆回购；再如，加大中期借贷便利(MLF)的操作力度。

央行明确将于2017年第1季度起，在对商业银行进行宏观审慎(MPA)评估时，正式将表外理财纳入广义信贷范围，并提到"逐步探索将更多金融活动和金融市场纳入宏观审慎管理"，暗示未来可能有更多的宏观审慎监管政策落地。这将使得商业银行减少表外理财的发行规模，从而减少贷款派生存款的规模，减少货币供给量。

2017年2月7日央行连续多日暂停逆回购，同时对部分银行进行"窗口指导"，以控制2月信贷规模，标志着央行开始收紧货币供给量(任泽平，2017-02-08)。

2. 非典型地加息

1) 央行通过调节银行体系的流动性来上调货币市场利率、实现非典型的边际加息

中国自从人民币贬值以来外汇储备一直在下降，外汇占款不再如人民币升值阶段那样充当基础货币的主要投放渠道了，央行通过MLF等新型再贷款、再贴现工具对银行体系投放流动性，成为了中国基础货币的主要投放渠道，因此央行对于银行体系流动性具有更大的影响力了。

在此背景下，2016年第4季度，货币市场利率率先大幅度走高；随后，2017年1月，央行实行锁短放长的利率政策，希望通过长期利率的下降促使企业拉长融资期限、进行实业投资；同时提高短期资金成本以打击加杠杆投机行为，而提高短期资金成本就相当于隐性加息，标志着货币政策从中性转向偏紧。央行提高短期利率的举措如下：

(1) 2016年第3季度，央行重启14天和28天逆回购品种，中标利率上行，正式引发了人们对于中国加息的担忧。

(2) 2017年1月央行正式上调MLF半年和一年期利率，标志着加息从隐性转向显性。央行公开市场逆回购(OMO)、中期借贷便利(MLF)、备用借贷便利(SLF)的利率也上涨，从表面上看印证了央行的解释——央行利率反映了市场利率的走势，但实际上从源头上看，货币市场利率的上涨是源于银行体系流动性的收紧，而这本身就是央行主动调控银行体系流动性的结果，也就是说，这是央行加息行为。

(3) 2017年2月3日，央行再次对逆回购和SLF利率上调，标志着短端和长端利率已经全面上调，致使10年期国债收益率从2016年8月中旬的2.64%的低点上升到2017年2月的3.42%，加息信号进一步明确，至此央行事实上已经加息。因为中国货币政策框架正处于由数量型向价格型转型的时期，而价格型货币政策框架正是由政策利率传导到货币市场利率，再传导到债券、存贷款利率等，进而影响投资与消费，因此，央行的这些举措表明中国正在真加息，而不是假加息。但是，由于这些货币市场利率的变化目前在我国并不能顺利地传导到存贷款利率中(因为存、贷款利率还受央行基准利率及宏观审慎监管的管制)，因此，这种真加息又被学术界称为边际加息或非典型加息(任泽平，2017-02-08)。

2) 存贷款加息概率很小

但是，由于实体经济疲软，研究机构分析央行为了促进投资与消费，2017年不会上调存、贷款基准利率；如果后续货币政策仍需边际收紧，预期央行将继续上调货币市场利率，这就是边际加息，或者说是非典型加息，因为央行并没有上调存、贷款基准利率。

综合而言，当时的货币政策更趋实质稳健，在多重目标的艰难平衡过程中，进一步边际收紧的可能性虽不能排除，但有别于传统的紧缩模式，当时的货币政策调控更显现出阶段性、结构性和精细化的特征(任泽平，2017-02-08)。

3. 非典型的告示效应

1）有意强调公开市场操作利率上行的市场化属性，淡化其加息的政策信号

央行在2016年第4季度货币报告中指出，第3季度增加逆回购操作的期限、品种，意图是适当地延长央行资金投放的期限，引导金融机构提高负债的稳定性，控制“以短搏长”造成的资产负债期限错配和流动性风险。同时，央行重申，2017年2月初的逆回购中标利率上行是市场化招投标的结果，反映了2016年9月以来货币市场利率中枢上行的走势，是在资金供求影响下随行就市的表现。

有金融机构分析认为，央行此举有意强调公开市场操作利率的市场化属性，是为了淡化其加息的政策信号，避免市场做出加息的解读；是暗示日常货币政策工具利率的弹性可能加大，未来类似的调整可能变得更频繁。按照这一思路，未来公开市场逆回购、MLF等利率仍存在调整可能。

2）央行提到通货膨胀预期、而非实际的通货膨胀压力上升

央行在2016年第4季度货币报告的宏观经济展望部分特别提到通货膨胀预期有所上升、通货膨胀及通货膨胀预期的未来变化值得关注。此次货币政策报告中多处提及通货膨胀，并设有专栏分析PPI，有研究机构点评称，通货膨胀预期上升与通货膨胀压力上升有区别，近期通货膨胀预期上升虽引起央行关注，但央行并不认为实际通货膨胀压力上升，因此货币政策不会做出过度反应。

3）央行对于货币政策趋势展望的措辞变化

央行在2016年第4季度货币报告的货币政策趋势展望部分，在措辞上将货币政策基调由“稳健”调整为“稳健中性”；强调控制货币总量稳定，重提货币“闸门”；对流动性管理的定调从维护流动性“合理充裕”调整为“基本稳定”；特别提出抑制资产泡沫，防止“脱实向虚”，把防控金融风险放到更加重要的位置，报告明确提出房地产价格泡沫是央行关注的主要风险之一。

由于我国货币当局采取了较为严厉的资本管制措施，自2017年年初以来，人民币从6.9元人民币/美元的水平一路升值到6.4的高点后，又重新进入下降通道，到了2017年12月初贬值到了6.6的水平时，适逢特朗普减税方案通过，各界人士都预期人民币将继续贬值(2017-12-05，美国税改法案终获通过，对中国的四大影响！外贸企业该做什么准备！[J/OL])[66]。

（八）小结——蒙代尔不可能三角理论

以上分析表明，在资本可自由流动的前提下，当面临本币的贬值与贬值预期时，央行要维持本币不贬值，只得依靠加息、外汇市场干预(即卖出外汇的公开市场操作)等为数不多的举措。但加息可能使本已萧条的经济更加萧条，为了避免加息以打击国内经济，央行没有其他办法，只得进行资本管制即禁止资本外流，这表明资本自由流动、固定汇率及国内货币政策的自主性三者是不可得兼的，只能得兼其中任意两者，比如，有固定汇率制度、国内货币政策的自主性，而牺牲掉资本自由流动；或者是有资本自由流动与国内货币政策的自主性，而牺牲掉固定汇率制度；或者是有固定汇率制度、资本自由流动，而牺牲掉国内货币政策的自主性，这就是由欧元之父蒙代尔提出的不可能三角理论。

在实践中它屡屡得到验证，比如，2015年年底，由于中国资本账户已日渐开放，央行为了维持固定汇率，又不想加息，因此针对购汇需求和人民币贬值压力上升的局面，除了进行外汇市场干预外，还低调地进行窗口指导，并暂停了机构申请新的RQDII(人民币合格境内机构投资者)等

相关业务，即加强资本管制。再如，2015年10月15日起中国央行对开展代客远期售汇业务的金融机构收取外汇风险准备金，准备金率暂定高达20%；同时，外管局也紧急下发文件加强对居民蚂蚁搬家式购汇的管理，防止国内资本快速流出，以防止人民币贬值(2015-09-10，离岸人民币创单日最大涨幅，央行或罕见干预离岸市场[J/OL])。但是，资本管制有时并不能完全达到效果，例如，在本币贬值期间民间会创新很多资本外逃的手法。

◇ 能量棒 4-19

离岸市场的货币创造及对本国货币政策的影响

——以欧洲美元及中国香港人民币离岸市场为例[67]

(一) 离岸市场的多倍存款货币创造

1. 原始存款(或基础货币)

离岸市场也如国内银行体系一样有多倍存款货币的创造过程，因为离岸银行体系也实行部分准备金制度。以美元的伦敦离岸市场为例，不妨把伦敦所有从事美元存贷款的银行视作一家银行——UD银行，把美国所有从事美元存贷款业务的银行视为另一家银行——AD银行。美国因经常账户赤字或资本账户盈余而流出到离岸市场上的美元存款，以及美国以外的国家(如中国)存入美元离岸市场的美元外汇储备相当于离岸市场(L银行)所吸收的原始存款(或基础货币)。

2. 法定准备金监管与审慎性准备金率

1) 欧洲美元银行的法定准备金监管与审慎性准备金

欧洲美元市场没有法定存款准备金要求①，但从事欧洲美元业务的银行出于应付短期流动性需求等原因而自愿持有一些存款准备金，通常存放于美国境内的银行体系中以获取同业存款利息，这被称为审慎性准备金。

弗里德曼(1969)认为，欧洲美元市场的存款创造过程与美国银行体系类似，实行部分准备金制度，而这正是欧洲美元多倍存款创造的根源。也就是说，欧洲美元存款迅速增长的主要原因不在于美国国际收支赤字、外国央行持有的美元储备或发行欧洲美元债券的收益，而在于欧洲美元银行只需保留很小比例(远小于法宝存款准备金率)的审慎准备金。

2) 审慎性准备金率下降的原因

梅金(Markin,1973)认为，可用Whalen(1966)的预防性现金需求理论建立欧洲美元银行最优审慎准备金模型。该理论认为，最优审慎性准备金规模的决定要考虑流动性不足的成本、审慎准备金的机会成本以及银行收支的平均规模和波动性，可以通过最小化总成本计算出最优的审慎准备金率。他得出的基本结论为，一方面，1964—1970年，欧洲美元银行的审慎性准备金率下降是因为随着其业务规模的上升，对审慎准备金的有效管理实现了规模经济，因此降低了审慎性准备金率；另一方面，由于欧洲美元银行的借短贷长业务模式存在流动性风险，因此欧洲美元银行仍需要持有准备金以应对流动性风险。

但尼汉斯(Niehans,1971)和海耶斯(Hayes,1971)则认为，欧洲美元银行的资产负债期限结构基本匹配，不需要对净提款持有准备金，因此低准备金率是因为欧洲美元银行在美国银行的存款余额仅仅是交易性货币需求(即用于欧洲美元的清算)，而没有预防性货币需求。

① 但一些国家要求本国商业银行针对其对外国人的净美元负债，在本国央行存放相应的本币存款。

3. 欧洲美元体系的存款漏损

不妨将所有从事欧洲美元业务的银行看作是一家银行——ED银行，当一笔来自欧洲美元体系以外的美元被存入欧洲美元银行体系时，相当于ED银行吸收了一笔原始存款，或基础货币，之后可以进行多倍存款创造。反过来，由于借取欧洲美元的银行客户通常需要在本国(如美国)运用这笔贷款，因此当客户将欧洲美元提取出去时，又相当于ED银行损失了一笔原始存款，或收缩了基础货币，将发生多倍存款紧缩，可被视为一种漏损。

克洛普施托克(Klopstock,1970)认为，欧洲美元体系的存款漏损很严重，在美国银行体系中以非银行公众持有现金的形式漏损的存款很有限且可以预测，而欧洲美元银行更像储蓄贷款协会等非银行金融中介机构，其贷款和投资中只有一小部分能够作为存款留在欧洲美元体系，大部分都回流到了美国境内，其存款漏损规模非常庞大。欧洲美元存款增长快的主要原因是初始资金转移量较大。

由于欧洲美元客户都是批发性客户，他们以存款形式在各银行间转账调拨资金比较方便，因此欧洲美元的现金漏损率可忽略不计，这样，欧洲美元的漏损就只有原始存款(或称初始准备金、基础货币)的转出这一个原因。

根据习惯，欧洲美元乘数的计算公式是：

$$m=\frac{M_1}{R_0} \tag{4-16}$$

其中：M_1 为欧洲美元(存款余额)；R_0 为注入欧洲美元银行体系的原始存款。

但这个公式并不准确，因为作为分母的应为 R_0-R_1，其中 R_1 是得到贷款后流出欧洲美元银行体系的资金，但这一项较难统计，也易被人忘怀，因而以初始印象——流入欧洲美元体系的原始存款 R_0 来衡量它派生存款货币 M_1 的倍数，会发现它小得令人颇感意外，因为人们本以为欧洲美元法定准备金率为0所以乘数应该很大，从这个角度来看，本应作为分母扣减项的欧洲美元回流资金 R_1 的因素现在被视为降低乘数的因素了，因此也被视为减小乘数的一种漏损。

4. 欧洲美元的货币供给模型与货币乘数估算

1) 欧洲美元的货币供给模型

欧洲美元的货币供给是原始存款净值(流入减去流出后的值)与货币乘数的乘积。货币乘数由法定准备金率、超额准备金率、现金漏损率决定，综上所述，由于欧洲美元银行体系没有法定存款准备金率，只有相当于超额准备金的审慎性准备金率；同时，欧洲美元主要是面向欧洲非居民的批发性存、贷款，客户得到贷款后是将欧洲美元转出欧洲美元体系去运用的，因此不会在欧洲美元体系内有现金漏损，现金漏损率可忽略不计，欧洲美元的货币乘数就是审慎性准备金率的倒数。

2) 对欧洲美元货币乘数的估算

从20世纪70年代开始，有大量文献对欧洲美元货币乘数进行了探讨与估算，比较有代表性的是固定系数乘数模型和一般均衡模型，固定系数乘数模型认为，整个美国商业银行体系充当欧洲美元体系的央行，欧洲美元银行在美国银行的存款充当欧洲美元市场的准备金，且准备金率很低；存在着以资金回流美国境内形式的存款漏损，准备金率和漏损率均相对稳定，因此可以推算出较为稳定的欧洲美元存款乘数。

Bell(1965)和弗里德曼(1969)认为，由于没有存款准备金要求，欧洲美元市场的潜在货币乘数是相当大的，而Klopstock(1968)等则认为欧洲美元银行体系的存款漏损率非常高，其货币乘数的数值很可能仅在0.5～0.9。

Lee认为从美国银行体系转移到欧洲美元银行的初始美元存款，构成了欧洲美元体系的基础货币，且假设基础货币外生给定。他还进一步将欧洲美元体系的存款漏损细化为两种形式：非美国居民获得欧洲美元贷款并存放于美国银行账户或进行货币市场投资，类似于国内银行体系的现金提款；美国居民获得欧洲资金并存放于美国银行，类似于国内银行体系的准备金损失。通过一些关键假设，Lee估算出欧洲美元乘数从1963年的1.2663上升到1969年年底的1.9213。他进一步认为，外国央行对欧洲美元乘数稳定增长的作用最大，因为外国央行倾向于将部分超额美元储备存放在欧洲美元市场，而非美国货币市场进行常规投资，从而实质上提高了美元存款留在欧洲美元市场的可能性。

马克卢普(Machlup,1972)、尼汉斯(1971)、马塞拉(Masera,1972)等则对上述模型中欧洲美元体系的固定漏损率和基础货币外生性提出了质疑，Machlup(1972)认为欧洲美元银行并不持有明确界定(well-specified)的储备资产，也无须遵守任何统一或稳定的存款准备金要求，因此我们"既不知道乘数(指准备金率)，也不知道被乘数(指存款基数)"。

Niehans(1971)则指出该模型的固定漏损率假设是不恰当的，并阐述了如果存款比率及存贷款规模不是外生给定的，而是利率水平的函数，将如何影响乘数，从而提供了一条不完全资产组合研究途径(partial portfolio approach)。

Masera(1972)也对欧洲美元体系存在"固定"或"稳定"的漏损率和确定的"外生"欧洲美元基础货币这一假设提出质疑，并认为在解释现有欧洲美元总量时必须同时考虑借款人和贷款人的偏好问题。但上述研究都没有提出可以替代固定系数乘数模型的根本性解决方案。

20世纪70年代中期，休森(Hewson)等人的一系列文章运用资产组合选择及一般均衡理论，从新的视角阐释了欧洲美元市场的存款创造过程。Hewson和Sakakibara(1974)认为，在存在显著管制的国内银行体系中，固定系数乘数模型可能在某些情况下是对货币供给过程的有用近似，但对于欧洲美元市场这样的无管制竞争性市场，可能是不合适的；在无管制情况下，乘数甚至可能变成除数。该文提出，欧洲美元体系的漏损率并非固定，而是市场参与者进行资产组合选择的结果，该比率可能随市场利率的变化而变化。资金从美国到欧洲美元市场的初始转移将降低欧洲美元市场的相对利率水平，从而降低欧洲美元存款的相对吸引力，导致资金流出欧洲美元市场，因此存在第三种存款"漏损"形式，即"利率漏损"。该文运用资产组合方法，建立了两地区七部门的一般均衡模型，并在此基础上估计了欧洲美元存款乘数的值，得出在没有外国央行在欧洲美元银行再存款的情况下，欧洲美元市场对于初始存款流入的乘数介于0和1之间，存款的初始转移将被净"利率漏损"抵消，这是源于财富所有者对初始存款流入导致的相对利率变动进行的资产组合调整。如果存在外国央行再存款，则乘数介于0和$1/(1-cd)$之间，其中cd为外国央行将其美元储备存放于欧洲美元市场的固定比例。Hewson和Sakakibara(1976)对上述一般均衡模型进行了细化和完善，并在此基础上进一步评估了在美国市场、欧洲市场与欧洲美元市场相互依存的世界中，货币政策的有效性及国际短期资本流动管制等政策举措的影响。

总之，尽管学术界对欧洲美元市场的相关问题仍存在争议，但总体来看，关于欧洲美元市场的货币创造机制也形成了一些基本性的共识：一是欧洲美元银行在美国银行体系的美元存款相当于欧洲美元体系的存款准备金，由此派生出整个欧洲美元体系的存款总量，而欧洲美元存款回流境内则代表了欧洲美元体系的存款漏损。二是尽管欧洲美元体系的准备金率很低，但由于存在大量的存款漏损，其货币乘数并不大，因此欧洲美元市场不会无限制地扩张。

5. 欧洲美元市场的发展对于货币政策的影响

相对于欧洲美元存款创造问题而言，学术界关于欧洲美元市场的发展对于货币政策的影响的争论更为激烈，观点莫衷一是，主要围绕着以下议题。

1) 欧洲美元市场的发展是否会影响到美国货币政策的有效性？

学术界关于欧洲美元市场发展对美国货币政策的影响存在较为激烈的争议，Frydl (1979)系统性地总结了关于欧洲货币市场是否会对本国货币政策产生显著影响的争论，以及关于如何应对欧洲美元市场迅速发展的代表性观点，但也达成了一些共识：

(1) 当美联储提高贴现率、想使得联邦基金利率上涨时，正常的传导机制是：贴现率上调使得一些原本在美联储寻求再贴现的银行转而在联邦基金市场上进行同业拆借，使得联邦基金因供不应求而利率上涨，但欧洲美元市场的存在使得这些银行可以从欧洲美元市场上以低利率借款，因此联邦基金利率就难以上涨。

为此，一些学者建议美国货币当局采取相应的措施(Frydl，1979；BIS，1980)，比如，BIS曾成立一个由美联储理事会货币事务部主管 Stephen Axilrod 牵头的研究组，其中有个分课题研究的就是对欧洲货币存款征收存款准备金的问题。

(2) 欧洲美元市场对美国货币政策是否有影响，以及影响的程度都部分地取决于货币供应量的定义，欧洲美元市场的发展确实可能影响现行定义的货币供应量，使其变得不可测，因而影响其作为货币政策中间目标的有效性。

如果欧洲美元存款不计入美国的货币供应量，就属于“体外循环”，则欧洲美元存款的扩张并不会对美国货币供应量产生直接的影响，但与欧洲美元交易相关的资金跨境流动，可能会导致美国货币流通速度发生意外的波动，从而增加美国货币调控的复杂性。

2) 欧洲美元市场是否会引起全球通货膨胀？

还有些学者考虑的是欧洲美元市场所提供的稳定的融资来源是否会引起世界范围内的通货膨胀的问题(Frydl，1979)。

(二) 人民币离岸市场对中国货币政策的影响

厘清离岸人民币市场货币创造机制的前提，是厘清现行政策框架下人民币资金的跨境流动过程。

1. 现阶段人民币跨境流动过程

现阶段人民币跨境流动过程主要包括三个环节：境内人民币资金流出境外、境外主体持有的人民币存放境内、境外人民币资金回流境内。

1) 境内人民币资金流出境外

境内人民币资金流出境外进入离岸市场主要通过四条渠道：①个人；②非金融企业；③商业银行；④央行。

(1) 个人渠道

目前，境内人民币通过个人业务流入离岸市场主要有两条渠道：①携带现钞出境[①]，这是人民币流到境外最原始的渠道和积累方式；②兑换，境外参加行可为个人客户提供人民

① 以香港为例，内地居民每次入港时可携带的现钞人民币限额是2万元，超出的限额要主动向海关申报。

币双向兑换服务，人民币资金从境内金融机构账户通过境外参加行账户最终流入境外个人账户[①]，但是参加行向个人客户兑出人民币后形成的人民币空头头寸可以与清算行或境内代理行进行平盘，清算行又可以在境内银行间外汇市场进行平盘，最终导致人民币资金从境内金融机构账户通过境外参加行账户最终流入境外个人账户。如表 4-9 所示。

表 4-9　境内人民币资金流出境外的基本渠道一览表

渠　道	方　式	资 金 流 向
个人	携带现钞出境	现钞(境内)→现钞(境外)
	兑换	境内金融机构账户→境外参加行账户→境外个人账户
非金融企业	跨境贸易人民币结算	境内企业在境内结算行的账户→境外企业在境外参加行的账户
	境外直接投资人民币结算	境内企业在境内银行的账户→境外企业在境外银行的账户
金融机构	境内银行业金融机构的境外项目人民币贷款	境内金融机构账户境内→境外银行账户→境外企业在境外银行的账户
央行	货币互换	人民银行账户→境外央行在人民银行开立的账户

(2) 非金融企业渠道

境内人民币通过非金融企业流入离岸市场主要有两条渠道：

① 跨境贸易人民币结算(即用人民币支付进口)

根据 2009 年 7 月《跨境贸易人民币结算管理办法》，境内进口企业可以用其境内结算行账户中的人民币资金，支付到境外企业在境外参加行(代理行或清算行)的账户，来向境外出口企业支付人民币，这已成为目前离岸人民币市场最重要的资金来源。

② 境外直接投资(ODI)人民币结算(即用人民币支付境外直接投资)

根据 2011 年《境外直接投资人民币结算试点管理办法》，境内非金融企业可以使用人民币资金通过设立、并购、参股等方式在境外设立或取得企业或项目的全部或部分所有权、控制权或经营管理权等，这就是境外直接投资，这样，人民币资金就从境内企业在境内银行的账户流入境外企业在境外银行的账户。

(3) 金融机构渠道

根据 2011 年《中国人民银行关于境内银行业金融机构境外项目人民币贷款的指导意见》，境内银行可以为境内机构“走出去”过程中开展的各类境外投资和其他合作项目提供人民币贷款，包括但不限于境外直接投资、对外承包工程以及出口买方信贷等。因此，境内人民币通过金融机构流入离岸市场的渠道主要就是境内银行业金融机构为境外项目进行人民币贷款，使得人民币资金从境内金融机构账户转移至境外参加行账户，并最终流入境外企业账户。

此外，根据贷款的需要，境内银行还可以向其境外分行调拨人民币资金，也可以向其境外子行或境外代理行融出人民币资金。

(4) 央行渠道

境内人民币通过央行流入离岸市场的渠道，主要是中国人民银行与其他国家或地区的中央

① 目前，境外个人可以通过存款账户每天兑换不超过等值 2 万元人民币，以现钞兑换每次不超过等值 2 万元人民币。

银行或货币当局(以下简称境外央行)之间签定的双边货币互换协议,确定互换的额度和期限。但是要在境外央行启用该额度后,相应的人民币资金才从人民银行账户转移至境外央行在人民银行开立的账户,进而境外央行可以将互换获得的人民币资金向其本国商业银行融出,以提供流动性支持①。

此外,央行之间还可以通过签订双边协议进行本币结算。通过这两条途径,人民币资金就从中国人民银行的账户转移至境外央行在人民银行开立的账户。

2) 境外主体持有的人民币资金存放境内

境内人民币通过上述渠道流入离岸市场后,由于人民币的清算最终仍然只能通过境内银行体系完成,流出境外的人民币初始资金仍将存放于境内银行体系。离岸人民币资金存放境内主要有以下几种模式。

(1) 清算行模式(含托管账户)

即境外参加行在境外人民币清算行开立清算账户,清算行进而在人民银行开立清算账户,或者清算行在人民银行开立参加行的托管账户,将离岸人民币资金存放在人民银行的清算行清算账户或托管账户中②,因此,在人民银行开立的清算行账户和参加行托管账户的存款,共同构成了现行清算行模式下离岸人民币资金的境内存放。

(2) 代理行模式

根据2009年7月《跨境贸易人民币结算管理办法》,境内代理行可以与境外参加行签订人民币代理结算协议,并为其开立人民币同业往来账户,代理境外参加行进行跨境贸易人民币支付,因此,境外参加行可在境内代理行开立人民币同业账户。境外参加行可以自行选择通过清算行或代理行模式存放人民币资金。

(3) NRA账户模式

即境外非金融机构可以在境内银行开立人民币银行结算账户,根据2010年的《境外机构人民币银行结算账户管理办法》,境内银行应对境外非金融机构的本、外币账户以及境外机构与境内机构的银行结算账户进行有效区分,单独管理,境内银行在编制境外机构人民币银行结算账户账号时,应统一加前缀"NRA"。

(4) 央行货币互换模式

境外央行与人民银行签署货币互换协议后,需在人民银行开立人民币账户。任意一方发起互换之后,相应的人民币资金将从人民银行账户划入境外央行账户,境外央行进而可以动用这部分人民币资金拨付给其市场主体。

(5) 人民币特殊/专用账户模式

目前,境外央行、港澳清算行、境外参加行这三类境外机构可运用人民币资金投资境内银行间债券市场,并在境内银行开立人民币特殊账户,纳入人民币专用存款账户管理,专门用于银行间市场债券交易的资金结算。

此外,人民币合格境外机构投资者(RQFII)可运用在境外募集的人民币资金投资于境内证券市场,并在境内银行开立境外机构人民币基本存款账户和境外机构人民币专用存款账户,这两类存款账户分别用于交易所债券市场和股票市场交易的资金结算。

---

① 截至2013年3月底,人民银行已与19家境外央行签署货币互换协议,总额度超过2万亿元人民币,但实际动用的较少。

② 根据2011年3月31日香港金管局颁布的《关于人民币托管账户的安排》,自2011年4月起,香港金管局为加强清算行业务风险防范,对清算行模式进行了调整,境外参加行可以经人民币清算行于人民银行另行开立托管账户,以转存超越其日常业务及结算所需的人民币资金。

需要注意的是，上述人民币资金虽然存放在境内银行体系，但属于境外机构账户，这些账户与境外银行账户之间的人民币资金划转不属于跨境流动。

3）境外人民币资金回流境内

境外人民币资金回流境内与存放境内的主要区别在于，前者的人民币资金的所有权已转移至境内主体，而后者的资金所有权仍属于境外主体。境外人民币回流境内同样是通过个人、非金融企业、金融机构及央行等渠道。

（1）境外人民币通过个人业务回流境内

主要有3条渠道：①个人携带人民币现钞入境；②个人将人民币兑换为外币后，参加行将人民币通过清算行或境内代理行平盘；③通过境外银行汇入境内①。

（2）境外人民币通过非金融企业回流境内

境外人民币通过非金融企业回流境内主要有2条渠道：

① 跨境贸易人民币结算，指境内出口企业可以选择通过跨境贸易人民币结算方式下的代理行或清算行模式向境外进口企业收取人民币，因此人民币资金从境外企业在境外参加行的账户流入境内企业在境内结算行的账户。

② 外商直接投资人民币结算，根据2011年的《外商直接投资人民币结算业务管理办法》，境外投资者（包括境外企业、经济组织或个人）可以选择以人民币来华投资。人民币资金从境外投资者的境外参加行账户或NRA账户，转移至境外投资者在境内开立的专用存款账户，进而转移至外商投资企业的境内账户。

（3）境外人民币通过金融机构渠道回流境内

主要有2条渠道：

① 境外机构投资于境内证券市场，境外人民币资金转移至上述境外机构在境内银行开立的人民币特殊账户，进而通过证券投资转移至境内金融机构账户。2010年8月，人民银行批准港澳清算行、境外参加行及参加跨境服务贸易试点的其他境外金融机构（包括境外保险公司），运用跨境贸易和投资人民币业务获得的人民币资金投资于境内银行间债券市场；2011年12月，证监会、人民银行、外管局批准境内基金管理公司、证券公司的中国香港子公司（即RQFII）运用在中国香港募集的人民币资金投资于境内证券市场，2013年3月，证监会将RQFII范围进一步扩展至境内基金管理公司、证券公司、商业银行、保险公司等中国香港子公司，或者注册地及主要经营地在中国香港地区的金融机构。尽管合格境外机构投资者（QFII）也可以使用人民币投资境内证券市场，但其操作模式为从境外汇入外币，在境内兑换为人民币后进行投资，不涉及人民币跨境流动，故不属于境外人民币资金的回流渠道。

② 跨境人民币贷款，境外银行的人民币资金转移至境内借款企业开立的一般存款账户。2012年时，境内企业从境外银行进行人民币贷款仍属于地区性试点②。

（4）境外人民币通过央行渠道回流境内

境外人民币通过央行回流境内的主要渠道为境外央行运用人民币投资银行间债券市场。2010年8月，人民银行批准境外央行或货币当局（包括部分国际金融机构），可运用央行货币互换获得的人民币资金投资境内银行间债券市场，这样人民币资金就从境外央行在人民银行开立

---

① 目前港、澳、台三地对于人民币汇入境内有不同的要求：香港、澳门居民以汇款人为收款人的汇款（即同名汇款），每人每天汇入境内的最高限额分别为8万元和5万元人民币；台湾居民可办理经常项下往来大陆汇款（包括以账户持有人为收款人或其他收款人的汇款），每人每天汇入境内的最高限额为8万元。

② 2012年12月，人民银行深圳中心支行发布《前海跨境人民币贷款管理暂行办法》，人民银行批准在深圳前海注册成立并在前海实际经营或投资的企业，可以从香港经营人民币业务的银行借入人民币资金。

的账户转移至境内金融机构的账户。

2. 离岸人民币市场的货币创造机制

在分析离岸市场的货币创造机制之前，需要先界定两个概念——“广义”和“狭义”的离岸市场存款。广义的离岸市场存款是指境外主体持有的本币存款总额，包括境外主体在境外银行的本币存款和境外主体直接存放于境内银行的本币存款；而狭义的离岸市场存款仅包括境外主体在境外银行的本币存款。上述关于离岸美元市场货币创造机制的分析框架同样适用于离岸人民币市场。

1) 离岸人民币市场的原始存款(基础货币)

离岸人民币市场的原始存款(或基础货币)是通过个人、非金融企业、商业银行及央行等渠道从境内流出到境外的人民币资金，构成离岸人民币市场多倍存款货币创造的原始存款，比如，境内A企业(如华联超市)从境外B企业(如中国香港某月饼生产厂)进口了一批港式月饼，用人民币100万元支付给中国香港的B企业，变成B企业在其中国香港开户行(如汇丰银行)的人民币存款，这就是汇丰银行的一笔原始存款。

2) 离岸人民币市场的多倍存款货币创造

接着，汇丰银行为这100万元人民币存款在其境内的清算行(如工商银行)存入1%即1万元的审慎准备金，将剩下的99万元贷款给中国香港的C企业，变成了C企业在汇丰银行的99万元人民币存款；接着，汇丰银行又为这99万人民币存款在深圳工商银行存入1%即0.99万元的审慎准备金，将剩下的98.01万元贷款给中国香港的D企业，变成了D企业在汇丰银行的98.01万元人民币存款；接着，汇丰银行又为这98.01万人民币存款在深圳工商银行存入1%即0.980 1万元的审慎准备金，将剩下的98.990 1万元贷款给中国香港的E企业……

如此下去，当这个多倍存款创造过程结束时，汇丰银行总共生产的人民币离岸存款数额为以下无穷递减等比级数的和：100、99、98.01、98.990 1…，其和为：

$$100 \times \frac{1}{10\%} = 10\ 000(\text{万元}) = 1\text{ 亿元}$$

同时，汇丰银行在每一轮贷款派生存款时，存放在境内银行的审慎准备金总额也为以下无穷递减等比级数的和：1、0.99、0.980 1…，其和为：

$$1 \times \frac{1}{1\%} = 100(\text{万元})$$

可见，①当没有(或不考虑)现金漏损，且假定审慎准备金率小于100%时，离岸人民币市场的存款货币创造总额为原始存款的多倍，乘数为审慎准备金率的倒数，离岸人民币市场的审慎准备金率的高低决定其货币创造能力的大小。②整个境内银行体系充当离岸人民币市场的“央行”，而流到境外并最终存放于境外的初始资金将成为离岸人民币市场的“基础货币”，从而派生出整个离岸人民币存款体系。

显然，如果假设审慎准备金率为100%，即汇丰银行将这100万元离岸人民币存款全部转存入其境内清算行，则在离岸市场将不会发生多倍存款货币的创造，在这种情形下，狭义的离岸存款货币为0，广义的离岸存款货币为100万元人民币。

由于目前离岸人民币市场的深度和流动性有限、人民币资金的使用渠道不多、人民币资金成本相对于其他主要货币仍较高等原因，离岸市场的人民币贷款业务并不活跃，贷款规模仍较为有限，因此，离岸人民币市场目前的货币创造能力也较小。据中国香港金管局公布的数据，截至2013年2月底，中国香港人民币贷款余额为858亿元人民币，仅占中国香港同期人民币存款余额的13%，可见，大致有87%的资金都被作为审慎准备金被存入境内了。

3. 离岸人民币市场的货币乘数测算

1）理论分析

离岸人民币市场的货币乘数为

$$m = \frac{D}{B} \tag{4-17}$$

其中，m为货币乘数；D为境外主体持有的人民币存款总额，即广义离岸人民币存款总额；B为离岸人民币市场的基础货币，即境外主体在境外银行体系的人民币存款总额。

根据以上分析，境外主体持有的人民币存款总额D可表示为

$D=$ 境外央行在人民银行或境内商业银行的人民币存款＋NRA账户人民币存款＋境外金融机构在境内人民币特殊账户的存款＋离岸人民币净存款

其中，离岸人民币净存款是指境外银行的人民币存款扣除境外同业存款后的净存款，在不存在任何派生存款的情况下，离岸人民币净存款等于境外银行通过清算行和代理行模式存放在境内银行体系的人民币存款，即离岸人民币市场的存款准备金。

离岸人民币市场的基础货币B可表示为

$B=$境外央行在人民银行或境内商业银行的人民币存款＋NRA账户人民币存款＋境外金融机构在境内人民币特殊账户的存款＋离岸人民币市场的存款准备金(即境外银行通过清算行模式和代理行模式存放于境内银行体系的人民币资金)。

2）测算

伍戈，杨凝(2015)利用境外主体持有的人民币存款总额和离岸人民币市场基础货币总额数据[①]，初步估算出了离岸人民币市场的货币乘数。

(1) 香港离岸人民币存款总额

目前，离岸人民币存款仍主要集中在香港，香港金管局每月会公布香港人民币存款余额数据，而香港金管局的债务工具——中央结算系统(CMU)则公布未到期的离岸人民币存款证数据，上述两项数据相加可得到狭义的香港离岸人民币存款总额。

以2011年年底的数据为例，香港人民币存款余额为5 885亿元，香港人民币未到期存款证余额约为675亿元；境外清算行在人民银行的存款余额和境外参加行在境内代理行的存款总额约为4 000亿元；NRA账户余额约为800亿元。由此可得境外主体持有的人民币存款总额＝5 885＋675＋800＝7 360亿元。

由于央行货币互换协议签署后正式发起的很少，而境外金融机构划转至人民币特殊/专用账户的人民币资金，很快就通过购买债券等方式回流境内，因此境外主体通过这两种模式存放境内的人民币资金可暂时忽略。

(2) 中国香港离岸人民币基础货币

中国香港离岸人民币市场基础货币＝4 000＋800＝4 800亿元，因此可估算出目前香港离岸人民币市场的货币乘数＝7 360/4 800＝1.53，该数值远低于同期境内为3.79的货币乘数。

---

① 香港金管局公布的人民币存款余额数据仅包括非金融企业、个人等客户在香港银行的人民币存款总额，不包括银行同业存款以及银行发行的人民币存款证。

3）香港离岸人民币市场货币乘数不大的原因

在目前的情况下，离岸人民币市场货币乘数仅为1.52，数值不大的原因主要是：

（1）相对于欧洲美元市场而言，离岸人民币市场的存款准备金率较高，即境外银行的人民币存款通过清算行和代理行模式存放在境内银行体系的比例较高，而这又是因为中国香港金管局对香港参加行设定了人民币风险管理限额。根据金管局目前的规定，参加行所持下述5项资产的总额应经常保持在不低于其人民币客户存款的25%：①人民币现金；②在人民币清算行的结算账户结余；③在托管账户的结余；④所持中国财政部在香港发的人民币主权债券；⑤根据中国人民银行批准的安排通过内地银行间债券市场持有的人民币债券投资。也就是说，香港金管局为离岸人民币市场设定了25%的法定存款准备金率，因此，其乘数最大为4。

（2）一方面，由于人民币资金成本相对较高，离岸人民币贷款市场仍不活跃；另一方面，由于离岸人民币资金的回流渠道逐步被打通，在境内人民币资金的收益率高于离岸市场的情况下，离岸市场人民币资金的回流愿望较强，这两方面的原因造成了离岸人民币回流得较多，相当于现金漏损率较高。

4. 离岸人民币市场发展对我国货币政策的影响

1）离岸人民币市场对我国货币供应量的影响取决于相关货币统计口径

与欧洲美元市场的情况类似，离岸人民币市场对我国货币供应量的影响同样取决于相关货币统计口径，主要涉及以下4个问题。

（1）境外银行（包含境外央行、清算行和参加行）在中国央行的人民币存款是否计入境内基础货币？

根据中国央行的统计口径，我国的基础货币由金融机构库存现金、流通中货币、金融机构特种存款、金融机构缴存准备金和邮政储蓄转存款构成。具体来说，在人民银行的《货币当局资产负债表》中，储备货币即基础货币，包括货币发行、各（境内）金融机构在人民银行的准备金存款、邮政储蓄和机关团体存款。而境外银行在人民银行的人民币存款属于人民银行对非居民的负债，记录在该表的负债项下的“国外负债”条目，但不计入基础货币[①]。

（2）境外金融机构在境内银行的人民币存款是否计入境内货币供应量？

目前，境外金融机构在境内银行的人民币存款，主要包括境外参加行在境内代理行的同业账户存款，以及境外机构在境内银行开立的用于境内证券投资的人民币特殊/专用账户的存款。2011年10月，人民银行对货币供应量统计口径进行了第三次调整，将非存款类金融机构在存款类金融机构的存款和住房公积金存款计入广义货币供应量M_2，但对于存款类金融机构的同业存款，包括境外金融机构在境内银行的同业存款，目前尚未纳入货币供应量统计。但实际上，这部分存款的支付清算功能特征明显，可在一定程度上影响国内的流动性和总需求（杨凝，2012），尤其是境外机构人民币特殊/专用账户的存款，可以通过向境内主体购买证券而迅速转变为境内货币供给，可以考虑将其纳入某个层次的境内货币供应量。

（3）境外非金融机构主体在境内银行的人民币存款是否计入境内货币供应量？

目前，境外非金融机构主体在境内银行的人民币存款，主要包括境外非金融企业在境内

① 该统计口径是与国际经验是一致的，在美国、日本等国家，均存在境外央行和国际组织在本国央行开立存款账户的情况，而该账户中的存款并没有作为准备金存款计入基础货币。

银行开立的NRA账户存款，以及境外个人在境内银行的人民币存款。这两部分人民币存款记录在境内商业银行资产负债表的“负债”项下的“境外存款”条目中，与境内居民账户之间的支付划转较为便捷，流动性较高，都应计入境内广义货币供应量 M_2，且需缴纳存款准备金。

(4) 境外主体在境外银行的人民币存款是否计入境内货币供应量？

境外主体在境外银行的人民币存款即狭义的离岸人民币存款，既包括从境内流入离岸市场的初始存款，也包括从初始存款派生出的离岸人民币存款。根据欧洲美元市场等其他离岸市场的国际经验，境外主体在境外金融机构的本币存款参与境内支付存在一定限制，且流动性与境内主体在境内金融机构的本币存款存在差距，通常不计入货币供应量。因此，境外主体在境外银行的人民币存款也不应计入境内广义货币供应量 M_2。

2) 离岸人民币市场的存款派生不影响我国的货币供应量

从以上离岸人民币市场多倍存款货币创造过程中可知，原始存款(或称初始资金)通过境外人民币贷款等活动而派生出存款后，若借款人继续将这笔存款存放于境外银行，则境外银行的资产负债表将扩大，离岸人民币存款总额将增长，但境外主体存放于境内银行体系的人民币资金，即离岸人民币市场的基础货币不受影响。因此，离岸人民币市场的存款派生只是增加境外主体在境外银行的人民币存款，不会导致境外主体在境内银行的人民币存款增加，而境外主体在境外银行的人民币存款不应计入境内 M_2，因此离岸人民币市场的存款派生并不影响我国的货币供应量，这一点与欧洲美元市场的倾向性共识是一致的。

3) 离岸人民币市场的初始资金再存放到境内对我国基础货币和货币供应量的影响，主要取决于境外资金在境内的存放形式以及相关货币统计口径

(1) 人民币资金流出境外后，若通过清算行或代理行模式再存放回境内，则境内基础货币减少，从而导致货币供应量收缩。

① 假设时期0中国的基础货币为零。

② 在时期1中国央行通过公开市场购买，对工商银行投放了基础货币100万元，使工行在央行的准备金存款增加了100万元，因此我国基础货币变为100万元了。

③ 在时期2工行将100万元贷款给企业A，供企业A向中国香港的企业B支付进口款项100万元人民币，这笔钱被工行支付到中国香港汇丰银行企业B的结算户上，这意味着时期2工行的准备金减少了100万元(即中国的基础货币减少了100万元)，变成了中国香港汇丰银行的准备金资产100万元与持有的企业B的存款(汇丰的负债)100万元。

④ 在时期3，汇丰银行将这笔钱在留存了例如10%的审慎准备金后，贷款给中国香港的企业C，以增加企业C在本行存款的形式给付，并向境内工行(为其清算行)存入这10%的审慎准备金……经过如此这番一系列的贷款派生存款的过程后，这100万元人民币全部回流到境内工行，记录在其资产负债表的“国外负债”条目，不计入基础货币，因此，从以上①～④步来看，境内基础货币减少，从而导致货币供应量收缩。

(2) 人民币资金流出境外后，若通过NRA账户模式再存放境内，则不影响境内货币供应

人民币资金流出境外后，若通过NRA账户模式再存放境内，则不影响境内货币供应量，因为境外非金融企业在境内银行开立的NRA账户存款被记录在境内商业银行资产负债表的“境外存款”条目中，对于这部分境外存款，境内机构也可以合法挪用它发放贷款、派生存

款，最后这笔钱全部变成在央行的准备金，即基础货币。可见，这部分资金先流出境，再流入境，境内基础货币不变。

同时，由于它与境内居民账户之间的支付划转较为便捷、流动性较高，故应被计入境内广义货币供应量 M_2，因此，这部分资金先流出境、再流入境，境内货币供给量也不变。

(3) 存放在境内银行体系的境外人民币资金回流到境内主体将增大货币供应量

若回流资金来自于清算行账户(或参加行在人民银行的托管账户)，则境内基础货币和货币供应量增加；若回流资金来自于代理行账户，则导致境内货币供应量增加；若回流资金来自于 NRA 账户，则不影响境内货币供应量。

4) 基本结论

综上所述，关于离岸人民币市场的货币创造机制及其影响，我们可以得出如下基本结论：

(1) 整个境内银行体系充当离岸人民币市场的“央行”，境外主体在境内银行体系的人民币存款充当“基础货币”，由此派生出整个离岸人民币市场存款体系。

(2) 人民币资金流出境外构成离岸人民币市场的初始资金来源(原始存款)，导致境内基础货币及货币供给量下降；而离岸(境外)人民币回流境内则构成离岸人民币市场的“现金漏损”，如果它回流到境内参加行、代理行，并由参加行、代理行将其贷放给境内主体，将增加境内的基础货币及货币供给量。

(3) 目前，中国内地的利率尚未完全市场化(因为银行存贷款基准利率仍由央行决定)，内地利率与利率市场化的中国香港并不能保持一致，在利差与人民币升值、贬值预期的共同作用下，在境内与中国香港之间将产生人民币资产的套利机会。这种套利活动将使人民币在境内、外之间不稳定地流入、流出，流出时使我国货币量多倍下降，流入时又使得我国货币供给量多倍上升，使得货币供给量作为中介目标变得可控性下降，造成货币政策调控的困难，并且不利于保持人民币汇率稳定。

(4) 欧洲美元市场对美国货币政策也有同样的影响，美国货币当局认识到了离岸美元市场对其货币政策的可能影响，因此将隔夜欧洲美元列入其货币供应量 M_2，将长期欧洲美元列入其 M_3 之中，有鉴于此，我们预期香港的人民币离岸市场将受到更严格的监管。

5) 政策建议

基于上述结论，我们提出有关政策建议如下。

(1) 不必过度担忧离岸人民币多倍存款创造对我国货币供应量的影响

从境内流入离岸人民币市场的“基础货币”在境外派生出的人民币存款，不进入境内货币统计体系，不会对境内货币供应量产生影响，因此不需要过度担忧离岸人民币市场的存款创造对我国货币政策的影响。

(2) 完善与离岸人民币相关的货币指标统计口径

离岸人民币市场对我国货币供应量的影响主要取决于与境外主体相关的货币统计口径。厘清境外主体持有的人民币资金在是否被统计为基础货币、广义货币供应量、存款准备金等指标时的处理方式，有助于正确评估和判断离岸人民币对我国货币体系的实际冲击。IMF 编制的《货币与金融统计手册》针对货币统计归属，提出了经济利益中心和资产流动性两大原则，建议基于该原则仔细识别离岸人民币资金的性质，针对离岸人民币的特殊性构建是否被新的货币统计口径。

(3) 加强对跨境人民币资金流动和离岸人民币市场的监测

尽管离岸人民币市场自身的存款创造并不会直接影响境内的货币总量，但人民币资金频繁的跨境流动会使我国的货币供给量变动不居，会损害货币供给量作为中介目标的可控性，增加货币政策调控的复杂性。因此，建议继续密切关注离岸人民币市场的发展，进一步完善人民币跨境流动监测体系，强化对跨境及境外人民币业务的统计与分析，提高离岸人民币市场的信息透明度，以便及时、准确地把握离岸人民币市场对货币供应量的可能影响。

(4) 促进人民币境外循环和离岸人民币市场发展

离岸人民币市场所导致的人民币资金频繁跨境流动是其影响境内货币体系的主要因素，因此，在完善离岸人民币相关货币统计口径及人民币跨境流动监测体系的前提下，建议支持离岸市场人民币资金池建设，促进人民币资金的境外循环，以提升离岸人民币市场的稳定性，确保人民币跨境资金流动对货币政策的影响基本可控。

[1] 胡越云. 美国1907年金融危机中纽约清算所反危机机制失效原因及其启示[J]. 东南学术. 2010(3).

[2] 王广谦(主编). 中央银行学[M]. 高等教育出版社. 1998(8).

[3] 杨军华. 金融危机中处置有问题银行的政策选择研究[J]. 金融研究. 2011(7).

[4] 根据网上资料整理，http://read.jd.com/8076/398987.html.

[5] 王超. 王超专栏：银行流动性那些事儿——支付清算系统篇[J/OL]. [2015-10-21]https://mp.weixin.qq.com/s?__biz=MjM5NTAxMzM2Nw%3D%3D[J/OL]idx=2[J/OL]mid=400148350[J/OL]sn=69f8f6f03c7c3c5243221aa320c2c5d4.

[6] 夏晓虹. 推行小额货币"硬币化"改革的可行路径[J]. 海南金融. 2009(5).

[7] 孙翌. 边境民族地区推广小面额货币硬币化存在的问题及建议——以西双版纳为例[J]. 时代金融. 2012(20).

[8] 时文翔. 直接债务融资对货币供应的影响分析[J]. 金融研究. 2011(4).

[9] 周潇枭. "经理"、"代理"之争：3万亿国库库底资金如何管理？[J/OL]. [2015-07-27]http://business.sohu.com/20150727/n417555340.shtml.

[10] IPO重启：构筑人民币国际化资产池——不是多空，而是颠覆[J/OL]. [2015-11-20]http://www.sohu.com/a/42975567_160685.

[11] 危机一周年：中国不应改变金融创新与开放的方向——专访美国普林斯顿大学经济学教授熊伟[J/OL]. [2009-09-15]http://www.newsmth.net/nForum/#!article/USTC/6414?p=1.

[12] 牛慕鸿. 从超额准备金看美联储缩表[J]. 中国金融. 2017(21).

[13] 没有财政悬崖，只有 QE_4 [J/OL]. [2012-12-02]http://money.163.com/12/1202/23/8HONSA4U00253B0H.html.

[14] 美联储缩表=利率上升？没这么简单[J/OL]. [2017-05-05]http://forex.eastmoney.com/news/1130,201705057356209.

[15] 牛慕鸿. 从超额准备金看美联储缩表[J]. 中国金融. 2017(21).

[16] 美联储缩表的方式及其影响探讨[J/OL]. [2017-04-26]http://www.gold678.com/dy/A/1134957.

[17] 高盛呼唤欧洲 QE：ECB 用资产负债表能走多远？相当远！[J/OL]. [2011-09-12]https://wallstreetcn.com/articles/5648.

[18] GMI：六大央行联手下调美元流动性互换利率[J/OL]. [2011-12-05]http://money.163.com/11/1205/11/7KGNAMDF00254ITK.html.

[19] 郑友青. 中国 90 年代通货膨胀成因分析[J]. 天津金融月刊. 1995(2).

[20] 地方政府是如何扰乱金融体系价格信号的?[J/OL]. [2014-12-06]http://blog. sina. com. cn/s/blog_6793d4810102v9y3. html.

[21] 李迅雷. 货币超发导致房价暴涨吗——别忘了房子也在创造货币[J/OL]. [2016-09-29]http://finance. qq. com/original/caijingzhiku/lixunlei. html.

[22] 牛慕鸿. 从超额准备金看美联储缩表[J]. 中国金融. 2017(21).

[23] 李东平. 近年来中国贸易顺差虚假程度及其对货币政策的影响简析[J]. 国际经济评论. 2008(5-6).

[24] 改编自《中国新闻网》. [2010-04-08]

[25] 乐嘉春. 资金撤离对中国潜在影响是什么[J/OL]. [2011-12-15]http://www. chinavalue. net/Finance/Blog/2011-12-15/864194. aspx.

[26] 人民币贬值预期早有征兆,警惕全球流动性枯竭[J/OL]. [2011-12-09]http://www. chinanews. com/fortune/2011/12-09/3521220. shtml.

[27] 廖志明团队. 重磅解读,TLF(甜辣粉)之谜:本质、规模及未来猜想[J/OL]. [2017-02-20.]http://www. sohu. com/a/126677725_618567.

[28] 每日经济大情势[J/OL]. [2013-11-08] 亚博经济信息网站.

[29] 人民币对美元大跌 200 点,降息改变升值通道?[J/OL]. [2014-11-25]http://business. sohu. com/20141125/n406357794. shtml.

[30] 人民币的"欺骗性稳定"[J/OL]. [2015-11-19]http://www. weixinyidu. com/n_2483998.

[31] 丁志杰. 透视"811 汇改"[J/OL]. [2015-09-29] https://mp. weixin. qq. com/s?__biz = MjM5MjczNDc0Mw%3D% 3D [J/OL] idx = 7 [J/OL] mid = 211284508 [J/OL] sn = c432c310d6ebf7-ac8079ba6b0bcf110a.

[32] 余永定,肖立晟. 加速中国汇率体制改革[J/OL]. [2016-11-28]http://www. aisixiang. com/data/102292. html.

[33] 海铭. 811 汇改:央行朝正确的道路走了一小步[J/OL]. [2015-08-12]http://www. toutiao. com/a5347430317.

[34] 肖立晟,张明. 人民币汇改一周年回顾与展望[J/OL]. [2016-08-09]http://finance. huanqiu. com/roll/2016-08/9286490. html.

[35] 雷思海. 昨夜,最牛中国制造完工,金融对决重器悄然出世[J/OL]. [2015-12-12]http://www. 360doc. com/content/15/1213/00/23620_519974511. shtml.

[36] 人民币棋局渐显:不应仅钉住美元,还要看一篮子货币[J/OL]. [2015-12-12]http://js. chinaso. com/detail/20151214/1000200032874421450.

[37] 里程碑:人民币汇率指数正式发布,参考一篮子货币,放弃对美元的严防死守[J/OL]. [2015-12-12] http://www. 360doc. com/relevant/519950214_more. shtml.

[38] 叶允平. 人民币在岸和离岸汇率关系探讨[J]. 国际金融. 2015(12).

[39] 冯永琦,裴祥宇. 香港离岸人民币即期汇率市场定价影响力研究[J]. 社会科学战线. 2014(4).

[40] 邹小龙. 汇率利率市场化改革对跨境资本流动的影响[J]. 金融经济. 2016(4).

[41] 傅广敏. 美联储加息、人民币汇率与价格波动[J]. 国际贸易问题. 2017(3).

[42] 姚宇惠,王育森. 人民币均衡汇率的再研究:1998—2015[J]. 国际金融研究. 2016(12).

[43] 余永定,肖立晟. 论人民币汇率形成机制改革的推进方向[J]. 国际金融研究. 2016(11).

[44] 贾彦乐,张怀洋,乔桂明. 人民币在离岸汇差波动特征及影响因素研究[J]. 2016(8).

[45] 丛钰佳. 在岸人民币利差与离岸人民币汇率联动关系[J]. 中国市场. 2016(42).

[46] 王书朦. 对人民币在离在岸市场流动的思考[J]. 浙江金融. 2016(1).

[47] 胥良. 跨境担保外汇管理政策的沿革及进一步改革的方向[J]. 上海金融. 2016(7).

[48] 张辑. 我国的资本流入分析及监管对策[J]. 现代商业. 2016(1).

[49] 熊丹，李彤. 我国虚假贸易产生原因分析及对策[J]. 商业经济研究. 2015(3).

[50] 张晓冬. 内保外贷实案[J]. 新理财. 2013(1).

[51] 陈卫东，王有金. 人民币贬值背景下中国跨境资本流动渠道、规模、趋势及风险防范[J]. 国际金融研究. 2016(4).

[52] 王宁，刘增彬. 人民币跨境套利模式分析与应对策略[J]. 时代金融. 2014(5).

[53] 赵平，王玉华. 我国贸易项目下"热钱"流入的机制及对策研究[J]. 当代经济管理. 2015(2).

[54] 周维颖，田仲他，王桂梅. 贸易项下国际短期资本流动及跨境套利贸易风险治理研究[J]. 上海金融学院学报. 2015(2).

[55] 甘易，谭思. 沪港通对我国货币供应量及货币政策的影响[J]. 区域经济评论. 2016(3).

[56] 肖立晟. 我国资本外流规模趋稳[J]. 中国金融. 2017(3).

[57] 余永定，张斌，张明. 尽快引入人民币兑篮子汇率宽幅区间波动[J]. 国际经济评论. 2016(1).

[58] 丁红梅. 个人篇——"飞过海"非法买卖外汇案[J]. 浙江金融. 2009(10).

[59] 终于，人民币逮到"碰瓷"的机会了？[J/OL]. [2016-12-11]http://www.sohu.com/a/121267444_475929.

[60] 离岸人民币创单日最大涨幅，央行或罕见干预离岸市场[J/OL]. [2016-09-10]http://news.hexun.com/2015-09-10/179008804.html.

[61] 楼市和汇市，一个都保不了？[J/OL]. [2016-10-07]http://bbs.tianya.cn/post-develop-2179188-1.shtml.

[62] "汇率操纵"阴影下，为何人民币反而走强？[J/OL]. [2017-02-27]http://finance.sina.com.cn/zl/china/2017-02-27/zl-ifyavvsk3707465.shtml.

[63] 张勤峰. 央行非典型"加息"或继续，分析：货币政策中性略偏紧[J/OL]. [2017-02-21]http://www.sdfgw.gov.cn/art/2017/2/21/art_1141_234868.html.

[64] 任泽平. 我们遇到假加息？新货币政策框架开始启用[J/OL]. [2017-02-06]http://finance.sina.com.cn/review/jcgc/2017-02-08/doc-ifyafenm3018232.shtml.

[65] 港媒：人民币保卫战怎么打，加息是最后的办法！[J/OL]. [2017-02-21]http://finance.ifeng.com/a/20170221/15207501_0.shtml.

[66] 美国税改法案终获通过，对中国的四大影响！外贸企业该做什么准备！[J/OL]. [2017-02-21]http://cn.sonhoo.com/info/1053791.html.

[67] 伍戈，杨凝. 人民币跨境流动与离岸市场货币创造：兼议对我国货币政策的影响[J/OL]. [2015-11-30]http://www.docin.com/p-1369675036.html.

即测即练

简述与论述题

1. 简述最后贷款人理论以及如何防止被救助银行恃该理论而产生的道德风险。

2. 简述什么是合法的、不合法的公债货币化。

3. 简述我国次贷危机之前与之后(即近几年)基础货币的主要投放渠道的变迁。

4. 简述我国货币当局为何将银行业金融机构的法定存款准备金率从 2004 年的 7%一路上调到 2012 年的 21.5%的高位。

5. 论述当前我国中央银行“开动印钞机”(广义)的方法。

第五章

货币需求

导　论

一、货币需求的含义

（一）从社会的角度出发

从社会的角度出发，货币被视为交易媒介，货币的需求就是指为完成一定的交易量需要多少货币，费雪的交易方程式及马克思的货币必要量公式就属于这种类型。

（二）从微观个体的角度出发

1. 微观个体的货币需求是一种资产选择

从如果你问一位居民："你需要多少货币?"他的回答也许是："多多益善！因为货币象征着财富，货币越多，则财富越多"，这里"对货币的需求"的含义等同于"对财富的需求"，在这个意义上人们对货币的需求是无限的，讨论货币的需求似乎是个多余的话题；如果你问一位企业主："你需要多少货币?"他的回答也许是："一分钱也不需要，因为我经济萧条，我不需要贷款投资"，这里"对货币的需求"的含义等同于"对可贷资金的需求"。

但在经济学中"货币的需求"有特定含义，而不同于对"财富"的需求与对"可贷资金"的需求。从微观个体的角度出发，货币（包括现金、支票存款与储蓄存款）与股票、债券、实物资产一样，是人们持有财富的一种形式，不同之处仅仅在于：货币还具有交易媒介的职能，因此，货币的需求指在财富既定的前提下，微观个体（企业与个人）在各种资产当中愿意持有多少货币（M_1 或 M_2），因为经济学中的"需求"一词不是指"如果一种商品是免费的，人们将需要多少"，而是指对一种商品相对于其他商品的需求。

比如，在金币本位制时期，如果市场上金币过多，超过了人们对金币作为交易媒介的需求，人们就会将金币送到国家铸币厂，请求代为熔化成金块，但无论是持有更多的金币，还是更多的金块，人们的财富（由金块、金币与其他实物资产所组成）是不变的，可见，这里的货币需求是指人们在财富总额不变的情况下，在金币（货币）与金块（普通商品）之间进行资产选择的结果。因此，如果哈利·波特同学说他对货币的需求是无穷大的，那么他的《货币金融学》老师就会把他所有的吃的、穿，以及缴过费未上完的课程等资产全部变现成百元大钞，让他拎上这箱钞票、骑上扫帚去不吃不喝的火星上定居啦。

2. 资产选择理论

正如在微观经学中对任何一种有效用的商品 A 的需求函数可以写为

$$D_A = f(P_A, P_S, P_C, P \cdot Y, Z) \tag{5-1}$$

它表明需求取决于：规模变量（如名义收入 PY）、价格变量（其本身的价格 P_A、替代品的价格 P_S 及互补品的价格 P_C）及偏好 Z（用“偏好”统称其他因素，如制度因素）等，对货币的需求也是如此：首先取决于效用，其次取决于收入、货币本身的价格、其替代品与互补品的价格偏好等因素。

货币的效用是什么？凯恩斯学派用一个专有名词“流动性偏好”表明了货币对人们独特的效用；货币的替代品是什么？凯恩斯学派将货币视为没有利息收入的 M_1，用生息资产——国债作为其替代品；想不出货币的互补品是什么。可见，在凯恩斯学派看来，货币的需求是微观个体资产选择的结果，对货币的需求取决于规模变量（名义收入 PY）与机会成本变量（即货币替代品的收益率等）。

二、研究货币需求的意义

研究货币需求有什么意义呢？不是为了偷窥哈利·波特同学的个人偏好，而是因为在财富既定的情况下，人们资产选择的不同结果将对宏观经济造成不同的影响。比如，如果哈利·波特同学在期末复习迎考期间希望节制消费、攒钱买机票回家过寒假，就意味着他增加了对货币的需求，而减少了对学校周边的黑暗料理、撩妹神器等小商贩们的商品的需求，如果人人都向他学习，中国将产生消费不足、经济萧条；反之，如果人们减少了对不生息的货币的需求，在财富总额给定的情况下，势必将增加对实物资产或生息金融资产（证券）的需求，就可能引发通货膨胀或资产泡沫。下面我们具体分析一下货币的效用，看一看凯恩斯主义的货币需求理论。

第一节　凯恩斯主义的货币需求理论

一、凯恩斯的流动性偏好的概念

凯恩斯的“货币”指不生息的资产，用 M_1 更好理解。货币具有交换媒介、支付手段、价值尺度、财富储藏手段的职能，但是股票、债券等金融资产也能履行财富储藏手段的职能，因此是货币的替代品。那么，凯恩斯主义的货币有什么独到的效用呢？

货币虽然没有股票、债券那样的高收益，但它“一招鲜、吃遍天”——它优于证券之处在于它具有很高的流动性，能很好地履行交易媒介、支付手段这两项职能。事实上，股票、债券等资产之所以不能算作货币，就在于其流动性太差，因此，人们对货币的需求就来源于对流动性的偏好。流动性偏好就是指人们宁愿持有流动性高而不能生利的现金和支票存款，也不愿持有股票和债券等虽能生利，但却较难变现的资产，因此，凯恩斯的货币需求理论被称为流动性偏好理论。那么，人们为什么会有流动性偏好呢？因为人们普遍具有三种需求动机。

二、凯恩斯的货币需求动机

凯恩斯分析非银行公众（居民与企业）出于三种心理动机而持有货币：交易动机、预防动机、投机动机，相应地，产生了对货币的三种需求：交易性需求、预防性需求及投机性需求。

（一）交易性需求

交易性需求指个人和企业为了应付日常交易而愿意持有的货币，它源于货币的交易媒介职能。从资产选择的角度来看，人们需要多少货币，取决于规模变量与机会成本变量。就规模变量而言，凯恩斯认为，交易性需求主要取决于收入的大小，与收入（或国内生产总值 GDP、产出等）正相关。比如，收入高的人逛街时带的钱比穷学生多；一国 GDP 越大，需完成的交易值越大，出于交易性动机所需的货币 M_1 越多。

就机会成本变量而言，人们将资产配置在货币上，有收益也有成本，最佳货币需求量就取决于边际收益等于边际成本的那一点。持有交易性货币的收益如果用货币作为交易媒介的效果来衡量，则很难量化，因此，不妨将交易性货币的收益视为避免了将生息资产变现时所需的交易成本；而持有交易性货币的成本就是其机会成本——持有货币所损失的净利息，即证券的利息减去支票存款的利息。因为收入的获得和支出的发生间总会有一定的时间间隔，在此期间，企业或个人固然可以把收入转换成货币以外的生息资产先保存，等需要时再变现，但考虑到变现成本后，人们仍然需要一定量的交易性货币。

（二）预防性需求

预防性需求指企业或个人为了应付可能遇到的意外的交易（如个人未预料到的支出、企业未预料到的有利的进货时机等）而愿意持有的一部分货币，它源于货币的贮藏手段职能。商业银行对超额准备金的需求、中国居民攒钱买房都可被视为一种预防性需求。

凯恩斯认为，预防性需求不过是将来可能的交易需求，它基于对未来交易水平的预期，因此，也与收入（或产出）等规模变量正相关。此外，机会成本变量对于预防性需求的影响，也与对交易性需求的影响一样。

（三）投机性需求

1. 概念

凯恩斯货币需求理论相对于古典经济学家的真正创新之处在于引入了对投机性需求的分析，从而强调了利率通过影响债券的预期价格而影响货币需求的问题。投机性需求是指人们为了在未来某一适当时机进行金融投机活动而愿意持有的一部分货币。金融投机指根据对金融资产价格变化的预测而低买高卖（“做多”）或高抛低补（“做空”）从而赚取买卖价差的行为。

假设因为股市日渐火爆，几年前“洗手不干”的老股民（如“羊百万”）又开始入市了，他从自己的 1 000 万元银行存款（代表着交易性与预防性货币需求）中拿出 400 万元投入股市，则这 400 万元就是他的投机性货币需求，剩余的 50 万元银行卡上的活期存款是他的交易性货币需求，550 万元定期存款是他预防自己生老病死的预防性货币需求；再如，近些年来我国有一些中小企业主们将资金抽离实业而投入股市，比如，一位温州小老板将自己的制鞋厂关闭，腾出原本用于生产的 3 000 万元资金投入股市，则这 3 000 万元资金原本是其交易性与预防性货币需求，现在变成了投机性货币需求。这两类人的行为都表明，这个社会的投机性货币需求增加了，而交易性与预防性货币需求减少了。

当羊百万用这笔场外资金入市后，整个股市（或整个社会）的投机性货币需求因此而增加了 400 万元。这 400 万元首先变成了羊百万的股票资金账户上的钱，当他空仓时，其投机性货币需求是 400 万元；当他满仓时，其投机性货币需求变为 0。但假设他是在二级市场上从股民“牛百万”手中买进的股票，因此这 400 万元就流转到了牛百万手中；接着，牛百万又用这笔钱向做自营业务的某券商买进了股票，这笔钱就流转到了券商手中……可见，场内资金在股民手中的流转虽然使某些股民的投机性货币需求减少，但使另一些股民的投机性货币需求增加，并不改变整个社会的投机性货币需求。也就是说，当其他条件不变时，当股市有增量资金进场时，整个社会的投机性货币需求就增加了；反之，则股民们纷纷离场、将资金抽出股市变成银行的养老金存款时，整个社会的投机性货币需求就减少了，预防性货币需求就增加了。

◇ 能量棒 5-1

香港离岸市场对人民币的需求分析

1. 推行人民币跨境贸易结算的关键是各经济主体是否有用人民币替代国际硬通货（如美元）的需求

推行人民币跨境贸易结算及人民币国际化，即用人民币来替代其他的国际硬通货（以下以美元为例）来履行货币的各种职能，从货币需求的角度来看，其能否成功就取决于国内外各经济主体是否有对人民币（而不是美元）的交易性、预防性及投机性需求。如果他们需求人民币（不需求美元），则人民币跨境贸易结算及人民币国际化就成功了；如果他们不需求人民币（需求美元、港元等其他货币），则人民币跨境贸易结算及人民币国际化就不成功。下面分别分析各经济主体对人民币的需求。

2. 中国与境外的进出口商对人民币的交易性、预防性需求

显然，对于中国进出口商而言，如果用美元结算，则存在着资产、负债币种不匹配而造成的汇率风险；而使用人民币结算，就可以避免汇率风险。因此他们是人民币国际化的直接受益者，应该有对人民币的交易性、预防性需求。

境外的进出口商分为美国与非美两种情况，对于美国进出口商而言，如果同意与中国的交易对手用人民币结算，就将面临着资产、负债币种不匹配所造成的汇率风险，相当于中国交易对手将用美元结算时自身面临的汇率风险转嫁给了美国交易对手，因此能否成功取决于中美交易双方的垄断势力度的对比。

在非美情况下，以中国香港出口商为例，如果同意用人民币、而不是美元进行贸易结算，而其自身的负债是港元，都同样面临着资产、负债币种不匹配的汇率风险，这时中国香港出口商能否同意用人民币结算，就取决于中国香港出口商与中国交易对手的垄断势力度的对比，以及中国香港出口商预期人民币相对于美元将要贬值还是升值。对于人民币将要升值还是贬值的考虑，其实体现的是中国香港出口商对人民币或美元的投机性需求，此内容将在下文阐述。

此外，中国政府还通过与其他国家政府间的官方货币互换计划，推动其他国家政府对人民币的交易性、预防性需求。

◇ 能量棒 5-1-1

人民币参与货币互换[1]

人民币可在两国间的货币互换协议中以官方姿态走出国门。货币互换的作用多种多样，比如：

(1) 2008 年我国与韩国达成了 1 800 亿元人民币(38 万亿韩元)货币互换的协议，这是人民币首次通过货币互换走出国门。这次货币互换是为了方便韩国在华企业的融资，因为通过货币互换，韩国央行得到了人民币，而我国央行得到了韩元，再将韩元注入金融机构，金融机构就可以向韩国在华企业提供韩元贷款(张肃，2011)。

(2) 我国与马来西亚、印尼和阿根廷的货币互换是为了双边贸易结算，因为外国央行得到人民币，就可以注入金融机构，使金融机构将人民币贷给企业，企业就可用人民币支付从我国的进口；同理，我国央行通过互换也可得到对方国家货币，最终使我国的企业从商业银行贷到对方国家的货币，用于从对方国家的进口，这种意图的货币互换直接扩大我国的出口，对我国的意义重大。

(3) 我国内地与我国香港的货币互换，主要是为了增加香港离岸市场上的人民币资金供给。

(4) 我国与白俄罗斯的货币互换主是为了使其将人民币作为储备货币。

其实以上 4 种意图都可被归结为——使人民币成为互换国在危机发生时的官方外汇储备货币，可见，尽管人民币尚未成为各国央行的主要储备货币，但中国政府与各国签订的一系列货币互换协议，使得人民币早已在事实上承担了储备货币的职能。

截至 2014 年年初，与我国签订货币互换协定的国家和地区达到了 26 个(樊晨迪，2015)，包括发展中国家与发达国家(如英国、欧元区)，这表明中国的贸易伙伴对人民币地位和稳定性的认可及对人民币的需求，推动了人民币的国际化进程(张肃，2011)。

---

3. 境外的各经济主体(包括进出口商)对人民币的投机性需求

在人民币的投机性需求方面，无论是境内还是境外，某个经济主体预期人民币将相对于美元等国际硬通货升值时，就会产生对人民币的投机性需求，这种投机性需求体现在两方面：①在资本项目上，由于中国目前仍属于资本管制的国家，在非直接投资以外的金融资本的流入、流出方面，中国政府已允许对外进行金融投资的 RQFII 等机构的资本流入、流出，而不被政府允许的金融资本的流入、流出则是非法的。②在经常项目上，一些对人民币的投机性需求(或不需求，即需求美元)常被非法地隐藏在经常项目下。

---

2. 利率对投机性货币需求的影响

凯恩斯假定人们在货币与生息资产(用长期政府债券作代表)之间进行选择，当人们买债券时，就减少了投机性货币需求、增加了对债券的需求；当人们出售债券时，就增加了投机性货币需求、减少了对债券的需求。根据资产选择理论，投机性货币需求取决于机会成本变量——债券的预期收益，因为货币的预期报酬为零①，债券的预期报酬为预期的利息②和预期的资本利得。

---

① 在凯恩斯生活的时代，支票存款是不支付利息的，因此，他作出这个假定是很自然的。

② 指准备买入新发行的债券，因此对其利息只能预测；而旧债券的利息是确定的。

1）个别情形

一方面，在预期利息方面，当人们预期利率将提高时，就是预期从新债券上取得的利息收入将提高，说明现在持有已发行的债券的利息收入较低，人们就会在现在持有货币，等到利率提高时再购买新的债券，从而对货币的投机性需求上升。

另一方面，在预期资本利得方面，当人们预期利率将提高时，就是预期已发行债券的价格将下跌、从而资本利得为负，此时人们或者将卖出债券、以期在日后债券价格下降时低价补进，或者持有货币观望而不购买债券，从而对货币的投机性需求上升。可见，无论是追求债券利息的长期投资者，还是追求债券资本利得的投机者，当预期利率将提高时，都将增加货币的投机性需求。

反之，当人们预期利率将下降，即债券价格将上升时，无论是追求债券利息的长期投资者，还是追求债券资本利得的投机者，都将抛出货币、买进债券，即减少对货币的投机性需求。

2）一般情形

凯恩斯认为，每个人心目中都会有一个利率的"安全水准"(均衡利率水平)：当利率低于此安全水准时，人们就会预期它将上升；当利率高于这个安全水准时，人们就预期它将下降。

在中等利率水平上，有人预计利率高于安全水准、将下调，有人预计则恰恰相反。但当利率水平较高时，一方面，持有生息资产的利息收入较高，另一方面，当前利率高于安全水准，在未来时期内下降的可能性较大，意味着持有生息资产获得正的资本利得的可能性较大，这两个因素使得无论是债券的投资者还是投机者，对债券的需求都较大，而对货币的投机性需求则较小。

反之，当利率水平较低时，一方面，预期利率将上升的人较多，从而对货币的投机性需求较大；另一方面，当利率水平较低时，从生息资产上获得的利息收入还不足以补偿可能的资本损失，因此投资者们宁愿持有货币也不愿持有债券，可见，投资者与投机者对货币的投机性需求都增大了。因此，投机性货币需求与利率负相关。

3）经济前景不确定时货币成为避风港

凯恩斯为了单纯地研究利率对投机性货币需求的影响，因此只是以债券作为金融投机工具，但现实生活中股票更常被用来作为金融投机工具。根据股票内在价值决定的未来现金流贴现模型，股票的价格由预期收益率与预期分红派息收入决定，预期的分红派息收入取决于公司经营状况等因素。因此，当经济前景不确定时，不仅加息、降息前景不确定，每家上市公司的经营前景及分红派息状况也不确定，因此投机者担心股票价格将下跌，于是就变现股票落袋为安[①]，但只要这些资金仍处在股票资金账户上，就是投机性货币需求，可见，经济前景不确定时，人们的投机性货币需求增加。如果进一步发展下去，当投机者们对股市前景灰心丧气时，就会将股票资金账户上的钱转出股市，变为银行存款，等待着更好的投机机会出现时随时重返股市，此时这部分资金仍属于投机性需求，而不属于预防性需求。

① 比如，肯尼迪遇刺那天，成千上万的美国人抛出了股票；而邓小平逝世那天，中国股市表现平稳，说明中国政局稳定。再如，中国股民很少有满仓过年的，也是因为这个原因。

3. 凯恩斯的流动性陷阱——投机性需求无穷大的降息陷阱

当经济不景气时，货币当局希望降息以刺激实体经济的投资与消费。在利率市场化的国家，货币当局可以通过购买国债的公开市场操作来降息，如果这种公开市场操作能够成功地降息，说明货币政策是成功的；如果不能成功地降息，则说明货币政策失败了，凯恩斯称其为货币政策掉到流动性陷阱里去了。

凯恩斯指出，当利率水平降低至一定程度时，货币的投机性需求变得无穷大。因为当利率极低时，人们普遍预期利率将上升，即债券价格将下降，因此，人们不愿持有债券，而是以货币形式保存财富。此时无论货币供给怎样增加，新增的货币供给都会被人们所持有、不再用于购买债券，因而利率将不再下降，货币政策失效，即人们陷入对货币这种资产所特有的流动性效用的极大的偏好的泥潭之中了，货币需求曲线变为与横轴平行的直线，此直线部分即为“流动性陷阱”。如图 5-1 所示。

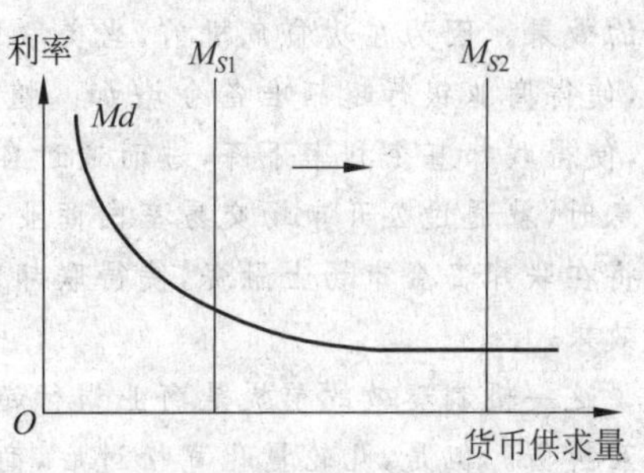

图 5-1 凯恩斯的流动性陷阱

◇ 显微镜 5-1

一道央行通过公开市场出售来加息的例题

假定在 Z 国银行间债券上某种面值为 1 000 元的一年期贴现债券，其供求曲线分别为下式：

需求曲线：$P=-0.6Q+1\ 140$

供给曲线：$P=Q+700 \Rightarrow Q=P-700$

现在 Z 国央行为了进行货币政策调控而出售其持有的这种债券 80 单位，并假定该债券的需求、货币需求均保持不变，求 Z 国央行出售债券后使该债券的均衡利率发生了怎样的变动？

解：(1) 联立原供求曲线可得该债券原均衡价格为

$$-0.6Q+1\ 140=Q+700 \Rightarrow Q=275(\text{单位});$$

$$P=275+700=975(\text{元});$$

$$\frac{1\ 000}{1+i}=975,\quad i=2.56\%$$

(2) 联立新的供求曲线：

需求曲线：$P=-0.6Q+1\ 140$

新的供给曲线：$Q=P-700+80=P-620 \Rightarrow P=Q+620$

解得：

$$-06Q+1\ 140=Q+620 \Rightarrow Q=325(\text{单位});$$

$$P=325+620=945(\text{元});$$

$$\frac{1\ 000}{1+i}=945,\quad i=5.82\%$$

可见，央行的公开市场购买使得该债券的利率由 2.56%上升到了 5.82%。

◇ 显微镜 5-2

次贷危机后，美联储掉到了美国商业银行对超额准备金的需求无穷大的陷阱中去了

次贷危机后，美联储实行量化宽松政策，但美国商业银行体系惜贷，致使超额准备金率大幅度上升。超额准备金的急剧增加使得商业银行准备金不再稀缺、甚至过剩，影响了美联储利率调控的效果。因为在次贷危机前，当美联储想降息时，就通过公开市场交易室向商业银行买入国库券，使得商业银行超额准备金增加。随后，商业银行将在联邦资金市场上出售过剩的超额准备金，使得联邦基金利率下降，进而通过各种利率间的传导达到全面降息的效果；反之，当美联储想加息时，就通过公开市场交易室向商业银行卖出国库券，使得商业银行超额准备金减少，商业银行将在联邦资金市场上融资，使得联邦基金利率上升，进而通过各种利率间的传导达到全面加息的效果。

这一机制奏效的前提是商业银行超额准备金稀缺，因此积极参与联邦资金市场进行资金的相互拆借。但是，几轮量化宽松过后，商业银行普遍有过剩的超额准备金，使得美联储降息失效，因为商业银行在公开市场上不愿向美联储出售国库券来增加本已过剩的超额准备金（牛慕鸿，2017）[2]。

◇ 能量棒 5-2

羊百万等人让央行陷入了降息的流动性陷阱

1. 羊百万家各项金融资产的供求及调整

假设羊百万掌管着家里的1 000万元金融资产的投资，羊家的交易性与预防性货币需求（表现为现金、借记银行卡上的钱及各种活期、定期储蓄存款）为600万元，还有400万元放在股票资金账户中。当他满仓时，他的投机性货币需求就为0；当他空仓时，他的投机性货币需求就为400万元。

假设此刻他以400万元的成本满仓持有某种国债，央行公开市场操作室的官员为了降息而高价收购这种国债（真实的公开市场操作并非如此，这里只是打个比方），于是他兴奋地将国债全部卖出，得到了450万元，所赚得的50万元当即被作为养老基金而存了定期存款，加入到预防性货币需求的大军中去了。

也就是说，一方面，他在债市上小赚了一笔之后，现在他家的交易性与预防性货币需求额变为650万元了，同时，由于股市、债市火爆，他希望投入股市的400万元的每一分钱都在为他赚钱、而不是闲置着，因此其投机性货币需求为0；另一方面，他家的存折与现金明明白白地告诉他老天爷给他们家的货币供给高达1 050万元，货币供过于求了！

于是，第二天，羊百万就重入股市，将昨天套现的400万元全部买了一种企业债券，从而他家的货币需求为650万元，货币供给也为650万元；债券需求为400万元，债券供给也为400万元，因此，他家迅速恢复到各项金融资产的均衡状态。可见，家庭财富在不同形式的金融资产间的转换是非常便捷的，因此，经济生活中的货币余额通常就是货币的均衡供求量。

2. 央行通过公开市场操作降息的成功依赖于货币需求的稳定

1）央行降息跌入流动性陷阱的过程

第二天，羊百万兴冲冲地入市，满仓购买了某种公司债，但昨天的公开市场操作使得很多股民都像羊百万那样赚了钱，今天他们都再接再厉、入市购买了各种各样的公司债，导致公司债价

格上涨、收益率下降，之后通过各种金融工具之间的传导使得整个市场利率都下降了，央行行长笑了，他终于达到了降息的目的。

随着央行连续多日的公开市场购买，已经将市场利率降到一个很低的水平了。这天，羊百万变现了一半的国债，看着资金账户中出现了200万元，可他再也没有了用这笔钱购进任何证券的欲望了，因为他认为当前利率已经达到最低点，央行很可能要进入加息周期，因此，买进任何证券都将被套牢。

不幸的是，很多股民也都持这种看法，于是，第二天，央行官员看不到羊百万们兴冲冲地入市了，因此市场利率也无法下降了。央行官员一着急，第二天继续进行公开市场购买，在高价诱惑下羊百万将剩下的一半国债又卖给了央行，但拿到钱后，他仍然不愿再购买任何证券，就让变现的400万元资金(忽略他赚的资本利得等)躺在股票资金账户上睡大觉，于是利率再也无法下降了，表明央行降息的货币政策掉到流动性陷阱里了。

2) 央行为什么会掉到陷阱里?

央行为什么会掉到流动性陷阱里? 央行以前降息顺利是因为私人部门的货币需求稳定，比如，羊百万看好债市、股市，因此投机性货币需求始终为0(一赚了钱就再入市买进新的证券)；现在央行供给他200万货币(羊百万的第一批国债出售所得)，他就产生了200万投机性货币需求；央行供给他400万货币(羊百万出售了两批国债所得)，他立刻就产生了400万投机性货币需求，即他的投机性货币需求随着央行货币供给的增加而增加，因此利率再也无法下降，这就是图5-1中货币需求曲线呈水平状的那一段所表示的降息的流动性陷阱。

形成这种流动性陷阱其实还有原因：此时货币的机会成本极低，使得货币的交易性需求与预防性需求也变大了。

(四) 小结：凯恩斯的货币需求函数(流动性偏好函数)

1. 凯恩斯的流动性偏好函数

$$\frac{M_d}{P} = L_1(Y) + L_2(i) \tag{5-2}$$

式中，M_d、P、L_1、Y、L_2、i 分别表示货币需求、一般物价水平、第一类货币需求、实际产出(收入)、第二类货币需求、名义利率。

式(5-2)表明：

(1) 凯恩斯讨论的货币需求是实际货币需求而非名义货币需求，他认为，人们在决定持有多少货币时，考虑的是这些货币能够购买到多少商品，而不是仅仅看货币的面值是多少，实际货币需求可由名义货币需求除以价格水平来表示。

(2) 凯恩斯把与实际收入呈正向关系的交易性需求与预防性需求归在一起，称为$L_1(Y)$，把与利率呈反向关系的投机性需求称为$L_2(i)$。

(3) 式(5-2)隐含着一个给定的人们心中的安全利率水准，因为预期资本利得取决于当前利率与安全利率之间的偏差，而不是当前利率水平，因此当人们对安全利率水准的看法发生变化时，货币的投机性需求、整个货币需求与利率的对应关系就要发生变化，即货币需求曲线将发生位移。比如，假设在初始均衡时，中国私人部门基于对本国加息、降息的预期而确定了一条货币需求曲线，现在突然预期美联储将加息，从而中国也将加息，就会增加对货币 M_1 的需求、减少对生息资产的需求，因此货币需求曲线将右移。

2. 凯恩斯认为货币需求并不稳定

凯恩斯认为,一方面,市场经济并不能保证充分就业,因而 Y 的值并不稳定(即并不总是等于充分就业时的潜在产出水平),故 $L_1(Y)$的值不稳定;另一方面,由于利率的波动和人们对安全利率水准看法的变化,使得货币的投机需求 $L_2(i)$ 极其波动,因此货币需求是不稳定的,即图 5-1 中的 M_d 曲线会移动或转动。

三、凯恩斯学派对货币需求理论的发展

20 世纪 50 年代以后,一些基本上属于凯恩斯学派的经济学家对凯氏货币需求理论进行了发展,这些新出现的理论模型都有一个共同的特点:突出强调了利率对货币需求的影响,其中最著名的是鲍莫尔(W. J. Baumol)模型和托宾(Tobin)的资产选择理论。

(一)对交易性需求的进一步研究——鲍莫尔平方根公式

1. 货币的交易性需求因金融投机等的分流而减少

凯恩斯假定交易性需求主要是收入的函数,而与利率无关,20 世纪 50 年代后,经济学家威廉·鲍莫尔(W. J. Baumol)认为货币的交易需求也与利率负相关。因为他继承了凯恩斯的传统,将"货币"视为不生息的现金与活期存款,如果有价证券的利率较高,人们会将一部分用于交易的闲散货币投资于证券,进行金融投机,从中获取利息,然后再每隔一定时期卖出一部分有价证券收回现金,以应付日常交易的需要。

比如,一位公司职员在每个月的第一天有 6 000 元收入(即第一天他有 6 000 元货币余额),在每个月中他将匀速花光所有的工资,即最后一天最后一秒他有 0 元货币余额,因此他每天的货币余额就代表着他的交易性货币需求。虽然他平均每天只需要 20 元的货币媒介其交易,但他平均每天拥有的货币余额(即他平均每天的交易性货币需求量)可不止 20 元钱,而是 3 000 元:

$$\frac{\text{期初货币余额}+\text{期末货币余额}}{2}=\frac{6\,000+0}{2}=3\,000$$

假设有一天他的理财意识觉醒了,那么他的货币需求就变化了:他在发薪日从工资中拿出 4 000 元购买了开放式基金或银行短期理财产品,留 2 000 元现金(或者假设他没有贷记信用卡,只有借记卡,因此他在借记卡上留有 2 000 元活期存款)度过上旬的 10 天。在第 10 天他花光了 2 000 元,于是卖出(即赎回)一半的基金,得到 2 000 元现金以度中旬;等到第 20 天再将剩余的基金全部卖出,得到 2 000 元现金以度下旬,这样,他的交易性货币需求就降低到了 1 000 元:

$$\frac{2\,000+0}{2}=1\,000$$

2. 最优交易性货币需求额在边际收益等于边际成本处决定——鲍莫尔平方根公式

这其实也是资产选择理论的应用,即人们对货币这种资产的需求数额在边际收益等于边际成本处决定,保有货币的成本是机会成本——如作为其替代品的证券的预期收益;保有货币的收益是避免了变现其替代品的交易成本。

具体来说,他持有的货币余额越少,机会成本(即损失的利息收入)就越小,但收益也越

小——收益就是避免变现的交易成本，由于持有的货币余额越少，需要出售证券的次数就越多，从而交易成本就越大。最优货币持有量取决于边际收益等于边际成本的那一点，鲍莫尔将这一原则变形为利息损失和交易成本之和最小，这是他借鉴了存货理论的结果。因此，鲍莫尔认为，货币的交易需求即最适度的用作交易媒介的货币平均余额为

$$M=\frac{C}{2}\sqrt{\frac{bY}{2i}} \tag{5-3}$$

式中，M 为交易性货币需求量；Y 为月收入；C 为每次兑现的数额（如此例中的 2 000 元）；b 为每次买卖证券的交易成本；i 为市场收益率（鲍莫尔模型用国库券作为替代货币的生息资产，因此这是国库券收益率）。这就是鲍莫尔模型，也称“平方根公式”，它表明了货币的交易需求与利率负相关。

其实人们的交易性货币需求、预防性货币需求（包括银行的最优超额准备金的需求）、投机性货币需求的决定都可被视为最优存货数量的决定，都可参照鲍莫尔模型。

（二）对投机性需求的进一步研究——托宾的资产选择理论

凯恩斯对于投机性需求的分析拓展了经济学家的视野，但其分析方法的简陋却令其追随者感到不满：凯恩斯认为人们要么以货币形式持有其财富，要么以债券形式持有其财富，而不是同时持有货币与债券，这显然与现实不符。

美国经济学家托宾发展了希克斯和马柯维茨等人的理论和方法，提出了比较完整的资产选择理论。托宾认为，投资于任何一种证券都具有收益和风险两重性，收益与风险是正相关的。托宾继承了凯恩斯学派的传统，将货币视为 M_1，即现金与几乎没有利息的支票存款，认为货币虽然没有收益（指利息收入），但也不会有资产价格变动的风险（因为在不考虑通货膨胀因素的情况下其面值不变），因而是安全性资产。人们会寻求风险与收益的平衡，而不会只选择货币或只选择风险性资产，因而会同时持有货币及各种有价证券、实物资产的组合，这就是托宾的名言——“不要把所有的鸡蛋都放在一只篮子里”①。

我们在第四章中分析现金比率的决定时用的就是托宾的资产选择理论的分析方法，即人们对一种资产保有量的选择取决于财富总额、该资产与其替代品相比的预期报酬率、风险、流动性，人们对货币的需求也同样取决于人们的财富总额、货币与其替代品（有价证券等）相比的预期报酬率、风险与流动性。比如，当利率上升时，对应于每一个既定风险水平的债券的预期报酬率都上升了，因此投资者持有货币的比例将下降、持有债券的比率将上升。

综上所述，货币的交易性需求、预防性需求与投机性需求均与利率负相关。

---

① 托宾教授获诺贝尔经济学奖的喜讯突然传来时，他所在的耶鲁大学仓促为他举办了一个记者招待会，与会记者请他用通俗的语言解释一下他的资产选择理论，托宾教授就用尽可能通俗的语言解释了他理论中的那些数学模型，但记者们还是听不懂，要求他用更加通俗的语言解释一下他高深的理论，托宾先生想了想，只好说：“呃……资产选择理论就是说……不要把所有的鸡蛋都放在一只篮子里！”这下记者们全都笑了起来。第二天，有报纸的头条新闻就写着：耶鲁大学有一位教授，仅仅提出不要把所有鸡蛋都放在一只篮子里，就获得了诺贝尔经济学奖，令人称奇！托宾的一位朋友知晓此事，也开玩笑地写信给托宾说：“我预测明年诺贝尔医学奖将授予这样一位教授，他提出的理论是：每天吃一只苹果，让医生远离你！”这表明，虽然一些经济理论的思想可以用很通俗的一句话来表达，但经济学的学术研究还是讲究用数学语言表达的严谨、规范、全球通用、无歧义性的。

第二节　传统货币数量论与现代货币主义的货币需求理论

一、现金交易数量论(费雪方程式)

1. 交易方程式

美国耶鲁大学的经济学家欧文·费雪(I. Fisher)于1911年出版了《货币的购买力》一书,书中提出了著名的交易方程式,被称为费雪方程式。

◇ 显微镜 5-3

用1元钱媒介 *n* 元钱的交易

凯恩斯的3种货币需求动机体现了货币的不同职能,而费雪方程式则只研究人们对货币的交易性需求。它从社会的角度出发,将货币视为交易媒介,研究为了完成一定的交易额,整个社会需要多少货币额。

简单地说,10元钱的交易是否需要10元钱的货币来媒介呢?1元钱可否媒介10元钱的交易呢?比如,在1个菜场里(我们用它来代表一个社会),有1位卖水果的小商贩和1位卖面包的小商贩,早上卖水果的买了1个面包,给了卖面包的1元钱;中午卖面包的买了1根香蕉,又将这1元钱给了卖水果的(假设1个面包与1根香蕉的价格都是1元钱);晚上卖水果的又用这1元钱买了1块面包,则这1元钱在这1天内流通了3次,做了3元钱的生意,即

1元钱×3次＝1元钱×3单位商品和劳务

如果这样无限循环下去,从理论上说,整个菜场小社会即使只有1元钱在流通,也可以完成所需要的数额庞大的交易,即1元钱流通了 n 次,媒介了 n 元钱的交易。

$$M \cdot V_T = P \cdot T \quad (\text{交易方程式}) \tag{5-4}$$

式中,M 为一定时期(如一年)内一个经济体流通中平均的货币余额(宜将其视为狭义货币 M_1);V_T 为1元钱货币在这一时期中被支付的平均次数,即货币的交易流通速度;P 为被交易的商品和劳务的平均价格(即一般物价水平);T 为该时期内商品和劳务的总交易量。

2. 收入方程式

交易方程式中的 PT 是一个经济体中包含了中间产品的商品和劳务的总交易额,它远大于最终商品和劳务的总交易额(总价值)PY,而在经济决策中我们关心的不是前者,而是后者,因此,交易方程式常被改写成收入方程式:

$$M \cdot V = P \cdot Y \quad (\text{收入方程式}) \tag{5-5}$$

式中,Y 为一年中所生产的最终商品和劳务数量,即实际国民收入(以不变价格表示的一年中生产的最终产品和劳务的总价值);P 为一般物价水平;V 为一年中每1元钱用来购买最终产品和劳务的平均次数,即货币的收入流通速度;M 为一年内流通中的货币数量(狭义货币)。

可将 PY 视为名义GDP。不同的货币供给口径 M_1、M_2 有不同的收入流通速度,即:$V_1 = \text{GDP}/M_1$,$V_2 = \text{GDP}/M_2$。

3. 交易方程式与收入方程式中体现出的货币数量论的观点

费雪提出交易方程式不是为了阐述货币需求问题，而是为了概括古典的货币数量论的结论，其逻辑是这样的：

(1) 虽然交易方程式、收入方程式本身只是不说明任何因果关系的恒等式，它仅仅描述了一个简单的事实：在交易中发生的货币支付总额(等于货币存量乘上它的流通速度，即 MV)等于被交易的商品和劳务的总价值(即 PT)。比如，假定一个经济体在某一年份中的平均货币余额为 1 000 亿元，而平均每元钱又被花费了 8 次，那么在这一年中发生的货币支付总额(即购买额)就是 8 000 亿元；显然，这 8 000 亿元也就是这一年内利用货币进行交易的商品和劳务的总价值(即出售额)。进一步地，如果某一年的交易总价值达到 8 000 亿元，并且都利用货币进行，而平均的货币余额又只有 1 000 亿元，那一定意味着每 1 元货币被平均周转了 8 次。

(2) 但是，费雪等坚持货币数量论的经济学家对式中的某些变量作了特殊的假定，因此赋予了这个恒等式以因果关系。这个假定是：货币流通速度(V_T、V)由制度因素如人们的支付习惯、信用的发达程度等决定，由于这些因素随时间的推移而仅发生着缓慢的变化，因此，在短期内可将货币流通速度视为一个常数。

(3) 在此假定下可推出揭示因果关系的货币数量论：名义国民收入完全取决于货币供给量，即 MV 决定 PY。其政策含义是：第一，货币供给量 M 是政府完全可以控制的变量[①]，而 V 又是常数，因此，政府完全可以控制名义国民收入，这可被视为货币数量论的弱命题。第二，与许多古典经济学家一样，费雪也认为工资和物价的灵活变动可使经济保持在充分就业的水平上，因此实际国民收入 Y 在短期内也将保持不变，所以货币供给量的变化只会引起一般物价水平的同比例变化。其政策含义是：政府实行凯恩斯式的扩张性的货币政策，不会使产出和就业上升，而只会造成通货膨胀，这可被视为货币数量论的强命题。由此可见，货币数量论是反凯恩斯主义的。

4. 现金交易数量论的货币需求理论

如上所述，早期的货币数量论并不是把货币需求作为直接的研究对象，而是研究名义国民收入及物价是如何决定的，但是由于它建立了名义国民收入与货币数量(也被称为货币余额、货币存量)之间的如下关系：

$$M = \frac{1}{V} \cdot PY \tag{5-6}$$

式中：M——一国的货币余额(货币存量)。

并且，我们一般认为金融资产的调整是很迅速的，即货币市场上的供求不平衡会很快消失，因此，我们看到的货币数量就是均衡的货币供求量[②]。将均衡货币供求量还原为货币需

① 这体现了当时的货币供给的外生论。

② 比如，股民羊百万的货币供给有 500 万元，而货币需求只有 50 万元——因为他心疼 450 万元现金没有发挥生息的作用，他希望 450 万元现金全部购买股票，仅留 50 万元现金满足其流动性偏好即可，于是他就可以用 450 万元购买股票，从而在家庭财富不变的情况下调整资产组合，摆脱掉多余的货币供给，而这种资产组合的调整是非常容易且迅速的。

求量，它就是在一定的名义国民收入下该经济体所需要的货币量，因此货币数量论也被视为一种货币需求理论：

$$M^d = \frac{1}{V} \cdot PY \tag{5-7}$$

它表明，货币需求量取决于货币流通速度 V 和名义国民收入 PY，而根据货币数量论的观点，货币流通速度是一个固定的值，因此，货币需求就取决名义国民收入。

5. 评论：货币流通速度不可能是一个常数，货币需求也不可能仅取决于名义国民收入

如果货币正如货币数量论所看到的那样仅仅是一种交易媒介，那么货币需求就可能仅仅取决于名义国民收入。可以设想随着名义国民收入的增加，人们的交易额也增加，因此，为交易而持有的媒介物——货币也成比例增加，这相当于凯恩斯货币需求函数中的 $L_1(Y)$ 的部分，因而 $L_1(Y)$ 是 Y 的稳定的函数，若 Y 稳定，则 $L_1(Y)$ 就是常数。

但货币不仅仅是交易媒介，它还有价值贮藏手段的功能，因此可被人们用于金融投机，即人们为了使财富增值，可能会在货币与生息资产间进行选择，由此产生的对货币的需求就是凯恩斯的投机性需求，它取决于利率等因素，即凯恩斯货币需求函数中的 $L_2(i)$ 的部分。正是这一部分使货币需求并不稳定，也不可能是一个常数。

回忆一下在前面那个菜场小社会的例子中，为什么整个菜场只有 1 元钱在流通？也许整个菜场的人们都在发疯似地购买某个据说肯定会涨的股票，每个人都将钱冻结在证券公司用于打新股，整个菜场只有“菜大哥”忍痛拿出 1 元钱用于交易媒介，于是，整个菜场内商贩们相互之间忙碌、庞大的交易就只得由这 1 元钱硬币像个陀螺一样不停地流转来完成：早上一起来，菜大哥拿了这 1 元钱向卖面包的买了一个面包做早餐，把钱给了卖面包的；然后卖面包的十万火急地将它交给了卖水果的，买了一根香蕉做早餐；然后卖水果的十万火急地将它交给了卖肉的、买了一块大排做早餐；然后……可见，此菜场对货币的交易性需求无穷小——只有 1 元钱（而对货币的投机性需求无穷大——把钱全交给证券公司打新股去了），在名义收入（名义销售额 PY）不变的情况下，整个菜场内货币的流通速度就异常上升，接近光速了。

二、现金余额数量论（剑桥方程式）

（一）剑桥学派的货币需求理论

1. 剑桥学派开创了从微观个体资产选择的角度分析货币需求的先河

传统货币数量论的另一个版本——现金余额数量论是由英国剑桥学派经济学家、剑桥大学教授马歇尔(A. Marshall)和庇古(A. C. Pigou)等人发展起来的，虽然他们得出了与现金交易说相同的结论，但他们分析的出发点却截然不同：现金交易说是以宏观视角来研究为完成一定的交易额（名义国民收入），一个社会需要多少货币；而现金余额说是以微观视角来研究人们对货币的资产选择，即将货币视为一种资产，认为人们对货币的需求实质上是选择以怎样的方式（如商品和劳务这类的实物资产，以及债券、银行定期存单、不生息的货币等金融资产）保存自己的财富的问题，从而开创了从个体的资产选择的角度来探讨货币需求的分析方法。

此后，经济学家在谈到货币需求时，不再是从宏观角度来讨论流通中需要多少货币，而是从微观视角来讨论人们在财富总额中希望以货币这种资产形式持有的部分是多少。凯恩斯师从剑桥学派，却青出于蓝而胜于蓝地创立了更能解释现实情况的货币需求理论，他之所以会这样，正是因为他继承了剑桥学派的这种从资产选择的角度来考察货币需求的方法。

2. 剑桥学派的货币需求理论

1）剑桥学派看到的货币需求的决定因素

剑桥学派看到了个人财富总额、人们对未来收入、支出和物价的预期及持有货币的机会成本决定着人们的货币需求。具体来说：

(1) 个人财富总额是决定个人货币需求的规模变量，货币需求与个人财富总额正相关。

(2) 保留不生息的货币是基于便利和安全的动机[①]，但持有货币不能产生收入，即持有货币存在着机会成本——即货币以外的各种资产的收益，所以人们必须在持有货币的好处与持有其他金融资产或实物资产的好处(如利息收入或消费满足等)之间进行权衡。此外，人们对未来收入、支出和物价的预期也影响着持有货币的机会成本，从而影响货币需求。例如，当一个人预期未来的物价将上升时，就是预期货币将贬值，其机会成本——持有可保值的实物资产将上升，因此人们就会减少对货币的需求，而增加消费支出或对实物资产的需求。

2）剑桥学派的货币需求理论——现金余额说

上述分析表明，剑桥学派已经正确地考虑到了影响货币需求的多种因素，但遗憾的是，他们在作出结论的时候，把其他因素都忽略了，而只是简单地断定人们的货币需求同财富值成正比，而财富又同国民收入成正比[②]，所以，货币需求就同名义国民收入成正比，即：

$$M_d = k \cdot PY \tag{5-8}$$

式中，PY 为一定时期内的名义收入；k 为人们在这段时期内愿意保有的货币余额占名义收入的比例，即人们愿意将名义收入的 k 部分以货币形式持有。比如，人们选择在一年中用其年收入的 11/12 换成实物资产及债券等非金融资产，而将 1/12 以不生息的货币形式保存，则其货币需求是年收入 PY 的 1/12。

也就是说，他们只考虑了规模变量，而没有考虑机会成本变量，因此也像耶鲁大学的现金交易学派那样得出了货币需求与名义国民收入成正比，且保持稳定的错误结论及传统货币数量论的结论；如果他们像凯恩斯那样考虑了利率这一影响货币需求的机会成本变量，就不会得出传统货币数量论的结论了。

（二）剑桥方程式与货币数量论

1. 剑桥方程式

剑桥学派假定货币供给与货币需求会自动趋于均衡，于是可将上式中的货币需求 M_d 改写为货币余额 M，便得到了如下的剑桥方程式：

$$M = k \cdot PY \tag{5-9}$$

① 出身于剑桥大学的凯恩斯受此影响而提出了流动性偏好的概念。

② 为什么财富同国民收入成比例？因为财富包括房地产、耐用消费品等实物资产及债券、股票、货币等金融资产，这些资产是用过去的收入、现在的收入来购买的，也就是说，收入是财富的流量，财富是收入的存量，因此，财富与国民收入密切相关，与它成比例。

2. 剑桥方程式与费雪方程式的比较

1）相同之处——k 就等于 $1/V$

如果把 k 视为一个常数，则剑桥方程式与费雪方程式就只有符号的不同。令 $k=1/V$，它们便完全相同了。

$k=1/V$ 的含义是：如果人们的货币需求 k 相对于名义收入 PY 下降，则货币的流通速度 V 必然上升，即货币需求与货币流通速度负相关，如何理解它呢？在前面那个1元钱媒介 n 元钱交易的菜场的例子中，可以把货币想象成人们忠实的仆人，原来有若干个仆人为这个菜场的交易服务，现在菜场上的小贩们把这些仆人都赶出去打新股、炒股票了，仅留了一个仆人（1元钱）在家里媒介交易，活儿（交易额）还是那么多，这个仆人岂不要跑断腿（即货币流通速度加快）了吗？

2）剑桥方程式（现金余额说）有更多的合理成分

剑桥学派是从货币需求函数出发推导出货币数量论的，而不像现金交易说那样从货币数量论出发推导出货币需求函数，这种逻辑顺序的不同却使现金余额说蕴含着更多的合理成分，因为它的出发点是正确的：k 是由人们的选择行为决定的，它受到多种因素（如利率、预期通货膨胀率等）的影响，因而可能上下波动。剑桥学派仅仅是因为贪图方便，或者是急于得出货币数量论的观点，而放弃了对它的进一步研究，简单地将它视为一个常数。但剑桥学派开创的这一研究角度，却为后来的经济学家奠定了宝贵的基础，凯恩斯的流动性偏好理论正是在现金余额说的基础上发展起来的。

3. 剑桥方程式中的货币数量论

剑桥学派认为：

(1) 如果将 k 视为一个常数，则从 $M=k\cdot PY$ 中可以看出：名义国民收入 PY 取决于货币供给量 M，这是货币数量论的弱命题；

(2) 由于实际国民收入 Y 固定在充分就业水平上（在他们这些古典经济学家看来，这是不言自明的），因此是一个常数，因此，货币供给量 M 就决定着物价水平 P，即物价水平与货币供给量成正比，这是货币数量论的强命题。

◇ 显微镜 5-4

货币数量论的传导机制及与凯恩斯主义的分歧

1. 货币数量论的弱命题——“当货币需求稳定时，货币供给增加引起名义国民收入增加”的传导机制

货币数量论的弱命题——“当货币需求稳定时，货币供给增加引起名义国民收入增加”的传导机制如下：假设政府想刺激经济增长、因此增加货币供给，假设是用公开市场操作（从私人部门手中买进国债、借以投放基础货币）的方法，这样私人部门发现手里的货币供给增加了，由于货币需求（即剑桥方程式中的 k）是稳定的，因此经济生活中货币将供过于求，人们就要通过多消费来减少过剩的货币供给①。

接着，当卖主面临着对其商品的需求增加时，先会增加产量（即使 Y 增长），以后才会提高价

① 传统货币数量论只想到人们可通过购物来花掉过多的货币，而没有想到还可以购买债券、股票等，这与当时金融市场尚不发达有关。

格（即使 P 增长），因为当社会总需求增长时，刚开始时每个企业尚不清楚这一点，还以为是自己的产品偶然地变得畅销起来，于是先是加班加点、增加产量，观察一段时间后才敢提价。但无论是提高产量还是提高价格，都会使名义国民收入 PY 增长。

名义国民收入增长又反过来使人们的货币需求增加（因为 $M_d=kPY$），直到名义货币余额不再是过多的，经济又恢复均衡，即货币市场、产品市场都达到供求均衡。

2. 货币数量论的强命题——“当货币需求稳定时，货币供给增加只是引起通货膨胀而已”的传导机制

在 $MV=PY$ 中，当 V 是一个常数时，M 增加必然导致 PY 增加，这是货币数量论的弱命题。但 PY 增加既可能是因为 Y 增加引起的，也可能是因为 P 增加引起的，前者是积极的后果，后者是消极的后果。凯恩斯主义认为将出现前一种积极的结果，而传统货币数量论者则认为将出现后一种消极的结果，即当货币需求稳定时，货币供给量增加只会带来通货膨胀而已，这可被视为货币数量论的强命题，其传导机制如下：

传统货币数量论认为经济持续处于充分就业水平，从而当货币供给增加时，实际国民收入保持不变，因为人力、物力都已充分就业，卖主即使想增加生产也是力不从心，所能做的只有提高价格，从而扩张性的货币政策不能增加产出和就业，只能造成通货膨胀而已，详见第六章能量棒《一个虚构的乞丐哥的故事》。

3. 凯恩斯主义者对货币数量论强命题的反驳——当货币需求稳定时，扩张性货币政策将会带来产出的增长，而不会带来通货膨胀

凯恩斯主义者认为扩张性货币政策导致的总需求超过总供给只会刺激实际产出（即总供给）Y 的增长，而不会造成物价的上涨，因为经济中存在着大量的非充分就业的资源（详见第六章的极端凯恩斯情形），因此主张政府采用扩张性政策来增加总需求，从而消除失业。

4. 凯恩斯主义者对货币数量论弱命题的反驳——当货币需求不稳定时，扩张性货币政策也许既不会带来产出的增长，也不会带来通货膨胀，从而货币数量不重要了

货币数量论建立在一个关键假定——货币需求稳定之上，如果这一假定被证明与现实生活不符，则货币数量论就不成立了。凯恩斯主义者用“大萧条”期间货币政策的成功驳倒了货币数量论的强命题；同时，凯恩斯主义者认为货币需求不稳定，因此进一步驳倒了货币数量论的弱命题。

在这一点上，凯恩斯主义者是正确的，因为在经济萧条期，由于私人部门的预防性货币需求不断增加（即不稳定），扩张性货币政策既不能增加产出，也不能造成通货膨胀，货币数量变得与价格、产出与就业等实体经济目标不相关了，货币数量对于名义国民收入而言不重要了，货币数量论就破产了。

◇ 显微镜 5-4-1

1996—2003 年中国特色的流动性陷阱

——货币政策落入了居民的预防性货币需求无穷大的陷阱

1. 扩张性货币政策没有带动消费与投资的增长

我国在 1996—2003 年经济萧条、通货紧缩时期所实行的扩张性货币政策效果较差，因为难以提升居民消费，从而也难以启动投资。

当时我国居民普遍存在着对净收入的悲观预期，因此，消费意愿较低、储蓄意愿较高。但储蓄既可以是消极地存银行，也可以是积极地进行金融投机。由于当时我国证券市场不发达且风险较高，因而居民主要以储蓄存款的形式保存财富，储蓄存款即 M_2 的非 M_1 部分，代表着我国居民对货币的预防性需求，可见，我国居民对货币的预防性需求较大，而交易性需求与投机性需求较小。

凯恩斯的“流动性陷阱”说明了货币政策失效的情形，不过，那是货币政策陷入了公众的投机性货币需求无穷大的陷阱，而 1996—2003 年，我国扩张性货币政策是陷入了公众的预防性货币需求，而非投机性货币需求无穷大的陷阱，这就是当年具有中国特色的流动性陷阱。

2. 扩张性货币政策也没有带来通货膨胀

当年 M_2 与货币的预防性需求的高速增长既没有带动产出增长，也没有带来通货膨胀，甚至中国在此期间还长时间地陷入了通货紧缩。

3. 货币数量论失灵在于中国居民的货币需求变大了

当年中国的扩张性货币政策既没有以凯恩斯的方式带来产出增长，也没有以货币主义学派的方式带来通货膨胀，货币数量论的强命题失灵了。同时，货币数量论的弱命题也失灵了，因为货币供给量 M 与名义国民收入 PY 之间失去联系了，而原因就在于中国居民的货币需求变大，即 V 变小了。可见，货币需求不稳定导致货币数量论的弱命题也失灵了。这种失灵令人感到诧异，因此，当时这种现象被国际社会称为“中国货币之谜”，或“丢失的货币”现象。

这种失灵自 1991 年开始就在我国显现：1991 年我国居民储蓄存款突破 1 万亿元大关时曾引起各方的惊呼，担心出现通货膨胀，但是由于居民货币需求增加，通货膨胀并没有出现，它像一只老虎被关在了笼中；1995 年我国居民储蓄存款突破了 3 万亿元大关，几乎可以收购全部国有企业的固定资产，但同样由于居民货币需求增加，通货膨胀也没有发生，只不过是“笼中虎”[①]被越养越大；2012 年时已达 20 万亿大关，但同样由于居民货币需求增加，通货膨胀也并不严重。

反过来看，如果“虎”不在“笼”中，我国的年通货膨胀率平均将增加 8 个百分点，将发生像苏东国家改革时期的恶性通货膨胀，因为改期时期必然发生货币供给大幅度增加与货币超发，因为改革造成了相关主体利益的调整，为了政局的稳定，财政赤字必然会大幅度增加，以安抚利益受损的主体，而大规模财政赤字必然导致公债的货币化。

---

5. 小结：货币数量论和现代货币主义是凯恩斯主义理论的对立面

早在 18 世纪，苏格兰哲学家大卫·休谟就提出了货币数量论，但该理论在 20 世纪 30 年代却落了个坏名声，因为凯恩斯的著作《就业、利息与货币通论》在 1936 年发表，以及美国罗斯福总统采纳了凯恩斯主义药方，把美国经济从 1929—1933 年“大萧条”的泥潭中拯救出来后，凯恩斯主义学说便成了主流，也使得货币数量论成为古代的迷信，因为美国在治理“大萧条”期间货币供给增加了，但也成功地增加了产出、而并没有引起通货膨胀。

直到 20 世纪 50 年代中后期，因为凯恩斯主义遭遇到了“滞胀”[②]，似乎没有原来想象的那么有用，以弗里德曼为代表的现代货币主义才又崛起，成为凯恩斯主义理论的强大对手。

---

① 巨量储蓄在 20 世纪八九十年代被称为“笼中虎”，其危害性在于：笼中虎一旦出笼、用于购买国内的商品或服务，会立刻造成通货膨胀，这被视为中国的系统性金融风险之一。在 2008 年汶川地震后这个词被“金融堰塞湖”所替代。

② 滞胀即货币供给的增加并没有带来产出的增长，只带来了价格的提高，也就是说，长期菲利浦斯曲线变成垂直的了。

三、现代货币主义(弗里德曼)的货币需求理论

1956年,在对货币数量论的一片反对声中,弗里德曼发表了他的名作《货币数量学说——新解说》,标志着现代货币数量论的诞生,与之相伴随的是一个崭新的宏观经济学流派——现代货币主义学派①,它对主流的凯恩斯主义宏观经济学构成了有力的挑战。按照弗里德曼的观点,货币数量论"原是货币需求的理论,它不是产出或货币所得或价格水准的理论",所以弗里德曼对货币数量论的重新表述是从货币需求入手的。

(一)弗里德曼的货币需求函数

弗里德曼继承了凯恩斯等人把货币需求当作财富所有者的资产选择行为加以考察的方法,但他把资产选择的范围扩大到债券、股票、实物资产与人力资本。

1. 货币需求与财富总量、持久性收入正相关

弗里德曼认为,货币需求与持久收入(恒常收入)Y、财富总量正相关,持久收入与财富不过是流量与存量的关系。财富总量相当于消费者理论中的预算约束,由于在实际生活中,财富很难加以估计,因此必须用收入来代替。但是,用现期收入来衡量财富是有缺陷的,因为它会受到经济波动及一些暂时性的扰动因素的影响,必须用持久性收入来衡量。持久性收入指消费者在较长一段时期内所能获得的平均收入,在实际计算中,可以用现在及过去年份实际收入的加权平均数来加以估算。

2. 货币需求与持有货币的机会成本负相关

持有货币的机会成本包括债券与货币间的相对收益率、股票与货币间的相对收益率、实物资产与货币间的相对收益率等。因为弗里德曼的"货币"指M_2,因此持有货币也有预期报酬率,它包括定期存款与储蓄存款的利息、支票存款的少量利息及银行为支票存款提供的各种服务(如自动为存款人支付水、电费等)。

债券、股票、实物资产的预期报酬率包括:①当期所得,如债券利息、股票的股息与红利、实物资产的保管费用(这是负的所得);②这些资产价格的变动,如债券和股票的资本利得、实物资产在通货膨胀时期的价格上涨等。用债券、股票与实物资产的预期报酬率减去货币的预期报酬率,就是债券、股票与实物资产与货币间的相对报酬率,即持有货币的机会成本。

3. 货币需求与非人力财富占总财富的比率负相关

由于弗里德曼提出现代货币数量论时正是美国诺贝尔经济学奖得主——舒尔茨的人力资本理论风靡之时,因此弗里德曼把人力资本因素也引进来了,他把财富分为人力财富和非人力财富两类。人力财富或人力资本是指个人获得收入的能力,包括一切先天和后天的才能和技术,其大小与接受教育的程度密切相关。将未来收入的预期值贴现就得到当前的人力资本值。

由于人力财富不容易转化为非人力财富(如失业时人力财富就无法取得收入),所以人力财富的流动性较低,不像股票、债券那样随时可以变现。人力财富在总财富中所占的比例

① 由于现代货币主义最著名的代表人物是弗里德曼及其原来在芝加哥大学的学生们,因此又被称为芝加哥学派。

越大，出于谨慎动机的货币需求也就越大，因为货币是流动性最高的资产。

4. 其他因素(综合变数)不影响货币需求，因为在短期内它被假定为不变的

弗里德曼的货币需求函数为

$$\frac{M^d}{P}=f\left(P,Y,w,r_m,r_b,r_e,\frac{1}{P}\cdot\frac{\mathrm{d}P}{\mathrm{d}t},Z\right) \tag{5-10}$$

式中，M^d 为名义货币需求；P 为价格水平；Y 为实际持久性收入，用来代表财富；w 为非人力财富占财富总额的比例；r_m 为货币的预期收益率；r_b 为固定票面利率的债券的预期收益率(包括资本利得)；r_e 为非固定票面利率的证券如股票的预期收益率(包括资本利得)；$\frac{\mathrm{d}P}{\mathrm{d}t}$ 为价格水平的预期变动率，即实物资产的预期收益率；Z 为影响货币需求的其他因素。

Y、r_m 与货币需求呈正向关系，w、r_b、r_e、$\frac{1}{P}\cdot\frac{\mathrm{d}P}{\mathrm{d}t}$ 与货币需求呈反向关系。此外，弗里德曼认为只要将该式中的人力财富占总财富的比率 w 去掉就变成了企业的货币需求函数。

(二) 现代货币数量论

从弗里德曼的货币需求函数中可以这样推出名义收入受货币数量决定的货币数量论观点。

1. 货币需求对利率并不敏感

凯恩斯的“货币”指 M_1，但弗里德曼的“货币”指 M_2，其中包括付息的定期与储蓄存款，甚至连支票存款都可被支付显性或隐性的利息。如果一个国家已充分实现了利率市场化，则当某种金融工具的利率发生变动时，这种变动将通过私人部门在各种金融工具之间的套利而传导到所有金融工具，使得各种金融工具(包括 M_2 中的各种存款)的利率调整到新均衡水平，在新均衡时 M_2 在人们的资产选择中相对于其他资产的吸引力并未发生变化，因此，人们对货币的需求也不会发生变化，所以货币需求对利率并不敏感。

根据弗里德曼的货币需求理论可以画出其纵轴为利率、横轴为货币需求量的货币需求曲线图，其货币需求曲线为垂直线，表明利率无论如何变化，也不会影响货币需求。

2. 缓慢变化的持久性收入使得货币需求稳定

弗里德曼的货币需求理论认为，除利率以外，其他影响货币需求的因素是持久性收入与偏好，它们的变动使得货币需求曲线发生移动。但是，由于持久性收入的变化是缓慢的，所以货币需求曲线也只是缓慢移动，在一定时期内可被视为不发生移动，所以货币需求曲线、货币需求都是稳定的。

3. 影响货币需求的其他因素也是稳定的

弗里德曼认为，其他影响货币需求的因素也是稳定的，总的来说，货币需求函数是相当稳定的，货币需求曲线也不会发生大幅度的位移，因此货币需求、货币流通速度是稳定的、可预测的。这一点和凯恩斯的看法不同，凯恩斯认为，当人们对利率安全水准的看法发生改变时，货币需求曲线就会移动，从而货币需求不稳定。

◇ 显微镜 5-5

偏好的变化将改变货币需求与货币流通速度

——再论决定货币流通速度与货币需求的综合变数(偏好)Z

货币流通速度、货币需求的决定因素除了收入、利率以外，还有一些风尚、制度方面的变化，即弗里德曼货币需求函数中的 Z。

1. 支付习惯的改变

任何使获得收入和进行支付的时间趋向一致的因素都可以降低货币需求，从而加快货币流通速度。比如，在以物易物时期，买卖同时进行，获得收入的同时就进行支出，货币需求为 0；再如：一个大学生每月的收入是 3 000 元，其月支出额也是 3 000 元，再假设每月的第一天，该学生有 3 000 元现金，她在这个月里按一个固定速度花费这些现金余额，直到本月的最后一天最后一秒将钱用完。

我们发现她每天平均有现金余额 1 500 元，她一年中支出为 36 000 元，则其货币的交易流通速度为每 1 元钱每年流通 24 次(1 500 元×24 次＝36 000 元)，或者说她平均每一天持有相当于其年支出额 1/24 的现金余额。

现在假设她的大学到处可以用微信支付(微信钱包是用她借记卡上的存款充值的，视同于借记卡存款，属于 M_1)，以前她的借记卡里每月初总保留着 3 000 元存款余额，因而她的货币需求(这里为 M_1)为 1 500 元，她的每 1 元钱每年流通 24 次。现在，假设她将微信钱包里的一部分存款转入某理财账户(理财账户的钱是不能用于支付的，相当于 M_2)，同时她每天早上从理财账户转 100 元存款到微信钱包里，这样她每天的货币需求就变为 100 元了。

其货币流通速度变为：每 1 元钱每年流通 360 次(100 元×360 次＝36 000 元)，或者说她平均每一天持有相当于其年支出额 1/360 的现金余额。

2. 融资性商业票据、可转让存单市场的发展

融资性商业票据、可转让存单市场的发展也减少了货币需求，因为：①对于储蓄者而言，这些工具扩大了可生息的流动性资产的范围，提高了持有货币的机会成本；②对于负债消费方而言，这些工具降低了持有流动性资产(如活期存款)的必要性，因为可以很方便地融资；③对于银行而言，也不用保留太多的一级准备金，因为即使央行实行紧缩性政策，它也可通过发行可转让存单来获取资金、发放贷款；借款者也知道在需要时可获得这样的贷款，因而也持有较少的货币作为预防性余额。

3. 商业银行表外信贷工具的发展

以贷款承诺为主要特点的表外信贷工具有：企业信贷额度、票据发行便利、支票账户透支额度、信用卡透支额度等。发达国家商业银行的表外信贷工具已占据信贷方式的主导地位，银行的实际负债(即表内的企业、居民的活期存款)相当一部分是由表外的或有负债转化而来的。

比如信用卡透支额度，在上例中，假设这位大学生获得了一张信用卡，每月有 1 500 元的透支额度，因此，在拿到信用卡的第一天，她便买了 1 500 元的理财产品，用剩下的 1 500 元度过上半个月，再用 1 500 元透支额度过下半个月。第二个月的第一天，当她取得了 3 000 元收入后，立刻偿还信用卡贷款 1 500 元，用剩下的 1 500 元现金或存款(M_1)度过上半个月，再用信用卡透支额度过下半个月……如此循环往复。这样，她每月第一天有 1 500 元的 M_1，第十四天结束时有 0 元 M_1；下半个月则完全不需要 M_1，因此其货币余额或货币需求为

$$\frac{1\,500+0}{2}=750(\text{元})$$

在年支出额为 36 000 元的情况下，货币的交易流通速度为 36 000/750＝48 次/年。

可见，信用方式降低了货币需求。未使用的信贷承诺与货币需求负相关；同理，商业信用的扩展即公司之间的交易通过记账来进行，也减少了货币需求。

4. 小结：货币需求、货币流通速度是稳定的吗？

20 世纪 50—70 年代，英美等发达国家通货膨胀、利率较稳定，因此货币需求函数、货币流通速度也较稳定；但自 20 世纪 70 年代中期开始，英美发达在高通货膨胀、高利率、金融创新加快的环境中，货币需求函数变得非常不稳定，因此，自 1987 年起，美联储停止为 M_1 确定政策目标；自 1993 年起，也不再强调 M_2 的政策目标。也就是说，经济环境越稳定，则货币需求、货币流通速度就越稳定；反之是反是。

◇ 显微镜 5-5-1

我国的持久性收入与货币流通速度

1996—2003 年，我国体制性因素（国企改革、下岗增加，居民收入预期悲观）导致的货币需求变化倾向于否定弗里德曼的货币需求稳定的观点。

在 20 世纪 80 年代以前，由于持久性收入增长较慢，同时经济体制和结构长期保持稳定不变，因此，我国的现金流通速度长期保持在每年 8 次左右，我国在计划经济条件下曾长期奉行所谓的 1∶8 的经验公式，即对应于 8 元钱的消费品交易，需要有 1 元钱的现金发行。

改革开放以后，一方面由于持久性收入的大幅度增长，另一方面由于体制转轨等制度因素的影响，我国的货币需求不断增加，现金流通速度不断变慢，1983 年为 5.3 次，20 世纪 90 年代以后为 3 次左右。

（三）现代货币数量论与传统货币数量论的区别

现代货币数量论与传统货币数量论存在着以下两点区别。

1. 现代货币数量论认为货币流通速度虽不是常数，却是稳定的、可预测的

传统货币数量论认为货币需求（即剑桥方程式中的 k）与货币流通速度（即交易方程式中的 V）是常数，这显然与现实不符。弗里德曼不是把货币需求与货币流通速度当作一个稳定的常数，而是当作其他变量（即持久性收入 Y、其他因素 Z）的稳定的函数，因此是一个可以预测的变量。既然货币流通速度是稳定的、可以预测的，那么当货币供给 M 发生变化时，将货币流通速度的预测值代入交易方程式（$MV=PY$）中，就可估计出名义国民收入的变动，因此，货币供给是决定名义收入的主要因素这一货币数量论的观点仍能成立。弗里德曼就是这样对货币数量论重新阐述的，他把他的理论称为名义收入货币理论。

2. 现代货币数量论认为在短期内实际国民收入将随货币数量的增加而增加

现代货币数量论认为在短期内，实际国民收入也将随货币数量的变化而有所变化（即扩张性货币政策能在短期内增加实际产出），但货币供给在多大程度上引起价格水平的变动、在多大程度上引起实际国民收入的变动，要视其他条件而定；而传统货币数量论则认为，货币供给的增加完全不能增加实际产出，只能造成通货膨胀，这是现代货币数量论与传统货币数量论的第二个明显不同之处。

可见，现代货币数量论在传统货币数量论的观点上有所退却，但它们在基本立场上却是一致的——都强调货币存量对名义国民收入的重要影响。

◇ 能量棒 5-3

中国货币之谜、货币超发与货币化

截至 2016 年 8 月末，中国的 M_2 达到了 151.10 万亿元，中国的货币发行量远超过美国，接近世界其他国家 M_2 的总和；另外，截至 2014 年年底，中国的 M_2(122 万亿元)与同年 GDP 的比率逼近 200%，位居全球主要国家前列，也就是说，中国的 GDP 约为美国的 1/3，却支撑着美国 1.5 倍的 M_2，为何中国的货币发行量如此之大？如此之高？

(一) 货币的超经济发行(货币超发)的含义

1. 动态的货币数量论方程

为了获得货币数量论方程 $MV=PY$ 的动态(各变量的变化率)的形式，对其取对数(这是为了将讨厌的乘除关系变成简单的加减关系)可得：

$$\ln M+\ln V=\ln P+\ln Y \tag{5-11}$$

再对其求对时间的导数(这是为了求出各变量随时间的变化率)，可得：

$$\dot{M}+\dot{V}=\dot{P}+\dot{Y} \tag{5-12}$$

其中各变量分别表示 M、V、P、Y 的自然对数随时间的变化率，在数值上也等于 M、P、Y 本身对时间的变化率。

由于在货币数量论看来 V 是常数，故常数 $\ln V$ 的导数是 0，则上式变为

$$\dot{M}=\dot{P}+\dot{Y} \tag{5-13}$$

式(5-13)就是动态的货币数量论方程，其含义是：

(1) 在货币流通速度 V 不变的情况下，货币供给的增长率必然等于物价上涨率与产出增长率之和，这就是传统的货币数量论。

(2) 如果产出增长，货币供应量也可适当增长，但为了保持物价稳定(即 $P=0$)，货币当局应将货币供给增长率 M 控制在等于产出增长率 Y 的水平。其政策含义是：央行应根据产出增长率来增加货币供给量，这就是弗里德曼的“单一规则”，是现代货币主义的政策主张。

(3) 其否命题是：如果货币供给的增长率超过了产出增长率，必然反映为物价水平的上涨上，因为货币供给量的增长率 M 必然等于通货膨胀率 P 与产出增长率 Y 之和。

2. 货币超发的含义

1) 窄口径的含义——不考虑货币的投机性需求

货币超发是中国从计划经济时期流传下来的名词，其本源可追溯至马克思说过的“当人类从金本位制过渡到纸币时代后，纸币的发行量应等于流通中所需的金属货币量”。由于在金属货币时期，家庭的金属铸币是自己拿着贵金属到政府的铸币厂铸造的，当货币供给量过多时，家庭就会将多余的铸币熔化成金属块，这样，家庭财富只是改变了形式，但数额不变，就能毫无痛苦地使多余的货币退出流通领域，从而不会引起通货膨胀。

可见，马克思的意思是：在纸币制度下，如果货币供给量引起了通货膨胀，就是货币超经济发行，简称货币超发。用弗里德曼的单一规则来解释更加明确：假设货币需求稳定，即 $\dot{V}=0$，如果 $\dot{M}>\dot{Y}$，并使 $\dot{P}>0$，就是货币超发，这是货币超发的第一种情形，即不考虑货币的投机性需求的情形。

货币超经济发行的反义词就是货币的经济发行，指货币供给量刚好等于不引起通货膨胀的货币需求量。

2）宽口径的含义——考虑了货币的投机性需求

在很多情况下会出现实体经济没有通货膨胀、甚至有通货紧缩趋势，同时股市、房市火爆，出现泡沫的现象，这也是一种货币超发现象。

具体来说，股市、房市的发展也需要一部分货币，因此股市、房市等资产市场的兴起可被视为一种“货币化”。假设金融资产市场规模以 $\dot{Y}_F$ 的速度增长（指按照合理的、无泡沫的价格计算的金融市场规模），因此用于资产市场的货币需求 M_F 也应以这个速度增长，即 $\dot{M}_F=\dot{Y}_F$，超过部分的货币供给可能会造成资产泡沫，就是超发的货币。因此，考虑了资产市场后，货币超发指商品市场的货币供给增长率 $\dot{M}_G$ 加上金融资产市场的货币供给增长率 $\dot{M}_F$ 超过了实际 GDP 增长率 $\dot{Y}_G$ 与无泡沫的金融市场规模增长率 $\dot{Y}_F$ 之和：

$$\dot{M}_G+\dot{M}_F>\dot{Y}_G+\dot{Y}_F \tag{5-14}$$

超发的部分为 $\dot{M}_G+\dot{M}_F-(\dot{Y}_G+\dot{Y}_F)$①。

金融资产市场上的这种超发有两种表现：①资产价格存在泡沫；②资产价格合理、甚至低迷，但银行体系有着过高的超额准备金率，企业、政府、居民手中有着过多的自由现金流量，表现为储蓄存款居高不下、民间高利贷盛行等，即我国学界前些年所称的流动性过剩。之所以说这也是超发，是因为当资产市场参与者信心逆转时泡沫就破裂了，资产变现后形成的货币可能将成为实体经济中的购买力，从而引发通货膨胀。

此时货币政策存在着两难选择：一方面实体经济存在着通货紧缩，需要扩张货币；另一方面存在着资产泡沫，又不能大水漫灌式地增加货币供给量。认识到这个两难有助于防止央行无视资产泡沫而投放过多的货币，引起资产泡沫越吹越大，直到资产泡沫终于破灭的那一天，就将发生金融危机、并危及实体经济，并最终导致实体经济的通货紧缩或萧条，1997 年东南亚金融危机和 2008 年美国次贷危机都是如此。

3）小结——货币超发的 3 种类型

事实上难以确定资产价格上涨到什么程度才算泡沫，因此也难以界定货币超发，笔者认为，货币超发按照无歧义程度从强到弱有以下 3 种类型：

(1) 强表现型的货币超发，即通货膨胀型货币超发，可能伴随、也可能不伴随着资产泡沫、自由现金流量等现象。也就是说，无论资产泡沫与自由现金流量这两个指征有没有出现，只要出现通货膨胀，毫无疑问就是货币超发。

(2) 中等表现型的货币超发，即无通货膨胀的资产泡沫型货币超发，可能伴随、也可能不伴随着自由现金流量现象。也就是说，无论自由现金流量这个指征有没有出现，虽然没有通货膨胀，但只要出现资产泡沫，毫无疑问就是货币超发。

(3) 弱表现型的货币超发，即无通货膨胀、无资产泡沫的自由现金流量型货币超发，表现为银行体系有过高的超额准备金率，企业、政府、居民手中有过多的自由现金流量，导致储蓄存款居高不下，或(及)民间高利贷盛行等。也就是说，即使无通货膨胀与资产泡沫现象，只要出现这种自由现金流量指征，也是货币超发。

（二）1996—2003 年中国“丢失的货币”现象（或“中国货币之谜”、中国特色的流动性陷阱）

1. 丢失的货币（中国货币之谜）的含义

中国经济在从计划经济向市场经济转型的过程中，产生了令经济学家大为困惑的“中国货币

---

① 事实上，“改革开放以来，我国央行制定 M_2 增长幅度目标基本是按 GDP 的增长率加上 CPI 计划调节率再放大 2 至 3 个百分点来掌握的。若以此为依据，有学者通过计算发现，货币超发率在 2001—2005 年平均为 5.4 个百分点，2003—2007 年为 2.8 个百分点，而 2008—2010 年 9 月为 9 个百分点。货币超发率自 2008 年以来显然已经远远偏离了合理水平”（胡晓鹏，2012）。

之谜”——中国货币增长率长期高于实际GDP的增长率和通货膨胀率之和(这个和就是名义GDP增长率)。

例如,我国在1978—1997年,货币存量M_2的年均增速达26.05%,同期GNP(用它来代表产出)年均增速度达9.77%,零售物价指数年均上涨率为3.2%,可见$M>P+Y$,这表明扩张性货币政策(即M较高)既未有效地增加产出,也未有效地造成通货膨胀,无论是从凯恩斯的传导渠道来看,还是从货币主义的传导渠道来看,货币政策都失效,货币数量都不“重要”了,货币数量论的“咒语”没有灵验,货币数量论失灵了,有些货币被“丢失”了,因此,“中国货币之谜”问题也被称为“丢失的货币”问题。

又如,中国近30年来实际GDP平均增长率高达9.8%,而M_2的增速远高于实际GDP,却能保持30年来CPI平均6%的低通货膨胀奇迹(周其仁,2011)[3]。

再如,2016年第3季度M_2增速为11.5%,而GDP+CPI增速只有8.6%,其间的差额2.9%,就是丢失的货币(杨荣银行研究团队,2017-03-06)[4]。

2. 丢失的货币与货币超发的关系

笔者认为,“丢失的货币”与“货币超发”具有以下的对应关系:

(1) 根据“丢失的货币”的含义,在强表现型货币超发(通货膨胀)下显然不存在丢失的货币。

(2) 中表现型货币超发,即无通货膨胀的资产泡沫型货币超发就是弱表现型的丢失的货币现象,因为超发的货币虽然没有造成通货膨胀,但显而易见,它造成了资产泡沫,因此“丢失”的表现较弱。

(3) 弱表现型货币超发,即无通货膨胀、无资产泡沫的自由现金流量型货币超发,就是强表现型的丢失的货币现象,因为通货膨胀与资产泡沫是两大引人注目的打消货币丢失的疑虑的领域,而自由现金流量指征则相对地不为人们熟知,使人们产生了较强的货币丢失的疑虑。

3. 中国货币之谜(或丢失的货币)的谜底是货币需求变大了

从公式来看,因为$M+V=P+Y$总是成立的(它不过是$MV=PY$这个恒等式的变形),因此货币政策失效、货币数量论失灵的原因肯定是其假定前提错误,即V不是一个常数、V不为0,可以看出中国货币之谜是因为V为负数,即货币流通速度V减慢了,居民和企业对于货币的需求增加了。

(三) 中国的货币化与货币需求变大之利

1. 货币化的定义

除了实物分配的经济活动以外,任何经济活动都需要货币作为交易媒介,如果某种经济活动出现了,导致经济生活中对货币的交易性、预防性或投机性需求增加,货币流通速度下降,这种现像就叫货币化。其好处是:在一种货币化完成(即新增的货币需求达到饱和)之前,不断增长的货币需求就像一个蓄水池一样可以吸纳本已超发的货币、从而避免通货膨胀,因此是一个正在进行公债货币化的政府求之不得的良机。

2. 中国经济转轨过程中的商品化带来了第一次货币化

1) 消费品由实物分配转化货币化分配

易刚(2003)[5]认为,在中国经济转轨的过程中,计划经济时期至20世纪80年代初,居民只有在柴米油盐等生活必需品上才需要用到货币这种交易媒介,当时的教育、住房、医疗等基本上是公费(免费)的。改革开放后,这些服务都实现了商品化,因此,居民为购买这些服务而产生了新增的交易性、预防性货币需求,这就是转轨时期的货币化。

前面所分析的中国转轨时期居民储蓄存款大幅度增长，虽然将潜在通货膨胀这只“笼中虎”越养越大，但却避免了现实的大幅度通货膨胀，这就是货币化带来的好处。

2）单位对职工住房货币化的补贴不足造成了职工的相对贫困化

当时各单位对职工进行补贴（伴随着财政赤字与公债货币化、货币超发）的方法是增加其货币供给，以满足其新增货币需求。但由于房价上涨过快，导致住房补贴等新增货币供给不能弥补职工购买住房的货币需求，居民只得自行储蓄来弥补货币供给的不足①，造成了其相对贫困化。

3. 证券市场、房地产市场的兴起带来了第二次货币化

证券市场、房地产市场的兴起使居民和企业等私人部门新增了交易性、预防性与投机性货币需求，是中国的第二次货币化，它也有效地吸纳了超发的货币，阻挡了通货膨胀。

4. 人民币国际化带来了第三次货币化

人民币在境外的使用与流通意味着中国的货币需求中新增了“境外市场的货币需求”这一部分，是我国的一个机遇，因为它可以吸纳我国因公债货币化而新增的货币供给，不至于造成国内通货膨胀的压力（2015-11-20，IPO 重启：构筑人民币国际化资产池——不是多空，而是颠覆！[J/OL]）[6]。

1）为治理经济萧条我国需要更加扩张的财政政策

2015 年 11 月中国财政部副部长朱光耀表示，目前全球经济面临着 2009 年以来最严峻的形势，各国都需要实行扩张性财政政策，或许可以考虑调高目前各国惯用的财政赤字占 GDP 的 3%的红线——虽然根据中国财政部的数据，2015 年计划的财政赤字将达到 1.62 兆元，我国的财政赤字率也将上升到 2.30%，但仍未到 3%。

2）人民币国际化将产生新的货币需求，财政赤字的货币化正好可以满足这部分需求

在一国货币国际化的进程中，国外企业与居民将产生对本国货币及本币资产的需求，因此，更高的财政赤字正好可以采用债务货币化的方式来轻松地弥补，因为新增的货币供给正好可以满足新增的货币需求，这样就不会使国内遭受通货膨胀或（和）资产泡沫了。这表明，一方面，国际储备货币国家的债务货币化可以演化成本国债务的国际化；另一方面，国际储备货币国家的债务货币化也助推其货币流出国门，从而有助于其本币的国际化。

（四）货币超发的指标与数据

1. 货币超发的指标

目前，国内学界流行的货币超发指标是 M_2/GDP，其中的 GDP 是名义 GDP。但笔者认为这个指标虽然统计上方便，但有不合适之处：名义 GDP 中包含了通货膨胀因素，如果货币发行引起了通货膨胀，就是超发了，但 GDP 中包含着通货膨胀因素，因此用 M_2/GDP 将低估货币过量发行的速度，因此笔者认为应采用实际 GDP，而 M_2/名义 GDP 应为货币化指标。

① 过去几十年里，尽管人民币对内连年贬值，中国人的高储蓄率依然连年走高，根据国际货币基金组织 2010 年公布的数据显示，中国的国民储蓄率从 20 世纪 70 年代至今一直居世界前列，20 世纪 90 年代初居民储蓄占国民生产总值的 35%以上，到 2005 年中国储蓄率更是高达 51%，而全球平均储蓄率仅为 19.7%。银行存款并不保值，中国居民还是热衷于把钱存到银行的根本原因在于中国的社会保障制度严重缺失，无论是医疗、教育、养老、抗灾体系都不完善，人们迫不得已为医疗、养老等货币需求而自行积攒货币供给。

能量棒 5-3-1

房产泡沫的好处与坏处

(一) 好处

1. 房产泡沫化解了通货膨胀、资本外逃、人民币贬值的风险

1) 货币超发而没有恶性通货膨胀必须要有"伊拉克蜜枣"

自改革开放以来,中国仅在20世纪80年代价格双轨制、价格闯关那两年有较严重的通货膨胀,之后即使有部分商品涨幅过快,也很快会被平息,而手机、家电、汽车等长期成本下降的产品降价更是常态。从数据上来说,最近十几年来,国家统计局公布的CPI涨幅大体都在3%左右。

很多人对此数据表示怀疑与不解,因为我国的广义货币M_2的增速一直高于GDP的增速(国内生产总值GDP每年增速约在7%左右,M_2增速约在13%左右甚至更高),而中国改革开放之初1980年年底的M_2是1 661亿元,2006年年底的M_2是345 578亿元,2016年8月末的M_2是151.10万亿元,也就是说,我国现在的货币存量是36年前的909倍,是10年前的4.37倍,显然,中国自改革开放以来一直在超发货币。

但是中国为什么没有出现类似于埃塞俄比亚、委内瑞拉等国家那样的恶性通货膨胀呢?不是统计数据失真,而是不断增大的货币需求像"伊拉克蜜枣"一样吸纳了超发的货币。中国老一代领导人中是陈云在主管经济,陈云同志说,"1962年货币流通量达到130亿元,而社会流通量(指商品供给量)只有70亿元,另外60亿元怎么办?就是搞了几种高价商品,一下子收回60亿元,市场物价就稳定了"。这几种高价商品之一就是当时进口的"伊拉克蜜枣",每斤人民币5元,当时的5元可以买40斤大米、或6斤大闸蟹、或7斤猪肉。因此,当时社会上的有钱人将60亿元货币需求倾注在这几种奢侈品上,而这几种奢侈品由于和居民的生活及生产关系不大,因此没有形成一般物价水平的上涨,即没有发生通货膨胀。可见,"伊拉克蜜枣"就是指大量占用货币需求,因此可以化解货币超发压力,但又不进入计算一般物价水平的商品篮子的商品、服务或资产;同时,货币超发而没有恶性通货膨胀必须要有某种商品、服务或资产充当"伊拉克蜜枣"(2016-09-23,房地产正在从蓄水池变成中国最大的堰塞湖[J/OL])[7]。

2) 当前我国房产价格的持续上涨就充当了"伊拉克蜜枣",化解了通货膨胀、资本外流及人民币贬值压力

(1) 楼市上涨会增加货币需求

楼市上涨会吸引居民、企业炒楼,因为:

① 假设居民A有存款500万元,即使他预期人民币将贬值,但他看好房价上涨的趋势,正在攒钱买投资性的第二套,因此权衡利弊后他可能不会将其存款换成美元,则其存款就不会构成我国资本外逃、人民币贬值的压力。

② 假设过了一段时间,A攒够了600万元,从某开发商处买了一套1 000万元的新房,首付600万元,从银行取得住房按揭贷款400万元。银行将1 000万元交给开发商,如果这个开发商也认为房价还会上涨,就可能用这1 000万元继续拿地,而不是去消费,从而构成通货膨胀压力;或者开发商会想方设法地将其兑换成美元投资于境外,这就构成了我国的资本外逃与人民币贬值压力。也就是说,如果这些钱一直被房地产占用,即房地产使人们增加了货币需求,房地产市场就成了"伊拉克蜜枣"。

③ 假设A攒够了600万元,并从银行贷款400万元,从居民B手中购买了一套1 000万

元的二手房，只要居民B仍看好房市，拿到这1 000万元后继续去投资价格更高的新房或二手房，则这1 000万元就成了"伊拉克蜜枣"。

综上所述，只要房价持续上涨，使得所有(或大多数)房产商与居民、企业都看好房市，这些配套了银行住房按揭贷款的购房款就成了"伊拉克蜜枣"——只会吸收超发的货币，而不会构成通货膨胀、资本外逃与人民币贬值压力。

(2) 房价上涨吸收了超发的货币，避免了通货膨胀，甚至造成通货紧缩

当前我国房地产总市值占GDP的比例已达411%，远高于全球260%的平均水平，房价持续上涨的结果已构成了房产泡沫。它不仅吸收了超发的货币、没有造成通货膨胀，甚至反过来造成了居民为了买房而压缩消费、从而造成了通货紧缩的威胁——我国在2016年9月为止CPI已连续4个月下滑，而一旦CPI下降、通货紧缩来临，那么房价的自然顶部就已经来临了。

2. 房产泡沫化解了地方政府与地方政府融资平台的债务风险、商业银行的不良贷款风险

自2008年以来的扩张性财政政策造成了地方政府(含地方政府债务平台公司)债务激增，而商业银行是其最大的直接或间接的资金提供方，因此地方政府债务的风险将拖累银行，解决方法之一是令房产价格上涨。因为只要地方政府能够高价卖出土地，才可以解决地方政府债务问题。同时，地方政府融资平台获取银行贷款或其他途径融资的主要抵押物就是地方政府手里的土地或财政担保，而地方财政收入的主要来源又是卖地收入，因此，只有政府卖地收入提高了，地方政府及地方政府融资平台的债务问题才可以解决(贺江兵，2016)[8]。

这就需要房价能够涨上去，因为越是房价上涨，才越会有人买房或者炒房，接下来土地才能卖出高价。因此在2015年年底，高层提出了房地产去库存的口号，住建部紧急全面部署降低首付比例，也就是给购房者加杠杆，于是购房者来拿出在银行的存款，或者借钱买房子，形成了目前的房价从一线城市蔓延到二、三线城市的普涨之势①。

近年来我国商业银行贷款主要投向了国企央企、地方政府和地方政府融资平台，2016年最大的投向是个人住房按揭贷款，其中，国企央企有中央财政兜底(一些国企央企本身就是地王)，而在高地价中地方政府与地方融资平台的债务风险也已悄然化解了，只剩下个人住房按揭贷款的风险。

(二) 坏处

1. 房产泡沫破裂时银行能否保全住房按揭贷款的本金?

房价持续上涨必然形成房产泡沫，泡沫总会破裂的，一旦房价大幅度下跌，就像美国次贷危机一样，银行将面临着住房按揭贷款的坏账，严重时甚至可能引起银行危机。

但是，由于有首付款的保障，我国商业银行的压力测试显示，其个人住房按揭贷款可以承受房价下跌30%的风险，只要房价下跌幅度不超过30%，银行就可收回房子，以保障自己住房按揭贷款的本金偿还(贺江兵，2016)。

2. 房产泡沫破裂时在最高价位接盘的刚需购房者及投机者将遭受净值损失

我国目前这轮持续时间长、涨幅大的房价上涨已使出于刚性需求而购房的老百姓或相

① 虽然政府卖地收入大幅度增加会减少地方债压力，但是，这依然不能解决各地地方债压力不均衡的现状。如东北三省、内蒙古、山西等地已经出现鬼城、空城或半空城的情况，这些地方的土地依然不好卖，这些本来就存在债务危机的地区依然存在危机；而北京、上海、深圳等一、二线城市本来债务负担就不是很重，现在卖地收入又增加了。

信房价永远会上涨的房产投机者承压，因为其资产是所购住房，其负债是住房按揭贷款，一旦房价下跌，而住房按揭贷款的本息是不变的，就将导致其净值即财富缩水（雷思海，2016-10-06）[9]。

3. 房产泡沫将挤垮实体经济

1）房产土地成本的迅速上升抵销了我国低廉人工成本的优势

◇能量棒 5-3-1-1

一位浙江老板对比了中美制造业的真实成本

2015 年，一家浙江民营企业——“江南化纤”在美国南卡罗来纳州投资办厂，成为首家在美国建立再生聚酯短纤维制造工厂的中国企业①。之所以去美国投资办厂，主要原因是国内综合成本连年攀升，与美国相比已失去了成本优势。例如：

(1) 土地成本：国内地价是美国地价的 9 倍②，并且美国是永久性产权，我国是 50 年产权。

(2) 物流成本：国内物流成本是美国物流成本的 2 倍③。

(3) 银行借款成本：国内最便宜的银行借款成本是年利率 6%，是美国成本年利率 2.5%的 2.4 倍④。

(4) 电力/天然气成本：国内能源成本是美国能源成本的 2 倍以上⑤。

(5) 配件成本：国内配件成本是美国配件成本的 3.2 倍。国内设备性能略差，工人操作习惯不良，每吨单位配件成本约 100 元，折合 16.13 美元，而美国生产线设备性能较好，工人操作习惯好，每吨单位配件成本 5 美元，国内比美国高出 3.2 倍。

(6) 税收成本：美国税收优惠力度大于国内，国内各种税收不断，把企业压得喘不过气来⑥；而美国的州政府最看重的是就业，常常给予企业优惠的税收政策⑦。

(7) 清关成本：在美国投资办厂无须支付进出口清关成本，而国内企业原料均进口需承担昂

① 一期计划投资 2 500 万美元，二期计划投资 2 000 万美元。

② 例如，2000 年浙江省慈溪市工业用地价格是 18 万元/亩，当时美国地价仅为 2 万美元/英亩，相当于 2 万元人民币/亩，如果按照现在许多县城工业用地 100 万元/亩算，是美国的 50 倍。

③ 以油价为例，中国的油价是美国的 2 倍，油价高，物流成本也就高。何况中国还有全世界少有的过路费、过桥费，物流成本能不高吗？而美国的物流成本主要由三部分组成，一是库存费用，二是运输费用，三是管理费用。比较近 20 年来的变化可以看出，运输成本在 GDP 中比例大体保持不变，而导致美国物流总成本比例下降的最主要原因是库存费用的降低。

④ 按每吨 7 000 元人民币或美国 1 100 美元的资金、4 个月一周转，国内借款成本年利率 6%和美国借款成本年利率 2.5%分别计算公司运营资金财务成本：国内是 7 000 元×4×0.06/12=140 元、折合 22.58 美元。美国是 1 100 美元×4×0.025/12=9 美元，国内比美国高出 1.5 倍。这还是正常的银行借款，如果资金来自年利率超过 10%的银行理财产品、年利率超过 15%的私募基金，甚至是年利率超过 20%的民间高利贷，企业将不堪重负。

⑤ 美国除夏威夷这个海岛地区电价特别贵以外，其他州的电价都不贵。以得州为例，其电价折合人民币才 2 毛钱。由于我国对电力、天然气直接定价的原因，企业用电、用气、用油价格居高不下。按国内每吨耗电 450 度、电价 0.76 元/度计算，单位生产成本 342 元，折合 55.16 美元。美国设备自动化程度较高，单位用电量相应增加 10%，每吨至 500 度，按照电价 0.05 美元/度计算，单位生产成本 25 美元，国内比美国高出 1.2 倍。蒸汽成本：中国是美国的 1.1 倍还有蒸汽部分，国内用热电厂蒸汽，按每吨消耗蒸汽 1.6 吨、单价 190 元/吨计算，单位生产成本 304 元，折合 49.0.美元，美国用天然气锅炉自制蒸汽，按天然气价格为 0.48 美元/撒姆、单价 14.52 美元/吨计算，单位生产成本 23.23 美元，国内比美国高出 1.1 倍。

⑥ 广州一家物流公司，运送一批货物到海南，总收入为 1.9 万元，但利润仅有 216 元，其中上税需要 1 260 元。

⑦ 比如，房产税优惠 30 年内有效，如果公司达产，30 年内将给予 3 000 万美元的税收减免。

贵的清关成本①。

(8) 人工成本：尽管美国劳动力成本是国内劳动力成本的2.57倍，但美国自动化程度高，用工少，因此国内人工成本仅具有微弱优势②。

(9) 折旧成本：美国折旧成本是国内折旧成本的1.7倍③。

(10) 厂房建设成本：美国厂房建设成本是国内的4倍，但10年以上二手厂房价格根据年限则是新厂房的1/8～1/2，而且普遍性能良好。

综上所述，随着国内包括房地产在内的环境成本、人工成本等的持续攀升，中国制造成本已经和美国制造成本相当，在一些行业甚至会超过美国制造的成本(2016-09-02，一位浙江老板对比了中美制造业的真实成本[J/OL])[10]。

2) 房产泡沫使得社会价值导向变得不重视长线劳动、而注重短期投机

(1) 房产泡沫的财富再分配效应

我国在短短10年间房价暴涨了10倍，尤其是自2016年3月以来，我国一线大城市和部分二线城市的房价开始了新一轮的暴涨，房价上涨幅度远超过工资收入上涨幅度，在居民之间形成财富再分配效应(俗称"财富大洗牌")，即：

① 购房者的财富被转移给了售房者；

② 因为中国的土地是公有的，因此房地产暴涨使得无房者、晚购房者的财富被转移给了有房者、早购房者，越早拿到土地使用权的人，获利越大；

③ 相对于一线城市与部分二线城市的有房者而言，全国其他地方居民的财富相对缩水，地区间、城乡间的差距被进一步拉大，导致中西部地区和中小城市的增长发动机不断灭火，少数城市的繁荣掩盖了大部分城市的萧条(蒋国云，2016-10-08)[11]。

(2) 房产泡沫导致的财富再分配效应使得社会价值导向变得不重视长线劳动，而注重短期投机

正是因为房产泡沫有着如上所述的财富再分配效应，使得无论是劳动密集型还是知识密集型产业在劳动、技术、知识方面投入所产出的工资或利润，都远低于囤积房产或房产拥有者的财富增值，导致社会价值导向变得不重视长期积累的劳动，而注重短期投机，这对于实业发展、科技创新都是极为不利的④。这种短时期内出现的财富再分配是不公平的、世所

① 假设进口环节费用不含内陆运费、关税、增值税，仅各类手续成本约为3 500元/柜，每柜按20吨装计，则为175元/吨，折合22.58美元/吨。国内企业成品出口，假设出口环节费用不含陆运费，仅各类手续成本约为1 600元/柜，每柜按20吨装计，则为80元/吨，折合12.9美元/吨。如果加上运费等，成本还要大幅增加。

② 例如，国内两条月总产量为4 500吨的生产线用工250人，美国设备改进，同产能两条生产线才用工180人。按照目前国内工人工资上涨趋势，如考虑国内5年工资再翻倍、10年工资翻两番计算，那么中国在人工成本上也占不到任何优势了。

③ 同产能设备及土地厂房，国内生产线投资9 000万元人民币、美国生产线投资2 500万美元，按15年折旧年产50 000吨计分别计算吨折旧成本：国内9 000万/15年/50 000吨/年＝120元/吨，折合19.35美元/吨。美国是2 500万美元/15年/50 000吨/年＝33美元/吨，高出国内1.7倍。

④ 例如，这几年华为公司发展得很好，利润超常规增长，成为中国民营企业中首屈一指者，也成为中国实体产业的代言人。20年前华为总裁任正非说华为不炒房、不炒股、不上市是有说服力的，因为当时实业的回报正不断地释放出来，大于资产投机的回报，因此，任正非现在仍坚持华为不炒房、不炒股、不上市，痛心疾首地感叹华为人现在失去了长线劳动的激情，他是在无力地对抗这个时代，因为即使华为不主动炒房，在拿工业和住宅用地时，也会感受到房产价格的高昂；即使华为不上市，但17万华为人却越来越多地参与到楼市、股市和投资的市场中来，也有越来越多的华为内部股持有者希望上市变现，因为华为人担心自己的劳动回报比不上资产的上涨速度(资料来源：2016-10-07，"当华为的奋斗者也输给炒房者，任正非拿什么对抗这个时代?"微信公众号《政商内参》)。

罕见的，对居民造成了不小的恐慌与震动①（2016-10-04，当华为的奋斗者也输给炒房者，任正非拿什么对抗这个时代？[J/OL]）[12]。

4. 房产泡沫形成时期也会造成资本外流

在房产泡沫形成时期，预期房价仍会上涨的资金会流入中国，中国国内的资金也不会流出，但认为房产性价比在国际间不占优势、预期房价将会下跌的资金将会流出。比如，2016年5月，美国的亚洲协会报告说在2010年至2015年，中国人到美国买房，贡献了1 100亿美元。此外，加拿大、英国、澳大利亚、日本，都有中国人买下的别墅群在那里荒废（雷思海，2016-10-06）。

◇ 能量棒 5-3-2

金融抑制与M_2/GDP之值

M_2/GDP的初衷是作为金融深化指标，其值越大越好；金融深化是金融抑制的反义词。

（一）金融抑制的含义

1. 中国实行金融抑制政策的背景——实行赶超型工业化的政府人为地扶持重化工业

20世纪五六十年代，正是发展经济学家争论发展中国家应采取出口导向战略还是进口替代战略的阶段，也是实行赶超型工业化及进口替代战略的发展中国家（如中国）实行政府干预经济的时期；同时，强调国家干预的凯恩斯学派正是强盛时期，因此赶超型发展中国家都拔苗助长，违背本国的比较优势，超阶段地发展资金密集型的重化工业。由于在市场经济下当时作为在落后农业国的发展中国家重化工业部门是没有自生能力（不赚钱）的，吸引不了生产要素，因此，政府为了人为地扶持重化工业部门，就要扭曲甚至废除市场机制，通过行政命令的方式将生产要素配置在重化工业部门。

2. 政府的金融抑制政策

1）强制储蓄

金融抑制政策主要是通过强制储蓄筹集资金，通过压低实际利率、信贷配给来补贴重化工业部门，这是因为：一方面，启动重化工业投资需要大量储蓄；另一方面，由于重化工业部门长期不赚钱，没有内源储蓄，因此后续投资也需要外部的储蓄，赶超型政府就必须通过各种方法在全社会进行强制储蓄（在中国，是利用工农业剪刀差、农村集体化方式强制农民储蓄），并由政府来配置储蓄资金进行重工业投资。

2）信贷配给、压低实际利率

为了补贴不赚钱的重化工业化部门，政府大都依靠直接控制或高度干预的银行间接融资体系，对优先扶持的企业配给低名义利率的信贷资金。信贷配给造成了地下金融市场，因为遵循比较优势的轻工业部门（民生部门）有自生能力，但因信贷资金短缺，得不到银行贷款，造成了市场过度的贷款需求在游离于组织化金融部门之外的地下资金市场得到满足，增大了金融风险。此外，由于实行低名义利率，在投资效率低造成的高通货膨胀下，甚至会使实际利率为负。

随后，政府将便宜的储蓄资金配给优先发展的重化工业部门，这些部门可能是如中国这

① 比如，一些贫困的农村居民，因为邻居在省城贷款买房，房产在一年中就上涨了几十万，比自己一生的积蓄还要多而震惊、恐慌。

样的国有企业，也可能是如韩国、日本那样的政府想扶持的私营企业。

3）对银行存款实行高准备金率

中央银行这样做是为了集中信贷资金给中央政府用于重化工业化项目，详见《能量棒法定准备金及准备金付息制度》。

4）高估本币（以降低进口成本）、压低国内初级产品价格和劳动力价格来补贴重化工业部门

5）小结

金融抑制的后果是政府扶持的企业或行业效率很低，而高效率的部门却得不到贷款，因此金融抑制导致了整个社会投资效率低下。但金融抑制服务于政府赶超型工业化战略，因为按照这个战略，重化工业的发展对于整个国家的安全与发展具有正外部性，因此金融抑制政策本身也有一定的正外部性，否则政府就不会实施，因为没有一国政府会实施有百害而无一利的政策。

3. 金融抑制、金融浅化、金融深化与金融发展的含义

由于政府要对全社会的储蓄资金实行配给，不积极发展或不发展直接融资市场，让间接金融一统天下，而且间接金融也不是市场化方式运作的金融，而是信贷资金的财政化，因此这些国家被视为不重视金融在经济中的作用，被称为“金融抑制”“金融浅化”的国家；重视金融发展对经济的促进作用的努力则被称为“金融深化”，金融深化也就是金融发展的意思。

1960 年，格利和肖发表了《金融理论中的货币》，首次建立基本模型分析金融在经济中的作用；1968 年，戈德史密斯发表《金融结构与金融发展》，采用金融相关比率（IFR，指某一时点上现存金融资产与国民财富之比）与一国经济增长联系起来，以衡量金融发展；1973 年，肖和麦金农分别发表了《经济发展中的金融深化》和《经济发展中的货币与资本》，提出了金融深化理论，标志着金融发展学说正式进入学界的视野。

（二）M_2/GDP 比值

1. M_2/GDP 在创立之初是被用来表示金融深化程度的

金融相关比率的一个分支就是货币化程度即 M_2/GDP，对一国货币化程度及其相关影响的研究在国际上兴盛于 20 世纪 60—80 年代初期，以后显著降温，国内的先驱研究则是易纲在 2001—2003 年完成的。

金融发展理论认为，一国金融业发展与经济增长之间存在正相关关系，因此在经济发展过程中，常常表现出金融资产以快于非金融财富积累的速度而积累。在有关金融发展的理论和实证研究中，经济学家们常常使用金融资产存量来代表金融业的发展水平，其中 M_2/GDP 就是被经常使用的指标，用来表示金融深化程度。该比值越高，表明金融发展水平越高，因此经济增长率也会越高。

2. M_2/GDP 比值高是好事还是坏事？

1）M_2/GDP 比值提高是好事的例子

从金融发展理论来看，M_2/GDP 比值高是好事，如苏丹在 1970—1980 年的国有化进程中，金融市场受到严格的管制，M_2/GDP 以平均每年 19.3％的速度上升；但在 1980—1990 年的改革中逐步放开了对金融市场的管制，允许私人银行和其他金融机构发展，提高了市场的流动性，M_2/GDP 的年增长速度上升到了 25％；而在 1990—2001 年，银行对私人信贷/GDP 下降至 3.22％以下，M_2/GDP 也迅速回落到 12.04％的年增长率。

再如，津巴布韦在 1991 年实行的金融改革，显著增加了金融机构和金融资产的数量与质量，银行的分支机构也深入到了以前没有触及的农村，这一政策引起了 M_2/GDP 指标的

显著上升，从 20%上升到了 30%。而巴基斯坦 1990 年开始的金融改革加快了货币化进程，提高了银行机构在市场中的地位，M_2/GDP 比例由前十年的平均 39%上升到了平均 45%。从横向比较来看，2011 年我国 M_2/GDP 为 167%，美国为 83%，而非洲国家大部分时间内该值都在 30%以内。

但近些年中国该比值过高，表明中国的货币效率低下，显然是一件坏事。可见，超过一个临界点后，M_2/GDP 越高，越不是好事。

2) 用 M_2/GDP 测度各国金融深化程度并不准确的原因

其实用 M_2/GDP 测度各国金融深化程度的准确性并未获得一致认可，为什么金融发展理论在 M_2/GDP 比值问题上出现了片面性的看法呢？学者们提出了以下几种解释。

(1) 戈德史密斯的研究没有对影响经济增长的其他因素进行控制

Liven (1997)指出，戈德史密斯的研究没有对影响经济增长的其他因素进行控制，没有检验金融发展与生产率增长和储蓄的相关关系。也就是说，单纯地看 M_2/GDP 比率提高是表明金融业规模扩大或者说金融业发展了，但金融业规模扩大就一定能保证经济增长了吗？该比值提高是因为分母不变，分子扩大？还是分子与分母同时扩大，不过分子提高得更快一些？这体现了金融对经济的拉动作用，单纯地依靠金融中介的存量规模不能确切衡量金融系统的功能(黄桂田，何石军，2011)[13]。

(2) 二者只在成熟金融系统中呈正相关趋势

Mckinnon(1973)指出，二者只在成熟金融系统中呈正相关趋势，在一个借贷受限制的不成熟市场中，二者往往是负相关趋势(Edwards，1996)。Elhiraika 也指出，M_2/GDP 畸高可能是金融市场不发达的讯号，而高度成熟的金融市场这一比例反而较低，因为后者通常持有与之经济相适应的货币量。

(3) 对 M_2/GDP 的分析必须结合 M_1/GDP 这一比例

Shunsuke Bando(1998)的分析中还注意到，对 M_2/GDP 的分析必须结合 M_1/GDP 这一比例，若 M_1/GDP 并未稳定增长，则 M_2/GDP 的增长可能只是因为资产泡沫、银行不良贷款的积淀等。

(4) 不同经济体的 M_2/GDP 差异较大，不宜进行比较

不同经济体的 M_2/GDP 差异较大，因为：

① 不同经济体所包含的金融机构的口径也不完全一致，M_2 包含的统计口径也不完全一致。发达经济体的金融创新很活跃，有些具有货币职能的金融工具未被统计进 M_2 中；另一方面，各种金融衍生工具的层出不穷，使得发达经济体央行的货币供应量统计变得越来越困难。

② 各经济体 M_2/GDP 的影响因素因时、因地不同，M_2/GDP 也会有较大的差异。各经济体对 M_2 的需求差异、公众的储蓄动机、金融市场的发育程度、所处的经济周期阶段等因素，都会影响各国的 M_2/GDP 水平。

③ 货币化是一个不连续的进化过程，因此各地区、各国之间及其在不同的历史时期中的发展状况必然有所差别，因此，简单化地进行国别比较是不适宜的。①

---

① 尽管如此，也有数据比较了各国的这一指标，结论如下：发达国家(M_2/GDP 一般在 100%以下，只有少数发展中国家 M_2/GDP 突破 100%)。而中国 M_2/GDP 之值在 1980 年为 22%，1986 年为 65%，1993 年突破 100%后一路上升，1997 年为 124%，2005 年为 162%，2009 年为 180%，2010 年为 200%。截至 2010 年 11 月底，中国的 M_2 为 71 万亿人民币，美国的 M_2 为 8.8 万亿美元，折合人民币只有 60 万亿元，中国 M_2/GDP 约 200%。可见，无论是从广义货币 M_2 来看，还是从货币指数 M_2/GDP 来看，中国都是世界第一，均超过美国。而在这 20 年中，美国 M_2/GDP 则大致保持在 60%的水平上，而日韩 M_2/GDP 则从经济高增长期间的 100%左右，上升到 2009 年韩国的 147%，日本的 159%。

◇ 能量棒 5-3-3

中国的赶超型工业化——计划经济的那些事儿

(一) 20 世纪 50 年代发展经济学的困惑——自然演进型工业化还是赶超型工业化？

1. 罗斯托的经济成长阶段论

任何一个国家的政府都关心本国的经济增长与经济发展问题，“经济增长”是指一个国家的产出、人均产出、收入、人均收入的增长，而“经济发展”的含义更广泛，它除了人均收入的提高外，还应含有经济结构的根本变化，其中两个最重要的结构性变化是，在国民产值中农业比重的下降、工业比重的上升，以及居民在城市人口中百分比的上升。此外，消费结构也会发生变化，“人们不再将全部收入花在购买必需品上，而是逐步转向购买耐用消费品，最终转向休闲产品和服务的消费”(《发展经济学》(第四版)，1998)①。这表明，经济增长与经济发展的显著标志是产业结构的变迁，封建社会之后，英国率先从产业革命开始步入工业化社会，随后各国都开始了从农业国向工业国的演进，这就是工业化过程，著名经济学家钱纳里(Holls B. Chenery)将工业化定义为现代经济增长。

美国经济学家罗斯托的经济成长阶段论较完整地揭示了自然演进型的经济发展道路[14]，该理论将一个国家的经济发展划分为以下六个阶段：

第一，传统社会阶段：即历史学上所谓的原始公社时期、奴隶社会、封建社会，这一阶段社会的生产功能有限，并且牛顿学说尚未诞生，人们对待物质世界的态度尚不科学。

第二，准备起飞阶段：以牛顿学说的诞生为起始标志，这是一个过渡时期，即以农业为主的社会即将转变为以工业、交通、商业为主的社会。通常认为从产业结构上说，这就是工业化进程的开始。

第三，起飞阶段：即经济由落后阶段向先进阶段的起飞。起飞必备三个条件：①生产性投资率的提高，由占国民收入的 5%提高到 10%；②某一个或若干个制造业部门必须有更多的发展，并且有很高的增长率；③良好的政治制度和社会结构，足以推动国内外经济的发展。罗斯托认为在经济成长初期经过二、三十年的努力，就可以为转入持续成长奠定基础。这一过程在资本主义国家的经历如下：英国 1783—1802 年，法国 1830—1860 年，美国 1843—1860 年，德国 1850—1873 年，日本 1878—1900 年。

第四，向成熟推进阶段：这是指一个社会已把当时的现代技术有效地应用于它的大部分资源的时期。在该阶段工业向多样化发展，新的主导部门逐步代替旧的主导部门，这一阶段向“成熟推进”的速度不仅取决于技术，也取决于自然资源、起飞阶段的力量、政府的政策。资本主义国家技术进入成熟的时期为：英国 1850 年，美国 1900 年，德国 1910 年，日本 1940 年。从起飞到成熟大约需经历六十年。

第五，高额群众消费阶段：在该阶段主导部门转到耐用消费品方面，如汽车，他认为大众的高额消费对美国经济的推动力到 1956 年已到极限。通常认为这一阶段就是产业结构中重化工业比重最大的时期，被称为重化工业化时期。

第六，追求生活质量阶段：美国是第一个进入这个阶段的国家，它遇到一系列的问题：环境污染、交通拥塞、市政设施落后、贫民区的存在、一部分低收入家庭特别是黑人家庭对社会的不满、一部分高收入家庭的青年对高额消费带来的生活方式的不满等，他认为这一阶段

① 华尔特·惠特曼·罗斯托在肯尼迪和约翰逊政府时担任过一系列要职，他的著作很多，其代表作是 1960 年出版的《经济成长的阶段》一书，这本书的副标题是《非共产党宣言》。

经济主导部门从耐用消费品转到服务部门和环境保护部门，这些部门叫作“生活质量部门”。它们不生产物质产品，而是提供劳务，人们追求的不是物质享受而是精神享受。随着这个阶段的到来，上述问题将逐步解决。通常认为这就是服务业占 GDP 比重最高的时期，就是引起人们广泛讨论的所谓“信息化社会”“后工业化社会”“现代化社会”等。

2. 自然演进型工业化道路

从传统社会到后工业化社会的演进过程就是实现工业化的过程。其自然演进性主要体现为内生性，内生性体现为以下几个阶段：

第一步，农业生产率提高，一方面使得农产品有了剩余，产生对劳动密集型的食品加工业、纺织业等轻工业的有效需求，这意味着居民有足够的收入来购买轻工业产品，因此促使这些产业形成规模经济，并逐渐发展起来；另一方面，农业生产率提高使得农业产生了剩余劳动力，以及使农产品的产出大于消费，这些因素都使得轻工业的投资具有了人、财、物的要素，使得供给得以发生，这样一来，轻工业（即第二产业）在 GDP 中的比重，以及轻工业就业人口占总就业人口的比重就会逐渐增加，并最终超过农业（即第一产业），引起产业结构的变迁，该社会就由农业社会演变为轻工业社会。同时，该社会充沛的农业剩余劳动力的要素禀赋，也使得劳动密集的轻工业发展具有成本低廉的比较优势，因此企业可以获利，而资本密集型的产业则不具有比较优势，也不具有自生能力。

第二步，当轻工业有了一定发展和资金积累之后，会产生对资本品部门（即重化工业部门）足够的有效需求，使得该部门规模报酬递增；同时，该社会的要素禀赋也演变成了资金充沛、劳动力稀缺，也使得资金密集型的重化工业发展具有成本低廉的比较优势，企业从事重化工业可以获利，而从事劳动密集型产业不再具有比较优势，因此重化工业部门的产值将在社会总产值中占较大比重，该社会就演变成了重化工业社会。

第三步，当重化工业社会发展到一定程度后，就进入了后工业化社会。由于人们的消费结构发生了罗斯托所说的从消费耐用消费品的“高额群众消费”阶段向消费服务品的“追求生活质量阶段”的演变，因此，服务业、高科技制造业的产值将在社会总产值中占据较大比重，该社会就演变成了后工业化社会，或称现代化社会，当前发达国家均处于这一阶段。

尤其值得注意的是，后工业化社会（或发达国家）充裕的技术禀赋是如何形成的呢？在前现代社会的漫长岁月里，大多数国家处于相对稳定的传统农业经济阶段，绝大多数人以农业为生，社会资源已经进行了最佳配置，只有偶然的外生冲击，例如，工匠或居民在工作中意外地发现了新的技术，或是作为 15 世纪地理大发现的副产品的从美洲带回欧洲的财富和新的更为高产的作物品种，经济发展水平才可能提高。但当时的经济发展主要表现为人口的增加与经济总体规模的扩大，人均收入基本不变（林毅夫，2004）[15]。

但工业革命以后，新技术发明的方式从经验上偶然的发现为主，转向科学家在实验室内里有意的实验为主，使处于技术前沿的发达国家用增加新技术研发投入的方法来提高技术变迁的速度，发达国家技术变迁的性质从外生性变为内生性，技术变迁的速度加快，劳动生产率水平不断提高，人均收入增长也不断加快（林毅夫，2004）。因此，在后工业化社会，或已实现了工业化的国家，知识技术要素充裕，发展知识经济具有比较优势。

3. 不同国家产业结构的不同只是自然演进型工业化道路的外在特征

从已实现工业化的发达国家来看，例如，英、法、德、美等国的工业化都是从轻纺工业起步的，棉纺、铸铁和铁路是工业化初期的主导产业，其中棉纺工业地位尤其突出，整个工业呈现出轻型结构。经过一段时间的发展之后，重化学工业，如钢铁、电力、机械、化学工业取代轻纺工业的主导地位，使整个工业结构呈现出重化学为主的重型结构。再如，日本是一个后起的工业发达国，其工业化也是从轻纺工业开始，然后走向以重化学工业为主的。20世纪70年代以来，这些经济发达国家的领先工业已转向深加工工业，即以汽车为代表的高加工度工业在制造业中占据重要地位，最后是电子通信产品等技术密集型工业成为制造业增长的主要支持因素。

可以说，工业化过程中产业发展的共同次序为：以农副产品为原料的轻工业——重化学工业——[深加工工业(李怡，罗勇，2007)[16]；基础设施与制造业发展关系研究课题组，2002[17]]。因此，在20世纪50年代，我们看到发达国家处于重化工业阶段，而发展中国家处于农业国阶段，这种不同的产业结构其实只是其自然演进型工业化道路的外在特征，具有内生性，那么，发展中国家的政府可不可以揠苗助长、超越自然演进型工业化道路呢？

4. 20世纪50年代发展中国家的困惑——自然演进型工业化还是赶超型工业化？出口导向型还是进口替代型？

1）发展中国家走出口导向型或自然演进型工业化道路的含义

一战后，民族主义风起云涌，到了“二战”后，大多数殖民地纷纷独立，开始建国，许多还建立了社会主义政权，这些社会主义国家身为落后的农业国，仅有一些轻工业，缺乏重化工业体系，因此轻工业产品、重化工业产品(包括军工产品)都需要从资本主义国家进口，同时这些国家必须出口农产品、资源产品或轻工业产品以换取进口所需的外汇。

因此，如果这些国家向其他国家开放进口市场，并促进出口，由于在同等质量的前提下价格低廉的产品具有竞争力，而只有发挥本国的比较优势才能做到价格低廉，这些劳动要素充沛(即在劳动密集型产品上具有比较优势)的发展中国家生产劳动密集型产品的国内成本就低于出口到发达国家的价格，而其生产资本密集型产品的国内成本就高于从发达国家进口的价格；同理，资本、技术要素充沛(即在资本、技术密集型产品上具有比较优势)的发达国家生产劳动密集型产品的国内成本，高于从发展中国家进口的价格，而其生产资本、技术密集型产品的国内成本低于其出口到发展中国家的价格，因此发达国家与发展中国家之间开展国际贸易(即发达国家出口技术、资本密集型产品、进口劳动密集型产品；发展中国家则进口技术、资本密集型产品、出口劳动密集型产品)对双方都有利，发展中国家应走出口导向型道路。持这种观点的经济学家也被称为遵循比较优势的自由贸易获益论者、主张全球化或外向型、出口导向型、贸易导向型发展战略者。

可见，发展中国家通过发展本国具有比较优势的劳动密集型产业，就可以解决就业、经济增长等问题，同时还可以积累资本、提升要素禀赋结构，最终使得资本密集型产业成为比较优势，从而建立起重化工业优势和门类齐全的现代化工业部门。因此，对于20世纪50年代处于农业国阶段的广大发展国家而言，参与经济全球化、走出口导向型道路就是其自然演进型工业化道路。当时的日本以及亚洲四小龙就是走的这种道路，在经济上获得了公认的成功。

2）发展中国家走进口替代或赶超型工业化道路的现实原因

但是，当时由于一些发展中国家(尤其是中国这样的社会主义国家)遭到发达资本主义国家的经济封锁，不能开展正常的国际分工与贸易，因此只得像封闭经济体一样实行进口替代战略。特别地，由于资本主义世界实现工业化的自然演进道路花费了很长时间(例如，英国用了大约200年，日本用了100多年)，而“二战”后刚刚获得政治上独立地位的广大发展中国家都渴望迅速摆脱经济依附、贫困落后以及建立强大的国防工业，以免“落后就要挨打”，因为国防工业需要重工业的支撑，因此这些国家都选择了“赶超型工业化”道路，包括中国大陆在内。

3）发展中国家走进口替代或赶超型工业化道路的理论原因——对初级资源出口国发展道路的质疑

从理论上来看，20世纪五六十年代的发展经济学家中的结构主义者们认为，发展中国家经济落后是因为其经济结构出了问题——缺乏发达国家那种现代的、先进的、资本密集的大产业，而发展中国家之所以没有先进产业，是因为发展中国家在市场配置资源方面存在诸多结构性的刚性，也就没法发展出现代化大产业，这是一种市场失灵，因此政府应进行干预，即政府直接动用资源、资金以及设置国际贸易壁垒，采取贸易保护措施在国内发展那些重化工业以及一些轻工业，从而自力更生、摆脱对进口的依赖，这就是进口替代的战略。

当时强调国家干预的凯恩斯学派正是强盛时期，因此"赶超型"工业化战略就迅速占据了主导地位，许多发展中国家政府纷纷揠苗助长、违背本国的比较优势，超阶段地发展资金密集型的重化工业。如中国20世纪50年代的"超英赶美"战略，以及当时的印度、拉美和非洲国家也都认同这样的逻辑并实行这样的赶超型发展战略。

同时，出口导向型发展战略在实践中也受到了很多质疑，因为"二战"以前的殖民地国家就是根据其初级资源产品的比较优势而开展国际贸易的典型例子，但事实证明，它们并没有从国际分工中得到什么实惠，因为随着初级产品国际价格相对于资本、技术密集型产品的持续下降（即他们国家的贸易条件持续恶化），它们越来越贫困。

但是，这些国家虽然通过这种方式建立起了一些重工业基础，但是效率非常低，除了早期有些投资拉动的增长外，经济很快陷入停滞乃至危机中。

4）何为"赶超型工业化"？

我国在中华人民共和国成立后实行内向型、赶超型工业化道路，是从属于上述20世纪五六十年代发展经济学家的争论和欠发达国家发展战略选择的背景。不仅是受到了发展经济学思潮的影响，更是受到同在社会主义国家阵营的苏联国家建设初始成功的鼓舞，我国像其他新独立的发展中国家一样，从政治领导人、知识精英到普通民众，都能直接观察到的是发达国家的生产活动集中于资本密集的重工业部门，采用的是最新的生产技术，以及重型化的产业和技术结构为它们带来了人均的高收入，但他们并不了解一个国家的产业结构和技术结构是内生地取决于其要素禀赋结构，因此希望在资本极端稀缺的要素禀赋基础上快速建立起一个完全的重工业体系，用印度首任总理尼赫鲁的话来说，现代化就是工业化，工业化就是要优先发展资本密集的重工业（林毅夫，2004）。因此，"赶超型工业化道路"就是指发展中国家的政府脱离了由当时该国的要素禀赋所决定的比较优势，采用各种手段来扶持一些由更高级的要素禀赋所决定的具有比较优势的行业和企业，即产业结构被政府揠苗助长而致"虚高度化"的工业化道路。

（二）中国的赶超型工业化是如何运作的？

1. 工农业剪刀差——用隐性的高额农业税哺育赶超型的工业化

重工业优先发展要求国家具有相当高的资本积累和资本动员能力，然而当时我国工业资本的来源渠道很少，因为：①中华人民共和国成立之初，百废待兴，而国家财力极其有限；②受当时的国际环境制约，我国工业化建设资金来源的国际渠道很窄；③土地改革以后，地主阶级被消灭，富农阶级也大为削弱，农村中已经基本上不存在具有一定规模的私人资本，因此，民间的农业资本向工业资本转化的渠道在土改后基本上被切断了；④土地改革以后，农村收入趋于平均化，总储蓄率下降，因此国家通过金融系统转移资金的余地也不大；⑤农业税收的名义税率已经较重（1953年我国农业税的税率已达11.9%），提高农业税增加国家财力的空间不大。

在当时中国几乎只有落后的农业部门的条件下，让农业为重工业优先发展提供积累就成了必然的选择。而在农业税已经较重的情况下，"工农业剪刀差"又成了唯一一种隐蔽的使国民收入分配由农业向工业、由农村向城市转移的方式。不仅是我国，苏联和不少其他发展中国家都曾采用过剪刀差政策来积聚资金、加速了工业化的进程(巴志鹏，2005)[18]。

"工农业剪刀差"的含义是：在国家控制的工农业产品的交换比价中，一方面，农产品价格低于其价值，此时农业(作为出售者)的生产者剩余被转化为工业(作为购买者)的消费者剩余；另一方面，工业品价格高于其价值，此时农业(作为购买者)的消费者剩余被转化为工业(作为出售者)的生产者剩余，由这种不等价交换形成的剪刀状差距就表明了农业向工业两次转移的价值。

在我国的整个赶超型工业化时期(即新中国成立后到1978年改革开放前)，如果单从农业税上看，农民对国家的贡献是很小的、农民负担是不重的，如1982年我国农业各税收入是29.4亿元，只占当年财政收入的2.4%。但1982年国家通过价格渠道从农业部门创造的国民收入中转移出去的价值量是288亿元，占当年财政收入的26.2%(巴志鹏，2005)。

2. 赶超型工业化内生的计划经济体制与企业的国有化

1) 必须用计划体制扭曲要素价格

转型中的国家，如俄国、中国等，在还没有实行计划经济之前原本是资本稀缺的农业国家，资金密集型的重工业项目在竞争的市场中没有自生能力，中央政府为把这些项目建好，只好以扭曲利率、汇率、工资、原材料和生活必需品等价格的方式，压低其投资和生产成本。这些价格信号的扭曲必然造成资金、外汇、原材料和生活必需品的供不应求。为了保证稀缺的资源能够被配置在要优先发展的产业和项目上，就必须要有国家计划，并且用全行政的方式按照计划配置资金、外汇、原材料等，从而形成了传统的计划配置体系(林毅夫，2002)[19]。

2) 计划体制中信号失真使得企业必须国有化

在价格扭曲并且用计划替代市场配置资源的经济体系中，如果企业是私人拥有的，则国家无法保证以价格扭曲集中起来的剩余会按照国家的计划再继续投资到重工业项目中去，因此，国有化成为政府直接掌握这些剩余支配权的一个制度安排。在信息不对称、激励不相容，并且缺乏市场竞争的情况下，政府不知道一个盈利企业该有的正常盈利水平，也不知道一个亏损企业该有的亏损水平，如果给企业自主权，企业经理人员容易产生道德风险。为了防止利用价格扭曲创造出来的剩余被企业侵占，就剥夺了传统计划体制里国有企业人、财、物、产、供、销的权利(林毅夫，2002)。

实际上，传统的经济体制用现代经济学的术语来讲是在限制条件之下的"次优"选择。通过它可以把分散在各个产业部门的剩余最大程度地集中起来，投资到政府所要优先发展的项目里去。所以，像中国这样落后的农业经济，也可以在很短的时间里试爆原子弹、发射人造卫星(林毅夫，2002)。

(三) 我国赶超型、内向型工业化道路的非效率分析

1. 重工业企业缺乏自生能力——配置非效率

1) 政府无差异曲线决定的最优生产点——要大炮不要黄油

假设中国生产、消费两类产品——"劳产品"与"资产品"，前者指劳动密集型产品(如轻纺工业所代表的民生产品)，后者指资本、技术密集型产品(如军事工业所代表的重化工产品)；由不包括政府的私人部门构成的社会无差异曲线性状良好、凸向原点；政府调控经济的目标是增进国民福利，这体现为使本国达到尽可能高的私人部门无差异曲线。如

图 5-2 所示。

假设在初始时期该国为自给自足状态，在私人部门无差异曲线 1 与生产可能性边界线 1 的切点 1 处的(Q_{K1},Q_{L1})，下两类产品的成本与消费者的保留价格正好吻合，因此，产量 Q_{K1},Q_{L1} 刚好能被售完、即供求均衡，且所有的生产成本刚好能从产品的售价中得以弥补，此时企业获取了正常利润，具有"自生能力"——自生能力(viability)是林毅夫(2002)提出的定义，指"在一个开放、竞争的市场中，只要有着正常的管理，就可以预期这个企业可以在没有政府或其他外力的扶持或保护的情况下，获得市场上可接受的正常利润率"。

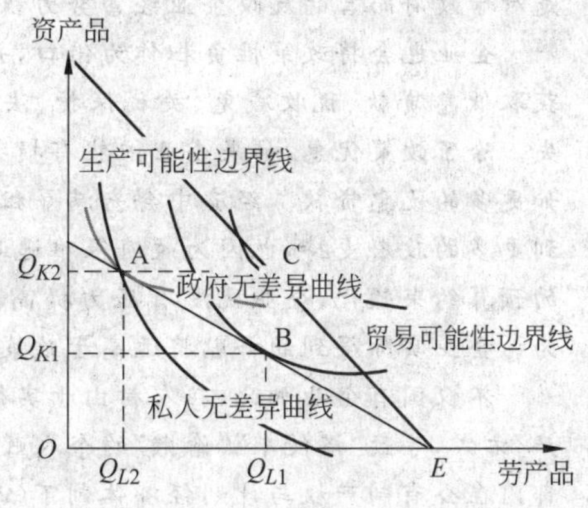

图 5-2　中国的赶超型工业化

现在假设本国面临着敌对的世界政治环境，政府认为作为资本、技术密集型产品的一部分的数量为 Q_{K2} 的军工产品是保护国家安全所必须的，如果 $Q_K < Q_{K2}$，"在帝国主义的铁蹄下"本国的生产可能性边界线就会萎缩至原点，这是动态效率的下降；反之，避免这种局面就是动态效率的提高。假设政府比私人部门先认识到这一点，因此政府无差异曲线比私人无差异曲线平坦，表明政府更偏好资产品，从而政府认为封闭经济条件下的最优生产与消费组合为 A 点(Q_K,Q_{L2})(聂丹，2007)[20]。

再假设由于资源禀赋的不同，本国具有劳动密集型产品的比较优势，而敌对国具有资本、技术密集型产品的比较优势。如果两国间能自由贸易并能达成互惠的贸易条件——这体现为图中本国的贸易可能性边界线比生产可能性边界线陡峭，则两国开展国际分工与贸易将惠及双方，此时本国将专门生产劳动密集型产品，并依靠其出口换取军工产品，这样，本国的均衡消费点 C(必须满足 $Q_K \geqslant Q_{K2}$ 条件)将使本国达到更高的效用。但由于政治原因，贸易在两国间不可行，本国只得自给自足地生产军工产品，因此必须使生产结构由点 B 变动到点 A(聂丹，2007)。

2）私人无差异曲线认为的最优生产点——要黄油不要大炮

但在私人部门看来(Q_{K2},Q_{L2})并非最优解，因为私人部门认为政府 $Q_K \geqslant Q_{K2}$ 的国防要求是杞人忧天、而非高瞻远瞩，因此私人部门的无差异曲线不变，从图 5-2 中可看出，赶超型工业化使私人部门觉得消费了过少劳产品(黄油)和过多的资产品(大炮)，效用水平下降了。

当本国要素禀赋结构升级为劳动的充裕性与资本、技术的稀缺性都减少，从而资产品与劳产品的国内相对价格改变、使得生产可能性边界线变动到如贸易可能性边界的位置时，Q_{K2} 才是最优解，因此，在本国要素禀赋仍处于较低阶段时生产 Q_{K2} 是一种赶超型工业化战略，私人部门会认为，与点 B 的最优解比较起来，A(Q_{K2},Q_{L2})的产量组合中劳动密集型的民生产品产量过低，而重化工产品产量过高，这代表着赶超型工业化道路及进口替代型战略的配置非效率(聂丹，2007)。

2. 信号失真带来的代理成本导致了产出点位于生产可能性边界内——技术非效率

国有重工业企业因违背比较优势而亏损的部分被称为企业的"政策性负担"，因为政府要对企业的这种损失负责，实际上是完全承担了这种损失，即对企业进行数额相等的政策性补贴。从理论上说，选择违背比较优势战略的政府只要补贴企业由于政策性负担造成的损失即可，然而，由于信息不对称，政府不能区分政策性损失与企业经营不善造成的损失，这就是对于政府而言的反映企业经营努力程度的信号失真(林毅夫，2004)。

企业也会将政策性负担作为借口，并运用一定的资源游说政府提供事前的政策优惠，如获取低息贷款、税收减免、关税保护、法律上赋予垄断权等，以便补偿政策性负担造成的损失。除了政策优惠，如果企业依然有损失，那么它们会再次要求政府提供事后的特别支持，如更多的优惠贷款。经济中会充满寻租行为，因为企业会利用政策性负担作为借口，要求得到更多的政府支持，也因为政府很难逃避这种责任，因此企业的预算约束软化。而一旦企业的预算约束软化，企业就没有压力提高生产率，于是会追求更多的在职消费和其他败德行为。企业实际得到的补贴将远高于政策性负担所增加的成本(林毅夫，2004)。

不仅国有企业如此，在农村由于实行的是很难使收入分配与个人努力联系起来的"队生产"方式，导致"搭便车""偷懒"的个人败德行为，因此农业生产率低下，这样，农业、工业两大部门在公有制产权与计划经济体制下(而这又是违背比较优势战略所必然的制度安排)都缺乏激励，社会的实际产出点位于生产可能性边界以内，从而造成了额外的效率损失。

3. 要素禀赋升级慢导致动态效率的损失

1) 赶超型工业化——动态效率损失说

经济增长分为三种形态：效率提高——指产出点由位于生产可能性边界内移动到生产可能性边界上；配置效率的提高——指社会产出点向最优点移动；动态效率的提高——指生产可能性边界外移。

由于这种目的在于促进经济增长的政策的执行往往适得其反——最具盈利能力的部门得不到发展，优先发展的部门盈利能力又较差，这样，企业平均的盈利能力就很低了。并且，农业为了哺育工业，农业剩余被以工农业剪刀差的形式大量地抽调到缺乏自生能力的重工业部门，导致农业积累与投资严重不足，也损害了农业资本进一步积累的能力。资本积累不足必然阻碍经济增长，妨碍了生产可能性边界的外移，这就是赶超型工业化道路的动态效率的损失。

反之，为什么实行外向型发展战略的日本、亚洲"四小龙"、亚洲"四小虎"等国家或地区的经济在战后获得了快速发展呢？因为这些劳动力丰富，而资本稀缺的发展中国家遵循了比较优势而优先发展劳动密集型产业，因而劳动力的就业机会就多，收入和资本积累就多，该经济体的要素禀赋结果就会逐渐升级到资本充裕、劳动稀缺的高级阶段，而要素禀赋结构内生地决定产业结构，到了这个阶段该国产业结构自然就会升级到重化工业具有比较优势和自生能力的阶段，这样，该国创造的价值就会增大，生产可能性边界就会外移，从而获得动态效率的提高。而违背比较优势的国家资本积累慢，要素禀赋升级慢，动态效率提高慢，造成动态效率的损失(林毅夫，2002)。

2) 赶超型工业化——动态效率保护说

也有相反的观点认为，以上对于赶超型工业化道路的动态非效率的分析，是基于图 5-2 中私人部门的社会无差异曲线的，如果中华人民共和国在成立初期面临的军事威胁真的如中央政府所感知的那样大，我们就应选择"政府无差异曲线"，这样的话，赶超型工业化非但没有造成动态效率损失，反而保护了动态效率，因为如果不尽快把国防工业发展起来，则在"帝国主义的铁蹄"下，中国的生产可能性边界将萎缩至原点附近(聂丹，2007)。而在国防工业建立起来了之后，再安心搞经济建设，虽然要素禀赋转换较慢，但总有一天该经济体的生产可能曲线都将变成图 5-2 中发达国家那样的陡峭形态，彼时重化工企业的产品就有足够的国内需求了，企业也将具有自生能力了。

笔者认为中国的赶超型工业化到底是保护了效率还是损害了效率，取决于中央政府所感知的军事威胁的真实程度。从事后来看，赶超型工业化时期似乎有些草木皆兵、杞人忧天了(聂丹，2007)，中国实行内向型战略的时间似乎过长了一些，我们不能说毛泽东错了，只能说邓小平来得太晚了。

即使军事威胁真的使20世纪50年代的中国除了进行赶超外别无选择，如果没有政策性亏损造成的信号失真和国有企业的职工、农村队生产中的社员的败德行为，在中国内需市场广大的背景下，这条赶超型道路在理论上还是有走得通的可能性的。仅从经济学上分析，正是因为败德行为或代理成本超乎预料的巨大，最终使得中国的社会产出远处于生产可能性边界以内，在1978年改革开放前，"国民经济到了崩溃的边缘"，使得中国进口替代战略走投无路，开始改革开放，转向了出口导向战略。

---

2. 中国货币超发的数据

(1) 从世界银行收集的数据可看出，自1978年以来，中国的这一比例在多数年份内均保持高速增长，1997年突破了100%关口；2008—2009年出现大幅度跳升，从139.9%飙升至159.2%，而2011年创下167.3%的此区段最高纪录(2012-09-14,《新浪财经》)。

(2) 胡晓鹏(2012-05-10)[21]一文中指出，"改革开放以来，我国央行制定M_2增长幅度目标基本是按GDP的增长率加上CPI计划调节率再放大2～3个百分点来掌握的。若以此为依据，有学者通过计算发现，货币超发率在2001—2005年平均为5.4个百分点，2003—2007年为2.8个百分点，而2008—2010年9月为9个百分点。货币超发率自2008年以来显然已经远远偏离了合理水平"。

(3) 中国银监会2015年年末的数据如下：

1) 中国银行业金融机构境内外本外币资产总额

2015年11月，根据中国银监会的数据，截至2015年第3季度末，中国银行业金融机构境内外本外币资产总额(大致就是M_2)高达192.7万亿元，同比增长了14.78%。1949—2008年，银行系统信贷资金是30万亿元，而2009—2014年银行系统投出的信贷高达50万亿元。

2) 在多倍存款货币的创造下，仅2009年到2012年的货币量就超过了新中国成立60多年来的总和。截至2014年年底，中国的M_2达到了122万亿元，与同年GDP的比率逼近200%，位居全球主要国家前列。

总之，弗里德曼(1963)从美国近百年的货币史研究中发现，货币流通速度在长期内是稳定的，但对于转型的中国而言，货币流通速度既不像货币主义者所说的那样长期稳定，也不像后来的研究者所说的那样具有易变性，而是在可观测的长期时间内不断趋于下降。

3. 极速货币化30年间居民如何对财富保值?

20世纪80年代初，中国曾经流行过一个词汇，叫作"万元户"，这些当年先富裕起来的"万元户"，经过30年的中国货币化的洗礼，其财富状况如何?

我们分别选取1981年、1991年、2001年和2007年的居民家庭人均收入来考察，上述四个时点分别为500元、1 700元、6 800元和13 800元，因此，30年前的"万元财富"是人均收入500元的20倍，大体和2007年的27万～28万元相当，增值为原来的20倍。

在1980年时，一位万元户怎样保值，才能让他的1万元到了2007年能够增值为27万～28万元呢?

第一，如果他沉湎于消费，在当时购入还十分稀罕的彩电、冰箱和磁带录像机，其效用值不可计算，但是，由于消费类电子产品的长期供给曲线向下倾斜，今天这些快速贬值的电子产品的残值已接近于 0 了(钟伟,2009)[22]。

第二,如果他不买消费类电子产品,而是买入大米,并假定大米可长期不变质,那么 30 年间,每公斤大米的价格已从约 0.5 元上升到约 3.5 元,增值为原来的 7 倍。如果他购买黄金并持有至今,20 世纪 80 年代的金价每克 60～70 元,2007 年大约为每克 270 元,增值不到 5 倍。

第三,如果他采用低风险、低收益的金融产品保值,比如,用五年期的定期储蓄,不断滚动,由于中国在大部分时间实际利率为负,即名义利率的上涨跟不上物价的上涨(在通货膨胀期间名义利率通常以保值贴补的形式上涨),即便考虑到保值贴补,1980 年存入银行的 1 万元到 2007 年充其量也难超过 10 万元。

第四,假定中国有类似美国一样的与通货膨胀指数挂钩的国债(TIPS),那么以 1981 年为定基,四个时点的 CPI 指数分别为 100、199、390、440,即便中国居民早在 30 年前就能够购买和 CPI 指数挂钩的国债,1980 年的 1 万元到 2007 年也仅为 4.4 万元而已,仅为 27 万元的 16%,损失了 64%的价值,或者说被货币化侵蚀掉了近 2/3,相当于把大半财富拱手相让(钟伟,2009)。

以上问题的症结在于中国通货膨胀指数中住房、医疗等的比重过低,导致 CPI 不能准确地衡量一篮子消费品价值的变化。在快速货币化的洪流中,收入增长慢于企业。政府的居民部门只有依靠炒股票、买房子、养儿防老才能颇富风险地保值增值。

◇ 能量棒 5-4

泰勒规则——相机抉择还是单一规则?

(一) 什么是泰勒规则?

约翰·泰勒(John Taylor),斯坦福大学教授,发明了美联储利率公式的那个人,2017 年只差最后一步,没能当上美联储主席。

1. 相机抉择与单一规则

根据 1977 年的《美联储改革法案》,美联储有两大使命,一是维持经济增长、促进充分就业;二是保持价格稳定。为了完成前一个使命,当经济萧条时美联储要实行降低利率、扩大货币供给量等政策,难免坠入凯恩斯主义在治理萧条时过于放松货币、即采取所谓“相机抉择”或“自由裁量”的政策,从而埋下通货膨胀的危险;为了完成后一个使命,美联储必须严格控制货币供给量,即实行“单一规则”或“政策规则”。

从货币数量论方程来看,单一规则的含义是:因为货币需求稳定(即货币流通速度不变),因此央行应使货币供给量的增长率(以及利率的下跌幅度)刚好满足产出的增长需要,否则,过度供给货币(以及使利率保持在过低水平),就会引起通货膨胀,即:

$$\dot{M} = \dot{Y}, \text{因为 } \dot{V} = \dot{P} = 0 \tag{5-15}$$

显然,这是货币数量论政府的规则。

而相机抉择则是凯恩斯主义政府的规则,其含义是:因为货币需求不稳定,尤其是当经济萧条时货币需求会增大(货币流通速度会下降),因此央行应使货币供给量的增长率(以及利率的下跌幅度)超过产出的增长率,而这样做并不会引起通货膨胀,即:

$$\dot{M} + \dot{V} = \dot{Y}, \text{因为 } \dot{V} < 0, \dot{P} = 0, \text{所以 } \dot{M} > \dot{Y} \tag{5-16}$$

2. 泰勒规则

为了完成这两大使命,美联储需要折中。泰勒在其 1993 年的论文《实践中的自由裁量与政策规则》(*Discretion Versus Policy Rules in Practice*)中提出了后来以他的名字命名的、央行制定名义利率目标的一个折中规则:

$$名利利率=实际利率+通货膨胀率+0.5(现实通货膨胀率-通货膨胀率目标)+0.5(潜在经济增长率-经济增长率) \quad (5\text{-}17)$$

根据美国的情况，在这个式(5-17)中，实际利率一般取值为2%，通货膨胀率目标一般也为2%，剩下的变量就是通货膨胀缺口和产出缺口。通货膨胀缺口是指现实通货膨胀率与政府的目标通货膨胀率之间的差额；产出缺口是指现实产出水平与潜在产出水平之间的差额，在实践中用现实经济增长率与潜在经济增长率之间的差额来表示。上式中的通货膨胀缺口和产出缺口分别代表着美联储保持价格稳定和促进充分就业的使命（王烁，2017-11-03）[23]。

（二）原版泰勒规则的"鹰派"色彩

从表面上看，式(5-17)中通货膨胀缺口与产出缺口两者的系数都是0.5，也就是说，通货膨胀缺口上升1%、或者产出缺口下降1%，都意味着央行要使得名义利率上涨0.5%。

不过，仔细看通货膨胀在公式中出现了两次，合计以后的实际系数不再是0.5而是1.5，正如美联储主席耶伦所说的，这揭示了泰勒规则的"鹰派"色彩——面对通货膨胀率上升，央行必须实行强有力的加息政策，即加息幅度要大于通货膨胀率上升幅度，才能将通货膨胀率压下来。不过，为了洗刷鹰派的名声，泰勒在1999年曾修改该规则，将产出缺口的系数从0.5提升到1，但是他最终还是决定回到原版（王烁，2017-11-03）。

（三）美联储根据泰勒规则制定利率政策吗？

1. 美联储根据泰勒规则制定利率政策曾是一个公认的事实

美联储根据泰勒规则制定利率政策曾是一个公认的事实，因为泰勒规则与美联储多年来实际作出的利率决定拟合得相当好，从此成为观察、分析、预测美联储利率的基本框架。许多人，包括泰勒本人在内，认为泰勒规则既准确地描述了美联储多年来的实际利率政策，又能预测其未来的利率决定。

预测美联储的利率政策为什么很重要呢？因为对于市场投资者而言，能够先知先觉地预测到美联储是否改变利率，就能够先知先觉地预测到一些金融产品价格的走势，从而①谋利。因此，正是因为泰勒规则的这个重大贡献，泰勒长期以来被认为是诺贝尔经济学奖的热门人选（王烁，2017-11-03）。

2. 对于美联储偏离泰勒规则而保持了过低利率的辨析

1) 市场人士根据原版泰勒规则认为美联储保持了过低的利率

但是，市场人士普遍认为21世纪以来的美联储政策偏离了原版泰勒规则——2003年到2005年，以及2009年以来，低利率政策保持得太久了，即美联储在实行相机抉择的政策，但这是有风险的——上一次的偏离造成了金融危机，市场人士担忧这次的偏离又会造成怎样的结局（王烁，2017-11-03）？

2) 美联储主席伯南克根据修订版泰勒规则否认美联储保持了过低的利率

---

① 为了猜美联储的利率决定，市场什么事都干得出来，因为美联储加息还是减息牵动着上百万亿美元的资产价格。许多年前，有人发现，要注意格林斯潘的手提包。格林斯潘于1987年至2006年任美联储主席，是历史上任期最长和在任时最成功的联储主席，每次联储公开市场委会员开议息会议时，他都从正门走进大楼，让记者拍照。有聪明人发现，格林斯潘手上拿着的手提包很关键，问题不在加息还是减息，实际上悬念只有一个——要不要保持利率不变？因为如果要改变，在方向上并不会有悬念。如果保持不变的话，格林斯潘的手提包会薄一些，因为维持现状不需要用太多文件来支撑；要变的话，则会厚一些，因为改变现状需要充分证明，因此，观察手提包的厚薄，那些聪明人也许能早一两个小时猜到利率走向。可惜，观察手提包这个法子只好用于一时，等格林斯潘发现这种情况以后，他就再也不带手提包去开会了（王烁，2017-11-03）。

对此，伯南克(2006—2014 年任美联储主席)专门写文章回应此质疑。他说，给产出缺口 0.5 的系数是不够的，应该像泰勒后来修订的那样给到 1，也就是说，如果经济下行，降低利率的力度要比原版规则增大 1 倍。这大大地淡化了原版泰勒规则的“鹰派”色彩，使人疑惑美联储是不是相机抉择的？

根据修订版泰勒规则来考察美联储的利率政策可发现，在 2009 年以前，两者几乎完全吻合，即 2003—2005 年的过低利率说不成立；在 2009 年后，根据修订版泰勒规则，美联储应实行深度的名义负利率，但美联储实际实行的是零利率——这一点可以理解，因为实行名义负利率政策实在不太现实，就算是欧元区和日本央行实行的名义负利率，也没有走到修订版泰勒规则所预测的深度。

由此伯南克认为，对美联储的批评是不成立的，美联储是保持单一规则的，而不是任性地相机抉择的，无论是 2003—2005 年，还是 2009 年后，利率要么与修订版泰勒规则一致，要么比其更高，不存在过久保持低利率的问题(王烁，2017-11-03)。

3. 再次预测美联储的利率目标

既然伯南克说美联储用下式的修订版的泰勒规则来制定利率目标：

$$\begin{aligned}\text{名义利率} &= \text{实际利率} + \text{通货膨胀率} + 0.5(\text{现实通货膨胀率} - \text{通货膨胀率目标}) \\ &\quad + 1\times(\text{潜在经济增长率} - \text{经济增长率})\end{aligned} \tag{5-18}$$

那么美国主流投资机构在 2017 年 11 月就再次预测了一下美联储的利率目标。假设实际利率和目标通货膨胀率仍然均为 2%；2017 年 11 月，美国的通货膨胀率逼近 2% 的水平；有人用就业率来代表产出缺口，那么当时的失业率是 4.7%，对应着充分就业，因此产出缺口为零；而如果用 GDP 增长率来代表产出缺口的话，美联储预计 2017 年的 GDP 增长率为 2.1%，而潜在增长率是 3% 左右，按两种算法折中，产出缺口最多为 1%。把这些数据代进上式可算出利率目标应为

$$\text{名义利率} = 2\% + 2\% + 0.5(2\% - 2\%) + 1\times(-1\%) = 3\% \tag{5-19}$$

这就是市场主流预测的合理利率，而美国当时的利率水平比它低将近 2%，这就是美联储送给金融市场的一份大礼，其价值就是如果美联储加息 2% 将使所有美元资产价格下跌的总额。而谁在为这份大礼埋单？因为在如此低的利率水平下美国的实际利率为 0，因此，是债权人在为这份大礼埋单(王烁，2017-11-03)。

4. 美联储的货币政策调控遵循的是相机抉择，还是单一规则？

事实上，由于经济情况的复杂性、经济政策目标的多元性，中央银行在实行货币政策调控时不可能执行单一规则，必然是相机抉择，正如美联储前主席伯南克所言：“中央银行的决定是系统性的，不是自动的，不能按照一个既定的公式去套算利率，必须相机行事。中央银行家不是机器人，不应该是机器人，我希望未来也不会是机器人”(王烁，2017-11-03)。

由于这个原因，发明了利率公式的泰勒最终还是没能当上美联储主席；此外，投资者们预测美联储当时实行的比泰勒规则低 2% 的利率水平，并预期美联储要在 2019 年才会将利率提高至泰勒规则水平，因此，如果泰勒当上了美联储主席，就有可能提前收回这个大礼包，谁会喜欢收回大礼包的人呢？这也是泰勒最终没能当上美联储主席的原因之一(王烁，2017-11-03)。换言之，在当时经济复苏还未稳定的情况下，美国不适宜采用鹰派色彩的货币政策。

---

[1] 张肃. 人民币国际化的障碍及突破[J]. 经济纵横. 2011(7).

[2] 牛慕鸿. 从超额准备金看美联储缩表[J]. 中国金融. 2017(21).

[3] 周其仁. 货币超发是通货膨胀根源[J/OL]. [2011-07-19] http://finance. people. com. cn/GB/

15185726. html.

[4] 杨荣银行研究团队. 一文看懂银行理财空转、票据空转、同业空转、信贷空转[J/OL]. [2017-03-06] http://www. toutiao. com/i6394418154105209345.

[5] 易刚. 中国的货币化进程[M]. 商务印书馆. 2003.

[6] IPO 重启：构筑人民币国际化资产池——不是多空，而是颠覆！[J/OL]. [2015-11-20]http://www. sohu. com/a/42975567_160685.

[7] 房地产正在从蓄水池变中国最大的堰塞湖[J/OL]. [2016-09-23]http://money. 163. com/16/0923/13/C1LBNJ63002580S6. html.

[8] 贺江兵. 高房价拐点只等一件大事，会很快发生？[J/OL]. [2016-09-28]http://finance. ifeng. com/a/20160928/14909073_0. shtml.

[9] 雷思海. 史上是严格楼市大调控，背后真相曝光！[J/OL]. [2016-10-06]http://www. nfust. com/ztnews/b8d7e7adecg85bhdb3faachb. html.

[10] 一位浙江老板对比了中美制造业的真实成本[J/OL]. [2016-09-02]http://www. sohu. com/a/113352587_463923.

[11] 蒋国云. 中国正在上演第三次财富大洗牌：谁将是输家？[J/OL]. [2017-01-09]http://www. sohu. com/a/123864186_355021.

[12] 当华为的奋斗者也输给炒房者，任正非拿什么对抗这个时代？[J/OL]. [2016-10-04]http://help. 3g. 163. com/16/1004/11/C2HHIVH700963VRO. html.

[13] 黄桂田，何石军. 结构扭曲与中国货币之谜——基于转型经济金融抑制的视角[J]. 金融研究. 2011(7).

[14] [美]吉利斯、波金斯、罗默，等著. 黄卫平总校译，彭刚、杨瑞龙等译. 1998，发展经济学(第 4 版)[M]. 中国人民大学出版社. 1998(9).

[15] 林毅夫. 自生能力、经济发展与转型——理论与实证[M]. 北京大学出版社. 2004(9).

[16] 李怡，罗勇. 韩国工业化历程及其启示[J]. 亚太经济. 2007(1).

[17] 基础设施与制造业发展关系研究课题组. 基础设施与制造业发展关系研究[J]. 经济研究. 2002(2).

[18] 巴志鹏. 建国后我国剪刀差问题分析[J]. 临沂师范学院学报. 2005(3).

[19] 林毅夫. 自生能力、经济转型与新古典经济学的反思[J]. 经济研究. 2002(12).

[20] 聂丹. 论我国国有商业银行的宏观功能[J]. 当代财经. 2007(7).

[21] 胡晓鹏. 我国货币超发的真实内涵及其与 CPI 的关系[J/OL]. [2012-05-10]https://wenku. baidu. com/view/70c57e66ddccda38376bafe9. html.

[22] 钟伟. 极速货币化 30 年，当局巧妙取走大部分居民财富[J/OL]. [2009-08-13]https://wenku. baidu. com/view/40d31ba0dd36a32d737581eb. html?from=search.

[23] 王烁. 发明了利率公式，为何还是没有当上美联储主席[J/OL]. [2017-11-03]http://www. sohu. com/a/202017059_550963.

即测即练

简述与论述题

1. 简述利率市场化的国家央行降息掉到流动性陷阱中的情形及其原因。

2. 简述费雪方程式中体现出来的传统货币数量论的强命题与弱命题。

3. 构造一个数例简述当其他条件不变时，微信与支付宝支付的普及如何降低了我国居民对现金的交易性需求。

4. 简述近年来我国“货币超发”的含义。

5. 论述1996—2003年中国“丢失的货币”现象(或称“中国货币之谜”)的含义与成因。

第六章 通货膨胀、通货紧缩与利率的决定

第一节 通货膨胀

通货膨胀猛于虎，通货膨胀就是物价全面地、持续地上涨，它使你的钞票的购买力不断下降；相比较而言，你可能觉得通货紧缩是件好事情，因为随着物价的不断下降，你的钞票的实际购买力就在潜滋暗长，但其实通货紧缩对经济的负面影响也很大。

从时间上来看，通货膨胀时期比通货紧缩时期多得多，例如我国1978年至2010年的居民消费价格指数，其中物价指数比上年提高可被视为通货膨胀，比上年下降可被视为通货紧缩，可见期间通货膨胀年份高于通货紧缩年份。从地点来看，20世纪70年代的通货膨胀主要发生在发达国家；20世纪80年代主要发生在拉美地区，其平均通货膨胀率超过80%，尤其是阿根廷，在20世纪80年代的大部分时间里，它一直是一个典型的通货膨胀案例，年均通货膨胀率平均曾达到450%；20世纪90年代，通货膨胀主要在亚洲发展中国家和俄罗斯等转型经济国家肆虐。但是，到了2008年之后，由于次贷危机、欧债危机的影响，各国政府均开动印钞机救市，无论是发达国家还是发展中国家，都出现了较为严重的通货膨胀，CPI指数上涨超过两位数的经济体达到了50多个，通货膨胀表现出了全球化的特征（张晓慧，纪志宏，李斌，2010）[1]。2016年、2017年，由于石油价格下跌，在石油资源出口型单一经济国家如委内瑞拉发生了严重的通货膨胀。

我国自2004年以来，官方CPI目标主要在3%～4%，主要有3%、3.5%和4%三种，只有2008年是个例外，当年的CPI目标为4.8%。我国在2008年四万亿投资的经济刺激政策效力过后，私人部门消费、投资始终没有启动，因而自2012年2月至2014年10月，我国的工业生产者价格指数PPI已连续32个月下降，2014年10月，PPI同比下降了2.2%，环比下降了0.4%，全国居民消费物价指数CPI同比上涨了1.6%，环比持平，CPI已持续在2%以下低位运行，表明通货膨胀威胁已转为通货紧缩威胁。但是到了2016年、2017年，由于人民币贬值造成输入性通货膨胀，致使我国的通货膨胀率又有所抬头。

一、定义及衡量指标

（一）定义

通货膨胀（inflation）指一般物价水平的持续上涨，计算公式为

$$\dot{P} = \frac{P_1 - P_0}{P_0} \tag{6-1}$$

其中：$\dot{P}$、P_1、P_0 分别表示一般物价水平变动率、本期一般物价水平、基期一般物价水平。

注意：

(1) 一般物价水平指有代表性的一篮子商品和劳务的价格，因为如果猪肉涨价、鸡蛋跌价、方便面不跌不涨，我们就无法衡量物价水平总体上是涨还是跌，所以需要用有代表性的一篮子商品的加权平均价格的指数化涨跌来衡量物价总水平的涨跌；

(2) 通货膨胀仅反映商品和劳务价格的上涨，而不反映资产价格的上涨。比如，超出了基本经济因素支撑的股票指数的大幅度上涨不能被称为通货膨胀，只能被称为资产泡沫。

（二）衡量指标

1. 消费物价指数（Consumer Price Index，CPI）

消费物价指数衡量的是家庭消费的有代表性的一篮子商品和劳务的价格。

◇ 能量棒 6-1

CPI 指数的编制及相关问题

（一）CPI 指数的编制

1. CPI 指数的覆盖范围

按照国际劳工组织 2004 年 7 月出版的《消费者价格指数手册：理论与实践》①（以下简称《CPI 手册》）的要求，CPI 指数范围应该覆盖一个国家所有居民生活消费的一切商品与服务，但是在实践中由于数据收集的难度相当大，全面收集居民消费品与服务的价格变化数据是不可能的，因此，许多国家对居民消费品与服务价格采用抽样调查的方式来获取。这样，CPI 指数测度的只是样本的变化情况，并不代表一个国家所有商品价格的变化情况。

我国计算 CPI 指数的数据来源于全国 31 个省（区、市）的 500 多个市县的 6.3 万多个价格调查点，这些调查点的选取依据是经济普查时获取的详细企业名录及相关部门的行政统计资料、参考零售额及经营规模的情况，通过排序后按随机等距离的原则抽取的，适当考虑了企业性质、大小及区域分布平衡的原则。同时，由于人口与市场规模、数据获取的便利性等因素，城市调查点要远多于农村调查点。显然，这样的数据调查方式表明它并不是对全体居民的生活消费品与服务价格的收集（黄秀海，滕清秀，2016）[2]。

2. 消费品与服务分类

《CPI 手册》要求“按目的划分个人消费分类”，它将住户的最终支出划分为 12 个大类、47 个中类、117 个小类及 200 多个基本分类。目前大部分国家沿用了这种分类，但也有一些例外，例如，加拿大、墨西哥与美国就使用了本国的分类体系；澳大利亚、新西兰、日本则对住户消费品与服务的分类进行了适当调整。

---

① 早在 1987 年，国际劳工组织、国际货币基金组织等就曾组织世界范围内的经济和统计学家编写了 *Consumer Price Indices: An ILO Manual* 一书，随后多次组织专家进行修改和补充完善，并于 2004 年出版了《消费者价格指数手册：理论与实践》（*Consumer Price Index Manual: Theory and Practice*）。该手册包含了丰富的专业知识，为各国 CPI 的编制制定了一套国际经济统计标准。一些发达国家如美国、加拿大、日本、澳大利亚、德国等也主要参照此手册来规范本国 CPI 编制的理论与实践。但由于 CPI 编制的技术难度及现实经济情况的复杂性，世界各国 CPI 编制的理论与方法还远未达到手册所要求的程度。中国的 CPI 编制目前仍处于向国际规范的《CPI 手册》转变的过渡期，CPI 的编制实践常引发社会公众的困惑和研究者们的质疑（陈立荣，祝丹，2014）。

3. 我国现行的编制方法

1）种类与权重

中国国家统计局根据全国12万户城乡居民家庭消费支出的抽样调查资料，统一确定商品和服务项目的类别，设置了以下8个不同权重的大类：食品类(31.79%)、烟酒及用品(3.49%)、服装(8.51%)、家庭设备用品及服务(5.64%)、医疗保健及个人用品(9.64%)、交通和通信(9.95%)、娱乐教育文化用品及服务(13.75%)、居住类(17.22%)。大类下面再设了63个中类，总共有262个基本分类，基本上涵盖了城乡居民的全部消费内容(黄秀海，滕清秀，2016)。

2）计算公式

具体的计算公式为

$$\text{CPI}=\frac{\text{一组商品按当期价格计算的价值}}{\text{该组商品按基期价格计算的价值}}\times 100\% \tag{6-2}$$

例如，CPI商品篮子中包含的商品及其权重分别为：1瓶牛奶(20%)、2只鸡蛋(15%)、2斤蔬菜(50%)、3个苹果(15%)，以2015年12月为基期，这些商品的单价分别为1.00、0.30、0.50、0.80元，2019年12月其单价分别为3.00、1.00、4.00、3.00元，则CPI为

$$\begin{aligned}\text{CPI}&=\frac{3.00\times 1\times 20\%+1.00\times 2\times 15\%+4.00\times 2\times 50\%+3.00\times 3\times 15\%}{1.00\times 1\times 20\%+0.30\times 2\times 15\%+0.50\times 2\times 50\%+0.80\times 3\times 15\%}\times 100\%\\&=500\%\end{aligned}$$

也就是说，2019年12月的物价比2015年12月的物价上涨了4倍，是其5倍了。此外，进入CPI指数篮子中的商品每种都有很多价格各不相同的规格，因此要选取有代表性的规格品，比如，牛奶选取送奶工每天早上送到住户家中的光明牌小口瓶高钙奶作为规格品(一种假设，并非真实情况)。我国CPI指数的对比基期执行每5年换一次，即逢“5”“0”作为对比基期。

还可以编制一系列不同的指数，比如：①代表性规格品的价格个体指数，比如，2019年12月的牛奶价格是2010年12月的300%，上涨了2倍；②月度基本分类价格指数；③月度各类别价格环比指数；④汇总的月环比指数、同比指数、累计同比指数；⑤汇总的以上年12月价格为基期的指数，等等。

显然，CPI指数的高低一方面取决于各个类别中每一个规格品种的价格变化，另一方面也取决于CPI指数的构成，即各个类别在CPI指数中所占的权重。比如，如果增加价格上涨幅度大的食品类的权重，同时减少价格上涨幅度小的交通与通信类商品的权重，则CPI指数将会比调整前更高(赵翠敏，2015)[3]。

(二) CPI指数编制中的相关问题

1. 权重的来源、权重与商品种类的更新周期

1）权重的来源

CPI指数的各个分类消费品与服务所占的权重体现了一个国家的经济发达程度，具有很大差异性。例如，西方发达国家的CPI指数中食品占比较低，娱乐、教育文化及医疗占比较高，发展中国家则正好相反。同时，西方发达国家对CPI指数中各分类所占比重一般采取概率抽样方法获取，具有客观真实性；而我国则通过固定价格调整点的调查来获取，具有强烈的主观意愿。

2）权重更新的频率

关于CPI指数权重的更新频率，联合国劳工组织建议每5年更新一次。为什么要更新

权重呢？由于受收入水平和经济景气程度等因素的影响，居民消费结构和模式可能会发生较为明显的变化，CPI中各商品的权重就应该反映居民消费结构和模式的这种变化。表6-1列出了电视机在美国消费支出中权重的变化情况（陈立双，祝丹，2014）[4]。

表6-1　2001—2008年美国电视机消费年支出份额变化情况

年份	年支出份额(%)
2001—2002	0.21
2003—2004	0.16
2005—2006	0.28
2008	0.17

资料来源：陈立双，祝丹，2014。

从表6-1中可知，8年内美国电视机支出的权重经历了大幅度的波动，如果采用固定的CPI权重则不能反映该情况，因此，从1999年12月起，美国劳工统计局将权重的更新周期定为2年。加拿大每4年更新一次，法国和英国则每年更新一次。

而对于正经历重大经济变革的国家，其消费模式也将发生较快的变化，《CPI手册》建议其更加频繁地更新权重。事实上，经济转型的东欧国家如波兰、斯洛伐克、匈牙利、斯洛文尼亚等国的CPI权重更新周期均为1年。目前我国仍是每5年一大调，年年都有微调，但由于我国也处于经济转型期，居民消费结构和支出模式的变动较为频繁，因此，这样的微调是不够的，因为我国要考虑到权重调整后面临数据衔接的难题，因此，微调幅度不会太大（陈立双，祝丹，2014）。

2. 质量调整及季节性商品

1）质量调整

CPI反映的是不同时期商品纯价格的变化，其基本前提是商品具备同质可比性。但随着科学技术的发展，产品质量更新的速度很快，通常质量更好的商品与服务的价格也会提高，因此在CPI统计中要区分哪些价格上涨反映的是质量与成本的提高，哪些价格上涨反映的是货币供给的增加，因此在CPI数据的处理过程中，需要对商品质量进行相应调整，即样本要轮换，用体现当前质量的规格品替换过时的规格品，使商品篮子得以更新。

许多经济学者提出了各种形式的质量调整方法，美国采用的方法有重叠虚拟法、无价格变化链接法、组均值虚拟法、生产成本差别法及Hedonic法等①，其中以Hedonic法使用较为普遍。尽管如此，在统计工作中，由于信息不全面、处理滞后等原因，仍然难以取得好的实效（黄秀海，滕清秀，2016）。美国Boskin委员会在对美国CPI数据进行质量评估时，将商品质量的变化和新产品

① 其中：(1)重叠虚拟法指在新旧规格品并用的重叠期，新规格品与旧规格品被同时记录，二者价格的差异完全被归结为商品质量的变化。(2)无价格变化链接法指旧规格品使用到第t期，新规格品从第t期开始使用，而从第$t-1$期到第t期则使用规格品价格变化的平均值，以实现新旧规格品价格的链接。(3)组均值虚拟法类似于链接法，只是从第$t-1$期到第t期使用其他更具可比性的规格品价格，以实现新旧规格品价格的链接。(4)生产成本差别法是基于生产成本的变化进行的商品质量调整。(5)Hedonic法。早在1990年，美国劳工统计局就开始在CPI中逐渐引入Hedonic技术，并于1991年率先将该方法应用于服装消费品价格的调整。目前美国劳工统计局主要是使用Hedonic函数法，而非含哑变量的Hedonic回归法。另外，在Hedonic方法的应用上，劳工统计局还采用了下列技术：第一，随着科技水平的不断提高，被估计消费品的质量特征呈现出明显的持续性变化，因此，Hedonic函数需要经常被重新估计；第二，劳工统计局用于Hedonic商品质量调整的数据来自其他非CPI调查数据；第三，按照一定的基准，定期对Hedonic模型系数的合理性进行评估。尽管理论这一工作具有较大难度，但在数据较为充足的情况下依然具有一定的可操作性（陈立双，祝丹，2014）。

偏误视为造成 CPI 上偏的重要因素之一。目前中国已开始尝试就少数商品进行质量调整，但这一工作尚处于起步阶段(陈立双，祝丹，2014)。

2) 季节性商品

许多产品销售具有明显的季节性特征，即产品的销量和价格会随着季节而大幅度变动。根据《CPI 手册》，对于一个典型国家来说，季节性支出经常占所有消费支出的 1/5 到 1/3，因此季节性商品的影响不容忽视。但季节性商品的处理却面临着方法选择和各种指数序列(包括同比、环比和定基等指数序列)间协调上的困难。目前 CPI 指数编制中对此的处理方法主要有两类：可变支出权重法和固定支出权重法。具体运用哪种方法由各国根据国情决定，并且运用这些季节性数据编制 CPI 指数前的数据处理方法也各异。比如，加拿大、日本、挪威与美国使用了 X-12-ARIMA 法，法国与卢森堡则使用了移动平均法。

目前中国国家统计局已开始在 CPI 中着手处理季节性商品，但依然存在着以下一些问题：

(1) 由于中国这项工作处于起步阶段，因此与上述 1/5 到 1/3 的比例相比，处理范围依然有限；

(2) 中国目前在代表性规格品的采集和分类阶段未能对季节性和非季节性产品进行有效的区分，因此无法在更高级的汇总阶段进行季节性调整；

(3) 尽管国家统计局同时编制了 CPI 月同比和月环比指数系列，月环比指数可以反映季节性价格变化因素，但有研究者发现这两种指数间缺乏对应性(陈立双，祝丹，2014)。

3. 自有住房价格变动的处理

1) 各国 CPI 中自有住房价格所占的权重

自有住房即住户自己拥有、自己居住的住房，其变化价格如何纳入 CPI？并没有通行的国际标准可以参考。房价在 CPI 指数编制中争议较大，一部分国家主张将住房价格变动纳入 CPI 指数之中，另一部分则反对。赞同的国家对自有住房纳入 CPI 指数编制的处理方法主要有使用法、净获得法、支付法。反对者认为自有住房理论上不属于居民的日常消费，且自有住房类型差异很大，如我国居民自有住房有些是房改房、有些是商品房，对于房改房与农村居民的房屋来说，市场上价格的变化对他们来说无影响。

我国在 CPI 指数中的"居住类"这个大类中"自有住房服务"的权重不高于 3.2%，这主要是参照了国际惯例，因为西方国家租房是主要的居住消费方式，因此在居住类这一指标中同时包含租金及自有住房的价格。但是，中国自有住房率已超过了 80%，这一水平高于包括美国和德国在内的绝大多数 OECD 国家，但自有住房在我国 CPI 中的权重却远低于将自有住房服务计入 CPI 的绝大多数 OECD 国家，具体情况见表 6-2。自有住房服务权重最低的国家为新西兰(4.11%)，其次为爱尔兰(5.67%)，其权重也都高于中国(陈立双，祝丹，2014)。

表 6-2 部分 OECD 国家实际房租权重及自有住房权重(%)

国家	实际房租权重	自有住房服务处理方法与权重		两项权重之和
		自有住房服务处理方法	权重	
美国	6.49	租金等价法	23.90	30.39
加拿大	5.81	使用者成本法	15.81	21.62
丹麦	7.25	租金等价法	13.95	21.20
德国	不详	租金等价法	不详	20.99
瑞典	6.69	使用者成本法	13.61	20.30

续表

国　家	实际房租权重	自有住房服务处理方法与权重		两项权重之和
		自有住房服务处理方法	权重	
瑞士	不详	租金等价法	不详	19.15
日本	3.07	租金等价法	15.58	18.65
墨西哥	3.38	租金等价法	14.15	17.53
芬兰	7.37	使用者成本法	9.80	17.17
荷兰	6.05	租金等价法	11.01	17.05
挪威	3.50	租金等价法	12.96	16.46
冰岛	3.35	使用者成本法	12.82	16.18
新西兰	8.99	获得法	4.11	13.10
爱尔兰	5.00	支付法	5.67	10.67
斯洛伐克	1.09	租金等价法	8.42	9.50
澳大利亚	6.71	获得法	8.67	15.38
捷克	4.71	租金等价法	10.82	15.54

资料来源：陈立双，祝丹，2014。

2）对几种处理方法的评论

(1) 尽管使用表 6-2 中的购置法处理自有住房的 CPI 指数，更能反映社会整体性的通货膨胀水平，但该方法将自有住房视为消费品直接纳入 CPI，不符合 SNA(2008)的基本核算理论，OECD 国家中也仅有澳大利亚和新西兰等极少数国家采用该方法。

(2) 支付法实际上是一种现金流量法，它反映的是住户在自有住房上所实际支付的货币(不包含虚拟支出)的相对变化。从某种意义上来讲，正是因为住户购房时通常使用分期付款，从而导致支付法与购置法处理结果间出现差异。从表 6-2 来看，除了爱尔兰外，其他 OECD 国家都没有选择此方法。

(3) 使用者成本法估算的是自有住房主使用其住房的成本，但现实中房地产会出现增值，从而使得使用者成本可能出现负值，因此，该方法不宜同时考虑其资产的价值增值功能。

(4) 租金等价法则是估算住宅自用房主所用住房服务的市场可比价格，其估算往往通过虚拟租金的方式进行。表 6-3 总结了不同处理方法的特点及适用对象等(陈立双，祝丹，2014)。

3）租金等价法的适用条件

在表 6-3 的 4 种方法中，租金等价法是 OECD 国家使用得最多的，也是较具理论基础和现实意义的方法，中国可借鉴该方法。但这方法的应用需注意以下问题。

(1) 租金等价法的应用需具备一定的前提条件

租金等价法的应用需具备以下前提条件：

① 若政府对房屋租赁进行控制，或政府补贴性租房占主导地位，则市场房屋租金的变化将难以反映自有住房虚拟租金的实际变化；

② 当自有住房比例过大时，房屋租赁市场会相对减小，虚拟租金的参照范围将相对有限。

表 6-3　CPI 中自有住房处理方法及其比较

<table>
<tr><th>针对自有住房的处理方法</th><th colspan="2">所包含的商品项目</th><th>适用对象</th><th>相应 CPI 指数的主要功能</th></tr>
<tr><td>购置法(净获得法)</td><td>购置住房的净额、直接新建住宅费用</td><td rowspan="2">住宅的履行与增建费用、房产转让时的律师费和房地产中介费、住宅保险、住宅的修理与维护、相关房产税和财产税等</td><td>住户部门从其他机构所购买的自住房,不包括住户间的二手房交易和自有住户的虚拟租金</td><td>用于测算社会整体性通货膨胀</td></tr>
<tr><td>支付法</td><td>新购住宅的预付定金或保证金、抵押贷款本金的偿还、抵押贷款利息的支付</td><td>住户在自有住房上的实际货币支出,其范围包括住户部门从其他机构所购买的自有住房,住户间的二手房交易,但仍不包含自有住房的虚拟租金</td><td>用于估计居民货币性收入或工资等指数化目的</td></tr>
<tr><td>使用者成本法</td><td colspan="2">住宅的维修和保养、住房保险、抵押贷款利率、相关房产和财产税、住房的折旧、货币的机会成本、相关资产收益等</td><td>居民自有住房</td><td>测算居民生活成本</td></tr>
<tr><td>租金等价法</td><td colspan="2">自有住房的虚拟租金</td><td></td><td></td></tr>
</table>

资料来源:陈立双,祝丹,2014。

针对条件①,我国目前并没有展开大范围的租赁控制和政府补贴性租房,因此,城镇地区是具备这一基本条件的;对于条件②,由于我国地区经济发展不平衡,各地区流动人口规模差异较大,尤其是落后的中西部地区流动人口相对较少,房屋租赁市场规模也相对较小,租金等价法的应用会受到很大限制。因此,房屋租赁市场规模较小的地区(包括农村地区)可在《CPI 手册》的指导下,进一步完善使用者成本法的应用(陈立双,祝丹,2014)。

(2) 租金等价法的应用需注意的问题

租金等价法的应用需注意以下问题:

① 由于房屋地理位置、面积、结构、附近环境等诸多特征都可能显著影响房屋租赁价格,因此不同特征的商品房,其出租价格的可比性受到一定程度的影响。针对该问题,在实践中需要采取适当的措施,例如,可以使用商品质量调整法或重复租赁法等有关技术手段加以解决。

② 由于市场上的实际租金通常是租户与房东在之前的某一时点约定的,具有明显的黏性,该租金在反映当期自有住房的使用成本上存在一定的滞后性。合约租期越长,滞后性也越严重,因此,对于租期超过一年的出租房,其租金不应作为虚拟租金的参考对象,此时可结合重复租赁法等方法加以处理。

③ 租金等价法或使用成本法处理自有住房服务下的 CPI,仍难以真实反映社会整体性的通货膨胀水平。例如,美国 CPI 中自有住房虚拟租金权重早已超过了 20%,但其 CPI 却未能准确地预测 2008 年的次贷危机,这一问题的解决方案目前学术界仍在探索之中(陈立双,祝丹,2014)。

4. 特型 CPI 指数的编制问题

随着社会经济现象的日趋复杂以及人们对 CPI 数据应用的广泛性和需求的多层次性,许多国家从不同角度、针对某些较为特殊的商品和居民编制了更为完整的特型价格指数体系,如表 6-4

所示。

表 6-4　部分典型国家(地区)的特型价格指数

国　家	针对不同类型商品编制的分类价格指数
澳大利亚	①货物价格指数；②服务价格指数；③加权中位数价格指数；④截尾均值价格指数；⑤排除 CPI 的 9 大类商品中每一种之外的价格指数等
加拿大	①货物及服务消费品价格指数；②除食品和能源消费品外的价格指数；③能源消费品价格指数；④除 8 大波动性最强(由加拿大银行确定)消费品外的价格指数等
日本	①新鲜食品价格指数；②新鲜鱼和海产品价格指数；③新鲜蔬菜价格指数；④除新鲜鱼之外的食品价格指数；⑤除新鲜食品之外的食品价格指数；⑥除虚拟租金之外的全部商品价格指数；⑦除虚拟租金之外的住房消费品价格指数；⑧除虚拟租金之外的房屋出租价格指数；⑨除虚拟租金、新鲜食品之外的所有商品价格指数；⑩能源消费品价格指数；⑪ 除食品(或酒精饮料之外)的所有消费品价格指数
美国	①除食品及饮料之外的价格指数；②除食品及饮料之外的非耐用消费品价格指数；③排除食品、饮料及服装消费品外的价格指数；④耐用消费品价格指数；⑤服务消费品价格指数；⑥住户租赁价格指数；⑦交通服务品价格指数；⑧除食品外的价格指数；⑨除住房服务外的价格指数
国家或地区	针对多种特型居民编制的价格指数
美国	城市居民 CPI、城市职工 CPI、62 岁及以上老年人口群体及贫困人口群体 CPI 等
捷克	有孩子的家庭、低收入家庭、单身及一般雇员等的 CPI、养老金领取人员的 CPI、人口超过 5 000 住户的社区 CPI 等
印度	产业工人 CPI、农业劳动力 CPI、农村劳动力 CPI、农村人口 CPI、城市人口 CPI 等
新加坡	20％最低收入水平居民 CPI、60％中间收入水平居民 CPI、20％最高收入水平居民 CPI 等

尽管我国也针对相关群体(如农村和城市居民等)和分类商品编制了较为简化的 CPI 指数体系，但这些指数的编制主要还是在 CPI 基本分类目录中按大、中、小类商品来展开的，中国在 CPI 特型指数的编制方面还有待深入。特别是在近些年居民收入差距居高不下、不同收入阶层居民的通货膨胀差异较为明显的情况下，更应针对不同类型居民编制更为系统的 CPI 指数，有助于进一步完善其价格水平监测和生活成本测算等功能(陈立双，祝丹，2014)。

5. 指数汇总计算的方法

1) 国际上的做法

目前，西方经济学家在拉氏(Laspeyres)指数与派氏(Paasche)指数的基础上，提出了各种改进的指数公式，主要有 Marshall-Edgeworth 指数、Fisher 指数、Walsh 指数、Tornqvist 指数等。这些指数本质上是对拉氏指数与派氏指数中个体价格指数的权重因素进行的改进，不同的计算公式会有一定的偏差。在实践中这些公式存在一些重大缺陷，如所需资料较多、计算困难且不注重经济内容等，受到国际学术界的质疑。

2) 我国的做法

我国是采用边计算、边汇总的方法：①由各市县算出本地区的消费价格指数；②各省加权各市县指数计算出本省的消费价格指数；③国家根据各省的指数按照全国的消费结构加权计算出全国的消费价格指数。这种方法的缺陷是：层层加权使得数据质量很难控制，因此，建议采用国外通用做法，先计算各种商品的全国平均价格，再根据各商品在全国的消费结构编制全国的价格总指数。1986—2015年中国居民消费价格指数如表6-5所示(赵翠敏，2015)。

表6-5　1986—2015中国的居民消费价格指数(1978=100)

年份	居民消费价格指数	年份	居民消费价格指数	年份	居民消费价格指数
2015	615.2	2007	493.6	1999	432.2
2014	606.7	2006	471.0	1998	438.4
2013	594.8	2005	464.0	1997	441.9
2012	579.7	2004	455.8	1996	429.9
2011	565.0	2003	438.7		
2010	536.1	2002	433.5		
2009	519.0	2001	437.0		
2008	522.7	2000	434.0		

数据来源：国家统计局网站。

2. 批发物价指数(Producer Price Index，PPI)

批发物价指数反映包括原材料、中间品及最终产品在内的各种商品的批发价格的变动情况，也被称为生产者价格指数PPI。这一指数充分排除了CPI中的不可贸易品(服务)的价格，但是，它只是考察货物在批发环节的价格，而不是货物在零售环节的价格。

美国的主要消费品由进口的国外低廉产品构成，而这部分产品并不在国内生产，因此美国本土的PPI高估了美国的可贸易品价格水平。

3. 国内生产总值平减指数(GDP deflator)

消费物价指数与生产者价格指数都反映着相同一篮子商品的本期价格相对于上期价格的倍数。一国一年中最大的一个商品篮子就是该年境内新生产的商品与服务的总和，比如，该国新生产了10 000只鸡蛋和999朵玫瑰，能够将鸡蛋与玫瑰的数量加总为10 999“只朵”吗？显然不行，只能转化为价值。比如，1只鸡蛋售价1元，1朵玫瑰售价10元，则其价值就是19 990元，这就是名义国内生产总值(名义GDP)——按本年价格计算的GDP。

但是，假如该国去年生产了7 000只鸡蛋和599朵玫瑰，去年1只鸡蛋售价0.7元，1朵玫瑰售价5元，则去年的名义GDP就是7 000×0.7+599×5=7 730(元)，则今年的名义GDP比去年增长了12 260元(19 990−7 730)，但是其中不仅包含着产量的增长，还包含着一般物价水平的上涨(即通货膨胀)的因素。

为了剔除物价的影响，在此例中我们可以计算今年的实际国内生产总值(实际GDP)——按上年(或基期年)的价格计算的今年的GDP，为：10 000×0.7+999×5=11 995(元)。

此外，从实际GDP与名义GDP的对比中，我们还可发现今年的一般物价水平相对于去年(或基期年)的变动幅度，这就是国内生产总值平减指数：

$$\text{某年的国内生产总值平减指数} = \frac{\text{该年的名义 GDP}}{\text{该年的实际 GDP}} \times 100\% \tag{6-3}$$

例如，此例中今年的国内生产总值平减指数$=\frac{19\ 990}{11\ 995}\times 100\%$，表明今年的一般物价水平是上一年的166.65%倍，比上年上涨了66.65%。

4. 三个指标的比较

这三个指标由于口径不同，即使在同一国家同一时期，用不同指标计算出来的通货膨胀程度也不同。首先，PPI反映的是工业品的出厂价格指数，PPI中包含诸多基础性产品如石油、天然气、铁矿石、铜、铝、锌等，当这些国际大宗商品价格大幅下跌时，PPI下行压力也会比较大，这与国内经济状况和货币政策关系不大。

其次，GDP平减指数这一指标被用来反映通货膨胀，这几乎难以找到先例。欧美各国都没有采用GDP平减指数这一指标，原因在于GDP平减指数并没有考虑进口商品价格的影响，因为GDP反映的是国内生产总值。在本币贬值的情况下，进口商品的本币价格可能会上涨，因此，忽略进口商品价格可能会低估该国当前的真实通货膨胀水平。比如，2015年第一季度中国GDP平减指数创下了有数据以来的最低值，但当时CPI却明显好转，因此中国央行并没有因为GDP平减指数的低迷而选择降息，可见GDP平减指数被用来作为货币政策的参考目标并不合理。因此，消费物价指数CPI是衡量通货膨胀或通货紧缩时被使用得最普遍的指标。

5. 通货膨胀的程度

根据CPI可将通货膨胀按严重程度分类：

(1) 爬行(温和)的通货膨胀，指通货膨胀率低而稳定，一般在10%以下。但在实践中，根据国际经验，当CPI上涨超过3%时，就被认定为发生了通货膨胀；当CPI同比涨幅在0～3%时，被认为有通货紧缩的压力；当CPI涨幅超过了5%时，通常就被称为通货膨胀。比如，我国2010年9月的CPI同比上涨了3.6%，这个涨幅开创了23个月以来的新高；而到了2010年10月，CPI更是同比上涨了4.3%；到了2011年7月，同比涨幅达到了6.5%，根据这几个月的数据，我们可得出结论：中国在2010年时已处于通货膨胀时期了。

(2) 加速的通货膨胀，又称严重的或奔跑的通货膨胀，通货膨胀率通常在两位数以上[①]，而且还在加剧。

(3) 超速通货膨胀，又称恶性通货膨胀，通常认为当环比通货膨胀率达到50%以上，或当年通货膨胀率达到1 000%以上，并且通货膨胀以递增的速度上涨时，表明物价上涨完全失去了控制，就是恶性通货膨胀，此时货币将极度贬值。

所有恶性通货膨胀的共同特征之一是政府开动印钞机为其巨额预算赤字融资，20世纪的恶性通货膨胀出现在4个时期：①第一次世界大战后欧洲的奥地利、德国、匈牙利、波兰和苏联，1922—1923年，德国央行开动印钞机来偿付政府的战争赔款，导致其通货膨胀率甚至达到29 000%；②第二次世界大战后，旧中国、希腊和匈牙利都陷入了货币混乱中，创下了世界史上最严重的恶性通货膨胀的纪录——连续一年多物价平均每月通货膨胀率达19 800%；③20世纪80年代，阿根廷、玻利维亚、巴西、秘鲁等拉美国家在外债危机时期陷入了恶性通货膨胀；④20世纪90年代苏联解体后俄罗斯陷入了恶性通货膨胀，其通货膨胀

---

① 1956年，Philip Cagan撰写的*Monetary Dynamics of Hyperinflation*，一般被视为最早研究恶性通货膨胀的书目，他当时把每月50%以上的通货膨胀称为“恶性通货膨胀”或“超通货膨胀”。

率在 1991—1995 年分别为：160.4%、2508.8%、839.9%、215.1%、131.3%，直到 1996 年才下降为 21.8%（高晓慧，2010）[5]。

二、通货膨胀的成因

（一）需求拉上论

1. 通货膨胀与通货紧缩——钱与物、水与面的关系

通货膨胀就是一般物价水平的持续上涨，就是过多的货币追逐过少的商品，或者说是钱多物少；反之，过少的货币追逐过多的商品，则发生一般物价水平的持续下降，就是通货紧缩。钱与物的关系，就像我们和面的时候水与面的关系，水多面少，面太稀了，就是通货膨胀。面稀了怎么办？因为水不容易挤出去，那就只得加面；同理，当今的纸币制度下，通货膨胀怎么治理？因为多余的货币不容易退出流通领域，那就只有依靠商品供给的增加才能吸收掉多余的货币，通货膨胀才能痊愈。

反之，水少面多，面太干了，就是通货紧缩。面太干了加水就可以了，同理，当今在货币发行无约束的经济体（如中国内地，而香港特别行政区则不是），要治理通货紧缩，似乎很简单，只要多发行货币就行了，但其实通货紧缩有时也很难痊愈，因为通货紧缩时货币当局想发行货币都发行不出去。

显然，钱多物少造成通货膨胀，或者说通货膨胀是需求拉上的，这是最通俗易懂、也是最早出现的通货膨胀理论，指由于对商品和劳务的总需求超过总供给而拉动一般物价水平的普通上升。由于总需求指有支付能力的需求，因此，总需求就是指用于购买商品和劳务的货币总量，即 $MV=PY$ 中的 MV，需求拉上论指 MV 增加带动 P 上涨。

2. 货币主义的需求拉上论

因为货币当局在很大程度上决定着货币供给，所以，当出现了通货膨胀时，老百姓口袋里钞票的购买力下降了，就会怪罪货币当局。对通货膨胀问题最有研究的美国著名经济学家、货币主义学派创始人弗里德曼指出，“通货膨胀无论何时何地都是一种货币现象”，这句话一语中的地揭示了通货膨胀最根本的成因。

货币主义的需求拉上论的主要观点为：

(1) 如果货币数量与产量以同一比例增长，就不会引起通货膨胀，即在（$\dot{M}=\dot{P}+\dot{Y}$ 中，$\dot{P}=0$，$\dot{M}=\dot{Y}$）。

(2) 如果货币数量的增长率超过了产量的增长率时，由于货币需求是稳定的，就一定会造成通货膨胀。

(3) 当经济达到充分就业以后，由于产量不能进一步增长，因此，货币数量的任何增长都将引起一般物价水平的上涨。

以上三段论通俗地说就是说：正命题——如果你还有面，那么一不小心水倒多了也没事，因为你可以加面；反命题——如果你加水的速度超过了加面的速度，那么你和的面一定会越来越稀；现实意义——当你的面用完了的时候，你加的任何水都只会把面和得越来越稀。货币主义者所指的这个狼狈的人就是凯恩斯主义政府，但凯恩斯主义者对于因实行扩张性货币政策而造成的通货膨胀也自有辩解之辞。

3. 凯恩斯的需求拉上论与"半通货膨胀"

凯恩斯主义诞生于1929年美国大萧条时期，凯恩斯的扩张性财政、货币政策被美国罗斯福总统采纳，实施"罗斯福新政"，最终带领美国经济走向复苏。扩张性财政政策和货币政策当然会使货币当局投放更多的货币，但当时并未造成通货膨胀，凯恩斯给出的解释是：

(1) 当经济中存在大量失业和闲置资源时，货币供给增加所形成的总需求增加不会使一般物价水平上升，只会促进就业和产出增加，如图6-1所示，此时总供给曲线在水平区间内，此谓"极端凯恩斯主义区间"，这种极端情形仅在1929—1933年那样的大萧条时期才能看到。

(2) 当经济逐渐接近充分就业时，要素市场逐渐供不应求，要素价格逐渐提高，使得价格上涨，货币供给增加所形成的总需求增加一方面将使产出增加，另一方面将使物价上升，凯恩斯称为"半通货膨胀"。

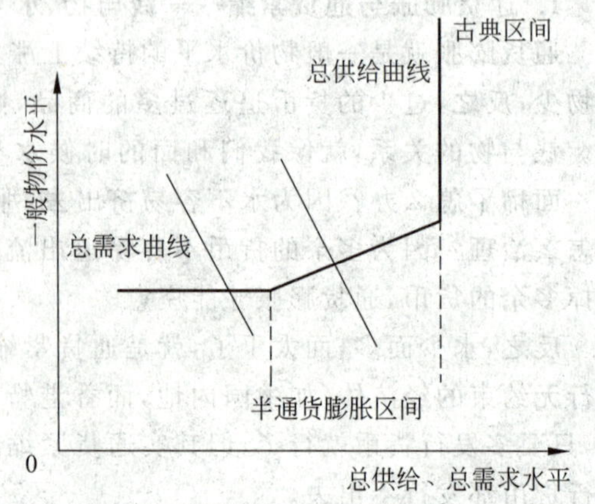

图6-1 半通货膨胀与真正的通货膨胀

(3) 当达到充分就业后，货币供给量增加完全不能使产出增长，只能使一般物价水平与货币数量同等幅度地上升，凯恩斯称为"真正的通货膨胀"，此时凯恩斯主义的需求管理药方就没有用武之地了。因为古典学派认为经济总是处于充分就业状态①，所以货币当局增加货币供给只会造成同等幅度的通货膨胀，因此，这个总供给曲线垂直的区间又被称为"古典区间"。

因此，凯恩斯认为，通货膨胀是在充分就业时货币供给量增加或货币流通速度过快，而形成的过度需求拉动一般物价上涨的现象。

◇ 能量棒 6-2

一个虚构的乞丐哥的故事

——通货膨胀总是凯恩斯主义政府"心太软"的错

1. 自然失业率与潜在产出水平的概念

凯恩斯主义者也明白当经济接近充分就业时，货币当局再增加货币供给就可能会增加总需求，引起通货膨胀，那么实行凯恩斯主义需求管理的政府(以下简称"凯恩斯主义政府")为什么还屡犯错误造成通货膨胀呢？其中一个原因是他们对于"充分就业"的期望值高于古典型或货币主义政府(货币主义学派不过是古典学派的死灰复燃)，或者说他们"心太软"。

根据弗里德曼的定义，当失业率仅为自然失业率时，一个经济体就处于充分就业状态。而其所谓的自然失业率，就是指在经济达到充分就业水平仍存在的失业率，这种失业主要包括两种：摩擦性失业和结构性失业。因为经济在达到充分就业时，仍存在劳动力的工作变换，职业搜寻者的失业属于自然失业；同时，经济结构总是在不断调整的，在劳动力供求总体平衡的情况下，衰落

① 弗里德曼的货币主义也认为经济会在弹性价格下自发调整，因此总是处于充分就业状态，在此问题上与古典学派一致。

部门的失业劳动力由于暂时缺乏兴盛部门所需要的技能，因此处于失业状态，同时兴盛部门又缺乏合格的劳动力供给，这就是结构性失业。

自然失业率下的产出水平就是潜在产出水平，但潜在产出水平却并非是一个社会所能达到的最高产出水平，当产出水平超过潜在产出水平时，就会造成通货膨胀。

2. 乞丐哥的故事

假设经济中失业率高企，凯恩斯主义政府实行扩张性货币政策，想尽一切办法（如调低再贴现率等）诱使商业银行主动扩大对一家私营电子产品生产企业的贷款。老板拿到了低息的贷款，就准备扩大生产规模，由于失业大军的存在，因此他不用提高工资就很容易招到了需要的普通工人，此时就如图 6-1 极端凯恩斯区间所示，总供给曲线呈水平状，价格是“我自岿然不动”。政府只要开动印钞机，产出就实际增长了，失业率就下降了，真是“人有多大胆，地有多大产”啊！

由于失业率仍居高不下，随着政府扩张性货币政策力度的加强，又有些企业主得到了贷款，当他们招工时，普工供不应求，工资上涨了，但他们总算招到人了，于是产出增长了，因为成本提高了，所以他们也涨价了。这表明治理萧条的凯恩斯药方的治疗效果还是有的，但副作用也显现出来了，凯恩斯主义者称之为“半通货膨胀”。

最后到了古典阶段，该就业的人都就业了，假设只有一位精壮的乞丐哥正在懒洋洋地晒太阳。如果是货币主义的政府，理都不会理他，而凯恩斯主义政府看到他的子民还在失业，心中酸楚。虽然他没有财政节余、不能实行扩张性财政政策了，但是印钞机不是他手里吗？于是他又开动了印钞机，使得企业主又得到了更便宜的贷款，又有动力来招工了，企业主现在只得请乞丐哥去打工。

没想到乞丐哥非但不感激涕零，反而傲慢地问道：“请大爷出山，让大爷放弃自由身？你出多少钱？”无奈，企业主只好提高了工资。乞丐哥来上班了，其他良家妇女听说了他的高工资，就造反了，也要提高工资。由于人手奇缺，企业主只好答应提高工资，由于成本上涨，因此也提高了产品价格。

乞丐哥开始几天还老老实实地干活，于是产出增长了——注意，此时产出超过了潜在产出水平！但肯定会好景不长。几天后，乞丐哥就因骚扰打工妹或偷盗电缆等而被拘留了——他本来就是刑满释放人员呀，于是产出又下降了，但高工资却降不下来，因为凯恩斯主义政府还在增加货币供给量，还有新的企业主想招工还招不到呢。同时，由于加班加点，企业主的设备、工人的身体也频出故障，使得成本递增，也说明原来的生产水平才是潜在产出水平，但产出又回到了原来的水平，而成本与价格却因货币供给的增加而不断上涨，这就是图 6-1 中的古典区间。

3. 凯恩斯主义政府的委屈

事情弄到这个地步，货币主义者就来指责凯恩斯主义政府：“通货膨胀就是你的货币供给过多惹的祸！你干嘛那么心软呀？乞丐哥本来就是失业的命，你看到他就睁只眼闭只眼吧，想想有自然失业率这回事情，不就淡定了吗？”凯恩斯主义政府被数落得眼泪汪汪……

4. 对中国的启示

2008 年美国次贷危机爆发后，我国采取了扩张性的财政政策与扩张性的货币政策（所谓的“全面刺激经济政策”），但是，由于中国当时的潜在产出水平的增长率已经在下降了，而宏观调控部门却并没有深刻地认识到这一点，因此货币政策的大规模放松并没有将经济增长率带回到次贷危机前的年均 8%以上，而是持续在 6%左右，超发的货币直接推升了房地产等资产价格的泡沫（钟红，李宏瑾，苏乃芳，2015）[6]。

4. 凯恩斯主义者与货币主义者的对比——凯恩斯主义者不愿意承认货币是通货膨胀的原因

凯恩斯主义者关注失业问题、赞赏政府缓解失业的举动，而货币主义者更强调货币供给的外生性，关注防止通货膨胀的问题。凯恩斯主义者认为将通货膨胀归咎于货币供给增加只是表面性的认识，就像当某人解释他为什么被雨淋湿时，他一般总是说由于下雨，而不是说由于高气压层南下，或者地球的引力使云层产生雨水。"难道我们不应当把通货膨胀归咎于OPEC"（编者注：指OPEC石油提价引起的西方国家1970年代成本推进型通货膨胀），为什么非要归咎于央行的货币供应量增长过快呢？

5. 预算赤字与通货膨胀

政府为刺激经济增长、维持高福利社会，为了军事开支等原因可能会发生预算赤字，我们在《货币供给》那一章中讲过，预算赤字如果采用货币化的方式来弥补，则相当于政府在实行扩张性货币政策，就可能会引发需求拉上型通货膨胀。因此，在政府常年有高预算赤字的国家，如拉美国家，也常有高通货膨胀。

◇ 能量棒 6-3

巴西的恶性通货膨胀及其治理

1. 巴西恶性通货膨胀的成因

1）为推动经济增长而发生巨额财政赤字，并用货币化方式来弥补

巴西是拉丁美洲最大的国家，其经济的快速增长始于20世纪50年代后期，其经济曾以两次"巴西奇迹"引起全球关注，也曾以恶性通货膨胀成为全球典型。

20世纪50年代，巴西政府采取了进口替代战略，通过制定和实施《发展纲要》，重点发展包括能源、运输、粮食、基础工业和教育这5个领域内的30个重点项目，推动了巴西经济出现战后第一轮的高速发展——1957—1961年，巴西GDP年均增长8.3%，经济结构得以明显优化，改变了单一的农产品生产国地位，工业发展开始起步，尤其是汽车工业开始得到初步发展（黄余送，陈建斌，2011）[7]。

由于巴西政府和民间的储蓄不足，而实施《发展纲要》又需要大量资金投放，资金的来源就依赖于财政赤字和对外负债，而长期、大量的财政赤字只得以货币化的方法来弥补。巴西的货币发行量年均增长速度高达34.7%。1959年巴西流通领域的货币量比1956年增长了1倍以上，由此导致恶性通货膨胀。在《发展纲要》实施的5年时间内，巴西的通货膨胀率分别为7%、24.1%、39.4%、30.6%和47.7%。迅速发展的通货膨胀不仅严重影响了经济正常运行，而且引起了政局动荡，此后巴西历届政府上台后首要面对的问题就是治理通货膨胀。

2）治理通货膨胀的指数化方法反而在巴西形成了长期的通货膨胀预期和滞胀

1964年巴西推行了金融改革，将通货膨胀指数化，根据预期通货膨胀率确定产品价格、工人工资，以缓解通货膨胀对经济的不利影响。但是，通货膨胀指数化是一把双刃剑，虽然它在短期内缓解了通货膨胀对经济的不利冲击，但通货膨胀却以预期的形式长期存在于经济中，由此导致通货膨胀阴影在巴西经济中挥之不去。

比如，通货膨胀指数化预期使巴西资本形成更为困难，企业和居民过度消费，储蓄意愿下降。由于居民和企业储蓄率下降，资本形成更加不易，降低了巴西经济发展的后劲，因此，在20世纪60年代中期后，巴西经济发展出现了滞胀。一方面，高通货膨胀现象在延续——1962—1966年，巴西通货膨胀率分别为81.3%、92%、34.5%、38.2%以及24.9%；另一方面，经济增长出现下滑

势头，同期 GDP 增长率仅为 1.5%、2.9%、2.7%、5.1%以及 4.8%。

3) 1974 年巴西政府大力引进外资、扩大信贷规模，导致通货膨胀抬头

由于经济滞胀，20 世纪 60 年代中后期，巴西政府放弃了既有的进口替代型发展战略，转向出口导向型发展战略，以提高产品在国际市场上的竞争力。由于巴西资源丰富，以国际市场为导向的发展战略的优势很快显现出来了，1968—1974 年，巴西经济出现了第二轮高速增长，GDP 年增长率超过了 10%；同时，困扰巴西政府和人民的通货膨胀逐步得到了控制，通货膨胀率逐年下降，1968—1973 年巴西通货膨胀率分别为 25.5%、20.15、19.3%、19.5%、15.7%以及 15.5%。

1974 年年初，巴西政府通过了《第二个全国发展规划》，大力引进外资，并扩大信贷规模，以图加速经济发展。这两种手段均直接增加了经济体系中的流动性供给，导致通货膨胀抬头。到了 20 世纪 70 年代末，巴西通货膨胀重现了 20 世纪 60 年代快速上升的势头，1978 年和 1979 年巴西平均通货膨胀率为 44.2%，对 20 世纪 80 年代的巴西经济产生了严重的负面影响。

进入 20 世纪 80 年代后，巴西经济开始滑坡，1980—1989 年，巴西 GDP 有 5 年出现负增长，10 年内年增长率仅为 2.2%，远低于 20 世纪 60 年代和 20 世纪 70 年代的经济增长率，但通货膨胀率却逐渐失去控制，1980—1985 年，巴西年均通货膨胀率为 343%。1986 年后，巴西通货膨胀形势迅速恶化，甚至还出现了 4 位数的通货膨胀率。

4) 小结——巴西恶性通货膨胀的成因在于政府财政赤字货币化

巴西出现恶性通货膨胀的主要原因是政府财政开支庞大且财政赤字货币化，财政赤字的成因在于以下两方面：

(1) 巴西政府为公务员提供了相对优厚的待遇；同时，由于巴西贫富分化严重，没有什么中产阶级，为了鼓励消费，巴西政府奉行高福利政策，出钱补贴民众消费和养老，例如，规定公民 55 岁就可以退休了，以至于养老金占到了 GDP 的 12%，造成财政不堪重负。

(2) 巴西政府为了发展经济，加大了政府投资，由此导致巴西的财政赤字高达 GNP 的 8%～12%。在缺少其他资金支持的前提下，巴西政府被迫依靠发行货币来弥补财政赤字，因此，巨额财政支出和大量发行货币是造成巴西恶性通货膨胀的主要原因之一。巴西的恶性通货膨胀与其货币发行增长速度几乎完全对应，这印证了弗里德曼的那句话："通货膨胀本质上是一种货币现象"。

2. 巴西恶性通货膨胀的治理

由于巴西恶性通货膨胀的根源在于过多的货币供给，因此治理恶性通货膨胀的关键便是消除过多的货币供给，巴西治理恶性通货膨胀的特色在于实行了消零的币制改革。具体来说，从 1986 年起到 2011 年止，巴西前后共推出了 6 个反通货膨胀政策，其中较为成功的有克鲁扎多计划和雷亚尔计划。

1) 克鲁扎多计划

克鲁扎多计划主要包括：①废除原有货币，以克鲁扎多代替克鲁赛罗，新旧货币的币值之比为 1∶1 000；②继续采用固定汇率制度，确定新货币兑美元的汇率为 1 美元＝13.84 克鲁扎多；③冻结物价水平，冻结期限为 1 年；冻结工资水平；取消浮动利率的国库券，发行固定利率的国库券；取消工资和物价基于预期通货膨胀率调整的指数制；建立失业保险制度。

这一计划基本涵盖了经济生活的主要方面，主要是通过削零的币制改革(即用 1 元新币替代 1 000 元旧币，削去那些 1 后面的 0)重建大家对新货币不再发生通货膨胀的信心；更重要的是，通过确立本币对美元的固定汇率作为政府控制财政赤字和货币发行的名义锚，以约束自己开动印钞机的能力，同时使民众增强对政府的信心，以降低通货膨胀预期，切断预期通货膨胀—成本上升—成本推动型通货膨胀的恶性循环。

该计划实施以后通货膨胀率迅速下降。但是，1986 年年末及以后，由于巴西政府的财政赤字及赤字货币化又抬头了，导致民众的通货膨胀预期也上升，巴西通货膨胀速度进一步加快，标志着克鲁扎多计划的失败。

2）雷亚尔计划

1993年12月，巴西政府又制订了《雷亚尔计划》，该计划包括：①压缩财政开支以削减财政赤字；②出台货币价值参照指数，以此作为工资和商品价格变动的基础，即恢复了指数制；③废除了克鲁扎多，发行新货币雷亚尔，新旧货币币值之比为1∶2 750，同时实施钉住美元的固定汇率制度。

《雷亚尔计划》取得了显著效果，自1995年开始，巴西通货膨胀率显著回调，1996年巴西的通货膨胀率已下降到两位数，此后继续下降，到了2007年第3季度进一步下降至4.01%，标志着巴西的反通货膨胀政策目标基本实现。

3. 2017年巴西的通货膨胀与经济衰退

2017年3月，巴西正在遭遇历史上最严重的经济衰退和通货膨胀。巴西曾是全球增速最快的经济体之一，也是金砖五国之一，曾被许多投资者认为具有极大的增长潜力。自2010年实现了7.6%的经济增长后，巴西经济增长就迅速放缓，并从2015年起陷入萎缩。巴西政府2017年3月公布的数据显示，相比2014年12月，巴西经济规模萎缩了8%，连续两年的萎缩让巴西创下了有史以来最长时间的经济衰退（2017-03-09，1 300万人失业，经济严重衰退，上帝的"宠儿"为什么不能成为世界强国[J/OL]）[8]。

巴西主要依靠石油、铁矿石这两项资源产品和大豆的出口支撑经济，制造业不发达次贷危机，前几年全球经济繁荣时，全球对石油、铁矿石的需求爆发，并且当时美元贬值，使得这些资源的美元价格大幅度上涨，于是巴西的出口收入大增，全球投机性资本涌入巴西，推高了巴西的币值，于是巴西流动性过剩，房价上涨。

而次贷危机后，全球经济不景气，资源价格下跌，导致其出口收入锐减；同时，巴西货币贬值，导致进口商品价格上涨，形成严重的通货膨胀。并且，2017年该国正深陷历史上最严重的腐败危机①，政治动荡、经济疲软导致巴西的企业在过去几年里一直在削减投资，2016年巴西的企业投资额暴跌了10.2%，导致其处于通货膨胀与经济衰退并存的困境之中。

◇ 能量棒 6-3-1

2016年委内瑞拉为应付通货膨胀而发行大面额钞票的币制改革

1. 废钞之举

与巴西类似，委内瑞拉也是以石油出口为生的资源型单一经济国家，在2016年前几年受国际油价下跌影响，该国贸易逆差和政府赤字大增，政府只得开动印钞机来弥补赤字，导致恶性通货膨胀。虽然委内瑞拉政府一直在矢口否认并拒绝公布其经济数据，但经济学家预测，严重依赖石油的委内瑞拉的通货膨胀率在2016年12月时已达到480%，预计2017年将会飙升到1 600%！

为了应付通货膨胀，2016年12月委内瑞拉总统马杜罗突然宣布该国最大面值纸币——100玻利瓦尔纸币将在72小时内彻底退出流通②，并将发行500、1 000、2 000、5 000、10 000和20 000玻利瓦尔这6种更大面值的新版纸币，以"更好地满足商品流通和银行结

① 2016年8月，巴西前总统罗塞夫因非法篡改政府账目被弹劾下台，多名政治人士、亿万富翁和公司高管也因此锒铛入狱。

② 马杜罗在电视讲话中宣布，未来72小时内民众可以在国内各个银行网点，将100玻利瓦尔纸币兑换成流通中其他面值的纸币，或者存入银行账户，3天后100玻利瓦尔纸币将彻底退出流通；此后10天，民众仅能继续在央行专用窗口将100玻利瓦尔纸币换成新币，或存入银行账户。马杜罗说采取这项紧急措施是为了打击国际犯罪团伙的边境走私行为，他说这些犯罪团伙已将超过3 000亿玻利瓦尔纸币通过边境非法运往哥伦比亚和巴西等国，并且在哥伦比亚多个城市发现堆满了100玻利瓦尔纸币的秘密仓库。他要求国家国防部严守边境，防止境外旧币回流以兑换新币，还要求哥伦比亚政府立即采取措施，制止在边境非法兑换两国货币的行为。

算需求”(2016-12-13,委内瑞拉最大面值纸币将退出流通[J/OL])[9]。

2. 更换大面额新钞是为了在恶性通货膨胀中降低全社会的交易成本

据委内瑞拉央行的数据显示,2016 年 11 月有超过 60 亿的 100 玻利瓦尔纸币在委内瑞拉市面上流通,占到委内瑞拉所有纸币金额的 48%。由于委内瑞拉遭受着恶性通货膨胀,2016 年 12 月时 100 玻利瓦尔纸币在黑市上只值 2 美分;国内超市结账收款不再是点钞而是称重钞票,因此,这种币制改革名为打击国际犯罪团伙,实为委内瑞拉在恶性通货膨胀期间为了减少交易成本的不得已的举措。委内瑞拉的恶性通货膨胀极大地侵蚀了名义收入没有增长的老百姓的实际购买力,中产阶级也被迫上街拾荒,形势十分严峻。

(二)成本推进论

凯恩斯主义者提到应该“把通货膨胀归咎于 OPEC”,是怎么回事呢?这就引出了通货膨胀成本推进论。

该理论认为,通货膨胀的根源不在于总需求的过度,而在于成本的上升。在总需求不变的情况下,由于生产要素价格(包括工资、设备租金、原材料价格等)上涨,导致成本上升,从而导致物价总水平持续上涨。而这背后的原因又在于存在强大的、对市场价格具有操纵力的团体,如工会、垄断企业(如石油输出国组织 OPEC)。20 世纪 70 年代 OPEC 两次提高油价,造成了席卷全球的石油危机和资本主义世界的通货膨胀。

再如,我国 2008 年年初的南方雪灾和该年 5 月的四川汶川地震,引起了部分商品的供应紧张,使得 2008 年上半年 CPI 指数居高不下,就是成本推进型通货膨胀。我国近年来习惯于将国际市场原材料价格上涨造成的通货膨胀称为“输入性通货膨胀”。

(三)供求混合推动论

该理论认为通货膨胀是由需求拉上与成本推进共同作用的结果,是“推中有拉”“拉中有推”。一方面,通货膨胀可能从过度需求开始,由于物价上涨会促使工会要求增加工资,因此转化为成本推进型通货膨胀;另一方面,通货膨胀也可能从成本方面开始,如石油危机期间企业成本上升,亏损裁员,造成成本推进型通货膨胀。之后,政府为抑制失业而采取了扩张性货币政策,增加了货币供给量,又演化成了需求拉上型通货膨胀。

(四)结构性通货膨胀论

结构性通货膨胀是在总需求和总供给大体平衡时,由经济结构方面的因素所引起的,又可分为几种类型。

1. 需求结构转移型通货膨胀

在总需求不变时,某个部门的需求转移至其他部门,而劳动力及其他生产要素却不能及时转移,需求增加了的部门的工资和产品价格上涨,而需求减少了的部门的产品价格未必能相应下降,结果导致了物价总水平的上升。

比如,我国 1992—1993 年的通货膨胀是因为需求拉上(1992 年邓小平南行讲话后的开发区热、房地产热)与结构性因素混合在了一起。由于当时我国的能源、原材料等基础产业落后,加工工业的增长所带来的对基础产业产品的需求严重超过了其供给能力,基础产业成为经济发展的“瓶颈”。这样，基础产业供不应求，而加工工业供过于求，但加工工业的生产要素不能及时转移到基础产业中去，因为基础产业是生产周期长、投资回报率低、私人企业没有兴趣经营的公共产品部门，应由政府提供，但政府往往财力有限，所以就造成了基础产品价格上涨，从成本推进渠道形成了通货膨胀。

2. 部门差异型通货膨胀

部门差异型通货膨胀其实也属于需求结构转移型通货膨胀。经济学家鲍莫尔指出，经济可被分为两个部门，一个是劳动生产率不断增长的产业部门，另一个是劳动生产率保持不变或缓慢增长的服务部门。产业部门的货币工资由于生产率的增长而不断增长，使其成本和产品价格保持不变。这是因为生产率提高使同样数量的工人生产的产品增多了，如果工资不增加，则单位产品的人工成本下降，因此价格可能降低。但工人的谈判迫使雇主提高工资，这样，产品的成本不变、价格不变。

但在同一时期，两部门的货币工资增长率总是一致的，否则，服务部门的工人都会去产业部门工作，将迫使服务部门的雇主提高工资，因此，服务部门的工资增长率超过其生产率增长率，使其工资成本和单位产品价格上升。比如，一家发廊有 5 个发型师，过去和现在都是每天可以给 50 个客人剪头发，现在猪肉屠宰厂增加工资了，发型师都要求增加工资，否则就要跳槽了，因此，发廊老板只好增加工资，但为了保证利润不变，肯定会提高剪发的价格。虽然产业部门的成本和价格保持不变，但整个社会的价格总水平却上升了，这就是结构性通货膨胀。

不仅如此，部门生产率差异还将造成一国的第 2 类实际汇率升值，这被称为“巴拉萨—萨缪尔森效应”，简称“巴萨效应”。

◇ 能量棒 6-4

所有的通货膨胀都是货币发行过多惹的祸

（一）需求拉上是成本推进型通货膨胀的充分原因——以石油危机通货膨胀为例

弗里德曼认为，不仅需求拉上型通货膨胀是因为总需求过多，成本推进型（或输入型）通货膨胀的根源也是货币供给过多，这个观点是正确的，也就是说，需求拉上是所有类型通货膨胀的充分原因，而成本推进只是成本推进型通货膨胀的必要原因。

1. 石油成本上涨，而石油需求曲线短期内不动

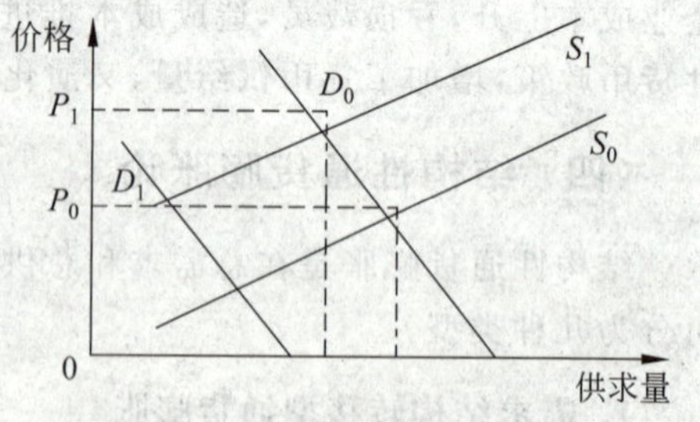

图 6-2 石油危机通货膨胀也在于货币供给过多

比如，在图 6-2“石油危机通货膨胀也在于货币供给过多”中，假设这是某石油进口国（如 20 世纪 70 年代的美国），在初始时期由市场供求曲线 S_0、D_0 决定的石油价格为 P_0 美元/桶，一方面，由于 OPEC 提高油价，因此进口商在原有的供给量上为转嫁成本而提高了石油价格，使得美国市场上石油供给曲线上移至 S_1；另一方面，在短期内，美国人对石油的需求呈现出刚性，比如，虽然开车很贵，但家庭短期内不能改变生活习惯，节油型汽车也还没有开发出来，企业也没有想出节油型生产技术，因而需求曲线维持在 D_0，从而石油价格一次性地上涨至 P_1，并持续一段时间。

2. 当石油需求曲线左移后，石油市场将出现“滞”

但是，一段时间后，石油价格上涨使家庭调整了消费习惯，同时，企业也开发出了节油技术，因而整个社会减少了对石油产品的需求，美国市场上石油的需求曲线将左移至 D_1。图 6-2 中假设 S_1 向上倾斜，并且 D_1 与 S_1 尚有交点，这表明，如交点处这样的成本低（非法的原因如走私等，合法的原因如规模经济、效率高等）的石油进口商仍存在，他们在消费者仅愿意支付相对较低的价格下仍能做生意，使得石油在美国市场上仍能觅得踪迹。

但是，其他生产成本更高的石油企业却都倒闭了，引起了失业率上升，因此，美国石油市场必然出现“滞”。如果这个相对较低的价格仍高于石油危机前，则石油价格确实是上涨了；但是，在极端的情况下，如果这个价格甚至低于石油危机前，则美国石油价格甚至还会下降，这是因为石油价格上涨后消费者和企业痛下决心，减少了对石油的需求。

如果美国的石油供给曲线是水平的——这意味着各厂商是完全竞争的，效率相同，如果需求曲线左移，但仍能与供给曲线相交，则石油价格维持在高位，但石油供求均衡的数量必将大为减少，这意味着很多石油企业倒闭，也反映了滞胀。更不幸的情形是，需求曲线左移，且线上最高的保留价格仍低于水平的，或向上倾斜的供给曲线上的价格，这表明消费者愿意出的价格低于成本最低的厂商的要价，则供求曲线就没有交点了，石油这种产品将退出美国市场。事实上，在 20 世纪 70 年代的石油危机期间，美国一些农场主确实放弃了汽车而重新启用牛车。

3. 政府为治理“滞”而投放过多的货币，才会引起“胀”

1）城门失火，殃及池鱼——其他产业也遭遇了“滞”

当消费者和企业在短期内忍受高油价时，可能会压缩对其他商品的消费，导致其他市场需求曲线左移，当供给曲线不变（即产能来不及压缩时），企业也将破产倒闭、遭遇“滞”，但其价格可能会下降。

2）其他产业萧条、价格下跌，成全不了成本推进型通货膨胀

仅石油产品价格上涨，而其他产品价格下降，则一般物价水平可能不会上升，就成全不了成本推进型通货膨胀。

3）养老金等储蓄用于当前消费也不会成全成本推进型通货膨胀

也许你会想到：如果一国居民储蓄率较高，有着丰厚的养老金，如果他们认为石油价格上涨是暂时性的，不愿改变自己的消费习惯，则会动用养老金等储蓄来维持石油及其他商品的消费，这样，即使政府没有多发货币，而成本推进型通货膨胀照样会发生，但这样想是不对的。因为储蓄被用于维持对包含石油在内的所有商品的消费，必然使得用于投资的资金减少，导致利率上涨，可能使投资需求下降，也会对包括石油在内的许多商品造成物价下跌的压力，成全不了成本推进型通货膨胀。可见，一定要有政府多投放货币，才会造成通货膨胀。

4）通货膨胀是凯恩斯主义政府情非得已、不小心造成的

事实上，面对石油危机引起的经济增长停滞（即“滞”），凯恩斯主义政府就会开动印钞机来实施扩张性的货币政策、财政政策，令商业银行增加对企业、家庭的贷款等，这样企业、家庭就有钱来购买涨价了的石油产品，同时不必压缩对其他产品的需求了，因此失业率就不会上涨、经济增长也就不会停滞了，这就是政府的目的。这种做法造成了图 6-2 中石油市场的需求曲线和所有其他产品的需求曲线屹立在 D_0 不动，甚至右移使石油价格上涨至 P_1，从而造成了伴随着经济复苏的通货膨胀。

总之，从 20 世纪 70 年代的石油危机这个最经典的成本推进型通货膨胀的例子中可以看出，

若没有货币供给的增加，通货膨胀就不会发生，所以，需求拉上是充分条件，成本推进是必要条件。但我们也应该理解凯恩斯主义政府的委屈，因为通货膨胀都是它们情非得已、不小心造成的。

（二）中国2003年第4季度至2008年次贷危机前的通货膨胀的成因——结构性的？输入性的？实质上是需求拉上的

1. 观点之一——结构性的

有观点认为，我国2003年第4季度至2008年次贷危机前的一轮通货膨胀是结构性的，因自从2003年年初至2008年7月，包括食品、金属、能源等在内的IMF初级产品价格指数上涨了230%，其中石油价格上涨超过了330%，导致我国的PPI上涨，但与此同时CPI则总体稳定。但是，从2009年后半年开始，CPI指数也不断攀升，可见这是从PPI传导到CPI的时滞反应。因此，有观点认为是粮食、石油等部门价格的大幅上涨带动了CPI指数的飙升，此轮通货膨胀是结构性的。在官方表述中，2008年上半年宏观调控的首要任务就是"防止经济增长由偏快转为过热、防止价格由结构性上涨演变为明显的通货膨胀"。

"结构性通货膨胀"这个名词就是自相矛盾的，因为通货膨胀是一般物价水平的持续上涨，而结构性价格上涨是指某些商品物价上涨，但正如上述对石油危机通货膨胀的分析，如果货币供给量不变，当某些商品价格上涨时，为了维持对其的购买数量，企业和家庭必然要"拆东墙、补西墙"，导致其他商品价格下跌，则一般物价水平并不上涨，就不会发生通货膨胀。事实上，2008年9月次贷危机后，我国政府投放了过多的货币，这是造成2009年后半年开始的通货膨胀的根源。可见，结构性因素也只是结构性通货膨胀的必要条件，而货币供给过多或需求拉上才是结构性通货膨胀的充分条件。

2. 观点之二——输入性（进口成本推动型）的

1）"内生""外生"的含义及歧义

国内业界、学界、政界对通货膨胀是"外生"的还是"内生"的问题争论不休，这里"内生""外生"的含义是指源于国内因素和源于国外因素，已不同于规范的经济学术语。规范经济学术语中的"内生变量"是指由经济体内部因素决定的，政策等外在力量无法影响的变量；反之，可由政策等外在力量影响的变量被称为"外生变量"。可见，谈论这轮通货膨胀的成因时所说的"内生""外生"，确切地说应该被称为"内源性"的、"外源性"的。

2）我国经济外向性程度高

2004年我国的外贸依存度达到80%，经历过2008年次贷危机后，2009年外贸依存度依然达到46.4%。作为全球最重要的基础性大宗物资进口国，中国当时在原油、铁矿石、铜精矿、大豆等基础物资上的对外依存度都高达50%左右，这些物资的国际市场价格在很大程度上决定了其在中国的国内价格。

3）美元贬值和次贷危机后发达国家集体实行的量化宽松政策造成了进口成本上涨

2004年至次贷危机前，美元不断贬值。由于国际市场上的大宗商品如原油等都是用美元计价的，因此原油、成品油、铁矿砂等主要初级商品的美元价格迅速上升，自2007年1月至2008年8月，原油、成品油、铁矿砂及其精矿三种商品的进口价格累计上涨幅度分别为77.4%、108.5%和95.5%。

而2008年次贷危机和2010年欧债危机后，美联储、欧洲央行、英格兰银行、日本央行等发达国家央行集体实施量化宽松政策，全球金融市场处于低利率状态，充斥着过度的流动性，短期国际资本在全球范围内四处逐利，也进入全球能源与大宗商品市场进行炒作，造成其价格上涨及中国的输入性通货膨胀。

4）汇率传递造成了进口产品的人民币价格上涨

（1）浮动汇率制与固定汇率制的优缺点比较

① 浮动汇率制的优点之一是可以使本国对锚币国的通货膨胀、通货紧缩绝缘，而固定汇率制则使本国输入锚币国的通货膨胀和通货紧缩。假设美元指数为100时，布伦特原油价格是100美元/桶，美元对人民币的汇率是6元人民币/美元，原油的人民币价格是600元人民币/桶。当其他条件不变时，当美元相对于黄金、大宗商品和其他货币贬值时，假设美元指数下跌到了80，此时国际原油价格也上涨至120美元/桶，如果人民币对美元汇率浮动，假设人民币升值到5元人民币/美元，则进口原油换算成人民币的价格仍为600元人民币/桶。

但是，固定汇率制则使本国输入锚币国的通货膨胀和通货紧缩。比如，在此例中，当美元指数下跌到80、国际原油价格上涨至120美元/桶时，如果美元对人民币仍是6元人民币/美元的汇率，则进口原油换算成人民币的价格将上涨到720元人民币/桶。

② 浮动汇率制的缺点之一是汇率波动增大了企业的汇率风险，而固定汇率制则消除了企业的汇率风险。但当本国货币被严重高估或低估时，最终本国汇率必将发生大的调整，将使企业面临汇率大幅度调整的风险，因此，很难说固定汇率制就能够真正地消除企业的汇率风险。

不过，在固定汇率制下，无垄断势力的企业可能在进口成本上升时忍辱负重，自己消化成本的上升而保持产品的人民币价格不变，即不进行汇率传递，这样就不会发生输入性通货膨胀了。

（2）汇率传递的定义

"汇率传递"也称"价格传递"（pass through），当美元贬值导致某商品（如原油）的进口成本上升时，第一，如果进口商百分之百地进行价格传递，则原油的本币价格将以美元价格上涨相等的幅度上涨，给本国带来输入型通货膨胀；第二，如果进口商百分之百地不进行价格传递，即牺牲利润、以维持本币价格不变，则不会有输入型通货膨胀。

但这时进口商利润必然下降甚至亏本，当它仍可收回最低平均可变成本时，就不会关门，仍可营业，但该厂商及该行业的均衡供求量必将下降，生产萎缩，苟延残喘。长期亏本后，进口商必然倒闭，一旦进口商数量减少，幸存的进口商的垄断势力就会增强，必然会涨价，即进行完全的价格传递。所以，长期内进口商不可能不进行价格传递，即输入性通货膨胀的发生是迟早的事情。

（3）外资企业大举并购国内企业，增强了垄断势力度，使得我国的汇率传递变得更快更完全

目前有一个趋势值得关注：在中国市场开放后，国外资本大批进入中国，采取并购等措施，逐渐控制了中国日用消费品和农副产品的定价权。例如，从2004年起，华尔街的金融资本高盛进入中国，先后收购了猪肉下游加工——"雨润集团"和"河南双汇"，2008年又收购了湖南福建几十个养猪场，在这种不断扩大规模的态势下，高盛成为了中国最大的掌控猪肉上、中、下三游的企业，也就意味着掌控了整条产业链，就能够主导中国的猪肉价格。这样的话，高盛的垄断资本如果想要提高猪肉价格，使猪肉供给曲线左移，老百姓只得压缩对其他商品的消费或动用养老储蓄来购买原来数量的猪肉，使得猪肉的市场需求曲线适应性地右移，被迫成全了垄断资本的涨价和攫取垄断利润。

同样，中国的日化用品行业目前在一定程度上已被外资控制了，比如，宝洁、联合利华、立白、纳爱斯四大日化品牌在此轮通货膨胀中全线涨价，且涨幅明确。为什么他们敢在中央稳定物价的政策之下仍逆势涨价？因为他们基本上完全控制了中国的日化用品，所以，中国需要完善《反垄断法》，对垄断行为加以处罚和制止。

5）输入性通货膨胀的根本原因仍在于我国次贷危机以来的货币供给量过多

2008年次贷危机后，我国中央政府启动了4万亿投资拉动内需，但并没有很成功地增加实

际产出，又由于超发了几万亿的货币投入，使得国内市场出现通货膨胀加剧的情况，CPI、PPI双双走高。可见，还是因为国内需求强劲，企业才能有恃无恐地进行汇率传递，成全了输入性通货膨胀。

◇ 能量棒 6-5

核心通货膨胀率（核心物价指数）

1. 定义

核心通货膨胀率（或称核心物价指数）是指剔除了一些价格变动巨大、频繁且波动具有短期性质的商品或服务（通常是粮食和能源）后的通货膨胀率，以核心CPI来表示。

2. 为什么要计算核心通货膨胀率？

1）货币政策调控对于能源、粮食价格上涨型的通货膨胀无能为力

衡量通货膨胀的目的是为了进行宏观调控，治理通膨胀通常采用总量紧缩性的货币政策与财政政策，以及促进供给的政策。虽然所有的通货膨胀（包括粮食、能源类商品的价格上涨引起的通货膨胀）都固然有货币供给过多的原因，但要消除粮食、能源类商品价格上涨所引起的通货膨胀，采取总量紧缩性货币政策的效果并不好，因为这会打击投资，引起产出的普遍下降，所以要对症下药，采取直接促进粮食、能源等产品供给的政策措施。

但是农产品生产周期长、供给价格弹性低，实行供给管理的政策也不会立竿见影地增加农产品的供给及抑制通货膨胀，况且市场规律也会自发地调节，比如，粮食价格上涨本身就会刺激下一年度的供给；而能源价格上涨往往是国际市场上的价格上涨被传递到国内所致，要抑制国内能源价格涨价，宜通过经济外交来增加进口能源的供给。

所以，货币政策调控对能源、粮食价格上涨型的通货膨胀无能为力。去掉能源、粮食价格以外的通货膨胀被称为“核心通货膨胀”，这才是货币政策调控可以有所作为的通货膨胀。

2）其他各国的核心物价指数

从现实情况看，大多数国家都是从整体的物价指数中扣除了食物、能源、税收、汇率、利率等政策变动以及季节性变动因素的冲击影响之后，才得到核心通货膨胀率。例如，加拿大编制核心物价指数时，剔除食物、能源以及间接税对物价的影响；而美国则只剔除食物和能源价格的影响；泰国剔除生鲜食品及能源价格的影响；英国和新西兰只剔除利息支出的影响；秘鲁的剔除项目多达9项，占到CPI篮子的21.2%，包括食品、水果、蔬菜、市内交通等；只有智利采取的是统计法，剔除价格下跌最大的20%的商品及上涨最大的8%的商品项目后，再行编制核心物价指数。

三、通货膨胀的影响

（一）对财富和收入再分配的影响

一方面，通货膨胀使得名义收入固定者的实际收入下降，也使得名义收入增长率低于通货膨胀率者的实际收入下降，而名义收入增长率超过通货膨胀率者的实际收入则增长了，他们从通货膨胀中受益。另一方面，通货膨胀在名义价值固定的合约的债权人与债务人之间造成财富再分配效应，使债权和债务的实际价值下降了。

◇ 显微镜 6-1

通货膨胀、通货紧缩对债权人、债务人的影响

1. 通货膨胀有利于债务人,不利于债权人

假如你的朋友向你借了 1 000 元钱,商定好一年后连本带利共还你 1 100 元,但一年后物价上涨了 20%,一年前一只老母鸡是 50 元钱,1 000 元可买 20 只,1 100 元可买 22 只,但通货膨胀后假设鸡的物价上涨速度正好等于通货膨胀率,则鸡的价格上涨到 60 元,1 100 元只能买 18.33 只,连本金 20 只都没有收回。

而你因物价上涨而损失的债权价值——2 只老母鸡就变成了你的朋友因通货膨胀而减轻的债务负担。可见,在通货膨胀条件下,任何固定支付合同的债权方都将遭受损失,除非他能在事后根据实际发生的通货膨胀率而增加合同的名义价值,或事前约定将合同名义价值的变动率与通货膨胀率挂钩——即指数化。比如,通货膨胀率是 20%,则这笔债权债务的名义价值上涨到 1 320 元,则 1 320 元刚好可以买到 22 只老母鸡。

2. 通货紧缩有利于债权人,不利于债务人

反之,假如一年后物价下降了 20%,则这 1 100 元的购买力大为增强,假设现在一只老母鸡只要 40 元了,现在这 1 100 元钱可买 27.5 只,债权人因通货紧缩而增加的购买力——5.5 只老母鸡,就是债务人因通货紧缩而遭受的损失。

(二)对产出的影响

1. 促进论

促进论者认为,即使经济不处于大萧条时期那样的极端凯恩斯主义区间,而是处于有效需求不足、经济增长低于潜在经济增长率状态时,政府也可以通过实施扩张性货币政策,来促进经济增长,即使引起适度的通货膨胀,也属于凯恩斯所谓的"半通货膨胀",是利大于弊的。通货膨胀之所以会促进产出增长,原因如下。

第一,在通货膨胀情况下,产品价格的上涨速度总是快于名义工资的提高速度,因为政府的物价补贴、工会要求增加工资的谈判行动通常是滞后的,因此,企业的利润会增加,刺激企业扩大投资,使有效需求增加,促进经济增长。

第二,在通货膨胀中,政府作为最大的债务人可以减轻一定的债务负担,如果政府将因通货膨胀而获得的收入全部用于投资,则会促进产出增长。

2. 促退论

促退论认为通货膨胀会导致低效率并损害经济增长,原因如下。

(1) 在通货膨胀条件下,持有货币会遭受购买力下降的损失,因此,居民都会尽快将现金转化为实物资产或增加目前的消费,导致社会储蓄率下降,进而引起投资率和经济增长率下降。

(2) 在持续性通货膨胀环境中,价格的不确定性使企业无法作出正确的生产决策,因此会减少投资,阻碍经济增长。比如,指导企业扩大生产规模的信号通常是产品供不应求、价格上涨,这就是市场机制的作用,但在通货膨胀期间,企业很难分清其产品供不应求是因为货币呈"烫手"状态,还是因为产品有竞争优势,因此不敢贸然投资。

(3) 如果通货膨胀超过一定时间,企业和居民会产生通货膨胀预期,工人会要求工资指

数化，从而通货膨胀初期成本下降、利润增长等好处全部消失，也阻碍了企业扩大投资。并且，物价与生产成本的螺旋式上升将形成恶性通货膨胀，有可能导致经济崩溃。

3. 中性论

中性论认为由于公众的预期，他们会对物价上涨做了合理的行为调整，如固定名义收入的指数化，从而使通货膨胀的各种效应相互抵消，因此，通货膨胀对产出、经济增长既不会促进，也不会损害。

总的来说，大部分经济学家认为，通货膨胀的促进作用只存在于开始的极短时间内，从长期来看，通货膨胀对经济只有危害，而没有促进作用。

◇ 能量棒 6-6

俄罗斯转型时期的"休克疗法"与恶性通货膨胀

(一) 俄罗斯的恶性通货膨胀[10]

1. 苏联解体事件

1991 年 12 月 8 日，俄罗斯总统叶利钦同白俄罗斯及乌克兰的总统在白俄罗斯的首府明斯克签约，成立独立国家联合体，通过建立一个类似英联邦的架构来取代苏联，除波罗的海三国和格鲁吉亚外的其他苏联加盟国纷纷响应，苏联此时已名存实亡。

1991 年 12 月 25 日，苏联总统戈尔巴乔夫发表电视讲话正式宣布辞职，将国家权力移交给俄罗斯总统，随即，在克里姆林宫上空飘扬的苏联镰刀和锤子国旗徐徐下降，一面俄罗斯的红、蓝、白三色旗升上克里姆林宫。第二天，苏联最高苏维埃通过最后一项决议，宣布苏联停止存在，从此，苏维埃社会主义共和国联盟近 69 年的历史宣告终结(徐坡岭，韩爽，王志远，2012)。

2. 俄罗斯转型时期的界定

1992 年 1 月，俄罗斯开始了激进的"休克疗法"，快速展开以"自由化、私有化、稳定化"为核心的市场制度建设，全面放开了计划经济时期被管制的价格。就像一个家庭正在办一件大事(如孩子结婚)、需要突击花钱，通常会入不敷出，需要借钱，国家在经济转型期间也会发生巨额财政赤字。财政赤字的 3 种弥补方法中，只有央行开动印钞机、隐蔽地为财政融资(即公债货币化)的政治阻力最小，但这会引发通货膨胀，什么时候央行不再为财政融资了，就说明转型这件大事也办得差不多了，不需要再突击花钱了，因此，从 1992 年俄罗斯以"休克疗法"启动经济转型，到 1994 年普京当选总统后，俄罗斯开始发行新卢布，执行控制通货膨胀的政策，并取得了显著成效，再到 1995 年颁布《俄罗斯联邦中央银行法》，规定俄中央银行不得为弥补财政赤字而增发货币为止的这段时期，可被视为俄罗斯的转型时期，其后被视为市场经济制度已确立时期；也可将这 3 年视为"转型初期"，其后被视为"转型深化阶段"。

3. 俄罗斯恶性通货膨胀的程度

自 1992 年 1 月后，俄罗斯连续 4 年以消费价格总指数衡量的通货膨胀率居高不下，均超过了三位数：1992 年高达 2 505.8%，1993 年开始逐年下降，1993 年、1994 年、1995 年的通货膨胀率分别为 844.2%，214.8%和 131.4%。据俄经济学家估计，1992 年至 1995 年间俄消费价格上涨了 1 600 多倍。

(二) 俄罗斯转型时期恶性通货膨胀的成因

1. 转型前期恶性通货膨胀的蓄势待发

通货膨胀就是过多的货币追逐过少的商品，当商品供给量给定不变时，过多的货币就是制造通货膨胀的弹药，这些弹药早在苏联计划经济时期就已经积累起来了。

1）计划经济时期的“强制性储蓄”

中国、苏联等国在计划经济时期走的是赶超型工业化道路，当时的投资项目大多是基础设施类、重化工业类长线项目，投资周期长，见效慢，因此，国家为了多投资，就要压缩消费、实行低工资政策；同时，取消市场机制，实行消费品的低物价和配给制——大部分商品都实行票证供应或定量供应，这样的话，居民即使有钱，也买不到充分的商品①，因此在低工资的情况下还有储蓄，这被称为“强制储蓄”，实质上是推迟消费、压抑消费，因此，计划经济时期中国宣称“既无外债，又无内债”是不准确的。

但是，赶超型工业化道路也有一定的成果，苏联从建国后至1992年解体的70年间的发展速度是相当快的，70年的社会主义把苏联从一个农业国变成了一个发达的工业超级大国和城市化、现代化国家；与之对比，中国也在一个贫穷的农业国的基础上“建立了门类齐全的工业体系”。

2）配给制与隐性通货膨胀

在计划经济时期，俄罗斯已经积存了大量的货币储蓄，但是，由于价格被管制与配给制，官方价格指数很稳定，1976—1980年为0.6%；1981—1985年为1.0%；1986—1989年为2.1%，但是存在着隐性通货膨胀。

根据$MV=PY$，强制性储蓄意味着货币需求量较大，这体现为V较小，因此，即使货币供给量M较大，最终也使得MV较小，因此没有造成通货膨胀。更有甚者，在苏联解体的前一年，政府为了防止经济中大量的货币在黑市上冲击短缺的消费品而形成通货膨胀，宣布禁止50卢布和100卢布的大额现金流通，并冻结居民储蓄账户，此举意味着政府人为地增大了经济生活中的货币需求量，使得V变小，因此通货膨胀没有表现出来。

2. 俄罗斯通货膨胀的成因(一)——卢布供给过剩

所有通货膨胀都是货币供过于求惹的祸，俄罗斯也不例外。

1）苏联时期对俄罗斯货币超发的担忧

在苏联时期，15个加盟共和国(亚美尼亚、阿塞拜疆、俄罗斯、白俄罗斯、乌克兰、爱沙尼亚、格鲁吉亚、哈萨克斯坦、吉尔吉斯斯坦、拉脱维亚、立陶宛等)使用统一的货币——卢布，当时的卢布是由苏联国家银行和对外经济银行发行的。但在苏联解体前夕的1991年11月，俄罗斯领导人叶利钦就宣布由俄罗斯中央银行接管苏联国家银行和对外经济银行，掌握了发行卢布的大权，这样，俄罗斯就向其他加盟共和国收取铸币税了。

俄罗斯应根据单一规则来发行卢布货币——即假设货币需求稳定，即$\dot{V}=0$，必须使货币供给增长率等于实际产出增长率，即$\dot{M}=\dot{Y}$，这样，物价就会稳定，即$\dot{P}=0$；而如果政府发行过多的货币，即$\dot{M}>\dot{Y}$，就会造成通货膨胀，即$\dot{P}>0$，这就是“货币超发”。苏联还未解体时，以爱沙尼亚为代表的加盟共和国就担心俄罗斯会出于贪欲而超发货币，即用零成本发行的卢布来购买爱沙尼亚等加盟共和国的商品，因此纷纷对俄罗斯设置海关。

2）苏联各国为了抑制通货膨胀反而超发了货币，并流入俄罗斯

苏联解体后，卢布作为苏联时期的货币，并没有立即退出历史舞台，原加盟共和国在独立后都拥有了各自的中央银行，但它们都在独立地发行卢布，使得这些原苏联国家共同使用一种货币，构成了“卢布区”，这是一种货币联盟。

它们选择货币联盟是为了相互之间的贸易更加便利。在苏联时期，按照计划经济的工

---

① 到1990年年底，苏联所有大、中、小城市市场供应极其紧张，据苏联官方统计，苏联供应市场的商品80%是亏损的，商品严重短缺，几乎难以保证人民的正常生活供应(吴中日，2010)。

业布局，每个国家都相对专业地发展各自的特色产业，然后再由指令性计划进行调配。苏联解体后，这些原本在一个国家内部的贸易变成了国际贸易，由于贸易规模非常巨大，使用同一种货币进行交易，可避免不同货币间的汇率风险和兑换成本，确实对所有国家都有利。

一方面，卢布区内的所有苏联国家，都和俄罗斯一样面临着释放存量货币的压力——即价格放开后，存量货币可能哄抢商品而造成通货膨胀的压力，因此各国央行不应再火上浇油地为财政赤字融资而超发货币；另一方面，各国应增加商品供给以抑制通货膨胀。但一些国家在短期内难以确保产出增长，增加商品供给只能通过进口卢布区其他国家的产品来实现，因此，为了治理本国的通货膨胀，它们就有动力超发卢布以扩大进口。

这样，大量的卢布通过贸易渠道涌入俄罗斯，萨克斯等“休克疗法”的设计者显然没有预料到这种被动局面——国内货币需求下降，同时来自国外的货币供给增加，使得在实际产出未增加的情况下必然发生通货膨胀。显然，释放存量货币对于俄罗斯来说成了不可能完成的任务，波兰的成功经验没能在俄罗斯取得成功。

3）公债货币化

俄罗斯由于经济衰退，财政年年入不敷出，国家预算赤字一直较高，中央与地方政府联合预算的赤字从1992年到1997年分别为国内生产总值的3.4%、4.9%、9.9%、3.3%、4.2%、4.4%，因此，央行一直用对财政透支的方法来弥补赤字，导致通货膨胀愈演愈烈。

3. 俄罗斯通货膨胀的成因(二)——卢布需求不足

1）存量货币的释放——兼论萨克斯的“休克疗法”在波兰的成功

转型经济的一个难题是存量货币的释放，即计划经济时期的强制储蓄在价格放开后会涌入消费市场，也许有人会顺理成章地认为，一旦价格被放开，人们会急切地实现其被压抑的消费欲望，就要哄抢有限的商品；并且，由于长期处于短缺经济中，人们还会产生物资匮乏的预期，更会哄抢商品，因此，物价就会全面上涨，需求拉上型通货膨胀就会发生。

其实，这是似是而非的。因为通货膨胀是物价水平的持续上升，它需要持续的商品供不应求，而这需要源源不断的货币供给增加和持续的商品供给不足。事后，有学者提出俄罗斯休克疗法的倡导者——美国经济学家萨克斯在物资供应紧张、货币存量过多的情形下(此即转型经济的通病)，放开物价是“犯了大忌”，但其实，在物资供应紧张、货币存量过多的情形下放开物价，完全有可能出现物价一次性大幅度上涨，随后只要政府不再增加货币投放，同时放开的物价刺激了供给，这样的话，多余的“水”(货币)就会被更多的“面”(商品)吸干，物价就会下跌至均衡水平，供求就会稳定下来，市场机制就会发挥作用，经济就会成功转型。

萨克斯的“休克疗法”在俄罗斯之前，在同样由计划经济向市场经济转型的波兰就取得了成功，并未引起恶性通货膨胀，因为波兰计划经济时期的强制储蓄在价格放开后只是引起了物价的一次性大幅度上涨，随后，只要央行控制住货币供给量，同时，物价上涨、市场机制建立激发了供给，使得产出增长，物价上涨就因为没有了“弹药”——过量的货币供给而偃旗息鼓了，但俄罗斯的情形则是萨克斯始料未及的。

如上所述，俄罗斯存量货币的释放之所以会造成通货膨胀，主要不是因为存量货币的一次性释放，而是因为其后财政赤字、货币供给的持续增加，以及私人部门无法保留财富，只得消费。

2）缺乏健康有效的资本市场吸收卢布

为什么私人部门无法保留财富呢？在转型后，由于大量的国有企业实行了私有化改革，使得股票一级市场被建立起来了，因此就必须建立二级市场，以使股票具有流动性；同时，联邦政府大量发行国债，也需要建立二级市场使国债具有流动性，这样以来，俄罗斯的证券市场就被建立起来了。

正如任何一个市场在最初都不成熟一样，俄罗斯证券市场也不例外，一些企业股票被廉价收购，同时又有相当一部分的低级债券和股票发行出来，内幕交易、虚假信息泛滥，使得俄罗斯资本市场主要以短期投机为主，缺乏长期的投资价值，人们的投机性货币需求自然就不足缺乏了资本市场这样一个吸纳货币的蓄水池，政府超发的货币就只有涌入消费品市场，造成通货膨胀。

3）银行体系私有化后动员储蓄的能力下降

也许有人会想到，既然证券市场靠不住，那么就把钱存进银行吧，但是，俄罗斯在转型时期使银行业对私人资本和外国资本开放，大量私有化的商业银行纷纷设立，由于银行体系的市场准入标准偏低，导致资产规模小、抗风险能力差的小银行林立，因此居民不敢把钱存在银行里，而是把钱用于消费，形成通货膨胀压力；同时又造成实体经济得不到足够的信贷，资金始终处于稀缺状态，影响商品供给的增长。

尤其是在1998年俄罗斯金融危机爆发后，储户担心银行倒闭，纷纷挤提存款，导致货币乘数下降，实体经济中的通货紧缩现象更为明显。事实上，在转型后的恶性通货膨胀时期，政府为了抑制通货膨胀也在紧缩货币，因此俄罗斯很快出现了通货膨胀向通货紧缩的转变，企业之间“三角债”盛行，使得物物交换大行其道。

4. 俄罗斯转型期间本国货币职能的瘫痪

1）通货膨胀时期的美元化（货币替代）

（1）在价值贮藏手段职能方面美元对卢布的替代

在恶性通货膨胀时期，俄罗斯的名义利率并没有提高，造成实际利率下降，甚至为负，这侵蚀了存款的价值，造成了财富从债权人向债务人转移的再分配效应。因此，储蓄者纷纷罢免了卢布作为价值贮藏手段的职能，而以美元资产来保值。

因为即使美元存款利率并不高，但恶性通货膨胀使得卢布相对于美元大幅度贬值了，因此，美元资产就是相对好的价值贮藏手段。在苏联时期，卢布的币值曾高达2美元，由于币值坚挺，从20世纪50年代到1992年苏联解体前，苏联卢布和美元一样，也是一种储备货币。但在苏联解体后，由于通货膨胀率上升得非常迅速，卢布的币值急剧下降，甚至低至3 233卢布兑换1美元①。

（2）劣币驱逐良币的前提

根据“劣币驱逐良币定律”，我们可以预期人们在交易环节也愿意支付卢布，而将美元储藏起来，但是，发生“劣币驱逐良币”需要一个前提条件：因为卖者都愿意接受良币、买者都

① 苏联解体前使用的卢布是1961年1月1日苏联战后第三次货币改革后发行的卢布，当时规定其含金量为0.987 412克，汇率为0.9卢布/美元。1971年美元贬值后，卢布对美元汇率被调整为0.65卢布/美元，这一汇率一直被执行到1989年10月，长达28年之久。自1989年11月1日起，苏联国家银行对出国旅游的苏联公民实行以卢布兑换美元的新汇率，为6卢布26戈比兑换1美元。1990年11月1日卢布官方汇率近30年来第1次大幅度贬值，由1美元兑0.6卢布贬到1美元兑1.80卢布。1991年12月25日苏联解体，卢布成为俄罗斯的本位货币单位。苏联的其他加盟共和国在独立后，有的发行了本国新货币，有的仍采用卢布。1993年7月，俄罗斯政府宣布，1961—1992年发行的卢布纸币停止流通，同时发行新版卢布。

愿意支付劣币，而买者竟然能够占上风，说明买者相对于卖者具有垄断势力度。而买者的垄断势力度也许仅仅是因为全社会集体忍受着劣币作为交易媒介的不足值性，单个卖者懒得或无力拒绝接受劣币。而这种忍耐性又是因为劣币的不足值性不太严重，至少低于全社会拒收劣币的交易成本。

(3) 货币替代、美元化——良币驱逐劣币

当这个前提不成立时，比如，劣币的不足值性大于拒收劣币的交易成本时，就会出现"良币驱逐劣币"，即良币不仅在贮藏手段中替代了劣币，而且在交易媒介中也替代了劣币，劣币完全被私人部门废除了，或者说卢布作为货币的职能已陷于瘫痪。

俄罗斯当时就出现了美元驱逐、替代卢布的现象。美元不仅在价值贮藏环节被私人部门追捧，而且在商品交易环节和卢布几乎同时作为结算货币和支付手段，这就是美元替代卢布，是私人部门的"美元化"。

美元化使得俄罗斯失去了铸币税，政府当然不满意。为了抑制美元化，俄罗斯从1995年7月开始实行"外汇走廊"①制度，这一制度制约了政府财政赤字和货币供给的增加，从而从源头上扼制住了通货膨胀。但是1998年金融危机使俄罗斯被迫放弃这种制度安排，卢布兑美元汇率再次大幅度贬值，这又强化了经济中美元化的倾向。

(4) 1993年俄罗斯为治理通货膨胀而发行新卢布

正是由于卢布区内各成员国之间缺乏健全的利益协调机制，超发的卢布通过贸易渠道涌入俄罗斯，从而带来恶性通货膨胀，因此，1993年7月，俄罗斯放弃维护卢布区的承诺，宣布1961—1992年发行的旧卢布纸币停止流通，同时发行新版卢布。1994年11月25日，卢布的官方汇率为1美元兑3 235卢布。在苏联时，卢布的币值曾高达2美元，而新版卢布相对于美元如此廉价，仍体现着俄罗斯恶性通货膨胀的痕迹。直到1999年普京当选了俄罗斯总统后，才逐渐控制了俄罗斯的通货膨胀，2013年1月，新卢布的汇率为1美元兑30卢布。

2) 通货紧缩时期的物物交换

(1) 转型时期通货膨胀与通货紧缩并存的怪现象

① 1992—1999年显性的、持续的通货膨胀

俄罗斯一次性放开价格后，从1992年到1999年，通货膨胀都是比较严重的，通货膨胀的成因先是需求拉上，随后，通货膨胀本身又反过来推动成本上升，通货膨胀的成因又变成了成本推进，进一步刺激物价的上涨。在物价放开的1992年通货膨胀率最高，达到了1 468%；随后，从1993年到1996年，通货膨胀率分别为875%、308%、197%、47%，1997年的通货膨胀率下降到了15%，但由于1998年的金融危机，导致当年又上升到了28%，1999年又达到了86%。

② 隐性的通货紧缩[11]

通货紧缩就是过少的货币追逐过多的商品，俄罗斯转型时期的隐性通货紧缩产生的原因有如下几点：

---

① "外汇走廊"就是俄罗斯政府规定的一种美元兑换卢布的汇率波动幅度。俄罗斯政府于1995年7月5日至1998年间实行这一政策，当时规定金融交易所和银行间外汇市场上1美元兑换4 300～4 900卢布，"外汇走廊"浮动的宽度为600卢布，如果出现汇率超出界限的征兆，中央银行将出面进行干预。"外汇走廊"政策在一定程度上稳定了俄罗斯的金融形势，因为它制约了政府财政赤字的增加(资料来源：常玢，1996，"俄罗斯的'外汇走廊'"，《东欧中亚市场研究》，第1期)。

a. 为了遏制休克疗法引发的恶性通货膨胀，俄罗斯长期实行紧缩政策，导致投资大幅度下降(转轨以来累计下降72%)，企业间三角债不断增长，经济中的货币流通量严重不足(一般货币量应为国内生产总值的60%～80%，而俄罗斯只为12%)，尤其是1998年后基里延科政府面对着庞大的财政赤字和外债①，实行了紧缩性财政、货币政策，使俄经济进一步走上了通货紧缩的道路，生产进一步下滑(许新，1998)。

b. 通货膨胀导致居民的实际工资下降，贫富两极分化严重。据俄罗斯官方宣布，1990年12月苏联职工的平均工资是270卢布，1991年物价上涨后平均工资上涨到350卢布，1992年又上涨到750～800卢布，以后又不断提高。但由于物价几倍或几十倍地上涨，远远超过工资水平的上涨，具有平均工资水平的职工的生活水平，比放开物价以前的最低工资收入职工的生活水平还要大大降低，近1/3的居民陷入贫困，职工几个月领不到工资，社会不满情绪加剧，工人罢工运动升级。

另一方面，在经济混乱和物价上涨中，也有一批银行家、企业家、商人和部分政府官员等趁机发财，但总体来说，通货膨胀导致有效需求下降了。

c. 通货膨胀侵蚀了存款，导致了国民财富的再分配。在名义利率比较低的情况下，通货膨胀实际上侵蚀了居民存款，把财富从存款人那里再分配给借款人。虽然居民可以将卢布转换为美元或不动产以抵御通货膨胀，并且这两种交易的最低交易额被定得并不高，但低收入家庭也难以达到，因此，造成了消费萎缩，需求不足。

企业贷款困难，普遍资金紧张，三角债横行②，这导致实体经济隐性的通货紧缩并没有在物价指数上反映出来，因为企业转向了物物交换。

因此，俄罗斯转型期间出现了通货膨胀与通货紧缩并存的怪现象。并且，通货紧缩也成为了加剧通货膨胀的一个因素——正是因为企业的三角债和物物交换，迫使中央银行增发了货币，进一步推动了物价的上涨。

(2) 20世纪90年代中期的物物交换

20世纪90年代中期，物物交换在俄罗斯风行了5年，使得转型时期的通货紧缩并没有在物价上充分体现出来。因为俄罗斯人生性骄傲，所以宁死也不肯把价格降低，而是转向物物交换，这样，实业家尽管只有少量的货币储备，但依赖个人的声望和信誉，仍然能在一定时间内维持公司的运作。当时物物交换占了俄罗斯中型企业商品销售额的一半，对大型企业来说，这种交换甚至占到了75%(2009-02-19，俄富豪重拾物物交换[J/OL])[12]。

(3) 次贷危机后的物物交换

2009年，由于2008年美国次贷危机的影响，俄罗斯再次面临经济不景气，已经消失的物物交换似乎在俄罗斯重新恢复了活力，网上和报纸上不少广告赫然写着："价值250万卢布

---

① 为了遏制通货膨胀，切断央行对财政的融资，俄从1995年起停止对预算赤字透支，改为依靠发行国债和外国贷款来弥补赤字，结果内外债务规模迅速增大。到1998年6月底，内债、外债余额总计达2 000亿美元，相当于国内生产总值的45%，偿还国债的支出已占预算支出的30%，再加上1998年石油价格下跌，导致俄罗斯当年外贸出口收入减少了100多亿美元，到了1998年金融危机前，国家外汇储备仅剩120亿美元以作应急，最终导致了卢布的贬值危机。

② 1998年俄罗斯金融危机前，俄三角债已达10 000亿卢布，其中一半为呆坏账(合800多亿美元)，此外，工资、退休金债务近1 200亿卢布(约190亿美元，许新，1998)。

的高级内衣，想换任何牌子的汽车"，"克拉斯诺亚尔斯克的一批木材想换食品或者药物"；一名叶卡捷琳堡的吊车制造商用自己的挖土机偿还了债务。不过，这种倒退并没有在大范围内扩散，俄罗斯经济看板 2009 年 11 月的统计显示，这种物物交换的情况只占总销售额的 3%～4%。

与 20 世纪 90 年代中期相比，2009 年时已有了先进的电子商务，进行物物交换更加容易了，俄罗斯有商人计划投资建立一个电子商务公司，联系 6、7 家商品销售有困难的企业，组成一个"易货链"，A 企业想把产品卖给 B 企业，因为 B 有现金，但 B 根本不需要 A 的产品，这样，A 就要与 C、D、E、F、G 这样 5、6 家企业交换商品，在交换中以电子货币代替实际货币，最后交换到的 G 的产品正是 B 想要的，因此 B 最后向 A 支付现金。

5. 俄罗斯通货膨胀的成因(三)——生产萎缩

虽然俄罗斯在放开物价后物价不断上涨，但对生产并没有产生刺激作用，经济在不断地萎缩，国民生产总值从 1992 年到 1996 年下降的幅度分别为 14.53%、8.67%、12.57%、4.14%、3.60%，而 1997 仅增长 1.4%后，1998 年又下降了 5.30%。为什么物价上涨并未促进生产呢？(吴日中，2010)[13]

1) 垄断性的工业部门为维持垄断高价反而缩减了生产

放开物价以前，苏联许多工业部门是高度垄断的，放开物价后，并未打破垄断局面，这些部门为了维持垄断高价，反而缩减了生产。

2) 企业现金不足，产品质量不高，难以维持生产

物价上涨以后，很多企业流动资金不足，难以维持生产，从而导致生产下降。另外，由于能源价格提高，导致制造业产品价格猛涨，但是由于产品质量本来就不高，因此销售困难，致使一些工厂开始停产。

3) 军工产品与劣质消费品供给的减少导致经济衰退

俄罗斯产业转型期的"青黄不接"也是导致经济衰退的一个重要因素。

第一，导致衰退的最重要因素是武器和相关部门生产的减少。转型前的 1990 年，苏联国内生产总值中军工产品比重的最低估计为 40%。1990—1996 年，军工生产的规模缩减了 80%，单单这一因素就引起了大约 30%的衰退。

第二，苏联时期生产的相当多的产品没有需求，人们买这些产品也是因为别无选择。随着经济的开放，由于进口产品的替代，劣质产品的生产自然而然地减少或完全停止，按简单的估计，这个因素导致国内生产总值下降了 8%到 10%。总的来说，俄罗斯转型时期国内生产总值累计下降了 40%(许新，1998)。

(三) 小结——对俄罗斯休克疗法的评论

从上述可以看出，俄罗斯激进的"休克疗法"在 1992 年至 1999 年之间确实对国民经济造成了严重伤害，俄罗斯人民也遭受到了巨大的痛苦。2013 年 3 月 23 日，习近平主席在俄罗斯访问时，在莫斯科国际关系学院发表演讲时说："鞋子合不合脚，自己穿着才知道。一个国家的发展道路合不合适，只有这个国家的人民才最有发言权"，中国的渐进式改革的代价显然要低得多。

◇ 能量棒 6-7

休克疗法在玻利维亚和波兰的成功——兼论恶性通货膨胀的治理[14]

（一）休克疗法在20世纪80年代玻利维亚的成功

1. 玻利维亚高通货膨胀的成因主要是财政赤字

休克疗法的药方是：紧缩货币，放开物价，私有化与自由贸易。由于通货膨胀的成因就是钱多物少，所以，紧缩货币就是管住“钱多”的问题，放开物价、私有化、自由贸易等就是促进供给、解决“物少”的问题，所以，“休克疗法”可在治理恶性通货膨胀的国家大显身手。

20世纪80年代中期，玻利维亚爆发了严重的经济危机，通货膨胀率高达24 000%，经济年负增长率为12%，民不聊生，政局动荡。它的经济危机实际上是由于政府的财政危机间接引致的，大部分南美国家都是这种情形，因为这些国家试图在国家不是十分富裕的前提下建立一个比较完善的社会保障体系，结果导致国家的财政负担不断加大，从而间歇性地发生经济危机。

2. 包含紧缩性财政、货币政策的休克疗法是对症下药

萨克斯临危受聘，成为玻利维亚总统的经济顾问，向该国献出锦囊妙计：放弃扩张性经济政策，紧缩货币和财政，放开物价，实行自由贸易，加快私有化步伐，充分发挥市场机制的作用。

休克疗法是虎狼之药，物价放开后，一次性大幅度上涨，但由于私有化了，市场机制发挥作用了，因此，企业在高物价刺激下有了生产积极性，这样供给就增加了，商品供不应求的局面被扭转了，物价也下跌了，经济回归正常，改革成功。但在刚开始改革时，物价上涨，经济剧烈震荡，仿佛病人进入休克状态，这就是所谓的休克疗法的真正来历。

经过两年的经济振荡，玻利维亚的通货膨胀率降至15%，GDP增长了2.1%，外汇储量增加了20多倍，萨克斯的反危机措施大获成功，休克疗法也名扬世界。南美很多国家也大都通过这一疗法克服了严重的通货膨胀，在一定程度上摆脱了经济危机。

（二）休克疗法在20世纪90年代波兰的成功

萨克斯在南美的实验性成功带来的喜讯是惊人的，由于它的成功正处在苏联和东欧国家向市场经济艰难转型的过程，他们的诉求在一定程度上也比较相仿，所以，萨克斯很快成为东欧国家的座上宾，第一个接受休克疗法的东欧国家是波兰。

1. 波兰转型的阵痛与成功

1989年9月，在时任副总理兼财政部长巴尔采罗维奇的建议下，波兰团结工会政府接受了美国经济学家萨克斯的建议，对经济采取休克疗法，主要措施包括：改变所有制结构，实行国营企业私有化；改革国家财务制度；改革银行体制；开辟资本市场；建立劳动力市场，贸易自由化等。改革的目的是建立类似发达国家现行的市场经济体制，阻止恶性通货膨胀、实现经济自由化和私有化。

由于“休克疗法”使国有企业私有化，在短期内，波兰国有企业生产力下降，波兰在1990—1991年国内生产总值下降了近20%，但是，不到3年，波兰在1992年便实现了2.6%的经济增长，成为中东欧地区最早实现经济恢复增长的国家；到了1994年，波兰成为第一个国民生产总值超过转型前水平的转型国家，被称为“欧洲正在腾飞的雄鹰”。

2. 波兰在休克疗法下转型成功的原因

1）具有比较好的市场经济实践基础

波兰在20世纪90年代实行休克疗法之前，在20世纪七八十年代就已经在实行市场经济改革了。波兰在20世纪70年代之后实行“现实社会主义”制度期间，先后进行过3次重大的经济改革，其中1986年开始的第二阶段改革意义尤为深远，因为它企图突破传统的计划经济框架，提出企业实行“独立自主、自筹资金、自负盈亏”的方针，大胆引进了市场机制。

但是这一改革设想还未全面铺开就已经夭折了，这次改革的失败并不是因为大方向有误，而是当时的政治气候不允许。实际上，这是波兰动员社会适应市场经济机制的有益尝试，为后来经济体制的转型奠定了极为重要的社会基础和思想基础，这在东欧其他国家是不多见的。所以，在波兰发生政治上的剧烈变动之后，阻碍改革的根本性力量已经不存在，改革开始具有较好的政治环境。

2）“休克疗法”使波兰迅速建立起了市场机制

波兰本来就有市场经济的思想基础，在打了萨克斯的改革“强心剂”后，转型步伐就很快了，这贴强心剂使得波兰迅速恢复了市场机制，体现在：第一，消除了短缺经济，变卖方市场为买方市场；第二，消除了价格扭曲；第三，迅速向国际市场价格靠拢。

3）“休克疗法”使波兰的国营企业稳步私有化

但在国营企业私有化方面，波兰并没有乱了阵脚和操之过急，而是令国营企业稳步实行私有化，同其他东欧国家相比，波兰的私有化不但有序，而且彻底。第一，首先实行“小私有化”，将小型的商业和服务业首先实现私有化，而后全面铺开；第二，实行“靓女先嫁”政策，把那些经营状况较好的企业，在征得职工同意后，或拍卖，或转让，从而实现私有化。

4）欧盟的技术、资金的援助提高了其生产力

向市场经济转型只是从激励机制方面解决了企业的自生能力问题，但要使企业具有更强的自生能力，还需要技术进步，欧盟在波兰的休克疗法实施期间对波兰各方面的援助起到了很重要的作用，波兰经济转型的成功与欧盟是分不开的。

由于波兰处于中东欧，与德国接壤，所以受西欧国家的影响比较大。1989 年东欧剧变之后，波兰很快就恢复了与西欧国家的经济联系，双方的关系瞬间升温。在波兰经济转型过程中，来自西欧的资金和技术援助也起到了非常关键的作用。

◇ 能量棒 6-8

通货膨胀目标制

1. 背景

1973 年第 4 次中东战争爆发，作为主要产油国的阿拉伯石油输出国组织为了报复以色列以及支持以色列的国家而大幅度降低石油产量，导致石油价格上涨了两倍多，最终造成了 1973 年的石油危机，这场危机一直持续到 1976 年才基本结束。但是，1980 年两伊战争爆发，使得世界石油产量再次严重下降，石油价格再次急剧上涨，最终酿成了战后第 2 次石油危机。

两次石油危机对以美国为首的发达国家产生了严重影响，乃至引发了“二战”后最严重的全球性经济危机，主要工业国家的工业生产值大幅度下降，其中美国工业产值在 1973—1976 年下降了 14%，日本的工业产值下降超过了 20%，主要工业国家经济增长放缓乃至全面衰退，物价水平居高不下——20 世纪 70 年代初，由于石油危机引致工业化国家平均通货膨胀率从 1970 年的 5.3%上升到 1975 年的 13%，1975—1984 年的平均值也高达 9.6%，形成了 20 世纪七八十年代的大滞胀（李梦，2016）[15]。

面对滞胀，各国的货币当局发现出其不意的扩张性货币政策没有促进经济增长，反而导致通货膨胀更加严峻，传统的凯恩斯主义经济政策显得无能为力了。为了治理通货膨胀，各国改变了以往隐秘性的政策风格，转而采取与公众主动沟通的方式，在刺激经济增长的同时，稳定公众的通货膨胀预期。在政策沟通方面比较有代表性的做法就是公布政策目标，尤其是通货膨胀目标。

以新西兰为首的国家从1990年开始先后实行了以央行公开宣布的中期目标通货膨胀率作为名义锚来稳定经济的货币政策框架，被称为通货膨胀目标制（卜振兴，2016）[15]。

当1990年新西兰第一个正式实行通货膨胀目标制时，理论界对通货膨胀目标制并没有成熟的理论，只是在此之前理论界达成了一些共识，如货币政策的单一目标论、稳定通货膨胀等，为通货膨胀目标制的形成奠定了理论基础。20世纪90年代中后期，大量学者开始对通货膨胀目标制进行深入细致的研究，国内也有不少学者在探讨通货膨胀目标制在中国的适用性。此外，对于通货膨胀目标制的定义学者们也有不同的见解（向雨帆，2016）[16]。

2. 定义

米什金、伯南克等人指出，通货膨胀目标制是一种货币政策框架，它的主要特点是：虽然它并不排斥中央银行的货币政策可以拥有多个最终目标，但要求政府与中央银行共同宣布稳定的低通货膨胀率是货币政策的首要的、长期的最终目标；央行要公开宣布通货膨胀的中期目标或目标区间，以及达到该目标的时间，作为约束自己机会主义行为（即相机抉择）或动态不一致风险的名义锚。为达到此通货膨胀目标，央行可运用汇率、利率等诸多变量作为货币政策的工具。央行树立名义锚后，需要加强与市场及公众的交流，让市场与公众了解货币当局的计划、目标来增强货币政策的透明度①，使公众形成央行合意的通货膨胀预期。政府要赋予央行以更多的独立性，让央行对通货膨胀目标制的实现负责，同时也将目标期内实际通货膨胀率能否被控制在预定区间内，作为评价中央银行工作绩效的首要标准。

Guy Debelle等人（1997）提出通货膨胀目标制的执行需要两个先决条件：①央行具有独立性；②央行愿意并且有能力不盯住其他目标，如工资、汇率等（李梦，2016）。

3. 新西兰的案例

自20世纪七八十年代以来，全球共有10个工业化国家、13个新兴市场国家和3个转型国家相继采用了通货膨胀目标制。新西兰是世界上第一个明确使用通货膨胀目标制的国家，随后加拿大、芬兰等其他欧美国家也陆续实施。在亚洲国家中，韩国最早于1998年开始采用通货膨胀目标制，随后印度尼西亚、泰国、菲律宾等也分别于2000年、2002年引入了通货膨胀目标制（杜素贞，2016）[18]。

新西兰是实施通货膨胀目标制的先驱者。自从第一次石油冲击以来，新西兰大部分时间的年通货膨胀率都是两位数，最大值高达17%。随着其劳工党的当选，新西兰政府和储备银行开始缓慢地转向通过货币政策实现价格稳定的政策目标（向雨帆，2016）。

新西兰通货膨胀目标制所依据的价格指数被设计成排除了石油供给冲击的首轮影响，测量的是"基底通货膨胀"；新西兰统计局公布的消费者价格指数剔除了利率变化对生活成本的首轮影响，这一指数随后又被新西兰储备银行进一步修订，以剔除来自于贸易条件变动、能源商品价格变动、政府收费与间接税的变动以及一些由其他有重要影响的价格变动所引起的首轮影响。新西兰通货膨胀目标区间最初被设定为0～2%，由于后来新西兰的通货膨胀率一直徘徊在2%附近，因此于1996年年底将此区间扩大到了0～3%，现在又变成了1%～3%（向雨帆，2016）。

4. 关于通货膨胀目标制的效果的争论

尽管通货膨胀目标制在全球范围内已被实践了20多年，但关于其是否具有显著有效性的争论一直持续至今。

---

① 20世纪90年代以前，各国普通奉行隐性的货币政策，三缄其口是各国央行的普遍做法，但是，2015年，随着加入IMF数据披露特殊标准的建立，全球主要发达国家、新兴市场经济国家和发展中国家的央行都在采取措施，加强与公众的交流与沟通，提高政策的透明度（卜振兴，2016）。

1）有效论

部分学者认为，通货膨胀目标制能够稳定公众预期，因此能在一定程度上降低通货膨胀率。例如，Siklos（1999）利用时间序列技术研究了通货膨胀的季度数据，结果显示加拿大、瑞士和澳大利亚在实施通货膨胀目标制后通货膨胀率水平明显下降，但他认为，通货膨胀目标制的实施意味着央行不会长时间地容忍通货膨胀水平偏离目标值，因此央行的行为是导致通货膨胀率下降的根本原因；Petursson(2004)等研究认为，多数国家在采用了通货膨货膨胀目标制后，平均通货膨胀率确实出现了显著降低(赵健，2016)[19]。

2）无效论

但也有部分学者对通货膨胀目标制的实施效果持怀疑态度：

(1) 他们认为，20世纪90年代新西兰等较早采用通货膨胀目标制的国家的通货膨胀率出现下降，并不是通货膨胀目标制的效应，在此期间世界范围内通货膨胀率的普遍下降是诸多因素共同作用的结果。例如，20世纪90年代以前过度投资引起的生产能力高度扩张、各国产品市场的自由化及贸易和服务的自由化，使得生产企业面临更富有弹性的需求曲线，从而使企业将成本的下降传导至物价的下降(杜素贞，2016)。

(2) 一些学者认为通货膨胀目标制会导致采用国为实现通货膨胀目标而调高名义利率，导致实际利率上升，从而抑制投资、降低需求，带来经济衰退；同时，通货膨胀目标制框架过于刚性，将导致货币政策工具如短期利率过度波动，而利率的波动将提高金融交易的成本、降低产出或产出增长率、使失业率上升。例如，Debelle(1997)通过对多个国家的研究表明，通货膨胀目标制在使得这些国家的通货膨胀水平和长期国债利率下降的同时，也使得同期的失业率明显上升，这说明要获得较低水平的通货膨胀率是需要成本的(赵健，2016)。

5. 通货膨胀目标制当前在我国不适用的原因

通货膨胀目标制当前在我国并不适用，原因如下所述。

(1) 我国中央银行缺乏独立性，受国务院领导，对经济政策的调节具有局限性。

(2) 我国是一个发展中国家，实现经济增长是国家经济发展的首要目标，若实行通货膨胀目标制，央行必然会把物价稳定作为首要目标，就不利于经济增长(李梦，2016)。

(3) 通货膨胀目标制导致短期利率过于波动，而对我国而言，利率关联着很多种因素。例如，调高短期利率可能吸引热钱流入，导致市场流动性过剩，反而无法达到预期的通货膨胀控制目标。因此，我国央行对于利率工具的使用一直十分谨慎，例如，自从实施稳健的货币政策以来，央行为了收缩市场流动性，先后6次提高了存款准备金率，但基准利率仅调高了3次(杜素贞，2016)。

◇ 能量棒 6-8-1

央行提升政策透明度的重要性

20世纪90年代以前，各国普遍奉行隐秘性的货币政策，三缄其口是各国央行的普遍做法。但是，1994—1995年的墨西哥金融危机与1997—1999年的亚洲金融危机，都凸显了央行提升政策透明度的重要性。

1. 政策不透明促成危机的例子

1）1994—1995年的墨西哥金融危机

20世纪80年代末期，墨西哥的物价水平一直较高，为了治理通货膨胀，萨利纳斯政府采取了将比索(墨西哥官方货币)与美元挂钩的方式，但是通货膨胀上升的幅度大于比索贬值的幅度，比索的币值被严重高估，导致墨西哥出口不断下降、进口不断增长，经常项目恶化(卜振兴,2016)。

为了吸引外资以弥补经常项目逆差,墨西哥政府实行比索不贬值的政策,并且发行了与美元挂钩的短期债券来稳定外国投资者。这一政策导致热钱大量涌入、政府债务不断增加。最后,不堪重负的墨西哥政府在1994年12月19日突然宣布比索贬值15%,由此导致金融市场的极大恐慌,外资大量抛售比索。在短短3天内,比索对美元的汇价就贬值了42.17%,股市暴跌,外资大量流出。并且,墨西哥金融危机波及拉美国家,导致拉美国家股市暴跌、外资流出。受墨西哥金融危机的影响,1995年欧美以及远东国家的股票市场也出现了不同程度的下跌。为了应对危机,墨西哥政府紧急向IMF申请贷款,直到1995年上半年,IMF的贷款到位,这场危机才算基本结束。

墨西哥金融危机的爆发与其不透明的货币政策有密切的关系:一方面,墨西哥政府在宣布比索大幅度贬值前,并没有对市场进行过任何的沟通和交流,也没有发布对后续货币政策走势的预判,所以当墨西哥政府宣布比索贬值时,金融市场陷入了极大的恐慌,人们疯狂地抛售比索,导致比索大幅度贬值。另一方面,当墨西哥政府向IMF申请紧急贷款后,由于墨西哥并没有发布经济状况的信息,导致IMF对于墨西哥金融危机的认识不充分,反应迟钝,在危机发生后很长时间才制定出援助计划,对于防范危机效果不佳。墨西哥金融危机引发了IMF和很多遭受危机的国家对于隐秘性政策是否合理的思考。

2) 1997—1999年的亚洲金融危机

1997年泰铢贬值引发了一场东南亚金融海啸,并最终形成了一场波及亚洲乃至全球的金融危机。1997年7月2日,泰国政府宣布放弃固定汇率、实行浮动汇率,泰铢(泰国官方货币)当天贬值17%,泰国外汇市场及其他金融市场很快陷入一片混乱,并波及东南亚其他国家,后又对日本、韩国、中国、俄罗斯等国家的金融市场产生了冲击。这场危机导致亚洲很多国家和地区的经济增长出现了下滑和衰退。1998年的数据显示,泰国、马来西亚和印尼的经济出现了5%~8%的负增长(卜振兴,2016)。

由泰铢贬值引发的东亚金融危机,除了游资投机、汇率制度不当、市场机制不完善等因素外,政策不透明也扮演了重要角色:①在危机发生前,包括泰国在内的东亚很多新兴市场经济国家货币政策透明度不高,导致公众对于央行的承诺信任度较低。一旦爆发危机,公众对于央行的政策行为和承诺缺乏信心,无法有效地阻止恐慌的蔓延。②泰国放弃固定汇率的决定是突然宣布的,之前没有与市场进行有效的沟通。如果泰国货币当局能够及时将汇率制度变动的信息传达给市场,那么市场也许会逐渐消化这些信息,不至于在面对汇率制度突然变动时产生极其恐慌的情绪,进而导致对泰铢的疯狂抛售和汇率的大幅度贬值。

2. IMF提升各国央行货币政策透明度的举措

IMF为了提升各国央行货币政策的透明度,于1998年颁布了《数据公布通用系统(GDDS)和数据披露特殊标准》(SDDS);于1999年颁布了《货币与金融政策透明度良好行为准则:原则宣言》。

3. 政策透明减轻危机的例子——2007—2011年的美国次贷危机

美国次贷危机早在2006年就已有所显现,直至2008年雷曼兄弟公司破产和美林证券被收购才标志着危机的全面爆发。美国金融机构接连倒闭,甚至一度危及生产性的工业企业。之后,危机波及欧盟和日本等世界主要经济体,对世界经济产生了严重冲击,引发了严重的全球性信贷紧缩,导致世界各国经济增速放缓,失业率激增,一些国家开始出现了严重的经济衰退。这场危机一直持续到2011年①。

① 当时,欧洲央行行长特里谢在国际清算银行召开的全球经济会议上表示,世界经济已走出危机阴影,全球经济复苏已经确立,标志着美国次贷危机的基本结束。

在此轮经济危机中，主要国家的央行除了采用常规的货币政策工具刺激经济外，还使用了政策沟通等非常规的工具，如通货膨胀目标制、高通货膨胀目标区、利率走廊、前瞻指引和路径依赖等。这些政策沟通类工具在进行政策刺激的同时，也实现了对公众的预期管理，稳定了通货膨胀预期，有效地应对了经济危机的冲击，再一次证明了提高货币政策透明度的重要性。

4. 信息技术的进步有助于提升货币政策的透明度

当今世界由于网络的普及和快速传播，一方面，央行采用出其不意的货币政策的机会大大下降了；并且，即使央行可以事先做好保密工作而采用出其不意的货币政策，但是由于信息的传播速度非常快，这种政策对于市场冲击的效果将远强于以前，极易造成市场的剧烈波动。

另一方面，通过网络和通信工具，信息得以快速地传播，货币当局有与公众沟通和交流的意愿，在技术上已不存在障碍，网络和通信技术的发展为货币政策透明度的提升提供了技术保障（卜振兴，2016）。

第二节　通货紧缩

一、定义与判断

（一）定义与判断方法

通货紧缩（deflation）是与通货膨胀相反的一种经济现象，指物价水平的普遍的、持续的下降，计算公式与通货膨胀一样，只不过在式(6-1)中负的通货膨胀率就是通货紧缩率。

主要国家中央银行判断是否存在通货紧缩的总体价格水平主要是消费者价格指数（CPI），而不是 GDP 平减指数或 PPI，因为 CPI 的月度数据比季度 GDP 平减指数频率更高，并且主要国家中央银行也以 CPI 作为货币政策目标；在价格持续下降的期限上，IMF 的权威解释是将一般物价水平的月度数据（主要指 CPI）持续 3 个月的下降，或季度数据（主要指 GDP 平减指数）持续半年的下降认定为通货紧缩。

（二）判断的难点与原因

1. 判断的难点

但在经济实践中，对是否发生了通货紧缩的判断却有以下困难：

(1) 有学者指出，产品质量的提高和功能的改善会使产品的成本、价格提高，而一般价格指数没有剔除掉这个因素，因此会将通货膨胀率高估 1%，所以，只要一般价格指数反映的通货膨胀率小于 1%，就是通货紧缩。但是，反对者提出，出于可比性的考虑，统计部门不应该频繁地调整 CPI 或 GDP 平减指数的统计范围，毕竟部分产品质量的变化对于整体价格水平的影响较小，因此，不应将小于 1%的通货膨胀率视为通货紧缩，这样就混淆了通货膨胀减速（disflation，即物价上涨幅度的下降）与通货紧缩，因此，我国有些学者将 CPI 达到 1%或 1.5%作为判断经济是否陷入通货紧缩的临界点是不合适的（钟红，李宏瑾，苏乃芳，2015）。[20]

(2) 有时 PPI 连续多年下降，但 CPI 仍然为正值，有学者认为这种经济状况已陷入通货紧缩；但也有学者坚持判断通货紧缩应以 CPI 为准，因为：1)CPI 中包含着很多不可贸易的商品(如服务),而PPI则主要是可贸易品(如工业品),主要反映工业部门的价格变化,并不能反映社会全部商品和服务价格的变化,尤其是随着经济结构的高级化,服务业将成为经济的主要推动力,PPI对全社会物价水平的反映效果将下降,因此不能认为这种经济体已陷入了通货紧缩。比如,我国近些年来尽管CPI水平较低,但仍然连续为正,因此不能认为我国已出现通货紧缩(钟红,李宏瑾,苏乃芳,2015);2)虽然PPI与CPI间具有一定的传导关系(比如,进口原材料价格上涨则PPI上涨,最终可能传导到CPI上涨),但这种传导机制可能不顺畅,比如,即使进口原材料价格上涨了,但厂家在需求不足的情况下仍不敢提价,只能依靠牺牲利润的方式消化进口成本的上涨,这样一来,CPI就不会上涨;或者,即使工业品价格上涨了,但由于总需求不足,服务品价格也不会上涨,因此CPI也不会上涨。

2. 判断困难的原因

有学者认为,上述两种情况只是通货膨胀减速而不是通货减缩,因此不应采取治理通货紧缩的货币政策;但反对者指出,这至少说明经济出现了通货紧缩风险,经济政策应采取措施预先防范通货紧缩。比如,在1997年亚洲经济危机和20世纪90年代末美国互联网泡沫经济崩溃后,很多新兴经济体和发达国家出现了通货膨胀减速,表明通货紧缩风险上升,于是主要国家的央行纷纷采取事先防范,甚至“积极的攻势行动”,即采取了过于扩张性的货币政策,比如,2001年以来以美联储为代表的主要央行采取了低利率政策,才导致了日后的房地产泡沫和2008年的次贷危机(钟红,李宏瑾,苏乃芳,2015)。学者们的莫衷一是正是体现了凯恩斯的“绳子论”——扩张性货币政策治理经济萧条总是效果欠佳或无效。

通货紧缩在19世纪和20世纪早期的金本位制下较为常见,但自“二战”后金本位制结束后,各国实行信用纸币制度,央行有了自由发行货币的权力,一般认为温和的通货膨胀对于经济增长具有促进作用,因此绝大多数央行均以此为目标来制定货币政策,因此通货膨胀十分常见,世界各国多数时间面临的是如何应对通货膨胀,而不是通货紧缩,因为通货紧缩仅在少数国家的特定时期出现过,案例相当少,1929—1933年资本主义世界的大萧条和20世纪90年代日本的通货紧缩是目前学术界公认的两大案例。

◇ 能量棒 6-9

中国1990年以来的4次通货紧缩及2017年的全球低通货膨胀之谜

1. 中国1990年以来的4次通货紧缩

我们从中国统计局网站上公布的数据中观察1990年至2017年,中国CPI的同比涨幅,可以发现这20余年间中国曾有3次CPI同比涨幅出现连续6个月以上的负增长,这就是3次通货紧缩,而这3次通货紧缩的背景都是3次经济危机的爆发。

(1) 1998年2月至2000年4月

其间正值1997年东南亚金融危机爆发不久,这一阶段CPI的同比涨幅平均为−1.1%,其中最低点为1999年5月的−2.2%,此后通货膨胀就进入回升阶段,直至2001年7月达到高点的1.7%。这期间通货膨胀水平由谷底到谷峰时间间隔为27个月,涨幅的落差为3.9%。

(2) 2001年9月至2002年12月

其间正值美国“网络泡沫”刚刚破灭,这一阶段CPI同比平均涨幅为0.6%,其中最低点为2002年4月的−1.3%,此后通货膨胀进入回升阶段,直至2004年7月达到高点5.3%。这期间通货膨胀水平由谷底到谷峰时间间隔为29个月,涨幅的落差为6.6%。

(3) 2009 年 2 月至 2009 年 10 月

自 2008 年美国金融危机爆发后，我国经济受到总需求不足的明显冲击，PPI 增幅从当年 12 月开始进入负数状态，直到 2009 年 11 月转正，经济开始企稳回升，经济增长率再次回到 10.4% 的两位数水平。同时，在 2009 年 2 月至 10 月间，CPI 同比平均涨幅为 1.3%，其中最低点为 2009 年 7 月的 −1.8%，此后通货膨胀开始进入回升阶段，直至 2011 年 7 月份 CPI 同比涨幅达到高点 6.5%。这期间通货膨胀水平由谷底到谷峰时间间隔为 25 个月，涨幅的落差为 8.3%(2012-07-06，中国经济风险：通货膨胀，还是通货紧缩？[J/OL])[21]。

(4) 2013 年 2 月至 2016 年 10 月

随着 2010 年欧债危机的再次冲击，我国总需求再次下降，经济增速从 2011 年的 9.3% 逐季度下降，到了 2012 年第一季度第一次低于 8% 水平。尽管中央银行于 2011 年年末至 2012 年年中 3 次降低存款准备金率并两次下调存贷款基准利率，并积极创新货币政策手段(详见第四章介绍过的常备借贷便利等再贷款工具)，但仍无明显起色，2015 年以来经济增长速度一直徘徊在 7% 左右的水平，被学术界称为中国经济迈向新常态，以及结构调整阵痛期、增长速度换档期、前期政策消化期的“三期叠加”。

与此同时，中国的 PPI 也从 2012 年 3 月由正转负；2015 年由于以原油为代表的国际大宗商品价格持续下跌，再次带动了 PPI 快速下跌和 CPI 的低位运行(王永龙，2016)。2013 年 2 月至 2016 年 10 月，中国工业生产者出厂价格指数(PPI)连续 44 个月同比下降(即负增长)，从 PPI 指数上看我国已进入通货紧缩状态。

2016 年，虽然我国 CPI 指数虽然仍保持正数状态，但也跌到 2% 以下且仍呈低位运行态势，按照一些国际组织和央行的看法，PPI 指数负增长且核心 CPI 指数持续维持 2% 以下即为事实上的通货紧缩，据此可以判断我国在 2016 年进入通货紧缩状态(王永龙，2016)[22]。

2. 2017 年的中国与全球的低通货膨胀

1) 中国的通货膨胀数据

我国在 2017 年继续呈现了低通货膨胀率态势。国家统计局发布的数据显示，2017 年 9 月全国居民消费价格指数(CPI)同比上涨了 1.6%，涨幅比上月下降了 0.2 个百分点；2017 年 1—9 月该指数平均比去年同期上涨了 1.5%；2017 年 9 月全国工业生产者出厂价格指数(PPI)同比上涨了 6.9%，涨幅比上月扩大了 0.6 个百分点(张启迪，2017-10-28)[23]。

此外，据国家统计局数据显示，有 31 个省份 2017 年 2 月的 CPI 同比涨幅均较 1 月出现回落，其中山西、福建、陕西三地 CPI 同比甚至出现了负增长(2017-03-17，31 省份 2 月 CPI 涨幅均回落，三地 CPI 出现负增长[J/OL]. http://finance.people.com.cn/n1/2017/0317/c1004-29150518.html)。

2) 对中国通货膨胀发展态势的不同看法

数据发布后，金融机构研究人员对于未来中国 CPI 走势的看法出现了一定的分歧。例如，财新智库首席经济学家钟正生认为，此后的通货膨胀压力不容忽视，主要有以下 4 点原因：

(1) 高频数据显示蔬菜价格出现大涨，将带动 CPI 上涨；

(2) 消费升级导致下游生活资料的价格上涨，将对 CPI 产生显著的推升作用；

(3) 环保监管趋严将导致工业品成本上升、使其价格上涨幅度增大；

(4) PPI 已持续上涨，并且我国 PPI 向 CPI 的传导将进一步增强。

而海通证券首席经济学家姜超则认为此后中国的 CPI 将保持低通货膨胀态势，因为：①由于需求疲弱，因此 CPI 中非食品类价格仍将维持低位，表明 CPI 核心通货膨胀率仍将较低；②需求疲弱也将导致 PPI 对于 CPI 的传导有限，且不可持续，因此 CPI 难以持续上涨(张启迪，2017-

10-28)。

3. 全球低通货膨胀之谜

自2017年2月以来,我国的CPI已连续8个月低于2%了。不只是中国,2017年全球都呈现出低通货膨胀的局面,例如,美国CPI同比涨幅也是2017年9月才上升至2%以上的,并且主要是由于飓风的影响导致CPI中能源分项出现成本推进型通货膨胀而带动物价回升,而其他分项依然低迷,使得美联储重视的核心CPI已连续6个月低于2%了。虽然美国经济复苏依旧稳健、多项经济指标也显示出稳定增长的态势,表明需求在不断上升,但通货膨胀率一直迟迟无法提升,时任美联储主席的耶伦在多次演讲中均提到了美国的低通货膨胀问题,表明尚未完全清楚当时美国低通货膨胀的原因,而通货膨胀低迷使得美联储在做出每一次加息的决定时都存在一定的疑虑,且都伴随着一定的质疑之声,包括来自美联储内部的质疑(张启迪,2017-10-28)。

二、通货紧缩的成因

(一)总需求不足与人口老龄化

1. 总需求不足

与通货膨胀相反,通货紧缩是因为过少的货币追逐过多的商品,购买待实现的商品的货币就是有效需求,包括投资需求、消费需求、净出口需求与政府需求,当有效需求不足时,就会造成通货紧缩。

比如,1996—2003年我国的通货紧缩主要是因为本国的消费意愿低迷造成的。消费与当期收入、预期收入成正比,由于我国在20世纪90年代中期正在进行国有企业改革,企业大量减员增效,导致人员大量下岗,居民收入预期下降,致使消费低迷,继而导致投资萎缩。1997年东南亚金融危机爆发,中国出口下降,国内外的因素加在一起,造成一般物价水平持续下降;再如,2013年以来中国的通货紧缩的成因主要是我国自1978年至2012年的高速经济增长,以及为维持这种高增长的大规模投资形成了现阶段的巨大产能过剩,使得我国经济在进入新常态后遭遇投资需求、消费需求、外部需求的持续萎缩,形成通货紧缩[①]。

2. 人口老龄化

此外,目前我国乃至全球正在经历一种前所未有的、更加长期的引起通货紧缩的机制——人口老龄化。但是,从理论上说,人口老龄化与物价总水平的关系并不确定:一方面,它可能引起通货紧缩,因为总人口规模和劳动年龄人口减少会导致总需求下降;另一方面,它也可能引起通货膨胀,因为劳动年龄人口的减少会导致经济的长期总供给能力下降。不过,IMF关于日本和其他发达国家的研究表明,人口老龄化的通货紧缩效应要远远强于通货膨胀效应。由于人口老龄化是一个全球性趋势,因此其造成的通货紧缩压力将是长期性的(殷剑峰,2015)。

此外,人口老龄化引起通货紧缩的机制还有以下一些:

---

① 在常态经济中,投资、消费、外需的增长率通常应大体对应于GDP增长率的2.5倍、2倍、1.5倍(称为"6倍数原理"),若按照我国GDP7%的增长率来计算,则投资、消费、外需的增长率应大体维持在17%、14%和11%的水平。然而自2014年以来,我国上述三项增长率指标一直低于此水平,在技术创新等新兴增长动力尚未建立起来的情况下,经济中总需求不足、经济增长率下降是一个必然趋势,因此导致通货紧缩。

(1) 随着人口老龄化，房地产市场需求下降，导致房地产价格下跌，进而带来长期性的资产负债表衰退和债务的通货紧缩效应；

(2) 除了房地产之外，其他资本品如交通、通信设备以及人力资本积累所需要的教育的需求也在下降；

(3) 当人口老龄化需要政府增加支出以填补总需求小于潜在产出水平的缺口时，来源于人口老龄化之前财政过度开支所形成的李嘉图等价效应却要求政府实施加税减支计划，因此财政政策很难扩张；

(4) 潜在产出水平之所以高于萎缩了的总需求，是因为随着人口老龄化，总需求的结构逐步从传统制造业向养老、医疗等服务产业转移，这就造成了传统制造业的产能过剩(殷剑峰，2015)。

(二) 长期供给曲线向下倾斜或供给曲线下移

Borio 和 Filardo(2004)认为[24]，通货紧缩可分为好通货紧缩与坏通货紧缩，如果某些原因造成经济生活中很多产品的长期供给曲线向下倾斜，就会令其下游企业降低成本、增加利润，及降低其产品售价，最终可能造成一般物价水平的持续下降，这种通货紧缩有利于长期经济增长，就被称为良性的、好的通货紧缩；而前面所说的总需求下降造成的通货紧缩将引起经济增长率下降、失业率上升、经济衰退等不良后果，被称为坏的、恶性的通货紧缩。而长期供给曲线向下倾斜或供给曲线下移的原因主要有以下 3 点。

1. 科技创新提高了生产率

它使得很多产品的长期供给曲线呈现出向下倾斜的形态，如电子产品价格日益便宜等。

2. 国际大宗商品价格下跌等来自外部的传导

1) 国际大宗商品价格下跌

国际大宗商品价格下跌使得国内以进口的大宗商品为原材料的工业企业的成本下降。但是，如果国际大宗商品价格下跌背后的原因，仅仅是国际大宗商品供给增加、或生产销售大宗商品的国际垄断组织降低了售价等，对本国而言就是良性的通货紧缩；反之，如果国际大宗商品价格下降是因为本国的主要贸易伙伴国经济衰退、需求不足造成的，将伴随着本国出口需求的不足，则这种通货紧缩对于本国而言总体上是坏的通货紧缩；换言之，这种经济衰退造成的国际大宗商品价格下跌所致的通货紧缩与总需求下降所致的通货紧缩其实是一回事，或者说是同源的。

2) 输入性通货紧缩

输入性通货紧缩是指本国(A 国)通过进口 B 国的便宜的商品与服务后，通过价格传递效应带动了本国一般价格水平的持续下降，这被称为输入性通货紧缩，而 B 国则被称为向其他国家输出了通货紧缩。例如，2002 年后，国际社会有一种中国向其他国家输出了通货紧缩的观点(孙立坚，2003)[25]。

具体来说，价格传递效应可分为以下两种，或者说从 B 国的进口通过以下两个渠道为 A 国带来了输入性通货紧缩：

(1) 价格渠道(Foreign Prices Pass-through，PPT)，是指当 A、B 两国货币间的名义汇率不变时，正在遭受通货紧缩的 B 国商品的国内价格下降了，而其出口商完全将这种低廉的价格按不变的汇率换算成A币后传递到A国，直接对A国一般物价水平造成下降的压力；

(2) 汇率渠道(Exchange Rates Pass-through，简称EPT)，是指当B币相对于A币贬值时，即使B国没有发生通货紧缩(即商品的本币价格不变)，但B国出口商品的价格以A币计价也会下跌，带动A国一般物价水平的下跌(孙立坚，2003)。

显然，无论B国是否发生了通货紧缩，或者是否发生了贬值，输入性通货紧缩是否存在还取决于A国进口商是否进行了完全的价格传递，而这又取决于A国私人部门对于B国产品的需求价格弹性以及A国本身的货币松紧情况等。

3) 外汇占款减少导致基础货币投放减少

外汇占款减少将导致基础货币投放减少，如果央行没有进行冲销操作，就可能引起通货紧缩。例如，我国2014年第3、4季度由于人民币出现了贬值预期导致资本外逃，使得我国的外汇储备分别减少了0.66亿美元和300亿美元，全年外汇储备比2013年少增加3 000亿美元以上。由于当时外汇占款占到我国央行资产的80%以上，而当时央行维持法定准备金率不变，因此，基础货币增速大幅度下降。再加上银行部门的惜贷和实体经济停滞导致货币乘数下降，就从货币层面形成了物价下行的压力(殷剑峰，2015)。

3. 贸易自由化等制度变迁

它使得本国进口商品价格下降，导致以其为原料的企业成本下降、利润增加，进而可能降低售价，导致一般物价水平的下降。

(三) 紧缩性的货币政策

1. 货币主义者认为紧缩性的货币政策造成了通货紧缩

由于世界各国面临通货紧缩的时间较少，因此到目前为止学术研究主要集中在通货膨胀，而较少研究通货紧缩，对于通货紧缩的研究远没有对通货膨胀的研究深入，各国在应对通货紧缩方面经验也很不足。多数经济学家如弗里德曼、格林斯潘等认为，通货紧缩和通货膨胀一样是一种货币现象，央行通过增加货币供给量就可以治愈通货紧缩。弗里德曼说过，“通货紧缩是世界上最容易避免的事情，只要印刷更多的钞票就可以了”，以弗里德曼为代表的货币主义者们认为，因为通货紧缩比通货膨胀更容易治理，因此，各国中央银行往往更多地关注通货膨胀，将防止通货膨胀作为其首要目标，对通货膨胀治理或防范得过度了，比如，在通货膨胀问题得到解决之后继续采取紧缩性的货币政策，才造成了通货紧缩。

同理，弗里德曼认为，各国政府为了对抗通货紧缩，只需采取扩张性的货币政策就可以了，但是，如果这味药用下去而病情仍不见好转，医生就会被指责用药量过小，因此，货币主义者认为通货紧缩的成因之一是政府实行了错误的、相对紧缩的货币政策。

2. 其实通货紧缩不是简单地放松货币就可以治好的

但是，如果治理通货紧缩只要简单地开动印钞机就行了，那政府为什么还会畏手畏脚、使得通货紧缩还有机会面世呢？我们从第四章货币供给中可以知道，货币供给量有一定的内生性，在通货紧缩时期政府想扩大货币供给量也做不到，即使扩大了货币供给量也无法治愈通货紧缩和萧条，例如，次贷危机后美国、欧洲央行实行量化宽松政策、中国也在扩大货币投放，但是包括中国在内的世界各主要经济体随后都同时出现了流动性过剩和CPI低迷的情况，表明通货紧缩不易治愈(张启迪，2017)；我们还将在第七章讲到次贷危机后美、日、欧央行的名义负利率政策的效果欠佳的例证。这表明,正如凯恩斯的“绳子论”所指出的,扩张性货币政策在治理通货紧缩、经济萧条时往往是效果不佳,因为货币政策的传导会碰到经济生活中的各种刚性、流动性陷阱的干扰。

在现实生活中,通货紧缩往往是长期成本曲线下移与需求下降共同造成的。比如,2013年以来我国的物价保持在较低水平,既有全球经济增长放缓导致我国出口下降、国内房地产投资下降等造成的有效需求下降的原因,也有国际原油价格下跌①降低了我国工业企业的成本、新兴行业与服务业的创新发展(如新能源、移动互联网技术)大大提高了生产效率、拉低了物价水平的原因,即好的、坏的通货紧缩混合在一起(钟红,李宏瑾,苏乃芳,2015)。但是,国际大宗商品价格下降,既有非常规油气(如美国的页岩气、油砂)企业的加入使得国际市场供给增多以及这些非常规油气企业因过度负债而抛售产品的结果(殷剑峰,2015),也有世界各国经济低迷、有效需求不足的因素,而世界各国经济低迷又反过来影响了我国的出口需求,因此,此轮国际大宗商品价格下跌也不能完全被视为引起良性通货紧缩的因素。

三、通货紧缩的影响

(一) 抑制消费

Kindleberger(1973)[26]认为,通货紧缩会导致消费延迟,造成总需求下降。因为由于通货紧缩增加了货币的购买力,如果人们形成了通货紧缩的预期,就会推迟购买、增加储蓄,以等待更低的价格出现,这时,营业员对于问了半天还是没买的顾客的身影总是会咬牙切齿地说:“哼!便宜了还想便宜!”消费需求的不足将影响经济的增长与就业。

(二) 抑制投资

通货紧缩一方面使企业借钱投资的成本在名义价值不变时实际价值增大,即使实际利率上升因此将抑制投资;即使企业用自有资金投资,通货紧缩也使企业资金的机会成本增大,从而投资项目的预期利润率下降;另一方面,由于名义工资刚性,通货紧缩会使实际工资上升,降低企业的投资边际效率,因此企业会降低投资、产量与工人的雇佣量。可见,由于通货紧缩抑制了消费与投资需求,就可能引起经济衰退、失业率上升等一系列不良后果。

比如,美国在1929—1933年的大萧条时期,CPI年均下降6.7%,实际GDP年均下降8.2%,失业率连续几年超过20%。日本在20世纪90年代的通货紧缩中,连续9年核心通货膨胀率为负,平均经济增长率不到1%,失业率大幅度攀升,1990年时仅为2.1%,至1999年已至4.7%。但是,也有些通货紧缩并不伴随着产出的下降,比如,美国在1872—1877年CPI下降了12.3%,但GNP却增长了22.4%(张启迪,2017)[27]。

(三) 可能导致银行业的危机

弗里德曼和舒瓦茨(1963)[28]以及伯南克(2002)认为,通货紧缩会加大银行的系统性风险,可能导致银行业危机。

---

① 以原油为例,2015年,国际原油价格从2014年7月的100美元/桶急剧下跌到40美元/桶,2017年11月反弹至50~60美元/桶。

1. 通货紧缩增大了贷款的信用风险

通货紧缩加重了企业还款的实际负担，加上企业产品的价格下降，使贷款者还款的能力减弱，银行贷款的信用风险增大。而银行的惜贷将造成信贷供给和需求的萎缩。

2. 通货紧缩增大了银行破产的可能性

资产价格的下降降低了资产的抵押或担保价值，银行被迫要求客户尽快还款，这又导致资产价格的进一步下降，增大了贷款者破产的可能性，并进而增大了银行破产的可能性。

3. 通货紧缩增大了银行的流动性风险

银行经营环境的恶化使人们对银行产生了不信任感，将减少向银行存款、增加向银行提款，因此，增大了银行的流动性风险。

第三节　利率的决定

一、古典的利率理论

流行于19世纪八九十年代至20世纪30年代，即在凯恩斯理论出现之前的利率理论被称为古典的利率理论，主要倡导者有庞巴维克、马歇尔和费雪。利息这一现象在人类社会中古已有之，但人们对它的认识却长期存在着分歧：利息是否是正当收入？它是否符合道德的原则？

古典利率理论是用储蓄与投资等实物因素来解释利率的。在经济学中，我们通过供需关系来解释一种价格，古典利率理论将利率看作是资本的租用价格，即借贷资本的价格，是由借贷资本的供求决定的。

（一）借贷资金的供给来源于储蓄

借贷资金的供给来源于储蓄。储蓄意味着人们要牺牲现在的消费、以换取未来的消费，由于人性本身的原因（如费雪所说的“人性不耐”），人们更注重现在的消费，即具有时间偏好——对当前商品的偏好超过对未来商品的偏好，因此，在用未来的消费和现在的消费进行交换时，未来的消费必须打一定折扣，也就是说，必须给“等待”或“延期消费”提供补偿或报酬，即利息，这样才是公平合理的等价交换。利率越高，补偿越大，人们越愿意增加储蓄，因此，储蓄与利率正相关。

（二）借贷资本的需求主要来自投资

借贷资本的需求主要来自投资。投资量的大小取决于投资预期报酬率和利率间的差额，只有预期报酬率大于利率的投资才是有利可图的。当利率降低时，预期报酬率大于利率的投资机会将增多，从而投资需求增大，所以投资与利率负相关（见图6-3）。

（三）当整个社会的储蓄（资本供给）恰好等于投资（资本需求）时所形成的利率即均衡利率

当整个社会的储蓄（资本供给）恰好等于投资（资本需求）时所形成的利率即均衡利率。

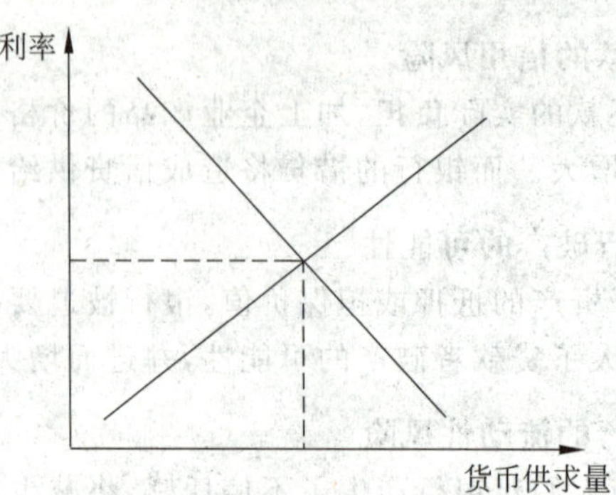

图 6-3　古典利率决定

◇ 显微镜 6-2

被马克思批判过的各种各样的古典利息理论

西尼尔提出利息是进行储蓄的资本家"节欲"的报酬；费雪提出"人性不耐"；庞巴维克提出"时差利息论"：因为人们存在低估未来的倾向，因此，现在物品比未来物品更有价值，未来财货的所有者要向现在财货的所有者支付"贴水"，贴水即利息。这些都是被马克思批判过的观点。马克思认为利息是借贷资本家凭借自己的资本所有权向职能资本家索取的报酬，是利润的一部分，是工人生产的被资本家剥削去了的剩余价值的转化形式。

二、凯恩斯的流动性偏好利率理论

（一）凯恩斯对古典利率理论的批评

凯恩斯对古典利率理论主要有以下几点批评。

(1) 凯恩斯认为利息不是等待或延期消费的报酬，如果储蓄者仅仅是以货币的形式来持有对未来消费的支配权的话，他就不能获得任何收入。只有储蓄者愿意将手中的货币换成债券时才能获得利息收入，因此，利息是对丧失周转灵活性或称流动性的报酬。

(2) 根据储蓄和投资曲线并不能得出均衡利率水平，因为这样会出现一个循环推理的难题：当投资的预期报酬率上升、引起投资曲线向右上方移动时，均衡的利率水平会如何变动呢？如果储蓄曲线保持不变的话，那么它与移动后的投资曲线就决定了新的均衡利率。

但是情况并不是如此简单，因为在非充分就业的条件下，投资的增加将引起收入的增加，而储蓄又是和收入正相关的，因此，在收入增加时，人们在每一个利率水平上的意愿储蓄量增大了，这意味着储蓄曲线将向右下方移动，这时候古典的利率理论就难以说明新的均衡利率将在哪一点上。因为要知道均衡利率，就要知道收入，而收入又取决于投资，投资又取决于利率，这样推理的结果是：要知道利率是多少，必须先知道利率是多少，这显然是自相矛盾的循环推理。

古典理论否认非充分就业的存在，因此认为不存在着凯恩斯所说的循环推理问题：如果经济已充分就业，则投资增加不会引起产出和收入增加，只能引起价格水平的上涨。

（二）凯恩斯的流动性偏好利率理论

1. 利率纯粹是一种货币现象，是由货币的供给与货币的需求共同决定的

凯恩斯认为，货币供给是由货币当局外生决定的，货币供给曲线为 $M=\overline{M}$，因此是一条垂直线。

◇ 显微镜 6-3

其实货币供给与利率正相关

其实货币供给与利率正相关。我们从第四章中已知，货币供给是由中央银行、商业银行与非银行公众共同决定的，在其他条件不变的情况下，利率越高，货币供给就越大，原因之一是：利率越高，银行持有的超额准备金的机会成本就越大，因此银行将降低超额准备金率，使货币乘数变大，从而使货币供给增加。还有很多理由可证明货币供给与利率的正相关关系，因此图 6-4 中的货币供给曲线应向上倾斜。

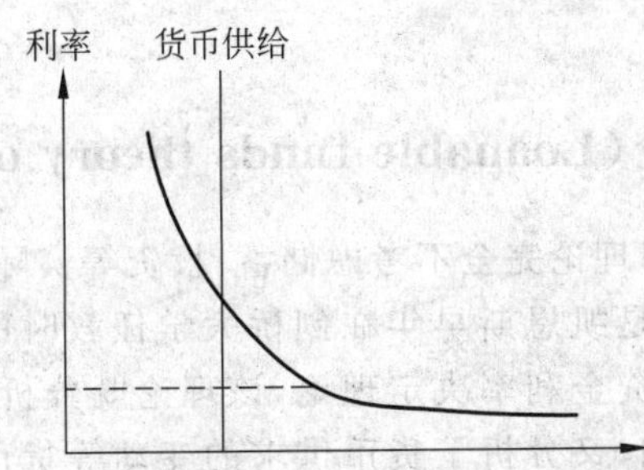

图 6-4　凯恩斯的流动性偏好利率决定理论

货币需求曲线就是流动性偏好曲线 $L=L_1(Y)+L_2(i)$，它与利率呈反向关系。均衡利率就是货币供给曲线与货币需求曲线的交点上的利率。

2. 如果利率不处于交点上，那么非均衡利率如何向均衡利率趋近呢？

凯恩斯假定人们可以以货币和债券两种形式持有其财富，当利率低于均衡利率时（将均衡利率视为大多数人心目中的安全利率。凯恩斯的“货币”是没有利率的，只有有价证券如债券有利率，因此这里说的是债券的利率低于安全利率），人们会预期债券利率将上升，使得已发行的固定票面利率的债券价格下跌，因此持有债券将遭受资本损失，故不愿持有债券，换句话说，人们愿意持有的货币量大于手中所持有的货币量，因此将在市场上出售债券、使债券价格下跌、利率上升，直到利率上升到均衡利率为止。

反之，当利率高于均衡利率时，人们会预期债券利率将下跌，使得已发行的固定票面利率的债券价格上涨，因此持有债券将获得资本利得，故不愿持有货币、而愿持有债券，换句话说，即人们愿意持有的货币量小于其实际持有量，因此将在市场上购买债券，使得债券价格上升、利率下跌，直到利率下降到均衡利率为止。

3. 当货币供求曲线发生移动时，将对利率造成什么样的影响呢？

(1) 给定货币的供给，货币需求的变化将影响利率

如果人们对货币的需求增加，而对债券的需求下降，人们就会卖出债券，使其价格下跌、

利率上升，表现在图 6-4 中就是：货币供给曲线不动，货币需求曲线右移。是什么原因使人们对货币的需求增加呢？比如，收入增加，使 $L_1(Y)$ 即交易需求与预防性需求增加；再如，经济前景不确定性的增加将使投机性货币需求 $L_2(i)$ 增加。

反之，如果人们对货币的需求下降（流动性偏好转弱）、而对债券的需求增加，人们就购买债券，使得债券的价格上涨、利率下降，表现在图 6-4 中就是：货币供给曲线不动，货币需求曲线左移。

(2) 给定货币的需求，货币供给变化也可影响利率

如果货币需求曲线不动（即人们的流动性偏好不变），而货币供给增加（比如，央行实行扩张性货币政策），人们会将多余的货币用于购买生息资产如债券，使债券价格上涨、市场利率下降。

可见，凯恩斯的利率是由货币的供给与需求决定的，但很绕圈子——是通过人们的资产选择行为而间接决定的：当货币供过于求，即债券供不应求时，债券价格上升、利率下降；当货币供不应求，即债券供过于求时，债券价格下跌、利率上升，其结论与下面更直观的"可贷资金的利率决定理论"一致。

三、可贷资金利率理论（Loanable funds theory of interest）

凯恩斯及货币主义的利率理论完全不考虑储蓄、投资等实际因素对利率的影响，引起学术界的争论，反对方的代表就是凯恩斯早年在剑桥大学任教时的学生——英国的罗伯逊和瑞典的俄林，他们提出了可贷资金利率决定理论，该理论既分析了古典利率理论中的储蓄、投资等实际因素对利率的影响，又分析了货币供求的变动等货币因素对利率的影响。可贷资金理论认为如图 6-5 所示。

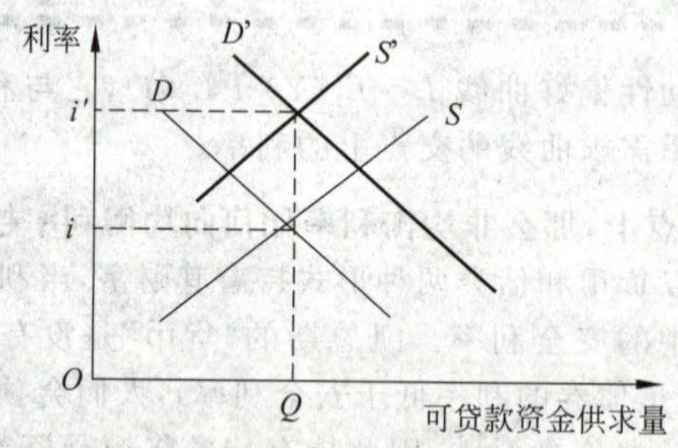

图 6-5 可贷资金利率决定理论

（一）利率是可贷资金的价格，它是由可贷资金的供求决定的，可贷资金供求曲线交点处的利率就是均衡利率

（二）可贷资金的供给来源

可贷资金的供给来源于以下三点。

(1) 当前储蓄。它与利率正相关，并且是可贷资金的主要来源。

(2) 货币供给量的增加额。中央银行可以增加货币供给来提供可贷资金，这是货币与可贷资金供给的外生决定的部分，不受利率影响。事实上，央行增加货币供给量倒可能是为

了影响利率,使其下降。此外,商业银行可以通过创造信用的方式来提供可贷资金,如A银行的某位客户提出贷款需求,在A银行的资金来源即储蓄并没有增加的情况下,它可降低其一贯保持的超额准备率,并将由此而富余出来的一部分超额准备金贷放给该客户,从而形成派生存款或流通中的通货,使货币供给量增加,所以A银行实际上是以创造货币的方式来提供可贷资金。这部分可贷资金供给与利率正相关,因为利率越高,超额准备金的机会成本越高,因此银行会将更多的超额准备金用于贷放。

(3) 货币的反窖藏(dishoarding)。储蓄者并不一定将其储蓄全部用于贷放,可能把一部分铸币窖藏(hoarding)起来,货币的窖藏是可贷资金供给的减少,因此反窖藏——即人们将上一期窖藏的货币拿出来贷放则是本期可贷资金的一个来源,它与利率正相关,因为利率越高,人们将窖藏货币用于贷放的动力就越强。显然,人们将货币窖藏起来是出于凯恩斯所说的流动性偏好,可贷资金理论中的货币也像凯恩斯理论中一样是没有利息的狭义货币,而不像弗里德曼的理论中那样是指包含着有息的定期存款的广义货币。

综上所述,可贷资金供给与利率正相关,可贷资金供给曲线向上倾斜 。

(三)可贷资金的需求来源

可贷资金的需求来源于:

(1) 投资,它与利率负相关,并且是构成可贷资金需求的主要部分;

(2) 货币的窖藏,它也是对可贷资金的一种需求,它与利率负相关,因为利率代表了货币窖藏的机会成本。

综上所述,可贷资金的需求与利率负相关,可贷资金需求曲线向下倾斜。

(四)可贷资金利率理论可被视为是对古典利率理论与流动性偏好利率理论的一种综合

如果假定产品市场始终是均衡的,即投资等于储蓄,那么对可贷资金的供求的分析就等同于对货币供求的分析;如果假定货币市场始终是均衡的,即货币供给等于货币需求,那么对可贷资金供求的分析就等同于古典利率理论。

(五)任何使供给或需求曲线发生移动的因素都将改变均衡利率

1. 家庭边际消费倾向

一方面,家庭边际消费倾向减小意味着人们会将收入中的更大比率用于储蓄,使可贷资金供给曲线右移,即在每一个利率水平上,可贷资金供给将增加,从而使均衡利率下降。例如,1997年东亚金融危机以前东亚新兴经济体依靠吸引外资与内资结合,发展出口,创造了"东亚奇迹",原因之一是这些国家所倡导的"新儒家文化"强调节俭的美德,使该区储蓄率提高、利率降低,刺激了投资。

另一方面,消费者对未来收入的预期值提高将使得家庭边际消费倾向增大,将导致可贷资金供给减少,使可贷资金供给曲线左移,均衡利率上升。因为即使有些家庭举债消费,但家庭作为一个整体也只能被视为是净储蓄者,即可贷资金的供给者,因此,家庭举债消费就意味着可贷资金供给曲线左移。只有企业与政府通常被视为净负债消费方,即可贷资金的需求者。

2. 投资的预期报酬率

投资的预期报酬率下降会使每一个利率水平上的投资需求下降，使得可贷资金需求曲线左移、均衡利率下降。

结合可贷资金供求两方面的原因，可以解释为什么经济萧条时期市场利率很低，因为一方面，经济萧条时期总需求严重不足，其中投资需求不足是因为投资的预期报酬率很低，消费需求不足是因为家庭对未来收入呈悲观预期，因此降低了边际消费倾向。这两方面的原因加在一起，使得在每一个利率水平上可贷资金的供给增加、需求减少，即可贷资金供给曲线右移、需求曲线左移，因此均衡利率下降。反之，如果市场利率攀升，则说明上述因素在相反的方向上起作用，表明总需求在增加、经济在复苏。

◇ 能量棒 6-10

人口减少（收缩）对利率的影响

1. 人口减少使利率下降的原理

利率是由可贷资金的需求（主要是投资需求）与可贷资金的供给（主要是储蓄）共同决定的，我国与世界上其他一些国家正在步入人口老龄化与人口减少的收缩型社会，这意味着储蓄与投资的双重下降，如果投资下降得更快，则会使利率长期处于下降通道中。

2. 人口收缩的定义

人口的下降（或收缩）可分为结构层面的下降和总量层面的下降；对这两个层面的变化，又可分为相对收缩（即增长率的下降）和绝对收缩（即绝对水平的下降）。从总量层面看，我国人口早在 20 世纪 80 年代中叶就进入了相对意义的下降，但绝对意义的下降还需要从现在起再过若干年，大多数专家认为，中国人口总量的绝对减少应该出现在 2030 年前（李红刚，2017-07-24）[29]。

人口结构包括人口的年龄分布与空间分布，影响利率的主要是人口的年龄分布。我国的劳动力人口（指 15～59 岁人口）从 2012 年就开始绝对减少了，2012 年减少了 345 万，2013 年减少了 244 万，2014 年减少了 371 万，2015 年减少了 487 万，2016 年减少了 359 万，5 年累计减少了 1 796 万，减少数目接近世界人口排名第 61 位的智利总人口，可见从结构层面来看，我国人口也是收缩的。

人口，既是人“手”，又是人“口”，前者产生供给，后者产生需求。由于人口收缩，需求下降，最终导致投资下降；当投资下降甚于储蓄的下降时，利率就下降了。

3. 人口收缩是一个世界性问题

人口收缩引起储蓄、投资下降及社会的收缩，不仅是中国的问题，也是当今的一个世界性问题。最明显的例子是日本，从总量上看，日本从 2006 年便开始了人口的绝对减少，但是其劳动人口的减少则始于更早的 1990 年（李红刚，2017-07-24），由此导致储蓄与投资的下降，使得日本的社会收缩，出现了“失去的 25 年”。欧洲也早就处于收缩状态，其表现没有日本厉害的一个重要原因是引进了外来人口。

3. 政府的预算赤字

在一个中央银行制度健全的国家，预算赤字往往必须用发行政府债券（即向公众借款）的方式加以弥补，而不能采用债务的货币化方法，因此，如果财政部削减赤字，将使可贷资金需求曲线左移，在可贷资金供给曲线不变的情况下，将使得均衡利率下降。比如，1990 年的两德统一使得德国政府赤字上升，导致德国利率攀升；再如，21 世纪初日本的小泉首相、美国的布什总统大规模削减赤字的改革使得日美两国人民相信在短期内赤字将下降，但在长期内赤字将反弹，从而预期长期内可贷资金需求将大幅度增加，因此长期利率立即攀升。

4. 其他因素

其他因素如银行提高贷款标准，将使得可贷资金供给曲线左移，利率上升；央行增加货币供给，将使可贷资金供给曲线右移，利率下降。再如，当居民实际收入增加时，一方面，其货币需求也将增加，从而使可贷资金供给下降、利率上升；另一方面，收入增加时储蓄也将增加，从而使可贷资金供给增加、利率下降，很难说哪种效应起更大的作用，因此，收入增加时利率变动方向不确定。

（六）流动性偏好理论与可贷资金理论没有矛盾

流动性偏好理论与可贷资金理论没有矛盾，它们只不过是从不同角度考虑问题，现证明如下：

(1) 假定实际储蓄增加，按照可贷资金理论，则资金供给增加、利率下降；按照流动性偏好理论，当人们减少消费时，其货币需求将减少，因此，流动性偏好曲线左移、利率下降；

(2) 假定投资增加，为进行投资，企业必须暂时持有更多的实际货币，即货币需求增大，这就使流动性偏好曲线上移，所以利率将上升；

(3) 如果政府赤字扩大，表明政府购买了更多的商品和劳务，则这些商品和劳务的卖主将得到更多的收入，从而扩大对实际货币的需求，流动性偏好曲线将上移，导致利率上升；

(4) 假定外国资本流入，则在浮动汇率制下，本国货币将升值，打击出口，鼓励进口，会导致本国收入减少，对实际货币的需求将下降，流动性偏好曲线将下移，利率将下降；

(5) 假定实际货币供给增加，当货币需求不变时，利率将下降；

(6) 假定实际货币需求增加，即人们想持有更多的货币，则流动性偏好曲线将上移，利率将上升。

四、费雪效应、名义利率与实际利率

影响可贷资金供求的因素还有很多，下面讲一个特殊的因素——通货膨胀预期。

（一）费雪效应

(1) 在有通货膨胀预期的环境中，可贷资金的供给曲线将向左移动，因为预期本金的实际价值将很快遭受损失，贷款者会选择其他方式投资，如购买黄金保值等。

(2) 可贷资金的需求曲线将右移，需求增大，因为人们预期用借来的资金购买的商品或资产的名义价格将随通货膨胀而升高，而借款本金的名义价值则不变，使实际债务负担减少。

◇ 显微镜 6-4

通货膨胀有利于企业，而不利于居民

假如一位企业家以 10% 的利率借了一年期的 100 元办苗圃养花，买了 10 棵君子兰，即一棵君子兰价格 10 元钱；一年后连本带利要还 110 元，相当于 11 棵君子兰。

一年后通货膨胀率达到了 20%，即一棵君子兰的价格上涨至 12 元钱，现在这位企业家购买的商品的名义价值变为 120 元，而借款本利和的名义价值仍为 110 元，现在 110 元只相当于 9 棵君子兰，显然，实际债务负担减少了。

企业总是借款者，且手里总是掌握着商品，而居民总是贷款者，因此，通货膨胀有利于企业而不利于居民。

但是，如果居民放款人预期到了在今后的一年中通货膨胀率将达到 20%，其所要求的名义利率大致将达到 30%，这样，一年后他可收回本利和 130 元，价值 130/12＝10.8 棵君子兰，基本上保障了其实际利率不变，这就是“通货膨胀中性现象”。

(3) 这样，名义利率将提高，使得资金供给者、资金需求者所面临的实际利率不变。这种由通货膨胀预期的变动而引起的名义利率变动的效应被称为费雪效应(Fisher effect)，它揭示了名义利率、实际利率与预期通货膨胀率之间的有如下的关系：

$$i = r + \beta \dot{p}^{e} \tag{6-4}$$

其中：i——名义利率；r——实际利率；$\dot{p}^{e}$——预期通货膨胀率；β——名义利率相对于预期通货膨胀率的调整系数，如果它等于 1，则名义利率的上升完全中和了通货膨胀使财富在贷款人和借款人之间再分配的影响，这被称为通货膨胀中性现象。

(二) 名义利率与实际利率

1. 名义利率与实际利率的定义

由费雪效应可见，名义利率与实际利率之分仅是在价格变化(即通货膨胀或通货紧缩)环境下才有的现象。实际利率指在物价不变、从而货币购买力不变条件下的利率，在通货膨胀情况下则是剔除了通货膨胀因素之后的利率；名义利率是没有剔除通货膨胀因素的利率。

2. 事前和事后的实际利率

事前的实际利率(预期的实际利率)＝名义利率－预期通货膨胀率

决定投资的是事前实际利率，因为决定投资的是实际利率、而非名义利率，但在投资决策之时只能对通货膨胀率形成预期，因此是基于预期的实际利率作出投资决策的。但是预期的通货膨胀率也许与事后实际发生的通货膨胀率不一致，因此有：

事后的实际利率＝名义利率－事后的(实际发生的)通货膨胀率　　(6-5)

例如，我国自 2013 年后产生了通货紧缩，使得企业的事前长期实际利率高企。2013 年 12 月金融机构贷款的年利率为 6.8%，减去当月－2.3%的 PPI 后，实际利率为 9.1%；2014 年全年的 PPI 大体维持在－2.0%的水平，2014 年央行再度连续降息、降准，并一次性非对称地下调了金融机构的人民币贷款基准利率；2015 年 8 月再次降息，名义利率虽已降至 4.6%，但当时的 PPI 仍维持在－5.9%的水平，所以实际利率仍高于 10%以上，高于企业的资本边际效率，导致投资萎缩，又加剧了通货紧缩，产生恶性循环(王永龙，2016)。

◇ 显微镜 6-5

事后实际利率与事前实际利率不符的数例

比如，在上例中，贷款者预期通货膨胀率为 20%，因此，为了保证 10%的实际利率，要求的名义利率为30%。假设一年后借贷双方发现这一年中的实际通货膨胀率仅为10%,则事后证明实际利率达到了20%,即一年后的君子兰价格上涨至11元,因此,本利和130元相当于11.8棵(约等于12棵)君子兰,显然贷款者赚了,借款者亏了。

◇ 能量棒 6-11

香港离岸人民币利率形成机制[30]

自2009年6月人民币国际化进程启动至今,香港离岸人民币市场发展迅速,离岸人民币利率定价机制正逐步形成和完善。而国内人民币利率管制刚刚放开,利率市场化水平有待提升,在境内、外人民币利率联运关系不断加强的情况下,研究离岸人民币利率形成机制有助于理解在、离岸人民币利率定价的差异性和相关性。

(一)定义

离岸人民币利率是指在离岸市场中的交易主体采用的人民币交易价格,即离岸市场的银行等金融机构进行人民币存贷时所采用的利率。

香港人民币市场具有政策推动型离岸市场的特点,因为一般意义上的离岸金融市场的利率水平完全由货币的供求决定,而香港离岸人民币市场的利率形成机制则更多地受政策层面因素的影响(严佳佳,幸进成,2016)。对于离岸与在岸利率的相关研究主要有以下几点结论:

(1) 离岸金融市场运行于宽松、成熟的市场环境中,供求因素对离岸货币的价格形成有更为显著的影响。

(2) 离岸货币利率与在岸利率互相影响。Fung(1992)和Chan(1996)等人发现,以1983年为界,之前美元利率由在岸美元市场的利率决定,之后在岸美元利率也受到离岸美元市场的影响;洗国民(2013)等人的研究表明,对于1个月以内的美元,两者多为负相关;而对于超过1个月的美元,两者一般是正相关。

(3) 离岸货币的汇率对于利率具有重要影响。左连村(2002)认为,离岸货币的存款利率与汇率关系密切,汇率稳定的货币往往具有较低的存款利率(林进忠,2016)。

(二)香港离岸人民币存款利率的形成

1. 香港离岸人民币存款的形成

2003年中国内地政府与香港当局签署了《内地与香港关于建立更紧密贸易关系的安排》(CEPA),这是中国内地第一个全面实施的自由贸易协定,并于2004年1月1日起正式生效,自此香港人民币离岸业务正式启动。2003年11月19日,中国人民银行与香港金融管理局在北京签署《合作备忘录》,并于同年12月与中国银行(香港)有限公司(以下简称"中银香港")签订了《香港人民币业务清算协定》,中银香港由此正式成为香港人民币业务清算行。

随着香港离岸人民币业务的深入发展,离岸金融市场个人人民币业务、人民币债券、存贷款以及产品创新等相继展开。自2004年2月24日32家香港挂牌银行开始办理离岸人民币存款业务起,在人民币持续升值预期的刺激下,离岸人民币存款总额由8.945亿元飙升至2008年5月末的776.75亿元。

2008年年末,中国政府明确提出人民币国际化战略,鉴于香港人民币离岸市场是人民币国际化的重要环节,中国内地与香港签订了多项协议,包括2010年7月中国人民银行与中银香港签订了《关于人民币业务的清算协议》,以及与香港金管局签订《跨境贸易人民币结算补充合作备忘录》,自此,离岸市场上企业与银行间的金融交易活动日趋频繁。

2010年6月19日,中国人民银行重启人民币改革,人民币汇率弹性增强。受跨境贸易结算的推进和人民币升值预期的影响，香港人民币存款规模大幅度增长。2011 年 11 月末，香港人民币活期存款规模为 1 869.86 亿元，定期存款规模为 4 403.17 亿元，总规模比两年前增长了 10 倍。

2013 年后，人民币升值预期再现，截至 2013 年 11 月末，香港人民币存款总额达到 8 269.95 亿元，占香港金融机构总存款的 11.5%，占香港外币存款的 22%，达到历史新高。

2014 年起，受人民币升值和贬值预期交替的影响，香港离岸人民币存款波动较大，尤其是 2015 年 9 月在人民币贬值预期下，香港人民币存款规模持续下滑，至 2016 年 7 月末，香港人民币存款下滑至 6 671 亿元，占香港总存款的 6.88%，占香港外币存款的 13.6%，较 2013 年 11 月末分别下降了 4.62% 和 8.4%（严佳佳，幸进成，2016）。

2. 香港离岸人民币存款利率的形成

1）概述

一般情况下，内外分离型离岸金融中心的利率完全由供求决定，必须满足离岸金融市场存款利率高于在岸金融市场存款利率，且离岸贷款利率低于在岸贷款利率的条件，即与在岸市场相比，离岸市场的利差应更低一些。原因在于离岸市场所经营的货币业务一般都是批发性的，资金借贷具有较大规模，因此，尽管离岸市场利差较小，但其所能获得的利润往往较高。

然而与理论情形相悖的是，香港人民币存款利率主要还是根据中国人民银行超额存款准备金利率制定的，在人民币还未能实现资本项目下可兑换的情况下，香港离岸人民币只能经由双边清算协议并通过人民币清算行——中银香港流回境内，由此决定了香港离岸人民币的存款利率形成机制必然不同于以美元为代表的其他离岸货币利率的形成机制。

起初，香港离岸人民币存款准备金被定为 100%，因为所有的存款都必须通过清算行再转存境内央行。随着跨境贸易人民币结算的发展和其他人民币离岸信贷的扩大，离岸人民币存款准备金率得以降低，但仍高于香港金管局对金融机构的 25% 流动性比率要求。自香港人民币存款业务开展以来，在相当长的时间内，离岸人民币存款利率被定得均大幅度低于内地人民币存款利率水平。

2）离岸人民币存款的定价

从中国香港、中国台湾、新加坡等七家境外银行机构存款挂牌利率与境内四大银行存款挂牌利率的对比可知，境外人民币存款挂牌利率呈现差异化定价格局，境外人民币存款利率略高于境内人民币存款利率，这是因为人民币从境内流通到境外受到跨境管制，产生了交易成本，所以理论上离岸人民币存款利率不会低于在岸人民币存款利率与交易成本之和。

离岸人民币存款定价参考人民银行超额存款准备金利率。因为在资本项目并未完全开放的情况下，境外人民币清算主要有两种方式：一是委托中银香港、中国银行澳门分行在人民银行深圳市中心支行开立的人民币清算账户接入境内大额实时支付系统；二是其他境外人民币清算行委托指定的境内代理行开立人民币清算账户，间接接入境内大额实时支付系统。在清算行的模式下，假定不考虑人民币资金的供求变化，清算行为境外人民币资金提供了人民币存款的定价基础（林进忠，2016）[31]。

（三）香港离岸人民币贷款利率的形成

2013 年 6 月，香港财资市场公会正式推出香港银行间人民币同业拆息定价；2014 年 9 月，台湾地区正式启动了人民币利率定盘机制，作为人民币利率产品的参考标准。例如，香港银行间人民币同业拆息定价机制的报价银行包括中国银行（香港）、汇丰银行、渣打银行香港有限公司、中信银行（国际）、建设银行（亚洲）、香港花旗银行、香港星展银行、恒生银行（林进忠，2016）。

2015 年 6 月末，香港人民币贷款余额为 2 363 亿元。香港人民币贷款利率主要参照香港人民币同业拆借利率，将 CHN HIBOR 利率作为贷款基准利率（林进忠，2016）。

由于中国境内拥有全球规模最大的人民币金融市场，而香港是目前规模最大的离岸人民币金融中心，如果在岸、离岸利率差异较大，就会导致套利行为的产生。由于交易成本、资金规模、交易对象的差异，离岸人民币贷款利率水平会略低于在岸人民币贷款的利率水平。境内利率市场化改革以来，在、离岸人民币同业拆借利率的相关性提高。

（四）人民币在岸汇率对离岸利率的影响

离岸人民币市场缺乏央行提供流动性，人们主要通过银行间美元对人民币掉期交易获得人民币，在岸人民币汇率的波动会通过升贬值预期的变化传导到离岸市场，并对利率产生影响。具体来说，当离岸人民币市场存在贬值预期时，投资者选择做空人民币相关产品的可能性增加，这意味着短期内离岸人民币的需求将增加，刺激市场上人民币拆借利率上升；反之，在离岸人民币市场存在升值预期时，会导致市场上人民币拆借利率下降（林进忠，2016）。

---

[1] 张晓慧，纪志宏，李斌．通货膨胀机理变化及政策应对[J]．世界经济．2010(3)．

[2] 黄秀海，滕清秀．CPI 指数相关问题的国际比较与分析[J]．中国物价．2016(7)。

[3] 赵翠敏．关于居民消费价格指数的几点思考[J]．现代经济信息．2015(8)．

[4] 陈立双，祝丹．中国 CPI 编制方法面临的问题及进一步改革的若干设想[J]．财贸经济．2014(12)．

[5] 高晓慧．俄罗斯经济增长与通货膨胀[J]．俄罗斯中亚东欧市场．2010(11)．

[6] 钟红，李宏瑾，苏乃芳．通货紧缩的定义、度量及对当前经济形势的判断[J]．国际金融研究．2015(7)．

[7] 黄余送，陈建斌．巴西恶性通货膨胀治理及其对中国的启示[J]．财经科学．2011(6)．

[8] 1 300 万人失业，经济严重衰退，上帝的“宠儿”为什么不能成为世界强国[J/OL]．[2017-03-09]http://www.360doc.com/content/17/0309/08/27633236_635172093.shtml.

[9] 委内瑞拉最大面值纸币将退出流通[J/OL]．[2016-12-13]http://www.ex-cp.com/plastic/show-510304.html.

[10] 徐坡岭，韩爽，王志远．转型经济的货币深化与货币挤出：中国和俄罗斯的不同[J]．经济社会体制比较．2012(4)．

[11] 许新．俄罗斯金融危机及其影响[J]．国际经济评论．1998(26)．

[12] 俄富豪重拾物物交换[J/OL]．[2009-02-19]http://www.p5w.net/news/gjcj/200902/t2175746.html.

[13] 吴中日．俄罗斯价格体制改革及其对中国的启示[J]．东北亚论坛．2010(6)．

[14] 相同的疗法，不同的疗效——玻利维亚、波兰、俄罗斯的休克疗法[J/OL]．[2012-10-23]http://www.360doc.com/content/12/1023/21/9146931_243360122.shtml.

[15] 李梦．关于通货膨胀目标制的研究[J]．经营管理者．2016(4)．

[16] 卜振兴．货币政策透明度的实践基础[J]．学术探索．2016(7)．

[17] 向雨帆．通货膨胀目标制的实践[J]．现代商业．2016(24)．

[18] 杜素贞．通货膨胀目标制在中国的适用性研究——基于宏观经济效应的分析[J]．福建金融．2016(12)．

[19] 赵健．通货膨胀目标制真的有效吗？——基于国际实践经验考察[J]．华北金融．2016(1)．

[20] 钟红，李宏瑾，苏乃芳．通货紧缩的定义、度量及对当前经济形势的判断[J]．国际金融研究．2015(7)．

[21] 中国经济风险：通货膨胀，还是通货紧缩？[J/OL]．[2012-07-06]http://blog.sina.com.cn/s/blog_5f9079340102eiae.html.

[22] 王永龙．通货紧缩影响经济增长机理与宏观政策配置[J]．经济学家．2016(10)．

[23] 张启迪. 通货膨胀率会持续上升吗?[J/OL]. [2017-10-28] https://wallstreetcn. com/articles/3037818.

[24] Borio C E V, Filardo Assessing the Deflation record[C]. Bank for International Settlements. 2004, 68(152): 1-18.

[25] 孙立坚. 江彦. 关于中国“通货紧缩出口”论的真伪性检验[J]. 经济研究. 2003(11).

[26] Kindleberger C P. The World in Depression, 1929—1939[M]. Berkeley CA: University of California Press, 1973.

[27] 张启迪. 良性通货紧缩还是恶性通货紧缩——基于2011年以来通货膨胀水平下的原因分析[J]. 财经理论与实践, 2017(5).

[28] Friedman M. Schwartz A J. A. Monetary History of the United States, 1867—1960[M]. Princeton University Press, 1963.

[29] 李红刚. 一个收缩型社会再也支撑不起一个扩张型政府[J/OL]. [2017-07-24] http://www. sohu. com/a/159405775_460385.

[30] 严佳佳, 幸进成. 香港离岸人民币利率形成机制研究[J]. 福建金融. 2016(11).

[31] 林进忠. 离岸人民币利率形成机制研究[J]. 上海金融. 2016(1).

即测即练

简述与论述题

1. 简述通货膨胀目标制的含义。
2. 简述通货膨胀的各种成因。
3. 简述21世纪初美国的布什总统、日本的小泉首相大规模削减赤字的改革为什么使得美日两国的长期利率攀升。
4. 简述为什么要计算核心通货膨胀率。
5. 论述通货紧缩的定义、判断的难点及通货紧缩的成因。

第七章 货币政策

第一节 货币政策的目标与工具体系

我们花了很长时间来讲授商业银行的运作、货币供给、货币需求等原理，那么它有什么用处呢？它就是一座长长的引桥，现在把我们送到了“所谓伊人、在水一方”的本课程的核心——中央银行可以借助于商业银行而影响货币供给，与货币需求发生反应后来影响经济运行，以实现我们在《宏观经济学》里所讲过的宏观经济政策的几大最终目标——充分就业、经济增长、保持物价稳定等。

一、货币政策的最终目标

（一）货币政策的最终目标是什么?

货币政策的最终目标可以是稳定价格、实现充分就业、稳定汇率、实现长期经济增长等。我国1995年开始实行的《中央银行法》明确规定，中国货币政策的最终目标是保持币值稳定、并以此促进经济发展，但不同时期侧重点发生了很大变化。如2008年美国次贷危机后，我国的货币政策最终目标是防止通货紧缩，并保持经济增长率在8%左右。

事实上，货币政策还有其他最终目标如稳定人民币汇率、作为最后贷款人、对政策性金融机构（如我国的农业发展银行、中国进出口银行与国家开发银行）融资等，甚至还包括保持股市的繁荣与汇率稳定等。比如，2016年我国货币政策的最终目标是保证在不过度消耗外汇储备的前提下使人民币有序贬值。

（二）多重目标与单一目标间的争论——其实是凯恩斯主义与货币主义间的争论

货币主义者认为央行应以保持币值稳定（即物价稳定）为单一目标，而不应以失业率过高为理由实行扩张性的货币政策，即应执行“单一规则”；而凯恩斯主义者主张不仅应关注物价稳定，还应实现充分就业，当失业率较高时，应实行扩张性的货币政策，因为此时在提高就业率的同时不会发生通货膨胀，或只会发生温和的通货膨胀（被称为半通货膨胀）。

◇ 能量棒 7-1

我国货币政策的最终目标

1. 货币政策传统的四大最终目标及 2008 年全球金融危机后新增的金融稳定目标

1）通货膨胀目标

通货膨胀通常被视为央行货币政策的首要目标。以欧美为例，美联储和欧央行所采用的通货膨胀目标都是核心价格指数，即扣除了受气候和季节性因素影响较大的商品价格，如石油和食品价格等，而我国目前仍采用的是一般物价指数中的消费物价指数（CPI），并没有明确规定核心物价指数需要扣除哪些商品价格。

2）经济增长目标与充分就业目标

经济增长也是货币政策长期关注的目标。20 世纪 90 年代初期，美国的泰勒教授提出了泰勒法则，更是将经济增长和通货膨胀以更具体的方式体现在了货币政策的制定框架之中。对于经济增长和通货膨胀在货币政策的目标函数中孰重孰轻，即货币政策要更加关注产出缺口还是通货膨胀缺口的争论被称为“鸽派”与“鹰派”之争，关注产出缺口、对通货膨胀有较高容忍性的做法被称为鸽派，而对通货膨胀严防死守的做法则被称为鹰派。比如，从 2015 年年初至 12 月底前，美联储一直未加息的主要原因就是对经济复苏的趋势是否可持续表示担忧，就属于较为典型的鸽派作风。

我国目前的产出缺口是否在持续扩大，有人认为由于经济持续下台阶，因此产出的扩张需要货币政策维持宽松。其实不然，应该看到伴随着 2014 年以来 GDP 增速下行的是中国经济的潜在增速也在持续下行，背后的原因是中国经济在消化了人口红利和制度红利后，进入结构化转型升级时期，传统增长动力消退，新的经济驱动力仍在形成中，需要接受一定时期的低增长来退出过剩产能和培育经济转型升级，因此，虽然目前经济增速在下降，但产出缺口却未必在扩大。

判断产出缺口还需要引入货币政策的另一个目标——充分就业。由于经济潜在产出水平的计算非常复杂而且存在争议，中央银行通常会采取一种变通的方法来判断经济是否处于潜在增长速度上，即观察失业率是否保持在自然失业率水平。如果当前的失业率维持在自然失业率水平，那说明经济的动能已经得到充分的挖掘①。从我国情况来看，2015 年 9 月底我国就实现了新增城镇就业目标，失业率仍然保持在较低位置，但是我国近几年存在隐性失业的问题，这个失业率数据低估了真实的失业率，因此在 2015 年第 3 季度，虽然 GDP 数据高于预期，且就业数据稳定，但央行依然推出了降息降准政策。

3）国际收支目标

除了增长、通货膨胀、就业以外，国际收支平衡也是央行货币政策经常要考虑的目标。在 1994 年外汇体制改革至 2011 年，我国经历了双顺差，传统理论认为，如果让外汇市场机制发挥作用的话，人民币就会升值，就能自动地消除双顺差，使得国际收支平衡。但我国政府像所有新兴经济体都曾经历过的一样，为了维持出口导向型的经济增长、农村剩余劳动力转移等问题，希望维持中国制造业的价格竞争力，采取了维持汇率稳定（即不升值）的货币政策，因此人民币汇率稳定取代了国际收支平衡，成了我国那段时期货币政策的最终目标之一。

而在双顺差下要维持人民币不升值，就遭受着外汇占款过多带来的通货膨胀压力，即维持人民币不升值与反通货膨胀目标是矛盾的。当时我国央行所采取的措施主要是发行央票和提高存

---

① 比如，美联储认为美国的自然失业率为 5%，2015 年 12 月美国失业率为 5.1%，接近自然失业率，是支持美联储年内加息的重要依据。

款准备金率来对冲新增的外汇占款，使得人民币存款准备金率从21世纪初的6%持续提高，至2011年的最高值21.5%。但从2011年下半年开始，随着人民币升值到位，甚至有些市场参与者认为它矫枉过正、因此产生了贬值预期，导致资本外流、双顺差下降、外汇占款增速放缓，2015年以来更是连续多个月份出现了资本大幅度净流出①。

为此，央行转而通过连续降低法定存款准备金率来缓解基础货币收缩带来的影响。2015年以来的一系列降准更像是2011年之前的镜像操作。并且，随着中国劳动力成本上升、全球经济增长的放缓等，中国外贸出口的黄金时期已经渐行渐远，在国内经济下行的影响下，人民币汇率仍然面临一定的贬值压力，外汇占款流失或将持续，因此，未来降准可能就如同当年的加准一样，将成为货币政策的新常态。

4）金融稳定目标——2008年全球金融危机后货币政策新增的宏观审慎管理职能

（1）危机前两种相反的观点——事后清理与逆风干预

关于货币政策的最终目标是否应包括防止资产价格泡沫的问题一直存在争论。在2008年全球金融危机前，主流观点（如时任美联储主席的格林斯潘）认为货币政策不应关注资产价格，除非资产价格变动影响到通货膨胀预期；央行只应在泡沫破灭后履行最后贷款人的职责，维护金融市场的稳定，即央行只应做“事后清理”（mop up after）。相反的观点认为，当存在资产价格泡沫等影响到金融稳定的风险时，央行宜采用比防范通货膨胀更紧一些的货币政策以避免资产泡沫的形成，即央行应做“逆风干预”（lean against the wind）（2017-02-17，央行：严格限制信贷流向投资投机性购房[J/OL]）[1]。

（2）危机后的新共识——货币政策目标应包含金融稳定、应履行宏观审慎职能

中央银行的最后贷款人职能是它的一项最古老的职能，2008年金融危机之后，各国监管者对于央行的最后贷款人职能形成了更为深刻的认识，普遍认识到正常的市场波动是央行无须理会的，但系统性金融风险的爆发将极有可能导致实体经济受到严重的影响（2008年美国的次贷危机就是典型案例），因此，越来越多的央行把保持金融稳定列为货币政策的最终目标之一，特别是时任美联储主席的伯南克就是积极的支持者。

中央银行需保持金融稳定，也被表述货币政策应履行纵向与横向的宏观审慎管理职能，纵向的宏观审慎职能是指货币政策应该坚持逆周期的调节，横向的宏观审慎职能是指货币政策应控制机构间的传染②。例如，2015年股灾后6月和8月我国央行的两次降准降息就是典型的为维持金融稳定、履行横向的宏观审慎职能所进行的货币政策调控③。

◇ 能量棒 7-1-1

2008年全球金融危机后房地产市场的宏观审慎政策

1. 概述

2008年全球金融危机后，经济学界对货币政策与房地产价格的关系有了更进一步的认识。近年来，在世界各国，房地产市场的重要性在不断上升，发达国家财富增量中房地产占

① 特别是2015年“811汇改”之后，人民币面临着较大的贬值压力，导致8月和9月外汇占款的流失加剧。

② 也就是李克强总理反复强调的“守住不发生系统性、区域性金融风险”的底线。

③ 2015年6月中旬爆发股灾后，央行在6月下旬就通过降息加定向降准防范流动性风险。而8月下旬的双降意图则更加明显，在“811”汇改之后，外汇占款大幅流失，全球金融市场受中国经济下行的影响波动加剧，国内股市也再次出现暴跌。在这种局面之下，央行于8月25日宣布双降，罕见地在星期二做出政策调整，这也反映了当时防控金融风险的紧迫性。

绝大多数,在财富总量中房地产的占比也超过了一半,大多数信贷也投入了房地产。在此背景下,即使CPI等通货膨胀指数保持基本稳定,但房地产价格如果形成泡沫的话,一旦泡沫破裂,就会通过极大地恶化私人部门的资产负债表等途径严重地影响经济和金融的稳定。因此,国际货币基金组织和国际清算银行均鼓励成员国根据本国国情实施房地产金融宏观审慎管理,即在总量性货币政策之外采取针对性的措施防范与抑制房地产泡沫。

2. 各国房地产市场宏观审慎政策的主要工具

从各国的实践来看,房地产市场的宏观审慎政策工具主要有:

(1) 针对房地产部门的额外资本要求(sectoral capital requirements,SCR),例如,瑞典金融监管当局对金融机构的住户按揭贷款额外设定了2%的资本要求;

(2) 贷款价值比(loan-to-value ratio,LTV),即我国的购房首付比。在实践中,一些国家如新加坡、韩国还根据首套房、二套房、房屋价值及区域等差别制定不同的要求;

(3) 债务收入比(debt service-to-income ratio,DTI),在此基础上,一些国家还建立了总债务收入比(TDS)、房产债务收入比(GDS)等指标。如加拿大规定借款人的总债务收入比一般不能超过40%;

(4) 控制房贷期限;

(5) 房地产贷款风险权重,即要求金融机构对房地产贷款计入表内资产总额时要增加额外的风险权重;

(6) 拨备要求,即强制金融机构针对房地产贷款计提更多的坏账损失准备金;

(7) 其他特殊要求,例如,加拿大政府规定房贷首付比例低于20%的购房者必须购买房贷违约保险;欧盟、英国金融政策委员会要求金融机构对借款人偿付能力进行压力测试等。

国际上多项实证研究表明,尽管不同工具的效果存在着差异,但总体来看,宏观审慎政策工具有助于抑制房地产周期波动(2016-06-07,金融飓风突袭上海,央行给楼市扔下一颗"原子弹"[J/OL])[2]。

3. 我国的做法——房地产调控因城施策

1) 概述

我国一直重视加强对房地产市场的宏观审慎管理,综合运用贷款价值比、债务收入比等工具对房地产信贷市场进行逆周期调节。近年来在总结经验的基础上,进一步改进了房地产调控,强调因城施策的原则,在国家统一政策的基础上,由各省级市场利率定价自律机制结合所在城市的实际情况,自主确定辖内商业性个人住户贷款的最低首付比例。可见,近年来我国货币政策在保持流动性合理适度以达到防范通货膨胀目标的同时,也兼顾抑制房地产泡沫的目标。

2) 2016年上海市房地产金融宏观审慎管理框架

以上海市为例,2016年出台的上海市的房地产金融宏观审慎管理框架由房地产金融宏观审慎管理基础数据库、房地产金融宏观审慎监测体系、金融机构宏观审慎评估体系和政策工具箱四个部分组成。

其中,"房地产金融宏观审慎管理基础数据库"既考虑了人口对房地产市场的刚性需求,又考虑了宏观经济与金融因素(如经济增长、融资规模、利率、汇率、股市等其他资产收益率、跨境资金流动等)对房地产市场的影响;既有对房地产市场的监测,又有对房地产金融运行的关注,是上海市房地产金融宏观审慎管理的基础。

"房地产金融宏观审慎监测体系"是基于"房地产金融宏观审慎管理基础数据库"提炼出来的综合性指标,包括房地产市场景气综合指标、房地产市场系统风险指标、银行经营稳健性指标和房地产金融秩序指标，是上海市房地产金融宏观审慎管理的核心。

"金融机构宏观审慎评估体系"主要用于评估辖内金融机构房地产业务情况，涵盖金融机构房地产金贷款集中度、判别化住户信贷政策执行情况、借款人偿债能力、市场利率定价自律机制决议执行情况、压力测试等方面，是上海市房地产金融宏观审慎管理的重要组成部分。

上海市房地产金融宏观审慎管理框架从我国国情与上海市的特点出发，使用的调控政策工具主要有：①最低首付比例要求；②房贷利率要求；③借款人偿债能力要求；④将对金融机构房地产金融的宏观审慎评估结果纳入货币政策宏观审慎评估(MPA)以及信贷政策导向效果评估中，依此对金融机构实施差别化激励约束政策；⑤窗口指导等(2016-06-07，金融飓风突袭上海，央行给楼市扔下一颗"原子弹"[J/OL])。

2. "二战"后至2008年全球金融危机前西方各国货币政策最终目标的比较

"二战"后至2008年全球金融危机前，西方各国由于历史背景不同，因此有着各异的货币政策最终目标。比如，德国因其在20世纪20年代及"二战"以后曾遭受了人类历史上最严重的通货膨胀，故一贯以反通货膨胀作为唯一的货币政策目标。

此外，西方各国货币政策的理论依据在不同时期也各不相同，因此最终目标各异：

(1) 20世纪五六十年代大都以凯恩斯主义为理论依据，以充分就业为目标；

(2) 20世纪70年代后西方各国出现了严重的通货膨胀(英美1973—1983年出现了长达10年的"滞胀")，因此当时西方各国大都以弗里德曼的货币主义为理论依据，核心是"单一规则"，意思是只要控制好货币供给量增长率，其他一切由市场机制去调节，经济就能稳定发展；

(3) 20世纪90年代后，货币主义逐渐暴露其弱点——过严的货币控制使经济停滞不前，因此西方各国进行了货币政策的新调整，力求实现没有通货膨胀的增长。

3. 2008年危机后各国货币政策的多目标化

1) 货币政策的最终目标是如何多样化的？

央行应选取单目标还是多目标？在2008年全球金融危机前，主要央行以价格稳定为货币政策的最终目标，并采用了通货膨胀目标制的货币政策框架。金融危机后，由于各国经济复苏乏力，许多央行采用了兼顾经济增长与控制通货膨胀的名义GDP目标制，并兼顾金融稳定目标。此外，许多新兴市场经济体的货币政策还会受到国际收支和资本流动的影响，因此，央行还会兼顾国际收支平衡的目标。

比如，我国2012年以来的《货币政策执行报告》，央行货币政策目标的提法一直以"管理通货膨胀预期"或"控制通货膨胀"为主要内容之一，但是2016年第4季度的货币政策执行报告首次以"抑泡沫"代替此前的"控制通货膨胀"，表明我国央行的货币政策最终目标已由传统上的控制通货膨胀扩展到"控制通货膨胀+抑制资产泡沫"多个维度(2017-02-20，从控通货膨胀到防泡沫：如何理解央行货币政策变化深意？[J/OL])[2]

2) 多目标与央行独立性的矛盾

央行的独立性是指不受其他政府部门(如财政部)的影响而始终以防止通货膨胀作为唯一目标，但是，如果央行货币政策的最终目标不是单一的控制通货膨胀，而是多目标的，就需要与其他政府部门和监管机构协调、共事，就难以超脱政治现实的影响，就难以保持独立性。多目标与单一目标间的争论其实是凯恩斯主义与货币主义的争论。

二、货币政策的目标与工具体系

1. 货币政策的目标与工具体系(或传导渠道)的流程图

央行运用货币政策工具不能直接达到最终目标,要借助于一些中介目标与操作目标才可以达到最终目标。货币政策的目标与工具体系(或传导渠道)的流程为:政策工具→操作目标→中介目标→最终目标。

打个不太恰当的比喻吧,某国某市某建设单位如"建工集团"意欲夺得某市政工程(如徐浦大桥)的承建权,市政府领导说这个工程给哪家公司做需要招标决定。由于建工集团的老总对此工程(即最终目标)志在必得,因此,不敢贸然投标,就想了一些邪门歪道:他打听到主持这个招标工作的是市政府某位高官,为了搞定这个工程,他就想先搞定这位高官,此高官即为达到最终目标的中介目标。

如何搞定高官?行贿吗?看上去这位高官正义凛然,贸然接触他恐怕鸡飞蛋打,于是,建工集团的老总就去搞定官太太,于是,官太太就成了达到中介目标的操作目标。接下来,如何搞定官太太?建工集团的老总还是有些本事的,他手上有一件令所有女人都芳心大悦的礼物,这个礼物就是政策工具。只要官太太是个女人,她就一定会被搞定。

可见,第一、从政策工具到操作目标之间的传导通常不会有什么梗阻,但是如果官太太不是个女人,那也会有传导梗阻,我们在第五章中讲过的凯恩斯降息的流动性陷阱就是这种罕见的官太太不是女人的情形;第二、搞定了官太太,却不一定能搞定高官,因为高官也许与他太太早就貌合神离了,高官喜欢的是他的小秘,这说明,从操作目标到中介目标之间可能存在着传导梗阻;第三、搞定了高官,也不一定能搞定工程,因为这位高官已经59岁、行将退休了,大权早已旁落在他的副职手上了,只是外人不知道而已,这说明,从中介目标到最终目标之间也可能存在着传导梗阻。此外,见钱眼开的官太太比老谋深算的高官更容易搞定,但搞定官太太离搞定工程还比较遥远,这说明,操作目标比中介目标的可控性强,但与最终目标的相关性更弱。

举例来说,为什么央行实行扩张性的公开市场操作(即买进国债、投放基础货币)就可以实现充分就业、促进经济增长的政策目标呢?因为当其他条件不变时,央行的公开市场购买的直接结果是使商业银行的超额准备金增加,这将使货币供给量增加、利率下降,通过凯恩斯的渠道使投资需求、总需求增加,并通过证券价格等渠道对总需求产生进一步的影响。或者,货币供给增加通过弗里德曼的渠道直接使总需求增加,总需求增加后就可以实现充分就业等最终目标,这就是货币政策工具发挥作用的整个流程:

公开市场购买→整个银行体系的准备金及基础货币↑→货币供给量↑
(可控性)
→投资↑、消费↑、充分就业(治理萧条)——弗里德曼的传导渠道
(相关性)

公开市场购买→货币市场收益率↓→事前长期实际利率↓
(可控性)
→投资↑、消费↑、充分就业 ——凯恩斯的传导渠道
(相关性)

当然,对于其他政策工具如下调法定准备金率也有一套流程,对应不同的工具可能具有

不同的操作目标与中介目标。

2. 货币政策目标与工具体系的特点

货币政策目标与工具体系具有以下特点：

(1) 政策工具→操作目标→中介目标→最终目标，央行对各环节的控制能力(可控性)越来越弱，但各环节与最终目标之间的关系(即相关性)却越来越紧密。

(2) 在操作目标与中介目标之间以及在中介目标与最终目标之间存在复杂的传导渠道：

1) 货币政策工具与操作目标之间的传导渠道并不太复杂，比如，公开市场购买通常会使得银行体系的准备金与基础货币等额增加；又如，下调法定存款准备金率通常会使银行的超额准备金增加；再如，公开市场购买、下调贴现窗口利率等工具通常会使同业拆借利率等货币市场收益率下降。在此环节中唯有出现“凯恩斯流动性陷阱”等非常情形才会出现梗阻，即公开市场购买能够导致基础货币增加，却不能使货币市场收益率下降。

2) 操作目标与中介目标间存在着复杂的传导渠道，可能发生梗阻。比如，基础货币与超额准备金增加不一定能使货币供给量 M_1、M_2 增加，因为如果在法定准备金率下调的同时超额准备金率上升，则货币乘数不变、甚至可能减小，从而使 M_1、M_2 不变或减少；又如，公开市场购买等工具即使能够降低货币市场收益率，也不一定能降低事前长期实际利率，扩张性货币政策如果引起企业与居民的通货膨胀预期，则在费雪效应的作用下，可贷资金供求均衡的结果必然导致长期名义利率上升，使得长期实际利率不变。

3) 中介目标与最终目标间存在着复杂的传导渠道，可能发生梗阻。比如，即使 M_2 增加也不一定能达到增加总需求、充分就业的最终目标；M_1 也是如此，因为居民与企业的手持现金、支票存款增加了，也只是因为利率较低导致货币的流动性增强，这些货币只代表其预防性需求，而非交易性需求。

第二节 货币政策从中介目标到最终目标的传导渠道及其梗阻

货币政策中介目标主要有货币供给量 M_1,M_2 与事前长期实际利率。

一、从中介目标到最终目标的凯恩斯式的传导渠道

凯恩斯的扩张性货币政策来源于其需求管理理论。

(一) 投资需求的决定

1. 自发性投资需求

凯恩斯的投资需求函数如式(7-1)所示：

$$I = I_P - d \cdot r_L^e \tag{7-1}$$

其中：I, I_P, d, r_L^e 分别表示投资需求额、自发性投资需求额、投资对利率的敏感性系数、事前长期实际利率。

式(7-1)表明，私人部门的投资需求分为自发性投资 I_P 与受利率影响的投资 $d \cdot r_L^e$ 两

部分。自发性投资需求由利率以外的因素（如企业家对未来的预期）决定，比如，在萧条时期，企业家普遍不看好产品的市场前景，因此在任何利率水平下都降低了投资需求，表现为图 7-1 中的投资需求曲线由 I_1 左移至 I_2。又如，处于经济萧条中的某国突然争取到了奥运会的主办权，就将兴起一轮楼台馆所投资热潮，这属于自发性投资的增长，表现为图 7-1 中的投资需求曲线由 I_2 右移至 I_1。再如，当厂商掌握了一门新技术时，会调高投资项目的投资边际效率，使投资需求曲线右移。

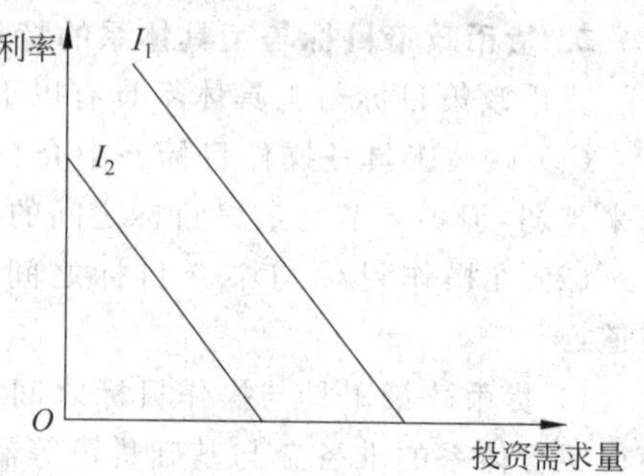

图 7-1　投资需求的决定

可见，自发性投资需求的变动导致投资需求曲线的移动，它其实是由投资边际效率 MEI 决定的，“投资边际效率”一词与“资本边际效率”密切相关。资本边际效率就是指厂商预期的一项投资按复利方法计算的不考虑资金成本时的利润率，如果这个利润率高于资金成本，则厂商可获超额利润；如果等于资金成本，则厂商可获正常利润。在这两种情况下，投资都是值得的，因此厂商将有投资需求。

在上例中，经济萧条使企业家产生了悲观预期，就将下调所有项目的投资边际效率，因此投资需求曲线将左移；而处于萧条中的某国取得了奥运会的主办权，企业家会预期奥运会的客流将带来商机，因此将上调很多投资项目的投资边际效率值，使得投资需求曲线右移。

2. 受利率影响的投资需求

当投资边际效率给定时，投资需求还受利率的影响，确切地说，由于投资主要是由固定资产投资构成的，因此影响投资需求的主要是事前长期实际利率 r_L^e，而非短期利率。投资边际效率、利率与投资需求的决定如表 7-1 所示。

表 7-1　投资边际效率、利率与投资需求

项目名称	MEI	i_1 是否投资	i_2 是否投资	i_3 是否投资
项目 1(1 亿元)	10%	10%√	9%√	8%√
项目 2(1 亿元)	9%	10%	9%√	8%√
项目 3(1 亿元)	8%	10%	9%	8%√

从表 7-1 中可看出，由于一个厂商可能有若干项有着不同的资本边际效率值的备选投资方案，当事前长期实际利率（以下简称“利率”）下降时，就会有更多的投资方案是有利可图的，厂商的投资需求就会上升。将每个利率水平与该厂商的意愿投资额一一对应的连线就是图 7-1 中的厂商的投资需求曲线，将一国所有厂商的投资需求曲线水平加总就得到了图 7-1中的一国的投资需求曲线，它是向下倾斜的，表明一国的投资需求与利率负相关。当利率变动 1%时投资需求额变动的百分比被称为投资对利率的弹性 $-d$。

（二）凯恩斯传导渠道的中介目标是事前长期实际利率

一种金融工具的事前（即预期）实际利率指名义利率减去该工具生命期间内的预期通货

膨胀率，比如，一项 30 年期的抵押贷款的名义年利率为 8%，如果私人部门预期在这 30 年中平均每年的通货膨胀率为 3%，则私人部门认为该抵押贷款的实际年利率为 5%，这种实际利率就是事前长期实际利率，凯恩斯投资需求函数中的利率就是指这种利率。

因为投资支出包括公司和政府的投资支出及居民的住房支出，投资分为短期的和长期的，企业增加存货、原材料的短期投资支出主要受短期利率的影响，比如，企业发行商业票据为增加存货而融资，而影响企业、政府固定资产投资和家庭住房支出的主要是长期利率，如公司债券、市政债券及住房抵押贷款利率。因为短期投资支出比起长期的固定资产投资而言数额小得多，因此，事前长期实际利率与投资需求这个最终目标更加相关，它就是凯恩斯传导渠道的中介目标。

（三）货币政策如何影响投资需求？

凯恩斯的需求管理理论认为，宏观经济的波动主要是因为私人部门的投资需求的波动造成的，当私人部门投资需求不足时，政府要设法增加投资需求。由于自发性投资主要由企业家对未来的预期决定，因此，货币当局只能影响对利率有弹性部分的投资，即当经济萧条时降息以刺激投资，当经济过热时加息以抑制投资。当然，货币当局的加息、降息必须要作用到事前长期实际利率才有效果，可见，凯恩斯式的货币政策传导渠道将事前长期实际利率作为中介目标，最终目标是投资需求。

其实这只是局部均衡分析，因为当降息而使得投资增加后，增加了的投资反过来又使货币需求增加，当货币供给不变时使得利率上升，利率上升又抑制投资，直到货币市场和商品市场同时达到均衡时，才能产生一个一般均衡的利率和产出水平，这就是 IS-LM 模型的一般均衡分析法。

（四）货币政策与财政政策的效力比较——凯恩斯的传导渠道从中介目标到最终目标的梗阻

凯恩斯认为，投资主要是由自发性投资所组成，自发性投资主要受投资边际效率、即企业家预期的影响，萧条时期企业家普遍存在着悲观预期，因此自发性投资需求较低，投资需求曲线左移，因此，货币政策只能对总需求产生微弱的影响。反之，当经济过热时，企业家对经济前景充满乐观情绪，普遍赋予投资边际效率较高的值，因此自发性投资需求较高，加息也许不能使投资大幅度下降。这就是凯恩斯传导渠道中从中介目标到最终目标的梗阻。

但财政政策对经济活动的影响要大得多，因此在萧条时期政府不如挺身而出，以财政支出弥补总需求缺口。比如，2008 年美国次贷危机后中国政府的 4 万亿投资就直接使得自发性投资需求增加。凯恩斯有句名言："你只能拉一根绳子，而不能推一根绳子"，这句话将货币政策比喻为绳子，表明扩张性货币政策对刺激总需求没什么效果，但紧缩性货币政策对抑制总需求效果更佳，因为当紧缩性货币政策关紧货币供给的水龙头时，总需求就会骤然下降。经济过热时期，我国、日本等国的经验都表明这种观点是正确的。

但有人认为凯恩斯忽略了许多货币政策影响总支出的其他可能的途径，因此低估了货币政策的作用，强调这些其他途径的就是现代观点。

二、从中介目标到最终目标的弗里德曼的传导渠道及其梗阻

（一）弗里德曼的传导渠道及其评论

1. 弗里德曼的传导渠道

从弗里德曼的货币需求函数中可以看出，货币主义者认为个人和公司持有一系列资产（金融资产、实物资产、人力资本），在考虑了这些资产的边际收益和边际成本的情况下，个人和公司保持资产结构的均衡。

假设央行为治理经济萧条而增加货币供给，就破坏了均衡，个人和公司发现他们持有的货币数量超过其货币需求，就直接购买商品和服务，即通过消费来摆脱多余的货币供给，于是就直接增加了总需求，小结如下：

公开市场购买、调低贴现率等政策工具（不包括调低法定存款准备金率）

→整个银行体系的准备金及基础货币↑→货币供给量↑→消费支出↑、总需求↑

操作目标　　（可控性）中介目标　（相关性）最终目标

反之，假设央行为治理通货膨胀而减少货币供给，就破坏了均衡，个人和公司发现他们持有的货币数量不能满足其货币需求，就减少了对商品和服务的购买，进而直接减少了总需求，小结如下：

公开市场出售、调高贴现率等政策工具（不包括调高法定存款准备金率）

→整个银行体系的准备金及基础货币↓→货币供给量↓→消费支出↓、总需求↓

操作目标　　（可控性）中介目标（相关性）　最终目标

可见，弗里德曼的传导渠道的中介目标是货币供给量。

2. 评论

凯恩斯主义者认为货币政策的传导渠道是间接的——由货币到利率再到投资支出，而货币主义者则认为传导渠道是直接的——由货币到商品、劳务及金融资产的支出。

弗里德曼的模型很简单，没有用到利率，因为他认为：①难以通过可获得的资料来恰当地度量相关的利率，因此，侧重于利率的分析在应用到实际问题时可能会得出错误的结论；②弗里德曼认为货币供给的变动以非常多及非常复杂的方式影响支出，要全部找出它们是不太可能的，不必去建立雄心勃勃的大型经济计量模型，还是像传统的货币数量论那样用货币数量来度量名义收入。因此，有人说，货币主义的传导过程是一种“黑箱”：货币供给的变动从黑箱的一端进入，收入的变动从另一端出来，而我们不知道这一过程是如何进行的。

（二）弗里德曼的传导渠道从中介目标到最终目标的梗阻

在弗里德曼的传导渠道中，当货币需求变化时，从中介目标到最终目标间的传导就会产生梗阻。比如，在治理萧条时，货币供给量增加了，但货币需求量也增加了（假设由于家庭的消费倾向下降，使得 M_1 中的非 M_2 部分、即储蓄存款增加了，这表示其预防性货币需求增加了），居民们不认为自己有多余的货币余额，就不会增加消费了，因此产生了传导梗阻。

反之，在治理通货膨胀时，货币供给量减少了，但货币需求量也减少了（假设居民怕通货膨胀侵蚀自己存款的购买力，因此抢购商品，即增加对商品的需求，而减少了对 M_1 或 M_2 的需求），家庭仍然认为自己有多余的货币余额，就会增加消费，因此产生了传导梗阻。

三、中介目标的选择

（一）有效中介目标选择的标准

如上所述，货币政策工具不能直接达到最终目标，必须借助于中介目标，货币供给量 M_1（或 M_2）与事前长期实际利率就是两个常用的中介目标。此外，汇率也被用于中介目标，如对于香港而言，只要能维持港元与美元间 1 美元＝7.8 港元的联系汇率，就可以稳定物价，并促进对外贸易与投资，进而达到经济的繁荣。

有效的中介目标的标准如下所述。

1. 可测性

中介目标要可以测量其数值，比如，如果无法获得 M_2 的准确指标，央行就不能争取实现 M_2 的百分之几的增长率。在美国，货币存量的可测性比利率差一些，因为它们要在两个星期后才可获得，而联邦基金利率、国库券收益率、政府长期债券收益率等每天都可以观察得到，如《华尔街日报》每天都刊登国库券买卖行情。我国的货币存量指标却不能及时得到，虽然说现在名义上解除了利率管制，标志是央行虽然规定存、贷款基准利率，但允许商业银行在此基础上不限幅度地上下调整，但是如果商业银行的存、贷款利率超出基准利率过多，银监会就会对这些银行进行窗口指导；此外，银行表面上的贷款利率指标是可以得到的，但银行实际上的贷款利率还要加上各种名义的费用，才是真实的贷款利率，而这些费用也许并不透明。

2. 可控性

不会受到商业周期和其他经济因素影响，因此可被央行或宏观决策者完全控制的变量被称为外生变量，理想的中介目标变量应是完全外生的。但实际上很难找到完全外生又与最终目标高度相关的中介目标，因此，在现实生活中，合适的中介目标既不是完全外生的，又不是完全内生的。

3. 相关性（重要性）

中介目标与最终目标越相关，就越有助于最终目标的实现。

（二）可控性、相关性的不可得兼

中介目标的可控性与相关性不可得兼，因为越好控制（即外生）的变量与经济越不相关，比如，央行可以控制其车队中某品牌轿车的数量，但这与失业率、通货膨胀率有什么相关性呢？更重要的是，将注意力集中于不相关的变量，可能会无意间引起相关变量向错误的方向变动。

◇ 显微镜 7-1

凯恩斯主义者与货币主义者对于合适的中介目标的争论

1. 凯恩斯主义者

凯恩斯主义者与货币主义者对于合适的中介目标的看法的分歧，从逻辑上源于他们对于影响经济活动的因素的看法的分歧。凯恩斯主义者仔细观察各种特定类型支出（如私人部门对耐用消费品的消费，对住房、工厂和设备的投资，以及政府支出）的变化，由于这些支出对利率比较敏感，所以凯恩斯主义者强调央行应通过触发利率的变化来影响经济活动，即以事前长期实际利率为中介目标，有些凯恩斯主义者甚至提出央行应当忽略货币供给量目标。

这意味着如果总需求没有启动，央行就应继续降低名义利率直到0、甚至为负，而不管 M_1、M_2 增长到了什么程度。因为凯恩斯主义者认为只要刺激了经济、就业的增长，为达到此目的而增加的 M_1、M_2 就会有实物与之对应，从而不会发生通货膨胀；即使有轻微的通货膨胀，也是"两害取其轻"的结果，应被称为"半通货膨胀"。

2. 货币主义者

货币主义者则认为货币供给量能直接影响总需求，主张用货币供给量作为中介目标，即在 $MV=PY$ 中 V 是稳定的、可预测的值，只要控制了 M 就可控制名义国民收入 PY。

四、现代观点——其他的传导渠道

凯恩斯与弗里德曼的传导渠道被称为早期观点，之所以称为早期，是因为他们都没有强调货币政策通过影响金融资产的价格而影响实际经济运行的机制，原因是他们的时代金融市场尚不发达。现代观点则充分考虑了货币政策通过影响金融资产的价格而影响投资与消费的渠道，因此是对凯恩斯传导渠道与弗里德曼传导渠道的补充。

（一）流动性与耐用消费品、新住房的支出

总的来说，金融资产（股票、债券、储蓄存款、开放式基金份额等）的流动性高于实物资产（汽车、房屋、土地等），资产结构流动性差的人更不可能购买或推迟购买大额昂贵的耐用消费品、新住房等，因为他们容易发生财务困难（流动性危机）。

在通货膨胀环境中，紧缩性的货币政策提高了利率，降低了股票、债券等金融资产的价值，但有时并不降低房屋、土地、耐用消费品等实物资产的价值（相反，这些实物资产在通货膨胀环境中还可能升值），因此将降低资产结构中流动性资产所占的份额。随着发生财务困难的可能性的上升，人们会推迟对耐用消费品及新住房的支出；反之，扩张性政策将降低利率、提高金融资产的价值和资产结构的流动性，从而使消费支出增加。

（二）扩张性货币政策降低了贷款利率、刺激了对耐用消费品的购买

凯恩斯主要分析了降低利率刺激企业投资，其实耐用消费品多以贷款的方式购买，因此降低利率也能刺激居民对耐用消费品的购买。

◇ 显微镜 7-2

利率与跨时期选择

1. 当前消费与将来消费的跨时期选择

人们对于当前消费和将来消费可以进行跨时期选择：既可以当前少消费（多储蓄）、将来多消费，也可以当前多消费（甚至负债消费、即负储蓄）、将来少消费。进行跨时期选择的依据有两个：①总收入；②"当前消费"与"将来消费"这两种商品哪一个更贵，即机会成本更高。而利率下降兼有影响总收入与影响机会成本这两个效应，这就是利率下降的替代效应与收入效应。

2. 利率下降的替代效应

利率下降降低当前消费的机会成本，不论是用储蓄进行消费还是贷款进行消费都是如此，因为储蓄的利息收入是当前消费的机会成本，储蓄利率下降使得当前消费的机会成本降低；用贷款进行当前消费的机会成本是：如果不消费就不用负债，将来就不用还本付息，因此，贷款的利息就是当前消费的机会成本，贷款利率下降使得当前消费的机会成本降低，会使人们增加当前消费。

可见，利率下降降低了当前消费的机会成本，相当于“当前消费”这种商品变得更便宜了，因此将产生替代效应——消费者用“当前消费”替代“将来消费”，即储蓄减少了。

3. 利率下降的收入效应

利率下降使得人们从储蓄上获得的收入减少，产生了收入效应，从而将减少当前消费、增加储蓄。

4. 总效应

一般假定替代效应强于收入效应，因此我们的结论是：利率上升将减少消费、增加储蓄；利率下降将增加消费、减少储蓄。

（三）信贷可得性的传导渠道

“贷款人分析理论”认为，具有良好信誉的大公司可以从多种渠道筹集到资金，如向银行借款、发行商业票据、债券、股票，但中、小、微企业和个人主要依赖于向银行借款，因此，银行信贷对于中、小、微企业和个人的可得性就成为扩张性与紧缩性货币政策的又一传导渠道。

当央行实行紧缩性货币政策时，方法之一是提高银行的法定存款准备金率，银行原来保存的超额准备金的一部分变成了法定准备金了，超额准备金减少使得银行没有过多的资金用于满足贷款需求；方法之二是在公开市场上出售国债，商业银行用超额准备金购买国债后就没有过多资金满足贷款需求了；方法之三是实行紧缩性的贴现窗口政策，银行向央行借不到钱，就没有资金满足贷款需求了，因此将造成银行可贷资金紧张。银行通过信贷配给的方式分配可贷资金，就会优先满足大公司的贷款需求，而拒绝小公司和个人的贷款申请，即银行信贷对于小企业和个人的可得性下降，从而使其投资支出下降①。

相反，当央行实行扩张性货币政策时，银行的超额准备金增加(比如，央行在公开市场上向个人、企业、券商或商业银行购买国债，都可能造成银行超额准备金增加)，银行将放松其信用、向原先所拒绝的公司发放贷款，即银行信贷对于小企业和个人的可得性上升，从而使总需求增加。

（四）资产负债表效应

1. 借款人的资产负债表效应

1）货币政策对借款人资产负债表的影响

资产负债表效应指货币政策通过对借款人的资产负债表的净值产生影响，进而影响其

① 我国的金融体制决定了国有商业银行始终扮演着货币政策执行的主要角色，在流动性收缩的环境下，国有商业银行通常不愿向中、小、微企业放贷，这些企业由于缺乏资金来源或资金供应不稳定，被迫进行转行；或者付出极高的利率转向民间借贷、互联网借贷等。这种现象的长期存在，对国有龙头或垄断企业的影响相对较小，但对处于供应链下游的众多中、小、微企业来说，则会产生实质性的损害，进而侵蚀实体经济。

财务状况、融资能力及投资支出的效应。以紧缩性货币政策为例，货币政策影响借款人的财务状况主要有以下几种方式，如表7-2所示。

表7-2 借款人的资产负债表

资产	负债与净值
股票现金	向银行借款
总资产	总负债及净值

(1) 紧缩性货币政策将导致利率上升，直接增加借款人的利息支出，使其负债增加、净值下降；

(2) 利率上升将导致其资产价格下跌、净值下降；

(3) 下游企业和消费者支出的降低将使上游企业净现金流入下降，资产减少、净值下降。

2）借款人净值对其融资的影响

由于资产减去债务就是净值，因此，净值越高意味着资产越大于负债，则资产被拍卖后偿还债务的可能性就越大，也就是说净值是对债务的一种担保。

因此，银行一方面将选择向净值高的企业分配贷款资源，这样可减少逆选择问题，因为逆选择问题源于信息不对称，但在有担保的情况下银行无须掌握企业过多的信息；另一方面对净值高的企业发放贷款时索要的风险溢价也较低。

从债务人即企业的角度而言，净值越高即对债务的担保越高，因此企业会降低从事与借款合同不符的高风险投资的动力，即降低对贷款人（如银行）而言的道德风险，因为一旦冒险失败，净值高的借款企业将比净值低的借款企业失去更多的东西，而贷款银行也知道这一点，因此向净值较高的企业索要的贷款利率较低。

◇ 能量棒7-2

资产负债表衰退理论与债务——通货紧缩理论

（一）资产负债表衰退

1. 什么是资产负债表衰退？

野村证券首席经济学家辜朝明[①]（Richard C. Koo）在《大衰退：如何在金融危机中幸存和发展》《大衰退：宏观经济学的圣杯》等书中，系统地阐述了一个资产负债表衰退（Balance Sheet Recession）的理论，来解释20世纪90年代日本的经济衰退和20世纪30年代美国的大萧条。

资产负债表衰退理论指出，经济在经历一段时期的景气之后，在某些领域（如房地产、股票等）可能出现非理性的资产泡沫，为了抑制泡沫的膨胀，政府当局会采取紧缩性货币政策等措施来刺破泡沫。当资产泡沫破灭之后，持有泡沫资产的企业的资产负债表将严重恶化，因为资产端大幅度缩水、而负债却并没有显著变化，导致以这些资产为抵押物的贷款显得“过度”了，甚至出

① 辜氏在美国接受经济学教育，曾任职于纽联储，是日本资本和金融市场人士最为信赖的经济学家之一。辜氏长期工作于业界，亲身经历了日本经济衰退的过程，并积极参与了各项经济政策的讨论，对真实世界经济运行有着深刻的认识。在与企业的接触中，辜氏发现在资产泡沫破裂之后，资产负债表受到创伤的企业会避免进行新的借贷，从而造成资产负债表衰退。

现资不抵债、技术上破产的现象,之所以称其为"技术上"破产,是因为这种破产和企业经营不善的破产不同,此时企业经营正常,因为市场对其产品的需求并没有出现太大的变化。

正因为企业依然有现金流,因此企业的行为模式将产生一个重大变化——从原来的追求利润最大化而积极进行各项投资,转变为避免破产而将销售现金流完全用于偿还债务、力求负债最小化和修复资产负债表。从单个企业来说,在资不抵债的情况下偿还债务是理性的选择,但从经济总体来看,当所有企业都这么做时,就出现了合成谬误,经济中就会出现流动性陷阱,货币政策失效了,造成经济衰退,这就是资产负债表衰退(孙树强,2017-03-24)[3]。

2. 如何治理资产负债表衰退?

在出现资产负债表衰退时,货币政策完全失效,因为即使利率降为零,企业也不会融资,此时,只有政府实行积极的财政政策,用政府的投资支出来弥补企业投资下降留下的总需求缺口(殷剑峰,2015)。

3. 对于资产负债表衰退理论的拓展

1) 阴阳经济周期理论

进一步地,根据企业在不同时期的经营目标的差异,辜朝明提出了经济阴阳周期循环的理论,它是资产负债表衰退理论的拓展。阴周期和阳周期有两个重要差别:

(1) 企业的经营目标不同:在阳周期中,企业以利润最大化为经营目标;在阴周期中,企业以负债最小化为经营目标;

(2) 在阴周期中,经济陷入流动性陷阱,货币政策失效,财政政策有效;在阳周期中,财政政策具有挤出效应,货币政策应成为调控经济的主要工具。

在阴周期中,辜朝明没有特别强调债务偿还、投资的萎缩导致通货紧缩的可能性。实际上,如果由于需求萎缩和货币供应量下降引起通货紧缩,将会是一个更令人头痛的问题,因为通货紧缩会使消费者持币观望、推迟需求,造成紧缩螺旋,使经济形势雪上加霜(孙树强,2017-03-24)。

2) 货币错配引起资产负债表衰退的理论

资产负债表衰退理论假定负债端并没有发生显著变化,因此对其的拓展是:如果企业借用了大量的外币债务,并且本币相对于外币贬值,即使外币债务规模不变,换算成本币的债务规模也会扩大,进而使企业的资产负债表恶化,甚至资不抵债,也会引起资产负债表衰退。也就是说,货币错配可能引起资产负债表衰退。货币错配是指一个经济实体的收支活动使用不同的货币计值,即其资产和负债的币种结构不同,因此导致其净值对汇率波动非常敏感(孙树强,2017-03-24)。

4. 我国当前的资产负债表衰退风险

有学者指出,当前我国也有资产负债表衰退风险,表现在:

(1) 在2008年之后,一方面,受刺激政策影响,我国企业的债务急剧上升;另一方面,在目前经济下行的情况下,企业经营业绩并不乐观,部分企业出现了"避实向虚"的迹象,资产端可能会出现泡沫。在此情况下,若泡沫破裂,势必会严重恶化企业的资产负债表(刘胜军,2016-08-22)[4]。

(2) 在2008年美国次贷危机爆发之后,美元走弱、美元利率降低,国内企业大量借用了美元外债。在美元处于上行周期、人民币汇率下行的情况下,企业所借用的美元外债即使在规模不变的情况下,换算成人民币之后也会增加,这也会恶化企业的资产负债表,增大资产负债表衰退风险(刘胜军,2016-08-22)。

(3) 引起资产负债表衰退和通货紧缩的最重要的资产价格下跌是房地产价格的下跌,当前我国房地产市场通过两个渠道产生了资产负债表衰退和通货紧缩的压力：①房地产市场产能过剩对房价和相关行业的价格形成了下降的压力[①]；②房地产抵押品价值的下跌将形成缓慢的资产负债表式衰退，尤其是对地方政府和地方融资平台而言[②]。

（二）债务—通货紧缩理论

辜朝明的资产负债表衰退理论其实是对研究大萧条成因的债务—通货紧缩理论的一个拓展。

1. 费雪的债务—通货紧缩理论

债务—通货紧缩理论最先是由费雪(Fisher)在1933年提出的，它为解释大萧条的成因提供了一个新的视角。费雪认为：

(1) 在经济繁荣时企业大量借贷投资，当经济不景气、通货紧缩来临时，价格水平下降会使债务人的实际负担加重，并且实际利率上升到超过其资本回报率的水平，使得原来合理的投资变得不合理了，因此债权人(如商业银行)担心企业失去清偿力，就会逼迫企业清偿债务，导致企业廉价售卖资产或降价销售其产品(即去库存)。

(2) 企业廉价售卖资产、降价销售产品会导致资产、产品价格的下跌，进一步恶化企业的资产负债表(使其杠杆率上升)，削弱其融资能力；同时，企业从销售中获得的现金和新取得的融资不是被用于投资，而是用来偿还债务本息(即去杠杆)。

(3) 银行纷纷收回对企业的贷款(即惜贷)，一方面将导致商业活动大幅度下降、企业亏损或破产、失业率上升，悲观情绪蔓延，使得消费与投资需求下降；另一方面在央行不干预时，将使得超额准备金率上升、货币供给量下降，进一步加深通货紧缩，又回到了第(1)个环节，因此将形成恶性循环。

(4) 此外，投资需求不足将导致对可贷资金的需求不足，消费需求不足将导致人们的储蓄上升、从而对可贷资金的供给增加，双管齐下，将导致名义利率大幅度下降，在通货紧缩预期下又将导致实际利率大幅度上升，进一步打击投资需求。

总之，通货紧缩会导致过度负债的企业的财务困境，而账务困境则会放大通货紧缩，这种反馈效应会形成恶性循环，这就是费雪的债务—通货紧缩理论(张启迪,2017;殷剑峰,2015)。

2. 托宾对债务—通货紧缩理论的拓展

Tobin(1980)对该理论的拓展是：当价格水平下降导致名义价格和工资下降时，债务本息将占债务人收入更大的比例，导致所有者权益的边际收益下降(即资产负债表恶化、杠杆率上升)，限制了其继续借贷的能力，此时就会出现破产和违约，使得债权人财富可能受损，即财务困境的压力由债务人传导到了债权人，从而对作为债权人的金融机构的流动性和清偿力产生负面影响，使金融机构收缩信贷，导致企业投资下降，进而引发债务—通货紧缩循环。

此外，Tobin(1980)还认为，一旦出现通货紧缩就会提升通货紧缩预期，导致居民与企业出于对经济前景的担忧而不愿消费与投资，以及在价格将进一步下跌的预期下为获得更多的消费者剩余而延迟购物等，因此对货币的需求增加、对实物和非货币金融资产(如股票、债券等)的需求下降，将使商品与服务供过于求，从而进一步抑制价格水平、加深通货紧缩，形成恶性循环(张启迪,2017)。

---

① 从2012年开始，我国新增商品住宅套数就超过了新增城镇家庭，未来房地产市场的去库存不仅将导致房价的长期萎靡，还将对房地产的前向产业(如钢铁、水泥)和后向产业(如建材和纺织)产生价格下跌的压力(殷剑峰,2015)。

② 例如，2014年，不仅工矿仓储用地出现了30%的负增长，房地产用地也出现了26%的负增长，土地需求的下降直接影响地方政府融资平台的资产价值和现金流，增大了其偿债压力(殷剑峰,2015)。

3. 明斯基对债务—通货紧缩理论的拓展

Minsky(1982)将债务—通货紧缩理论拓展到了资产市场,他认为:“廉价售卖”会导致资产价格下降,使得很多债务人(如过度负债的企业)的资产负债表恶化,在债权人的逼迫下为偿债而进一步廉价售卖,又进一步恶化了债务人的资产负债表,降低了其投资与消费,促使经济进一步地陷入通货紧缩,正如 Fisher(1933)所言,“廉价售卖”会自我实现。此外,明斯基还认为,资产价格下降所带来的损失还将通过财富效应使总支出降低(张启迪,2017)。

明斯基对于费雪的债务—通货紧缩理论进行了对现代社会而言极有意义的拓展,因为费雪的债务—通货紧缩理论只强调了商品与服务价格下跌的重要作用,而明斯基则强调了资产价格下跌的重要作用,1987 年美国股市大跌就验证了债务—通货紧缩循环。而次贷危机时期之所以避免了债务—通货紧缩循环,是因为欧美央行实行量化宽松、扩大货币供给量,对金融体系进行了强有力的干预(即履行最后贷款人职能)(张启迪,2017)。

4. 伯南克对债务—通货紧缩理论的拓展

伯南克强调信用收缩在债务—通货紧缩中的重要作用。伯南克(1983)认为,正如凯恩斯(1931)所强调的,现代社会的标志是金融中介,大萧条时期债务—通货紧缩的一个重要成因是银行大批破产限制了银行满足借款人要求的能力,因此,罗斯福总统治理大萧条的一项重要举措是建立联邦存款保险制度,使得市场恢复了对银行系统的信心,导致银行存款回流,从而也使得银行体系恢复了对企业的融资支持,才阻断了债务—通货紧缩的发生(张启迪,2017)。

5. 债务—通货紧缩理论能够解释中国近年来的现实

债务—通货紧缩理论能够解释中国近年来实体经济投资低迷的现实,原因是:

(1) 以 2015 年为例,当时我国 PPI 已连续下跌了 3 年,CPI 虽保持正增长,但也跌到了 1%以下,按照一些国际组织和央行的看法,核心 CPI 连续 3 个月在 1%即为通货紧缩,因此当时我国的经济被学者们认为已处于潜在通货紧缩状态。2015 年 1 月隔夜拆借利率年化为 2.81%,PPI 为 −4.38%,以 PPI 来计算的实际利率高达 7.19%,虽然这低于 1997 年亚洲金融危机后的 8%~12%的水平,但已超过了许多上市公司的资本回报率,因此实体经济投资低迷。

(2) 实体经济负债率很高,2014 年我国实体经济的杠杆率已攀升到 211%,偿债本息额已达到了新增 GDP 的 138%,意味着实体经济的新增收入不足以覆盖到期债务,部分偿债依靠借新还旧,这自然抑制了企业负债、扩大投资的能力与意愿,导致了企业的“去杠杆”行为。

(3) 由于信贷风险增大,债权人如商业银行也将出现惜贷行为①,导致实体经济中出现融资难、融资贵及投资低迷现象。例如,2014 年,由于监管部门对我国商业银行的表内、表外信贷业务的监管加强②,银行自身也出于对风险的认识而放贷意愿下降,因此 2014 年信贷与 GDP 之比为 148%,只比 2013 年的 143%上升了 5%,而在此前如 2013 年,则比 2012 年(134%)上升了 9%。

(4) 由于实体经济难以从银行等正规渠道获得融资,逼迫实体经济越来越依靠高成本的民间借贷等渠道获得融资,导致杠杆率进一步上升、资产负债表进一步恶化,2013 年和 2014 年的杠杆率均超过了当年的 M_2/GDP,陷入了债务—通货紧缩的恶性循环(殷剑峰,2015)。

---

① 2014 年我国商业银行的惜贷表现为信贷增速下滑与贷款的风险加成提高。根据中国人民银行的调查,一般贷款中执行基准利率上浮的比重从 2012 年第 3 季度的 60%上升到 2014 年的 70%,上浮利率的比重远高于 2005—2007 年的繁荣时期(殷剑峰,2015)。

② 例如,我国商业银行的表外同业业务自 2013 年年底以来受到严格的监管,导致 2014 年银行同业业务为实体经济创造的净信用下降,其与 GDP 之比与 2013 年相同(殷剑峰,2015)。

（五）股票价格和公司发行股票的动力——托宾的 q 理论

1982 年诺贝尔经济学奖获得者、耶鲁大学的詹姆斯·托宾提出了“q 理论”，我们在第二章《从“托宾的 q”中看股价泡沫的成因》中介绍过，该理论也指出了一条货币政策影响企业投资的途径。

（六）货币政策对净出口的影响

央行实行紧缩性的货币政策将使利率上升，在资本自由流动、本币汇率预期稳定等情况下，外国居民、本国居民对本国生息资产的需求都将增加，而对外国证券的需求都将下降，从而使得本国货币升值，在其他条件不变的情况下，将导致本国的净出口、总需求下降。

五、凯恩斯与弗里德曼对于反周期性货币政策效果的争论

我们上面讲的是反周期性货币政策的各种传导渠道，总的来说，反周期性货币政策是否有效呢？凯恩斯主义者认为有效，但货币主义者却认为无效，因为：①货币主义者认为经济自己会达到稳定，反对政府干预；②货币主义者认为政府干预是越帮越忙：由于货币政策发挥效力存在时滞，因此，反周期性的货币政策本身反而增大了经济周期的波动幅度，产生“稳定器梦魇”。

1. 货币政策的时滞

货币政策的时滞由两部分组成：内部时滞与外部时滞。内部时滞指从政策制定到货币当局采取行动的这段期间。它又可分为两个阶段：(1)从形势变化需要货币当局采取行动到它认识到这种需要的时间距离，称为认识时滞；(2)从货币当局认识到需要行动到实际采取行动这段时间，称为行动时滞。内部时滞的长短取决于货币当局对经济形势的预见能力、制定政策的效率和行动的决心等。

外部时滞又称影响时滞，指从货币当局采取行动开始直到对政策目标产生影响为止的这段过程，主要由客观的经济条件决定。比如，央行降低利率后，企业是扩大还是缩减投资，要有决策，要制订计划，然后付诸实施，每个阶段都需要时间。

2. “稳定器梦魇”

货币主义者提出，由于货币政策存在着时滞，因此，反周期性货币政策(即稳定器)反而成为加大经济波动的恶梦，即“稳定器梦魇”。因为货币政策要经历一段时期才会影响收入，在经济衰退时期，央行可能会采取扩张性政策，但这只能在经过一个较长时期后才能提高收入，而那时衰退已结束①，从而扩张性货币政策本身又造成了通货膨胀。

◇ 显微镜 7-3

对于货币主义与凯恩斯主义争论的评论

1. 货币主义者注重长期，而凯恩斯主义者注重短期，二者都有道理

货币主义者观点。

---

① 衰退是怎么自行结束的呢？假设货币政策还没有发挥作用，但企业家已对经济增长恢复了信心，因此增大了自发性投资 I_p，带动总需求增长和经济复苏。

(1) 在长期内私人部门是稳定的(从其认为 $MV=PY$ 中货币流通速度是稳定的这一点可以体现出来),货币主义者也承认总需求会有某些波动,但认为失业率是可接受的,这就是其"自然失业率"的概念。

(2) 即使有各种干扰使得失业率上升到自然失业率以上,在没有新的干扰的情况下,价格和工资的调整会使经济很快恢复到均衡状态。比如,失业率上升使工资下降,使得企业家有动力增加投资,因此,政府不用采取扩张性货币政策等措施来干预经济,只须按照 GDP 的增长率来保证货币供给量的增长就可以了,这就是"单一规则"。

(3) 由于货币政策的时滞,政府干预经济只会成为"稳定器梦魇",比如,扩张性货币政策不仅不能使失业率下降,而且还会造成通货膨胀,因此弗里德曼有一句名言:"通货膨胀总是一种货币现象"。这说明凯恩斯主义的需求管理政策只在短期内有效,在长期内将失效,因为在长期内菲利浦斯曲线变直了。

评论:二者都有道理。从长期来看,货币主义是对的——菲利浦斯曲线确实会变得垂直,这已为实践所证实;但短期内凯恩斯主义的政策也有一定效力,这就是 20 世纪 90 年代末及 2008 年次贷危机全球经济陷入衰退后,凯恩斯主义在各国又流行的原因。

2. 货币主义者强调货币市场均衡,而凯恩斯主义者更注重商品市场

货币主义者强调货币市场均衡,而凯恩斯主义者更注重商品市场,但凯恩斯主义者强调的商品市场的因素也间接地进入了弗里德曼对货币市场的分析之中。比如,凯恩斯主义所强调的商品市场的变化都可以用货币流通速度 V 的变化来解释,如企业家自发性投资意愿的低迷、居民消费需求的不足等都体现为人们对货币需求的增加、V 的减小。

第三节　货币政策从工具到操作目标的传导渠道及其梗阻

货币政策工具是央行完全有能力控制的变量,央行可以使用的主要有三大货币政策工具——公开市场操作、再贴现与再贷款政策、法定准备金率政策。

一、货币政策的操作目标(operating targets)

货币政策的操作目标是介于政策工具与中介目标之间的变量,也是货币政策工具所能直接影响的变量,即它对货币政策工具作出反应要先于和快于中介目标,中介目标因为操作目标发生了变化而变化。常见的操作目标有两大类:①银行准备金与基础货币;②货币市场收益率(即短期名义利率)。

二、公开市场操作

(一) 公开市场操作的实务问题

◇ 能量棒 7-3

公开市场操作实务

(一) 我国央行公开市场操作的交易对手

中国人民银行的公开市场操作包括人民币操作和外汇操作两部分,外汇公开市场操作于

1994 年 3 月启动，人民币公开市场操作于 1998 年 5 月 26 日恢复交易，自 1999 年以来，公开市场操作已成为中国人民银行货币政策的重要工具。

中国人民银行从 1998 年开始建立公开市场业务一级交易商制度，一级交易商就是业务量达到一定规模、资本雄厚、管理能力强的大型交易商。我国在 1996 年开始国债公开市场操作时，交易对象有 14 家，各主要商业银行均包括在内；后来确定了 40 家商业银行为一级交易商；随后一些证券、保险公司也加入了一级交易商的行列。

（二）公开市场操作的交易工具与交易方式

1. 公开市场操作的交易工具及其选择的标准

其实无论央行在金融市场上购买或出售什么产品，如公司债券、普通股、市政债券、期货等，也无论是从交易商处购买，还是直接从公众手中购买，都等额投放或收缩基础货币，但是各国的传统做法都是以政府债券、政府机构债券（如我国的政策性金融债[①]、美国的房地美、房利美的债券）作为公开市场操作的工具，因为公开市场操作工具的选择有以下标准：该证券的市场要具有一定的深度、广度和稳定性，因为在这样的市场上央行买卖债券才不会引起债券价格的巨大的、潜在的破坏性变化，从而不会引起该证券市场参与者间财富的再分配效应。而某个金融产品市场具有广度、深度和稳定性，是由该产品的信用等级高、持有人范围广泛、利率由市场决定、期限结构有利于交易活跃等因素决定的。

各国最有可能满足这些条件的金融工具就是国债，且国债作为公开市场操作的工具还有一个优点即比较公正，而选择普通股则有央行操作人员谋私利之嫌。可见，公开市场操作要求具有一个足够发达的政府债券市场，美国、加拿大、英国等都有这样的市场，日本的市场正在发展之中，绝大部分发展中国家包括中国都没有高度发达的政府债券市场。

◇ 能量棒 7-3-1

金融市场的流动性、深度、宽度、弹性的概念

1. 金融市场的流动性

金融市场的流动性指某种资产市场（既可指某类金融工具如中国的政府债券市场、企业短期融资券市场，也可指某个金融工具如“中国农业银行”这种股票）的流动性，就是指这种资产的流动性，判断市场流动性的标准也就是判断资产流动性的标准的变体。

对此经济学家有不同的表述，比如：Teweleshe 和 Bradly 认为，判断市场流动性的四个标准是：市场交易频繁、买入卖出报价价差甚微、执行委托迅速、交易价格波动不大。Hicks 对流动性定义为“立即执行一笔交易的可能性”。Grossman 和 Miler 认为可以通过“当前报价和时间下执行交易的能力”来评价一个市场的流动性。Massimb 与 Phelps 把流动性概括为“为进入市场的订单提供立即执行交易的一种市场能力和执行小额市价订单时不会导致市场价格较大幅度变化的能力”。

流动性的衡量指标主要是市场深度、宽度和弹性。

2. 金融市场的深度（depth）

“市场深度”是指在一个给定的买卖报价下可以交易的股票数量，在实际应用中，市场深度由高于目前证券成交价格的订单和低于目前证券成交价格的订单数量之和表示。这些订

---

① 我国的政策性金融债是指三大国有政策性银行——中国进出口银行、中国农业发展银行、国家开发银行在银行间市场发行的债券，这三大政策性银行的资金来源一部分是国家投入的资本金，另一部分是向商业银行发行的政策性金融债。

单数量越多,市场越有深度,流动性就越强;反之若市场缺乏深度,则流动性较差。

3. 金融市场的宽度(width)

"市场宽度"是指对于某一给定数量的股票的做市商的买卖价差,当作市商面临着许多买卖指令时——这说明市场有宽度,为了薄利多销,自然会使自己的买卖价差较小,因此,做市商买卖价差越小,说明市场越有宽度,做市商间的竞争越激烈,交易者的交易成本越小,市场流动性越强。

4. 金融市场的弹性(elasticity)

"市场弹性"是指由交易引起的价格波动消失的速度,或委托单不平衡的调整速度。

具体而言,当临时性的订单不平衡导致价格发生变化(如供过于求、导致价格下跌)后,新的订单立即大量进入(需求增加,捡便宜货的套利性的买盘蜂拥而来,使得供求恢复平衡),并使价格很快调整到原先价格时,则市场是具有弹性的;当订单流量对价格变化的调整缓慢,则市场缺乏弹性。

据此定义可知,市场弹性=交易前后价格变化比率/交易发生后价差恢复到交易前状态的时间。

5. 噪声交易提高了市场流动性

由于噪声交易者通常都是一些非知情交易者,他们交易的首要目的是迅速变现手持证券,而非收益或利润最大化,因此他们提高了市场的流动性,或活跃程度。

不管是有效市场假说还是噪声交易理论,在这一点上都是一致的,即认为噪声交易的基本作用是活跃市场,为市场提供流动性。

---

2. 我国公开市场操作的工具的创新

从世界各国的经验来看,公开市场操作的成功无不依赖于一个成熟的货币市场,其标志是有数量足够多的兼具安全性、流动性、营利性的短期金融工具,以满足筹资、投资多样化选择的需要,也便于中央银行的宏观调控。

对于拥有3万多亿元基础货币的中国央行来说,受现有货币市场的规模、品种限制,调控职能无法从容施展,比如,2003年央行在公开市场上连续进行了20次国债正回购操作后,可继续用于正回购的债券已所剩无几,因此央行正回购的力度也就不断减弱,从资金回笼高峰时期的200亿元降到后来的30亿元,但此时各商业银行在央行的平均超额准备金率依然高达3%~4%,央行面临山穷水尽的窘境,因此继1998年后又重新开始发行央行票据,获得了一级交易商们踊跃的投标和认购①。

从2003年开始,央行在公开市场操作中不断采取新举措,如交易次数从每周1次增加到2次、增加交易成员、扩大交易范围、建立公开市场业务一级交易商流动性日报制度等。此外,央行发行央票的方式已由2003年以前固定利率、数量招标的方式转变为2003年以后的利率招标方式②。

---

① 根据中央国债结算公司的统计,当时央行票据的认购倍数一般达到2倍左右甚至更高,这主要是因为不少银行当时手头都有富余资金,在放贷不是十分充分的情况下,也在寻找新的融资手段,而把资金上存给央行作超额准备金,年利率仅为1.89%,但央行票据类似于一种短期金融债券,年收益率为2.1%左右,再加上流动性好,因此受到各商业银行的追捧,央行通过发行央行票据回收流动性的公开市场操作达到了良好的效果。

② 央行在每周一公布发行公告,向社会提供将发行票据的基本要素,在每周二下午公布发行结果,内容包括实际发行量、投标家数、中标家数、有效投标笔数、有效投标量、边际投标量、边际中标量和中标成员的认购量等内容。

我国央行发行央行票据的目的还在于形成货币市场基准利率。发达国家的中央银行主要通过公开市场操作来形成货币市场的基准利率，一般以短期国债利率作为基准利率。但中国的情况是，财政部发行的国债绝大多数是3年期以上的，这样在银行间市场上交易的国债基本上都是中长期券种，短期品种的匮乏使得中国债券市场收益率曲线存在缺失。在财政部尚无法形成短期国债滚动发行制度的前提下，短期国债收益率要成为基准利率还需要一个过程，所以，央行票据就是因为央行可以控制其利率水平，所以能够发挥基准利率的作用而替代了短期国债，成为公开市场操作的新品种。

总之，我国公开市场操作的交易工具有国债、政策性金融债与央行票据。为什么不能完全依赖国债呢？因为财政部主要是从债务管理的角度来考虑国债发行，可能不发行国债（例如，美国克林顿政府时期出现财政盈余，面临着国债发行下降、公开市场操作工具萎缩的风险），也可能偏好于发行中长期国债（例如，我国财政部自1997年起在一段时期内曾停止发行短期国债），因此并不能契合货币政策调控的需要。

3. 公开市场操作的交易方式

中国人民银行公开市场操作的交易方式（也称交易品种）主要有回购与逆回购交易、现券交易和发行中央银行票据三种。回购交易指中国人民银行向一级交易商卖出有价证券，并约定在未来特定日期买回有价证券的交易行为，回购时央行从市场上收回流动性，回购到期时央行则向市场投放流动性；逆回购为中国人民银行向一级交易商购买有价证券，并约定在未来特定日期将有价证券卖给一级交易商的交易行为，逆回购时央行向市场上投放流动性（这里的“流动性”指货币供给量），逆回购到期时央行从市场收回流动性。

现券交易指买断、卖断性的交易，不带有回购或逆回购条款。

4. 美联储的交易工具

美国联邦法律要求美联储只能交易美国政府债券、机构债券和银行承兑汇票，但主要是短期政府债券，这样做是因为：①避免了美联储通过购买、出售普通股票、公司债券而谋取特殊利益；②短期政府债券市场是最发达、最活跃和流动性最强的市场，因此，美联储每天进行数十亿美元的公开市场操作，进行短期债券交易对价格和收益率的影响要比进行长期债券交易小得多。因为固定票面利率的长期债券的收益率及价格的波动性较大，因为长期名义利率等于长期实际利率加上预期的长期通货膨胀率，而长期通货膨胀率很难预期，因此长期名义利率谁也说不准，投机性因素较强，而短期国债的收益率可预见性强，价格的波动性较小，因此美联储以短期国债作为公开市场交易工具，有利于防止市场投机，美联储称这种将自身限制在短期债券市场的政策为“专营国库券”(Bills only)。

（三）公开市场操作的流程

1. 我国的国债回购

以我国的国债回购为例，公开市场操作的流程如下：

(1) 每次操作前，中国人民银行公开市场操作室公布5个方面的信息：回购债券的种类、期限、数额、底价、利率。

(2) 各交易商在规定的时间内向公开市场操作室投标。同一交易日，每个交易商对公开市场操作室发布的每一招标书的投标次数不得超过3次。

(3) 公开市场操作室根据公平、公正的市场原则确定各交易商的投标是否中标。

2. 美联储公开市场操作的流程

美联储公开市场操作流程一般为：

8:30　收集经济金融信息，观察市场反应；

9:00 与公开市场交易商讨论市场发展情况；

10:30 与财政部电话联系，取得政策的协调一致；

10:45 制定一天的操作方案；

11:15 与公开市场委员会代表举行例行电话会议；

11:40 与交易商联系，宣布公开市场操作；

17:00 操作情况交流与检查(王广谦，1998)[8]。

此外，美联储的公开市场操作是委托纽约联储完成的，基本上都是在午间完成，而美联储的议息会议纪要一般都会及时公布，以充分管理市场预期。

3. 其他经济体的公开市场操作经验

欧洲央行的公开市场操作主要通过以下几种方式：MRO和LTRO，以及其他临时性的操作。其中，MRO的频率为每周一次，主要通过期限为一周的回购工具调节市场的流动性。而LTRO的频率为每月一次，常规操作工具为三个月期限的回购。总体来看，欧洲央行的公开市场操作工具比较系统，操作结果的公布也集中在午间1:45左右(2015-01-12. 海外公开市场操作有哪些经验[J/OL])[9]。

英国作为老牌的金融国家，在公开市场操作方面具备规范的流程。2009年3月英国央行开始推进QE，英国央行的公开市场操作以维持基准利率(official bank rate)以及维持资产购买计划为目标。2009年3月以前，银行需要设定每月的储备(reserve)目标，通过系统内调节或者向央行的常备信贷便利Operational Standing Facilities寻求支持来实现储备目标。由于达到要求的银行承受的储备利率为基准利率，这一过程可实现基准利率向市场利率(在总体储备设定后，银行之间互相调节)的传导。2009年3月之后，由于开始推进QE，储备的规模波动较大，央行不再设定储备的目标而是直接锁定储备利率为基准利率。英国央行近期建议将议息会议减少到一年八次，并建议在议息会议的当天公布纪要以提高透明度。而利率的决定结果一般在午间12:00左右公布。

加拿大央行的利率决定一般在盘前公布，澳大利亚则在盘后公布。

日韩央行的公开市场操作基本也以维持市场利率在基准利率左右为目标。与西方发达国家不同，日本央行公开市场操作结果的公布时间并不固定，一般是在中午；而韩国公开市场操作结果的公布一般是在当地时间十点，存在对金融市场冲击的可能性。但是值得注意的是，日、韩两国央行都比较重视合理引导市场的预期，让货币政策的变化对市场的影响尽量平滑(2015-01-12，海外公开市场操作有哪些经验[J/OL])。

(二) 公开市场操作从工具到操作目标的传导

1. 从公开市场操作传导到基础货币(数量效应)

假设央行要实行扩张性的货币政策，希望扩大货币供给量。已知货币供给量由基础货币与货币乘数决定，公开市场操作不能直接影响货币乘数，但却可以直接影响基础货币。持有国债的私人部门可能是商业银行、券商、企业及个人投资者，我们在第四章《为什么央行无论以何种形式在二级市场上购买国债都必然会投放基础货币?》中已讲过，央行购买国债的公开市场操作必然等额投放基础货币，其T形账户如下：

中央银行

国债	+10 000 元	存款机构的准备金存款 (或流通中的通货	+10 000 元 +10 000 元)

反之,央行出售国债的公开市场操作必然等额收缩基础货币,其 T 形账户如下:

中央银行

国债	−10 000 元	存款机构的准备金存款 (或流通中的通货	−10 000 元 −10 000 元)

2. 从公开市场操作传导到货币市场收益率(价格效应)

假设央行要实行扩张性的货币政策,希望降息。公开市场操作工具通常是短期国债,在其他条件不变时,购买固定息票利率的短期国债的公开市场操作将提高其价格、降低收益率;还将造成银行超额准备金的增加,诱使银行购买其他的短期政府债券,或者在货币市场上进行其他投资,如同业拆放、逆回购等,从而引起同业拆借利率、回购利率下降;最后,通过各种货币市场工具间的套利,使得货币市场收益率总体水平下降。

反之,假如央行要实行紧缩性的货币政策,希望加息,则会出售短期国债,当其他条件不变时,使其价格下降、收益率上升;之后,通过各种货币市场工具间的套利,使得货币市场收益率总体水平上升。

3. 对私人部门预期的影响

当央行公布公开市场操作情况、使私人部门意想不到地发现央行增加(减少)了国债资产达到了相当数量时,央行购买(出售)政府债券的举措可被视为央行基本政策姿态的转变,则私人部门会预期央行将在同一方向上有进一步的举措,而这种预期本身就会使总支出增加(减少),比如,企业家预期私人部门对自己产品的需求将增加,就会马上扩大生产规模以防供不应求。

(三)防御性操作与主动性操作

1. 概念

防御性操作是指央行为了抵消其无法控制的外界因素对银行准备金和基础货币产生的影响而进行的操作。主动性操作是指央行为了达到经济政策的最终目标如降低失业率、通货膨胀率等而改变经济活动的进程,如在通货膨胀率高时抑制货币的增长率、提高短期利率而进行的操作。美联储的创建者将防御性目的放在首位。在 1913 年美联储创建以前,季节性的信用需求和现金提取(如春季播种期)导致了阶段性的信用紧缩和偶尔的恐慌,客户从银行提取现金,迫使银行为了满足存款者的要求而变现其资产,从而产生了不合意的存款、信用、货币供给的紧缩,美联储的创建的一个目的就是为了在金融紧缩时期充当"最后贷款人"。

主动性操作采用直接交易的方法(我国称国债现券交易),它可以引起准备金和货币存量持久、长期的变化;防御性操作采用回购、逆回购的方法,它们可以中和由处于央行控制以外的因素引起的银行准备金和基础货币的暂时变化的影响。

◇ 能量棒 7-4

我国央行的回购与逆回购

(一)逆回购

当银行准备金和基础货币发生不合意的减少时,央行要向市场贷出资金,即逆回购。什么情况下会出现银行准备金、基础货币发生暂时性、不合意变化呢?

(1) 在各非金融公司的红利发放日、发薪日和所得税缴纳日到来以前,它们往往将这些资金进行短期的投资,如与证券交易商进行逆回购(即向券商融出资金),在这些日子到来时,券商需进行回购(即向各公司归还贷款)。由于各公司的红利发放日、发薪日和所得税缴纳日常常集中在一定日期,因此,券商的大量回购将造成信贷市场资金紧张(如券商提取存款进行回购),为使金融市场保持稳定,央行就要进入市场逆回购,向券商融出资金,以减少对银行等信贷市场的压力。

(2) 圣诞节、春节临近时,私人部门都增加了现金的持有量,这将使银行的准备金减少;圣诞节、春节过后,大部分现金又回到了银行,补足了银行的准备金。因此,在节前为了暂时缓解银行准备金的不足,央行向券商、商业银行等逆回购,券商将资金存入银行就是向银行注入准备金;在节后当私人部门手中的现金流回银行时,券商正好从银行提取存款向央行赎回证券,因此,央行与券商在节前达成的逆回购协议消除了信贷市场的季节性波动。

(3) 当财政部大规模融资时,对收益率产生向上的压力,此时央行与券商进行逆回购即向其购买债券,就等于向商业银行体系注入准备金(因为券商会把出售债券的资金存入银行),将增加银行的超额准备金和对政府债券的需求,减轻利率上升的压力。央行会安排券商在财政部融资较少的时期购回这些债券,即减少银行的准备金。

(4) 中国的商业银行在年末、半年末或季末时常面临各种存贷比、资本充足率、贷款规模等的时点考核,一些银行可能资金紧张,引起银行间市场上同业拆放利率急剧上升,自2013年起产生的这种现象,被称为"钱荒",如果央行不希望产生钱荒,就可以用逆回购的方法投放流动性。

◇ 能量棒 7-4-1

2013年、2016年中国银行间市场的钱荒问题、中国央行的防御性公开市场操作与非典型加息

(一) 2013年的钱荒

1. 事件

2013年6月7日,银行间同业市场上传出了光大银行对兴业银行的60亿元银行间贷款的违约传闻,引起了整个银行业的高度恐慌。随后,在多米诺骨牌效应下,最终光大银行的流动性短缺造成了6月20日这天我国银行间同业拆借市场上全面的资金短缺、利率飙升的"钱荒"现象。在这一天,我国银行间同业拆借利率(Shibor)大幅飙升至前所未有的高度——银行间隔夜回购利率(指年化利率,以下同)涨至30%,7天回购利率涨至28%,且曾触及30%的高位①;隔夜拆借利率首次冲破10%,达到13.444%的数值,上升了578.4个基

① 2013年6月19日的三个月国债的到期收益率从2015年5月7日的2.59%升至3.39%,升幅高达30%;银行间隔夜拆借利率从5月7日的2.36%升至6月20日的7.66%,暴涨了2.24倍;同期的固定利率企业债券的到期收益率也从2.35%陡升至6.97%,涨了近两倍。

点，一周拆借利率为 11.004%，上升了 292.9 个基点。

近年来我国所说的“钱荒”就是起源于 2013 年的“620”银行间同业市场的流动性紧张事件；2013 年年底又再次爆发钱荒，12 月 19 日上海银行间 7 天期限的拆借利率达到了 6.472%，1 天后又攀升至 7.654%，12 月 23 日突破了 8.843%，创下了半年来的新高（韦静强，吴金希，贾甫，2014）[10]，于是“钱荒”一词便成为年度流行语（王闯，2014）[11]。

2. 定义

钱荒体现为同业拆借交易量的显著下降以及同业拆借利率的显著上升。一方面，从同业拆借月加权平均利率的历史数据可以看出，我国同业市场在 2011 年和 2013 年都曾频繁地出现过钱荒现象，其基本特征是同业拆借月加权平均利率普遍上升至 3.5%（甚至 4%）以上的高位。钱荒问题之所以在 2013 年才受到普遍关注，是因为当年钱荒问题过于严重（范建军，2014）[12]。

另一方面，从同业拆借余额来看，在 2013 年 5 月的同业拆借余额达 7 739.8 亿元，而到了钱荒的 6 月则急剧下降到 5 296.12 亿元，下降了 31.57%；2013 年 12 月钱荒再度爆发，同业拆借余额从 11 月的 8 301.6 亿元下降到 12 月的 7 084.29 亿元，下降了 14.66%（韦静强，吴金希，贾甫，2014）。

3. 钱荒的影响之一——引起股市的暴跌

随着银行间市场资金紧张，银行理财收益率、民间借贷利率节节攀高，导致股票市场、债券市场和黄金市场出现了间歇性暴跌。例如，2013 年 12 月 20 日，上证指数不仅跌破了 2 100点的关口，更是创下了罕见的 9 连跌（韦静强，吴金希，贾甫，2014）。A 股市迅速走入熊市，市场成交金额也迅速下滑。而手头资金宽裕的人士认为入市抄底的风险更大，因此宁愿将资金投入到民间借贷领域，也不愿进入股市。

4. 钱荒的成因之一——银行内部的原因

钱荒既有内因也有外因，外因如中国的高存款准备金率（当时为 18%与 20%之间）、资本外逃导致外汇占款、基础货币投放下降等，这里主要分析银行内部的原因——银行经营模式的问题。

1）税收的清缴造成银行体系超额准备金率的下降

每年的 5 月底至 6 月初是我国企业税收的清缴期，非金融机构企业使用其在银行的存款纳税时，商业银行便通过央行的结算系统，将其在央行的超额准备金中的相应金额转成央行的财政性存款，这就直接导致银行体系的超额准备金（即流动性）的减少。

2）银行为了应付贷存比的时点考核而产生周期性的吸存揽储的压力

一方面，为贯彻《巴塞尔协议》的精神，我国银行监管部门不仅对商业银行的资本充足率和核心资本充足率作出了严格的量化考核规定，并且还于 1995 年的《商业银行法》中创造了“贷存比”（目前多称为“存贷比”）这一考核指标，即要求银行的贷款规模与存款规模的比例不得低于 75%，这一规定一直被沿用到 2012 年才被废除，其间 17 年从未变过（王闯，2014）。

由于银行监管部门在季末、年中和岁尾都要对商业银行的贷存比进行考核，每到贷存比“大考”临近时，银行人士便如热锅上的蚂蚁，满足贷存比的方法如下：

（1）开展拉存、揽储争夺战。为了尽可能多地拉存款、揽储蓄，商业银行的客户经理可谓使出浑身解数。比如，自掏腰包满足大资金客户的种种要求，而这时小客户们也会联合起来要求客户经理给他们“返点折扣”，造成了银行之间通过不断加码的返点折扣进行不正当竞争。由于各家银行都在同业市场上拆入资金或吸收同业存款，而很少有银行有资金可以在同业市场上拆出，因此造成同业拆借利率提高、成交量下降的钱荒现象（王闯，2014）。

(2) 不惜成本地提高收益率发行理财产品，特别是跨时点的理财产品，以迎接各项考核。部分短期、超短期理财产品的年化收益率甚至超过了长期理财产品的收益率，形成了"长短期收益率倒挂"的奇特现象(王闯，2014)。

(3) 通过压缩贷款和延缓贷款的方式来达到贷存比要求。

可见，贷存比等指标的时点考核法造就了独具中国特色的每年周期性循环的钱荒现象(王闯，2014)。

另一方面，存款充裕的工、农、中、建这样的大行在2016年6月因流动性的不确定性增强了，便不愿意拆借了，引起了2016年的钱荒。

3) 通过表外理财产品短借长贷地投资于房地产领域及地方政府融资平台、造成严重的流动性问题——银行内部的影子银行体系

(1) 表外资金运用

在2008年中央出台了4万亿的宏观调控措施后，银行信贷资金大量流向地方政府融资平台(以下简称融资平台)。由于融资平台借短用长、期限错配的风险逐步暴露，国家加强了对融资平台贷款的监管，不允许商业银行对融资平台进行贷款。此后，商业银行为了绕过监管，就通过大力发展与信托公司、基金公司等机构的复杂的同业业务，以委托贷款、委托投资等表外信贷方式向融资平台放贷。

此外，这些表外贷款还大量流向了房地产领域，因为在实体经济不景气、而货币连年超发的情况下，房地产泡沫在不断扩大，在房地产泡沫扩大的过程中，商业银行对房地产领域的贷款存在高回报的预期。可见，近年来我国商业银行的表外资金主要运用在房地产及融资平台贷款这两项长期贷款上了。

(2) 表外资金来源

为了扩大房地产与融资平台的贷款业务，我国商业银行又纷纷以发行高承诺收益率的理财产品的方式吸收储蓄。因为2013年时中国的存款利率仍是受管制的，但是监管部门为了鼓励金融创新，对商业银行发行的理财产品所承诺的收益率没有设监管上限，因此当时的理财产品所承诺的收益率通常高于银行储蓄利率100～150个基点，在高收益率的吸引下，相关理财产品规模迅速扩张，成为表外资金来源的主力①。

2013年6月，正逢我国各大银行发行的理财产品集中到期。一方面，银行的高收益理财产品通常发行在月底并成立于次月初，募集期同时包含了月末和次月初；同时，银行为了冲高特定时段的保证金存款以确保存贷比达标，会偏好将理财产品资金的到账日设定在月末。银行理财产品这样的时间结构设置，导致2013年6月末银行正是大量旧的理财产品集中到期，而新发行的理财产品资金尚未到账的青黄不接时期，银行亟需短期融资，因此6月中旬这段时间，一些银行会频繁地在同业拆借市场上拆借资金，用于应对一般理财产品的到期支付；另一方面，银行间信托收益权产品在2011年以来得到快速发展，银行通常利用拆借资金互相买卖信托收益权，而信托产品与银行拆借资金存在着期限不对等，于是就加剧了银行资金期限错配问题(陈云萍，卞泽阳，2014)[13]。

(3) 小结：银行内部影子银行体系严重的期限错配

银行将理财等表外业务吸引来的资金投向了房地产与融资平台的贷款上，形成了比用存款来发放工商业贷款还要严重得多的短借长贷、期限错配问题，导致流动性风险迅速上

① 据中国社科院金融研究所财富管理研究中心的研究报告，2013年中国大银行中理财产品占存款规模的比重达到了约10%，较小银行这一比重更是高达15%。

升。这种表外资金来源与表外资金运用就构成了银行内部的影子银行体系，又被称为"银行的影子"（韦静强，吴金希，贾甫，2014）。

(4) 银监会 2013 年 8 号文使银行产生了将表外贷款移回表内而导致的吸存揽储的压力

由于银行内部的影子银行体系出现了严重的期限错配和流动性风险，因此 2013 年银监会出台了 8 号文，明确要求商业银行将许多表外资产移入表内，就使得商业银行的表内贷款规模迅速增大。为了达到贷存比、资本充足率等的监管要求，银行就有压力在银行间同业市场上拆借资金、吸存揽储，造成了银行间市场上短期内资金需求迅速上升，从而形成了 2013 年的"620 钱荒"事件（韦静强，吴金希，贾甫，2014）。

可见，2013 年的钱荒表明商业银行依靠发行理财产品、同业拆借等批发性、短期性的来自金融市场的资金支撑房地产及融资平台贷款等长期资金的运用，将面临着很大的流动性风险，一旦金融市场利率飙升，就可能导致资金链断裂而爆发支付危机。在这一点上，中国 2013 年银行同业市场上的钱荒与 2008 年次贷危机后英国北岩银行的倒闭有异曲同工之处。

5. 钱荒的成因之二——银行外部的原因

1) 央行加息

(1) 资本流入减少的冲击

当时美联储宣布考虑退出量化宽松货币政策，使国际市场的流动性紧缩预期开始升温；同时，美国经济复苏也使得美国对国际资本的吸引力重新上升，这使得美国利率上升的预期加强，增加了中国资金外流的压力，同期资本流入突然下降，导致外汇占款减少、金融市场的资金供应突然减少（刘春玉，陈波，2014）。

(2) 央行未及时就市、意欲加息

当银行间市场出现钱荒时，央行完全可以通过逆回购操作（包括短期流动性调节操作 SLO 和常备借贷便利操作 SLF）、甚至下调准备金率来予以化解，但是令人不解的是，在 2016 年钱荒最严重的 5—6 月，央行不但没有采取上述扩张流动性的措施来阻止钱荒的发生，反而通过重启央票发行来对流动性进一步收紧，实际上是在加息，因此造成了钱荒。

央行收紧流动性、加息的原因是：自 2008 年次贷危机后中国出台了"四万亿经济刺激"政策，造成了经济产能过剩、低水平重复建设的结构性问题更加突出，而 2013 年后中国政府的新金融政策是控制信贷总量风险、监控理财产品和信托产品市场，即政府在进行主动的调控，旨在减少各种金融投机，力图在控制信贷增速的基础上改善资金配置的效率，让资金流向实体经济（张晓玫，弋琳，2013）[14]。

2) 实体经济不盈利

由于中国许多行业出现严重的产能过剩，大量中小企业难以获得起码的投资回报率，必须依靠不断融资来维持生存，沦为所谓的"僵尸企业"，这些都导致资金不愿也不敢进入实体经济，而只能在虚拟经济内部循环获利。各类金融机构不断创造出以"监管套利"为核心的金融创新，如银行同业业务、信托理财产品、影子银行等。大量的资金在金融机构的操作之下通过杠杆投资和期限错配套取利差，资金在各个金融机构之间空转，导致经济增长的名义速度显著落后于信用膨胀的速度，使得企业投入资产的回报率不能有效覆盖其债务成本，因此企业需要借新债、还旧债和交税，中国已出现了庞氏债务融资的特征，因此发生了钱荒。

（二）2016 年的"钱荒 2.0 版"

1. 现象

2016 年 9 月以来，我国银行间市场上资金日益紧张，到了年底，银行间市场又一次出现了较严重的钱荒。截至2016年12月1日，Shibor连续14个交易日全线飘红。具体来看，隔夜Shibor报2.302 0%，上涨0.40个基点；7天Shibor报2.481 0%，上涨1.50个基点；3个月Shibor报3.017 2%，上涨0.59个基点。

"钱荒"的影响随后蔓延至亚洲乃至全球市场，中国香港和日本均遭到冲击——6个月期港元Hibor已经飙升至2009年5月以来最高水平；美元—日元一年期基差互换已经跌至纪录低点，对美元流动性的需求已经飙升至雷曼倒闭以来的最高水平。

2. 成因——央行加息

此轮钱荒的成因主要是中国央行开始非典型性地加息了，体现在2016年11月底，央行结束了流动性投放周期，开始连续多日通过公开市场操作净回笼资金，导致银行间市场利率不断上行，表明央行在非典型地加息了，因此导致钱荒。

◇ 能量棒 7-4-1-1

中国2016年、2017年的非典型加息

1. 2016年、2017年中国实行非典型紧缩性货币政策的背景

1）资产泡沫及隐性通货膨胀加剧

一方面，由于连续多年的货币超发，2016年我国房地产市场、债券市场等领域资产价格泡沫凸显，资金"脱实向虚""以钱炒钱"以及不合理的加杠杆行为酝酿着金融风险。

另一方面，在持续多年货币超发、实体经济需求回升、供给出清的带动下，2016年中国PPI大幅度上涨①，但CPI却出奇地平稳，仅从1月的1.8%回升到12月的2.1%。这是因为2016年年初中国统计部门对CPI的权重进行了大幅度地调整——将涨幅大的食品权重从33.61%下调至28.19%，其中涨幅最大的肉禽及制品权重从7.34%下调至4.58%，并大幅上调了涨幅小的非食品类权重，可见，2016年中国出现了被掩盖的通货膨胀（张勤峰，2017-02-21）[15]。

2）人民币贬值预期导致资本外流、外汇储备下降，又碰上美联储加息周期的来临

2016年人民币贬值预期引发资本大幅流出，中国外汇储备跌破了3万亿美元大关，又碰上美联储进入加息周期，因此，自2016年下半年以来，中国货币当局为了防范金融风险，开始逼迫金融部门、实体经济去杠杆，因此货币政策从宽松转向持续收紧，也就是说，中国进入了新一轮的加息周期之中。

3）中国此轮的紧缩是非典型紧缩

由于实体经济表现疲软，因此，中国此轮紧缩与历史上典型的紧缩周期是有区别的，此轮货币政策紧缩的空间有限，调整将以预调、微调为主，央行将进行非典型加息，或者说曲线加息、边际加息。具体来说：

（1）央行货币政策是否紧缩取决于多目标的平衡。

中金公司研究报告指出，央行2016年第4季度货币政策报告正式提到了"货币闸门"，表明货币政策取向比之前已经收紧，但不能就此简单认为货币政策进入传统紧缩周期，因为有多目标的平衡和取舍问题——央行要在控制金融杠杆、防范房地产泡沫、防范通货膨胀风险的同时，兼顾经济稳增长目标。

由于2017年中国货币政策目标是抑制流向房地产市场、债券市场、新兴保险等金融领域的所谓脱实向虚、以钱炒钱、不合理加杠杆的行为，而不是抑制基建投资、制造业投资、消费、出口等实体经济领域的经济过热和通货膨胀；同时，考虑到2017年中国经济企稳基础不牢、地产与汽车

---

① 2016年中国一二线房价暴涨，部分区域翻倍。2016年PPI大幅回升，从1月的－5.3%快速攀升至12月的5.5%，回升了10.8个百分点。

行业已经回调、通货膨胀整体温和，因此中国央行尚不具备大幅调高存贷款利率的可能性，除非通货膨胀率超出预期地上升。但是，由于中国的利率市场已不是完全分割的了，因此货币市场的加息将传导到债券、股票与存贷款市场，2017年后实体经济的融资成本也将不同程度地上升（任泽平，2017-02-08）[16]。

（2）未来货币政策调控的形式将更加灵活多样，而不限于传统的紧缩模式。

因为央行有多目标，因此货币政策会遵循"货币政策＋宏观审慎政策"双支柱模式，综合运用价、量和宏观审慎工具来实现多重目标（2017-02-21，又见定向降准！货币政策取向已现[J/OL]）[17]。

2. 2016年、2017年中国实行非典型紧缩性货币政策的方法

具体来说，中国央行2016年、2017年非典型的紧缩性货币政策的操作方法如下。

1）非典型地降低货币供给量

（1）中国央行自2016年2月29日降低法定存款准备金率之后，到2017年第1季度（本书写作时）为止再没有明显的宽松措施，更多地通过公开市场操作补充流动性，从宽松转向中性。例如，半年之后即2016年8月底，央行重启了14天的逆回购，随后又重启了28天的逆回购；再如，加大了中期借贷便利（MLF）的操作力度。

（2）央行明确将于2017年第1季度起，在对商业银行进行宏观审慎（MPA）评估时，正式将表外理财纳入广义信贷范围，并提到"逐步探索将更多金融活动和金融市场纳入宏观审慎管理"，暗示未来可能有更多的宏观审慎监管政策落地。这将使得商业银行减少表外理财的发行规模，从而减少贷款派生存款的规模，减少货币供给量的紧缩效应。

（3）2017年2月7日央行连续多日暂停逆回购，同时对部分银行进行"窗口指导"、以控制2月信贷规模，标志着央行开始收紧货币供给量（任泽平，2017-02-08）。

2）非典型地加息

（1）央行通过调节银行体系的流动性来上调货币市场利率、实现非典型的边际加息。

我国自从人民币贬值以来外汇储备一直在下降，因此外汇占款不再如人民币升值阶段那样充当基础货币的主要投放渠道了，央行通过MLF等新型再贷款、再贴现工具对银行体系投放流动性，成为中国基础货币的主要投放渠道，因此央行对银行体系流动性具有更大的影响力了。

在此背景下，2016年第4季度，货币市场利率率先大幅度走高；随后，2017年1月，央行实行锁短放长的利率政策，希望通过长期利率的下降促使企业拉长融资期限、进行实业投资；同时提高短期资金成本以打击加杠杆投机行为，而提高短期资金成本就相当于隐性加息，标志着货币政策从中性转向偏紧。央行提高短期利率的举措如下：

① 2016年第3季度，央行重启14天和28天逆回购品种，中标利率上行，正式引发了人们对于中国加息的担忧。

② 2017年1月央行正式上调MLF半年和一年期利率，标志着加息从隐性转向显性。央行公开市场逆回购（OMO）、中期借贷便利（MLF）、备用借贷便利（SLF）的利率也上涨，从表面上看印证了央行的解释——央行利率反映了市场利率的走势，但实际上从源头上看，货币市场利率的上涨是源于银行体系流动性的收紧，而这本身就是央行主动调控银行体系流动性的结果，也就是说，这是央行加息行为。

③ 2017年2月3日，央行再次上调逆回购和SLF利率，标志着短端和长端利率已经全面上调，致使10年期国债收益率从2016年8月中旬的2.64%的低点上升到2017年2月的3.42%，加息信号进一步明确，至此央行事实上已经加息。因为中国货币政策框架正处于由数量型向价格型转型的时期，而价格型货币政策框架正是由政策利率传导到货币市场利率，再传导到债券、存、贷款利率等，进而影响投资与消费，因此，央行的这些举措表明中国正在真加息、而不是假加息。但是，由于这些货币市场利率的变化目前在我国并不能顺利地传导到存、贷款利率（因为存、贷款利率还受央行基准利率及宏观审慎监管的管制），因此，这种真加息又被学术界称为边际加

息或非典型加息(任泽平,2017-02-08)。

(2) 存、贷款加息概率很小。

但是,由于实体经济疲软,研究机构分析央行为了促进投资与消费,2017年不会上调存、贷款基准利率;如果后续货币政策仍需边际收紧,预期央行将继续上调货币市场利率,这就是边际加息,或者说是非典型加息,因为央行并没有上调存、贷款基准利率。

综合而言,当前货币政策更趋实质稳健,在多重目标的艰难平衡过程中,进一步边际收紧的可能性不能排除,但有别于传统的紧缩模式,当前货币政策调控更显现出阶段性、结构性和精细化的特征(任泽平,2017-02-08)。

3) 非典型的告示效应

① 央行有意强调公开市场操作利率上行的市场化属性,淡化其加息的政策信号

央行在2016年第4季度货币报告中指出,第3季度增加逆回购操作的期限、品种,意图是适当地延长央行资金投放的期限,引导金融机构提高负债的稳定性,控制"以短搏长"造成的资产负债期限错配和流动性风险。同时,央行重申,2017年2月初的逆回购中标利率上行是市场化招、投标的结果,反映了2016年9月以来货币市场利率中枢上行的走势,是在资金供求影响下随行就市的表现。

有金融机构分析认为,央行此举有意强调公开市场操作利率的市场化属性,是为了淡化其加息的政策信号,避免市场做出加息的解读;是暗示日常货币政策工具利率的弹性可能加大,未来类似的调整可能变得更频繁。按照这一思路,未来公开市场逆回购、MLF等利率仍存在调整的可能。

② 央行提到通货膨胀预期、而非实际的通货膨胀压力上升

央行在2016年第4季度货币报告的宏观经济展望部分,特别提到通货膨胀预期有所上升、通货膨胀及通货膨胀预期的未来变化值得关注。此次货币政策报告中多处提及通货膨胀,并设有专栏分析PPI。有研究机构点评称,通货膨胀预期上升与通货膨胀压力上升有区别,近期通货膨胀预期上升虽引起央行关注,但央行并不认为实际通货膨胀压力上升,因此货币政策不会做出过度反应。

③ 央行对于货币政策趋势展望的措辞变化

央行在2016年第4季度货币报告的货币政策趋势展望部分,在措辞上将货币政策基调由"稳健"调整为"稳健中性";强调控制货币总量稳定,重提货币"闸门";对流动性管理的定调从维护流动性"合理充裕"调整为"基本稳定";特别提出抑制资产泡沫,防止"脱实向虚",把防控金融风险放到更加重要的位置,报告明确提出房地产价格泡沫是央行关注的主要风险之一。

3. 反思:钱荒与加息的因果关系

其实中国在2010年就已在银行间市场出现了钱荒,从2010年钱荒、2013年钱荒再到2016年钱荒,大致3年一个轮回,钱荒的成因之一是中国货币政策的松紧周期,即经济下行→货币放水→刺激房地产、房价暴涨→货币脱实向虚、金融市场过度繁荣→房地产投资触底回升、经济短期企稳→货币政策为防风险、去杠杆而收紧、加息→钱荒、债灾、股灾、贬值→经济再度下行→货币放松的预期升温。

(三) 2017年年初央行为预防钱荒而非典型地降准、创设TLF

据测算,2017年春节前,我国的工、农、中、建、交五大行将有总共6 575亿元的逆回购、中期借贷便利、国库定存等资金到期,而节后至2月底,将有18 590亿元的资金到期,它们构成五大行当时的流动性负债,如果央行不干预,在到期时五大行势必将在同业市场上拆借或减少同业拆出等,从而又将形成春节期间的钱荒。2017年1月,为了避免春节期间的钱

荒，央行采取了以下3种防御性货币政策调控措施以临时性地增加货币供给。

1）通过逆回购净投放基础货币

央行自从2017年1月9日以来已在公开市场上连续10日净投放基础货币，央行在其中的2017年1月16日至19日短短4天内已向市场逆回购了2 500亿元，减去到期的600亿元逆回购，通过逆回购实际净投放基础货币1 900亿元；再加上其他的公开市场操作，这短短4天内央行总共在公开市场上投放了10 350亿元的基础货币，创下了历史纪录（2017-01-20，央行再度创新货币政策操作工具，"甜辣粉"横空出世[J/OL]）[18]。

2）新创造的货币政策操作工具——"临时流动性便利"

央行新创造了"临时流动性便利"（Temporary liquidity facilities，TLF，被网友译为"甜辣粉"），为在全国现金投放中占比较高的几家大型商业银行提供临时性、流动性支持，期限为28天，资金成本与同期限公开市场操作利率大致相同，据媒体报道该成本年利率约为2%（2017-01-20，央行再度创新货币政策操作工具，"甜辣粉"横空出世[J/OL]）。

据某研究团队测算，我国居民、企业2017年春节取现将使全国银行体系准备金紧张——体现为超额准备金规模大幅度下降①，将于节前两周开始集中提现；同时，现金将于节后两周大量回笼到银行体系，因此，央行此次投放的TLF为节前一周开始，节后两周到期，是专门为春节因素所设。据测算，此次TLF的规模达1.6万亿元，在冲销了春节取现的影响之外还有余，相当于使得五大行阶段性普降法定准备金率120个基点，规模之大超出市场所想象的仅为6 000亿元（2017-02-10，春节TLF规模或达1.6万亿 加息降准并用成为可能[J/OL]）[19]。

3）定向定期降准

央行向工、农、中、建、交五大行定向降低法定存款准备金率1个百分点，期限为28天，将于2017年2月17日前后（即春节后）恢复正常。这是继2016年2月我国央行降准后再次开启降准窗口，更是我国历史上央行第一次使用定向的、临时性的降准，据测算，此次临时性降准将使五大行释放出6 300亿元的流动性。这次临时降准主要是为了冲销各大银行春节期间的提现、缴税、补缴存款准备金等造成的流动性紧张。

4）反思——外汇占款下降的背景下我国央行如何扩大货币供给量？央行将被迫走向降准路？

（1）依靠抵押贷款式的MLF、PSL、SLF等央行给予商业银行的融资便利工具投放基础货币面临着商业银行抵押品不足的困境

自从2013年我国外汇占款下降后，我国基础货币的投放方式就由以外汇占款渠道为主，转向依赖于央行的逆回购公开市场操作以及陆续创设的一些新型的再贴现、再贷款工具如MLF、PSL、SLF等，但是这些工具都需要商业银行用国债、地方债、政策性金融债券作为押抵品向央行融资。随着MLF、PSL、逆回购等规模的扩大，商业银行抵押品不足的矛盾日益显现，为此，央行需要继续创设新的工具来满足基础货币投放的需求，因此，2017年1月TLF就应运而生了。

但是，既然TLF被央行界定为临时性的流动性支持，便不会成为常态，因为它是央行给予商业银行的无抵押无担保的融资便利，常态化会有损央行信用（廖志明团队，2017-02-20）[20]。

① 2016年11月末，银行间市场流动性非常紧张，经测算银行体系的超额准备金率约为1.6%（资料来源：2017-02-20，廖志明团队，"重磅解读：TLF（甜辣粉）之谜：本质、规模及未来猜想"，微信公众号《人民币交易与研究》）。

(2) 央行是否应考虑降准?

截至2017年年初,我国的法定存款准备金率作为多年前外汇占款大幅度增加时对冲货币供给量增加的手段,依然处于历史高位——大型商业银行的法定存款准备金率达17%,几乎是当前世界主要国家中最高的,发达国家的法定存款准备金率平均仅1%左右。

当前若不降低法定存款准备金率,依靠MLF、SLF、再贷款等方式投放基础货币将使这些工具达到天量水平。2017年1月末,体现MLF、SLF、PSL规模的央行对其他存款性公司的债权飙升至9.13万亿元的历史最高规模,而央行MLF、SLF、PSL、再贴现等均需商业银行提供国债抵押品,有金融机构测算实际被抵押的债券等规模也许已超过了10万亿元,而当前,四大行的债券投资规模约为15万亿元。同时,商业银行为了保持流动性,不可能将全部债券用于向央行抵押融资,可见,央行若继续依靠扩大MLF、SLF、PSL的规模来投放基础货币,将面临着商业银行无券可质的困境。目前中国国债规模占M_2的比重持续低于10%,相比之下,2010年后美国国债占M_2的比例持续超过100%,因此美联储开展QE就有良好的条件,而中国央行采用这种模式投放基础货币将难以为继,因此,择时降准可能是央行唯一的出路。

(3) 央行担心降准会释放扩张性货币政策的强信号,导致本币贬值加大

2017年年初,中国央行面临着这样的困境而却不愿降低法定存款准备金率,是担心降准会释放扩张性货币政策的强信号、导致本币贬值加大,外汇储备下降。

(二) 回购

当银行准备金和基础货币发生不合意的增加时,为了中和这些影响,央行要进行回购。

例如,我国央行于1996年开始启动债券公开市场操作,当时由于外汇占款增加,央行应收回基础货币,就应采用直接交易(即卖出国债)或国债回购的方式,但当时央行手中并没有足够的国债(因为前些年国债主要是向居民发行的,这体现了我国的国债市场尚不发达),只能从商业银行手中购入债券,并按约定时间和价格再卖回给商业银行,这就是逆回购交易,其结果是投放了基础货币,与当时的政策目标相异。因此当时的公开市场操作交易量很小,只进行了51次交易,1997年一度停止公开市场交易,直到1998年才又恢复起来。

接着,1998年经济萧条,货币市场上资金紧张,央行主要采用逆回购方式进行公开市场操作,向商业银行融出资金;1999年则增加了买入现券(即直接交易)的数额,表明在物价持续下降的形势下,央行的意图变成向商业银行提供长期的流动性;在2013年的公开市场操作中,央行大力使用逆回购作为缓解货币市场上周期性资金紧张的手段,这是因为与降低法定存款准备金率相比,逆回购的期限较短,灵活性高,并有商业银行的高质量资产作为抵押,风险较低。

(四) 公开市场操作的优缺点

1. 优点

1) 精确性

央行可以对整个商业银行体系的准备金和基础货币进行有力而准确的控制,而使用贴现率政策或准备金比率政策则不可能有这样高的精确程度。

例如,央行希望向银行系统注入1.5亿元准备金,只需购买1.5亿元政府债券就可以了;但如果想通过降低再贴现率来增加准备金,它只能降低再贴现率,但仍无法精确预测贴

现放款、准备金和基础货币增加的程度。

2）灵活性

央行每天都可在公开市场上大量买卖政府债券，因此，对央行来说，可以很容易地通过公开市场操作改变货币政策的基调，从而很容易地弥补央行的货币政策的过失，且不易被私人部门察觉。

贴现率政策和准备金比率政策的变化对私人部门来说太显而易见了，因此央行往往要等到有明显的证据表明应该改变货币政策的方向时，才会使用这两项政策。在美国一般准备金比率每 10 年才改变有限的几次，贴现率的调整相对频繁一些，通常每年二、三次。但在 2000 年美联储 6 次提高了贴现率，又在 2001 年惊慌失措地 10 次下调贴现率，这种承认错误的举动使当时的美联储主席格林斯潘威信扫地。

3）主动性

通过公开市场操作改变准备金、超额准备金的主动权在央行，调整法定准备金率的政策也是如此，但贴现窗口政策就不是这样，因为是商业银行主动向央行要求贷款，而央行不能控制商业银行借款数量的波动及随后的准备金、基础货币的波动。

2. 缺点

如果国内传导公开市场操作的金融市场不够发达，公开市场操作的效果就不能像再贴现与准备金率政策那样迅速地扩散。因为当央行与一级交易商进行交易时，直接受到影响只是证券公司、保险公司类的一级交易商的开户银行，或作为一级交易商本身的商业银行，开始时只是一小部分银行得到或失去准备金，如果这一小部分银行集中在大城市，则货币政策将产生地区性的不平衡，而再贴现与准备金率政策则不会产生此问题。

要使公开市场操作的效果迅速扩散，还需传导市场，比如，美国有发达的联邦资金市场和大额可转让存单市场，这两个市场已成为全国性的货币市场了，因此可以传导货币政策。

◇ 显微镜 7-4

美联储公开市场操作通过联邦资金市场与大额可转让存单市场的传导

1. 美联储公开市场操作通过联邦资金市场的传导

当美联储在公开市场购买债券时、投放基础货币时，银行准备金会增加，其中法定准备金只是一部分，所以大部分都是超额准备金，因此，更多的银行发现其所持有的准备金超过希望水平，而较少的银行发现它们缺少准备金，这样，联邦资金供给将增多、需求将减少，使联邦资金利率下降。

进一步地，如果联邦资金市场足够发达、全国的银行对其参与程度较高，则全国的银行都可以更低的联邦资金利率获取资金，资金成本的下降将使其薄利多销地下调贷款利率，又会通过各种金融工具间的套利，使得利率总水平下降。

2. 美联储公开市场操作通过大额可转让存单市场的传导

当美联储进行公开市场购买时，就是提高了各商业银行超额准备金，将有更少的银行需要发行大额可转让存单来获取资金，因此在大额可转让存单市场上可贷资金需求下降，假设可贷资金供给不变，则大额可转让存单的利率将下降。这样，全国的银行都可以更低的利率发行大额可转让存单来获取资金，而随着其资金成本的降低，它们也会薄利多销地降低贷款利率，又会通过各种金融工具间的套利，使得利率总水平下降。

3. 对中国的启示

显然，如果大部分银行不参与这两个市场，利率效应则很难扩散出去，因此，中国央行目前正在减少一般性的再贷款，同时鼓励商业银行从银行间市场(即同业拆借市场)融资，目的就是为了培育一个货币市场。

三、再贴现、再贷款政策(贴现窗口政策、贴现与放款)

(一) 再贴现、再贷款政策的含义

我国所谓的再贴现、再贷款政策，是指商业银行被允许从央行借款的一系列条件，主要包括：①再贴现、再贷款的利率；②向央行申请再贴现、再贷款的资格，如对抵押品种类、申请机构的规定等。

美国将再贴现、再贷款政策称为贴现与放款，或贴现窗口政策。美联储向各存款机构的贷款被称为贴现窗口放款，在早期，美国各储备区的商业银行确实是在该区联邦储备银行的某个信贷窗口办理借款的，这种借款采用贴现方式。比如，某商业银行向联邦储备银行借款100万元，可能只得到99万元，1万元是作为贷款利息在发放贷款时就被扣掉了，而现在的联邦储备银行给金融机构的贷款是在贷款期满时才收取利息，因此被称为“放款”，而不再被称为“贴现”，因此，美国央行对金融机构的贷款就被称为贴现与放款。并且，由于金融电子化的发展，目前金融机构也无须到储备银行的窗口去借款了，但“贴现窗口政策”这个名称仍被沿用。美国的贴现窗口放款在短期内(15天)不需要抵押品，在长期内(如90天、4个月等)则需要抵押品，如商业票据、银行承兑汇票等。

(二) 贴现与放款为何能够成为货币政策工具？

商业银行补充准备金不仅是弥补法定存款准备金的不足，也是在法定准备金充足的情况下补充超额准备金用于贷款、投资等，商业银行补充准备金的方法我们在第四章的“超额准备金率的决定”问题中已讲过，其中重要的一种是借入准备金，只要商业银行借入准备金的成本(即负债端的成本)小于贷款、投资的收益(即资产端的收益)，就存在套利机会，商业银行就有动力借入准备金谋利，直到套利空间被消除为止。

既然借入准备金是商业银行的一种资金来源，当其他条件不变时，借入准备金的成本(如利率的高低)就决定着银行放款的规模。进一步地，既然央行的再贷款、再贴现也是存款机构的一种借入准备金的来源，因此，央行可调节再贷款、再贴现的成本(包括显性成本——利率，以及隐性成本——允许存款机构向其借款的条件)来影响存款机构的贷款规模、货币供给量及总需求，因此，再贴现、再贷款政策也是货币政策的工具之一。

◇ 显微镜 7-5

美联储的贴现窗口放款

1. 为什么贴现窗口放款有隐性成本？

美联储鼓励存款机构通过向私人部门、同业融资来补充准备金，而赋予贴现窗口放款以“最

后贷款人"的职能，因为美联储向存款机构发放贴现贷款，就是投放基础货币，将扰动货币供给量，而存款机构通过向私人部门发行大额可转让存单，或在同业市场上借款的方式补充准备金，则不影响基础货币，因此不会扰动货币供给量。下面用央行的T形账户来进行说明：(1)金融机构向央行再贷款来补充准备金与(2)在同业拆借市场上向另一家金融机构融资来补充准备金这两种方式对基础货币的不同影响，即前者增加了基础货币，后者不改变基础货币。

(1)中央银行

资产	负债
再贷款　＋	整个银行体系的准备金存款　＋

(2)中央银行

资产	负债
	拆出行的准备金存款　－ 拆入行的准备金存款　＋

因此，美联储规定存款机构向其贴现窗口放款是出于"必要"、而非"盈利"的目的，强调贴现窗口放款是对商业银行的一种"优惠"、而非商业银行应该享有的一项"权力"(a privilege rather than a right)，即只有当存款机构面临着未料到的大量现金提取、或未料到的大量支票清算、贷款需求的增加等情况而发生准备金不足时，才可以向美联储借款，而不应为了在联邦资金市场放款或购买债券等获利目的而向美联储借款。

但这是一个非常模棱两可的标准。不过，如果某家存款机构连续地从贴现窗口借款，就可能引起美联储对其经营进行审查，以防止其滥用贴现窗口便利。不过，存款机构向央行出售债券融资则不受限制，因为这属于公开市场操作。

2. 美国存款机构申请贴现窗口放款的隐性成本

美国的存款机构向联储银行申请贴现窗口放款还将承担以下的隐性成本：

(1) 金融检查：美联储要检查连续进行贴现窗口借款的商业银行是否有不正常的资金用途，或是否存在资产小于负债、有破产的可能性；

(2) 私人部门信心的丧失。存款机构对美联储负债将被私人部门认为是其管理不善或脆弱的表现，可能导致私人部门信心的丧失。在2008年美国次贷危机中受到波及的一家英国老牌银行、英国第五大抵押贷款银行——北岩银行(Northern Rock Bank)就是因为向英格兰银行申请融资而引发了挤兑狂潮，并最终破产的①。

因此，当美联储希望存款机构向其借款以实行扩张性货币政策时，需向私人部门特别说明不要对向其借款的存款机构"另眼相看"。

3. 美联储贴现窗口放款的种类

美联储的贴现窗口放款有以下种类：

(1) 调节贷款(adjustment credit)：最常规的贷款；

---

① 2007年年初美国次级债风暴逐渐显露，以住房抵押贷款业务为主的北岩银行也面临着资金来源不足的流动性问题，很快陷入了融资困境。8月16日，北岩银行向英格兰银行申请融资资助，英格兰银行在经过了近一个月的商讨后，于9月14日向私人部门发布融资声明。令人吃惊的是，这一声明发布之后，立刻引起了全国上下对北岩银行的挤兑狂潮，直到9月17日英国财政部出面宣布对北岩银行的储户资金进行担保，挤兑风潮才趋于平息。但从9月14日到9月18日的几天时间里仍有30多亿英镑从北岩银行流出，占该行240多亿英镑存款总量的12%，其电话银行和网上银行业务一度崩溃(刘华，李亚培，2007)。

(2) 季节性贷款(seasonal credit):对易遭受季节性准备金波动的小型存款机构(如在农村的小型存款机构)的贷款;

(3) 扩展性贷款(extended credit):偶尔对具有严重流动性问题的存款机构提供的期限较长(可达数月甚至数年)的贷款;

(4) 紧急贷款(emergency credit):对个人或企业而非对存款机构提供的贷款,但这种贷款从自20世纪30年代大萧条后至2008年次贷危机之前从未被再次使用过,直到2008年次贷危机后美联储又重新启用了这种贷款。

4. 我国再贷款功能的变迁

我国的再贷款是信用放款;再贴现是抵押放款,类似于美国的贴现窗口放款。我国在1997年以后大幅度降低了一般性的(即信用式的)再贷款,赋予再贷款政策以"最后贷款人"的功能,即不再敞口供应再贷款了。因为从央行融资易导致基础货币的波动,这就是我国将三大政策性银行的融资由再贷款改为在银行间市场上发行政策性金融债券的原因,也是我国央行对于金融机构补充准备金的需求也像美联储一样鼓励它们参与同业拆借市场融资的原因。此外,我国自2013年开始新创立了一些抵押式再贷款工具,如常备借贷便利、中期借贷便利等。

(三) 再贴现、再贷款从工具到操作目标的传导渠道

1. 对准备金、基础货币的影响(数量效应)

存款机构有压力迅速归还贴现窗口放款,因为它是暂时性的,但具体还款速度是快还是慢,取决于变动着的贴现窗口放款利率与其他生息资产(如同业拆借市场放款)间的利差。具体分为以下两种情形:

(1) 当其他条件不变时,央行实行紧缩性货币政策,即提高贴现窗口放款利率,将使利差变小、甚至为负,迫使存款机构迅速还款,导致银行准备金、基础货币及货币供给量的减少,用央行T形账户表示如下:

中央银行

资产		负债	
贴现放款	—	存款机构的准备金存款	—

(2) 当其他条件不变时,央行实行扩张性货币政策,即降低贴现窗口放款利率,将使利差变大,诱使存款机构拖延还款,以及增加借款(因为此时逐利动机超过了还款压力),导致银行准备金、基础货币及货币供给量增大,用央行T形账户表示如下:

中央银行

资产		负债	
贴现放款	+	存款机构的准备金存款	+

2. 对货币市场收益率的影响(价格效应)

(1) 当其他条件不变时,央行实行紧缩性货币政策,即提高贴现窗口利率,将迫使对央行负债的存款机构迅速归还贴现窗口放款,它们将出售证券,或在货币市场上借款(如美国的存款机构在联邦资金市场上借款,或我国的存款机构在银行间市场上借款)及催还贷款

等,致使货币市场工具下跌、收益率上升,并通过各经济主体在各种货币市场工具间的套利使得货币市场整体收益率水平上升。

(2)当其他条件不变时,如果央行实行扩张性货币政策,即降低贴现窗口利率,由于贴现窗口放款与货币市场融资方式(如同业拆借)是替代的,因此,一方面,将引起货币市场上的资金需求转向贴现窗口放款,从而引起货币市场上可贷资金需求下降;另一方面,存款机构可将贴现窗口低成本的借款在货币市场上贷出套利(这就是美联储所担心的"滥用"),从而引起货币市场上可贷资金供给增加,供求双方的变化及经济主体在各种货币市场工具间的套利最终将使货币市场整体收益率下降。

◇ 显微镜 7-6

为什么美联储可以宣布将贴现率与联邦资金利率下调或上调多少个百分点?

一方面,美联储只可能决定贴现率,而联邦资金利率虽然是由美国同业拆借市场上的资金供求关系决定的,但美联储却可以对它施加确定性的影响。比如,通过上述的利率传导过程可以看出,当美联储降低贴现率时,联邦资金市场上将出现可贷资金供过于求的情况,使得联邦资金利率随贴现率的下调而下调。

另一方面,美联储还可直接规定联邦资金利率下调(或上调)的目标幅度,因为如果下调的幅度达不到美联储的目标,说明联邦资金市场上可贷资金供过于求的程度还不够,美联储就可以在公开市场上购买国债、使商业银行体系的超额准备金增加,商业银行就会在联邦资金市场上贷放,直到使联邦资金利率下跌到预定目标为止。

现在美国私人部门已熟知美联储的这种做法,因此美联储无须进行公开市场操作,就可以直接宣布联邦资金市场的指导利率(如隔夜的联邦基金利率)是多少。

3. 告示效应——再贴现率的改变象征着货币政策姿态的改变

再贴现率的改变象征着货币政策姿态的改变,因此具有告示效应。比如,如果在最近几年的衰退期央行几次降低贴现率,现在却突然宣布提高贴现率,私人部门就会预期央行的货币政策由扩张转为紧缩了,将预期央行还会有进一步的动作来执行紧缩性的货币政策,如在公开市场出售债券、再次提高贴现率等,这种预期将产生以下影响:

(1)由于各存款机构预期弥补准备金的成本将增加,因此它们将增加其超额准备金;同时,对央行负债的机构将立即向贴现窗口偿还其借入的准备金,因为贴现率的提高将使得贴现窗口放款与其他生息资产间的利差减小、甚至变为负,或不再增加借款。这些举措都将使存款机构的准备金、基础货币减少;同时,超额准备金率的上升将使货币乘数减小,导致货币供给量将下降,这就是预期产生的数量效应。

(2)利率的提高预示着固定收益债券及股票的价格将下降,因此银行、公司和个人都会抛售证券,使证券价格下跌、收益率上升,可见,仅仅是预期贴现率的提高就会传导到利率总体水平提高,这就是预期产生的价格效应。

◇ 显微镜 7-7

1996—2003 年我国扩张性货币政策困境的成因之一

——降息后不合理的套利渠道使得扩张性货币政策得不到商业银行的配合

在对再贴现、再贷款工具的分析中，我们得到了一个启示：当央行采取扩张性货币政策时，再贴现率应低于其他货币市场工具的收益率；当央行采取紧缩性货币政策时，再贴现率应高于其他货币市场工具的收益率。但是，由于在很长时间内我国的利率是被管制的，因此各利率间不存在传导渠道，有时就会形成不合理的利率体系和套利渠道，影响货币政策的传导，比如：

（1）如果名义存款利率低于名义存款准备金利率，就会形成将存款用于准备金存款的无风险套利机会，将削弱商业银行扩大贷款的动机和扩张性货币政策的效果。我国在 1996—2003 年实行扩张性货币政策治理通货紧缩，但效果并不理想，比如，1996 年 8 月 23 日降息后，一年期的存款利率为 7.4%，准备金存款利率为 7.92%，套利空间高达 0.45 个百分点，1997 年 10 月 23 日再次降息后反而进一步扩大到 1.35 个百分点，造成了商业银行超额准备金存款增加、信贷资金向央行回流的不合理局面。可见，企业效益不好是银行惜贷的推力，而存款准备金利率过高则是惜贷的拉力，当时央行在第 5 次降息时才纠正了这个问题。

（2）如果再贷款利率大于或等于贷款利率，商业银行就会缺乏从央行融出资金用于扩大贷款的意愿，从而影响扩张性货币政策的效果，而我国 1996 年降息后就出现了这种情况。

上述种种情况体现了我国货币政策的行动时滞（即从货币当局认识到需要行动到实际采取行动的时间）。之所以会有这种行动时滞，是因为在我国，存、贷款利率由央行决定只是一种形式，因为利率调整影响到企业成本、商业银行的收入和财政收入，牵涉各方面的利益，因此，利率的调整是各方面（国务院、计委、经贸委、财政部、中央银行）利益的调整，是一个博弈过程。

（四）贴现窗口政策的缺点

1. 贴现窗口放款的顺周期循环

贴现窗口政策的缺点之一是它是顺周期的，即在经济高涨时期，银行客户的贷款需求及债券收益率都增加，很多银行准备金不足，将增加贴现窗口借款；而在经济衰退时期，银行客户的贷款需求和债券收益率都下降，很少有银行缺少准备金，因此将减少贴现窗口借款。

央行应执行反周期的货币政策，即在经济扩张期提高贴现率以抑制商业银行的贴现窗口借款，在经济衰退期降低贴现率以刺激商业银行的贴现窗口借款。但在实践中，央行在商业周期过程中调整贴现率的幅度总是过小和过晚（即在扩张期贴现率很低，正好鼓励商业银行从央行借款，为总需求火上添油；而在衰退期贴现率很高，正好抑制商业银行从央行借款，为总需求雪上加霜），促成了商业银行向央行借款的顺周期循环，这体现了货币政策的时滞。

2. 商业银行的行为与央行改变贴现政策的意图相悖

商业银行对待贴现窗口放款的顺周期行为还体现在：在经济衰退期间，央行通过公开市场购买向银行注入准备金，但银行使用这些资金只是简单地向贴现窗口归还贷款，而不是用它来扩张放款，则与央行意图相悖；在经济扩张期间，央行在公开市场上卖出债券、使银行的准备金下降，但银行则大量增加从央行贴现窗口的借款，又与央行希望银行减少借款的意愿相悖。

3. 改变贴现率政策不会直接对那些没有或不打算从贴现窗口借款的机构产生影响

因为商业银行除从贴现窗口借款外，还有其他的融资渠道（比如，在华外资银行可以从其资金实力雄厚的母公司借款），当央行改变贴现率政策时，有其他融资渠道的商业银行就不会从贴现窗口借款，因此其信贷与投资行为不受央行贴现率调整的影响。综上所述，贴现窗口政策的影响主要是告示效应。

四、法定准备金率政策

（一）从调整法定存款准备金率到操作目标间的传导

1. 调整法定存款准备金率对银行准备金、基础货币的影响（数量效应）

扩张性货币政策将调低法定存款准备金率，使得商业银行的一部分法定存款准备金被释放为超额准备金；反之，紧缩性货币政策将调高法定存款准备金率，使得商业银行的一部分超额准备金被冻结为法定准备金。但是，法定准备金存款与超额准备金存款均被记入中央银行资产负债表中的“商业银行体系的准备金存款”这一项，属于基础货币，因此，法定准备金存款变成超额准备金存款并不影响基础货币，可见，调整法定存款准备金率政策并没有数量效应。

2. 调整法定存款准备金率对货币市场收益率的影响（价格效应）

扩张性货币政策将调低法定存款准备金率，使得商业银行的一部分法定存款准备金被释放为超额准备金。当央行不对准备金付息，或准备金存款的利率低于其他货币市场工具如同业拆放的利率时，商业银行用超额准备金在同业市场上贷放将成为一条套利渠道，于是同业拆借市场上可贷资金的供给将增加；与此同时，由于很多银行的法定准备金被释放为超额准备金，因此在同业拆借市场上可贷资金的需求将减少，二者的共同作用将拉低同业拆借利率水平，进而通过金融工具间的替代效应引起货币市场整体收益率下降，这就是调整法定存款准备金率政策从工具到操作目标间的传导。

反之，紧缩性货币政策将调高法定存款准备金率，使得有些商业银行的一部分超额准备金被冻结为法定准备金，有些商业银行就会准备金不足，因此会在同业拆借市场上借款；同时，商业银行的超额准备金普遍减少，因此在同业拆借市场上的贷放也将减少。这样，同业拆借市场上可贷资金需求增加、供给减少，同业拆借利率就会上升，进而通过金融工具间的替代效应引起货币市场整体收益率的上升。

3. 调整法定存款准备金率的告示效应

相比于同样具有告示效应的贴现率的调整而言，法定存款准备金率更不会经常调整，因此央行调整法定存款准备金率对于私人部门而言比调整贴现率具有更明显的告示效应，因此，当央行调高法定存款准备金率时，私人部门会预期央行将进一步采取紧缩性货币政策，于是将增加超额准备金或借入准备金，造成货币市场上可贷资金需求的增加、供给的减少，从而引起货币市场收益率的上升，这就是调整法定存款准备金率的告示效应。

（二）法定存款准备金率工具的优点

1. 央行具有完全的主动权

中央银行可以根据宏观经济运行情况来决定是否调整法定存款准备金率，具有完全的主动权。

2. 央行调整法定存款准备金率能对货币供给量产生迅速、有力的影响

一方面,调整法定存款准备金率能促使商业银行迅速调整资产负债表,比如,央行要实行扩张性政策,降低法定存款准备金率后,商业银行立刻就有超额准备金了,如果它们想向企业贷款的话,整个社会的投资需求就可以迅速增加,作用速度快。

另一方面,央行调整法定存款准备金率能对货币供给量产生有力的影响。因为法定存款准备金率的微小变动就能引起货币供给量的巨大变动,因此在紧急时刻基础货币发生较大变化时,改变准备金率可以中和基础货币的不合意变化,而使货币供给得到控制。例如,在战争时期,政府通常大量发行债券,为了帮助财政部获得资金、而又不必付出过多的利息,央行通常在公开市场上购买大量的债券(即实行公债货币化),这将直接导致准备金和基础货币的扩张。为了避免货币供给的过度增长,央行可以提高准备金率以配合公开市场购买。

而公开市场操作仅直接对政府债券交易商的开户银行产生影响,有时在对大部分银行产生影响之前其作用就消失了;而改变贴现率的政策也不会直接对那些没有、或不打算从贴现窗口借款的机构产生影响。

3. 央行调整法定存款准备金率能对货币供给量产生广泛、中性的影响

央行改变法定存款准备金率是作用于所有存款类金融机构的,对其作用的时间和速度是一致的,对所有存款机构一视同仁,因此比较公正,且作用广泛。

但是,央行也可以实行差额准备金率政策——将对法定存款准备金率的要求与存款类金融机构的某些指标相结合,来实现特定的货币政策目标和监管要求。我国目前实行的就是差额准备金率要求,从 2009 年起为控制美国次贷危机后各商业银行贷款规模的迅速扩张而实行紧缩性政策,就实行了差别存款准备金率政策,即对贷款规模增长过快的商业银行实行惩罚性的、更高一些的法定存款准备金率,而对贷款规模增长适度的商业银行实行更低些的法定存款准备金率。美联储在正式建立存款准备金制度以来,实际上执行的也是差额存款准备金率政策。

4. 更直接的告示作用

由于这一工具并不经常使用,因此,准备金比率的调整往往比较容易解释、而不至于引起歧义。

(三) 准备金比率工具的缺点

1. 作用效果强烈

常被比喻成外科医生使用斧头。比如,当需计提法定存款准备金的存款总额接近 1 万亿元时,准备金比率下降一个百分点将释放出数量巨大的(100 亿元)超额准备金,以至于很难对准备金比率进行适当的控制。虽然准备金比率也可以不成整数点地变化(如改变 0.002%),但频繁和细微地改变准备金比率将给存款机构带来更多的管理成本,影响其盈利。而公开市场操作则可以很灵敏地控制基础货币,因此,调整法定准备金率政策不适合作为日常的货币政策操作工具,日常管理工具最适合由公开市场操作来担当。

2. 还有其他影响其效果的因素

(1) 如果一国的直接融资占比较高的话,社会融资总量中的大部分不是通过存款类金融机构的媒介作用而发生的(即存在"脱媒"现象),此时,调整法定存款准备金率对投资需求的影响就会打折扣。

(2) 如果存款类金融机构持有较高比例的超额准备金,则上调法定存款准备金率只是使商业银行的准备金从央行的超额准备金存款账户转移到法定准备金存款账户,银行不用收缩贷款规模,因此不会对货币供应量产生什么影响。

(3) 缺乏灵活性。假设央行为了限制总支出以减少通货膨胀压力而提高准备金率,但过了几个星期大家都认识到失业的问题比通货膨胀更严重,就会要求调低准备金率,而调低准备金率就是承认央行犯了错误,因此,准备金率政策没有公开市场操作那样灵活,并且频繁和细微地改变准备金率还将给存款机构带来更多的管理成本。

(4) 调整法定准备金率政策具有不对称性,提高准备金率将触发银行的流动性问题。通常提高准备金率将使银行的一部分超额准备金被冻结成法定准备金,因此可能触发商业银行的流动性危机。在我国,每一次调高法定存款准备金率后央行都要增加再贷款以缓解商业银行的流动性危机,使得调整准备金率的政策形同虚设。因此,央行在提高法定存款准备金率比降低法定存款准备金率有更多的顾虑,恰当的做法是选择一个合适的法定存款准备金率水平并无限期地维持下去。

第四节 货币政策从操作目标到中介目标的传导渠道及其梗阻

一、从操作目标到货币供给量中介目标间的传导及其梗阻

货币政策从基础货币这个操作目标传导到货币供给量这个中介目标,从货币市场收益率这个操作目标传导到事前长期实际利率这个中介目标。我们在本章第三节已阐述了公开市场操作与再贴现、再贷款政策这两大货币政策工具都能影响基础货币这个操作目标,接下来,以扩张性货币政策为例,如果央行用公开市场购买或降低再贴现、再贷款利率的方法成功地增加了整个经济中的基础货币,那么从基础货币增加这个操作目标传导到使货币供给量增加这个中介目标的渠道就是:

基础货币↑	→	货币供给量 ↑
(操作目标)	当货币乘数稳定时	(中介目标)

显然,当货币乘数不稳定时,这条传导渠道将发生梗阻,即:

基础货币↑	→	货币供给量不变,甚至变小
(操作目标)	当货币乘数变小时	(中介目标)

我们在第四章中分析过在"大萧条"时期,虽然美联储将基础货币增加了20%,但由于现金比率与超额存款准备金率上升,美国的货币供给量 M_1 却下降了25%,造成了通货紧缩,使得萧条的经济雪上加霜,就是一个例证。

二、从操作目标到事前长期实际利率中介目标间的传导及其梗阻

因为事前长期实际利率=长期名义利率-预期价格变化率,当预期价格变化率为正时,

表明有通货膨胀预期，当预期价格变化率为负时表明有通货紧缩预期，因此下面分两种情形来进行讨论：预期价格变化率为0与预期价格变化率不为0时的传导及梗阻。

（一）当预期价格变化率为0时的传导及梗阻

1. 顺利的传导

我们在本章第三节中阐述过，三大货币政策工具都能影响货币市场收益率。以扩张性货币政策为例，当央行通过公开市场购买、或调低再贴现、再贷款利率、或调低法定存款准备金率而成功地降低了货币市场收益率后，由于私人部门预期价格变化率为0，因此私人部门看到的名义利率就是他们心目中的实际利率，只需要降低长期名义利率就可达到使事前长期实际利率下降的中介目标。当收益率曲线形态正常时，央行通过三大货币政策工具抬高了货币市场金融工具的价格、降低了短期名义利率后，私人部门通过金融工具间的套利，自然会抬高长期金融工具的价格。降低长期金融工具的名义利率，从而顺利地完成从货币市场收益率下降这个操作目标到事前长期实际利率下降这个中介目标间的传导。

2. 传导的梗阻

即使预期价格变化率为0，如果收益率曲线发生变异，传导就可能出现梗阻。比如，我们在第六章中讲过的美国布什总统削减赤字的政策出台后，美国市场上短期可贷资金供过于求，导致短期利率下降，但美国私人部门预期长期内政府预算赤字会爆发性地反弹，因此长期内美国市场上的可贷资金将供不应求，导致美国长期利率攀升，这样美国的收益率曲线将变得更为陡峭地向上倾斜，此时，货币市场收益率的下降就无法使得长期名义利率与事前长期实际利率下降，这就是从操作目标到中介目标的传导梗阻。

为了解决这个梗阻，我国央行进行了所谓的“锁短放长”操作，也就是美联储所谓的“扭转操作”，比如，央行在公开市场操作中直接购买长期国债，试图直接抬高长期国债价格、降低其收益率。随后，由于国债利率是无风险利率，央行希望通过各金融工具间的套利，使所有长期名义利率都依次下降。

◇ 能量棒 7-5

扭转操作[21]

1. 美联储的扭转操作

1）实行扭转操作的动因

当央行希望刺激实体经济投资时，由于影响企业投资的是长期利率而不是短期利率，因此央行希望长期利率下降。由于在传统上美联储进行公开市场操作遵循 Bills Only 的原则，即以发行量最大的3个月国库券为公开市场操作的工具，如果美联储希望刺激企业投资，传统上就购买3个月国库券，这样做将直接导致国库券供不应求、价格上涨、利率下降，又由于国库券的利率是无风险利率，是一切金融工具利率的基础，因此必然会导致市场上所有短期金融工具的利率下降，并通过长、短金融工具之间利率的传导而导致长期利率下降，从而实现美联储的目标。

但是，当人们预期未来有通货膨胀时，即使短期利率下降，长期利率也将因通货膨胀预期而居高不下，收益率曲线的这种形状并不是美联储所期望的。为了达到直接降低长期利率的目的，美联储就一改传统做法，卖出短期国库券、腾出资金来买进长期国债（姜超，2015-06-30）。

2）扭转操作的概念

扭转操作是指央行通过同时在短期国债与长期国债市场上进行反方向的公开市场操作（数量不一定相等），来人为地改变国债的收益率曲线形状，因为国债利率是无风险利率，是市场上各种金融工具利率的基础，因此央行扭转操作的用意是希望人为地转变消费与投资常用的融资工具的收益率曲线形状，以达到货币政策调控的目的（姜超，2015-06-30）。

3）扭转操作有用吗？

美联储的扭转操作与其量化宽松之间的相同之处在于两项操作都是通过购买长期债券、卖出短期债券的方式压低长期利率，不同之处在于扭转操作的规模一般要小于量化宽松，扭转操作是美国多次量化宽松效果递减情况下的新尝试。

有学者认为扭转操作有如下好处：由于扭转操作带有指向性，美联储就可以针对特定行业提供流动性支持，避免产生大范围通货膨胀的风险。也有学者认为扭转操作有如下缺点：由于卖出短期国债可能导致短期利率走高，违背央行低利率的承诺，使金融市场产生违背央行意图的预期，导致经济形势进一步恶化；同时，如果长期利率已经很低，再压低长期利率的话作用也不大（姜超，2015-06-30）。

2. 中国版的扭转操作

1）2013 年下半年的锁长放短

2013 年下半年，央行采用“短端逆回购＋长端发行 3 年期央票”①的方式进行“锁长放短”，逆回购即央行在公开市场上买进短期央票（并承诺逆回购到期时再返售给正回购方），造成短期央票价格上涨、利率下跌，并希望它传导到其他短期金融工具，使短期市场利率下跌，这就是“放短”即放松短期利率；同时，发行 3 年期央票，使得长期金融工具供过于求、价格下跌、利率上涨，并希望它传导到其他长期金融工具，使得长期市场利率上涨，这就是“锁长”即锁定长期利率、令其不下跌。结果央行达到了政策目标，成功地使短期利率 R007 从 7%以上回落至 4%以内，而 10 年期国债利率则从 3.7%上行至 4.7%。

2）2014—2015 年的锁短放长

2014—2015 年，央行为利率市场化保驾护航而需要稳定长期利率预期，需要投放长期流动性，即货币政策转向了宽松，因此进行了与 2013 年相反的操作，即用“短端定向正回购＋长端增加 PSL”的方法进行锁短放长。因为 PSL（抵押补充贷款，央行近年来新创设的再贷款工具，见第四章）是商业银行的中、长期融资工具，所以央行增加 PSL，就是增加商业银行的长期资金供给，从而降低长期利率（即放长）；同时，对短期央票进行正回购，即卖出央票、收回基础货币，使得短期利率上涨（即锁短）。

结果是央行达到了政策效果，以 R007 为代表的货币市场利率保持稳定，而长期债券利率则下降了（姜超，2015-06-30）。

（二）当预期价格变化率不为 0 时的传导及梗阻

1. 当存在通货膨胀预期时

以扩张性货币政策为例，如果私人部门预期到政府“大水漫灌式”的货币扩张必将引起

① 2013 年下半年央行逆回购共投放了 8 000 多亿元人民币的短期流动性，并发行了总计 4 222 亿元人民币的 3 年期央票以回笼长期资金。

未来的通货膨胀，短期名义利率的下降如果能顺利地通过金融工具间的套利使得长期金融工具的价格上涨、名义利率下降，考虑到预期通货膨胀率后，此时事前长期实际利率下降幅度更大，表明传导更加顺利。

但是，如果私人部门觉醒了，根据费雪效应而要求更高的长期名义利率以补偿预期的通货膨胀率，则短期名义利率的下降就无法传导到长期名义利率与事前长期实际利率的下降，这就是传导梗阻。以公开市场操作为例，其机制如下：央行在公开市场上购买短期国债，使得短期国债价格上涨、收益率下降，但是，有闲置资金的私人部门却非常"精明"地不去购买价格尚显低廉的长期国债，因为他们觉得长期国债目前的名义收益率不足以补偿预期到的长期内的通货膨胀率，私人部门甚至还会抛售长期国债，因此，与短期国债供不应求的火热局面相对应的是长期国债的供过于求、价格下跌，导致其名义收益率随着预期通货膨胀率的上涨而上涨，因此事前长期实际利率无法下降。

2. 当存在通货紧缩预期时

1）传导梗阻

以扩张性货币政策为例，假设经济处于萧条期，即使政府实行了扩张性货币政策，但私人部门仍然认为经济复苏无望、而保留着通货紧缩预期，即使央行的三大货币政策工具能使短期名义利率下降到0，且能顺利地通过金融工具间的套利使得长期金融工具的名义利率下降到0附近，考虑到通货紧缩预期后，事前长期实际利率仍然为正，例如：

事前长期实际利率＝名义利率－预期通货膨胀率＝0－(－5%)＝5%

这将阻碍投资需求及总支出的增长，这就是传导梗阻，也是日本、中国1996—2003年通货紧缩时期的情形。

2）破解方法

(1) 零利率＋制造通货膨胀预期

要破解这种梗阻，央行可以实行零利率政策(即使得名义利率下降至0或略高于0)，辅之以制造通货膨胀预期。例如，政府成功地使私人部门对未来一段时期内每年的预期价格变化率由－5%上升为3%，则在零利率下事前长期实际利率就为－3%了。

但是，零利率政策也有一些副作用，下面以日本为例进行说明。

◇ 能量棒 7-6

日本央行的零利率政策

1. 1999—2000年日本首轮零利率政策的副作用

1990年至2000年间，日本央行为了挽救泡沫破裂后衰退的经济而不断地降息，1999年更是首次实行了零利率政策，希望以此刺激居民消费与企业投资。但零利率政策也有副作用，效果并不好，因为扩张性货币政策降低了名义利率，一方面使股票与债券的价格上涨，增加了财富，使消费支出和总需求增加，这就是财富效应；另一方面又使得储蓄存款的利息收入下降，减少了财富，从而使消费支出减少。总的影响取决于一国的金融结构，如果居民金融资产以储蓄存款为主，则扩张性货币政策(降息)反而使财富和消费支出减少；反之，如果居民金融资产以股票、债券等直接融资工具为主(如直接融资发达的欧美国家)，则扩张性货币政策将使财富和消费支出增加。

但日本的金融结构与欧美不同，而与中国、韩国相似，均为政府抑制直接融资的金融抑制型，表现之一是银行体系的垄断。当时日本居民金融资产的55%为银行储蓄。因此，一方面，日本央行实行零利率政策后,居民的储蓄利息收入水平下降,影响了其财富与消费。据日本银行测算,从1990年到1998年投资者失去的利息收入约为27万亿日元,这对于退休职工及其他依赖利息收入的居民而言是不小的影响,抑制了消费,体现了零利率政策的负面影响。

另一方面,实行零利率后,日本股市在1999年虽然有所上升,但由于人们担心这种上涨不是建立在经济增长之上、会形成新的泡沫,因此不久又抛售股票、使股市又下跌了。股票价格下跌与存款利息下降这两个因素使得日本家庭的收入下降,影响了消费支出,于是,日本央行于2000年8月宣布将短期利率水平提高到0.25%,结束了实行了18个月之久的零利率政策。

2. 克鲁格曼制造通货膨胀预期的药方

日本央行在20世纪90年代实行首轮零利率期间,日本由于存在着通货紧缩预期而实际利率高企,1998年5月,美国麻省理工学院教授保罗·克鲁格曼(Paul Krugman)在其个人网页上抛出了一篇"Japan Trap"(日本陷阱)的帖子,指出日本央行在名义利率为零的情况下,要制造通货膨胀预期,才能使实际利率降低,甚至变为负,才可刺激日本消费扩张。比如,央行制造舆论,表明自己要"大水漫灌式"地投放货币,使居民产生通货膨胀预期,在担心储蓄被通货膨胀侵蚀的心理下,居民很可能将扩大消费。

这一建议在当时引起一片哗然,被视为离经叛道,因为央行的使命一向是保持币值稳定、防止通货膨胀。但是,克鲁格曼则强调,不是要让央行制造真正的通货膨胀,而只是制造通货膨胀预期,就像喊一声:"狼来啦!"一样,只要把老百姓吓得赶快去消费,经济就启动了。

但是,当时日本央行尚不敢尝试这味以通货膨胀预期治疗通货紧缩的猛药,因为担心居民真的被吓破了胆,将银行存款全部提取出来去消费,又会造成严重的通货膨胀,相当于前门赶走了虎,后门迎来了狼,有什么合算的呢?

当时,我国也处于与日本相同的陷阱之中。我国在1996—2003年通货紧缩期间,1年期银行储蓄存款利率由1996年5月第1次降息之前的10.98%降至1999年的2.25%,再加上1999年11月1日开征的存款利息所得税,使得1年期定期存款的名义利率实际上只有1.8%,但同期通货膨胀率则从1995年的14.8%降为−2.9%。如果人们持静态预期,即预期1996年的通货膨胀率仍将达到−2.9%,就是预期1996年的1年期实际利率=1.8%−(−2.9%)=4.7%,远高于名义上的零利率,无法发挥刺激投资与消费的作用。但是我国央行也不敢采用克鲁格曼药方。

3. 2013年安倍经济学中制造通货膨胀的药方

1) 政策的成效

但是,到了2013年,日本已经经历了连续15年的通货紧缩,名义利率已降为0了[①],而实际利率仍然较高,因此以首相安倍晋三为代表的自民党政权在2012年年底的大选中就宣称,一旦执政就将实施超大规模的QE(量化宽松)措施,并制定了2年内使通货膨胀率达到2%的目标,可见,"安倍经济学"[②]比克鲁格曼药方有过之而无不及,不是制造通货膨胀预期了,而是希望用真正的轻微通货膨胀推动实际利率下降为负值,从而刺激消费和投资。

由于各国的中央银行法都规定,央行的职责是保证货币供给量的适度,避免通货膨胀与通货

---

① 日本央行一直维持着0~0.1%的名义利率;日本央行在2013年10月31日发布的《经济和物价半年度报告》中承诺以每年60万亿至70万亿日元的规模扩大基础货币,目标规模仍为270万亿日元。日本央行预期2014年的经济增长率为1.5%。

② "安倍经济学"指安倍晋三2012年年底出任日本首相后加速实施的一系列经济刺激政策,包括量化宽松,扩大公共支出和结构性改革。其中,最引人注目的是宽松货币政策,它的意图之一是促使日元贬值,以助推日本经济摆脱持续的低迷。

紧缩，因此，为了让独立性很强的央行就范，日本首相安倍晋三甚至威胁称将修改央行法，在这种威胁下，日本央行新行长黑田东彦十分听话，上任后就决定将 QE 规模扩大至每年 60 万亿～70 万亿日元。

这样“大水漫灌式”地增加货币供给果然取得了显著成效——日本在经历了 15 年通货紧缩后，核心通货膨胀率在 2013 年 8 月首次出现正值，为 0.8%，创 5 年来新高(2013-11-08，日本央行：未考虑退出量化宽松政策[J/OL])[22]。

2) 市场的反应

虽然日本的宽松货币政策旨在结束长期通货紧缩的局面，但投资者普遍认为该国仍深陷在通货紧缩陷阱之中，因为这几个月通货膨胀率的上涨，很大程度上是受到日元下跌导致的进口产品价格上涨的影响，投资者们认为，日元走弱带来的通货膨胀上涨动力将于 2014 年 4 月左右消退。

此外，国际货币基金组织指出，“安倍经济学”在技术性地提升经济活力的同时，也要考虑其所衍生的负面影响，比如，物价上涨导致员工薪金的实际购买力下降等，这些都不利于消费扩大及获取国民对于改革的支持。

(2) 制造名义负利率

第二种破解方法是货币当局实行罕见的名义负利率政策。例如，假设十年期国债的名义利率为－3%，而私人部门预期今后十年内每年的通货膨胀率为－2%(即通货紧缩率为 2%)，因此有：事前长期实际利率＝名义利率－预期通货膨胀率＝－3%－(－2%)＝－1%。

但名义负利率政策也有一些副作用。

◇ 能量棒 7-7

2016 年欧元区、日本央行的负利率政策及其传导梗阻

(一) 负利率政策的含义

负利率包括实际负利率与名义负利率，本能量棒讨论的名义负利率。

1. 欧元区、日本等央行对超额准备金存款实行名义负利率政策

1) 欧元区、日本等国央行的名义负利率

2014 年至 2016 年年初，欧元区、日本、瑞典、丹麦、瑞士等国央行相继采取了负利率政策，并因负利率对商业银行行为的扭曲而引发了巨大的争议，因此 2016 年 3 月后，负利率政策趋于平静，各国央行均未采取深化负利率的举措。

比如，2014 年 6 月，欧央行在全球率先实行了负利率政策——将存款便利利率(即欧元区商业银行在央行的超额准备金存款利率)下调至－0.1%的水平①，因为尽管欧央行此前实行了量化宽松政策，但商业银行因实体经济低迷而惜贷，因此将自己从与央行进行公开市场操作(即量化宽松)中得到的基础货币仅仅作为超额准备金存在央行账上，而并没有向实体经济贷放，央行为了逼迫商业银行向实体经济进行信贷投放，就对超额准备金存款实行名义负利率(2016-03-10，欧央行负利率频遭质疑[J/OL])[23]。

① 此后欧央行又经过了三次深化负利率，2016 年的存款便利利率为－0.4%；同时，欧央行的法定准备金存款利率为 0。

2）名义负利率政策的传导机制——各国央行为何实施负利率政策？

(1) 各国通货紧缩日益加深，货币政策需要进一步宽松

2014—2015年，美国、英国和欧元区均经历了通货膨胀率的迅速下滑，而欧元区通货膨胀下滑速度最快，欧央行于2014年6月全面降息并实行负利率后，到了2016年上半年欧元区仍徘徊在通货紧缩的边缘。其他实行负利率政策的国家也经历了通货膨胀率的持续低迷，甚至已陷入了通货紧缩①(孟祥娟，秦泰，2016-10-21)。

(2) 此前央行已将利率降至零了，只得实行负利率

但在实践中，负利率政策对商业银行的信贷业务、债券交易业务等均造成了扭曲，形成了传导梗阻。

3）实行名义负利率政策的央行对商业银行的再融资利率仍为正利率

2016年，实行负利率的全球主要央行仍将其对商业银行再贷款的利率定在零利率上方，表明全球主要央行并不希望通过直接补贴商业银行的方式向经济中提供更多流动性，从而避免商业银行过度依赖于央行融资，以及避免对银行间利率和零售端贷款利率的破坏性扭曲。

2. 欧元区、日本等地的国债、银行贷款、企业债券等出现了名义负收益率现象

在通货紧缩预期下，欧元区、日本等地央行实行的名义负利率也传导到国债、企业债券及银行贷款，从而形成了这些金融工具的名义负收益率，例如：

(1) 2015年、2016年以来，随着欧元区、日本、瑞典、瑞士、丹麦央行纷纷对商业银行的准备金存款实行负的名义利率，德国、日本等国的国债二级市场的负名义收益率已蔓延至10年以上的长债，并且德国、日本、瑞士等国的财政部也开始发行名义负利率的10年期国债②。

(2) 2016年3月，德国企业Berlin Hyp AG发行了欧元区首只负利率企业资产担保债券，总额为5亿欧元，利率为−0.612%，期限为3年，却是负利率债券的发行者第一次来自于民间层面。认购这些负利率债券的投资人多为养老金和对冲基金。

名义负利率债券之所以受到投资者追捧，是因为通货紧缩预期使其有了正的预期实际收益率。况且，将现金打捆放在保险柜里也要约0.4%的成本(2016-03-10，欧洲首只负利率企业债面世[J/OL])[24]。

(二) 负利率政策传导机制的梗阻——商业银行并没有增加对实体经济的贷款，反而因利差缩窄而利润下降，削弱了向实体经济放贷的能力

1. 商业银行并没有增加对实体经济的贷款

实行了负利率之后，银行并没有增加对实体经济的贷款，反而因利差缩窄而利润下降，削弱了向实体经济放贷的能力。

1）负利率政策导致商业银行存、贷款利率非对称性地下降，导致商业银行净利差缩窄

一方面，贷款利率挂钩基准利率较为紧密，同时绝对水平较高，因此易受到负利率政策的影响而显著下行③；另一方面，由于居民存款的利率弹性较大，因此居民存款的利率降幅有限，虽然企业因为依赖于商业银行的结算和汇兑服务而可以容忍较低的存款利率，但存款利率降至0附

① 例如，瑞士自2014年9月进入通货紧缩区间，至2015年9月通货膨胀率降至−1.44%；日本2016年1月的CPI同比在32个月内首次降至0。

② 2015年瑞士首次以−0.055%的利率发行长期国债，日本十年期国债收益率也降至−0.018%，全球负收益率债券规模在2016年2月底已超过了7万亿美元。

③ 欧元区内，德、法、荷企业贷款利率下降了31～73个基点，意、西降幅达124～136个基点；居民按揭贷款利率降幅更大。

近后也没有下降空间了。因此，总的来说，存款利率下降空间有限。这就造成了存、贷款利差缩窄，导致商业银行信贷业务的利润率下降①。

居民存款的利率弹性较大是因为当利率下降时，居民就会增加现金的持有量，因为居民持有现金的交易成本极小，远小于企业和金融机构储存大额现金和进行大额现金结算汇兑的交易成本，因此一旦存款利率降至接近于0的程度，居民就宁愿持有现金，也不愿意承担存款遭受负利率的损失。而一旦居民大规模地将存款转为现金取出，商业银行将为了流动性而被迫削减资产规模、处置流动性较差的信贷资产，可能引发系统性、流动性风险，因此，商业银行对居民存款利率的削减幅度较为温和②。

2）信贷规模扩张缓慢，难以弥补利润损失

央行希望通过贷款利率下降拉动信贷需求，弥补商业银行利润率的损失，但实际情况却是事与愿违。

（1）欧元区经济复苏缓慢，企业投资需求不振；同时，商业银行因担心坏账率上升威胁到资本充足率而不愿发放贷款③，导致企业贷款增速低迷④。

（2）居民房贷增速回暖，推升了房地产泡沫：利率下降提升了地产的估值，使得居民的购房需求增长、房贷增速回升，而房贷的高增长又反过来推升了房价，导致房产泡沫，压缩了宽松货币政策的空间⑤。

因此，实行了负利率后，欧元与日本等国的商业银行并没有增加对实体经济的贷款，反而因利差缩窄而利润下降，削弱了向实体经济放贷的能力。

2. 商业银行的流动性大量流向债市，隐藏着利润危机

1）负利率国家的商业银行投资于国债可获得国债价格上涨的好处

除了信贷业务之外，商业银行的另一项主要的资产业务就是在银行间或交易所市场进行的债券交易，在负利率导致存贷款业务利润下降的情况下，欧元区的商业银行反而大量持有低风险、高流动性的政府债券⑥。因为欧元区、日本央行大规模地实施在公开市场上不考虑价格的购买国债计划（即 QE），意味着为国债市场提供了稳定的增量需求⑦，随着 QE 的逐步深化，市场上可供央行购买的国债逐渐减少，对商业银行来说，抢在央行之前购得国债，并等到收益率进一步下降时再将其卖给央行，可以获得一定的资本利得。

---

① 例如，欧元区新增家庭存、贷款的利差降幅达到或接近1个百分点，企业存贷款利差约缩窄35～70个基点。

② 例如，自欧央行开始实施负利率政策至2016年7月，德、法、西、意、荷五国居民存款利率分别仅下降37个基点、26个基点、92个基点、76个基点和32个基点。随着欧央行2016年3月再次增大负利率水平，各国居民存款利率已难以进一步下降，荷兰、法国等国的居民存款利率甚至分别自3月、6月起开始反弹。

③ 例如，在不良贷款率高企的意大利和西班牙（18%和6.3%），尽管贷款利率降幅较大，但企业贷款仍持续负增长；而不良率较低的瑞典和日本，企业贷款增速则维持在0以上。

④ 2016年9月降至0附近。

⑤ 例如，欧元区2016年第2季度的房价同比涨幅已经高于金融危机前，瑞典、日本房价也随房贷增长而持续攀升。

⑥ 自2014年6月至2016年8月，欧元区企业和家庭部门贷款余额合计仅增加1 504亿欧元，而银行业资产负债表内政府债券则大幅增加7 576亿欧元，增量达到同期企业和家庭贷款的5倍。而实施负利率政策之前的27个月内，政府债券资产仅增加2 987亿欧元。实施负利率以后欧元区银行类机构增持政府债券的速度为此前的2.5倍。

⑦ 欧央行自2015年3月起开始实施QE国债购买计划，初始规模为每月600亿欧元，此后于2016年3月加码至每月800亿欧元，至2016年8月，欧元区央行持有的国债已经接近欧元区国债总余额的25%。而日本银行则自2013年1月开始实施“量化质化宽松”（QQE），其购买国债的速度更加激进，至2016年9月日本银行已经持有日本国债余额的45%。

在商业银行的大规模购买下，欧元区国债的市场价格大幅度上升，以至于出现了名义负利率①。例如，2019年1月1日一张面值为100元人民币、票面利率为3%、2019年12月31日到期(即一年后到期)、每年年底(12月31日)付息一次的国债的市场价格为103元人民币，则其市场收益率 i 等于0，因为：$103=\frac{103}{1+i}\Rightarrow i=0$。

若市场价格继续上升至高于103元的水平，则其市场收益率必为名义负利率。

自2015年以来，欧元区国债利率已有超过1年的时间呈现出趋势性下降，收益率降幅达到或接近1个百分点，使得大量投资于国债的商业银行有不错的账面资本利得，在一定程度上弥补了其存、贷款业务的利润损失。

2) 国债普遍陷入负利率区间也意味着其价格即将下跌

但是，国债普遍陷入负利率区间也意味着其价格即将下跌，因为：

(1) 欧元区、日本等大型经济体央行已没有了深化负利率的空间了，一旦利率不再下降，国债价格就即将下跌。

因为商业银行将超额准备金作为现金持有将发生－0.5%左右的存储成本，所以，只要央行给出的超额准备金存款的名义负利率在[－0.5%，0]，商业银行就有动力将超额准备金存在央行，从而当央行在此区间内进一步深化负利率时(如将负利率由－0.1%深化至－0.2%)，就可能会刺激商业银行积极对实体经济放贷。但是，如果央行的负利率处于[－∞，－0.5%]，商业银行可能不再将超额准备金存入央行，从而使负利率刺激商业银行放贷的政策失效。而2016年欧元区、日本等大型经济体央行的负利率已接近－0.5%，几乎没有深化负利率的空间了②。

正因为欧元区、日本等大型经济体央行已没有了深化负利率的空间了，因此，一旦商业银行预期央行不会进一步降息了，就会停止购买国债，导致国债价格不再上涨、或即将下跌，使得商业银行来自国债交易的资本利得的获利渠道消失。

(2) 欧央行、日本央行等货币政策的操作要求也对国债收益率形成下限约束。

例如，欧央行规定，其QE计划中所购买的国债的市场收益率必须高于边际存款利率，这也就意味着2016年收益率低于－0.4%的5年期以下德国、法国等国的国债并不在QE购买范围之内，这就使得欧元区国债的收益率即将停止上涨，甚至转为下降，也就是说，此规定对欧元国债的收益率构成了下限约束。

但是在实践中，欧央行的QE计划却倾向于更多地购买德国、法国等国的国债，而排斥希腊等国国债，以对其政府过度举债行为实施惩罚，这一要求又使得欧元区国债收益率可能会继续上涨，因此，欧元区国债收益率的下限约束又似乎将不复存在。

(三) 2016年日本、欧元区央行负利率政策的前景

2015年以来，主要经济体货币政策开始分化。一方面，美联储自2015年年底开启加息路径之后，加息步伐却一再推迟，导致美债收益率持续下滑，为欧元区负利率政策加码、日本实施负利率政策提供了可能性。

但是，2016年美国通货膨胀水平快速回升，遥遥领先于欧、日，导致美联储年底加息概率不断加大。因为一旦美国加息，美国国债收益率、美元指数均将上扬，导致负利率的欧、日国债吸引

① 2016年7月德国10年期国债收益率首次降至负区间，10月反弹至0以上。2016年10月德国1年、5年、10年期国债收益率分别约在－0.65%、－0.5%和0.05附近。法国5年期国债收益率也自2016年2月起降至负区间，目前约为－0.4%。

② 2016年瑞士等个别央行实施－0.75%的激进的负利率政策则是为了阻止外汇大量流入。

力下降,资本将加速流向美国市场,可能对欧、日国内投资需求产生负面冲击,将迫使欧、日加息,扭转当时的负利率政策(孟祥娟,秦泰,2016-10-21)。

◇ 能量棒 7-8

2008年全球金融危机后的非常规货币政策[25]

1. 2008年全球金融危机前常规货币政策的理论基础——货币政策“新共识”

2008年美国次贷危机前,以美国为首的西方发达国家经历了一段高增长、低通货膨胀并且产出和通货膨胀波动率较低的时期——所谓的“大缓和”时期,在此背景下,主流的宏观经济学家们尽管存在流派上的不同,但在基本观点和研究方法上趋于一致,形成了货币政策理论的“新共识”①,主要内容是:

(1) 采用政策利率(即作为货币政策工具的再贴现率等)作为单一的货币政策工具;

(2) 采用通货膨胀钉住制作为单一的政策目标,因为根据新凯恩斯模型,在通货膨胀缺口与产出缺口之间存在“天赐巧合”(Divine Coincidence),即当通货膨胀稳定时,产出缺口为零,因此,货币政策只要将通货膨胀调整成稳定状态,就是最优的货币政策;

(3) 要增强央行的独立性;

(4) 货币政策有用,但相机抉择的财政政策缺乏实用性;

(5) 制定政策时要考虑预期的作用,并保证市场自由、减少金融监管等(刘元春,李舟,2016)。

2. 危机中对常规货币政策框架的反思

危机发生后,以“新共识”为代表的常规货币政策未能及时、有效地促进世界经济的复苏,理论界围绕常规货币政策理论在危机中的效力展开了广泛讨论,达成了以下共识:

(1) 稳定的通货膨胀依然是必需的,但仅有稳定的通货膨胀不足以保证经济的平稳运行;

(2) 零利率下限的约束使得传统货币政策失效;

(3) 金融中介对于整个经济的健康运转十分重要;

(4) 金融监管应被纳入货币政策框架。下面进行具体阐述。

1) 关于货币政策最终目标的反思

危机后,关于货币政策最终目标的反思主要有以下3点:

(1) 如果仍以某个通货膨胀的目标值为最终目标,伯南克等部分学者认为应将通货膨胀目标值由2%提升至4%,因为更高的通货膨胀目标有助于实际利率的降低。由此引发了另一个问题:通货膨胀目标值是否可以继续提高、以更大程度地降低实际利率?对于合理的通货膨胀目标值为多少的讨论目前还没有确定结果,但是可以想象的是更高的通货膨胀目标会导致更高的通货膨胀预期、进而形成通货膨胀的螺旋式上升;并且,一旦高通货膨胀预期形成后,通货膨胀降下来的成本就将变得十分高昂,历史上每一次高通货膨胀都伴随着经济的波动和福利水平的降低,那么是否继续维持目前的2%的通货膨胀目标值?

---

① 米什金(Mishkin)将危机前西方发达国家货币政策的指导思想概括为以下9个方面:(1)通货膨胀是一种无处不在的货币现象;(2)由于高通货膨胀会增加了通货膨胀的波动,进而导致金融扭曲,使借贷成本提高,因此,保持价格稳定就显得十分重要;(3)在长期失业率和通货膨胀之间不存在替代效应,长期菲利普斯曲线是垂直的;(4)预期对通货膨胀和货币政策的传导都有非常重要的影响;(5)泰勒提出央行通过调整短期利率来稳定通货膨胀缺口与产出缺口,名义利率的提升应该大于通货膨胀率;(6)货币政策受动态不一致的约束;(7)央行独立性有助于提高货币政策效率;(8)名义锚有助于提高货币政策的效率;(9)金融摩擦在经济周期中发挥着重要作用(刘元春,李舟,2016)。

(2) 如果不以通货膨胀目标值作为最终目标,是否应以金融稳定作为最终目标?布兰查德(Blanchard)探讨了以金融稳定为目标的可行性,他指出,考虑到不采取行动可能带来巨大的成本,用Ⅰ类错误(假设资产泡沫存在并采取相应行动,但实际上资产价格上涨反映的是基本面的变化)来换取Ⅱ类错误(假设价格上涨是源于基本面,但实际上是种泡沫)应是恰当的选择。

(3) 由于危机后货币政策单一目标的有效性下降了(比如,危机中以美国为代表的西方发达国家通货膨胀是平稳的,但产出却下降了,表明危机中"天赐巧合"被打破了),是否应采用多种目标?

2) 关于政策工具的反思——零利率下限约束的问题

金融危机爆发后,传统的通过降低利率刺激经济的货币政策不再有效了,因为碰到了零利率下限约束的问题。一方面,传统的货币政策认为利率是有弹性的,但在实际操作中利率可能是缺乏弹性,甚至是刚性的。比如,危机后西方发达国家普遍采用零利率政策刺激经济复苏(如美国长期将联邦基金利率维持在0~0.5%),由于在传统上央行不可以实行负的名义利率,即存在零利率下限约束,因此降息的货币政策就失灵了。

另一方面,危机后世界主要经济体经济增长恶化,大宗商品和原材料价格下降共同引导各国经济下行,并面临着通货紧缩预期,此时名义利率即使降为零,也会使得实际利率为正,恶化经济形势。

3) 关于宏观审慎监管的反思

次贷危机发生后,美联储官员和许多学者认为金融系统可以从这次危机中恢复过来,因为次级抵押贷款只占资本市场很小的一部分,带来的损失是可能忍受的,因此美联储的注意力放在抑制高通货膨胀上。但是没有想到随后美国的失业率急剧上升,GDP增速大幅度下滑,危机还从美国扩散到其他国家,演变成全球性的金融危机。

这使得一些学者如布兰查德认识到金融部门的稳定在经济中的重要性越来越突出,并且是保证政策利率有效传导的前提。危机前美国政府对于金融部门的忽视导致了金融机构的破产,从而引发了经济的震荡和金融危机的产生,也影响了货币政策的实施,因此,一个健全的金融市场是需要被重视的,这为后来的宏观审慎监管的大讨论做了理论铺垫。

3. 危机后非常规货币政策框架

危机后以美国为代表的西方发达国家对货币政策框架的改进主要包括对政策目标、政策工具的调整与创新,以及将金融监管纳入货币政策框架,具体来说有以下几点。

1) 将通货膨胀盯住制改为名义GDP盯住制?

传统货币政策的通货膨胀盯住制在危机发生后表现不佳,因此有学者建议采用价格水平盯住制或名义GDP盯住制,即当经济面临负向的需求冲击推动价格水平下行时,预期的较高的通货膨胀可以使价格水平回到目标值。另一方面,预期的高通货膨胀会导致事前实际利率走低,刺激需求,因此,通货膨胀预期在这里起到了自动稳定器的作用。

但这种政策将导致实际操作中政策目标不断地发生变化,使未来通货膨胀预期缺乏合适稳定的名义锚。因此,相比起通货膨胀盯住制,这个规则更需要加强央行与公众的沟通。

2) 政策工具的改进

(1) 前瞻指引——传统工具在后危机时代的改良

在危机后的政策利率面临零利率下限约束的背景下,以美联储、欧央行和英格兰银行为首的发达国家央行开始越来越多地采用另一种扩张性货币政策工具——前瞻指引(Forward Guidance)。前瞻指引政策是指央行通过做出在相当长的一段时间内保持低利率的承诺,引导未来预期通货膨胀率的上升和产出缺口的下降。根据利率期限结构理论,长期利率等于短期利率的平均值加上风险溢价，央行维持政策利率的时间越长，长期利率与短期利率的相关性就越明显。通过降低长期实际利率就可以降低企业、居民的融资成本，达到促进消费和投资的目的。

但是，前瞻指引政策工具要发挥作用需要2个前提条件：①央行的信誉；②前瞻指引的准确性。由于未来的经济形势难以准确预期，央行基于预期作出的最优决策可能会发生"动态不一致"的结果，从而影响央行的公信力①。在实际操作中，美联储、欧央行和英格兰银行先后提出了各自的前瞻指引"阈值"并一直处于波动之中，损害了央行的公信力。因此，由于前瞻指引的反复性和不确定性，市场难以很好地贯彻央行的意图。

(2) 非常规货币政策工具的创新

① 量化宽松(Quantitative Easing，QE)。在危机前，美国等发达国家基本采用价格型货币政策工具，通过调节银行间隔夜拆借利率(如美国的联邦基金利率——货币政策操作目标)，经由利率期限结构工具传递至中长期利率，从而影响企业投资和家庭消费，但这样的传导渠道在危机后受到零利率下限的约束而失灵，在这种背景下，美联储决定采用非常规的数量型货币政策工具——量化宽松政策。

② 扭转操作(Operation Twist)，详见前面的《能量棒7-5 扭转操作》。

③ 结构性货币政策工具。结构性货币政策工具的主要特点是定向性，包括运用定向型工具为金融部门或实体企业提供流动性支持。比如，危机后美联储曾采用过定期证券借贷便利(Term Security Lending Facility，TSLF)、定期资产支持证券贷款工具(Term Asset Lending Facility，TALF)；欧央行采用过定向长期再融资操作(Term Long-term Refinancing Operation，TLTRO)；日本央行采用过"刺激银行借贷便利"(Stimulating Bank Lending Facility，SBLF)。

从实施效果来看，这些结构性政策工具在常规货币政策无效的情况下，为特定行业或部门提供了流动性，缓解了市场的紧张情绪，但由于实体经济难以在短期内迅速复原，因此结构性货币政策工具并不能从根本上缓解金融机构的惜贷现象，例如，英国在推行FLS时，流动性未被引导至实体经济，而是被引向了高收益的风险金融工具市场，而欧元区的首轮TLTRO申请情况也远不及预期。

3) 加强监管——施行宏观审慎政策

"大缓和"时期金融部门的过度繁荣、资产泡沫的积累导致了2008年全球金融危机的爆发，表明通货膨胀和产出缺口的稳定并不意味着宏观经济的稳定，忽视了资产价格泡沫会导致金融与宏观经济不稳定，危机后大部分学者认为有必要保持金融稳定，应将宏观审慎政策纳入货币政策框架中来。斯文森(Svensson)等人认为虽然利率工具具有涉及面广、实施成本高的特点，但依然是现阶段抑制金融泡沫的主要手段。布兰查德认为考虑到不采取行动可能带来的巨大成本，用Ⅰ类错误(假设资产泡沫存在并采取相应行动，但实际上资产价格上涨反映的是基本面的变化)来换取Ⅱ类错误(假设价格上涨是源于基本面，但实际上是种泡沫)应是恰当的选择。

由于货币政策属于总量性政策，具有作用面广、实施成本高的特点，无法针对特定的行业或部门实施；财政政策虽有一定的针对性，但也具有时滞的缺点，因此，宏观审慎政策最适合被用来防范金融体系的系统性风险。

---

① 比如，美联储在2008年12月危机爆发后不久提出要"维持一段时间的超低利率"，并在2011年和2012年将低利率承诺时间延迟；在2012年12月12日开始启用6.5%的失业率门槛，到了2014年3月中旬不再提起6.5%的失业率门槛这一退出指标。类似地，英格兰银行一开始将阈值定在7%的失业率门槛上，后附加上了通货膨胀目标水平。

三、专题研究

1. 对货币政策中介目标的选择——货币供给量还是事前长期实际利率?

◇ 显微镜 7-8

货币供给量已不适合作为我国货币政策的中介目标

1. 我国正在向利率中介目标转型

1996 年,我国中央银行确定货币供给量为中介目标。不过,一方面,由于近年来我国货币需求变得越来越不稳定,因此货币供给量作为中介目标的相关性和可测性都在下降,理论界认为货币供给量已不宜作为我国货币政策的中介目标;另一方面,我国的利率市场化已基本完成,因此正在尝试转为以利率为中介目标,即向着价格型货币政策框架转型。

2. 战后西方各国货币政策中介目标的比较

以美、英、德、日、加、意为例,其中介目标的变如下:

(1) 在 20 世纪五六十年代:主要是利率;

(2) 在 20 世纪七八十年代:主要是货币供给量;

(3) 20 世纪 90 年代以来,放弃了货币供给量中介目标,监测更多变量,但以利率为主。

3. 为什么金融创新使得货币供给量的可测性、相关性下降了?

1) 金融创新使得各层次货币供给量的可测性下降

西方国家从 20 世纪 80 年代末、我国从 2000 年开始爆发的各种金融创新使得各层次货币之间的界限变得不确定,使货币供给量中介目标的可测性下降。比如,中国工商银行与国泰君安证券股份有限公司于 2000 年 9 月开始在全国部分城市联合推出“银证通”业务。“银证通”业务是指中国工商银行与国泰君安证券公司双方的计算机系统相互联结,投资者通过证券公司交易系统进行证券买卖,并通过投资者在工商银行开立的储蓄账户完成资金清算的业务系统。这是在严格遵守“银证分业经营”的前提下,实现银行和券商、投资者的“三赢”:①投资者的交易结算资金存放在银行,在节假日、晚间可以取出,同时又可以通过遍布大街小巷的工商银行网点开户入市;②银行稳定了储蓄客户;③券商扩大了股民客户基础。

这项金融创新使得我国货币供给量各层次间的界限变得不确定——我国居民的活期存款属于 M_1 中的转账信用卡存款,或 M_2 中的储蓄存款,而购买股票、存在券商处的保证金经券商清算后存入券商的开户行,属于 M_2 中的同业存放,因此一笔储蓄存款随时在 M_1、M_2 间转换,使得 M_1、M_2 之间的界限不清,货币供给量中介目标的可测性下降。

2) 金融创新使得货币供给量与最终目标间的相关性下降

正如我们在第五章中所分析的那样,金融创新使得私人部门的货币需求发生了很大变化,比如,工商业客户购买商业银行提供的表外信贷承诺(如票据发行便利),表面上看,由于客户并没有向银行贷款、从而银行的客户存款并没有增加,似乎私人部门的货币需求变小了,但客户申请表外信贷承诺其实有着很强的交易动机,反映的是潜在的总需求,一旦客户要求贷款,银行承诺的信贷额度就将变成客户存款,即变成货币供给量 M_1。

这说明,这种金融创新使得货币供给量并不能真实地反映总需求的大小,从而货币供给量与最终目标间的相关性减小了,因为企业没有向银行借款并不表明其投资需求下降,如果此时央行误以为投资需求不足而扩大货币供给量,就可能引发总需求过度和通货膨胀。

相反,如果采用利率作为中介目标,则不会因金融创新而产生误会。在此例中,即使工商企业向银行申请的是表外的信贷承诺、而不是表内的贷款,但企业的可贷资金需求并不会因为这个区别而下降,因此利率也不会下降,给央行的信号就是投资需求没有萎缩,因为只有利率下降才是投资意愿低迷的表现。可见,货币供给量与最终目标之间的相关性将为利率与最终目标之间的相关性所替代。

4. 评论

凯恩斯主义与货币主义者的争论之一是事前长期实际利率与货币供给量哪一个更适合作为货币政策的中介目标,其实是在争论哪个中介目标与最终目标的相关性更强,但是从我们本章关于货币政策传导梗阻的分析中可以看出,二者与最终目标的相关性在短期内都不是很强。

2. 中、美、欧央行的利率走廊及价格型货币政策调控框架

价格型货币政策调控框架是指央行运用货币政策工具向利率操作目标、利率中介目标直至货币政策的最终目标之间的传导,这里先讲从政策工具向操作目标的传导,并且,这里讲的操作目标不是一个值,而是一个区间,这就是利率走廊。

◇ 能量棒 7-9

中、美、欧央行是如何加(降)息的?

——解读利率走廊与价格型货币政策框架

这里所说的加(降)息,只分析从货币政策工具到同业拆借利率这个操作目标之间的传导,不分析从操作目标到中介目标之间的传导。

1. 美联储是如何加(降)息的?

1) 2015 年以前美联储通过公开市场操作来改变联邦基金利率

在 2015 年以前,美联储都是通过买卖国债的公开市场操作来改变联邦基金利率的,比如,当美联储想提高联邦基金利率时,就卖出国债、减少银行体系的准备金,使得联邦基金市场上的可贷资金供不应求,导致联邦基金利率上涨。反之则反是。

2) 2015 年 12 月美联储首次采用利率走廊模式来提高联邦基金利率

(1) 利率走廊的含义

2015 年 12 月美联储在次贷危机 7 年后首次加息,也是首次采用了利率走廊模式。调控短期利率的利率走廊的含义是:以央行目标利率为中心,在两种央行能够控制的官方短期利率之间形成一条走廊,即这两种官方短期利率分别构成了这条走廊的下限与上限。

美联储加息的操作目标是联邦基金利率,政策工具是一个利率走廊——提高超额准备金利率与美联储向货币市场基金等机构进行以国债为抵押的借款的利率,这两种利率都属于有超额准备金的银行的短期投资的收益率。

联邦基金利率是美国同业拆借市场上有闲置资金的金融机构(资金卖方)索要的利率(offering rate),对于有闲置资金的金融机构而言,有 3 种投资方式:①存入美联储、获得超额准备金利率;②与美联储作国债逆回购,获得逆回购利率;③在联邦基金市场上拆放给同业,获得联邦基金利率。显然,①与②是③的替代品(2015-11-26. 中国或将建立利率走廊机制[J/OL])[26]。

(2) 通过上调超额准备金利率来实现联邦基金利率的上限目标

2015 年 12 月,美联储打算将基准联邦基金利率的目标区间由 0~0.25%上调 0.25 个百分点至 0.25%~0.50%,为达到 0.50%的上限,美联储动用的货币政策工具是将超额准备金利率由 0.25% 上调至 0.50%，以此来实现联邦基金利率达到 0.50% 的上限目标。

根据可贷资金利率决定理论，联邦基金利率是由美国同业拆借市场上可贷资金的供求曲线交点决定的，假设在初始均衡时，联邦基金利率为 D_0、S_0 曲线决定的较低的 i_0，当美联储将超额准备金利率上调至 0.50% 时，有超额准备金的银行就不在联邦基金市场上放贷，而是去存超额准备金套利，因此联邦基金市场上可贷资金供给曲线左移至 S_1，而可贷资金需求曲线未受影响，因此联邦基金利率也上涨了。

(3) 通过上调向货币市场基金等机构进行国债回购的利率来实现联邦基金利率的下限目标

美联储向货币市场基金等机构进行国债回购，即以国债为抵押向其借款，对于货币市场基金等机构而言则是逆回购，因此产生了一个技术性问题——美联储逆回购计划的总体规模取决于美联储目前持有的美国国债数量[①]。按照习惯，美联储称这种利率为"逆回购利率"。2015 年 12 月，美联储将逆回购利率从 0.05% 上调至 0.25%，以此来实现联邦基金利率 0.25% 的下限目标。

假设在初始均衡时，联邦基金利率为 D_0、S_0 曲线决定的较低的 i_0，当美联储将逆回购利率上调至 0.25% 时，有超额准备金的银行就不在联邦基金市场上放贷，而去逆回购投资了，联邦基金市场上可贷资金供给曲线左移至 S_1，而可贷资金需求曲线未受影响，因此联邦基金利率也上涨了。

(4) 为什么超额准备金利率与逆回购利率分别构成上、下限？

由于在美联储存超额准备金的信用风险被视为略高于向美联储进行国债质押式逆回购的信用风险，前者的利率应略高于后者，因此美联储将前者的利率设定为比后者高 0.25%，也就是说，前者构成利率走廊的上限，后者构成利率走廊的下限。

2. 欧央行加(降)息的利率走廊模式

1) 欧央行控制利率区间上、下限的一对利率是面向商业银行的存、贷款利率

与美联储不同的是，欧央行利率走廊的一对利率是面向商业银行的存、贷款利率。具体来说，欧央行的利率上限是再贴现或再贷款利率，商业银行可以此固定利率向中央银行融资；利率下限是商业银行在央行的超额存款准备金利率，商业银行可以将资金按照此利率存放在中央银行。可见，由于存贷利差的存在，因此很自然地，欧央行吸收商业银行超额准备金存款的利率构成利率区间的下降，而欧央行贷款给商业银行的利率构成利率区间的上限。

2) 欧央行用利率走廊调控同业拆借利率的传导机制

欧央行的利率走廊使得欧元区的同业拆借利率(一种短期市场利率)只能在利率走廊内波动，以加息为例，其传导机制如下：

(1) 假设欧元区同业拆借市场上，初始均衡时，同业拆借利率为一个超低的水平，当欧央行上调超额准备金利率时，有超额准备金的银行就不在同业拆借市场上贷放、而去存超额准备金套利了，因此同业拆借市场上可贷资金供给曲线左移，使得同业拆借利率上涨。

(2) 只有当新均衡时的欧元区同业拆借利率上涨至以超额准备金利率为下限，以再贴现再贷款利率为上限的区间内时，套利空间才得以消除，才能达到新均衡同业拆借利率水平。

3. 2015 年后我国加(降)息将采用利率走廊模式——兼谈我国以利率为中介目标的价格型货币政策框架

1) 2015 年前的行政命令式的加(降)息

2015 年前，中国未实现利率市场化，最重要的利率——商业银行存、贷款利率是由央行确定

① 美联储相信，大约有 2 万亿美元美国国债可用于该计划，但同时也表示，每日逆回购规模恐怕将很难达到这一水平。美联储 2015 年 12 月设定的每日上限为 3 000 亿美元。虽然美联储并未明示如此庞大的逆回购规模将维持多长时间，但此前曾有美联储官员暗示，逆回购的规模将逐渐缩减。

基准值与浮动区间,央行用行政命令的方式调整基准利率与浮动区间,即用行政命令的方式加(降)息。在利率市场化之后,央行仍将在一定时期内直接规定存、贷款基准利率。

在已市场化的利率方面,央行以同业拆借利率、国债回购利率为操作目标,在2015年12月以前主要采用公开市场操作来调节这两种利率。但在2015年12月以后,央行将主要通过调整利率走廊上、下边界(即两种官方利率水平)的方法来调节同业拆借利率,以此达到使市场利率升降的目的①。

2) 2015年12月后我国从以货币供给量为中介目标的数量型货币政策框架转向以利率为中介目标的价格型货币政策框架的原因

弗里德曼式的以货币供给量为中介目标的货币政策传导机制当前被称为"数量型货币政策框架",凯恩斯式的以同业拆借利率等货币市场利率为操作目标、以事前长期实际利率为中介目标的货币政策传导机制当前被称为"价格型货币政策框架"。

(1) 数量型货币政策框架已不适合我国的现状

① 我国在20世纪90年代末取消了贷款规模管理,货币政策从直接调控为主转为以货币供给量为中介目标的间接调控为主

20世纪90年代末,中国人民银行主动取消了贷款规模管理,实现了我国货币政策调控框架的第一次重大转型——从以直接调控为主转变为以广义货币 M_2 为中介目标的间接调控为主,形成了数量型货币政策框架。数量型框架以维持物价(CPI)稳定为最终目标、多种货币政策工具组合运用。

② 数量型货币政策框架为什么已不适合我国的现状?

一方面,近年来,由于货币需求的不稳定,货币供给量中介目标与最终目标的相关性越来越小;同时,货币供应量的增长具有波动性,央行难以准确控制货币乘数、M_2、货币流通速度等指标,这表明,货币供给量作为中介目标的可控性、可测性、相关性都在逐渐下降,数量型货币政策框架已越来越不适应中国的现状。

不仅中国如此,世界上其他国家也存在货币需求不稳定、因此货币供给量中介目标的相关性下降、数量型货币政策框架为价格型货币政策框架所取代的趋势,为此,我们需要转型到价格型货币政策框架上来。从国际经验来看,自20世纪八九十年代以来,美、欧、日等发达国家就开始向盯住利率的货币政策框架转型,即货币政策的中介目标从 M_1、M_2 转向联邦基金利率(美国)、隔夜拆借利率(欧元区、日本)等。

③ 转型的可行性

自2015年后,中国央行推进货币政策框架由数量型向价格型转型的举措有:推进利率市场化、放开存贷款利率上限管制、取消存贷比、构建利率走廊、解决借款人的预算软约束、完善收益率曲线、推出宏观审慎评估系统(MPA)等领域的改革,以提高利率传导机制的效率。

随着金融市场的发展,政策利率(即货币政策的工具)能够越来越有效地传导到债券收益率、存贷款利率等,表明利率作为中介目标的可控性增强了,这也为实施价格型货币政策框架提供了可能性。

---

① 在我国2015年10月23日降息降准后,央行在答记者问中提道:"借鉴国际经验,我国正在积极构建和完善央行政策利率体系,央行以此引导和调控包括市场基准利率和收益率曲线在内的整个市场利率,以实现货币政策目标。对于短期利率,人民银行将加强运用短期回购利率和常备借贷便利(SLF)利率,以培育和引导短期市场利率的形成。对于中长期利率,人民银行将发挥再贷款、中期借贷便利(MLF)、抵押补充贷款(PSL)等工具对中长期流动性的调节作用以及中期政策利率的功能,引导和稳定中长期市场利率。"

(2) 用利率走廊来调控同业拆借利率是转型为价格型货币政策框架的标志

虽然利率走廊只是央行用调整再贷款等官方利率(货币政策工具)来传导到同业拆借利率(货币政策操作目标)的渠道,还有其他政策工具如公开市场操作、调整准备金率也可以传导到同业拆借利率这个货币政策操作目标,但后两者都是通过影响商业银行的准备金数量,以及在同业拆借市场上可贷资金的供求数量来影响同业拆借利率的,唯有利率走廊是纯利率间的传导,因此采用利率走廊是转型为价格型货币政策框架的标志。

(3) 目前在转型期我国数量型与价格型两种货币政策框架并用

在目前的转型期,中国并存着新、旧两种加(降)息方式:①传统的方法:央行直接调整银行存、贷款基准利率;②新的方法:央行通过调整公开市场操作、中期借贷便利、常备借贷便利等政策利率来影响存贷款利率和债券收益率。未来新的货币政策的工具、操作目标与中介目标将逐步取代传统的工具、操作目标与中介目标,但在今后一段时间内央行仍将通过发布银行存、贷款基准利率的方法来直接加(降)息。

此外,虽然我国央行已于2015年放开了银行存款利率上限、标志着利率市场化已经完成,但央行随后明确表态:在利率市场化的初级阶段,央行放开利率并不意味着停止管理利率,对利率的管理将体现在以下措施上:①在一定时间内继续发布存、贷款基准利率,作为金融机构确定存、贷款利率的重要参考;②加强银行业自律,奖励审慎确定利率的金融机构、惩罚扰乱市场秩序的金融机构;③将确定利率的行为融入宏观审慎评估体系,并通过应用差异化的存款准备金率、再贷款利率、再贴现率及存款保险费率等方式鼓励合理定价,这意味着商业银行不得不遵循央行制定的、作为参考的存、贷款基准利率。

虽然我国开始向价格型货币政策框架转型了,但当前数量型货币政策框架仍可发挥一定的作用。以数量型框架的中介目标——货币供给量为例,假设年初央行设定的 M_2 增长率目标为12%,由于经济面临着下行压力,使得名义GDP增长率低于年初的计划,则货币的交易性、预防性需求也低于年初的预期,导致货币供过于求,从而自动地使得货币政策变得宽松,因为多余的货币可能会被企业与家庭通过投资、消费甚至资产炒作的方式摆脱掉(这就是弗里德曼的方式),从而带动产出增长或资产价格上涨,又通过托宾的Q效应对产出增长造成正面影响。

但是,由于货币供给量这个中介目标与利率这个中介目标不能同时达到,往往只能选取一个,因此决定了一国要么实行数量型货币政策框架,要么实行价格型货币政策框架,二者不可长期共存。

3) 2015年12月后的利率走廊调控框架

自2014年年初以来,中国央行开始构建新的货币政策框架,从短端的SLF、SLO、OMO(即公开市场操作)利率,到中期(3个月~1年)的MLF利率,再到长期(3~5年)的PSL利率,一条涵盖从隔夜到5年期限的利率走廊已初步建立。而且到2017年年初为止,央行在经历了2年多的实践后,已逐渐摸索出了通过调整公开市场操作利率传导到相应的利率走廊的操作手法,2017年1—2月央行上调公开市场操作利率,意味着新货币政策框架已经开始启用(任泽平,2017-02-06)[27]。

(1) 运用短期利率走廊(超额准备金利率为下限,常备借贷便利利率为上限)来调控货币市场基准利率——Shibor[28]

我国央行调控Shibor借鉴了欧央行以存、贷两种官方利率构建利率走廊上、下限的做法,我国以超额准备金利率(2015年时为0.72%)作为利率走廊的下限,以常备借贷便利(Standing Lending Facility, SLF)作为利率走廊的上限。常备借贷便利是一种再贷款,是央行在2013年创造的定向宽松流动性调节工具,主要功能是满足金融机构期限较短的大额流动性需求,对象主要为政策性银行和全国性商业银行。由于当时我国央行的公开市场操作仅在每周二、周四才进行，而不是每天都进行的，因此，与公开市场操作相比，常备借贷便利能够更及时、更准确地对市场流动性变化作出反应，即调整各个借款品种的利率水平（比如，2015 年 12 月时常备借贷便利中的隔夜借贷利率为 2.75%，7 天回购利率为 3.25%），因此在控制短期利率波动上更有优势，更有利于金融市场主体形成稳定的预期。

我国央行通过调节利率走廊的上、下边界从而调控 Shibor 的原理与欧央行相同，简言之，当 Shibor 可能突破利率走廊上限时，中央银行可以降低常备借贷便利的利率，诱使商业银行从央行取得常备借贷便利的再贷款并在同业拆借市场上贷放，使得 Shibor 降下来；反之，当 Shibor 可能低于利率走廊下限时，中央银行可以提高超额准备金存款利率，诱使商业银行将资金存入央行来获取超额存款准备金的高利息收益，使得同业拆借市场上的可贷资金供不应求，使得 Shibor 升上来，这样，Shibor 便介于利率走廊的上、下限范围之内了（牛慕鸿、张黎娜、张翔、宋雪涛、马骏，2015）。

(2) 运用中期利率走廊（一年期再贷款利率、中期借贷便利 MLF、抵押补充贷款）来调控中期市场利率

在发达的金融市场中，央行调节短期官方利率能够传导到货币市场利率，再通过收益率曲线传导至中、长期市场利率。但我国目前处于利率市场化的初级阶段，传导可能并不十分通畅。为了使较长期的市场利率接近于央行期望的水平，央行将通过调节中、长期官方利率——再贷款利率（2015 年 12 月时的一年期再贷款利率为 3.85%）、中期借贷便利利率（2015 年 12 月时 6 个月的 MLF 利率为 3.25%）及抵押补充贷款利率（2015 年 12 月时 PSL 利率为 2.75%）等来传导到中、长期市场利率。

(3) 利率走廊的优点

与单纯的公开市场操作相比，利率走廊的优点是：更有利于金融市场主体形成稳定的、对央行合意性的利率预期，从而使市场主体能够更及时、准确地对市场流动性变化做出令央行满意的反应，使得央行在控制短期利率波动上事半功倍。

(4) 我国用利率走廊取代或补充公开市场操作的原因

① 为了稳定利率预期、减小利率波动

我国央行为什么要建立利率走廊操作系统呢？因为当前我国由于金融创新、资本项目开放等因素，产生了许多不可测的货币需求冲击，导致 Shibor 波动加大①。比如，当企业、居民增加存款提取时，商业银行就需要增加超额准备金来应对，这意味着其交易性、预防性货币需求增加，在同业拆借市场上就会减少可贷资金的供给、或（及）增加对可贷资金的需求，导致 Shibor 迅速上涨，形成“钱荒”。

利率走廊操作系统由于事先就设定了 Shibor 的上、下限，因此就可以稳定商业银行的预期，避免出现预期利率飙升时囤积流动性、出现“钱荒”等问题，从而可以减小利率波动。

② 为了降低公开市场操作的成本

仅仅依靠公开市场操作来稳定利率仍面临着较多困难，因为公开市场操作是在 Shibor 上涨后才开始启动，是事后调节手段。如果利率波动频繁，就要频繁进行公开市场操作，增加央行操作成本。而引入利率走廊后，就提高了货币政策透明度，使商业银行形成合意性预期，有助于降

① 如果选择变异系数（日均利率标准差除以平均利率）作为利率波幅的指标，2012 年至 2015 年 6 月期间，我国隔夜 Shibor 的波幅是同期美元隔夜 Libor 利率波幅的 1.7 倍，韩国隔夜利率波幅的 1.9 倍，日元隔夜利率波幅的 3 倍，印度隔夜利率波幅的 4.4 倍。

低央行公开市场操作的频率、幅度和操作成本。

◇ 能量棒 7-10

当前我国利率调控的工具、操作目标与中介目标

1. 我国利率调控的政策工具——法定(官方)利率体系[29]

法定利率是央行规定的利率,因此是利率调控的政策工具。当前我国的法定利率主要包括以下5大类:

(1) 再贷款、再贴现利率。当前我国的再贴现利率是商业银行将其贴现的未到期票据向中央银行申请再贴现时的预扣利率,期限一般在3～6个月,最长不超过1年;再贷款是央行向商业银行发放的信用贷款,分为20天、3个月、6个月、1年期4个档次。

(2) 新型货币政策工具利率。新型货币政策工具是央行为了更好地调节市场流动性而设立的"微操作"工具,用以弥补调整法定存款准备金率时对市场造成的剧烈冲击。目前已形成了从短端到中长端的工具体系,其中短端包括短期流动性调节工具(SLO)利率和常备借贷便利(SLF)利率,中长端包括中期借贷便利(MLF)利率和抵押补充贷款(PSL)利率。

(3) 存贷款基准利率。2015年10月23日,央行宣布对商业银行和农村合作金融机构等不再设置存款利率浮动上限,但目前存、贷款基准利率仍然对商业银行利率水平的确定具有指导作用。

(4) 存款准备金利率,即央行对金融机构法定和超额存款准备金支付的利率水平。

(5) 公开市场操作利率。公开市场操作工具包括央票与国债,因此公开市场操作利率包括央票与国债的发行利率及它们的回购、逆回购招标利率(刘杰,2016-10-18)。

2. 当前我国利率调控的中介目标

当前我国利率调控的中介目标——即市场利率,主要包含以下3大类:

(1) 货币市场利率。主要包含同业拆借利率和质押式回购利率两种,同业拆借利率可分为上海银行间同业拆放利率(Shibor)、同业拆借利率(IBO)以及中国银行间同业拆借利率(Chibor)。回购利率可分为质押式回购利率和买断式回购利率,前者还包括银行间质押式回购利率(Repo)和交易所质押式回购利率(GC),按照计算方式的不同,质押式回购利率还可以分为加权平均利率和定盘利率。

(2) 债券市场利率。当前我国债券市场上主要有3类债券——利率债券(即政府债券)、信用债券和可转换债券,其中信用债券是指政府之外的主体发行的、具有一定信用风险的、约定了确定的本息偿付现金流的债券,包括企业债券、公司债券、短期融资券、中期票据、分离交易可转债券、资产支持证券、次级债券等品种;利率债券主要是指无风险的国债、地方政府债券、政策性金融债券和央行票据,因此我国的债券市场利率就包括国债收益率、政策性金融债收益率、企业债收益率、公司债收益率等。

(3) 信贷市场利率。主要包括贷款基础利率(LPR)和商业银行信贷利率,其中LPR是金融机构对其最优质客户执行的贷款利率的加权平均值(刘杰,2016-10-18)。

3. 当前我国利率调控的操作目标——基准利率及其选择

1) 基准利率就是利率调控的操作目标

基准利率是各类金融产品定价的基础,金融产品的价格是通过在基准利率的基础上加上信用或期限溢价而构成的,因此,基准利率在金融市场体系中属于"牵一发而动全局"的、被市场高度认可的标杆利率,它的变动将被有效地传导到其他金融工具上,基准利率就是利率调控的操作

目标、而非政策工具，因此基准利率就应是市场利率、而非法定利率，基准利率应具备如下特点：

(1) 基准利率应是无风险利率。因为各类金融产品的利率是在基准利率的基础上加上信用或期限溢价而成的，因此基准利率应具有无风险性。然而，无风险利率只是一种抽象的概念，在现实中应选择一种利率来替代无风险利率履行基准利率的职能，该替代品应具有信用风险低、流动性强的特点，流动性强要求该产品的交易量大、交易主体多、市场灵敏度高等。

(2) 基准利率应具有完整的期限结构。随着金融创新的不断深化，我国金融产品的利率期限呈现较强的多样性，这决定了基准利率必须拥有完整的期限结构，即①要有足够的宽度，涵盖从短端到中长端的各种期限；②要有一定的密集度，能够形成一条平滑的利率曲线，并准确反映出不同期限的利率水平的变化趋势；③不同期限利率的价差应为正，且间隔较为稳定，以确保利率曲线向右上方倾斜，进而能够充分反映出不同期限金融产品的风险溢价水平。

(3) 央行货币政策工具对基准利率的可控性应较强(刘杰，2016-10-18)。

2) 当前我国宜以隔夜与7天银行间质押式回购定盘利率作为各类短期利率的基准利率

(1) 当前我国的短期国债种类较少，没有形成完整的利率期限结构曲线

正常而言，短期国债利率应被选作短期基准利率，但是目前我国短期国债市场并不发达，难以形成完整的利率期限结构曲线，因此，拆借、回购等交易的利率更适合被选作短期基准利率，从而充当各种金融衍生工具的定价基础。

(2) 当前我国银行间市场的质押式回购利率适合充当短期基准利率

① 同业拆借利率采用虚盘报价方式，不适合做短期基准利率

同业拆借利率、回购利率是两种主要的货币市场利率，但同业拆借利率不适合作为短期基准利率，因为：可进入同业拆借交易的金融机构必须要具有较低的信用风险，并且Shibor采用的是类似于Libor的虚盘报价方式，报价行并不受约束按此成交，这使得Shibor存在被大型商业银行操纵的可能性[①]。

② 质押式回购利率具有近似于无风险利率、流动性强、期限结构密度大等优点，适合作为短期基准利率

a. 回购利率是交易双方以债券为质押所进行的短期资金融通的利率，尤其是质押式回购是以利率债券为交易标的，可近似视为无风险利率。

b. 质押式回购工具的流动性强，在交易量方面，2015年全年我国货币市场共成交650.2万亿元，其中，同业拆借成交64.2万亿元，占货币市场总成交量的9.87％。而回购交易规模达到586万亿元，占比为91.13％。

c. 在期限结构方面，同业拆借利率与回购利率的宽度一致，均涵盖了从隔夜到一年的期限，二者的区别在于期限密集度不同。同业拆借利率(以Shibor为例)有隔夜、1周、2周，以及1、3、6、9、12个月这8个期限品种，回购利率(以银行间质押式回购利率为例)在同业拆借利率的基础上，增加了3周、2个月和4个月的期限品种，期限结构更为丰富。

d. 央行货币政策工具对其的可控性强。2016年年初，央行进一步完善了公开市场操作制度，改周二、周四常规操作为周一至周五每个工作日均正常开展公开市场操作，公开市场操作频率的提升进一步增强了央行对回购利率的调控效果；同时，2016年以来，央行仅于3月初实施了一次降准，总体维持资金面的紧平衡，使得央行的逆回购操作能够对金融市场回购利率产生实质影响。因此，综合来看，回购利率相较于同业拆借利率而言更加符合基准利率的性质(刘杰，2016-10-18)。

① 例如，2012年爆出的Libor操纵案使得人们开始反思这种无成交约束的报价方式可能出现的道德风险。

(3) 质押式回购利率比买断式回购利率更适合作为短期基准利率

债券回购分为质押式回购和买断式回购。质押式回购以利率债为主要交易工具,抵押品信用风险小,因此抵押品价值下降的风险较低,该利率能够很好地反映整个社会经济体对资金的需求与时间的配置状况。

而买断式回购区别于质押式回购之处在于:①买断式回购的质押品多为信用债券,信用风险大于质押式回购;②买断式回购的逆回购方在期初买入债券后享有再行回购或另行卖出债券的完整权利,因此质押式回购利率反映的是融资成本,而买断式回购利率反映的是融资融券的成本;③近年来,我国质押式回购的市场份额一直稳定在95%左右[①],远高于买断式回购。因此,综合来看,质押式回购利率比买断式回购利率更适合作为短期基准利率。

(4) 银行间质押式回购利率比交易所质押式回购利率更适合作为短期基准利率

质押式回购可分为银行间市场的回购与交易所市场的回购,总体来看,二者的区别主要在于市场份额、期限结构、交易主体以及资金波动率4个方面:

① 从市场份额来看,银行间市场是质押式回购的主体,2015年质押式回购交易中银行间市场占据66.5%的份额,而交易所份额只占19.7%。但近年来,我国交易所债券市场回购业务发展迅速,交易规模显著上升,银行间债券市场占比则呈现下滑趋势。

② 从期限结构来看,银行间质押式回购利率共有11个期限品种,其中最主要的交易品种为隔夜、7天和14天,截至2016年9月占银行间质押式回购交易总额比率分别为80.83%、10.91%和5.94%,其余期限占比均不足2%。交易所质押式回购利率(上海证券交易所新质押式国债回购利率)共有9个期限品种,其中,最主要的交易品种同样为隔夜期的GC001和7天期的GC007,截至2016年9月占上交所质押式回购交易总额比率分别为89.99%和5.99%,其余期限占比均不足2%。

③ 从交易主体来看,过去银行间债券市场主要针对机构投资者,并不对个人投资者开放,参与者为境内商业银行、非银行金融机构、非金融机构以及可经营人民币业务的外国银行分行等。2016年2月,央行制定了《全国银行间债券市场柜台业务管理办法》,规定年收入不低于50万元,名下金融资产不少于300万元,具有两年以上证券投资经验的个人投资者可投资柜台业务的全部债券品种和交易品种,这是首次允许符合条件的企业和个人通过银行柜台直接买卖债券。

在银行间债券市场,商业银行和政策性银行是资金的主要融出方,城商行、外资银行、证券、基金和保险公司是资金的主要融入方。与银行间债券市场相比,交易所债券市场投资主体不仅包括证券公司、基金公司、保险公司、企业等机构投资者,还包括个人投资者,且资金融出方主要是个人和一般法人。然而,目前我国商业银行在交易所市场只能从事国债、企业债、公司债等品种的现券交易,不能开展回购。总体而言,银行间市场与交易所市场各有千秋,商业银行是银行间市场的绝对主力军,但交易所市场的参与机构众多,不同主体之间的投资风格具有较强的异质性,有利于市场风险偏好的多样化和价格的市场化。

④ 从资金波动率看,以隔夜利率(R001、GC001)为例,交易所市场的交易量较银行间市场低,且缺乏大型商业银行的参与,使得交易所市场的利率更容易受到外部冲击而剧烈波动。因此,综合来看,银行间质押式回购利率比交易所质押式回购利率更加符合基准利率的性质。

(5) 银行间质押式回购定盘利率比加权平均利率更适合作为短期基准利率

目前,银行间质押式回购利率有两种计价方式,一种是每日加权平均利率,另一种是每日定

① 2015年全年银行间质押式回购交易量为432.4万亿元,交易所质押式回购成交128.2万亿元,买断式回购成交25.4万亿元。

盘利率，且两者走势基本一致。相比较而言，定盘利率的优势在于以下3个方面：

① 定盘利率属于盘中利率，是以银行间市场每天上午9:00—11:30间的回购交易利率为基础进行“紧排序”，并取其中位数来发布，能更加及时地反映出当前市场利率的变化。而加权平均利率反映的则是前期的市场情况，且存在人为因素。

② 定盘利率不仅为银行间市场回购交易提供了价格基准，还能作为银行间市场开展利率互换、远期利率协议、短期利率期货等利率衍生品业务时的参考利率。

③ 基准利率必须要有较强的稳定性，从隔夜和7天回购加权平均利率和定盘的历史统计来看，回购加权平均利率的波动性相对更大。

但是，目前定盘利率只有隔夜、7天和14天三个品种，覆盖期限较短，离真正的基准利率仍有一段差距，但是相对而言，银行间质押式回购定盘利率比加权平均利率更加适合作为短期基准利率。

综上所述，目前我国银行间隔夜和7天质押式回购定盘利率（FR001和FR007）适合作为短端基准利率，同时可以辅之以隔夜和7天上海银行间市场同业拆放利率（Shibor001和Shibor007）来构建基准利率曲线的短端部分。

3）当前我国宜以3个月Shibor利率作为中期基准利率

当前我国宜以3个月Shibor利率作为中期基准利率，因为：

（1）自从2013年12月推出商业银行同业存单以来，由于具备同业存单发行资格的商业银行全部是Shibor报价行，因此以Shibor3M为基准定价的产品越来越多，不仅包括同业存单，还包括利率互换、远期利率协议等金融衍生产品，在现存的浮息金融债中，以Shibor3M为基准的存量有近4 000亿元，约占全部存量的20%；同时，Shibor3M利率互换成交量的放大也有助于推动Shibor报价趋向更加合理的水平。

（2）通过对比不同期限的Shibor和银行间Repo（即质押式回购利率），不难发现，隔夜和7天Shibor与Repo走势基本一致，能很好地反映出短期资金面的情况，其中隔夜平均利率偏差在2个基点左右，7天期限平均偏差在6个基点左右；而对于3个月期限的品种，Shibor3M与R3M则存在明显的偏离，但是Shibor3M波动较小，更为稳定，因此，当前我国宜以3个月Shibor利率作为中期基准利率。

4）当前我国宜以10年期国债收益率作为长期基准利率

目前中、长期国债在银行间债券市场的交易量和交易额中占比较高。在银行间市场上，国债的交易主体非常广泛，囊括了银行间市场几乎所有类型的投资者，加之国债的流通性好、偿付风险为零，因此国债收益率（主要是10年期国债收益率）是长端基准利率的一个合适的选择。

虽然政策性金融债的收益率也具备成为长期基准利率的特点，但与国债收益率相比，仍存在一些不足之处：一方面，从发行量来看，政策性金融债长端（10年及以上）对市场的影响力不及国债，其基准性会打折扣；另一方面，政策性金融债主要是为政策性银行筹集资金（发行主体主要是国家开发银行，发行量占整个政策性金融债券发行量的90%以上），其发行会受到政府政策和政策性银行资金需求的影响，因此政策性金融债并不适合作为长期基准利率。

然而，以10年期国债收益率作为长期基准利率需要尽快解决银行间与交易所国债交易的市场分割问题，增加交易主体；同时，要加大短期国债滚动发行的频率和力度，以形成连续、完整的国债期限结构。

此外，目前10年期国债收益率较低，与Shibor3M已形成利率倒挂，故可考虑以10年期国债收益率为核心的长期基准利率、以国开债收益率为辅助的长期基准利率，构建我国的长期基准利率（刘杰，2016-10-18）。

◇ 能量棒 7-10-1

美、日货币政策工具、中介目标、操作目标的选择

1. 美国的经历

美国利率市场化进程始于 20 世纪 70 年代，完成于 1986 年，是一个逐步废除 1933 年《格拉斯—斯蒂格尔法》中的"Q 项条例"为代表的一系列利率管制框架的过程。以此过程中，美联储多次调整货币政策的中介目标，大体上可以分为以下 4 个阶段。

1）"二战"结束到 1979 年 10 月前

美联储在此期间一直以联邦基金利率作为操作目标，以事前长期实际利率为中介目标，意在使其稳定在较低水平，以配合积极的财政政策。

2）1979 年 10 月—1982 年 10 月

在此期间保罗·沃尔克当选美联储主席，不再强调把联邦基金利率作为操作目标，而是以货币供给量 M_1 作为货币政策新的中介目标。

3）1982 年 10 月—1987 年 10 月

伴随着通货膨胀被抑制，美联储又重新转向平稳利率政策，将借入准备金作为判断银行资金紧张状况的主要指标及货币政策的操作目标，银行体系的借入准备金是基础货币，因此这是以基础货币为操作目标的政策框架。

4）1987 年 10 月至今

1987 年 10 月美国股市崩溃后，美联储紧急为市场注入流动性，随后重新转为盯住联邦基金利率目标水平。可见，美国是在反复尝试后，最终选择用联邦基金利率作为货币政策的操作目标（任泽平，2017-02-08）。

2. 日本的经历

日本的利率市场化改革始于 1978 年，直到 20 世纪 90 年代才开始推进金融机构负债端（即存款）的利率改革；到了 1991 年，伴随着日本央行停止对商业银行的窗口指导，日本的利率市场化才算初步完成；到了 1993—1994 年，伴随着存款利率的自由化，日本的利率自由化才算真正完成。在此过程中，日本央行的货币政策操作目标也在频繁调整。

1）1995 年以前

1995 年以前，日本央行以调整再贴现率作为货币政策的重要工具。在利率自由化以前，再贴现率也是日本商业银行设置存、贷款利率的标准，基本上存、贷款利率都是依照再贴现率加成后制定的，因此，日本央行就可以通过调节再贴现率而直接调整市场上的存、贷款利率。

2）1995 年后

1995 年后，日本的利率已自由化了，再贴现率与商业银行的存贷款利率的联动关系逐渐消失，日本央行开始寻找新的货币政策工具来实现其政策目标，因此逐渐转向公开市场操作作为政策工具，以隔夜拆借利率作为货币政策的操作目标（任泽平，2017-02-08）。

◇ 能量棒 7-11

我国近年来的资金空转与过度金融创新现象[30]

自 2008 年至 2017 年，我国商业银行为了逃避资本充足率监管、贷款投向监管等而进行了过度的金融创新，导致资金脱实向虚即资金空转，并引发资产价格泡沫、虚拟经济过度繁荣等问题，

2017 年政府经济工作的重心之一就是引导资金脱虚向实、防止金融过度创新、防止资金空转。

1. 资金空转的定义及对于货币供求的意义

资金空转可以分为两类。

(1)信贷资金等资金从某金融机构流出，又流向另一些金融机构，始终未进入实体经济而在金融机构内部转圈，这是普遍理解的资金空转，本文称其为狭义的空转。

(2)信贷资金最终转化为产业资本，但是其转化的链条大大拉长，如从银行 A 到银行 B，再到信托公司、证券公司，最后才注入实体经济，导致了实体经济资金成本的提高，本文称其为广义的空转。其实，狭义的资金空转不过是广义的资金空转的一个截面，或链条上的一环。

这两种资金空转现象都导致：①银行体系的超额准备金率下降、货币乘数变大，从而使货币供给量增大；②各金融机构的资产负债表规模膨胀，看似高度繁荣；③各金融机构脱实向虚表明其投机性货币需求也随之增大，因此流入实体经济的货币不多，导致实体经济不振，以及 M_2 同比增速远高于"GDP+CPI"的同比增速；④变长的链条、复杂的流转导致金融机构对资金的掌控能力下降，且其中涉及多家同业机构，如果这些同业业务都是以同业信用作为担保的，那么只要一家金融机构出现信用风险，就容易引发系统性风险(杨荣银行研究团队，2017-01-21)。

2. 银行资金空转的 4 种模式

商业银行是资金空转中重要的一环，银行的资金空转主要有 4 种模式：理财空转，票据空转，同业空转以及信贷空转。

1) 理财空转

理财空转又分以下 3 种典型模式。

(1) 银行借通道将理财资金投资于信贷资产、票据资产等非标资产，这实质上与银行的表内放贷并无二致，但是增加了流转链条，从而导致了广义上的空转，增加了风险。非标资产是在 2011 年后监管规定严禁银行信贷资金流向房地产业、地方融资平台的背景下兴起的，并逐渐成为这些产业的主要融资方式。

(2) 银行将理财资金投放于同业理财，或者委外理财。

(3) 银行将过量的理财资金投资于二级市场，主要是债券市场，推高了资产价格，隐含着泡沫破裂的风险(杨荣银行研究团队，2017-01-21)。

2) 票据空转

票据空转分为以下形式。

(1) 违规开票，即银行对无真实贸易背景的商业汇票进行承兑，并对申请开立银行承兑汇票的企业收取高额保证金以虚增存款和中间业务收入。

(2) 在开票后，又通过跨业合作通道(如通过信托、券商等通道模式)与合作金融机构进行同批票据的卖断、买入返售、买断转贴等操作，再运用理财资金投资于同批票据资产，使得票据虚假出表、违规出表，以逃避信贷规模的管控、赚取买卖价差。不过，2016 年票据交易所的成立将促进票据业务朝透明化方向发展(杨荣银行研究团队，2017-01-21)。

3) 同业空转

同业空转主要体现在两个方面。

(1) 同业通道业务，即银行利用同业通道隐匿非标资产，将资产在不同科目间进行转换，调节监管指标。

(2) 同业直融直投业务，即银行将吸收的同业资金对接投资理财产品、资管计划，放大杠杆，赚取收益。但是，监管部门针对同业业务制定的 127 号文对这类同业非标业务进行了强有力的约束，规定商业银行要坚持"实质大于形式"的原则(杨荣银行研究团队，2017-01-21)。

4）信贷空转

信贷空转主要体现在以下三个方面。

(1) 贷款置换：包括用本银行表内的自营贷款置换他行的表内贷款、用本行表内贷款置换他行表外融资等，这些贷款多被用于企业举新债、还旧债的目的，未被真正运用到生产营运中。

(2) 贷款被挪用：指被多头过度授信的集团企业和个人信用贷款中的部分信贷资金被挪用于委托贷款、理财信托投资，甚至投资于股票市场。

(3) 违规放贷：比如，银行违规放大杠杆、超比例向小贷公司融资，并与其合作发放"过桥贷款"，甚至还有个别银行人员内外勾结，套取银行资金在民间借贷市场上放高利贷等。

3. 对银行资金空转的监管

1）已有的监管

我国银行监管层近几年紧紧追踪银行资金空转，每当银行创新出一种逃避监管的模式，监管层在识别之后就会立刻出台相关政策进行封锁，目前管控效果明显，体现在同业业务、票据业务的规模总量已经得到了一定的控制①。

2）2017 年将表外理财纳入 MPA 的监管政策

2017 年将表外理财纳入 MPA 的监管政策将使理财空转受到极大的影响。这个监管政策首先要抑制理财规模的过快增长。此外，2016 年的理财新规也将影响非标和同业委外理财两种空转模式，2016 年的理财新规明确了银行仅可通过对接信托公司的投资计划而投资非标资产，而不能再通过券商资管、基金子公司等通道投资于非标债券了。

3）监管新规的意义

毫无疑问，银行资金空转的压缩将减少银行对相对高收益资产的获取，在短期一定会对银行利润造成一定的负面影响。在 2017 年理财空转模式受到极大影响的预测下，由于城商行以及农商行理财规模扩张速度远高于国有商业银行以及股份制商业银行，城商行，农商行的收益将相对受到更大的影响。在广义信贷上限一定的情况下，既然空转模式得到限制，银行将改变资金配置方向。因为一般性贷款收益更高，在不考虑贷款需求的情况下，我们认为银行有激励将资产配置于一般性贷款。新增人民币贷款的累计值在社融累积值中的占比已经有所回升，一般性贷款占比的提升将减少银行的风险。一般性贷款收益作用较慢，但从长期来看，必定会抵消空转业务对收益的不良影响，整体提升银行业绩。

◇ 能量棒 7-12

2014 年中国的货币政策调控及其传导梗阻

1. 2014 年中国货币政策的调控方法

1）央行采用 SLF、MLF、PSL 三大定向金融工具代替了直接降低法定存款准备金率

SLF、MLF、PSL 这三大定向货币政策工具就是央行的新型再贷款工具。2014 年，为了实行扩张性货币政策，央行从年初开始一直在通过逆回购和 PSL、SLF、MLF 投放基础货币，因为各地区存款性机构的资金丰歉程度不同，央行如果普遍降低准备金率，也不一定会使急需流动性的存款性机构得到更多的流动性，因此央行采用了这三大定向工具(也被称为结构性宽松工具)投放

① 例如，2016 年前 3 个季度我国银行同业业务的规模(根据上市银行的数据)已经较年初下降了 18%。从分项目来看，2016 年前 3 季度买入返售规模下降得最为明显；票据业务规模在 2016 年大幅下滑，体现了票据空转已经受到了较好的控制。

基础货币，可以确定具体投放方向，因此被称为微刺激。但是，由于中国经济持续低迷，历次微刺激加总后的规模却很大，比如，央行一次性地通过MLF投放了7 695亿元基础货币，规模与两次降低法定存款准备金率相当。

2) 2014年11月的降息

由于实体经济持续恶化，实体经济中利率的风险溢价不断上升，但是商业银行仍不愿意对实体经济发放贷款，反而导致一方面用这些廉价资金去购买城投债①，另一方面进一步提高了贷款门槛，即惜贷更严重了。

在这种情况下，2014年11月，央行出乎市场预料地降息了。这次降息具有明显的非对称性，一年期存款利率下调了0.25%～2.75%，而贷款基准利率超常规地下降了0.4%～5.6%，力度较大。同时结合推进利率市场化改革，将金融机构存款利率浮动区间的上限由存款基准利率的1.1倍调整为1.2倍，其他各档次的贷款和存款基准利率相应进行调整。

事实上商业银行为竞争存款，中国工商银行、中国建设银行、中国农业银行、中国银行和中国交通银行这五家最大上市银行的一年期定期存款利率已上浮了1.1倍，变成了3%，与降息前一样，而中信银行、平安银行、华夏银行、南京银行和宁波银行则上浮了1.2倍，变成了3.3%，比降息前反而上升了，因此降息后各行实际执行的存款利率并没有变化，只是贷款利率下降了，同时，银行的存贷利差减小了。

同时，央行令贷款利率的降息幅度较大，是为了一步到位，不给市场形成降息降准通道已打开的预期，因为担心会出现人民币贬值、热钱外流、资本外逃的混乱局面。

3) 2014年12月27日央行下发《银发〔2014〕387号文件》②，相当于提高了5.5万亿元商业银行可发放贷款的额度

(1) 贷存比(存贷比)的概念

中国商业银行可发放的贷款数额不仅受资本充足率、法定存款准备金率和可贷资金来源的限制，还受中国银监会监管的“贷存比”(也被称为“存贷比”)的限制，即贷款/存款必须小于、等于75%。假设一家商业银行资本充足率尚高于8%，从该指标来看，可以增加贷款规模。假设对于100元存款，该行提取了20%的法定存款准备金，尚余80元超额准备金可以发放贷款。但根据贷存比规定，最多只能将其中的75元用于非流动性资产——贷款上，其余5元钱便可以购买国债、央行票据、同业拆借等流动性资产，因此，贷存比可被视为流动性监管手段。

(2) 387号文的背景、要点

由于2014年年末，16家上市银行中已有5家的贷存比超过了73%，商业银行要扩大贷款规模，要么选择贷款之外的方式为企业融资③，要么需要变相提高存款利率以吸收存款，这样银行就会将增加的成本转嫁到贷款上，增加企业融资成本。

为缓解这个矛盾，央行出台了387号文，主要内容是：

① 对执行了19年之久的银行存款口径进行了调整，存款类金融机构吸收的证券及交易结算类存放、银行业非存款类存放(如结算)、SPV存放、其他金融机构存放以及境外金融机构存放这几项存款原属于“同业存款”，现将它们纳入“各项存款”范围。据测算，这将使得以余额宝为代表的非银行金融机构的同业存款转为商业银行的正式存款，将使商业银行整体增加7万亿～8万亿元存款，这样就增加了贷存比中存款的数额，将贷存比降低了5个百分点，为商业银行增加了

---

① 由于相信地方政府一定会刚性兑付，即银行认为城投债是无风险金融工具。

② 该文件名称为《中国人民银行关于存款口径调整后存款准备金政策和利率管理政策有关事项的通知》。

③ 通常是将表内贷款转化为虚假的表外业务，即监管套利，会造成脱离监管的更大的风险。

5.5万亿元人民币的贷款额度。央行释放了更多的贷款额度是为了鼓励商业银行多发放贷款。

② 存款增加本应相应地增加存款准备金数额，但央行又规定这部分新增存款的法定存款准备金率暂定为0。

2. 2014年中国货币政策调控的弗里德曼式传导渠道及其传导梗阻分析——货币需求增大(流动性陷阱)的传导梗阻

1) 2014年中国货币政策调控的合意的弗里德曼式传导渠道

2014年中国货币政策调控的弗里德曼式传导渠道应为：

央行频繁地运用逆回购和PSL、SLF等工具→ 基础货币↑ →货币供给量↑

(当货币需求稳定时)

(工具) (操作目标) (中介目标)

→消费、投资↑

(最终目标)

在上述传导渠道中，如果货币需求不稳定，传导将发生梗阻。

2) 梗阻(一)——企业的投机性货币需求增大

由于实体经济萧条，因此大企业得到银行贷款后也不从事实际投资，而是将这些资金通过各种渠道发放高利贷、炒股票等，表明其货币供给增加后，却将新增的货币供给转化为投机性货币需求，导致整个社会的货币需求量增大、货币流通速度下降，因此扩张性货币政策失效。

3) 梗阻(二)——商业银行的投机性货币需求增大与2014年中国股市的疯牛行情

2014年11月央行意外降息，本意是降低实体经济的融资成本，但由于降息是股市的利好消息，此次降息意外地导致股市出现了火爆行情，而支撑本轮疯牛行情的资金是机构投资者和大户动用了融资融券的高杠杆①，融资来源中就有商业银行的信贷资金。

假设商业银行在“货币”(即流动性资产，包括法定与超额准备金、对券商的贷款等)与“企业贷款等各类实体经济贷款”中进行资产选择，当商业银行有贷款额度和贷款资金却不愿对企业发放贷款，而是贷款给券商(即信贷资金入市)时，表明商业银行的投机性货币需求增大，导致整个社会的货币需求量增大、货币流通速度下降，因此扩张性货币政策失效。

◇ 能量棒 7-12-1

2014年11月21日开始的中国股市疯牛行情

——券商融资与银行资金入市造就了股市疯牛行情

1. 行情

自2014年11月21日开始，中国A股在连续7年熊市后，终于有了步入牛市的感觉，12月1日至5日的一个交易周内，A股成交量超过了4.24万亿元，其中，全周最后一个交易日，沪深两市成交逾1.07万亿元，过万亿的惊人数字，不仅创下了A股史上单日成交新纪录，也推升了上证指数实现9.5%的近6年最大涨幅。正是因为A股市场有罕见的赚钱效应，大量新股民不断涌入市场，A股新增开户数连续8周突破20万人，很多证券营业部甚至出现了多年未见的排队开户盛况。虽然机构投资者对本轮行情最高可能达到多少点意见不一致，但都对后市极度看多，有些机构甚至预期上证综合指数会达到6 000点，于是外围资

① 自2014年7月以来沪市就启动了这波上涨行情，融资规模从7月的2 700亿元上升到了12月的6 300亿元，带动了上证指数从2 000点上涨到了3 200点。

金入市的步伐加快了。

2. 此轮行情中的融资融券[31]

1) 机构投资者和大户动用了融资融券的高杠杆

在过去的股市上涨中，购买者用的是100%的保证金（即全部是自己的钱），没有启用融资融券，但这次行情中，许多机构投资者和大户通过拆借、融资等形式增加购股资金，集中购买银行、券商和保险三大板块的股票，令其涨幅惊人。

2) 散户通过配资公司融资炒股

配资公司就是民间借贷公司，它们以月息1.5%左右的利率借给股民保证金，股民用借来的保证金再向券商融资。有些P2P网贷平台也推出了借钱炒股的融资服务，目的是让普通股民纷纷借钱入市炒股。

3) 信托公司和银行联合推出带杠杆的理财产品

投资者可通过伞状信托实现借钱炒股，以云南国际信托发行的某理财产品为例，其投资对象为证券市场，散户作为一般级出资人，仅动用100万元资金，就可以再从银行借得900万元的优先级资金，银行收取固定利息①。

4) 小结

此轮行情中的融资量占到当日交易的27%；融资的存量占整个可融资股票市值的比例达到了9%，而该比例在美国次贷危机爆发前最高达3.4%，中国台湾在IT泡沫破灭之前最高达7.8%②。

用如此高的融资比例来炒股票，就会放大涨幅和跌幅，增强投机性，增大股市下跌时股民的损失，因为散户相对机构投资者来说处于信息劣势，因此，最终机构投资者由股市最高点出货，将赚得盆满钵满，而不明就里的接盘的散户将被高位套牢，需要连本带利地偿还融资，必将损失惨重。

而券商之所以对客户融资，很大程度上是因为银行将发行理财产品、吸储中筹集的资金贷给券商。2014年，虽然银行理财呈爆炸式增长，但理财产品中只有35%以内流向了贷款（即非标产品），其余65%以上直接进入了资本市场，大部分购买了债券，也有通过保本策略流入股市的③。在2014年11月21日股市大涨之后，更多的银行理财资金进入股市、债市，并没有进入实体经济。

可见，货币政策传导陷入了企业、商业银行的投机性货币需求无穷大的陷阱中去了。

3. 2014年中国货币政策调控的凯恩斯式传导渠道及其传导梗阻分析

1) 降息及凯恩斯式传导渠道(一)

凯恩斯传导渠道目标是投资，央行2014年11月22日意外降息的凯恩斯式合意的传导渠道(一)是：

央行命令降低商业银行名义存、贷款利率 →短期名义利率↓
(工具) (操作目标)

---

① 类似的高杠杆信托产品不在少数，北京国际信托、中海信托、四川信托等均发行相关产品。

② 资料来源：亚博经济信息引用高盛亚洲投资管理部哈继铭评估的数据。

③ 银行理财产品的年收益率要达到6%以上才可以，因为在2014年11月21日股市大涨之前，由于城投债利率大幅度下降，市场上难以寻觅到6%以上的债券，因而股息率达到6%以上的优先股，甚至普通股投资开始进入了银行理财的视野。

→ 事前长期实际利率↓　　　→投资↑

（中介目标）　　　　　　（最终目标）

但是，由于如前所述，由于降息导致股市火爆，商业银行的资金也通过券商对客户的融资业务流入股市，导致在实体经济贷款市场上可贷资金供给并没有增加，企业要得到银行贷款，仍然有许多隐性成本，导致事前长期实际利率也并没有下降，表明货币政策效力达到了使名义利率下降这一操作目标，却无法传导到使事前长期实际利率下降这一中介目标，因此发生了梗阻。

2）降息及凯恩斯式传导渠道（二）

要刺激企业投资，必须使商业银行对企业发放更多的贷款，即提高企业贷款的可得性，因此，在萧条、惜贷时期，贷款可得性也可被视为一个中介目标，这样就有了凯恩斯式传导渠道（二）：

央行命令降低商业银行名义存、贷款利率　　　→名义利率↓

（工具）　　　　　　　　　　　　　　　　（操作目标）

→ 企业贷款可得性↑　　　→投资↑

（中介目标）　　　　　（最终目标）

但是，如上所述，由于降息后银行热衷于间接投资于股市，并没有扩大对企业的贷款，导致货币政策效力虽达到了使名义利率下降这个操作目标，但却无法传导到使企业贷款可得性上升这个中介目标，因此发生了梗阻。

3）387 号文及凯恩斯式传导渠道（三）

（1）合意的传导渠道

由于中国商业银行的贷款规模还受存贷比的限制，因此，2014 年 12 月央行 387 号文放松了贷存比限制，其传导渠道如下：

央行 387 号文调整存款口径 → 商业银行体系的贷存比↓→ 企业贷款可得性↑

（工具）　　　　　　　（操作目标）　　　　　（中介目标）

→投资↑

（最终目标）

具体来说，据测算，①387 号文规定的存款口径调整，使得以余额宝为代表的非银行金融机构的同业存款转为商业银行的正式存款，将使商业银行整体增加 7 万亿～8 万亿元存款，这样就增加了贷存比中存款的数额、将贷存比降低了 5 个百分点，为商业银行增加了 5.5 万亿元人民币的贷款额度，央行释放了更多的贷款额度是为了鼓励商业银行多发放贷款。②存款增加本应相应地增加存款准备金数额，但央行又规定这部分新增存款的法定存款准备金率暂定为 0；同时，贷存比的下降降低了商业银行吸收存款的压力，减轻了社会融资成本高的压力。

（2）传导梗阻

上述的 5.5 万亿元人民币的贷款额度是指达到了操作目标，但是，由于银行的同业存款利率较高，银行贷款给企业利差只有一个百分点[①]，因此推测银行没有动力将新增的贷款额度用在企业上，恐怕会以信托计划的形式贷给券商，让券商有资金与客户开展融资融券交易，从而银行可得到 9%～11%的贷款利率，赚取 4%以上的利差[②]。这表明，从操作目标没有传导到使企业贷款可得性上升这个中介目标，是梗阻。

（3）针对 387 号文可能出现的监管套利——剑走偏锋的另一条传导渠道？

① 同业存款利率不一，以银行同业拆借利率为例，2014 年 12 月 26 日的 90 天银行同业拆借利率为 4.85%，而 2014 年 11 月 24 日银行贷款利率为 6%，利差只有 1 个百分点。

② 以贷款给商的最低利率 9%减去 4.85%的同业成本。

① 商业银行可能的监管套利方法

a. 降低法定存款准备金总额的方法：比如，银行可能有动力将一般存款伪装为同业存款，从而规避缴纳法定存款准备金，这样一来，不仅可以节省资金用于扩大贷款，而且可以降低成本。

b. 增加存款的方法：比如，银行可将本来不算作同业存款的通过回购和拆借融来的资金通过非银行金融机构转手重新存回来，将其伪装成同业存款，提高存款基数，从而增加贷款额度。

只要肯钻研，银行肯定还能找出到其他伪装存款与监管套利的方法。

② 目前银行有针对387号文进行监管套利的动机吗？

其实监管套利都是使银行提高贷款额度的方法，则可将央行放任银行在各种口径存款间的腾挪套利视为一种操作目标，意欲达到提高企业贷款可得性的中介目标。

在387号文出台前，商业银行为了达到月末、季末在财务报表上贷存比的要求，付出了很多额外成本来吸收存款，比如，通过发行保本型理财产品，并安排这些理财产品集中到期回表，在财务报表统计的时点体现为新增存款，以达到贷存比监管指标（这被业内人士称为“冲存款”），而387号文出台后，银行贷存比约束缓解后，是否还需要努力吸收存款就要看实体经济的盈利能力了①，银行由于惜贷而没有动力这样套利，可见，在这条渠道上也存在从操作目标到中介目标的传导梗阻。

(4) 对387号文的另一种解读[32]

在387号文公布一周后，2015年1月5日，市场上又出现了另一种否定式的解读：

① 据《财新新世纪周刊》2015年第1期报道（引述央行有关人士的表态），387号文只是央行落实127号文的一系列动作中的一步——规范同业业务统计口径，因此，央行还将下发“关于贷款口径调整”的有关文件，将相应调整贷款的统计口径，把除了银行和财务公司的非银行存款类机构的拆放款从“同业往来”中调整至“各项贷款”口径，即银行对非银行存款类机构的资金拆借都算贷款口径，因此贷存比中的贷款也将相应增加，将抵消存款增加使贷存比下降、使银行可贷款额度增加的影响，但总的来说，央行此轮调整将使存款口径调整范围大、贷款口径调整范围小，如果银监会也默认配合的话，对银行而言是利好消息。

② 央行的387号文是调整的统计口径，与银监会是否会相应地调整贷存比中的存款、贷款口径是两回事。

(5) 中金公司的预测

中金②报告预计，2015年两会期间可能会修改商业银行法，删除贷存比的表述，在监管实践上将贷存比由监管指标变为监测指标，不做硬性要求。这将会比央行调整存款口径并规定同业存款暂不交准备金的力度更大。

四、其他的货币政策工具

（一）选择性控制

以上传统的三大货币政策工具都属于对货币总量的控制，影响的是整个宏观经济。在

① 虽然2014年11、12月贷款反弹较多，但主要是地方政府赶在上报债务规模之前做大债务蛋糕的临时行为所推动，实体经济的融资需求较弱。

② 中国国际金融有限公司，简称“中金公司”，是中国首家中外合资的投资银行。中金公司成立于1995年，是由国内外著名金融机构和公司基于战略合作关系共同投资组建的中国第一家中外合资投资银行，注册资本为2.25亿美元。中金公司总部设在北京，在上海设有分公司，在北京、上海、深圳等15个城市分别设有证券营业部。随着业务范围的不断拓展，中金公司亦积极开拓海外市场，在中国香港、纽约、新加坡和伦敦设有子公司，为成为植根中国的国际投资银行奠定了坚实的基础。

这些一般性的政策工具以外，还有以下一些有选择地调节经济的措施，称为选择性控制。比如，总需求膨胀可能表现为对耐用消费品、房地产、进口奢侈品的需求膨胀，央行可以限制银行为这些消费提供的信贷。

1. 消费者信用控制

消费者信用控制指央行对不动产以外的耐用消费品的销售融资予以控制，其主要内容包括：①规定用分期付款购买耐用品时第一次付款的最低金额；②规定用消费信贷购买商品的最长期限；③规定可用消费信贷购买的耐用消费品的种类，对不同的消费品规定不同的信贷条件，等等。

例如，1980 年，美国的卡特政府为了抑制通货膨胀而抑制商业银行发放消费信贷，他促使美联储对无担保的消费信贷提取 15%的准备金，此举使得消费信贷数额下降了，但是下降的幅度超过了卡特政府的期望，再加上削减财政开支，使得经济过度紧缩，又导致了经济衰退。

当经济过热即总需求膨胀时，不仅是消费膨胀，而且不动产、进口都膨胀了，证券市场也行情火爆，这些情况下都可以采用选择性控制。

2. 不动产信用控制

不动产信用控制指央行对金融机构在房地产方面的放款的限制措施，以抑制房地产投机。如对金融机构的房地产贷款规定最高限额、最长期限以及首次付款和分期还款的最低金额等。比如，2007 年 9 月，中国央行针对经济生活中流动性过剩、房地产投机盛行、房价飞涨的局面，既不想出台紧缩银根的一般性货币政策以打击实体经济，又不想放任房地产泡沫越吹越大，于是出台了针对居民购买第二套商品房需提高首付款比例和住房按揭贷款利率的政策。

3. 预缴进口保证金

预缴进口保证金即央行要求进口商预缴相当于进口商品总值一定比例的存款，以抑制进口的过快增长。此方法多为国际收支经常出现赤字的国家所采用。

4. 证券市场信用控制

当证券市场杠杆率提高、股票价格暴涨出现泡沫时，如果货币当局为了刺破泡沫而大幅度地提高利率，就会过分打击实体经济，因此货币当局应当在不提高利率的情况下对证券市场进行选择性控制，限制证券市场的融资以抑制过度的投机等，比如，规定将证券交易保证金率提高，直至提高到 100%(即取消融资融券等交易)。我国在 2015 年股市狂热期间清理场外配资就是对证券市场实行选择性信用控制，最终由于效果过猛，导致股灾。

5. 优惠利率

比如，在实行紧缩性货币政策时期利率普遍较高，但央行可对国家重点发展的经济部门或产业如出口产业、农业等实行优惠利率，采取倾斜政策，这正是我们这类经历过计划经济或政府主导型经济的国家都非常熟悉的产业政策的一部分。

(二) 间接信用指导

间接信用指导指央行间接影响商业银行的信用创造，具体措施包括：

1. 道义劝告

道义劝告指央行运用其说服力影响商业银行和其他金融机构实施不同的行为,如在国际收支出现赤字时劝告金融机构减少向海外的贷款,在房地产及证券市场投机盛行时,要求商业银行减少对这两个市场的信贷等。

由于央行的利益与金融机构自身的长期利益是一致的(比如,当证券市场投机盛行时,商业银行向证券市场放款的风险也增大了),因此,金融机构可能将道义劝告视为专家们的正确建议,因此会遵从道义劝告。况且,有时这种"劝告"不仅仅是"道义"上的,一些银行担心如果不执行这一劝告,则可能很难从央行取得贷款等支持。

2. 窗口指导

窗口指导指央行根据产业行情、物价趋势和金融市场动向,规定商业银行每季度贷款的增减额,如果商业银行不遵守这些规定,央行可削减向该银行贷款的额度,甚至采取停止提供贴现窗口放款等制裁措施。

例如,由于通货膨胀率有所上升,中国央行自 2017 年 1 月开始的银行窗口指导到了 2017 年 2 月已不再局限于大行,部分城市商业银行已接到了央行信贷额度的调控通知,要求不同程度地收缩信贷投放规模,例如,总部在上海的某银行接到央行的窗口指导,要求自 2 月起全口径大力压降新增贷款规模;同时规定,对于包括对公和个人贷款在内的所有贷款项目都需要提前一个月报备,导致一些银行只有消费贷可以按时放款,其他都会延期 1 个月以上(2017-02-20,央行严控信贷流向投资投机性购房[J/OL])。

(三) 直接信用控制

1. 贷款规模(信用配额)管理

贷款规模管理指央行对商业银行的信用规模加以分配,限制其最高数量。过去我国在货币政策直接调控中常用此工具,即中央银行确定每家商业银行发放贷款的规模(额度),各家商业银行如果用完了信贷额度,即使有超额准备金,也不能发放贷款。

2. 规定存贷款最高利率

规定存贷款最高利率是为了防止银行用抬高利率的办法吸收存款、以进行高风险放款。如美国曾经实行过的《格拉斯—斯蒂格尔法》中的 Q 项条例规定活期存款不准付息,对定期存款及储蓄存款则规定利率最高限。

3. 规定商业银行的流动性比率

流动性比率是流动性资产对存款的比率,为了保持央行规定的流动性比率,商业银行必须缩减长期放款、扩大短期放款和增加易于变现的资产。央行这样做是为了限制长期贷款的信用扩张,因为商业银行愿意进行长期贷款,因为收益性较高。

---

[1] 央行:严格限制信贷流向投资投机性购房[J/OL].[2017-02-17]http://money.163.com/17/0217/20/CDGM24AR002581PP.html.

[2] 从控通货膨胀到防泡沫:如何理解央行货币政策变化深意?[J/OL].[2017-02-20]http://mini.eastday.com/a/170220114233263.html.

[3] 孙树强.资产负债表衰退理论简评以其之于我国的情况[J/OL].[2017-03-24]http://www.d-long.cn/showart.asp?art_id=30163.

[4] 刘胜军.中国经济日本化?可怕的“资产负债表衰退”已经显现[J/OL].[2016-08-22]http://blog.sina.com.cn/s/blog_da7cfa700102vago.html.

[5] 张启迪.中国会出现债务通货紧缩吗?——基于新债务通货紧缩理论框架的预判和防范[J].世界经济研究.2017(6).

[6] 殷剑峰.通货紧缩的成因与应对[J].中国金融.2015(6).

[7] 张启迪.中国会出现债务通货紧缩吗?——基于新债务通货紧缩理论框架的预判和防范[J].世界经济研究.2017(6).

[8] 王广谦(主编).中央银行学[M].高等教育出版社.1998.

[9] 海外公开市场操作有哪些经验?[J/OL].[2015-01-12]http://blog.sina.com.cn/s/blog_da7cfa700102vago.html.

[10] 韦静强,吴金希,贾甫.中国金融业“钱荒”原因分析及对策建议[J].工业技术经济,2014(5).

[11] 王闯.中国式“钱荒”的产生与化解[J].人民论坛.2014(2).

[12] 范建军.如何看待同业市场频现“钱荒”[J].中国发展观察.2014(6).

[13] 陈云萍,卞泽阳.商业银行间“钱荒”成因及其启示[J].现代经济信息.2014(1).

[14] 张晓玫,弋琳.货币空转与银行间市场流动性——基于我国“钱荒”事件研究[J].财经科学.2013(12).

[15] 张勤峰.央行非典型“加息”或继续,分析:货币政策中性略偏紧[N].中国证券报.2017-02-21.

[16] 任泽平.我们遇到假加息?新货币政策框架开始启用[J/OL].[2017-02-06]http://finance.sina.com.cn/review/jcgc/2017-02-08/doc-ifyafenm3018232.shtml.

[17] 又见定向降准!货币政策取向已现[J/OL].[2017-02-21]http://finance.jrj.com.cn/2017/02/21222822087156.shtml.

[18] 央妈再度创新货币政策操作工具,“甜辣粉”横空出世[J/OL].[2017-01-20]http://www.sohu.com/a/124853122_479823.

[19] 春节TLF规模或达1.6万亿 加息降准并用成为可能[J/OL].[2017-02-10]http://www.hkbtv.cn/html/1/63/440893.html?mainTag=news[J/OL].subTag=63.

[20] 廖志明团队.重磅解读:TLF(甜辣粉)之谜:本质、规模及未来猜想[J.OL].[2017-02-20]http://www.sohu.com/a/126677725_618567.

[21] 姜超.PLS护航CD,传言都是真的——评央行推出大额可转让存单和公布PSL[J/OL].[2017-06-22]http://www.vjer.cn/news/6098.html.

[22] 日本央行:未考虑退出量化宽松政策[J.OL].[2013-11-08]http://www.chinairn.com/news/20131108/145815646.html.

[23] 欧央行负利率频遭质疑[J/OL].[2016-03-10]http://money.163.com/16/0310/02/BHOTQPS500253B0H.html.

[24] 欧洲首只负利率企业债面世[J/OL].[2016-03-10]http://finance.caixin.com/2016-03-10/100918370.html.

[25] 刘元春,李舟.后危机时代非常规货币政策理论的兴起、发展及应用[J].教学与研究.2016(4).

[26] 中国或将建立利率走廊机制[J/OL].[2015-11-26]http://chuansong.me/n/1415629952536.

[27] 任泽平.我们遇到假加息?新货币政策框架开始启用[J/OL].[2017-02-08]http://finance.sina.com.cn/review/jcgc/2017-02-08/doc-ifyafenm3018232.shtml.

[28] 牛穆鸿,张黎娜,张翔,等.利率走廊、利率稳定性和调控成本[J/OL].[2015-11-19]http://bbs.pinggu.org/thread-3992611-1-1.html.

[29] 刘杰.从短端到长端:我国金融市场基准利率曲线的分段设计思路[J/OL].[2016-10-18]http://

www. docin. com/p-1931971265. html.

［30］ 杨荣银行研究团队. 一文看懂银行理财空转、票据空转、同业空转、信贷空转［J/OL］.［2017-01-21］http://www. sinotf. com/GB/136/Report/2017-01-21/zMMDAwMDIxOTIzMQ. html.

［31］ 亚博经济信息.［2014-12-15］.

［32］ 继存款后，央行还将调整贷款统计口径［J/OL］.［2015-01-05］http://www. aiweibang. com/yuedu/8844835. html.

即测即练

简述与论述题

1. 简述货币政策的宏观审慎管理职能的含义。
2. 简述资产负债表衰退与债务—通货紧缩理论。
3. 简述“稳定器梦魇”的含义。
4. 简述自从 2013 年外汇占款下降以来我国基础货币投放方式的变化。
5. 论述在利率市场化的国家(如美国)，央行是如何通过三大政策工具降息的。

后　　记

后记的功能，正如很多武打片在结尾时总会放映一些拍摄过程中不成功的、很囧的片断一样，是为了向观众挤挤眼睛、揭个老底的，好吧，本书的作者——我，是自从 1987 年从湖南省常德市一中的文科班被保送进华东师范大学经济系后，一路从本科读到博士，毕业后又留校在金融系任教的"一株在丽娃河底优游地招摇的水草"。其实，"优游"是我在美丽的师大园里学生时代的心境，自从我当了老师，站上了《货币金融学》这门课的讲台，突然发现自己讲课效果远达不到行云流水、旁征博引、满座皆惊的境界，甚至可以说是什么也不懂。于是"优游"就只是装给学生看的外表，内心其实是焦虑而惊慌的，从此变成了一只在黑暗的地底下做着无尽的苦工(备课)的蝉。

记得第一遍讲这个课时的我，由于紧张，反而上课语速超快(当时这成了聂老师的标志，听 2001 级金融班与国贸班的学生们跟班主任反映，上了一个月我的课后，感慨"终于跟得上博士的思维了")，后来发现如果只照着教材讲而不拓展的话，很快就讲完了。为了填满课时，更为了不在讲课枯燥乏味时受到学生的冷遇，我便心急火燎地买齐了市面上各种难的、厚的《货币银行学》(旧名)教材，然后像个新登基就面临着外敌兵临城下的女皇一样，令它们趴在本宫的面前，逼它们奏上破敌之策。可是这黑压压的一地朝臣个个出言雷同、毫无新意，烦躁不安的我只好出宫透气，意外地发现市井之间(新闻媒体)竟然有生动有趣的素材可以作为理论的佐证讲给学生听，于是我就着手编写自己的讲义。一方面，以正兵当敌，即从各本书中的一条条基本理论中取各位大臣的谠言嘉论"载入史册"；另一方面，以奇兵取胜，即把新闻中讲的实践情况作为基本理论的佐证、案例或引子，终于我的课讲得有血有肉了，学生们也听得津津有味了。

我第一次讲这个课的时候，"城池"是一座一座地攻克的。因为我嫌别人的教材用着不顺手，就自己编写讲义，常常是好不容易把下次课要用的憋出来了，就立马让教务老师十万火急地印发给学生们，"泥巴萝卜，吃一截、洗一截"，非常狼狈。导致一学期下来教务老师都在围着我转，我也要经常跟学生们交代发讲义用讲义的很多琐事，搞得我的课因为事儿特别多而显得热火朝天。当然，我那时候再也不像株优游的水草了，可能更像枚慌张的陀螺吧。

当我写完了整个课程的讲义，开学之初我就让教务老师一次性地印给学生们，后来我们无比慈爱的教务老师就跟我说："聂丹啊，什么时候你把讲义出版了吧，以后就可以让教材科订了发给学生，不用油印这么麻烦了。"这是我第一次听到出版的建议，可是我当时对自己的讲义还十分不满，虽然在开学之初就印给了学生，可我还在焦虑地日夜备课，因为树欲静而风不止，每天都有那么多有趣的新闻出现，我都想把它们囊括在我的讲义里做成各种方框，它们让我边教、边学、边悟，也让我对各种原理、概念理解得更加深刻，或者表述得更加有趣，或者揭示了各种概念或原理的前世今生。因此我讲课时放的 Word 版讲义与学生手上拿的总是不一样,我的一届又一届学生们都在忍受着“老师讲的和书上的不一样,但考的是老师讲的”,此乃我的怪癖。

后来我开始教 MBA 的课了,我的讲义已经累积到 60 万字了,看起来相当厚实——本宫的江山很像那么回事儿了。可是我仍然在不断更新我的讲义,而我讲的私藏版永远不是印给学生的版本,我的一位 MBA 学生曾经精辟地说道:聂老师的讲义就像日记。

从我像只地下一路做苦工的蝉到写到现在 80 万字的时候,终于有种把这门课的角角落落、前世今生都快翻遍了的感觉,终于有了饱和感,初期备课时的那种吃了上顿没下顿的焦虑大敌终于被我牢牢地挡在了这厚厚的长城之外了。我现在上课时根本不担心时间用不掉、没有东西讲,而是极为奢侈地“吃一半、扔一半”。这本讲义有 60 万字是各种各样拓展的方框,属于本科生或 MBA 学员们泛读的部分,更适合考研的学生复习用。上课时由于课时限制,我只能点到为止,需要学生们课后再去阅读这些方框。当我在课堂上霸气地扔给学生们一个又一个方框让他们课后再去看时,他们对我就像对祖师婆婆一样毕恭毕敬了,我现在已是不怒自威受人尊敬的老教师了,哈哈!

惊觉从 2000 年留校后第一次教这门课、写第一稿讲义至今,18 年倏忽而过,这本讲义已经爆涨到 80 万字。十分感谢清华大学出版社全文出版它,地下的蝉终于要破茧而出了。请不要嫌恶它在阳光下的喧嚣,这是它用 18 年地下的苦功换来的短暂的欢愉(希望它不要被盗版),它的功用不只是一本教材,更是对从事货币金融学教学的青年教师们的温暖的救援,当然,它首先是作者本人的自我救赎。人生,应该大闹一场,然后悄悄地离去,而我,一直在华师大美丽的丽娃河里,做着一株安静的水草,优游地在水底招摇。

最后,本书必有较多错漏之处,欢迎读者批评指正,直接发邮件至 dnie@finance. ecnu. edu. cn 邮箱即可。

聂 丹

2019-01-17 于家中

教学支持说明

▶▶课件申请

尊敬的老师：

您好！感谢您选用清华大学出版社的教材！为更好地服务教学，我们为采用本书作为教材的老师提供教学辅助资源。鉴于部分资源仅提供给授课教师使用，请您直接手机扫描下方二维码实时申请教学资源。

任课教师扫描二维码
可获取教学辅助资源

▶▶样书申请

为方便教师选用教材，我们为您提供免费赠送样书服务。授课教师扫描下方二维码即可获取清华大学出版社教材电子书目。在线填写个人信息，经审核认证后即可获取所选教材。我们会第一时间为您寄送样书。

任课教师扫描二维码
可获取教材电子书目

清华大学出版社

E-mail: tupfuwu@163.com　　网址：http://www.tup.com.cn/
电话：8610-62770175-4506/4340　　传真：8610-62775511
地址：北京市海淀区双清路学研大厦B座509室　　邮编：100084